U0720045

甲骨文字詁林

第四册

主編　于省吾
按語編撰　姚孝遂

中華書局

僕

僕

羅振玉　「說文解字：『業，瀆業也。从丵，从廾，廾亦聲。』又：『僕，給事者，古文从臣作蹼。』按古金文無从臣之蹼，有僕（史僕壺）僕（靜敦）僕（旂鼎）諸形。卜辭僕字从𠙹，即古金文之甶。从𠙹，即古金文之𢆉。从匕，即艸。𠂤則象人形而後有尾。許君所謂古人或飾系尾，西南夷亦然者是也。（說文解字尾字注）僕為俘奴之執賤役瀆業之事者，故為手舉糞棄之物以象之。業僕古為一字。許書从業，乃从𠙹𢆉之譌也。」（殷釋中二十四葉上）

葉玉森　「羅雪堂釋僕為僕，援金文僕（史頌壺）僕（靜毀）僕（旅鼎）為證，謂契文僕字从𠙹，即金文之甶。从吕，即𢆉。从𠂇即艸。𠂤則象人形而後有尾。許君謂古人或飾系尾，西南夷亦然者是也。按羅氏釋僕良塙，惟解剖稍誤。予以𠂤為人形，𢆉其首上之飾，與妾之从𢆉从▽同。妾為从坐之女，僕為俘鹵之男，故首上飾同，為有罪之標志。系尾之飾殆亦然也。」（說契三葉背）

郭沫若　「棠从𠙹之說有未諦。字實从辛，甘乃有尾人形之頭部也。古奴隸字多从辛，妾字从辛，童字从辛，此僕亦从辛者，剞劂之象形文，古人施黥以之。童妾僕之从辛者，亦黥其額也。此僕服賤役，頭上有辛，而尻下有尾，足徵古人之虐待奴隸。又金文父辛盤有此字作僕，亦繫尾負辛，特手中所奉之器稍渺耳。父辛盤乃人名，卜辭此字亦當是人名，恐與父辛盤之作者為一人也。」（卜通一一七一葉八〇〇片釋文）

又曰「僕字古亦从辛。……卜辭有此字，其形作僕（後下廿、十）羅氏揭此與金文諸僕字比較，並糾正許書業僕析為二字之錯誤，與小篆从丵之變，言之詳矣。惟言此字从𠙹，則又不免因金文僕字有類似从言作者而致誤。余案此辛下之甘形實乃有尾人形之頭部。周金文大抵均省去人形而改从人作僕，或臣作。然亦有於从人之外猶留存人形之頭部者，如趞鼎之僕，淇田鼎之僕（案亦僕字）是也。旂鼎則於人形之外更从人作僕，上𢆉為辛，下𢆉為子，子即人形之變。此鼎銘文上言『唯八月初吉辰在乙卯』，下言『旂用作文父日乙寶尊彝』。初吉乃周制，日乙則猶殷習，此為周初宋人之器無疑。制度習慣既呈一交替之現象，乃於文字亦然，此亦饒有趣味之事也。凡上舉諸僕字，均係於人頭之上从辛，此與童、妾二字既同意，而於辛之上復荷甾缶，此可知辛形絕非頭上所插之妝飾，乃於頭上或額上所固有之附屬物。余謂此即黥刑之會意也。有罪之意無法表示，故渚黥刑以表示之，黥刑亦無法表現於簡單之字形中，故借施黥之刑具剞劂以表現之。剞劂即辛䇂，是辛䇂字可有剞義。湯盤之『天』當即辛之假借矣。……僕字誤从丵作者金文亦有之，召伯虎𣪘之『土田僕𦘔』是也。觀此，可知字之譌變不始于小篆矣。」（甲研釋支干十六至十七葉）

朱芳圃　「字象人坐而兩手奉其簸揚之形。唐蘭謂即𢧂之繁文，（中國文字學一三一）極具卓識。頭上戴辛，與童妾諸字同意。後系尾者，蓋古代西南部族之衣飾。考後漢書南蠻傳云：『槃瓠……生子一十二人，六男六女。槃瓠死後，因自相夫妻。……好五色，衣服製裁，皆有尾形。』甲文中戴辛、系尾之人，雖不能遽定為漢世之南蠻，要之必為異族，殷人俘擄之以供操作。史家定殷為奴隸社會，此即其一證矣。」（殷周文字釋叢，卷中，第八十九葉）

李孝定　「說文：『僕，給事者。从人，从菐，菐亦聲。䑑，古文从臣。』契文之□，羅氏釋僕是也，惟謂从言則小誤，葉郭既辨之矣。郭謂从丵乃剞劂之象，亦有未安，如郭氏言剞劂為刑具，安能植立頭上，郭氏又以於从辛之上復荷甾缶以證丵為妝飾之非，然則剞劂之上固可更戴甾缶乎。蓋金文作僕者已為晚出形變以後之字體，固不可執以說字之初誼。此字當以契文及父辛盤二文為其初形也。金文形體雖變，然猶保存其重要之偏旁甶，蓋奉甾奉箕皆給事之象，舍此無由見意。至小篆並此而有之，復保留契文之𡿺移而加之辛上，遂形譌為丵，此則古文字之過分圖象化者往往趨于整齊約易而寖失初形也。（丵上之𡿺說為甶之形譌亦可通）至从臣之䑑，未見于甲骨金文，蓋壁中古文也。金文作□旂鼎 □史僕壺 □趩鼎 □靜簋 □師旂鼎 □呂仲僕爵 □召伯虎簋 □中齊侯鎛

以下為眉批

容氏金文編初刊本（民十三）僕下有公伐郘鼎僕字作□，公伐郘鐘僕字作□，而民廿九年重訂本則刪此二字，殆以此為贋器而刪之也。」（集釋〇七七六葉）

饒宗頤　「後編下二〇．一〇存『□卜』二字，銅器父辛盤有□字，形同．从言，从人繫尾執箕．此可能是卜人名字，舊釋為僕，殊無據．」（通考一一八四葉）

俞美霞　「至于甲骨文中，也有尾饰的记载，例如：僕字作□（殷虚书契后编下二〇．一〇），人字作□（殷虚文字乙编四二九三），身后並都有倒毛垂繫，这样明确的尾饰，並非妄作虚设，画蛇添足而已！实与典籍中的记载，造字的体例，以及殷商墓中玉人有尾的形制，可说是完全不谋而合。……□，其构字为象形，从丵象头饰，□为箕字，□则象箕上

之糞弃物，□則象人双手合捧物形，木为身后倒毛尾饰。……按：古者以罪人为臣僕，亡国所虏，亦以为臣僕。……『僕』的身份地位非常卑下，为了与他人有所区分，以至着特异的服饰，这样的习俗，在今日世界各国，也仍然可见，并都明显地具备辨识身份的功效。」（从甲骨文字谈殷商墓中石人玉人的启示　故宫学术季刊第五卷第二期四二—四四页）

按：字當釋僕，□為頭飾，木為尾飾，手捧糞棄之物，金文猶與此近似，小篆則譌變已甚。此字甲骨文所僅見，蓋人名或地名。

2823

□

按：懷一四六〇辭云：「于新□北□南弗每」當為地名。

2824

畢　擒

王襄　「古畢字。」（簠室殷契類纂第十九葉）

羅振玉　「說文解字：『畢，田网也。从華，象畢形微也。或曰甶聲。』卜辭諸字正象网形，下有柄，或增又持之，即許書所謂象畢形之華也。但篆文改交錯之網為平直相當，於初形已失。後人又加田，於是象形遂為會意。漢畫象刻石凡捕兔之畢，尚與□字形同。是田網之制，漢時尚然也。又許書隸畢字於華部，于畢注云：『从華，象畢形。』而於華注乃曰『箕屬，所以推棄之器也，象形。』一若華既象田網之畢，又象推棄之箕者，許君又謂糞棄二字皆从華。今證之卜辭，則糞字作□，乃从甘不从華。糞除以箕，古今所同，不聞別用它器。其在古文，華即畢字。糞除固無用畢之理也。此亦因形失而致歧者。」（殷釋中四十八葉下）

唐蘭　「□非畢字，字或作□者，本象罕形，金文有象形文字作□者是也。德二二·三干爵其字當釋為干，罕者干之孳乳字也。罕為小網而長柄，與網羅不同。說文訓干為犯，以為入

一。又歧出一毕字，北潘切訓爲箕屬推棄之器，及一單字，訓爲大也，而不知其爲罕形之变，皆其失也。」（天壤文釋二十八葉）

又曰：「毕字孫詒讓據金文禽字作□，謂似即□之省。（舉例下·四一）羅振玉釋爲畢，學者均从羅釋。今按羅說非也。說文『畢，田網也，從華，象畢形，微也。或曰：由聲。』金文畢作□□□等形，明不從田聲。羅氏因謂『卜辭諸字正象网形，下有柄，即許書所謂象畢形之華，後人又加田，於是象形遂爲會意。漢畫象石凡捕兔之畢尚與□形同，是田网之制，漢時尚然也。』羅意蓋謂華象畢形，畢本與華一字，後人加田以爲田网之會意字。然金文之畢，實不从田，□在毕形之中，明非田野之田。田网之說，本屬附會。至毕字本由□字悅变而成，象罕之形，罕畢雖同類，其字固有殊也。羅氏釋毕爲畢，而於□下謂毕與网同，是證其無定見。若其所據漢畫象之與□形同者，亦不必定是畢也。卜辭毕字習見，釋爲畢，其辭多不可通，而學者不悟，殊可怪異。詩云：『畢之羅之』，畢是雉兔之网，而卜辭有『畢虎』，（綴六·十三）『叀六豕，□』（後上·卅·十）『毕又鹿』，（綴六·八）『毕罷』（前四·四·二）等辭，豈虎兕麋鹿而可以畢哉？（後下四一·十二）云：『丙戌卜，王□毕，允毕三百又卅八。』□是附麋之義，允毕三百又卅八者，正是得麋三百四十八也，□即附麋，又寫用畢，明毕不當讀爲畢也。（鐵雲藏龜之餘云：『王其奉羌方毕，』七·一）羌方又豈可以畢者耶？然則毕決不當釋畢，由文義已可定之。余按毕即干字，干禽聲近，史記蘇秦傳『禽夫差於干遂』，朱駿聲謂即周語之肹遂。墨子有禽艾，前人附會爲世俘解之『禽艾侯』，殊可笑。禽艾即咸乂，咸古讀如感也。干肹禽感並一聲之轉。然則孫詒讓以毕爲禽，實較羅爲優，惟毕當爲禽之本字，而非省文，蓋後世音讀差異，遂加今聲耳。毕象罕形，其引申之義爲禽，□象犬在罕旁，則爲獸字，禽獸通名，其用爲動詞，則禽是禽獲，獸是狩獵也。卜辭毕字讀爲禽則無不順適。禽虎，逐六豕禽，禽有鹿，禽麋，以及王□，禽，允禽三百有四十八，皆極易解。王其奉羌方禽者，王祈於祖宗，冀有禽獲於羌方也。或云：『……獸隻，毕鹿五十㞢六』，（前四·八·一）貞狩獵有所獲，而其占驗爲禽鹿五十有六。或云：『丁卯……獸正……毕，隻鹿百六十二，□百四十，豕十，旨一。』（後下一·四）本片云：『王獸坐，毕，允隻□二，豕一，鹿二十，豕二，罷百廿七，□二，豸廿□，□七。』則皆貞有所禽，而紀其占驗稱獲，可見毕與隻爲一事之異稱，故卜辭得通用也。」（天壤考釋五十七葉下至五十八葉）

吳其昌

「『毕』者，其字或作□（後二·八·一一）、毕（續三·四一·二）、毕（鐵六〇·四）、毕（續三·四九·二）□（戩一一·四）□（鐵一三四·三）□（續六·二六·一一）……諸形，即說文訓『田網』之『畢』□。亦或增手形以持之，作□（鐵一八三·二）□（鐵二二七·二）□（前二·三〇·二）□（前五·一四·三）□（前五·一四·四）……諸形，在卜辭則與不增『又』者實無分別，在說汶則即為訓「盡也」之「斁」也。說文所云：「畢，田網也」者，謂細獵時所用之網，非謂施于田間之網也。卜辭此字，正像細獸時所執之網，故下施長竿為柄，以便及遠，又或增从手以持之矣。羅振玉曰：「漢畫像刻石，凡捕兔之畢，尚與𠦒字形同，是田網之制，漢時尚然也。」（釋二·四八）今以殷代卜文考之，或「獸畢……」連文（鐵五·一，鐵三四·一又一二○·一，續三·四一·一等），言狩時用畢也。或其字作□（前六·四五·四）□（前六·四五·五）□（前六·四五、六）□（後一·一二·一二）□（後二·三七·六）……諸形，謂取畢以網得鳥也。或其字作□（前六·四八·一）□（前七·一六·三）謂持畢以網得豕也。或更作□（續三·四五·九）□（鐵四三·四）□（鐵一五二·一）□（前七·一二·一）……諸形，謂倒持畢而網得豕也。或卜文云：「𠦒犬，𠦒三百又卌八」（後二·四一·一二）謂以畢網得犬，其數或多至三四八也。或卜文云：「𠦒□」（鐵一九四·四），「壬申卜，𣪊貞，（在）甾，𠦒□。丙子□（附）允𠦒二百㞢九。」（前四·四·二）謂以畢網得麋，（或附得）其數或多至二○九也。或卜文云：「……鹿弗𠦒，□（其）射。」（續三·四四·六）謂以畢網得鹿，……或卜文云：「逐六兕，𠦒。」（後一·三○·一○）謂以畢網得兕六也。或卜文云：「王其𠦒虎。」（拾遺六·一三）謂王舉畢以網虎也。又或云「王乎獸，洒鄉（饗），𠦒又（有）鹿。」（拾遺六·八）謂王因狩而設饗，亦其所網得者有鹿也。至若所𠦒獲者，不為物而為人，則以「𠦒」从「人」，而為□形，（卜辭多不勝舉）即「禽（擒）」字矣。是故，若以為名詞而釋之，則「畢」之義為細獵時主要之工具，所謂「田網」者也。若以為動詞而釋之，則「畢」之義，乃為持此工具以網獵百獸之動作，是即所謂「禽」矣。及其既已擒獲，則此細狩之事已畢，故引申之義，又得通假為「畢竟」「完畢」之「畢」。此引申義，在殷時即已有之，故卜辭屢見「亡𢦔（災）畢！」（前二·五·七，又前二·一一·一）或「亡𢦔（災）畢！」（前八·九·四，後一·一四·五又一·一四·一一又二·二三·一三又二·三六·八又二·四一·一三，又二·四一·一五，戩一一·四）之語可證也。（謂安全畢事）卜辭又有「王痛斁」語，（前五·一四·四）謂王之病止也。是則說文「斁，盡也」之訓，蓋亦有所受之矣。此畢字形義之源委本末也。至于本片（指前一、二九·四片）云：「王獸亳，魚，畢」者，乃謂王田狩于亳都，又漁且網也。」（殷虛書契解詁第三一九—三二○葉）

丁山　「甲骨文所見𠦒字甚眾，其辭多與田獵有関。自來皆釋為華，而以為畢字省形。按說文云：『華，箕屬，所以推糞之器也，象形。』又云：『畢，田网也，从田，从華，象形。』是華象箕形，又象田網，一字兩象，無是理也。實則𠦒即畢之初文，象『形小而柄長』的捕鳥獸之网，以此網掩捕鳥獸者，皆謂之畢。由𠦒所孳生的字，如：□□□□所以不同，我認為以𠦒捕鳥獸之誼則一，宜是禽之初文。」（氏族及制度八十一至八十二葉）

孫海波　「禽，說文云：『走獸總名，从厹象形今聲。』金文禽字作𢆉𢆉𢆉𢆉，皆從今得聲，與說文同。畢字不从今，君讀為禽，無由得聲。茲从羅振玉說，釋芊𢆉𢆉形相似，古文或即一字，謂禽字从𢆉今聲則可耳。」（誠齋考釋六葉）

孫海波　「𢆉，甲五七九。唐兰說。𢆉象罕形，其引申之义为禽，即禽之本字，后世音读差异，遂加今声。　弜壬射，弗𢆉。」（甲骨文编五四二页）

陳夢家　「卜辭𢆉字應依孫詒讓之說釋為禽字（擧例下四一），乃是動詞擒。𢆉象捕鳥之網，所以字亦作𢆉。鳥是生擒的，所以『禽』字引申為類。卜辭『禽』除作為田獵方法以外，尚有獵得之義（亦為動詞），它與『隻』（即獲）的用法相同，但禽是生擒，獲是獲得（生的或死的）。」（綜述五五四葉）

李孝定　「罕禽古當同讀，及後音義歧異，乃於𢆉罕上加今為聲符耳。罕之為禽，猶含从今聲，𢆉之俗體作𢆉亦从今聲，可證也。惟唐氏謂罕為干之𢆉變則有可商。干為盾之別名，與卄單諸字同源，說見干單𠕁諸字下。與訓网之罕實截然二物。罕之从干者，實由象网匡郭形之『冂』與柄形之『丨』所𢆉變，本非从『干』。篆變近『干』，許君遂謂『干聲』，然不謂『从干』也。唐氏竟謂干罕一字，則所謂執干戈猶矛盾也以衛社稷者，豈效命疆埸亦執田網以从事乎。罕所以捕鳥獸，其捕獲之事為動詞之禽今作擒，其捕獲之物則謂之禽古飛走皆可稱禽增之犬旁則為狩古作獸與獸，而其始皆由罕字所衍化者也。今借為希罕字。」（集釋二五六〇葉）

李孝定　「說文：『禽，走獸總名。从厹，象形，今聲。禽离兕頭相似。』契文作𢆉，不从今聲，罕字重文，說詳七卷罕下。禽本動詞，遂名所獲為禽名詞，反於禽字增之手旁作擒以當本誼，亦猶獸為動詞因名所獲為獸，於是另製形聲之狩以當本誼，文字孳演多此類也。」（集釋四一九一葉）

姚孝遂　「『其南微𢆉？』

『其北微𢆉？』（寧滬一三九三）

『微』即『牧』字的繁体。卜辭『𢆉』字除了乙一四三的『𢆉印』這一例而外，其余所有的『𢆉』字，都指擒获野兽而言。『其南微𢆉』、『其北微𢆉』，当理解为擒获野兽。」（甲骨刻辭狩獵考古文字研究第六輯六一页）

陳初生　「甲骨文作毕、毕、毕，象捕網之形，與『畢』為一字，或增又（手）作[字形]，為擒獲字之初文。金文作[字形]、[字形]、[字形]，从又（手）持毕，今声。小篆作禽，下体所从之[字形]與金文之[字形]仅筆执稍有不同，許慎謂字从厹，非是。『禽』用为禽獸字后，另造『擒』字表其本义。」（商周古文字讀本四〇八頁）

裘錫圭說參[字形]字条下。

姚孝遂說參[字形]字条下。

陳煒湛說參[字形]字条下。

陈梦家　參史字条

按：唐蘭據孫詒讓釋毕為禽之本字是對的。但謂毕即干字，干孳乳為罕；又謂罕禽同字，說有可商。罕今作罕，籠統以一聲之轉言之，又無直接之例證，難以置信。毕本象有柄之网形，其後加「今」為聲符作[字形]，進而譌變作禽，其演化如下：

毕（甲骨文）——[字形]（禽毁）——[字形]（不𡢁毁）——[字形]（石鼓文）——[字形]（小篆）

毕顯係禽之本字。至於與罕是否同字，仍須待考。

卜辭毕之用法有：

一，人名
「毕𡿧王事」　乙四九五三
「毕入四十」　乙四六九六

二，地名
「使人于毕」　續三·四一·二
「毕受年」　乙五六七〇

三，禽獲——今作擒
「逐六兕毕」　後上三〇·一〇

2825

⿱匕𠦒

「允⿱匕𠦒隻虎一、鹿四十、⿰犭匕百六十四、兕百五十九……」乙二九〇八

孙诒让「𠦒当释禽，此作𠦒，而上增⺈形，疑当為禼。說文内部『禼，蟲也。从内，象形，读与偰同。』」（契文举例四二頁上）

羅振玉释「羅」。

商承祚「祚案，罗师释罗。說文解字『罗，以丝罟鳥也。从网从維。古者芒氏初作罗。』此象張網，⺈象鳥形，丨象柄，于谊已明，后世增糸，复倒书之，谊转晦矣。又古罗与禼为一字。禼篆文从𠦒，即𠦒之变也。其从⺈、乚者，以文观之，亦是罗字，象鳥正視之形。」（增訂殷虛书契考释中四九）

唐兰「孙诒让释禼，甚确。字或作⿱匕𠦒，故易误为禼耳。商承祚列⿱匕𠦒于⿱匕𠦒下，同释为罗及離。謂从⺈者，象鳥正視之形，殊为怪诞。聞宥非之，而謂⿱⺈畢实畢之繁文。其所謂畢亦承罗說之誤，实当是𠦒。葉玉森舉『貞⿱⺈畢弗其羅』（当作隼，見后上十二、十一）『貞⿱⺈畢弗其畢』（當作𠦒，見鐵二四〇、四）二辭證⿱⺈畢非羅，亦非畢。顧無所決定。吳其昌氏謂从𠦒从人為禽（見解詁一八八片、一九四片）則竟不知禽之从今声，殊可异也。孫氏所見卜辭只有鐵雲藏龜，材料少，而印刷不精。其作契文舉例，前无所承，錯誤自所不免。然頗有精到之说，为罗王以后所不及者。今人治卜辭惟以罗說为宗，尠有讀孫書者矣。」（天壤閣甲骨文存考释六十葉上）

聞宥「𠦒之繁文。」（殷虛文字孳乳研究）

丁山「⿱匕𠦒上之匕，當是祀字，其下之𠦒，實象桑叉，此字決是祀之本字，分析來看，當為『从𠦒，从匕，匕亦聲』。」（氏族及制度八十四葉）

瞿潤緡「⿱匕𠦒非罗字。叶玉森以为畢之繁文，亦非。」（殷虛卜辭考释五——六頁）

朱芳圃　「上揭奇字，象匕在畢上。匕即祖妣之匕，於鳥為雌，於獸為牝。當為囮之初文。說文口部：『囮，譯也。从口，化聲。讀若譌。』廣雅釋言：『囮，圝也。』廣韻八戈：『囮，網鳥者媒。』先民狩獵，常利用雌若牝作媒以招誘雄若牡而捕獲之。書傳紀用媒之事，如淮南万畢術：『鵫鶋致鳥，取鵫鶋折其大羽，絆其兩足以為媒，張羅其旁，衆鳥聚矣，』此捕鳥用媒之證也。桓階别傳載魏文帝賜階詔曰：『其賜射鹿師二人，並給媒，』此捕獸用媒之證也。凡媒之以類相引者，皆以雌誘牡，故造字取以為象。」（殷周文字釋叢卷上第五十八葉）

屈萬里　「□，隸定之當作□，與□、□、□甲編八七八片等為一字。」（甲編考釋三八二葉）

考古所　「□：可能是□之異構。」（小屯南地甲骨八四七頁）

考古所　「□：可能是□之異構。」（小屯南地甲骨八三六頁）

裘锡圭　「人名『□』实从『匕』从『□』。字或从『□』，实非『罕』字，而为『□』之异体，观摭续87、乙8670、9047等片『□』字自明。」（论「历组卜辞」的时代古文字研究第六辑三一八页）

裘锡圭　「在以廪辛、康丁卜辞为主体的三四期卜辞里（包括村北所出三期卜辞），祉、戠、望乘、共这几个常见于宾组和历组卜辞的重要人名，一次也没有出现过。□出现过一次：

辛亥卜：翌日壬王其从在成犬□，禽每，亡戋，擒。摭续1

这个□是驻在成地管理商王田猎事务的犬人，其地位与宾组出组和历组卜辞里的□根本无法相比。第五期卜辞有『右牧□』（簠征38），仅一见，显然也远不如早期的□重要，情况与此相似。」（论「历组卜辞」的时代古文字研究第六辑二八三页）

陈炜湛　「□与□写法差异显。即使承认为一字异形，也无由证明其必同时，反倒是因异时所致。」（裘锡圭论「历组卜辞」的时代一文中二十组文例的商榷出土文献研究一七页）

陈炜湛　「但□与□是否一字，是否一人，不能无疑……」（裘锡圭论「历组卜辞」

的時代——文中二十組文例的商榷（出土文獻研究一七頁）

李孝定　參禽字條

按：字从「𠦒」、从「匕」，隸可作「卓」。字或从「凶」，隸可作「凷」。為人名專用字。釋「禼」、釋「羅」、釋「畢」皆非是。

2826

隼　𨾴　擒　[glyph]　[glyph]

羅振玉　「說文解字：『羅，以絲罟鳥也。从网从維。』卜辭从隹在畢中。𠦒與网同。篆書增維，於誼轉晦。又古羅離為一字。離从隹从离聲。古金文禽作𠦒（王伐許侯鼎），下从𠦒，知𠦒即畢，而移𠦒中之隹於旁，又於𠦒上加屮，許君遂以為离聲。方言離謂之羅，殆以羅離為二字，後人遂以為黃倉庚之名及別離字，而離之本誼晦矣。」（殷釋中四十九葉上）

唐蘭　「按羅說似是而實非。网自作𦉰𦉫𦉪等形，與𠦒迥異。𠦒亦非畢字，然即釋畢，亦不能謂與网同也。余謂𠦒或作ㄚ者，本象罕形，金文有象形文字作𢆉者是也。德二二、三于爵 其字當釋為干，罕者干之孳乳字也。罕為小網而長柄，與網羅不同。說文訓ㄚ為犯，以為入一，又歧出一𠦒字，北潘切，訓為箕屬推棄之器，及一單字，訓為大也，而不知其為罕形之變，皆其失也。𠦒形又變為[glyph]，羅據金文定為一形，其識甚卓，然因之釋隼為離，云移𠦒中之隹於旁，又於𠦒上加屮，則非是。𠦒上何以加屮，羅遂未論。余謂布文有𦥑石作[glyph]，侍興室吉金文述十二、二二、及[glyph]；同上、十二、三十、則古自有禼字，離乃取之為聲耳。離自是形聲字，方言『離之謂羅』，自是聲近通假，與字形無涉也。羅氏欲釋隼為羅，而苦於字形不類，故謂𠦒與网同。然从网从隹，則罹字也，說文『罹，覆鳥令不飛走也，讀若到。』亦非羅字，故既曰篆書增維，當作糸，商氏類編引不誤於誼轉晦，又以隼為離，離羅一字以附合之，其用意良苦，而不知其左支右絀，終於不能通也。余謂[glyph]為鳥在罕中之形，金文有[glyph]字，德二三、七隼爵[glyph]字，續殷文存下六四、亞隼罕[glyph]字，續殷文存上、三七亞隼父丁毁[glyph]字，同上、五三、亞隼父乙毁[glyph]字，同上、二、仔隼觶，又鉨文有[glyph]字，鄴中片羽一上、三四、亞隼𤰈鉨，均可證。當釋為隼，適毁有[glyph]字，當釋為[米隼]，蓋其後起字矣。以象意聲化例推之，當讀干聲。移隹於旁為雗，說文無雗字，玉篇䍐或作雗，然說文並無䳚字，蓋偶遺耳。隼本象以罕取鳥，而後世用為雗鵲，䳚鵙，皆叚借其聲。或又借

以為鷹字。」（天壤文釋二十八葉下至二十九葉）

陈梦家　「離（甲文编七・一七从罗释罗）

貞勿……口雗（前六・四五・四）

貞勿其雗。（前六・四五・五）

㞢雗不隹……（前六・四五・六）

庚寅卜𠦪弗其雗口（上一二・一一）

貞弗其雗土方。（下三七・六）

以上诸字皆離字也。罗氏不知卜辞另有罗字，故增订殷虚考释中四九页遂谓古羅離一字。案羅離双声同，方言曰『羅谓之離，離谓之羅，』然其结形有别，卜辞云『弗其離土方』者谓弗其遭土方也。金文善斋所藏畢鈌字作𩿨，亦離字。」（史字新释补证、考古学社社刊一三至一六页）

朱芳圃　「字象鳥立畢上。畢，田網也。卜辭云『貞𠦪弗其畢』（鐵二四四）『貞𠦪弗其離，亡畢』（後上一二・一一），可證畢鳥二字義近。从形象考之，當為囮之初文。說文口部：『囮，率鳥者繫生鳥以來之，名曰囮。（今本說文混囮為一字，茲依北户錄引及王筠校改。）从口，繇聲。』（四字依說文通例補。）王筠曰：『率者捕鳥畢也，以靜字為動字，猶言畢之羅之矣。』其說是也。後世假游字為之，文選潘岳射雉賦：『恐吾游之晏起，慮原禽之罕至。』徐爰注：『游，雉媒名，江淮间謂之游。』賦又云：『良游呃喔，引之規里。』徐注：『良游，媒也，言媒呃喔其聲，誘令入可射之規内也。』離正象鳥立畢上以招誘同類，使入可射之規内，其為囮之初文審矣。

卜辭中離字用法有二：一、本義，如『王其離』（庫一一二九）『貞弗其離』（前六・四五・五）是也。二、引伸義，如『丁酉、卜出、貞𠦪離𢀛方』（錄六三八）『貞弗其離土方』（後下三七・六）是也。引伸義，後世作誘，左傳僖公十年：『幣重而言甘，誘我也』，史記越王勾踐世家：『吳大宰嚭貪，可誘以利』，卜辭之離，意與此同，謂誘𢀛或弗誘至而繫之也。」（殷周文字釋叢卷上第五十七葉）

孫海波　「𦍒，粹一二四〇。从集从爪。說文所无。𦍒，粹一一〇七。或从又。」（甲骨文編五四三頁）

孫海波　「𦍒，前六・四五・四。从𠦪从隹。說文所无，疑離字初文。」（甲骨文編五四三頁）

李孝定

「說文：『離，離黃，倉庚也。鳴則蠶生。从隹离聲。』（从段說黃上補離字）契文作上出諸形，羅氏謂是離之本字是也，謂離羅同字則非。蓋二者祇是同義字，其構造之意亦同，然謂即是一字則誤。一从网一从畢省，其用雖同，其物各別。羅更增糸，以文字衍變之例推之，當後起。見後十四卷禽字條。至羅氏說離字之形衍變之故，則說不可易也。唐氏此說見天壤文釋五八葉。唐釋推，說誤。卜辭畢字，唐氏釋罕讀禽，是也。其誤與此正同。按畢釋罕本不誤，其誤在謂『罕者干之孳乳字也』。夫干乃盾之別名，其字作單作單，見前三卷干字條。罕乃田网，與畢同類，干之與罕實了不相涉。說文『罕网也从网干聲』，字實不从干，从干者乃丫之形譌，丫形與小篆干之作丫者形近，而畢字所从之丫實象网柄及其匡廓，徒以形譌為干，故許氏以為干聲耳。唐氏謂干華單均畢之形變，有以盾為柄者乎。唐氏謂畢之為禽乃緣干禽音近，其說雖是，然失之迂曲。蓋罕干音近，然則讀罕為禽正亦可通。字既不从干，則釋𩁹為推其誤已無待辨。字象以罕捕鳥之形，與羅同意。其引申義為遭，詩漸漸之石『鴻則離之』，鄭箋云『鴻乃鳥也，乃離焉』，是於離字仍無解也。王逸注楚辭『離騷者猶離憂也』，于離亦無解。然以文義推之，離之訓遭訓被訓羅昭然甚明。蓋此義為漢人通語，無煩辭費也。後又引申為離別字，離別之與遭遇，其義相反而實相因，是亦猶治亦訓亂之比也。卜辭離字當亦訓遭，辭云『庚寅卜貞𩁹弗其離』不完𩁹』後上、十二、十一。『貞弗其離土方』後下、三七、六。上辭言𩁹人名其遭遇某事或某物也，𩁹魯實先釋兇似可从。下辭言或與土方之人相遭遇也。羅氏增考羅字下並收𩁹𩁹二形，商朱二氏从之，王孫、金均不从。以後上、十二、十一證之，二字同辭而一為人名，一為動詞，知非一字也。」（集釋一二七二葉）

饒宗頤

「𩁹即禽字。他辭云：『貞：勿毆𩁹。』（前編六、四五、四）猶易比卦之『三驅失前禽』。又言『出𩁹』，猶易師卦之『田有禽』。𩁹與畢一字，如『弗其𩁹』亦作『弗其畢』（續編三、四一、三）是也。」（通考五一七葉）

張秉权

「𩁹，象以畢（網）捕隹（鳥）之形，罗振玉释為罗字（注一）。仍可从信。在此為武丁時的貞人之名。」（殷虛文字丙编考释第二五頁）

（注一）見殷虛书契考释中四九頁（增訂本）

姚孝遂

「卜辭𩁹字，从畢，从隹或从倒隹，或增彳作『𩁹』，隶定之亦可作『𩁹』或『𩁹』，为了书写方便，统一隶作『𩁹』。……綴二．三九九有一片較为完整的卜骨，其中有辭云：

「辛巳卜，在冀，今日王逐兕，隼？允隼七兕」。（鐵三·四一）

「隼」之意为擒获，至为明显，李孝定先生训为「遭」，与卜辞辞例不合。我们可进一步比较以下诸辞例：

「壬戌卜，穷（贞），翊癸亥王獸，毕？」

「……卜，王其獸，隼？」（甲二二七〇）

「贞，王獸，隼？」（乙八一四）

「……毕又兕」（宁沪一·三八七）

「允隼七兕」（掇二·三九九）

「毕」与「隼」都是擒获之意。「隼」字自其文字的形体结构来看，应该是利用羅網以捕鸟。在殷代，其概念已进一步加以引申，不限于以羅網，亦不限于鸟。不能单纯依据字形以推求字义。

「毕」与「隼」的用法，有其共同处，也有其差异处。「毕」的对象只限于禽兽，它是一种通称，不是一种具体的狩猎方法与手段。既可以是「罡毕」（乙二二三五）或「[illegible]毕」（佚七一五），也可以是「射毕」（甲二六一）或「罝毕」（京津四五〇一），而「隼」则是一种具体的擒兽方法与手段，并且其对象可以包含「敌人」：

「阜隼𢀛方」（绿六三七）

「弗其隼土方」（后下三七·六）

「隼」字的这种用法，是「毕」字所没有的。因此，我们认为「隼」与「毕」还不能断定为同字。至于「隼」究竟相当于后世的什么字只能存以待考。」（甲骨刻辞狩猎考古文字研究第六辑三八——四〇）

姚孝遂 肖丁

「「隼」字罗振玉殷释中49释「罗」，谓「古羅離为一字」。唐兰先生辨其误，而释为「隼」（天释29頁）。李孝定先生集释又辨唐先生之误，而从罗振玉释羅，训为「遭」。诸说均不可据。

掇2399有与此相近似之辞例：

「辛巳卜，在𡿰，今日王逐兕，隼？允隼七兕」。

此片亦著录于摭续125，但骨片已有缺损。此乃占问王将往獵兕，是否能有所禽獲。其验辞记载：果然禽獲麋牛有七。释「隼」为「離」，训为「遭」，显然错误。

试再比较以下诸辞例：

「壬戌卜，穷（貞），翊癸亥王獸毕？」（鐵3.41）

「……卜，王其獸，隼？」

「貞，王獸，隼？」

「……卒又兕」

吾方」，後下37.6之「弗其隼土方」，「卒」字則未見有此类用法，是「卒」与「隼」当有别，只能存以待考。「卒」与「隼」相通之例繁見疊出，义均为禽獲。但所「卒」（屯南4462、存1.384、佚814、甲2270）者均为獸，而录637之「卒隼

卜辞「逐」字或从豕，或从犬。後世則統一从「豕」。

虢为地名，或释「獻」，不可据。甲3584：「叀戊射虢兕，亡𢦔」，与1032辞例近似。虢地盖盛産兕，故卜辞每見于虢地獵兕。

……

过去著录之甲骨刻辞，獵獲兕之最高記录为佚350之「隻兕十又二」。鄴三、三五、一曾记有「隻廿兕」。但此片「廿」不甚清晰。一般所记载獵兕之头数仅一、二头而已。盖兕为较稀少之动物，不易獵獲。2857记一次獵獲兕「卅又六」，是迄今所見最高之數字。

卜辞所見有「白兕」（甲3939，佚427）；「戠兕」即「赤兕」（佚518）。

至獵兕之方法与手段則有「逐」、「隼」、「卒」、「射」、「焚」等々。

合194：「翌癸卯其焚卒？癸卯，允焚，隻……兕，十一豕，十五虎，麑廿」。

此外，尚有以陷阱方式獵兕之專用字「𦥑」，下文还要谈到。

卜辞所見獵兕之地区有：「[illegible]」、「㯟」、「牢」、「木」、「麥」、「[illegible]」、「虢」、「徐」、「喪」、「[illegible]」、「虢」、「高」、「潢」、「太」、「[illegible]」、「[illegible]」……等々。」（小屯南地甲骨考释一五一—一五二頁）

劉釗　「卜辞隼字作「[illegible]」、「[illegible]」等形。以往释作「離」、「羅」、「隼」等字，皆证据不足。「隼」字用作擒获禽兽义时，与卒字用法相同。但卒字祇用於擒获禽兽，而「隼」字还可以用於擒获敌方之俘虏。」（卜辞所見殷代的軍事活動，古文字研究十六輯一二三頁）

赵诚　「甲骨文有个隼字，从佳象鸟，从卒象捕鸟之具，合在一起当是会意字，为捕鸟之义。卜辞作为动词，有捕获、擒获之义，当是具体意义之抽象，本义之引申。有人看成是本义，也无不可。如：

贞，王獸，隼。（乙八一四）

隹隼犬。（丙四九）

第一条辞是讲王去打猎，有捕获。第二条辞是讲捕得了犬。隼是捕得之义，是捕而获得了，是完成式。卜辞的隼作为动词还有一种用法，是去捕捉之义。只是讲去捕但並不表示获得，则是非完成式。如：

……王……隼……隻五鹿。（甲二六五）

整条辞的意思很清楚，是说王去捕捉，结果获得五头鹿。但是，这里的隼只表示捕捉，获得之义则由隻（即獲之初文）来表示。……甲骨文的这个隼，作为动词，还用作遭遇之义。如：

丁酉卜，出贞，㞢隼㞢方。（录六三七）

贞，弗其隼土方。（后下三七·六）

……人们去捕捉野兽，首要的一点就是要碰上野兽，……只有碰上了，遇到了，才能接触，才能擒获。所谓碰上、遇到，从某种意义上来看不就是遭遇吗？由此看来，捕捉野兽和遭遇敌方也有某种程度的类似性，因而才可能有某种联系，这大概就是商代人的词义观念。」（甲骨文行为动词探索（二）古文字研究第十七辑三三二——三三三页）

陈炜湛释羅，參𠦒字条下。

按：據其基本形體可隸作「隼」，其與「𠦒」字之異同，余於甲骨刻辭狩獵考已詳加論述。釋「羅」、「釋」「離」皆不可據。

2827 敹

王襄 「古敹字。」（簠室殷契類纂第十五葉）

孫海波 「从又从畢省。」（文編三卷十六葉）

屈萬里 「𢼸，从又持𠦒，殆與𢼸為同字，茲隸定作敹。𢼸，羅振玉謂與𠦒為一字，釋為畢（殷釋中四八葉）。而稽諸卜辭，𢼸為擒獲之禽。則敹亦即禽字也。」（甲釋一五二葉）

李孝定 「契文𠦒字舊釋畢，說非，當从唐蘭說釋𠦒。說詳七卷𠦒下此从又𠦒，說文所無。象手持田网之形，其用蓋與□同。卜辭□字，其義爲禽。𣪘字當亦有禽獲之義，辭云「□貞王往來□𣪘八□雉」（𢎥二、三十、一）是也。又云「□貞王夢𣪘不隹惟禍」（𢎥五、十四、四），蓋言王夢有所禽獲，其不惟禍乎。又云「□□有又祐在沘𣪘」（𣪘二二七、二，𣪘三〇六重出），亦言在沘有所獲也。孫氏文編收此作𣪘，乃沿□字舊釋而誤。畢字許訓田网，與罕䍐同義，則𣪘𣪘亦當同義。許以盡訓𣪘者，蓋以田网𢑥巢穴上以捕鳥獸類皆盡得之無遺類，故引申訓盡也。今畢字亦有盡義，蓋由𣪘之引申義得之。」（集釋〇九四九葉）

李孝定「□即□字，古文倒正無別，屈說是也。□即𠦒字，增又象手持之而義主於□。古文繁簡隨意，其次要偏旁每从省略也。字从又，篆作彐，変之則爲九，正小篆作禽从离所自昉也。本條所補屈氏說前於七卷𠦒字條下失收附之於此」（集釋四一九一葉）

白玉峥「……出祐，在𨙨擒。」鐵二二七・二

□：……峥按：甲文此字，约只十数文，皆当为擒字。甲考谓：卜辞之禽，皆当为后世之擒；然而，卜辞中已有擒字矣。字在本辞，当为动词，于他辞，或为人名，或为国族名，或为地名，如：

贞：王梦擒，不佳囚？　前五・一四・四

……乎擒？　乙七〇一一

擒入百。　南坊三・二」（契文举例校读中国文字第八卷第三十四册三七五八——三七六〇页）

按：字从「𠦒」、从「又」，可隸作「𣪘」，或从「收」，可隸作「𣪘」。卜辭均殘泐，不足以證明其與「𠦒」爲同字。亦無由證明其義爲「擒」。

2828

㽞 □ □

羅振玉「作□者，與古金文同。其变形至多，以文例得知之。」（殷釋中三十八葉上）

王襄「古㽞字。」（類纂正編第五第二十五葉上）

王襄　「周礼序官鬯人，郑注云：『鬯，釀秬為酒，』契文之鬯异文甚多，其初象以器盛秬，乃釀酒之形。□，為蒸秬之甑，∪，甑之下层所以受酒。或省⺀，或省∪，其作□者，疑為匕鬯合文，為篆鬯字从匕所自昉。盂鼎作□，鲁侯角作□，皆不从匕。□、□皆象釀時密閉器蓋之形。□、□則鬯之简文。」（古文流变臆説七二頁）

吳其昌　「鬯者，經典訓詁，皆為香草；如詩江漢『秬鬯一卣』，毛傳云：『鬯，香草也。蒸煮合而鬱之曰鬯。』白虎通攷黜篇云：『鬯者，以百草之香，鬱金合而釀之成為鬯。』說文云：『鬯，以秬釀鬱艸，芬芳攸服以降神也。从凵。凵，器也。中象米。……』亦有直捷以香酒為訓者，如春秋僖公二十八年左氏傳賈逵注，湯震卦『不喪匕鬯』虞翻注，禮記表記『秬鬯以事上帝』釋文，並云：『鬯，香酒。』皆其證也。但在卜辭之義，則為盛香酒之器，故有『鬯二勺二卣二』（續一·四〇·五）之文。其字亦正狀酒器之形；引伸而轉変之，則亦為以此盛香酒之器以祭之祭名，故有『貞鬯』『叀鬯』之文，斯又與□字由禮器名轉而為祭名者同循一軌道矣。」（殷虛書契解詁第八三葉）

白玉峥　「說文解字：『鬯，以秬釀郁艸，芬芳攸服，以降神也』。徐鍇曰：『秬，黑黍也。服，服事也。周人尚臭，灌用郁鬯。乂、∴象中秬及郁形』。徐灝曰：『大雅正义曰：『礼有郁鬯者，築郁金之草而煮之，以和秬黍之酒，使之芬芳条鬯。鬯非艸名，以其可以和秬黍之酒，故谓之鬯艸也』。按：鬯故非艸名，而郁亦非其本名；盖以百艸之香者，和秬黍之酒，取条鬯之义，命之曰鬯。遂以名其酒，而造字象其器，又取蕴蓄之义，命之曰郁。曰以郁名其艸，而以鬯为郁。盖造字鬯先郁后，不得以郁为艸之本名也。至言：可谓之鬯艸，亦可谓之郁酒。浑言则但曰郁鬯耳。鬯之言，畅也。郁积久，发之，必条畅也』。至字之构形，於甲文之五期二派中，各皆互异。兹摘尤摹写若干，以观其通变：

1. 見於第一期者：
□ 佚七三四　□ 前一·一三·三　□ 後上二八·三　□ 摭续一八九

2. 見於第二期者：
□ 海二·三八　□ 庫一二五三

3. 見於第三期者：
□ 甲二四〇三　□ 存一·一四九七

4. 見於第四期者：
□ 粹九一二　□ 佚四一〇　□□ 粹五四四

5. 見於第五期者：

𢀛前一·一八·四

就右录诸字观之：其可言者，旧派务繁，且多作修饰性点缀；尤以第四期为然。新派务简，至第五期时，渐定为一尊矣。」（契文举例校读九中国文字第四十三册四八四一至四八四二页）

按：鬯或以為酒名，或以為草名，千古聚訟。實則契文金刻以及典籍，鬯均以卣計。鬯即象酒在器中之形，鬯之為酒不為草，當成定論。許慎以為「中象米」，徐鍇以為象秬及鬱形，均失之。契文或从點，或不从點，或點在外，既釀秬為酒，築合鬱金之草，無由復見秬及鬱形。卜辭以鬯事神祖，均用其本義。

2832

2829 网

羅振玉「說文解字网，从冂，下象网交文；或从亡，作罔；或从糸，作網。古文作㓁，籀文作𦊔。此作⊠，象張网形。」（殷釋中四十九葉上）

屈萬里「网，即網字。」（甲編考釋三八三葉）

按：廣韻及太平御覽引說文网「庖羲所結繩以田以漁也，从冂，下象网交文也」。今本說文佚「以田」二字。卜辭或稱「网雉」，或稱「网鹿」，未見「网魚」者。易繫辭：「古者庖羲氏之王天下也，作結繩而為罔罟，以佃以漁」，釋文：「取獸曰罔，取魚曰罟」。王筠釋例云：「网字全體象形，說曰从冂，非也」。王說與古文字形體合。

2830 ⿱罒兔

羅振玉「象兔在罟下。王氏國維謂即爾雅釋器『兔罟謂之罝』之罝」。（殷釋中四十九葉下）

王襄「疑罝字，象網兔之形」。（類纂存疑第七第四十一葉）

商承祚　「爾雅釋器『兔罟謂之罝』，此从网兔當為罝之本字。說文『罝，从网且聲』，且殆从兔之譌，又誤象形為形聲矣。」（類編七卷十五葉）

葉玉森　「按依字形當象兔在网罟下，釋罝較適。卜辭為地名。」（前釋一卷六十三葉下）

陳邦懷　「此冤字也。說文解字：『冤屈也，从冂、从兔，兔在冂下，不得走益屈折也。』考网下出古文罔，從冂、亡聲，以此例之，則從网之字，亦可省作冂。然則說文冤字，從冂猶從网也，卜辭冤字從网，（不省作冂）從兔，蓋為冤之古文。說文解字：『罟，兔罟也。』『罝，兔网也。』廣韻：『罝，兔網。』是知捕兔非网不可，卜辭之冤，象兔在网下，以校許書，從冂其誼允顯明矣。」（小箋二十六葉上）

孫海波　文編七卷十七葉上收此作冤，其說曰：「从网从兔，說文所無。商承祚謂即爾雅釋器兔罟謂之罝。」

李孝定　「說文罟訓兔罟，罝訓兔网。契文此字从网兔，其為捕兔之具自無可疑，商說其意是也。惟逕斷為罝之本字則似未安。」（集釋二五六七葉）

李孝定　「說文：『冤，屈也。从兔、从冂。兔在冂下，不得走，益屈折也。』契文从网从兔，王氏釋罝似有可商。蓋兔罟曰罟，或謂之罝，此方言殊語遂各為專字。且冤為會意，罟罝則為形聲，倘但以義求之，又安知其非罟字乎。陳氏釋冤說較可信，网字雖未必有或體作冂，然由网譌変作冂則極有可能。且冂字許書訓覆，以网捕兔亦有覆義。至冤字許君訓屈則覆之引申義也。字在卜辭為地名。」（集釋三〇八八葉）

饒宗頤　「冤，地名。左昭五年傳有菟氏，殆即此。水經注：野菟水上承西南菟氏亭北野兔陂，鄭伯勞屈生于菟氏者也。寰宇記：菟氏城在開封府尉氏縣西北四十里。」（通考二六一葉）

姚孝遂　「卜辭还有『网兔』，如：

『辛丑卜王，翌壬寅我网兔隻？允隻……』　綴一·七六三

『叀网兔不其隻？』　甲二九五七

『丙子卜，令……网兔隻』　乙三一六

佃二九五七，屈万里读作『网鹿』，綜类二三〇·四以为『罠』字。而与四〇九·二的释读不一。

在卜辞中用作地名者可释作『罠』，是一个字；而与狩猎有关者，据给三五四的『网雉』，当读作『网兔』二字，这是要审慎加以区别的。」（甲骨刻辞狩猎考古文字研究第六辑三七—三八页）

陳秉新「甲骨文有罠字，商承祚先生以为即說文訓『兔网』之『罝』，這是对的。罠是初文，象以网猎兔形，本义当为猎兔，罝是后起的形声字。国语鲁语上『兽虞于是乎禁罝罗』，旧注以为『兔罟』训『罝』，以『鳥罟』训『罗』，均不确。『罝罗』在這里是猎兔、猎鳥的意思。卜辞有貞问『彘罠』之例，『彘罠』就是猎豕、猎兔。那么，孟子的『雉兔』当与国语的『罝罗』，卜辞的『彘罠』同例，本当作『雉罠（罝）』，是猎鳥、猎兔的意思。」（从古文字学与训诂学的关系谈训诂学的发展，文物研究第三期一三二頁）

按：罠為人名及地名，諸家所釋，均不可據，存以待考。

又田獵卜辭之「罠」，乃「网兔」二字之合文。例如：

合集一〇七五〇辭云：

「辛丑卜，王翌……寅我罠……隻？允隻」

又合集一〇八五七辭云：

「……㚔罠？，不其隻」

此皆當讀為「网兔」二字。

2831

𦊼

孫詒讓「此當是䍐字，前一字从㚔从馬有鬣，後一字从弁則與豕字略同。說文网部䍐，馬落頭也。从网馽。馽，絆也。此从网从馬象形，當即䍐之省。」（舉例下四十一葉上）

商承祚「此字說文所無。从网，从豕，當為爾雅釋器彘罟謂之羉之羉字。」（類編七卷十六葉）

2834

葉玉森　「从豖非从馬，孫氏誤認矣。」（前釋六卷四四葉上）

李孝定　「字不从馬，孫氏說非。且即為从馬，亦當釋𦋺罵，非羈字也。後二文从网从豕當與𦋺為同字」（集釋

按：字从「网」、从「豖」，隸可作「𦋺」。釋「羈」、釋「𦋺」皆不可據。合集四七六一辭云：「壬申卜，令……𦋺？抑？六旬……」辭殘，其義不詳。

2832

罹 □

朴海波　「□，乙四五二〇。象网中有隹，羅之初文，方國名。旨弗其伐㞢蠱羅。」（甲骨文編三三二頁）

李孝定　「說文：『罹，覆鳥令不飛走也。从网、隹，讀若到。』段注云『网部有罩，捕魚器，此與罩不獨魚鳥異用，亦且罹非网罟之類。謂家禽及生獲之禽，畫其飛走而籠罹之，故其字不入网部。今則罩行而罹廢矣。』考甲編三一一二辭云『甲寅卜爭鳴罹隻獲』，罹是動詞，當是以罼畢之屬网鳥之義。今吾湘以罩取魚即謂之罩魚，與卜辭語法相同，段說似有可商也。它辭罹為方國之名，如『貞弗其伐有蠱罹』乙四五〇二、『乙卯卜爭貞旨𢦏罹　貞旨弗其𢦏罹』乙五三九五、是也。」（集釋一二八九葉）

張秉權　「□，象以網罟鳥，乃羅字。說文七下网部：『羅，以絲罟鳥也，从网从維，古者芒氏初作羅』（注一）。㞢蠱羅，在此版係西方地名，或省称羅：

乙卯卜，爭貞：旨𢦏羅？

貞：旨弗其𢦏羅？（乙編五三九五）

或省称盬，乃人名，當是該部落的首領：

允隹盬至？

不隹盬至？（乙編一九六五十六六五九；丙編待刊）」（殷虛文字丙編考釋第二〇六—

2835

二〇七頁）

（注一）羅字或体見本編圖版壹零、一〇。考释P、二五、

陈炜湛释羅，参㚔字条下。

按：卜辭𦊓字从网从隹，與小篆羅字同，用為地名。李孝定集釋引甲三一一二有誤，可與甲三一一一三綴合，其辭云：

「网雉隻八；

网雉隻十五；

甲寅卜，乎鳴网𦊓隻，丙辰風，隻五」合三五四

𦊓與通常之隹與鳥形均有别，特修其尾，當為雉之獨體象形字，其同版辭例可證。

剛

羅振玉 「說文解字：『犅，特牛也，从牛岡聲』。此从剛省。静敢亦有𠛱字，與卜辭正同。文中敢華犅字又作𠛱，卜辭又有作𠛱者」（殷釋中二十七葉）

王襄 「古犅字。𠛱，剛字重文」（簠室殷契類纂第四葉、）

王襄 「古剛字，省山。古與犅通。……文曰：『剛于伊奭』。禮記明堂位『殷白牡、周騂剛』。疏：騂赤色，剛壯也。騂言剛則白亦剛。按剛指牲體而言，『剛于伊奭』，即用剛牲祭伊奭也。」（簠室殷契類纂第二十一葉）

郭沫若 「𠛱乃刀俎之象形文，金文父癸卣有𠛱徽，即此字之圖繪。疑是宰之異文，在此讀為則」（粹考一五八葉上）

魯實先 「𠛱即宿之本字，於此辭（例四五四）為方名。」（姓氏通釋之二 幼獅學報二卷一期三葉二行）

孫海波「从牛从剛省，與金文同，通剛。詩閟宮『白牡騂剛』，明堂位『周騂剛』，皆作剛」。（文編二卷五葉）

孙海波「𤘮，前二．七．一。説文，犅，特牲也。从牛，岡声。经典皆以刚为之。此从刚，与金文同。卜辞用为地名。癸丑卜，在𤘮贞，王旬亡𡆥。」（甲骨文编三四页）

孙海波「𠛱，甲三五一○。从岡省。」（甲骨文编二○○页）

屈萬里「𠛱，隸定之當作剛。」（甲編考釋四四五葉）

屈萬里「隸定之當作剛。」（甲編考釋四九二葉）

李孝定「説文：『剛，彊斷也。从刀，岡聲。𠍾，古文剛如此。』此从刀岡聲字亦以网為聲，各家收此作剛是也。卜辭剛或為人名，辭云『癸酉卜貞剛其有疾』。前六．三八．一。或似為祭名，辭云『壬申剛于伊奭』。後上二三．四。或為用牲之名，辭云『己未卜其剛羊十于西南』。後上二三．四。此與剛于伊奭之剛其義當同，殆即剛牲以祭伊奭。卜辭剛疑亦訓斷也。金文作[illegible]散盤[illegible]剛𣪘[illegible]但勺[illegible]楚王酓忎鼎[illegible]楚王酓忎盤[illegible]但痪戈前二形或从士或从火，為小篆从山所自譌，後變形為六國古文，許書古文所自昉也。」（集釋一五二三葉）

李孝定「説文『犅，特牛也。从牛岡聲。』此从剛省聲。羅釋犅，可從。孫謂通剛者，實假剛為犅也。卜辭犅為地名。金文作[illegible]靜簋[illegible]大簋與栔文同。」（集釋○三○一葉）

李孝定「从刀从睪，説文所無。疑與罰同意。㚔象桎梏與刀均為刑具所以罰辜者辭云『弜弗剄于之若』。粹一一九七。其義未詳。」（集釋一五三九葉）

李孝定「字从刀从网。予初疑與剛為同字，惟其辭例與剛全異，辭云『乙未卜爭貞𠛱亡禍』『貞𠛱有禽』。佚四五四。『己巳王𠛱圣田』。粹一二二一。始知與剛有別，當隸定作𠛱，説文所無。魯氏謂是宿字，非是。从刀與从人既殊，囪又非象茵席之囪，安得為宿字乎。」（集釋一五四二葉）

饒宗頤　「㓻字从剛从矢，乃剛之繁形。剛，與刏義同，謂用牲于河也。」（通考一一三九葉）

饒宗頤　「按剛字，亦作犅。从牛。（徹二、一七、六）為地名。羅氏釋犅。說文犅訓特牛。靜𣪘犅作𤘵。从牛剛聲，林義光謂剛當即剛之古文。（文源）卜辭云『取剛』，即『取犅』，剛殆彊謂壯，如禮記明堂位『周騂剛』。後編上二三、四：『己未卜，其剛羊十于西南』。說文：『剛，斷也』。又『刏，一曰斷也』。廣韻：『刏，斷切也』。此『剛』用作動詞，與刏義同，則有斷割之義。」（通考二九七——二九八葉）

考古所　「㓻：祭名或用牲法。」（小屯南地甲骨八五二頁）

考古所　「㓻：在本片為用牲法。」（小屯南地甲骨九九一頁）

姚孝遂　肖丁　「『㓻』即『剛』字之异体。今作『剛』。在卜辭多用為祭名。

據後1.23.4 1.15.4：『河㓻一牛』

綴：『其㓻羊十于西南』

是亦為用牲之法。卜辭祭名与用牲之法經常是一致的。

𠂤3916：『癸酉卜貞，其㓻于河，王空』，辭例与此略同，河字亦作『洐』。是『河㓻』即『㓻于河』之倒文。」（小屯南地甲骨考釋一九頁）

郭笛說參[illegible]字条下。

按：釋剛可從，隸定作剛。林義光文源謂：「古犅字作[illegible]靜𣪘，从牛剛聲，剛即剛之古文，从刀斷网綱。」网字古作[illegible]𠷎氏盤陟剛三封，从山剛聲」。「𠡷」、「𠡷」、「㓻」、「㓻」、「㓻」均其異構，通用無別。

2838

2834　[illegible]　[illegible]

于省吾　「甲骨文綱字习見，有的从糸作[illegible]，也省作[illegible]，旧均不识。甲骨文稱：『至

（致）羉羊〇叀畀豕。」（綴合四七〇）按這段甲骨文以致羉羊和叀畀豕对貞。致羉羊，是指逆束田猎用網取得的野羊言之。又□字上从⋈即網字的初文，下从□即系字的省文。甲骨文𢆶字习见，下从888，也多省作𢆶。金文孫字习见，多从系，但敔簋、王孙钟、姑□句鑃等器均从□。因此可知，□字所从的□，乃系字的省体，至为明确。□即網字，从系网声，小篆作網，又加亡为声符。

第三期甲骨文称：「于叀罴扒〇其罴扒，才牢〇于僼罴□扒。」（粹一一九六）此骨上下文已残。叀、牢、僼三者都是地名。扒字典籍通作偃。说文训扒为「旌旗之游」，「读若偃」，段注：「今之经传皆变作偃，偃行而扒废矣。」论语颜渊的「草上之风必偃」，皇疏：「偃，卧也。」集解引孔注：「偃，仆也。」偃之训卧训仆都是卧倒之义。古代的狩猎捕兽，树網叫作张或立，網仆叫作偃。管子势：「兽厌走而有伏網罟，一偃一侧，不然不得。」尹注：「偃侧犹僵伏也。」按一偃一侧是形容野兽陷于網罟之中，網罟已经偃仆，而兽仍向旁侧挣扎。总之，前引三段甲骨文，是占卜在哪个地方網兽之辞。罴扒即網偃，指網的偃仆以获兽言之。」（甲骨文字释林释「罴扒」二六九——二七〇頁）

赵诚　参罴字条

按：于先生释「網」。卜辭皆用為動詞，其義不詳。字可隸作「罘」，「剮」字或从此作。

2835

金祥恆續文編七卷二九葉上收此作罳。

李孝定「契文从网从□，象人投网之形，當即羅之初文。其字本非从□，羅之古文說見前惟□□形近篆変作羅耳」。（集釋二五六九葉）

2839

饒宗頤「□……卜，殻貞：我戋罘。」（庫方一七五〇）

按此方國名。字从「网」从「□」，可隸定作「罘」。篇韻：「罘，古軍字」。軍讀為鄆。說文：「鄆，河內沁水鄉。魯有鄆地」。公羊作「運」。故沁水城在河南濟源縣東北。左傳成四年、十六年、昭二十九年之鄆，皆在魯西。殷之軍地，所在待考」。（通考一九五葉）

張秉权　「⿱网大則未詳，或在霍邱桐城之間。」（殷虛文字丙編考釋第一七五頁）

陳梦家　參⿰亻⿱网大字条

按：合集六九五九辭云：「辛巳卜，㱿貞，呼雀伐⿱网大；辛巳卜，㱿貞，勿呼雀伐⿱网大」為方國名。合集九〇三辭云：「貞，我用⿱网大孚」，謂以⿱网大國之俘為祭牲。釋「罛」、釋「羅」皆不可據。

⿱网⿱隹大

陳梦家　「羅

丁丑卜今日戈（雉）⿰亻⿱网大。丁丑卜戈⿰亻⿱网大。（库方一〇一四）

乙亥卜員王章。今日乙亥⿱网大戈。（库方一〇九四）

其⿱网大。（後下一六·六）

此⿰亻⿱网大字象大八即人一双手张网于上以羅隹，乃羅字象形；詩兔罝正义引李巡曰『鸟飞将网以羅之，』尔雅释器『鸟罟谓之羅』是也。俗语谓天罗地网，天羅即张网于空中也。卜辞或省隹作⿱网大，亦羅字。说文增糸为羅，仍象以网羅隹，惟依小篆整齐之例，凡所网之物皆在网下，故隹作亦在网下。又说文新附羅字，从心从罹，经典用作羅，可证。羅从糸从罹，不从維。」（史字新释补证，考古学社社刊第五期一三至一六页）

李孝定　「字象人兩手張网羅隹之形，與羅同意，然未可逕釋作羅」。（集釋二五七九葉）

尤仁德　「用粘网　甲骨文⿱网⿱隹大（库一〇一四）字，象人张举片网捕鸟，犹今之粘网法。史记殷本纪：『湯出，自野張网四面，祝曰：見天下四方皆入我网，……諸侯闻之曰：湯德至矣，及禽兽。』可資参证。」（商代玉鸟与商代社会，考古与文物一九八六年二期五六页）

按：字从「⿱网大」、从「隹」，當是「⿱网大」之或體，在卜辭皆為方國名。參見前「⿱网大」字條。釋

「羅」不可據。

2837

⿱网攴 □

郭沫若 「⿱网攴字象投网之形，殆即网之異文」。（粹一五九四考釋）

按：字从「网」、从「攴」，隸可作「⿱网攴」。卜辭皆用為動詞，其義未詳。不足以證明其為「网」之異文。

2838

⿱⿱爫网又 □

邨笛 「□：此字见于屯南四二八一。该片卜辞的内容为：

其□于虞，王弗每？

字从双手，从□，□为网。字的结构象双手张网，可隶定为⿱⿱爫网又。卜辞有□字，从□从鱼，可隶定为⿱⿱爫网魚，粹一五〻五：『弜⿱⿱爫网魚』，文例与屯南四二八一完全一样，想义也应相同，故⿱⿱爫网魚、⿱⿱爫网又应为一字，⿱⿱爫网又为省形，⿱⿱爫网魚为繁体。

关于⿱⿱爫网魚，郭沫若认为：『⿱⿱爫网魚象两手张网以捕鱼之形，当即渔字之异』。（粹〻八二页，一三。九片释文）此说于字义是正确的，但是否简单为渔之异，则似有可商。

⿱⿱爫网魚从字的结构看，当为会意兼形声字。⿱⿱爫网又是形符，鱼是声符，故有时可省去声符鱼，只写作⿱⿱爫网又。因此，⿱⿱爫网魚不能简单把视为渔之异构。渔，说文：『捕鱼也』。乃泛指捕鱼。而捕鱼的方法有多种，张网捕鱼只是其中的一种，故渔、⿱⿱爫网魚在意义上并不完全等同。

另，金文中有□字，见于颂鼎，其辞为：『祈匃康□』。□可隶定为⿸虍⿱⿱爫网又，从⿱⿱爫网又从虍，虍亦声，也是会意兼形声字。该字所从之□即卜辞之□，都象两手张网。

关于⿸虍⿱⿱爫网又，……高鸿晋云：『□即甲文□之变，原从二手举网捕鱼，鱼亦声。乃渔之初形。此从二手举网，虎省声。鱼声、虎声古同，故知为渔之变』。（颂器考释，载师大学报四期，一九五九年）高将卜辞之□与金文之⿸虍⿱⿱爫网又看成一脉相承，是十分可贵的。虍、鱼古韵同。

故⿸虍愛為从愛从虍，虍為声。因时虍与娱古韻也同，故『祈匄康⿸虍愛』当释『祈匄康娱』。娱，說文：『乐也』。詩：『聊可以娱』，传『娱，乐也』。故⿸虍魚、⿸虍愛实是同一个字，⿸虍愛為⿸虍魚之变体」。（卜辭考释数则 古文字研究第六辑一八九——一九〇页）

按：續四二八一辭云：

「其⿰夂卜于虞，王弗每」

此為田獵卜辭，「⿸虍愛」用為動詞，當與田獵有關。有可能為「𤔲」之省文。

2839

⿱罒角

按：字从「网」、从「角」，隸可作「⿱罒角」。辭残，其義不詳。

2840

⿱罒夕

按：字从「网」、从「夕」，隸可作「⿱罒夕」。合集二一三八六辭云：

「癸亥卜，令師虎今夕允⿱罒夕二旬壬午凶」

似與天象有關。

2841

按：合集二八八二五辭云：

「……王其田……⿱罒犬」

為田獵刻辭，其義未詳。當與2842「⿱罒足」為同字。

2842

⿱罒足

2843

H

按：佚七三〇辭云：「其田鮍以罡亡戈」，事與田獵有關，其義未詳。此當與2841同字。

2844

按：合集九四〇正辭云：「貞，旨弗其戈H」為方國名。

2845

按：字不可識，其義不詳。

凡 H

孫詒讓 「H疑是同之省文。說文冂部同，合會也。从冂从口。金文𨾴敦『王同三方』同作H，亦省口，與此合。（散氏盤凡作H，㝬盤冄作冂，與此亦相近。並存以備攷。）此云『H侯』，又云『征H』『甾H』，則同當為國名。公羊成二年傳『蕭同姪子』何休注云：『蕭同，國名』。是同即蕭，為商同姓國，或即此也。又有云『壬戌卜方其H』（藏二三七之一）則當為會同之同，猶詩常武云『徐方既同』，與國名義雖異，而文可互證矣」。（舉例上卌五葉）

羅振玉 「說文解字：『槃，承槃也。从木，般聲。古文作鎜，籀文作盤』。古金文作般，或徑作H，此作H，象形，旁有耳，以便手持。或省耳。古者槃與舟相類，故般庚之般从H，殆與H字同。後世从舟與从H同意也。又以古金文例之，般庚之般，亦般盂字矣」。（殷釋中三十九葉）

羅振玉釋凡月為槃。（增考中三十九葉）

王襄「古槃字。與般通。」（簠纂正編第六第二十八葉下）

王襄「古凡字。」（簠纂正編第十三第五十九葉下）

葉玉森「按予曩疑甲骨文字卷一第三十葉二版之䏲為風雨合文。其左之月即卜辭鳳（鳳）省。又卜辭云『貞不其祉月』（藏一二〇.二）與『貞不其祉雨』（藏九八.二）辭例同。則月為風字似可無疑。」（前釋一卷一一二葉下）

容庚「按凡疑風之省文句與貞雨同。」（絜一四七考釋）

孫海波「月，拾七.一一。凡用為風。風若。月，粹九六〇。地名。在凡。月，粹一〇一七。人名。」（甲骨文編五一七頁）

孫海波「月，佚二三二四，疑女字。」（甲骨文編八六七頁）

郭沫若「月乃凡字，槃之初文也，象形。前後作朕，即後來之般字，字當作朕，譌變而為从舟从殳。而杯槃字乃益之以木作槃，或益之以皿作盤。金文伯侯父盤字作鎜，則从金，均繁文也。」（卜通二九葉下）

吳其昌「『凡庚』者，即『般庚』也。在契文中亦變狀繁孳，作月（鐵八五.四）月（後二.七.一〇）月（鐵一七七.三）月（前五.二七.五）月（前八.一一.四）……諸形。羅振玉曰：『說文解字：槃，承槃也。从木般聲。古文作鎜。籀文作盤。（其昌按：古金文作般。卜辭或作月，象形，旁有耳，以便手持。或省耳。古者，槃與舟相類，（其昌按：古者根本無舟，但有凡（即槃））耳。）故般庚之朕从月，或徑作月，殆與月字同。後世从『舟』，與从月同意。又以古金文例之，般庚之般，亦般盂字矣。』按羅說是也。『般庚』之名，唐以前本皆作『般』，絕無作『盤』者，此觀于漢石經、漢書古今人表，及陸氏經典釋文所校引之古寫本，莫不如是，即可概見。』更溯其凡，則『凡』『般』一字，亦甚著顯。以原始之形而言之，則月正為槃形，義已具足，初不煩更事增彡為彤。嗣又益以彡者，彡乃調味、扱羹、拭器之具，此亦不過於盉之增彡作𥁰，毁之增彡作𣪘耳。以原始之聲而言之，衡以古無輕唇音之律，則『凡』『般』『班』『盤』……實為同紐同均，全無別異之聲。以原始之義而言之，㣿盤銘云『凡散有司十夫』，『凡十又五夫』。曶鼎銘云：『凡用即曶，田七田，人五夫』。是總計之詞為『凡』也。蓋一盤並陳，斯引伸之誼得為總計之詞也。降及後世，『凡』誼為最括計數之總名，說文：『凡，最括也』。一切經音義廿二引三蒼：『凡，數之總名也』。直至今日，或言『凡』，或言『一般』，或言『一班』，義猶無別，此正人類語言表情所循之自然通則矣。以文字由簡趨繁逐漸增附之慣習言之：字本作凡，後增彡而成彤，更增皿而成𥁰，此亦極自然之事耳。」（殷虛書契解詁第一九六—一九七葉）

吳其昌　「『凡』猶『同』也。『凡母辛』（簠一、三〇、五十簠二、二五、六）猶『同母辛』也。『同』字从『凡』（凡）从『口』，蓋即承『凡』為義也。是故，大豐𣪘云：『王凡三方』，即『王同四方』也。（『同四方』猶矢彝云：『同卿事寮』）與本片之『凡』『同』互用，正為一例。

同之義為會為合，『凡母辛』，殆為合祭母辛歟。又卜辭中『凡某某』之文，亦不僅此一見；他辭又云『貞、凡𠂢……』（續、一、五、四）又云；『貞、凡囗……』（簠、五、二六、一）又云；『凡若』（拾遺、七、一一）皆與本辭同例，義亦當為合祭于『先公𠂢』『先公若』『先公上甲』爾。他辭又云；『……貞翌，凡彡自土』。（簠、五、四四、二）亦謂合而彡祭，自『先公土』始也。」（殷虛書契解詁第三二九葉）

陳夢家　「凡字象側立之盤形，凡、皿古是一字，即盤。」（綜述四三二葉）

李孝定　「說文：『凡，最括也。从二，二，偶也。从ㄋ，ㄋ古文及。』契文象承槃之形，興、受、授諸字所从是也。詳前『興』『受』『前』『槃』諸字條下。以為最括之詞者假借字也。許君云云，強為之解耳。惟契文此字似與同字有關，孫氏所說是也。又卜辭常見『冎凡有疾』之文，似亦當釋為同讀為痛，或亦釋此為凡讀為風如葉氏言則無扞格矣。然『同』『凡』二字何以同文又不可解，當存以備考。又卜辭盤庚多作𦪇，則此字之釋凡應無可疑也。金文作凡散盤凡同上凡大豐簋凡禹比盨凡盂鼎」（集釋三九七八葉）

饒宗頤　「丁酉卜，設貞：杞侯炽弗其冎凡（同）㞢疒。」（後下三七、五）

按卜辭言疾病慣語，每云：「囚月出疒」。舊釋囚凡，以凡為風者。嚴一萍云：「似風為致病主因，素問風論：「風者百病之長」。（卜辭徵醫）然卜辭月字恆用作「同」。又云：「今𣗥月（同）受出又。」（前七、二八、四）「手繼月（同）龍圭」。（佚乙四五一六）故此處宜釋為「禍同」。古「同」與「重」通；集韻：痌，重文作瘇。（書顧命：「奉同瑁」。同者，鄭注：「酒杯」。朱駿聲謂假借為「鍾」。周禮大司樂「六律六同」，漢書郊祀志王莽奏「同」作「鍾」。列子黃帝「狀不必童」，注：「童」當作「同」。史記建元以來年表「千鍾」，集解徐廣曰：一作「重」。淇水注引史記作「千重」。斯并「重」「童」「鍾」「同」音同通用之例證。）故知「囚同出疒」應讀「囚重出疒」。謂災禍重而致疾。殷人視疾病之來源，為天帝降災及鬼神為祟，故有是語。以下凡此字皆逕釋作「同」。」（通考第一一四——一一五葉）

饒宗頤　「□庚子卜，爭貞：王凡，其冓。（遘）之日，凡，冓雨。五月。」（前編五、二七、五）按凡為盤字，此用作動詞。應讀為孟子之歌「盤遊無度」之盤。孔傳「盤樂游逸」。盤本或作槃。」（通考三四六——三四七葉）

屈萬里引卜辭「丁亥卜：叀雀𠷎凡？」（甲編四四四）云：「字於此當讀為盤游之盤。卜辭般庚或作凡庚；知般凡古通。般，盤通用，故書中例多尤不勝枚舉。書無逸：『文王不敢盤于遊田』。知盤乃遊田之樂也。」（甲編考釋六九葉）

張秉权　「凡丘，地名，春秋隱七年見凡伯，隱六年左傳杜注：『汲郡共县東南凡城』，續汉书郡國志共县：『有汎亭，周凡伯國』，路史國名紀五：『衛之共城西南二十二（里），故凡城也』。清水注：『故城在今輝县西南二十里』，所称共县，輝县就是現在的河南輝县，离安陽小屯不远。」（殷虛文字丙編考釋第一〇一——一〇二頁）

于省吾釋凡，参朿字条下（甲骨文字釋林釋朿一七五頁）

于省吾　「甲骨文凡字习見，用法頗有不同。現在只就于方国言凡者举例于下，然后加以説明。

一、□□□卜，穷貞，槼告曰，方由今𣈆（春）凡，受出又（前七．二八．四）。

二、乙酉卜，爭貞，槼告曰，方由今𣈆凡，受出又（京津一二二一）。

三、壬戌卜，方其凡（藏二三七．一）

以上三条的凡字均应读作侵犯之犯。典籍中从凡与从巳之字往往通用。例如：诗文王有声郑笺的「丰水亦汎滥为害」，释文「氾字亦作汎」；礼记王制的「氾与众共之」，释文「氾本又作汎」；周礼大驭的「祭軓」，杜子春注「軓当为軋」，是其证。古文字中的犯字始見于诅楚文的「倍盟犯诅」。前引第一、二两条的方由今春凡，是说某方从今春起要来侵犯。下句的受出又即受有佑，是说受到神灵的保佑，不会有什么患害。第三条的方其凡，是说某方该来侵犯。」（甲骨文字释林释凡）

丁骕「……『丹風有疾』，乃風湿症也。」（释朐与龍中国文字第八卷第三十二册三四一七页）

温少峰 袁庭栋「礼记月令：季春之月，『牲牲驹犊，举书其數』。即指对畜群进行清点、統计，加以登记。殷人也进行这种工作，卜辞中称为『凡』，说文：『凡，最括也。』王筠：『凡计，计數也。』即后世『盘点』之意。卜辞云：

(86) 壬子卜，貞：叀（惟）㞢子令甾凡豕？（后下一八·四）

此辞之『㞢子』为人名。『甾』字可能为甾即甫、圃之异体。此辞乃卜问令『㞢子』到圃中盘点猪之數目。若『甾』释甫即圃不误，则由此辞不仅知殷人要統计畜养猪只之數字，而且还知道殷代有在圃中畜养肥猪之事。

(87) 貞：……殸貞：凡羊……（乙三八九二）

(88) 貞：我凡牛？（乙三四二八）

(89) 貞：我……凡牛束，羊束，豕束？（乙三四二八）

(90) 凡羊束……（乙三八九二）

以上诸辞均为盘点牲畜之记录。(90)辞之束与束字，于省吾先生并释为『束』，其说是（見甲骨文字释林释束）。但于少生谓(89)(89)辞之『凡』，应读为判，训为判割』，为用牲之法，则有可商。此辞之『凡』是动词，『牛束』、『羊束』、『豕束』是名词，是『凡』的对象。此二辞之『束』应读为『师次』之『次』，为館舍之义。左传襄公二十六年：『师陈焚次』，杜注：『次，舍也。』卜辞之『牛次』、『羊次』、『豕次』即谓饲养牛、羊、豕之圈舍。(89)辞之『凡牛束、羊束、豕束』者，谓对饲养牛、羊、豕之圈舍及其中之牲畜进行盘点統计也。

白玉峥「甘：……峥按：凡字之结体，五期中无甚变异，是否为般之初文，在未发現更早于甲骨文字之前之文字前，尚未能必。虽于经籍中可作间接之说明，然就分期观察之结果言：于第一期武丁时，即已凡、般並行。至凡之初文为何？许书所云固非，吴氏（其昌）所论，亦未为必。余疑凡为祭器之一；其形制或与𥫗凡等近似；故于卜辞中，凡字得为祭名，如：

癸巳卜，貯兄丁、凡父乙？　　（甲六一一）

至……凡父乙？　　（乙五四七三）

凡于且丁？　　（乙四二七五）

其凡于且丁？嗇，王受又？　　（续二·七五七）

其祭之法，后世之典籍无传焉，然亦可委婉而求之也。如吴氏所言：般从凡从殳，以文字孳乳例律之，般既从凡字，则凡之为祭名，可得其消息矣。《毛诗·大雅·般序》：「般，巡守而祀四岳河海也」。盖以巡行之便，行祭祀山川之礼者。其祭祀之法，于典籍中亦可征也。《书·舜典》：「东巡守，至于岱宗，柴望，秩于山川」。柴字，于甲骨文字中作丅，或𣏟等；《礼记·祭法》燔柴注：「积薪於坛上，取玉及牲，置柴上烧之」。是凡为祭名，及祭之之法，於典籍中亦可征焉。而周之因于殷礼者，所损益，可知也。

凡，于卜辞中，又为人名；其人或单名「凡」，或复称曰「子凡」，如：

贞：乎凡𠂇子……？　　（综图二一·一）

贞：乎凡多沚……？　　（南辅七）

乙丑卜，㱿贞：先酒子凡、父乙三宰？

贞：先酒子凡、父乙三宰？　　（佚四四六）

子凡𣅀……？　　（给一〇〇）

又或为地名，如：

戊寅卜，贞：王其田亡𢦔？在凡。　　（粹九六〇）

」（《契文举例校读·中国文字》第八卷第三十四册三七七四——三七七六页）

張桂光

「考甲骨文，盤（般）、凡（凡）、舟（舟）是有区别的。凡（竖放的盤，增攴表明可作乐器敲打而已），一边短而直（盤底），一边长而弯（盤面），是圈足浅腹盤的形象；冎（繁体作冎（前七·四二前字所从，冎（前六·三五·五前字所从），两边皆长而作异向微弯，是高脚深腹盤的形象；舟，两边皆长而作同向弯曲，是舟的形象。三者实际上是形近而有别，在甲骨文中已甚大体分用而偶有讹混，西周以后发生误认、讹变的现象就不奇怪了。从般变作般（史颂盘）、肖变作肖（追簋）看，凡、凡、冎二者都有误为舟的可能，但从器制的功用為，作承盘的当然以圈足浅腹的凡更合适了。……H与H类属相同，可以按大类合而为一，而实际上凡字亦早为『最括也』的借义所专，它的原义也早同化到『盘』字中去了，但它们的关系是HH∨盘，『凡』自可称为『盘』，『盘』却是不可称为『凡』的」。（古文字的形体讹变、古文字研究第十五辑一八〇至一八一页）

周国正

「贞：婦好其H（般）出疾 （丙五四九（一））

……好弗……H（般）出…… （丙五四九（二））

五四九（一）、（二）『婦好其般／弗其般出疾』显出婦好染了病，……。（注释：舒琳教授……释H为般，解为「康復」，本文採取舒琳氏的说法。甲骨文中的H甫／H・甫史记写作「盤庚」，可证两字相通。「盤」有「回转」之意「例如「盤旋」」。说文亦说：「般，辟也，象舟之旋」。「「般」中的「舟」本应作「H」，参甲骨文字集释页二七七三」尔雅亦以「還也」解「般」。般的语族中有「瘢」字，意义就是「疤痕←復原的伤口」「请参说文解字诂林页三三四二所引桂馥之说」。）」（卜辞两种祭祀动词的语法特征及有关句子的语法分析古文字学论集初编二四九、二九七页）

楊树达　参冎字條

考古所　「凡，地名。」（小屯南地甲骨九九六页）

王樹明释H字見HH字条下

孙海波　「HH，淋一・三〇・二。風雨又作凡雨。」（甲骨文编六二五頁）

按：「凡」即「槃」之初形。說文訓「凡」為「最括而言也」（小徐本），乃其假借義。久假不歸，別製槃字以代之。說文釋其形體，尤為支離。葉玉森疑淋一・三〇・二「為風雨合文」，實則原拓作「雨凡」，下缺一橫畫，與「凡」字無涉。卜辭未見用「凡」為「風」者。卜辭「骨凡」習見，與「出疾」不得連讀。其辭例為：

「帚好骨凡，出疾？

帚弗其冎凡，出疾？」　乙七一六三

「王固曰吉，骨凡」乙七一六四
「雀骨凡？雀不其骨凡？」乙五三一四
「子安骨凡？」乙六二七三
如解為「骨痛」，則不能稱之曰「吉」。當指某種動作或行為而言。亦省稱為「凡」：
「弗其凡，出疾？」合二一九
「子弗骨凡？子弗弗其凡？」丙三一一
義難確指，存以待考。
「凡」或為祭名：
「其凡于且丁吉，王受又」存二・七五七
「凡」亦為地名：
「王其田亡戋，在凡」粹九六〇
卜辭「凡」無概括之義：「凡牛」、「凡羊」，「凡」皆為用牲之法，于先生讀為「判」。卜辭用牲之法與祭名每相因。合集一一一八五辭云：「…凡、允凡四羊」，足證「凡」非清點統計之意。合集五三四九辭云：「庚子卜，爭貞，王凡，其遘(雨)？之日凡，遘雨」「凡」字作「H」，義為「盤游」。

2846
丹 𠁿

金祥恆續文編五卷十八葉上收此作丹無說。

孙海波 「H，乙三三八七。地名。」（甲骨文編二三二頁）

李孝定 「說文：『丹，巴越之赤石也。象采丹井、丶象丹形。𠁿古文丹。彬亦古文丹』。契文丹與小篆同，金說可从。字在卜辭為方國之名，辭云『子丹白伯从勿子丹白从』乙、三三九七，可證。金文作H庚嬴卣許書丹古文或體作彬，段氏疑彬亦古文是也。」（集釋一七三七葉）

饒宗頤 「丹殆指丹伯，他辭云：『子从丹白，勿子从丹白。』（屯乙三三八七）『丹見』

者，謂丹伯來見王也。丹與殷人為婣媾，故其先妣有曰妣丹者，如：『貞：妣丹弗𢦏王』（沌乙四九六八）丹為地名，鄭語：『鄢、蔽、補、丹』，地在虢鄶之間。（殷時又有丹山，今本紀年：陽甲三年，西征丹山戎。」（通考九六八葉）

按：說文：「丹，巴越之赤石也，象采丹井。丶，丹形也」。此說非是。林義光文源謂：「㘝形近井字，故从井之字，古或譌从丹。然丹字無作井者。古丹沙以析盛之。庚贏卣云，錫貝十朋又丹一析是也。析者截竹以盛物，今鄉俗猶常用之。㘝象析，一象丹在其中」。卜辭丹為地名及方國名。

2847

興 𦥑 𦥑

羅振玉 『說文解字：「與，黨與也。从舁从与，古文𦦨。」上辭諸字从般，象二人相授受形，知與受為與之初誼矣。知凡為般者，以般从凡或作凡知之。知與字从般者，以受字知之也。或省从兩手奉般者，將有所與也。般亦舟也，所以盛物。鄭司農謂舟若承槃，是般與舟殆一物矣。』（殷釋中六十二葉）

商承祚 『𦥑，昔釋與，誤，乃興字，象四手各執盤之一角而興起之。金文父辛爵作𦥑，偁彼盨興鼎則舉重物邪許之聲也，說文以為「从同同力也」，與此同，又或增口，作𦥑𦥑，非是。』（佚存六十二葉）

唐蘭 「𦥑，从兩手持凡，即桐之本字。又有殘辭云：『……史……興……疒。』（簠五、二一、八）及『……卜，平，……興……出。』（續五、二二、九）當是自興出疒之闕文，興即興字也。說文興字从舁从同，同力也。卜辭作𦥑則象兩人奉凡，以象意聲化例推之，當為凡聲，凡同一字，故後世从同作興，然則自同自㡭與自興，其聲義當相同。古書用興字者，義多若同，微子云：『小民方興，相為敵讎，』即小民方同相為敵讎也。又云：『殷邦方興沈酗于酒，』即殷邦方同沈酗于酒也。又云：『我興受其敗，』我同受其敗也。呂刑云：『民興胥漸，』民同相漸也。詩抑：『興迷亂于政，』同迷亂于政也。是則自興當讀為自同。」（天壤文釋九葉）

孫海波 「𦥑，甲一四七九，祭名。」（甲骨文編一〇五頁）

孫海波　「說文『興，起也，从舁从同，同力也，』此从同省。」（文編三卷四葉）

郭沫若　「𢊁字羅釋興，余謂乃興字之省。禹叔盨興字作興，興鼎作興，此省口耳。蓋从舁从同省也。」（卜通三四葉一三六片釋文）

李孝定　「說文：『興，起也。从舁从同，同力也。』契文作𢊁，羅釋興誤。商釋興是也。字从舁从般，般即周禮司尊彝之舟，象兩人舁般興起之誼也。唐讀為同以曲就其『从同』之解，非是。其所引書微子數興字傳疏皆訓起是也。詩抑『興迷亂于政』，鄭箋云『猶尊尚也』，此語今猶有之，即『時興』『看興』之意也。微子『小民方興』應句絕，『相為敵讎』句絕。如訓為『同』與『相』連文，未免重複不辭。即令可訓為同，亦不能讀為同。『興』『同』之音讀懸遠，興不能以同為聲也。卜辭『㕣日出𠦪』當釋為『冎同有疾』，冎者骨之古文，說詳冎下。日釋同，讀為痛，乃殷人疾病之貞也。契文之興亦當訓起，辭云『口口卜出圓見歲不興用』，言不起用之即不舉用也。後下、十一、一。又云『疒口興口事』，簠五、二一、八。蓋言疾有起色也。又疑當訓生，『口辰貞奉生于且丁母妣己』『乙未貞大御𢓊蕣翌日其興』後上、二六、六。上言『奉生』者，郭某云『猶大雅生民「克禋克祀以弗無子」也』。卜通三四葉上。而下言『其興』，蓋『其生』也。大戴記夏小正『匽之興五日翕望乃伏』，傳云『其不言生而稱興，何也，不知其生之時故曰興』。或為方國之名，『貞王口興方伐』乙一四六二，『王从興方』乙五〇七五是也。或為人名，『貞興再冊許歸』乙三四一二是也。它辭所見興字多辭義不明。金文興字作興禹叔盨興興鼎興般句壺與契文作𢊁者同。契文多作𢊁，古文衍變往往增口無義。」（集釋〇八三一葉）

饒宗頤　「興者，禮記樂記：『降興上下之神。』又文王世子：『既興器用幣』，鄭注：『興當為釁字之誤。』朱駿聲云：『釁興聲近，字可通。』學記：『不興其藝』，鄭注：『興之言喜也，歆也。』則興又可借為歆。說文：『歆，神食氣也。』則卜辭所謂興某先王先妣，興字正可解為『歆』也。」（通考六六四葉）

屈萬里　「禹叔盨興字作興，古鉥『美興』之興字作興，並與本辭𢊁字同作。」（甲編考釋二〇〇葉）

按：字當釋興，商承祚之說可從。卜辭用為地名，亦用為祭名。乙五三二七辭云：「興祖庚」；「興妣戊」；「興子庚」；甲二三五六辭云：「興母庚」；均用作祭名之例。李孝定辨釋「同」之非是對的，而訓卜辭之興為「起」、為「生」，將後下一一．一之殘辭連讀，將後上二六．六兩段卜辭強加牽傳，均屬誤解，不可信。

安陽一〇〇一號大墓曾出三件「檯盤」，為一長方形舉。狀如牀，兩端各出一柄，與H同。舉總長二．三米，其中盤長一．七米，柄長〇．三米，寬〇．六米。見侯家莊第二本一〇〇一大墓上冊六五頁，插圖第三七頁。

2848

（古文字）

按：唐蘭以為「捫」之本字，不可據。字从「凡」，从「収」。合集二一〇五六辭云：

「癸亥卜，子：骨（古文字）」

與卜辭常見之「骨凡」同例，疑為「凡」之繁構。

2849

（古文字）

按：合集七〇七六辭云：

「戊午卜，㱿貞，弗其及（古文字）」

「戊午卜，㱿貞，𢦏及（古文字）」

其義未詳。

2850

同 （古文字）

王襄類纂以為古同字。

屈萬里 「當是同字」。（甲編考釋四九二葉）

按：林義光文源據金文以為从口凡，與咸同意。其說是對的。說文以為「从冃从口」，乃據小篆立說。諸家從而傅會之，孔廣居說文疑疑謂「人哆其口，則是非蠭起，觸處乖張。緘口捫舌，自然和同」，臆測之辭，毫無足取。合集二二二〇二辭云：「壬辰卜，同父乙[illegible]」當為祭名。

2851

⿱羊用

按：字从「羊」、从「用」，隸可作「⿱羊用」。辭残，其義未詳。

2852

張秉权「[illegible]，上从凡，下象鳥雀之形，疑亦鳳字。霰鳳是人名，在第二版上，（三）（四）二辭，均称霰鳳，第三版則均省称為霰，第四版則仅（四）辭省称為霰。但在它們的反面（即插图肆B。图版贰柒，二九。图版贰捌，（三一），霰鳳均省称為鳳。所以我們无法确定這二字中，何者為人名，何者為地名，在其他的卜辭中，亦有称鳳或鳳方的，例如：

□□卜，其（𡆥）鳳方，叀☐？大吉（粹一一八二）

□申，子（卜）貞：鳳□戋我？（粹一一五九）

但那二条卜辭是第三、四期之物，時代較晚，鳳字的书体与這里的略有不同。而在第一期的甲桥刻辭中，也有鳳向王朝納貢的記載，那也是书体不同的。郭氏以為鳳方就是后汉书東夷傳中的鳳夷（注一），丁山以為鳳夷在汉志六安國的安風县（注二），安風就是現在安徽霍邱县，可备一說」（殷虚文字丙编考释第五六頁）

（注一）見殷契粹编考释

（注二）見甲骨文所見氏族及其制度pp．一四九

2853

按：張秉權謂字从「凡」，下象鳥雀之形，疑亦「鳳」字，其說蓋是。卜辭為人名。

2854

按：字不可識，其義不詳。

2854

按：合集六九〇八辭云：「甲午卜，㱿貞，我隻叀□」其義未詳。

2855

裘錫圭　參弋字条

按：字不可識，其義不詳。

2856

宁

羅振玉　「象形，上下及兩旁有搘柱，中空可貯物。」（殷釋中十二葉下）

王襄　「古宁字。許説辨積物也，象形。」（類纂正編第十四第六十二葉上）

王襄　「古貯字。許説積也。□象積物之所。四周有蓋覆，積貝于中貯之誼甚明。」（類纂正編第六第三十葉下）

葉玉森　「按□疑□省。同卷第二葉云『乎貯』，此云『令貯』，辭例相同。貯或官名。」（前釋四卷四葉上）

丁山　「説文：『貯，積也。从貝，宁聲。』『宁，辨積物也，象形。』宁貯並有積誼，因此，研究文字者皆以為宁貯一字。……據我的淺見：宁字甲骨文作□，金文作□，都不若[illegible]灣之宁形更為原始。這個宁字作□，正象『機之持緯者』，當是杼之本字，即今俗名的梭，用以纏紗織布的。」（氏族及制度一一九——一二一葉）

李學勤　「宁義近于亞。卜辭中常見『亞某』，如亞□、亞□；銅器題銘中更是多見，如亞獏、亞離。同樣的，卜辭和銅器題銘中也常見『宁某』。文武丁時代的甲右尾署辭記載進納卜用腹甲的人名中有：

宁沓入。　遺一，八（四3）

宁𢍰入。　南，坊三，一九（四3）

宁矛入。　京一八九（二三二四）（四3）

『沓』、『𢍰』等是私名。銅器題銘中有『宁狽』（㝉，殷文存下三一）、『宁未』（盉，殷文存下三二）等。卜辭中又常見『某宁』，如『□宁』（塗七八（二1）），『□』是宁名。亞和宁的意義還有待于進一步的探究，其大意近于『族』。」（殷代地理簡論第五十二葉）

李孝定　「說文：『宁，辨積物也，象形。』又：『貯，積也。从貝，宁聲。』以貯字契文作□證之，象宁中貯貝之形，許說實不誤。丁氏以篆文宁說為杼之本字，似亦可通，然無以解於契文貯字之象中空貯貝之一現象。竊意當仍許說。至篆文作貯者蓋沿契文空廓金文多作貯者而譌。金文宅宁字作□宁未盉□庚宁父丁觶仍係中空可證也。」（集釋四一六三葉）

考古所　「宁壴：宁壴与犬征、射𠮷等词的构成一样，宁为官名，壴为人名。」（小屯南地甲骨八七六頁）

考古所　「丑：殆与宀為一字之异，即宁字。」（小屯南地甲骨一〇二二頁）

孙诒让　参申字条

饒宗頤說參□字条下。

白玉峥说参□字条下。

按：諸家多釋「宁」，以為「貯」之初形。段玉裁謂「其旁有禦，其下有阯，其上有顛，辨積之形也」；王筠釋例謂「宁當平看之。即如禾麻菽麥，同貯一屋，各有笆篅。其相距之地，則所空之地皆不作正方正圓形，故字作六角形也。段氏豎看之，誤也」。又句讀云：「器與器相交，則所空之地皆有隅，故此字中央作六角形」；徐灝段注箋以為「象門屏之形，視朝所立處」，諸說皆難以置信。孔廣居疑疑謂「从八，分別也。从顛到二入，入而不出，積宁意也」，尤為妄誕。或據契文□謂即「貯」字，象宀中貯貝之形，實則中所从乃「心」字，均不从「貝」。合二〇二辭云：「翌己亥其雨？翌庚□其雨？」難以判定用作「子丑」之「子」。是否為宀之誤刻，抑或同源相通。

2857 中 中

按：合集二四九正辭云：「乞芻于中」，為地名。又合集六六六五辭云：「三日乙酉出來自東，妻呼中告旁戎」，為人名。

2858 □

按：合集三二二七七與三二二二七八並有「于□次」之記載，乃地名。

2859 井 井

葉玉森「井象構韓四木交加形，中一小方乃象井口。」（

王襄「古井字。又古荆字。」（類纂正編第五第二十五葉上）

孫海波收此作井，曰：「葬亂為妌，為邢。」（文編五卷十葉）

商承祚收此作荆，曰：「毛公鼎作井，與此同。」（類編五卷十一葉）

孙海波

「井，甲三〇八。方国名。井，甲二九一三。妇井。井用为妌。」（甲骨文编二三二頁）

孫海波

「井，甲二九一三。卜辞用井为妌，重見井下。」（甲骨文编四七六頁）

陳夢家

「殷本紀祖乙遷於邢，尚書序作耿，索隱曰『今河東皮氏縣有耿鄉』，今山西河津縣。漢書地理志『皮氏，耿鄉故耿國，晉獻公滅之』。河津之耿國，非祖乙所遷之邢，然『邢』『耿』古通，則耿可能即卜辭的井方。」（綜述二八八葉）

李孝定

「說文：『井八家一井，象構韓形。•，罋之象也。古者伯益初作井。』栔文與小篆同但不但•，•乃後加無義，未必象罋也，字在卜辭為人名，或言『婦井』藏二一〇、一可證。或為方國之名，辭云『井方』後上十八、五，可證。金文作井周公簋『井侯』井散盤井弔男父匜井克鼎井趞曹鼎井乙亥鼎『井方』與卜辭同井毛公鼎『女毋敢弗帥用先王作明井俗』叚為刑。」（集釋一七四一葉）

李孝定

「不从邑。井字重文。說文云『鄭地邦亭从邑井聲。』」（集釋二一七一葉）

考古所

「井：地名。」（小屯南地甲骨一〇五三頁）

按：卜辭井為人名及方國名。高翔麟說文字通云：「春秋傳井伯即邢伯，用邢叔鐘銘亦作井叔。又古文以為刑字」。

2860 汬

洲

沈之瑜

「甲骨文中有井字，井的用意只有两种，一是方国名——井方，如后上八．五、卜六二四、粹一一六三。另一种是人名——妇井，例很多，島邦男殷墟卜辞综类中收录五十二条之多。两种都不是水井的意思，卜辞中无用井之本义者。但考古学家在河北藁城台西遗址房基附近发现了水井，水井口平面为圆形或圆角长方形。有意义的是井内还发现有木质的井盘等痕迹。它们用原木按井字形两两叠压，计有四层。水井中还有木桶、陶罐等遗物，陶罐的颈部有繫绳的痕迹，显然是汲水时掉入井底的。这些水井应是商代居民生活用水的来源。』（见綜中国的考古发现和研究二三七页，考古研究所编著，一九八四年文物出版社出版）商代卜辞中有关农业水利灌溉，过去学术界是存在着分歧意见的，藁城台西遗址水井的发现，给汲井灌溉提供了可能的条件，但我们不能望文生义地说卜辞中的『百洪』（林一·八·一三）就是汲井灌溉。洪字音声（集韵蒸拯切），说文失收，但在阱字下说：『古文阱从水』，正字通点说『洪，籀文阱从水。』周礼秋官司寇下雍氏有云：『春令为阱，擭溝瀆之利於民者，秋令塞阱，杜擭。』郑玄注：『溝瀆澮田间通水者也。』故我以为卜辞洪字乃阱之古文，『百洪』：是百条溝瀆的意思：这才能与玉篇『溝涎，小水貌也，漂流也』之义相合。而甲骨文田字作[illegible]（拾六·二）、[illegible]（粹一二二一）等形正象田间阡陌之形。」（「百洪」、「正河」解上海博物馆集刊第四期一九二页）

2861

[illegible]

按：林一·八·一三「……百洪……」，其義不詳。契文獨體「井」字無用其本義者，然在偏旁中，如「[illegible]」、「[illegible]」等，則為阱之義。

2862

[illegible]

按：合集四九五一辭云：「戊午卜，貞，[illegible]不其骨凡」為人名。

按：字不可識，其義不詳。

2863

南 穀 [illegible]

羅振玉　「說文解字南古文作[illegible]，與此不合。古金文中有作[illegible]（求古精舍金石圖父戊爵）

肖（西清續鑑卷二周清鼎。原誤釋青）南（南姬鬲）諸形，與此略同。」（殷釋中十四葉上）

孫詒讓

「肖疑即南字，與南庚南字作肖同。說文𣎵部南从𣎵羊聲，古文作𡴀。金文盂鼎作南南二形，此上从屮與彼同，下羊斷直畫，諸文並同，不知何義。詩周南：『南有樛木。』毛傳云：『南南土也。』鄭箋云：『謂荊揚之域。』此南或即南土與。」（舉例上卅七葉下）

吳其昌

「「南」者，此文云「宰，出一牛，出南。」出，有也。詳前跋。是即云：「宰：有牛，有南。」則「南」明為「宰」中之一物，而与「牛」為同类矣。此云「出牛，出南」，他卜辭云「一羊、一南。」後·一、五·一·正為相同之文法，則「南」之与「牛」「羊」等类，証愈厚矣。他辭又有以「南」与「鹿」相等类者，如云：「丙申□貞，[illegible]动字，擒獲之义，阱陷之义。南、鹿。」後·六·四三·五·是也。与「牛」「羊」「鹿」相等类，是「南」亦為牲牷明甚。牲牷，故亦可以卯殺之：卜辭云：「卯三南，□羔。当為以火烹羊之形。」後、二、四一、五·可瞼也。卯殺牲牷，故可以祭亯，或与「牛」同「宰」，或与「羊」共薦。詳上。或專以「南」饗，卜辭云：「出于且辛，八南·九南于且辛。」林·一·一二·一七·「：：九南。」洪四六一·可瞼也。此「南」字在殷代之别一晦义，至今日而始彰著也。昔人未瞭此晦义，故虽王先生亦困于「一羊，一南」之不得其解，而强補為「南庚」。至郭沫若氏始糾正之云：「余謂「一南」与「一羊」為对文，同是献于祖之物。」纂釋·四八·是也。然郭氏始終未詳稜卜辭而通纂之，故又誤以「南」為钟鎛之物，釋八南九南于且辛云：「南，当是献于祖廟之物，乃钟鎛之类，說詳甲研釋南。」纂釋·三·七·按：「南」是否又有别一义為钟鎛之类，此乃又一问题；吾人亦求說其有，故詩云：「以雅以南。」明「南」之亦為樂也。但殷代根本無钟鎛。钟鎛乃象田器之钱鎛二相合而成。詩云：「庤持乃钱鎛。」鎛，凸形；二鎛相合，則成[illegible]形，為钟鎛之「鎛」也。盖经農稼生产发达至相当程度以后，始知摹倣钱鎛工作時偶然觸石鏗尔激越之美声，而鑄為二鎛对合之狀，故亦即以「鎛」名之也。殷代大氏尚滞在畋魚牧畜生产時期，钱鎛或寡，其不能有鐘鎛明甚。殷非農稼时代，郭氏及世人之所公認。傳世銅器近万件，曾見有殷钟殷鎛否耶？今钟最早者，始見于周昭王之宗周钟，是周初尚无钟也。钟鎛之发达直至東周之世始然，班班可考也。故在上列卜辭一类之「南」，断不能訓以钟鎛。且「南」字实从「中」从「丹」，有作肖者，前·三·三三·七·續·二·六·三等种种变狀，在卜辭中实亦不像钟鎛之形。若以钟鎛訓「南」，則岂得与「羊」同為对文！郭氏說。岂得与「牛」同名為「宰」！岂得与「鹿」同時阱獲！又岂得云「卯三钟鎛」乎！其不可通，匪可以口舌争矣。」（殷虛書契解詁第一五〇——一五一頁）

李旦丘　「今按南即詩經鼓鐘四章『以雅以南』之南。乃樂器之名，郭讀為鈴」。（零拾第五葉下小注）

于省吾　「郭沫若釋青為南，謂『殆鐘鎛之類之樂器』。又云：『卜辭之八南九南，或一羊一南，實即八鈴九鈴，或一羊一鈴。小雅之「以雅以南」，文王世子之「胥鼓鈴」也』。（甲研釋南）又云：『青讀為穀，』謂妳祀上帝以穀也。則青舊釋為南，于用為祭牲之事，苦難解。近時唐蘭始改釋為青，而讀為穀。今案釋青是，而讀穀，則未為得。如「㞢于祖辛八青，九青于祖辛」。（通一五九）說為八穀九穀，既不辭。「癸未卜，帚鼠㞢妣己青犬。帚鼠㞢妣庚羊犬」。（濬一六〇六）青犬與羊犬對文，則青當是動物之名。更有一例曰：「甕九宰，卯三青」。（堂野前氏藏骨）與卯牛卯羊之例同，尤足證青之必為動物。由上諸證，余改讀之為穀。穀者說文云：「小豚也」。从豕，殸聲。殸則从殳青聲，故青可假為穀也』。（粹考一六五）唐蘭云：『據卜辭方向之南，本無正字，借青為之。後世形聲俱失，遂歧為二字耳』。又云：『卜辭用此字凡有二義：一為方向之名，即後來析為南字者；其一則所祭品物之名。例如一青二青三青五青八青九青十青之類，當讀為穀。古者叚青為穀，或又叚殸為之。變為形聲字，則為从禾殸聲之穀字矣』。又云：『青多與牛羊豕同用，必讀為穀乃合。古侑牲以黍稷也』。（文字記釋自殸）又云：『余按郭訂正校余舊讀為優，惟尚須略加修正。卜辭云：「宰㞢一牛㞢青」。是青與牛同稱。云「一羊一青」，是青與羊同稱。云「十豕㞢青」，是青與豕同稱。云「一犬一青」，是青與犬同稱。然則青或殸乃畜子之通稱，不僅小豕也』。（天考五一）按：郭前後說並誤。唐前說是也，惟以義證不備，後又改从郭說，實無定見。郭所引堂野前氏藏骨：「甕九宰，卯三尚」。見粹六八三。尚字與青形有別，存疑可也。庫一九八七：「庚戌卜，爭貞：來于西，圖一犬一青、來四豕四羊青二，卯十牛青一」。歷史博物館藏骨，有辭云：「丁子卜，旁貞：來于王亥十青，卯十牛三青，告，其从呈乘正下产」。按：一青、青二、青一、十青、三青，均與牲數相參錯，如讀青為穀，穀亦牲也，同為一牲，絜文無如此再三複舉之例。塗六二三：「貞，來于王亥五牛新青」。言新青即新穀，猶他辭言新鬯新黍矣。（新鬯習見，新黍見粹一二六）鬯黍與穀可言新，牲類無言新之理。瀹一、十、二：「㞢于且乙，宰㞢一牛㞢青」。四、四、四、四：「㞢青」。七、一、一：「貞，方帝，卯一牛㞢青」。鐵二五八：「來四羊四豕，卯四牛四□，一青」。後上五、一：「一羊一青」。余所藏明義士墨本有辭云：「貞，吳以二青于父□」。後下四一、五：「三青」。續一、一九、五：「來三青」。續八：「□十羊十豕五青乎來」。王漢章氏藏絜「五殸」之辭，殸即青。林一、一二、一七：「九青于且辛，㞢于且辛八青」。佚四六一：「九青」。上文所引歷史博物館藏骨有「十青」之語。絜文稱㞢青一青二青三青五青八青九青十青，青均應讀為穀。穀者百穀之總名，經傳習稱五穀。周禮膳夫：「凡王之饋食用六穀」。大宰：「三農生九穀」。詩大田：「播厥百穀」。湯離彖傳：「百穀草木麗乎土」。說文：「穀續也，百穀之總名也」。从禾𣪊聲」。絜文五青或作五𣪊，𣪊與穀但省禾耳。山海經南山經：「其祠之禮毛，用一璋玉瘞，糈用稌米，一璧，稻米，白菅為席」。注：「糈，祀神之米名，稌，稻也」。中山經：「其祠毛，用一雄鷄祈，瘞用一珪，糈用五種之精」。楚辭離騷：「懷椒糈而要之」。注：「糈，精米，所以享神」。絜文言聶米或系米，乃以米祀神之證。其言出青即循穀，新青即新穀，其用牲時亦每雜以若干穀。米與穀雖有精粗之別，而均可為祭品一也。山海經稱糈用五種，穀類尤繁。絜文言十青，謂十種之穀也。其言來三青，五青乎來，來四豕四羊青二，來于王亥十青，是均於穀言來。禮記郊特牲「取膟膋燔燎」注：「與蕭合燒之，亦有黍稷也」。蓋此類也」。（駢三十六葉下釋青）

郭沫若

「東西南北字之構成於許書皆有說。東引官溥說「从日在木中」。西作鹵，以為棲之本字，云「鳥在巢上象形，日在鹵方而鳥鹵，故因以為東西之西」。南作𡴘，「艸木至南方而有枝任，从𣎳羊聲」。北「从二人相背」。骨文金文之東北字與小篆無別，西字作甶骨文若⊗金文，雖無鳥象，然存篆形，許書之說於此三字可通行無悖。惟南之一字則大有逕庭。骨文南字據類編有十七種異文，定按見前引从器均係象形文，無一从𣎳，亦無一有羊聲之痕迹。金文南字可得十二種，𡴘盂鼎 𡴘同上 𡴘㪟取敢 𡴘兮甲盤 𡴘無㠱敢 𡴘同上 𡴘鬲攸比鼎 𡴘散盤 𡴘虢卣 𡴘宗周鐘 𡴘同上 𡴘余冉鉦 此雖有數字類似有从羊得聲之痕迹，然亦無一從𣎳作，許謂「艸木至南方有枝任」者本从𣎳字義出，謂「艸木盛𣎳𣎳然」，今知南之古文既不从𣎳，則南之本義自當別為一事矣。南於卜辭除用為東南之南及南庚之南而外，別有異義，為「出于祖辛八南」 「九南于祖辛」燕一、十二、十七，「一羊一南」後上、五、一，確係獻於祖廟之器物。由字之形象而言，余以為殆鐘鎛之類之樂器。請叙述其證據如左：其一、卜辭有从南方之字為𣪊，其數多至不可勝數，然多用於卜貞二字之間，其義不可識。僅有一例見於辭間，「甲戌卜𣪊貞我勿版茲邑𣪊己巳」，義亦不明。然其字形則僅有可說，字作𣪊𣪊乃象一手持槌以擊南，與殸鼓二字同意。殸作𣪊諸形，鼓作𡔷若𡔷即象持槌以擊鼓，知𣪊與殸鼓必係同類字。又声即殸形，壴即鼓形，則知𣪊南同字，而南與殸鼓亦必為同類。其二、詩小雅鼓鐘四章「鼓鐘欽欽，鼓瑟鼓琴，鐘磬同音。以雅以南，以籥不僭」。毛傳以南為南夷之樂，籥為籥舞，於雅無說。鄭箋以雅為萬舞，餘同毛傳。按雅為萬舞之說實不經見，且邶風簡兮之萬舞而執籥秉翟，則萬舞與籥舞特後人強為之分耳。余以為雅籥實均係樂器之名。周禮春官「笙師掌教龡竽笙塤籥，舂牘應雅」，後鄭謂「籥如篴，三空」。按此說有異見第二龢字注先鄭謂「雅狀如漆筩而弇口，大二圍，長五尺六寸，以羊韋鞔之，有兩紐，疏畫」。雅籥為樂器則南自當為樂器。禮記文王世子「小樂正學干，大胥贊之，籥師學戈，籥師丞贊之，胥鼓南」。鄭既言鼓，則亦顯係樂器之名。而鄭注復以南夷之樂釋之，舉詩「以雅以南以籥不僭」為證，是不特以疑證疑，乃至以疑證信矣。要之，南當為樂器，特其名失傳，故毛鄭均未得其正解。其三、國語周語景王二十三年「王將鑄無射而為之大林」，單穆公諫之，謂鑄大鐘以鮮其繼，後又言王不聽，卒鑄大鐘，是則大林即是大鐘。古人之鐘亦可謂之林，林與南一聲之轉也。其四、金文公伐郙鐘有「世為周⿱爫用」句，第四字王國維以為「甫字，假為輔。魯頌云「為周室輔」與此文例同」。鐘銘中多从此作之字，如「叔氏作寶⿱林南鐘」，「虢叔旅用作皇考惠叔大⿱林南龢鐘」、𤼈鐘之「作朕皇考𥼶伯龢⿱林南鐘」，伯顯父鐘之「作朕皇考犀伯吳姬龢⿱林南鐘」、号仲鐘之「作大⿱林南鐘」，字均在鐘字之上而多以大為形頌。王國維又以為鎛字，謂「以公伐郙鼎按鼎乃偽刻，甫作⿱爫用，故知此為鎛」。此與上甫字說同，見金文編附錄。余按此即周語之大林也，字當从林聲。公伐郙鐘文乃其象形文耳，字當讀林聲。為證尚不一而足，楚公豪鐘「楚公豪自作寶大⿱亼南鐘」，此與从林者自係一字，而無聲符，其他數器則或作⿱大南殷、或作⿱亼南殷，所从之[illegible]等形則「今」字也。今聲與林聲同在侵部。存世号仲鐘有數器，於上舉「号仲作大⿱林南鐘」之一器外另一器作「号仲作大⿰金南鐘」者林而从金，又另一器作「号仲作大⿰金南鐘」及一編鐘作⿰金南，蓋从金稟聲也。林稟本同部字，則从金作之⿰金南字亦必同字同音無疑。古今文稟字多从来作，如農卣「農⿱林南厥孥疑古妥字之別構从奴十聲十古文甲厥小子小大」，又魯伯稟鼎之⿱亩米，均从米。亦有从禾作者，則沿伯兕殷之⿱亩禾貝字是也。陳猷及子禾子二釜「左關之釜節于⿰稟攴釜」，此字容庚亦釋亩，謂从攴作。金文編五卷一八葉按此實从来敲聲也。敲與亩畐等實為一字，小篆誤作㐭，許書以為廩之本字，謂「从入从回，象屋形」，乃沿譌字以為說也。故㐭實亩之譌字，亩聲與林聲亦同在侵部也。字於金文亦有假作他字用者，大殷其一也。器銘記王以奔睽之里賜大，命人傳令奔睽，奔睽應王命而答以「余弗敢⿱林南」，蓋文作⿰稟攴，从攴。从攴作者亦見於免殷及免簠。殷云「令女正周師𤔲⿰稟攴」，簠云「令免作𤔲土𤔲奠還⿰稟攴眔吳眔牧」，吳乃官名，當即周禮地官山虞或澤虞，牧當即迹人圍人之類，則𤔲⿰稟攴蓋林衡之別名矣。大殷之⿱林南若⿰稟攴殆假為楚字。由上可知，⿱亼南、⿱林南、⿱亼木等字實當讀林聲。以聲類求之，當即古之鈴字。其字亦正象鈴形，特古人之鈴與鐘為同義語，大鐘亦謂之大林者，乃大鈴也。南則又⿱亼南之形音之略變耳。南乃本為鐘鎛之象形，則何以孳乳為南方之南，余揆其意，蓋因古人陳鐘鎛於最南。大射儀禮記云「笙磬西面，其南笙鐘，其南鑮同鎛皆南陳。……頌磬東面，其南頌鐘，其南鑮，皆南陳」。鐘鎛皆南陳，故其字孳乳為東南之南，此義之孳乳在殷代已然。然文化漸進，則同文異義之字不免發生混淆，故⿱亼南南二字遂不得不稍變其形，而亩字入後復增益而為⿱林南為鍊，更變而為鈴，則形聲俱變。其殷為倉廩字用者則譌變而為亩，鈴亩南三字遂迥不可復合，其實乃同源之異流也。知此可知卜辭之「八南」、「九南」或「一羊一南」，實即八鈴九鈴或一羊一鈴。小雅之「以雅以南」，文王世子之「胥鼓南」，實即「以雅以鈴」或「胥鼓鈴」也。又詩之周南召南大雅小雅，揆其初當亦以樂器之名孳乳為曲調之名，猶今人言大鼓、花鼓、魚鼓、簡板、欄子、灘簧之類耳。詩序謂「南言化自北而南」，乃望文生訓之臆說。（甲研釋南）

陳直

「卜辭有云：『之于且辛八南』，又曰：『九南于且辛』。家保之兄邦懷云：『卜辭之南，蓋即詩「呂雅呂南」之南。毛傳云：「南夷之樂曰南」，八南九南，猶它辭之伐廿伐卅人，伐十人矣。羅氏據禮記樂記伐為樂舞之祭，是矣。所謂八南九南，其用八人或九人，作南樂以祀祭祖辛與』？予案：禮記文王世子云：『凡學，世子及學士必時春夏學干戈，秋冬學羽籥，皆于東序。小樂正學干，大胥贊之，籥師學戈，籥師丞贊之，胥鼓南』。鄭注云：『南，南夷之樂也，大胥擊鼓以節其音曲』。據此，南樂為世子及學士小樂正之樂，為大胥之所掌，昭然可見。……惟周時以南為小樂正之樂，殷時以南為祭祖之樂，是殷禮不同於周禮者也」。（賸義四葉上至五葉上）

郭沫若

「『要帝青』者，要殆假為郊，青讀為縠，謂郊祀上帝以縠也。青舊釋為南，于用為祭牲之事若難解。近時唐蘭始改釋為青，而讀為縠。今案釋青是，而讀縠則未為得。如『出（侑）于祖辛八青。九青于祖辛』（通一五九、）說為八縠九縠既不辭。如『癸未卜帚鼠出（侑）妣己青犬。帚鼠出妣庚羊犬』。（滙一六〇六、）青犬與羊犬對文，則青當是動物名。更有一例曰『尞九牢，卯三青』，（堂野前氏藏骨）與卯牛卯羊之例同，尤足證青之必為動物。由上諸證，余改讀之為縠。縠者，說文云『小豚也，从豕殼聲』。殼則『从殳青聲』，故青可假為縠也。段玉裁云『左傳晉有先縠字彘子，蓋縠即縠字。釋獸曰「貔，白狐，其子縠」。異物而同名也』。今卜辭既每以青為牲而與羊犬同列，自當是小豚，而非白狐子矣。卜辭尚有一例，曰『庚戌卜爭貞尞于西，圀一犬，一青，尞四犬，四羊、青二，卯十牛，青一』。（滙一九八七）圀尞卯均用牲之法，而青與羊犬牛同用。又于犬羊牛之外，無與豕豚同用之例。此均青當為縠之證」。（粹考一六五葉）

唐兰

「南字卜辞作肖、肖、肖、肖、肖、肖等形，郭沫若以为『殆钟镈一类乐器』。兰按以声之为声，壴之为鼓例之，肖衍为𣪊，识可目为乐器。然以为钟镈一类则非是。郭氏以大林之钟为证，然南与面固截然二字也。𣪊字，孙诒让氏释殸，王国维氏释𣪊，学者多从王氏，今按当从孙氏为是。𣪊或为𣪊，变而为𣪊，即说文㱿字，犹𣪊变为𣪊，𣪊变为鼓矣。㱿象以殳击壴，其声壴然，以声化象意字例之，当从殳壴声，然则肖即壴字也。壴字本义，今不可详，以意度之，当是㱿之本字，以瓦作腔㱿之形，故叩之而壴然也。卜辞肖字，除用为南方义外，常用为祭物，如：八𡴀、五𡴀、四𡴀之类，郭沫若谓以钟镈类的乐器为祭，然卜辞又有「一羊一𡴀」（後编上五页），「卯一牛㞢𡴀」等辞（前编七卷一页），以牲与𡴀并祭，谓为乐器，未免突兀。余谓此类卜辞中之𡴀字，实即𡴀字，当读为㲉，九𡴀、八𡴀，即九㲉、八㲉，而以㲉備牛羊，亦於事为顺也。然则南方之字，本假𡴀为之，无本字也。从𡴀声之字多转读入厚候等韵，左传「楚人谓乳㲉」，尤其显证。㲉南声近，故变为今音之南。后世见南方之南，形音俱变，遂以为别有专字矣。」（释四方之名，考古学社社刊第四期第二页）

唐蘭 「余舊讀青𣪊為㲉，詳殷虛文字記。郭沫若曰：『青舊釋為南，今余改讀為㲉。』余按郭訂正較余舊讀為優，惟尚須略加修正。卜辭云：『宰㞢一牛，㞢青，』（簠一一、一二）是青與牛同稱，云『一羊一青，』（後上五、一）是青與羊同稱，云『十豕㞢青』，（簠一七七三）是青與豕同稱，云『一犬一青』，（簠一九八七）是青與犬同稱，然則青或𣪊，乃畜子之通稱，不僅小豕也。莊子駢拇『臧與㲉』，崔注『孺子曰㲉』。方言八『爵子及鷄雛皆謂之㲉』。廣雅釋親『㲉子也』。是𣪊聲有乳子之義。」（天壤文釋五十一葉）

唐蘭 「右青，亦即南字。孫詒讓釋南，（舉例上三七）學者從之，而不知其本為青字也。據卜辭，方向之南，本無正字，借青為之。後世形聲俱变，遂歧為二字耳。余為此說，似頗詭異，然實有確證三，非故求新誕也。請實我言如下：一曰，以形體演变證之。卜辭青字形體雖繁，要以作𡴀形者為最原始，其演变之大略如次：

由此可見𡴀為原始形；卜辭𣪊字甚多，大抵从𡴀或𡴀，亦可為證也。說文：『𡴀𢃄帳之象，从冂，㞢其飾也。』按㞢小篆作𡴀，豈小篆作豈，依此例，是小篆之𡴀，即古文之𡴀矣。二曰，以偏旁證之。卜辭𣪊字習見，孫詒讓釋𣪊，甚是。自王國維改寫為𣪊，遂無人能識矣。𣪊字實从殳青聲。三曰，以卜辭用法證之。卜辭用此字，凡有二義，一爲方向之名，即後來析爲南字者。其一則所祭品物之名，例如：「一青」、「二青」、「三青」、「五青」、「八青」、「九青」、「十青」之類，當讀爲「穀」。古者叚青爲穀，或又叚殸爲之，变爲形聲字，則爲從禾殸聲之穀字矣。以字形言之，卜辭南方之字，本作肖，實即青字；以偏旁所從言，可寫爲㪊形之㪊，實即殸字；以叚借言，前人所誤認爲「八南」、「九南」者，實爲「八穀」、「九穀」；則卜辭此字之應釋爲青，可無疑焉。說文以青爲「情帳之象」，而於南下云：「艸木至南方有枝任也。從𣎳羊聲」。二說均與字形不合。肖與情帳之形既殊，殸字從殳擊青，與殸之從殳擊声，鼓之從殳擊壴，同例，可證青可用爲樂器之屬而非情帳也。至南字本即青字之歧出，在漢時小篆变作㐭，許氏遂誤認爲從𣎳羊聲耳。（說文今本篆作㐭，或作𡴎者，並誤。又古文𡴘實即㐭之誤。）林義光文源據金文作㐭，解爲「集之古文，木柔弱也。肖象形」，亦涉附會，蓋據說文羊聲之說，僅改𣎳爲肖耳。郭沫若作釋南（甲骨文字研究上第十三），舉骨文金文南字以明不從𣎳與羊聲，其說甚是。然其謂「由字之形象而言，殆鐘鎛之類之樂器」，則非也。郭氏所列四證，惟第一證以㱿殸二字，與㪊字相比較者爲確實可信，然祇能證爲樂器，無以定爲鐘鎛也。其第二證引詩鼓鐘云：「鼓鐘欽欽，鼓瑟鼓琴，鐘磬同音。以雅以南，以籥不僭。」及文王世子「胥鼓南」以明南爲樂器名。此事友人羅庸氏及余皆疑之。蓋鼓鐘之詩，既有鐘磬琴瑟之音，則雅南安知其不爲雅詩與南詩之樂耶？文王世子僅言鼓南，亦安知其非所鼓之樂名也。今姑不論此，而叚定二書所言，確是樂器，亦無由定爲鐘鎛之類。且「鼓鐘欽欽」，明已有鐘，若南爲鐘鎛，則疊床架屋矣。其第三證以大林之林爲即南，則僅聲相近而無所據。第四證謂「㐭菁𡕥等字當讀林聲，以聲類求之，當即古之鈴字，其字亦正象鈴形」。又謂南爲「㐭之形音之略变」，最爲舛誤。㐭南截然二形，不容相混。㐭字出公伐郘鐘，鐘之真僞尚不可知，其字則決非㐭或南。且即使㐭即南字，亦安可據後代一孤文，以爲祖禰，而反謂商代所書盡爲变體耶？按郭氏此釋，其尤妄者爲第四證，而以此證爲最謬誤。其第三證必有待於第四證之成立，故亦不足據。僅據前二證，則決不能定爲鐘鎛矣。

余謂南本即青，青者瓦製之樂器也。何以言之。青之動詞爲殸，象以殳擊青，而殸之孳乳字爲㲉，猶聲之動詞爲殸，而殸之孳乳字爲磬也。磬爲石器，㲉爲瓦器，故以石缶爲形也。（从青孳乳者尚有㲉字，知青非角器者，㲉字本作殸也。詳釋殸。）說文「㲉，未燒瓦器也。從缶殸聲。讀若箭莩」。則以㲉義爲坏，坏，瓦未燒也。許氏既不知青義，而訓爲情帳，亦無怪其訓㲉爲坏，失其本義矣。漢時讀㲉如莩，莩缶聲相近，易離九三：「不鼓缶而歌」，詩宛邱：「坎其擊缶」，瓦缶爲樂器，其來甚久，㲉即缶耳。以器盛酒漿言之，爲缶，以樂器言之，則當以青若㲉爲正字也。以字形言之，肖字上从屮，象其飾，下作凵形，殆象瓦器而倒置之，口在下也，其中空，故擊之硿然，（說文青苦江切。）殸然，（說文殸从上擊下也。）可以爲樂也。上古匋樂甚多，如敔，土鼓，塤等皆是。銅器盛行後，匋樂漸廢，猶至鼓缶之俗，只存於秦地，後人遂只知其所鼓者為缶，為盆，為瓷，而青殼之名，俱湮晦矣。（夢坡室獲古叢編禮器下父乙爵鄒適廬跋云：「曾見殷虛所出匋器有作⿱形者中空，上有柄，內範四字，與甲骨文同」。又云：「四字中有殸字，疑即器名」。按銘四字鄒未詳述，謂殸為器名，殆難置信。又鄒氏不甚能別真贋，所謂銘四字，恐是僞作。）青字段為方向之偁，其音㚇而為「那含切」者，古從殸得聲之字，多轉入侯韻，楚人謂乳曰殼，殼有「奴豆」一切，與「南」音極近也。以形體言，則自⿱屮冂而㚇為南；以訓詁言，則作南南等形，漸專施於南方；以聲音言，又㚇為「那含切」，於是南之一字，形音義具備，與其所从出之青字全異。研究數千年前之古文字，其為事至艱。青南本一字，釋青則遺南，釋南又遺青。孫詒讓釋⿱屮冂為南，殸為殸，雖似分析不精，實則不誤。後人以釋殸為非，於是「殸」字遂不可識矣。郭沫若以卜辭之「八青」、「九青」，為「八南」、「九南」，又以「南」為鈴，為鐘鎛之屬，所以獻於祖廟者。不知卜辭言「出青」，「卯一牛出青」，「囗一犬一青，求三豕三羊，青二，卯十牛，青一」，「卯十牛，三青」，由此可知「青」多與牛羊豕同用，必讀為殼乃合，古脩牲以黍稷也。讀「南」不可解。若如郭說，則牲與鐘鎛同獻，尤不可通。故必知卜辭之青字，用遂有二：一假為祭物，即後世之「殼」；一假為方向，即後世之「南」；然後可無凝滯耳。青所以假為方向者，青者殼也，善也，古人喜南而惡北，蓋緣日光之故也。郭沫若氏謂「鐘鎛南陳，故孳乳為東南之南」，亦非是。鐘鎛後起，四方之名先出也」。（文字記六十七葉下至七十一葉上）

孫海波　「⿱屮冂，汜一九六八。卜辭青用為殼。昔祖丁不黍隹青。」（甲骨文編三三一頁）

孫海波　「⿱屮冂，汜一九六八。卜辭用青為殼。重見青下。」（甲骨文編三八九頁）

饒宗頤　「按青从爪从青，當是青之繁形。即殼字，義為牲品。」（通考八三八葉）

饒宗頤　「『癸酉卜，𡚸貞：今十月，尸歸。　甲戌卜，𡚸貞：我允出南。　弗（其出）』（掇編八、九、一）按南當是南土、南邦。佚甲二九〇二屢見『在南土』及『南邦方』之名。周器中鼎云：『王命中先省南國』。得此知以南為地名，殷時已有之，不自周始。」（通考七三一葉）

饒宗頤　「于氏讀『青』為『殼』，謂九青猶周禮大宰之九殼，說亦可通。惟殼穀無稱五十之理，故不以讀為豰。說文：「豰，小豚也。」爾雅釋獸：「貔，白狐，其子豰。」狐之子亦可稱豰，是豰又為幼畜之通名，不限于豕也。故知「一犬一青」，即謂大犬一與幼犬一，「牛十青一」謂大牛十與小牛一，此契文以專名為通名之例。玉篇豰下注：貔子也。字或作𤠚，从犬則為後起字。」（通考三八八葉）

严一萍「青，天壤閣第六十三片考釋謂是『畜子之通稱』，可信。此条卜辭之青，当即是『犢』。」（宰字新释 中國文字四三四二頁）

平心「甲骨文常见以青献祭的记录。青字诸家初释南，后释为百豰之豰，继续为释小豕之豰，更进而解为畜子之通称。但卜辞屡言卯青，卯义为杀，用豰不能言杀；且用青自一至十数不等，也足证青非豰物。读青为豰，训小豕或畜子，虽稍证前说，但诚如于省吾先生所评：『一青、青二、青一、十青、三青，均与牲数相参错。如读青为豰，豰亦牲也。同为一牲，契文无如此再三复举之例。』不仅如此，卜辞有賓新青之辞，畜子或小豕无所谓新旧，尤其是此说很难克服的障碍。

诸说皆不可通，惟有从金文和经籍中才能找到解决问题的线索。

颂鼎铭记王令（命）颂『官嗣成周賈廿家，监嗣新造、賈用、宫御』。賈用与宫御（驭）皆指臣仆言（详本文第三节），则新造必为同类。楚有官职名新造盩，当即管理奴隶之官。造读簉或𦺇。左传昭公十一年：『僖子使薳氏之簉』，杜注：『副倅也』，小尔雅广言：『簉，倅也。』卒，说文训隶人给事者，是簉、𦺇、造並为徒隶之证。古代官职多得名于奴隶，君臣关系实即主奴关系。诗酌『蹻蹻王之造』与泮水『矫矫虎臣』语例相近，造即虎臣之类。但它的初义实即奴隶，后始转义为武将或官职之名。秦爵上造，秦相大良造，令毁铭王逆造，恐亦溯源于此。

造从告声，本指俘虏与奴隶。告为牛触人角著横木；牿为牛马牢，又为牛角楅；梏为手械，与桎並为拘挛罪人的刑具，二字皆从告得声，可以想见金文中告造得名之由。

蔡毁铭：『厥非先告蔡，母（毋）敢庚又入告』，古大夫二字通作，庚从广从大，实即寰毁铭之庚字，庚读捕或搏，训俘取；又读宥，即书梓材『戕败人歷、人宥』及諫毁铭『執嗣王宥；卜辞作艾，原为俘虏名；入训收留接纳，『庚又（庚宥）入告』与兮甲盘铭『入蛮宄（冠）賈』语例相同，意即捕取俘虏收留罪人为徒隶。

卜辞之青与金文之告，古书同隶见纽幽部，实即颂鼎等器之造，新青实即新造，为俘虏奴隶。殷人常用奴隶与畜类同为献祭之牺牲，以下列数例可见一斑：

七𠄡用父丁。（后上五·九）

叀新𠄡用三。（佚二一一甲）

𠄡在金文中读为宝，当为从𠄡得声之字，宝与俘古音相同。「七𠄡用父丁」，即是以七名俘虏献祭於父丁；叀新𠄡用三，即是卜问是否以三名俘虏献祭。新即是先馘之先，说详后。

伐兮十，卯五宰。（粹二三九）

又伐于上甲九兮，卯牛。（后上二一·一三）

其兮十人又五。（粹五九四）

兮原为族名，后泛指一般俘虏奴隶。此字甲骨文家多释羌，其实为敬的初文，郭沫若先生已有考释。卜辞有「示先羌」之文，先兮当即《书·梓材》的先敬，实指奴隶，古先新二字互通，有姺又作有莘，可证；兮最古音当在屋部，兮甲即沃甲可证（兮后变入歌、元、耕、支、脂诸部，但声母不变，始终在见纽。古饫与鋦通，故沃甲之沃也在见纽），兮很可能与新吉、新造同名而异文。自然，这个假设还需要更多的凭据才能证实。但初步可以肯定，新吉与先兮都泛指俘虏奴隶。卜辞的新吉与新𠄡（俘）决不能从新旧的意义来理解，新与先与兮一样，最初也是族名，即《孟子》、《楚辞》的有莘，《吕览》的有侁，《列女传》、《汉书》的有㜪，《左传》的姺，师酉簋铭的新，小盂鼎铭的亲；莘、姺、侁、㜪、新、亲，都是鬼亲或狎犹的略称。鬼亲与狎犹正是一声之转（鬼古读如今粤音之九，狎从敢声，与鬼（九）为幽侵对转，鬼变入脂部，当在晚周），后来先与新遂变为俘虏奴隶的通名。

《逸周书·世俘》：「乃以先馘入，燎於周庙」，与卜辞燎新吉的记载正可互证。《诅楚文》：「幽約𢿌戚」，即是虐杀俘虏。𢿌戚与先馘为一，它们实质上与卜辞之新吉相当，而新吉与颂鼎铭的新造同出一源，尤无可疑。

吉为俘虏，在古籍中也可找到旁证。《庄子·骈拇》：「臧与穀二人相与牧羊，而具亡其羊。」《荀子·礼论》：「君子以倍叛之心接，臧穀犹且羞之。」按穀、穀与臧对文，实即臧獲。穀与獲古音在见母，幽鱼二部古亦相通。《汉书·司马迁传》颜注引晋灼曰：「臧獲，败敌所被俘虏获为奴隶者。」臧与穀即是臧获，在奴隶社会，他们被当作人牲献祭，毫不足異。卜辞言卯五吉，即杀五名俘虏或奴隶，言出十吉，即以十名俘虏或奴隶献祭，言卯四豕四羊吉二，即是杀戮四只猪四头羊、俘虏二名，言卯十牛吉一，即是杀戮十头牛、俘虏一名，余类推。」（新吉与造，《中华文史论丛》第一辑十六页）

李孝定

「《説文》：『青，情悵之象，从月，出其飾也。』」梨文作[illegible]諸形。除與姓名並見者外，餘均假為方名之南。諸家說此者不一，其辭詳六卷南字條下，茲不復贅。前寫南字條時偶佚于說，故補之於此。其與牲名並見者當讀為穀，唐氏後說是也。廣雅釋親：『穀，子也。』說文：『穀，乳也。』是則穀之引申義當有乳子之義，初生之子也。卜辭青字每與牛羊犬豕並見，蓋凡牲之乳子並得稱穀也。于氏以唐氏前說讀為穀，謂用牲者每循之以穀也，說非。夫祭祀所以悅鬼神，其所以為祭之法，必與人類之生活習慣相類，犧牲玉帛，人之所好也，故以事鬼神。先民之於犧牲每燔炙以為食，故祭祀亦有燔炙之儀。黍稷百穀所以實籩豆，故卜辭恆言『异黍』、『异來』。异之所以即為『豆』字，蓋既炊之後貯以籩豆，故鬼神得享其馨香也。既未聞人類燔炙黍稷以為食，斷無燔炙百穀以事鬼神之理。于氏引郊特牲鄭注以證其燔炙黍稷之說，考鄭氏此注蓋因上文『既灌然後迎牲致陰氣也，蕭合黍稷臭陽達於牆屋，故既奠然後焫蕭合羶薌』為言，上文鄭注云『灌謂以圭瓚酌鬯始獻神也，已乃迎牲於庭殺之，天子諸侯之禮也。奠謂薦孰時也。中略蕭薌蒿也，染以脂舍（定按「舍」疑「合」之字誤）黍稷燒之。詩云「取蕭既脂」。羶當為馨聲之誤也。』鄭氏此注蓋緣經文『蕭合黍稷』一語而誤。按蕭合黍稷所以為奠，鄭云『奠薦孰時也』，是也。即炊黍稷實籩豆以為祭也，必以蕭合黍稷者，蕭者薌香蒿，周人尚臭之意也。經文固未言『焫蕭合黍稷』也。而下文則明言『焫蕭合羶薌』，而不及黍稷，明祇是以蕭染脂燒之，所焫固不及黍稷也，此正鄭氏所引詩『取蕭祭脂』及下文『取膟膋燔燎』之義。詩及此經下文固亦不及黍稷也。說文無焫字，郊特牲陸釋文曰『焫如悅反與爇音義並同』，按說文『爇燒也』為焫之本字，此雷浚說文外編說。鄭氏徒取『蕭合黍稷』一語，而忽『既奠然後』之辭，不知『蕭合黍稷』與下文『蕭合羶薌』實乃截然二事，前者取其馨香，後者取其助燃而已，實互不相涉也。孔疏亦沿鄭注之誤，茲不具論。「註」又卜辭有『卯三青』一辭，于氏知卯之不可施于百穀，遂謂是辭青字作卣，與青形有別，當存而不論。實則从『口』與它文从『一』者固無殊異，特一作空廓一作實筆，古文衍變此例多有也。且它辭言『來于王亥十青卯十牛三青』，就文法言，卯之一字亦兼晐十牛與三青言之，倘謂卯之字義僅及於牛，則此三青姑不論其為穀若牛子者，將何以處之灸之乎，抑彝之乎。青既言卯，則必為牲名可知。且卜辭薦新之祭必具舉穀名於循祭時，當無混言八穀九穀之理。且『一穀』之辭又將何以解之，何不逕舉穀名以為薦新之祭之所備乎。總上所論，卜辭青字之與牲名同見者當以唐氏後說讀為穀解為牲字。至究為何牲，則視其上言犬豕牛羊為別，言新青者猶言初生之犢若羔也。餘詳前六卷南字條下，請參看。

「注」禮記禮運『其燔黍捭豚』，經文雖明言『燔黍』，而鄭氏注則云『中古未有釜甑，釋米捭肉加於燒石之上而食之耳，今北狄猶然』，與郊特牲注異，蓋鄭氏亦知黍稷不可以燔而後食（此經上文言『夫禮之初始諸飲食』）故其言如此，而郊特牲則言『蕭合黍稷』，鄭君不察，故其言又如彼耳。今按禮運注之說是」（集釋二五三五葉）

李孝定　「說文：『南，艸木至南方有枝任也。从宋羊聲。𡴘古文。』契文作上出諸形。其用法有二，一為祭牲之名。郭謂南為鐘鎛之屬，唐氏辨之已審，郭氏嗣以自承其誤，可毋辭費。唐氏謂南為瓦製之樂器是也。惟謂南為方向之稱，其音爰而為那含切則較費解。方名之稱，均屬叚借，橐之與東、甾之與西、背之與北，其音近相叚之故，優有可說。惟若江切之青，及那含切之南，一在三部江韵，一在七部覃韻，聲韵似均相遠，廣韻青讀苦角切在覺韵亦相懸遠，何以得相通叚，豈殷代音讀有別耶。余於音韻一道一知半解，未敢臆說，存疑以俟高明可也。至用為祭牲之名者，郭唐兩氏之說交相修正，最後唐氏謂青之與殼卜辭均有用為祭牲之名者，當讀為㲉，有乳子之義，其說塙不可易也。此字為青之本字。讀為方名之南乃叚借字，依例應於青下詳之。各家之說既備於此，青下當从略也。金文南作[南]散盤[南]盂鼎[南]䣄侯鼎[南]無㠱簋[南]無叀鼎[南]競卣[南]𣪕馭簋[南]代䵼毋簋[南]南疆鉦[南]吴王姬鼎[南]中𩰫鼎均與契文同。許君謂从宋羊聲非是。」（集釋二〇九七葉）

張秉权　「甲骨文中的[南]、[南]字，孙诒让释南（见契文举例上三七），罗振玉从孙氏之说，亦释南（见殷虚书契考释，增订本，中卩.一四），一时学者大都信从其说，至唐兰始释为青，并且以为方向之南，和禾穀，都是青的借字（见殷虚文字记卩.六七一七一），后来又修正郭氏的说法，以为青是畜子的通称（见天壤阁甲骨文存考释卩.五一），郭沫若初从孙罗二家之说释南（见甲骨文字研究释南），后来又修正唐氏的说法，改读为㲉，说是小豚（见殷契粹编考释卩.一六五）。这个字经过唐、郭二家互相修正之后的说法，大致说来，可以说已经有了定论，但祭祀卜辞中，还有许多青字，往往单独出现，并不跟在其他多类牺牲之后，那也许是卜辞有所省略的缘故，但是它究竟是什么种类的畜子，就很难确定了。」（祭祀卜辞中的牺牲，中央研究院历史语言研究所集刊第三十八本二一七页）

连劭名　「此字也仅见于历组一类卜辞，写法奇特，试看下一版卜辞：

癸丑卜：帝東？

癸丑卜：帝[南]？　京津四三四九

从这块卜骨占问的内容看，此字当为南字异体。宾组中的南字写作[南]，与历组一类中的写法颇有区别。」（甲骨文字考释，考古与文物一九八八年四期四三页）

王树明　「『南』：說文，『艸木至南方有枝任也。』白虎通、五行、十二律：『南者，任也。言阳气尚有任生荠麦阴气旅助夹，则任成万物也。』前汉书律历志：『南，任也，言也。』『祭社』確有祈禱大地，『吐生』、『任成』或曰化育万物之义，『南』字仍有祭社的寓义。至于『南』为南方之义，大概因树社原设于居住地之南面引伸而来。」（談陵阳河与大朱村出土的陶尊文字，山東史前文化讨论集二六八頁）

按：字在卜辭多用為方位詞之「南」。方位詞「東南西北」皆假借為之。其作為祭牲名當是「豰」。說文訓「豰」為「小豚」。引申為一切幼子之稱，「豰」為其孳乳字。卜辭用為祭牲者，或言「卯」，或言「𠕋」，其不能是「豰」甚明。英一二五六辭云：「……卜，爭貞，賁𠕋百羊百牛、百豕、豰五十」，如以為「豰」，亦不能多至五十。且合集一四四二之「……王賁豰于大甲……百又五十」，「百又五十」亦當為用「豰」之數。

2872

2864

㱿

孫詒讓 「𢾛舊釋為猒，蓋以為猒字。攷說文甘部猒从甘肰，肉部肰从肉从犬，與此形竝不類。今諦審疑當為㱿字。說文殳部㱿，从上擊下也，从殳肯聲。此从𠘧者即殳形，从肯或作肖者肯之變，（說文冂部肯，幬帳之象，从冂，㞢其飾也。此文者㞢為屮，而變从冂為从月，于形義略同。）其義當為穀，（說文禾部穀，从禾㱿聲。爾雅釋詁：穀，善也。）非再卜之謂也。」（舉例上七葉）

王襄 「疑古㱿字。」（簠考天象三葉下）

王襄 「疑㱿字，即穀之古文。」（類纂存疑第三第二十葉上）

唐蘭 「㱿依孫詒讓釋，舊釋𣪊者非。」（天壤文釋十三葉）

又曰：「㱿字……卜辭中凡數百見，皆武丁時卜人之名，今不具錄。此字劉鶚釋猒。孫詒讓云：『……疑當為㱿字。……』蘭按孫說極確，惟肖肖皆即青字，肯形實較後出，謂為肯之變，尚有未盡耳。孫氏釋𢾛為㱿，而釋肖為南，則以卜辭每假肖為南方，故有此矛盾也。故分析偏旁，在古文字研究中，雖為最科學之方法，有時却不免隔閡，必別作歷史研究，始能完善也。王襄承孫氏釋㱿，而云『即穀之古文』。（類纂存疑二十）按穀為日出之赤，王氏之意不知何居？羅振玉初誤以為𣪊字，（見貞卜文字考）後以為不可識。王國維亦云未詳。及商承祚作類編始寫為𣪊字，學者從之。然𣪊字聲義均不可知，郭沫若氏因又謂𣪊南一字矣。孫氏釋𣪊本至確鑿，而學者不從，反有取於聲義不明之𣪊字者，以肖為四方之一，較為易識，而不知卜辭之肖，固當釋為青，且有一部分當讀為㲉也。南方之稱，既深映於學者之心目，青𣪊之字不甚習見，而南與青之聲，又若甚遠，故南本青字，無有知者矣。𣪊字以字形言之，當象以殳擊青，發為青然之聲。以象意字聲化例求之，則从殳青聲也。卜辭用𣪊字，除卜人名外，『五𣪊』殆當讀為『五㲉』，『王亦𣪊二夕』之『𣪊』，似亦當讀為『㲉』。」（文字記七十一葉下至七十二葉上）

又曰：「消，近人皆寫為𣪊，余依孫詒讓釋𣪊。此云『五𣪊』者，當如他辭之『八青』『九青』，余舊讀青𣪊為㲉，詳殷虛文字記。郭沫若曰：『青舊釋為南，于用為祭牲之事，若難解。近時唐蘭始改釋為青，而讀為㲉。今案釋青是，而讀㲉則未為得。如「㞢于且辛八青，九青于且辛」，說為八㲉九㲉，既不辭。如「癸未卜帚鼠（蘭按當釋豸）㞢匕己青犬，帚鼠（豸）㞢匕庚羊犬」（續一六〇六）青犬與羊犬對文，則青當是動物名。更有一例曰「燹九牢，卯三青」（堂野甫氏藏骨）與卯牛卯羊之例同，尤足證青之必為動物。由上諸證，余改讀之為㲉，說文云「小豚也」。段玉裁云：「左傳晉有先穀字彘子，蓋穀即㲉字。釋獸曰：『貔白狐其子㲉』，異物而同名也」。今卜辭既每以青為牲而與羊犬同列，自當是小豚，而非白狐子矣』。（粹編考釋一六五余按郭訂正數余舊讀為優，惟尚須略加修正。卜辭云『牢㞢一牛㞢青』，（續一、一一、二、）是青與牛同稱，云『一羊一青』（後上五、一、）是青與羊同稱，云『十豕㞢青』，（續一七七三）是青與豕同稱，云『一犬一青』（續一九八七）是青與犬同稱，然則青或𣪊，乃畜子之通稱，不僅小豕也。莊子駢拇『臧與穀』，崔注『孺子曰穀』。方言八『爵子及雞雛皆謂之鷇』。廣雅釋親『㲉子也』。是𣪊聲有乳子之義」。（天壤文釋五十至五十一葉）

丁山「卜辭所見𢼸字，唐蘭教授釋𣪊，云：『當讀為㲉』。于省吾更撰釋青以伸其誼。尤其字形，字誼，俱能通貫。𣪊，是武丁時代的重臣，那是，國家的大事，多數由𣪊代王貞卜。尤其是征伐之卜，多出𣪊手，……㲉之見於春秋國語者，不祇一地。……莊公三十二年春秋書『城小㲉』，左傳云：『為管仲也』。此㲉，介於齊魯之間，宜即㲉伯綏國所在，商代的𣪊氏，也可能在此。……春秋初期所被滅的㲉國，可能即商代𣪊氏之裔」。（甲骨文所見氏族及其制度六十葉至六十一葉）

郭沫若「『丝邑𣪊』當連文，猶它辭言『大邑商』，或『天邑商』也。𣪊本常見之卜人名，由此數辭證之，知亦邑名。古人姓氏與國邑本多一致」。（粹考一四三葉背）

又曰：「『要帝青』者，要殆假為郊，青讀為㲉，謂郊祀上帝以㲉也。青舊釋為南，于用為祭牲之事若難解。……卯青之辭尚有一例，曰『庚戌卜爭貞尞于西，圂一犬，一青，尞四犬四羊，青二，卯十牛，青一。』（《庫》一九八七）圂尞卯均用牲之法，而青與犬羊牛同用。又于犬羊牛之外，無與豕豚同用之例。此均青當為穀之證。」（《粹考》一六五葉）

魯實先從郭說釋穀。見《姓氏通釋之一》，載《東海學報》一期七葉末行。

于省吾「毃，武釋㱿，非是。《鄴羽》二集上十三毃彝，毃作徜。《松補》上三穀作鼎，穀作[illegible]。按二者均係商器，穀从㱿聲。毃與㱿迥別。」（《駢枝》三七葉下）

陳邦懷「字當假作愨，《說文》心部云：『愨，謹也。』《禮記·祭義》云：『其親也愨。』疏：『謂質愨。』」（《福考》三葉下引）

許敬參「㱿當釋鐘。𡉉象鐘形，殳所以擊之也，與磬鼓同意。新鄭出土古器有編鐘，特鐘均有𡉉，可證。」（《存真》八六葉）

饒宗頤「殷契貞卜人物，以㱿所見次數為最多。其辭中先王有父乙之名，父乙即武丁父小乙，故知㱿乃武丁時人。近世出土的商器，有《㱿彝》（《鄴中》二上十三）《㱿觚》（《鄴中》三上四〇）當即㱿所用之器，故識其名。契文人名㱿字，皆从『青』从『殳』。有省作『青』者（《綴合編》附圖二四。）《廣雅·釋詁》『㱿，善也。』㱿同愨。《說文》『愨，謹也。』《檀弓》釋文『愨本又作㱿。』知㱿愨一字。」（《通考》七三葉）

張秉权「㱿，徜，是武丁時的貞人，這个字，孫詒讓釋㱿，又為穀（注一），羅振玉改釋為毃（注二），唐兰釋㱿，讀為穀，后又从郭氏之說改讀為穀，謂是畜子（注三），于省吾釋㱿，讀為穀（注四）。因為這个字所从的青字，与东南西北的南字的形狀，在卜辭中，是完全沒有分別的，所以這个字的解釋，兜了一个圈子，又回到孫詒讓時代的老路上去了。」（《殷虛文字丙編考釋》第十四頁）

（注一）見《契文舉例》上七頁。
（注二）見《殷虛書契考釋》。
（注三）見《殷虛文字記·釋青㱿》。又《天壤閣甲骨文字考釋》第五一片。
（注四）《双劍誃殷契駢枝三編·釋青》一六頁。

李孝定 「『古文字畫之邪橫彎每無別』。于省吾說見駢枝三六葉下 然則□之與□雖橫邪小異，其為一字則無可疑。且肖形篆变作肯，亦為邪畫变為弯畫交橫畫，其遮攔之迹固視而可識也。于氏謂此當釋敲，蓋偶有未諦耳」。（集釋一〇〇七葉）

李孝定 「說文：『㱿，从上擊下也。一曰素也，从殳，青聲。』契文㱿字孫釋為㱿是也。卜辭㱿字數百見，絕大多數為人名。其用為祭牲之名者，唐从郭說讀為㲉，初讀為㲉釋為畜子，其說可从。郭謂『青與犬羊牛同用，又于犬羊牛之外無與豕豚同用之例，此均青當為㲉之證』。實則滙一九八七辭所稱，蓋於牛羊之外更用小犬、小羊、小牛也。肖為樂器，㱿為鼓樂之象。許謂與殸鼓兩字同意，是也。說詳七卷肯下，請參看。說文㱿訓从上擊下，即為鼓肖之意所引伸。一訓素，則由樂器之意所引伸，蓋樂器皆中空也」。（集釋一〇〇六葉）

饒宗頤說參□字条下。

晁福林說參□字条下。

按：字當釋「㱿」，在卜辭為人名，或以「□」字相混，非是。

2865

⿰青凡

□

按：字从「青」、从「凡」，與「㱿」有別。合集一三五二六辭云：「甲戌卜，㱿貞，我勿將自茲邑⿰青凡宾祀作」「㱿」、「⿰青凡」見於同辭，區分顯然。

2866

□

按：合集六五二七辭云：「丁巳卜，宾貞，𡕥于王亥十□，卯十牛、三㲉，告其比望乘征下危」亦為祭牲名，與「㲉」見於同辭，當屬同類。

2867

按：合集一四八二三辭云：「貞，勿肇：：元示䍃：：：」辭残，其義不詳。

2868

羅振玉「說文解字：『歺，列骨之殘也。从半冎。』古文作𣦵。此與篆文同。」（殷釋中五十四葉上）

王襄「古歺字。」（簠室殷契類纂弟二十葉）

孫海波「𣦵，甲三四六。地名。在𣦵亼餗。」（甲骨文編一九八頁）

饒宗頤「『丁未卜，出貞：禪，告𣦵于父……十二月。』（續存下六三〇）按說文：『𣦵，列骨之殘也，讀若櫱岸之櫱。』卜辭言『告𣦵』，義即『告櫱』，借𣦵爲災害之櫱。告櫱與他辭之言『告困』同例。」（通考八六三葉）

屈萬里「說文訓歺爲列骨之殘；卜辭歺字疑亦裂其骨肉之義也。」（甲編考釋七三葉）

于省吾「甲骨文𣦵字作𣦵、𣦵、𣦵等形，即列（列）字的初文。又甲骨文的𣦵字或作𣦵，商承祚同志『疑即𣦵字之省』（类编一一·三）陈邦怀同志谓『此即说文解字𣦵之古文』（小笺七）。按商和陈说颇有道理，但商说应改为『𣦵即𣦵之古文』。说文：『𣦵，𠛱骨之残也，从半冎。读若櫱岸之櫱。』𣦵字的造字本义还不可知，但许氏从半冎之说殊不可信。汉碑的列字和烈字有的从歺，犹存古文。说文：『𠛱，分𠛱也，从刀𣦵声。』诅楚文光列（烈）之列作𠛱，为小篆所本。诗大叔于田『火烈具举』之烈，鲁诗作列，是列与烈古通用。甲骨文称：『貞，其亦𣦵雨○貞，不亦𣦵雨。』（京津四一九）杨树达甲文说训亦为又，是对的。桌即洌字，应读作烈，就雨言之故桌字从水。烈雨犹言暴雨。説文训洌为水清，乃后起之义。（甲骨文字释林释卢、桌、嚳、鬻、售）

李孝定

「説文：『卢，列骨之殘也。从半冎。讀若櫱岸之櫱。卢，古文歺。』絜文冎作𠔿，而此作卢，冎字説見下卷，从半冎，與許説合。卜辭歺為地名，如云『癸亥卜在歺六餗貞王旬亡禍』（甲編三四六）是也。它辭疑又假為死，如云『庚辰卜貞宁重魚帚不歺在兹』（前四、三三、六、續二、二八、四），『壬辰貞羌𡪞不歺　其歺』（乙八七二二）是也。死古音在十五部紙韻，歺古音在十五部曷韻，古籍中死字常與去聲寘韻霽韻入聲錫韻之字相叶，如詩陟岵叶『弟』字，楚辭九辯叶『濟』『至』，管子心術叶『利』字，鬼谷捭闔同，家語觀周叶『敵』字，足徵死歺兩字聲韻並不相遠，而死又从歺，是形亦相同，故得相段也。又辭歺字辭意不明，辭云『戊申卜王御奴父乙庚戌歺奴八月』續一、二八、八，與簠徵佛一八一重）它辭殘泐不可考。」（集釋一四五一葉）

于省吾説參𠟭字條下。

按：于先生以「卢」為「列」之初文，釋「其𩀙不卢」為「其颿不烈」，其説皆是。卜辭之「𠧟雨」謂暴烈之雨。李孝定謂「卢」亦或假作「死」，可備參考。

2869 死

孙海波

「𣦵，甲一一六五。𦠿死。𣦵，乙一〇五。从卩。罗振玉説，象生人拜於朽骨之旁，死之义也。」（甲骨文編一九八頁）

屈萬里

「𣦵，从歺从人，與説文及金文死字同，當是死字。」（甲編考釋四八二葉）

李孝定

「屍字為古有本字，當象卧人之形。而古文宿字作佰，疒字作𤕫，皆象卧人之形，為屍字亦作卧人之形，是死生無別也。故古文即假死生之死字為之。至所引諸辭例均段死為屍，旁會意，死生之別昭然，固視而可識，楊氏謂為屍體本字似有未安。至甲文𣦵字二例，其一殘泐，亦未足以證其遂為本字也。甲文𣦵字實用為生死字，與𣦵字同。

惟「夕斻」連文，似亦為生死字。他辭「卜斻」連文，胡先生謂段死為尸，是也。

又藏·五·三·辭云「囲申卜貞蠱冎圓有疾旬又二日乙未蠱允冎圓囿囿百日又七旬又因回圓寅蠱亦有疾囗夕蠱丙申𡆥」（所缺之字據唐蘭氏懷氏釋六葉下引所補。此片歷述蠱獲疾之經過先後凡百九十五日，為一頗完整之病歷，而其結果，蠱仍不免於死亡之命運。此辭之𡆥，舍釋死外固無一能與辭意相當者，此為𡆥當釋死之又一明證也。」（集釋一四七〇葉）

李孝定「胡氏推衍丁氏之說釋𡆥為死，其說甚是。惟謂卜辭之斻為屍體之本字，則有可商。卜辭斻字仍為自動詞，非名詞也。原文見前引屍體字本無正字，漢人多段死字為之。漢葬磚中常見「某人死在此下」即屍在此下也許書葬下說解以死為屍乃漢人通習，至尸字乃象人坐形，與席地而坐者不同殆古東夷坐姿如此故古文以尸為夷也故許書引申訓陳屍則後起之屍體專字。卜辭亦段斻為屍。」（說見上）

李孝定「此契文（死）作上出四形，𣦸、斻二形，从歺相同，一从卩，一从人，古文偏旁人卩无别，罗振玉释夘为死，屈万里谓斻亦死字（见殷虚文字甲编考释一六九叶）。其说均是。其作𡆥者，商释囚，孙释刑，屈释囷；作囨者，罗释因；均误。当从丁说释死，作囨者即𡆥之异构，古文偏旁从人从大每亦无别也。此字就字形言，当分为二系：𣦸斻为一系，象人跪於朽骨之旁；𡆥囨为一系，象人在棺椁之中，其形虽有别，然以辞例考之，固是一字。……作𡆥者无虑数十百见，大抵均为「某（人名）其𡆥。」「某不𡆥。」以其辞例过简，释死、释囚、释因训至、释困、释刑，似均可通读，凡此均不赘引，今仅举就其辞意可以确证必为死字者数条如下，其一云：

□丑□卜，贞，王梦有𡆥大虎，隹□？（拾十·七）

乃记梦之辞，隹下阙文当为「祸」、「祟」、「𡆥」之同义词，谓王梦有一大死虎，其为祸祟乎？𡆥在此为状词，舍释死外，均不可通。

贞有疒疾，羌其𡆥？（前六·一·五）

上言有疾，下言其死，文义相因，如云其囚、其因、其刑、其困，均与有疾之辞不相应也。

☒母☒子疒，不死？（藏一六八一）

贞王𡆥疒，隹有㞢，其死？（甲编三〇八〇）

□丑卜，☒有疒，死？（甲编三三六七）

乙丑□卜，□贞，雍㞢疒，贞今般死（佚五二五）

☒疒☒死？（录五五八）

凡此均以歺字与𣦼字连言，可以证其必为死字。

馬死？（续五·六·三与簠徵人名五五重出，又簠徵文字一三辞同）

划残文，疑尤字。馬不死？（簠徵杂事九七与续五·六·三重出）

此贞马之死不死，岂因、刑之施，亦及牛马乎？或谓马乃官名和人名，然它辞有云：

丙午卜，争贞，七白马，一𣦼，隹丁取？二月。（甲编三五一二）

它辞马字，尚可解为官名或人名，此则必为牛马字无疑也。又云：

癸丑卜，㱿贞，旬亡祸？王占曰：有祟。五日丁巳，阱死。（藏二四七二）

贞，旬亡祸？旬火读为祸。帚妊子死。（前六·四九·三）

癸未卜，㱿贞，旬亡祸？王占曰：往，乃兹有祟。六日戊子，子弢死。（菁一·一）

此数辞上言有祸或有祟，下言某死，乃纪验之繇辞，其文义相应，如释为因或刑，则因刑之施所以当其罪，不得与有祸或有祟相应。如释为因训为至，则子某之来，何以遂为祟祸乎？又云：

庚辰卜，王，朕𢻬羌，不𣦼死☑（前四·三八·七）

王下省一贞字，卜辞常例。𢻬有杀义（于省吾说，见殷契骈枝四六页），上言杀而下言死，其义亦相属也。又云：

丙子卜，宾贞，今𦥑𡨥我于有𠂤，冎告不𣦼？（续五·四·三与簠徵人名五五重出）

𡨥疑葬字之异构（𦥑即葬字）。从死，从爿，象人卧床上，即许训「一其中所以薦之」之「一」，爿亦声也。我，人名。有𠂤，地名。葬、死并见，亦可证也。又云：

☐甲申卜，贞，黽冎骨☐同有疾，旬又二日，☐乙未，黽允冎☐同☐有☐疾，百日又七旬又☐六☐日，☐庚寅，黽亦有疾，☐之夕𥂺，丙申𣦼。（藏五·三，所阙之字，除未段之字，系据它辞辞例经为补足外，余据唐兰天壤阁甲骨文存考释六叶下所补迻录。「冎同有疾」，唐释「冎卣同有疾」，读作「冎攸同」。）

此片历述黽获疾之经过，先后凡百九十五日，为一颇为完整之病历纪录，其结果，黽仍不免于死亡之命运，此辞之𣦼，舍释死外，固无一能与辞意相当者，更足以证其必当释死也。作因者辞云：

癸未卜，贞，戠不因。（前五·三八·三）

☐子卜，子贞，☐翌启因。（后下四三·三，此辞漫漶）

辛酉，壬午，王贞，𠂤不因。（佚五七七）

壬子卜，☑其大☑宙☑因。（续存二二一八）

字象人卧棺中，除第四辞阙文较多，辞意不明外，余辞辞例均与𣦼字同，释为死，于辞意亦甚顺适，且古文偏旁从人、从大每无别，故知为𣦼之异构也。」（读契识小录之二，历史语言研

究所集刊第三十六本上册二八二至二八五页）

2870

許進雄　參鼉字条

按：說文：「死，澌也，人所離也」。契文「死」字从「𣦵」、从「人」與篆文同。卜辭皆用「死亡」義，無用作「屍」者，與「丼」不同字。參見「丼」字條。

按：字不可識，其義不詳。

2871

陈邦福　「簠室殷契类纂正編云：『𣦸古莊字。』邦福按：𣦸有残杀之誼，故从残娋，爿声。逸周书謚法解云：『屢征杀伐曰莊』。」（殷契说存第十一至十二页）

徐锡台　「𣦸，此字左从爿，右从歺，当即⿸疒歺字，非葬字。说文：『歺，𠛱骨之残也，从半冎……』。徐鍇曰：『冎剔肉置骨也，歺，残骨也，故从半冎』。……其字用法，见殷墟卜辞云：『癸口贞：不……⿸疒歺』（后下二〇．六）。」（殷墟出土疾病卜辞的考释中国语文研究第七期一六页）

王國維　「此與說文莊之古文𤖗形近，但省爪耳，疑即葬之初文」。

李孝定　「說文：「葬，藏也。从死在茻中，一其中，所以薦之。易曰：『古之葬者，厚衣之以薪』」。死者屍之借字，漢碑多如此。許君以於文「死（屍）在茻中」為葬，難以索解，故引經以證之也。實則葬之古文作𣦸，王說是也。字乃从𣦵（死从此）从爿（爿在古文偏旁中多為牀之象形，疒从人卧牀上會意。𣦸則象殘骨置牀上會意也），爿亦聲。莊之古文作𤖗，从爪與爿同意。篆文从茻者，蓋爿爪之形譌也。許君以字从茻無義，故引易以說之。實則厚衣之以薪，古或偶有之，非常法也。古人制字當於經見之，文物制度中取象必不以偶有之現象為造字之本也。又許書以䏍為莊之古文。莊，許君以上諱無解。段注云：「當曰『艸大也』是也。」玉篇「莊，草盛皃」可證。草盛字从歺从爿無義。疑為葬之古文，誤廁於莊下耳。辭云：「癸囗貞，不䏍」，釋葬可通。卜辭又有⿴囗䏍字，疑亦葬之異構」。（集釋〇二四三）

按：字从「爿」、从「歺」，隸可作「䏍」。釋「葬」不可據，當是「死」之異構。

2872

⿴囗歺 ⿴囗歺

考古所 「⿴囗歺：字从歺从囗。歺為屍，囗為棺、槨，像置屍于棺槨中，有埋葬义，与䏍相似，䏍像陳屍于床，可能即葬。」（小屯南地甲骨九九五頁）

陈汉平 參⿴囗䏍字条

裘锡圭说参⿴囗䏍字条下。

按：字當釋「葬」，與「⿴囗䏍」同字。參見3069「⿴囗䏍」字條。

2873

⿺凵歺 ⿺凵歺 ⿴凵歺

商承祚 「⿺凵歺，象埋奴骨于土中，疑即葬字篆文。从茻从死，此从凵从歺，其义实同。前編卷六第四十一頁二版亦有此字作⿺凵歺，惜皆残泐，文意不可尋矣。」（殷契佚考四九頁下）

陈汉平 「甲骨文有字作⿺凵歺、⿴凵歺，旧不识，甲骨文编收入附录。卜辞曰：

雀克入⿺凵歺邑 缀合二八三

雀戋⿺凵歺邑 京津一五二三

雀戋⿴凵歺 佚存三六五

……⿺凵歺……

按此字于卜辞中为邑名。字从歺从凵从八，当于此线索求之。说文：「㕣，山間陷泥地。」

从口从水败皃。读若沇州之沇。九州之渥地也，故从沇名焉，故以沇名焉。㕣，古文㕣。』甲骨文㕣、㕣字与㕣字古文形同，㕣字所从之凸，即甲骨文凸，甲骨文凸亦有作凸者，如㕣（纪编四八六九）、㕣（京都六七五）；所从之公与甲骨文ㄙ相同，象水败皃；所从之∀即口形，古文字口形与凵形或可通用，如杏字又作杏，可以为证。故甲骨文此字当释为㕣。颇疑此邑名即沇，字今作兖，地在今山东兖州境。」（古文字释丛，考古与文物一九八五年一期一〇三至一〇四页）

2882

夏渌说参凵字条下。

按：合集七〇七六辭云：「雀克入㕣邑」「雀𢦏㕣」為方國名。字从「歺」、从「凵」，釋「𦒼」，釋「兖」皆不可據。

2874

泉

王襄　「古洌字。」（類纂正編第十第四十九葉下）

商承祚　「此字从水从歺，疑即洌字之省，許書列字作𠛱从𡿪，今隸中或作列列𠛱，意古者歺𡿪為一字，至後世因歺而謚衍為𡿪，遂別為二誼矣。」（類編十一卷三葉）

陳邦懷　「此即說文解字𡿪之古文。許君說𡿪字曰：『水流𡿪𡿪也，从巛，歺省聲』，小徐本乃如此，大徐所見本已誤作『列省聲』。大徐知其誤，故辯曰：『列字从𡿪，此疑誤，當从歺省』。辯之是也。卜辭泉从水，不从𡿪者，猶卜辭从水之字，或从乚也。其从水在歺下，不比𡿪字从巛在月上者，猶卜辭从水之字，或左或右也。此字从歺，足證小徐本歺省聲之善，大徐訂列省聲當从歺省之精，泉从歺不省，其為𡿪之古文審已。」（小箋七葉）

孫海波　「泉，前四·三三·七。陳邦懷釋𡿪。从水从歺。大徐本誤作从列省声。」（甲骨文編四四七頁）

李孝定「說文：『𡿪，水流𡿪𡿪也。从巛，列省聲。』契文从水从歺，陳氏引大小徐說此字當从歺省，證以契文从歺，其說殊信。商氏疑古歺𡿪為一字。按契文死葬諸字从歺，歺乃象殘骨之形，𡿪則从歺為聲，二者不得為一字也。」（集釋三四〇二葉）

按：釋「𡿪」可從。合集一八七七二辭云：「貞，⿰食攴其大𡿪」其義未詳。可能指某種天災而言。

2875

⿱歺山

按：字从「山」、从「歺」，隸當作「⿱歺山」。合集二七四六五辭云：「于⿱歺山剛父甲㱿」為地名。

于省吾釋烈，參𡿪字條下。

2876

按：合集三六九五九辭云：「癸亥卜，在⿰歺斤公師貞，王旬亡畎」為地名。

2877

⿱歺廾

按：屯二四〇八辭云：「……亥卜，翌日壬王叀在……⿱歺廾北王利罕亡𢦏」為地名。

2878

贅

考古所 「贅、𡧊：皆地名。」（小屯南地甲骨八三九頁）

于省吾 「甲骨文贅字作𧷸或𧷸，旧不识，甲骨文编割裂为叔、貝二字。周初器师旅鼎称『对扬厥贅于尊彝』。贅字作𧷸，右上从丮，金文对字本从又，金文编摹作了，误以为从死之貸字。按古文字从丮与从又有时通用，师旅鼎和召伯虎簋均从丮，是其証。說文：『𣪊，深坚意也，从叔从貝，貝坚实也。讀若概。』甲骨文称：『弜田𣪊，其雨。』（宁沪一·七○）又『丁亥卜，狄貞，其田贅，叀辛涵日亡𢦔，不雨。』（甲一六五○）以上两条属于第三期卜辞，均以贅为地名。」（甲骨文字释林释贅一五○頁）

陈汉平 「甲骨文有𧷸、𧷸、𧷸字，旧不识。卜辞曰：

弜田𧷸其雨 宁滬一·七○

丁亥卜㱿貞其田𧷸叀辛湄日亡𢦔 不雨 甲编一六五○

……𧷸…… 甲编一七○○

按此字可隶定为𧷸、𧷸，字从貝从叔或从又，为一字之繁简二体。说文：『𧷸，叔探坚意也。从叔从貝。貝，坚宝也。读若概。』即甲骨文此字。贅字于卜辞若读为名词，则为地名。若读为动词，则与农业土田耕作有关。广雅释诂四：『𧷸，耦也。』朱骏声说文通训定声云：『按耕所以起坚土，耕者必耦，故𧷸得训耦。』若此说不误，则上举卜辞中之田字非畋猎之畋，当与土田耦耕有关。」（古文字释丛，考古与文物一九八五年一期一○四页）

孫海波 「叔，宁滬一、七○。地名。叔貝。（甲骨文编一九八頁）

按：于先生釋「贅」。卜辭皆為地名，無用作動詞者。孫海波割裂為「叔」、「貝」二字，非是。

2879

2884

2880

按：合集一〇四〇五反辭云：「癸亥卜，殻貞，旬亡囚？王固曰：…其亦有來艱，五日丁卯子[illegible]𪭢不井」其義未詳。懷九六〇有「[illegible]」字，與此形近似。

2881

按：此亦當是「占」字。

裘錫圭　參[illegible]字条

裘錫圭　參占字条

按：此當併入2882，參見該字條。

2882

裘錫圭

「甲骨文第一期卜辭里有占占占占占占等字：

令章以多射衛示乎占。六月。（綴下二五．八）

叀（惠，用法与唯相近）索乎占。（乙八〇七）

辛子（巳）卜鼎（貞）：令小㚖占𤞷、甫占疾族。五月。（前七、三一．四）

口口（卜）夬鼎：令龔占敦。（徐一．五二）

辛亥卜殻鼎：乎盗占𢦏，不𡆥。六月。（綴下十二．一〇，前六．二二．六）

丁未卜爭鼎：令𢦏占甫，乎遴戈𢦏☐（安明六七七）

鼎：叀𥝩令占高以牛。四月。

庚寅卜爭鼎：叀陟占夾。八月。（綴下二六．四）

（胡厚宣先生摹本）

乎陕㞢兆。

𢀛（勿）乎陕㞢兆。（亿七四九〇）

乙酉卜鼎：由丙令由朿。十二月。（零拾三一）

鼎：由才（在）兹小臣令㞢。（前四·二七·五）

口口卜宾（貞）：口由𢦏口役。（前四·一三·七）

这些字的字形和用法都很相近，应该是一字的异体。甲骨文第一期的𠂤（柲）字多写作𠂤。从上引𠂤𠂤𠂤形来看，这个字所象的当是一种尖头的柲状物。第五期迷字所从的𠂤有时写作𠂤。𠂤𠂤和𠂤的关系，跟𠂤和𠂤的关系相似。𠂤又变作𠂤𠂤等形。这跟𠂤字也可以写作𠂤，𠂤（黄）字也可以写作𠂤，朿字也可以写作朿朿朿𠂤形，是同类的现象。

这个字甲骨文编当作未识字收在附录里，其实就是橛杙之"杙"的本字"弋"。《粹》四九九片有𢽾字：

鼎：𡚤叀（惠）𢽾酒。

郭沫若把这个字隶定为"督"。金文叔字作㕛𠩺等形，跟这个字的上部很相似，郭氏的隶定应该是正确的。"督"字还见于下引卜辞：

叀𢽾酒。（摭续三一）

叀𢽾酒。（库一一四七）

第二辞的"𢽾"当是"督"的省写。本文所讨论的那个字，跟上引这两个"督"字所从的𠂤显然是一个字。金文叔字所从的𠂤旁是由甲骨文叔字所从的𠂤变来的。𠂤旁也可以写作𠂤，与金文一般弋字全同。郭沫若在释叔篇里指出金文叔字从弋，是完全正确的，由此可知甲骨文督字所从的𠂤，以及本文所讨论的那个字，也都是弋字。

甲骨文督字还可以写作𢽾𢽾𠂤形，它们和《粹》四九九片督字所从的叔，写法都跟上引《摭续》和《库》的督字有些不同。甲骨文土字多作𠂤𠂤𠂤形，《粹》四九九𠂤督字所从的叔应该是由于在弋下加土旁而省略了弋的下部。郭沫若解释叔字形义说："《说文》云：'汝南名收芋为叔'，案此当为叔字之本义，以金文字形而言，实乃从又持弋（杙）以掘芋也。"甲骨文叔字或于弋下加土，以弋掘地之意更为明显。

金文又有𠂤字，《金文编》收入附录（一〇一一页），郭沫若也释为"弋"，可信。古文字的写法，填实与勾廓往往不别。金文"才"字既可以写作𠂤，也可以写作𠂤，𠂤和𠂤当然也应是一字异体。

金文弋字一般写作𠂤，这是简化的形式。甲骨文第五期卜辞有𠂤字：

戊戌王卜鼎：田十，生（往）来亡（无）𡿧（灾）。王固（繇？）曰：大吉。才（在

一四月。兹出。隻（获）狂十又三。（《前》二·二七·五）「弋」字简体在商代就已经出现

。周代金文里的十十二体是各有所承的。应该是可信的。可见

郭沫若、叶玉森都把这个字释作「弋」，应该是可信的。可见「弋」字简体在商代就已经出现

，周代金文里的十十二体是各有所承的。

《说文》厂部：「𠂆（弋），㯟（橜）也，象折木衺锐者形」，所录篆形是讹变的形体。《说文》还

把「弋」跟「杙」的象形初文𠂆混为一字，我们在《释柲》一文里已经指出了这个错误，这里就不

多说了。

古书多以「杙」为「弋」。《诗·周南·兔罝》毛传：「丁丁，椓杙声」，所说的是植在地上的较

大的木杙。《左传·襄公十七年》「以杙扶其伤」，所说的是用来扶物的较小的木杙。无论是植在地

上的或是用来扶物的杙，其下部都必须是比较尖锐的。《说文》说「弋」字「象折木衺锐者形」，

虽然有些迂就弋字讹变的字形，但并不是毫无根据的。前面已经说过，甲骨文𠂇𠂇等字象一种

尖头的柲状物，而「柲离戈言，固是木杙」，所以从木杙的特点来看，把这些字释为「弋」也

是很合理的。

本文开头所引的那些卜辞里的弋字都是动词，并且往往放在两个人名或国族名之间。它们

似乎都应该读为替代的代。《书·立政》：「帝欽罚之，乃伻我有夏式商受命，奄甸万姓」，曾运乾

《尚书正读》读「式」为「代」（二五一页）。式、代都从弋声，如果式可以借为代，弋当然也可

以借为代。《书·多士》：「非我小国敢弋殷命」，这个弋字很可能就应该读为「代」，可以与卜辞

互证。

甲骨文里还有几个从弋的字：

鼎：口不隹（唯）𢦏。（《后》下十六·七）

这个字所从的𠀠旧多释为貝，听说于省吾先生近来改释为心。那么这便应该是「忒」字。

七（妣）庚𢦏。（《乙》四六七七）

这个字应该释作「妀」。《说文》女部：「妀，妇官也。从女，弋声。」金文「妀」字屡见，多用

为女姓。

☐𢦔☐（《铁》一五二·三）

𢦔不其囚凡。（《存》下三九三）

这个字似从「丹」或「井」，或从「弋」，音义待考，上引卜辞似为人名。」（《释弋》，《古文

字研究》第三辑二三至二七页）

裘锡圭　参「字条

按：裘錫圭釋「杙」，讀為「代」，其說可從。字亦作[字形]、[字形]，當合併於此。

2883

[字形]

按：卜辭均殘，其義未詳。

2884

[字形]

裘錫圭　參[字形]字條

按：合集七九三二辭云：「……王往……[字形]弓于……衷之日王……弓于……」用為動詞，其義未詳。

2885

敝　[字形]　[字形]

王襄　「古布字」。（類纂正編第七第三十六葉下）

柯昌濟　「此二文証知巾、帗二字之通用，巾為一种动词，猶衣被。周礼春官巾車注『巾猶衣也。』帗当為布字，布亦有被蓋之义，似可相通。」（殷墟卜辭綜類例証考释，古文字研究十六輯一五六頁）

考古所　「敝：地名。」（小屯南地甲骨八三八頁）

孙海波　「[字形]，拾六．一一。地名。王其則敝芘。[字形]，邋游一二二。王狩敝。从㡀省。」（甲骨文編三三七頁）

按：徐灝說文解字注箋云：「巾本完好，無緣引伸為敗壞之義。从攴治之，故有敗意耳。因其敗而攴治之也」。卜辭為地名。字或作㡀，从巾，不从㡀，亦當是「敝」字，釋「布」不可據。

2886

何琳仪「下表首列甲骨文和金文，次列汗簡和四声韵古文，以資比照。」

會　帠　沪2.16　帠　上2.11

（戰國文字与傳鈔古文，古文字研究十五輯第一二一頁）

饒宗頤「按帠字胡厚宣于南北無想摹本誤作『告』，商氏釋文作『帠』，細案續存拓本，似从止从巾。考集韻有『帠』，云古『會』字。他辭所見，其繁形有益从旁作帠者，如『……帠壴（鼓）于大乙……』（京都大學四六六）知帠帠祗是繁簡之異，俱古會字，則凡言帠者，乃會祭之義」。（通考八六二葉）

按：字可隸作「帠」，或省作「帠」，字在卜辭皆為祭名，無由以見「會」義，存以待考。

2887

按：合集三二〇一四辭云：「丙辰卜，帠示壴莫于丁」「丙辰卜，丁巳帠示壴」其義不詳，似為人名。

2888

按：合集二二〇四三辭云：「往帠」為地名。

2889

2889

黹

按：字不可識，其義不詳。

2890

黹黹黹

王國維「此殆黹字，所謂兩己相背者形當如此。師奎父鼎作黹，頌敦黹作黹與此略同，多與屯字連文，謂黹純也。」（類編七卷十七葉引）

王襄「古黹字，師奎父鼎黹作黹、黹，與此相似。」（類纂正編卷七第三十六葉上）

葉玉森「按釋黹，釋帶，以讀本辭，均不可通。」（前釋四卷五十三葉下）

李孝定「姚文田嚴可均說文校議云『黹彙會四紙六書故弟卅一引「丵省」下有「象刺文也」』。段氏即據以運補四字是也。契文金文黹字正象所刺圖案之形。此字為單體象形，許說非，當即黹之初字，故金文與屯字連文，王氏讀為黹純是也。黹黹古音同在十五部。金文作黹頌鼎黹黹頌簋黹黹頌壺黹休盤黹無叀鼎黹乃孫作且乙鼎，與契文同。」（集釋二六〇五葉）

金祥恆「甲骨文有黹黹黹与黹，与金文黹等字结构相似，疑即黹字，如：

□卯帚黹出子（粹一二四二、京二〇一〇）

□□卜□黹□放（庫一二三一）

帚黹如其他帚好、帚妝、帚羊、帚喜、帚姓等同例，黹為名，……

叀黹遘，王受又？（鄴四六三二）

庚辰□王勿□黹（乙八一八七）

黹□二月（乙八二八七）

黹二月（掇二·七一，南南二·八一）

癸未卜，宕貞：王生于黹（前二·二一·二）

叀伐黹又戋？（人B二一〇〇）

伐[glyph]其□（战后宁二·五〇八）

其[glyph][glyph]或[glyph][glyph]，或為地名，或為人名。松丸道雄曾考[glyph]謂「部族名，殷代金文圖象文字常見之」。（人B二一〇〇）」（説[glyph][glyph]——古文字學論集初編三九九——四〇〇頁）

考古所 「黹：祭名。」（小屯南地甲骨一〇一四頁）

按：徐鍇繫傳釋黹字云：「紩，刺繡也，此象刺文也」。朱駿聲通訓定聲謂黹乃象形，「非丵省」。金甲文黹字皆象刺繡之文飾。黼與黻則黹之孳乳字，說文以黻為「黑與青相次文」，爾雅郭注則以為兩已相背文，義皆晚出。

2288 「黹」字重出，當與此合併。

庚 [glyph] [glyph]

孫詒让 「庚皆作[glyph]（藏九·三）。金文庚羆卣作[glyph]，且辛父庚鼎作[glyph]，子父庚爵作[glyph]，与此微异而大致相类。或作[glyph]，則与小篆同。」（契文举例上一页上）

郭沫若 「庚字小篆作兩手奉干之形，然于骨文金文均不相類。金文更有作[glyph]者，為呂父庚鼎（陶齋續錄十四葉，原誤作「父辛鼎」）作[glyph]者，為豚卣之「豚作父庚宗彝」。此二庚字與殷彝中之一圖形文字極相似，如凖櫨角鋬內二銘文之「[glyph]冊」，𢼸作父辛彝尊之「[glyph]（冊）」，又女歸卣「父辛敔」均有此文，又有單以此文銘彝者。前人釋為「庚丙」二字，吳大澂以為「從庚，從丙，當係古禮器，象形字。臣受冊命時所陳設」。余案此即古庚字也，文既象形，不能言其所從，其下之丙字蓋器之鐏耳。觀其形製當是有耳可搖之樂器，以聲類求之當即是鉦。說文「鉦，鐃也，似鈴，柄中，上下通。從金，正聲」。又「鐃，小鉦也，從金，堯聲，軍灋卒長執鐃」。周禮地官鼓人「以金鐃止鼓」，鄭注云「鐃如鈴，無舌有秉，執而鳴之，以止擊鼓。司馬職曰「鳴鐃且卻」」。合許鄭二家之說以求之，可知鉦鐃一物，特器有大小而已。二家雖未言有耳，然既言無舌，有柄中通，執以鳴之，則有耳自是意中事。故鉦之形製適與此合。其或名鐃者，殆取其搖而鳴之也。形制既合而鉦從正聲，在耕部，與陽部之庚聲極相近。鉦鐃例當後起，則知庚蓋鉦之初字矣。庚之本義其失甚古，後行之義為庚、更也，續也，道也。或堅強貌，（釋名釋天）橫貌，（漢書文帝紀「大橫庚庚」，注引服虔說）與鉦義均無涉，蓋出自假借也。從庚之字有康字，小篆作㯡，从米，云穅之省。穅曰「穀之皮」。然古文康字不从米，卜辭之康祖丁或康丁（即史記漢書等之庚丁）作□若□，金文亦同，如彔伯𢐗父敦之「康龢屯右」作□，伊敦之「王在周康宮」作□。文既不从米，意亦絕無穅義。然羅氏猶言許書以為說，以庚下之點作為象穀皮碎屑之形，此恐未必然也。康字訓安樂，訓和靜，訓廣大，訓空虛，只空虛之義於穀皮稍可牽及，其它均大相逕庭，無由引伸。余意此康字必以和樂為其本義，故殷周帝王即以其字為名號。穅乃後起字，蓋从禾，康聲，古人同音通用，不必以康即是穅。大凡和樂字古多借樂器以為表示，如和本小笙，樂本弦樂之象，又如喜字从壴，（古鼓字象形）龢龤字从龠，雅字亦本樂器之名，然則康字蓋从庚，庚亦聲也。庚下之點撇，蓋猶彭之作□若□，言之作□若□。是則康庚二字可為互證，此實僅存之一例矣。」（甲研釋干支十一——十一葉）

陳邦福

「案白虎通五行篇云：「庚者，物更也。」史記律書云：「庚者，言陰氣更萬物。」又禮記月令云：「其日庚辛」，鄭注：「庚之言更也，萬物皆肅然更改，秀實新成」。惟鄭與許同說。又殷契文幹枝人名庚字，作□□□□□□□□諸形。周金文幹枝人名，乃史父庚鼎作□，羊父庚鼎作□，子父庚爵作□，陸冊父庚卣作□，子父庚觶作□，家父庚卣作□，父庚爵作□，●庚爵作□，父庚尊作□，□且庚爵作□，豚卣作□，沮日庚敦作□，師奎父鼎作□，御□向鑵作□，鄭虢仲敦作□。大一經謂庚象人齎者，正與殷周古籀文相合，又殷契□字蓋殷人刻文未竟，則後世闕筆之肇始矣。」（十幹形誼箋五葉下——六葉上）

陳夢家

「庚宗即魯地：左傳昭四「初穆子去叔孫氏及庚宗」，杜注云「庚宗魯地」；春秋地又哀八「吳師克東陽而進，舍於五梧，明日舍於蠶室，明日舍於庚宗，遂丞於泗上」；春秋地名考略云「今山東泗水縣東有庚宗亭」，續山東考古錄云「華行三十里為一舍，東陽在今費縣西南，三邑當在費縣泗水之間」。今泗水東有庚宗亭，與費縣接界。其地在曲阜之東，曲阜東之奄乃殷都之一。」（綜述二六六葉）

李孝定

「說文：「庚，位西方，象秋時萬物庚庚有實也。庚承己，象人齎。」庚庚有實當垂垂纍纍，於字形無絲毫相似，於人臍之象則尤懸遠。陳氏乃謂大一經之說正與古文相合，不知何所見而云然也。郭氏謂字象有耳可搖之樂器，以父庚鼎、豚卣、辛䖒角、㪤作父辛彝數文並即庚之古文，其說極是。又引和樂喜康諸字均從樂器取意以為庚為樂器之旁證，說亦可從。其形製當後世之貨郎鼓，執其柄旋轉搖之以作聲者，上从屮乃其飾，篆變作干，（干字古作□□不作屮）器身及兩耳篆變作从，其朔誼遂不可知矣。後世典籍庚之義訓均其假借，與初誼無涉。（訓更乃同音通段，訓續則讀為賡一賡許書以為續字重文非是賡从賡聲與續同義耳非一字也咎繇謨「乃賡載歌」釋文加孟皆行二反賈昌朝云「唐韻以為説文誤」是也賡从庚聲得有續義者亦由段借為更得之更迭則有相續之義也徐鉉曰「賡今俗作古行切」則賡庚同讀唐宋以来已然矣）訓道亦由更经一義引申得之也而卜辭中均用為干支字無用其本義者，郭氏此説遂無由獲直接之證明，然於字形及庚康二字之關係觀之蓋不誣也。金文作□史父庚鼎□羊父庚鼎□魚尊□蠶伯盤□且日庚簋餘尚多見，大抵略同。又郭氏謂康即後世之鉦，二者音雖相近，注家所稱鉦之形製與康之字形則不甚吻合，二者是否古今字未由考知矣。」（集釋四二七一葉）

考古所　「南庚：在『午組卜辭』中，尚屬首次发現。」（小屯南地甲骨九八一頁）

考古所　「毋庚：著录中『午組卜辭』问疑者的先祖名庚者有祖庚、子庚、庚、未見毋庚，故毋庚为此次新发現的称谓。」（小屯南地甲骨一〇三六頁）

晁福林説參□字条下。

按：徐灝説文解字注箋云：「庚字取象，許君言之未詳。李陽冰謂『庚从干𠬞，象人兩手把干立』。今篆體遂譌為𠬞，殊非其義。戴氏侗曰，庚鼎文作□，庚蓋鐘類，故庸从之。周伯琦曰：『𢆉鐘虡也，象形。借為庚辛字』，存参」。戴侗六書故、周伯琦六書正譌實開據古文字以追溯字原之先河，時有創獲。「庚」當象鐘類樂器之有虡者，戴、周二氏之説雖未盡是，而力排庚象人臍之謬説，實具卓識。丁福保篤信許書，誣周氏為「以戌為戈矛之戈，庚為鐘虡之虡，誕謾叵信，視同戲劇」（説文解字詁林自叙）。丁氏習非成是，妄事訾議，殊無足取。

郭沫若謂庚本象鉦鐃，其説是對的。考古發掘，商代未見有鐘。鐘當由鉦鐃發展而來。鉦鐃未見有耳，均有柄，擊之以鳴。李孝定謂「當後世之貨郎鼓，執其柄旋轉搖之以作聲」，揣測之辭，不可據。商代未見有此樂器。

2892

□　□

按：字从「庚」，从「大」，隸可作「□」。合集二〇五七七辭云：「丁未卜，貞，□骨告王」

2893

疑為人名。

2893 庸

郭沫若隸定作庸，謂：「義未可知。」（粹考七六葉上）

饒宗頤「按庸即唐字，見大豐段。」（通考八九八葉）

饒宗頤「……卜出……翌乙亥唐……衣……卜出……庚午……益口寅卜，出貞……今日庸（唐）……衣，十二月。（前編五、二一、二）（佚甲一三一）按以右兩條互證，庸亦唐字，……」（通考第八六一葉）

李孝定「从庚从凡，說文所無。予初疑般庚合文，然卜辭般庚合文均橫書作𣪘，無作此形者，且此字庚字在上凡字在下，亦不得讀為凡庚也。辭云『口寅卜出貞今日庸衣十二月』（甲編、一三一、）『叀父庸奏王衎衎』（甲編、二五八三、）『貞叀庸用大吉』（甲編、三九一八、）『叀小乙作美庸用弜𣪘庸用　叀𣪘庸用』（粹、二八二）『弜翌日壬其風于翌日壬迺𣎆庸不冓大雨　孟僼不冓大風』（粹、八二五、其義均不詳」。（集釋三九八一葉）

屈萬里「庸，……从庚从凡，未識為何字。而每與豐字連文，或是祭祀之名。」（甲釋二一葉一三一片）

严一萍「彙撰釋衎一文（刊中国文字第七期），尝引小屯甲编六四一版，而為之释曰：

叀父（ ）庸奏王衎

叀且丁庸奏

☐至弗每不雨

析庸為二字，当时疑兩父某之干支。嗣后反复推敲，終觉未有所兩。盖此乃父庚用三字之借体合文也。三字合文，卜辞多有之，如『康且丁』『武且乙』『文武丁』之类，然皆独体相合。若借体字，在甲骨文实前所未有。惟金文周公毁之上下帝作『帝』者，可相比况。既知庸為父庚用三字，于本版卜辞之时代，迼甚密合。盖此版為三期廩辛康丁时所貞，父庚即祖庚，而且丁即武丁也。然則𢿦為何字，其又維何？

案此𢿦字，罗振玉殷书契考释中已見輯录，次于般字之后。仅曰：

从舟从庚。父乙甗作𢿦，己酉方彝作𢿦，与此同。

郭氏作殷契粹编考释，諸𢿦字，皆从罗氏「从庚从舟」之說，隶作「𢿦」，胥未有考释。孙海波作甲骨文编亦从罗氏释，附于般字后，续甲骨文编继之。至郭氏撰两周金文辞大系大丰毁之考释，始有新义曰：

𢿦字从庚从凡，卜辞有之，己酉方彝亦有之，當是从凡庚声之字。凡古文盤，盖即湯之古文，与唐為一字。唐卜辞作𢿦，下从口，形亦盤皿之象，非口舌字。

郭氏释唐，实承孫治江说。孫氏之前則有宋薛氏鐘鼎款识于父乙甗己释唐，己酉方彝則隶作賡。孙氏于大丰毁释之曰：「𢿦旧释為庸，依文从唐从口似当為唐。前唐子祖乙爵唐字作𢿦，与此正同，但作唐义未详耳。」今案此字释唐，至碻。古读唐如阳，唐康皆从庚声，与昜声同部相近。故唐之古文作啺，易声。一見六书疏证引宋保说。惟此𢿦与𢿦，在卜辞中，形有小异，虽屬一字而义实不同，故諸家考释皆以「未可知」說之。如殷契粹编五一八版考释曰：「唯𢿦字义未可知。」又如小屯甲编考释于第一一三版曰：「从庚从凡，未识為何字。而每与豊字连文，或是祭祀之名。」又第二五四六版曰：「𢿦，其义未详。」甚矣，释契之难也。今余鉤稽卜辞，考之故书，知此𢿦字者，殆即詩陈风防有鵲巢：「中唐有甓」之唐。传云：「中，中庭也。唐，堂塗也。」

甲六四一版之唐，即為廟中路之明证也。辞曰：

☐至弗每不雨

叀且丁唐奏

说文：「登歌曰奏」。王道乃王作先導之意。是此版卜辞之意，乃貞于且丁若父丁之庙中路上登歌乐，舞，由王作先导，而群臣隨之，以祀且丁父丁。且因中庭上無屋宇，故先卜雨不雨。如此诠释，向所不能解者，乃涣然通顺矣。又文选甘泉赋：「平原唐其壇曼」李善注引鄧展曰：「唐，道也。」是原野之道，亦名唐，此又一义也。凡此二义，卜辞多有合者，如：

叀妒唐用

弜妒唐用

叀小乙乍美唐用

弜用 粹二八二

一于︶唐奏又足

亥叀美奏又足

南北明六八三

叀☒唐☒

弜於

其奏唐門[illegible]又足　南北明六八四

叀庚唐用　珠五三二

□寅卜出貞今日唐衣　十二月　甲一三一

□☒自𢀛唐至□新☒　铁一〇〇、二

□□卜出圓羽乙□方唐衣　前五、二一、一

□方唐　六月　前五、三八、二

□戊卜□貞唐□不雨　后上四、一二

唐壴其眔熹□障　弜障　粹五三九

其𡧊唐壴于既卯　宁沪一、七三

貞叀唐用　大吉

貞勿唐　屯甲三九一八

以上诸辞，皆可以「庙中路」若「道路」之义释之。然卜辞之唐亦有不合此义者，如：

☒于其从唐不☒　京津四三五二

于翌日壬廼从唐不冓大风　粹八三五」（中国文字第三卷第十三册一四五七—一四六二页）

于省吾　「甲骨文庸字作㒍（京津四五二，即掇二·五），只一见。甲骨文编入于附录，並误为两见。续甲骨文编误入唐字下。西周器訇簋的庸字作𤰈。说文：「庸，用也，从用从庚，庚，更事也。」按许说不尽可据。苗夔说文声订谓「用亦声」，是对的。庸与用双声叠韵。庸字的解说应改作：「庸，用也，为人所劳役使用也，从庚用，庚，更事也，用亦声。」是会意兼形声字。

甲骨文只有「雨庸」两字，其义待考。西周器訇簋的「先虎臣後庸」，以庸为奴隶。尔雅释诂训庸（庸字隶变作庸）为劳。史记陈胜吴广世家的「尝与人傭耕」，索隐引广雅训傭为役，傭即庸的后起字。楚辞怀沙的「固庸態也」，王注训庸为「厮贱之人」。庸训为劳为役为厮贱之人，均是被奴役之义。诗崧高：「王命申伯，式是南国，因是谢人，以作尔庸。」毛传训庸（墉）为城，郑笺训庸为功，都係肊为之解。其实，庸指奴隶言之。诗义是说，就把南国谢邑之人，作为申伯的奴隶。西周器宜侯夨簋，先叙王令夨侯于宜，末叙「锡宜庶人六百又□六夫」。这也是就宜地庶人赏给宜侯作为奴隶之证。」（释庸甲骨文字释林三一七——三一八页）

黃奇逸 「现在我们看伊六四一版有两条卜辞：

叀祖丁，□奉

叀□奉，王永

此两辞同版。从辞例看，后一辞之□乃是前一辞□无疑。而后一辞之□乃是般庚——□之变体。由此，我们可知道□乃是般庚□形之变体。还有，我们从此版甲文祭祀先王时在称谓的世系上考订，祖丁因为是般庚父辈，所以在被奉祭时，祖丁在前，□在后是理所当然的。这也证明了□是般庚。由于有前面三个方面的论述，使我们对般庚没有被人们发现的两个形体□、□的认定较确切了。」（释沃丁、盘庚，考古与文物一九八七年一期六九页）

考古所 「□：当為庸，月缺横劃。」（小屯南地甲骨九二二頁）

考古所 「庸：粹四九四有『叀舊庸用』，泞一·三一四有『叀舊䢅用』，可知庸用与䢅用用法相当。庸与祭礼有关，但其义不明。」（小屯南地甲骨九五一頁）

王树明 「象钟形的乐器『庸』（庸），所以由『月』得声，殆因『月』是一种更古老的乐器，『庚』形之钟为后出现的一种乐器。因此，以『庚』即钟之形，加一『月』，用以表示『庚』形器与『月』为一类物，也是一种乐器，《说文》把『庸』解释为一会意字，支持了这一判断。」（谈陵阳河与大朱村出土的陶尊文字，山東史前文化論文集二六二——二六三頁）

按：字當釋庸，卜辭為祭名。其作□者（伊六四一），乃「父庚庸」之合文。裘錫圭之説是對的，甲骨文編五九五列入合文以為「父庸」；屈萬里甲釋亦隸作「父庸」，並誤。廩辛康丁卜辭從無稱祖庚為「父庸」之例。

2894

□

按：合集二七一七一辭云：「癸亥……小甲日叀□……」此當為「□」字之殘。參見2895。

2895

[illegible]

按：佚二一四八辭云：「戊辰卜，今日雍己夕其呼[illegible]執工」，當為人名。又合集三〇六九三辭云：「[illegible]叀龢[illegible]用」，則為祭名。

2896

𢉿

[illegible]

按：合集一五七三三辭云：「叀𢉿殷用」；懷一三八辭云：「叀𢉿用」，均為祭名。

2897

[illegible]

按：合集三二九三五辭云：「乙亥貞，[illegible]弜以方……」為人名。

2898

亞

[illegible]

羅振玉

「說文解字：『亞，醜也。象人局背之形。賈侍中說以為次第也。』此作亞，與古金文同，與許訓象人局背之形不合。許因訓醜，乃為局背之說。然醜古亦有訓比訓類，與賈侍中次第之說固無殊。爾雅兩婿相謂曰亞，正謂象類次矣。」（殷釋中七十三葉下）

丁山

「據我簡陋的見聞看，殷商王朝『邦畿千里』之內，實分田、亞、任三服，重要的證據，即在殷契粹編一五四五B片。『以多田亞任』。田，即酒誥康誥所謂『侯甸』；亞即酒誥所謂『惟亞惟服』，周頌所謂『侯亞侯旅』，都是無疑問的。尚書的『侯甸男』，白虎通爵篇引作『侯甸任』；嫁娶篇又曰：『男者，任也，任功業也。』蔡邕獨斷也說：『男者，任也，立功業以化民，其地方五十里。』男之與任，不過今古異文爾。因此，甲骨文的『多田亞任』，決可當以尚書金文所謂「侯甸男」，尚書禹貢「二百里男邦」，史記夏本紀引作「任國」，過去經學家總認為是今古異文，——今文本作任，古文本作男。茲驗以甲骨文的「多田亞任」，與令彝銘的「侯甸男」異文，我認為任本商制，男乃周名。推此言也，一部五經異義所傳說的今文家與古文家紛歧錯綜的制度，都該自「商周易禮而王」方面重行檢討其是非。……亞，酒誥列于「內服」；周頌次于「侯王侯伯」之次，而云「侯亞侯旅」；左尚書牧誓、立政，則又以「亞旅」連文，而以為官名，位次司徒司馬司空之後。唐蘭先生據瀧殷云，「諸侯大亞」，宰巳彝云，「王飲多亞」，鐵雲藏龜亦有「多亞」之稱（五一葉）而謂：「凡此亞旅之文，前人多不得其解，得甲骨金文亞澄，始可定亞為爵稱」。詳武英殿彝器考釋第二葉引今按，「亞旅」之名，沿至春秋時代，尚未盡廢，左傳文公十五年：「宋華耦來盟日，請承命于亞旅」。杜注：「亞旅，上大夫也」。成公二年：「公會晉師于上鄭，賜三師先路三命之服；司馬，司空，輿帥，侯正，亞旅，皆受一命之服」。杜注：「侯正，主斥候；亞旅，亦大夫也」。昭公七年：「鄭子產曰，朔于敝邑，亞大夫也，其官馬師也」。文公六年：「晉趙孟曰，公子雍，先君是以愛其子，而仕諸秦，為亞卿焉」。魯叔孫氏為司馬，昭公五年傳也稱之為「亞卿」。爾雅釋言：「亞，次也」。由于「亞卿」「亞大夫」的澄明，杜預注左傳以為「亞旅，上大夫也」，當然是錯了。「亞旅」一辭，也曾見於卜辭云：「壬戌卜，狄貞，其又來方，亞旅其鶱，王受又又」。「壬戌卜，狄貞，亞旅士𩰫」。「壬戌卜，狄貞，亞旅从，受于万」。「壬戌卜，狄貞，亞旅其陟𡴖入」。以上均見甲編三九一三片，其地位相當于晉國的「侯正亞旅」。然而以甲骨文本身材料及金文互相對照看：

亞	侯與氏
辛巳卜貞，夢亞雀陵余剢若。前八、一三、二	乎侯雀。甲編四四四〇片
貞翌庚申亞先口告。珠三一	壬戌卜，受貞，乞令受田于先侯。十月。通纂七二六
丁卯卜，夲于亳，亞卓其入十牛。鄴三、下、四四、一	癸酉，卓氏十夕。珥。臼、粹五〇八
亞犬，父口。鼎、續存上、十七	貞令多子族眔犬侯𡨦周。古王事。通纂五三八
亞𡫴，父丁。殷、頌齋續錄二六	𡫴十。林二、六、九、甲翼
亞又。殷、續存上、三六	乙酉貞，王令𠂤途亞侯又。鄴三、下、四三、九
亞氏、作父乙尊彝。觶、三代、一四、五三	乙未卜，令遘氏侯。新編、七三

略舉數例，足見亞與侯名異而實相近，我所以說，「多田亞任」即尚書所常見的「侯甸男」，唐氏謂「亞為爵稱」，不如釋以「內服」的諸侯，更為徹底！」（氏族及制度四五——四八葉說多田亞任）

又曰：「亞頗似卝卝而聯其外緣成方陣形，疑商周文獻所見「亞旅」，初象卒伍成行之形；

左田，則象其斜欹側不成方的區田，亞固象區田一方闕其四角也。不成方的亞田，意本說是斜田，音乃訛為畬田、餘田。餘田者，區田之餘也」（同上五一葉）

又曰：「殷商『邦畿千里』之內，分為田、亞、任三服，——田者，僕庸土田的省稱，大率由王率小臣督率奴隸們躬耕的；亞者不成方塊的土地，賜給卿大夫耕種的；任則分賜給武士和百工的土地，讓他們兼以保衛疆圉的。『邦外侯服』，卜辭總稱為『多伯』；邦內的『田亞任』卜辭總稱為『多田』，也就是亞旅的別名。凡殷文存、續殷文存所著錄的帶『亞』的銘文，大率是商代侯亞的遺物。所有的侯亞，在甲骨文裡有時稱『侯』，有時稱『氏』；甲與骨的諸種刻辭所見的某氏，在卜辭裡，有時稱『某侯』，有時稱『某族』；可見侯、伯、男、田、亞一類封建的爵名，都是氏族的別名，或為氏族的擴大。甲骨文既發現大量的侯、伯、子、男，又發現二百個以上的氏族，可見殷商政治組織，確已胚胎了周代的封建制度」。（同上五十四葉）

陳夢家　「凡卜辭多亞與亞都是官名。晚殷金文有大亞父乙爵（北京圖書館）和大亞斗（饗劍，I.一.五○，廿二塚契，二九）後者傳出土安陽。酒誥所述殷制『惟亞惟服』的亞、服都是官名。西周時代亦有亞與大亞的官名，如邎毀『諸侯大亞』，立政、牧誓『亞旅』，戲𡔈『侯亞侯旅』。左傳文十五宋有亞旅，成二晉有『侯正亞旅』在與師之次。……官名亞之後往往另附一名……。郭沫若考釋粹一一七八以為亞為卑的官名，是正確的。這些隨在官名後的名字可能是私名，也可能是族邦之名。乙辛卜辭雖未見『多亞』之稱，但同時期的銅器銘文有『王飲多亞』之語。（三代，六．四九．一）此時期的銅器上，常鑄有簡單的銘文，大都是族邦之名而以亞形為其匡廓。此等作為匡廓的『亞形』貸為一種稱號的圖象化」。（綜述五一○——五一一葉）

郭沫若　「亞當讀為惡」。（粹考一六八葉下）

陳夢家　「亞義為次，與后相若，所以祖庚卜辭的『亞且乙』即后且乙、小乙。因其在中宗祖乙之次。」（綜述第四四一葉）

孫海波　「亞亦訓宮室，卜辭或言某某亞，猶言某某宮也」。（文錄二十三葉下）

屈萬里　「卜辭：『乙又，在多亞？』甲編三○九二亞，宗廟藏主之所也」。（甲編考釋四○○葉）

饒宗頤　「亞本祀室之名。卜辭有云：『乍亞宗』，（後編下二七．一）『告亞』，（佚存三

四〇）『㞢于亞』（京津一六一五）是也。……」（通考第一一五七葉）

又云：「他辭言亞事者極夥。……大抵指官名，即書立政、牧誓，左傳成二年，文一五年所謂『亞旅』是也。或言多亞、馬亞、多馬亞、『……多田（甸）亞任（男）……』（粹編一五四五）。又繫于人名之前，如亞雀、亞𠂤是。……亞又為地名，如『甲午卜，𠂤貞：亞受年。』（河乙八一七二）亦稱亞侯，如『乙酉貞：王令㞢（徇）金，亞侯又。』（鄴三下四三·九）故卜辭所見之亞，為人名，抑官名，頗難分別。貴之卜辭，言及亞者，不一而足。

……
癸亥卜，貴貞：羽史亞又……叀用。（寧拾五七）

……稱為『史亞』則此數亞字乃人名。又有稱『兄亞』者：

……
丁酉卜，來庚，……兄亞𣎵（家）。兄亞𣎵……（河乙八七一〇）

兄亞可讀為祝亞，則亞亦是人名。婦名有曰婭者，辭云：『妣戊婭』。（河乙四六七七）」（通考一一五八——一一五九葉）

陳夢家　「亞有次義，小乙亞於祖乙，故曰亞祖乙。但亞祖乙也有可能是祖乙。」（綜述四一八葉）

張秉权　「亞，即亞字，在此似是地名，但在它辭中有作人名者：

己酉卜，貞：亞從之出雪？三月。（後下二五、九）

而第三期卜辭中，亦有人名亞者：

癸巳卜，顯☒亞往來亡☒？（戩三九、一）

庚子卜，顯貞：亞其往宮往來亡災？（續四六、一四）

第四期文武丁時卜辭，亦見亞雀之名：

己□□，貞：亞，雀眔□我☒？（前八、九、三）

或稱多亞：

甲□卜，乙亥器又言多亞？（後下四一、九）

亞或作亞，此形早期及晚期卜辭都有，早期卜辭中有稱亞侯者：

貞：王令𠀠途亞侯又？（鄴三、四三、九）

或單稱亞：

戊辰☒貞：羽（辛）☒三挈眾人𡆥丁彔乎保我？（前七、三、一）

庚申卜，貞：亞亡不若？（鐵三七·一）至第四期文武丁時，又有貞人名亞者（注一）：壬子卜，亞貞：☐？（洪八二五）

或單稱亞：

戊午卜，祝亞用十來羌？（乙編八八五二）

在第五期卜辭中，亦有名亞者：

己亥卜，在長貞：王（令）亞其从鼓伯伐☐方，不曹戈？在十月又☐？（通六〇五；續二·八五）

可見名亞之人，第一、三、四、五、期都有，或為侯，或為貞人，前后二百多年之間，決非个人的壽命所能包容。大概亞地的首領，就叫作亞或亞侯，所以亞应是一个共名（氏或姓），而不是某一个人所專有的私名，由此推論，則甲骨上所有的名詞，都应作这样的解释才对，因為是共名（氏或姓），所以祖孫父子都可以用這个名詞，因此，用這些名詞来作為断代的标準，就不得不受十分严格的約束了，譬如用貞人来断代，我们只能假定某地的諸侯，在某一時期曾經擔任过貞卜的職务，或因失宠，老病，死亡等等原因而去職，所以此后就不再見這个貞人的名字了，但是在其他的地方，或其他的时间里，他或他的子孙或祖先，或他的领土，仍旧可以用這个名字，出現于卜辭之中，譬如羔，唐，河，喜，永，我，史等等，都和這一版上的亞的情形是一样的」（殷虚文字丙编考释第二五——二六頁）

（注一）我在殷虚文字劄記（集刊二十五本下二五一）中，以為亞是第五期貞人，今改訂之。

李孝定

「說文：『亞，醜也。象人局背之形。賈侍中說以為次弟也』。契文金文篆體並同小篆。卜辭用為爵名與侯義相近，王其初誼若何蓋難言之。丁氏以為象匽田之不方整者，果如其說則字當作亞不作亞矣。殷虛發掘所見殷王陵墓其形多作亞形，亞字初誼未知與此有関否。金文作亞丙申角 亞亞䱷 亞亞𣪕盉 亞亞尊 亞祖父乙壺 亞亞𪓐盉」（集釋四一七二葉）

白玉崢

「戊申卜，㱿貞：亞亡不若？十二月。（鐵三七·一）

⋯⋯字于本辭，疑為人名；然亦可解為官名。征于他辭，亦有為地名者，如：

甲午卜，羅貞：亞受年？（乙八一七二」（契文舉例校讀中国文字第八卷第三十四冊三八二五——三八二六頁）

于省吾 「甲骨文亞字作[字形]或[字形]形，金文略同。說文作[字形]，並謂：『亞，醜也，象人局背之形。賈侍中說以為次弟也。』段注：『此亞之本义（指训醜言之）。亞与惡音义皆同，故詛楚文亞駞，礼记作惡池。史记卢绾孙他之封惡谷，汉书作亞谷。宋时玉印曰，周惡夫印，刘原甫以为即條侯亞夫。』王筠說文釋例：『醜是事而不可指，借局背之形以指之，非惟局背，抑且鸡匈，可云醜矣。』饒炯說文部首订：『据亞形全篆观之，本作工，而变象其局背鸡胸之形，倒与鼎下說象析木意同。』林义光文源：『壺为宫中道作[字形]，亞亦或作[字形]（原注：据古録一之二析子鼎亞形），则亞当为庑之古文，廡也，象形。亞庑古同音。』按许說已属荒谬，而各家所释，或傅会许說，或别出异解，无须一一加以驳正。

么些象形文字字典：『方隅或角落作[字形]。』（二二页）这对于我们理解亞字有很大启发。由于古代么些族（即纳西族）和中原部落的文化交流，故么些象形字和商周古文字每有互相印証之处，商器作父己觶亞中示的亞字作[字形]，又左鉦亞中畋的亞字作[字形]，均和么些文字的[字形]字相仿。

亞与阿双声，鱼歌通谐。石鼓文的『亞箬其华』，王国维谓：『亞箬与猗儺音义俱近。亞箬其华，犹詩言猗儺其华。』（见罗振玉石鼓文考释）按箬从若声，古读如诺，故与儺通用。詩隰有萇楚的『猗儺其华』，猗儺谜语也作阿難，詩隰桑分用之作『隰桑有阿，其葉有難。』以上是亞与阿通用之証。章炳麟新方言：『凡亞声语，后多转为可声』，又谓『阿讀若亞』，甚是。

早期古文字无阿字，阿字始见于晚周的阿武戈和古鉨的『趙阿』。說文：『阿，大陵曰阿，从阜可声。一曰，阿，曲阜也。』典籍多训阿为随为从，均与亞之训次义相因。典籍又每训阿为曲隅。楚辞九歌少司命的『晞女髮兮陽之阿』，山鬼的『若有人兮山之阿』，王注並训阿为曲阿。因此可知，阿之训曲隅，正与亞为方隅或角落之义相符。……亞为阿字的古文，阿为亞後起的通用字。」（释亞甲骨文字释林三三七——三三九页）

姚孝遂 肖丁 「『亞』字的用法在卜辭相当复杂，緑312有『其御于父甲亞』，为宗廟之居。」（小屯南地甲骨考释二八頁）

姚孝遂 肖丁 「580

(1)『庚寅卜，其告亞𡆥往于丁，今庚』

(2)『亞𡆥征弗至庚』

(3)『癸卯貞，王亡囚』

「庚辰貞，亞卑亡囚」 2378 1051

11）「己巳卜，告……亞𡿨往于丁一牛」。

「𡿨」為人名，亞為其官職。

「往于丁」謂祭禱于「丁」、「往」為祭名，讀如「禳」（釋林154頁）。

卜辭担任「亞」職者尚有「雀」，伊3942有「亞雀」。「雀」與「𡿨」乃同時人。是担任「亞」職者不止一人。卜辭又常見有「多亞」。泞沪2.16：「令多亞㴬犬」，「多亞」猶言「諸亞」，與「多甸」、「多伯」同。又卜辭有「多馬亞」。前5.6.5：「多馬亞其㞢囚」，「多馬亞」當讀為「多馬」、「多亞」。

粹1178亦有「亞卑」，郭沫若先生謂「亞殆卑之官職。殷有官職曰亞，周人沿襲其制。周頌載芟侯主侯伯、侯亞侯旅，書牧誓亞旅師氏，又酒誥百僚庶尹，惟亞惟服」。

卜辭「亞」之職掌主要為軍旅，同時也司祭祀，其地位異常尊崇。

前7.3.1：「亞乞氏眾人㞢……录，乎保我」，可見深受商王之倚重。

此外，「亞」亦常々參加田獵，伊2695有「亞射麑」。

502「貞其令亞侯」

「亞侯」亦見于鄴3.43.9。「亞侯」之「亞」似當為氏族名或人名，與「宫侯」、「犬侯」等同例。「亞」不當是職官名。」（小屯南地甲骨考釋一一五—一一六頁）

何金松

「亞字甲金文一般作亞、亞、亞之形。薛氏鐘鼎款識、積古齋鐘鼎彝器款識、金文編等書中收了許多外國或一部分為上述三種形體的圖形文字。……它應該是房屋的象形。……一九六四年第八期考古刊登了宋兆麟云南永宁納西族的住俗一文，論証了納西族的住宅还「遺㽞了一些母权制生活的特点，附了一幅「永宁納西族典型院落平面图」。……其房屋平面图，中間是天井，四边是房子，其形就象亞。因此，亞字应为母系家族房屋平面图的象形。……金文編中有两个图形文字，一个是□（父乙觶），另一个与它很相似，象用两手提（驱）豕进「门」形，不是与前文引的（按：即□）用手提（驱）豕进「亞」形意同吗？再如「家」金文家戈爵作□，图形文字有□，意亦同。这说明「门」与「亞」表示的都是房屋，二者的区别仅在于从不同的角度看房屋，「门」是房屋侧面的正视象形，「亞」是整套住宅的平面图或俯视图的象形。……诗小雅节南山：「琐琐姻亞」，尔雅释亲：「两婿相谓曰亞。」郝懿行疏又引释名「两婿相谓曰亞」云：「言一人取姊，一人取妹，相亞次也。又并来至女氏门，姊夫在前，妹夫在后，亦相亞也。」所谓「两婿相谓」就是姊夫妹夫之间相互的称呼。这一古义当是母系家族婚姻制度的反映。母系家族以女子为中心。青年女子找到了对象，不出嫁，由本家族分配给她住房（叫做『客房』），女婿上门，过婚姻生活。姊妹有几人，姊夫妹夫也就有几人，这说明亞字当是以母系家族住宅为物据而创造的。」（释亞，中国语文一九八三年二期一三四頁至一三七頁）

李白凤　「『亞』实『社』之图象字，其四出者为阼阶，中高平者乃『壇』，乃『主』之所在；是以『社』之图象与『亞』同，凡职司『亞』（社）者其官恒称『亞』，世职者乃以此为其族徽，盖初民本无姓氏，后乃因官而得姓也。」（东夷杂考一五五頁）

于省吾　「說文亞作亞。按契文多作亞，金文傳卣作亞，魏刘玉墓志銘作亞，与古文合。」（論俗书每合于古文　中国语文研究第五期一六頁）

按：說文以亞為「象人局背之形」，實莫知所云。王筠釋例，進而傅會之，謂「醜是事而不可指，借局背之形以指之。非惟駝背，抑且雞匈，可云醜矣」。純屬馳騁遐想。林義光文源謂「古作亞，不象局背形」是對的。但又謂「壼為宮中道，篆作壼，亞亦或作田，則亞當為庿之古文」，亦不可據。

卜辭亞為官名。又錄三一二「其禦于父甲亞」，亞當為宗廟之名。卜辭「亞」亦有「次」義。契二五三「佳亞祖乙壱王」，後下二七·一「其乍亞宗」，陳夢家綜述四七四謂「亞宗之亞，當如亞匕己，亞祖乙之亞，義為第二」，其說是對的。

2899

柯昌濟　「亞、亞二字皆象太室室屋之形，余初以為亞字或象帳幄之形，為古幄字，而字在其它文意上亦通惡字，如汉周亞夫即惡夫之义，又殷之諸侯受命於五者亦可稱亞，金文中之亞形即記諸侯在太室受命之事，則此文亞侯之称亦可通解俟證。」（古文字殷墟卜辭綜类例考釋，古文字研究十六輯一五六頁）

張秉权　「亞，或作亞，亞、亞，其字頗似亞形之象某种建筑的平面图。叶玉森即释為亞（注一），在此版乃人名，或称亞侯：

2905

2900

[illegible]

按：字與「亞」當有別。字在卜辭為人名，亦稱「[illegible]侯」，不知是否與「亞侯」為同一人。「亞」字在卜辭用法較為複雜，此則較為單純，當為人名之專用字。

按：合集六六七正辭云：「辛未卜，殼貞，[illegible]告于祖乙」「辛未卜，殼貞，勿[illegible]告于祖乙」為人名。

2901

[illegible]

[illegible]

饒宗頤說參㳄字條下。

按：乙六二〇七：「……[illegible]方……」，用義不詳。

2902

[illegible]

按：英二五三六辭云：「癸未卜，在[illegible]貞，王旬亡𡆥」為地名。

2903

[illegible]

陳永正　「殷虛文字乙編七七五一片有一对貞卜辞，辞云：癸丑卜，爭貞：[illegible]缶于大……。

癸丑卜，争（貞）：勿畐缶于大……。

「畐」字前人未释，甲骨文编收入附录（下一五．五四八七）。我认为「畐」即「寝」的本字，隶定为「畐」，「复」字从此。畐，是古寝穴的象形，正中的长方形象窖穴的本体，两头的小口是出入处，设有脚窝或台阶。寝与穴亦为一物，畐，是寝穴的平面图（俯视），㓁，是寝穴的侧面图（剖视）。畐两端的孔道犹㓁两旁的通口。

复，甲骨文作「[畐夊]」，金文作「[畐夊]」，小篆作「[𩫏夊]」。说文：「复，行故道也，从夊，畐省声。」说文通训定声谓：「从𩫏省，会意。凡重、再意为此字之转注，今皆以「復」为之。」陈邦怀先生同意朱氏之说，认为「复，当是从𩫏省，许君说𩫏字曰：「从回，象城郭之重，两亭相对也。」然甲骨文[畐夊]所从之畐，与𩫏（甲骨文作[𩫏]、[𩫏]等形）形体迥异，亦无「两亭相对」之状。李孝定先生谓「[畐夊]从畐，疑象器形，下从夊无义，当以畐为声符」，亦非。

复，经典作「復」。诗大雅緜：「古公亶父，陶復陶穴。」毛传：「陶其土而復之，陶其壤而穴之。」郑氏笺云：「復者，復于土上，凿地曰穴，皆如陶然。」土，指地下掘出来的泥土，復培于穴旁，故称为「復」；壤，指地下未经掘动的泥土，穿穴深入，故称为「穴」。是以復与穴皆为土室。陶，与「窑」通。復，经典又作「複」。礼月令孔疏曰：「複穴者，谓窟居也。古者窟居随地而造，若平地则不凿，但累土为之，谓之「複」，言于地上重複为之也。若高地则凿为坎，谓之「穴」。」復，经典又作「寝」。说文：「寝，地室也。从穴，復声。诗曰：「陶寝陶穴」。」故复、復、複、寝皆通。

復穴之制，已为近世考古发掘所证实。一九三三年在安阳殷墟发现大量的窖穴遗迹。胡厚宣先生说：「大而浅者为穴，小而深者为窖，都是挖入地下的遗存。」「窖则以长方形者为多，圆者次之。」「小而深的窖，两边有脚窝可以上下，大而浅的穴，间或有台阶。」郭宝钧先生指出：这些窖穴，长方形，长二公尺余，宽一公尺余，深度浅者仅为一点五公尺，在地面上加培低墙，应称为「寝」。从殷墟发掘的资料中，我们可以想象到殷人建筑復穴的情况：先在地上挖个长方形的坑穴，在坑边培筑低墙，两墙间架上横木，然后把掘出的泥土覆于其上，这便成了中空的窟穴。穴的两头通向地面，作为出入口和通气透光口。甲骨文的[畐夊]字，给我们提供了一幅殷代居民生活的生动写照。[畐夊]所从之夊，乃人脚的象形，表示人从地穴的一端出入。故「复」字的本义应是出入寝穴，引申之则有重复义。说文云：「复，行故道也，从夊，畐省声。」其说有误。当云：「复，行故寝也，从夊，从畐，畐亦声。」至于甲骨文编附录下三八．五九三一的「[厂畐夊]」字，疑为复之异体。从厂，从复，隶定为「[厂复]」。厂，山崖之象形，指明寝穴建筑的所在。

復，即「复」。甲骨文编卷二「復」字条说明：「卜辞用复为復」，实「复」为初文，「

「復」為后起字。說文：「復，往來也，从彳，复声。」往來，正切复的本义。甲骨文中有关行走动作的字，后每加「彳」旁，其义不变。故「復」字应释为：「往來也，从彳、从复，复亦声。」

故曰：亯，地室也，象形。名词。后世以复、復、複、覆為之。而「亯」之本义遂湮。鄦比盨銘中有「亯」字，旧释作「良」，此字实為金文亯（复）𢓜（復）等字所从，应释為「亯」。

現在回过头來看乙七七五一片的对貞卜辞。此為武丁时所卜，有貞人爭可证。貞问的内容是「亯缶」还是「勿亯缶」。缶是殷代的方国名，后一、九、七辞云：「丁卯卜，𡧊貞：王𦎫缶于𠱿，二月。」𠱿，方国名，地在今山西省临猗附近，缶的地望亦当在晋南，距𠱿不大远。陈梦家先生曰：「匋、缶一字，疑即陶，……陶城在蒲坂北。」即今山西省永济蒲州附近。殷王朝对缶曾多次征伐，屡見于卜辞，如：

子𢦏𢦔基方、缶　乙·二一〇八

乙酉卜，王𦎫缶，受又　粹·一一七六

我𢦔缶　殊·四六三

多臣𢦔缶　乙·二〇〇〇

雀弗其隻缶　乙六七〇二

伐缶　綜·六三九

对缶曰「𦎫」、曰「𢦔」、曰「隻」、曰「伐」，皆挞伐俘获之辞。「亯缶」其意当与「𦎫缶」、「𢦔缶」、「伐缶」相近。亯，隶定作「㚐」，后起字為「覆」，在此当假為「覆」。說文：「覆，覂也，一曰蓋也。从襾，復声。」引申則有敗亡之意。禮緇衣：「毋越厥命，以自覆。」禮中庸：「傾者覆之。」覆皆训敗，故卜辞中之「覆缶」，亦当為敗缶之意。（古文字研究第四辑二五九—二六二頁）

徐中舒释良，參亯字条下。

按：合集三〇六一辭云：

「癸丑卜，爭，亯缶于大子」

「癸丑卜，爭，弓亯缶于大子」

其義未詳。釋「良」、釋「復」，讀為「覆」皆不可據。

2904 [illegible]

按：佚三五九四辭云：「……由貞，[illegible]于……又羌小甲牢……羌小甲牢」為祭名。

2905 工 古 工

葉玉森 「王氏類纂釋工為工是也，惟王氏未知古古並工之異體。卜辭工𢦏連文者屢見。（前三、二八、五作工，後上、十九作古，後上、二一、三作工，後下、二十、七作古，則工工與古古並為一字可證。金文史獸鼎之工與工合，公伐郘鐘攻字偏旁作工，遣鼎作工，並由古譌變。卜辭亦段工為攻，如云『貞勿令在北古卅人』（徵文地望二十三）即云勿令北攻，且集師也。……卜辭亦云『多古』（拾、十四、七）亦即書堯典之『百工』。傳曰『工，官也』。」（前釋二卷六十九葉）

胡厚宣 「古（續大藏甲二一）疑是工字」。（續甲五葉廿一行）

孫海波 「前編卷二第四十頁七版：『口亥王卜貞旬亡𡆥口一月甲子彡妹工冊口[illegible]餗王正人方，』又卷三第二十八叶五版：『癸巳卜泳貞王旬亡𡆥在六月甲午工冊其祐，』卷四第四十三頁四版：『癸丑卜貞王旬亡𡆥在六月乙巳工冊萑，』后編卷上第二十一叶三版：『口酉卜貞王旬口𡆥在十月又二口戌工冊其口其𢦏，』諸工字，旧皆釋壬，今审确是工字，象玉连之形。惟玉之德，可以祀神，故曰工冊。知工象玉连形者，古者貝与玉，皆以一貫五枚，二貫为一玨，就其枚言之，則曰玨朋區，就其貫言之則曰玉曰攻。淮南子道應篇：『元玉百工』注曰『三玉為一工也。』巫字卜辭作[illegible]，象巫在神幄，两手奉玉，以祀神，是知工即玉也。引申之治玉之人曰工……许君训工曰巧飾也，象人有規榘也，与巫同意，非其朔矣。」（卜辞文字小记，考古学社社刊第三期七十一至七十三頁）

吳其昌 「工字矢彝作工，史獸鼎作工作工，師寰敦作工，皆象斧形，故知工字最初之義則為伐木之斧之遺形也。以斧伐木是人類原始之工作，故工之本義為斧，而引申之第一義則衍為工作。周禮天官序官玉府賈疏云『工謂作工』，是其證也。以斧伐木是功役也，故工義又衍而為功。虢季子白盤『庸武于戎工』，即庸武于戎功也。史獸鼎『立工于成周』即立功于成周也。書皋陶謨『天工人其代之』，漢書律曆志引『天功』，又『苗頑弗即工』，史記夏本紀引作『不即功』，馴又周禮肆師『凡師不功』，鄭注『古者工與功同字』，是其證也。以斧伐木是斬之析之之義也。褱毀云『工首執訊』，此即虢季子白盤銘之『析首執訊』也，此又工之本義為斧之一證也。握斧在手斯可以攻人矣，故攻从工从攴，攴象手有所執也。叔弓鐘『汝肇敏于戎攻』，攻作玫，其所从之工正作斧形，尤為顯著，此工之本義為斧之又一證也。以斧伐本而百物漸興，於是遂衍為今義。考工記云『審曲面勢以飭五材以辨民器謂之百工』，又周禮大宰『五曰工事之式』，鄭注『工作器物者』，又漢書食貨志『作巧成器曰工』，又何休注公羊傳成公元年云『巧心勞手以成器物曰工』，此又引伸之義也。引申之義愈衍而愈遠，以至於為巧飾說文『工巧飾也』為能事大戴禮文王世子注為百官廣雅釋詁『工官也』為樂人大戴禮保傅注而工之本義遂晦霾千載無人知矣』。（金文名象疏證兵器篇）

于省吾

「卜辭工豐習見，工亦作古。……葉玉森謂工古為一字。郭沫若云：『工字與金文之作□者相同。工豐殆由楚茨「工祝致告」之意。作古者當是□之異，猶□之作□，□之作□也』。（通纂攷釋六三）……按葉郭二氏釋古為工是也。……工豐之工，從無碻詁。郭沫若引詩『工祝致告』為說，不知工官也，係名詞，豐亦名詞，於文理實不可解。工應讀作貢，猶古文穷之作賓，宍之作賸，賸之作朕（見弔上匜），化之作貨（古化貨字不从貝）。易繫辭：『六爻之義易以貢』。注：『貢告也』。釋文：『貢，京陸虞作工，荀作功』。是其證。禮記曲禮：『五官致貢曰享』。注：『貢功也』。金文功字多省作工。是又貢功為音訓功同工之證。廣雅釋言：『貢獻也』。獻與告義相因。契文言貢豐，豐即今典字，典猶冊也。貢典猶言獻冊告冊也」。（駢續十一釋工豐）

孙海波

「古，甲一一六一。武丁时工字作古。

古，甲一一六七。𢦏工卫。官名。

古，续五．二六．九。地名。贞勿令在北工収人。

工，前二．四〇．七。祖庚、祖甲以后工字作工。工册。」（甲骨文编二〇七页）

姜亮夫

「譬如能代表石器時代或漁獵時代所遺留的生產工具的文字，祇有一個『工』字。殷虛書契前編二·四十作□，後編十一、二十一作工，矢簋作□，作妣戊鼎作□，此應是石器

時代所遺的斧形工具」。（漢字結構的基本精神浙江學刊一九六三年一期）

李孝定 「說文：『工，巧飾也，象人有規矩也，與巫同意。𢒄，古文工从彡』。契文作工、口、古諸形，葉郭于諸家之說是也。吳氏謂工之夙義為斧恐未必，然以時代言，契文之工乃應早於吳氏所舉金文諸器之作工者，則金文之工乃由古所𢀜变，非本象斧形也。至訓功乃由工作一義所引申，用為攻則同音通假耳。孫氏謂象玉連之形，以玉作『丰』工作『工』觀之，其說似可信。惟工亦作古，如謂象玉之連則何以一作『一』而一作『口』。許云『象人有規矩也』，因疑工乃象矩形。規矩為工具，故其義引申為工作、為事功、為工巧、為能事。金文矩字作玦伯矩盉玦伯矩簋玦伯矩鼎𠀘伯矩卣象人持矩形，其所持正作工也。金文工作工司工丁爵工矢彝工作姒戊鼎工史獸鼎工沈子簋工不嬰簋工散盤工虢季子白盤工師寰簋工免卣工新尊工伊簋工揚簋又許書巨下解云『規巨也，从工，象手持之』，象手持之者謂从コ也，是許君明謂工乃巨矩之象形字也。」（集釋一五九四頁）

李孝定 「說文：『貢，獻功也，从貝，工聲』。卜辭假工為貢，不从貝。工字重文，說詳五卷工字條下。」（集釋二一三三葉）

饒宗頤釋示，又同宗。云：

「宗人者，儀禮喪服傳注：『宗者，世父為小宗，典宗事者也』。禮運：『宗祝在廟』。鄭注：『宗，宗人也』。魯語上：『夏父弗忌為宗』。韋注：『宗，宗伯掌國祭祀之禮』。是或省稱曰宗。契文工與示乃示字。摭續十八：『眾出工』。燕大三一：『不隹出示』。他辭作『其出古』。（佚存七同版兩見）習見之『工典』。（前四、四三、四後上廿一、三）亦作『古典』。（後上十九）或『口典』。（後下二十、七）他辭又見『左古』（京津三一五五），即『左宗』。卜辭有人名『古叙』（天壤四二骨臼）他辭但作叙。古與工為一文，並當釋示，亦即宗。非工字。稱為『示叙』者，兼著其官名，此明叙之為宗人也。

大戴禮諸侯釁廟：……又諸侯遷廟言祝與宗人：……宗人司祭事，與祝并列，故合稱宗祝。卜辭又有司古者，『壬辰卜，口貞：叀弓……令司古』。（續存上七〇）或釋司工，實應讀為司宗，即令其司宗事。他辭云：『己酉貞：王其令火司我古。己酉貞：火叶王事』。（拾掇一、四三一）火為人名，（明義士二〇五二云：『令火』可證）則火亦殷之宗人矣。（他乃『多古』見拾遺十四、七，佚乙三三一七即『多宗』。）（通考二四——二五葉）

又引卜辭『……卜出貞：益龜。旬，不觀（融），不工。……』（後下十九、一）云：

不工即不示，讀為周禮「眡高」之眡。士喪禮稱「示高」，與卜辭作「示」正合。左昭四年傳：「入不示」。語同」。（通考三六——三七葉）

按史記殷本紀作主壬。卜辭所見作工壬，亦作丌壬，（沿庵藏片，見綜述圖版二一）工壬（共兩見。京都大學藏甲列一七，及一七〇三。）足證工為示字。（通考一二八葉）

饒宗頤

「「貞：我事亡其工．貞：我事㞢工」。（殷綴一三六）亡工一語又見于涼津四八四四．續存上一四五二，工即宗字。廣雅釋詁：「宗，聚也」。崇亦即聚，尚書酒誥：「矧日其敢崇飲」，傳云：「崇，聚也」。崇从宗聲，故與宗并訓聚。王念孫疏證：「宗者，衆之所主，故為聚也」。是知卜辭云：「衆㞢工」，即卜衆乇聚之宜否。他辭又有「喪工」一語（屯乙七九二七）穆天子傳：「喪宗伊扈」。郭璞注：「宗亦主」。宗又訓衆，湯：「同人于宗」，荀注：「宗者，衆也」。則「喪工」猶言喪其衆．喪其宗主矣。「事㞢工」，即言事有所宗主。士昏禮記云：「承我宗事」。與卜辭之稱「工事」語亦相類．若卜辭之言「于工」者。如：「癸巳卜，爭貞：旬㞢希，不于工，囚」。（屯甲一一六一）「于工」正與湯同人語同，工字可讀為衆，故「不于工囚」，即謂不于衆禍。凡此皆為工當工及宗之證」。（通考四三〇——四三一葉）

饒宗頤

「「甲寅卜，事貞：多工亡尤」。（粹編一二八四）按多工即多宗。他辭云：「于多工」（粹編一二七一）與此同。又「工典」亦作「工典」，是其比。卜辭所見又六示、九示、十示、廿示，統言之曰多工」。（通考五八二葉）

于省吾

「甲骨文工字作工、工、工等形。工字有几种用法，旧多不得其解，现在分别加以阐述。

一，工与贡字古通用，但甲骨文有工无贡，贡乃后起之分别文。……甲骨文称：「工𣪘其彭彡」（后上一〇·九），「工𣪘其翟」（前四·四三·四），「工𣪘其幼」（前三·二八·五一「工𣪘其翌」（南北师二·二三七），「工𣪘其𩰫」（明七八九），以上各条工字皆应读为贡。𣪘即古典字，指简册言之。其言贡典，是就祭祀时献其典册，以致其祝告之辞也。商器天工册父己簋工册二字合文作𠕋，工册即贡册，古文偏旁往往单复无别。此器乃祭父乙而贡献其册告。又商器父丁盘豆册二字合文作𠕋，豆乃登之省文。登册与贡典同义，此器乃祭父丁而进献其册告。以上二器之工册与豆册合文，为旧所不解，前者、全文编附于册字下，后者，全文编入于附录。

二，甲骨文亦有祭祀用牲时以工为贡者，例如：「工乙[illegible]」（亿九〇三七）。此条为第一期非王卜辞，乃祭祀某乙而贡献牡豕也。「其兄（祝），工父甲三牛」（掇三八九），此条为第三期卜辞，乃康丁祭父甲而贡献三牛也。又：「出戠于受，古宰。」（亿四八五七），古宰即贡宰也。

三，甲骨文有以工为贡纳者，例如：「贞，我吏亡其工○贞，我吏出工。」（丙七八）「戌其出工。」（佚七）「贞，阜亡其工。」（续五·一〇·四）「今巷（春）众出工。」（外四五二）以上四条，是商王剝削其臣僚与众庶，因而从事能否贡纳之贞。又甲骨文亦言司工，例如：「贞，叀吕令司工。」（续存上七〇）「王其令山司我工。」（掇四）吕与山均为人名。此乃商王令吕或山主管贡纳之事。

四，工亦读如字，指官吏言之。书尧典之「允釐百工」伪孔传谓「工，官也」；诗臣工之「嗟嗟臣工」，毛传谓「工，官也。」工训官古籍习见。甲骨文称：「帝工壱我」（续存上一八三一）「帝工壱我，又（侑）卅小宰。」（邺三下四六·五）以上两条之帝工即帝官，指上帝之僚属言之。帝工亦作帝臣，甲骨文有关帝臣、帝五臣、帝五玉臣之贞屡见，可资互证。」（释工，甲骨文字释林七一至七三页）

考古所「百工：在卜辞中属首次发现，但在金文中数见。如：成王时代的令彝百工与卿事寮、诸尹、里君並列，似属于「内服」的最低层，是低级官吏。而在厲王时代的师毁簋中百工則与僕馭牧臣妾並列，是手工业奴隶。金文中对百工的不同記載，可能意味着从西周早期到晚期，百工的地位有了变化。而此片是文丁卜辞，与令彝作器的時间相距不太远，百工的地位可能与周初相似。

同时，从金文看，王有直属的百工（如：蔡簋、师毁簋、伊簋），諸侯也有直属的百工（如：公臣簋）。殷代的百工，可能是直属于殷王室的，所以，殷王要为他们的禍福占卜。」（小屯南地甲骨一〇二二頁）

赵锡元「工字在甲骨文中其义有二：一为手工业之工；一为贡纳。此处的有工，可能是指某一手工业家族向商王贡纳某种手工业品，也可能是征名手工业家族直接为商王生产某种手工业品。手工业家族由定期出工為商王制作某种手工业品到为商王提供手工业产品的部分，作为贡纳物，于是工便被引申为贡纳的贡。」（再论商代「众人」的社会身分，吉林大学社会科学学报一九八二年第四期一二页）

肖楠「古字，卜辞习見。叶玉森从卜辞中「工典」之工，有写作「工」和「古」，认为工就是工字。这一解释是可信的。各家均从其说。工字，在卜辞中有几种用法：〈1〉假为贡。如：「工典」，即贡典，献册也。〈2〉假为攻。如：丙71「贞：我史无其工？」〈3〉工，作为名词是一种人的身份或职业。此外，还有一些卜辞，虽有工字，但意义不明。本文着重探讨工字的第三种用法。

属于这类卜辞有下面诸条：

〈1〉后一四八「叀工又尤？」

〈2〉佚六五二「于工……尤？」

〈3〉甲一二六一「癸巳卜，争贞；旬有希，不于（我）工祸？」

〈4〉掇一四三一「己酉贞：王其令山司我工？」

〈5〉存一、七〇「壬辰卜贞：叀吕令司工？」

〈6〉存一、二二二「其令又（右）工于……」

〈7〉京三一五五「……卜余……左工……戊午」

〈8〉甲八六七「翌日戊，王其省牢右工，湄日不雨？」

〈9〉粹一二八四「甲寅卜，吏贞：多工亡尤？」

〈10〉后一四、七「多工」

〈11〉丙五四「乙未彡，多工率条遣？」

〈12〉粹一二七一「……于多工？」

〈13〉金四一三「甲寅卜，出贞：多工令眔巛方？」

一九七三年小屯南地出土的甲骨中有四条关于「工」的新材料：

屯南二一四八（H四八：一四十T五四：二三）：

〈1〉「戊辰，卜今日雍己夕其乎（呼）□工？大吉。」

〈2〉「弜乎（呼）□工其乍尤？」

〈3〉「……□工雍己……」

屯南二五二五（H六五：二）

〈4〉「癸未卜，又祸百工？」

关于卜辞中作为人的身份「工」，过去一般都释为官。例如：叶玉森谓「多工」或即尚书尧典之百工。传曰：「工，官也。」陈梦家认为，「工，我工，多工都是官名。」「我工祸」与「我多臣亦祸」、「亚其出祸」、「尹其出祸」同是武丁时代卜其臣工之祸否？屈万里、张秉权均同意叶、陈之说。

我们认为，对这个工字要作具体分析，不能笼统地都释为官。在文献中，工也常泛指手工工匠·如：左传隐十一年：「山有木，工则度之」。襄十四年：「工执艺事以谏」。定八年：「工商未尝不为患」。论语卫灵公：「工欲善其事」等々。

在西周早期的金文中，工指工奴。如：史兽鼎铭记载了「史兽献工于尹」而受到尹的赏锡。可见工如同珍宝器具一样，可作为贡献的礼物。这种没有人身自由，受到奴隶主贵族奴役的工，其身份当然是奴隶。

在卜辞中工的地位与西周早期的工很相似。

屯南二二四八第一辞「今日雍己夕其呼□□工？」□字未识，在此辞似作人名，因为在卜辞中呼字后面的字常有作名词的。如：前四·三一·三「呼多臣伐吕方」。□字，左为桎梏类刑具，右面的□字，在卜辞为方国名。如前六·六三·六「□方其涉河东兆，其……」。故□字就象带上桎梏的□方人。此字在卜辞中有两种用法，一为名词，是战俘的名称。如甲二二七二「戊辰卜，又来□自兽，今日其征于祖丁？」一为动词，可能是执字之异构。如渼□□「癸亥卜，弗□缶？」存二·七三一「戊辰卜，弗□□？」缶与□在此均为邦族之名。辞意为「不执缶」（或□）之人吗？」屯南二二四八□字，用法与这两例相同。所以，这条卜辞可以解释为：「今日夕祭雍己，是否呼□执工以祭。在这里，工如同牛、羊等牲畜一样可用作祭祀时之牺牲，其身分当然不是官，而是奴隶。

关于「多工」，我们以为也不是官，其義与工同。卜辞的「多」字，一般谓众多之义。如多羌、多□、多臣、多屯、多尹、多射、多马、多亚、多白、多公、多父等々。故「多工」，也就是指众多的工奴而言。

关于「我工」，辞例与「我人」、「我烖」、「我多臣」相似，即殷王谓「我的工」，也就是说，这些工奴是直属于王室的。所以，也不能把「我工」释为官名。

关于卜辞中（如上述第1、2、9条和屯南二五二五）有卜问工、多工、百工有尤、无尤、有祸等内容，我们认为，这些卜辞也不能说明工就是官。在卜辞中，常见殷王为某些人的咎休祸福而占卜，这些人多数是殷王的近臣或亲信。但是，也不能一概而论。因为也确实存在殷王或其他奴隶主贵族为被统治阶级中的人卜问安危吉凶的卜辞。例如：一九七一年安阳小屯西地发掘的卜骨「T（AST1：8）有「知众于祖丁」，其辞义是为了免除众的灾殃而祭祀祖丁。这是由于「众」是殷王及其他奴隶主贵族所需要的农夫与战士。而「工」、「多工」、「百工」是殷王所需的许多精美的手工业品的制造者，因此，殷王对他们也很重视，为他们的祸福而占卜。不仅殷代，就是到了周代，对工也是很重视的。如：尚书酒诰：「惟工乃湎于酒，勿庸杀之，姑惟教之。」对犯酒禁的工，处分上比其它人宽大。

前面所列的第四条卜辞「王其令山司我工」，山是人名。司字在这里作为掌管、管理解，辭义為「王是否命令山来管理王室的工？」在这里，工是奴隶，而山是官。有人根据这条卜辭「以為殷代已有「司工」这一官名，其职能主要管理手工业奴隶。又有人根据上述第5条卜辭「叀吕令司工」，推测「司工」可能就是周代的司空。

众所周知，周代是实行「工商食官」制度的。从卜辭材料看来，这种制度似乎可以追溯到殷代，因為殷代的工奴也由王室派人管辖。為了便于管理众多的工奴，就需要有一定的组织。上述的第6、7、8三条卜辭有「右工」与「左工」。右和左可能是工的一种编制。在殷代，军队的编制分為右、中、左。如粹五九七「王作三𠂤：右、中、左」。前三、三一、二「卅马，左、右中人三百」。屯南二三二八（H57:83+328）「王其令右旅眔左旅𨸏見方戋，不雉众？」军官之职也分右、中、左，如屯南二三二〇（H57:77）「右戍不雉众？中戍不雉众？左戍不雉众？」殷王室為了牢固地控制工奴，也可能把他们如同军队一样，分為右、左（或右、中、左）的编制。

关于「百工」仅見屯南二五二五「癸未卜，又祸百工」一条卜辭。但在文献和周金文中屡見。」（试论卜辭中的「工」与「百工」考古一九八一年三期二六六頁）

陈炜湛 「卜辭十干之壬多作工，工字早期多作古，象矩形，规矩為工具，故其义引申為工作，工巧，能事。但在祖庚祖甲以后，工字简省為工，遂与壬字同形，唯于文义上可加以区别。

下列诸辭之工均可释工：

甲子酒妹，工典。 前三·二八·五

六月甲午工典。 前三·二八·五

在六月乙巳工典。 前四·四三·四

☐于多工。 粹一二七一

「试比较：「甲寅［卜］，吏贞：多古亡尤？」 粹一二八四」

作学工宫若。 京都六〇

工典即贡典，承奉典册。于省吾先生曰：「其言贡典，是就祭祀时献其典册，以致其祝告之词也」。是工典為献典册于神前的仪式，工若读為壬，「壬典」便难以理解。多工，殆即后世所谓百工。

作為十干之名的壬，一般均与地支字相配以纪日，或用作人名，称示壬、妣壬、母壬，极易分辨，不致误认為工，故其例从略。

示卜辭多作亍或工，其亍省上笔则成工，乃与壬、工共一形，其例如下：

贞：不隹𣪊工告？ 京津一九一八

出犬于𡧊工。（鐵一四〇·二）

戊往工祉。（守滬二·五二）

三匚二工卯，王祭于之若，又正。（粹五四二）

三匚，即報乙、報丙、報丁；二工即指示壬、示癸。此类例不多见。示作工者又见于合文中，如：

辛工（示辛）　甲二七六四

II（示壬）　契六四〇

工癸（示癸）　甲二三八一

「試比較：癸工　前一·二·四」

工九（九示）　乙八〇四

「試比較：行　甲二六七」

其中契六四〇較為有趣。由于示省笔為工，与壬同形，示壬合文即成II，就无法辨别其孰為示孰為壬了。」（甲骨文异字同形例，古文字研究第六輯二四一——二四二頁）

柯昌濟

「至帝示与帝工之假借，亦似示工二字字形相近之假借，但此二文文义所载似非一事，卜辭中之宅我多似指神祇之为祟，其上文多为神祇或先王之名。鄙意帝工或為古帝称号，帝工又可以通於帝鴻，工鴻音通。左傳文十八年『帝鴻氏有不才子』，杜注『帝鴻黄帝』，按帝鴻自是古帝称号，或為商人所祀者。」（殷墟卜辭綜类例证考释，古文字研究十六輯一四一頁）

常玉芝

「癸卯王卜，貞：旬亡𡆥？在九月，甲辰工典其幼其翌。

癸丑王卜，貞：旬亡𡆥？在九月，甲寅翌上甲。（续存上二六五二）」

此版卜辭於癸卯日卜问第二天甲辰日举行『工典其幼其翌』的祭祀，於癸丑日卜问第二天甲寅日翌祭上甲。甲辰日在甲寅日的前一旬，所以在翌祭上甲的前旬要举行翌祀的『工典』祭。

『工典』二字是什么意思？于省吾先生说『工字应读为贡，典即古典字，指简册言之。其言贡典，是就祭祀时献其典册』。记之卜辭，于先生所论甚是。在五种祭祀卜辭中，于每种祀典举行之前，也即在祭上甲的前一旬，都记有举行这种贡献典册于神前的祭祀。只是典册的内容是什么，目前尚无确凿的证据，前人谓其可能是记载所有被祭先王（或先妣）的祭日、祀典的，即如粹一一三版刻辭所记的那样，某日以某祀典祭祀某祖先。因此推测粹一一三版刻辭很可能就是典册或典册的抄本。可见尚书多士说的『惟殷先人有册有典』是有事实根据的。又『工典其幼其翌』的『幼』字原刻作『[illegible]』、『[illegible]』形，陳夢家先生釋『幼』，其意不明，唯知此字只出現在翌祀的工典祭中。」（商代周祭制度一四〇——一四一頁）

按：此字形體來源，迄無定論。孫海波謂象玉形，吳其昌謂象斧形，諸家皆已辨其誤。說文以為「巨」字即規矩之象，乃據篆文形體立說，驗之於商周古文字皆不合。饒宗頤釋「示」即「宗」，實則「示」與「工」乃異字同形。于先生論「工」字之用法甚詳，其讀「工」為「貢」，確不可易，於辭例皆可區分。陳煒湛已加以明辨。

2906

[illegible]

按：合集九七九六辭云：「……[illegible]受年」乃人名或地名。

2907

[illegible]

按：洪二四五八辭云：「……[illegible]……」辭殘，其義未詳。如讀為「示壬」亦不類，只能存疑。

2908

亙 恆 [illegible] [illegible]

商承祚「王氏說甚確。而說文謂『从心从舟，在二之間，上下心以舟施恆也。』令人難解。段先生謂『往復遙遠，而心以舟運旋歷久不变，恆之意也』，則又曲為之說矣。」（類編十三卷五葉）

董作賓 「恆字之作亙，作𠄢，即說文古文从月之義，詩小雅『如月之恆』，毛傳『恆，弦也。』殆亦半月稱弦之初誼矣。」（殷曆譜下編卷六朔譜第一葉下）

王國維 「亙即恆字。說文解字二部：『恆，常也，从心，从舟在二之間，上下心以舟施恆也。𠄨，古文恆，从月，詩曰：「如月之恆」。』案：許君既云古文恆从月，復引詩以釋从月之意，而今本古文乃作𠄨，从二从古文外，蓋傳寫之譌，字當作亙。說文木部：『𣓮，竟也，从木，恆聲。亙古文𣓮。』案：古从月之字，後或變而从舟，殷虛卜辭朝莫之朝作𦩍（後下三）从日月在茻間，與莫字从日在茻間同意，而篆文作翰，不从月而从舟，以此例之，亙本當作亘。智鼎有亙字，从心从亙，與篆文之恆从亙者同，即恆之初字，可知亙亘一字。卜辭亙字从二从月，其為亙亙二字或恆字之省無疑。其作𠄢者，詩小雅：『如月之恆』。毛傳：『恆，弦也。』弦本弓上物，故字又从弓。然則亙𠄢二字，確為恆字。王恆之為殷先祖，惟見于楚辭天問。天問自『簡狄在臺嚳何宜』以下二十韻，皆述商事。（前夏事後周事）其問王亥以下數世事曰：『該秉季德，厥父是臧，胡終弊於有扈，牧夫牛羊。干協時舞，何以懷之，平脅曼膚，何以肥之，有扈牧豎，云何而逢，擊牀先出，其命何從，恆秉季德，焉得夫朴牛，何往營班祿，不但還來，昏微遵跡，有狄不寧，何繁鳥萃棘，負子肆情，眩弟并淫，危害厥兄，何變化以作詐，後嗣而逢長。』此十二韻，以大荒東經及郭注所引竹書參證之，實紀王亥王恆及上甲微三世之事。……要之，天問所說，當與山海經及竹書紀年同出一源，而天問就壁畫發問，所記尤詳，恆之一人，並為諸書所未載，卜辭之王恆與王亥，同以王稱，其時代自當相接，而天問之該與恆適與之相當，前後所陳，又皆商家故事，則中間十二韻，自係述王亥王恆上甲微三世之事。然則王亥與上甲微之間，又當有王恆一世，以世本史記所未載，山經竹書所未詳，而今於卜辭得之，天問之辭，千古不能通其說者，而今於卜辭得之，此治史學與文學者所當同聲稱快者也。」（先公先王考觀堂集林卷九第五葉下——七葉下）

陳夢家 「卜辭的亘，即漢書地理志之垣，今垣曲縣西廿里。粹一九三『夕丰亘方』，夕有征伐之義。丰即春秋之玤，左傳莊廿一『虢公為王宮於玤』，今澠池縣北，與垣曲接界。……亘卜辭或作王亘（簠游七、三五、二）魏世家索隱引紀年『武侯十一年城洛陽及安邑、王垣』，史記作二年。集解引『徐广曰垣县有王屋山，故曰王垣。』（综述二七六页）

李孝定 「說文：『恆，常也。从心、从舟在二之間，上下。心以舟施恆也。𠄨，古文恆从月。詩曰：「如月之恆」』。契文正从月从二，與許書說古文恆字同。王氏說此字形義及卜辭王恆在殷世系中所居之位置均確不可易。董先生說半月為弦之義亦是。古文从月之字篆或从舟，乃緣形近而譌，亦猶古文凡或从凡之字篆亦多誤作舟也。金文作亙姞亙毋解亙亙解咺出朕」。（集釋三九七一葉）

饒宗頤　「亘為武丁時人。其卜辭中先王稱謂，有父乙，即武丁稱其父小乙；又有父辛（續編一、三四、二）父庚、父甲（前編一、二六、六）即武丁稱其諸父小辛、盤庚、陽甲也。亘字形或作㠯（續編一、三七、二）亘（佗乙六六四一）亘。（續編五、三、三）河南出土銅壺內有『子亘夢』三字，（見鄴中片羽上）子亘殆即亘也。

亘于卜辭所見，又為族邦名，亦稱『亘方，』如：

庚寅卜，貞：于亘。十月。（後編上九、二）

癸丑卜，隹亘受（年）九月。（粹編八八五）

亘之地望或在山西，漢志河東郡有垣縣。殷時亘人常侵擾，卜辭所見，如『亘我鼓』。（殷綴二七二）即其一例」。（通考四四五——四四六葉）

按：王國維釋「恆」是對的。木部榧之古文作亙，實當為恆之古文。徐灝段注箋云：「月之半體如弦，緪兩端，故謂之弦。月盈則缺，唯弦時多，故謂之恆，而訓為常。古祇作亙，从月从二，指上下弦。亙為古文別體。恆从心从亙，則人心之恆也，當別為一字。月與舟篆體相似，故譌从舟。亙、恆、緪三字古通」。是先於王氏而論及恆當作亙，从舟乃形體之譌。孔廣居說文疑疑以為「最無常者舟也，舟繫兩岸則有常矣。最無常者心也，心存箇中則有常矣」。據譌體而逞臆想，類似王安石之字說。卜辭「王亙」為殷之先公，自無疑義。陳夢家綜述三四一以為王國維「所假定的『季－該－上甲』為父子孫的關係，則是待商的」，「關於該、恆的兄弟關係，天問並未交待明白」。陳氏據詛楚文「丕顯大神巫咸」，當是「巫咸」，因而論斷卜辭之「王恆」可能即周禮司巫之「巫恆」。迂曲不可據。聊備一說而已。

卜辭「王恆」之恆」或从弓作[illegible]。

2909 巫

王國維　「殷人于人鬼亦稱示，此第一字省作丅，下或作亍玊諸形，皆示之異文，如示壬之示或作丅、或作工，（均見前一、一）其證也」。（戩考四葉上）

王襄　「古巫字。」（類纂正編第五第二十二葉下）

商承祚　「三示四示之示，一作王，一作𢀛，王謂皆示之異文，是也。」（佚考九六葉）

叶玉森　「田之省變。」（說契三頁）

郭沫若　「詛楚文巫咸字如是作。」（粹考十三葉背）

唐蘭　「𢀛字在甲骨和銅器裡常見，向來沒有人認得，（有人釋作『癸』，非是）假如我們去讀詛楚文就可以知道是『巫咸』的『巫』字，說文作巫，反不如隸書比較相近（𢀛誤為巫）。金文有𥫩字，以前也不認識，由此即可知道是筭字了。（史懋壺『親命史懋路筭』，昔人或釋作筭，非是。）」（導論下編十七葉至十八葉）

孙海波　「𢀛，甲二一六。与詛楚文巫字同。」（甲骨文編二〇七頁）

陳夢家　「『戊』『巫』古音相近，卜辭之𢀛可能是巫字，而卜辭戊作𢀛，與之形近易混。」（綜述三六五葉）

陳夢家　「巫字作𢀛，唐蘭釋作巫，並引武丁卜辭『御羌于九巫』（識二五·一一）為大流西經巫咸等十巫。以『巫帝一犬』為例，巫可能是動詞，則帝與一犬是賓詞；巫也可能是先置的間接賓詞，因為卜辭有『帝東巫』『帝北巫』者。若以巫為動詞，則是祭帝以犬；若以巫為主詞，則他是一種人；若以巫為間接賓詞，則他是一種神。以下各例之『巫』為賓詞無疑：『妾其氏巫』（乙四六二八）……如此可知巫為神名。」（綜述五七七葉）又云：「上述『巫帝』之巫若為動詞，則與此『方帝』相似。」（同上五七九葉）

李孝定　「說文：『巫，祝也。女能事無形以舞降神者也。象人兩褎舞形，與工同意。古者巫咸初作巫。𡚾，古文巫。』許君此解乃就篆文為說。从从象二人相嚮之，亦與褎形不類，言與工同意，語意亦殊曖昧。王筠句讀云『人謂工也』，又云『不云从工而云同意則工字象形可知』，說更支離，難以徵信。工字何得象人形乎，自來解許書者於巫字說解皆囿于許說，殊不足以厭人意。契文作𢀛，唐氏以詛楚文巫字作𢀛證此爲巫字，是也。識一、九、「四示」字作𢀛釋巫不可解，當係偶誤耳。惟巫字何以作𢀛亦殊難索解，疑象當時巫者所用道具之形，然亦無由加以證明，亦惟不知蓋闕耳。」（集釋一五九七葉）

饒宗頤　「殷人亦用巫，後編上五、二：「☐卜，在喜，其用𢀛，米且戊若。」……並其佐證。」
（殷貞人考六六三葉）

饒宗頤　「殷代占卜之制，史無可徵。惟洪範稽疑言：「擇建立卜筮人」。「立時人作卜筮」。又言「龜從筮從」。則殷人占卜，「龜」與「筮」兼施。龜所以審兆辨體，故洪範有雨、霽、蒙、驛、克，此言兆象也；筮所以揲爻立卦，故有「貞」「悔」，此言卦象也。二者釐然有別。予謂殷當有筮法，卜辭𢀛字，以詛楚文證之，爲「巫」字無疑。巫與筮通，周禮簭人有九簭，曰巫更巫咸等，鄭注：「巫讀皆當爲筮」。卜辭有云：
丙戌卜貞：𢀛曰：集貝，于帚用，若。一月。（零拾二三）
「𢀛曰」讀爲「筮曰」，于義可通。近人乃多言殷俗無筮，甚且有謂龜版即「龜策」，而讀「龜策」二字爲龜冊，拜舉小屯乙編四五二八「三冊，冊凡三」一辭爲說。（文物資料，一九五四年，五，懿恭文）然龜策傳明言「揲策定數，灼龜觀兆，變化無窮」。龜與策之異其事，昭然若揭。再徵之先秦古籍，詩氓：「爾卜爾筮」，楚辭卜居：「端策拂龜」，荀子王制篇：「鑽龜陳卦」，韓非子飾邪說篇：「鑿龜數策」，禮記曲禮：「龜爲卜，筴爲策」，均其明證。若乙編所云「冊三」之冊，當謂簡冊。尚書多士云：「惟爾知，惟殷先王有冊有典」，卜辭習見「示冊」「爯冊」，自指簡冊而言，非謂龜版之累疊。是知龜與策乃顯爲二事，策指揲著言之，蓍草易朽，故今無存，不得以此遽謂殷人無筮，此不得不爲辨正者也。」（通考第四〇——四一葉）

饒宗頤　「𢀛爲巫字，東𢀛即東巫，四方巫之一。」（通考二八七葉）

張秉权　「𢀛，唐兰引詛楚文以证明此乃巫字（注一），于省吾曰：「卜辞巫字作𢀛，与齐巫姜殷之巫，詛楚文之巫咸之巫同作，其為巫字已塙然無疑」（注二）。挈巫語法与「挈羌」「挈犬」「挈良子」「挈眾（人）」「挈出旅」「挈王旅」「挈多射」等相同，巫在此当是人或部族之名。」（殷虚文字丙编考释第二一七頁）

（注一）見古文字学导论下p．一八；天壤閣甲骨文存考释p．一二。

（注二）見双剑誃殷契駢枝p．二八

2910

巫

屈萬里　「巫，从唐蘭釋。『巫帝』之語，卜辭中習見。由摭續九一片『帝于巫』，鄴三四六葉五片『帝北巫』，及粹編一一三一片『帝東巫』等語證之，巫蓋神祇之名，帝則祭祀之義也。其詳則莫可得而說。」（甲釋二一六片釋文）

于省吾　「說文巫『象人兩褏舞形，与工同意』。按契文、金文、诅楚文巫均作𢀛，汉印巫信平、巫马禹並作𢀛，与古文合。许所录非初形，故说义亦不可据也。」（论俗书每合于古文中国语文研究第五期一六页）

林政华　「癸未卜，在𨍭貞：今𡆥巫九𠭘，王𡆥于𡦹侯告邑。……
𡆥戌，王卜貞：今𡆥巫九𠭘，余其比多田于多白正盂方，𡆥𢦏𡆥，告于丝大邑？甲二三九八

甲二三九五
此语历来考释者多，兹先分释各字，再合观此语之义。𢀛乃巫字，唐兰据诅楚文巫作𢀛而证成。卜辞巫指巫神，而非巫人。或谓係巫頭而有極大巫术者，似非是，以其有宁雨之夲事也。九为数目字，九字，向无疑义。而𠭘字，隶定为𠭘，大抵亦不误。然则，巫九𠭘者，巫为神名，𠭘应为动词、状词或名词，方合文例。

𠭘字不见於古文献，九𠭘之语尤令人费解，前人考释以于省吾之旁蒐博徵，所谓最契情理。……据于释，是巫九𠭘者，巫九舞也，其目地在致福降祥也。然彼仍以巫指巫人，非巫神，姑志以俟知者。」（甲骨文成语集释上，文物与考古研究第一辑六三至六四页）

按：𢀛當釋巫，毫無疑義。㦸一、九佚八八四同片，亦見續一·二·四。王國維、商承祚均誤讀原辭，郭沫若據粹二二一、二二二已辯其非。原辭行款有錯亂，當如陳夢家綜述五七八所釋定：

「癸卯卜貞，乙巳彭𢍏自上甲廿示一牛，下示羊，土𡰥牢，四戈彘，四巫豕」

「四巫」當指東南西北四方之巫而言，猶「四戈」指東南西北四戈。卜辭已見「帝東巫」（粹一三一一）；「帝北巫」（鄴三·四六·五）。「巫」為殷人祭祀之對象，與風雨有關。

王國維、商承祚以巫為示之異文，李孝定以為「蓋示之筆誤」，均非是。

2923

羅振玉　「說文解字巫古文作□。此从□，象巫在神幄中，而兩手奉玉以事神。許君謂从□象兩褎舞形。□與舞形初不類矣。」（殷釋中十五葉上）

魯實先　「卜辭巫作□，與詛楚文同，與此異，字當即汗簡所載之□，為全之古文。考工記玉人『天子用全』，義謂純色之玉也。」（姓氏通釋之一載東海學報第一期十八葉十七行至十九葉一行）

陳邦懷　「羅說是也。按說文解字：『靈，巫也，以玉事神。』可證。卜辭第一字作（□）从玉者，□為巫之古文。其第二字作（□）从玉省作工者，是說文古文□字及小篆巫字从工之所由出也。」（小箋九葉上）

按：卜辭均殘缺，難以證明其為「巫」字，此當為「□」之省體。參見2911。

2911

唐蘭　「羅振玉取□之殘文作□者，釋為巫，其誤自易見也。此實□字，當是弄之古文。」（天壤文釋四十八葉）

陳邦福　「卜辭□□，各家釋巫至確。邦福案，从王即工繁，王古示字，卜辭示或作王可證。說文巫部云：『巫，祝也，女能事無形以舞降神者也。象人兩褎舞形，與工同意。』許云與工同意，或漢以來之解說。」（瑣言七葉下）

李孝定　「說文：『弄，玩也，从廾持玉。』契文作□作□，羅釋巫殆以許書巫之古文與之形近，說非。卜辭巫作□，此當是弄之古文，唐說是也。字蓋象於巖穴中得玉兩手把玩之形，故引申訓玩也。卜辭所見諸弄字辭均殘泐，其義不明，佚九六一云『隹其戈弄』，當為方國名。佚九七六云『其弄』為動詞。」（集釋〇七九〇葉）

按：卜辭自有巫字作□，此不得釋「巫」，釋「弄」亦屬推測之辭。字不可識，存以待考。

2912 ⿻工秝

[illegible]

按：字从「工」、从「林」，隸可作「⿻工秝」。辭殘，其義不詳。字或增「又」。參見2913。

2913

[illegible]

按：《合集》九二八一反辭云：「[illegible]入二」，為人名。當為「⿻工秝」之繁構。

2914

[illegible]

按：《合集》二一六五九辭云：「乙丑子卜，貞，[illegible]歸」為人名。

2915

[illegible]

按：字不可識，其義不詳。

2916

[illegible]

按：字不可識，其義不詳。

2917

彔禁麓 □ □ □ □ □

羅振玉 「說文解字麓古文从彔，作禁。此从□，乃古文彔字。古金文皆如此。卜辭禁字又或从二林。」（殷釋中九葉上）

羅振玉 「《說文解字》祿从示彔聲。古文皆不从示。《彔敦》作□，《頌敦》作□。卜辭中禁字从□、□、□，此又變作□，與古金文略同。」（《殷釋》中十七頁）

葉玉森 「彔即禁省，殷彔地名。」（前釋六卷一葉下）

又曰：「麓作□□，許君訓守山林吏，予疑从彔，象懸兵於架，預為之防，所以守也。」（枝譚六葉廿四行，農林條）

王襄 「古祿字，彔字重文。」（《簠室殷契類纂》第一頁）

郭沫若隸定作麓，無說。見粹考九十一葉下第六六四片釋文。

孙海波 「□，粹五〇一。卜辞用彔為祿。重見彔下。」（甲骨文編六頁）

孙海波 「□，前二·二三·一。或从彔声，与說文古文同。

□，乙八六八八。牛距骨刻辞。或从茻。白禁。

□，甲五九八。彔用为禁。重見彔下。」（甲骨文编二六·七——二六八頁）

孙海波 「□，甲五九八。彔用为禁。地名。麓禁。」（卜辞文字小记，考古社刊三·五）

□，粹五〇一。彔用为祿。

□，甲二五六二。貞人名。中彔卜。」（甲骨文编三〇七頁）

陳夢家 「《爾雅·釋地》『大陸曰阜』又以大陸為十藪之一。《周禮·冢宰》『藪牧養藩鳥獸，』注『澤無水曰藪』，澤虞序官注『水希曰藪』。《劍》二一六乙辛卜辭卜田于噩與田于大彔，可能即是大陸。」（《綜述》二六一頁）

2926

李孝定　「說文：『彔，刻木彔彔也。象形。』許君此語亦殊費解。王筠釋例云：『按上象其交互之文，下象其紛披之文，要之，不定為何物，不得為象形也。』自餘說此者甚多，殊無足以饜人意者。竊疑此為井鹿盧之初字，上象桔槔，（或作挈皋或作契皋無定字）下象汲水器，小點象水滴形。今字作轆，與轤字連文。說文無轆轤字而古語有之，但作鹿盧。古詩『腰中鹿盧劍』，漢書雋不疑傳注『晉灼曰「古長劍首以玉作井鹿盧形。」』卜辭為地名，或假為祿。金文作□大保簋□彔伯簋□彔簋□彔自□頌鼎□散盤□彔伯簋與契文略同。」（集釋二三四七葉）

李孝定　「說文：『麓，守山林吏也。从林鹿聲。一曰林屬於山為麓。春秋傳曰：「沙麓崩」。𣘘，古文从彔。』契文多與許書古文同，然亦有从鹿得聲者，知古文不盡从彔也。甲編三五七片影本漫漶，倘果如屈氏所摹則當隸定作⿰鹿攴別是一字，而金氏續文編則收此作麓。辭云『彳⿰鹿攴阤』，阤為地名，屈氏謂⿰鹿攴為狩獵之義，其說蓋是。粹六六四、一文則塙為从林鹿聲之麓，與小篆同。金文作□麓伯簋」（集釋二〇四三葉）

饒宗頤　「中彔見屯甲二五六二。董氏謂中彔為帝辛時卜人名。今考他辭云：『壬……其雨不……中彔允……辰，亦風。』（續編四、七、一，簠室天象五及六二重。）此片作武丁字體。中彔亦有作中滕者，繁形益肉旁。如：『……佳……中滕……𡪞……妨，二日。』（鐵五、二）金文𨟻公𥂴、𨟻公盂『易』（錫）字并作『賜』，是其比。從右辭觀之，中彔未必人名，亦可為地名，尚難遽定。」（通考一三〇六葉）

屈萬里　「□，當是□之省；即彔字。蓋假為麓。」（《甲編考釋》一六二頁）

屈萬里　「彔，殆假為麓。《漢書·蕭何、曹參傳》贊：『當時錄錄。』顏注云：『錄錄，猶鹿鹿。』錄與鹿音近可通，則彔與麓亦可通也。」（《甲編考釋》九三頁）

屈萬里摹甲編三五七版一文作□（⿰鹿攴），說曰：「字雖不可識，以諸辭覘之，知為狩獵之義。墟研三七六葉以為地名，非也。」（甲釋三五七版釋文）

白玉峥說參□字條下。

按：卜辭「彔」為地名，多通作「𣘘」，與說文「麓」之古文合。而卜辭亦或从「鹿」作「麓」。

卜辭未見「彔」作「䘵」之例。

2918

䐁 □ □

孙海波 「□，鐵五·二。从月从彔。说文所无。」

白玉峥 「……隹……中䐁……退……妫二日……？」鐵五·二

□：猫廎先生未释。峥按：此字在传世之数万片甲骨片中，只此一见。……兹董理数万片甲骨残辞，其可与本辞比勘者，寥如晨星，仅得二焉。兹钞译于左，藉便比勘：

壬其雨，不……□□允……辰亦……風。續四·七·一

丁酉，中□卜，在分贞：在狱田，冀，其以右人臽，亡巛？甲二五六二

又存二·九二三版有「□□……（往）来亡巛」之辞，合此四辞观之，字当从月从彔，隶作䐁，为彔之异构。

中䐁：据彦堂先生考证，「中彔」为帝辛时之卜官（辞例如甲二五六二）（见甲骨学六十年七〇页）。然右录三版卜辞，不全为帝辛时者，且皆有「中彔」之辞；余疑「中彔」为殷世之官名；合之「大彔」，约当于后世之光禄卿，或光禄寺者。即以甲二五六二之辞例之，所谓「中彔卜」者，似可解为「中彔之官，在分地主持此一贞卜之事也」。彦堂先生亦谓：「问卜的人，任何人都可以充任」。」（契文举例校读中国文字第八卷第三十四册三七三二——三七三三页）

按：字从「月」从「彔」，隸可作「䐁」。合集一四一〇三之「中䐁」，而合集二八一二四作「中彔」。同版有「東彔」，是「中彔」為地名，即「中麓」。斷非職官名。

2919

□ □

按：字从「虎」从「彔」。在卜辭當為地名。

2920

□

按：合集五五三一版辭云：「□入……」為人名。

2921

朿 □

于省吾

「甲骨文朿字屢見，商承祚同志釋作隶（佚考六五八）。按甲骨文隶字作□或□，从无作朿者。又甲骨文師字習見，作□、□、□等形，金文作□或□。羅振玉釋師為餗，並謂：「从𠂤束聲，師所止也。後世假次為之，此其初字矣。」（增考中一三）按羅說非是。甲骨文束字作束，詳釋束。周器智鼎稱字从朿作□，也與束字判然有別。甲骨文的朿與師，應隶定作朿或師，讀作次。朿與次同屬齒音，又為疊韻，故通用。易夬九四的「其行次且」，釋文：「次，說文及鄭作趑。」儀禮既夕禮的「設牀第」，鄭注：「古文第作茨。」是从朿从次字通之證。石鼓文的「麀鹿趚趚」，趚字从朿作□，并非束字，而旧均误释为趚。」第一期甲骨文的「貞，求于咸朿○貞，勿求于咸朿」（綴合二〇〇），朿作□，即師字的初文，應讀作次，指丕咸被祭的神主位次言之。第四期卜辭的「賊于大甲師珏，三牛○賊于大甲師珏，一牛」（鄴三下四二·六），師也應讀次，指大甲的神主位次言之。第五期甲骨文的「王田于朿」（塗五七七），以朿為地名。又第五期甲骨文言王「在某師」，某為地名者習見，例如：「在叙師」，「在齊師」，「在曹師」，「在淮師」，「在桊泉師」等，無須備列。又商器宰甫簋的「在樓師」，小子射鼎的「在兕師」，周器中鼎的「王在寒師」。師字均應讀為次。穆天子傳的「五里而次」，郭注「次，止也」。廣雅釋詁四「次，舍也」。次之訓止或舍係典籍常詁。因此可知，甲骨文言王在某師，均指王之外出臨時駐于某地言之，金文同。」（甲骨文字釋林釋朿、師）

赵诚

「甲骨文字有一个字早期作朿（不知象何形），后来孳乳为□，在卜辞里有三种用法：一、指商王外出，临时将所带师旅驻扎在某地而言，近似於左传庄公三年「凡师一宿为舍，再宿为信，三宿为次」之次，为舍止之义；二、用为地名；三、指被祭祀的神灵的位次而言。不管作帀或作師，对于第二、三两种用法而言，仅仅起一个音节的作用。对于第一种用法，因为和师旅有关，当然可以论证为本来只借用帀字，后来才加一个形符𠂤，作为师旅的标志。似乎師为形声字，早期的帀才是一个音符。可是，前四·三六·三：『王田𠂤东。』与前三·五·五：『于師东。』绎二·九一七：『今日其从𠂤西，亡災。』与钾三六八九：『其徙从師西，往来亡災。』辞例正同，𠂤当即師，和前面的论证显然矛盾。其实，𠂤在当时也只是一个声符，如贞人𠂤、『𠂤需』、『𠂤般』之𠂤。只不过师旅之『師』借用了𠂤，商人就用𠂤的音读去代表师旅。作一看，𠂤在師中是形符，细审之，实为音符。所以𠂤和師在一定的情况下可以通用。有意思的是卜辞里还有一个□字，或作□，从𠂤从一，会师旅停止不前而有就地驻扎之意，洒三的『弓于雉□』即用此义。这里的𠂤本来也只是一个声符，由于它被借用来表示师旅，于是就被用来作为代表师旅的形体。」（甲骨文字的二重性及其构形关系古文字研究第六辑二一四——二一五页）

2922

□

按：于先生釋「帀」，論其形音義之流變甚詳。說文：「帀，止也。从𣎵盛而一横止之也。」篆文形體譌變，甲金文均不从「𣎵」。林義光文源即據金文以為字不从一，並謂乃「賚」之古文。猶未明其通假之關係。

按：合集四七三九辭云：「勿呼畠于……自□」為地名。

2923

櫜 □

饒宗頤「按□疑即櫜字。讀如易姤『包有魚』之包，亦即庖與苞，讀為『炰』。周禮封人『毛炰之豚』。鄭注：『毛炰豚者，爓去其毛而炮之。』禮運：『以炮以燔』。鄭注：『炮，裹燒之也。』」（通考二九八葉）

魯實先

「卜辭有□字，高田忠周及吳其昌並釋為東（見古籀篇卷七十第二五頁、吳氏解詁第三七片），其說非是。饒宗頤釋橐（見貞卜人物通考三九八頁），其說近之，而亦非搞詁也。知者，以橐於金文从缶作□（矢人盤）、□（毛公鼎），或从貝作□（見三代十四卷十一頁庚午父乙鼎）、石鼓文作□，卜辭作□（見鐵室婁集正編三〇頁），亦从缶声，皆與□形乖遠也。以愚考之，□乃橐之古文，上有綴纓，以示緘口之紐，下无綴纓，以示有底之形。其中所从之口乃石之象形，蓋以石在𣝋橐之中，不在廣广之下，故省广存口，既以為声符，亦以象貯物之形也。橐於卜辭有三义，其一為盛物函矢之具，如云『登羊三百□』（沃懷五一）、『丙申卜，殸貞，戌出一□。』（金璋三六七）『□出司一□，弗其□。』（明氏二三六八）是也。其云『登羊三百橐』者，蓋謂登進羊首三百橐，即周禮夏官羊人所謂『割羊牲登其首』之制也。說文韋部云『韇，盛虜頭橐也』。呂氏春秋士節篇云『北郭騷謂其友曰「盛吾頭於笥中奉以託」』。夫託乃橐之声借字，此古以橐為函頭之證也。考之卜辭，羊為獸名，亦為方名；考之傳記，橐亦用為盛肉食之具，則所謂『登羊三百橐』者，其為六畜之羊邪？抑為羊方之人邪？其為首級邪？抑為折俎邪？固莫可審知。然橐於此辭為盛祭品之具，則无可疑。其云『戌出一橐』者，戌為方名。出、侑於古音同為噫攝，於此辭當為侑之假字，為劝献，謂戌方献祭物一橐也。其云『出司一橐』者，司為祀之假字，亦謂献祭祀之物一橐也。橐之第二义為蠹之初文。蓋以蠹从橐声，故其初文為橐，如云『丁巳卜，出貞，王伐不□。』（乙七三一二）『□卯卜，宁□，貴牛不□。』（后下二·七·五）『丁未卜，王商其□，不其受年。』（外編一四一）『甲辰貞，其□。』（續存上一二〇六）『貞不□，其□。』（乙七八一〇）是也。夫蠹為害木之蟲，故引申有戕害之义。左傳襄二十二年云『國之蠹也』、襄二十七年云『財用之蠹』，國語秦語云『壞韓蠹魏』，又云『有漢中蠹』，义並視此，則卜辭所謂『不蠹』、『其蠹』者，亦猶它辭之不咎、其咎，皆卜其是否有祟害也。橐之第三义，則為方名。凡卜辭之方名，亦必為姓氏，如云『戌□楚戰□，三日庚辰，□罘雀獲象□二豕□。』（京都二六四）者，□為□之異構，雀即隹之繁文，此乃卜橐、隹二方或橐、隹二氏田猎获兽之辭也。其云『帚□』（乙六八四〇）者，謂婦之氏橐者也。考山海經中山經有橐山與橐水，而以橐水地近殷虛，当即卜辭之橐方也。」（新詮之四第十三至十五頁）

按：說文：「橐，囊也。从𣎆省，石聲」。又說文訓「橐」為「囊」，謂「从束、圂聲」。實則「橐」、「囊」、「橐」、「櫜」均屬同源，所以盛物或有底，或無底。或从「石」聲；或从「缶」聲；或从「襄」聲。參見3187「橐」字條。

1383「橐」字重出。

2924

中仲中中

羅振玉 「此伯仲之仲。古伯仲但作白中，然與中正之中非一字，（說詳前中字注）後人加人以示別，許書列之人部者，非初形矣。」（殷釋中七十三葉下）

王襄 「古仲字。」（類纂正編第八第三十七葉上）

魯實先 「是史之省。」（卜辭姓氏通釋之一，東海學报一期八頁）

孙海波 「中，鐵八二·四。史字从此。」（甲骨文编六四二頁）

陳夢家 「先王稱大的，都是直系，即大乙至大戊五世。大戊以後，再無稱大的。小是對大而言的，但稱小的以前可以無稱大的；大小之間可以稱中，其例如下：

大甲——小甲

大丁——中丁——小丁（祖丁）

大乙——中宗且乙——小乙」（綜述四四一葉）

李孝定 「按，此与說文中正字作中者相同，疑仍是史之讹变。辞云『戊午卜，而弗其氏我中女。五月。』中女者，仲女也。史字未見省又作者。魯說可商。」（甲骨文字集释存疑四四七九頁）

白玉峥 「峥按：甲骨文字之中，有中、中、中或作中三形；兹将三形见于契文之辞例，条述於后，以窥各形之字义：

一、中：见于契文者，多属残辞，义意晦澀，兹录诸较完整者数条，藉資探索：

……于中叶朕……？ 林一·七·六

……于中土來？ 後六·六

……中余不潛？ 前七·九·四

……即中……？ 前六·五·五

癸酉貞：方大出，立中于北土？ 存二·八〇三如：

又籀廎先生所引（鐵）二〇〇．三版『中母』之辭，其见于他辭者，或作『中母』，

庚申卜，王：矦其立朕中人？ 佚二六八又二六九例同

己巳卜，王贞：中其執界姒壬？六月允執。 缀二．三二〇

囗午卜，㞢大中祈舟？ 邺三．三九．三

二、中：见于契文者，辞谊甚显，有为伯仲之谊者，如：

辛丑卜，其御中母己？ 佚四五〇七

辛丑卜，中母御小宰？ 佚八八一六

囗酉卜，中宗祖乙岁？ 缀一．一八〇二

……中子召……受祐？ 粹四〇八

戊寅卜，王贞：受中商年？一月。 前八．一〇．三

在敏陕，隻中田？ 宁一．三三一

求中田。 佚四四七一

有为中正之谊者，如：

中日啟？ 缀二．八七

亦或为人名，如：

甲子妇妊示三屯 小叡中 后下二七．一〇

乙丑妇妌示一屯 小叡中 缀一．六五

三、史：见于契文者，义至众多，其为中正之谊者，如：

事日大啟？ 甲一五六一

旬亡祟，王疾首，事日雪。 前六．一七．七

庚寅雨，事日既。 人三一一四

丙子，王立事……亡風，易日。 金六七七

其为地名或国族名者，如：

事示趄 前四．三七．三

丙申卜，贞：肇马左右，事人三百？六月。 前三．三一．二

其为人名者，有史官，如：

……屯乞十史 存一．二五（六纸四重）

有贞人，如：

癸酉卜，事贞：四牛？ 后上二六．二

戊申卜，叀贞：王室征亡尤？　续四三二（存真二·四重）

口辰卜，叀贞：今夕亡囚？　续三六

壬午卜，𠁩贞：曰：其狩？九月。　续一二二

据考堂先生考证，中为第一期时之贞人（见甲骨学六十年八〇页），然与本辞同版之贞人，有第二期之大；是贞人之服务于王朝者，不因王之存否，而为之出处也。亦有小臣，如：

乞自嵒二十屯，小臣𠁩示兹。　前七·七·二

丙子，小臣中……。　前四·二七·六

小臣𠁩。　续续十三

综上所录诸辞观之，𠁩、中、𠁩三字之用，不若罗氏所云者；其义互通者正多。」

（契文举例校读中国文字第八卷第三十四册三七二八——三七三二页）

考古所「中宗祖丁：中在卜辞中有两种写法，即𠁩与中，但二者有时并无严格界限。如中日，既可写作𠁩日，也可写作中日（游下八七）；中丁，既可写作中丁，又可写作𠁩丁（𡿺六六八）；中录，既可写作𠁩录，也可写作中录（湖藏B一七三七）等。所谓中宗，是指宗庙位置而言，即在某一群宗庙之中，其庙居中。其庙之所以居中，有两种可能：一是在历史上功劳大，被后世推崇；另一是依殷先公、先王之先后次序排列宗庙，其庙居中。以后一种可能性为大。因宗庙次序是早已排好的，時王继位后不可能重新排列其先祖之庙。所谓某一群宗庙，有几种可能：第一，上甲至康丁（此为武乙卜辞），每人一庙，共十九庙，大庚居中，此可能性不大，因卜辞中未見中宗祖庚；第二种，上甲、大乙至康丁，共十四庙，中丁、祖乙居中，此可能性较大，因从卜辞看，商王在举行合祭時，常常不提三匚、二示（详前言），故有可能上甲六世是合于一庙的；第三种，大乙至康丁，每人一庙，共十三庙，祖乙居中。故所谓中宗祖丁可能是在上甲、大乙至康丁這一群宗庙中其庙居中的中丁。此种解释也适用于中宗祖乙。

中宗祖丁与中丁虽然都指中丁，但含意不同，前者是指宗庙而言，后者是对大丁、小丁而言。」（小屯南地甲骨九九六——九九七页）

姚孝遂　肖丁　「2962

(1)「……方其祝囿」

(2)「……中宗……」

此「中宗」，或当指「中宗祖乙」。卜辞「中宗祖乙」常見，续363有辞为：「自毓且丁，

王受又；中宗，王受又」，但称「中宗」，是否「中宗且乙」可省称为「中宗」？2281有「中宗且丁」，祖丁是否可称「中宗」？此句是否可以连读？凡此均存疑问，参见2281片考释。」（小屯南地甲骨考释四八頁）

于省吾释事，参[glyph]字条下。

于省吾释中見[glyph]字条下。

徐中舒说参[glyph]字条下。

按：卜辭左中右之中作[glyph]或[glyph]，伯仲之仲作中，一般來說，區分甚嚴，僅有個別例外。如「方大出，立中于北土」（存二八〇三）及「㞢于大庚至于中丁一牢」（後二·四〇·一一）即是。「中」、「仲」仍當區分二字。

2925

羅振玉：「《說文解字》中古文作[glyph]，籀文作[glyph]。古金文及卜辭皆作[glyph]，或作[glyph]。斿或在左或在右。斿蓋因風而左右偃也，無作[glyph]者，斿不能同時既偃於左又偃於右矣。又卜辭凡中正字皆作[glyph]，从口从[glyph]。伯仲字作中，無斿形。史字所从之中作中。三形判然不相淆混。惟中丁之中，曾見作[glyph]者，乃偶用假字也。」（《殷釋》中十四頁）

唐蘭：「右中字，舊歧為三，以[glyph]形為㫃，以中為仲，以[glyph][glyph]為中，今正。[glyph]形習見金文。薛氏《款識》（卷十六）《中甗》云：「漢[glyph]州」，薛釋為「漢中州」。《[glyph]婦䵼鼎》，《攀古廔款識》以[glyph]為斿形，《愙齋集古録》（六·十六·四）以為立斿形。丁佛言《說文古籀補補》游字下，柯昌泗說，以[glyph]為九游之游。（[glyph]字見《續殷文存》下六三、三《[glyph]觶》。即《匋齋》三卷《立斿觶》）容庚《金文編》則收[glyph][glyph]二形入《附録》，七釋。卜辭之[glyph]字，羅振玉云：「象四游之形，疑亦㫃字。」（《考釋》原本四七）後人多從之。今按此字當依薛尚功釋中，漢[glyph]州者，漢中州，[glyph]婦䵼者，中婦䵼也。卜辭言「[glyph]不雉衆」者，其原骨（見《前》五·六二）……余觀此片，恍然悟[glyph]必中字，蓋自上讀之，凡存五辭，一、三、五辭同，二曰：「ナ不鶏衆」，四曰：「[字形]不鶏衆」，五辭下缺，以意度之，當有第六辭，曰：「右不鶏衆」，無疑。左中右三者相次也。繼又見簠室所藏骨云「……[字形]，亡𡿧，」（風）與別辭云「立[字形]亾亡𡿧」者吻合，尤確信[字形]即中字矣。……金文[字形]中之用有別，故吳大澂曰：「[字形]正也。兩旗之中，立必正也。」又曰：「伯仲之仲，古作中。」羅振玉承吳說，……學者翕然宗其說，而卜辭[字形]與中亦確分為二字。然考之實證，則得其反。中丁之中或作[字形]，固已如羅氏所舉。「中宗且乙」之中，「中商」之中，「中俎」之中，並不能讀為仲，而卜辭皆作中，可見[字形]中固不能確分也。且卜辭用中字，多非伯仲之義。蓋中字之範圍甚廣，有上下之中，有左右或四方之中，有大小之中，其義殆難縷舉。商時以中為人稱者，實取大小之一義。故中宗者，承大宗而言，中丁者，承大乙、大丁、大甲、大庚、大戊而言。中俎承大俎而言，與此同例。卜辭習見中子，前人多以為人名，或誤釋為仲巳，不知中子者乃對大子小子而言，故卜辭有中子子辟，金文亦有「亽中子日乙毁」與「亽中子員彡觥」也。（亽續殷文存上四三．六，下六九．四）羅氏所藏三戈於「大父日癸」下，承以「中父日癸」，然後承以「父日癸，父日辛，父日己，」秩次最為井然，大子中子之別，當亦猶是也。由此言之，有大且當有中且，有大匕當有中匕，有大母當有中母，有大婦當有中婦，而卜辭有[字形]匕，金文有[字形]婦，亦正合符。然則以中字施於稱謂，本義於大小之中，而其字體無別．中宗、中父、中子作中，中匕作[字形]，中婦作[字形]，而中丁兼作中[字形]二形，皆可證。殷以後始以[字形]專屬中正，而中專屬稱謂，與伯叔相次而為白中[字形]，然六國以後，又復不分，及小篆起，遂別造仲字為白中之專字矣。諸家分[字形]中為兩字，蓋徒拘於一時之用法。羅氏未能細按卜辭，而遽嚴分別，不能謂非疏失也．[字形][字形]中三者即為一字，則字形之演變，可得而言，今表之如次：

[字形]＝[字形]＝[字形]

*凡斿向左或右不拘

然則中本斿旗之類也。以字形言之，中與㫃相近而實異．蓋㫃形見古文者作[字形][字形][字形]等形，上有一斿，斿下為旗形。中字則作[字形]者象九斿，作[字形]者象六斿，作[字形]者象四斿，均只有斿而已。考工記輈人：「龍旂九斿，以象大火也。鳥旟七斿，以象鶉火也。熊旗六斿，以象伐也。龜旐四斿，以象營室也。」（旐原誤蛇，依王引之說正）龍斿，熊旗，龜旐，殆由□□□蛻化而來，本皆中也，其七斿之鳥旟，則其後起者耳。然中雖有九斿六斿四斿之異，當以四斿者為最古，《春官．司常》：「王建大常，諸侯建旂，孤卿建旜，大夫士建物，師都建旗，州里建旟，縣鄙建旐。」《夏官．大司馬》：「王載大常，諸侯載旂，軍吏載旗，師都載旜，鄉遂載物，郊野載旐，百官載旟。」旐為縣鄙所建，郊野所載者，卑之。所以卑者，旐只四斿而最簡樸。適只以表其為縣鄙郊野耳。由四斿而增之，為六斿、九斿，周時乃並有十二斿，王之大常也，而其變又有七斿五斿之常。中以四斿為最夙，故其字亦以□為最古。凡垂直之線，中間恆加一點，雙鉤寫之，因為□□□形，而□形盛行，由以省變，遂為中形矣。《說文》作□□□三形，中即□形之小變，□為□之譌，□為□之譌。許說中「从口，｜上下通，」近世學者多說為象矢貫的，此外臆說尚多有之，皆由不知古文本作□也。中為旂旗旐之屬，何由得為中間之義乎？吳大澂謂「兩之中立必正，」亦嚮壁之語，篆形既未顯，又何由知其立必正也。余謂中者，最初為氏族社會之徽幟，《周禮．司常》所謂：「皆畫其象焉，官府各象其事，州里各象其名，家各象其號，」顯為皇古圖騰制度之孑遺（《周禮》九旗以日月、交龍、熊虎、鳥隼、龜蛇等畫之，亦皆由圖騰變化而來）。此其徽幟，古時用以集眾，《周禮．大司馬》：「教大閱，建旗以致民，民至，仆之，誅後至者，」亦古之遺制也。蓋古者有大事，聚眾於曠地，先建中焉，羣眾望見中而趨附，羣眾來自四方，則建中之地為中央矣。列眾為陣，建中之酋長或貴族恆居中央，而羣眾左之右之，望見中之所在，即知為中央矣（若為三軍，則中軍也。）然則中本徽幟，而其所立之地，恆為中央，遂引申為中央之義，因更引申為一切之中（如上下之中，前後之中，大小之中等）。後人既習用中為中央等引申之義，而中之本義晦。徽幟之稱，乃假常以稱之（《周禮》記常有十二斿、九斿、七斿、五斿，明即中。）中常聲相轉也。而其分別，則十二斿為常，九斿為旂，七斿為旗，六斿為旗，四斿為旐，而中字遂無用徽幟之義矣。」（《文字記》三十七頁釋□）

滬

吳其昌

「羅振玉曰：『《說文》：中，古文作□，籀文作□。古金文及卜辭皆作□，或作□；斿或在左，或在右；斿蓋因風而左右偃也。無作□者，斿不能同時既偃于左，又偃于右矣。又卜辭：凡中正字作□。伯仲字作中，无斿形。史字所从之「中」作中。三形皆判然不淆混，惟中丁之「中」，曾見作□者，乃偶用假字也。』《增釋》．二．一四．按羅氏釋□字所从為斿形，及□□□三形之別皆是也。惟以□為假用字，則非也。□實其最初之本字矣。長干声斿，立於广场中心，以集民庶，以勅軍旅；惟此干斿□之狀，為正中之標揭，故誼為正中也。以質实之中心，轉而為抽象之中間，則又為伯、孟，叔，季，之介之『仲』矣。執此旂斿之竿者，則為『吏』為『事』矣。詳決戛考释及金文名象疏証．此飄斿之長于或作□形，卜片或作□形，決纘文字所从或作□形，姚己解固不必作定形矣。故知中中中三形显別昭然者，乃其流也，其源則又未嘗有別矣。

『中丁』者，大戊之子，而中宗且乙之父也。史記以大戊為中宗，故殷本紀曰：『中宗崩，子帝仲丁立。帝仲丁迁于隞。』又尚书序云：『仲丁迁于囂，作仲丁。』又御覽卷八十三引紀年曰：『仲丁即位元年，自亳迁于囂。』今本竹书云：『仲丁，名莊。』又仝卷引帝王世紀曰：『仲丁徙囂，或曰敖，今河南之敖倉是也。』又同卷引史記佚文曰：『帝仲丁在位十一年。』按二『囂』字皆『囂』字之譌也。譌責在鈔胥。又后汉书東夷傳云：……『至于仲丁，藍夷作寇，自是或服或畔……』李賢注曰：『仲丁，殷太戊之子也。竹书紀年曰「仲丁即位征于藍夷』也。又书序正义云：……『仲丁是大戊之子；河亶甲，仲丁弟也。皆世本文也。』汉书古今人表四等；『仲丁，大戊弟。』按以上所集皆有关于仲丁之史献也。就上列史献審覈之，有矛盾冲突问题，應待斷決者二：其一，仲丁為大戊子？抑大戊弟？王先生曰：『……人表以仲丁，外壬，河亶甲，為大戊弟。检卜辞中有一断片，按即後一·五·一，文曰：『……〔大〕〔丁〕，大甲，大庚，〔大〕〔戊〕，中丁，且乙，且〔辛〕，〔且〕〔丁〕……』据王补，王补至礥，詳下。据此，則大戊之后有中丁，中丁之后有且乙，則中丁，外壬，河亶甲，自当為大戊子；知人表以……為大戊弟者非矣。』观林·九·二二·先师之断，至礥不易。今更以最近出土之佚存九八六片，記有『十示』先王之名：及佚存之五三六片，記有『五示』先王之名者証之，而此獻遂定矣。世本及史記之可任得此益彰。其二，仲丁所迁都為囂？抑為隞？按水經濟水注又曰：『濟水，東逕山北，詩所謂「薄狩于敖」者也。其山上有城，即殷帝仲丁之所迁也。』似作『敖』者本字，而『隞』『囂』反后起字也者。但夷考其实，則作『囂』者本字，而『敖』『隞』乃同声通假字也。御覽引竹书紀年，帝王世紀兩作『囂』，『囂』乃『囂』之誤鈔，知紀年，世紀，实亦並作『囂』也。此其一。史記虽作隞，然索隱云：『隞，亦作囂。』知司馬貞所見古寫本史記，仍作『囂』也。此其二。『敖』『囂』二地，虽於現存卜辞中，並无可徵，然以金文考之，則有『䣛』地而無『敖』地。貞松堂集古遺文卷十頁二九有䣛伯盤，文曰：『䣛白賸媵嫞尹毋盨盤……』其䣛字正与尚书序合，知書序远有所本，而上古之有地名䣛，可以証实。此其四。自車攻之詩以下，則無一不作声假之『敖』，或『隞』矣。至於其地之所在，書序正义引『䣛在陳留浚仪县。皇甫謐云：或曰：今河南敖倉。』续汉书郡國志則云：『河南滎陽县有敖亭。』劉昭補志云：『左宣十二年傳：「晉師在敖鄗之間」即此。』按『高』地見于卜辞。史記正义引括地志則云：『滎陽故城，在鄭州滎澤县西南十七里，殷時敖地也。』綜上及水經濟水注所述，則䣛地今虽不能确知其在何处，因䣛伯盤出土地未詳。

而意其地瀕黃河南岸，約位于滎陽京索之間，則近之矣。此即仲丁之所都矣。一統志：『敖山在鄭州河陰县西北二十里。』地位亦近，此正晉師入鄭渡河之要口。云『……大庚至于中丁……』則大戊，小甲，中己，雍己已悉祭入矣。」（《殷虛书契解詁》一〇三——一〇五頁）

陳夢家：「中和小臣中當是一人，寫作𠁩，與仲之作中者不同。中和祖庚卜人大、朱同版，所以屬於祖庚時代而上及武丁晚期。」（《綜述》一八二頁）

陳夢家：「中宗有直系大示的且乙，似乎指大乙至且丁九示，即上甲六示以後，武丁以前介乎中間的大示。」（《綜述》四七四頁）

饒宗頤：「『立中』之中，有[字形]及[字形]兩形。他辭又見『其立𢼸』語，（《粹編》四）知『中』即指旗斿。𢼸音偃，旌旗偃蹇飛揚貌，董氏訓『立中』為𦅫是也。《周禮·春官·司常》：『王建大常，諸侯建旂。』『凡祭祀，各建其旗；會同賓客亦如之。』鄭注：『巡守兵車之會，王乘戎路，皆建其大常。』是『立中』『立𢼸』即建旗也。故卜日以𢼸旗為風所偃。殷之卜辭云：『𢿨羌百、放三斿𢼸（偃。）』（《續編》二·二九·三）即殺羌人禳以祭旗，可為此說佐證。」（《通考》三五二頁）

饒宗頤：「『庚寅卜，永貞：王叀中立，若。十一月。王固曰：吉。』（《前編》七·二二·一）他辭每言『立中無風，』中指旗斿，此言『惟中立，』如以賓詞先行之例解之，則『中立』即『立中』。惟尚可作別解，讀立為位，《周禮》：『閏月王居門中。』故《說文》釋閏字為从王在門中。《禮記·玉藻》：『閏月則闔門左扉，立於其中。』如是『王叀中立，』乃卜閏月位于門中事，於義亦通。西周金文書冊命之制，每言『立中廷，』如《卯毁》：『榮季入右，卯立中廷。』《論語·鄉黨》言：『立不中門。』以中指中門中廷，似無不可。」（《通考》五九九頁）

屈萬里：「卜辭：『叀在☐中公☐？吉』（《甲編》一三七八）中字作𠁩，乃伯仲之仲字。」（《甲編考釋》一九一頁）

于省吾「古文字的通例，伯仲之仲作中，中間之中作𠁩。后世則以仲代中，以中代𠁩，中行而卓废。今将甲骨文和商代金文有关中和卓的詞例，分别择录于下：

甲、中

一、大子，中子，小子（甲骨文编合文一一）。

二、大父，中父，父（商器三戈之一的銘文，代一九．二〇）。

乙、卓

三、義京——右（續一．五二．二），義京——卓（前六．二．三），義京——左（前六．二．二）。

四、戠馬：左、右、卓人三百（前三．三一．二）。

五、王作三𠂤（師）：右、卓、左（粹五九七）。

六、左、卓、右（商器三个盉的銘文，清山庄清賞二．五．七）。

以上所列甲类的大中小即大仲小。……大中小是縱列的，大为第一位，中为第二位，小为第三位。這是对先輩排列的順序称謂。大中小之中与后世伯仲之仲同义，但与卓间之卓有别。大仲小犹記数字之有一二三，前后是順序的。乙类的右卓左是横列的，以中为主，左右为辅，与伯仲之仲不同。（甲骨文字释林释中宗祖丁和中宗祖乙二〇〇頁至二〇二頁）

温少峰　袁庭栋　「『中』字在甲文中作𠁩、𠁪．中，其作𠁩者，象以旌旗測口（即日）之形。其作中者，象以直立木柱（即表）測口（即日）之形。姜亮夫先生謂：『中者，日当午則旌影正，故作𠁩，上下為旌，下則旌之投影也，故中有中正、平直、不阿之义』（三楚所传古史与齐、魯、三晋异同辨，載历史学一九七九年第四期）。為什么古人要以旌旗之日影表示『日中』呢？周礼春官司常：『九旗之物名各有属，……王建大常，諸侯建旂，孤卿建旜，大夫、士建物，师都建旗，州里建旟，县鄙建旐』，又『皆画其象焉，官府各象其事，州里各象其名，家各象其号』。可見古时之旗是处々皆有，相当普遍的。『故旗帜几可為一民族日常生活之信号，則一日间之时刻為齐民之所最易审知，最易考验者，当莫如旂斿之旄所投之日影。而日影之分齐最明，无所游移者，莫如日中之所投，故以𠁩字為一日之中，盖亦近取远取之最简方法』（姜亮夫文字朴识）

……

卜辞中有许多关于『立中』的記录，如：

(41) 庚寅卜，永貞：王叀中立，若？十一月。（前七．二二．一）

(42) 己亥卜，争貞：王立中？（人九七二）

(43) ……卜，争貞：王立中？（人九七二）

(44)壬申卜，☐貞：我立中？（合七七四一）

(45)貞：來甲辰立中？（前七·一六·一）

(46)辛亥貞：生月（生月即下月）乙亥酌系，立中？（粹三九八）

(47)……丙子，其立中？亡风？八月。（存二·八八）

(48)……子，立中，允亡风。（續四·四·五）

(49)癸卯卜，爭貞：羽（翌）「丙子」，立「中」，亡风？丙子立「中」，允亡「风」。（鑑天一〇）

(50)……爭貞：羽（翌）丙子，其立「中」，亡「风」？丙子，立中，「允」亡风，易日……（逢六七七）

以上諸辞之「立中」或「中立」，当即立表以测日影之事，此在殷人视为神圣大典，故卜辞中记述此事是由殷王亲自掌握的，即「王叀中立」、「王立中」、「王勿立中」或「我立中」（「我」为殷王亲卜之自称）。「立中」以测日影，其精密度与气象有关，必须天晴日出，故卜问「立中」之辞而貞问「有风」、「亡风」。盖因风大则旌旗飘动，旗竿不正，阴雨则日影不彰，难以观测也。（50）辞记「丙子，立中，「允」亡风，易日」，「易日」即「暘日」，云开日出之时，正是顺利测影之记述。

从卜辞关于「立中」的材料看，「立中」测影是要选择日期的。如（50）之「翌丙子其立「中」」，(45)之「来甲辰立中」，(46)之「生月乙亥酌系，立中」。可以这样推测：这种「立中测影」，不是每日测定当日时刻之事。如果「立中」是测影定时刻，就应天天进行，何必选择日期？而选择日期进行立中测影，很可能是测影以定节气。这是非常值得研究的问题。卜辞有云：

(51)……立中，弗其𠧟（迺）？（乙一九八一）

此辞之「𠧟」，从止从内，内亦声，乃迺之初文。《玉篇》：「迺，古文退字」。「退」有「缩减」之义。《小雅·释诂》：「退，减也」。此辞卜问「立中，弗其迺？」当是卜问：此字立中测量的日影的长度不会缩减吧？由此可見殷人立中测影，量其长短盈缩，以定节气，是已經存在的历史事实。」（《殷墟卜辞研究——科学技术篇》一四頁——一六頁）

黄德寬「根据殷墟卜辞提供的材料，我们认为「中」可能不是「斿旗之类」，而是我国古代测风工具的象形字，試述如次：

卜辞有以「中」测风的記載。卜辞「立中」一语多次出現，在這些卜辞中，我们看到一个有趣的現象，卜问「立中」時，「亡（无）风」、「允亡（无）风」常常同時出現，如：

(1) ☒亡風，昜日。／丙子其☒立中，亡風。八月。（七三六九）

(2) ☐酉卜，旁貞：翌丙子其☒立中，允亡風。（七三七〇）

(3) ☒其立中，亡風。／☒亡風，昜日。（七三七一）

(4) 癸卯卜，爭貞：翌☒中，亡風。丙子☒允亡「風」。（一三三五七）

(5) ☒中，丁酉☒風☒。（一三三四三）

(6) ☒爭貞：翌丙子其立☒風，丙子立中，「允」亡風，昜日。（四〇三四五）

从這些卜辭可以看出，『立中』可以確定風之有无，因此，可以肯定占卜『立中』与測風活动有关系。(1)(2)(3)(4)(6)等例都无疑表明這一事实，(5)例虽残，也存『中』『風』二字，其缺可补。

当然也有出現『立中』而不出現『亡風』『允亡風』記录的卜辭：

(7) ☒卜，爭貞：王立中？（七三六五）

(8) 己亥卜，爭貞：王勿立中？（七三六七）

(9) 辛亥貞：生月乙亥彫系，立中。（三二二二七）

這一类『立中』是否与上举各例相同？我们认为答案應該是肯定的。只是『立中』所測結果未曾記录而已。有些残辭，保留了『立中』，如七三七六、七三七二反等，也可能残損的正是『亡風』、『允亡風』之类的验辭……七三六九、七三七一、四〇三五四等片，同辭还出現『昜日』一語，三二二二六片云：甲寅卜：弜立中，乙卯不昜日』。『昜日』郭沫若讀为『暘日』，指的是一种天象，即說文所謂『日覆云，暂見也』，『猶言陰日』。『立中』不仅与『亡風』而且与『昜日』同辭或同版出現，可进一步证明『立中』与气象观测活動的密切关系，因为風向与天气陰晴相关，測風也就可以預知天气的变化……

从辭例和卜辭有关『風』的記录入手，我们认为『中』是測風的工具，考之于字形，『中』作为測風器具的象形字，也甚契合……『中』所附之物，不是旗之斿，而是用于測定風之有无和方向的『綄』。『綄』用帛条或羽毛編織成带状，只是与斿类似而已。就『中』字Ⅰ型而言，直画乃象長标竿，上下对称地系以『綄』用来測風。『綄』之所以取上下对称，則是为了确定風向的準確性。唐兰先生认为Ⅰ型是『中』字原型，而這种原型正是早期原始而又簡单的測風器具的形状。Ⅱ型『中』字在中部加上方框，我们覺得它不是标明中间位置的指事符号，也非風『飾点』以双钩写成，而是代表四方。四方坐标的確定，就可以準確无误地測定八面来風了……（卜辭所見中字本义試說，文物研究第三期一一二—一一四頁）

2926

胡厚宣　「我一九五五年作《甲骨续存》序文，以甲骨卜辭言『立中』，又言『立㫃』，又言『乍中』，而立中之占，又經常与征伐之卜辞同版，因即略举其文大意說，『立中者，当为軍事駐札，武装墾殖，或者是原始氏族社会立旗圈地开辟疆土的孑遺（原书序文第五頁）』。至于所举『立中于北土』一辭，『立中』應释『立史』。」（記香港大會堂美術博物館所藏一片牛胛骨卜辞，《中原文物》一九八六年一期四六頁）

李圃　「𠁩为古代测天仪。丨当为垂直长杆形之表，饰以飘带以观风向，作𠁩，其飘带总是飘向同一方向，或作𠁩，或作𠁩。卜辞习见『立中，亡风』，『立中，允亡风』，是其证。架以方形框架以测日影。引申为方位名词中。」（《甲骨文选注》六八頁）

白玉峥说参中字条下。

饶宗颐说参㫃字条下。

晁福林说参亍字条下。

按：金文中字作𠁩、𠁩、𠁩、中諸形，與甲骨文同。羅振玉以為卜辭中正之中作𠁩，伯仲之仲作中，史字所从之中作中，三形判然不相淆混。一般地說來，卜辭中字諸形，是有這種區別，但也有少數例外。例如「立中」及「中日」之中本作𠁩或𠁩，而綜下八〇三作「太中」；《六雙》一二作「中日」。伯仲之仲本作「中」，而後下四〇·一一仲丁作「𠁩口」，前一·六·一亦作「𠁩」。唐蘭力主卜辭𠁩中同為一字。我們的意見是，應當承認卜辭中、仲諸字的用法基本上是有區別的，不能因為個別的例外而否定這一基本上的區別。左中右之中，中室之中均作𠁩或𠁩，「中宗」、「中子」、「中婦」、「中商」之中均作中，無一例外。可見區別還是主要的。中、仲最初同源，可是在甲骨文中，已經出現了分化，我們必須承認這種分化。至於個別的例外，當如羅氏所說、偶用假字。商代文字尚處於急驟發展變化的早期，形體的不穩定和不規範現象是不可避免的。

2943 𠁩

2927

□ □ □

按：合集三二九三九辭云：「戊寅貞，王令□翌乙卯步」，為人名。又合集一○三一五正辭云：「丙寅卜，賓貞，祖丁弗□」，為動詞，其義不詳。

2928

□ □

按：合集二四三五○辭云：「癸酉卜，王在□」，為地名。

2929

□

按：合集一九七九九辭云：「丁未卜，𠂤，王令□呼□甫曰來。二月」此亦「□」字，參見2401「□」字條。

2930

□

按：此為「□」字之倒書。合集一九七一四辭云：「貞，□其……」「□」為方國名。參見2401「□」字條。

2931

□

按：字不可識，其義不詳。

按：合集一〇二七正辭云：「戊午卜，㱿貞，我其呼𦎫𢦏」「戊午卜，㱿，我𦎫𢦏」用為動詞，其義不詳。當與征伐有關。

2932 古 [中口]

孫詒讓　「説文言部『𧥣快也从言中』此从中而省言，从口，於字例無牾，疑當為𢡁之假偕，與論語『𢡁則屢中』誼略同。」（舉例上十八葉）

劉鶚釋中。見鐵雲藏龜序。

商承祚釋吉，見類編二卷六葉。

董作賓　釋吉，謂由𠮷形譌变。見寫本後記。

唐蘭　「亞古父己𣪕的[中口]字（殷文存下卅二葉𣪕盉銘同），就是卜辭裏習見的[中口]字，——高宗時一個卜人的名字，前人都不能識，我以為是『古』字的原始型式。孟鼎古字作古，字形還相近，其證一。[中]即申字（側書作毌），所以婦𦣞鼎（殷文存上七）𣪕（同、十）卣（同、四二）裏的『文姑』都寫做𪊲（𪊲讀為『文姑』寫做𪊲可證），其證二。我們由此可知『古』字本是从口[中]（毌）聲了。」（導論下四十葉）

丁山從唐氏説釋古，謂即四塞為固之本字，象以盾守關塞之口形。見殷商氏族方國志一四六至一四七葉。

朴海波　「[中口]，甲一三九四。唐兰释古。武丁時貞人。[中口]，甲四七五。古或从申。」（甲骨文编九四頁）

朱芳圃　「按上揭奇字，从中，从口。唐蘭謂為『古字之原始型式，从口，[中]毌聲』，說殆字學導論下四・其說非也。余謂中即盾之初文。象形。說文盾部：「盾，瞂也。所以扞身蔽目。象形。」

考金文有奇字作左揭形者：

□ 文□

象戈盾並列，字雖不識，形固瞭然。偏旁之盾，正作中形，是其證矣。□在卜辭中為卜人之名，故增口以別於本字，例與□□相同。小臣宅𣪘銘云：「白易小臣宅畫中戈九、易金、車馬兩。」羅振玉釋中為象形盾字，謂「畫中殆即畫盾」，遼居雜著二其說是也。中與中，一空廓，一填實，例與口之作■，□之作□相同。詩秦風小戎：「龍盾之合」，毛傳：「龍盾，畫龍其盾也」，是即所謂畫盾矣。」（殷周文字釋叢，卷上，第七葉）

李孝定

「釋中釋□釋吉均於字形不合，且契文中作中□諸形，吉作□，與此迥異。唐氏釋古，謂是从口毋聲，宜若可信，然契文亦自有古字作□若□，與此亦有別。金文之□□乃由□所衍化，此亦唐說，見一卷天字條下引非从毋聲也。至□字如確是「古」字，則當為□之異構。□字雙鉤作□，增一橫畫則作□亦非从毋聲也。至中，唐从中毋，說文所無。字在卜辭為貞人名。」（集釋〇四〇九葉）

白玉峥

「据彥堂先生斷代例，□為第一期武丁时之贞人，亦为武丁时之史官。征于他辞，或为方国名，如：

□示十……出一。□ 南坊一・六

右辞，上□字，征之于他辞，当为入贡之方国名；下□字，为典收贡物之史官之签名。方国名与人名同，且同见于一版，类例甚罕。」（契文举例校读中国文字第八卷第三十四册三七二〇页）

饒宗頤說參□字条下。

于省吾說參□字条下。

于省吾說參□字条下。

按：唐蘭釋古。說文：「古，故也。从十口，識前言者也。」許慎據小篆立說，非是。甲骨文、金文古字均不从十。唐氏以為从毋，作為聲符是對的，其初義不可曉。在卜辭為貞人名。惟甲二一二一（合集九五六〇）之「其从王古」，「不从王古」，此類古字用義不明。金文大盂鼎「古天翼臨子」，古通作故。蓋初本作古，至於「故」、「詁」等皆為後起孳乳字。

2933 事史使

羅振玉　「說文解字：『史，記事者也，从又持中。中，正也。』吳中丞曰：『象手執簡形。古文中作[illegible]，無作中者。』案吳說是也。江先生永周禮疑義舉要曰：『凡官府簿書謂之中，故諸官言治中、受中、小司寇「斷庶民獄訟之中」，皆謂簿書，猶今之案卷也。此中之本義。故掌文書者謂之史，其字从又从中。』其言視吳尤詳密，可正許君中正之說之失。」（殷釋中十九葉下）

羅振玉　「說文解字：『事从史之省聲，古文作[illegible]。』卜辭事字从又持簡書，執事之象也，與史字同意。」（殷釋中六十葉上）

王國維　「[illegible]疑亦事字。」（转引自集释〇九七一頁）

王襄　「古使字。事字重文。」（類纂正編第八第三十八葉上）

王襄　「古事字。吳愙齋先生云：古文事使為一字，象手執簡立于旂下，史臣奉使之義。此字上Y為旂斿，手執簡立於旂下之形甚碻。」（簠室殷契類纂第十三葉）

王襄　「疑史字。」（類纂存疑第三第十一葉下）

郭沫若　「卿史，羅振玉釋為卿士，今案『其令卿史』，猶大雅常武『赫赫明明，王命卿士』矣。」（卜通一三七葉上六一五片釋文）

馬叙倫　「史字裡的中是筆，从又持中，是會記事的意思。」（馬氏論文集二百葉）

又曰：「王國維對史字就不曉得是聿字的倒寫，聿字並不是筆字的初文，實在就是書字的初文，他卻仍就以為史字『从又持中』，不過他所說的中，不是上中下的中字罷了。就是他說史吏事是一個字，也是有對有不對。至於他說中字，他曉得引用到儀禮鄉射禮裡的『虎中』『兕中』『鹿中』，但是他不能很明白說明中字的構造。」（同上一六九葉）

又曰：「史音在審紐，聿音在喻紐四等，同是摩擦次清音，所以史的聲轉為聿。其實史字是拿筆向對面寫的樣子，聿是向下面寫的樣子，並非兩字。說文裡說：『聿，所以書也。』這就是筆字的意思。聿字裡面的巾，便是最初的筆字，本來象筆的形狀造的丨，叏做ф，又叏做巾，便不象形了。因為筆是寫字的，所以便把寫字也叫做聿。後來反把丨字掉了。大概因為叏做巾後，或寫做中，和中字相混了，所以把聿字來代巾字。聿、史既是一字，所以書字便是史字的轉注字。」（同上十二葉中國文字之原流與研究方法之新傾向）

吳其昌 「『事』字初义，从又从中，象手執旂形，故引伸而為有所執事之义；詳其昌所作矢彝考釋 更后輾轉引伸，『事』字亦可為專指祭祀之事；如尚书大传云：『天 有事。』郑注：『事，謂祭祀。』又易震卦六五：『億无喪有事』虞翻注：『事，謂祭祀之事。』可證。是故『𡗓』与『事』，誼皆为祭也。謂之『𡗓事』者，正犹易損卦初九之『祀事』，仪礼士昏礼之『宗事』，周礼宮正郑注之『祭事』，說文示字解之『神事』矣。」（殷虚书契解詁第三四頁）

孙海波 「史，甲四〇〇。武丁時貞人。
史，甲六八。吏用为使。
吏，乙二七六六。吏用为事。其出王事。」（甲骨文编三頁）

孙海波 「史，鐵一八三·四。卜辭史、事同字，御史亦即御事。」（甲骨文编一二七頁）

孙海波 「吏，乙二七六六。卜辭用吏为事，重見史下。」（甲骨文编一二七頁）

孙海波 「史，甲六八。卜辭用吏为使，重見吏下。」（甲骨文编三四三頁）

陳夢家 「史為田獵之網而網上出干者，搏取獸物之具也：史事通。事作𡕥，Y即干也，古者祭祀用牲，故事祭祀之史即搏獸之吏。卜辭有㚇字，即逐也，从史所以捕之之具。又史或作𡕥，象建㫃於史上。古者干戈多建㫃，故知史與干戈單等為同類之物矣。」（考古五期七陳夢家「卜辭云：

才南土，告史　甲二九〇二

……

卿史于𤆍北宗不口大雨　前四·二一·七

……

我入商，𠂤我御史　洙一一四

曰：方其𢀛朕御史　續五·一八·八

方𥛚象取乎御史　乙六三六〇

其乎北御史，衛　甲一六三六　誠三七八

𠂤𨷲其乎取美御史——𢓊取美御史　澂二·七八

以上的史、卿史、御史似皆主祭祀之事。『朕御史』『我御史』指王及商國的御史，『北御史』似指遣於北土的御史，『美御史』則是邹方的御史。」（綜述五一九——五二〇葉）

陳夢家「卜辭云：

之日乞㞢來嬉，乃淑御史　前七·三一·三

大吏戈先酌，其㞢匚于丁卅牛　前四·三四·一

黃尹保我吏　乙一一八九

我吏出工——我吏亡其工　乙一一二五十二〇四四

由於其稱『我吏』，則知是商王國的官吏。其中意義較明白者則為東吏、西吏。卜辭云：

令亯易眚食，乃令西吏　甲二一二一

西吏旨其㞢𥛚——西吏旨亾𥛚甾　乙四五三六

東吏來　乙三七三〇，三九五〇

以上『東吏』『西吏』當指派至於東或於西的使者。王制曰：『天子使其大夫為三監，監於方伯之國，國三人。』此所謂使於方伯的大夫，即是使。王制當然為後世的理想的制度，但或者不無歷史上的根據。至於南土之史，北方的御史，則與東西吏當有不同。」（綜述五二〇葉）

李孝定「說文：『史，記事者也。从又持中，中，正也。』甲金文與小篆並同。陳氏謂史象田网，甲文象网之字均作𦉪𦊆㓁，𠁥字从此史字卜辭多見，無一从此作者，僅據一𤔲字即謂史為田网

未免以偏概全，且變字所从之𠂇極可能爲𠬝之誤刻也。王氏釋史一文，貫穿羣籍，立論精當，於史字在經籍及古器銘文中所有之含義，闡述徵引殊多創獲，誠爲不易之論。惟謂史字所从之中爲盛算之器，算筴一字亦即盛筴之器則不能令人無疑。蓋凡所稱引悉皆周制，三禮之文是否悉爲周制抑有部分爲後儒之所構想殊不易定未可以證造字之本義。且誠如王說，則卜辭所見諸史字應有作□若□者矣，而實未一見，此實與象形文字之常例不合。馬氏舉聿字作□或作□卜辭有作□者以證史象手執筆形，其說雖無確證，較之王說實爲近理。據王氏所考史之職事爲藏書作書讀書，此爲後世之制度，其初殆祇是主記事者之專名，故以手執筆形之文以會其意，許書說解猶存初義也。金文史字多見，如□鼎文□尊文□公史簋□頌壺□□師酉簋□史宜父鼎□免簋□父乙爻角均與契文小篆相同。或从𠂇从㕚，偏旁得通也。」（集釋〇九六八葉）

李孝定　「說文：『事，職也。从史，之省聲。□，古文事。』契文史事使一字而形略殊，說見前史字條下王國維說。金文作□小子𣪕簋□□毛公鼎□師寰簋□秦公簋□不嬰簋□高攸比鼎□史頌簋□易鼎與契文略同。」（集釋〇九七一葉）

李孝定　「說文：『使，伶也。从人，吏聲。』契文不从人，吏事字重文。金文𦉢鼎使字亦以事字爲之，作□與卜辭同。」（集釋二六五三葉）

饒宗頤　「按吏字有二讀，一爲事，一爲使。『東吏來。』（乙三七三〇）此言『西吏』，則似當讀爲東使西使。」（通考四〇二葉）

饒宗頤　「武丁時卜人事，其字大抵作𠭥，與『𡆥王事』之『𠭥』形同。汪漏云：『吏，古事字。』𠭥亦省作□（京津一四六三）又作□（京津三二一五）史見於背甲內卜之辭云：『壬辰卜，內：五月，史㞢至。今五月，史亡其至。（屯乙五三〇二）其同版甲面云：『六月，㞢來曰：𠭥出疾。』（屯乙五三〇一）甲背作吏而面作𠭥，足見史與𠭥即一人。再徵之彔之卜辭『叶王事』語，省作『叶王中，』（殲壽四六·三）以中爲事，是又𠭥吏二文并即事字之旁證。」（通考五七五葉）

饒宗頤　「按法言五百篇：『或問聖人占天乎？曰占天地；若此則史也何異？曰：史以天占人，聖人以人占天。』汪氏義疏：『史者掌天文之官之總稱，周禮太史及其所屬馮相氏保章氏皆是。』」（通考一二九六葉）

屈萬里　「卜辭『弗及今三月㞢史？』史，讀爲事。故書中常以『有事』爲『有祭祀之事』；本辭則非其義。蓋殷人祭祀頻繁，絕無不祀之月，故不當有此卜也。此當如周易震卦文辭『無喪有事』之有事，謂意外之事也。」（甲編考釋三三葉）

屈萬里　「卜辭：『甲申卜，貞：且乙史，其☐？』（甲編一二五〇）史，讀爲事，謂祭祀之事也。『且乙史』，猶『河史』（庫方五六）『岳事』（南北明四四）之比。」（甲編考釋一七七葉）

屈萬里　「卜辭：『戊午卜：今九月史？』（甲編三一二九）此史字疑當讀爲使人之使。」（甲編考釋四〇四葉）

丁驌　「史☐☐☐：『来：帚史』（前七·二一·三）史为使子，非人名。」（諸帝名中国文字第八卷第三十四册三五七四页）

白川静　「当时在祭祀与政治不分的状况下，王室对所属诸侯诸方的统治方法，是使其奉行王的册告，亦即使其承认并载行王室所行的祭祀，以维持其政治关系。奉册告之使者称为史，行册告之祭祀称为史。这两字有时亦互相通用，并由此产生卿事、三有事等事系的官职，而除从事祭祀外，又扩展到軍事、行政各方面。三有事或写作参有嗣，於是事系统又变为嗣系统的各种职官，逐渐发展为周代官制的大宗。」（作册考中国文字第四十册四五〇二页）

考古所　「☐：应为史之异构，在此应为事，祭名。粹一六九：『大乙事，其征大丁☐』，綴一·四一九：『戊戌卜：祖丁事，其征妣辛、妣癸☐』，文例都与此片第(4)段相同。」（小屯南地甲骨八六一頁）

陈梦家　「史事为取兽之具，其所从之☐象一田网之形，田网之组织有二：一为Y即干字，乃以枝幹为武器之原始工具，一为☐即网形。卜辞獸（狩）所从之Y Ψ ☐ ☐，与☐字接近，乃同类之物；而卜辞金文獸或从☐者，☐口为网之侧面形，田则正面形也。郭沫若金文余释之余（頁五〇—五二）谓金文單獸戰𢧐所从之單为捕鸟之器，乃罕之初文，说文『罕，网也，从网干声。』段注引吴都赋注『罼罕皆鸟网也。』梦按郭说释單为罕是也。卜辞獸或从單或从干，可证單罕一物；又卜辞之華作☐☐等形，与☐亦属同类，華当为畢之原始象形，畢为田网而☐则加网于干上，此二者之别也；畢本用以捕鸟，然卜辞每有畢獸之事，盖畢假为彈，

说文：「彈，射也。」」（史字新释，考古学社社刊第五期七至一二页）

于省吾 「说文：「史，记事者也，从又持中，中，正也。」又：「吏，治人者也，从一从史，史亦声。」又：「事，职也，从史之省声。」又：「使，伶也，从人吏声。」按古文字吏与事同字，有时与史通用。古文无使字，使乃后起的分化文。吴大澂说文古籀补谓史字象「手执简形」。江永周礼疑义举要：「凡官府簿书谓之中，……」其字从又从中，又者右手，以手持簿书也。」王国维释史从江永说，而谓：「是中者盛筭之器也。」按吴江王三氏之说都不可信。古文字中与中迥别，中字卜辞屡见，乃□字的省文，与事字通用。其造字本义待考。依据说文则吏为会意兼形声字，事为形声字。甲骨文的吏与事均作□，既不从一，也不从之，则许说不攻自破。史与吏的初文，自应以甲骨文为准。□字的造字本义，係于□字竖划的上端分作两叉形，作为指事字的标志，以别于史，而仍因史字以为声。」（甲骨文字释林释古文字中附划因声指事字的一例）

徐中舒 「……过去文字学研究者总是就字说字，旁征博引，冥搜孤讨，臆想居多，究非上乘。他们很少在字与字之间求出其对应关系，作出系统研究。如释史为从又持简，不知甲文史原作□。□，乃干戈之干的本字。古人狩猎作战，即以有杈桠的木棒作为武器，进则以侵犯人兽，退则以捍卫自身。□从又持□，古代人类，从事狩猎，取得食物，是当时的大事。史之本义为事。文史之史，乃引申之义。Y为人类最初使用的武器。在杈桠两端捆上锋利的石器，则为□，在杈桠之间捆上重量石块则为□，在衝锋陷阵之中兼为捶击之用。故□字省其杈桠，则为击中之中。而□又为戰争之戰。马王堆帛书老子甲乙本三十一章，甲本作戰，乙本作單，可证。我们把这些相关的字联系在一起，就可以了解到Y之原义，而这些汉字的字原和语原，不待多说，也就不会使人误解了。我们认为这样研究古文字，古文字学就可以逐渐进入科学的坦途了。」（汉译古文字字形表序中国语文研究第二期五三页）

徐中舒 「此字由於时代推移，形体变化，连意义也随之而变，王静安先生解释，以中为簿书之形，手持簿书，即史之义。那时书写工具是甲骨，而非竹、简，故簿书之说不可通。此字初作□，□、□，并象干形，象一根棍子上有杈叉。古人打猎作战都使用它。如狩猎之狩甲文作□，即用犬及干以狩猎之义。又如单，即战字，甲文作□（佚下一二·七）、□（存下一六六）、金文作□（扬簋），这是在叉上缚以石斧等利器，作为战争武器。这个字在战国晚期，变为戰（盦志鼎），戈字是后加的。在马王堆帛书老子三十一章中，甲本作「戰胜」，乙本作

「單胜」。以單为戰，其演变之跡，宛然可见。后来字书释𢆉为盾，其实「干」有进取之意，干，犯也，就是向人进攻，同时也是用以保卫自己，以干为盾，是后起的意义。由於时代不同，字的意义也变了。又如嚣字，金文作□（盂鼎），上面是干、干插於鐓上，以后鐓画成冈形，成为□（文鼎），再变为□（令狐君壶），这都是在字形上踵事增繁。又如□字（颂簋），从單、从㫃，皆为武器。从屮，象旗竿、及斿旒之形，其义为祈求。盖古人出师作战，要举旗，祭旗，以祈胜利，这样解释，就完全通了。又如□（使）字，本来象旗下悬铃，铃即号令之意。ㅂ象铃，古人出使要带旂旗，以作信物，以后此字假借为事字，而事、使、史三字皆通用。又如敢字，原作□（甲骨文编附录一），作□（后二·三四·七）。此字原义，为用𢆉去面猎野猪之意，故其意为敢，后变为□，省掉了一手。金文变为□（鄂侯鼎），省下了下面的竿。以后讹变成许多不同的形体，我们如果把形体相同，或偏旁相同的字合併起来进行研究，就可以探索这个字变化的痕跡。」（怎样研究中国古代文字，古文字研究第十五辑三至四页）

方述鑫

「今按甲骨文𢦏中之ㅂ，当和干、单一样是武器，其中丨象木棍，ㅂ象捆在木棍上的石块。因此𢦏字的本义当是手执武器打猎作战，有卜辞可以为证：

贞，勿令□，从我爯，十月。（前六·一二·五）

㱿贞，王自□中。（后二·三四·七）

叀成犬□，从洮日亡灾。（京四三一〇）

辞中□与□同义，均象以手执武器狩豕，是敢的初文。……史、事二字甲骨文作𢦏或𢦔，本义均是手持武器作事。从史的字又有吏和使，是史的孳乳字，故亦含作事的意思。」（甲骨文字形偏旁释例，古文字研究论文集，四川大学学报丛刊第十辑三〇〇页）

胡厚宣

「甲骨文史字作𢦏、𢦔，两形通用，如丙七八同是史字，一作𢦏，一作𢦔可证。亦或省作中，亦有省作□者。丫即干，亦即单，为狩、戰、战字所从，乃田猎和战争所用之工具，与卜辞擒之作□者其意略同。

史在卜辞有用为事者，如言「叶王事」、「叶朕事」、「叶我事」，皆言协服殷王战事之义。或言「我有事」、「我亡事」、「今岁有事」、「今秉有事」，有事亡事，亦多指战事而言。

史在卜辞又有用为使者，如言「使人于画」、「使人于沚」、「使人于𠧞」、「使人于𦯑」，画、沚、𠧞、𦯑皆是地名，使人于某地，亦言因武事而派遣某人使于某地之义。古文字史、事、使三字不分，史从又持干，或又从㫃，象史官奉命出使，所谓「史乃奉使之义」。《白虎通·谏诤》说：「所以谓之史何？明王者使为之也。」陈立《疏证》说：「言为王者所使，故谓之史。」由甲骨卜辞看来，史官者正是出使的或驻在外地的一种武官。

因为史是武官，所以在甲骨卜辞中，常担任征伐之事。如武丁时卜辞或称命我史步伐𢀛方：

庚申卜，争，贞乎伐𢀛方受有㞢又，一月。

一勿乎伐𢀛。

壬戌卜，㱿，贞乞令我史步伐𢀛方受□□。

勿令我史步。

贞勿令我史步。（殷图十二、十三）

庚申卜，争，贞乎伐𢀛方受㞢又，□月。

□□□□方。

贞勿令我史步。（铁二五〇、一）

以上两版同文，步即步行，「令我史步伐𢀛方」和「勿令我史步」，意思是要不要命令我们的史官步行着去征伐𢀛方。或称我史𢦏缶或毋其𢦏缶：

癸亥卜，㱿，贞我史𢦏缶。一二

癸亥卜，㱿，贞我史女（毋）其𢦏缶。一二（丙一）

缶，缶国族名。𢦏的意思是𢦏伤。「我史𢦏缶」和「我史毋其𢦏缶」，意思是从正反两面占卜我们的史官，是否能够战胜缶国。或称我史𢦏方或方𢦏我史：

贞我史其𢦏方。二

贞我史弗其𢦏方。二

贞方其𢦏我史。二

贞方弗𢦏我史二（丙七七）

贞我史其𢦏方。三

贞我史弗其𢦏□。三

贞方其𢦏我史。三

贞方弗𢦏我史。三（丙七八）

以上两版同文。丙七七为第二卜，丙七八为第三卜，另外还应该有一版第一卜。方是方国的方。「我史𢦏方」、「我史弗𢦏方」和「方𢦏我史」、「方弗𢦏我史」，这是反复占卜到底我们的史官能不能战胜方国，或者方国能不能战胜我们的史官的卜辞。或称在北史有获羌无获羌：

贞在北史㞢获羌。

貞在北史亡其獲羌。（丙三二）

意思是占卜在北边的史官，能否擒獲羌人。或称羌弗𢦏朕史：

甲辰卜，王，羌弗𢦏朕史。二月。（前四、四、七）

这是殷王武丁亲自占卜说，羌人不会战胜我们的史官吧。或称某𢦏朕史或弗𢦏朕史：

□□卜，王，□𢦏□史。（山东博物馆藏明义士旧藏）

□𢦏朕史。（续存下三三六）

□弗𢦏□史。（续存上六四二）

这几条卜辞，虽然都有残字，但可以用前面的卜辞例句，加以补充，也都是占卜外族是否能战胜殷王的史官的卜辞。史官既可以步伐舌方，𢦏伤缶地，又可以𢦏伤方国或受方国𢦏伤，又可以擒獲羌人，或受羌人𢦏害，则其必为担任征伐之武官，可想而知。

因为史官担任征伐，常驻在外，散居东南西北四方，所以武丁时卜辞或称东史：

□□卜，亘，貞东史来。

貞东史亡□来。（汇三七三〇十三九五〇）

或称西史：

貞我西史亡禍，（考古所藏姚华旧藏拓本）

庚子卜，争，貞西史旨亡□，叶。一

庚子卜，争，貞西史旨其㞢禍。一

貞西史旨亡禍，叶。二

西史旨其㞢禍。二

貞旨亡禍。三

旨其㞢禍。三

旨亡禍。四

其㞢禍。四

旨无禍。五

其㞢禍。五

王固曰，其隹丁弘𢦏。（丙五、六正反）

丁巳卜，宾，貞令𦅫易它食乃令西史。三月。（押二一二一）

以及前引「在北史㞢獲羌」、「在北史亡其獲羌」和后引「立史于北土」、「立大史于西」、「立史于南」、「勿立史于南」等辞，都是这样的例证。

因为史官经常驻在外地，所以又称在某地之史，如武丁时卜辞说在𢀛史：

貞我在𫝀史不氏……。（故宫博物院藏马衡旧藏）

以及前引卜辞称「在北史出获羌」、「在北史亡其获羌，」和后引立史于某地、立某地史，立史于某方等卜辞，都是这样的例证。

武丁时卜辞又常称戍史，如说：

丙子卜，㱿，貞勿乎鸣从戍史𠕋。三月。四　（元一〇六，续存上六一六）

貞勿乎鸣从戍史𠕋。

乎鸣从戍史𠕋。（邺初下三三五，京二二二〇）

乎鳴从戍史𠕋。（鐵人七〇）

癸巳卜，争，貞旬亡囗。甲午出闻曰，戍史𣪕复。七月在囗死。（鐵杂五二续五、二、三）

戍史者，犹言在戍地的史官。

因为史官经常驻在外地，所以卜辞又常占卜史官是否归来或是否有至。除前引卜辞称「东史来」，「东史亡其来」之外，又如武丁时卜辞说：

壬辰卜，内，五月史出至。一二三

今五月史亡其至。一二

六月出来曰，史出病。（记五三〇一、五三〇二正反）

这是占卜驻在外地的史官，在这个五月内能不能回到王这里来呢？验辞说，等到六月有人来报告说，史官有病了，所以没有回来。

史官的任命，还有一种仪式称立史。立者犹他辞「立中」、「立旗」之立，有建立之意。

廪辛康丁时，卜辞说：

癸酉，貞方大出，立史于北土。（续存下八〇三）

由于方国出来大举进犯，所以才于北土建立史官。这也可知立史实有防御敌方侵犯之意。

他如武丁时卜辞或言立史，勿立史：

甲子卜，亘，貞立史。一二三　（虚二三二五）

貞勿立史。（记六二七四）

或言某人立史：

囗囗囗，王曰王立史。（京二四一七）

亚立史。（前六、八、六）

乎雀立史。（前五、二三、三）

貞単勿立史。（南师二、六一）

王为殷王，亚为官名，雀与単，俱为殷王之近臣。或言立史于某地：

貞𢀛立史于𠂤侯。六月。（后下四·三）

□□□，𠭯，貞立史于𦍒。（天津历史博物馆藏方若旧藏）

𠂤侯及𦍒，俱为地名。或言立某史：

丙辰卜，㱿，立𢆶史。（铁四八·四，佚七三一）

貞立明史。（二四三九〇＋六一五〇）

貞立西史。（戩三六·一二，续六·二〇·二）

立須史。（乙二〇四一＋二六〇一）

戊戌卜，王，貞余𠬝立員宁史众見冀艮。六月。（库一八〇七）

𢆶、明、西、須及員宁，俱为地名，言在渚地建立史官。立史时，常征集众人举行盛典。如武丁时卜辞说：

辛亥卜，争，貞𡚤众人立大史于西奠……。□月。（龟二、一一、一六）

立史时，还要举行祭祀，如武丁时卜辞说：

□□卜，争，□燎告立史。（山东博物馆藏罗振玉旧藏）

丙申卜，㱿，貞立史，乎取于□□。（北京图书馆藏徐炳昶旧藏）

燎、取都是祭名。

史官之名，有大史，有小史。称大史者，如武丁时卜辞除前引「𡚤众人立大史于西奠」之外。又如：

貞其□大史于西，于下乙匄。五□。（佚一〇续一、四六、四）

貞叀大史□令。七月。（甲三五三六）

廪辛庚丁时卜辞又常以大史与小史对貞。如说：

庚午卜，叀大史祈舟。

叀小史祈舟。（邺三下四六，一四十四三，一一十三九，一一十三九，三十南铺三九）

己卯卜，貞叀大史。

己卯卜，貞小史。（小南二二六〇）

大史与小史，又合称二史。如廪辛康丁时卜辞说：

弘立二史□𡆥。（宁一、四九七）

二史即大史与小史。

武丁时卜辞又或称三史，如说：

乙未卜，古，貞我三史使人。一二三

貞我三史不其使人。一二三（乙七七九三）

或称三大史，如说：

壬辰卜，宾，貞立三大史。六月。（西德柏林民俗博物馆藏 合五五〇六）

此片牛胛骨卜辞，曾著录在甲骨文合集五五〇六片。系借自王俊铭先生，惟照片缩小，看不清，又缺骨臼刻辞。今据原骨摹录，则清楚了许多。三史与三大史者，以卜辞「王乍三𠂤右中左」及右中左牧称三牧，右中左戍称三戍，右中左旅称三旅例之，疑即立史于南的右中左。

武丁时卜辞说：

乙未卜，宾，貞立史□□右从我，□从舆，左从曾。十二月。二

貞勿立史于南。（虚二三二四）

乙未□，□貞立史□南，右从□，中从舆，左从曾。三（南文五二掇二、六二）

两片卜辞同文，一为第二卜，一为第三卜。另外至少应该还有一个第一卜。卜辞同文，互相残缺，两者可以互相补充，成为全文。其全文当为：

乙未卜，宾，貞立史于南，右从我，中从舆，左从曾。十二月。

貞勿立史于南。

乃从正反两面，占卜是否立史于南之辞。而立于南方之史，则有右中左，我、舆、曾俱为地名，乃从这三方面立史以面向敌方，随时防御抵抗，或向敌方进攻，所谓立三史和立三大史，可能就是这个意思。

总之，由甲骨卜辞看来，殷代的史，尚非专门记言记事，掌握国家文书诏令薄书图册的文官，也不是专门担任着王朝钻龟占卜，钻燧取火以及国家庶事的任务。主要乃是担任国家边防的一种武官。

至于卜辞为什么只有在西方才立大史，只有南方才立三大史，这或者是因为殷武丁时代主要敌人是在西方和南方的缘故。」（殷代的史为武官说，全国商史学术讨论会论文集一八三—一九五頁）

伍士谦「甲骨文之史、史即單字簡化。單是武器，又是獵具，可以打仗，可以狩獵。說文干字，為单之形譌，干，犯也，是向人進攻之意，丁山先生所謂『干与盾同实而异名』，实则盾是保護自己的防衛器。应為後起之义，非原义。单即單，即单，即中。殷商先民並无所謂薄书，他们每天的大事，不是狩猎，就是战争。手持单，正是作事之意。所谓叶王事，即作好王的大事，以後作使臣的使，官吏的吏，皆引申的意义。西周金文，是因襲甲骨文的形义。故史、吏、事，諸字可以通用。」（甲骨文考释六则 古文字研究論文集九七頁）

王贵民「和史字构形有关的甲骨文，有一个𢦏字，其字形为：上从豖、下从史，史字上部或作田网形，下部或从两手形，可以举例如下：

□□卜亘，贞𢦏羌（《佚》九九三）

辛丑卜殻，贞，子商其𢦏（𢦏）𠂤方（《乙》五三四九）

壬寅卜殻，贞，奠雀由𢦏𢦏𠂤方（《丙》三〇二）

□□[卜]殻，贞，犬祉……王𠂤……𢦏𠧢（《佑下》三四·七）

乙巳卜在今由丁未𢦏众由丙午𢦏众（《伊》二五七二十二六九一，五期）

癸巳卜呼于亚𢦏一羌三牛（《摭续》九一，三期）

这些卜辞里的𢦏字构形或倒置或加手，还是同一个字的不同写法，字象手持工具捕兽形，在名辞中均为捕获的动词，即擒获羌人、𠂤方和𠧢方以及众人。字在这里是用在武装活动上，但最初应来自田猎活动，武丁时期田猎活动有𢦏字，也是此字的异构，同时又出现𢦏字，王襄释为史字，𢦏、𢦏就是𢦏、𢦏字下半部，𢦏或作𢦏，正是史字的稍变。《缀存》第四七片有一版第三期的卜辞，共七辞，均为乙未卜，贯贞，某某（一人）入駛上𠂤进献马匹就有这个字，或为人名，或加马旁为马名。这是为了田猎而物色用马的占卜，其为人名的，可能是供给这种用马的善马者，駛是駛字，可能是一种善驰之马，善马者为𠂤右𢦏𠂤，这里正是用了那个田猎方式的𢦏字的组成部分，说明𢦏字当出自田猎方式，即手持田网的象形。

早期的𢦏字所从之丫，即是狩字𢦏的田猎工具的叉，丫可以是表示干戈的干，也可以是小网长柄的罕，更可能是原始狩猎刺兽工具的叉，半坡遗址出土骨鱼叉是单刃倒勾，它的发展形式应该是双刃或多刃的，以增强命中杀伤率，它应该是双刃叉，这种工具的文字化，𢦏的中已是田网的简化，故丫不再是罕，捕兽工具需要犀利，故干不如叉，狩猎时代捕兽工具中叉是比较普遍使用的。史字上部偏旁是丫与𠙵的複合，无非表示田猎工具，甲骨文又有在叉尖加圆圈者，是文字化以后，不再顾及初形初义的一种增饰。

再从史字古音来看，字书均以事字为组，吏切，其音实近刺字音，史事古音在之部，从朿之棘在之部，刺亦从朿声，它们的古声部同纽。农具耜是啟土工具，也象刺地，古音亦在之部，有刬土杀草之义。史、事之有刺音，实是剚、倳的本字，因为剚、倳有插物、置刃之义，故农耕亦曰剚。古代以叉刺取鱼鳖，自然以叉刺禽兽。在鱼猎时代人们的重要生产活动之一是捕获禽兽，故以史概括所以之事。进至农业时代，人们主要致力於土地，用来尖刺土，亦如以叉刺取禽兽鱼鳖，故耒尖为耜为疵（见《考工记·车人》），即是刺，啟土亦为刺，即用𢦏字以概括所从之事。此后，生事日繁，故以此统称各类所从之事，如战争开始也是用生产工具为武器，也可称为事。事字的含义日益扩大，却对其初义反而湮没不闻，后世只好再造傳剸等字代替叓的原始音义。这个事字发展的线索是很清楚的。甲骨文叓字还是接近初形初义，王国维乃专从西周时代礼制来解释甲骨文的叓字，以当时史官之史为本义，事反为后出，自然是舍本逐末，结论也就不免本末倒置。

甲骨文史字大部分是事字的意义。常见的「出王事」「出朕事」就是协理王室的事务……祭祀方面称「大事」、「祖某事」、「飨事」……都是占问对某祖先举行祭事与否或祭事是否延续或用何种祭祀或在何地进行等……在军事方面，则称「立事」、「立大事」……农事亦称王事……当然甲骨文的「史」字也都分地含有后世史字音的，如多辞云「史人于某（地）」的「史人」应为「使人」。也有类似官名「某史」的，如「贞：由大史夾（?）令」、「西史旨其有祸」，「贞由弘令从上史克」、「由亣令……由小史」等。但是这些名称也看不出他们的史官职务，也许仍然是「事」的本义。」（说知史。甲骨探史录三二四至三三二页）

黎虎

「史字在甲骨文中，除作为「使」用外，还用为「事」，用为「吏」。窃以为前者为「史」字之本义，其余均属假借引申之义。周礼行夫职：「凡其使也，必以旌节。」说文：「从㫃，……游车载旌，析羽注旄首也。」又谓「㫃，旌旗之游㫃蹇之貌。从屮。」段注：「谓杠首之上见者。」甲骨文凡旌旗之属其杠首上见者均作丫屮㫃之形。史字所持物之上部亦由上述诸形所构成。可知其必为旌旗之属，作为使者之凭证或标志。不论在原始时代的氏族，部落之间，抑或进入阶级社会后的各政权实体或国家之间，使者必须持有某种标志才可确保人身安全及使命之完成，「史」所持之物即属此类标志。证诸金文，「史」字所持物之上部为旌旗之形更确，如：毛公鼎、矢方鼎等。惟作为旌旗之甲骨文字，其下部均无曰形，作「史」字才有此形。此当为「节」之表示。「节」在古代最初乃以竹为之，释名：「节毛上下相重，取象竹节」，「以竹为之，柄长八尺」。战国楚墓出土之鄂君启节，虽以青铜铸成，但仍仿竹节之形。史字之曰，殆即竹节之象形。一般旌旗并不饰此物，只有使人所持之旌节有之，以为使者之特殊标志。「节，使者所拥也」，「将命者持之以为信」。故「史」之本义当为「使」。凡被派遣、指使去做某件事，完成某种使命，均可曰「史」，故「史」又可借为「事」，如卜辞常见之「古王事」，即尽力于王之所使。一切派遣均可谓之「史」，被派遣领兵作战谓之「史」，被派遣贞卜、记录之人亦为「史」。故史可以是各种官职，如商代之各种内外史官，周官之大史、小史、内史、外史、御史、女史等，均为受王之指使派遣而承担之职务。」（殷代外交制度初探，历史研究一九八八年五期三九至四〇页）

劉釗　「卜辭之"東史"、"西史"，當指殷派往東方、西方之使者。殷代戰爭無原則，不似后世"兩軍交戰，不斬來使"。因此殷時常對派出的使者相憂。」（卜辭所見的軍事活動，古文字研究十六輯一三二頁）

按：卜辭「史」、「事」、「使」無別，均作史或吏。或強分史為「史」，吏為「事」，皆沿說文之謬誤，卜辭無此等區分。史字所从之中或中，與獨體之中有別，蓋獨體無作中者，且史字亦未見有从中者。卜辭偏旁多有形體相同而非一字，如「鬼」、「異」所从之「田」並非「田地」之「田」，「古」字所从之「中」並非「中」均是。

史字所从之中，究屬何物，實難索解。馬叙倫以為象筆形，「史」即「聿」字的倒寫，純屬想象之辭。卜辭有聿字作𦘒，畫字从聿亦作𦘒，或省作𠬝，倒寫則應作𠬝或𠬝；史字倒寫則應作𠂇𠂇，絕無相通之可能。馬氏據小篆聿字形體以論古文字之源流，毫無可取。

王國維以為中乃盛簡策之器，亦難令人信服。商代已有典冊，但未見與中有任何聯繫。晚周以後「中」之形制尚難以說明商代事物。

卜辭多用史為使，字或作𠭖（乙三〇一六），上有斿飾，小臣𤔲毁使字亦作𠭖，師寰毁作𠭖，然則中、中、中、中均象出使者所持之旌節亦未可知，姑存以待考。

2934

按：此乃「𢦏」之省體。參見2401「𢦏」字條。

2935

册

羅振玉　「說文解字：'冊象其札一長一短中有二編之形。古文从竹作笧。'卜辭中諸字與古金文同，或增廾象奉冊形。」（殷釋中四十葉）

王襄　「尚書洛誥，……王命作冊逸祝冊，周世祭祀有告神之冊，卜辭有𠕋冊于妣乙、貞勿冊蔑祭酒𠭖冊太甲之文，是殷之祭時固用冊矣。」（簠典第四葉——第五葉）

王襄　「古冊字」。（簠室殷契類纂第九葉）

董作賓　「冊說文作冊，訓「符命也諸侯進受於王也象其札一長一短中有二編之形」。卜辭中冊字作𠕋𠕋𠕋𠕋𠕋諸形，金文中冊字作𠕋𠕋𠕋𠕋𠕋諸形，其中物皆為一長一短之形，而所謂二編者不過一韋束之而已。據上節新獲龜版「冊六」之文知此冊字最初所象之形非簡非札，實為龜版。其證有二，第一，自積極方面證之，吾人既知商人貞卜所用之龜其大小長短曾無兩甲以上之相同者，又知其必有裝訂成冊之事，則此龜版之一長一短參差不齊，又有孔以貫韋，殊甚似冊字之形狀，而冊當然為其象形字也。第二，自消極方面證之，儀禮聘禮疏引鄭氏論語序云「易詩書春秋禮樂冊皆二尺四寸，孝經謙半之，論語八寸。策者，三分居一，又謙焉」。是古代簡策雖有長短之異，而其於一種書、一冊書中策之長短必同。如六經之冊皆二尺四寸，孝經十二寸，論語八寸是也。簡牘與札在一冊之中其形制大小長短必相同，而冊字之所象，乃一長一短，則非簡非札可斷言也。龜版之可以名冊，更可求證於莊子。莊子外物篇云「乃刳龜七十二鑽而無遺策」。疏云「算計前後鑽之凡經七十二算，計吉凶曾不失中」。是訓遺為失，訓策為謀，於義未諦。蔡邕余謂策本馬箠，以同音而假為冊。同書駢拇篇「則挾策讀書」，可證也。釋文「策，竹簡也」。獨斷「策者簡也。其制長二尺，短者半之」。又曰「單執一札謂之為簡，連編諸簡乃名為冊」。可知策即冊也。史記陳涉世家「不如少遺兵」，索隱「遺謂留餘也」。余以為「無遺策」言此龜版無有餘隙也。蓋經過七十二鑽，雖尺二之大寶龜亦將不能留餘隙矣」。（殷代龜卜之推測一二七至一二八葉載安陽發掘報告第一期）

李孝定　「說文：「冊，符命也。諸侯進受於王也。象其札一長一短，中有二編之形。𠕁，古文冊从竹」。於文冊象編簡之形。凡編簡皆得稱冊，不獨符命，許叔重第舉其大者顯者言之耳。「其札一長一短」者必漢制。如此，蔡邕獨斷卷上云「策書策者簡也。禮曰不滿百文不書於策。其制長二尺，短者半之。其次一長一短，兩編」。又小徐繫傳引褚少孫續史記三王世家曰「其冊或長或短」。獨斷所云「其次一長一短」者，言編簡之次以一長一短相間也。此皆漢人言漢制，必不誤。又甲骨金文冊字亦象其札一長一短之形，與小篆同。以文字證制度，則漢冊之制必本於古。彥堂師謂「一種書一冊書中策之長短必同」，恐未必然也。又彥堂師據卜辭「冊六」之辭推言龜版編冊為冊字取象之所本，考卜辭未見「冊一」「冊二」之文，則「冊六」之解容有可商。龜卜之推測一二七葉圖四十所引「冊六」之文作「冊入」，入當釋入，言冊所入之龜也。且殷周之際，舍甲骨金文之外亦必有以簡策紀事者矣，第以竹木易腐不傳於今，然則金甲文之冊字，亦必取象於當時之編簡蓋可斷言也。金文冊字多見，如𠕋木工鼎　𠕋般甗　𠕋𠕋矢簋　𠕋矢尊　𠕋作毋甲

解 冊宋鼎 冊父乙卣 冊免盤 冊免簋 冊虘尊 冊臣辰卣 冊臣辰盉 冊望簋 冊趩尊
冊吳尊 冊陸父乙角 冊大鼎 冊頌鼎 冊頌壺 冊無重鼎 含簡數多寡不一外，大抵皆象其札一長一短貫以二編之形，與栔文小篆並同。卜辭恆言『偁冊』，其義當與許訓相近」（集釋〇六六五葉）

屈萬里釋「冊祝」（甲七四三）云：「此當與尚書金縢『史乃冊祝』之冊祝同義；謂作冊以祝告於神也」（甲編考釋一一七葉）

白川静「冊本为飼養牲兽的牢闲闌檻之象，转而为聖化牲兽所行的仪礼，更進一步，将畜养牲兽的事向神祝告之礼，也叫做冊了。𠕋字是记录供神的牺牲品物，纳诸口形器中，而向神奏告之意；其後又转而指一般供荐牺牲时的祝告，或指祓禳王之龍孽，袪除外族妖氛的祭仪而言。这些仪礼固然各有其专掌的祠官，但其中也有特别主掌其事的职业性氏族……卜辞中频见的沚戓爯冊的沚戓，大概就是主掌冊祝的职业性氏族。当然，这个沚戓所掌的冊祝，是不是後面将要讲到的作冊的原始形态，虽然尚属疑问，但至少认为是作冊的一种原型，大致是不会错的。如果沚戓是这样的职业性氏族，而且构成了作冊的一个源流，那么，从沚戓在征伐吕方、土方等强敌时所担任的重要职务看来，其在殷王朝之地位、声望，一定异常隆高。这在重视祭祀政治的时代，毋宁是极其自然的事。」（作冊考中国文字第四十冊四四六九至四四七〇页）

按：據出土戰國秦漢簡冊，皆有長有短。但成編之冊皆等長。長短不一之冊，無法編列。商代冊制目前僅見龜骨，尚未發現簡牘。卜辭屢見「爯冊」即舉冊。國有大事，必有冊告。

卜辭除常見之「沚戓爯冊」之外，尚有：

「己巳卜，争貞，侯告爯冊……衣……」 合集七四一二

「貞：……𠂤般……商爯冊……」 合集七四一七

「貞，勿令𠦪比我爯冊」 合集七四一八

「王其比望爯冊光及伐望，王弗每，有𢦏」 合集二八〇八九正

凡此皆與軍事行動有關，當屬盟書之類。至於祭祀，亦必有冊告，所謂「祝冊」、「工（貢）典」皆是。

又「冊」亦用作「𠕋」，義為「柵」。參見「𠕋」字條。

2936

孙海波　「𥙡，甲五三六。从示从冊。說文所无。疑为冊之或体。[illegible]，鄴三下．三八．四。或从𠬞。」（甲骨文编一四頁）

考古所　「𥙡：祭名。」（小屯南地甲骨八四五頁）

林政华　「祭祀时是否祝告於神明乃一件大事，因而有於祭前先卜问用冊与否之必要。

叀小乙冊用？　缀一．三八六

叀丙𥙡用？　粹四七三

叀丝𥙡用，[illegible]，卯一牛？　后上二四．二

冊、𥙡、𥙡等字通用。正如『叀丝祝用』文例，此系卜问：其用此冊辞告於某某神示乎？」（甲骨文成语集释上，文物与考古研究第一辑五八頁）

按：字从「示」、从「冊」，隸可作「𥙡」。乃由「冊」衍孳乳，為祭祀之冊專用字。與軍事行動有關之「冊」，無作「𥙡」者。卜辭屢見「叀新𥙡用」、「叀舊𥙡用」，蓋「冊告」當時已公式化。「𥙡」亦或作「冊」。卜辭「𥙡」亦可用作「𠕋」，為用牲之法。

2937

孫詒讓　「疑古自有𠕋字，𠕋則𠕋之变文也。」（舉例下十一葉下）

羅振玉　「說文解字：『𠕋，告也。从曰，从冊，冊亦聲。』卜辭此字从口，口之意與曰同。」（殷釋中五十八葉上）

商承祚　「𥙡亦𠕋字，文曰：『羊，卯一牛，𥙡用，[illegible]，[illegible]，丝。』从示，以示𠕋于神也，今𠕋行而𥙡廢矣。」（類編五卷五葉）

吴其昌

「『冊反』者，『冊』即說文曰部之『冊』：从『曰』从『口』，卜辭及金文，固無別也。說文：『冊告也』。告即祭告：是，冊亦殷代之祭名也。但諦詳卜辭『亞』與『冊』屢屢對舉，本片即其一例。又如『亞羊，冊牢』。『亞十勿牛，冊百勿牛』。『亞三勿牛，冊廿勿牛』。『亞三牛，冊卅口』。『亞三羊，冊五十五牢』。（均見前例）……等，……列舉比較，即可知冊牲之義，畧等于亞牲，但按其數，則往往十倍于亞牲耳。『冊』之誼，又畧等于『伐』，故『冊』『伐』在卜辭中又屢屢對舉，如云：『三宰，冊。伐卅』。（前、八、一二、六）『三羊，……冊。伐廿』（後、一、二一、一〇）『冊卅口，伐卅牢』（佚、八八九）『冊口，伐口』。（鐵、二一一、三）此其證一。亦有更進而直以『冊』字通假以為『伐』字之用者，如直云『冊𠙶困……』（前、七、二五、三）即『伐𠙶方』也。直云：『冊土方』（林、一、六、一五）即『伐土方』也。直云：『冊正（征）衛』，（戩、二、四〇、二）即『征伐衛』也。『冊』『伐』同義，至可通假互用，益更明確。此其證二。由是可知：冊牲即伐牲也。冊牲所以十倍于亞牲者，所伐之牲，生薦者十九，烹飪登簋豆而薦者，僅十一也。（至最近郊天、享廟、祀孔，牲皆不烹，但籩豆有脯耳，猶古制也。）如此則見卜辭之文，皆委曲可解，同條而共貫矣。但伐牲之義，何以而表以『冊』字？此則但借其聲耳。所以知者，其字亦或作『柵』，如云：『口宰，其即柵』。（拾遺、三、一五）亦或作『冊』，如云：『冊卅宰』。（佚、四九八）故知借聲以外，無它義已。」（殷虛書契解詁第三五九——三六〇葉）

孙海波

「冊，珠六五五。說文冊，告也。从曰从冊。卜辭从曰之字皆从口。隹舊冊用。」（甲骨文編二〇九頁）

楊樹达

「……殷虛文字甲編壹伍陸零版云：『冊至，又（有）雨？』又壹肆捌叁版云：『貞△冊至，古（有）大雨？』……按以上諸辭之至，皆謂大甲也。冊冊皆讀为冊。說文云：『冊，告也。从曰，从冊，冊亦声。』甲文字或作冊，从口与从曰同。铁云藏龟壹柒陆页貳版云：『乎雀冊兄丁。』文例同。」（竹书纪年所见殷王名疏证，积微居甲文说卷下五三頁）

李孝定

「說文：『冊告也。从曰、从冊，冊亦聲。』段注謂以簡告誡曰冊。絜文冊从冊从凵，凵當為笺，意謂以笺盧盛冊以告神也，當與『工典』『爯冊』之意相近。辭云：『癸卯卜百牛冊宰』藏、七五、一。『冊伐』藏、一一一、三。『口口卜亘貞口于父乙冊宰御口』藏、二四五、三。『乎雀冊兄丁七牛』藏、一七六、二。『口午卜穷貞御于且辛冊十口』藏、一七六、三。『㞢冊于王』藏、一八五、二。『口寅卜口㞢且口三宰冊十又九口』藏、二一九、四。『御于高妣己豈于省吾釋盟三羌冊反[illegible]』前、一、三四、六。『貞勿冊茷』前、一、四四、七。『侯虎允來冊有事壹五月』前、四、四五、一。冊之對象多為人鬼，非泛指之告，與許訓小

異」。（集釋一六〇六葉）

饒宗頤　「『丁巳卜，爭貞：降，𠕋千牛。不其降，𠕋……』（佚存五三九三）按𠕋為燎祭時，以冊記牲數祀神，此辭所記𠕋牛，至于千數，殊屬僅見。」（通考三九三葉）

饒宗頤　「按𠕋與冊為一字，亦作栅及⿰氵𠕋。『爯冊』亦作『爯𠕋』，『爯毀』。『𠕋用』亦作『栅用』。（南北明四五四又坊二·二一八七）𠕋即𠕋字。說文：『𠕋，告也。』卜辭凡言𠕋若干牢，謂記牲數于冊，獻告于神也。」（通考一三九葉）

張秉权　「𠕋，就是告的意思，有時从口作𠕋或⿰氵𠕋，有時不从口作冊，其意义是一样的說文五上，曰部：『𠕋，告也，从曰从冊，冊亦声』。𠕋祖丁就是𠕋祭祖丁，祭祀的礼物是十个人和十牢」。（殷虛文字丙編考释第六〇——六一頁）

屈萬里　「卜辭『□示壬，血一牛，𠕋十牢？一月。』（甲編二二一）𠕋，在此亦為用牲之法，而非𠕋告之義。」（甲編考釋三五葉）

白川靜　「說文二下云：『扁，署也，从戶冊，戶冊者，署門戶之文也。』亦即門戶柵上交木之意。冊字的古义大概就在扁字之中，冊当即柵之初文，象扁门的扉形。考卜辞金文中的冊字……都是编木成扉的形状，据我调查的结果，不可能是長短不齐的简札或龟版。金文之中，有不少兩冊字左右相向並排的，在含有冊字金文一百三十多例中，含有這种兩冊並排之形的，就有五十一器之多。因此我认為冊是编扉的象形，而兩冊是双扉的象形，其本义盖指牢闲而言。……

总之，𠕋的仪礼都与犧牲的畜养侑薦有关。𠕋的原义，当是把這种畜养侑薦的犧牲祝告神灵之謂。至於冊字，很明显的，是將犧牲纳之於牢闲闌檻之形；而𠕋則是將其犧牲祝告神示之意。詳言之𠕋的𠙵是納祝告辭之器，𠙵上的冊字則為闌檻之象，亦即畜养牲獸之意。后来凡是記录牲獸数目的簿书，大概也叫做冊了。原始的奉奏神灵的祝詞，无疑都用最素朴的形态，多半只列供物的名称，因而冊又衍变為記載祝詞的簿书之意，至於奉奏祝詞，則另用𠕋字来表示。換言之，冊是名詞，𠕋是动詞。如上所述，冊的原义不在簡札，也不在龟版，而是起源於牲獸的畜养与侑薦的神聖仪礼。」（作冊考　中國文字四三九一頁至四四〇〇頁）

王玉哲：「甲骨文中的𠕋字，学者大都以为就是说文曰部中的『𠕋』字。许叔重谓：『𠕋，告也，从曰从册，册亦声』。从字形结构上看，甲骨文𠕋确是说文的𠕋字，不过许氏的说解却不是字的原义，而是后来的引伸义，是流不是源。在殷虚卜辞中有很多『𠕋牛』『𠕋牢』的辞例：

1.『辛亥卜，王贞：𠕋父乙百牢。十一月。』（乙五四〇八）

2.『𠕋且丁十伐、十牢。』（丙二九）

3.『贞：𠕋且乙十伐出五，卯十牢出五。』（缀二五四）

4.『丙寅卜殻……丁卯责于……丁卯……𠕋三十牢。』（后上二三·一一）

5.『丁亥卜，责于兕、𠕋二牛。』（福一八）

6.『贞：𠦪年于丁，虫三勿牛，𠕋卅勿牛。九月。』（佚四六）

按从卜辞文法看，第一辞『𠕋父乙百牢』其义不是𠕋父乙，而是𠕋百牢于父乙。同样，第二辞第三辞也不是𠕋祖丁、𠕋祖乙，而实是𠕋十伐十牢于祖丁，𠕋十五伐、卯十五牢于祖乙。『𠕋』在卜辞里是什么意思，于思泊先生说：

『甲骨文于祭祀用人牲和物牲之言𠕋者，凡二百余见。𠕋从册声，古读册如删，与刊音近字通，俗作砍。商代统治阶级为了乞福于鬼神，砍杀那么多的人牲和物牲，其凶狠残虐已达到无以复加的地步。』

于先生认为『𠕋』在甲骨文中是砍杀的意思，这是很正确的。𠕋牛、𠕋牢实即杀牛、杀羊，用以祭祖。……日本甲骨学者伊藤道治教授也说过，『这个𠕋字根据卜辞通例，是祭祀时把人作为牺牲之礼——不一定杀死』。按殷虚卜辞中有『𠕋千牛、千人』（合三〇一），『𠕋百羊、百牛、百豕』（续六七〇）。所『𠕋』的数字这么大，伊藤教授的不一定杀死的说法很有道理。𠕋牛羊或𠕋人可能最初确是真正杀祭，并把杀的牛羊数字和人牲的名字刻在典册上用以祭祀，后来发现这实在太浪费了，于是逐渐演化为对物牲或人牲不真正杀死，而是只把数目字或名字登记在典册上用以祭祀。」（陕西周原所出甲骨文的来源试探社会科学战线一九八二年一期一〇三页）

于省吾「清代宋保諧声补逸：『删，王先生（按指王念孙）曰，册声，説文删珊狦姗四字皆从册得声，册在支部，删珊狦姗四字皆在元部，支与元通故也。今本説文删从刀册，册，书也，而珊狦姗三字並从删省声，由于后人不知古音妄改者也。』因此可知，説文珊狦姗三字並非从删省声，古读册字本如删削之删。汉书刑法志：『不若删定律令』，颜注：『删，刊也，有不便者，则刊而除之。』周禮柞氏：『夏日至，令刊陽木而火之。』郑注：『谓刊去次地之皮。」删刊迭韵，二字音既相通，义也相涵。𠕋以冊为音符，应讀如删通作刊，俗作砍。篇海謂「砍，斫也」，說文謂「斫，击也。」甲骨文于祭祀用人牲和物牲之言𠕋者习見，例如：

一、貞，𠂤于父乙，毁三牛，𠕋卅伐卅宰（佚八八九）。

二、𠕋且丁十伐十宰（丙三二）。

三、貞，𠕋且乙十伐出五，卯十宰出五（綴合二五四）。

四、来庚寅，酌盟三羊于匕庚，𠕋伐、廿㲋、卅宰、卅及、三㚤（后上二一・一〇）。

五、丁丑卜，穷貞，子雍其𠂤王于丁妻二匕己，斲羊三，𠕋羌十（佚一八一）。

六、甲戌卜，亘貞，𠂤婦好于父乙，𠕋及（庫一七〇一）。

七、𠕋匕庚十及，卯十宰（乙七五一）。

以上所列七条，其言𠕋若干伐或𠕋伐，以伐为名詞，伐指以戈断头的人牲为言。其既言伐又言𠕋者，這是說，已被断头的人牲而又砍断其肢體。第五条的𠕋羌十，是說砍断羌俘的肢體，与言𠕋伐者有别。其于物牲言𠕋者，則物牲的肢體也同样被砍断。其言𠕋及或𠕋若干及者，指砍断降虏之肢體言之。（甲骨文字释林释𠕋一七二頁至一七四頁）

考古所

「𠕋：用牲法。」（小屯南地甲骨九〇〇頁）

姚孝遂

「再如『否』、『𠕋』、『杏』、『吾』、『哉』、『𢦏』等等，也都是如此，这些字所从之『口』，实际上就其功能与作用来说并不是什么形符或意符，而仅仅是屬于区别符号的性质。」（古文字的符号化问题古文字学论集初编一〇六页）

何琳仪、黄錫全

「段玉裁謂：『簡牘曰冊，以簡告誡曰𠕋。冊行而𠕋废矣。』汗簡引尚书冊亦作𠕋（卷上之一），古文四声韵引裴光遠集綴冊亦作𠕋（入声麦韵二十一）。鄭珍謂：『一切經音義屢云「𠕋，古文冊。」盖汉以后字书有之，裴氏所本。』按𠕋非汉以后文字，甲骨通常作𠕋形。罗振玉謂：『从口，口与曰同意。』卜辭『爯冊𠕋某』句式习見，『冊』『𠕋』連文，前者為名詞，后者為动詞，正与段注吻合。𠕋实乃冊之分化字，𠕋从冊得声，音义相因。甲骨文淵或作灒，亦可資佐証。值得注意的是第五期卜辭有一𠕋字（前五・二一・五），旧不識。按当隶定為𠕋。啟卣的𠕋应是甲骨文与汗簡之间的过渡形体。其遞變之跡如次：

𠕋　𠕋　𠕋　𠕋

汗簡及古文四声韵所录𠕋字『曰』内赘隙加点，乃晚周文字通例，不足為异。如甲骨文𠕋（京津四三〇二），金文或作𠕋（豆閉簋）𠕋（趩簋）；殷代金文𠕋（𠕋尊），春秋金文或作𠕋

（蔡侯盘）䵼（秦公鎛）；甲骨文𠷎（𠂤一九八八），金文或作𠷎（国差𦉜）；金文𠷎（矢方彝），鉨文或作𠷎（右司馬攸鉨）。凡此均早期文字「□」形，晚期則演变為「○」或「⊙」之佐証。其实即使是同時期銘文中的「□」亦有誤作「○」者。如無㠱簋蓋銘（一）𠷎，器銘（四）則作𠷎；新出土伯公父簠器銘𩞄，蓋銘則作𩞄；是其例。总之，不同時代和同時代「□」和「○」的形体都有相混的現象。然則隶曹為𠕋殆无疑义。又由甲骨及后代字书推知𠕋、冊本一字之分化，敔卣之𣿬即𣿬。（敔卣敔尊銘文考释，古文字研究第九輯三七六頁）

白玉峥　「𠕋字甚多，字皆作𠕋。……或作𣿬字；如云：「𢆶𣿬兄于𠂤」。𣿬者，说文所无。今孜从米者，即禾之古文，与年字偏旁同。从冊者，冊之省。𠕋者，说文龠部：「龠，乐之竹管三孔，以和众声也；从品侖，侖，理也」，「龢，调也；从龠禾声」。此𣿬，当为龢之省。𣿬，又省，则成𠕋矣（说文曰部有𠕋字与此异）。又说文冊部：「嗣，诸侯嗣国也；从冊口司声」。窃疑古自有𠕋字；金文散氏盘有𠕋字，亦即龠之省。𠕋从两口，更省一口，则为𠕋，𠕋即𠕋之变文。古龢字或即从𠕋，后世孳益，乃变从龠耳。𠕋，似即调合之义；不𠕋者，卜不吉；犹云神不和也。」（契文举例校读十七中国文字第五十二册五八八三至五八八四页）

林政华　「贞：子商𠂤𠕋于父乙，乎酒。（续一·二八·五）

乙酉卜，贞：又𠕋于且乙𡆥？（粹二三○）

𠂤、又二字通用，皆释为「有」。𠕋，从冊从口，可知其为冊告之义，有𠕋即指有所冊告於神示也。」（甲骨文成语集释上，文物与考古研究第一辑五六至五七页）

2938

按：「𠕋」乃由「冊」字所孳乳。卜辭「冊」、「柵」、「𠕋」三者皆有通用之例，但皆有別。「𠕋」主要為用牲之法。于先生讀「𠕋」為「删」，猶今言「砍」。所「𠕋」者多為「牛」、「羊」、「牢」、「𡧱」。其所「𠕋」之人牲則有「人」、「羌」、「及」、「鄉」等。合集一○二七正之「𠕋千牛千人」，為卜辭一次用牲最高之數字。卜辭「爯冊」，亦偶有作「爯𠕋」者（合集五五）。但卜辭多見「𠕋冊」連言，如合集一五三一一、二四一三三均其例，是證「𠕋」、「冊」之有別。古文字既相通又有別者，乃常見之現象。凡此均應視為不同之形體，不能稱之為同字。

赵诚　「𣶒，𣶒。从水曾声。或写作㴭，从水册声。曾声与册声同，可隶定作洲。甲骨文作为吉凶用语，有凶祸灾害之义，与𡆥、灾、𢦏、𢦔、尤近似。」（甲骨文简明词典二八二至二八三页）

按：孫海波文編一一·七錄諸𣶒字，以為「从水从曾」，諸形均从「曰」，以隸作「洲」為是。字或省「曰」，作「洲」。辭云：

「其洲」

「……帚井洲……」

「……戌貞，王往出于田，不洲」

「己卯卜，殻貞，雷耤于明，吉，不洲」

「王固曰，吉，弖洲」

「貞，王曰𦎫呂方其出，隹洲」

乙八四六　後下二四·七　乙一八八六　乙七八〇八　丙四六　簠徵二〇

「洲」有凶咎之義，故稱「吉，不洲」；「吉，弖洲」。簠徵二〇「呂方其出，隹洲」，猶簠徵一八言「呂方出，隹我出作𡆥」。王襄修治簠徵二〇拓本「隹」字作𠬝，近於「不」，綜類四二五摹作不，誤。

2970

2939

典

羅振玉　「說文解字冊象其札一長一短中有二編之形。古文从竹作䇲。卜辭中諸字與古金文同；或增廾象奉冊形。」（殷釋中四十葉）

葉玉森　「卜辭『爯冊』二字屢見，亦作『爯𠕋』（前、七、六、一）是冊𠕋[illegible]為一字。陳氏釋典仍非，惟卜辭言工冊乃是殷禮之一。」（前釋二卷六十九葉背）

陳邦懷　「此蓋古典字。說文箕古文作𠔀。箕从六而古文从廾，以此例之，典字从丌而卜辭从廾作𠕋，其為典之古文殆無疑矣。」定按小箋無此文當見拾遺而手頭無此書葉次不詳于省吾斷續引此謂見拾遺五葉

于省吾　「卜辭工𠬝習見，工亦作㔾，𠬝亦作𠬝。……陳邦懷謂𠬝為典之古文（殷契拾

遺第五葉），未塙。佚存九三一有⿰冊殳字，商蔵弜父丁觶有⿰冊殳字，與⿰冊殳係同字。从又从収一也。早期金文冊侯毀，用典王命之典作典。時期較晚者如沼伯毀作典。𣪕弓鎛箕字从竹作⿱竹典，與說文之古文合。前四、四三、四，⿰冊殳字作⿰冊戈，尤其塙證。契文爯冊之冊，惟前七、六、一作⿰冊殳，餘均作冊。葉玉森引殷虛卜辭七八九版「工⿰冊殳」，⿰冊殳作⿰冊戈。按殷虛卜辭為摹本，當係誤奪二橫畫。且爯冊之冊作⿰冊殳者祇一見，冊下亦無二橫畫，是卜辭⿰冊殳與冊⿰冊殳，義雖相仿，而於詞例中之用法則有別矣。說文典从冊在六上尊閣之也。按厥名治，由冊字孳乳為典，因而歧為二字也。……工應讀作貢。……契文言貢典，⿰冊殳即今典字，典猶冊也，貢典猶言獻冊告冊也。……謂祭時貢獻典冊於神也。金文匕戊鼎有「工冊」二字，父己毀有「工冊」合文，工冊猶工典也。書金縢「周公立焉，植璧秉圭，乃告太王、王季、文王，史乃冊祝曰」。史記魯周公世家冊作策。洛誥：「王命作冊逸祝冊，惟告周公其後」。周禮春官大祝「六曰筴祝」注：「筴祝遠罪疾也。筴俗策字」。左定四年傳：「祝宗卜史，備物典策」。國語鄭語：「乃布幣焉，而策告之。」晉語：「故川涸山崩，君為之降服出次，乘慢不舉，策於上帝」。韋注：「策於上帝，以簡策之文告天也」。策冊古籍同用。此雖非就祭祀為言，然以辭例考之，其義一也。左昭十五年傳：「忘經而多言，舉典將為用之」。經傳言冊祝祝冊策告，典可言舉，自可言貢矣。綜之，契文之工⿰冊殳，工應讀為貢，⿰冊殳即古典字。典亦冊也，書祝告之辭於典冊，祭而獻於神，故云貢⿰冊殳也。（騈續十一至十二葉釋工⿰冊殳）

朴海波　「⿰冊殳，前二、四〇、七。或从兩手捧冊置於二上，疑为典之初文。工⿰冊殳。⿰冊殳，后二、二〇、七。⿰冊殳字倒书。⿰冊又，甲一三七四。或从又持冊。金文弜父丁觶亦有此字，容庚释典。」（甲骨文编八八—八九頁）

李孝定　「說文：『典，五帝之書也。从冊在六上，尊閣之也。莊都說典，大冊也。⿱竹典，古文典从竹』。契文⿰冊殳从冊从収，陳于二家釋典是也。葉氏引卜辭爯冊亦作爯⿰冊殳以證冊⿰冊殳為一字實誤，蓋冊典同意，自得通用也。許君亦謂典為大冊，足證二者古本同意。金文作典典召伯簋典典典典格伯簋典陳侯因資錞典克簋⿱竹典齊侯鎛典周公簋⿰典戈弜父丁觶，觶文从二从又，猶與契文相同，餘則同於小篆矣。」（集釋一五八三葉）

屈萬里　「⿰冊殳，蓋與冊，柵為一字，冊祝也。」（甲編考釋一九〇葉）

白川静　「工⿰冊殳是一连串祖祭中最初举行的仪礼，其後逊旬每逢祖王日干，便依世序举行祭、嘗、𦾔三祀；一巡之后又行工𦾔，每旬依世序举行彡祀；又一巡而行工⿱冊殳后，再同样举行翌祀。要之，工⿱冊殳是所谓祖祭——祭、嘗、𦾔、彡、翌——依祀序举行之前，分别举行的祝告之祀，其目的大概是对于全体被祭的祖神，祝告祀典之开始的。」（作册考中国文字第四十册四四八一頁）

2972

劉　釗　「卜辭有『⿱冊殳伐』，『⿱冊殳』乃『冊』字異體。卜辭『冊』有時用為一种殺伐人牲的方法。『⿱冊殳伐』义为殺伐。」（卜辭所見殷代的軍事活動，古文字研究一一三頁）

楊樹达　参冊字條

常玉芝说参𠀠字条下。

按：字當釋「典」，于先生已詳加論證。「典」乃由「冊」所孳乳，間有與「冊」通用之例，不足為奇。「典」與「𦾔」亦可通用，如「典伐」即「𦾔伐」。合集二七九八五、二八〇〇九皆「典𦾔」連言，是二者非同字之明證。

2940　⿰示典　⿱典示

考古所　「⿱典示：可能為典之异构。」（小屯南地甲骨一一一〇頁）

按：字从「典」、从「示」，隸可作「⿰示典」。合集三〇一七三辭云：

「龍辛彡⿰示典若」

又屯二二四六辭云：

「叀……⿰示典用」

當為「典」之異構。

2941

羅振玉隸定作智，曰：「說文解字：『𥏾从白从亏从知，古文作𥏼。』此省白。」（殷釋中七十二葉上）

王襄　「古智字，不从白，知字重文。」（簠室殷契類纂第十七葉）

孙海波　「𦉢，坊间二·一八七。从冊从子，說文所无，义与冊同。叀丙冊用。𦉢，后二·三九·一六。从𦉢从止，說文所无。叀丙𦉢用。𦉢，明藏四五五。从犾从冊，說文所无。其用旧𦉢。𦉢，明藏四八四。或从曰。叀旧𦉢用。按，以上三字，疑皆冊字异文。」（甲骨文编八九頁）

金祥恒　参𦉢字条

魯实先　参𦉢字条

按：合集二六九九四、三〇四二九、三〇六八五、三〇六八六、三〇六八七、三〇六八八、三〇六八九「𦉢」、「𦉢」、「𦉢」諸形，其辭例相近，其用法相同，其義當如「冊」，均為祭祀冊祝之類，舊釋「智」不可據。魯實先釋「嗣」，讀為「辭」，其說蓋是。

2942

𦉢　𦉢

魯實先　「卜辭有𦉢𦉢𦉢字，舍𦉢以外無或施以詮釋者。以愚考之皆嗣之古文。說文冊部云『嗣諸侯嗣國也从冊从口司聲古文从子作𡥈』天嗣國為嫡長子，故卜辭作𦉢，乃从冊从大子，子亦聲。作𦉢者乃从冊从𥏾省，𥏾亦省。說文白部云『𥏾識䛐也』良以冊立嗣子必宣讀冊詞，此所以亦從𥏾省而作𦉢，義猶篆文嗣字之從口也。案子止司三聲於古音同屬噫攝，𥏾屬益攝，旁轉相通。是以其字或從子聲作𦉢，或從𥏾聲作𦉢，是皆會意而兼諧聲，較諸篆文之嗣純為形聲者表義尤切。作𦉢者乃從子止二聲，亦猶古文之𡥈從司子二聲也。高田忠周謂𦉢當從疑省聲見古籀篇卷二十七第三八葉，夫疑聲於古音雖亦噫攝，然嗣從疑聲無所取義，知其說之未然矣。嗣於卜辭當為辭之假借字，良以辭詞古音同部故相通假也。如云『辛丑卜王其又勺伐大乙叀舊𦔻用十五人」續存上一七九三「叀舊𦔻三牢用受又」後編下三四、八，所謂「叀舊𦔻」者，叀乃惠之初文，於此辭蓋假為語詞之隹，或讀如山海經中山經「五采惠之」之惠，郭璞注曰「惠猶飾也」，乃謂備舊日之冊辭以致告，例猶他辭之「叀舊𠕋用」粹五一七「叀舊冊用」遺珠六五五也。其云「叀丙𦔻用」後下三九、一六者，謂於丙日具冊辭用之，例猶他辭之「叀丝𠕋用」京都一八七五「叀冊用」粹一、是可證𦔻𦔻為辭，義同它辭云𠕋冊與冊。惟就其所編之簡札言則曰𠕋冊或冊，就其所載之文詞言則𦔻或𦔻，名雖不同，義實一物也。其云「叀㪔𦔻用」粹一〇二七者，㪔為冊之繁文，𦔻隸定為𦔻冊。𦔻乃同義疊語，謂備冊辭用之也。以𦔻為從𠟭聲，故字亦作扶，如云「其即扶冊于口彡日丁亶彫又口王受又二王口翌日吉」補五、一七、三者，扶即𠟭之古文𠟭冊與㪔𦔻並為同義疊語，故可互易言之，皆謂以冊辭致告也。羅振玉釋扶為𠟭，增考中七二，高田忠周疑𦔻為嗣，古籀篇卷二十七第三八葉，說並得之，惟皆未識扶𦔻為辭之假借字，是亦未達一間。若夫高田之說未能碻申義證而以臆度幸合，則又異於羅氏之解故矣」（斠詮之三第十七至十八葉）

郭沫若

「扶字不識。（郭沫若乃誤以𦔻為扶冊二字）卜辭知字作𢓊，似从此作」（粹考一三四葉上一〇二七片釋文）

孫海波

「扶，粹一〇二七。方國名。叀冊夲冊用。」（甲骨文編四一九頁）

李孝定

「說文：『嗣，諸侯嗣國也。从冊、从口，司聲。𠃬，古文嗣从子。』絜文上出諸形，魯氏並釋為嗣，謂假為辭，其說至碻。金文作𣌭盂鼎𣌭曾姬無卹壺𣌭毛公鼎𠃬𠃬君嗣子壺，最後一形與三體石經嗣之古文作𠃬者相同，為六國古文，當為許書古文所本。林義光文源云『按嗣古文作𣌭盂鼎𣌭毛公鼎，皆从冊嗣省聲』，與魯氏卜辭嗣假為辭之說可為互證」（集釋〇六七一葉）

金祥恒

参𦔻字条

按：合集三〇六九一辭云：

「叀典𦔻用」

「𦔻」乃「𦔻」之省，與「𦔻」同字。参見2941「𦔻」字條。

2943 ⿰子冊 ⿱冊㔾

金祥恒　參⿰子冊字条

林政华　參⿰子冊字条

按：合集三〇六九二辭云：「叀丙⿰子冊用」與「⿰子冊」為同字。參見2941「⿰子冊」字條。

2944 ⿰子冊 ⿰子冊 ⿰大冊 ⿰矢冊

柯昌濟「⿰子冊、⿰大冊、⿰矢冊當為一字異文，字从子从大从冊或从口，疑為知字古文，知即知字異文，而加冊為繁文。舊知当即舊日所知之祭礼制度而言。」（殷墟卜辭綜述例証考釋，古文字研究十六輯一五二——一五三頁）

金祥恒「其⿰子冊字，以卜辭文例考之，与⿰子冊、⿰子冊、⿰大冊、⿰子冊、⿰矢冊、⿰子冊字同。如：

其求年于河，叀旧⿰子冊用，小宰？（明後B二三〇〇　南北明四五四）

其用旧⿰子冊廿牛，受年？

冊牛，受年？

其求年于河，叀今辛亥酒，受年？（明後B二二九五　南北明四五五）

弜⿰子冊且乙用，其叀⿰子冊？（明後B二二〇四　南北明五六九）

叀典⿰子冊用（粹一〇二七）

乙未卜，貞：自武乙彡日衣，⿰子冊其即（饗）⿰子冊五宰，足，王受又又？（金七四〇）

其即（饗）⿰子冊于☐彡日丁酉彡，☐王受又又？王固曰吉。（前五·一七·三　通七五六）

其字从大子口冊，或从大口子冊，或从矢子冊，或从大子省冊。魯实先先生释为嗣云：

卜辭有⿰子冊⿰大冊字，以愚考之皆嗣之古文，說文冊部云：『嗣，诸侯嗣国也，从冊口，司声，古文从子作⿰子冊』。夫嗣国为嫡長子，故卜辭作⿰子冊，乃从冊从大子，子亦声，作⿰子冊者乃从册从㗊省，㗊亦声，说文白部云「㗊，识词也」，良以册立嗣子必宣读册词，此所以亦从㗊省而作𤕭，义犹篆文之从口也。案子止司三声，於古音同属噫摄，㗊属益摄，旁转相通，是以其字或从子声作𤕭，或从㗊声作𤕭。是皆会意而兼谐声，较诸篆文之嗣，纯为形声者，表义犹切。

又云：

嗣於卜辞当为辞之假字，周礼春官大祝云「作辞以通上下，一曰祠。」郑司农云：「祠当为辞」，是亦假从司声之祠以为辞，良以祠嗣古音同部故相通假也。如云「辛丑卜王其勹伐大乙重旧𤕭用十五人（续存上一七九三片）乃谓备旧日之册辞以致告。」（殷契新诠）

其说可从。明义士殷虚卜辞後编二二九五片之「旧𤕭」，从口册，矢声，说文㗊「识词也，从白亏知。古文作𥏼。」段注「𥏼此依鍇本，匝即口，矩即知也，省白。」按古文𥏼即说𥏼，省其口，而横书𥏼为𥏼而已。说文矢部「知，词也，从口矢。」段注「案此词字之上亦当有识字，知㗊义同。」其说是也。甲骨文𤕭从矢，与𤕭从干，一从矢声，一从于声也。（释渝，中国文字第四十九册五三一二至五三一五页）

按：此與「𤕭」、「𤕭」、「𤕭」等皆同字。參見2941「𤕭」字條。

2945

羈

葉玉森「張遷碑『西羈六戎』，羈即羈，从絲與篆異。後編卷上第二十三葉有𦇧字，與漢碑合，乃知隸文易革為糸，猶得古意。」（鉤沈八葉）

葉玉森「說文『羈，馬絡頭也。』張遷碑『西羈六戎』，羈即羈，从糸與篆異。後編卷上第二十三葉有𦇧字與漢碑合，乃知隸文易革為糸，猶得古意。」（鉤沈八葉背）

郭沫若隸定作𦇧。見粹二四七片考釋.

魯實先「卜辭有𦇧字，高田忠周釋羈，見古籀篇十七卷十七葉其說非是。郭沫若釋𦇧，見粹考其說得之。惟未悉其義也。以愚考之，編於卜辭作𦇧見粹編四九六與𦇧之上體相同，則蘺之為字當為从編从薦省，薦亦聲，乃荐之初文。說文艸部云「荐薦席也从艸存聲」廌部云「薦獸之所食艸从廌艸」是蘺之構體乃示編艸以為藉席之義。薦荐於古音同屬㬎攝，故金文及經傳並假薦為之。而說文亦以薦訓荐，若荐之从存聲則不足示編艸為席之義矣。編義為次簡，而簡與冊同義，是以卜辭之編字从冊作𦊰，篆文乃从扁聲作編，則編義為署門戶之文，斯不足示次簡之義，此可知篆文之荐與編乃蘺與編之後起俗字也。卜辭之蘺義如儀禮「薦脯醢」「薦歲事」之薦謂進獻祭品與祭儀也。其云「二蘺眔王受又」（後下二三·一六）者，眔乃肆之初文，謂二薦肆解之牲體以祭也。其云「比又𦎫中宗三𦎫叀又祖乙」（粹二四七）者，比即庀之初文。又義如少牢饋食禮「尸又食」之又，亦如上辭之二，乃卜具再薦之禮也。所謂「中宗三蘺」者，乃卜於中宗祖乙之廟行三薦之禮也。其云「貞矢三𦎫」（粹一五九〇）者，矢義如逸周書世俘篇「矢珪矢憲」之矢，乃卜陳三薦之禮也。其云「五蘺卯叀牛王□」（粹一五八九）者，卯為劉之本字，其義為殺，叀為惠之初文，其義為飾，此乃卜行五薦之禮殺所飾之牛為牲也。考之周制，致祭先公有七獻之禮。夫獻薦同義，是以卜辭有五薦之文，據此則蘺為薦之初文，亦即荐之本字，審之字形，證之辭義俱可融通無礙，斷無可疑者矣」（新詮之三第十七至十八葉）

屈萬里「『在五纏？』五𦥑之語，又見粹編一五八九片。同書二四七及一五九〇片，均有三𦥑之語。𦥑，鈎沈釋羈；粹釋（二四七考）隸定作𦊰而無說。今按：此即說文之𩣡字；而其義則當為羈。知者，集韻有纏字，即說文之𩣡。是此字左旁或从糸或从革；右旁或从廌或从廌。其右旁之𢀡，即廌字，鈎沈所釋甚確。而左旁之𢆶，則象絡形。以絡束於廌角，正是羈維之意。說文以𩣡為馬披具。然廌非可騎之獸，似不應从廌作也（廌字廿頭疑由𢀡角演變而來。又：舊說解廌一角，殆非是。）纏意纏乃羈之初文；而羈或竟是纏之異體也。……」（甲釋第一〇七——一〇八葉）

按：當以釋羈為是。象羈維之形。朱駿聲通訓定聲即嘗據張遷碑謂羈亦作羇。契文从廌，不从馬。篆文从网，亦屬形體之譌變。屈萬里以為羈纏同字，其說蓋是。卜辭綜類四二五摹寫為从馬，殊誤。

2946 𥁕

按：字从「冊」、从「益」，辭殘，其義未詳。

2947

⿰冊柬 [glyph]

郭沫若　「⿰糸冊疑編之古字，從冊，從糸」。（粹四九六片釋文）

孫海波　「[glyph]，粹四九六。从糸从冊，說文所无，与冊同义。⿰糸冊入。」（甲骨文編五〇六頁）

李孝定　「說文：『編，次簡也。從糸扁聲。』編之本義為次簡，是與冊義同。契文從冊從糸會意，冊則為象形，⿰糸冊（編）當為冊之後起字，至從糸扁聲之編則又為⿰糸冊之後起字也。」（集釋三八八五葉）

按：合集二六八〇一辭云：「丁巳卜，出……今日益⿰冊柬……之日允……衣」，字隸當作「⿰冊柬」，釋「編」不可據，且卜辭無以見「編次」之義。

2948

[glyph]

按：合集二〇〇七四辭云：「……岢疾今生月于[glyph]……」當為地名。

2949

⿱冊火 [glyph]

按：字从「冊」、从「火」，隸當作「⿱冊火」。合集二〇三九八辭云：「辛丑卜，奏⿱冊火比甲辰卩雨少」佗四五一五十四五一八與此同文，當與2948同字，均為地名。

2950

按：字从「舟」从「册」。合集八〇三二辭云：「癸酉䑓于磬十牛䑓」其義未詳。刻辭類纂誤隸偏旁作「凡」，今正。

2951

按：字不可識，其義不詳。

2952

王襄「疑册字。」（簠室殷契類纂疑存第二第十頁）

葉玉森「疑井字。」（殷契鉤沈七頁）「按，王氏疑册未確。余旧疑井字亦非。」（殷虛書契前編集釋七卷十一頁下）

陳晋「字当释串，即詩皇矣之串夷。藏龜作中，作申，甲骨文字作申，並同。」（龜甲文字概論二六頁）

按：皆為方國名，釋「册」、釋「串」均不可據。

2953

叀 惟

孫詒讓「𠀠當即叀字。說文叀部叀，小謹也。从幺省，从屮。屮，財見也。田象謹形，屮亦聲。金文伊叔敦中叀父敦並作𠀠，讀為惠。此或當為䌮叀聲專聲字之省。……又疑為甫之妥體。依字例，叀聲所孳生為專聲之屬，甫聲所孳生為尃聲之屬，文義咸迴異。而金文兩聲類形並畧同。此文亦未能塙定其為何字。以叀馬、叀服、叀豕、叀獵、叀焉（讀為特）諸文推之，似當為搏執之義。但文多殘闕，無完全文義可尋繹，未敢決定也。」（擧例下十六葉下至十七葉下）

羅振玉收□、□諸形作𢆶，與作□者並列，說曰：「作□者，與古金文同，其省形至多，以文例得知之。」（殷釋中三十八葉上）

王襄

「□，古叀字，段為𢆶，殷契𢆶之異文作□，形近相假。」（簠考天象三葉上）

王襄

「古惠字。」（簠室殷契類纂第二十葉）

又曰：「卜辭習見叀牛、叀羊、叀物、叀羍、叀彘、叀兕之文，說文解字『叀，小謹也。』下疐字許說：『礙不行也，从叀而止之，叀者如叀馬之鼻。』段注：『馬當作牛，牛鼻有桊，所以叀牛也。』叀之誼引伸之讀同繯，繯、綰也，有所牽掣之謂。按卜辭叀字，有牽綰之誼，殆即周禮肆師『展犧牲繫于牢』之禮，漢書陳遵傳引揚雄酒箴『一旦叀礙』，師古曰：『叀懸也』，或即爾雅釋天『祭山曰庪懸』之禮歟？存之以備一說。」（簠考典禮六葉下）

葉玉森

「按上二辭言『叀十牢之五』，『叀九牢』，叀字並為動詞。如讀為𢆶，詢于文例不洽，余氏謂叀𢆶字別，是也。惟釋叀為專，即剸即許書之斷，逸周書之斷，持解叀牛、叀彘、叀羊、叀鹿、叀犬、叀豕、叀兕、叀豚、叀牝、叀牡、叀物、叀牢、叀羍、叀龜諸辭似適。至若『貞叀令冬甲子𡘋』，（鐵十三、四）『叀若』（藏一五九、四）『貞叀五月』，（鐵二二五、四）『叀夕』，（藏三、二十四、一）『乙酉卜兄貞叀今月告于南室』（前三、三三、七）（中引卜辭之例尚多从畧）各辭中之叀字似非剸誼，孫氏釋叀，王氏復援許書疐下訓叀而止之，謂即周禮展牲繫牢之禮，證之『叀羊丝用』『□物』叀用』等辭，似卜辭云叀某牲並涵繫而備用之誼，惟叀字除訓繫外，似又別涵數誼，或為祭名。如『叀今冬𡘋』『叀彳』『叀今月告』『叀今日酌』『叀今乙酌』『叀鬼』『叀王祝』『叀吉燕』『叀雨』『叀翼』『叀上甲』『叀母乙』……諸辭，則叀字並為祭名，或用如專，如『叀華往追羊』，即專命華往追羊方人也。『叀𡆥人令省在南啚』，即專令𡆥人省視南鄙也。或依孫說釋搏，則『叀若』，『叀下𡆥』，即搏若方，搏下𡆥也。『貞叀王往伐吾方』，貞叀即貞搏，讀斷，則其他『貞叀』之單辭亦為貞搏。『叀西方祉』，『叀土方祉』即搏祉西方土方也。蓋此三誼，持解各辭或較順耳。」（前釋卷一第四十四葉背至四十六葉上）

商承祚　「叀，王靜安先生釋專，謂即剸字是也。卜辭習見叀牛、叀羊、叀物、叀犂、叀犯諸文，其義即殺牲而祭也。又有『叀稱眔騽子亡用』，曰『叀驪眔小騽亡用』，曰『叀騽眔騽亡用』……與此『叀騽』其字雖不識，其意殆皆指馬名或色而言。」（福考八葉）

余永梁　「按此疑即叀字，同剸。諸家詮釋每與𠂤字誤混為一。考卜辭作𠂤𠂤𠂤者𠂤字也，作叀叀𢼸者叀字也，字形顯別。其義亦有分，作𠂤者曰『𠂤于且乙』，曰『貞𡚸十物牛㞢五𠂤』，曰『百𠂤百牢』。作叀者曰『叀九牢酌大甲』，曰『㞢于南庚叀小牢』，曰『貞㞢于王亥叀三白牢』。而前編五卷一葉文曰『貞不叀𠂤用』，叀𠂤二字連文，尤為異字之證。疑叀為用牲之法，與卯𡚸沈同例。後編上卷二二葉一骨上文曰『叀口曰卯牛』，其明徵矣。說文叀下云『𠀤古文叀』，斤部斷古文作𠜸，然則叀字者剸字也。本字為叀，剸則後起形聲字，集韻『剸通作專』，是也。說文『䡴截首也从斷首』。剸或从刀專聲，䡴亦後起之篆。」（殷虛文字續考）

余永梁又曰：「逸周書世俘解云『越五日乙卯，武王乃以庶國祀馘於周廟，翼予沖子，斷牛六，斷羊二』。斷乃䡴之段借。然則叀羊、叀牢、叀牛能非斷羊、斷牢、斷牛乎」。（與徐中舒書）

徐協貞　「叀與叀為一字，从口與不从口同。叀古甫字」。（通釋一卷八葉上）

唐蘭　「叀或作叀，卜辭習見，後期卜辭中以叀叀等形為之。孫詒讓釋為叀，又疑為甫之變體（契文舉例下十七）。羅振玉釋為𠂤，余永梁以釋𠂤為非，仍釋為叀（殷虛文字續考）。近人皆从之。余按叀叀非一字，叀當為甫，叀當為叀，金文皆如此，本極易別，而諸家混之者，以羅振玉釋卜辭之甾為圃，遂謂已有甫字，而卜辭叀叀二字用法相同，遂誤認為一字耳。卜辭从叀之字有𢼸或作𢼸，从叀之字有𢼸，王襄分釋為專專二字，類纂正編十四甚是。中略早期卜辭中叀作叀叀叀叀等形，學者亦多誤依羅氏釋為𠂤，不知叀之為叀，猶叀之為叀，甶之為⊗也。且金文叀字固多作叀，尤為可證。今檢前編七、十二、一辭云『……叀叀令取𢼸』，則甶叀為二字，無可疑也。余謂早期卜辭用甶字，後期卜辭用叀字，辭例相同而用字各異者，聲有變轉，則所段之字不同。猶秦漢以後，以叔易弔，以已易子之類。又如卜辭中之西字，早期段甾為之，後期段囟為之。災字或作巛，或作𢦏。則甶叀不必認為一字也。叀古讀當與惠相近，甫聲得轉為叀，與卜之讀為外，如卜丙即外丙，略近似。卜辭甶或叀之用法，舊說極紛錯。孫詒讓謂以甶馬甶豕諸文推之，似當為搏執之義。王襄謂叀字有牽縮之義，殆即周禮肆師展犧牲繫於牢之禮。又引漢書注『叀懸也』，謂或即爾雅『祭山川曰庪縣』之禮。余永梁讀叀為剸，吳其昌襲余王之說，辭極繁冗，其大要謂「叀象牲首，橐括之狀，牲首在橐，先必截斷，故叀字引申之義爲刑斷牲首」，而以叀牛等爲證。又謂「叀義既爲斷截牲首，故引而申之，遂與擊伐誅戮之義爲類。舉「王叀北羌伐」謂王擊北羌討伐之也。「貞叀王往伐呂……」記貞卜擊伐呂方之辭。「貞叀王征呂方」則直以叀代伐，故與征爲類。」又謂「叀伐同義，伐之義得轉衍之爲伐牲以祭之祭名，故叀之義亦得轉衍之爲劏牲以祭之祭名。卜辭中如「帝叀亡巛」，按前四·二七·三片帝乃別一辭之文，吳氏誤讀。叀與禘連文。如「貞叀敹祝」，叀與敹祝連文，斯叀字之義，必爲祭名。殷虛書契解詁三七片 葉玉森謂甶義除訓繫外，似又別涵數誼。或爲祭名，或用爲專，或依孫說釋摶。郭沫若謂叀乃中干之伐之本字，叀華殆謂伐辭。通攷十四、金文餘釋之餘釋叀 而謂「叀冊用」「叀祝用」等辭之叀字習見，義未能明。粹編考釋一 余按卜辭習見之甶，早期或叀字，晚期均爲語詞，即叀牛叀羊諸辭，亦非用牲之名也。凡卜辭之言叀某者多與其牢同見，如云：「甲子卜，貞，武且乙升，旦，其牢兹用」，其同片之辭，即云：「叀華兹用」，前一·十·四 是叀羊與其牢之辭例相同也。如云：「其又父乙，叀牢用」，戩六·十一 叀牢與其牢，允相近」，則叀之意義當與其畧同。讀劏訓伐固不當，即讀摶訓繫，亦不能合，蓋家畜本無需搏，卜用何牲尚未定，亦無从繫之也。若甶叀字下繫牲名而繫他辭者，允非訓爲語詞不可。「王甶北羌伐」，如讀爲王擊北羌伐，「貞，甶王征呂方」如讀爲貞伐王征呂方，則於一辭疊出擊伐或伐征兩同意之字。「貞，甶今來甲兇來」，「貞，甶今月告于南室」，諸甶字如以爲祭名，則於一辭中疊出甶來或甶告等兩同意之字。於文法皆不能合也。甶或叀之得爲語詞者，叀古讀當乃惠，故金文多以叀爲惠，而惠從叀聲。惠字古用爲語詞。左傳襄二十六年「寺人惠牆伊戾」，服注「惠伊皆發聲」。其義當與惟字同。書洛誥云：「予不惟若茲多誥」，君奭云：「予不惠若茲多誥」，句例全同，不惠即不惟也。僞孔傳訓爲不順，江聲讀爲不慧，俱失之。今人楊筠如尚書覈詁謂惠疑當作惟，又引左傳服注謂「古書惟與伊同用爲發聲，不見惠字，則惠亦惟之假也」。殷詁九六、洛誥曰：「惠篤叙，無有遘自疾」。楊氏亦云惠與惟聲近相通，而謂左傳之惠亦當爲惟。殷詁八五按楊氏讀惠爲惟甚是，其謂惠爲惟之假，則誤，語詞宣有正字，作惠作惟，同是假借，寧有更假惠爲惟哉？余謂堯典「亮采惠疇」，猶云亮采惟疇。咎繇謨：「朕言惠可底行」，猶云朕言惟可底行。多方云：「爾曷不惠王熙天之命」，王疑借爲往，猶云爾曷不惟往熙天之命。文侯之命云：「惠康小民，無荒寧」，荒讀爲妄，猶云惟康小民無妄寧。此諸惠字，前人訓爲順若仁者均誤，然則惠之用爲語詞者甚多，不僅楊所舉二處也。知叀與惠同讀若惟，則見于千百卜辭中之甶若叀字，固不迎刃而解。中略凡卜辭有此一字而致文義不明者，讀爲惟，未有不文從字順者。然則甶牛甶羊者，詩之「維牛維羊」也。叀物者，詩之「維物」也。卜辭以叀華叀物與其牢對，正猶詩之以「九十其犉」與「三十維物」爲對矣。詩數十年來膠滯難通之點，今始豁然。」（天壤文釋三十二至三

十四葉）

又曰：「卜辭叀字或作[字形][字形][字形][字形][字形]等形，前人誤以為卣，余按卜辭叀卣同類，疑叚叀為鬱。」（同上五十七葉）

孫海波　「說文四部：『叀，專小謹也。从幺省，屮，財見也。屮亦聲。』按：从屮，財見，非義。屮，亦非聲。甲骨文叀作[字形][字形]諸形，並不从幺，知許訓非初誼也。竊謂叀之本字當訓象紡專之形，引申之則訓小謹。何以證之？說文寸部專下云：『專，六寸簿也。一曰專，紡專。』王紹蘭段注訂補云：理董云此即篿字所从也，簿乃篿字之譌，楚人折竹六寸以卜謂之筳篿，故曰六寸篿。姚嚴校議云：『說文無簿字，當作六寸專也。』隸俗作篿，與簿形近因誤。後漢書方術傳序，有挺專之術，離騷經作筳篿，即算籌。竹部：算長六寸，計歷數者，是也。紹蘭按：二說皆是校議，六寸之證尤確。方術傳注引楚詞注云：筳八段竹也，蓋筳篿之法，每段皆六寸，每一營用二段，八段則四營，即揲著四營成易之遺意，較為簡便耳。按：王氏之說，則專為挺篿之嫥字，一曰紡專之義，無所附麗，是則紡專者即叀之本形，紡專為收絲之器，其形圓，可以圜轉。廣韻：䡛，紡錘是也。其字作[字形]，象紡絲䈽之形。中作屮者，象其有軸可以圜轉也。故史記賈生傳云：大專槃物兮。言天道運行如紡叀旋轉也。詩豳風：有敦瓜苦。傳：敦，猶專專也。箋：專專如瓜之繫綴也。此言瓜之繫綴，猶紡專之綱絲，比況其綿聯，故以喻之。諸書所用叀字，皆依紡叀之義為說。知叀之本字，象紡叀之形也。許君訓小謹者，蓋引申之義，絲本易紊，綱之不專則亂，言司其事者，皆當小心謹慎而專一者也。故有專謹之意，引申之則訓小謹。卜辭習見叀字，其文則叀牛、叀羊並用，無專謹之意，此則又假為剸殺之剸。說文：𣃔，截也。从首，从斷。或从刀，專作剸。廣雅釋詁：剸，斷也。禮記文王世子其刑罪則纖剸。注：剸割也，是剸有割殺之意。卜辭云叀牛叀羊，蓋殷代祭祀之禮割牛割羊以祀先王也。剸專古本通。史記吳世家：勇士專諸，索隱曰：專一作剸。又漢書蕭何傳上以此剸屬任何關中事。注：剸讀與專同。皆其證。」（文錄釋文二七葉）

朱芳圃　「說文叀部：『叀，專小謹也。从幺省，屮，財見也。屮亦聲。[字形]，古文叀。[字形]，亦古文叀。』按叀即篿之初文。說文竹部：『篿，圜竹器也。从竹，專聲。』篿為竹器之圜者。↓象系，○象腹，ㄙ象座，十象織文。甲文或省座，亦為一字。金文或增𠬞，象文飾也。孳乳為簞，說文竹部：『簞，笥也。从竹，單聲。』禮記曲禮上：『凡以苞苴簞笥問人者。』鄭注：『簞笥，盛飯食者。圜曰簞，方曰笥。』為篅，竹部：『篅，判竹圜以盛穀者。从竹，耑聲。』倉頡篇：『篅，圓倉也。』（衆經音義四引）轉文為⿱竹屯，竹部：『⿱竹屯，篅也。』从竹，屯聲。廣雅釋器：『⿱竹屯謂之篇』。為幡，巾部：「幡，載米䘏也。从巾，盾聲。讀若湯沌卦之屯。」廣韻十八諄：「幡布貯。」一作於宮室為圖，為囤，釋名釋宮室：「圖以草作之，團團然也。」又「囤，屯也，屯聚之也。」一作庉，廣雅釋宮：「庉，舍也。」於草為蓴，艸部：「蓴，蒲叢也。」从艸，專聲。廣雅釋草：「蒲穗謂之蓴。」王念孫曰：「蒲穗形圓，故謂之蓴。蓴之為言團團，然叢聚也。」說文云：「蓴，蒲叢也，」蒲草叢生於水則謂之蓴，蒲穗叢生莖木亦謂之蓴，訓雖各異，義實相近也。於水為湍，水部：「湍，疾瀨也。从水，耑聲。」孟子浩子上：「牲猶湍水也，」趙注：「湍，水圜也。」於形體為膞，釋名釋形體：「膞頭曰膞。膞，團也，因形團而名之也。」於形狀為團，說文口部：「團，圜也。从口，專聲。」轉文為敦，詩豳風東山：「有敦瓜苦，」毛傳：「敦猶專專也。」專與團同。於動作為摶，說文手部：「摶，圜也。从手，專聲。」為轉，車部：「轉，運也。从車，專聲。」

唐蘭曰：「按甾叀非一字，甾當為甫，叀當為叀，全文皆如此，本極易別，而諸家混之者，（天壤閣甲骨文存考釋三十二）以羅振玉釋卜辭之甾為圃，遂謂已有甫字，而卜辭甾叀二字用法相同，遂誤認為一字耳。」按唐說非也。甾叀確為一字。甾與甫，渺不相涉。說文用部：「甫，男子之美偁之。从用、父，父亦聲。」考金文作：

甫 甫丁爵　甫 甫人盨　甫 𢆶甫人匜　甫 嘼甫人匜

形與篆文悉合。至偏旁从甫之字，如

敷 不嬰毀　博 虢季子白盤　鎛 邾公牼鐘　鎛 齊鎛　尃 𦅫鎛戈　尃 克鼎　尃 師嫠毀　尃 同上

其所从之甫，雖與甾形相近似，然其中直上端無不微曲，猶存父字遺痕。分別皎然，絕少例外。僅不嬰毀搏字、師寰毀博字各一見。尤有進者，金文團字作左揭形：

團 郘鐘　團 𠭯子毀

其所从之叀皆作甾，可為甾叀實即一字之確證。唐云『本極易別，』不知何所見而云然也。」（殷周文字釋叢卷中第八十三葉）

郭沫若「『叀單』乃卜辭恆語，叀乃中干之戉之本字。單字羅釋彈。（辭）叀單殆謂戉殫也。」（卜通十四葉背）

郭沫若「金文中多見叀字，鬲攸从鼎『文考叀公』作叀，盨作叀，虢叔旅鐘『皇考叀叔』作叀，蔡姞毀『叀姬』作叀，仲叀父毀作叀。」

字又作𤰈，毛公鼎「虔夙夕□，我一人」，彔伯戎𣪘「□固（弘）天命」。又無叀鼎作□，陳侯作□。

凡此大抵均用為惠字，而以毛公鼎及彔𣪘二例為尤著。从此做之惠字，王孫鐘「惠於政德」作□，邾大宰簠「謙龔孔惠」作□，沇兒鐘「惠於明祀」作□，（此字原形稍泐）綸鎛「又成惠叔」作□。惠蓋从心叀聲也。

說文「□，小謹也，从幺省，从屮，屮財見也，屮亦聲。□古文叀，□亦古文叀。」又「□，仁也，从心叀。□，古文惠从卉。」

今案許書叀若惠之篆文及古文較之金文均稍有訛變。金文諸叀字均為象形文，而許以形聲字說之，殊屬不合。又音亦有異，金文既多用叀為惠，則叀當讀如惠。許云「屮亦聲」，又「屮讀若徹」，則是讀叀如專，蓋徹專同紐，且屬對轉。（祭元陰陽對轉）。案此即因專音而誤者也。專字金文未見，有从專聲之字，如傳尊作□，傳卣作□，散氏盤「傳棄之」作□。卜辭有專字三例，作□若□若□。（具見前編卷五．一二）揆其字形乃以手執叀之形，蓋摶之初文，非必从叀聲。許未識叀專字之初義，誤謂專从叀聲，故又誤謂叀从屮聲耳。又斷之古文作𠭥若𠬋，金文量侯𣪘作□，似从叀聲。案此乃剸字之異，實从專省聲也。要之叀音當讀如惠，讀如專者乃後人之誤會也。

準上叀字之形與其聲，余敢斷言，叀者𢧵之古字也。惠音兼摋喉脣，與𢧵音相近；而惠在脂部，𢧵在祭部，亦相通韵（以伏羲瞻仰首章惠、厲、瘵、屆、為韻。惠屆在脂部，厲瘵在祭部，即其證）故叀音轉為𢧵也。古盾干鹵均象形文，曩已由余證明。唯中干之𢧵乃形聲字，例當後起，經典乃假伐為之。今得明此叀字，則知𢧵古亦有象形文，而其形與干鹵亦稍異矣。觀其形制乃楕圓，亦上有文飾而下有蹲。讀詩「蒙伐有苑」語，可無間然矣。𢧵制蓋傳自殷人，卜辭有專有傳，亦有叀字，作□若□，屢言「丝用叀羊」，蓋假借為維字也。（李亞農說）羅振玉釋為㞢，失之。又𢧵作□（後編下七、一一）花紋與鹵同。大盾為鹵，中盾為叀，小盾為干。叀有定制，干鹵各有方圓之異，蓋周官所謂「五盾」矣。

叀為古𢧵字，于古文獻中有僅見之一例。尚書顧命「二人雀弁執惠，立于畢門之內」，與下「執戈」、「執鉞」、「執劉」、「執戣」、「執銳」為對文，叀自是兵器無疑。余謂惠即是叀，謂執𢧵也。僞孔傳說惠為「三隅矛」，鄭玄謂「惠狀蓋斜刃宜芟刈」（書疏所引）更出以蓋然之辭，均不足信。」（金文叢考金文餘釋之餘釋叀）

吳其昌　「『叀』者，先師王先生及忠縣余永梁（紹孟）並以為『叀』即『專』，亦即『剸』，亦即『斷』，誼為斷首，是矣。（見余氏殷虛文字續考）而論證則頗未盡也，今為之徧考契文，上下究極，貫徹本末而疏通之。「叀」者乃斷牲首囊懸以祭之義，故引申之，又得轉衍為「伐」，為「懸」，為「傳」矣。其字最初之形，乃象牲首囊括之狀。卜辭中「叀」字或作[字形]（湖二三六八）或作[字形]（渝六、六二、七）或作[字形]（渝六、六二、五）或作[字形]（渝一、五、五）或作[字形]（佚二七）或作[字形]（後一、五、一二）或作[字形]（續一、二四、八）或作[字形]（續二、一五、三）囊形乃繪，其證一矣。牲首在囊，先必截斷，故叀字引申之義，為刑斷牲首。

以卜辭考之，或云「叀牛」（渝二、七、六，續三、三〇、一，湖七五）或云「叀羊」（渝一、四〇、三，後二、三九、一六，續一、四〇、八，寄）或云「叀犬」（渝六、二三、一）或云：「叀豚」（後一、二四、八，渝四、四二、六）或云：「叀龜」（林二、一五、一三，湖一三）或云：「叀宰」（續一、三二、六，寄）或云「叀鼉」（佚三一四）謂宰割牛、羊，屠誅犬豚，斬戮龜鼉以祭享也。或云「叀犬，叀羊」（後一、五、四）或云「叀一牛，叀一宰」（佚九）或云：「叀一牛，冊宰」，（鐵二、六五、一）或云：「叀牛一，犬□」謂所宰戮以祭者，兼及于牛、犬、羊也。或云：「叀三宰」，（續一、四五、五）或云：「叀九宰，叀十宰出五」（渝一、五、五）或云：「叀百羊」（續二、二〇、一一）或云：「叀百牡」（後二、五、七）或云「叀百鼠」（後一、二五、二）或云：「叀三百牛」（後一、二八、一一）或云：「叀牛三百」（渝四、八、四，續一、一〇、七又七，文同片異）謂刑牲之數，自或三或九乃至于或百，或三百也。或云：「叀小宰」，（渝一、一四、一又四、四二、六，續二、一六、八）或云：「叀小牝」（後一、二五、一二）或云：「叀勿牛」（續一、二八、一）謂所戮之羊牛或小或牝，或雜色者也。以上「叀」字，無一不當以誅戮刑殺為訓，斷截牲首，義正相符，其證二矣。

且卜辭中「獲叀」連文，乃云「隻象，叀象」（渝四、四四、二）謂既獲而隨戮之也。「沈叀」連文，乃云：「叀牛，沈」（後二、二〇、九）謂既戮而隨沈之也。「戉叀」連文（湖八四七），乃云：「戉叀羊」（渝一、二三、二，後一、五、一二，佚五六〇）「戉」謂斷以戉也。（詳前）「卯叀」連文，乃云：「卯叀勿牛」（後二、二三、一八）「卯叀羊」（燕六）「卯」謂飲以刀也。（見金文名象疏證）「叀冊」相聯，（鐵二、六五、一）冊之義殺。「叀伐」為比，（續六、二五、五，後二、二二、五）伐之誼斫。（並詳下及殷代人祭考）而「叀」乃惟與「冊」「伐」「戉」「卯」為類，則其賦訓亦可以推見，宜其為斷首之意，其證三矣。

其字可作[字形]，亦可作[字形]。在卜辭中，或作[字形]（林一、二八、七），或作[字形]（後二、一五、一八）。又乃「其叀」，亦作「其[字形]」。（燕四三）人名之「戻叀」，亦作「戻[字形]」，（渝五、九、三）（鐵四、一三三、四）乃至有作「戻[字形]」（鐵六、二六、八、四）者，凡以象囊括牲首之狀而已，或不以手奉，或以手奉，或以兩手奉，略取會意云爾。故在說文，亦以「專」釋「叀」，而云「[字形]，專小謹也」（以桂馥義證）「叀」「專」無別，其證四矣。

以是更可與經傳互證，儀禮士虞禮記云：「用專膚為折俎，取諸頭嗌」。鄭注：「折俎，……

折骨以爲之」。按：折其頭嗌以爲俎，而名以「專膚」，則「專」字之義爲斷首，其證五矣。「專」又通「剸」，故「專諸」或作「剸諸」，「專屬」互通「剸屬」。史記吳泰伯世家：「乃求勇士專諸」，索隱：「專，一作剸」。漢書蕭何傳：「上以此剸屬任何以關中事」。顏注：「剸讀與專同。」「專」「剸」無別，其證六矣。「剸」之義爲截，爲斷。文選聖主得賢臣頌李善注引呂忱字林：「剸，截也。」一切經音義卷十四引通俗文：「截斷曰剸」。說文首部：「𩠐，截也，从首从斷。」一作「剸，或从刀專聲」可證。惟「叀」之本義爲斷牲首，囊括之刑，故其後身之「剸」，義亦爲截，爲斷也。其證七矣。「叀羊」「叀牛」之語，經典中亦曾見之，但作「𩠐羊」「𩠐牛」，而「𩠐」又省作「斷」，逸周書世俘解之「斷牛」「斷羊」是也。余永梁曰：「逸周書世俘解云：「……越五日乙卯，武王乃以庶國祀馘於周廟，「翼予冲子，斷牛六，斷羊二。」「斷」乃「𩠐」之假借，然則「叀革」「叀牢」「叀牛」非即「斷革」「斷牢」「斷牛」乎。」按余說是也。但「𩠐」之作「斷」，蓋省敚，非假借耳。其證八矣。

「叀」之義既斷截牲首，故引而申之，遂與「擊」「伐」「誅」「戮」之義爲類。是故卜辭有云：「王叀北羌，伐。」（前四、三七、一）謂王擊北羌討伐之也。云：「王叀下旨伐……」（林二、九、一，續三、九、一同）云「貞，叀[illegible]，衍伐。」其意亞同。云：「貞叀，王往伐呂……」，云：「……貞叀呂方敹伐戔。」（上，後一、一六、一；下，續三、七、九）蓋記貞卜擊伐呂方之辭也。叀，伐，誼相類近可見。有云：「貞叀，王征呂方。」（鐵三、一一八、二）「王叀土方，征。」（明二三二八）則直以「叀」「伐」，故與「征」爲類矣。有云：「王叀孟。」（續三、二五、六）謂王伐孟方也。有云：「東叀，」（續三、二九、六）而其文乃記「王征夷方」事，謂東伐也。有云：「叀北，獲人。叀西，獲人。」（後二、三六、六）謂伐北、伐西也。「叀」「伐」同義，因其同爲刑戮斷截矣。其證九矣。「叀」「伐」同義，「伐」之義，得轉衍之爲伐牲以祭之祭名；故「叀」之義，亦得轉衍之爲剸牲以祭之祭名。卜辭中爲「帝，叀，亡𢦏。」（前四、二七、三）叀，與禘連文。乃「貞，叀，敹，祝。」（滴六四二）叀與敹，祝，連文，斯「叀」字之義必爲祭名，此蓋可以王引之經文上下平列二字同義之定律推之而決知。其證十矣。

此「叀」之一字，其正幹直系之義，之刑、之引申之變化也。更以支義言之，囊括牲首以祭饗，或以手奉，則其字又繁而作專，（敹，[illegible]）其不以手奉之者，則或爲庪懸以獻；若爾雅釋天祭名所謂「祭山曰庪懸」也者，則「叀」之義，又得引申而爲「懸」。漢書游俠列傳陳遵傳引揚雄酒箴：「一旦叀礙」，顏籀注：「叀，懸也。」斯其證也。此「叀」字旁衍之義也。」（殷虛書契解詁弟八九——九三葉）

詞。」孙海波（甲骨文編一五三頁）

孙海波 「叀，甲一〇五一。王襄釋甫，唐兰說卜辞早期之叀，晚期之叀，其义均为語词。」（甲骨文編一五三頁）

孙海波 「叀，鐵一二·一。唐兰说，叀古讀当如惠。惠字古用为语辞，其义当与惟字同。尚书洪范，亮采惠疇，犹云亮采惟疇。洛誥讓，朕言惠可底行，犹云朕言惟可底行。惠，后二·九·七。或作惠，与金文无叀鼎叀字同。惠，掇一·四三六。□卜宁叀帀叀令□。叀、惠同辞。」（甲骨文編一九三——一九四頁）

陳夢家 「……康丁卜辭云：

叀今秋——于春　粹一一五一

卜辭近稱的紀時之前加虛字『叀』，遠稱者加虛字『于』。『叀』『于』是相對的，秋春是相對的。」（綜述第二二六——二二七葉）

陳夢家 「從叀，音如惠。其地或即今武陟縣西之懷。前二·三六·四辛酉田曹壬戌田雍，雍在今修武縣西，與懷南隔一沁水。其地已在大邑商所在的沁陽田獵區」。（綜述三〇八葉）

李孝定 「說文：『叀，小謹也。从幺省，从中，中財見也，中亦聲。𠀐古文叀，𢍰亦古文叀』。絜文作上出諸形。卜辭中此無慮數百見，各家說者紛紜，然均莫能貫通諸辭辭意。惟唐氏讀叀爲惠，（清儒已有此說並引楊筠如氏之說，以明惠爲語詞，與經籍中語詞之惟同，以讀卜辭諸辭無不豁然貫通，意義允洽，其說堝不可易，他家之說亦可以無辯矣。按叀惠之爲一字不惟字形相同，僅繁簡小異字，又謂叀與惠惠惠則爲一字，其說似均有可商。人名之專，有且二者所見諸辭之例及詞性均全同，可爲明證。又⿰叀攴⿰叀攴二形，卜辭中辭例亦同。至謂惠惠二者爲一字，亦非。攷卜辭作惠形者，其辭例與叀全異，如云『囗貞王勿𣪊惠葡牧子在𣡦』。作⿰叀攴者，有作⿰叀攴者，如前·五·九二之⿰叀攴及甲·一二八之惠並爲人名，知二者無別也。前·七·十三『辛未卜壬申貞其作惠禍十三月』。後·下·七·十一『丁卯卜爭貞乎雈惠𡆥戓』。佚七二。僅前·四·十二·六『叀惠令取𣪘』。前·七·十三『貞乎㞢侑𪖐惠』。乙·一三九二『貞用丁惠父乙』。乙·四五五〇、乙·五三二一『庚囗貞囗惠囗』。前·四·十二·六一辭與叀之辭例略近，然僅餘殘辭，其義未可確指。如乙·一三九二及四五五〇兩辭之惠以爲它辭均不能讀爲語詞之惟若惠也。惠字，羅釋爲不誤。以爲以惠惠同爲一字爲前題始字解之均甚順適也。唐氏引前·七·十三之辭以證叀惠之非一字，其說必能成立。今知叀仍是爲而非叀，則唐氏叀惠異字之說亦不攻自破矣。郭謂叀惠爲𢧵之本字，引書灝命之文以證之，說似可从。然古文專字从此，則□□似象紡專形，而其音則古讀近惠，故契文金文段為語辭。玉灝命之惠，乃音段為獻耳，非本字也。且灝命之文是「惠」非「叀」明是借字也。叀今讀職緣切，乃後起之音讀，專字从之，亦讀職緣切，蓋均非古音也。金文作□彔伯簋「惠弘天命」□毛公鼎□無叀鼎□叀卣□虢叔鐘□蔡姞簋□𩛥攸比鼎□仲叀父簋□諫簋□同簋□𩛥比盨作□者乃繁文，或即涉卜辭□字而譌。」（集釋一四三一葉）

張秉权

「□，或作□是由或叀字，讀為惠，唐兰氏发現卜辞中的由或叀常与「其」相对貞，和詩经中的「九十其犉」与「三十维物」為对一样，所以解由為维（注一）。在這一版上，「隹（维）」和「由（惠）」对貞，而且可以互相换用，更可以証明，這兩个字的用法和意义完全是一样的，唐氏的說法，确為不易之論。」（殷虛文字丙编考释第三二頁）

（注一）見天壤阁甲骨文存考释·第三三頁。

王献堂

「紡塼之塼為后起字，初本作專。專之初文為叀，小篆作□，金文作□，契文作□□□□諸体，先后相承為一字。正象線鍾形，上作屮為丝繫，中作□為線穗，下作△為線鍾。仅象一鍾，其形不显，且易与他体混淆，故作全形。說文古文又作□，減书穗中丝纏之形，可无二致。玉篇古文叀字，又少讹变矣。丝繫形作屮，如□為絲，□為樂，□為索，例证甚多。因其繫而撻線也，故引申有悬繫意。汉书陈遵传注，叀，悬也。詩东山，有敦瓜苦箋，專々如瓜之繫綴（專叀通假），皆是也。

由叀孳乳之字為專，說文有二解，一云六寸簿，一云，一曰專，紡專。前解注說甚多，桂似較优（详說文义证）。余疑即符傳之傳，古或作專，有此解，许从著录。至云紡專，殆出于毛传。傳文本作專，有据而釋專者，许君复从著录。說文凡列数說，皆著书时不能确定者也。字从寸，叀声，当即轉字古文。广雅释言，專，轉也，可证。契文从又作□，作□，又寸通用，皆手也。契文复作□，从两手。两手之廾，与隻手之寸又，亦通用，仍皆手也。手轉為專，車转為轉，人行迴转為□。龙节□作□，形义可见。字书谓遄俗体，非是。要此專形，既非六寸簿之本字，亦非紡塼之本字，皆同音假用。紡塼象形字，正当以叀当之也。……

由上專叀两字，說文之說既破，进而求叀音读，与紡塼之塼正合，求叀字形，复与紡塼之状相应。其為線鍾之塼似可确定。字既见于契文，必殷商早有此物。求之殷墟正掘出多数紡塼。陶质為小圓饼状，大小不一，精麤或异，中作小孔，与汉墓出土者大体相同。既有其器，因造此字。是由商历周至汉之線鍾不特形状类同，其质剂亦同。通常呼殷墟出土者為紡轮，以故书求之，应名紡塼。塼即鍾，以今语译之，可曰紡鍾。……今再进言線穗。

契文有由字，作诸体。……以前说求之，象線鍾全形，其下为鍾。今去其鍾，只余上端形，即上文之繸，今所谓線穗者矣。線穗纏丝，横纏为为，省为，与叀字各体全同。斜纏为，叀点有之。中增四点，乃繁文，犹叀体之，点犹玄象悬丝，金文及说文古文作，果殷果字作，不足异也。

由字既象線穗，应读为繸，即穗，其证别详后。有可附带说明者二事。契文有字，点作、作，金文作，旧多阙疑。以形声求之，殆即后出繸字。尔雅释器，繸，綬也。郭注，即佩玉之组，所以连繫瑞玉者。邢疏，所佩之玉名璲，因名其綬曰繸。案释器又云，璲，瑞也。瑞音同團，以瑞名玉，昉于團形器制。今繫以组，由玉而言为璲，由组而言为繸，实屬一事。繸读今音之岁，与穗同，与由点同。则此字上从由声，下象组綬繫玉。玉为團形，与瑞正合，乃繸之古文形声字矣。璲繸虽见尔雅，不载说文（毛诗有璲字，繸假作遂），体出稍后，其古文当如契金各体。据知由有繸音，与穗同读，此一事也。……

由字既象線穗，见于契文，是殷商早有其物，与前所说叀字，同为捷線用具，而形音不同。前象線鍾，读團，此象線穗，读穗。于是即有一问题发生，即契金文字，两者每每通用。孙仲容罗叔蕴以下，以其通用类合为一字。唐立庵谓通用而各为一字，引卜辞令取射为证（见天壤阁甲骨文存考释）。……由吾前说，两字之形声义，本各不同，不同又何以通用耶。曰，由，读穗音，若今岁声者，乃以今纽通今语，使人易晓耳。穗为舌尖音，古凡舌尖音，类读舌头音，以古纽求之，由应读對。如前引繸穗同读，笨隊之隊，与繸同从㒸声（类篇，繸或省为隊），读對（广韵，集韵，隊，徒對切），由从可知矣。舌尖古读舌头，昔人已言之，不烦引论。而由既读對，正与團音叀字为一声之转。例证亦不须他求，前引尔雅，璲，瑞也，即其一也。以瑞训璲，亦见诗大东传。瑞从耑声，本读團。转如今音是伪切，读舌头音，亦为對。说文训瑞为玉信，或训符信（周礼典瑞注），即由两玉對合而生。祥瑞之瑞，亦由天意人事對合而生。秦汉以下，盖已读瑞为對，以之释璲，正为同音相训。若然，團声之瑞，可转读對声之璲，则團声之叀，亦可转读對声之由。由叀通用，即由声转同读矣。

……由叀屡见卜辞，用法皆同。前期者类作由，后期者类作叀，说多不同。唐立庵均释为语词，谓读若惟，犹故书语词惟字，是也。唐由惠从叀声，谓叀古读惠，左传服注，惠有发声之训，与惟通用，适与余说相反。余谓由读穗犹惠古读若對，与惟同隶脂部。惟从佳声读佳，正与由通，故为同一语词。前引方言繸即由，繸惟同从佳声，可证。而叀之古本音读團，其用如由者，乃声转读對，以转音当由，非叀古读惠也。惠从叀声，亦係用转音，下当述之。而卜辞前期作由用本音，后期作叀用转音，转而音同，故通用为语词之惟也。

……契文复有字，旧多阙释。即后出鑘字，亦作甗，又假为儋石之儋，乃盛物瓦器，今人家多有之。上从叀声，下象器形，□即□，金文屡见。以團圜器名團，从叀声，仍叀之本音也。说文断字，古文作□，谓□古文叀字。量侯毁有□，即此字，亦从叀声，仍叀之本音也。自后秦刻石摶字，及小篆專傳及从專诸字，皆一系相承，许君并著初文叀字于说文。朱翱音职缘切，古读舌头音，即團也。然如契文專亦作□，□，又从由声，乃對音之由转團，用其转音也。……

……惠字从心，契文无心字，古从心之字，每从言，更早言类作口。见于金文小篆者，例不胜举。据以推证，契文有□字，又作□□□诸体，旧亦阙释，殆即惠字。……入周以后，每假叀为惠。禹攸比鼎，皇叔□公，虢叔钟皇考□叔，蔡姞毁□姬，皆确知为惠。……叀本读團，契文以下惠字，皆用声转之對音，演为今读胡桂切，小篆随之。说文既出叀字读團，又出專傳诸字读團，惠字亦从叀声，与之不合。许君乃曰，从心叀会意。心叀意义不明，徐锴又强为说曰，为惠者心專。盖只知叀有團音，不知有對音也。从叀为转声而魏三体石经，古文惠字作□，又从由，用其本音（字作□，犹契文叀作□）。汉衡方，景君，曹全诸碑，惠皆作□，亦从由，用其本音。……

……叀读團音，转如對，有用叀为對音者，有用为團音者，一转一齿。用對音者，为别于團音，或又特注声读。契文有□字，亦省作□，用与由叀字同，读为對。金文通假作惠，录白毁，□（弘）天命，毛公鼎，虔夙夕□我一人，皆可证。字从叀，又加二屮者，说文惠下，□古文惠，从卉。知所加者为卉，从卉正为其声。卉本作□，以中间屮形与□首屮形合写，左右各配一屮，即成契金诸体。盖叀转读對，加卉所以注声。……叀转對音，可加卉注声，由转團音，为别于團音，亦可加卉注声。集韵有蕙字，谓与惷同，实亦惠字。……字从由声初不须注音，恐与转读之團声相混，特为标明。……」（说缝线中国文字第八卷第三十四册三五四〇——三五五四页）

陈炜湛　「……且关键性字「叀」绝异，一作□，一作□和□，反映出时代的差异。」「粹一二四七叀作□，乃晚期写法。」（裘锡圭论「历组卜辞」的时代一文中二十组文例的商榷出土文献研究一八、一六页）

陈炜湛　「叀于隹（唯）其：这是一组意义相近，用法相似的虚词。于本为关系词，叀隹（唯）、其多用作语气词。除其外，叀读若隹，与隹同音，隹与于音亦近。关于叀与于、叀与其、叀与隹同义互用的实例，综类用例举证颇详，兹各录其一，以资比较：

丙寅贞：叀丁卯酒于□？丙寅贞：于庚午酒于□？（后上二二·三）

辛巳卜，翌日壬王叀田省，湄日亡𢦏？（外四八）

「甲」辰卜，翌日乙王其田省，湄日亡𢦏？（邺三四一·八）

王固曰：凤其出，叀丁。丁不出，凤其出疾，弗其凡。（丙二九，续存附图四，乙七六八七八）

王固曰：凤其出，其隹丁。不出，其出疾，弗其凡。（丙三一，续存附图六，乙七二八）

（二辞释文据丙考释，综类用例摹录有误）

后上二二·三，二辞共见一版，同日卜一事，问哪一天对[illegible]举行酒祭，而一称「叀丁卯」，一称「于庚午」，叀与于都有「在」的意思。田猎卜辞中关于田猎地点、日期的选择，也常用于，亦可用叀。（外四八与邺三四一·八均卜田猎事，问王如果去「田省」，是否整天没有灾害，一称叀，一称其，都有推测、假设的语气。丙二九，三一是一成套龟腹甲中第三第四版的反面，都是王的占辞，推断凤（人名）如果「出」（出动、出发），是在「丁」这一天。「丁」这天不出，就是得了病了。语气词一作叀，一作隹，含义相同，即推断之中都带有一些肯定的语气。这套腹甲的第二版就是续存附图一、二（摹本见该书下编三八八、三八九）。这套腹甲的正面都刻四条卜辞，两两对贞，上下左右交叉，内容是问两个人「其来」、「不其来」。反面均刻占辞两条，内容也都一样，但语气词却有变化：第二版皆为隹，第三版均为叀，第四版则隹叀并见。这就充分证明了这两个词的同义性质。

这几个词的区别在于：其可直接修饰动词，如其雨、其田、其来等，还可被否定副词弗、不修饰，称不其雨、不其田、弗其来等（例见综类第四〇三页）。叀一般不直接修饰动词，而是起将宾语置于动词前的作用，形成「叀——宾语——动词」的结构，如「叀多子族令」、「叀多臣乎从沚貳」、「叀土方征」、「叀壁乘从」等等；或直接修饰名词，表示一种语气，如叀牢、叀羊、叀牝（牡）、叀吉、叀旧、叀岳、叀父丁（综类第四二六——四二八页）。叀之前未见以不、弗等词修饰之例。于字也然，其后只接名词（地名、人名及时间词）。隹与叀的区别就在于隹可用不修饰，称「不隹」（综类第二二九页）。在有关祭祀、田猎、使令等卜辞中，其与叀常共见一版，同卜一事，两个词的用法、含义也是大同小异。关于这一点，日本学者伊藤道治认为：「在其字和叀字的关系上，其字处于优势的地位。」「从第三、第四期的各种「叀」字用法看，用其字来表示的是，主要行为或者是主题，可是当卜问这个主要行为里边的一部份，例如行动的担任者，日子，祭祀的对象，种类，数量之类，为了提示选择或者替代的事物的时候，却使用叀字。」这一分析是很恰当的。」（甲骨文同义词研究古文字学论集初编一六二——一六五页）

徐中舒「叀，象用纺塼纺线，线绕在纺塼作圆转之形，故从叀之字皆有转动之义。」

（怎样考释古文字古文字学论集初编一七页）

伊藤道治「……我要又一次检讨这个『叀』字，真的有没有特别的提示某些事物的作用，以及跟『其』字是否有同等的意思上的价值呢？为了论述的方便，资料限于最多使用『叀』字的第三期、第四期的卜辞，其它时期的甲骨文，只有必要场合才提出。至于第一、第二期使用的『叀』字，这次不准备研究。

首先，我要讨论祭祀方面的资料。正如上面说过，在第五期卜辞里，如

（资料三）『丙戌卜贞，武丁祊，其牢？』（明续二八九六）

（资料四）『丙戌卜贞，武丁祊，叀羊？』（后上二五·五）

这两条卜辞里，『其牢』与『叀羊』成对，或与资料三同版的省略式卜辞『其牢又一牛』和『叀羊』成对，从这些例子来看，认为记在其和叀这两个字下面的牺牲动物，各有各个特殊种类，大致正确。但是在第三、第四期甲骨，例如

（资料五）『贞，叀牢又一牛用？』（甲二〇三五）

这样的句子里，要是在第五期的话，它一定使用『其』字，这里却使用『叀』字，并且

（资料六）『一、父甲岁，叀三牢？ 二、辛巳卜，妣辛[illegible]，叀羊？』（粹三三四）

（资料七）『一、卯，叀羊？ 二、叀小牢？ 三、叀牛，王祉受又？』（粹三八〇）

（资料八）『贞，叀牡，王受又？』（甲一二七二）

（资料九）『叀犬一，企雨』（甲五七五）

从这里能看到『叀』使用在牢、牛、羊、犬等多种的牺牲动物的上面。

（资料十）『一、叀牢，又正？ 二、叀牛，又正？ 三、叀一牛用？ 四、叀二牛用？ 五、叀三牛用？』（粹五六九）

这个资料的第一句、第二句提出牢和牛，而卜问使用哪一个好，大概这个卜问得到的结果是牛的吉兆，所以第三句以下的内容是提出牛的数量。

（资料十一）『一、白牛叀二，又正？ 二、白牛叀三，又正？』（明续一七八四）

这一条的形式是，两句都是白牛，『叀』字放在数字上面，只是提示数字而已。

以上提出的十一个例子表示，叀字的作用不限于提示牺牲动物的种类，实际上叀的用法在这时期的祭祀卜辞是多种多样的。例如连接在

（资料十二）『一、叀牛用，正？ 二、叀牢用，正？』（明续一六八六）

后面的

「一、叀辛丑酌？ 二、叀辛亥酌？」

这两句，是要卜问祭祀的日期，是辛丑，或是下旬的辛亥。

（资料十三）「一、叀辛酉酌桒？ 二、叀乙丑酌桒？ 三、叀丁卯酌桒？」（明续二三六四＋续存下·七八〇＋明续二三六五）

也是同样的例子。

（资料十四）「一、叀今夕酌，又雨？ 二、叀癸酌，又雨？」（粹七八三）

是指示今夕（日子的干支不明）和癸日。此外，例如

（资料十五）「☐亥卜，叀祖丁彡日遘，又正？」（甲三六五二）

「祖丁彡日」表示日期，并且上面加上叀字，这样来提示要举行「遘」祭的日期。从第五期卜旬卜辞的附记部分的例子看来，「祖丁彡日」的确是表示一定的日期的。

（资料十六）「一、丁未贞，升岁，叀祭冓？ 二、升岁，于劦冓？」（粹四二二）

第二句使用的于字，下面再来讨论，但把这个资料里的祭冓和劦冓两句，跟第五期卜辞和殷末周初金文资料比较，就可以知道它们所表示的是王祀祭祀中的祭和劦的期间。因此在这两句上面加上的叀字，也是用来提示要举行祭祀的日期。

（资料十七）「一、叀小丁？ 二、叀小乙？ 三、叀妣庚？」（粹二六七）

这个例子里，已经先掉了卜问祭祀种类部分，只记有卜问某种祭祀的对象，但是在这个祭祀对象的祖先名字上面加上这个叀字，用来提示卜问的对象。

（资料十八）「一、丁丑卜，狄贞，其幸年于河，叀祖丁祝用？ 二、贞，叀父甲祝用？」（甲三九一六）

这两条卜辞，处于一个龟版上的对称的位置，就是内容也是对称的，因此可以知道这个卜辞里并列祖丁（大概是武丁）和父甲（祖甲）而选择其中之一。

（资料十九）「一、戊辰卜，其朿于妣己先殹「妣己朿」？ 二、叀父己朿先殹？」（甲七九八＋八〇三）

这个资料里，第一条的妣己和第二条的父己是处于对等位置。却在父己上面加上叀字，而把它放在动词朿的前面，来表示这个卜占主要着重于父己。这样的情况里，放在第一条的朿字和妣己中间的于字可以省略。这个问题，下面再谈。

现在再来看一看最初提出的叀字和其字的关系。

（资料二十）「一、其又兄辛，叀牛，王受又？ 二、其牢，王受又？」（粹三四二）

这个卜辞要问对兄辛举行「又」祭时，用牛，还是用牢的好。这个例子的第一条使用叀字，第二条使用其字。

（资料二十一）「一、癸卯卜，岁，其牢？二、叀小牢？」（续二四〇六）

这个卜辞发问癸卯那天作的「岁」祭里用牢还是用小牢好。这个例子里，牢字上面用其字，小牢上面用叀字。从上面提出的资料二十和二十一这两个例子来看，其字和叀字好象是有相等的作用的。但是多看一看同期的甲骨文，就发现这样的推测不一定正确。

例如资料二十（粹三四二）的第一条，首先在这个卜辞的主要目的「又兄辛」上面加上其字，可以推测在下边的「叀牛」这一句，只是提示在兄辛为对象的又祭里的牺牲动物而已。

以下的例子也是同样的。

（资料二十二）「壬辰卜，其又兄癸，叀羊，王受又？」（后二·二四八）

（资料二十三）「庚子卜，大贞，王其又𡆥祖丁，叀今辛酢又🅇？」（甲二〇三一）

（资料二十四）「一、其又升大乙，叀翌日乙酉酢？二、叀乙未酢？」（后二·一九〇）

（资料十六）「一、丁丑卜，狄贞，其𡆥年于河，叀祖丁祝用？二、贞，叀父甲祝用？」

也是同样的例子。资料二十二是，卜问以兄癸为对象的祭祀里使用的牺牲动物的种类。资料二十三是，卜问进行以祖丁为对象的祭祀的日期和仪礼的种类的。但是在这两条卜辞里的意图的主要目的是对兄癸和祖丁的祭祀，而于这个主要目的上面加上其字。资料二十四是要卜问，对大乙的「又升」祭在乙酉日举行，还是在乙未日好呢？资料十八卜问对「河」的祈年祭时，与祖丁并祀，还是与父甲好呢？据这些资料来看，可以得到这样的结论：就是在主要的仪式上面加上其字，而在记述这个行事里头具体施行的部分上面加上叀字。比较以「其」字开始的句子，就可以知道叀字是表示附属部分的作用。请看看下面的例子

（资料二十五）「一、其又妣己祖乙，叀今己亥酢？二、于来日己酉酢？」（人一七九一）

省略主要仪式的部分的第二句里，没有使用叀字，而使用表示时间和地方的介词于字。

从上面几个例子看来，第三、第四期的有关祭祀的卜辞，跟第五期的祊祭卜辞里随着牺牲动物的种类而区别地使用其字和叀字的规律不一样，在第三、第四期，叀字有多种的用法，其中表示行为的主题和其附属部分时把其字和叀字相对地使用，而可以明显知道，卜占的主要关心的是在于叀字来提示的附属部分，也就是属次加上叀字来卜问的牺牲动物的种类、数量、日期，和它的对象的部分。这个可实又表示，又、岁、𡆥等祭祀是不稳定的祭祀。就是可以这样说，当时的人没法掌握祖先受到这样的祭祀后的反应。与此相反，可以说王祀祭祀——虽然在这个时期里卜问王祀的例子很少，但是资料十五（甲三六五二）和资料十六（粹四二二）表示它的存在——是很稳定的。第五期的祊祭的资料，例如

（资料二十七）「癸亥卜贞，祖甲祊，其牢？」（续二六九六）

这个例子里，使用「其」字来记述附属于主题「祖甲祊」的牺牲动物的种类，从全体的卜

辞来看，「其」字的作用是缩小了。值得注意的是，在第五期的祊祭卜辞里，如资料二十七（缀续二八九六）那样的完全形式的卜辞，大多数写作「其牢」，相反如资料四「丙戌卜贞，武丁祊，叀羊？」（后上二五·五）那样，写作「叀羊」的则很少，而且使用叀字的大多数是次要的省略形式，因此可以知道，至少在其字和叀字的关系上，其字处于优势的地位。

在第三、第四期里，祭祀以外的卜辞里也常常使用叀字，所以让我们看看下面的例子吧。首先是田猎卜辞，最常见的形式，例如

（资料二十八）「一、叀盂田省，亡戋？ 二、叀噩田省，亡戋？」（明续一九七〇）

盂和噩都是在从第三期到第五期的卜辞里出现的田猎的地方。

（资料二十九）「一、叀[illegible]田，亡戋？ 二、叀宆田，亡戋？ 三、叀[illegible]田，亡戋？ 四、叀田省？」（明续二〇〇八）

这里的[illegible]、宆等字也是田猎的地方，这里的形式本是跟资料二十八一样，却省略了动词「省」字，或者这里的田字用作动词。这两个例子都是顺次提示田猎地方来卜问的。资料二十九「叀田省？」的田和省的关系是怎样的呢？

（资料三十）「一、叀噩田省，不雨？ 二、弜省噩田，其雨？」（明续一九〇〇）

这个例子里，首先卜问省于噩田，下面又卜问省于盂田，却在第二个部分，在盂田上面加上叀字，又把盂田放在动词「省」的前面，用这样的方法来提示「盂田」。这里使用的田字用作表示田猎地方的名词。

此外，田字又用作表示田猎的动词

（资料三十二）「辛酉卜，王其田，叀省虎？」（粹九八七）

从上述的祭祀卜辞的叀字的用法，可以推测，这个例子里，加上其字的「田」是主要行为，而加上叀字的「省虎」则是田猎中的部分的行为，而在选择田猎地方时，也可以看到同样的田猎卜辞里的其与叀的关系。

（资料三十三）「一、翌日戊王其田，叀䊗田，弗每？ 二、叀[illegible]田，弗每？亡戋？ 三、叀䊗田，亡戋？啓王畢。 四、叀[illegible]田，亡戋？啓国畢。」（人二〇四九）

这个例子里，把其字加在田字上面，以表示翌日的戊日，王举行田猎的主题，而为了表示选择田猎地方，在地名上面加上叀字。

（资料三十四）「一、丁未卜，翌日戊王其田，亡戋？吉，用。 二、戊弜田，其每？ 三、戊王其田，叀率，亡戋？吉，用。」（甲三五九三）

这个例子的第一条，卜问王在戊日（戊申？）可否举行田猎，第二条是卜问要是没有举行田猎的话，是否每（就是悔）呢？其结果，第一条是吉兆，要实行田猎，接着用第三条来卜问，

是否可以在率地举行田猎。那样，「戊王其田」的田字上面加上其字，表示主题，在田猎地的率字上面，加上叀字来表示田猎地的选择只是附属的部分。

在选择举行田猎的日期的时候，也可以看到这种田猎卜辞里的其字和叀字的关系。

（资料三十五）「丁亥卜，狄贞，其田敻，叀辛湄日，亡災？不雨。」（佚一六五）

这个例子卜问，在敻地的田猎，是否可以在辛日（辛卯？）举行。这里主要行为是其字下面的两个字，辛日只是其中部分，是选择的对象，因此加上叀字来表示。

（资料三十六）「一、乙巳卜，狄贞，王其田，叀辛，亡災？ 二、乙巳卜，狄贞，王其田，叀壬，亡災？ 三、乙巳卜，狄贞，王其田，叀乙，亡災？」（佚三九一四）

这个例子是卜问在辛、壬、乙之中哪一个日子最适合举行田猎的。这三个日子上面都加上叀字，然而在主要行为的田字上面加上其字。可是有时在同样的情况里的省略形式的句子，没有使用叀字，而使用介词于字。例如

（资料三十七）「一、癸丑卜，王其田于[illegible]，叀乙，畢？ 二、于戊田，畢？ 三、于辛田，畢？」（佚六七三）

这个例子的第一条使用叀字，第二、第三条却使用介词于。同样的情况，在上述的祭祀卜辞里也看得到的。但是值得注意的是，选择田猎地时，和选择日子不一样，前者在省略形式的句子里也绝少使用于字。可是它的原因不清楚。

与此相连，还有值得注意的，就是没有把叀字加在使用獸字（就是獸字，有人说也就是狩猎的狩字）的句子里，例如

（资料三十八）「王其田獸，亡𢦏？」（明续一九六五）

但是

（资料三十九）「一、王獸，亡𢦏？不雨？ 二、叀龠田，亡𢦏？不雨？ 三、叀虞田，亡𢦏？不雨？」（人二〇五四）

在第二条以下的句子里，加上叀字来提示田猎的地方。

（资料四十）「一、其獸，亡𢦏？ 二、叀噩田省？ 三、叀盂田省？ 四、叀舟田省？」（明续一九五〇）

这个也是同样的例子。上面的三个例子里头的叫作獸（也就是狩）的行为，跟田和省有怎么样的关系呢。——这里有没有好象上述的省跟田那样的关系，也就是省只是构成田的一部分。这个问题，到现在还没有弄清楚。

跟田猎卜辞相似的，关于𢓊的卜辞，例如

（资料四十一）「一、翌日壬王其𢓊于䨻，亡𢦏？ 二、于[illegible]，亡𢦏？ 三、于噩，亡

𢦏？ 四、于盂，亡𢦏？ 五、于宫，亡𢦏？」（明续二〇五九）

第二条以下也没有使用叀字，而使用于字。第二条以下列举的是选择替代的对象呢？还是卜问从畢到朱，从朱到噩的依次举行叫作𨒪的行为呢？由于这两种看法的不同，因而这个例子得出不同的解释。我们知道没有叀字的省略形式是记录祭祀的牺牲动物的选择，从这里看来，资料四十一的例子大概也是为选择而卜问的吧，而这里的𨒪字甚至作为选择的时候也没有使用叀字，但它的理由不清楚。我曾经指出过，在表现行为的时候，田字和𨒪字有共通的地方。可是根据叀字的用法来看，可以说，在商人的意识中，这两个行为有明显的区别的。

在使令类卜辞里，例如

（资料四十二）「一、庚子卜，令吴省冬？ 二、叀畢令省冬？ 叀竝令省冬？」（粹九一五）

（资料四十三）「癸巳卜，令畢省冬？」（粹九一四）

这两个例子，都用叀字来提示被命令的人，把令字放在下面。

（资料四十四）「一、辛未贞，其令射𢀛即竝？ 二、辛未贞，叀线令即竝？ 三、癸酉贞，其令射𢀛即竝？ 四、癸酉贞，叀线令即竝？」（甲八六八）

这个例子里，第一条和第三条的射𢀛相当于第二条和第四条的加上叀字来提示的线，并且线字放在令字前面。第一条和第三条里构成卜占的内容的句子上面加上其字，从这里看来，这个卜问的主要目的是射𢀛，线只是替换的部分。

军事类方面

（资料四十五）「一、叀成中往，又𢦏？ 二、叀成先往，又𢦏？ 三、□成往□羌方不□□，又𢦏？」（明续二一〇七）

虽然失掉了第一条以前的部分，所以不能正确判断，但是根据第三条，可以推测这里卜问的是对羌方的军事行动，也就是成中还是成先羌方去的好呢？这里是作为动词「往」的主格的选择。

（资料四十六）「乙巳卜，叀小臣𧗿克于𠂤□？」（明后二三二二）

这里也是用叀字来提示动词「克」的主格小臣𧗿，在往来类的卜辞里也能看到同样的选择主格的提示的例子。

（资料四十七）「一、丁丑卜，狄贞，其用兹卜，異其涉兕同？ 二、贞，不同涉？ 三、贞，叀馬亚涉兕？ 四、贞，叀象涉兕？」（甲三九一六）

这里的異、马亚、象都是叫作涉兕的行动的主格。从第一条的「其用兹卜」，知道某种行为早已决定实施——这个行为大概是指涉兕——，因此这里要卜问的是谁担任施行涉兕的行为好呢。值得注意的是，在第一条，主格的異和涉衆的中間插進其字，不象第三条以下那样在主格上加上叀字。因此可以知道，異就是这个行为的主要的选择的对象，其他的马亚和衆只不过是次要的用来替换異而提出来的人物，同样地，在有关祭祀和田猎的卜辞里，选择主格（也就是行为担当者），也是用叀字来提示的。

以上考察的结果，我们知道的是：从第三、第四期的各种「叀」字用法来看，用其字来表示的是，主要行为或者是主题，可是当卜问这个主要行为里边的一部分，例如行动的担任者、日子、祭祀的对象、种类、数量之类，为了提示选择或者替代的事物的时候，却使用叀字。不用说，第三、第四期的甲骨资料里包含着大量难于解释的例子，那些例子里的叀字的意思和作用，这儿没有论到。我们可以推想那些叀字的用法，跟这里考察出来的用法不一样，这是当然能预想的。这个问题，以后再来检讨。

要是把这个「叀」字换成今天的汉字的话，最合适的是唐兰先生所主张的叀字「就是惟字」，同时必须注意，这个叀字在甲骨文中的位置和用法，跟古汉语中的惟字的用法，不一定完全一致的。」（有关语词「叀」的用法问题古文字研究第六辑二五一——二六二页）

伊藤道治「以上检讨卜辞、金文中甶、叀和佳的用法及意思，得到如下的结论：卜辞、金文的甶、叀二字是惠字的古体，意思上由强调性的提示变化到以选择或代替为目的提示，而且进一步具有祈求的意味。另外，佳字在第一期卜辞中含有强烈的否定意识，与甶字对应而具有提示的作用。但是到了第三、第四期，否定的意识逐渐稀薄而转化成肯定的作用，然后更进一步具有意志、祈求的意味而与甶、叀变成同义。到了西周时代，金文中的甶、佳和古典中当虚词的惠、惟产生相同的作用。因此可以说：甶和佳在第一期卜辞中同样具有提示的作用。但是甶是肯定的而佳具有根强的否定意味，两者是对立的。第三期以后，佳字的意思起了变化，逐渐地倾向于同一作用。这种变化的背景当中有着宗教意识的改变。

再者，卜辞中的甶、叀和佳，如果象陈梦家氏或管燮初氏把它们当作介词或疑问副词的话，无法说明所有用例中这些字的意义。因此很明显的将它们当虚词看待是最妥当的。但是值得注意的是它们又和后代的虚词不同。它们的意义是被限定的，而且它们所处的句子的内容也是有限定的。」（古文字研究十二辑一六三頁）

徐中舒「此字象纺轮，上部屮象三股线拧在一起，加手为[古文字]（前六．五．四），乃用手使纺轮转动之意，说文：『專，小谨也』，这就违背了原义。專，即转动的转。又其上部由三股线拧成，故又为繐，假为穗，即[古文字]（前七．一〇．三）、[古文字]（無叀鼎）。」（怎样研究中国

古代文字，古文字研究第十五辑三页）

趙誠　「甶，甲骨文写作甶，或写作𢆶、𢆸，隶定作叀，读作惠。构形不明。卜辞用作助词，似为借音字：

一、用在句首：

乙巳卜，争贞，甶王往伐𢀛方，受㞢又。（粹一〇八一）——𢀛方，与商王室为敌之方国，㞢用作有，又用作佑。

甶王𡆥，伐方。（甲五五六）

这种用法的甶（叀）无实义，甶（叀）后面一般是一个完整的句子，所以有人把这种甶（叀）称为发语词。

二、把宾语提前：

癸卯卜，㱿贞，甶𠷎乎令沚𢦏𢀛方。（前六·六〇·六）——呼𠷎命令沚打击𢀛方。𠷎，乎即呼，有命令之意。『甶𠷎乎』即『呼𠷎』，由甶把宾语𠷎提前就成了『甶𠷎乎』。𠷎，人名。沚，人名。𢦏，动词，有打击伤害之义。𢀛方，与商王室为敌之方国。

庚戌卜，叀疾令。（佚一八七）——疾，人名。『叀疾令』就是『令疾』，叀把宾语疾提前就成了『叀疾令』。佚一·五九六作『王令疾』，没有用叀字，宾语就没有提到动词之前，整个句子语序为典型的主动宾。这可以证明『叀疾令』的叀有提前宾语的作用，但无实义，也说明叀不是非用不可。

叀田眚。（南南一·一六〇）——眚，用作省视之省。『叀田眚』即省田，省视田地之义。叀田眚，也可以说成『叀田』（戬十一·六），也是省去后面的动词。在祭祀卜辞里也有这种现象。

叀𠂤取。（拾三·八）——𠂤，祭祀对象。取用作𣪊，祭名。『叀𠂤取』即『𣪊𠂤』，向𠂤进行𣪊祭。也可以写作『甶𠂤』（前五·四七·三），省去了后面的动词。可见甶的语法意义很强，不仅可以提前宾语，而且可以使后面的动词省去。也可能这省去的部分正好是甲骨残损所致，后面的动词根本不是省略，这是可以再研究的。但能提前宾语却是事实。

甶或叀作为助词与隹有相同之处，后代典籍均写作唯、惟或维。」（甲骨文虚词探索，古文字研究第十五辑二八九页）

按：卜辭叀字均用為語詞，與「隹」同。佚一三有辭云：

「辛卜㱿貞，王叀沚𢦏比；

辛卜㱿貞，王㔾隹𧗿𢦔𠤎」典籍作唯或惟或維。唐蘭於此論證甚詳。但唐氏以叀為甫，又混甾叀二者為一字，均非是。李孝定評論諸家得失，較為允當。孫海波、王獻唐以「叀」為紡塼之象形，其說可從。參見「叀」字條。

2954

專 [illegible] [illegible] [illegible]

羅振玉　「說文解字：『專，六寸簿也。从寸，叀聲。一曰專，紡專。』此字从叀从又，凡篆文从寸之字，古文皆从又，疑即許書之專字。其誼則不可知矣。」（殷釋中四十八葉下）

羅振玉　「師田父尊亦作[illegible]，與此同。」（殷釋中五十三葉下）

王襄　「古傳字。傳尊之傳與此同文。」（類纂正編第八第三十八葉上）

王襄　「古專字。許說布也，从寸甫聲。殷契有甾字即圃省口。御尊蓋圃作[illegible]，知甫古作甾，此从甫从寸，乃古專字。毛公鼎專命專政，叀字與此相似，古與敷通。」（簠室殷契類纂第十四葉）

王襄　「古專字。」（簠室殷契類纂第十四葉）

孙海波　「[illegible]，甲二三四一。專字作[illegible]，与金文同，卜辞專用为搏。[illegible]，鐵二六八·四。或从収。」（甲骨文編一三六——一三七頁）

孫海波　「[illegible]，甲二三四一。卜辞用專为搏，重見專部。」（甲骨文編四六七頁）

孙海波　「[illegible]，甲三三九四。疑專字。」（甲骨文編七一〇頁）

李孝定　「說文：『專，六寸簿也。从寸，叀聲。一曰：專，紡專。』段注謂說文有薄無簿。薄蓋笏也，即今手版。又謂六寸上疑奪『二尺』二字，引玉藻『笏度二尺有六寸』證之。桂氏義證則謂『簿』

當為簙，方言「簙，吳楚之間或謂之匏專」。廣雅「匏專簙也」，本書算長六寸，簙謂簙長亦如之。西京雜記「許博昌，安陵人也，善陸博，法有六箸，或謂之究，以竹為之，長六分」。簙謂究當為匏，即方言所云匏專也。六分，當為六寸」。二說不同。竊謂桂說為長，此當為專之後起義，其本義當為紡專象形字也。徐灝段注箋云「此疑當以紡專為本義，收絲之器謂之專，其錘謂之䥶，引申為圜轉之偁。又為專壹專謹之義，史記賈生傳「大專槃物兮」，大專與大鈞同義，皆言天道運行陶育萬物。紡車旋轉與陶人運鈞，其事相類，皆以喻天行。索隱曰「專讀為鈞」蓋由不知專字自有圜轉義，故破字為鈞，然以鈞釋專則取其義近可知。左氏昭二十年傳「若琴瑟之專一，誰能聽之」，蓋琴瑟必旋轉其軫以調聲，專壹則不諧，所謂膠柱鼓瑟是也。謂之專者，亦以其圜轉收絲也。……叀即專之古文象形」。其說極是。契文即象紡錘之形，从又所以運之，專鈞聲義並近，其物古已有之，陶器之作早於甲骨者甚多，故制字象之也。字在卜辭為人名，辭云「癸亥卜王貞余从侯專八月」前五·九·二，言侯專从王也。「□巳卜王侯專其☐」藏一三三·四、「□子卜貞侯專☐」藏二六八·四、「☐于專十牛☐」拾二·十七、「□子卜貞侯專」拾二·十八、「壬子卜專貞今夕亡禍」押一·六·九是也。又為專壹之義，如云「戊子卜賓貞戌其專戈」藏二一六·三，戌人名，此貞其是否可以專征伐也。「甲戌賓貞不專」押一·二八·七，此辭語意不完，然專似亦有專壹之義」。（集釋一〇三九葉）

李孝定　「傳轉亦由專得義，匪惟以之為聲也。專為紡專為陶鈞，皆運轉不息者，乘傳者亦類之也，疑即與專同字。古从又者或緐而从寸，或又離而从𠬞也」。（集釋二六五五葉）

饒宗頤　「專為地名，（乙八一一）：「貞：乎作圂于專。勿作圂于專」。潛夫論：宋公旗有專氏，當即侯專之後。專即鄟。春秋成六年「取鄟」。（鄭有鄟門，左襄九年傳）說苑：「趙與衛靈公盟于鄟澤」，即此地」。（通考六三八葉）

饒宗頤　「按前編六·五·四片專字作叀，綜述另列為一人，隸定作「紋」字，以其與卯同版，繫于廩辛時，今仍定作專」。（通考六四〇葉）

張秉权　「專，地名，在今山東郯城」。（殷虛文字丙編考釋第一八九頁）

屈萬里　「卜辭有敱字，羅振玉釋專（殷釋中四八頁）。按卜辭[illegible]、[illegible]同字，則本辭之敱，殆亦專字也」。（甲編考釋二九四葉）

丁驌「專□□：……專作叀异文耳。」（諸家名中国文字第八卷第三十四册三五七五頁）

劉釗「卜辞有『專伐』，專疑借為『剸』。說文『斷，斷首也，亦截也』。字亦作剸。一切經音义十四引通俗文『剸，截斷也』。『專伐』义為『斷伐』，『截伐』。」（卜辞所見殷代的軍事活动，古文字研究十六輯一一三頁）

陳初生「甲骨文作□、□、□等，从又甫声或从㕚甫声，金文只作从又甫声，声符甫皆作□、□、小篆□（專）所从之甫乃□之讹变。」（商周古文字讀本三四三頁）

王獻堂說參□字条下。

饒宗頤說參□字条下。

張亞初說參□字条下。

徐中舒　參余字条

按：字从「叀」，不从「甫」。契文「□」與「□」區分甚嚴，從不相混。金文則間有相混。「專」孳乳為「轉」、為「傳」、為「□」。卜辭「專」為地名；「疾專」則為人名。「專伐」又當為「剸伐」，似不得為「專壹」之義。

2955 □

按：字不可識，其義不詳。

2956 傳 □

于省吾說參□字條下。

按：卜辭傳字為人名，與專當有別。

2957

□ □ □ □

唐蘭「右□字，舊不能釋，今按即覃字也。說文覃作□，『長味也。从𣅀鹹省聲。□古文覃。□篆文覃省。』（□字從繫傳，蓋𣅀變作□，與豆相近也。大徐作□。□篆從𣅀，與隸相近。）今謂□即覃字，若不相類然。且金文覃字作□（亞覃父乙卣）□（亞覃父乙爵）□（亞洪覃父乙毁）□（晉姜鼎）等形，俱與說文及今隸从卤从西者為近，未有从叀者，亦似與余說不合。……說文覃从鹹省聲，余前已識其非矣。（見𣅀字條）王筠說文句讀云：『此却不忍，亦云從卤，可矣。』張文虎舒藝室隨筆謂字『當作□，从卤，𣅀，卤亦聲。』按張謂從卤，殊無確證，乃臆說也。王以為從卤，較優於說文舊說，隸變从西，西卤一源，王說似是。然由古文字證之，覃固不從卤也。小篆覃字从卤，今隸从西，皆由金文□、□二形變來，然金文所从之□、□二形，本非卤及西，特形相混耳。余謂□字所从之□，實乃囟字。說文：『胃，穀府也。從肉，囟象形。』又：『菌，糞也。从艸，胃省。』今按胃菌皆从囟聲。少民劍胃字作□，雍邑刻石謂字偏旁作□，其所从之□，（一作□與作□同，此古文字恆例）皆略圓，小篆變為囟，故今隸之胃，遂从田矣。覃字从□，實即胃菌二字所从之□，特因□字結構，不便改作囟形，後人遂誤以為从卤耳。然則卜辭之□，即覃之本字也。何則？說文無囟字，囟即叀之變也。卜辭叀字，或變為□□□□□諸形，（羅振玉並誤釋為𢍏，不知□即□□之變，亦即□字所從出，詳見後釋叀。）□字或變為□、□、□諸形，（舊並不識，亦詳釋叀。）其□□□諸形，即胃菌二字所从，叀讀若惠，故胃菌二字得以為聲矣。叀既即囟，則從叀之□，即從囟之覃，無疑也。特卜辭之□字，均同一時期之所作，故其變化之迹難求，非先知叀之得變成囟，自無由識之耳。由是言之，覃之本字，當象盛叀於𣅀，以聲化例推之，𣅀亦聲也。叀者蕙之本字，蕙蓋用以湛酒者。說文：『覃長味也。』字林：『醰甜同，長味也。』徐灝說文段注箋謂：『覃醰古今字。』是也。以蕙和酒，引申之，因有長味之義矣。卜辭覃字，為師名，商王畋遊之地也。其地與潧極近。（前二、三六、一片酉日卜田潧，戌日卜田□，可證。）卜辭屢並出□、□、□、噩、宮、潧諸字，蓋均相近也。郭沫若謂潧即周之雍國，地在今河南沁陽縣東北，（通纂考釋一三八）其說至確。然則□即禹貢『覃懷底績』之覃，無疑。周禮職方疏引鄭玄尚書注云：『覃懷為縣名，屬河內。』按漢書地理志有懷縣而無覃，蓋其地已無徵，故併懷言之，知懷何在，則覃地亦可想像矣。懷在今河南武陟縣西，與沁陽爲鄭邑，則卜辭與雍地相近之𠭰，必禹貢與懷相近之覃，無疑。」（文字記廿七葉上至廿九葉下）

孙海波　「□，甲一〇二，从口从𠂹，說文所无，地名。」（甲骨文编五一頁）

孙海波　「□，前二·四〇·一。唐兰释𠭰，从𠂹从𠂤，說文所无。」（甲骨文编一九五頁）

孙海波　「□，存二四八八。疑即惠字。」（甲骨文编六五九頁）

李孝定　「从口从𠂹，說文所無」。（集釋〇四〇九葉）

李孝定　「說文：『覃，長味也。从𠂤，鹹省聲。詩曰：「實覃實吁」。□古文覃。□篆文覃省』。契文上出諸形唐氏釋覃可從。𠂹即蕙之本字，字象盛蕙於橐繩束其口置於𠂤上所以茜酒之形，故引申有長味之意。字在卜辭爲地名。金文作□父乙卣□共覃父乙簋□父丁爵□父己爵□晉姜鼎與契文同。」（集釋一八六六葉）

考古所　「□：地名，屬沁陽田猎區。」（小屯南地甲骨八八一頁）

陳秉新　「𠭰，不見于字書，从口、从𠂹，以声类求之，当读如惠。卜辞惠，当即禹贡『覃怀底绩』之怀，在今河南武陟县西南。」（殷虚征人方卜辞地名汇释，文物研究五辑七九頁）

王献堂釋惠，參□字条下。

按：字从「𠂤」、从「𠂹」，隸可作「𠭰」。其省體从「口」作「𠭰」。在卜辭皆爲地名，無義。釋「覃」、釋「惠」皆不可據。

2958 𦉭

按：合集一〇六一三辭云：「貞，生五月𨽘至介𦉭」當為地名。

2959 䜌

郭沫若 「更有進者，卜辭及金文有左列一圖形文字，於古佩玉之構成，尤多所啟發。

（殷虛書契前編二卷第十八葉）（同卷七第十二葉）

（同後編卷上第十三葉）（同上）

（毀文）（尊文）

右金文二字，吳大澂以為『古穗字，象禾穗下垂形』。（說文古籀補卷七第四十一葉）羅振玉疑之，故收卜辭諸字於待問編。今案疑之誠是也。字與黃字相較，其必為古佩玉之圖形無疑，即黃之初字也。特卜辭之例均地名，金文二例亦當為國族之稱，（凡金文圖形文字均如是。）二者殆同是一地，恐即江黃之黃矣。」（釋黃金文叢考第一七〇葉）

陳夢家 「字可隶定作𦆙，或為許訓紡專之專，又可能是許書之䜌。」（殷虛卜辭綜述二九九頁）

李孝定 「按，字釋𦆙於形略近。惟小篆𦆙為形声，而此象流苏下垂，当为象形字。如陳說可从，則许君书𦆙下說解非初谊矣。字非从叀，释䜌无据。」（甲骨文字集释存疑四五八六頁）

（補通考四〇五葉）饒宗頤 「此字陳夢家釋『𦆙』。又云：可能是說文之『䜌』字。（綜述二九九）按廣韻六至下引說文作『𦆙』，石鼓『六𦆙驖𩡡』，詩皇皇者華云：『六轡如絲』。䜌鼎『䜌』作，與契文形同，當釋『䜌』為是。續編三、一三、一：『余其𨽘啓，告侯田（甸），冊𠭰方、羌方、𢦏方、𢀛方。余其比侯田伐四邦方』。前編二、八、五：『乙亥卜，在𠂣貞：王令（多）亞，其比𢦔伯伐𢀛方，不曽𢦏！在十月又口』。此即伐䜌方之重要記載」。（通考一二九九葉）

2960

張秉权「總，地名，在殷都之西，与□相距不过十天路程，如卜辞曰

癸丑貞：旬亡囚？在□。

癸亥貞：旬亡囚？在總。（粹一四二六）

而与呂方及旨相近：

戊寅卜，宕貞：令龍呂方其征于總？（續存五五〇）

壬寅卜，禦旨于總？（粹一一二五）

殷和亘都是武丁時的貞人，在這里亘却擔任着『戈鼓』的职务，可見貞人，除了貞卜之外还有旁的任务。」（殷虚文字丙編考释第二八六頁）

考古所「□：地名，与□□当为一字。」（小屯南地甲骨九三七頁）

考古所「□、□：皆为地名。」（小屯南地甲骨八四二頁）

金祥恒 釋戀。（續甲骨文編十三卷三頁上）

王獻堂釋繼，參□字条下。

金耀说參□字条下。

按：字當釋「戀」，與石鼓文形體同。在卜辭為方國名及地名。

王獻堂说參□字条下。

按：合集八八五五辭云：

「……未卜，殷……□□令取」

足證「□」、「□」有别，不得視為同字。在此為人名。或用為動詞，其義不詳。

2961

按：合集三一九四二辭云：「辛丑卜，王……□果弜……」，疑是「叀雨」二字。

2962

按：字不可識，其義不詳。

2963

按：字不可識，其義不詳。

2964

丁山「卜辞：
……夕□……（文录八〇四）
丁酉卜，亚□以众涉于□，若。（粹一一七八）
□，当即胃字初写。说文肉部，「胃，谷府也。从肉，図象形」。胃，石鼓文谓字偏旁作□，其上之□当是□直接的形变。然则辞云，「亚□以众涉胃」，决是周人所居的渭水；此辞正是「武乙猎於河渭之间」的记事。换言之：武乙晚年，用兵于渭水流域，这是铁证；其死于战争，或为周人所杀，自是意中之事。」（商周史料考证一五四页）

按：此與「□」當同字。參見2967「□」字條。

2965

畜

孫海波　「□，寧滬一・五二一。疑畜字。王□馬在茲寓如戊，王受祐。」（甲骨文編八八〇頁）

于省吾釋畜，參□字條下。

按：字當釋「畜」。合集二九四一五辭云：「王畜馬在丝寓……」又合集二九四一六亦有「畜馬在丝寓……」之記載，均當為畜養之義。

2966

□

孫海波　「□，佚八九八。疑从吅从畜。」（甲骨文編六六八頁）

按：合集八七一四辭云：「……弓……□……人」

當為「畜」之繁構。

2967

□

郭沫若　「囟，說文以為古文囱字，在此乃地名。」（殷契粹編考釋一五二頁上）

李孝定　「按，說文窗字古文作□，犹象窗牖麗廔闓明之形。此作□，銳上侈下，窗焉有作此形者：郭說宜存疑。」（甲骨文字集釋存疑四五六七頁）

陈世輝　湯余惠　「囟，即窗。說文古文作□。地名。」（古文字学概要一八六頁，合集三一九八三片釋文）

丁山　參□字條

2968

東 □ □ □

按：合集三一九八三辭云：「丁酉卜，亞㞢以衆涉于□若」又懷一六五四辭云：「戊戌貞，令衆涉龍□北亡□」「□」並當釋作「西」。

羅振玉 「知□即東者，其文曰『其自□來雨』，又有曰『其自南來雨』，以是知之矣。」（殷釋中十三葉下）

唐兰 「丁山作說文闕义笺云：『東卜辭作□，亦作□、□諸形，□可以謂日在木中，□从□，□从□，木中皆不得謂为从日，友人徐中舒先生曰：「東古橐字，埤倉曰：无底曰橐，有底曰囊。倉頡篇曰：橐，囊之无底者也。实物囊中，括其兩端，□形象之。鼎文重字作□象人負橐形。……」』山按其說甚是。毛公鼎有□字，散氏盘有□字，諸家並释为橐，橐許君謂从橐省，实則所从之□，即橐字，湯所謂括囊者也。囊中无物，束其兩端，故亦謂之束；暨实以物，則形拓大，□者囊之拓大者也，故名曰橐。橐与東为双声，故古文借为東方。（二十八页）

兰按徐丁二君於東字推翻說文从木从日之說，厥功甚伟。其释重字亦甚碻。然謂东字为古橐字，犹为未达一间也。余謂金文偏旁，束、東二字每通用，束即東之異文，說文束字从口木，亦误。橐字本当从束缶声，金文所从作□者象包束之形，作□者文之偶变，其作□□□□諸形，或更为□□等形見金文者，皆象包束后更施以约缚耳。束与東为一字者，束字古当读为透母字，声转而为東也。說文以陳为从阜从木申声，又有古文作𨻰，然金文以至六国匋鉨，並作陳、𨻰、陳諸形，固从束，不从申也。說文又以敶为从攴陳声，然以金文观之，則陳字实晚出，即敶之省也。盖說文既不能释陳为从阜束声，又因无敕字而不能释敶为从阜敕声，故委曲說之耳。今謂敶实从阜敕声，敕即敕字，則此难题迎刃而解矣。此束、東一字之佳证也。」（考古学社刊四期一页）

丁山 「徐說甚是。毛公鼎有□字，散氏盤有□字，諸家並釋為橐，橐許君謂从橐省，實則所从之□即橐字，湯文所謂括橐者也。橐中無物，束其兩端，故亦謂之束，暨實以物則形拓

大，東東者，囊之拓大者也，故名曰橐。橐與東為雙聲，故古文借之為東方。」（說文闕義箋棘字條）

陳夢家　「卜辭言東母西母大約指日月之神。祭義『祭日於東，祭月於西。』中畧殷人的帝或上帝或指昊天，東母西母可能是日月之神而天帝的配偶。」（綜述五七四葉）

饒宗頤　「卜辭云：『壬申卜，貞：㞢于東母西母，若。』（鐵一四二．二）『貞：于東母，㞢……』（林一．二二．二）『……來于東母，豕三犬三。』（續編上二八．五）『貞：于東母西母，殆東西方之女神，楚辭九歌史記封禪書有『東君』，乃日神，山海經穆天子傳有西王母，或自此演化。」（通考一五〇葉）

又曰：「『貞：我來。來于西，一牛。』（沈乙七〇六一）他辭每言『來于東』。又『貞：方告于東西。』（前編一．四八．四）此四方之祭。曲禮：『天子祭天地，祭四方，祭山川。』周禮大宗伯以祀『天地四方』是也。」（通考一五〇葉）

徐中舒　「東古橐字。埤蒼曰『無底曰橐，有底曰囊』。史記索隱引倉頡篇曰『囊橐之無底者也』。實物囊中括其兩端，東形象之。鼎文重字作僓，象人負囊形，橐以貯物。物後世謂之東西者，囊之轉音也。」（說文闕义笺棘字条引）

于省吾释東見東字条

按：說文：「東，動也。从日在木中。」（小徐本）此乃據小篆立說，東南西北表方位之字，皆無形可象，假借為之。徐中舒謂東乃古橐字，其說是正確的。字本象實物囊中，束其兩端之形。既不从木，亦不从日。

唐蘭以為「金文偏旁東束二字每通用，束即東之異文」，其說本於林義光文源。古文字偏旁相混者比比皆是，不得據以論述正字。金文正字束與東判然有別，从不相混，甲骨文亦然。林義光之說非是。

囊橐之别，其說各異，桂馥說文義證論之甚詳。實則對言則殊，混言則一。漢簡囊橐二字，有時且難以區分，不必拘泥。甲骨文「束」、「囊」、「橐」、「東」已分化，形義皆判然有別。

2969 東 𡨦

饒宗頤 「東殆東之繁形，如殷之作𣪘，（臣辰盉）福之作𥛁矣。佚周書作雒解『俾康叔宇于殷，俾中旄父宇于東』。以『殷』與『東』對舉而言。東即洛誥康誥之東土，毛班彝云：『三年靜東或（國）』。詩之破斧東山言周公東征，均稱東土為『東』，小雅大東以『東人之子』，與『西人之子』對言，傳謂：『東人，譚人也；西人，京師之人也』。蓋『東』為東土之汎稱，今由卜辭，知此稱謂不自周初，殷時已有之」。（通考四〇七——四〇八葉）

按：字从「宀」、从「東」，隸可作「𡨦」。合集一〇〇八四辭云：「丁未卜，爭貞，將𡨦于臽母敃」；「……于聿田母……將𡨦」。其義未詳。與「東」非同字。

2970 𣗥

羅振玉 「說文解字：『曹，獄之兩曹也，在廷東，从𣗥，治事者，从曰』。此从口，與从曰同意」。（殷釋中五十八葉下）又曰：「卜辭𣗥為國名。又有曹𣗥與曹殆一字也」。（同上）

王襄 「古曹字」。（類纂正編第五第二十二葉下）

王襄 「古𣗥字。說文載此字闕誼與讀，殆叙中所謂不知者乎」。（類纂正編第六第二十九葉上）

丁山 「𣗥為曹省。曹國名，下从甘」。（𠭯夷考載集刊二本二分四二〇葉）

丁山 「東本櫜字，重之為𣗥曰二櫜，雖然古之以二紀數不盡言二也。玉二曰珏，錢二曰兩，鳥二曰雙，方言『飛鳥曰雙』，廣雅『雙二也』，雙生曰孿，玄應音義引字林二人相對曰偶，釋名釋親屬夫妻相偶曰匹，白虎通『匹偶也與其妻為偶』，事二曰再，廣雅『再二也』，再亦謂之

2971

重。史記索隱『重再也』。徐灝曰『楚辭招魂「分曹並進」，王逸注「曹偶也」。史記扁鵲倉公傳「偶四人」，索隱曰「曹偶猶等輩也」。此當是曹之本義』。此則謂曹之本義爲𣍘，曹偶之義正合𣍘字。詩公劉『民造其曹』，周語『民所曹好鮮其不濟也，民所曹惡鮮其不廢也』。毛傳韋注並訓曹爲羣，斯又𣍘偶義之引申。自造字原則言之，𣍘之本義爲曹偶，其形从二東也殆無可疑」。（說文闕義箋𣍘字條）

陳邦懷

「說文『𣍘二東，曹从此闕』。段注謂『義與音皆闕也』。邦懷案：玉篇『曹昨遭切』。此字在卜辭爲地名，今不可考矣」。（小箋八葉下）

郭沫若

「說文『𣍘，二東。曹从此，闕』。案說文言闕，乃後來書者所注語。謂原書此處有闕文，非許君闕疑之意。唯文適闕，遂無由得其音義。今見於卜辭者乃國名，又由猷之地望以推之，則𣍘或即曹省。疑衛之曹邑（今河南滑縣白馬城）即其故地」。（卜通一二三葉）

郭沫若

「曹即曹，案當是衛之曹邑。左傳閔二年『立戴公以廬于曹』者是也。詩作漕，邶風擊鼓『土國城漕』，又泉水『思須與漕』，衛風載馳『言至于曹』，毛傳云『衛東邑』。今河南滑縣南白馬城即其地」。（卜通七四四片考釋）

陳邦福

「案𣍘當釋曹漕之媢，說文曰部云：『曹，獄兩曹也，从𣍘在廷東也，从曰治事者也，會意』。卜辭𣍘蓋地名，詩邶風擊鼓云：『土國城漕』，毛傳：『漕，衛邑也』。泉水云：『思須與漕』，毛傳『須、漕，衛邑也』。鄘風載馳云：『言至于漕』，毛傳『漕，衛東邑』。左閔公二年傳云：『立戴公以廬于曹』，杜注：『衛下邑』。又通典『滑州白馬縣衛國曹邑』，又案說文木部云：『槽，酒滓也，籀文作曹』。（大徐本）是籀文有媢曹作𣍘者」。（辨疑九葉上）

按：許慎說解有誤，苗夔聲訂以爲當从𣍘聲。卜辭𣍘字當爲曹之初形，丁山謂「𣍘之本義爲曹偶」，其說極是。卜辭以爲地名或國名。

衛二·五·五諸家所釋均誤，唯卜辭綜類摹作[illegible]較爲正確，斷非「曹」字。

3013

羅振玉　「說文解字：『輿，車輿也。从車，舁聲』。攷工記：『輿人為車』。此象衆手造車之形。軾較軫軹轛皆輿事而獨象輪者，車之所以載者在輪，且可象，它皆不可象。舉輪則造車之事可概見矣。」（殷釋中四十七葉上）

王襄　「古輿字」。（類纂正編第十四第六十一葉下）

商承祚　「轝字从舁从東，乃國名。」（佚九四五考釋）

李孝定　「說文：『輿，車輿也。从車，舁聲』。契文从申从舁不从車，蓋申既象車輿之形。輿車人之所居，若从車則並輿輪而象之，不得獨謂之輿矣。契文象衆手舉輿之形，其初疑當與輿舁同意，篆文从車者形之譌变也。字在卜辭似為人名。辭云『囗貞令望乘衆輿囗』可證。續三·一三·六」（集釋四一一七葉）

按：孫海波文編一四·三摹作[illegible]、[illegible]，均誤。字皆从「東」，不从「車」，釋「輿」非是。佚九四五（合集六六六七）辭云：「貞，令望乘衆轝途虎方，十一月」「轝」為人名。綜類四三四誤以兆序入卜辭，作「下轝」，又誤摹「虎方」為「象方」。但均以轝字為从「東」，不从「車」則是對的。

2972

敕　[illegible]

屈萬里　「[illegible]、[illegible]甲編二一五七[illegible]後編上七·一二等形。其所从之[illegible]，與召伯虎毀『束帛』之束字相同（作[illegible]），知亦束字。然則此字隸定之當作敕或𢽳。」（甲編考釋二七四葉）

按：卜辭用為動詞，其義未詳。釋「敕」不可據。

2973

量　[illegible]　[illegible]　[illegible]　[illegible]

王襄　「疑量字」。（類纂存疑第二第四葉上）

馬薇廎　「契文㬐字，或作㬐、㬐、㬐、㬐等，就字形言，从早，象正視之斗形，十為其柄（柲），斗字契文作斗（乙八五一四），金文作斗秦公㪵係側視形，与早字同。四田乃斗中实米之意；从東或束，象橐形，可想像其中所貯為米或穀类也（東字之意义為橐中之東西）。㬐从早从東，即量米之量器之意，故此字當為量，量金文克鼎作㬐，父乙觚作㬐与契文相同，可以互証。量之初义，釋文『斗斛也』，其后称輕重亦曰量，說文『量称輕重也』，測量面积曰丈量，皆引申义也。如下辭：

『乙卯卜貞乎犷人㬐』（續六、三六、四）

『庚午卜令雀貿（稱）㬐唐』（人二九九三）謂丈量唐地面积也，雀稱均為人名。

二辭正可作丈量解。又『□貞□得□畢□我』（乙三八六九）『□我㬐□』（漸二六九〇）及『貞□㞢□㬐□』（后下四一、二）三片虽然残缺不堪，犹可察知為測量之意也。（釋量及㠯中國文字第九卷四〇二五頁至四〇二六頁）

于省吾　「甲骨文量字作㬐、㬐、㬐、㬐、㬐等形。商承祚同志『疑即量字』（佚考三八）。甲骨文編入于日部，謂『說文所无』。其作㬐形者，甲骨文編入于附录。按此字从口从東也从東。其从口乃日字的省文，甲骨文日和从日的字通常作㈰，有的省去中間橫划，有的作口，中間变為竪划。其从東即古重字，初文借東為重，東从東声，系東的孳乳字，東上加一橫划，以別于東，于六书為指事（詳附划因声指事字的一例）。

西周金文的量字，克觚和克鼎作㬐，金文編释量是对的。又邢侯簋重字作東，可与甲骨文互証。量字，西周后期器量侯簋作㬐，战国時器大梁鼎作㬐，秦器作㬐，說文作㬐，这就可以看出量字的演化規律。又量字古玺文作暈，汉光和斛和曹全碑也作暈，均从日章声，已訛变為形声字。

說文：『量，称輕重也，从重省，曏省声，㬐古文量。』許氏誤以会意為形声。清代和現代文字学家对于量字的解釋，有的說⊖▽盖象量器之形，有的說从日以土圭正日影，有的說量下从里，还有的說量从良省声，异解紛起，无一是处。因此，王筠說文释例遂謂：『量字形声义，无一不同穴者，盖失传也。』

量字的初文本作量，从日从重，係会意字。量字的本义，应读為平声度量之量，属于广义，作為名詞用度量之量，乃后起之义。量字从日，当是露天从事度量之义，这和甲骨文眾字作㬐，為眾人露天劳动同例。量度田野、道路和谷米都是露天的工作。西周金文揚簋的『王若曰，揚作𤔲工，官𤔲量田甸』，量度田甸，是以量作动词用的明证。甲骨文疆字作㽘（后下二．一七）、田以弓计，故从弓。仪礼乡射礼的『侯道五十弓』，贾疏：『六尺为步，弓之下制六尺，与步相应。』周礼司裘郑注：『凡此侯道，虎九十弓，熊七十弓，豹麋五十弓。』度地论：『二尺为一肘，四肘为一弓，三百弓为一里。』按吴大澂说文古籀补于疆字下只引仪礼乡射礼。郝懿行证俗文地曰弓条说解较详。今以甲骨文疆字验之，则以弓量田，商代已经有之。

甲骨文量字凡十余见，都居早期，惜文多残缺，其言『量亡囚』，『知量于父戊』（佚六六九○），以量为人名，又称『小臣遈』（珠七○六），遈字从彳从量，也系人名。』（甲骨文字释林释量）

张亚初 「𤳳字即西周铭文中的𤔲和⿰東畐字（综类四三四页），本为从田从東、以東为声符的治理土地的形声字，所以在西周铭文中增加了训为治的𤔲作为其意符。𤳳、⿰東畐、𤔲后世借董字为之。𤳳、⿰東畐、𤔲为董理之意。𤳳、⿰東畐是以東为声符的形声字。𤔲字从字形看似为会意字，但它与⿰東畐为一字，应是从畐省，以畐为声的形声字。」（古文字分类考释论稿古文字研究第十七辑二三七页）

按：契文「量」字上或从「口」、或从「𠙵」、或从「田」、或从「日」。卜辭多用為人名。而合集三七四七五之「今日步于量」則為地名。究屬何所取象，難以確指，似不得謂从「日」。以「㬮」為从「子」，實屬誤解。

2974

按：字不可識，其義不詳。

2975

按：字不可識，其義不詳。

2976

按：字不可識，其義不詳。

2977

按：字不可識，其義不詳。

2978

⿰東殳

按：字不可識，其義不詳。

2979

按：合集八五八六辭云：「……我其□舌」用為動詞，其義未詳。

2980

⿰耒亏

按：字从「耒」、从「亏」，隸可作「⿰耒亏」。辭殘，其義未詳。

2981

按：佚七三九辭云：「其⺕」用為動詞，其義未詳。

2982

按：合集二八一七一辭云：「于⺕」當為地名。

2983

帚 婦

孫詒讓 「巿即帚字。說文巾部帚，糞也。从又持巾，埽冂內也。此文巿唯一見，餘並省作⺕。又案校文義，當段為歸字。金文汝歸卣作帚，與此同。」（舉例下廿六葉下）

羅振玉 「說文解字：『帚，从又持巾，埽門內。』卜辭帚字从⺕，象帚形。⺕其柄末，所以卓立者，與金文戈字之巾同意。其从H者，象置帚之架，埽畢而置帚於架上，倒卓之也。許君所謂从又，乃⺕之譌；从巾乃木之譌；謂H為冂內，乃架形之譌，亦因形失而致誤也。凡卜辭中帚字，皆假為歸。」（殷釋中四十八葉上）

王襄亦釋歸，見簠考典禮十二葉下。

葉玉森 「曩疑為殷代婦媵之禮，（鉤沈）繼思卜辭之『帚好』即歸俘。『帚嫊』，即帰藝所俘者。為女則于俘字易女旁，所執者為女，則于執字增女旁，此一例也。若歸姘，歸媒，一作歸井，歸果。疑井即井方。果亦地名或國名。來歸者為男俘或不分男女性，則作歸井，歸果。來歸者為女俘，則增女旁，作歸姘，歸媒。此又一例也。」（前釋二卷七十六葉）

郭沫若 「帚字羅振玉一律釋為歸。案其下大抵乃从女之字，實當讀為婦。『婦某』乃

人名也」（卜通六四葉上）

吳其昌　「云『帚歸致子』者，「帚」之初义，本象篲帚之形，而引申假以為「歸来」字。罗振玉曰：「說文解字：「帚，从又，持巾埽门内。」卜辭帚字从⺕，象帚形。木，其柄末，所以卓立者，与金文戈字之巾同意。其从ㄩ者，象置帚之架，埽毕而置帚於架上，倒卓之也。許君所謂从「又」，乃彐之譌。从「巾」乃木之譌。謂「ㄩ」為门内，乃架形之譌。亦因形失而致誤也。凡卜辭中帚字，皆假為「歸」。考釋·中·四八·按罗說是也。擁帚篲而糞掃于場圃，既畢入室，而倒卓其帚篲于架上，是归来矣。此引申之誼所从出也。更往而后，於是遣子女，亦遂呼為「歸」。易兴于殷周之際，系辭說。而有「歸妹」之卦。且有「帝系歸妹」六五「歸妹以娣」初九「歸妹以須」六三之文。「帝乙」但即為文丁之子，帝辛之父之帝乙。「娣」之义，為女弟。「須」即離騷「女嬃」之嬃，义乃為女兄也。此注易者所未言。由是可知所謂「歸妹」云者，其意碻為女子于歸；而「歸妹」之制度，史献·碻早見于殷商時矣。故卜辭中亦碻有「歸妹」之语，鐵·三五·八；即續·四·一八·一·斯又可為証也。由「歸妹」之詞而推扩之，則卜辭同娄之詞：若「歸好」鐵·九二·三·前·一·四三·四·等，大約二十余見。若「歸姘」後·二·三七·一·續·四·二五·四·等，大約三十三見。余若「歸嫜」鐵·二四·七·一·拾遺·九·三·等，約四五見。若「歸嬒」拾遺·九·五·等，若二三見。若「歸媚」前·六·二八·六。若「歸媸」約二見。詳下。若「歸姒」旃·八·一四·三·若「歸妥」林·一·二〇·七·若「歸妨」鐵·二三·乃至亦有泛称為「歸女」。鐵·九·九七·鐵·一五六·則其义但当都与「歸妹」相同；而「好」「姘」「嫜」「嬒」「嫘」「婭」「媚」「婚」「妘」「妥」「妨」……等字，自当為女子之姓或氏矣。今按：「好」姓即经典之「子」姓也。此犹「妊」姓即「任」姓，「妃」姓即「已」姓，「姒」姓作「孟弋」，「嫞」姓作「孟庸」也。商為「好」姓，商宋一声，商后為宋，故经典即以宋為「子」姓，正相脗合矣。詳侄文氏族疏証及世族表。「歸妹」云者，亦不应解為遣嫁女弟，乃為于歸「妹邦」之女也。「妹邦」，即殷都之異名也。書酒誥：「成王若曰：明大命于妹邦，……」下文又云「……妹土嗣尔股肱」，鄭君注曰：「妹邦，紂之都所处也。于詩國屬鄘，故其風言「沬之鄉」。」按：桑中。則「沬之北」，「沬之東」，朝歌也。」詩孔疏引水經淇水篇注亦云：……遥朝歌城南，晉書地道記曰：「本沬邑也。」詩云「沬之鄉」矣。殷王武丁始迁居之，為殷都也。……」皆其証也。然則卜辭中所謂「歸好」云者，乃遣嫁殷王都之女，犹周代之「歸京姬」也。推此二端，則凡一切所謂「歸姘」「歸姪」……云者，其意义殆无不瞭矣。然而本片又云「歸姪子」者何謂也？按：他片卜辭又有云：「歸好出子」鐵·一二七·一·「歸妹出子」旃·三·三三·八·「歸如又有子」。前・八・二・一・「歸𡚸又有子」。前・八・三・五・「歸娩子子」。前・四・一・六・後・一・三四・一・「歸姓子」。前・六・四九・三・續・四・二八・四・「出」亦有誼，詳前疏「出子」，即「有子」也。歸女而有子与俱，意者去毋系中心社会未久，而此女已為再嫁，故攜挈其前所生子而俱往歸歟？未可知也。」（殷虛书契解詁第二八七——二九〇頁）

唐蘭

「右帚字，作𣎵𣎵𣎵諸形者最多，……其作𣎴及𣎵者，舊不釋，今以卜辭歸作緐證之，知實為帚字也。說文：「帚糞也。从又持巾，埽门内。」（此从段玉裁說。別本俱作冂，非」帚而从巾，事本可疑，故戴侗以為象手持帚形也。……然小篆之帚，乃帚形之譌，則从又，初亦無據也。」羅振玉謂「卜辭帚字从𣎵象帚形，……其从𠙵者，象置帚之架，埽畢而置帚於架上，倒卓之也。」按羅說之誤，卜辭戈字作𢦏，金文大抵作𢦏，與小篆𣎵之必从木作者迥異，且一帚也而必卓立何為哉？凡為架者，將以盛器，𠙵以盛矢，是也。今帚字之𠙵，在帚之中，將何能盛？凡此皆臆說之遠於事實者也。余謂卜辭作𣎵者，帚之初文，與𣎴𣎵等字相近，實象植物之形。爾雅釋艸：「葥王蔧。」注：「王帚也。似藜，其樹可以為埽彗，江東呼之謂落帚。」是帚字之形，正象王帚一類之植物，以其可為埽彗，引申之，遂以帚為埽彗之稱，習久忘本，遂不知帚字之本象樹形矣。𣎵象帚形，其或作𣎵者，字體之增緐，猶庚字作𢆉，或作𢆉耳。（並見金文）古文字，凡直垂之筆，恆增一橫畫，橫畫或變為𠙵，以𠙵為𠙵是。知𠙵為緐畫，本無意義也。其作𣎴𣎵等形者，乃諸體，猶𡳿為𡳿是，𡳿譌𡳿也。葉玉森反謂「譌緐為緐，復誤者作𣎵」，（殷契枝譚）識所謂大惑終身不解者。自孫詒讓謂卜辭叚帚為歸，學者多从之。（孫說見契文舉例上十三又下卅六）董作賓謂歸為歸田，帚為餉遺餽送之義。（帚矛說）按歸當為从帚𠂤聲，與帚殊字，孫說誤也。歸餽聲近，帚既非歸，安能讀餽，董說亦誤也。卜辭云：「帚好㞢（有）子」，讀為歸好有子，餽好有子，寧非笑譚。卜辭之帚，以辭例推之，當讀為婦。淘齋吉金錄載比𣪘（一、四九）以白帚為伯婦，是帚可讀婦也。卜辭每言帚……𠬪，妫，殷契卜辭七二三片云：婦……𠬪，妫，是尤帚假為婦之明徵也。曩讀郭沫若卜辭通纂，於其讀帚為婦，深契余懷。郭氏由「知帚𡚸匕己」一辭，悟帚𡚸之為人名，雖誤謂帚姓同御，（見通纂考釋及古代銘刻彙考續編七葉）於理解卜辭文法上為小疵，其結論則殊正確也。卜辭叚帚為婦，習用於人名，如帚好、帚姘……然亦有但用為公名者，如「多帚」（𡧊三二一）「三帚」（前一、三〇、五）即多婦與三婦也。亦有但稱帚而不舉其名者，……甲骨所載帚字，並讀為婦。又寑字卜辭作𡨦，叓字或作埽，是又讀帚如叓也。今音帚婦侵迥異，在甲骨則相通叚，可知商時此三字之音尚未甚變，其距離不甚遠也。諧聲之字，以叓為最多，與帚音近者，只一埽字，婦則更無同音者。余意叓乃其本音，帚婦皆其變音，叓帚聲近而變，帚婦則韻近而變也。」（文字記十

八葉下至二十葉下）

唐蘭　「右婦（婦）字，說文：『婦服也。从女持帚，灑掃也』。今按當作从女帚聲，帚之孳乳字也。卜辭且（祖）之配曰匕（妣），父之配曰母，婦者殆今王之配與」。（文字記廿葉下）

孫海波　「帚，甲六六八。帚用為婦。婦好。」（甲骨文編三三六頁）

李學勤　「婦，前人多指為王的配偶，我們則認為是子婦。先秦文獻中『婦』均訓子婦，周初的婦𨥬組銅器也以『婦』、『姑』對稱。無論如何，商王常卜婦的生育等事，王室卜辭中的婦必須是王的親屬。綜述以婦為『一種婦女的身分』，是不妥的」。（評陳夢家殷墟卜辭綜述，考古學報一九五七年三期）

李孝定　「說文：『帚，糞也。从又持巾埽冂內。古者少康初作箕帚秫酒。少康，杜康也，葬長垣』。箕帚秫酒了不相涉，雖曰相傳並為少康所作，故並及之，意者古或有以秫稭為帚者矣，故因帚及秫又因秫及酒耳。是亦可為唐說之一旁證，帚字象植物之形之說蓋無可疑也。吾湘今猶編秫稭為帚卜辭皆段為婦無用其本義者，蓋箕帚瑣務不煩載諸卜辭也。金文作帚女歸卣帚母寅卣帚[illegible]父乙尊帚歸女簋帚比簋」（集釋二五九一葉）

李孝定　「說文：『婦，服也。从女持帚灑埽也』。契文皆段帚為婦不从女。帚字重文，見七卷帚字條下。然亦有从女从帚作婦與今字同者，如上出前三文，蓋後出之本字與段借字並行。唐氏以形聲字說之是也。蓋埽非从帚得聲，則帚不得假為婦矣。灑埽固為婦職然如非帚聲則單一帚字安知不為僮僕字乎。金文作帚比簋亦不从女與契文同。然多數从女作婦守婦簋婦祀婦卣婦守婦觶婦虞市多父盤婦晉邦盦婦盘婦鼎婦曼婦爵婦[illegible]君具與小篆同」。（集釋三六〇三葉）

鍾柏生　「……張政烺言『多帚』即周礼所言之世妇，职掌祭祀。今检阅原书及礼记昏义：周礼所载王后下分『九嫔』『世妇』『女御』『女祝』『女史』等，而职责与祭祀有关者为：九嫔，周礼天官九嫔：『掌祭祀赞玉齍，赞荐豆笾。』世妇，周礼天官世妇：『掌祭祀、宾客丧记之事。率女宫而濯概为齍盛，及祭之日涖陈女宫之具。……』女御，周礼天官女御：『（掌）凡祭祀赞世妇。』女祝，周礼天官女祝：『掌王后之内祭祀，内祷祠之事。掌以時招梗禬禳之事，以除疾殃。』礼记昏义则言：『古者天子后立六宫、三妇人、九嫔、二十七世妇、八十一御妻以听天下之内治。』《昏义》并未详言宫中女官的职掌。從《周礼》和《昏义》可以看出宫中女官分有阶级，掌管祭祀者不限于世妇这一阶级。……当然殷在周先，其官职之分自然不如後代那么细密。大体言之，商代之帚是周代後期宫中女官的前身，大概是可以确定的。但是其职责却不是张氏所言仅掌管祭祀，很明显的，妇好和妇姘便是极好的例子。卜辞中我们可以知道妇好所从事的事务有：征伐、祭祀、逮捕罪犯等；妇姘所从事的事务有：农业、征伐、祭祀及掌管各地进贡的龟甲牛骨之事（见于五种记事刻辞），或见于生育卜辞而未见其职掌，从卜辞、刻辞中我们未能看出『诸帚』有其固定的职责。」（《帚姘卜辞及其相关问题的探讨》，《历史语言研究所集刊》第五十六本第一分一一二至一一三页）

趙誠

「其实，帚首先是女性。甲骨文的帚即后代之婦毫无问题。从汉字发展来看，甲骨文时代正处在文字繁化的过程之中。当时有相当一部分字，尤其是人名、水名，只是借用現存的字作为音符来表示，后来为了便于表义，也为了便于归类，使形旁系统化，所以在这些字旁再加一个形符，如渚帚中之帚井、帚羊、帚良、帚子、帚女、帚多、帚豐这些人的私名，因其为女性，所以加女旁又写作姘、𡛷、娘、好、奻、姼、〔女豐〕。这种繁化現象我们称之为形旁系统化。这种系统化的过程一直延续到小篆时代。有一些字就是在甲骨文之后才逐步繁化，如匕，因其为女性，后代写作妣。甲骨文的帚加女旁写作婦，要比妣早一些。可見，帚不象有些人讲的那样是婦的省文，因为並不是先有婦而后有帚。正好相反，帚是婦的原始字。帚及帚名良、井、羊等々由没有女旁而加上女旁，从文字发展规律这一角度证明她们是女性。

島邦男论证帚某不是女性还有另外一条理由，即他统计帚某总共有八十个，而这些人的私名，从女之字大约只有三分之一，而不从女之字却占三分之二。其实这个问题很好回答：一、汉字形旁系统化並非完成于商代，所以甲骨文婦女之名不一定都已经有了女旁。反过来可以这样说，商代则处于汉字形旁系统化的发生阶段，所以只有一小部分婦女之名加上了女旁；二、中国婦女之名有不少用了表示女性的字，而且有一定传统。但是，也有不少婦女之名並不如此，甚至类似男人之名。人们完全承认这一事实，因而並不因为她的名不在某种意义上表示是女性而不认为她是女人。

认为帚是女性的学者还曾提出过另一个证据，即卜辞所说的帚某『出子』就是帚某『有子』。島邦男反对这一观点，他以《遺》六二〇同版的两条辞（『辛丑卜，殻，貞：帚好出子，二月』『辛丑卜，亘貞：王固曰：好其出弘』）为证，指出『出子』即『出弘』，也即『出仔』（保），乃保护之意，与儿子无关。我们以为帚是女性，可以举出另一类卜辞来证明子仍当释为子，如『帚姓子囚』（前六、四九、三）；『帚娘子子』（第一个子读字，为动辞，慈爱之义；第二个子为名辞，儿子之义）前四.一.六）。由此再来看帚某『出子』，很显然是『出子』（帚某与儿子有关的卜辞很多，这里不再多列举）。島邦男举的那条孤证看来要重新考释。

最能说明帚某是女性，而且是已婚女子的是卜怀孕、生育之辞，如『帚好孕』（京津二〇三五）、『帚婐冥（娩），妫（嘉）』（续四.二八.四）。有人以为卜辞的冥不假为娩，而假为瘖，指一种病症（高明《武丁时代贞冥卜辞之再研究》）。对于有些不太完整的卜辞似可说通，如『帚好冥』（存一.一〇二〇），可以硬释为妇好得了瘖症。但对于比较完整的卜辞则很难这样解释，如『甲申卜，殻，贞：帚好冥，妫？王固曰：其佳丁冥，妫；其佳庚冥，弘吉。三旬又一日甲寅冥，不妫，佳女』（乙七七三一）。若冥为瘖，其意当为：帚好得瘖病，好吗？王固曰，在丁日得瘖病，好；在庚日那一天得瘖症，大吉。三旬又一天的甲寅日得瘖病，不好，因为是个女的。这样的逻辑思维的确难以理解。若释冥为娩，其意则为：帚好分娩，好吗？王固曰，丁日那一天分娩好，庚日那一天分娩大吉。三旬又一天的甲寅日分娩不好，因为是个女的。这样的解释不仅文从句顺，而且合情合理。有人认为商代的子和小臣必然是男子，而卜辞有『子目冥、妫』（乙三〇六九）、『小臣冥，妫』（掇二.四七八）、『子冥』（乙六八〇三）之例，则冥不可能借为娩而有生育之义，因而断定释冥为分娩的说法是不妥当的（島邦男《殷墟卜辞研究》）。其实，从传世文献来看，古代的子，通称则包括男、女，对称则专指男性，所以《礼记.曲礼》『子於父母』郑注：『子者通男女』。甲骨文时代可能也是如此，如卜辞有『子姪』（续四.三二.一），子之私名作姪，当是女性。又如『帚妥』（粹一二四〇）也称为『子妥』（库九七四），则子中有帚，即子包括女。再如卜辞多且和多匕对称，多父和多母对称，而无与多子对称之多女，也从一个侧面说明多子包括多女。子既然包括男、女，则『子昌冥（娩），妫（嘉）』（乙二六一四）之辞例不仅成立，而且也可以作为子包括女性的旁证。

关于小臣，上面提到的『帚妥』又称『子妥』，也称小臣妥』（粹一二七五），可见小臣里也有女性，则『小臣冥（娩），妫（嘉）』之辞例也完全能成立。

能够说明帚是女性的还有这样一条旁证：甲骨文有『帚姿示五屯』（粹一四九一）之辞，说明姿这个人在外地；甲骨文另外有一条卜辞作『王固曰：有祟，其有来嬉（艰）。乞（迄）至九日辛卯，允有来鼓（艱）自北。蚁妻姿告曰：土方侵（侵）我田，十人』（菁六），说明在外地的这位姿是蚁的妻子，当然是一位女性。

第二，大量的卜辞反映了商王对诸帚的关心非常细致，表現了一种相当体貼的感情：

1. 诸帚有了疾病要进行卜问，如：

『帚好弗疾齒』（乙三一六四）、『帚婴亡疾』（乙八七一三）、『妿有疾，今二月弗災』（災，災害。生了病而又讲有災弗災，近似于現代所讲的病情

是否恶化）（合四七五）

2. 貞问诸帚有无災咎，如：

『帚娩亡囚』（乙八八七七）

『帚好亡囚』（宁一.四九二）

3. 卜问居住在外地或临时到外地的帚是否回来，如：

『帚玄來』（乙六七一六）『帚妌來』（乙三五二七）

『貞，生十三月帚好不其來』（林一.二〇.一一）

4. 為诸妇的怀孕、生育而占卜，如：

『帚奔冥（娩），㚤』（存一.一〇四三）

『帚好孕』（京津二〇三五）

5. 為诸帚的子女而占卜，如：

『帚仦有子』（乙四五〇四）

『帚㚤子疾不征』（乙八八九六）

『受娩乳』（受，授同字。授娩乳当为赐给帚娩乳汁之意。此辞由商王占卜，则似为帚娩求子）（乙八八九六）

『帚㜻子其囚』（佚七五二）

『印帚鼠子于匕己，允出龍（允出龍即允有寵，一定会得到商王寵佑。商王祭祀妣己时让帚鼠之子陪伴就是为了使他得到寵佑。戬七.一六）

6. 祭祀先父先母先祖先妣时让诸帚陪伴以使该帚得到寵佑，如：

『印帚好于父乙』（庫一七〇二）

『印帚妌于母庚』（南南一.二一）

『印帚婐于庚』（合四五七）

看了这些卜辭，很容易使人感到商王和诸帚的关系极为密切，好象是夫妻。所以有人直截了当地指出诸帚是商王之嫔妃。如果我们将有关卜辭进行稍为细致的分析、作稍为深入地体察，就会发現这种忽感覺下的判断不完全合乎事实。比如有这样几条耐人寻味的卜辭：

『己亥卜，王，余弗其子帚姪子』（此辞为商王自卜。余，商王自指。第一个子字为动辭，读为字，在这里是孳爱的意思。子帚姪子就是爱帚姪之子。也可以不把第一个子字破读，只作为动词，子帚姪子就是把帚姪的儿子当成自己的儿子）（前一.二五.三）

『貞，婦鼠冥（娩），余弗其子』（婦鼠娩，是指婦鼠生下了孩子；余弗其子，是说我（商王自指）对这个孩子不慈爱，即不当作自己的孩子看待）（存一.一〇四一）

『戊辰卜，王貞，帚鼠冥（娩），余子』（前八．二．三）

由这几条卜辞可以使人清楚地感到，婦姪和婦鼠的孩子并非商王之亲子。因为，商王对帚姪、帚鼠之子是否慈爱，是否当作自己的孩子，要经过卜问才能决定，这和因血缘关系必然慈爱自己的孩子有本质区别。商代将兄、弟、姐、妹的孩子都称作子，因而就产生一个对某子慈爱对某子不慈爱的问题。这三条卜辞正好证明了这一点。当然，亲生之子也有慈爱与否的问题，但一般说来那都产生于孩子长大之后而又与父亲有了深刻冲突。于孩子初生之时，作父亲的不会有这种考虑。由此看来，帚姪和帚鼠当是商王之姐妹。

诸帚中是否有商王的配偶呢？有！帚好就是。能够证实帚好是商王之嫔妃，主要的根据是新发掘的帚好墓。甲骨卜辞当然也能印证，如有这样一条卜辞：

『辛未卜，争貞，帚好其比沚戠伐巴方，王自东受伐戋，麃，于帚好立』（麃，动辞，设阱以陷麃。于读与。立即后代的涖）（乙二九四八）

说的是商王和帚好，于征伐凯旋之后，双々亲临狩猎现场，不是很形象地描绘出他们是一对夫妻吗？除了帚好，是否还有其他的帚是商王之妻呢？有。根据祀典，武丁之配偶有三：妣戊，妣辛、妣癸。帚好只能当其一，必然还有另外两位帚。有人以为有帚姘，很像。还有一位呢？则难以推测。

诸帚之中还有他人之妻，如前面已提到过的『𧈡妻妥』（菁六），帚妥即为𧈡之妻子。诸帚之中也有商王之子女辈的人，包括商王之女儿、姪女。前面已经提到的帚妥又称子妥，是其中之一。又帚婐也称『女婐』（乙三四二九）当是另一例。

综合起来说，诸帚中有商王之姐妹和女儿辈，有自己的配偶，也有他人之配偶，这其间的关系如何解释呢？简单回答如下：诸帚在未婚前是商王的姐妹或女儿辈；婚后才称为帚，所以有怀孕、分娩、生育之事。商王可以和自己的姐妹辈结婚，说明当时实行族内婚。既然商代实行族内婚，而诸帚中又有商王女儿辈的人，其间也必然有子婦。

第三，从好几个方面可以感到诸婦和商王的臣下有惊人的相似之处。

1. 接受商王的命令，如：

『壬申卜，争，貞，令帚好比沚戠伐巴方』（粹一二三〇）

『王叀帚好令』（佚五二七）

『甲申卜，㱿，貞，乎帚好先，𠬝人于龐』（前五．十二．三）

『勿令帚姘黍』（续四．二七．六）

『貞，勿乎帚姘伐龍方』（续四．二六．三）

2、在外地之帚何商王交纳贡物，如：

『帚井示七屯，穷』（续四·二八·七）

『帚娑示五屯，小㱿』（粹一四九一）

『帚妹示屯，争』（佚二三）

『帚姘示十屯，穷』（存二·六七）

『帚[illegible]示一屯，㱿』（林二·一·一八）

『帚𡛟示二屯』（粹一四八三）

『帚妸示三屯』（簠典四九）

3. 驻守边防的大臣遇有異常情况，即向商王报告，其中也有帚，如：

『甲午卜，亘，貞，翌乙未易日。王固曰，有祟。丙其有来鼓（艱）。三日丙申，允有来鼓（艱）自东，妻告曰：……』（前七·四〇·二）

『癸巳卜，㱿，貞，旬亡囚，王固曰，有祟，其有来鼓（艱）。乞（迄）至五日丁酉，允有来鼓（艱）自西，沚馘告曰：……』（菁二）

『王固曰，有祟，其有来鼓（艱）。乞（迄）至七日己巳，允有来鼓（艱）自北，奴妻娑告曰：……』（奴的妻子娑即帚娑）（菁六）

西周以来，某人之妻，即使地位高至皇后，也只能对内，不能对外。如果在特殊情况下要干预政事，比如吕雉、慈禧，还得弄一个男性的傀儡放在前台。像武则天那样以一个女人当皇帝，完全是偶然的特殊的、与社会习俗不相容的个别现象。商代则基本不同，上面例举的那三个方面就充分证明了这一点。最根本的原因当是社会性质有别。至少，商代还不是父权、夫权占绝对统治地位的社会，妇女还不是男性的附属物，男女之间的平等地位，比起西周以后，直到封建社会结束，要强得多。仅从这一点来看，商代不象是奴隶社会，而是处于原始社会末期，母权制的痕迹还多少有所保留的时期。诸帚就是在这样的历史条件下才有如此突出的表现。

4. 诸帚和商王之臣处于基本上相等的地位，还有下列两点可以作为直接证明。一是『帚妥』又称『小臣』，则帚可以是小臣，这一点前面已经提到；一是有一版（乙八八一六）的两条卜辞为『多臣』和『多帚』对称。

从上述四个方面可以推断诸帚还是妇女之为官者。也就是说，诸帚不仅是商王的亲属，而且是可以带兵打仗、主持祭祀、負責农业、对外处理政事，而对商王朝有过貢献的女官，所以在商王朝的地位显赫。从这种意义上才能更好地理解为什么诸帚在死后受到祭祀，并且和先祖先父先母同时受到祭祀，如：

『貞，㞢于帚，叀小宰，十二月』（甲二九五九）

『戠于示于丁于母庚于帚』（前一·二九·二）

周代女官中有世婦，根据《周礼·天官冢宰》，其職責是『掌祭祀、宾客、丧紀之事；帥女官而濯概，为齍盛。及祭之日，涖陈女宫之具，凡内羞之物。掌弔臨于卿大夫之丧』。这种世婦不仅是官，而且是天子之嫔妃，所以《礼记·曲礼下》曰：『天子有后，有夫人，有世婦，有嫔，有妻、有妾。』看来周代的世婦与商代的帚虽然不尽相同，但也有某种联系，有一定的类似之处。很可能周代的世婦即从商代的帚发展而来。由此可以反过来从周代的世婦，结合殷墟甲骨刻辞去进一步考察商代的諸帚。（《古文字研究》第十二輯九九——一〇六頁）

赵诚

「𠂔 帚。象用某一种植物做成的扫帚，今河北、河南部分农村还有用者。卜辞用作妇，表示一种妇女的身份，则为借音字。」（甲骨文简明词典四六页）

饒宗頤说参[illegible]字条下。

按：說文據小篆以訓解「帚」字，不可據。王筠釋例云：「帚下云：『从又持巾埽冂內』，泥字形而釋之，又嫌於帚不以巾為之也，乃解之曰：『少康初作箕帚』，云初作者，以見前此無箕帚，祇用巾也，可謂迂曲矣」。王氏復自注云：「我說似涉周納。然即用巾以埽，必不謂之帚。既已作帚、即字因艸質之帚而製，不必遠溯古初而迂迴其說於巾矣」。契文「帚」即象其形，唐蘭謂以植物為之是也。篆文从又乃「ヨ」之譌，从巾乃木之譌。

其初形但作𠂔，其作[illegible]者，乃字體之增繁，唐蘭已詳言之。卜辭假箕帚之「帚」為「婦」，金文猶然。其从女作「婦」者乃其孳乳字。說文以「婦」為會意，實當為形聲。

其作[illegible][illegible]諸形者，唐蘭誤混入「帚」字，非是。卜辭諸婦，說者多以為商王之配，均無確證，不可據。陳夢家以為指婦女之某種身份，較為可信（綜述四九三）。

卜辭「帚」與「婦」用法無別，今姑且合併為一字。

2984 [illegible] [illegible]

葉玉森 「从又持一帚之[illegible]淑叔，如讀為掃仍難索解。本編姑書作𠬶。」（前釋五卷三十三葉下）

唐蘭「右帰字，羅亦誤釋彗，董作賓、容庚並釋曼，今按亦未碻。曼字作𠬝象手執帚，而此作㞋若𠬝，則手在對方，非執也。案从又之字，後世多変从手，則此字當釋掃。（此字在卜辭不多見，今所錄𠬝𠬝二文是，又祭辭中則習見，均為人名，若𠬝帰，若小帰，今不贅錄。）說文有帰字而無掃字，故後人多以掃為俗字。然經傳習見。今據甲骨，知商時已有帰字，則掃非俗可知。按掃與曼異者，以手持帚為曼，但象掃之而已，而帰字則掃塵土於手中，實兼象坌除之義。詩東山：『洒掃穹室』，箋云：『掃拚。』伐木：『於粲洒掃，』箋云：『粲然已洒拚矣。』是掃兼坌也。坌多用箕，然亦或用手。此字從帚，有掃義，猶𢦏字從戈，有伐意，執帚執戈之手，並省。」（文字記廿一葉下）

孙海波「𠬝，鉀三三二五。即曼字。說文侵字从此，又部失收。」（甲骨文編一二三頁）

按：𠬝即掃字。𠬝及𢦏為其繁體。乃說文埽之本字，唐蘭已詳加論及。甲骨文有𢦏字，即象一手持帚、一手持箕糞除之形。卜辭均用為人名。

2985

曼 𠬝 𠬝

羅振玉「說文解字：『彗，埽竹也。从又持甡。或从竹作篲。古文作𥳒。』此从兩手持二帚，象掃除之形，殆即許書彗字。許言古文作𥳒，从羽，殆从兩帚之譌與？卜辭中又有从又持一帚者，殆亦彗字。又以字形觀之，下埽謂之埽，上埽謂之彗。許訓彗為埽竹，殆非初誼矣。」（殷釋中四十八葉上）

唐蘭釋𠬝𠬝為曼字。曰：『羅釋彗非，孫海波以與帰字混，釋侵字，亦未是。卜辭从又从帚，祗當是曼字耳。說文無曼字，於蓡、寖、祲、梫、駸、綅、埐等字，並謂為从侵省聲，而侵下云：『漸進也，从人，又持帚，若埽之進也。』今據卜辭有曼字，則侵字正從曼聲，其餘從曼作之字，亦非從侵省矣。（凡从曼之字，得変从侵，如蓡為蘉，寖為寑是，非侵省。）」（文字記廿葉下至廿一葉上）

孙海波「此字从又从帚，即曼字。說文有侵无曼，侵下云：『漸进也，从人又持帚，会意，若埽之进，又手也。』按从又帚，若埽之进之意已明，加人則贅，是侵下当出古文曼，而⿰亻𠬶非初作也決矣。孜說文从𠬶之字凡九……是則古本有𠬶字，而說解俱云从⿰亻𠬶省不云从𠬶者，或古文𠬶字，洨長偶遺之耶？抑三代古文，洨長未之見耶？」（卜辭文字小記，考古學社社刊第三期六十一頁）

李孝定　「唐蘭釋[glyph]為𠬶，見文字記二十葉下，已見前三卷𠬶字下引。又釋後三文从牛者作⿰牜𠬶，見文字記廿三葉上，已見前二卷⿰牜𠬶字下引，請參看。按說文『⿰亻𠬶漸進也从人又持帚若埽之進又手也』卜辭假𠬶⿰牜𠬶為⿰亻𠬶，𠬶⿰牜𠬶重文，說詳𠬶⿰牜𠬶條下。金文作[glyph]鐘伯侵鼎與小篆同。」（集釋二六四三葉）

按：「[glyph]」與「[glyph]」有別，唐蘭已詳加論證，其說是對的。合集六七七八辭云：「癸卯卜，賓貞，旬亡……方征于雍𠬶……」，「𠬶」似當讀作「⿰亻𠬶」。

2986 ⿸厂𠬶

饒宗頤　「⿸厂𠬶字疑是繁形，从𢽰增益厂旁。他辭又有子帚、（佚乙二三二）子[glyph]、（佚乙一一五）未知是否即子⿸厂𠬶之異文？又有人名婦。考契文通例，繁形每益又旁，如集之作⿰集攴，角之作⿱角又。」（通考七二八葉）

按：合集一三七二七辭云：「乙未卜，[glyph]子⿸厂𠬶亡疾」。字从「厂」、从「𠬶」，為人名。字或省作「⿸厂帚」。參見2998「⿸厂帚」字條。

2987 ⿱宀𠬶

按：字从「宀」、从「𠬶」。辭殘，其義不詳。

2988 ⿰其𠬶

羅振玉　「說文解字：『糞，棄除也。从廾，推華棄釆也。官溥說：「似米非米者矢字。」』今卜辭之𢆶即糞字。从米，象糞穢形，即官溥所謂似米非米者。从甘，即許書所从之華（華象田網，非箕屬，說詳下畢字注）。廾以推棄之，埽糞穢於甘中而推棄之，糞之誼瞭然矣。其省廾从土从甘者，从巛且旁加帚者，殆亦糞字。」（殷釋中四十七葉下）

唐蘭　「𢿱（𢆶）字，羅釋糞，非。一手持帚，一手持箕，以事拚掃，當亦掃之異構。糞除之字，當作坌，糞與𢿱字形亦迥異。」（文字記廿二葉上）

孫海波　「⊥象糞穢形，甘納垢之器，契文或从奴或从帚者，象埽糞穢于甘中，奴吕推之之誼。說文云：『从華殆囟之誤。』卜辭吕為地名『丁卯卜，𣪊貞，糞口其叀。』」（文編四卷十九葉）

李孝定　「說文：『糞，棄除也。从廾推華棄釆也。官溥說：「似米而非米者矢字。」』上出諸形羅釋糞可从。其从𢆶者，唐謂為掃之異構。按掃之於糞事類相近，𢿱字釋糞釋掃均可通。而字在卜辭為地名。其音義無由確知，如以形言，糞字固不从帚，然掃字亦不當从甘，唐氏執此以非羅說實自為矛盾。𢿱之與糞祇多一帚字偏旁，於掃則多甘又二偏旁，以字形言固仍以釋糞為近也。字在卜辭為地名。辭云『貞囟方𣏟　貞囟方不其𣏟』前．五．十二．五『乙酉卜內貞子𠦪𢦏囟方　丙戌卜內貞我作囟方作四月』前．五．十三．一『𢿱』後．下．八．十四．僅餘殘文『于多口御𦥑☐』後．下．八．十五．𢿱字殘泐是也。」（集釋一三九六至一三九七頁）

按：字當隸作「𩰲」，當為方國名。難以確定其與今字之關係，只能存以待考。

2989

𩰲

𣦼

唐蘭　釋𣦼為𩰲及歸字。曰：「歸及𩰲字，當為一字之異構，卜辭从帚从曼每通也。此字羅釋彗誤，蓋帚與曼之繁文。卜辭曼作𣦼，𩰲作𣦼，其帚旁小點，蓋象塵土，帚以去塵土也。其後从土，說文：『埽棄也，從土，从帚。』又：『墁地也，從土僈省聲。』埽墁亦一字。」（文字記廿一葉上）

按：字隸當作「⿱⿰帚帚又」。在卜辭乃人名。當與2991之「歸」為同字。

2990 ⿰帚帚

饒宗頤　「歸之繁形，有益水旁作灖者，（遺珠五八一）洼之卜辭有人名曰『⿱⿰帚帚又』，（殷編下八、一三）殆即歸之繁寫也。卜人叔亦貞我又事，其字體與歸無異，故疑歸⿱⿰帚帚又與叔本為一人然不敢遽定。」（通考七二九葉）

按：字隸當作「歸」。辭殘，難以確定其是否與「⿱⿰帚帚又」、「歸」為一字。

2991 歸

孫海波　「⿰帚帚，乙六一六。从二帚。說文所无。貞人名。」（甲骨文編三三六頁）

按：英一八九三辭云：「己丑卜，歸知司妣甲」，為人名。當與2989之「⿱⿰帚帚又」為同字。

2992 ⿰口帚

按：合集三二〇三〇辭云：「庚戌卜，作⿰口帚庚⿰礻井」；又合集三二九八二辭云：「癸亥貞，丁卯侑⿰口帚兮歲十宰」，「⿰口帚」當讀為「婦」。

2993 ⿰日帚

按：字从「日」、从「帚」，隸可作「⿰日帚」，當與「⿰口帚」為同字。合集二一五一五之「⿰日帚庚」即合集三二〇三〇之「⿰口帚庚」，亦即「婦庚」。

帰 ⿰帚攴 侵

羅振玉 「說文解字：『牧，養牛人也，从攴从牛。』此或从牛，或从羊，牧人以養牲為職，不限以牛羊也。諸文或从手執鞭，或更增止以象行牧，或从帚與水，以象滌牛。」（殷釋中七十葉）

唐蘭 「當釋㩼及帰，讀為侵。羅氏誤讀作牧。羅氏後的學者，都以訛傳訛，不想去改正。這真是太可惜了。」（導論下廿五葉）

又曰：「右帰或作㩼字，羅振玉釋牧，殊誤。說文無㩼字，而有駸字。卜辭㩼字當與駸相近。自字形言之，當是象以帚拭牛之意，而自象意聲化例言之，則當讀為從牛帚聲（或㬈聲）。卜辭帰㩼二字，蓋段借為侵，云：『帰我西鄙田』，『㩼我示㮚田七十人』（依郭沫若說）者，侵我西鄙田，侵我示㮚由七十人也。穀梁隱五年傳云：『苞人民，敺牛馬，曰侵』，是侵或掠人也。卜辭以土方之𨑐（征）與𢀛方之帰並言，則帰即優字之借無疑，羅氏誤釋為牧，因以此諸辭入於芻牧類，遂使重要商史，湮晦不彰，殊可惜也。」（文字記廿三葉）

董作賓 「舊釋牧，……唐蘭氏寫作㩼，帰，以為假借作優。今按此字仍以釋牧為是。」（殷曆譜下編卷九第三十八葉反面下欄）

孫海波 「⿰牛𠬪，菁一、一。从牛从𠬪，侵字異文。𢀛方出㩼我，示㮚田七十人。⿰帚牛，菁一、一。或从帚。土方𨑐于我東鄙，𢦏二邑。𢀛方亦帰我西鄙田。⿰牛帚，拾五、一二。方國名。帰方。」（甲骨文編三四三頁）

李孝定 「字从牛，从帚，或从𠬪，說文所無。羅釋牧，諸家多從之，說非。唐說可從。辭云『癸卯卜㱿貞旬亡𡆥。王固曰：㞢有祟其有來㛸。乞至七日己巳允有來嬉㛸自西。𣎵友角告曰：「𢀛方出㩼我示㮚田七十人」。』『癸巳卜㱿貞旬亡𡆥。王固曰：有祟其有來㛸。乞至五日丁酉允有來㛸自西。沚𢧀告曰：「土方征于我東鄙，𢦏二邑。𢀛方亦帰我西鄙田」。』（兩辭均菁二）『☐王固曰：有祟其有來㛸。乞至九日辛卯允有來嬉㛸自北。𡚸妻安告曰：「土方帰我田十人」。』（菁六）『貞乎帰方眔𠨘。』（拾五、十二）『貞翌乙亥㞢于父乙☐帰☐。』（鄴三八、六）除拾五、十二之帰為方國之名，無義可說。鄴三八、六片一辭殘泐不完，其義不明外，前三辭均紀敵國來侵之事。帰若㩼，讀為侵，文從義順，唐說不可易也。或謂釋牧亦可通，蓋謂来牝者從其馬牛蹂躐其田禾也。曰不然，使字果釋牧，則當於牧下著一『于』字，如上言『征于我東啚』，於義方完。『牧我西啚田』，實覺不辭也。且字从𠬶，許書从此者有人部之侵，云『漸進也从人又持帚若埽之進又手也』切七林。馬部之駸云『馬行疾也从馬侵省聲詩曰「載驟駸駸」』切子林。均有進義，且均讀七林切，或相近之子林切，則此字从牛从𠬶，亦當有進誼，其音亦當讀七林切可知矣。此與牧字从攴者迥別，卜辭自有从攴之牧作牧，與此無涉也。侵下段注云『侵之言駸駸也。水部浸淫隨理也。浸淫亦作侵淫。又侵陵亦有逼之意。左傳曰：『無鐘鼓曰侵』。穀梁傳曰『苞人民毆牛馬曰侵』。卜辭言㩼我田若干人，蓋即穀梁所謂『苞人民』之意也』。（集釋〇三三六葉）

劉釗 「卜辞『侵』与『伐』在用法上有别：『伐』基本上祇用於殷对方國之征伐，而『㩼』則祇用於方國（限於𢀛方、土方）對殷之征伐。『伐』字笼统指殺伐行动，而『侵』則一定与所侵伐之具体对象聯係起来，具体說就是指侵占田地，掠夺人口的偷袭行动。」（卜辞所見殷代的軍事活动，古文字研究十六輯一一六頁）

按：當從唐蘭釋作帰或㩼，讀為侵。卜辭均用作侵伐之意，無例外。或以為拾五．一二之帰為方國名，非是。

2995

歸

羅振玉 「說文解字：『歸，女嫁也，从止，从婦省，𠂤聲。籀文作㱕』。此省止與淇田鼎、歸夆敦同。或又省𠂤」（殷釋中六十四葉下）

王襄 「古歸字」。（簠室殷契類纂第六葉）

王襄 「疑歸字」。（類纂存疑第二第六葉上）

葉玉森 「說文『歸，女嫁也。从婦省，𠂤聲。籀文作㱕』。契文作⿰𠂤帚、⿰𠂤帚、⿰𠂤帚。省作帚。卜辭中帚嫘、帚妌、帚妹、帚㜲、帚妊、帚方、諸帚字，均假作歸，予甚疑之。因帚無歸義，⿰𠂤帚从𠂤从帚，亦無歸義。先哲究何所取？乃考𠂤編卷下第三十三葉『其⿰米帚鷹』，又第四十二葉『口巽曰王㭘有大雨』，雨辭中之㭘，竝以餗从止，予曩疑餗从朿，象植兵于架，表師次不用兵意（詳見說契），茲更从止，蓋謂師已歸止，故植兵于架，表師還意，當即初文歸字。小篆从𠂤以止，猶協古義。朿形與帚近，𠂤乃譌㭘為餗，復誤省作帚，殷乃通假為歸。㭘字轉罕見。故⿱宀帚取義于歸屋，㭘取義于女歸，均應从朿，乃㭘省。契文並譌从帚』（枝譚十葉）

郭沫若　「歸當即後之夔國，其故地在今湖北秭歸縣境。水經江水注于『又東過秭歸縣之南』下云『縣故歸鄉，地理志曰「歸子國也」。樂緯曰「昔歸典叶聲律」。宋忠曰「歸即夔」。歸鄉蓋即夔鄉矣。古楚之嫡嗣有熊摯者，以廢疾不立而居于夔，為楚附庸，後王命為夔子。春秋僖公二十六年，楚以其不祀，滅之者也』。金文有歸𠦪伯𣪘，銘稱其先主輔翼文武，有席于大命，足證歸國實自殷代以來所舊有矣」（粹考一五二葉一一八〇片釋文）

李孝定　「說文『歸，女嫁也。从止，从婦省，𠂤聲。㱕，籀文省』。契文婦作帚，則𠂤帚是从婦不省。以𠂤為聲，許訓殆其古誼。葉說失之。本訓女嫁，假以為歸還字。契文歸或訓還，或為方國之名。金文作𠂤帚令鼎　𠂤帚𠦪伯𣪘　𠂤帚矢尊　𠂤帚𧻚子卣　𠂤帚止不𡢁𣪘　𠂤帚　𠂤帚滿𣪘　帚彳齊侯壺　𠂤帚彳歸父盤　大抵从婦𠂤聲，與契文同。𧻚子卣从𢑚，當是繁變，或从辵，或从彳，無單从止者。辵彳止本通用無別，是小篆所本。歸父盤从𠂤，乃譌變也」（集釋〇四五八葉）

屈萬里　「卜辭：『乙亥卜，永貞：令戉來歸？三月。』（甲編三三四二）此時戉人蓋謀叛，故有是卜。歸，歸附也」（甲編考釋四二四葉）

饒宗頤　「按𠂤歸殆地名。秭歸為故歸鄉，地理志云：『歸子國也』。今作夔，春秋為夔子國」（通考八七三葉）

白玉峥　「籀廎先生释歸，是也。故罗释从之，并益之以說文之籀文，及𠑹田鼎与歸夆𣪘諸歸字，以证成其说。惟谓省止，或又省𠂤则非……考𠂤帚字之构形，除书法之神韵外，於五期之卜辞中，其形式甚少变化。大较作𠂤帚者，多见於第一及二期之卜辞。至第三期时，书风突变，不仅增多修饰性之笔画，且喜作倒书，如𠂤帚（佚六三九），𠂤帚（甲二八二七）。文武丁时虽号称复古，然歸字之书法，仍袭第三期之旧，惟不作倒书耳。此後字渐定形，而归於𠂤帚之一尊。至两周金文，或有增彳作𠂤帚、𠂤帚（满𣪘）者，或更增止作𠂤帚止（不𡢁𣪘）者、亦或增又作𠂤帚又（𧻚子卣）者，颇不整一。逮及小篆，始定为歸矣。就字之构形言，似为从帚𠂤声。帚乃婦之本字。说文解字：「从止从婦省」，盖就后起之字为说也。然「女嫁也」之说，实为字之本义也。至其在卜辞中之为用，除动词外，大率均属名词，或为地名，或为方国名。其说地名或方国名者，或以夔之方国当之者，然乏确证，尚待论定。」（契文举例校读十二中国文字第四十三册四九一二至四九一三页）

于省吾 「说文歸「从止、从婦省，𠂤声」，籀文作𢸃。按契文及早期金文歸均作帰，汉杨旂歸书印作歸。又按晚期金文齐侯壶歸作遈，正字通谓遈同歸，仿书每合于古文矣。」（论仿书每合于古文中国语文研究第五期一五页）

姚孝遂 肖丁 「4516（7）「庚子卜，代歸，受又」「歸」為方国名。粹1180：「……代歸白……受又」，郭沫若先生考釋謂：「歸当即後之夔国，其故地在今湖北秭歸县境。水經江水注，于「又东过秭歸县之南」下云：「县故歸乡，地理志曰歸子国也。」乐緯曰：「昔歸典叶声律」，宋忠曰：「歸即夔」。歸乡盖即夔乡矣。古楚之嫡嗣有熊挚者，以废疾不立而居于夔，為楚附庸，後王命為夔子。春秋僖公二十六年，「楚以其不祀，灭之者也。」金文有歸𠦪伯毁，銘称其先主辅翼文武，有席于大命，足征歸国实自殷代以来所旧有矣」。卜辞「歸」是否即後世之歸国，亦称夔国，尚有待于进一步之征明。」（小屯南地甲骨考釋九八頁）

按：甲骨文歸字从𠂤，从帚。或从「止」作𣥚者，乃𣥚形之譌變。卜辭用為歸返意。又為地名及方國名。

2996 彩

按：卜辭云：

「……申卜，彩雨」　合集一三〇〇五

「甲戌卜，于丁丑……其𣳾酌……」　屯二五八四

為祭名。

2997

帚卩

按：字从「帚」、从「卩」，隸可作「帚卩」。辭殘，其義不詳。

2998

厂帚

按：字从「厂」、从「帚」，隸可作「厂帚」。合集二〇〇四三「子厂帚」當即合集一三七二七之「子屢」。參見2986「屢」字條。

2999

埽

按：字从「土」、从「帚」，隸可作「埽」。懷六四〇辭云：「庚申……其埽……」為動詞，其義不詳。當與後世之「埽」有別。

3000

子受

按：合集四八八二辭云：「……今周……子受……」疑為「子受」之合文。

3001

𠂤 師

孫詒讓「說文𠂤，小𠂤也，象形。此疑叚𠂤為師。金文盂鼎『喪師』字作『𠂤』可證。」（舉例下廿六葉下）

羅振玉　「即古文師字，金文與此同，許君訓小𠂤，非，詳前官字注。」（殷釋中二十葉下）

王襄　「古師字。省帀，盂鼎師亦作𠂤。」（類纂正編第六第二十九葉下）

王襄　「古阜字。師字重文。」（類纂正編第十四第六十一葉下）

商承祚　「𠂤與𠂤為一字，即古師字也。金文从𠂤之字亦作𠂤，筆畫增減古人任意為之。」

（佚存一五頁）

徐協貞　「此𠂤字淺人加十為阜亦方名也。」（通釋一卷三葉）

吳其昌　「𠂤，為古文『師』字，卜辭金文並同，而金文之據尤晰。如大師𣪘良父𣪕，『大師』作『大𠂤』。凋．二．七六，又如大盂鼎云：『故喪𠂤！』晉邦盦云：『啟宅京𠂤。』𢁉臣諫𣪕云：『白懋父以殷八𠂤征東夷。』曶壺云：『作冢嗣土于成周八𠂤。』毛公班彝云：『以乃𠂤左比毛父……以乃𠂤右比毛父。』……等皆以『𠂤』為『師』，蓋『𠂤』字較古，『師』字當較后起見也。出，祭也。詳上第一片疏。『𠂤出』，意或師祭？『𠂤出𠂤』者，意或師祭而以牝豕為牲牷也。」（殷虛书契解詁第二七六頁）

孫海波　「𠂤之本意為小阜，古者都邑必賓附丘陵，都邑為王者之居，軍旅所守，故𠂤有師意，更引申而有衆意，古言某邑或言某師以此也。」（文録卅六葉下）

金祥恆　「𠂤本小阜，何以有师旅之意，蓋上古之世，都邑必賓附丘陵以築。章太炎嘗撰古者天子居山說，以為太上之君，王相宅度邑，必于山麓，此說虽近新奇，然証以古代地名之名丘者州名陵者甚多，知所說殆不盡虛。都邑所在，又即軍旅所在，友人童丕绳為余言，西歐中古之世，城邑多筑於高原，名之曰堡，封君及軍衛居焉，所以周封域而禦外侮也。上古中原有洪水之患，民非高土不可以居，是以都城所在，必宅于高原，是式亦一因也。𠂤本小阜与丘陵同，古代帝王宅丘陵以配天，居师卫以鎮众，王者之居，軍旅所守，古軍旅以可曰𠂤，于是𠂤字遂含有师旅之义，凡从𠂤得声受意之字，遂亦引申其众意。」（甲骨文錄五六一片）

孙诒让　「卜𠂤疑当读为卜师。𠂤即師之省。金文盂鼎表师字亦作𠂤，可证。」（契

文舉例上三十頁上）

孙海波　「𠂤，鉄四、三。卜辞用𠂤为師。重見𠂤下。」（甲骨文编二七二頁）

孫海波　「𠂤，甲二五二。𠂤用为師。𠂤，乙四〇七。貞人名。」（甲骨文编五三三頁）

陳夢家　「附加於单名前後的區域字，大别為四類：(一)是𠂤和餗，亦見於西周金文，如適簋『戍才田𠂤』，可知𠂤餗即師次，乃師旅駐守之所。左傳莊三『凡師一宿為舍，再宿為信，過信為次』。說文以𠂤為小阜，卜辭和金文的𠂤作𠂤，與阜形無關，至小篆始相近。佚存六七『𢀛山』又作『𢀛山』，前字是小阜之『𠂤』，後字是『阜』，與丘山為直列橫列之別。卜辭凡稱𠂤者，𠂤字往往在單名前。佚一五、一二矛餗，林二、二五、六作矛𠂤，可證『𠂤』『餗』一字，『朿』是後加的聲符。」（綜述第二六四——二六五葉）

李孝定　「說文：『𠂤，小𨸏也，象形。』𠂤𨸏字並當橫看，作𠂤㞢即丘山之豎書者。𠂤為小𨸏丘為小山，以峯之多少別其大小也。卜辭皆段為師。凡段借字祇緣音近，非有他故，孫氏都邑丘陵之說殊費苦心，然實皮傅之論也。至有眾義者實由師義所引申也。卜辭多段為師，郭氏所舉一例義尤顯豁，『三師』猶金文或稱『八𠂤』，亦猶晉之三行也。卜辭亦偁三行。古人因蒐所以講武，故多以軍制行之也，郭氏以三𠂤解之殊覺迂曲。金文作𠂤克鐘𠂤盂鼎𠂤善夫克鼎𠂤取尊𠂤𠂤鼎𠂤大師事良父簋𠂤東周左師壺𠂤德公壺亦段為師。」（集释四一二〇葉）

郭沫若　「『王作三𠂤，右中左』，為創見之例。𠂤乃古堆字，然多用為屯聚之屯。此亦當以讀屯為適，言作左中右之三營以屯聚三軍也。將獵亦有採取三行之例，如云『丙申卜貞，𢀛兕，左右中人三百，六月』（通、三、三一二）是也。」（粹考八四葉下）

李孝定　「說文：『師，二千五百人為師，从帀从𠂤，𠂤四帀眾意也。𢀖，古文師。』卜辭或云『丁亥卜貞今夕𠂤師亡禍寧』通、五、十八、三，是段𠂤為師也。𠂤師聲同韵近，故得通段。它辭類此者尚多，羅氏謂即古文師字似有未安也。金文師作師師奎父鼎師傳卣師師嫠簋師散盤師仲師父鼎，自餘所見尚多，大抵从𠂤从帀，與篆文同。亦有段𠂤為師者，盂鼎『喪師』作『喪𠂤』是也。卜辭又云『王作三𠂤師右中左』粹、五九七，亦段𠂤為師之明證也。」（集释二〇六九葉）

屈萬里「卜辭：『丙子卜，爭貞：𠂤亡囚？十一月。』（甲編三八〇）𠂤，謂軍旅也」。（甲編考释三八〇葉）

屈萬里「𠂤，疑𠂤字之異體」。（甲編考释一九七葉）

赵锡元「殷人的军事编制，以族为单位，以百人为一𠂤（师），大体上以三𠂤为一个连队。例如：

徯氏王族从亩芎，甾王事。（前七·三八·二）

贞，令多子族从犬眔亩芎，甾王事。贞，令多子族眔犬侯璞周，甾王事。（通五三八）

己亥，历贞，三族王其令追𠂤方及于𨛜。（京津四三八七）

癸巳卜，王其令五族戍𠂤。（粹一一四九）

可见商代的军事行动，是以族为基本单位的。

其次，卜辞有：

丁酉贞，王作三𠂤，右、中、左。（粹五九七）

丙申卜，贞，戎马左、右、中人三百。六月。（前三·三一·二）

王令三百射。弗告。（乙四六一五）

商代军乃编制，大致是一族出兵力一百人。所以一百人的队伍也就叫做一族。西周时的诗篇，周颂良耜：『以开百室』郑笺解释说：『百室，一族也。』『百室者，出必共洫间而耕，入必共族中而居。』逸周书作雒也说：『都鄙不过百室，以便野事。』这些都是周代的材料，但它很可能是沿袭殷人的遗制。商周时期，一个家族大体上是以百室（一夫一妻及其未成年子女的居住单位叫室）为一个单位，更大的家族可包括三百室或五百室，所以称为三族或五族。商王以『五族戍』称，例如：

口丑卜，五族戍，弗雉王口（众）。（邺三下三九·一〇）

戍屰，弗雉王众；戍黹，弗雉王众；戍囚，弗雉王众；戍遂，弗雉王众；戍关，弗雉王众。五族其雉王众。（邺三下三八·二）

以上两条是廪辛、康丁时期的卜辞，王众是商王家族的族众。可知这时商王的王族已有五个族，包括五百个个体家庭，所以一次可征调五百人。但武丁时王族只有三族，所以说『左、右、中人三百』。』

商代以族为单位，把众人编制起来，组成战斗部队，担负着对外战争和保卫人民生命财产安全的职责。上引『五族戍』的材料，就是王族族众在执行守卫的任务。屰、黹、囚、遂、关是五个地名，商王征调自己的五族王众去戍卫上列地区，贞问有无丧亡。」（再论商代「众人」的社会身分，吉林大学社会科学学报一九八二年第四期一二至一三页）

肖楠 「卜辞中師字写作𠂤，可隶定为𠂤。𠂤在卜辞中有几种用法。第一可用作人名，如武丁时有贞人名𠂤；第二可作职官名，如𠂤般，𠂤为官名。其用法与西周金文中師氏之師、師某（某为人名）之師一样。般为人名；第三为军旅之師。……

卜辞中師旅之師的用例列举如下：

(1) 丁酉贞：王乍三𠂤右、中、左？（粹五九七）

(2) 乙酉卜，贞：今夕𠂤亡畎？寧。（粹一二〇六、续五一九等）

(3) 戊寅贞：今夕𠂤亡𨑃？（续一·四三六、三·二六七。人二九四六）

粹五九七三𠂤之「𠂤」，郭沫若认为「乃古堆字，然多用为屯聚之屯」，三𠂤为「左中右之三营以屯聚三军」（见粹五九七片释文）。但从卜辞和西周金文的用法看，𠂤都应为師，不为屯。卜辞中军旅设置和師众出征、田猎大多分为右、中、左三队。如除右、中、左三師外，许进雄编著怀特氏等收藏甲骨文集B·一六四〇。有「右旅」一辞，屯南二三二八，有「右旅」与「左旅」，说明除右、中、左三師外，殷商还有「右旅」与「左旅」（可能还有中旅）。師与旅都分右、中、左，或右、左，说明二者是相应的。𫞩三·三一·二有「左、右、中人三百」，即三百人分成左、右、中三队；每队百人。卜辞多见「三百射」或「射三百」，射当为射手。「三百射」可能也是分为右、中、左三队，每队百射。𫞩五·六·一有「中不雉众？」「左不雉众？」此骨下部残缺，据文例推测，应当还有「右不雉众？」说明众的编制也分右、中、左。与師旅分右、中、左是一致的。不仅師、旅、众如此，武官的设置也如此。屯南二三二〇有「右戍不雉众？」「中戍不雉众？」「左戍不雉众？」戍，是武职官名，武官设置分右、中、左也与師旅编制分右、中、左一致。这些都说明卜辞中之三𠂤，应为三師，非三屯。而且卜辞中自有屯字，为甞所从，不必段堆为之。

「𠂤叀𦘔用」之𦘔作𢓊，屯南一一一九有「𠂤叀律用」一语，律作𢓊。𢓊为絭係，𢓊为省係。故𦘔即律。……易師：「師出以律」，王弼注：「为師之始齐師者也。齐众以律，失律则散，故師出以律，律不可失」。此「𠂤叀律用」之律，𠂤即師。

「今夕𠂤亡𨑃」，「今夕𠂤亡畎」为卜辞常见语。𨑃同震，畎即祸。「𠂤亡𨑃」即「師无震」，「𠂤亡畎」即「師亡祸」。……

西周金文中師旅之師仍写作𠂤。如西六𠂤、成周八𠂤、殷八𠂤，即西六師、成周八師、殷八師。西六𠂤可能是周在灭商前建立的军队，驻扎在宗周。成周八師、殷八師是在灭商后为镇压商人的反抗和镇摄东夷、南夷而建立的，驻扎在成周与殷之故都。……

千人为旅，万人则有可能为师。这一点从文献中可以找到线索。据史记记载，周灭商时所用的兵力是「戎车三百乘，虎贲三千，甲士四万五千人」。即约当五万。前面已提到，周人在灭商前的军队是西六师，史记所记的人数，超不过西六师的范围。这一点在文献中也可得到证明，吕氏春秋仲夏纪古乐篇记载：「武王即位，以六师伐殷」。此六师就是西周金文中的西六师。但武王克商不会倾巢而出，故史记所记之人数不会是六师兵力的全部，只能是其中的大部，故可以推测，六师的兵力当为六万。有的学者认为不论是殷商时代，还是西周时，军队每师约万人是可信的。（见中国史稿二一一页、二六九页）。綜三一〇所记「登旅万」，正是帅一师（万人）的军队出征。……而卜辞中的师和旅则是一种既不受任何限制的随时可以出征，又能对内镇压被统治者的反抗的常备军队。」（试论卜辞中的师和旅古文字研究第六辑一二三——一二九页）

姚孝遂　肖丁　「4025　⑴「方出至于丝𠂤」　⑵「不至」

「方出至于丝𠂤」谓「方」与商王之军旅将发生接触。卜辞「𠂤」即「師」，谓军旅。師之所次为「𠂤」或「𠂤」，用为动词。師所次之地为「𠂤朿」，每附有地名，指军旅所次之所。三者区分甚严。」（小屯南地甲骨考释九四页）

劉釗　「卜辞「𠂤」同后世之虎賁在性质上比較接近。典籍虎賁又作虎奔。國語魯語下「天子有虎賁，习武訓也」，周礼夏官虎賁氏謂「掌先后王而趨以卒伍，軍旅会同亦如之。舍則守王閑，王在國則守王宮，國有大故則守王門，大喪亦如之」。賈公彦疏曰「大故謂兵災，大喪謂王喪，二者皆是非常之難，須警备，故云要在門也」。卜辞「𠂤」的职掌与周礼所載虎賁氏的职掌基本相合。」（卜辞所見殷代的軍事活动，古文字研究十六辑七二頁）

柯昌濟　「按說文：「𠂤大陸山無石者，象形。」金文、甲文皆用為師字。是𠂤之假为師字由来已久，而其假借之义例則纯用字文之引申。」（殷墟卜辞綜类例证考释，古文字研究第十六辑一五〇頁）

饒宗頤說參[illegible]字条下。

于省吾說參□字条下。

赵诚说参□字条下。

姚孝遂说参□字条下。

按：戴侗六書故云：「側□為𠂤，側□為𠂤，𠂤，小阜也，故其文眂𠂤而殺。別作堆」。其說似是而非，核諸初文，實有未然。𠂤既非山之側書，𠂤亦非立之側書。契文𠂤作□、□，與𠂤之或作𠂤者有別。𠂤體屈，而𠂤體直，此其大別。參見𠂤字條。

金甲文「𠂤」皆假作「師」。卜辭云：「王作三𠂤，右、中、左」（粹五九七）「三𠂤」猶金文之「六𠂤」、「八𠂤」，乃師旅之組織，亦猶晉之作「三軍」。每「𠂤」人蓋一百。周禮二千五百人為師，非殷制。卜辭習見「𠂤亡歷」或「𠂤不歷」，即「師不震」，此與「今夕𠂤亡畎寧」同義。「亡震」即「寧」也。

前一·九·七「貞曰𠂤母在茲祉」，謂師勿在此久延。

卜辭習見「𠂤般」，為人名。董作賓斷代研究例以為即書君奭說命之「甘盤」。

乙八七一二、八八九三同文，有辭為「妏𠂤毓」，毓字作𠈌，與「好」字易混。其別在於：「子」在「女」下為「毓」，「子」作♀或♀；而「好」字則「女」與「子」並列，「子」多作早。此與「毓」或从「人」作𠈌者同。與保亦有別。同版均有「妏」、「□」之占，「妏」乃「敎」之省。為卜生育之事，然「𠂤」字費解，待考。契文「□」與訓「小阜」之「𠂤」有別，金文始漸混同。

3002

𠂤次 □ □ □ □

李孝定 「从𠂤从一或从二，說文所無。疑𠂤之異構。作𠂤者為名詞，此則動詞也。辭云『㱿貞王往𠂤于洈』遺·游·二九·『庚寅王卜在𡫳貞余其𠂤在茲□』前·二·五·三·謂次于洈次于此也。」（集釋四一二七葉）

姚孝遂 「甲骨文師旅之師作□，为名词，師旅之止舍则于□下增添横画作□或𠂤，乃动词。〈后下24·1〉「𠂤般以人于北奠𠂤？」〈乙5403〉「贞，勿于雉𠂤？」

𠂤与𠂤之区分至为显明。〈乙5403〉亦见于〈丙3〉，张秉权先生〈考释〉混同为𠂤。李孝定先生〈集释〉则疑𠂤为師之异构。实则師在卜辞为師旅止舍之处，为名词。𠂤、𠂤、師在卜辞均用各有当，从不相混。

𠂤、𠂤所增之横画，其作用只是为了与𠂤相区别，与「女」字增画作「毋」者相同。」（〈古文字的符号化问题〉〈古文字学论集初编〉九九—一〇〇页）

劉釗：「卜辭𠂤作「𠂤」、「𠂤」等形，乃𠂤之孳乳字，加一横以示區別，用作動詞义為「次」。謂軍旅駐扎。〈春秋穀梁传〉昭公七年「次，止也」，〈周礼·掌次〉疏谓「言次者谓止息也」。〈左傳〉庄公三年「凡師，一宿为舍，再宿为信，過信為次」。卜辭「𠂤」的概念没有〈左传〉所释之專门化，凡軍旅駐扎皆可称「𠂤」。」（〈卜辭所見殷代的軍事活动〉，〈古文字研究〉一三一頁）

赵诚说参[illegible]字条下。

按：楊樹達以「𠂤」為「𠂤」之繁文，李孝定疑為「師」之異構，皆有未諦。師旅為「𠂤」，師旅之止舍為「𠂤」，師旅止舍之處為「師」，用皆有別。〈乙五四〇三〉「乙未卜，𣪘貞，我于雉入𠂤？」「貞，勿于雉𠂤？」（亦見〈丙三〉）此二者之區分至為顯明。「入𠂤」者，謂入於師旅。「勿于雉𠂤」者，謂「勿於雉地次舍」。前者為名詞，後者為動詞。前者讀為「師」，後者讀為「次」。張秉權〈丙編考釋〉均誤為「𠂤」，以為即「師」字，師所止也。不確。〈卜辭綜類〉四四二則均誤作「𠂤」，且漏摹「入」字。

3003

𠂤 𠂤

按：字隸可作「𠂤」。〈合集二〇二三一〉辭云：「……卯罒其奠，王𠂤執缶，卯罒奠王𠂤」「貞，罒人𠂤于唐邑，罒克奠王……」

疑「追」亦當讀為「次」，義為「止舍」。可能為「𠂤」之繁文。

3004 追

羅振玉 「說文解字：『追，从辵𠂤聲。』此省彳。𠂤即師字，𠂤行以追之也。」（殷釋中六十六葉下）

王襄 「古追字。」（簠室殷契類纂第七葉）

楊樹達 「說文二篇上辵部云：『追，逐也，从辵，𠂤聲。』『逐，追也，从辵，从豚省。』余按說文追逐二字互訓，認二字為同義。余考之卜辭，則二字用法劃然不紊，蓋追必用於人，逐必用於獸也。卜辭云：『癸未，卜，方貞，甾禽㞷（古往字）追羌？』（前編伍卷式柒葉壹版）此云追羌者也。又云：『貞乎（古呼字）追寇，及？』（藏龜百壹陸葉肆版）及，今言趕上，左傳定公四年云：『吳從楚師，楚人為食，吳人及之。』後漢書吳漢傳云：『及光武於廣阿。』是其義也。此言追寇者也，追羌追寇，皆追人也，卜辭又云：『己未，卜，亘貞，逐豕，隻？』（前編叁卷叁叁葉叁版）『辛巳，（卜，貞）王于翌△△㞷逐△豕？』（前編陸卷肆肆葉柒版）此言逐豕者也。又云：『△△卜，亘貞；逐馬，隻？王固曰：其隻。己酉，王逐，允隻二。』（前編柒卷叁肆葉壹版）『逐馬。』（前編柒卷肆壹葉壹版）『貞其逐馬，隻？』（藏餘叁葉式版）『貞乎△逐馬？隻？』（後編上卷叁拾葉拾壹版）『乙巳，卜，出貞，逐六馬，禽？』（後編上卷叁拾葉拾版）此皆言逐馬者也。又云：『癸巳，卜，王逐鹿。』（前編叁卷叁貳葉叁版）『今夕隻？王其㞷逐鹿。』（前編叁卷叁貳葉伍版）『△午，卜，般貞，逐鹿于△（藏餘捌葉壹版）『△巳△逐鹿，隻？』（後編下卷拾玖葉拾肆版）『逐鹿，隻？』（前編叁卷叁貳葉貳版）此皆言逐鹿者也。又云：『壬寅，卜，逐麋，禽？』（佚存伍捌戊）此言逐麋者也。又云：『△子，卜，翌辛丑，王逐兔？』（前編陸卷肆玖葉陸版）此言逐兔者也，又云：『癸巳，卜，般貞，旬亡田？王固曰：乃茲亦㞢希，若偁。甲午，王㞷逐兕。』（菁華叁葉）此言逐兕者也。豕馬鹿麋兔兕皆獸也，然則逐謂逐獸也。又他辭多言『王田逐』（前編貳卷柒葉叁版、拾壹葉伍版、拾壹葉叁版、拾伍葉壹版、肆壹葉壹版、後編上卷叁拾葉玖版）以逐與田連言，其為逐獸之義，又不待論矣。按追字从𠂤，說文𠂤訓小𨸏，與追逐義無關。甲文𠂤字恒見，羅振玉謂即師字，其說良是。卜辭云：『△△，卜，貞，王𠂤𢦏？』（藏龜肆葉叁版）此貞王師有𢦔否也。又云：

「△亥卜，在𣅀貞：今夕𠂤不𧿶？」（前編貳卷拾叁葉叁版）說文𧿶訓動，此貞今夕師有無震動也。說文官字下云：「𠂤猶衆也」。師字通訓衆，或者許君亦知𠂤師之為一字也。甲文追字作□，象師在前而人追逐之，蓋追字用於戰陳，見追者必為人也。豕字說文云从豚省，其實不然。豕性喜奔突，故逐字从之：說詳余釋𨔣篇。甲文逐字作□，象豕在前而後有逐之者。亦別有从犬从兔與从鹿者，或云與逐為一字，未知信否。逐字本專用於狩獵，見逐者乃禽獸而非人，故與追為追人者不同。然則二字用法之殊，由於二字構造之本異。蓋殷周時代較早，故其用字與造文初義密合也。至左傳記周祝聃逐鄭寢兵（隱公九年），鄭子都拔棘逐穎考叔（隱公十一年），見逐者為人，義當為追，乃不言追而言逐。孟子言如追放豚（盡心下篇），見追者為獸，義當言逐，乃不言逐而言追。此緣左傳孟子皆晚周時代之書，其時距造字時已久，用字已分別不嚴，故與初義不能密合也。許君未見甲文，著書立訓，但據經傳互通之文，不曉初文別白之義，殆事之固然，不足怪矣」。（積甲文說十五葉釋追逐）

李孝定　「說文『追，逐也。从辵𠂤聲』。此从止从彳从辵从走每得相通。羅謂𠂤即師字，𠂤行以追之，其說未免附會。舍戰陣外追之不必以師，追字但以𠂤為聲耳。金文作□矢簋□矢尊□頌鼎□□頌簋□追簋□虘鐘□郘公鉦□陳肋簋□周公簋。周公簋一文从口，與甲文遣作□，退作□，金文遣或作□正同」（集釋〇五四五葉）

高明說參□字条下。

按：字隸定作𨑩，即今追字。金文已从辵作□，與小篆同。西周早期器周公簋从彳作□。卜辭於人言「追」，於獸言「逐」。說文「追」、「逐」轉注，而卜辭則用各有別，从不相混。

3005

𨑩　□

屈萬里　「□字未識；或是遣之省」。（甲釋第四七八葉）

按：字从「止」、从「𠂤」，隸可作「𨑩」。卜辭均殘泐，其義未詳。與「遣」字無涉。

師

羅振玉　「从𠂤朿聲，師所止也。後世叚次字為之，此其初字矣。（亦見魯文旁尊及𠂤羃父鼎）前人釋師，非也。博古圖南宮仲鼎：『王在寒𠂤』。又誤釋師。」（殷釋中十三葉上）

葉玉森　「按羅氏說至塙，但曰朿聲，似未盡𣪊字象。予疑朩𣎵𣎵朩朩所从之屮㞢㞢屮木，並古兵器形。𠂤『象架，植兵於架，表師止暫不用兵也。』」（說契第二葉下）

王襄　「𩁭、次古今字。」（簠地第二葉）

王襄　「古𩁭字。羅亦言先生云从𠂤朿聲，師所止也，後世叚次為之，此其初字矣。」（類纂正編第八第四十葉下）

胡光煒　「以金文太保鼎𢽽尊我𠂤等用𩁭之文例觀之，仍應釋師，𩁭師形近，蓋古文本作𠂤或加朿作𩁭，更省作師也。」（說文古文考）

楊樹達　隸定作𩁭，以為次字。（小學述林六葉上釋𩁭）

孫海波　「𩁭，甲三四六。从𠂤从朿，說文所无。罗振玉說，師所止也。后世叚次字为之，此其初字。」（甲骨文編五三三頁）

李孝定　「从𠂤朿聲，說文所無。羅說至碻。胡師以為仍當釋『師』似有未安。甲文師均作𠂤，未見有从朿作者。金文師字或亦叚𠂤為之，或作𠂤帀見前六卷師下引與此亦迥異。金文亦有此字作𩁭𦍌卣蓋『在𣪘𩁭』𩁭小子射鼎『在𣪘𩁭』與師之作𠂤帀者其為一偏旁絕不相類，明非一字。𣪘𣪘均地名。卜辭亦多作『在某地名𩁭』，辭例全同，羅說不可易也。葉謂朩非聲，乃象植兵於架示師暫止不用兵之意，殊屬臆說。楊氏隸定作𩁭固亦近是，然以滿二十五、六之𩁭觀之，明是从朿。字形其省文也。」（集釋四一二六葉）

李孝定　「从𠂤从丰从土，說文所無。契文垂作𠧟與此異，郭說非是。」（集釋四一二八葉）

饒宗頤　「卜辭：『貞：勿⿱屮口于……』（佚八一三）⿱屮口為動詞，即師次之餗。契文地名常曰某餗，其字有⿰𠂤丰、⿰𠂤丰（庫方一〇九〇：『王比⿱屮口（省）⿰𠂤丰』）諸形。知⿱屮口即餗之省，餗字宜作𨸏圭」。（通考三一八葉）

趙誠　「⿰𠂤丰，⿰𠂤圭。构形不明。按⿱屮口即丰，亦即後代之封，則⿰𠂤丰应为附字。甲骨文用为用牲之法，亦用为祭名，但不明其如何用牲，如何祭法，如『大十⿰𠂤丰叀大甲』（大甲⿰𠂤圭，叀大牢——对大甲进行⿰𠂤圭祭，用大牢）（粹一九二）。」（甲骨文简明词典二四一页）

考古所　「⿰丰𠂤珏：当為玉祭，但祭法不明。粹一九一：『丙辰卜：賊于大甲，𠂤珏』，文例与此片同，𠂤珏应即⿰丰𠂤珏，𠂤殆⿰丰𠂤省。」（小屯南地甲骨八五八頁）

于省吾釋⿰丰𠂤見⿱屮口字条下。

姚孝遂說参𠂤字条下。

趙誠說参⿱屮口字条下。

按：字當釋「師」。卜辭「在某師」習見，謂師之所止。左傳莊公三年：「凡師一宿為舍，再宿為信，過信為次」，「假『次』為之」。前二·一五·三「癸巳卜貞王，旬亡吠，在二月，在齊師，隹王來征人方」，「師」為師之所止，應無疑義。卜辭𠂤亦為師次之義。但𠂤為動詞，師為名詞，用當有別。師舍止曰「𠂤」，師舍止之處則曰「師」。

又前四·三六·三「王田𠂤東」；存二·九·七「今日其从𠂤西，亡災」。此與前三·五·五之「于師東」；甲三六八九之「其徙从師西，往來亡災」辭例同。但甲二八七七「師」、「𠂤」見於同辭，亦不當同字。

又按：粹一九二辭云：「大甲⿰𠂤丰叀大牢」。京津三九八九辭云：「戊辰貞，賊于大甲⿰𠂤丰珏三牢」。郭沫若以為用牲之法是對的。但不得釋「陮」。此乃「師」之異體。

3007

遺 [illegible] [illegible] [illegible]

王襄　「古遺字。太保殷遺作[illegible]，與此同。[illegible]，遺之異文。」（簠室殷契類纂第七葉）

瞿潤緡　「[illegible]从臼从自，說文从臾从自，非是。孳乳為遺。」（殷契卜辭文編第三十葉下第十四卷）

孫海波　「說文：『𦦝，商小塊也。』孳乳為遺。」（文編十四卷五葉）

孫海波　「說文：『遺，縱也，从辵貴聲。』此从𦦝，从口，不从辵，與金文大保毀同。」（文編二卷二十葉）

孫海波　「[illegible]，甲一五四○。說文，遺，纵也。从辵，貴声。此从口，与金文大保毁同。[illegible]，乙九八○。或从一。[illegible]，簠文八四。或从彳。[illegible]，乙二八八二。卜辭用𦦝为遺，重見𦦝下。」（甲骨文編六七頁）

李孝定　「說文：『𦦝，商小塊也，从𠂤从臾。』古文偏旁从𠂤从自得通。从臾，則从臼之譌，釋𦦝是也。參看二卷遺字條。金文作[illegible]小臣[illegible]簋，與契文同。」（集釋四一四七頁）

李孝定　「說文：『遺，縱也。从辵貴聲。』又：『𦦝，商小塊也。从𠂤、从臾。』𦦝下段注於从臾下增『臾古文蕢字』五字。按乃徐鉉語。艸部蕢下出古文作臾，解云：『古文蕢，象形。論語曰：「有荷臾而過孔氏之門」。』其形與𦦝字所从臾不類，疑小篆𦦝字所从實為申部之臾，臾下解云「束縛捽抴為臾，从申从乙」段注臾下增一「臾」字云「束縛也縛束也捽持頭髮也抴捈也捈臥引也臾字各本無今補束縛而牽引之謂之臾臾凡史稱臾死獄中皆當作此字」據段氏之說則臾字當从臼从人象兩手捽人之髮而臥引之也許解為从申从乙蓋誤。𦦝既訓小塊，則如甲文金文之从臼持𠂤於義已足，實無取於从臾。小篆从臾者，殆又从臼之譌也。从𠂤从自古文無別。金文遺作[illegible]小臣[illegible]簋[illegible]大保簋[illegible]宗周鐘[illegible]遹簋[illegible]小臣[illegible]簋[illegible]穿鼎[illegible]遺小子簋大保簋一文與契文同，餘或从辵，或从走。」（集釋○五三三葉）

饒宗頤　「遣」（見佗乙三三一七十三四三五十三三一八｜般綴二三〇）者，集韻：「祖奠也。」周禮太史：「遣之日。」鄭注：「遣謂祖廟之庭，大奠將行時也。」（通考二四六葉）

蔡哲茂　「案甲骨卜辭中「出𢀛」一辭凡二見，其一見於合二一三A：

貞：王出𢀛且乙弗又？

貞：王出𢀛且乙弗又？

其二見於合二一一五：

☐貞：☐出𢀛出？

而出𢀛之𢀛字又可作𢀛，即出𢀛又可作出𢀛，如乙九八〇：

王出𢀛？

其𢀛字可作𢀛之例证由下列之卜辞可得知。庫一五四二：

癸已卜，兄貞：二示希王？𢀛竝。

金六九〇：

☐𢀛竝。

续一．四三．一：

兄貞：二示希王？𢀛竝，十月。

簠人八八：

☐希王，𢀛竝，十月。

由以上𢀛竝又可作𢀛竝可知𢀛与𢀛相通。而出𢀛一辞又可作又𢀛，如后下三．一〇：

叀𢀛不益☐止，又𢀛。

……。由以上论证可证知甲骨文辞之出𢀛、出𢀛、又𢀛为一词，而出遣一词自殷虚甲骨所载之外，后世金文及典籍则付之阙如，惟金文中有「亡遣」之词凡二見，其一载見於大保毁：

王伐彔子耶，𠭯厥反，王降征令于大保。大保克芍（敬）亡，王（俾）大保锡休，余（拾）土用𢆶（兹）彝对令（命）。

其二見於遹毁：

隹六月既生霸，穆王才（在）京乎渔于大沱，王卿（饗）酉（酒），遹御，亡遣。穆王親锡遹𩌫，遹拜首頴首，敢对䚷（揚）穆王休，用乍文考父乙隣彝，其孙＝子＝永宝。

郭鼎堂於两周金文辞大系考释大保毁云：

亡遣乃金文恒语，遣读为谴，犹言亡尤亡咎。

其後楊遇夫从之，其於积微居金文说大保簋跋云：

亡遣，遣余疑当读为愆，亡愆犹甲文及麦尊诸器言亡尤也。

而亡遣一词又可作无遣，见於麦鼎：

正月，王在成周，王徙于楚麓，令小臣麦先相楚居，王至于徙居，无遣，小臣麦易贝马两，麦拜稽首，对扬王休，用作季娟宝尊彝。

……按亡遣一词杨郭二家以为其义犹亡尤亡咎，其说是也，然以声韵求之，杨说以为遣当读为愆，亡遣即亡愆，其说甚确。

案广韵中愆为去乾切，遣为去演切，遣愆二字於段玉裁之六书音均表並入十四部。又並属於曾运乾之安摄，而又並属於董同龢先生之元部。说文：

遣，纵也，从辵𠳋声。

愆，过也，从心衍声。

而董同龢先生之上古音韵表稿以为：

衍 giän (liän) 仙

𠳋 kiän (—iän) 仙

其间的差异只是在於衍之声母为濁舌根塞音，𠳋之声母为送气清舌根塞音而已。而古籍中「亡愆」一辞，见於仪礼士昏礼「敬恭听宗尔父母之言，夙夜无愆」。战国策赵策「修法无愆，民之职也」。列子黄帝篇「不聚不敛，而已无愆」。又伪古文尚书说命下云：「监于先生成宪，其永无愆」。伪大禹谟：「帝德罔愆」。泰誓「尚猷询兹黄发，则罔所愆」。尔雅释言云：「罔，无也」。易「君子用罔」马融王肃注並云「罔，无也」。书汤誓「罔有攸赦」，史记殷本纪作「无有攸赦」。……由是可知亡遣之义犹无差池无过失也。……卜辞中「出𠳋」「又𠳋」一语殆即金文「亡遣」「无遣」之反义辞，其义犹今之「有过失也」，亦即犹尚书无逸「时人丕则有愆」及诗大雅抑「辑柔尔颜，不遐有愆」之有愆，卜辞云：「王出𠳋」即卜问王是否有过错，「出𠳋出」即犹云「有过错出来」；「王出𠳋，且乙弗又」即卜问王有过错，故祖乙不加保佑。

「出𠳋」一词見於卜辞，而诗书中仅有「有愆」而无「出遣」，「有愆」殆由古语「出𠳋」同音通假而来。故书中因字音之相通假而致义隐不彰之辞语比比皆是。寻求古文字之本义，除就形体结构以辨认外，古音之探讨自为辅助探求本义之重要一端，「出𠳋」与「有愆」特其一例耳。」（说出𠳋又𠳋中国文字第五十一册五六三七至五六五二页）

孙海波

「𠳋，记二八八二。𠳋卜辞从㠯，用为遣，貞王出𠳋。」（甲骨文编五三六页）

按：甲骨文𠳋字从臼从𠂤，下或从一作𠳋，或从口作𠳋，即說文訓為小塊之𠳋字。亦即訓為「縱也」遣字之初形。金文大保簋作𨒪，與甲骨文同。其後或增辵作𨘢宗周鐘，或增走作𧻓㳄鼎，即小篆「遣」字所本。說文以為从𠂤从𦥑，徐鉉以來，又進一步解从𦥑為古文蕢字，所謂以譌傳譌。許慎訓為「𠳋，商小塊」，實莫知所云。林義光文源以為𠳋「即遣之古文，从𠂤，𠂤者師省，所遣者也，以象兩手遣之」。其說近是。卜辭云：

「貞，王出（有）𠳋，且乙佐；　　合二一三合集五四四七

貞，王出𠳋，且乙弗佐」

其同版卜辭云：

「……申卜，㱿貞，𤔲甾（載）王事……貞，𤔲眔㱿弗甾王事」。

意指商王武丁有所差遣，乞求祖乙之祐護。事蓋有關軍旅，此乃遣字之本義。

卜辭纍見「王遣某」之記載，如：

「……𢆶王遣並」　　合集四三八七

「……其遣我」　　合集三五三〇一

「……王遣並……」　　英三一二

「癸巳卜，祝貞，二示𢆶王遣並」　　英一九四八

卜辭「遣」均用為「差遣」，不得讀作「𢚩」。

3008

官 𠆢 𠆢

羅振玉　「說文解字：『官，从宀从𠂤。𠂤猶眾也，此與師同。』其言至明晰。古師字作𠂤，而許君於部首之𠂤乃云小𨸏。得之於此，而失之於彼，何也。」（殷釋中二十葉上）

王襄　「古官字。」（類纂正編第十四第六十一葉下）

陳夢家　「官　𢆶官——𢆶不官　　乙四八三二

官是動詞，疑假作倌，說文和廣雅釋詁訓㥑。」（綜述第五七一葉）

李孝定　「說文：『官，吏事君也。从宀、从𠂤，𠂤猶眾也，此與師同意。』徐灝段注箋曰：『王藻曰「在官不俟屨」鄭注「官謂朝廷治事處也」，漢書賈誼傳曰「及太子少長則入于學，學者所學之官也」，顏師古注「官謂官舍」，此官之本義。周禮司常云「官府各象其事，州里各象其名，家各象其號」，

3051

曲禮曰「在官言官，在庫言庫，在朝言朝」，此以官府與庫朝家及州里對言則官爲官舍益明矣。从宀在𠂤上象其高於闤闠也，因之在官之人謂之官，許以官吏事君爲本義非。其謂𠂤猶衆也亦失之」。此說官字本義極確。蓋官从宀𠂤會意，許君以衆解𠂤是用其叚借引申之義，古人造字萬無是理。羅氏乃謂其得之於此，說實未諦也。金文作官卯簋官揚簋官競卣官趞㝬官傳卣官上官

並同」。（集釋四一二三葉）

于省吾 「第一期甲骨文有『貞，帝官』和『帝不官』（乙四八三二，左右对貞），此例罕見。……官字应讀作寬，官与寬同属溪喉，又係迭韵。金文晋姜鼎的𩊚綰，孟姜簋作綽綰，史伯碩父鼎作綰𩊚，书无逸作寬綽，詩淇奥分言之作『寬兮綽兮』。这就是从官之字和寬字通用的明徵。詩淇奥传訓寬为容，尔雅释言訓寬为缓，寬容与寬缓詞義相仿。甲骨文无寬字，以官为寬。帝寬、帝不寬，系占卜上帝对商王能否寬待优容之义。

甲骨文帝官和帝不官之辞，在后世典籍中已经有了演变。礼記緇衣引书大甲：『天作孽，可违也；自作孽，不可以逭。』孟子公孙丑引作：『天作孽，犹可违；自作孽，不可活。』……礼記緇衣郑注訓逭为逃，孟子逭字作活。逭与活音义並相因。」（甲骨文字释林释帝官一九〇頁）

赵诚 「官。从宀从𠂤。构形不明。即館之初文。甲骨文用作名词，为館舍之义，用作动词，为館于舍之义，用现代汉语来说近似于住宾館』之义，如『帝官』（帝官——上帝降临人间止於館舍）（乙四八三二）。」（甲骨文简明词典三三六至三三七頁）

按：說文訓官為「吏事君也」，乃後起之義。王筠句讀已疑之。俞樾兒笘錄云：「宀者交覆深屋也，吏事君者何取而从宀？許君說此字殆未得其本義矣。今按官者館之古文也。从宀覆𠂤，正合館舍之義。食部『館，舍也，从食官聲』，此乃後出字，古字止作官。禮記曲禮篇『在官言官』，注曰：『官謂版圖文書之處』；玉藻篇『在官不俟屨』，注曰：『官謂朝廷治事處也』。官字皆即館字。周易隨九『官有渝』，釋文曰：『官，蜀才本作館』，蓋官古字，館今字也」。俞氏尚舉例證甚詳備，不具錄。

乙五三二一「戊戌卜，㞢伐父戊，用牛于官」，官即館舍之義。京津四八四五「……于……官」，當與此同。

乙四八三二「貞帝官；帝不官」，陳夢家謂假作「悺」，訓作「憂」，非是。卜辭曾記帝降在人間。寧滬一·五一六、五一七辭云：「癸亥卜，翌日辛帝降，其入于𣝣大宗，在𡧊」。陳夢家綜述五八〇謂此乃「記上帝降於廟」是對的。但釋讀此辭之行款則誤。綜述四七一釋讀此片行款不

左傳僖十五年：「改館晉侯，饋七牢焉」，館均用為動詞。

官」、「帝不官」，官亦當讀作「館」。待賓客之舍曰館，賓客止於舍亦謂之館。詩公劉「于豳斯館」；

誤，但於「宬」字下加「卜」字，亦不可據。「宎」、「宬」皆為廟室之類。帝可降在「宎」，則「帝

3009 ⿱宀复

郭沫若隶定作⿱宀复，無說。見粹考二六二片。

孙海波「，粹二六二。从宀从复。說文所无。地名。」（甲骨文编三二一頁）

按：字當隸作「⿱宀复」。合集八五五辭云：「貞往自⿱宀复得」為地名。

3010 ⿰目㠯

按：字不可識，其義不詳。

3011

饒宗頤「『丁亥卜，⿱宀方貞：羌舟启（啓）王（䭫）』（佚存九八二）按䭫疑讀為詣。說文：『詣，候至也。』廣韻訓詣為往也到也。」（通考三〇三葉）

按：合集三一二三三辭云：「貞，其宿其亡巛」用為動詞，與「詣」無涉。

3012

㪔 [glyph]

朴海波　「[glyph]，乙五二八六。从攴从𠂤。說文所无。人名，婦㪔出子。」（甲骨文編一四六頁）

张亚初　「[glyph]（綜类四四三页）　此字从𠂤从攴，可隶定为㪔。曾伯文簋有此字，作㪔。根据偏旁攴与挑手相通，此字也可隶定为⿰扌𠂤。在古文字中，从𠂤旁的字，后世往往点从追。例如，集韵平声灰韵⿰石𠂤作磓、⿰言𠂤作⿰言追、⿰食𠂤作⿰食追、⿰女𠂤作⿰女追。古玺之⿰革𠂤，也有考释为⿰革追的（古玺文编六三页）。𠂤、追音同字通，所以⿰扌𠂤也就是搥击之搥。㪔字字形正作搥击之形。搥字文献也假作追。周礼天官冢宰下属有追师。序官注云：『追，治玉之名』，音丁回反。追师即搥师，应作㪔师，本是治玉之官，后兼管服饰，『掌王后之首服』。」（古文字分类考释论稿古文字研究第十七辑二五二页）

3013

梋 [glyph]

按：字从「𠂤」从「攴」，隸可作「㪔」。合集一三九三四正辭云：「貞、婦㪔有子」乃人名。

3014

梋 [glyph]

按：字从「木」、从「𠂤」，隸可作「梋」。合集二四三八九辭云：「……王在梋」為地名。

[glyph]

按：字不可識，其義不詳。

3015 ⿰曶阝

按：字从「曶」、从「邑」，隸可作「⿰曶阝」。佚一三〇辭云：「癸酉貞，⿰曶阝元在兹」似為人名。

3016 㫃

羅振玉 「說文解字㫃，旌旗之游㫃蹇之皃。从屮曲而垂下，㫃相出入也。㸚古文㫃字，象旌旗之游，及㫃之形。其義頗難通。又所載古文與篆文無異。段先生正之曰：『从屮曲而垂下，㫃相出入也十一字，當作从巾曲而下垂者，游从入，游相出入也。』語意略顯。然謂㫃从入，尚未淂。蓋㫃字全為象形。卜辭作㫃，與古金文同。屮象杠，與首之飾，象游形。段君以為从入非也。蓋篆形既失初意，乃全不可知矣。卜辭又有⺕字，象四游之形，疑亦㫃字。」（殷釋中四十五葉下）

王襄 「古㫃字」。（類纂正編第七第三十二葉下）

屈萬里 「㫃字見說文，所謂『旌旗之斿㫃蹇之貌』者也」。（甲編考釋一四五葉）

于省吾說參▢字條下。

按：羅振玉釋「㫃」是對的。許慎之說解，王筠說文釋例已疑之，以為「云㫃蹇之皃，是虛字也。以虛字領部中之實字，非法也。且云从屮即不妥，旗斿豈有艸乎？凡云从者，从其義也。不可以字形相似而云从也。吾謂㫃是全體象形字」。徐灝說文解字注箋亦謂「阮氏鐘鼎款識子執旂彝有㫃字，左象旗杠，右象縿游飄颻之狀，與古文㸚略同。此字古文象形，小篆由古文變就其體。析而言之則為从屮从入，而實非其字也」。羅振玉又疑⺕為㫃，非是。⺕乃「中」字之或體。

3017 旋

孫海波　參旋字條

按：字可隸作「旋」，與「旋」當同字，並當釋「旋」。說見3020「旋」字條。

3018 旍

按：字可隸作「旍」，或「旋」。辭殘，其義未詳。似亦「旋」字之異文。

3019 旟

金祥恒　參旟字條

按：字隸當作「旟」。合集二〇一一辭云：「壬戌卜，貞，亞旟从受于方」「亞旟」為人名。

3020 旋

羅振玉

「旋，許書从疋，此从足。增彳者，殆亦旋字」。（殷釋中六十五葉下）

王襄

「古旋字。許說周旋旌旗之指麾也，从㫃从疋，疋足也。此从㫃从正，禮記玉藻周旋中規，折旋中矩，周旋必以正也。故从正。文曰旋于正，與字林訓回之誼同」。（類纂正編第七第三十二葉下）

孙海波「说文：『旋，周旋，旌旗之指摩也，从㫃疋。』疋，足也。卜辞作□（后下三五·五），□（又下二六·二）。类编收入旋下，是也。后编卷上第二十八叶三版：『丁亥卜㱿贞昔乙酉葡□御口』。□字罗氏收入待问编。窃疑旋字初文，□象旌旗之形，从止，即许书之足，象足止形。成公二年左传：『师之耳目，在吾旗鼓，进退从之』。旗之所向，人足随之，所以周旋也，故引申为转运之偁。从止在旗下，象周旋之意。金文名尊旋字作□，正与此同，可证。或从㔾者，緐㛢文也。」（卜辞文字小记，考古学社社刊第三期七十一页）

李孝定「栔文从㫃从止或从足會意，止足與疋同意，羅孫二氏之說皆是也。辭云『辛酉卜王貞余丙示旋于征』後下三五·五『囗卜王示旋征』佚六九七。旋疑當訓還。『丁亥卜㱿貞昔乙酉葡旋御囗丁大甲祖乙百鬯百羌卯三百囗』後上二八·三『囗貞昔乙酉葡旋囗乙百鬯百羌卯三百宰』佚五四三二辭為一骨之析，言『葡旋』，未詳其義。左氏僖二十三年傳『左執鞭弭右屬櫜鞬以與君周旋』此言『葡旋』豈屬葡而旋乎金文作□召尊□袁盉亦从止。」（集釋二二二五葉）

按：說文：「旋，周旋，旌旗之指麾也。从㫃，从疋，疋，足也」（大徐本）。徐鍇繫傳謂：「疋者足也，故从疋為旋，人足隨旌旗也」。段玉裁注云：「旗有所鄉，必運轉其杠，是曰周旋，引伸為凡轉運之偁。杠之柱地者，是旌旗之足也」。段說殊誤。徐灝箋云：「旌旗所以齊衆，執以指麾，令士卒望而前却，非運轉其杠之謂也。从疋為足者，楚金云、人足隨旌旗以周旋是也。段以杠之柱地者為旌旗之足，亦失之」。

卜辭云：

「……旋有牧王……」佚九六

「叀戍乎旋執于之㞢，王受又」拾一二·一七

「旋」皆為人名，李孝定集釋所引諸例亦當為人名，且佚六九七辭殘，不能連讀。李氏訓為「還」，讀「葡旋」為「屬葡而旋」，均非是。「葡」亦人名，卜辭多見。

3021

旃 □ □

裘锡圭「楚组的旃和叟曾与街周见于一块占卜『令周』之事的卜骨：

叀旃令「周」。

叀叟令周。

叀街令周。

缀二82

而在宾组卜辞里，旃、炱和岳正好也都在关于『璞周』的卜辞里出现过（「璞」字暂从唐兰先生释，「璞周」的确切含义尚待研究）：

☐贞：令旃比𠭯侯璞周☐　前7.31.4　（同版炱贞）

☐「叀」岳令「比☐」侯璞周。五月。　合6821

贞：叀炱令比璞周。　后下37.4　（同版另一辞记「五月」）

这很可能是下文将要讨论的𠂤组和宾组卜辞同卜一事的现象的一个实例。所以旃和炱就是旃和炱的可能是很大的。」（论「𠂤组卜辞」的时代　古文字研究第六辑三一八——三一九页）

金祥恒　「卜辞左辞，犹军师之分左右也。唯卜辞尚未见右旅。饶宗颐考释有右旅之说，欧亚美所见甲骨录存附录二，李棪斋所藏甲骨简介五军旅类：『左旅右旅』，考其拓片为第二片，其卜辞为：

叀旋用东行，王受又？

叀𢆶从上行左旋，王受又？

叀𢆶左旋，王受又？　欧亚美二

将旋字释为旅，与其字构造不符，其说犹丁山於甲骨文所见氏族及其制度一文所举甲编三九一三片将𠂤释为旅，同为不可信。丁山云：『亚旅』一辞，也曾见于卜辞云：

壬戌卜，狄贞：其又来方，亚旅其𢦏，王受又？

壬戌卜，狄贞：亚旅士𡙁？

壬戌卜，狄贞：亚旅从，受于方？

壬戌卜，狄贞：亚旅其陟𦎫入？　甲三九一三

卜辞亚旅，其地位相当于晋国的『侯正亚旅』。今按屈翼鹏先生之考释：

(9) 壬戌卜，狄贞：其又来𢀛，亚𠂤其𢦏，王受又又？

(10) 壬戌卜，贞：弗受又又？

(11) 壬戌卜，狄贞：亚𠂤☐𢦏？

(12) 壬戌卜，贞：亚𠂤从，受于犬？

(13) 壬戌卜，狄贞：亚𠂤其陟𦎫入？

𠂤，综述（五〇九页）隶定作旂，误。𠂤字未识，於此乃亚官之私名也。由是可知丁山释为『亚旅』之不可信也。」（从甲骨卜辞研究殷商王族中之三行三师中国文字第五十二册五六七二至五六七四页）

孙海波「旃，乙二八八二。从㫃从侢，說文所无。人名。旃，乙三二一二。或从偁。」（甲骨文編二九二頁）

王襄「疑旃字。」（類纂存疑第七第三十六葉下）

商承祚「此字从㫃从冉，再字从此，疑即旃字。冉丹形相近，殆傳寫失之。」（類編七卷四葉）

按：字隸可作「旃」或「旃」。在卜辭為人名。釋「旃」不可據。

3022

⿸㫃冓

按：字隸當作「⿸㫃冓」。合集六〇四九辭云：「……戊卜，賓貞，令⿸㫃冓途……」；合集六〇五〇辭云：「癸酉卜，賓貞，令⿸㫃冓途毕」，為人名。

3023

斿

羅振玉「說文解字：『游，旌旗之流也。从㫃，汓聲。古文作𨒪。』案石鼓文作斿，與此同。从子執旗，全為象形。从水者，後來所加，於是变象形為形聲矣。」（殷釋中四十六葉上）

王襄「古游字。」（類纂正編第七第三十二葉下）

屈萬里「斿，亦殷王田獵之地。津新四四一九片云：『叀宮田，亡𢦔？』又云：『叀斿田，亡𢦔？』兩辭同見於一版，知斿地與宮地相近。」（甲編考釋二〇九至二一〇葉）

白玉峥「峥按：籀廎先生释斿，是也。罗氏谓为象形之说殊非。字盖从子执㫃，准之六书，当为会意，不得谓为象形。其初意当为旅遊，为动词。作斿者，乃其本形；故经典中仍缘用之。至秦始增水，或又增辵，於是本义遂晦。字於卜辞，均为地名，且在五期中皆为田猎之乙，又字之构形，於五期之中亦颇乏衍变。惟見於第三期者，其所从之㫃，稍为苟简作卜耳。」（契文举例校读二一中国文字第五十二册五九八六页）

按：玉篇「斿」或作「游」，以「斿」為正體，「游」、「遊」皆後起孳乳字。徐灝說文解字注箋云：「游从汓聲，本有可疑。古文遊从孚，而以為汓聲，更不可解。斿當為本字，石鼓文已有之，从子執㫃，子即人也……」證諸古文字，徐說極是。字在卜辭為地名。

3024 旅

羅振玉　「說文解字旅古文作𣥠，从止，古金文皆从㫃，从从，亦有从止者，（曾伯霥簠旅字作𣥠）與許書略近。其卜辭从冂从㫃，許書从止者，皆㫃之变形。卜辭又作㫃，象人執旂。古者有事以旂致民，故作執旂形，亦得知旅誼矣。伯𩰫鼎旅作㫃，亦从㫃，从一人，而借用為盧字）許書从㫃，即从之譌。」（殷釋中二十葉下）

王襄　「古旅字。」（類纂正編第七第三十二葉下）

孫海波　「此疑即旅字之異文。說文古文旅字从止作𣥠，此从夊者，蓋倒止字，古文之倒正倒無別也。」（文錄釋文四七葉）

吳其昌　「『旅』者，祖甲祖庚时之貞人名也。董作賓以大、旅、即、行、口、兄、出、七人為第二期祖甲祖庚時史官，而引明氏殷契卜辭七四〇片以為証，是也。按后片云：『丁卯卜旅貞，王宾小丁戠，𠬝父丁，伐羌五，亡口。』『庚午卜，旅貞，王宾妣庚，戠，𠬝兄庚。亡尤。』『小丁』与小辛，小乙，為兄弟：『父丁』，即小乙子武丁也。『妣庚』為小乙之爽，『兄庚』即武丁子祖庚也。呼武丁為『父丁』，呼祖庚為『兄庚』者，則其人為祖甲明甚矣。虽然，証犹不止此也。卜辭中凡『旅貞』之片，又有『又侑父丁』二片，後·一·五·八、續·一·一九·八、𢇍·三九七，皆称謂武丁也。

又有『王宾妣戊』片，𢇍·三二六，『妣戊』，且甲且庚之母，而武丁之爽也。又有『……后且乙戠口牛』片，續·一·一三·四、『后且乙』即小乙也。又有『王宾妣庚』片，𢇍·一七·『妣庚』，乃小乙之爽也。又有『豈小丁』片，𢇍·一·二二·六，『小丁』亦祖庚祖甲之祖輩也。

則旅為祖庚祖甲時史官，殆隨所往而可證矣。」（殷虛書契解詁第一二一——一二二頁）

郭沫若　「銘末一圖形文字當即作器者之國族名。（按：即□）象三數人奉車，而車上載旌，當即旅之初字，疑其初民本以此圖形文字為其族徽也。」（清銅弟一卷十六葉）

李孝定　「說文：『旅，軍之五百人為旅。从㫃，从从；从，俱也。㞢古文旅。古文以為魯衛之魯』。契文與小篆同，象旂下聚眾之形，軍旅之本義也。引伸之為眾、為陳。段借為盧為魯。古文从㫃之字金文多譌為㞢，偏旁中數見不鮮，不煩具舉。說文旅古文作㞢，从止即从㫃之譌，从㐅即从从之譌也。徐灝朱駿聲並以㞢為者下許云『米古文旅』之米之譌體，非是。米與㞢形近，故許君誤仍米亦古文旅字，實則二者互不相涉也。郭謂金文□象三數人奉車，實則乃象奉旂之形，非奉車也。」（集釋二二二八葉）

饒宗頤　「旅字从董氏釋。書牧誓立政亞旅連文，為官名，次于司徒、司馬、司空之後。周頌載芟：『侯亞侯旅』，分而為二。春秋左傳恆見亞旅之名，文十五年：『請承命于亞旅』。成二年：『賜三帥先路三命之服。司馬、司空、輿師、侯正、亞旅，皆受一命之服』。杜注以亞旅為上大夫，以論殷制，則有未當。」（通考一一四六葉）

考古所　「右旅、左旅：此右旅、左旅当属軍旅编制。殷代师分为右、中、左（粹五九七），旅也有可能分右、中、左。卜辞中有『王旅』一辞（鉄九〇、一），此『王旅』，也可能就是中旅，正如左傳成公十六年：『楚之良在其中軍，王族而已』。（小屯南地甲骨一〇〇四頁）

白玉峥　「峥按：旅字于卜辞中，其结体肖作□（綴一〇七）、□（佚七三五）、□（庫三一〇）、□（粹編一〇）等形，然均乏明确之时间成份；其义，或为祭名，亦或为地名。如：

乙未[卜]，于见□、旅、雨？　粹一〇

旬二日辛亥，告、王章旅。　遗九九一

其为人名者，乃第二期且庚、且甲时之贞人。传世之卜辞，散见于各书，而以甲骨文录一书，为收录稍多者。所卜问之内容，以『祭祀』为最多，次为『卜夕』者。」（契文举例校读　中国文字第八卷第三十四册三八六五——三八六六页）

肖楠 「卜辞中的旅，除作人名外，还可用为军旅之旅。下面列举几条：

(1)庚辰王卜，在𢆶贞：今日其逆旅以𠭴于东单，亡𡿧？（存二·九一七）

(2)丁丑王卜，贞：其還旅，征弋于盂，往来亡𡿧？（佚九七一）

上述两条卜辞都是乙辛卜辞。逆为迎，逆旅可能是旅征伐归来后以迎之。還旅，金祥恒认为即左传隐公五年：「三年而治兵，入而振旅」之振旅（从甲骨卜辞研究殷商军旅中之王族三行三师中国文字第五十二册七页）。

卜辞中关于旅的编制的记载著录中材料甚少，前面所举怀特氏等收藏甲骨文集B一六四〇有「右旅」，为探索旅的编制提供了线索。一九七三年安阳小屯南地所获卜辞中有「右旅」与「左旅」，进一步为探索旅的编制提供了较新的材料。现列举如下：

(3)翊日王其令右旅眔左旅𢆶见方𢦔，不雉众？（屯南二三二八）

(4)囗王其以众合右旅囗囗旅于𡆥𢦔？（屯南二三五〇）

第(4)条卜辞中右旅之后所缺二字，据第(3)条卜辞推断，当为「眔左」二字。

根据卜辞现有材料看，旅分右旅与左旅。但根据师分右、中、左推测，旅可能也是分为右、中、左的。卜辞中有「王旅」一辞（缀九〇·一），此王旅，也可能就是中旅。正如左传成公十六年：「楚之良，在其中军，王族而已」。……

根据卜辞统计，商代征伐战争中动用的兵力，以千人以上最为多见，其名目有登人、共人、収人等。根据岛邦男殷虚卜辞综类一书的收集，其中一次千人者较为少见，仅三例；三千人者最为常见，有二十一例，可见三千人是当时军旅编制的主要形式；五千人者六例；万人者仅一例。根据上述三百人可以分成右、中、左三队，每队百人推理，三千人也可分为三队，每队千人，因此千人也应为军旅编制的单位之一。据目前所知道的卜辞材料看，商代军旅编制的单位有师和旅。若用千人与师和旅对照，千人为师的可能性不大。因「王作三𠂤右中左」是文丁卜辞，即商代到文丁时才有了完整的三師组织，而三千人的组织形式武丁时已经存在，而且若千人为師，三師只有三千人，卜辞中所记商对外用兵的人数远远超过此数，武丁时一次就动用了一万三千人（库三一〇）。千人为师既不可能，千人为旅的可能性是很大的。三千人符合右中左三旅的组织形式，故卜辞中中旅的存在是很有可能的。正如前面已经提到的「王旅」可能就是中旅。

……而卜辞中的师和旅则是一种既不受任何限制的随时可以出征，又能对内镇压被统治者的反抗的常备军队。」（试论卜辞中的師和旅古文字研究第六辑一二五——一二九页）

劉釗 「然而「旅」並非專業軍隊，這是由于「旅」可稱「𥂝」，而作为專业軍隊的

「㫃」从不称「𠩺」的缘故。可知「旅」也是临时徵集的，這一点与「族」相同，但「旅」与「親族」的区别是：旅是指由衆多的族氏中抽出的人組成的軍事組織，而「族」則是指以家族或國家为单位組成的軍事組织。「旅」由族長帥領，属於地方部隊，「族」則由王朝統轄，属於武裝。从严格意义上说，「族」和「旅」仍都是民兵。」（卜辞所見殷代的軍事活动，古文字研究十六輯七六頁）

按：説文繫傳旅之古文作𣄼，大徐本古文作𣃨，當以繫傳本為是。左傳隱元年「仲子生而有文在其手曰為魯夫人」，孔疏引石經古文「魯」作「炭」，即説文「旅」之古文𣄼也。其作𣃨者，乃傳寫之譌，非許書原本如此。朱駿聲通訓定聲「旅」下古文作「𣄼」，只言「與旅下古文不同，未詳」；李孝定集釋謂朱氏以「𣃨」為「米」之譌體，不知何所據。至於李氏謂「旅」字「象旂下聚衆之形」則是。卜辭云：

「辛巳卜貞，𠩺帚好三千，𠩺旅萬，乎伐……」　庫三一〇

「缶其轡我旅；

缶不我轡旅」　合三〇一

均用為「軍旅」之「旅」。又為祖甲時貞人名。

3025

旋

按：字从「㫃」、从「攴」，隸可作「旋」。合集八二九九辭云：

「立于旋」

當為地名。

3026

⿰方人

按：合集二七八七五辭云：

「貞，王⿰方人不遘」

字从「㫃」、从「人」，隸可作「⿰方人」。卜辭用為動詞，疑當讀作「遊」。

3027

[illegible]

按：字隸當作「[illegible]」。合集六八一四辭云：「癸未卜，爭貞，令[illegible]以多子族璞周，甾王事」為人名。有可能為「旃」之省體。

3028

旇

按：字不可識，其義不詳。

3029

按：合集三二八八五辭云：「㞢[illegible]令」字似可隸作「[illegible]」。為人名。

3030

[illegible]

朴海波　「[illegible]，前六．三六．二。鶾．卜辭从隹。」（甲骨文編一八九頁）

按：字可隸作「[illegible]」。釋「鶾」不可據。辭殘，其義不詳。

3031

族

按：字从「㫃」、从「大」，隸可作「族」。合集三二五九一辭云：

「…午卜…羌甲彡…龝旋」其義不詳。疑為「立中」之合文，其下適缺一橫畫。參見3032。

3032

旍 □（「立中」合文）

考古所 「□：过去未见，乃『立中』合文。中字一般作□或□，但也偶见作□的，如：淵五·六·一『中不雉衆』之中字。又，粹三九八云：『辛亥貞：生月，乙亥彡，𢆶立中？』其『立中』二字作『□』，『𢆶□』和『𢆶□』在句中的位置和辭意是完全一樣的。可證『□』确係『□』的合文。」（小屯南地甲骨一一〇五頁）

按：佚三七六四辭云：「丁卯卜，王令取勿羌𢆶□在祖丁宗…」當為「立中」二字合文。合集三二二二七之「生月乙亥彡𢆶立中」辭例同。

3033

旌 □

饒宗頤 「旌前釋偃，即偃師。其字或从㫃从土作□（佚乙四二〇一）繁形有益絲旁作858（佚乙五二五七）則為□字之作䜌矣。」（通考四〇八葉）

按：字从「㫃」在「土」上，隸可作「旌」。辭殘，其義未詳。

3034

□

按：合集二〇一九〇辭云：「甲申卜，㠯，王令丞人日朝𡈼于高」用為動詞，其義未詳。

3035 ⿸㫃畄

按：字从「㫃」、从「畄」，隸可作「⿸㫃畄」。合集二二二〇二辭云：「壬辰卜，同父乙卧⿸㫃畄」，其義未詳。

3036

按：合集三六七七五辭云：「辛巳卜，在埤貞，王步于峕……巛」又合集三七七九七辭云：「壬午卜，在峕貞，王田……往……亡巛」均為地名。

3037 中

按：合集一五七七一辭云：「……巳卜……立𠂹……」；懷一六三六辭云：「壬午卜，貞，以𠂹立于河」，「立中」為卜辭恒語，此當為「中」字之異構。當併入2925「中」字條。

3038 ⿸㫃高

按：字从「㫃」、从「高」，隸當作「⿸㫃高」。辭殘，其義不詳。

3039 ⿸㫃犬

按：字从「㫃」、从「犬」，隸可作「⿸㫃犬」。辭殘，其義不詳。

3040 旞

按：字从「㫃」、从「艸」、从「犬」、从「口」，隸可作「旞」。合集五八八正辭云：「貞，旞母[illegible]」為人名。「母」讀為「毋」。

3041 旂

按：字从「㫃」、从「户」，隸可作「旂」。合集一三五一六辭云：「辛酉卜，婦旂享……」為人名。

3042 ⿰㫃皀

按：字从「㫃」、从「皀」。「皀」即古「追」字。佚七七六辭云：「……子貞，王令皀……人[illegible]⿰㫃皀方」此疑是「追」之繁構。卜辭所僅見，有待於進一步之證明。

3043 ⿰㫃叏

按：字从「㫃」、从「又」，隸當作「旇」，「[illegible]」乃「㫃」之繁體。舊隸作「旋」，實則即「史」之異構。佚六五〇辭云：「……王弜令史……旇……壆田于童」辭殘，其義未詳。

3

按：字可隸作「⿸㫃攸」，疑為「旅」之異構。

3045

⿰彳⿸㫃克

按：字从「㫃」、从「彳」、从「克」，隸當作「⿰彳⿸㫃克」。非从「兄」。當與2371「⿰彳㫃」為同字。

3046

按：字不可識，其義不詳。

3047

按：合集三四三四辭云：「……雩……呼□」為人名。

3048

⿸㫃由

按：字可隸作「⿸㫃由」。純二六九一辭云：「丁未卜，⿱丗貝由……⿸㫃由眔古……」為人名。

3049

丁山　「㫃即㫃字，读为偃。当今河南偃师县。」（甲骨文所见氏族及制度一二五页）

李孝定　「按，字上所从卜乃㫃字，下从凵象植之架，隶定之当作旃。丁说宜存疑。」（甲骨文字集释存疑四五一四页）

白玉峥　「字从卜从凵。从卜，即今字之㫃，说文解字：『旌旗之游㫃蹇之皃』；从凵象下垂之旗幅。疑即今字之旛；说文解字：『旛，旛胡也，谓旗幅之下垂者。从㫃番声』（从段氏说）。段氏注曰：『凡旗正幅谓之縿，亦谓之旛胡。广韵云：旛者，旗旐之总名。古通谓凡旗正幅曰旐；是则凡旗皆曰旛胡也』。字於卜辞中之为用，则多为地名；然当今之何地，尚待考定。」（契文举例校读十二中国文字第四十三册四九一六页）

按：字在卜辭為地名。又習見「□侯」，謂「□」地之「侯」。釋「偃」、釋「旛」皆不可據。

3050

按：合集九〇八六辭云：「乙亥卜，□以」為人名。疑為「□」之繁文。

3051

單

羅振玉　「作單與伯吳生鐘同，卜辭中獸字从此。獸即狩之本字。征戰之戰从單，蓋與獸同意」（殷釋中六十九葉上）

丁山　「單之形見於殷契者與金文不甚遠，而其流变也往往似干。干與盾同實而異名，盾單雙聲，而單干疊韻，審其聲音遞轉，竊疑古謂之單，後世謂之干，單干蓋古今字也。如桒文戰或省為戦，是其證」。（說文闕義箋，转引自集释○四二九页）

陳邦福 「卜辭單單，邦福案：單从吅从甲，或从中，疑初从𠁩得誼，𠁩為㫃象，Y為㫃飾，單則為㫃象，皆斷之首交，展轉假為訓大之單，後人復以吅為聲，而古誼遂泯矣」。（瑣言七葉下）

孙海波 「□，乙三七八七。地名，南單。」（甲骨文编五三頁）

李孝定 「說文：『單，大也。从吅、甲，吅亦聲。闕』。鈕樹玉說文校錄云『說文無甲，故云闕』。姚嚴二氏說文校議云『凡言闕者皆後人校語，此當是「从吅闕，吅亦聲」。校者復乙轉耳』。按鈕說是也，許君蓋不知單字本義，故云『闕』。其下說解承就篆體言之耳，據許說單為會意兼形聲字，據卜辭、金文言之，單實象形字。徐灝段注箋以為象箄形。孔廣居說文疑疑以為『觶之古文，觶、爵之大者，故單訓大也』。說雖未是，然較他家解說文者為近於朔誼。丁氏以干解單，更以獸字从單或从Y證之於形音義三者俱合，說蓋可從。金文作□單伯編鐘□單子伯盨□小臣單觶□尊□單伯鬲□蔡侯匜□叔單鼎與卜辭同，非从吅也」。（集釋○四三○葉）

饒宗頤 「『庚辰卜，爭貞：□（乎）南單』。（屯乙三七八七）按水經淇水注引竹書紀年曰：『武王親禽帝受辛于南單之臺』。南單蓋鹿臺之異名也』。（庫方四九一）又有『……南單……』，不吉』語。辭太殘缺。卜辭又有『西單』之名，前編七·二六·三：『（大）采，絡云自北，西單尔「雷」……：『……駙星。三月』。『單字疑讀為墠，左昭十三年傳：『除地為墠』。釋文本作壇。洪周書王會解：『成周之會，墠上張赤帟陰羽』。覲禮：『諸侯覲于天子，為宮有四門，壇十有二』。墠即壇也。卜辭所謂南單、西單，初未必地名，疑即南壇西壇」。（通考四二八——四二九葉）

晏炎吾 「愚謂单即旃之初文。旃从丹声，丹、单同音。旃之重文作旜，从亶声。亶、单亦同音，故书盘庚中『诞告用亶』，陆德明释文即谓『亶，马本作单。』以此知旃、旜之古音必近于单，其读诸延切者，今变音也。

……周礼司常九旗，箸旜、物于常、旂之后，旗、旟、旐之前，孙诒让以为『文例最精』，以『旜、物为诸旗之通制，不入正旗之数』。是旗之为制，未有先乎旃、物者。而揆之事理，旃又古于物。何则？孙诒让曰：『凡旜，縿、斿同色，为纯；物，縿斿异色，为驳。』缋事后素，旂必居先。考《礼记目录正义》引《世本》曰：「黄帝造火食、旂、冕。」《太平御览》卷三百四十六引《世本》曰：「黄帝作旂。」……说文：「旂，旗曲柄也，所以旂表士众。」……考之契文，其制初盖只作单、甲、甲为旂之身与柄，ᗐ则旂饰也。或作丫者，是其省文。其后益之以旌旗之斿，制乃弥繁。故旂之见于契文，初只作𦥑（粹一〇〇）单（佚下二二·一八），洎乎颂鼎，乃作𣃔，善夫鼎则作𣃔，旂上遂加游矣。周人尚文，斯之谓与？」（释「单」，华中师院学报一九八三年一期一三二至一三三页）

于省吾

「《水经·淇水注》：『今城（朝歌）内有殷鹿台，纣昔自投于火处也。《竹书纪年》曰：武王亲禽帝受辛于南单之台，遂分天之明。南单之台，盖鹿台之异名也。』《史记·殷本纪》的『纣走入，登鹿台』，《集解》引徐广谓『鹿一作廪』。按《水经注》谓南单之台盖鹿台之异名，其言盖者，并非决定之辞。我认为四单的单字应读作台，单、台双声故通用。台乃后起字。古本《竹书纪年》称『南单之台』，是由于东周以来已出现了台字，而《纪年》作者不知商人以单为台，遂于南单之下误加『之台』二字。《尔雅·释宫》谓『四方而高曰台』。《吕氏春秋·仲夏纪》的『可以处台榭』，高注谓『积土四方而高曰台』。《国语·楚语》的『夫为台榭将以教利民也』，韦注谓『台所以望氛祥而备灾害』。总之，商之四单即四台，是在以商邑为中心的四外近郊。以前引第六条的南单与三门、楚（楚）并列验之，其非近郊可知。」（甲骨文字释林·释四单一三一页至一三二页）

伍仕谦

「此字原象古代狩猎而用的武器。丫，竿上有杈，杈端缚石刀，丫下的口，表示缚杈的绳索。由于甲骨文不好刻圆形，故变为单、單等形。在甲骨文很多例句中，单字为地名……甲骨文之𢦏、𢦏即戰字简化。单是武器又是猎具，可以打仗，可以狩猎……手持单，正是作事之意。所谓叶王事，即作好王的大事，以后作使臣的使，官吏的吏，皆引申的意义。」（甲骨文考释六则，古文字研究论文集，四川大学学报丛刊第十辑九三至九六页）

伍士谦

「至於此字字形之演變，最初作丫，依次為单、單、單，曰像以干插於地上。以后作𦥑，像干插於墩上之形，以后变成𦥑，像干插於墩，墩置地上之形。篆文𦥑、獸即由此演变而来。」（甲骨文考释六则 古文字研究论文集九七页）

伍士謙

「甲文作单或单从丫从口，例：

一、貞燎於單（乙五五〇四）
二、貞出于單（簠游一·四七·六）
三、……步于單（後下二）
四、……于單（鐵九）
以上四例為地名。
金文此字多用為祈求之祈，字形有：
旂（頌鼎）　旂（邾公鈡）　斦（栾书缶）
旂（太師虘豆）皆作祈求之祈

上面从像旗竿之形。單、斤皆為兵器。有从言者。言，告也。在旗下禀告，即祈求之意。从前出兵要向祖先及神祈求胜利。为什么以單、斤等武器祈求呢？《書·牧誓》「称尔戈，比尔干，立而矛，余其誓」。這是战争前的誓师形式。《左传成十六年传》，鄢陵之战。楚王登巢車以觀晋軍，伯州犁对王曰「张幕，虔卜於先君也，徹幕，将發命也。……左右執兵而下，听誓也。乘而左右皆下，战祷也」。可见战前举武器以誓以祷，以祈胜利是应有的礼節。祈字当即此意。」（《甲骨文考释六则》，《古文字研究论文集》九八页）

俞伟超

「……『某单』当既是地名，又是一种社会组织及聚落之名，也是氏族之名。卜辞中可以确看到的『单』有『东单』、『南单』、『西单』和『北单』。『南单』正在安阳殷墟之南，可知整个四『单』，当为在殷墟的四方而距离不会太远。记录到这四个『单』的情况的卜辞是：

1、『庚辰王卜，才𪊨贞，今日其逆旅从执于东单，亡灾。』（《甲骨续存》下九一七）
2、『𡬠于南单。𡬠于三门。𡬠于楚。』（《殷契粹编》七三）
3、『庚辰卜，争贞，爰南单。』（《小屯殷墟文字乙编》三七八七）
4、『☐南单☐。』（《库方二氏藏甲骨文字》四九一）
5、『庚辰卜，口贞，翌癸未，㞋西单田，受出年。十三月。』（《甲骨续存》下一六六）
6、『☐采㛪云自北，西单雷。』（《殷墟书契菁编》七·二六·三）
7、『☐竹☐北单。』（《殷墟书契后编》上一三·五）

其中，第3—7条皆为一期甲骨，第2条属三期，第1条属五期，说明这种『单』在武丁时已经存在，并一直延续到商末。

……胡厚宣释『单』为墠，以为是郊野的平地。于省吾释『单』为台，以为是积土而成的高台。丁山释『单』为坛，类似于释为台。陈梦家则笼统指为地名，但也曾释为台、墠。

先秦时所谓的墠，指一种经过平整的空旷场地，即诗郑风东门之墠毛传所云『除地町町者』，周礼夏官大司马郑注引王霸记所云『空墠之地』。在郊野的这种空旷场地上，常常修筑祭坛，当然还会植有树木，书金縢中的『三坛同墠』、礼记祭法中的『一坛一墠』和论语颜渊苞氏注所说『舞雩之处有坛墠树木』，讲的都是这种情况。坛、墠既同在一片地段上，祭坛又一定高起一些，所以说文段注即谓『三坛同墠』为『坛筑墠下之证也。』按照这种情况来设想，这种墠内当无农田，也不见得有由坛、墠专门管辖的农田，故上列第5条所云『夕西单田』，正可从『西单』辖有农田这个方面，否定把『单』释为墠、坛、台诸说。

关于第2——4条的『南单』，大家都据水经注淇水所引古本竹书纪年，指为即武王擒纣王处。淇水注的这段文字是：

『今城内有殷鹿台，纣昔自投于火处也。竹书纪年曰：「武王亲禽帝受辛于南单之台，遂分天之明」。南单之台，盖鹿台之异名也。』（初学记卷二十四、御览卷一七八、太平寰宇记卫州卫县条所引纪年略同。）

于省吾以为『单、台双声故通用。台乃后起字。古本竹书纪年称「南单之台」，是由于东周以来已出现了台字，而纪年作者不知商人以单为台，遂于「南单」下误加「之台」二字』。其实，正因为鹿台（当为「廪台」之误，详下）是在『南单』之中，纪年才称之为『南单之台』。这种文句，恰恰可以说明释『单』为台，便使文义重复，自然是不妥当的。

所谓『鹿台』，原名实为『廪台』。今四部丛刊初编影印缪荃孙艺风堂旧藏明嘉靖章檗刊本周书克殷，正作『廪台』。孙诒让周书斠补卷二『商纣奔内，登于廪台之上』句下曰：『卢本作鹿台云：「鹿旧作廪，今据史记及御览改作鹿。」（朱同）案史记殷本纪集解引徐广云：「鹿一作廪」。是晋时史记别本作廪。与今本周书同，则不必改鹿也。』按，廪字古有别体作鹿，广雅释宫便并存廪、鹿二体，廪、鹿形近，后世就把廪台讹为鹿台。古籍中同样的讹误还有多处，因而王念孙在广雅疏证中甚至说：『廪通作鹿。』吴语「囷鹿空虚」，韦昭注云「员曰囷，方曰鹿」。广韵引贾逵注云：「鹿，庾也。」』其实，这都是形近之讹。

把鹿台订正为廪台，就能真正明白这个建筑的性质。历来都只说鹿台是商纣的离宫，现在知道它本应叫做廪台后，顾名思义，就可以从这个名称来考虑它的用途。

在一九七三——一九七四年，黄盛璋曾发现，战国时的府、库、仓、廪，也是制作兵器、礼器、车器以及田器的场所。商纣王时的廪台，是否也会是这样呢？

大家熟知，武王克商后曾有『散鹿台之钱』的举动。这件事表明，廪台至少是库藏大量田器的重地，而不仅是专供戏乐的苑囿离宫。

史记殷本纪曾曰：纣王『实鹿台之钱而盈钜桥之粟。』周书克殷又曰：武王克商，『乃命南宫忽振（按：即「赈」，水经注浊漳水正作「赈」）鹿台之钱，散钜桥之粟。」今书武成和史记周本纪「钱」作「财」，但武成的孔疏引周本纪亦作「钱」，王念孙读书杂志卷三之一曾以十证确断其应为「钱」字。「钱」是一种农具，如诗周颂臣工「庤乃钱镈」，毛传：「钱，铫」；说文金部：「钱，铫也。古田器。」把农具叫做「钱器」这种称呼，还至少可延续到汉末。……这种「钱器」究竟是什么农具，后世有二解。一如诗臣工孔疏引世本宋衷注：「铫，刈也」，认为是收割谷物的农具。二如齐民要术耕田第一引纂文：「养苗之道，锄不如耨，耨不如刬。刬柄长二尺，刃广二寸，以刬地除草」，认为是铲地之器。不管哪种解释准确，具有这两种性能的农具，远远早于商代就已发生，所以那时是可以具备的；而金属铸币的流通，却要晚到春秋，商纣之时是没有的。这就可知所谓「鹿台之钱」，只能是田器。

……安阳小屯甲组宫殿或宗庙基址的一个窖穴（YE一八一）中出了四百余件石镰的情况，又表明商王在宫殿或宗庙重地的确是贮存大量田器的。……

廪台所贮大量田器，依常理，至少有一部份是供平日在周围使用的，从而「南单」必辖有大片农田。前列卜辞第5条的「⿸尸少西单田」，便直接表明这种「单」是有农田的。

「⿸尸少西单田」的「⿸尸少」字，在卜辞中既与应当解释为耕地的「田」字联在一起，其含义当和使用农田的某种活动有关。对于研究商代的社会经济状况来说，这自然具有重要意义，因而多年以来，有许多学者不断对它作出解释。例如早在一九三三年，唐兰即释为「屎」字。一九六三年，胡厚宣又指出它同于说文「徙」字的古文「屎」而原为「屎」字，并就此对殷代施肥说再次作了发挥。一九七三和一九七八年，张政烺两次发表文章，释为「肖」字即「趙」字，以为就是诗周颂良耜中「其镈斯趙」的「趙」，意义即郑笺所云「以田器刺地，薅去荼蓼之事」。但此条卜辞所述「⿸尸少西单田」之事发生在「十三月」，殷历以夏历十一月为岁首，「十三月」正值冬天，在豫北之地，粪田或耘田除草之事，都不会进行，这些解释，显然并没有把内容全部疏通。

我为探索甲骨文中的东、西、南、北四「单」是否象后来的「单」、「僤」、「弹」那样乃是一种公社组织，自然关心「⿸尸少」字的解释，多次与朋友们讨论。后来，李家浩同志发现，此字以释「徙」为是。我感到，把「⿸尸少田」释为「徙田」，就解开了商代「单」这种组织的经济形态之迷，并可确凿地同以后的「单」连接起来。这是极重要的发现。我请他就这个字，专门写了下面的一段考释。李家浩同志写道：

甲骨文「⿸尸少」字或可作「尿」。古「少」、「小」本是一字，故「⿸尸少」可写作「尿」。

胡厚宣先生曾经指出「⿸尸少」即说文「徙」字古文「屎」，是正确的。要证明这一点，还须从「徙」字谈起。

说文辵部：『徙，迻也。从辵，止声。𢓊，徙或从彳。㞒，古文徙。』按『徙』字汉印篆文作

[glyph] 徙尉之印　汉印文字征二·一五下

秦汉隶书作

[glyph] 云梦睡虎地秦墓竹简日书

[glyph] 银雀山汉墓竹简孙膑兵法擒庞涓

[glyph] 汉孙叔敖碑

这些『徙』字并写作从『辵』从『少』。唐贞观四年安定胡公（质）墓志铭和开元九年唐故上柱国李府君（景祥）墓志（千唐志斋藏志一一·六二〇页，文物出版社，一九八三年）以及日本高山寺钞本空海所编万象名义所收『徙』和从『徙』之字，也是这样写的。古文『少』、『止』形近，说文篆文『徙』所从『止』当是『少』的讹误。『沙』、『徙』古音相近。战国策燕策一『燕赵之弃齐也，犹释弊躧』，姚本注：『一云「脱屣也」』。马王堆汉墓帛书战国纵横家书第二十章与此相当的文字作『说沙也』。『说沙』当从姚本注读为『脱屣』，此为『沙』、『徙』古音相近之证。据此，『徙』当为从『辵』、『沙』省声。

『⿸尸少』字亦见于金文：

[glyph] 禹鼎

古代文字的偏旁位置不十分固定，上下左右可以移动。上录之字，当是『⿸尸少』的反文，是把『尸』旁与『少』旁并列的一种写法。这种写法，还见于下录金文：

[glyph] 豆闭簋

西周铜器铭文中又常见『彤沙』一词，逆钟铭文『彤沙』之『沙』作『⿸尸少』，从『尾』从『少』。此字亦见于师毁簋，郭沫若先生认为『从尾沙省声』。在古文字中，作为偏旁的『尸』与『尾』可以通用，如汉印『屈』字可写作从『尾』或从『尸』。于此可证『⿸尸少』与『⿸尸沙』当是一字，『⿸尸沙』为从『沙』省声，『⿸尸少』也应当是从『沙』省声。

齐国文字中又有如下二字：

[glyph] 叔弓镈

[glyph] 陈财簋

上录第一字的左半和第二字的上半，似应隶定作『⿸尸系』，其下从『少』从『小』，与金文『米』形有别。这二字在铭文中用法相同，旧释为『敹』，似不可信。陈财簋的『⿸尸𢍁』与豆闭簋的『⿸尸廾』，当是一字，可见『⿸尸系』即『⿸尸少』的异体。说文『徙』字古文『㞒』，

应即由「屡」讹变而成。旧或认为「屎」即「𡳐」之省，其实，陈侯因資敦铭文中有一个「屎」字作[illegible]，此字当是「屖」的异体，「屎」即由此讹变而成。从这些情况看，说文「徙」的古文「屎」字，实际上也是从沙省声，与「徙」相同，故可以用为「徙」。

字形既明，再看这些字在铭文中的用法。

禹鼎：「禹曰：不（丕）显𧻚（桓）𧻚（桓）皇且（祖）穆公，克夹召（绍）先王，奠四方。肆武公亦弗叚（遐）望（忘）朕（朕）圣且（祖）考幽大弔（叔）、懿弔（叔）。命禹屖（屎）朕（朕）且（祖）考政于井邦。」（陕西省文管会、陕西省博物馆藏青铜器图释图七八）

豆闭簋：「王曰：闭，易（锡）女（汝）戠衣、⊗市、䜌（銮）旂，用屛乃且（祖）考事。」（两周金文辞大系图录考释二·六〇下）

陈侯因資敦：「陈侯因資曰：皇考孝武𧻚（桓）公龏（恭）戴，大慕（谟）克诚（成）。其唯因資，扬皇考，绍练（緟？）高且（祖）黄帝，屎嗣（嗣）𧻚文，淖（朝）問（问）者（诸）侯，合（答）扬氒（厥）惪（德）。」（同上五·二六〇下）

叔弓镈：「𢾊择吉金鈇鎬𨥧铝，用饭（作）铸其宝镈。」（同上五·二四三上）

陈财簋：「屛择吉金，乍（作）兹宝𣪕（簋）。」（同上五·二五七上）

裘锡圭先生认为叔弓镈的「𢾊」和陈财簋的「屛」读为「選」。「屎」（徙）本从「沙」省声，古音属歌部，「選」属元部，歌元二部阴阳对转。二字声母同属心母。所以，「𢾊」和「屛」可以读为「選」。「選」、「纂」二字古通，如诗齐风猗嗟「舞则選兮」，韩诗「選」作「纂」。因此，禹鼎的「屖」、豆闭簋的「屛」、陈侯因資敦的「屎」，并当读为「纂」。礼记祭统引孔悝鼎「纂乃祖服」，左传襄公十四年「纂乃祖考」，郑玄注和杜预注并云「纂，继也。」

在甲骨文中与「田」连言的「屖」，裘锡圭先生认为也可能读为「選」。按「選」字从「辵」，「巽」声，在说文里有二训，一为「遣也」，一为「择也」。训为「遣」可能是本义；训为「择也」，也可能是假借义。金文中「屛」和「𢾊」从「収」或「攴」，与金文「择」字作「収」或「攴」同义，疑「屛」和「𢾊」即选择之「選」的本字。甲骨文「屖」字不从「収」或「攴」，与「屛」、「𢾊」二字有别，似仍当按说文用为「徙」。孟子滕文公上在讲到井田时说：「死徙无出乡」，赵岐注：「死，谓葬死也。徙，谓爰土易居，平肥硗也。」「屖田」当即「爰土」，也就是类似于左传僖公十五年所说的「爰田」、国语晋语三和汉书地理志下所说的「辕田」和说文走部中的「𧻚田」。

上录李家浩同志的意见，当已清楚说明「屖」即「徙」。前引「庚辰卜，贞，翌癸未，屖西单田」那条卜辞，就是讲从庚辰到癸未的四天期间，在「西单」进行一次徙田即换田活动。后面所说的「受有年」，在卜辞中，往往是在贞问与农业收成有关的一些大事时才出现的，可知「裒西单田」一事，当时认为对次年农事活动的好坏是有影响的。这次「裒田」活动，最后又明记是发生在「十三月」，这种重新分配土地或更换休耕之地的活动在秋收以后、春耕之前的冬闲季节进行，正是最合适的。

「裒田」如果是那种换田活动，当时绝不会偶一行之。那么，在卜辞中还有没有其它的进行「裒田」活动的记录呢？

请看以下卜辞：

「☒裒出正，乃坚田」。（殷虚书契前编五·二七·六）

「辛未□，□裒□单□」。（殷虚书契后编下一二·七）

「裒田雨」。（小屯殷虚文字乙编八二九五）

「☒裒出田」。（殷契遗珠四〇五）

「贞，令禽裒出田」。（甲骨续存上一七七）

「贞，勿令禽裒出田」。（甲骨文合集九五七九）

「□裒出田」。（甲骨文合集九五七八）

「甲申卜，争贞，令逆裒出田，受年。」（甲骨文合集九五七五）

「甲子卜，允贞，于翌乙丑裒冀。乙丑，允裒冀，不冓雨。」（甲骨续存补二一八）

「贞，于翌乙丑裒冀，不冓雨。乙丑，允裒冀，不冓雨。」（殷虚书契前编三·一八·四）

「翌乙丑裒冀。允裒冀不冓雨。」（殷契卜辞六三四）

「壬□卜，𡆥贞，令裒𠟭（？）。」（殷虚书契前编五·四二·六）

「戊戌卜，争贞，方裒[illegible]。」（殷虚书契后编下三五·七）

「己亥卜，大贞，乎般裒出衔。」（殷虚书契续编六·二一·一〇）

「己亥卜，大贞，乎般裒于衔。」（库方二氏藏甲骨文字一六六）

「☒奔裒出尹工。」（殷虚书契前编四·二八·七）

「☒余勿☒乎田，余☒乎裒☒。」（殷契拾掇第二编二七三）

「不其裒，雨。」（小屯殷虚文字乙编二八七七）

「乙丑卜，宾贞，裒我嫂。」（同上九三七）

「庚寅卜，簸☒裒☒。」（殷虚书契续编五·三〇·一三）

「□丑卜，☒裒☒。」（战后京津新获甲骨集二七二八）

「若㠯森囗乎裒。」（殷契佚存七四五）

在上列卜辞中，奠、衛、蜀（？）、[illegible]、婈等当为族名，亦即地名，胡厚宣已指出下面皆有「田」字。它如「裒田」、「裒出田」中的「田」字，从辞例看，亦为族名即地名。卜辞中以「田」为人名或族名之例甚多，金文中又有以「田」作族徽的（如小校金阁金文拓片六·九）为证，可见「裒田」、「裒出田」之下亦省「田」字，全文之义为「徙田族之田」。

其它如「尹工」及「正」则为官名，如「丁卯卜，宾贞，令追引出尹工」（甲骨文合集五六二二）；「丁卯卜，贞，令追引出尹工」（殷虚书契续编五·四·六）；「贞，重令尹工。二月」（甲骨文合集五六二七），都说明「尹工」是官名。近陈建敏还指出「尹工」是工官。其「裒出尹工」的辞例，与「裒出正」同，而后者下面又言「乃坚田」，可知「裒出尹工」与「裒出正」之事，必皆为「裒田」，其下亦都省略「田」字，即徙尹工与正的田地。

还可注意到，凡与「裒田」事有关的人物，身份都很高，而不是直接从事农业劳动的「众」。这既表明那些人物是在主持「裒田」之事，又暗示出「裒田」并非通常的农业生产劳动。

归纳上面的论述，可知卜辞中的「裒」，即「徙」，「裒田」就类似于后代所说的「爰土」。这种活动既屡见于卜辞，可见是经常进行的一种普遍制度。

参照民族学资料，「徙田」或「爰土」无疑就是公社内部定期更换土地的活动。这种实例是极多的。按照科瓦列夫斯基的研究，这在土地公有制向私有制过渡时是全普遍发生的。……例如在阿富汗的白沙瓦省茹朱夫查尔地区的某些村镇中，每个公社的土地，都按现有的公社人数而分成一定数量的份地，由每个占有者领受使用。因土地有肥瘠之异和用途之别，为使每个公社成员能平均使用那些最适宜于耕种的能灌溉的土地，公社就把全部土地分为若干个「康」，份地的占有者就从每个「康」中领取各自的地段。但当人口增加后，适于耕耘而尚未使用的土地感到不足，现有土地分配已不平均时，公社成员便定期进行重新分配土地的活动。在富于荒地的公社中，重新分配并无定期性；在土地不多的地方，则隔着较短时期——十年、八年、五年，甚至每年进行一次重新分配。……

放在这样一种土地占有制度化的逻辑过程中来观察，在「西单」等地发生的重新分配土地的行动，应当存在于土地的共同所有制还在被不平等的份地制度逐步代替之时，而这个时期的社会形态，只能是家庭公社或农村公社。……

……有理由认为：「东单」、「南单」、「西单」、「北单」是一些王族的氏族。如作为地名来说，也就是一些王族的居住地，当然具有一种很重要的特殊性，因而给了一种以王都为中心的、多以其方位关系而命名的专门名称。其它多一般的「单」，就以地名即族名来直接称呼之。这也就是说，四「单」是王族的公社；其它的「单」，则包括了许多普通的公社。

当然，四「单」以外的其他的「单」，有的也是王族的公社。……可以看到有相当多的「单」，都是王族的支族的公社。……商代的「单」是普遍存在的。如果把整个商代社会比之为一个肌体，这种「单」就确实是这个肌体的细胞。这样一种社会的基本的基层组织，既然其名称和这种组织内的成员的氏族名称和居住地的地名保持着一致性，当然进而反映出一个公社主要由一个氏族所组成，从而这种公社显然还是由血缘纽带维系着的。商代的这种「单」，自然应如下一章将要进一步论述的那样，还是一种家庭公社的形态。放在商代晚期那种大家熟知的社会环境中来考虑，这个时候的家庭公社，当然早已进入家长制的范畴了。……

「单」字的本义，显然与聚居无涉。甲骨文和商周金文「单」字的形体，究竟象征什么东西，现在还无能力作出妥善解释。说文也只是讲它从二「口」、「甲」，是「吅」的亦声，训为「大声也」，「甲」则义阙（从段玉裁说），对这个字的原义，显然已说不清楚。近四川广汉三星堆相当于商代的早期蜀国的祭祀坑中所出铜树，顶上的分杈树枝作Y形。这种铜树，大概就是社树的模拟物。那时的农业公社中，每个公社大抵把土地崇拜的场所叫「社」，而以树作社神。「单」的字形，也许就是社树的象形。如果仅从商代卜辞的内容来分析，「单」主要是指当时那种家庭公社的组织而言。当指明某个公社所在的具体地点时，又使用「东单」、「南单」、「西单」、「北单」那些专门称谓。」（中国古代公社组织的考察——论先秦两汉的单——僤——弹六——五三页）

陈梦家　参史字条

李孝定　参干字条

胡厚宣说参𠂤字条下。

白玉峥说参[illegible]字条下。

徐中舒　参史字条

何光岳释单字見鼍字条下

按：單為獨體象形字，許慎以為會意兼形聲字是錯誤的。單本象某種武器的形體，類似於干，但不同於干。甲骨文單字無作丫形者。甲骨文獸（狩）字的偏旁或从單，或从干，蓋狩用犬與干，或用犬與單。丁山據此以為單干乃古今字，疑似之辭耳。卜辭或稱「南單」（乙三七八七 合集六四七三正），或稱「西單」（存二・一六六 合集九五七二），均祭祀之所。「單」蓋假作「墠」。

3052 戰

饒宗頤「單父二字合文，為地名。元和郡縣志：『今宋州單父縣，古魯邑也。』漢地理志屬山陽郡。路史國名紀：『舜師單卷所居，故臻單父；周成王封少子臻于此，為單子國。』今果見于卜辭。」（通考八九六葉）

按：字从「單」、从「又」，隸可作「戰」。非「單父」合文。合集二七三〇二辭云：「戊辰卜，壴貞，又來執自戰，今日其延于祖丁」。為地名。

3053 單

按：合集三二七一正辭云：「貞，知單于母庚」「貞，于……己知單」當為「單子」二字合文，乃人名。

3054 蘄

屈萬里「蘄，亦見粹編九四五片，殆與他辭之斳為同字；疑即蘄字也。」（甲編考釋九一葉）

按：合集二九三六五辭云：「…子卜，在𣃔田龍𣃔洮塞其…囚？」字从「單」、从「木」，隸可作「[glyph]」。乃地名。字與「𣃔」當有別。

𣃔 旂

王國維　「𣃔，卜辭作[glyph]，即旂之本字。頌鼎、頌敦等作𣃔，假借為祈求之祈。」（戩考七三葉上）

王襄　「𣃔疑古𣃔字。」（簠文第五葉）

葉玉森　「至若軍用之品，如㫃作[glyph]，旂作[glyph]。」（枝譚二葉古兵）

唐蘭　「𣃔疑即析字。」（導論下三十葉上）

唐蘭　「王國維釋『旂』，近是。按此字從㫃𣃔聲，舊以為从旂从單，誤。」（導論下二十九葉）

孫海波　「从旂从單，蓋戰時禱于軍旗之下，會意。」（《文編》一卷五頁）

孫海波　「𣃔，戩四七．九。祈，卜辭从獸，即旂之本字。頌鼎毀等作𣃔，假借為祈求之祈。王國維說。[glyph]，乙二〇四〇。或不从㫃，[glyph]，續一．五二．三。即旂。貞奉于𣃔三豕。」（甲骨文編一〇頁）

楊樹達　「𣃔為旂之或作，當釋𣃔，釋𣃔，非也。」（卜辭求義四九葉下）

李孝定　「說文：『旂，旗有眾鈴，以令眾也。从㫃、斤聲。』王氏說此為旂之本字可從。說詳一卷祈字條下。栔文金文多假此為祈匄字。金文作（休盤㫃字重文）（毛公鼎）（頌鼎）（頌簋）（邾

公釛鐘『旂年釁壽』、□師曼父鼎『用旂釁壽』與上文並假為祈匄字」（集釋二二一九葉）

張秉权　「□」，王國維释斴，可信（注一）。此处当是地名，在今安徽宿县境。雉，也是一个地名。

這一版，可考的日子，只有己未一天，其余的，是否同日所卜，不能十分肯定。阱，冀，斴，雉四个地方，或在一条路线之上。（殷虚文字丙编考释第十八——第十九頁）

（注一）見戩壽堂所藏殷虚文字考释，第七七頁，但王氏以為假借為祇求之祈，則未必可以。

考古所　「斴：地名。」（小屯南地甲骨八三五頁）

徐中舒　参史字条

裘锡圭说参□字条下。

按：孔廣居說文疑疑：「鐘鼎祈求之祈都作𣄰，从單旂聲。……說文遺漏斴字，而於斴字注曰，艸也，从艸斴聲。徐氏曰說文無斴字，悉意斴乃𣄰省聲，許注誤也。又案莊子予惡知夫死者不悔其始之斴生乎？史記始皇本紀斴年宫，皆以斴為斴，此蓋因斴斴形相似，傳寫者誤耳」。孔說頗有見地，實則斴艸之斴亦後起孳乳字。金文作斴、斴等形，與甲骨文近似。王國維以為即旂之本字，假借為祈求之祈。惟卜辭均用作地名或人（神）名，未見用作旂或祈者。乙八一六五「知𡇂于斴」，乙五五〇四「尞于斴」；後下二〇．五「王疾隹斴……」，當為神祖之名。後下二二．一八「步于斴」，粹九三四「从斴涉」，均為地名。前一．四七．六「出于□」，亦「斴」字之異構，字不从「丵」。綜類四四五並入「斴」字是也。唐蘭疑即「祈」字，殊誤。說文「斴」與「祈」均「斴」之孳乳分化字。李孝定引鐵一四二．四以為即祈匄字。原辭云：「王……不……斴」，不能連讀，李說誤。

3056　戰　狩　□　□

羅振玉　「說文解字：『獸，守備者。从嘼，从犬。』又：『狩，犬田也。从犬，守聲』。案古獸狩實一字。左氏襄四年傳：『獸臣司原』。注：『獸臣，虞人』。周禮獸人之職所掌，皆王田之事。詩車攻：『搏獸于敖』。後漢書安帝紀注引作『薄狩于敖』。漢張遷碑：『帝游上林，問禽狩所有』。石門頌：『惡蟲弊狩』。皆獸狩通用。其文洗獸鼎作獸，員鼎作獸。此从Y从丫，並與从單同。古者以田狩習戰陳，故字从戰省。从犬助田狩，故字从犬。禽與獸初誼皆訓田獵，此獸狩一字之證。引申之而二足而羽為禽，四足而毛為獸。許君訓獸為守備者，非初誼矣」（殷釋中六十九葉下）

王襄　「說文解字：『獸，守备者，从嘼，从犬。』契文獸从單，从犬，單，即戰之省，假為狩。卜辭云：『我其獸[字形]』，『我獸下乙』，『王獸于入』。古者于田狩時，习戎备，检軍实，故从戰省，春秋隐公五年左氏傳：『冬狩』，注：『狩，守也，冬物毕成，获则取之。』周礼大司馬：『中冬教大閱，遂以狩田。』許說：『狩，犬田也』，犬以助田猎，故又从犬。獸之简体作Y、Y，皆由單之蜕变，遗迹尚可寻。」（古文流变臆说六七——六八页）

王襄　「獸，古與狩通」。（簠游第十三葉）

葉玉森　「按[字形]之異體作[字形][字形][字形]……等形。予疑从[字形]象捕獸器，其形似义有幹。V象义上附著之銛鋒，似足。口在义下，蓋以繫捕獲之雉兔者。从[字形]Y者乃省变，金文譌作[字形]（邵鐘）[字形]（師寰敦）[字形]（王母鬲），篆文復譌作單獸，則形誼並晦矣」（前釋一卷一二三葉）

李孝定謂獸「从Y[字形][字形][字形]，並即單字，單干古為一字，並盾之象形。田狩者以單自蔽，以犬自隨，故字从單从犬會意，亦猶戰字从單从戈會意也。單金文或作[字形]（獸簋獸字偏旁）象單下有𨍏之形。或作[字形]，攸鼎嘼字下从内亦𨍏形。其从▽者或譌為。為口則為師寰簋之[字形]若[字形]，是為小篆嘼字矣。獸之初誼謂田獵，本為動詞。繼謂獸所獲為獸，其生獲者或加畜養，此許書嘼訓犍也一義之所自來也」（集釋四二〇〇葉）

丁山　「獸本从單，或省而从干，蓋單干古本不別」。（闕義箋單字條）

吳其昌　「獸」即「狩」也。後起引伸之義，斯以畋獵所獲得之生物，即以獸名之矣。溯其源，則「獸」為動詞，不為名詞也。羅振玉曰：「古『獸』『狩』實一字。左氏襄四年傳：『獸臣司原』，注：『獸臣，虞人』。周禮獸人之職掌皆王田之事，詩車攻：『搏獸于敖』，後漢書安帝紀注引作「薄狩于敖」（其昌按：張衡東京賦亦作『薄狩于敖』。）漢張遷碑：「帝游上林，問禽狩所有」。石門頌：「惡蟲蔽狩」。皆「獸」「狩」通用。其文：先獸鼎作𤞷。員鼎作𤞷。此从𢆉，从丫，並與从單同。古者以田狩習戰陣，故字从「單」；以犬助田狩，故字从「犬」。「禽」與「獸」初誼皆訓田獵，此獸狩一字之證。引申之，則二足而羽為禽；四足而毛為獸。（考釋二、六九）按：羅以戰狩為一字，極是，『獸』本字，『狩』實後起字耳。以『禽』『獸』本皆為田獵之名，尤是。以田狩習戰陣，故从『戰』省，亦是。然以為犬助田狩，故从『犬』，則非也。其實『獸』『戰』字皆从『單』，『單』為兵器，可以田狩，亦可以戰爭，故金文中『獸』與『戰』且得通假，師寰毁：『嘼』：曰森、曰莽、曰鈴、曰達，……』猶言戰將、戰士曰森、莽、鈴、達也，可證。吾先民以此𢆉狀兵器，田獵而獲兕、虎、狼、犬……之屬，則欲總名此兕、虎、狼、犬之屬，必將以為此屬乃以𢆉狀兵器田獵而獲得者，故中繪一𢆉狀兵器，而旁繪所獲得之兕、虎、狼、犬之屬于左右，即以此繪畫之意象名之，而呼其聲曰『狩』，此『獸』字形、聲、義之來源也。故金文中：有子（且甲鼎、陶齋一、二三）、丑（父辛卣、積古一）、寅（父癸器、續殷二附六）、卯（父辛鼎、貞松二、二六）、辰（父辛鼎二、小校二、一九）、巳（父辛鼎三、小校二、二○）、午（父癸爵、殷文二、一九）、未（父辛鼎、攈古一三、八）、申（宰峀毁、窓齋一一、二七）等九狀，皆直繪田獵獲獸之意像，亦即『獸』『狩』字之最初文也。如下狀：

子 丑 寅 卯 辰 巳 午 未 申 酉 戌 亥

其後此九狀者，遂漸趨簡易化，兩旁衡列之獸，改易直立，則遂成『午』狀矣。从『午』狀而更簡之，兩旁之獸，省其左旁，但存右旁，則遂呈『申』狀，而『獸』字成矣。故其文曰：『王來獸（狩）自豆录（鄧麓）』也。『申』狀又即為『未』狀之省，昭然可見，則『獸』字之來源及本義，亦昭然可見矣。由『申』狀而更簡易化，則遞減為『酉』（拾遺六、八）、戌（拾遺六、三）、亥（簠一、二九、四）三狀，遂為卜辭中『獸』之正字矣。其所獵獲之物，多頭戴巨角，乃係兕、犀之類，其漸趨簡易化也，則以為此兕犀虎狼之屬，緐重難繪，惟『犬』字最簡，故遂悉數採用『犬』字以代表一切獸類耳。是故卜辭『獸』字所以从『犬』者，犬實為畋獲物之一種，絕非養犬以助獵，所以定从『犬』者，實為其字最簡省而易寫之故，非畋獵所獲得者惟有犬而已也。故『獸』字之本義徹底明，則羅之說，可以不攻而自潰矣。且鼎鼎明云：『王狩于啚敝，……鼎執犬，休善』。（濾六、八）是因狩而縶犬，非豢犬以從狩，其證更明白矣。」（殷虛書契解詁第三一五——三一八葉）

孫海波 「[glyph]，鐵一〇.三。卜辭獸从犬从單，用为狩猎之狩。」（甲骨文編五四四頁）

孙海波 「[glyph]，鐵一〇.三。卜辭用獸为狩。重見獸下。」（甲骨文編四〇七頁）

李學勤 「卜辭中大致相當于『狩獵』的動詞主要有『狩』、『苗』、『田』、『弋』等，例如：

狩：乙未卜，今日王狩（獸）光，擒？（沃七九）

苗：庚申卜，翼辛酉苗，有啓？十一月。狩，允啓。（汇一〇九）

田：戊申卜貞，王田鷄，往來亡災？𠚤曰：『吉』，茲御』。獲𤜣二。（前二，三六，七）

弋：己丑卜貞，王弋（迖）于邵，往來亡災？在九月。茲御。獲鹿一。（前二，二三，二）

由汇一〇九可知『苗』和『狩』是相近的。『狩』、『田』、『弋』三者有區別，如：

壬王叀田省，亡𢦔？吉。

其狩，亡𢦔？大吉。 （洪二一三

王其弋于噩，沚狩？ （洪五二三

戊寅卜貞，王弋，往來亡災？

壬午卜貞，王田，往來亡災？

丁亥卜貞，王弋，往來亡災？ 淦六八九

在某些地點祇行弋而不行田，如邵；有些地點則多行田而罕行弋，如盂。在武丁、祖庚、廩辛、武乙、文武丁諸王卜辭和帝乙時代的非王卜辭中，多用『狩』、『田』和『苗』；在康丁、帝乙、帝辛諸王卜辭中，則多用『田』和『弋』。（殷代地理簡編第一葉至第二葉科學出版社一九五九年）

白玉峥 「[glyph]：……叶玉森氏曰：『卜辭之獸即古狩字，从犬从[glyph]，象捕獸器形；[glyph]象X上附著之銛鋒，口在X下；盖以縶捕获之物者。从[glyph]、Y，乃省变也』。[glyph]，即单字；Y，即干字。是單、干同字。」（契文举例校读中国文字第八卷第三十四册三六七三页）

白玉峥　「庚午，子卜贞：狩口征？在我。」（鐵七六·二）

□：……当为□之或体。……按：□字之书法，疑为繁杂；约言之：第一期武丁时、及第二期祖庚时，作□或□；祖甲时作□或□。其所从之犬，即不画腹。第四期文武丁时，则增繁作□或□，所从之犬，其头部亦增繁，而与豕或虎头近似矣。然文武丁时诸多复古，史官之「自由精神」亦为其一，故狩字之书法，除前举外，尚有作□、□、□、□、□诸形者，可谓集狩字书法之大成矣。虽然！却于第三、五期之卜辞中，未能发现狩字……。」（契文举例校读中国文字第八卷第三十四册三七六四——三七六五页）

姚孝遂　「卜辞的「田」是田猎的通称，「狩」是一种具体的狩猎手段，二者断然有别，不能混同。试看以下的辞例：

「贞，王其田，獸亡巛？」　甲一六五六

「辛丑卜，翊日壬，王其田，獸（亡）（戋）？」　佚四二〇

佚四二〇的时代，可能还有不同的意见，甲一六五六则毫无疑问是廪康时期的刻辞，属于董氏所说的新派，仍然称「狩」，且和「田」是相对为言，「狩」在此只能是田猎的一种方式。

说文训「狩」为「犬田」，段玉裁、王筠等均认为「犬」是误字，当依韵会所引作「火田」。尔雅释天：「火田为狩」。卜辞火田为「焚」、为「爇」，「狩」是否为火田，在卜辞则得不到证明。围猎有多种不同的方式，火田只是其中的一种。我们只能肯定卜辞的「狩」为围猎的某种形式，其具体内容尚有待于进一步的追索。」（甲骨刻辞狩猎考古文字研究第六辑四一——四二页）

伊藤道治说参□字条下。

于省吾说参□字条下。

陈炜湛说参田字条下。

按：罗振玉谓「古獸狩實一字」是對的。徐灝段注箋云：「獸从犬，非守犬之謂也。獸之言狩也，田獵所獲，故其字从犬，謂獵犬也」。卜辭「獸」皆用為田獵之義。

3057

僤

□

按：字从「人」、从「單」。辭殘，其義不詳。

3058

□

□

按：字不可識，其義不詳。

3059

□

按：字不可識，其義不詳。

3060

□

按：合集三八三〇六辭云：「癸丑卜，在□貞，王旬亡𡆥」為地名。

3061

干

□

李孝定

「契文有□字（佚五八七），亦作□（續五·一九·一），旧无释，金祥恒續甲骨文編三卷一頁下收作干，无说……契文上出诸形，即为盾之象形字，上从□，其飾也，金文作□，亦由□所衍变，其递嬗之迹，当如下表所示：

□→□（此系假想之形）→□（㝬簋「干戈」）□（毛公鼎「以乃族干吾王身」此当读「捍禦」）→□（干氏

弔子盘）→干（觚文）→干（小篆）

契文作空廓形之口者，金文率多作■，其後又多变作一，此文字递嬗之通例也。……干当以训盾为本义，训犯则其引申义，当为解云：『干，盾也，象形。一曰：犯也。』契文别有申字（藏二五．二），或作申（藏一．三）．作申（後下五．二），作卑（押二．三．一六），诸家释毌，是也，字即單之異体，乃象上无加形飾物之盾；又單字古作𦥑，疑亦与此同源，皆为盾之象形字，第以所象之器，形制精殊；或因方言殊异，遂致衍为数字，然其音犹复相近，义亦相因也。」（读契识小録，历史语言研究所集刊第三十五本五〇至五一页）

按：說文：「干，犯也。从反入，从一。」段玉裁以為「反入」乃「上犯之意」。皆非是。字乃象干盾之形。戴侗六書故引蜀本訓「盾也」，此實存本義。合集二八〇五九辭云：「弜令戍干衛其……」「干衛」即「戎衛」，當讀為「捍衛」。參見2401「戎」字條。

3062

爿

羅振玉　「許書無爿，而牀狀牆戕等字皆从之，今卜辭有爿字，是許君偶遺之耳。」（殷釋中四十七葉上）

王襄　「古爿字。羅亦言云許書無爿字，而狀牆戕牀等字皆从之，今卜辭有爿字，是許書偶遺之耳。」（類纂存疑第七第三十七葉上）

陳邦福　「彙說文無爿部，而从爿之字泰半皆从爿得聲。考卜辭多有『爿牧』（前四、四五、三、）『爿求』（前七、三、一）之文，今就許書古籀文反復求之，知為將之初字。說文酉部醬古文作[爿酉]，籀文作[將皿]，是醬本从將得聲，而古籀文皆明作爿，是爿即古文將字，證一。水部漿古文作牀，是牀本从將得聲，而古文又明作爿，是爿即古文將字，證二。細審卜辭爿與將為一字，爿為最初古文，將趣稍後，將則籀文而誼稍異矣。（陳侯因資敦从寸作將）許書既未立爿部，又未收將字，獨於寸部載將字从寸訓帥，故段注云：『必有法度而後可以主之先之，故从寸』，是由古籀文不同之一證也。」（辨疑十三葉）

丁山　「爿字許書失記，後之从事補苴者或曰象木之左半，（繫傳引李陽冰說）或曰牀之古文，（吳元滿六書正義）或曰象方鋻斧之斯，（吳大澂字說）或曰古檜，（王廷鼎字義新鏡）或曰爿之省體，爿古文疾字，（王煦說文五翼）此一是非，彼一是非。驗之金石古文之偏旁十不四三，合考卜辭言爿者二見，一曰『爿牧虒方』（簠四·四五·三），一曰『丁亥卜夏爿求夆』（簠七·三·一），皆為國名，不能自其上下文義尋其初義。然自卜辭所見從爿之字若𡨦𤕫𤕫𤕫等，皆有倚恃之義考之，則爿誼雖近于牀而非牀字，雖近于牖扆而非牖字，雖近于几而非几字，謂象斧扆之形較得其實。斧扆之制，魏書李謐傳引鄭氏禮圖云『縱橫八尺，畫斧文於其上，今之屏風也』。漢之屏風皆有後版，（周禮沃宮掌次鄭注後版謂之邸，周禮掌次疏大版亦謂之業，詩有瞽毛傳）業扆一聲之轉，大版謂之業，即謂之扆，則斧扆之扆非大版即後版矣。許君言『版，判也，從片反聲』『牘，書版也，从片賣聲』『牑，牀版也，从片扁聲』推而至於牖牒牖牏，凡从片者皆版意，而版片之音義俱近，則判木為片，即判木為版，片版實古今字也。古文筆勢不拘向背，則片字今雖右向作片，古文亦可向左作爿。爿字雖不見許書，然爿字解云『倚也，人有疾病，象倚箸之形』，爿形近爿，音義則俱同扆，是卜辭所見爿爿即倚箸之爿，亦即斧扆之扆矣。斧扆之扆本象判木，不特說文爿之字音義可證，說文『疾，病也，从爿矢聲』。卜辭疾但作𤕫，象人血流滿體負版寢息之形。說文『㝱，寐而覺覺也，从宀从爿夢聲』。卜辭但作𤕫，象人負版寢息若有所見之形。凡許書從爿之字卜辭字但作爿，此爿爿一字之證也。爿為大版，不特寢疾偏旁可證，古者天子大旅上帝必設帟幄，帟幄之中必設皇邸，卜辭幄字作𡨦，正象帷幕交寢中施植版之形。植版賈疏謂即斧扆，則斧扆植版異名而實同。爿象植版亦象斧扆，爿之象斧扆也此尤明證矣。」（詳見說𤕫載集刊一本二分二三三葉至二三六葉）

孫海波　「爿，乙二七七二。象牀形。說文有片无爿。六书故云，唐本有爿部，段玉裁說文注补爿字於片之末，注云，反片为爿，讀若牆。按，古文一字，可以反正互写，片、爿当是一字。」（甲骨文编三〇三頁）

李孝定　「說文無爿字，而牀牆戕牂將等字均从之得聲。段氏說文注於片部之末補爿篆，解云『反片為爿，讀若牆』。注云『各本無此，按六書故云「唐本有爿部」，蓋以鼂氏以道說也。今不別立一部，依彳部終於亍之例補焉』。又牀下段注曰『今書牂牂斨牆壯戕狀將字皆曰爿聲，張參五經文字爿部曰「爿音牆」，九經字樣鼎字注云「下象析木以炊。篆文片析之兩向，左為爿音牆，右為片」。李陽冰亦云木字右旁為片左為爿音牆。許書列部片之後次以鼎，然則反片為爿當有此篆。六書故曰「唐本說文有爿部」，蓋本鼂氏說之。參記許氏文字一書非肊說，其次弟正當在片後鼎前矣』。今按卜辭此字作爿若爿，向背無別，皆不象判木之形，卜辭木作木判之應作木而爿牀牆等字从之，當是牀之初文，橫之作ㄸ，上象牀版下象足梲之形。段氏補此文甚是，惟謂是片之反則有未諦，當於牀篆下補此，以爲古文牀。陳邦福謂爿是𤕫若將之古文，非是。按𤕫在此應作𤕫，說文無𤕫字，陳氏所指當是西部之醬。許書醬訓醢，或本作𨡓，段氏改作醢，是也。爿在此爲聲符，夕與酉並爲形符，醬非以𤕫爲聲，此爿𤕫非一字，證一。又水部漿訓酢，漿从水將省聲，非从𤕫聲，古文作⿰爿水，从水爿聲，蓋將亦从爿聲，非謂𤕫即爿字也。證二。且本無𤕫字，爿安得與之爲一字乎。至寸部之將，許云醬省聲，亦不云𤕫聲。形聲之字聲符但取音同，不得謂某字之聲符或作甲或作乙而遽以甲乙爲一字也。丁氏詳考斧扆屏風植版諸名，說甚詳贍，惟謂「爿形近爿，音義則俱同扆」，遂謂爿爲扆之初文。考爿字金文偏旁作爿（昆疕王鐘疕字偏旁）爿（齊侯鎛痼字偏旁）𤕫（同上瘩字偏旁），說文疾之古文从𤕫，實即卜辭𤕫之形譌，象人有疾纏綿牀笫之形，乃會意字。篆作疒者，乃合人體與床面爲一畫，但餘象人臂一畫又橫之作疒，而古文从人从爿（牀）會意之原形乃不可見。然許訓「人有疾病象倚箸之形」，其意猶不誤也。疒之與爿實截然二字，固不能由疒字以求爿字之音，且𤕫牆等字皆象人臥之形，而斧扆屏風植版皆豎立之物，病者夢又安能負版寢息乎。又𤕫字象朽骨陳于床上以會葬意，朽骨固不能負斧扆而立也。又將牂斨牆壯戕狀將諸字之从爿得聲者，其聲韻並與床字相同，（古音均在十部且同隸陽韻）就形音義三者覘之，爿之釋牀蓋無可疑也。今以許書之例，並依段氏所補收之於此，實當逕入木部以爲牀之古文也。卜辭或言「爿母庚」（佚八八〇八）、「爿匕庚」（佚八八六二）、與它辭言「⿰爿攵某某」者當爲同意，⿰爿攵當釋牂，見十二卷牂下，並爲祭名，其義不詳。孫海波謂爿爿疑一字，是也。而其文編仍分收爲片爿二字，似有未安。金文鬻穡从此爲聲，疕痏瘠諸字从此爲形符，字並作爿，與栔文同。」

（集釋二三二八葉）

考古所

「爿：地名。」（小屯南地甲骨一〇〇二页）

徐锡台

「爿（乙二七七二）与爿（乙二七七八）。前人将其释为片或爿，说文中有片无爿，六书故云唐本有爿部，段玉裁说文注补云：「爿字於片之末，反片为爿，读若墙。」我认为此字既可释为片或爿，亦可释为疒字，如六书通中将疾书为「⿰爿夫」字，作爿、片为疒字的佐证，若将此字释成疒字，殷墟卜辞中属于爿片的偏旁字，就可以触类旁通。」（殷墟出土疾病卜辞的考释中国语文研究第七期一五页）

王慎行

「甲骨文有「爿」字，作爿（乙二七七八）、爿（掇二·一三二）形，旧释「床」之古文，以为象床形，不确。因为它在卜辞里均作竖立状，从不作横放的ㄸ形（床形）。

說文有「片」而无「爿」字，段玉裁說文注根據六书故「唐本有爿部」，遂补「爿」字于片部之末，并谓：「反片为爿，读若墙。」段说至确，张参五经文字爿部曰：「爿音墙」；九经字样鼎字注云：「下象析木以炊，篆文木析之两向，左为爿，音墙；右为片。」李阳冰六云：「木字右旁为片，左为爿，音墙。」均其读若墙之佐证。今按说文凡言某字读若某，下一某字不仅拟其声，也往往用其字以为假借，故笔者以为甲骨文「爿」字似应为「墙」之假借字。有的学者以为甲骨文「爿」字，象版筑土墙时，「版」、「干」的侧视面略形，其说颇具新意，可从……揆其初，象形字无法表现墙壁的形状，遂假「爿」字之音，并用这套筑墙的设备以示之。

（商代建筑技术考，殷都学刊一九八六年第二期九至十页）

按：說文有片無爿，而大徐本說文牀字作「从木爿聲」，六書故引唐本有「爿」部，說者多疑之。王筠釋例謂「木字象形，木可分半也……古人製此字，不於物情中得其意，而於字形中得其意，當亦自詫其巧，自笑其非理實也夫」。孔廣居說文疑疑云：「牀古作[illegible]，象形，以為偏旁之用，不便橫書，故作爿，猶皿之為[illegible]，冊之為車也。或省作爿，通。加木作牀，贅。說見吳元滿正義及魏校精蘊」徐灝段注箋、林義光文源、章炳麟小學答問亦並謂「爿」為「牀」之古文。徐鍇謂牆、壯、戕、狀之屬竝當从牀省聲，實則竝从爿聲，爿即牀也。丁山以爿為床，未免迂曲。李孝定集釋已辨之。李孝定以爿為牀之古文甚是，但不知前人早已論及。

3063

[illegible] 卟 [illegible]

丁山　「卟殆即走馬亥鼎[illegible]字初文。鼎銘曰『宋[illegible]公之孫走馬亥自乍[illegible]鼎』，与牆籀文作[illegible]者形近。郭沫若讀为宋莊公，是也。（詳兩周金文辞大系考释一八四页）山按，說文艸部莊字古文作[illegible]，象床上列残骨形，实葬之本字。葬者藏也。[illegible]則象以缶藏物而護以木版，正[illegible]字初写。[illegible]读为莊，知卟碻是莊字。莊、藏音近。第二辞言『莊人』，又讀为藏人，即戰俘被

槃为奴僕肯乙。」（甲骨文所见氏族及制度一二七——一二九页）

孙海波　「昨，靈人九七。人名。侯𣱵来。」（甲骨文编三〇四页）

于省吾　「甲骨文𣱵字也作𣱵，反正无别，旧不识。其从爿或丬，即爿或丬的省体。甲骨文从爿的字习见，有时也省作爿，不烦举例。说文从爿之字屡见，而无爿部。甲骨文偏旁中的爿字，象牀形，故疒（疾）字从之。但爿字也象祭祀时用以陈列肉类的几案形，故鼎字从之。说文不知爿与片反正无别，而训片为判木，实则判木之片乃后起字。至于𣱵字从月，即古文肉字，甲骨文𦛏字从肉作月者常见（详释𦛏）。又鼎字（前五·三·七）从𤖅作𣱵，上从三点象血滴形。甲骨文祭字从肉作月或月者互见，又多从数点，有的或不从点，可资参证。甲骨文有『侯𣱵来』（续五·五·六），『𣱵入』（陳一三七），『今告人乎𣱵口』（续存上一四四七），均以𣱵为人名。说文：『𤖅，酢𤖅也，从水將省声。』其实，𤖅乃將之初文。总之，𣱵字应隶定作𤖅，本象祭祀时陈列肉类于几案之形，也即甲骨文鼎字所从之𤖅。金文早期鼎字常见，稍晚则作鼎，右上从刀，用以割肉。鼎与鼎均以𤖅为声符，即诗我將『我將我享』之將的古文。」（甲骨文字释林释𤖅）

徐锡台　「𣱵，此字右从疒，左从口，非𣱵，当即痆，通㾃字，如广韵：『㾃，嚏乳汁状』。其字，見殷墟卜辞云：『厌痆来』。（续五五六）：『痆入』（陳一三七）。」（殷墟出土疾病卜辞的考释中国语文研究第七期一六页）

按：字从「爿」，从「月」，释「莊」不可據。于先生释「𤖅」，谓即「將」之初文，其說是對的。字从「肉」，不从「口」。合集一五八六五正即有字作「𣱵」，可證字確係从「肉」，而非从「口」。

3092

3064

宆　𡧊　𡨆

孙海波　「𡧊，乙四二九三。从宀从爿。説文所无。地名。」（甲骨文编三二二頁）

李孝定　「从宀从爿，説文所無。當即寢寐等字之所从。」（集釋二四八九葉）

按：字从「宀」、从「爿」，隸可作「⿱宀爿」。在卜辭皆為地名。

戕 ⿰爿工

孙海波　「刘氏藏契有一版文云：『口其遣壯』壯字卜辞未见，字从爿从戈，即说文之戕字。说文：『戕，槍也，他国臣来弑君曰戕，』此引左氏传之言为说，非本谊。（春秋宣十八年：邾人戕鄫子于鄫。左氏传曰：凡自虐其君曰弑，自外曰戕。）卜辞云『其遣戕，』与遣伐同例，知戕字不必如说文之训。按小尔疋广言：『戕，残也。』易律：『自藏也。』马郑皆作戕，注：『戕，伤也。』小過：『従或戕之，』虞注：『杀也。』知戕之训残训杀，较许说为近古。」（卜辞文字小记续，考古学社社刊第五期四十七页）

郭沫若釋戕，無說。（粹考一五八葉上）

李孝定　「說文：『戕，槍也。他國臣來弒君曰戕。从戈，爿聲。』契文正从戈从爿。辭云『囗其遣戕』其義未詳。」（集釋三七七五葉）

按：釋戕可從。說文：「戕，槍也。它國臣來弒君曰戕。从戈爿聲」。左傳宣公十八年：「凡自虐其君曰弒，自外曰戕」此乃後起之義。段玉裁以傷殘為戕之正義是也。

⿴囗爿

徐锡台　「⿴囗爿，此字内从疒，外从井，当即⿸疒井字。『⿸疒井』通痙字，如集韵：『痙，巨井切，说文彊急也』。其字用法，见殷墟卜辞云：『乙酉卜，㱿贞：呼⿸疒井□医』（合二八二）。」（殷墟出土疾病卜辞的考释 中国语文研究第七期一六页）

陈汉平　参⿴囗爿字条

按：字可隸作「⿴囗爿」。合集六九四三辭云：

「己酉卜，㱿貞，呼囧𡗜疾」；「貞，弓呼囧𡗜疾」用為動詞，其義未詳。當與「𦥑」為同字，參見3069該字下。

3067

疾

孫詒讓

「……當是疥字。說文疒部疥，从疒介聲。又八部介，畫也。从人，从八。此从介即介字，或作分者其變體」。（舉例上廿六葉上）

葉玉森

「予曩謂爿爿乃古文牀字，𠂤𠂤象一人病新瘉就牀起立手足腰脊無力之狀，瘳象也。其作牀牀形者，予玩辭意，仍當釋瘳。蓋人旁有水點，意謂病瘉之人已能起立，宜沐浴也。卜辭之𥂝，羅振玉氏謂象人立于盤，四旁有水，乃浴字可證。（鉤沈）又按牀亦作牀形，牀亦作牀形，从夕與从女同象人，以水點與否乃繁省之別，當為一字。卜辭介作𠆢𠆢𠆢等形，而牀字之旁从則有作𠆢𠆢𠆢等形者，似與介形迥異。釋疥更未安。惟此字是瘳非瘳，尚難決定。……近讀丁山氏〈釋牀〉一文，合瘳疥為一，與予意同。惟謂並疾字引秦兩詔楕量刻辭，丞相斯去疾，疾从人作疒為證。且謂爿本象大版，亦象奇依，所从之小點皆象血液，人體流血倚版寢息，此牀之全形，亦疾之初文。予按丁氏〈釋疾〉其說校新，惟謂小點象人體流血，則創象非疾象。詁形尚未逸澈。丁氏又續作〈釋牀〉，上一文謂牀牀並瘳字，……第二辭云『庚辰卜貞多鬼𡖕由牀見』，而丁氏又釋上一字為夢，下一字為疾，似矛盾矣」。（前釋一卷六十七葉上至六十八葉上）

郭沫若

「𤕫字原作牀，習見。孫詒讓釋瘳，王襄釋疥，丁山釋疾。余謂當是𤕫之初文，近出魏石經殘石〈尚書無逸篇〉逸字作𤕫，隸定之當為𤕫字，乃泆字之異，从牀（𤖅）屑聲。（說詳〈餘釋之餘〉五七葉）卜辭作𤕫，蓋从牀尸聲，尸古用為夷，與泆同紐。泆有失也，『𤕫齒』蓋謂失齒」。（卜通十葉下至十一葉上）

丁山

「〈周易〉卦爻辭言疾者凡九，其在復卦曰『出入无疾，朋來无咎』。鼎之九二曰『我仇有疾不能我即吉』。疾之為言咎也，憂也。明夷之九二曰『明夷于南狩，得其大首，不可疾貞』。疾之為言疌也，速也。豫六五『貞疾恆不死』。无妄九五『无妄之疾，勿藥有喜』。遯九三『係遯有疾厲』。損六四『損有疾，使遄有喜』。豐六二『往得疑疾』。兌九四『介疾有喜』。疾皆當依〈說文〉訓曰『病也』。人誰不病，病誰不懼死，今人之死生常問居鬼神，古人之疾瘳與否則卜諸蓍龜，〈周禮〉『太卜以邦事作龜之八命，八曰瘳』。凡此疾病諸辭，殆亦殷周間卜瘳之類矣。卜瘳之辭亦常見於甲骨卜辭，但字作𤕫，孫詒讓以為瘳字，王襄以為㾓字當作疛。屮按：《急就篇》「瘀疕疛瘧癰聾盲」，顏注云「疛，小蟲攻齧皮膚潅錯以鱗介也」。疛乃皮膚之疾，非齒也。而卜辭數言「𤕫齒」（《藏》一九〇，《殷契》一‧二‧五，《殷契》四‧四‧四，《徵文‧游田》三〇），謂齒生疛癘則不可通。孫君疑亦為倒羽形，「𤕫齒」形亦甚遠。屮謂𤕫齒猶言齒病，𤕫即《周易》常見之疾字也。許君言𤕫「从疒，矢聲」，而秦兩詔權量刻辭「丞相斯去疾」，疾則从人作𤕫，與𤕫所从之爿同也。又按：祭卜辭作𥙊，殺卜辭作𤕫，育卜辭作𤕫，所从之𠁁皆象血液，則𤕫外之𠁁亦可謂象血液形。爿本象大版，亦象斧依。人體流血倚版寢息，此𤕫之全形，亦疾之初義矣。釋𤕫為疾，不特合於形義，驗諸所卜各辭亦無不怡然理順。辭曰「已𤕫不死」（《藏》一六八，死本作𠕁，象人在棺槨之中，舊釋四，非也），與豫之「貞疾恆不死」同一文法，同一意義，此一證也。又曰「貞𠂤多鬼夢亡𤕫」（《殷契》四‧二‧二），「己未卜畢已戌亡𤕫」（《殷》下廿九‧四），「丁未貞已漁亡𤕫三月」（《徵文‧人名》八九），「貞王曰亡其𤕫」（《徵文‧雜事》六二），「癸未卜出貞已𢀛𤕫」（《徵文‧游田》三十），「貞已其不之𤕫」（《殷契》四‧三‧二），「癸未卜貞口𢀛𤕫之有𤕫呂日」（《殷契》八六），「亡疾」，「亾其疾」，「𢀛疾」，「𢀛疾之疾」，「其不之疾」，皆與復之「出入死疾」同誼。此二證也。而《殷虛書契》弟十葉有一版曰「癸酉卜貞𦎫其之𤕫，貞𦎫亾𤕫」，前為命卜之辭，後為吉凶既判之語，合而讀之尤非卜瘳之事莫辭，此𤕫為疾字之證三也。餘若「辛未卜𧺆貞之𤕫告口」（《藏》一‧五六），「貞告𤕫于且丁」（《殷契》一‧十二），「丙午卜貞福告𢀛𤕫于口丁叀」（《徵文‧帝系》二一〇），是告疾之卜也。「貞之𤕫佳之㞢」（《藏》一五三），「癸酉卜貞𤕫其之𤕫」（《殷契》六三八），「甲寅卜㞢貞𤕫𠂤佳口㞢」（《戩》三‧四‧四），「戊申卜崔貞凶日之𤕫」（《北大藏龜》），「壬子卜貞𠂤克與之𤕫」（同上），「己酉卜賓之𤕫宅出」（《徵文‧游田》二八）、「丁未𡈼之𤕫」（《徵文‧游田》三〇），是臣屬之疾也。《藏龜》有曰「卜貞𨅖呂𤕫旬之二日」（五葉），則卜疾瘳之期矣。《金縢》言「武王有疾弗豫，二公曰我其為王穆卜，王翼日廼瘳」，然則卜疾之瘳否乃古人之常事。焦循並以疾速誼訓易卦文辭之疾字（《易通釋》卷八），毫釐千里，其失也不亦遠乎」。（《釋𤕫》，載《集刊》一本二分二四三至二四五葉）

胡光煒　「『亡𤕫』，余釋亡癘。《齊國差𦉜》『毋咎毋癘』，癘作𤕫，與此近」。（《甲骨文例》下二五葉）

董作賓　「从日从介，當為疥字，象人卧床上身旁有疥甲之形。疥疾古多有之，《禮‧月令》『仲冬行春令，民多疥癘』。《周禮‧天官‧疾醫》『夏時有痒疥之疾』。疏『四月純陽，五月陰起，為水沴火，為甲疥，有甲故有痒疥之疾』。是其例也」。（《集釋》二五一五頁）

金祖同隸定作𤕫，而解為疾，見《遺珠》二六八片考釋。

吴其昌

「……又其字或作疒（鐵二·四）、疒（鐵一二一·三）、疒（鐵一四八·三）、疒（鐵一六五·二）、疒（前四·一八·三）、疒（續一·四三·八）、疒（續五·三〇·四）及疒（鐵二六·三）、疒（前五·一四·四）、疒（後二·二〇·五）疒（戩三四·七）疒（燕四〇九）……等狀，亦象疾病之人，肢體拳攣差牙之態也。然其疒之形，已與卜辭之「父」字無別，或竟即从「父」字。从「人」，義固得相通耳。然則此字，殆以篆文寫之，則乃从「爿」从「父」者，資當作「疒」矣。按：「父」又即「甫」也。凡古文作「父」者，後世恆易作「甫」，此通俗常識，故不煩證。然則，「疒」字，後世自可易寫作「痡」矣。考説文解字疒部：「痡，病也。从疒，甫聲。詩曰：「我僕痡矣」」。爾雅釋詁亦云：「痡，病也」。韓詩傳並同，今卜辭中疒字義正為病，適與雅詁密合，知「疒」即「痡」之本字矣。今悉索萬餘甲骨，此字實翅百十餘見，除去複見者，及殘存單文獨字無可推考者不計外，其餘疒字數十見，分廁于種種不同辭句之中，求其能一義通貫而絕無絲毫抵忤者，亦惟有以「病」義訓「疒」耳。殆云：「又疒」者凡一見，（鐵二六·三）謂有病也。……「其㞢痡」正猶「其㞢𡆥」（續三·四五·五）語相比矣。……云「鬼疒」者凡二見，（前一、續一）「鬼」之言「畏」，謂畏病也。……云「王疒」者凡十有九見（鐵九，前三，後二，續一，林一，戩一，佚一，燕一），謂王病也。……云：「余㞢疒」（戩三九·六）乃記王自稱「余有病也」。……又卜辭有云：「王夜疒，尹㐱㞢」。（前七·三三·一）謂王忽于深夜病劇，尹乃㐱祭于神鬼以禳也」。（殷虛書契解詁第一七七——一七九葉）

孙海波

「疒，甲一三四。丁山释疒。説文疒，倚也。人有疾病，象倚箸之形。」（甲骨文編三二九頁）

楊樹達

「胡君依丁山之説釋疒疒為疾字，義則是矣。余去秋以來，三治甲文，釋此字為疒。所以然者：説文七篇下疒部云：「疒，倚也，人有疾病，象倚箸之形」。甲文从人倚爿，與説文解義相合，此一證也。篆文疒字右方横畫乃人字之省变。説文載疾字古文作𤕫，厂亦是人字之譌。國差甔有𤷒字，其所从疒字與古疾字同。汗簡疾或作㾊，亦从人作。今甲文从人，與古文疾字及金文汗簡偏旁相合，此二證也。甲文有疒字，其字从爿从父，余釋為痡。（甲文有吹敀朕三字，余釋為哺哺脯字，字皆从父，不从甫之校以説文，）爿當為疒字之省，此三證也。疒既象人有疾病倚箸之形，自含疾義，疒疾文雖小異，義實無殊，以之讀卜辭諸文，固無碍隔也。」（積甲文説五八葉）

朱芳圃 「余謂𤕫，病之初文也。說文疒部：『病，疾加也。从疒，丙聲。』字象人卧爿上，（爿即床之初文，寢榻也。）意謂人病卧不起，由於有物附身作祟。左傳襄公十年：『晉侯疾……及著雍，疾。卜，桑林見。』（杜注：『祟見於卜兆。』）昭公元年：『寡君之疾病，卜人曰：「實沈、臺駘為祟。」』史記趙世家：『晉景公疾，卜之，大業之後不遂者為祟。』臺駘，地示也，實沈，大業，人鬼也，桑林，物魅也。可證古人以為疾病之生，由於有物附身作祟，故造字作𤕫卧爿上以象之。

病對轉魚，孳乳為痡，說文疒部：『痡，病也。从疒，甫聲。』又孳乳為寎，㾢部：『寎，卧驚病也。从㾢省，丙聲。』對轉魚，孳乳為悑，心部：『悑，惶也。从心，甫聲。』怖，悑或从布聲。』又孳乳為怲，心部：『怲，憂也。从心，丙聲。』為妨，女部：『妨，害也。从女，方聲。』

（殷周文字釋叢卷中第一一九葉）

李孝定 「說文疒部：『疒，倚也，人有疾病象倚箸之形。』又同部之首下第一文：『疾，病也。从疒，矢聲。𤵸，古文疾。𢕍，籀文疾。』孔廣居說文疑疑云：『疾，病也。从疒，矢聲。𢕍，籀文疾。𤵸，古文疾。疒，小徐本訓痾也。痾即病也。从牀省一聲，蓋即疾之古文也。今大徐本訓倚也，疑誤。疾即疒之篆文。从矢，傷殘之意也。籀文𢕍，六書統曰「智秉廿人，是斂疾非疾病也。」說文分疒疾為二，合疒𢕍為一，疑皆非。』朱駿聲通訓定聲疾下云：『按此字當訓急速，从矢，疒聲。籀文从𢕍省，从廿會意，或廿聲，廿疾雙聲。』孔氏之言是也。疒疾當為古今字，古文衍化往往於象形會意之本字另加聲符，疒字从牀爿从人會意，矢字則為後加之聲符也。籀文𢕍乃智字，許君誤入疾下。孔君乃以六書統之說解之，稍誤。朱氏之說則稍有可商。訓疾速之字，契文作⿻大矢（後下三五、二），金文作⿻大矢（毛公鼎『敃天疾畏』，⿻大矢齊侯鎛『毋疾毋已』），象矢著人肌下會意，謂其來之疾也，與訓病之疾本非一字。惟矢中人即有創病之義，與疾病之義近，而二者之形復不甚相遠〔注〕，後世遂以『疒』之篆文『疾』兼賅『疾病』『疾速』二義，而『⿻大矢』亡矣，非疾之本義當訓急速也。（鼎鎛二⿻大矢字均用急速之本義，『敃天疾畏』猶詩召旻『旻天疾威』。）契文𤕫𤕫字諸家釋疾釋瘳釋𤺊，或則乖於形，或則誶於義。至丁氏釋疾，始得發其義蘊，然於字形猶小有未合。楊氏釋疒，於字形辭義無不允當，其說塙不可易也。楊氏謂篆文疒字右方橫畫為人之省變，其說小有未達。蓋字作𤕫象人卧牀上，即許君所謂『象倚箸之形』，人倚箸於牀，人體與牀面自當密合無間，然則象人體之『丿』，與牀面之『丨』合而為一，即為篆文之疒矣，橫畫者人臂之形，特易斜畫為橫畫耳，非人之省也。金文無疒字，而偏旁作爿爿諸形，猶與契文同。（上官鼎疾字作𤕫，則與篆文同矣。）

〔注〕疾之隸體與⿻大矢之隸定作𤕫者形頗相似

又後下十一、八辭云：『貞婦好不延𤕫』，𤕫字从亻乃身字，為疒字之異構，而辭云『婦好不延疒』，宜妊娠之疒之專字乎。

又楊氏釋㸦為痛，亦誤。字从ㄐ乃人形之譌變，非从攴也。當釋瘳，說見前。卜辭有㽱字，沾二八似是从爿从攴。然諦審乃是从攴，與从又同，仍是疚非痛也。疒字亦不得省作爿，以其義各別也。楊氏殆偶未察耳。」（集釋二五二二葉）

屈萬里 「㸦，當是疾字之異體。」（甲編考釋二〇三葉）

于省吾 「甲骨文和周代金文均有疒疾二字。……疒為疒病之疒，甲骨文作㸦，象人臥牀上。疾象矢著肊下，矢亦声，係会意兼形声字。依据上述，则疒与疾之本义有别，但也有时通用，甲骨文的『因凡又（有）疾』（綴合三六四），他辞皆作『因凡有疒』；毛公鼎的『敃天疾畏』，詩雨无正作『昊天疾威』，是其证。……甲骨文『今夕其雨疒』之占屡见，又有『疒雨亡匄（害）』（前四·九·七）之占。此外，雨疒二字合文作𰀀（乙二八一四，七T一六）。胡厚宣同志谓：『雨字疑用为动词，与降同意，雨疒犹言降疒。』（商史论丛殷人疒病考）按胡说非是。甲骨文习见降因、降傲、降若之贞，降字无一作雨者。雨疒之疒应读作急。詩召旻的『昊天疾畏』，郑笺谓『疾犹急也』。左传襄十一年的『晋不吾疾也』，杜注谓『疾，急也』。此例典籍常见，不备列。甲骨文的雨疒和疒雨，是说雨势的迅急，与降疒无涉。又春秋时器弓鎛的『爯侯左右，毋疾毋已』，毋读母，疾也应读为疒训急。这是说，爯侯左右辅助之臣，毋急，不可躁于操切，毋已，不可有所懈殆。由此可知，古文字中的疒与疾，虽然本义有别，但由于音同相假，有时不仅均用作疒病之疒，也均用作急速之急。秦汉以来以疾代疒，疾字通行而疒与疾则废而不用。」（释疒、疾 甲骨文字释林三一九——三二一页）

徐锡台 「㸦（乙七三一〇），象人生病卧在床上的姿态。因此，这个字不当释成疒字，而应将其释为病字。㸦，象人生病卧在床上，流着汗水，并非疒字，此字从疒从人，当即疚字。如集韵：『汸汃，滀汸水流皃或省皃』，故其亦当即病字。病字从疒从人，如六书通引古老子中病书为『㾓』，古孝经中病书为『㾓』，可资佐证，商周卜辞中的病字，属于象形兼会意字，至于西周末年，特别是战国印中的病（㾓），则与说文中的『㾓』近似，其为形声字，是后起的字。这个病字，由象形兼会意发展成形声字。若将疒与疚释成病字，就有许多条卜辞迎刃而解。」（殷墟出土疾病卜辞的考释 中国语文研究第七期一五页）

柯昌濟 「㸦當即古床字，𤕫字从爿从人，取人病在床之义，当为病字古文。」（殷

墟卜辭綜類例証考釋，古文字研究十六輯一四六頁）

柯昌濟 「其作𤕪者，从爿从介，亦表示人得疥病在床之象。」（殷墟卜辭綜類例証考釋，古文字研究十六輯一四六頁）

高明說參介字條下。

按：說文訓「疒」為倚，訓「疾」為病。關於「疒」字之形體，衆說紛歧。林義光文源以為「𠂆人之反文，爿省，即牀字，象人在牀上形。古作𤕫，𠂆即𠂆之省」，其說較為近是。實則爿為𤕫之省變，楊樹達之說是也。李孝定集釋謂「人倚箸於牀，人體與牀面自當密合無間。然則象人體之𠂆與牀面之丨合而為一，即為篆文之疒」。舍古文字本形而曲解小篆訛變之形體，未免顛倒本末。

王筠繫傳校錄謂「疒象病者有所倚箸之形，當以病義專屬之；而疾速一義，則專屬疾字」。今則疾行而疒廢。

卜辭每見「今夕雨疒」，是用為急速之義，又疾病之疾亦作疒或疒，如合三六四「貴凡有疒」，唯此類用法，僅見於𠂤組卜辭。𠂤組貞人用字，每多異體，此其一例。

3068

疓

徐錫台 「疓，此字左从疒，右从仍，当即疓字，通疓。疓字，如廣韵：『如亥切』；集韵：『汝亥切並苪上声病也』；又集韵：『曩亥切音乃』。『疓』字，見殷墟卜辭云：『隹疓往……』（京四九〇九）。」（殷墟出土疾病卜辭的考釋中國語文研究第七期一五——一六頁）

按：合集一三六九一辭云：「……隹疓止」，似當讀作「疾」，「疾止」即「疾趾」，謂「趾有疾」。

3069

3099

李孝定

「按，說文『葬，藏也。从死在茻中。一其中所以薦之。易曰「古之葬者，厚衣之以薪。」』此文从丼即死字（說見四卷），爿聲。當即葬之初文。篆文易形聲為會意耳。辭云『乙亥卜，爭貞，由邑並令葬我于出𠂤。一月。』（粹一二一三）『丙子卜，宁貞，令共葬我于出𠂤，冎告不死。』（續五·四·三）『□卯□葬□我于出𠂤□』（新一六九八）諸辭疑皆時王有疾，而旬卜葬地者。第二辭言『不死』，義亦相屬。予為此說，未敢自信，附此俟考」（甲骨文字集釋存疑四四五八——四四五九頁）

裘锡圭

「丙子卜宾贞：令共□我于出自，冎告不𠂤。續5.4.3

丙子贞：王叀（与「唯」略同）共令□我。粹1247（人文2537同文）

上引两辞卜日干支相同。歷组一辞内容较略，但所卜之事与宾组一辞显然相同。二者当是在同一天为同一事而占卜的。□象人埋坑中而有『爿』薦之，□象残骨埋于坑中，应为一字异体，或释『葬』，似可从。」（论「歷组卜辞」的时代 古文字研究第六辑二八四——二八五页）

陈汉平

「甲骨文有字作□、□、□、□、□、□、□、□，甲骨文编收入附录。按此数字从廾或口，其中或从爿，或从爿，或从歺。从爿为声符，从人为形符，从歺为意符。诸体为同一字之异体。字当释为莊或葬。说文：『莊，上讳。』『𤖯，古文莊。』『葬，藏也。从死在茻中。一，其中所以荐之。易曰：古之葬者厚衣之以薪。』魏三体石经之葬字古文作□，从爿从死从茻作，与莊字古文作𤖯形同，或二字造字有关，或二字同音，莊字古文假葬字为之。甲骨文字从廾象棺槨，或『葬者厚衣之以薪』之形，与葬字篆文从茻，古文从茻略同，知释莊、葬无误。

莊字训严也、正也、敬也、齐也、盛也。兵甲亟作曰莊。叡圉克服曰莊。胜敌志强曰莊。死于原野曰莊。屡征杀伐曰莊。武而不遂曰莊。好勇致力曰莊。履正为莊。六达谓之莊。卜辞曰：

丙子貞王叀□令□我　粹编一二四七

乙亥卜□貞叀邑並令□我于出𠂤一月　粹编一二一三

丙子卜宁貞令□□我于出𠂤□告不□　续编五四三

己卯卜宁貞今日□□令□我于出𠂤乃□出……　零拾三一

己卯卜貞□从□□□　后编下二二·四

……□好……我□……　铁云一七〇·二

貞勿今日乎□□疾　缀合二八二

莊字在辞中大致为严、正、敬、盛之义，而不读为葬。」（古文字释丛，考古与文物一九八五年一期一〇八頁）

己酉卜殸貞乎囗𤆍疾

徐锡台　「[glyph]」，此字内从病，外从井，当即痈字。从人从井，见集韵：「併，鱼茎切，同俓急也」。痈与痈同。唐韵：「其颈切」；集韵：「巨井切並音痉」；内经：「诸痉项强皆属於湿」方书以中寒湿发热恶寒，颈项强急力反张如中风状或製，从口张为痉，俗作噎」。其字用法，如殷墟卜辞云：「丙子卜，宾贞：令吴痈，我於有骨告不痈」（续五·四三）。」（殷墟出土疾病卜辞的考释中国语文研究第七期一六页）

按：释「痈」，可備一說。然於辭例均不足以確定。其異體作「囷」、「囷」，當為同字。

3070 [glyph]

考古所　「此字从爿（疒）从ㄓ（文），从ㄓ（文）与从ㄓ（殳）有时可通，「[glyph]」隶定為「殴」即為其证。故「[glyph]」可隶定為「疫」。古玺文字征附录十三有「瘊」字，当為此字之篆体。說文：「疫，民皆疾也。」玉篇：「疫，癘鬼也。」故「疫」当即「瘟疫」。（小屯南地甲骨一一六一頁）

赵诚　「[glyph]，疫。象人卧于床上以手抚摩腹部或胸部，以表示这两个部位有病痛，当即後代的疛字（古文字字中从又之字常又从寸）。疛，或写作痔，指心腹之疾。从卜辞看，疫用作动词，正表示病痛。」（甲骨文简明词典三六九页）

徐锡台　「[glyph]，此字左从疒，右从攸，当即瘢字。「瘢」通疲，如集韵：「攸同反」，可资佐证。「疲」字，如广韵：「方万切」；集韵：「浮万切並音娩」。又集韵：「方显切音贬」。贬与反义同。集韵还云：「芳反切上声心恶吐疾也」。扬子方言：「疲，恶也，南楚凡人残骂谓之钳，又谓之疲，癡骇也」。其字的用法，如殷墟卜辞云：「……子卜，知（御）……瘢（疲）……女（汝）……」（乙八八七三）。」（殷墟出土疾病卜辞的考释中国语文研究第七期一五页）

裘锡圭　参御字条

3101

3071

□

按：釋「疫」可從。佗附三辭云：「作疫父乙豕、妣壬豚、兄乙豚化：：兄甲豚、父庚犬」「作疫」即「疫作」，謂瘟疫盛，祭告於祖妣以求祐護。

□

按：合集二〇九六六辭云：「癸丑卜，王貞，旬八庚申，□，允雨自西，少，夕既。五月」此與二〇九六四辭例略同，而該辭作「□」，可證「□」與「□」為同字。□疑為「疒（疾）」之異構。刻辭類纂誤隸作「㾓」，且誤摹「允」為「人」，今正。參見3090「□」字條。

3072

□

胡厚宣 「与针刺的殷字（□）有关的，还有一个□字，武丁时卜辞说：

丁卯卜，争，贞出□龍。

贞出□不其龍。

这片拓本见殷虚文字乙编六三二片与六四一二片合，又见殷虚文字丙编二九五片。……□字从疒从木，我释痳，亦即痳字。痳之作痳，亦犹疛亦作府，并误作府字一样。（惠栋惠氏读说文记）痳，玉篇：『下痢病也。』集韵：『痳，黍疮也。』我意字当象一人卧病床上，从木象以火艾灸病之形。

古代有治病之草名为艾。诗经采葛说：『彼采艾兮』，毛传：『艾所以疗疾。』孟子离娄说：『犹七年之病，求三年之艾也』，赵注：『艾可以为灸人病，乾久益善。』所以师旷称艾为病草，犹言疗疾治病之草。从木与从草同，由甲骨文□亦作□，□亦作□，□亦作□，□亦作□，□亦作□可证。

以火艾灼病谓之灸。急就篇说：『灸刺和药逐去邪』，颜注：『灸以火艾灼病也。』……燃烧艾火以灼疗疾病谓之灸。

甲骨文□字，疑即象一人卧病床上，从木，即象以艾木灸疗之形。」（论殷人治疗疾病之方法中国语文研究第七期一一——一二页）

徐錫台 「⿰丬休，此字左从疒，右从休，当即痳字。⿰丬躲，此字左从疒，右从躲，身与人义同，亦当释其为痳字。痳字，如广韵：『許尤切』；集韵：『虛尤切並音休』；玉篇：『息下痢病也』；集韵：『許救切音齅柰疮』。其字用法，如殷墟卜辞云：『痳龍（肿）』（乙六四一二）。『……不其痳』（乙六三二）。」（殷墟出土疾病卜辞的考释 中国语文研究第七期一六頁）

按：胡厚宣釋「痳」可從。「痳」即痢疾，似不得為治病之法。灸均用艾，而「艾」非「木」，且灸必以火燃艾，僅有木無以見灸之義。合集一三六七四辭云：

「丁卯卜，爭貞，有⿰丬休，龕」

「貞，有⿰丬休，不其龕」

乃貞問痢疾能否痊愈。「龕」與「龍」有別。

疫

王襄隸定作疫，見簠考地望五葉上。

李亞農 「契文中⿰丬殳字頗多，不知其為何字。遍索刻辭，找到了兩種異體，一個不从又而从木作⿰丬休（佚乙六三二）另一種作⿰丬攸（佚乙三七九四）从人从又。始悟⿰丬殳字應釋為疫。說文云：『病劣也』。集韻云：『音及，意同』。

㞢乙巳疫達……（續五．五二．一）

『疫達』殆即迅速撻伐的意思。

⿰丬殳庚申，亦出設，出雚，疫撻羌戒。（佚甲二四一五）

癸未卜，㱿，貞：疫以（用的意思）羌。（佚乙三七九五）

上引兩疫字，皆迅速意」。（釋⿰丬殳，殷契雜釋中國考古學報第五冊第一二分合刊一九五一年十二月）

李孝定 「說文：『疫，顫也。从疒，又聲。』又：『疛，小腹病。从疒，肘省聲。』疫疛當是一字。古文从又从寸每得通作，且二者聲近韵同，其義亦相関也。呂覽盡數篇『處腹則為張為疛』高注『疛跳動腹疾』。許訓疫為顫正與高注跳動義合。徐灝說文解字注箋已有此說。契文⿰丬殳字隸定之正當作疫，象人卧床上，从又象有手撫其腹，與許訓小腹病正合。从又會意兼聲也。屈氏釋瘕於義雖是而字形不合。瘕字今本說文云「女病也」段氏注據詩正義引說文以明唐本無女字又據史記倉公傳以證瘕為腹中病與卜辭疒字義合然瘕是純形聲疒是會意兼聲𤕫不得釋瘕也卜辭疒字多為人名，字又作𤕫从身，是明繪其腹，正可證疒疛是一字也。辭云「貞勿乎疒弗□」(佚五八六)「勿乎王族同于疒」(續三、七、九)「貞乎王族眔疒」(續六、十四、六)「□未卜㱿貞疒𦣻」(佚六四四六)疒均為人名。乇據「丙辰卜㱿貞疒延乇」(甲編二〇四〇)「貝疒隹壱」(佚四五=九)其義不明，未知是用本義否。是以絜唐蘭說讀為犳或徇然則此辭當讀為旬謂腹疾或當逾旬也唐說見天壤文釋六一葉王氏釋瘕是以絜文𤕫字所从人形既屬之「爿」為「疒」，又屬之「又」為「及」，蓋偏旁分析未精之故也。」(集釋二五二七葉)

饒宗頤　「己酉卜，方貞：㞢𤕫(疒)亏出。」(續編五、六、九)按「㞢疒」為成語。說文：「疒，病劣也。」段注：「劣猶危。」集韻：「音急，義同。」是「㞢疒」謂有危急之事。以亏方出，書以示警也。(通考三一四葉)

屈萬里　「𤕫，與𤕫當為一字；象人仰卧牀上，有手撫摩其腹之狀，蓋疾病之名；當是瘕之初文。古文四聲韻瘕字作㾓，筆畫雖小有訛變，猶與甲骨文相近。」(甲釋二〇四〇片釋文)

胡厚宣　「与针刺的殷字(𢼄)和灸疗的𤵸字(𤵸)有关系的还有一个疛字。如武丁时卜辞说：

今日𤕫龍。(二九六四)

𤕫亦作𤵸，如武丁时卜辞说：

丙辰卜，㱿，贞帚好𤵸征龍。(甲二〇四〇)

𤕫与𤵸乃是一个字。字王襄释疫，(见所著簠室殷契徵文考释，一九二五年)屈万里释瘕，(见所著殷虚文字甲编考释，一九六一年)李孝定释疚疛，(见所著甲骨文字集释，一九六五年)马薇庼释疾。(见所著薇庼甲骨文原，一九七一年)我同意李氏释疚，并从徐灏说(见所著说文解字注笺)释疛。疛说文「心腹病」。(从段氏说)吕氏春秋尽己「府肿」，玉篇引作「疛肿」，高注：「疛，腹疾也。」字正象一人因病仰卧床上，另人以手按摩腹部之形。……由甲骨文字看来，殷人治病，亦知按摩之法，则又无可怀疑。」(论殷人治疗疾病之方法，中国语文研究第七期一二——一三页)

3074

夢 □ □ □ □

張秉权 「□，王襄释㾇，屈萬里释㾇，李孝定释疚，曰：『按說文：「疚，顫也，从疒又声」又「疛，小腹病，从疒肘省声」。疚，疛当是一字，古文从又从寸，每得通作，且二者声近韵同，其义亦相关也。吕览尽数篇「处腹则为張为疛」高注：「疛，跳動腹疾」許訓疚为顫，正与高注跳动义合（徐灝段注箋已有此说）。契文□字隶定之，正当作疚，象人卧床上，从又象有手撫其腹与許訓小腹病正合，从又会意兼声也。屈氏释㾇，於义雖是形不合，……王氏释㾇，是以契文□字所从人形，既属之「爿」为「疒」，又属之「又」為「及」，盖偏旁分析未精之故也』（甲骨文字集释第七卷二五二七——二五二八页）。按李說可从，疚字在這一套卜辞中，均应解作人名。」（殷虚文字丙编考释下辑二第五九——六〇页）

考古所 「□：殆为□之筆误，即疛字，在此片卜辞中为人名。」（小屯南地甲骨二〇五三页）

徐锡台 「□、□，从此字结构分析，第一个字右从疒，左从及，而不从又，故其不当释成疚，而应释为㾇字。『㾇』字，如唐韵、集韵：『並呼切音歙』；说文：『病，劣也』；广韵：『呼盍切音歙胞㾇』。第二个字右从疒，左从鸡，亦是㾇字。『㾇』字的用法，见殷虚卜辞云：『丙辰卜，㱿贞：帚（婦）好㾇征（延）龍（肿）』（甲二四〇）。」（殷墟出土疾病卜辞的考释 中国语文研究第七期一五页）

按：李孝定釋疚，以為與疛同字是對的。徐灝說文解字注箋云：「呂覽盡數篇處腹則為張為疛，高注：疛，跳動腹疾。灝按：疛即疚字，从又之字多互从寸也。跳動正與顫義近」。朱駿聲通訓定聲亦以為疛即疚之或體。段玉裁謂說文訓疛為「小腹病」，「小當作心，字之誤也。隸書心或作小，因譌為小耳。釋文：擣，本或作㿒。玉篇云：疛，心腹疾也，仍古本也。小雅曰：我心憂傷，惄焉如擣，傳曰：擣，心疾也。韓詩作疛，義同。按：疛其正字，㿒其或體，擣其譌字也」。說並可信。

卜辭疚多用為人名。甲二〇四〇之「丙辰卜㱿貞，帚好疚征贏」，此與「㞢疾身不其贏」（乙四〇七一）；「㞢疾目贏」（乙九六〇）之辭例同。

3105

孫詒讓 「『八命八曰𤺑』，龜文有云『立𣦻』者，其字不可識，竊疑其即𤺑字也。……」（舉例上十二葉）

又謂：乃古文㝱之變體。（名原下十葉）

王襄 「古𤺑字」。（類纂正編第七第三十五葉下）

葉玉森 「予曩謂𣦻乃古文牀字，𣦻象一病人新癒就牀起立，手足腰膂無力之狀，𤺑象也」。（前釋一卷六十七葉）

孫海波 「前编卷六第三十五叶『王固□𣦻』，又卷八第五叶三版『己□𣦻至□巴□𠂤□鳴□，』十三叶二版『辛巳卜貞𣦻亞雀啓余刀若，』后编卷上第六叶四版『貞鼎毫于□𣦻卯，』卷下第三叶十八版『庚辰卜貞多鬼𣦻不至囚，』諸𣦻字奇詭难识，余于文编收入附録中矣。今細谛此字从爿从眉，当写作𤻞，以声类求之，疑即许书之㝱，说文『㝱，寐而厌也。』徐铉曰『寐则神遊，神为阴气所厭不得出也，有若鬼神，其实非也。故人寐手住心胸上则多厌也。』庄子曰『今夫已陈之刍狗，复取之遊，居寝卧其下，不得㝱必且眯焉』是也。又山海经有『食之不眯』，假借眯字为之也。按西山经郭注引周书『服之不眯』，不眯即不厌之义。庄子天运『彼不得梦，必且数眯焉，』司马彪曰『眯厌也』，俗以厌梦若有鬼神，故别作魘字。卜辞后编卷下第三页十八版文云『庚辰卜貞多鬼𤻞不至囚，』犹言多鬼眯不至，足见先民信鬼，梦厌亦以鬼神当之。夜眯不祥，故其字从爿，示床形，从𤻞，示鬼厌之意。眉米音近相通，故篆书作㝱，从㝱省米声。变象形为形声，是犹萬之篆文从米，其一例矣。」（考古学社社刊第四期十四页）

孫海波 「𣦻字从爿从眉，當寫作𤻞。从聲類求之，當即許書之㝱。或段眯字為之。先民信鬼，夢厭亦以鬼神當之，夜眯不詳，故其字从爿示牀形，从𤻞示鬼神之意。篆文作牀，米眉音近通假也」。（考古四期十五葉小記）

戴蕃豫 「𣦻字舊或釋𤺑或釋疒，均誤。當釋㾓。宅陽矛作㾓，古鉨文作𤸰，均从左。卜辭从爿从𠂇，𠂇差本字，古差左為一字，故此當釋㾓，象人偃卧榻上髮撩亂形」。（考古五期三五葉）

郭沫若

「𤕫字，丁山释為夢之異文，可信。」（卜通九二葉上）

陳邦懷

「按，此字从爿，蓋爿之省。从𠂆盖虍之省。其文當释作𤻘，乃𤻘之初字。墨子經說下云『智者若瘧病之於瘧也。』畢注曰『瘧即瘧省文。』燉煌石室寫本，食療本草燕荚條云『和沙牛酪療一切瘧。』瘧，瘧字也。墨子及唐写食療本草瘧字，皆从虎不从虍。以卜辭互证，知为初字，而非省文矣。」（鐵云藏龟拾遺释文七頁）

董作賓

「考𤕫从疒从爿，象病人兩手無力而下垂輾轉於卧榻之狀，當為疒之本字。說文『疒倚也人有疾病象倚着之形』而小篆作疒，倚着之形反晦矣。」（見集释二五一五頁）

丁山

「周禮『太卜掌三夢之灋，一曰致夢，二曰觭夢，三曰咸陟』。又『占夢掌其歲時，觀天地之會，辨陰陽之氣，以日月星辰占六夢之吉凶，一曰正夢，二曰噩夢，三曰思夢，四曰寤夢，五曰喜夢，六曰懼夢』。釋文夢作𦵏，云『本多作夢』。孫詒讓正義曰『夢字正當作㝱，𦵏即㝱之借，經凡㝱字皆叚夢為之，占夢釋文載或本作㝱，則用正字』。說文『㝱寐而有覺也从宀从疒夢聲』。又曰『夢不明也从夕瞢省聲』。『瞢目不明也从苜从旬』。『苜目不正也從𦣻從目』。蔑從苜從戍，而金文或从𦳝作𦵹，師遽尊或从𦳝作𦵹，免生敢卜辭或从罒作罜，或从𦳝作𦵹。以蔑之偏旁变化測𤕫右之𦳝，可斷其為𦳝之最初形，左爿可斷其為爿之最初形。許君言『爿倚也人有疾病象倚着之形』。墨經言『夢卧而以為然也』。倚着而卧神有所遇，恍兮忽兮，見其有物則㝱，从爿从𦳝，𦳝亦聲，形誼已著矣，奚用从宀哉。夢从𦳝，不明之誼亦足，奚用从夕哉。竊疑𦳝瞢古今字，𤕫即㝱之初形矣。何以徵之，辭曰『庚辰卜貞多鬼𤕫不至𡆥』（後下三）『庚辰卜貞多鬼𤕫由疾見』（徵雜六五）『卜貞多鬼𤕫由言見』（同上）『貞多𤕫由見』（同上）『貞𠂭多鬼𤕫亾疾』（戩絜四·十八）。鬼𤕫猶言『多畏㝱』是周禮所占之『懼夢』也。𤕫亦作𤕫，此𦳝𦳝之特变，然以卜辭文法比勘，不得謂另是一字。𤕫之変化形亦不齊，有作𤕫（鐵一二·一）者，有作𤕫（徵人六）𤕫（徵典二八）者，……『王固曰求之𤕫父其来嬉』（績六）㝱父應作人名释。尚書序言『高宗夢得說使百工營求諸野，得諸傅巖作說命三篇』。今僞說命曰『王宅憂亮陰三祀，夢帝賚予良弼，其代予言』。殷本紀亦謂『武丁夜夢得聖人名曰說，以夢所見視羣臣百吏皆非也，于是廼使百工營求之野，得說于傅險中，舉以為相，殷國大治』。㝱父猶伊尹之稱保衡，師保之稱保父，亦傅說之尊稱歟。若然，則殷之名臣見於卜辭者，伊尹咸戊而外，得說而三矣」。（釋𤕫載集刊一本二分二四五至二四七葉）

孙海波

「𤕫，甲六九○。說文㝱，寐而有覚也。从宀疒夢声。此从𦳝从爿，象人依牀而睡，瘳之初文。丙子有夢，丁妣于汅，其用。𪓷，𨙙杂六五。多鬼夢叀𦕒，見多鬼夢，叀言見。𪓷，㵋一二一三。丁未卜，王貞，多鬼𪓷，亡来嬉。辞义与夢字相同。今列为夢字或体。」（甲骨文編三二八——三二九頁）

李孝定「按，契文疒作𤕫，則此文但当隶定作疟，实則𠂆乃虎字契文，虎字即有作此形者，固不能以狀虎身尾之勹，併於爿而作疒，則此文隶定之正体当作虓。陳氏謂是瘧字，似有可商，且二辞残泐，莫詳其义，誤宜存疑。」（甲骨文字集释存疑四五二八頁）

饒宗頤「按虓即瘧，乃瘧之初字。墨子經說下，唐寫食療本草俱有『虓』字，與契文同。（陳邦懷說）」（通考二六七葉）

張秉权「𪓷，𤖫，丁山释夢（注一），郭氏从之（注二），孫海波在甲骨文編中把它列入認不得的附彔中，並且和疾字混在一起，我在写上輯（一）的考释時，不甚相信丁氏的說法，那時因為根据了几条夢字和疾字的用法极為相似的卜辞，也就认為此字应与疾字无别，遂释作疾。不过后来我又仔細地將全部記有夢和疾的卜辞，加以考察，覺得這二个字的用法，确有差别。譬如疾字（𤕫，𤖫）的受詞往往是人身的某一部分器官之名，如曰：疾首，疾舌，疾耳，疾齿，疾目，疾鼻，疾口，疾𠂇（肘），疾𡰪（脛），疾𠙵（踵）（注三），疾止，疾身等等，例如：

疾首　甲辰卜，𠧟貞：王疾首亡征？（𥾝下七·一二）

疾舌　甲辰卜，𡆥貞：疾舌隹㞢𡆥？（戩三四·四）

疾耳　貞：疾耳隹㞢𡆥？（𢑚二七一）

疾齿　疾齿龍？（丙編一二，一四，一六，一八，二十）

貞：疾齿隹父乙𡆥？（乙編四六〇〇）

壬戌卜，亘貞：㞢疾齿隹㞢𡆥？（鐵游田三十）

疾目　貞：王其疾目？

貞：王弗疾目？（丙編一〇六）

疾鼻　貞：㞢疾自隹㞢𡆥？

貞：㞢疾自不隹㞢𡆥？（乙編六三八五）

疾口　貞：疾口？

貞：疾口𢀛于妣甲？（乙編九三○）

疾肘　貞：疾肘龍？（乙編五五八七）

貞：出疾肘犁小ᛉ𢀛于☐？（乙編七四八八

疾脛　貞：疾脛龍？（乙編一一八七）

疾踵　貞：出疾踵隹父乙壱？（乙編二九一○）

疾止　疾止？（乙編二二○六）

疾身　貞：出疾身隹出壱？（乙編七三八）

丙夢字（𦘔，𦘕）的受詞往往是一人一物之名，或是一件事情的叙述，如曰：

貞：王夢隹大甲？

貞：王夢不隹大甲？（乙編三○八五十三二六○十五五六九十六一九八十六六三八；丙編待刊）

王夢不隹咸？（乙編三九九一）

王夢隹妣己？（乙編六一四四）

戊午卜，穷貞：王夢隹我妣？（丙編一○二）

☐寅卜，㱿（貞）：王夢兄（丁）隹𡆥？

貞：王夢帚好不隹薛？（鐵一一三·四）

辛未卜，㱿貞：王夢兄戊荷从不隹𡆥？☐月。（鐵一二一·三）

乙巳卜，穷貞：王夢䮄☐隹薛？（鐵二·四）

貞：王夢𦊓不隹𡆥？（前五·一四·四）

乙未卜，㱿貞：王夢蠱隹𡆥？

己未卜，㱿貞：王夢蠱不隹？（丙編一二四）

貞：王夢玨隹𡆥？

貞：王夢玨不隹𡆥？（乙編七八二八）

貞：王夢孜隹𡆥？

王夢孜不隹𡆥？（乙編五二二四）

貞：亞多鬼夢亡疾？四月（前四·一八·三）

貞：王出夢不隹𡆥？（乙編四○八○）

辛丑卜，㱿貞：王夢㲋隹又？（乙編六三一○）

丁亥卜，爭貞：王夢隹齒？（丙編一○○）

貞：王夢不隹出左？（乙編七八六八十七○四六；丙編待刊）

貞：王夢祏隹囚

貞：王夢祏不隹囚？（乙編一九二一十二一〇三；丙編待刊）

庚子卜，㱿貞：王夢白牛隹囚？（邋，人名，六）

貞：王夢亡其人来？（邋，人名，七）

王夢不隹囚？（丙編一〇四）

貞：王夢隹囚？

不隹囚？（丙編一〇六）（此六疾夢二字同版）

（貞）：囗夢𢦏不隹囚？（京津一一七一）

囗囗㞢辛亥王夢我（大）（亶）囗？

辛亥㞢壬子王亦夢尹𠬝出囗于父乙示余見𡆥在之。（前七·三三·一）

丙辰卜，㱿貞：乙卯㞢丙辰王夢自西囗；

王固曰：吉，勿隹囚。（外編二）

貞：甲寅㞢乙卯王出（夢）不（隹）囗（外編二八八）

从上面的一些辞例中可以看出疾与夢二字的用法截然不同，而且本版第（一）（二）（三）（四）等辞的夢字与第（五）（二十）（二一）等辞的疾字的书体与用法也显然有别。（殷虛文字丙編考释第一三二——一三四頁）

（注一）見集刊第一本第二分ㄅㄅ二四五——二四七。

（注二）見卜辭通纂第四三四片考释ㄅ九二。

（注三）𠂇象臂亦而在肘部加一記号，疑即肘字，𠃊象腿脛及足趾，而在脛部加一記号疑即脛字，𠃊象足形，而在踵部加一記號疑即踵字，和𠂊象人形，而在臀部加一記疑即臀字一样，都是象形兼會意的字，畫了某一部分的形象之后，又加上〇号，以标明其特指的部位。

于省吾

「……甲骨文㝱（夢）字本从兔声，与兔字迥然不同。」（释㝱甲骨文字释林三三三页）

張亚初

「𣃔即處字（综类四五一页），西周铭文𣃔作Ω，丬几之形稍有变化，但它是虎头人止息于丬几之形是很清楚的，字形与西周金文之處也一致，释为處字毫无问题。它从虎头人，是以虍为声符，这是形声兼会意字。」（古文字分类考释论稿古文字研究第十七辑二三六页）

徐锡台 「□，从此字结构分析，右从疒，左从艮或見，不当释为「⿸疒夢」，而应释为痕字，可当夢字用。夢者，即印象或痕迹也。韵书对「痕」字的解释，如集韵、韻会、正韵：「胡恩切並音艱」；说文：「胝瘢也」；玉篇：「瘢痕也」；又集韵：「五斤切音垠」，「病劣也」；博雅：「古恨切音艮肿病」。其字于卜辞当夢字用，如殷墟卜辞云：「庚辰卜，贞：多鬼痕，由病見」（簠杂六五）。「辛巳卜，贞：痕□隹（？）若（？）」（林二·二九·九）；「于乙卯痕（夢）」（乙一四二八）。」（殷墟出土疾病卜辞的考释中国语文研究第七期一七页）

徐锡台 「□，此字右从疒，左从尤，当即疣字，如广韵：「羽求切」；集韵：「于永切並音由」；玉篇：「结病也」；释名：「丘也，出皮上聚高如地之有丘也」。見殷墟卜辞云：「贞：王有疣，亡咎」（合一六八）。」（殷墟出土疾病卜辞的考释中国语文研究第七期一一七页）

徐锡台 「□，此字左从疒，右从虎，当即⿸疒虎字，疑虐字。其字，見殷墟卜辞云：「己巳卜，贞，有⿸疒虎王，今八月」（甲一一二八）。」（殷墟出土疾病卜辞的考释中国语文研究第七期一八页）

徐锡台 「□，此字右从疒，左从頁，頁与散盘铭文中「眉」字同。眉与敳同声韵，假眉为敳字，敳者，说文：「妙也」。妙者梦也。故其字当释为「⿸疒眉」或「⿸疒頁」。「⿸疒眉」，属于一种梦病。如殷墟卜辞云：「贞：⿸疒眉（⿸疒夢）三月」（佚九一六）。」（殷墟出土疾病卜辞的考释中国语文研究第七期一七页）

柯昌濟

貞王㝱不隹凶（丙四八）

乙丑㱿王⿰爿虎不隹凶（七Ｘ六）

此二文証㝱、⿰爿虎二字之通用，㝱字旧释⿸疒夢、夢，似均不确。⿰爿虎字或為瘧字。」（殷墟卜辞綜类例証考释，古文字研究十六輯一四七頁）

按：丁山釋「夢」可信。說文訓「𥧾」為「寐而有覺」，「从宀从疒夢聲」（大徐本），訓「夢」為「不明」。典籍則通作「夢」，「𥧾」字久廢。

王筠釋例云：「寢部从爿，爿部回倚也。凡夢由臥生，臥必有所倚著，無論有病無病也。……爿隸作疒，然玉篇疒、女戹切，又音牀。廣韻二十一麥，疒，尼戹切，又仕莊切；十陽疒士莊切，又女戹切。集韻亦兩韻皆收。……爿之篆當作爿，故隸直其曲而作爿，玉篇寢部但从爿，不从爿也。二徐皆斷之為爿，繫傳又特解一字，而其誤成矣」。徐灝說文解字注箋亦以為「爿直取睡臥意」，其說皆與古文字形體合。契文寢字但从爿，不从疒。其作㾡者，乃寢之繁體，丁山、孫海波以為寢父二字合文，丁山且以為即殷之舊臣傅說，不可信。

3075

㾡

徐錫台 「㾡，此字左从疒，右从敀（頬），或从殷，当即瘕或癥字。屬于梦病也。見殷墟卜辭云：『癸丑卜，𡧊貞：龍亡因，王固曰：有殺有瘕（夢），甲寅允有来嬉又告曰，有往芻自益十人有二』（菁三）。」（殷墟出土疾病卜辭的考释　中国语文研究第七期一七頁）

按：此乃「寢」之繁體，丁山以為「寢父」二字，非是。參見「寢」字條。

3076

小臣牆 𡨦 𡨦（合文）

劉釗 「甲骨文合集二七八八六辭作『小臣醬』，二七八八八辭作『小臣牆』。卜辭有字作『𡨦』，胡厚宣先生殷人疾病考釋為『小疒臣』合文。我們認為『𡨦』乃『小臣爿』的合文，『小臣爿』即『小臣醬』，即『小臣牆』。」（卜辭所見殷代的軍事活動　古文字研究十六輯一三六頁）

按：此乃「小臣爿」三字之合文。卜辭亦作「小臣醬」或「小臣牆」。

3077

牆 𤖨

3078

徐锡台 「[illegible]，此字左从疒，右从啚（稟），当即癛字，非牆字。『癛』字，广韵：『力稔切』；集韵：『力錦切並音癛』，『寒病』，『笔錦切音稟疾也』，『渠金切音琴义同』，本作凜』。其字，見殷墟卜辭云：『甶小臣𤺊（癛）令呼比受祐』（粹一一五一）。」（殷墟出土疾病卜辭的考释中国语文研究第七期一八页）

按：字隸可作「[illegible]」，乃「牆」之初文。在卜辭為人名。

[illegible]

张亚初 「卜辭之[illegible]字（綜类四五一页），从米声，一人作卧于牀几形，应是睡眠的眠字的初文。眠即寐。說文『寐，熟寐也，从㝱省，米声。』集篆古文韵海卷二下平声先韵以[illegible]为眠，从免（芇）从米，正是以米为声符的。米为明母脂部字，眠为明母真部字，声母相同，韵部相近，故眠以米为其声符。眠或作𥨈，寐为其省。說文眠训合目，是𥨈、寐的后起字。」（古文字分类考释论稿古文字研究第十七辑二三六页）

徐锡台 「[illegible]，右从疒，左从欶，当即瘶字。欶字，如篇海：『与渠同』；正韵：『津私切並音咨』；类篇：『稷也』；尔雅释草疏：『渠者稷也。』咨通疾，如广韵：『去劫切』；集韵：『津私切音咨与次同』。其字見殷墟卜辭云：『貞：王我家旧瘶臣亡𡆥（蚰）我』，（或『貞：我家旧臣亡𡆥□……瘶……我……』。）（前四·一五·四）。」（殷墟出土疾病卜辭的考释中国语文研究第七期一八页）

按：合集三五二二正辭云：「貞，我家舊[illegible]臣亡𡆥我」疑是「老」之繁構。

3079

[illegible] [illegible]

白玉峥 「籀廎先生隶作疲。峥按：朱芳圃氏文字篇卷八，收录[illegible]（鐵二九）[illegible]（後下二九）[甲骨字形]（同上）𤕭（鐵三六）四文，据丁山氏释[甲骨字形]为保之说释保。今详审原拓，字作𤕭，又作[甲骨字形]（後下一五·一一版）、[甲骨字形]（後下二九·一四版），鐵三六则为本版之重複者，当删。甲文中实有𤕭文，见於甲骨续存一·一三五四），为後出之书，非朱氏当时所能见者，是朱氏释保之四文，不仅说解非是，且将文字逐条谬误，显属有意曲说，殊为非是。至究当今之何字、何义，尚待考定。然就其结构审之，当为从爿从孜之形声字，隶书之，则当为𤕭，说文所无。字於本辞，例当为人名。」（契文举例校读十九中国文字第五十二册五九一二至五九一三页）

徐锡台　「[甲骨字形]，此字左从疒，右从攺，当即⿸疒攺，非𤕭字。攺字，如说文：『毅攺大刚卯以逐鬼魁也，从攴已声，读若已，古亥切』。其字用法，见殷墟卜辞云：『贞：⿸疒攺不其得』（鉄二九·二）；『辛丑卜，宾贞：羌⿸疒攺得』（后下二九·一四）」（殷墟出土疾病卜辞的考释中国语文研究第七期一七页）

按：合集五二七正辭云：「辛丑卜，賓貞，羌𤕭」用為動詞，其義未詳。

3080

妝 [甲骨字形] [甲骨字形]

按：字从「女」、从「爿」，隸可作「妝」。合集五六五二辭云：「貞，巫妝不禦」「妝」為「巫」之名

3081

[甲骨字形] [甲骨字形] [甲骨字形]

孫詒讓　「[甲骨字形]字亦難識，疑當為庸字。說文土部墉古文作𩫖，（與城𩫖字同）此文从冂口上下相反對，即𩫏形。（與𩫖从兩亭相對同）从ㄐ者，金文毛公鼎庸作[金文字形]，虢季子伯盤庸作[金文字形]，此即从𩫏从ㄐ，與彼略同。……殷周间有兩庸國，一為詩邶鄘之鄘，漢書地理志作庸，為

殷畿內地。一為書牧誓庸蜀之庸，為西南夷國，左傳（文十六年）杜預注謂在晉為上庸縣。此
庸侯不知屬何地也。」（擧例上卅六葉）

王國維「□疑亦舍字。」（靜安先生遺書十六冊毛公鼎釋文三葉下按王氏是文謂毛公鼎之□為「舍」字與戩考之說不同。）

王國維「□字未詳，毛公鼎有□字，虢季子白盤□字，殆與此為一字，□□象盛物之器，从□从□其意一也。又召伯虎敦有□字，从兩□相背，此从兩□相向，疑亦一字。彼三字前人釋為庸，雖無確證，然卜辭有□侯，其辭曰：『貞令□从□侯虎伐□方受之又。』（前四．四四）與此辭紀事略同，而語加詳，則□者國名，疑即邶鄘之鄘，商彝中屢見『北子』，（即邶子）卜辭又有鄘侯，則邶鄘固殷之舊國矣。」（戩考廿六葉下至廿七葉上）

葉玉森「丁氏謂□□非一字，至塙。考卜辭从由之字或变从田，無作□形者。……其象帷幕者則用□，□（羅振玉釋冪，王襄釋幎）从之，丁氏謂□象帷幕，予仍不能無疑。」（前釋四卷六十葉背）

金祖同「□，鼎堂師釋匡，謂金文□字，鑄公□作□，旅虎□作□，交君□作□，乃象下器上蓋，中從五聲，□亦名匡，足證筐□同器，亦為同字，則此字乃匡之古文。……同按：說文『匡，飲器筥也，从匚㞷聲。』此則从爿聲，荀子賦篇叶鄉盲將強疆常等韻可證，疑別為一字。」（遺珠二四葉）

郭沫若「□字孫詒讓王國維均疑為庸，同以虢季子白盤□字毛公鼎□字為說。王國維更擧召伯虎毀□字亦說為庸。案□若□乃牆字之異，盤毀為壯，鼎毀為將，□乃祇之古文，均非庸字也。（諸字說詳金文叢考一二九葉及追記）字與此等字亦不類。攷金文□字，鑄公□作□，旅虎□作□，交君□作□，乃象下器上蓋，而中从五聲。□亦名匡，（即筐之古文）足證筐□同范，亦為同字；（乃陽對轉）則此字蓋匡之古文，亦象下器上蓋而從爿聲也。（匡地至春秋時有三）論語子罕『子畏于匡』，乃衛地，在今直隸長垣縣西南。左傳定六年『公侵鄭取匡』，乃鄭地，在今河南扶溝縣東北。春秋僖十五年『盟于牡丘，遂次于匡』乃宋地，在今河南睢縣西三十里。三匡縣分隸三國，然均相隔不遠，蓋古匡國地，入後被分割者也。（□字別錄二撇山獸骨作□，从午聲，魚陽對轉也。）」（卜通一一三葉背）

郭沫若 「□侯當即宄辭所習見之□侯，中所从者乃午字，午聲與片聲陰陽對轉也。此足證□之必為匡字。」（卜通別二第六葉背）

唐蘭 「□□固非庸字，然□為片在甾中，□乃移片於甾下，□象片在□中，□為合字，象盒之形，其義甚相類。惟王氏牽涉□字則誤矣。丁山謂□是帷幕不知曰是瓷盧之形，從無帷幕之義。其所謂一誤再誤而為冢字，則更是玄想矣。郭氏援簠作□□等形，為下器上蓋之證，然據季宮父簠之□，從匸款聲，則□為□即□之變，當釋為害，非器形也。郭以簠亦名匡，遂謂此从片聲之字為匡字，其據點實極脆弱。若□字則似从𠂤，疑即□之異文，即從午亦未必與□為一字也。余謂片者俎案之屬，故鼎字從之。□則像片在合中，與會倉同意，依象意聲化之例，當是從合片聲，說文有牄字，從倉片聲，引書「鳥獸牄牄」，或以為蹌之俗字，然俗字必有所取義，如蟲魚之名，悉增蟲魚之旁，是牄之從片，又何為乎？此可見牄實古字。公羊傳定十四年有頓子牄，左傳作牂，則說文以為片聲者，必有所本。余疑牄即□字所孳乳，後人罕覩□字，遂改□為倉耳。卜辭□為國名，疑即蔣國，周滅殷後以封同姓者，地在河南固始西北。」（天壤考釋六十二葉）

丁山 「卜辭常見□字，其辭曰「貞今□□从□侯虎伐□方受之又」前、四、四四、「□貞今旃从□侯寶□」前、七、卅一、「貞今□侯歸」徵文、人名、四九、及五〇、「辛巳卜𡧊貞王由□伐□受□」識、十三、五、「貞今夕□雨」藏、一〇〇、□侯連文，當是殷時侯國之名。王國維疑為邶鄘之鄘，山按邶鄘之國，誠在殷世，然庸許君言「从用从庚」，與□形絕遠，□从片从由，與□形尤不倫，前人釋□為庸非也。王君謂□□一字亦非也。□卜辭□殷絜、六、六十、下或从□，蓋簠盧之類，疑是器物之名，片象其柄，所謂「大版為業」之象器縣也，其為何字不敢肊斷，然□象帷幕交覆中施皇邸之形則碻然明白。周禮天官「幕人掌帷幕幄帟綬（疑綬之譌）之事，凡朝覲會同軍旅田役祭祀共其帷幕幄帟綬」。鄭玄注「王出宮則有是事，在旁曰帷，在上曰幕，幕或在地，展陳於上，皆以布為之，四合象宮室，曰幄。王所居之帷也」。又「掌次掌王次之法，以待張事。王大旅上帝，則張氈案，設皇邸」。鄭眾注「皇羽覆上，邸後版也」。鄭玄注「張氈案，以氈為牀于幄中，後版屏風歟」。古者天子有事于外，必設帷幄，帷幄之中必施屏風。□中之片正象後版屏風之形，其外之□正象帷幕在地施展於上之形，當即冢之初字。許君云「冢，覆也，从冂豕」。豕字無義可說。亥古文作豖，卜辭一作下豖，家从豕，卜辭一从牙作□。牙之與片相去無幾何，竊疑冢本作□，或省其下為冃，後世一誤為冃，再誤為冡，于是後版屏風之意失矣。冢幪古今字，法言吾子「震風凌雨，然後知夏屋之為幃幪也」，注云「幃幪，蓋覆也」。蓋覆者，幪誼之引申，幃幪□形之初誼。許君以覆訓冢，得其最初之引申誼，究非冢之本訓也。冡孳乳為蒙，方言、小爾雅、廣詁俱云「蒙，覆也」。中略冡侯故都疑即汳水南大蒙城。括地志「宋州北五十里大蒙城即景亳湯所盟也，因景山以為名」。景亳酈道元水經注疑即蒙亳，皇甫謐亦曰「蒙為北亳」。北亳即地理志之山陽郡薄縣，臣瓚注云「薄湯所都」。闞駰十三州志云「景亳湯都也」，皇覽亦謂「薄城北郭東三里平地有湯冢」，則漢之薄縣鴇湯之故居。史記殷本紀「帝盤庚之時殷已都河北，盤庚渡河南，復居湯之故居」。其在紀年則謂「盤庚自奄遷于北蒙曰殷」，項羽本紀索隱汲郡古文亦云「盤庚自奄遷於北冡」，北冡北亳宜一地乎。莊十二年左傳杜注「蒙，澤宋地，梁國有蒙縣」，冡西北有亳城」。十三州志以薄城為貫城，亦云「在蒙自為蒙，亳自為亳，北冡之北貫以別於東蒙，蒙亳之稱，亦以其境地毗連亂而為一矣。冡本近亳，而亳則王城，故得卜其雨否。中略蒙去商丘僅五十里，是在天子縣內，冡君稱侯，宜商祊之公卿乎。中略梁國郡蒙縣即冟侯故都，冟即汲郡古文所稱北冡也。」（釋冟載集刊一本二分二四七至二四九葉）

朱芳圃

「倉即匩之本字。說文匚部：『匩，古器也。从匚，倉聲。』日象器形，上下象器蓋相合。字之結構，與會相同。」（殷周文字釋叢卷中第一〇五葉）

李孝定

「說文『簠，黍稷圜器也。从竹从皿甫聲。医古文簠从匚从夫』。古文以夫為聲也。契文从合午聲，郭氏以為即冟字，非是，當即簠之古文。金文簠字多見，大抵作匿、𠤳、𠤳諸形，亦作𨪶鑄公簠𨪶旅虎簠𨪶𨪶交君簠𨪶奢虎簠，从合口，與契文从合同。五聲與午聲同，亦作𠤳師麻簠𠤳魯士簠。於从合口外又增从匚，亦猶倉之作匩也，說詳下倉字條。簠為器名，字在卜辭為方國之名，辭言『簠侯』，可證。又簠簋方圓之爭說者各殊，戴家祥釋毁說此甚審諦，請與三卷毁字條參看。」（集釋一五七一葉）

李孝定

「說文：『倉，穀藏也。倉黃取而藏之，故謂之倉。从食省，口象倉形。仺，奇字倉。』契文上出諸形，孫詒讓、王國維兩氏疑庸字，並舉金文𤲸𤲸為證，無論𤲸𤲸與冟之字形絕遠，即𤲸𤲸兩字亦不當釋庸，丁、郭兩氏亦既辨之矣。竊疑𤲸𤲸兩字从甾爿聲，當即許書匚部之匩字。說文『匩，飯器筥也。从匚㞷聲。筐，匩或从竹』。从匚，又匚下解云『受物之器，象形。讀若方』。受物之器乃通偁，故匚部諸文類皆容器。𤲸从甾，甾缶屬，亦受物之器，从甾从匚得通，猶簠簋之古文亦从匚也。爿㞷聲韻並近，匩及从爿之牆牀戕古音同在十部陽韻，故从甾爿聲之字篆文變為从匚㞷聲。毛公鼎銘云『𤲸集厥命』，匩集並當訓安。淮南主術訓『匩牀蒻席』，注『匩，安也』。左昭十七年『辰不集于房』，注『集，安也』。『匩集厥命』亦猶漢書司馬相如傳之『集安中國』也。王氏毛公鼎考釋引書文侯之命『惟時上帝集厥命于文王』，辭例與鼎銘全同，匩集為同義字，同義字連文古籍中習見郭氏釋牺，謂盤段為壯，鼎段為將，音雖相近而義則未是也。□字與畱同从弜聲，其音讀當相近，而一從畱一从合，雖同為受物之器而器物各殊，當非同字。□孟匸為通名，簋簠畱合之屬，則為專偁。文字偏旁所從通名與專偁每得相通，而專偁之間得相通用者則較少見也。丁氏釋冡謂□象帷幕幄帟之形，其形已極不類，一变再变之說尤屬牵强，唐氏駁之是也。郭氏釋此為筐，謂匡簋同器亦為同字，其說已校孫王丁諸氏為長。金文匡字既有異體作畱贊金文匡字習見者作匩與小篆同匚匡一也等形，契文之□與之有別，當另是一字。郭氏又引□字，謂與此同字，从弜从午乃陰陽對轉。按□當為簠之古文，金文或从□，从合午聲，此則从合午聲也，唐氏舉《季宮父簠》之□，謂是从匚□聲以駁郭氏「土下器上蓋中从午聲」之說。按《季宮父簠》簠字非从□聲，中乃从缶夫二文，二者皆聲也，亦猶金文□字立羽皆聲也。郭氏說金文簠字不誤。唐氏謂□字「與會倉同意，依象意聲之例，當是从合弜聲，《說文》牄字即□所孳乳」。其說極是，然猶未達一間。竊謂□即倉之古文，□即合字，弜其聲也。倉聲弜聲同在十部陽韻，故倉以弜為聲也。許書有片無弜，而牀牆戕均从弜聲，殆許君偶遺。段氏注《說文》於片部末補弜篆是也。篆文倉譌聲符□為戶，許君遂以為从食省耳。从食下从日乃毀之象形，倉字篆文與之不類，不得云从食省也。合即盒之古文，下象其器上象其蓋，倉之為器當與盒形相類，故即以之為形符，亦猶畱匩之以畱為形符也。《文物參考資料》一九五六年第九期封底裡葉有西安徐家灣漢墓出土陶器圖片四幀，其中有一綠釉陶倉作□形，據該刊同期七三葉《文物工作報導》云「墓室前部東西側放陶倉鼎壺鍋罐奩等隨葬品，定按附有出土時器物位置圖……綠釉陶倉八個，完整的四個，每兩個為一組，每組高幾相差不到一釐米，形狀長圓形，倉頂呈傘蓋狀，中部有凸起花紋三道，底有三足，上有獸面花紋」。文中未記明陶倉高度，而於同時出土陶壺則記明高三十八公分。在出土器物位置圖中，倉壺大小約略相等，則倉高度應在四十公分左右，蓋與匡盒奩等器性質相近，為小型容器，與許書倉下說解異。許君所說乃倉廩字，為貯物之建築，即今語倉庫之倉，其義亦由小型容器所引申也。□與漢墓出土陶倉相似，殷時當有此物。惟詢據友人高去尋君見告，殷虛未見有陶倉出土，意者陶質易碎，殷虛雖無此器出土，不能遂謂其必無也。金文作□弔倉父盨□宗周鐘所从之日日當亦由日形譌变，許書倉下出古文奇字仓，其下所从猶彷彿可見日日之形也。字在卜辭為方國之名。哀四年《左傳》云「蠻子赤奔晉陰地，司馬起豐析與狄戎以臨上雒，左師軍于菟和，右師軍于倉野」。注云「倉野在上雒縣」。高士奇《春秋地名攷略》卷五「菟和」條下云「臣謹案《水經注》『丹水自倉野又東歷菟和山，又東至商縣』，上洛春秋時晉地，《竹書》晉烈公三年『楚人伐南鄙至于上洛』即此。漢置上洛縣，至元始廢其地，即今商州治也。丹水在城南一里，《呂氏春秋》所謂堯有丹水之戰者也。州南百四十里有倉野聚」。其地在今陝西南境，去殷都不遠，卜辭之倉蓋即此也。金祥恆《續文編》五卷二二葉下收𥫱（甲編二三六九）形一文作倉，其說未聞。字在卜辭爲人名，釋爲倉形音義均無可考，似有未安也。又許書十二卷匸部有匩字，解云「古器也从匸倉聲」。諸家注說文者於此並無說，疑即倉之異構。倉字从合爲形，此復从匸爲偏旁累增字，解云古器也，爲倉之朔誼，較之倉篆下說解反爲近古。古倉之作匩亦猶金文旅虎簠簠字亦作匩師府鼎也。又卜通、冽二·八·八、有倉字，郭沫若釋倉，云「第八片「倉」字此例僅見」。（卜通、冽二·十一·四葉下是也。唐蘭引此作倉，云「卜辭倉字作倉，其中所象即亩象而上下有覆載之庇。亩之爲倉猶酉之爲尊。漢浚匋倉今猶多存者，匋倉形製可參看（中國明器圖版十）其形正作日，是亩之原形尚可藉以考見也」。（天壤考釋七葉上）按唐氏此說乃以證其釋㐭爲亩之說，㐭之不當釋亩已於四卷㐭下辯之矣。惟諦審卜通冽二影本倉字其中所从右畫實中斷而不相連，仍爲日之異體，非如唐氏所引作日也。其字已與金文倉字形近，亦即篆文之所自譌變也」。（集釋一七八八葉）

饒宗頤　「倉侯或謂即𠥓侯，竊謂不類，倉字从𠂤在合中，地近于周，疑即合地。詩大明「在郃之陽」。毛本及石經作「洽」，史記魏世家「合陽」，字則作「合」。」（通考九七〇葉）

饒宗頤　「按倉字惜上下文殘泐，疑爲人名。他辭云：『其倉酌，叀𩞁。』（粹編四六六）殷器有倉鼎。（錄遺二五）」（通考六〇〇葉）

林澐　「……武丁后期……，商本土的周围均有联盟方国为其屏障。这些联盟方国可考知大体方位者，如「丁酉，允有来鼓自西，沚𢦏告曰：土方征于我东鄙，𢦔二邑；𢀛方亦牧我西鄙田。」（菁二）则沚方在商本土之西。又如侯告，王常比其伐尸（乙二九四八，乙三八六〇，丙伍式，粹一一八七），则其方国当在商本土之东。鬼方，据后世隗姓分布区推测，当在商本土之西北。[⿷匚H]方，据卜辞中常比其撲周（前四·四四·六）、伐羌（前七·三一·四，燕六四一），当在商本土之西南（按于省吾先生认为羌方即牧誓中之髳，详甲骨文字释林释羌）。环绕着商本土的联盟方国，显然有利于商本土的和平繁荣。左传昭二十二年记载：「楚囊瓦为令尹，城郢。沈尹戌曰：子常必亡郢。苟不能卫，城之无益也。古者天子守在四夷，天子卑，守在诸侯；诸侯守在四邻，诸侯卑，守在四境。慎其四境，结其四援，民狎其野，三务成功，民无内忧，又无外惧，国焉用城。」沈尹戌的这段话，不能说是完全没有历史根据的。」（甲骨文中的商代方国联盟，古文字研究第六辑八〇——八一页）

按：諸家所釋，皆難以爲據。字但可隸作「宮」。爲方國名。卜辭習見之「宮侯」，即指「宮」

地之矦長而言。

3082 ⿰爿夕

按：于先生釋「⿰爿夕」，謂即詩「我將我享」之「將」之初文。參見3063「⿰爿夕」字條。此當與之合併。

3083

按：字不可識，其義不詳。

3084

按：字不可識，其義不詳。

3085

按：字不可識，其義不詳。

3086 ⿰爿死

按：字从「死」、从「爿」，當與「⿰爿其」、「⿰爿其」為同字。懷一五一八「辛卯……亯其⿰爿死卬」似亦可讀為「葬」。參見3069「⿰爿其」字條。

3087 耕 𦓤

按：合集二一三七五辭云：「貞，余于商耕」；懷四三四辭云：「壬戌卜冎余弓在孫耕」，當與「𦓤」、「拚」為同字。參見3069「𦓤」字條。

3088 𠀠

按：字不可識，其義不詳。

3089 㺃 𢪃

按：字从「廾」、从「句」，隸可作「㺃」。辭殘，其義不詳。

3090 㧃

按：合集二〇九六四辭云：「癸丑卜，貞，旬五月庚申，㧃允雨自西，夕既」，此與合集二〇九六六辭例略同，可證㧃與㫃為同字。疑為「疒（疾）」之繁構。刻辭類纂誤釋作「疴」，今正。參見3071「㫃」字條。

3091 乂 㐅

王襄 「古畫字，省聿。」（簠室殷契類纂第十三葉）

丁山 参叏字条

饒宗頤　「『癸未卜，亘貞、□貞：方……亡……』（𣳡乙三六八一）乃二人同貞之例，□即⿱聿又省形，因𣳡乙七七九七整龜有云：『貞：⿱聿又不其吏人。』『貞：□吏人，』於對貞語中，而人名一作『⿱聿又』，一作『□』，足見為同一字。」（通考八〇五葉）

金祥恒　參⿱聿又字条

按：此為「⿱聿又」之省體，隸可作「𠬝」。參見下「⿱聿又」字條。

3092
⿱聿又　□

王國維　「⿱聿又，疑古畫字，□象錯畫之形，吳尊蓋畫作□，彔伯𣪘蓋作□。」（戩考廿四葉）

王襄　「古肅字，从又。師望鼎肅亦作□。」（簠室殷契類纂第十三葉）

葉玉森　「按卜辭有云『東⿱聿又』，（前、七、四十、二；又後下、四、十一）者似國名，疑⿱聿又即其地。𦥑生𣪘季日彝銘文中之⿱聿又字當為器名。郭氏由字形而假為規，復由聲紐而轉為𣪘，𢑴與𣪘為再所作器，銘文以用彝或𣪘字為通例，乃再必擇一與𣪘聲相近之字代之，以為其子孫，果好奇耶？殊不可解。又卜辭从水之濅亦地名，當即⿱聿又地之水名曰濅也。」（前釋卷二第十一葉）

丁山　「⿱聿又，篆书作□或□，□从聿从□；□殆又之古写。又，孳乳为艾、为壁，汉前古籍常作治理字用。师望鼎：『不敢不分不⿱聿又』；⿱聿又，当读为壁。𦥑生𣪘：『用作季日乙⿱聿又』；⿱聿又、彝音近，当读为彝。由西周金文所见⿱聿又字所见的音读测之，⿱聿又，即『肄，习也』，肄习的本字。□，大概象人执笔习画形，所以又读如画。⿱聿又氏，卜辞或称为⿱聿又，或称为子⿱聿又。子⿱聿又，当为王子⿱聿又之省称，究为何王之子？卜辞无明文。然观『……子⿱聿又……』（铁二四、二）一辞，可决其不是武丁的儿子。此辞如为祖庚、祖甲时纪事，而为武丁诸父了。近人考释卜辞者，将子某之名，概定为武丁之子，就依据那个不健全的解释，统计武丁的儿子有五六十名之多。这种统计，硬将武丁的诸父兄弟，都降为子孙，未免故乱宗法的纲常，而好作惊人之论了。⿱聿又氏的地望，由卜辭看，当与兒伯国为邻，与旁夷为近国。旁，今释防；防在今平阴，兒，在今滕县。婁，即孟子去齐宿画之画，在今山东临淄之西北三十里。」（方国志七八页）

郭沫若　「金文畫字何以从周？觀其字形，殆謂以規畫圓也。圓周之周，說文本作匍，然經典中未見此字，古器物中亦未見此字。」（甲研釋寇二葉）

又曰：「古金文中畫字作𦘠，从聿从周，當係以規畫圓之意。此說今得一證，蓋婁賓古規字也。周金文存及愙齋集古録有𦥑生毁者，其銘云『𦥑生𩰫再曆用作季日乙婁子子孫孫永寶用』，擦古録之季日彝亦同是再所作之器，彝亦毁也。依金文通例，婁字當是器名，二器為毁而銘之以婁，可知婁音必與毁音相近。參以字形，則為規字無疑。規毁同屬見紐，故假婁為毁也。㵣𣆀鼎『不敢不分不婁』，分讀去聲，婁為規字，義亦甚協。卜辭亦有婁字，皆用為地名。字亦作淒，从水。蓋運規時須著汁也。王國維疑畫字，相差尚有一間。」（甲研第二冊後記一葉）

魯實先　「卜辭之𠭯𠭯，王國維釋畫，郭沫若釋規，說並非是。惟王襄據吳大澂古籀補所釋㵣𣆀鼎之畫作□，證𠭯即畫字，其說是也。考畫於吳尊作□，字並从田，毛公鼎作□、㵣兑毁作□，字並从周，宅毁作□、番生毁作□、上官登作□，字並从田，金文之田田同體，乃周之初文也。彔伯毁作□，所从之□乃周之緐文。（案方名緐文有从玉貝之例，故周亦从玉作□，非說文玉部訓治玉之琱也）良以周地宜禾，故其初文即象田疇之形。而作田田，是周之本義，當為後稷之後所封國名。象田疇之形者，猶伯益之後所封國名从禾作秦也。其衍变而為□□者，乃從訓回之口以示其為方國之義，（卜辭金文方名有从口之例）非如說文所謂从用口而以訓密為本義也。審是，則畫之從周或田義固無殊，無田疇則不足示界畫之義，是畫不當𡕖為𠭯也。攷肅於古音屬幽攝入聲，畫為幽攝二部，音近通轉，是以𦥑生毁假𠭯為畫，此尤𠭯為肅之塙證也。（詩深高以肅與秋為韻，小戎以肅與周為韻，風雨以瀟與膠為韻，揚之水以繡與晧鵠憂為韻，案从肅聲之蕭瀟繡屬幽攝入聲，秋周膠瘳晧鵠憂為幽攝，此从肅聲之字與幽攝相通之證也，以二部或相通，故言古韻者自江永以迄黃侃諸氏俱以二部併為一部）苟釋𠭯為畫，則畫屬益攝入聲，不得通借為畫矣。郭沫若謂『金文畫字作𦘠，从婁从周，當係以規畫圓之意。蓋婁賓規字，規毁同屬見紐，故𦥑生毁假婁為毁』，是未審畫之从周作□□亦象田疇之形，與从田作□□者同意。其訓旋帀之義者，本字作匍，通假為周，（說文勹部『匍，帀徧也』，引申有旋繞圓環之義，禮記檀弓上鄭注及小爾雅廣言並曰周帀也，楚辭湘君王逸注及廣雅釋言並曰周旋也，是皆以匍義釋周，以匍周於古音同為幽攝，故假周為匍，而經傳遂亦通用周字，夫其義為旋帀而從周聲者，是猶般有旋義而亦從舟也）乃據後世假借之字而釋先民造字之恉，多見其逞肊橫決者矣。矧夫釋婁為規，求之字形邈

不相涉，假規爲毀，考之古韻陽越亦遠，規於古音屬益攝，毀篕於古音並屬幽攝，二部古無通轉之

證，非僅規之不通毀也。乃謂規毀同屬見紐，故假叀爲毀，是未知據反切而索聲類，乃出唐宋所傳，以

不足碻證先秦古音也。肅於卜辭有二義，其一同禮記月令『草木皆肅』『天地始肅』之肅。此

云『今十二月不□』（乙，五六五○），『貞今十三月□手』（乙，六四○二）。案此辭之手乃疑问之詞，說見辭

仔『貞不其□』（續存上五○），『☒不其□』（乙，二五八七）。此乃卜氣候之是否肅殺嚴寒也。肅之第二

義則爲方名，如云『庚寅卜爭貞旨正□ 貞旨定不其□□』（乙，一○五四、旨定俱方名，下辭肅上省

𠔱正字，乃卜旨定二方是否征伐肅方也）『戊午卜㞢貞□受麥』（乙，七二○五，受麥與受年同）『貞□受

年』（乙，一九六六。（中略）於金文有□父癸爵（三代十六卷三一葉）子□彝（三代六卷九葉）父辛祖戊□

匜（薛氏款識卷五），此皆肅方或肅氏所作之器。肅氏爲殷之顯族，逸周書商誓篇所謂『幾耿肅執乃

殷之舊官人』，是也。肅氏亦即職事於魯之肅氏，見左傳定四年。其族居之地，蓋即鄭之肅魚，見春

秋襄十一年，若宋之肅國，見左傳莊十二年，在今江蘇蕭縣，楚之蕭亭，在今安徽壽縣，並距殷虛縣遠，

殷王不得屢田其地也。至於附庸於宋之肅國，於魯爲近，蓋殷社既屋，肅以顯族遷近魯邦之新居也。」

（漸詮之三第一至四葉）

孙海波：「□，甲二一三四。从聿从乂，說文所无。旧释畫，金文亦有此字，其义与乂同。卜辞用为人名、地名。」（甲骨文编一二八頁）

金祥恒：「說文解字有画无畫。甲金文□从聿从□，或从□释为乂；乂說文篆文作乂，『芟艸也，从丿从乀相交；□乂或从刀』。徐锴曰『丿乀相交』象艸之刀形。则与□不类，非乂也……诚如王国维所谓『象错画之形』。故金文『画轉画輯』之画从□从田，昜生日乙簋之□，𣪘画为簋也……然□，亦可作□，如乙七七九七片

贞：画不其事人？

贞：□𢆉人？

其□乃画之省，或谓之缺刻；事亦然。而乙编三六八一片

癸未卜，亘贞：□☒亡☒？

又二八六○片

贞：□㞢因？

其画字作□；乙编七七九七片为武丁卜辞，贞人为㞢，二八六○片亦为武丁卜辞，贞人为亘，㞢、亘为同时之人，画之书体有二，一繁一简。画于卜辞为人名，疑即卜辞之子画。卜辞之子画作子□，然亦作子□，如庫一七四五片『叀子□𠄢众』。」（说卜辞中之子画 中国文字第

四十二册四六三二至四六三四頁）

按：甲骨文𦘒字或作𦘒，隸定作𦘦，象持筆以畫之形，王國維疑為古畫字是可信的。金文亦有𦘦字，與甲骨文同，林義光文源亦釋畫。丁山關於𦘦字形音義之轉化通借，言之最詳，然尚須進一步加以伸論。

𦘒或𦘒均象手持筆形，即說文聿、聿、筆三字之原始形體。𦘒即說文「乂」字之古寫，孳乳為「艾」為「嬖」。書堯典之「有能俾乂」，說文引作「有能俾嬖」，典籍或作「艾」，金文則作「𦘦」，其實一也。

金文𦘦字早期多用作人名。吳方彝始於聿字下增田作𤰈，與說文畫之古文作𤰈者合（據小徐本），此亦聿字之繁體，非從周也。番生簋作𤰈、宅簋作𤰈，乃其進一步之譌變。至師兌簋、毛公鼎則譌為从「周」作𤲶、𤲶諸形。而𩽘侯鼎仍作𤰈，與𦘦之初形猶相近。𥄎生簋借𦘦為彝，師𡏂鼎以𦘦為嬖訓治，吳方彝以為圖畫字，故增田為飾，此亦文字孳乳之通例。郭沫若以𦘦為規，假作簋，形體迥殊，無由演化；魯實先以為肅字，以「周地宜禾」為言，進而曲解卜辭，尤屬誕妄。

卜辭𦘦為人名，亦為地名，為商王田獵之所，有可能即齊之畫邑。史記田單列傳：「燕初入齊，聞畫邑人王蠋賢，令軍中曰：環畫邑三十里，無入。」集解引劉熙曰：「齊西南近邑」；字亦作戟或棘或澅，正義引括地志云：「戟里在臨淄西北三十里，春秋時棘邑」；又云：「澅邑蠋所居，因澅水為名」；後漢書耿弇傳作「畫中」，「張步都劇，使其弟藍，將精兵二萬守西安，諸郡太守合萬餘守臨淄，相去四十里，弇進軍畫中，居二城之間」；水經淄水注：「又有澅水注云，水出時水，東去臨淄十八里，所謂澅中也」（郭慶藩說文經字正韻已詳論及此）。

卜辭亦有𣹳字作𣹳、𣹳，蓋𦘦地以𣹳水得名，故增水為形符。

卜辭習見之「田于𦘦」及「田于𣹳」，當即史記田單列傳之「畫邑」，即春秋時之「棘邑」，亦即後漢書耿弇傳之「畫中」，其地因澅水得名，故亦稱「澅邑」或「澅中」。

卜辭𦘦之另一用法為：

「名正𦘦；名正不其𦘦」 乙一〇五四

「今三月不𦘦」 乙五六五〇

𦘦用如「乂」或「嬖」，事與軍旅有關，訓為「治」，亦為「乂安」之意。

3093 𣹳

饒宗頤 「史記田單傳有齊畫邑人王蠋。水經淄水注：『澅水南有王蠋墓。』又引孟子：『去齊三宿而後出晝。』括地志：『澅邑，因澅水為名，在臨淄西北三十里。』晝地在殷都之東。」（通考二〇五葉）

按：「凄」為「晝」之孳乳，乃地名之專用字，說詳前「晝」字條。

3094 [illegible]

按：字不可識，其義不詳。

3095 聿 [illegible]

羅振玉 「說文解字：『聿所以書也，从聿一聲。』此象手持筆形，非形聲也。晝文辛卣从[illegible]與卜辭同。」（殷釋中四十葉下）

葉玉森 「按卜辭之『[illegible]』，似即『[illegible]尹』。（前六、三七、四）尹亦从又持丨，與[illegible]之構造法同。丨丨並象筆形，許書訓尹『从又，丿握事者也。』卜辭金文均不从丿，羅氏謂从丿為傳寫之誤是也。」（前釋卷七第十六葉上）

孙海波 「[illegible]，京津一五六六。地名。在聿。」（卜辭文字小記，考古社刊三、五）

裘錫圭說參[illegible]字条下。

按：說文有聿字，謂「手之疌巧也，从又持巾」；又有聿字，謂「所以書也。楚謂之聿，吳謂之不律，燕謂之弗，从聿，一聲」；亦有筆字，謂「秦謂之筆，从聿从竹」。戴侗六書故云：「書傳未嘗有聿字，聿又作筆，實一字耳」。今以金甲文證之，戴說極是。聿、聿、筆初形均當作[illegible]，象手持筆形，其後以用各有當，以聿為語詞，筆為專名，許慎歧而為三，解其形體為从巾、从一，實誤。

卜辭獨體□為官名，□為地名，區分甚嚴，而在偏旁中則混同，參見「尹」、「畫」條下。

3096 書 □

饒宗頤 「按書从聿从口，集韻十一没：『嗶，聲也』。又六術：『嗶、啐、呼，鳴也』。即此字，當是祭祀時祈叫呼告之意。（爾雅釋言：『祈，叫也』漢書服虔注：『告音如嗶呼之嗶』）」（通考八六四葉）

按：字从「聿」、从「口」，乃由「聿」字所孳乳，隸當作「書」。在卜辭為人名。

3097 竹 □

王襄 「疑冄字」。（類纂存疑第九第四十七葉上

葉玉森 「按諸家釋㭉，予疑即竹之象形。古文篆作𥫗，分為二个。卜辭象二小枝相聯，上有个葉形。」（前釋二卷六十五葉上）

商承祚類編九卷五葉下孫海波文編九卷九葉上金祥恆續文編九卷十葉上朱芳圃文字編九卷五葉下並收此作冄，無說。

郭沫若釋竹，無說。（粹考一二〇葉上）

李孝定 「說文：『竹，冬生艸也，象形，下垂者，箁箬也』。又：『㭉，毛㭉㭉也，象形』。金文竹字偏旁作竹竹竹諸形，㭉則作□南彊鉦□師寰簋□冄鼎□庚壺契文□字與金文竹字偏旁全同，惟契文象二枝相連，金文分列為二為異耳。㭉字金文均从木，从重入象毛冄冄之形，與契文此字不類，竹枝皆對出。契文作□為原始象形字，金文分列為二，例當晚出，蓋象形字文字化之自然過程也。葉氏釋此為竹是也。卜辭言『令竹』前、八、十四、二、洪、七三六、『取竹』粹、九一八、『竹入十』乙、四五二五、『竹歸』徵、人、九二、似為人名或為國之名，它辭竹字則辭義不詳」。（集釋一五六七葉）

饒宗頤　「文録之卜林，董作賓讀爲卜竹，（甲骨五十年頁九六）按林應是林字，說文：「林，毛丹丹也。」（通考七七四葉）

考古所　「竹：方國名。」（小屯南地甲骨九二九頁）

姚孝遂　肖丁　「1116：「己亥卜貞，竹來以召方，于大乙……」。「以」讀爲「与」，謂「竹」与「召方」联合來犯，祭告于太乙湯以祈求祐护。過去所見之卜辞資料，「竹」曾臣服于商，《乙4525》有「竹入十」，对商有所進納。又《綜918》：「……取竹芻于丘」，是商对「竹」有所求索，「芻」指牲畜而言。」（小屯南地甲骨考释九六頁）

李学勤　「殷墟甲骨卜辞也有「竹」，其中有些可能是孤竹的省称，并有「竹侯」……。……我们可以想象，孤竹、令支及山戎都是今河北、辽宁间的古代土著民族。商周两朝在此都曾建立诸侯国，傳入了中原的文化。商朝分封有中心在卢龙的孤竹国，周初分封有中心在北京的燕国，对当地少数民族进行统治。同时，一部分仍处于游牧状态的少数民族人民，则流动于其周围，特别是以北的辽阔原野上，形成许多部落，即文献所称的戎狄。现在我们所发现的夏家店下层和上层文化，正反映了夏商以至春秋时期当地的历史。」（试论孤竹社会科学战线一九八三年二期二〇五——二〇六頁）

金耀　「竹字，甲骨文和殷代金文都作林或林形。郭老和叶玉森均释竹是正确的。竹字在甲骨文和殷代金文里的用法，有的用作国名，有的用作姓，有的用作地名，有的用作人名……。……孤竹是商代诸侯国之一，与甲骨文称「竹侯」（京津二一一四）为侯国者相合。除上引四器合称「孤竹」外，在甲骨文和殷代金文里，又有单称「竹」的（乙四五二五；录遗五〇七），可证路史后记说孤竹国有称为「竹氏」、「孤竹氏」的说法是有根据的。……

（1）……王……竹医（侯）……。（合集三三二四）

（2）丁丑卜，竹𢾭贞：令荀……子𨽍臣子羞。（前二·三七·七）

（3）丙寅卜，兵贞：卜竹曰其又于丁牢。（河五一九）（合集二三八〇五）

这三条是武丁至祖甲时的甲骨刻辞。第一条记有「竹侯」，第二条记有贞人「竹𢾭」，第三条记有「卜竹」。一、三两辞没有私名，只有第二辞的贞人姓竹、名𢾭。三辞所记很可能是一个人，如此竹侯当名『竹𤞷』，兼任殷王朝的贞人，祖甲时又为刁卜。……孤竹国在商王朝属于侯国，甲骨文称为『竹侯』（合集三三二四）。按商王奴隶制国家的政治结构，分王朝和诸侯方国二级，即周初大盂鼎所说：『殷正百辟』和『殷边侯甸』。殷正为商颂所说的『邦畿』，殷边即周语所说『邦外侯服』。竹侯既为侯国，自应属殷边的侯服。它的辖区应在殷王朝邦畿以外的『边』疆。

二千多年来，人们都认为孤竹城在秦汉的令支，今河北迁安县西，在甲骨文里也有记载，如甲骨文有『即給』（京津三〇四〇；邺二·三五·五）、『于給』（乙七〇一四），都是地名，丁山以为給就是『令支』。令支的孤竹城，正在燕山以北。武丁晚期甲骨文记『□□卜、方贞：……在炎，竹……一牛』（后下九·四），另外有一残辞也记『……「在」炎，竹……』（见簠室殷契类纂四七页炎字下引后下、辞。）。两辞的炎都是地名，……周初有一件召尊铭记：『唯九月在炎𠂤。甲午，伯懋父赐召伯马，𤕤黄发微，……召用追于炎，不𩚍（肆）伯懋父舍召』（录遗二〇五）。两见炎字，都是地名。按伯懋父『在炎𠂤』赠召伯战马的时间，是在他北征『方』国的途次举行的，这在同时的金文中都有记载，如吕行壶铭记：『佳三月，伯懋父北征……』（西古一九·八）；又如师旅鼎铭记：『佳三月丁卯，师旅众仆不从王征于方，雷使厥友弘以告伯懋父……』（双剑一·七）。两器同在三月，所记是同时事，壶铭的说是『北征』，鼎铭说是『征于方』，知伯懋父此役是北征方国。方正在周王朝的北方，小雅出车：『往城于方』，郑玄笺：『方，北方地名』。方也是殷代北方的方国，甲骨文记：『癸酉贞：方大出，立史（事）于北土』（存二·八〇三），即记『方』在殷王朝的『北土』。方国的故城可能在方城，史记燕世家：『赵使李牧攻燕，拔武遂方城』。括地志：『方城故城在幽州固安县南十七里』。伯懋父『北征』是『征于方』国，时间是在『三月』，召尊记伯懋父同年九月北征方国到了『炎』，并且『在炎𠂤』以『𤕤』（友）情赠了召伯战马。自然这个『炎𠂤』是在周初的北方，距离方城不远，可能是左传所记周代北土的『燕亳』，战国时的陈璋壶作『匽亳』，燕为召伯封地，正相契合。炎、匽、燕三字音同，古得互用。燕亳因燕山得名，古文献记载孤竹城所在地的令支正在燕山以北。甲骨文还有一辞记：

丙午卜，炎臿人……在纞（纞）若；……竹……北单。（后上一三·五）

在这一条残辞中，有炎、臿、纞、竹、北单五个地名。炎，指燕山；臿，是殷代的方国，卜辞有『臿方』（库五〇一；南地二四三），地在燕山西南桃水流域；纞，今作纞，音秘，李善文选注同密，今北京东北有密云县；竹，即孤竹；北单的单，集韵音坛，檀通，当即白檀的古名，汉志有白檀县属渔阳郡，或以为在今承德西，三国志也有白檀，地在卢龙塞外。如此，炎、臿、纅、孤竹、白檀（北单）都在今燕山附近，足为炎即燕、竹为孤竹，是孤竹在燕山以北的确证。」（亚微罍考释社会科学战线一九八三年二期二〇七——二一一页）

裘锡圭

「出组卜人矣的卜辞曾提到卜人竹：

丙寅卜矣贞：卜竹曰其出于丁宰，王曰弜畐，翌丁卯𣍘若。八月。　河519

而宾组卜人争曾与竹共贞：

丁巳卜，竹争贞：令𤔲以子𢦏于盖。　簠2.37.7」（论「历组卜辞」的时代附录一：一、二期的界线应该划在哪里古文字研究第六辑三〇六页）

按：葉玉森以𠔃為「竹之象形」是對的。字在卜辭為人名及地名。

3098 [字形]

按：合集三四六八七、三四六八八同文，其辭云：「己亥卜，其𠔃若」，字从「竹」、从「宀」，用為動詞，其義未詳。

3099 [字形]

按：字不可識，其義不詳。

3100 冬 終 [字形]

羅振玉收作自字。（殷释中二十四葉下）

王襄「古六字。卜辭云：『十月𡉉壬寅𠔃月𠚑』。六作𠔃可證」。（簠考地望六葉上）

葉玉森「古金文冬作𠔃（邾人鐘）𠔃（頌鼎）𠔃（頌簋），予謂象枝垂葉落，或餘一二敗葉碩果之形，望而知為冬象。契文作∩（甲骨文字一、三）亦象枝葉垂落。又契文有∩字，⋯⋯按契文果作𣎳，∩正象枝葉析下垂，墜二碩果，填實之則成∧。又契文亦變作∩，並為金文𠔉所由譌，蓋冬字也。如卜辭云「隹∩」，與它辭云「隹甲」、「隹丙」、「隹丁」、「隹庚」例同。與詩小雅「四月維夏」辭例亦合。⋯⋯予既悟∩為冬，因思春从𣎳从日，夏从𣏟从日，秋从禾从日，冬亦必有从某从日之字。旋悟𣅳即∩之繁變，从𣎳象木枝摧折，墜二碩果。从日與春夏秋字例並同。如卜辭云「貞𣅳酌翼」，酌翼並祭名。猶他辭言春酌夏酌也。又省作𣅳，如云「乙未卜貞黍在龍囿𣅳受㞢年二月」，曰冬受㞢年，即言於冬受年也。再省作𡕒，如云「貞叀令𡕒甲子𡕒」，令𡕒即令冬。」（殷譚卷甲九葉下）

商承祚「∩，葉荻漁先生釋冬，案此終之本字也。甲骨文卜雨之例有曰「其雨」、「不其雨」、「雨」、「大雨」、「延雨」，此「冬夕雨」即「終夕雨」也。」（福考九葉）

林泰輔釋終。（甲一抄釋）

郭沫若「金文冬字多見，但均用為終。其字形作𠔉（頌鼎）若𠔉（邾嬰𣪘），案此字當是爾雅釋休「終牛棘」之終之本字。郭璞注「牛棘即馬棘也，其刺粗而長」。又山海經中山經云「大𩇯之山有草焉，其狀葉如榆方莖而蒼傷，（定按朱書補遺引此作「傷」疑誤）其名曰牛傷」。郭注云「即牛棘也」。郝懿行云「棘一名㯃。左思招隱詩注引高誘淮南注云「小栗小棘曰㯃」，是㯃即棘也，㯃與終聲相轉」。考郝意似以郭說為未諦，故解終為㯃則牛棘矣。郭云馬棘即山海經之牛傷究未審為何物，然以終為㯃則於𠔉之字形傳有可說，蓋象二㯃實相聯而下垂之形，故𠔉之用為始終及冬夏字者均叚借也。又有∩字，葉謂與金文之𠔉為一字甚是，然謂象枝垂葉落或餘一二敗葉碩果之形，則又不免徒逞肌說。今案卜辭之∩亦終牛棘之終，假用為終始字，尚無一例可作冬夏字解者。」（引集釋三四二〇——三四二一）

董作賓「說文：「𡕒，四時盡也。从仌从夂。𠔅古文冬从日。」新出土三體石經古文冬亦作𠔅，知𡕒係𠔉的譌變，而𠔉又是∧的譌變了。∧即∩，為𣎳之省文，是从𠔉从日之𠔅實自𣅳省變而來了。」（卜辭中所見殷曆載安陽發掘報告五一七葉）

胡小石先生釋終，謂終誼為冬誼之引申。（說文古文考）

孫海波　「∩，沉三六八。此終字不从糸，与說文古文同。」（甲骨文編五〇五頁）

陳夢家　「冬即終，西周金文井侯𣪘『帝無冬命於右周』，多士『殷命終於帝』，召誥『天既終大邦殷之命』。」（綜述五七一葉）

李孝定　「說文：『冬，四時盡也。从仌从夂。夂，古文終字。𠔃，古文冬从日。』許云夂古文終字，是以夂為終之古文。曩先生謂夂為∩所譌变是也，然則∩即終之古文。卜辭云『∩夕雨』，正當讀為終字。金文∩字亦皆當讀為終，郭商兩氏之說是也。殷時尚無四時之觀念，葉氏以四時之冬說之非是。𡯁𣅀𣅀與此非一字。此字就其字形从許書之次當收作冬，而其義則為終。」（集釋三四二二葉）

饒宗頤　「卜辭：

丙辰卜，㱿貞：帝隹其冬（終）茲邑。　貞：帝弗冬茲邑。……（屯乙七一七一）

按書多士：『殷命終于帝。』冬讀為終。終，成也。左昭十三年傳：『求終事也。』杜注：『終，畢也。』詩文王有聲：『考卜維王，宅是鎬京。維龜正之，武王成之。』燕大一九二：『貞：維龜令。其乍茲邑。』此作邑卜龜之證。『終茲邑』，猶言成茲邑，求帝之祐也。」（通考一一七葉）

于省吾　「第一期甲骨文称：『丙辰卜，㱿貞，帝隹其冬（終）茲邑；貞，帝弗冬茲邑〇貞，帝隹其冬茲邑；帝弗冬茲邑。』（洒七一、又丙七三文同）……終字应訓为終止或終绝。前文的帝隹其終茲邑和帝弗終茲邑，是就上帝是否終绝茲邑言之。商代还是城邦制度，其言茲邑即代表商国。故武王伐纣，牧野一战而商亡。」（甲骨文字释林释帝隹其冬茲邑一八八頁至一八九頁）

姚孝遂　肖丁　「……卜辞『終』字作∩，本象絲絲之器，假作終極之义。此处作∩，乃『竹』字。前此未見以『竹』为『終』者，可能为契刻之误，亦可能商代『竹』音同可以通借。」（小屯南地甲骨考释一三五頁）

常正光说参𢆶字条下。

按：說文：「終，絿絲也。从糸，冬聲。𠔃，古文終。」契文之∩、∩乃終之初形，金文作∩，已稍譌變。說文古文作𠔃，乃金文∩之進一步譌變。孫海波甲骨文編一三・一謂契文終字「不从糸，與說文古文同」。

契文∩、∩，下垂者為紡專，象絨絲形。徐灝段注箋云：「絨絲之器本作宊，象形。古文借為終。而冬从夂聲。其後又於冬增糸旁為終……」

卜辭「冬夕」習見，即「終夕」。福三二「貞，不其冬夕雨？」商承祚讀為「終夕」是對的。

乙四五三四與七一七一同文。辭云：

「帝隹其冬茲邑？

帝弗冬茲邑？二月」

陳夢家謂「冬即終，西周金文井侯𣪘『帝無冬命于右周』，多士『殷命終于帝』，召誥『天既終大邦殷之命』」（綜述五七一）。其說是對的。

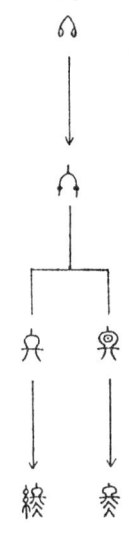

說文「冬，四時盡也，从仌从夂，夂古文終字。𣌏古文冬从日」。古文𣌏亦形體之譌變。古冬終本同字。本義為「終」，借為「冬夏」字。初形皆作∩或∩。其後復增仌為冬，增糸為終。其演化之跡如下：

∩ ∩ → ∩ → 夂 → 終；∩ → 𣌏 → 冬

3101

再 𠕋

羅振玉

「說文解字：『再，并舉也。从爪，冓省。』與卜辭同。卜辭又或省爪。」（殷釋中六十一葉上）

王襄

「古再字。」（簠室殷契類纂第二十葉）

陳邦懷

「古彝文有作己𠕋者，薛尚功謂『李公麟得古爵於壽陽紫金山，腹有二字曰『己舉』。王玠獲古爵於洛，亦有二字曰『丁舉』，字體與此正同。』（見歷代鐘鼎彝器款識卷二）知卜辭再字所从之𠕋𠕋，皆古舉字。𠕋象下而上舉，ㄩ象上而下承，并舉之誼昭然。小篆再字從冉，蓋由𠕋形近而譌，許君不得其解，乃曰冓省，曲為之說耳。然許君并舉之說，則必有所受之也。卜辭𠕋即古舉字，羅參事以為省爪，恐不必然矣。」（小箋十九葉上）

3134

唐蘭　「再象覆甾之形，甾再聲之轉。說文以為冓省非是。冓象兩甾背疊之形，再象以手舉覆甾之形。卜辭再字作□□□等諸體，冓作□□□等體。金文叔多父盤冓作□，又伯毀有□字，鄦侯毀有□字，余均考定為冓字，詳近著名始。」（獲白兕考）

郭沫若　「由與再形音義具乖，無由牽合，謂冓象兩甾背疊之形，再象以手舉覆甾之形亦非是。余謂冓乃篝之初文，象竹篝之形，上體為篝，下體為座腳，今俗作高腳篼也。下體之形正是再字，說文說再从冓省不誤。座再一聲之轉，蓋篝籠之座，古謂之再，引申之義為二。蓋篝形上體與下體相同，上為一，下為二也。」（引集釋一四〇三）

李孝定　「說文：『再，一舉而二也。从冓省。』絜文亦从冓省。辭云『☐再允☐』，其義不詳。唐謂象覆甾形，絜文甾作甘甾等形，與此不類。郭謂象篝形以說篆文尚不相遠，於卜辭之形殊不類，且篝之與座必脗合無間，一凹則必一凸，必不如□之以兩銳端相對也。唐說謂兩甾背疊亦與字形不合。金文作□屭羌鍾『唯廿又再祀』作□齊侯鎛『再拜稽首』第二文為變殊甚，與卜辭小篆均不類。」（集釋一四〇四葉）

郭沫若　「再字作□，與屭羌鐘『廿又再祀』同，言『再立事』蓋國復之後任舊職也。」（郭沫若瀘考、金文叢考二十八葉）

魯實先　「再塞於古音並為之部，蓋即障塞之塞也。」（姓氏通釋之一載東海學報一期三八葉）

按：甲骨文再字从冓省，唐蘭以為再象「覆甾之形」，郭沫若已辯其非。但郭謂再為篝籠之座，說亦非是。既謂篝形上體與下體相同，則下體不當為座。卜辭殘缺，用義不詳。李孝定集釋詳說諸家得失，極有見地。

3102

偁　□　□

孫海波　「偁，乙六三九九。从冉省。人名。鄴，甲二七五二。或从卩。」（甲骨文編三四三頁）

張秉权　「佣是第一期武丁時代的貞人，或称丘佣（乙编六六八四）」（殷虛文字丙编考释第九七頁）

饒宗頤　説参𠇊字条下。

按：字不从冉，用法亦有别，釋偁非是。金文亦不得釋偁。卜辭為人名。

3103

堡

郭沫若　「堡字余释為城塞之塞，从土偁聲，偁塞之丞對轉」（卜通別一考葉十）

考古所　「堡：郭沫若释為城塞之塞。（卜通別一·十）。有時此字置于先祖廟号之后，如：『其𢒰祖辛堡』，『其𢒰父甲堡』，故亦属先祖寢廟之类。」（小屯南地甲骨九八四頁）

饒宗頤　説参𠇊字条下。

李孝定　「从土从偁，説文所無。魯氏以為塞字音雖相近而形則相遠。卜辭每云『在某地名堡』『乍堡』亦無以證其必為塞字，今仍就其字形隸定作堡，以為説文所無字。」（集釋四〇〇八葉）

按：字當隸作「堡」。合集三〇二六八辭云：「今日丁酉卜，王其宛麓堡弗每」、「宛」即金文之「賓」，讀作「館」。「堡」當為行宮離館之類，商代於田獵地多有「堡」，為商王休憩之所。卜辭屢見「作堡」於某地。又祖妣亦多有「堡」，乃宗廟類之建築。商王於此進行祭祀。

3104

傋

孙海波　「傋，甲五〇。从人冓声。説文所无。人名。□，乙二一四七。或从再。」（甲骨文编三四八頁）

屈萬里　「卜辭『貞：僃氏囚』僃，隸定當作僃；此處當是人名」。（甲編考釋十葉）

王襄　「古僃字」。（類纂存疑第八第四十二葉上）

按：字隸定作「僃」，或省作「俻」。合集五五七一辭云：「貞，弓隹僃令」；又合集八九九八辭云：「貞，僃不其以龜」，乃人名。

3105

⿱𠂤再

按：字从「𠂤」，从「再」，隸可作「⿱𠂤再」或「⿰𠂤再」。合集八六四八正辭云：

「貞，令⿱𠂤再」

為人名。

3106

⿰亻⿱𠂤再

孫海波　「⿰亻⿱𠂤再，佚八六三。从人从⿱𠂤再，說文所无。人名。」（甲骨文編三四八頁）

按：字从「人」，从「⿱𠂤再」，隸當作「⿰亻⿱𠂤再」。合集一三七五七辭云：

「貞，⿰亻⿱𠂤再其有疾」；「貞，⿰亻⿱𠂤再……疾」

為人名，可能即「⿱𠂤再」之異體。

3107

⿰⿱𠂤再年

孫海波　「⿰⿱𠂤再年，前六．六四．一。从年从⿱𠂤再，說文所无。义与年同。受⿰⿱𠂤再年。」（甲骨文編三一二頁）

陳夢家　「字不可釋，但比較下列兩辭：

我受年——我受黍年　續一、三七、一
我受⿰年鼻——我受黍年　塗五八九
似乎⿰年鼻是年的繁文，而此「年」乃是專名之禾。曲禮下「歲凶，年穀不登」，年穀即禾穀。」
（綜述五二八——五二九葉）

按：字从「年」、从「鼻」，隸當作「⿰年鼻」。合集九七三〇辭云：
「貞，我受⿰年鼻」
陳夢家以「⿰年鼻」為「年」之繁文，但可備一說。

3108
⿰亻⿱止爯

[illegible]

按：字从「止」、从「偁」，隸可作「⿰亻⿱止爯」。卜辭殘缺，似為人名。可能為「偁」之繁文。

3109
偁

[illegible]　[illegible]　[illegible]

羅振玉　「說文解字：『偁，揚也。从人，爯聲』。此从爯省，知者，卜辭中爯亦省作冉矣。又此字疑與爯為一字，舉父乙爵偁字作[illegible]，亦省爪」。（殷釋中五十三葉下）

王襄　「古偁字」。（類纂正編第八第三十七葉下）

陳邦懷　「偁字所从之[illegible]，為古舉字，（說見爯字條）爾雅釋言：『偁，舉也』。郭注引尚書『偁爾戈』。偁有舉誼，故其文从古舉字」。（小箋十八葉下）

郭沫若　「卜辭云『若偁』謂如繇所云也」。（卜通一五葉上）

李孝定　「字當以菁華所見二文作[illegible]者為正體，象人以手有所爯舉之形。作[illegible]者人形與所挈之物已析而為二，亦猶偁之作[illegible]，此文字分化過程常見之現象也。作[illegible]者，又偁之省文，偁爯當為一字」。（集釋二六三五葉）

屈萬里　「爯，隸定之當作冊」。（甲編考釋二〇七葉）

張亞初釋爯，參𡿮字条下。

按：字當釋「偁」。卜辭「若偁」，郭沫若謂「如𢿢詞所云也」，是「偁」義為「述」。參見「爯」字條。

3110

爯 爯 爯 爯

郭沫若　「爯字當云从爪再聲，或再省聲，爯與再之爲對轉也」。（朱氏文字編補遺九葉下引）

李孝定　「說文：『爯，并舉也。从爪、冓省』。契文同。陳邦懷氏引薛尚功說釋爯爲舉，謂『爯象下而上舉，乃象上而下承』，語意曖昧，薛說尤不足徵。許書舉从手與聲，實爲後起，疑舁舉爲古今字。爯字何緣而有『象下而上舉』之誼，更何緣而得爲舉字乎。契文爯字象以手挈物之形，自有舉義，但不能確言所挈何物耳。于氏謂爯稱古今字是也，其釋爯冊之義亦確不可易。爯偁稱並可通叚，徐灝段注箋爯下已言之。段氏謂『凡手舉字當作爯，凡偁揚當作偁，凡銓衡當作稱』。是分別言之各有專字也。金文作爯爯簋爯仲爯簋爯爯𥂴，屈氏謂爯爲爯之𧷤體可从」。（集釋一四〇七葉）

屈萬里　「爯，當與爯字同。羅振玉釋爯爲爯，甚確。說文：『爯，並舉也』。本辭爯字从雙手，並舉之誼尤顯」。（甲釋一六八九片釋文）

于省吾　「武丁時卜辭，於征伐方國，每先叙『沚𢦏爯冊』。前七、二五、一：『沚𢦏爯冊昔呂』。續三、五、五：『□（沚）𢦏爯冊，王从伐呂□（方）』。三、十、二：『□卯卜，争貞，沚𢦏爯冊，王从伐土方，受㞢又』。沚𢦏爲人名，……爯稱古今字。冊經典通用策。爯冊之義舊無釋。按稱謂述說也，冊謂冊命也。國語晉語：『其知不足稱也』。注：『稱述也』。禮記射義：『旄期稱道不亂者』。注：『稱猶言也』。頌鼎：『王乎史虢生冊命頌』。浣鼎：『王乎尹氏冊命善夫克』。此例金文習見。周禮內史：『則策命之』。注：『鄭司農云：「策謂以簡策書王命」』。左昭三年傳：『授之以冊。』注：『策賜命之書。』詩出車：『畏此簡書。』傳：『簡書戒命也。』按簡書即策命之書也。

……振旅出征，必有冊命。沚戠為武丁時主冊命之臣，故征伐方國，沚戠必先再述冊命也。」（駢續第十三彙釋爯冊）

林政华　「𠕋，说文作𠕋字，云：『告也。从曰从冊，冊亦声。』从口从曰，一也；罗振玉有说。惟用为爯𠕋字，则应属名词，指符命简册。至于⿱冊殳字，陈邦怀释为典，但於爯𠕋一语无解。按：⿱冊殳当与𠕋同，皆假为册用。

爯，举也。爯冊之仪多用於告祭神示，以定征伐之吉凶与君王之祸福，如：

乙卯卜，爭貞：沚戠爯冊，王从伐土方，受（有又）？　簠征三六

乙巳卜，爭貞：侯告爯冊，王囚衣脊？　粹一三一五

是爯冊为举冊或捧冊之意也。于省吾释为『称述冊命』，实非是，以卜辞别有『爯冊，𠕋……』之语，如：

沚戠爯冊，𠕋吕方，……王从下上若，受（有又）？　存二·二九三」（甲骨文成语集释上，文物与考古研究第一辑五八至五九頁）

于省吾說參⿱冉土字條下。

3111　⿱爯土

按：卜辭習見「爯冊」，于先生謂即「稱述冊命」，「爯」、「稱」為古今字。其說是正確的。「爯」、「偁」、「稱」皆屬同源分化。卜辭或言「爯典」，或言「爯𠕋」，皆通作「冊」，後世則作「策」。卜辭又習見「爯珏」，「爯」當訓作「舉」，謂祭祀奉獻「珏」於先祖。又合集六五三二正辭云：「甲辰卜，賓貞，𡆥方其爯隹戋」，「爯」亦當訓「舉」，「舉」謂舉兵，指軍事行動言之。

3112　⿱冉土

按：字當隸作「⿱爯土」。合集三二八五四辭云：「……貞，王令𥎦今秋……爯⿱爯土乃奠」，用為動詞，當與「爯」同義，訓為「舉」，謂有所行動。字或省作「⿱冉土」。

3113 [illegible]

按：字可隸作「垔」，當為「墅」之省體。合集三四〇七五辭云：

「弜垔」

亦為動詞，與「墅」之用法同。參見前「墅」字條。

3114 [illegible]

按：合集三二九一九辭云：

「……[illegible]……」

當為「再比」二字。

按：字當隸作「旃」。合集三二九二六辭云：

「甲戌貞，令旃」

乃人名。

3115 [illegible]

按：字从「爯」、从「卩」，隸可作「[illegible]」。辭殘，其義不詳。

3116 冓 遘

羅振玉 『說文解字：『遘，遇也，从辵冓聲』。此與許書同，或省辵」。（殷釋中六十六葉上）

羅振玉 「卜辭借為遘遇字」。（殷釋中十二葉下）

王襄　「冓為遘之省，許說『遇也』。」（簠考天象二葉）

王襄　「古遘字」。（簠室殷契類纂第七葉）

葉玉森　「遘，祭名。殷人于上甲，大乙，小甲亦致遘祭。如他辭云『遘上甲口隹十祀』（前三.二七.）『□東遘上甲□』（後上.十一.）『□遘上甲豕五牛□』（後上十八.三.）『□月遘大乙彡□』（簠徵帝系二四.）『□不奴在正月遘小甲彡日隹九祀』（徵六.二.）是也。金文戊辰彝亦有『遘于妣戊武乙奭』之文」。（前釋一卷二十九葉）

吳其昌　「『遘』者，說文解字：『遘，遇也。从辵，冓聲』。按許說是也。契文初期『遘』字，皆消『辵』作冓，正象二物相遇之狀。卜辭中凡『冓雨』『冓鳳（風）』，其字皆消辵為多。至于後期，始逐漸增彳增彳，（董氏以為在祖甲以後）如卜辭云：『不遘小雨，其遘大雨』。（滴七二）是也。至更後，則『遘』字之義，又轉変而為祀典之名。如此片（指前一.二.四）云：『遘上甲，祭』。他辭云：『冓若』。（鐵二.七七.一）『若』即昌若也。云『遘上甲』（後一.一一.一〇）『遘大乙，彡』。（前三.二七.六）『遘上甲𠧟……』（續一.八.六）『遘大丁，奭妣戊，翌日』（續一.四.四）若此類者，其『遘』字之義，明與『王室』之『室』字相等矣。又遘義為遇，湯小過六三文辭云：『過其祖，遇其妣』。此蓋猶云：『遘祖某妣某』矣」。（殷虛書契解詁第四四葉）

孙海波　「𦬁，鐵一二．二。冓用为遘。」（甲骨文编一九〇页）

李孝定　「說文：『遘，遇也。从辵冓聲』。羅氏釋此為遘，是也。卜辭遘除用為祭名，亦用為遇。辭云『□其遘小風』拾七.九.『戊寅卜貞今日王其田澧不遘大雨』前二.二八.八.是也。金文作冓構伯簋 遘戊辰簋 茍伯簋『婚媾』字段此為之 遘克盨（集釋〇五二四葉）

李孝定　「說文：『冓交積材也。象對交之形』。卜辭作上出諸形，均用為遘遇字。疑象二魚相遇之形，為遘遇之本字。从辵作遘者，其繁文也。惟此說殊無左證，姑妄說之以俟考。唐蘭郭沫若於此字均別有說，見再字條，然亦未足以厭人意。字是冓字無疑，然冓字何以如此作，則殊難碻指。余所為二魚相遇之說，於前一.四十.五版一文雖逼肖，於它文亦差相類，然於再字、爯字从冓之丰體則無由索解，則亦惟不知蓋闕已耳。許文積材之訓，乃就篆體為言，非朔誼也。

金文作[illegible]冓學[illegible]匽弔多父盤第二器冓字孳乳為婚媾字，亦由遘遇之義所引申。」（集釋一四〇一—一四〇二）

屈萬里　「冓，卜辭亦作遘；遇也。」（甲編考釋六〇葉）

屈萬里　「卜辭『己未卜：令冓示侯』？（甲編五七冓從羅振玉釋（殷釋中一二葉），乃構之初文，亦與媾同（見周易屯卦釋文）。史記平原君虞卿傳『不如發重使而為媾』，集解：『求和曰媾』。此蓋卜問令某與示侯求和，其吉否也。」（甲編考釋十二葉）

張秉权　「冓字在卜辞中，有的从辵作遘，有的不从辵作冓，它们的意义是一样的，都当『遇』讲。」（殷虚文字丙编考释第一二〇页）

于省吾　「甲骨文以冓字为初文，孳乳为冓構或遘。尔雅释詁謂『遘，遇也』。国策秦策的『因退为逢澤之遇』，高注謂『遇，会也』。又尔雅释詁謂『遘，見也』，后世分化为覯。甲骨文望字（后世通作望）作𦣠，象举目遠望；見字作𧠠，象横目以視。望見遘三字义虽相近而有别，例如甲骨文关于其他方国的貞卜，常見的『乎望𠂤方』和『勿乎望𠂤方』，是就能否远望𠂤方言之；屡見的『其見方』和『不見方』，是就能否見到方國言之；屡見的『其構方』和『不構方』，是就能否遇到方國言之。甲骨文的『其見方，弗冓』（乙一八七），是說虽然見到其他方國，而不能与之相遇；甲骨文的『冓方不隻』（前八．一二．五），是說雖然遇到其他方國，而不能擒获。又甲骨文的『其逐麑，冓』（乙四八〇八），是說田猎追逐麑（麋）畧而与之相遇，意謂容易擒获。

甲骨文关于祭祀之言遘，或以為祭名，殊誤。今將甲骨文祭祀之言遘者畧加选录如下，然后加以說明。

一、癸酉卜，☐貞，翌甲戌，乞彡劦于上甲，其冓，又彳伐……（粹四三八）。
二、乙未貞，大䢅，其冓翌日〇乙未貞，大䢅，弜冓翌日（后上二六．六）。
三、祭于且乙，其冓，又伐，王受☐（京都一七九〇）。
四、☐☐卜，劦日彡于上甲，王其冓，又彳（鄴三下四一．四）。
五、其又彳伐，自甲冓翌日（南北明五二二）。
六、丙申卜，又伐于大丁，不冓（粹一七四）。
七、……遘大丁奭匕戊翌日……（續一．四．四）。
八、乙子貞，彳既，叀劦冓〇丁未貞，彳伐，于祭冓（南北明六八五）。

九、癸丑卜，王曰貞，翌甲寅乞酌𠭰，自上甲衣至毓，余一人亡囚，茲一品祀。才九月，冓示癸，𡫹歲（金一二四）。

十、……：才九月，遘上甲，𡫹，隹十祀（綴合編一八六）。

甲骨文于祭祀每言某即宗，如「瑣即宗」「河即宗」（粹四），是其例。這是說被祭者的神灵就饗于宗廟。又甲骨文的「隹大乙眔且乙即鄉」（鄴二六。九），是說被祭者大乙和祖乙的神灵降临就饗，所以主祭者才能夠与之相遇。這就是甲骨文于祭祀言遘而遘訓遇的由来。

總之，甲骨文于祭祀言遘，开始于第二期。前引第一条，先言乞酌𠭰于上甲，酌𠭰均是祭名。既已祭祀，鬼神降临，再言其冓，是說应該与之相遇。最后又𢦏，指祭法用牲言之。但甲骨文文法變化无常，也有先言祭法，而后言遘者，前引第五、六兩条是其例。商代金文也有于祭祀言遘的記載，例如：𠨘其卣的「遘于妣丙彡日大乙爽，隹王二祀」，𦤎簋的「唯王廿祀𠭰日，遘于妣戊武乙爽」，可以和甲骨文相印証。」（甲骨文字釋林釋遘一七六頁至一七九頁）

白玉峥「峥按：冓字于卜辭中，除遘遇之谊外，于他辭，尚有祭名之谊者，如：

癸巳卜，王貞：旬亡囚？在四月。冓示癸，彡；乙未彡大乙。七P七八

旬，衣，冓小甲，翌。金七四

有为人名、或地名之谊者，如：

……乎冓逆麇于噩？获。續三·四五·三

癸丑卜，㱿貞：冓受年？給二四八

冓之祭义，经典无传焉；然于征之于卜辭者，斯殷世有「冓祭」之礼也。茲就「遘，遇也」之义逆之，或即后世之路祭欤？司马光书仪云：「奠于輦所经过者，设酒馔于道左右，望柩将至，宾烧香酹茶酒祝哭释；柩至少驻，主人诣奠所释，宾哭，从柩而行」。又直语补证云：「路祭，送殡所设，自唐已盛行。封氏闻见记载道祭一条，甚详。唐语林明皇朝当衢设祭一条，详载其盛」。

至冓字之结体，彦堂先生曰：「冓字，早期在武丁时作□，象構木为栋樑之形，本义为木相接構；引申之：为相遇。至祖甲以后，乃加止为□，以示走而相冓。以后又加□形，以示相於路途。」（断代例四一一）兹综观冓字之结体，约有六焉：

1. □：除第三期未见外，散见于其他之四期。然于第一期时，此之外，未见他形；除三期，或有作□、□之形者。

2. □：见于第三、四、五，三期。

3. 冓：独见于第三期。

4. 𢓜：亦独见于第三期。

5. 𢓜：见于二、三、四、五，四期

6. 𢓜：独见于第四期。

综观前列诸字，其1.2.5.三类，殆乏时间因素；然可以说明一事，盖冓乃構、冓、遘等字之初文；其本谊为相遇。于今，字之形、义，未尝稍有变异也。」（契文举例校读中国文字第八卷第三十四册三七九六——三七九八页）

高明 「彳字形旁甲骨文写作『彳』（铁七二五），说文云：『彳，小步也』。从甲骨和铜器铭文分析，『彳』乃是『辵』字形旁之简省。由于它们是繁简关系，故在古文字体中彼此通用。通𢓊（京津三一三六）𢓊（粹二九三）遘𢓜（甲二六〇）𢓜（甲二一八七）

辵彳形旁通用，不仅在古文字体中保存了大量实例，而且在音义方面，古代文献也提供了充分的证据。例如：

遁循 汉书平当传：『逡遁有耻』；外戚赵皇后传：『逡循固让』。

迴徊 淮南子原道：『邅迴山谷之间』，楚辞严忌哀时令：『蹇邅徊而不能行』。

遑徨 文选谢希逸月赋：『满堂变容迴遑如失』；梁武帝孝思赋：『夕独处而徊徨』。

遐假 文选何晏景福殿赋：『爰有遐狄』；汉书礼乐志：『泛泛四塞，假狄合处』。

逕径 庄子逍遥游：『大有逕庭不近人情焉』；文选刘峻辩命论：『斯径廷之辞也』。

遍徧 左传庄公二十年：『乐及徧舞』，杜预注：『徧音遍』；广韵三十三线：『徧，俗作遍』；集韵去霰：『徧，或从辵』写作『遍』。

迬徃 说文彳部：『徃，之也，从彳㞷声』；又云：『迬，古文从辵』。

逡後 说文彳部：『後，遲也，从彳幺夊，幺夊者後也』；又云：『古文後从辵』。

类似的字例很多，诸如：還環（集韵平僊），隨隋（集韵平支），遵僔（集韵去艳），蓮種（集韵上董），遠徬（集韵入麦），連徿（集韵入洽）……均为辵彳二形旁古相通用之证。」（古体汉字义近形旁通用例中国语文研究第四期三〇——三一页）

刘钊 『殷与多方杂处，经常在田猎刍牧时与敌方遘遇。遘遇必然引起冲突或战争，所以遘遇本身即标志着战争。卜辞『冓』即指这种『遘遇战』。』（卜辞所见殷代的军事活动，古文字研究十六辑一二七页）

严一萍　「凡祭祀称『遘』者，皆属定期例行性质，必有祀谱为之记载。」（殷祭祀谱，甲骨古文字研究第一辑二二三页）

裘锡圭　「『冓』字本象两鱼相遘形，或以为『構』之初文，非是。」（战国玺印文字考释三篇，古文字研究第十辑九七页）

按：甲骨文冓字或从止，或从彳，或从辵，通用無別。説文：「冓，交積材也，象對交之形。」謂為「象對交之形」是對的，謂為「交積材」則不確。小篆遘、構、篝、覯、媾諸字均由冓字孳乳分化而來，其初形均當作冓。卜辭冓字之用法為：

一，祭名

「遘上甲，𠦪五牛」　後一·一八·二

「冓酌（？）伐于大乙」　京津三九七四

二，遘遇

「今日不冓雨」　甲三一八六

「今日辛，王其田，不遘大風」　佚七三

「甫弗其冓𢀛方」　佚一三

「戍𢦏義行，用遘羌方，又戋；弜用義行，弗遘方」　後二·一三·五

説文訓遘為遇。卜辭「冓風」、「冓雨」，即遇風、遇雨。至於「冓方」，則指與敵方相遭遇而言。此種遭遇戰在當時經常發生，故有時卜問在與敵方遭遇時有無俘獲，如：

「冓方不隻」　前八·一二·五

卜問田獵時能否遇見野獸亦謂之冓。如：

「冓虎」　乙四三

「遘又虎」　掇一·四〇五

「遘又鹿」　拾六·一四

「又」讀作「有」，乃於田獵前貞問是否能遇有虎或鹿。

三、人名

「冓叟年，冓不其叟年」　合二四八

「手冓逐鹿于喪隻」　續三·四五·三

至於「冓」字對交之形究竟何所取象，郭沫若以為即篝之初形，可備一說。參見「再」字

條下。

或以為「冓」象兩魚相遇，其說非是。字與「魚」形無涉。

3117 万 丏 丆

屈萬里　「古鉢『萬千』之萬作丆（說文古籀補七），又『千萬』之萬字作乙（同上），與本辭之丆字同；知丆即万，亦即萬字。」（甲釋第二一一葉）

考古所　「丆：从字形看，卜辞中亥也有此种写法，如乙六四〇九、存下九八、續四・五一・一等。但从其在卜辞中的用法看，则与亥不同，如粹三六有『多丆』，京都二一五八有「王其乎丆☐」，可能都是官名，『多丆』与『多宁』、『多射』、『多尹』等相类。」（小屯南地甲骨八五六頁）

赵诚　「丅，万。或写作丆。构形不明。甲骨文用为职官名。卜辞有『乎丅𣎆』（乎万舞——乎即呼，有命令之义（甲一五八五）之记载，则万似为掌管舞之舞臣。又卜辞有『丆叀美奏』（万叀美奏）（安明一八二三）之记载——美和庸为乐器，奏为演奏——则万又兼管音乐。很可能当时万这一类舞臣就兼管音乐。看来，乐和舞之紧密关系，商代就已如此。」（甲骨文简明词典六二页）

按：字隸當作「万」。林義光文源以為即說文訓為「不見」「丏」之初形，「雙聲旁轉」為「萬千」之「萬」，其說是對的。契文「宂（賓）」即从此。卜辭「万」為人名及地名。卜辭云：

「王其呼万霝于……」　合集三一〇三二

「叀万舞」　合集三一〇三三

「万其作庸叀……」　合集三一〇一八

是「万」為司樂舞之職。卜辭亦有「多万」（合集二八〇〇七），是「万」非私名。

3118 丏

校：懷一三七九辭云：「于北方于南饗」，當為祭名。

3119 方

葉玉森　「其字作才才，疑象架上懸刀形。並不肖兩舟總頭。省作才，架形徹失。字之始，當與夷从矢，戎从戈甲同例。殆謂邊裔之國，習俗尚是。故名之曰夷曰戎曰方而已。」（說契三葉十行）又曰：「殷人稱國曰方，如土方，馬方，羊方，井方，盂方，苦方等均國名。本辭言『告方出』，即言某國出寇乃告于列祖也。它辭有指明某方出者，如云『貞于大甲告苦方出』（後上廿九）是」。（前釋一卷卅三葉）

商承祚　「卜辭或言『方帝』，乃祭四方之總名」。（佚考九葉下）

徐中舒　「方象耒的形製，尤為完備，故方當訓為『一番土謂之坺』之坺，初無方圓之意。（古匡即方圓字）方之象耒，上短橫象柄首橫木，下長橫即足所蹈履處，旁兩短畫或即飾文，小篆力作𠛗，即其遺形。古者秉耒而耕，刺土曰推，起土曰方，方或借伐、發、墢等字為之。考工記車人：『直庇則利推，（庇即耒下端歧出者）句庇則利發』。考工記匠人：『耜廣五寸，二耜為耦，一耦之伐，廣尺深尺謂之畎』。國語周語：『及籍：……王耕一墢，班三之，庶民終於千畝』。孫詒讓周禮正義說：『伐即坺之借字，其字又通作發，俗作墢』。蓋方、坺、伐、發、墢古皆讀重脣音，故得互通。詩甫田『以社以方，我田既臧』；雲漢『祈年孔夙，方社不莫』，方社當即農家祈年之祭，社為后土，方自為連類而及之事。月令：『季冬天子乃祈來年於天宗，大割祠於公社，及門閭』。據此文則社即祠於公社，方即祠於門閭。詩楚茨『祝祭於祊』，傳：『祊門內也』。說文引作鬃，云：『門內祭』，正與此合。祊、社同為祈年之祭，故字亦可互通。左傳襄二十四年『以守宗祊』，周語『今將大泯其宗祊』，宗祊即宗社。方、社並稱；祊、社互稱；故知方即坺之本字。又詩大田：『既方既皁，既堅既好』。生民：『茀厥豐草，種之黃茂，實方實苞，實種實褎，實發實秀，實堅實好，實穎實栗』。此兩方字次叙均在蒔藝之先，亦當為坺土之事。說文：『方併船也，象兩舟總頭形，从兩舟省』。今觀卜辭甲骨銅器中方字，全無象兩舟總頭形之意。蓋方可訓併，而不可訓併船，爾雅釋水『大夫方舟』，李注：『竝兩船曰方舟』。莊子山木篇『方舟而濟於河』，釋文司馬注：『方並也』。古者耦耕，故方有並意。又儀禮柄皆作枋，耒為曲

柄，故聲得轉為柄。」（集刊二本一分釆耜考十七葉下十八葉上）

郭沫若　「以上五片均有卜于四望受年之事，其曰『東土』『南土』之土，蓋叚為社。其曰『西方』『北方』之方，蓋叚為祊。均是動詞。詩甫田所謂『以社以方』也。」（粹考一一九葉）

又曰：「『方商』語頗難解，疑方讀為防。又疑商是水名，乞辭作滴，則方讀如字亦可通。詩谷風『就其深矣，方之舟之』，方字正作動詞用。方之者，讀並船而渡也。」（同上三八葉上）

又隸定方為訪，無說。（同上四一葉上）

吴其昌　「『方』即祊也。亦決知為祭名者，明宜士殷虛卜辭第七一八片可與此片（指揃一・三・一）參證，其文如左

文曰：『甲寅卜，其帝（禘）旁（祊）☑☑，一羊一牛九犬』。『禘』『芳』連文，而以一羊一牛九犬將事，是『方』為祭名之確證矣。蓋『方』者或作口；田，即祊甲是也。或作匚作コ；区，囚，匸；即祊△、祊丙，祊丁是也。（詳唐蘭說，及其昌所作殷先公先王三續考報乙報丙報丁條說）溯其最初之義，蓋謂祭時納主于方形石室之中，故口コ匚意同『方』也。及『方』行而口匚コ形廢，於是又因『方』字寫法之異式，形聲之滋岐而化為各種不同之通假变化字，或作『方』，此片是也。或作『芳』，明氏書七一八片是也。或以其誼為示也而增『示』作『祊』，春秋襄公二十四年左氏傳『以守宗祊』，國語周語：『今將大泯其宗祊』，禮記禮器：『為祊乎外』，郊特牲：『祊之于東方』『索祭祝于祊』是也。而周禮大司馬『致禽以祀祊』，鄭注：『祊，當為方，聲之誤也。』禮記明堂位『秋田祀祊』，釋文：『祊，本又作方』，尤為『方』『祊』一字之證也。或又以其祭于門也，而增『門』作『閍』，如介雅釋宫『閍謂之門』，鄭注即引祊祭釋之是也。或又以『祊』『鬃』聲同而通假作鬃，如詩楚茨『祝祭于鬃』，而魯詩作『閍』（郭注介雅又引作『祊』）說文示部『鬃，門内祭』（又引或體之『祊』）是也。『鬃』又通寫作『[衤+彭]』，如廣雅釋天：『[衤+彭]，祭也』是也。『祊』『[衤+彭]』之聲，又相等于『報』，故在故籍中又往之別作聲誤之『報』。如國語魯語曰：『凡禘、郊、祖、宗、報，此五者，國之祀典也。』又云：『上甲

微，能帥契者也，商人報焉」是也。「宗報」即卜辭之「宗枋」，「禘報」即卜辭之「禘枋」矣。
而史記殷本記之報乙、報丙、報丁，又足證其即為方乙、方丙、方丁矣。此口コ匚形之祭，轉
而為「方」「㫃」「枋」「閍」，又由聲轉而「繫」「鬃」「報」，其曲折遞逾演变之體系也。」
（殷虛書契解詁第五四——五五葉）

朱芳圃

「說文方部：『方，併船也。象兩舟省，總頭形。』按方當為枋若柄之初文。从刀，一指握持之處。（變作ㄐ形。）字之結構，與刃从刀，、指刃鋻相同。鶡冠子武靈王篇：「手握兵刃之枋而布戰」，陸注：「枋，柄也」，當為此字之本義。考工記：「秦無廬」，鄭注引鄭司農云：「廬讀為纑，謂矛戟柄」，此則由刀柄引伸為一切器物之柄矣。

說文木部：「柄，柯也。从木，丙聲。」按柄與枋，音同字通，儀禮士冠禮：「加柶面枋」，鄭注：「今文枋為柄」；士昏禮：「紛冪加勺，皆南枋」，鄭注：「今文枋作柄」，是其證也。從文字發展次第言之，方為初文，指事。枋、柄皆後起字，形聲。

說文手部：「把，握也。从手，巴聲。」按把亦方之後起字。禮記曲禮上：「左手承弣」，鄭注：「弣，把中。」孔疏：「弣，謂弓把也。」釋文：「把，音霸，手執處也。」從音理言之，方與把，古讀幫紐雙聲，魚陽對轉。今人通呼柄為把，讀必駕切，已不知把即柄之轉音，更不知方即把之初文，蓋古義之淹晦久矣。」

（殷周文字釋叢卷下第一五九葉）

楊樹達

「卜辭關涉方族者至多，如殷契粹編一一四三云：「壬寅，卜，今載方其出？」鐵雲藏龜一八四・三云：「戊寅，卜，今載方其出？」又二〇七・一云：「癸丑，卜，貞，方其出？」（此片又見鐵三八・六）後編上卷二九・十一云：「丁卯，卜，方不出？」前編六・三五・四云：「貞方不出于𢀛？十一月。」此貞方之出與不出者也。

鐵雲藏龜一五一・二云：「丙戌，今載方其大出？五月。」後編上二九・十云：「丁巳，卜，今載方其大出？四月。」前編五・二八・六云：「丙子，卜，穷貞，方其大出？七月。貞方不大出？」甲骨文錄六四五云：「戊午，卜，方其大出？九月。」福氏所藏甲骨文字三云：「△亥，卜，今載方其大出？」此貞方之大出與否者也。

殷契卜辭八九云：「貞方來入邑，今夕，弗震王自？」前編七・二九・一云：「方其來于洗？不其來？貞方允其來于洗？貞乎往正？」此貞方來者也。

前編八・十二・二云：「癸亥，卜，王，方其𦎫大邑？」戩壽堂殷虛文字二六・一云：「貞方其𦎫見？」前編四・三四・六云：「壬辰，卜，方弗𦎫見？」龜甲獸骨文字二・十四・五云：「丙申，卜，方其𦎫？」

按金文宗周鐘云：「王𦎫伐其至」，𦎫伐連文，𦎫伐也。卜辭屢稱大邑商，辭云𦎫大邑，大邑亦

謂商也。見者，地名，蓋由方至殷所必經。知者，鐵雲藏龜五十・二云：「貞方出勿自見」，是其證也。此貞方之韋伐與否也。

後編下四二・九云：「壬午，卜，自貞，王令多冒御方于△？」又四一・十六云：「御方于商？」此貞御方者也。

書契菁華六云：「四日庚申，亦有來嬉（艱），自北。子𡚬告曰：昔甲辰，方正（征）數，俘人十又五人。五日戊申，方亦正，俘人十又六人。六月，在韋。」甲骨文錄五七・三云：「貞其又（有）來艱自方？」此貞由方來艱者也。

殷虛文字甲編：「貞方其戈我吏？貞方弗戈我吏？貞方弗戈我吏？貞方弗戈我吏？貞我吏其戈方？我吏弗其戈方？」（據胡厚宣卜辭中所見殷代之農業五七葉引）甲骨文錄五九七云：「貞方戈△？」又五九二云：「壬寅卜，于△正方，戈？」此貞方與殷互為戈害者也。

前編一・三・四云：「乙巳卜，𡆥貞，告方出于且甲大乙？」後編上六・五云：「甲申，于河告方來？」此貞告方來寇之事于先祖者也。

鐵雲藏龜五一・四云：「貞𡆥方于丁？」此因方事求庇佑于祖先者也。

按殷人於方之出及大出有貞，於方之入韋有貞，告方出於先祖，求方佑於神祇，方在殷時為一至強之國族，其事灼灼甚明，故書傳記，不當略無記述。余搜討古書，約得三事，今述之以供研討古史者之參考云。

一事：後漢書東夷傳云：「夷有九種：曰畎夷，于夷，方夷，黃夷，白夷，赤夷，玄夷，風夷，陽夷。」今以卜辭之方也。李注引竹書紀年曰：「少康即位，方夷來賓。」據此知方族之立國，遠在夏時，少康中興，方嘗效順。李注又引竹書紀年曰：「后芬即位三年，九夷來御。」方夷為九夷之一，知后芬時方族尚與夏交通。然則殷時方族之盛，蓋乘五六百年積累之勢而成，宜其威稜旁出，陵逼殷人，至有方來入邑弗踬王師之占，武丁時有方其大出，告于且甲大乙之貞卜也。（旁𡆥皆武丁時貞人）

二事：古書記五霸者有二說：一為三代之五霸，一為春秋之五霸。白虎通號篇云：「五霸者，何謂也？昆吾氏，大彭氏，豕韋氏，齊桓公，晉文公是也。昔昆吾氏，霸於夏者也，大彭豕韋，霸於殷者也，齊桓晉文，霸於周者也。」此三代之五霸也。按白虎通之說本自國語。國語鄭語云：「佐制物於前代者，昆吾為夏伯矣，大彭豕韋為商伯矣。」（伯與霸同）又云：「彭姓彭祖，豕韋，諸稽，則商滅之矣。」余謂大彭即卜辭之方，古方彭音同，（說文示部鬃或作祊，是其證也。）韋昭注國語，謂殷衰，大彭豕韋二國相繼為商伯，其後失道，殷復興而滅之。尋殷本紀記殷四衰而四興：一衰於雍己而興于大戊，再衰於河亶甲而興於祖乙，三衰於陽甲而興于盤庚，四衰於小辛而興于武丁。韋昭注云殷衰二國霸，殷復興而滅之，不能確指其為何王之世，蓋不詳也。要之今日可知者：大彭與殷遞為盛衰，其平時則互相敵視。蓋大彭之霸於商，與齊晉之霸於周有異。齊先為周室之功臣，與晉則周之宗室，各受其封國於周，故其稱霸也，有尊周勤王之舉。大彭建國遠在夏世，與殷之無恩義之可言，故殷衰而大彭霸者，乘殷之積弱以自申其權力也。殷興而大彭滅者，殷惡其向日之侵陵積忿以為報也。知此則卜辭所記方族震撼殷人之情事，可以思過半矣。

三事：尚書牧誓云：「王曰：嗟！我友邦冢君，御事，司徒，司馬，司空，亞旅，師氏，千夫長，百夫長，及庸蜀羌髳微盧彭濮人，稱爾戈，比爾干，立爾矛，予其誓。」此記從武王伐紂諸邦，彭居其一。余疑彭即大彭，亦即卜辭之方也。蓋大彭雖一時見滅，遺族猶存，餘燼未熄，所謂百足之蟲死而不僵者也。當殷之猶盛，方族固無如之何，及武王舉討殷之旗，方族率衆景從，以申其滅亡之憤，固極自然之事也。卜辭稱曰方，牧誓亦第曰彭，知大彭者，乃後人以其強大，故以大加之，非其本稱也。

余草此文竟，偶覽書契前編五·三四·一云：「辛丑卜，亘貞，乎取彭！」（又見同書七·三·四）按甲文乎字與命字令字義同，亘為武丁時貞人，與貞告方出之𡧊為同時，然則韋昭所云殷道興而滅大彭者，豈即在武丁之世歟！若然，其事為武丁之世，方族侵殷，武丁既告其出於且甲大乙，因而大張撻伐，遂一舉滅之爾。而國族之名彭，不惟見於尚書與國語，亦見於卜辭，余方彭為一之說又得一證明矣。

余前謂大彭之大後人加之，須讀甲骨文錄六四六乙辭云：「△辰，卜，王△于大方△章△」辭雖殘缺不完，然明見大方之名，然則此族在殷時早有大稱，其國之強大，由其名稱可以測知，而方之為彭，愈確切無疑矣」。（積甲文說四二葉釋方）

陳夢家

「方當在沁陽之北，太行山以北的山西南部。武丁卜辭之⿰虫又與乙辛田獵卜辭之⿰豆又是一字，後者與衣曹等地相近。又乙辛卜辭云「才長貞亞其从⿰豆又白伐方」。前二·八·五此長者據前二·八·三——五與陴射相近，陴在濟源縣西百二十里，則長與⿰豆又當在今垣曲以東，方當在其北之晉南。」（綜述二七〇葉）

又：郭沫若以菁五之方為土方（卜通五一三），以「方弗敦見」之方為竹書紀年之方夷（卜通五五五）。我們曾經以為兩者都是方夷，亦即逸周書王會篇「方人以孔鳥」之方人。西周師旂鼎「師旂衆僕不從王征于方」（三代四·三一、二），詩出車「王命南仲往城於方」，六月「侵鎬以方」之方，皆即此方（禹貢七：六·七：一〇三——一〇四）。路史國名紀戊說「方，方叔采，……周書武王命伐方，乃商圻內」，以方為詩采芑方叔的采邑。凡此皆讀方如字。孫詒讓周書斠補舉說文髳或作紡，以為方人即彭人，並因王會上下文推方、卜即牧誓從武王伐紂的彭、濮。卜辭又有大方（河六四六，粹八〇一，一一五二）。楊樹達甲文說四二——四五以為即大彭，鄭語「大彭豕韋為商伯矣」。凡此讀方為彭。但卜辭自有彭字，而西周金文和詩皆有北地之方，則此卜辭之方似仍當如字讀方，而大方自是方之名大者，與此方方不同。

卜辭記方入侵之事，自武丁以迄帝辛，都有記載。武丁卜辭：「方其不大出」。（前五、六、六）「方其出唐」。（甲二九二四）「方其敦大邑」。（前八、三、二）「王令庚追方」。（粹一一四五）「方「告方出於祖乙、大甲」（前一、三、四）……「缶从方？允李，四日丙午冓方，不隻。缶蔑𠭰戋執，弗其蔑艮？三日丙午冓方，不隻」。（綴一四六，前四、三、八，庫四六〇）殘辭……庚甲卜辭：「其又來艱自方」。（河五七三）「𡆥日𠂤來艱自方」。（庫一三〇五）康丁卜辭：「不遘方？其遘方？又出方？及方？其又來方」？（甲三九一三）「惠𠭰行用戋羌……用戋方」。（甲五七四）「弜用義行弗遘方」。（乙一三五）武文卜辭：「犬征允伐方」。（明續六一七）「弜𠂤方」。（續五、二八、八）「方其出——方不出」。（鄴四五、六）「方奠並受又」。（粹一二八五）乙辛卜辭：「方來衣（？）邑，今夕弗𢀛王自」。（燕八九）「乙亥卜才長貞亞其從𢦏白伐方」。（前二、八、五）方所出之地曰唐曰𩀱曰涂，皆在今山西中部和南部。據左傳昭元大夏、唐是晉唐叔虞的封地，是四稱之為夏虛，晉世家說「唐在河汾之東」，今安邑一帶。𩀱疑即榆，左傳昭八之魏榆，今榆次縣。涂水疑即左傳昭二八分祁氏之田以為七縣，涂水是其一，杜注云「涂水，太原榆次縣」。

方另外可有三種說法：一為方山，夏縣志方山在縣北，但「方山」之稱是較多的；一為防姓或彭姓，鄭語「大彭，豕韋為商伯……彭姓彭祖、豕韋則商滅之矣」，夏本紀索隱「按世本豕韋，防姓」。一為房國，周語上「昔昭王娶於房曰房后」，今本竹書紀年成王三十三年「命世子釗如房逆女房伯祈歸於宗周」，或有所本，而房為祁姓。」（綜述二七〇——二七二葉）

饒宗頤

「「甲申卜，穷貞：勿于東𠂇，告」。（南北師二、五六）「𠂇」乃「方」字省筆，東𠂇即東方也。詩：「來方禋祀」，曲禮：「天子祭天地，祭四方，祭山川，祭五祀，歲徧」。鄭注謂祭四方及五祀蓋殷時制」。（通考二八七葉）

饒宗頤

「按方即方夷方人。後漢書東夷傳，夷有九種：曰畎夷、于夷、方夷……。章懷注引紀年云：「少康即位，方夷來賓」。逸周書王會：「方人以孔鳥」。蓋方人自少康中興以來，賓服于夏，至殷其族益大，故屢見于記載。其云「方大出」者，謂其出為邊患也。時或受殷之冊封，他辭云：「由王𠦪方」。（明義士二〇九）方之地望，當在山西。辭云：「方其出于唐」。（屯甲二九二四）晉世家：「唐在河汾之東」。又云：「方不出于𩀱」。（前編六、三五、四）𩀱即榆，穆天子傳：「乃絕𨻶之關隥」。郭注：「𨻶，雁門山也」。俱其明證。西周師旂鼎：「師旂眾僕，

不从王征于方。』詩出車：『往城于方』，六月：『侵鎬及方』，俱其地。」（通考三〇九葉）

饒宗頤 「按方即方人方夷，詩出車所謂『往城于方』者也。此版記與方夷交涉事。（見沌甲三九一三）」（通考一一四五葉）

屈萬里 「卜辭：『己亥卜：告方于父丁』？此方字當是詩大雅雲漢『方社不莫』及小雅甫田『以社以方』之方，謂祭四方之神也。告方于父丁者，謂既祭四方之神，以其事祭告于父丁也。」（甲編考釋一三三葉）

于省吾 「甲骨文方字作□、□、□、□、才、□等形，人所共知。其作□或□形者，則為旧所不識。实則□或□乃一般方字的初文，因为它屬于第一期早期的𠂤組卜辭。□形滋化为□，下部加一邪划，这样字划的演变，在甲骨文中是常見的。比如：亥字作□也作□，兮字作□也作□，□字作□也作□，考字从丁也从□，是其例証。甲骨文□字凡十余見，文多殘缺，但就其較为完整字句來看，例如：『□于東□告』（南北师二·五六），甲骨文東与東有時互作无别，如『東追』之東作東（林二·二五·六），故知東□即東方；『□显（征）商』（綴合三四），甲骨文言方征某者習見，故知其為方征商；『令虎追□』（乙九〇八五），甲骨文言令追方者屢見，故知其為令虎追方。总之，□为方之初文，无論就字划演变或詞例和义训來看，都是可以肯定的。至于方字的造字本义，說文訓为『併船』，妄測无据。近年來学者释方之說，頗多分歧，只有存以待考。」（甲骨文字释林释□一四七頁至一四八頁）

于省吾 「甲骨文有关方、土之祭习見，今择录十余条于后，並畧加阐释。

一、甲寅卜，其帝方一羌一牛九犬（溯七一八）。

二、乙酉卜，帝于方，用一羊（佚九）。

三、庚戌卜，□于四方其五犬（南北明四八七）。

四、辛卯卜，□彡酌，其又于四方（南北明六八一）。

五、甲辰卜，□，帝于東。九月（珠六一二）。

六、貞，帝于東□囧犬，來三宰，卯黄□（續二·一八·八）。

七、甲申卜，□貞，來于東三豕三羊囧犬，卯黄牛（續一·五三·一）。

八、己子卜，□貞，帝于西（乙二二八二）。

九、庚戌卜，争貞，來于西囧一犬，一青。來四豕四羊，青二。卯十牛，青一（庫一九八七）。

十、帝于南犬（六中六七）

十一、于丁卯彭南方（鄴三下三八・四）。

十二、帝于北二犬（續存下二四五）。

十三、貞，求于北（珠四六四）。

十四、求東西，㞢伐，卯青、黄牛〇貞，求東西南，卯黄牛（綴合二七八）。

十五、求于土宰，方帝（綴合二一一，續存上五九五）。

十六、戊申卜，殼貞，方帝，求于土……（乙五二七二）。

以上所引第一、二兩条的其帝方和帝于方，以及其他各条之帝于東南西北某一方和方帝者，既可以証明方帝為帝方的倒文，又可以証明帝方為帝于方的省文。甲骨文以帝為上帝，也以帝為祭名，周代金文同。祭名之帝說文作禘，並謂：『禘，諦祭也。周礼曰，五岁一禘。』按甲骨文的帝祭是广义的，五岁一禘乃東周人的說法。第三、四兩条称四方，可見一般所称的方，都是四方的簡称。」（甲骨文释林释方、土一八五頁至一八七頁）

考古所　「方：可能为方夷」（小屯南地甲骨八七九頁）

林澐　「在属于比武丁宾组卜辞时代更早的𠂤组卜辞中，我们见到如下记载：

壬午卜，𠂤，贞：乎禦方于商（后下四一・一六‖缀一四七）

□□卜，王，贞：于中商呼禦方（佚三四八‖续存下三一二‖然一一一）

癸亥卜，王，方其𦎫大邑（揃八・一二・二）

按『禦方』一词卜辞习见。郭沫若、陈梦家均以禦方为方国名，是不对的。所引以为证的『太公望令禦方来』（逸周书世俘解），实际也是命令太公望抵禦『方来』之意（可参看顾颉刚逸周书世俘篇集训校释）。『禦方于某地』和『禦羌于某地』辞例相同，是抵禦『方』的意思。『方』是武丁时代的一个重要敌国，其言商、中商或大邑，当即后来卜辞中所谓『大邑商』。可见当时商之边防能力薄弱，故『方』能长驱直入而至商的腹地。在宾组卜辞中，仍有『方』的记载，如『乙巳卜，争，贞：告方出于祖乙于大……』（揃一・三・四）但只有『□辰卜，宾，贞：方夲井方』（燕六二四）、『贞：方允其来于沚』（揃七・二九・一）等为祸于联盟方国的记载，而未见有深入商本土的例子。这可能就是因为武丁后期军事联盟的发展，商本土的周围均有联盟方国为其屏障。」（甲骨文中的商代方国联盟古文字研究第六辑七九——八〇页）

林澐 「商代甲骨文中所见的『方』，究竟是部落还是进入阶级社会的国家，是不能一概而论的。考虑到北方和西方广大地区的各游牧集团也可能被商人称为『方』，则『方』不一定都是进入阶级社会的国家。但在中原地区，如郑州商城遗存、黄陂盘龙城遗存、山西夏县东下冯商城遗存等二里岗期考古遗存表明，在早于殷墟甲骨文的时代，无疑已存在着众多的以颇大的城市为中心的城邦国家了。从甲骨文来看商本身，显然已進入了阶级社会，並有官吏、监狱、常备军等国家机器。所以甲骨文所反映的以商本土为核心的方国联盟，其实质应是城邦国家联盟，不应视为部落联盟。」（甲骨文中的商代方国联盟古文字研究第六辑九〇页）

張秉权 「方，是一个方國之名，正和羌方或称羌，井方或称井，龍方或称龍等等的情形一样，在后代的文献中，关於『方』的記載，有：

竹书紀年：帝少康二年，方夷来賓。

逸周书王會篇：『方人以孔鳥』。

师旂鼎：『师旂眾僕不从王征于方』

詩小雅鹿鳴之什出車：『我出我車，于彼牧矣，自天子所，謂我来矣，召彼僕夫，謂之載矣，王事多難，維其棘矣，我出我車，于彼郊矣，設此旐矣，建彼旄矣，彼旟旐斯，胡不旆旆，憂心悄悄，僕夫況瘁，王命南仲，往城于方。出車彭彭，旂旐央央，天子命我，城彼朔方，赫赫南仲，玁狁于襄。』

詩小雅南有嘉魚之什六月：『玁狁匪茹，整居焦穫，侵鎬及方，至于涇陽。』

路史國名記：『方，方叔采……周书武王命伐方，乃商圻内。』

据出車，可知方在：『郊』与『朔方』之間。据六月，可知方在涇水之北，王國維以為詩中的方应在蒲（注一）（即秦漢之蒲反，現今之山西永济县境）。

在這一套卜辞中，所說的『我史』，在王貞的卜辞中，則称『朕史』，例如：

甲午卜，王，羌弗戈朕史？（前四、四四·七）

所謂『我史戈方』与『方戈我史』的我史，是指甾正化，即和多絴的，在另一版完整的大腹甲上，這情形就显得格外清楚了，譬如：

丁未卜，爭貞：甾正化亡囚？十一月

貞：甾正化其出囚？

貞：甾正化戈方？

貞：甾正化弗其戈方？

貞：方其大既或？（乙編三四二二）

和這一套一样，都是「丁未」日所卜的，並且注明了是在「十一月」，先問「𠂤亡囚」再問「𠂤正化𢦏方」，然后再問「方其大既或」从序数来看，每一組对貞卜辭，都是独立的貞卜事項，虽則它们不是成套的卜辭，但這些事件的占卜层次，和這一套腹甲上的相似，它们和這一套腹甲很可能是同時所卜的。

从這一套腹甲上的「往西」一語，可以知道方是在殷的西方。這，可以参看另一版比較完整的大龟腹甲，譬如：

乙卯卜，爭貞：旨𢦏羅？

貞：旨弗其𢦏羅？

貞：往（西）多𦂶其𢦚王？

往西多𦂶不其𢦚王？

辛酉卜，内貞：往西「多」𦂶其𢦚王伐？

貞：往西多𦂶不其𢦚伐？（乙編五三九五）

旨是西方的諸侯，本編圖版伍称他為「西史」，罗大概与旨相近的，其余的諸条都說「往西」，似乎是与「旨𢦏羅之事有着相当的关係的，虽然，它们不是同一天所卜的」。（殷虛文字丙編考释第一〇七——一〇八頁）

（注一）見观堂集林卷十二周葊京考

姚孝遂　肖丁

「243

(1)「癸未貞，王令……」

(2)「弜𠂤方」

(3)「癸未貞，王令𡧊𠂤方」「丝用」

(4)「癸未貞，王令子叀𠂤」

(5)「甲申卜，于大示告方來」

(6)「壬辰令马」

(7)「弜令」

此片通版皆為与征讨「方」有关之事。「方」為国名，与殷為隣，經常騷扰于边邑。卜通513：「昔甲辰，方显于蚁，俘人十㞢五人，五日戊申，方亦显，俘人十㞢六人」。「方來」謂方国興兵前來进犯，「于大示告」乃祈求先祖之祐护。卜辭凡于天災人禍疾病等，每每祷告于先祖之灵，此其一例。後1.6.5：「于河告方來」，亦由于「方」前來侵犯，因而祈祷于「河」。在向先祖祈祷的同时，殷人还采取了相应的防御措施。「令𡧊」、「令子叀」、

「令馬」皆為命令其臣房以抵禦「方」的进犯。「𠭯」蓋為追去之意，參見3913片考釋。」（小屯南地甲骨考釋九一頁）

姚孝遂 肖丁 「1059

(8)「壬辰卜，其𠭯疾于四方……羌十又九、犬十」

卜辭「四方」亦房祭禱之对象，当為东、南、西、北四方之神之統称。其祈禱之内容有：

京都1928：「其桒（年于）四方」

粹808：「……桒年于方又大雨」

明續425：「其桒年于方受年」

粹1182：「……其𠭯风方叀犬」

粹1545：「……其𠭯雨于方」

明續487：「庚戌卜，𠭯于四方其五犬」

此片之「𠭯疾于四方」，為前所未見。是「四方」之神不仅司风、雨、禾年，且与災疾有关。」（小屯南地甲骨考釋七九頁）

姚孝遂 肖丁 「231

(1)「庚戌卜，叀今夕告方」

「告方」即「告方出」或「告方來」之省。此与泞3.70之「貞，告土方」及鐵284之「貞，告方于……」同例。

……商王所祭告者，多為直系之先王，此即243「于大示告方來」之「大示」，如報甲、報乙、唐、大丁、大甲、祖乙等々，均為大示，亦即直系先王。間或有告于先公者，如後1.6.5之「于河告方來」；珠340：「于王亥告，其比望乘」。亦即243……至于後1.29.4之「告吕于寅伊」，似此等祭告于旧臣者，其例則較為罕見。〈禮記·王制〉：「天子將出征，类於上帝，宜乎社，造乎禰，禡於所征之地，受命於祖……」，即此祭告之遗制。」（小屯南地甲骨考釋九二頁）

姚孝遂 肖丁 「591

(1)「戍在……」

(2)「方其𣎆于门」

为：就其兴师动众言，谓之「出」；就其到达边境，发生接触言，谓之来；「𢀛」则每每有具体之地点，如「门」、「𢦏」等等。」（小屯南地甲骨考释九一—九二页）

「方𢀛」谓「方」来侵犯。(4)「方不𢀛于门」(3)「其𢀛𢦏」佚191：「方其𢀛丝邑」可证。卜辞或称「方出」、「方大出」、「方来」，亦称「方𢀛」，意均为来犯。其区别大体上为：就其兴师动众言，谓之「出」；就其到达边境，发生接触言，谓之来；「𢀛」则每每有具体之地点，如「门」、「𢦏」等等。」（小屯南地甲骨考释九一—九二页）

赵诚　「方。或作𠂤、才。甲骨文里有些字的下部，从ㄅ与从丿同，象这个方字，有𠂤、𠂤两种形体。另外，夾字有夾、夾两体，兮字有亍、亍两体，考字有考、考两体，从下、丅两体，均如此。甲骨文才字本象耒（一种农业工具）形，为象形字，用为东方、四方之方，则为借音字。」（甲骨文简明词典第三页）

白玉峥　「峥按：综观卜辞中诸方字之用，其义有三焉：其一，用为方位之义，如：林方、人方、东方、南方等，卜辞中习见。其二，为祭名之义，如：

今丁酉，夜，贞豖方帝？　佚五〇八

贞：方帝一羌二犬，卯一牛？　乙二六三九

其三，用为人名、或方国、地名者，如：

贞：勿令方归？八月。　前五·二八·六

甲申，于河告方来？　后上六·五

至方字在契文中之书法，亦有三焉：即𠂤、𠂤、方，就其书法之时序因素观之，作𠂤者，多见于旧派之卜辞；作方者，多见于新派之卜辞；而作𠂤者，则多为文武丁时；……」（契文举例校读中国文字第八卷第三十四册三七八〇页）

孙淼　「此外还有「方」字。甲骨文作𠂤（存五一一）方（拾五·一二）金文作方（大盂鼎）此「方」字，也是木耒的象形字。」（夏商史稿四〇五至四〇六页）

金祥恒　参丁字条

林澐　參邑字条

金耀說參□字条下。

郜笛說參□字条下。

按：說文：「方，併船也。象兩舟省總頭形」，其或體作汸。段玉裁注謂「下象兩舟併為一，上象兩頭總於一處」；徐灝段注箋謂「象兩舟並繫橫視之形，今字作舫」；王筠句讀謂「丿象兩舟省，兩故併也，丶在其上，是總攝其頭也」；孔廣居說文疑疑謂「方字當作方，丿象二舟省總頭形，丶象維舟之形」，皆承許慎之謬，臆為之解。

徐中舒以為象耒形，獨具卓識。

郭沫若謂國名「方」乃「方夷」，其說可信。但以「方」為「彭」，以「大方」為「大彭」，則非是。卜辭「彭」與「方」無涉，「大方」亦簡稱「大」，亦方國之一，猶𢀛方之簡稱「𢀛」。

3120

旁　□　□　□　□

孫海波

「□，甲二四六四。說文旁，溥也。从上，闕，方声。卜辭旁字从凡方声。」（甲骨文編四頁）

姚孝遂　肖丁

「918『貞，王令旁方𠦪』

『旁』字作□，形体較為特殊。卜辭『旁』字一般作□或□，金文則作□。

『旁』亦見于掇631：『庚午卜，㫃貞，旁方其𢦔作𢦏』。」（小屯南地甲骨考释九九頁）

于省吾說□參□、□字条下。

按：卜辭「旁」為方國名、人名或地名。

又合集五七七六諸「旁」字則皆倒書。

3121

□ □

考古所 「□：祭名。」（小屯南地甲骨八四八頁）

杨祚泽 「外城为一方之城，故称方城，楚方城即其例，以后各国建长城则是其发展。殷人也有方城，见于卜辞（甲编二三〇四）：『庚寅卜，王贞，衛□？』衛为省字繁体，示行率省視之意。□从京省从方，即葊字之中部。詩出车『王命南仲，往城于方』，即建此方城。」（葊京、方城、京邑一地考 社会科学战线一九八六年二期二〇九頁）

按：合集二〇五四七辭云：「庚辰卜，王貞，朕循□」，為地名。乃「旁」之異構。又屯七六八辭云：「乙未卜，其□伊司叀……」，當為祭名。

3122

□

按：合集一四六二七有殘辭：「……□……河」，當亦為「旁」之異構。其上部倒書，非从「口」。在卜辭亦當為祭名。

3123

□

按：字不可識，其義不詳。

3124

□

考古所 「□：殆与□为一字之异。在此片卜辞中可能是祭名。」（小屯南地甲骨一〇六六頁）

按：合集三四〇九八辭云：「弜𬻸」用為動詞，其義未詳。

3125

按：合集二八三一〇辭云：「……日乙王其……叀𬻸……湄日亡𢦔，𢀛有大豕」當為地名。

3126 舟

王襄　「古舟字」。（類纂正編第八第三十九葉下）

饒宗頤　「按舟為方國名。舟與州通。荀子君道：『禿姓舟人，則周滅之矣』。韋注：『禿姓，彭祖之別。舟人，國名』。」（通考三七一葉）

于省吾　「甲骨文析字作𣂔或𣂔，为人所易知。其作𣂔者，则为旧所不识。按此字左从𡗜，乃木字的异构。这和來之作𠂆（乙七二〇三），未之作𡗜（福三〇），東之作𡈼（綴三一九），可以互证。今将甲骨文有关析舟和𣪊舟两条录之于下，然后加以阐述。

一、口午卜，叀大中（事字之省体）析舟〇叀小中析舟〇叀吴令析舟（鄴三下三九·三）。

二、癸丑卜，宕贞，今𡏳（春）商𣪊舟，由（續存下二八六）。

以上第一条析字三见，均作𣂔。析字应训为解，汉书礼乐志的『泰尊柘浆析朝酲』，应劭注训析为解。淮南子俶真训的『析才士之胫』，高注也训析为解。古代繫舟以索，后世谓之缆。玉篇系部训缆为维舟。这一条是以大事析舟和小事析舟对贞。析舟即解舟，是说解缆以行舟。其言叀吴令析舟，吴是商王的臣僚。这是说叫吴令人解舟以待用。第二条的𣪊字右从𢆶，即古索字，𣪊为索的繁构。甲骨文的繫字，左从𢆶也从𢆶，是其证。至于甲骨文偏旁中从𢆶和从𢆶互作，是习见的。这一条是说，今春在商繫舟，当指商都附近的洹河言之。在此附带說明一下，甲骨文有「王令邑□，𣪘舟」（粹一〇五九）和「☐𣪘舟自甲☐」（南北明五二八）之貞，𣪘当為設之异文。舟凡（盤）四三字，早期古文字每互作（詳釋次盜）。这是就陈列器皿以祭言之。总之，甲骨文的析舟，应释为綁舟，𣪘舟应读为索舟，綁舟和索舟相对為言，可以互证。」（释「析舟」甲骨文字释林二八三——二八五页）

考古所　「舟：舟在卜辞中可用为人名，如鑑雜七七：「舟幸（執）𦨶」，沪二二四〇：「☐勿令舟从毋彝」；也可用为地名，如淅特B一四五六：「王其省舟」，沪六三七：「于舟校雨」等；还可用为祭名，如南明五二八：「☐𣪘舟自上甲☐」。在此片似为先祖名，王其卜舟，即王以卜祭之法祭舟；舟燎二牢，即燎祭舟用二牢。」（小屯南地甲骨九九九页）

張桂光　參凡字条

按：說文：「舟，船也。」方言：「自關而西謂之船，自關而東謂之舟。」契文即象舟船之形。除用其本義外，亦用為人名及地名。契文「舟」與「凡」有嚴格之區分。或以為「舟」、「凡」同字，其說非是。在偏旁中，間有相混之例，但不能據此認為獨體字亦可通。說見2845「凡」字條。

3127

朕

羅振玉　「說文解字：『朕，我也，闕。』予意朕當以訓兆為初誼，故象兩手奉火形而从舟。火所以作龜致兆，舟所以承龜。訓我者，殆後起之誼矣。」（殷釋中十八葉下）

王襄　「古朕字。」（類纂正編第八第三十九葉下）

葉玉森　「朕與釁古訓同。釁，塗隙也。𦨶象兩手奉火釁舟之縫，此為初誼。後舟縫亦曰朕。（戴東原考工記函人注）猶凡隙亦曰釁也。（左桓八年傳）」（說契三葉二十二行）

郭沫若　「羅氏謂朕本訓兆，為說甚鑿。然謂𠬞為象兩手奉火形則猶沿小篆字形以為說，非火形也。余以為象兩手奉斧形，字與父之作𠂇同意。𠬞象雙手奉斧，殆兵之初字。朕字从此殆謂持斧以契龜。金文有從八作𦨶者，此（郳造鼎、大魯伯鬲、齊侯毀、朕侯匜、朕侯盤均从八作八即示分剖之意），小篆从火殆由此譌變者矣。且以聲而言，許書「𩏂，羽獵韋革，从甏弃聲，重文作𧟥，曰虞書曰鳥獸𧟥毛」，从𦨶从衣」，𦨶讀而隴切，聲在東部。東陽二部古每通韻，則弃自宜讀兵。且許於𧟥字不云从衣𦨶聲，於𦨶下亦不云从舟弃聲，正許不讀弃為朕聲之明證。倂乃儹（季良父簠樊君鬲滕字如此作之省），乃朕聲或朕省聲。栚榺之橫者，即方言「榺其橫關西曰栚」，亦朕聲，或朕省聲之字，今書於倂下注云「从人弃聲」，栚下注云「从木弃聲」，皆淺人所改也。又迸送字許書雖不云弃聲，然以辵部各字例之，弃宜為聲。送之从弃聲，猶𦨶之从弃聲也。其籀文作遜。云倂不省者，殆倂字之訛耶。許書兵字古文作偁，从人廾干，與倂字極近」。（文字編八卷六葉引）

楊樹達

「殷虛書契續編一、十六、六云：『甲寅，且乙召𠬞宗』。按此辭與且丁召薪宗（見佚存一、三）文例恰同。余往昔考釋彼辭，謂且丁召者，行魯日之祭於且丁，猶尚書言高祖肜日，為行肜日之祭於高宗也。薪宗者，薪與新同，新為且丁之名，薪宗即且丁之廟也，且丁召新宗，即於且丁之廟行魯日之祭也。以彼例此，知此辭之𠬞宗，𠬞亦當為且乙之名。然古本竹書紀年（御覽卷八十三引）云：『祖乙滕即位，是為中宗，居庇』。則殷先王之祖乙名滕，不名𠬞。攷說文十一篇上水部滕字从水朕聲，而八篇下舟部朕字下不記其形，說文亦無𠬞字。甲文朕字屢見，字作𦨶（見甲骨文編八、十三）左从舟，與小篆同，右从𠬞與說文朕字右旁从火作灷者異，而其字與𠬞宗之𠬞同，然則𠬞殆即祖乙之名，與紀年記名滕者文異而實同也。鐵雲藏龜（一一七四、二，又見續編六、二五、二）云：『貞，祖乙朕弗術』，朕與𠬞同，亦即紀年之滕也」。（續甲文說三十四葉）

赵诚

「朕，甲骨文写作𦨶或𦩎，左右无别，构形不明。小篆演化作㬳，隶定当作𦨶，从舟弃声，后来楷化写作朕。卜辞用作代词大体有三种用法：

一、商王自指：庚辰卜，王贞，朕循夯（甲二三〇四）——王，商王。循，动词。此有视察之义。夯，地名。朕（商王自指）的这一用法和余同，与我有别。

二、用如「我们」：贞，朕𠨘于門。（丙一二八）——𠨘，放牧。門，地名。放牧和田猎一样，绝非商王个人的行动。这个「朕」当指商王所率领的「我们」，这种用法和「我」近似而和「余」有别。

三、用如「我的」：

甲戌卜，王，余令角帚𡿧朕事。（粹一二四四）——王，王貞之省語。角帚，人名。𡿧，动词，读载，有『行』义。近似于现在所说的『办理』、『处理』、『完成××交办的任务』。朕事，我的事。朕的这种用法和『余』有别，和『我』也不同。」（甲骨文虚词探索，古文字研究第十五辑二九七页）

陈炜湛说参廾字条下。

李孝定　「說文：『朕，我也。闕』。契金文均作䑭，象兩手奉舩釁舟之形，故引申之兆璺亦謂之朕。魯氏以冠履釋朕似有可商。蓋此字金文契文多見，除从舟外，另一偏旁大抵作𢍏若𢍏（上契文下金文｜與十實同）魯氏所取一二文形作𢍏𢍏者實為極少數之例外。且即此二文，亦與弁形、𢦏兑之摇文若異體不類，實未見其象弁形也。又人稱之字如我予朕爾之類大抵為叚借，叚借之義與本字之形了無關涉也。金文朕字多見，作䑭（毛公鼎）䑭（弔向簋）者十之八九，其異體作𦩎（仲辛父簋）朕（盂鼎）朕（無㠱簋）𦩎（戈弔朕鼎）𦩎（陳侯鼎）者，不過十一二耳」。（集釋二七六八葉）

屈萬里　「朕，羅振玉釋（殷釋中一八葉）。按：卜辭朕字，義多為『我的』，與後世以朕為『我』者異」。（甲編考釋二〇二——二〇三葉）

按：諸家解釋朕字，皆不可據。朕當从舟弁聲，猶併从人弁聲。說文無弁字，蓋偶佚耳。徐鉉以為「弁不成字」，此乃株守說文。段玉裁謂「弁許書無此字，而送、倂、朕皆用為聲，此亦許書奪漏之一」。其說得之。朕訓我，乃假借義，本義久湮，存疑可也。

陳夢家以為「卜辭的第一人稱有我、余，領格有朕。余和朕通常為王的自稱，凡有此二代詞的卜辭通常（也有少數的例外）是王自卜的。余可以是主格賓格而不能是領格，我則可以兼為主賓領三格」（綜述九六）「弁」疑是「䏁」之變體，說見1038「䏁」字條。

3128

受

羅振玉　「說文解字：『受，相付也。从𠬪，舟省聲』。古金文皆从舟，不省，與此同，

象授受之形，與與同意。𠬪或作𠬪，或作又，皆手形，非訓覆手之爪」。（殷释中六十二葉下）

王襄　「古受字。」（簠室殷契類纂第二十葉）

楊樹达　「卜辞受字作受，从二又从舟，蓋象甲以一手授舟，乙以一手受之，故字兼授受二义。龟甲兽骨文字卷一（壹壹之壹贰）云：『伐𢀛方，帝受我又？』此受谓授予也。殷契粹编八九一片云：『我弗其受黍年？』此受谓承受也。古人以一字兼授受两方之义，金文时犹然。後人加手旁於受为授字，表明授予之义，手旁与二又字重复矣。」（卜辞琐记一九页）

李孝定　「說文：『受，相付也。从𠬪，舟省聲。』段注云『舟省聲，蓋許必有所受之』，王紹蘭段注訂補云『薛氏款識盄和鐘銘「受天命」「以受屯魯」正从舟。……古文受字中皆从舟篆受為冂，故許云舟省聲』。契文金文受字均从舟作𠂤目等形，不省。此所云舟即周禮春官司尊彝『春祠夏禴祼用雞彝鳥彝皆有舟』之舟。鄭司農云『舟尊下臺若今時承槃』。疑契文金文受字所从之𠂤目即槃之古文。卜辭槃作日，即凡字與此正同，後形稍变作𠂤，遂與舟車字相混耳。實當云从凡，槃周禮之文亦當云『皆有槃也』。槃作日象形，吾鄉舊時猶有此物，或作長方形，間亦作圓形，皆所以識物相受授者，故制字象之。古文受授亦同字也。受下當解云『从受凡槃』會意。金文作受尊文受父乙卣此所从目即槃之象形與『興』『與』同意受毛公鼎受頌簋受頌鼎受矢簋」（集釋一四四三葉）

屈萬里　「殆是受字之異體。」（甲編考释四五八葉）

張秉权　「受是受字，在這里是承受的意思。但在有些卜辞的句子里，則是授与的意思，譬如說『帝受我又』就是『帝授我祐』。」（殷虚文字丙编考释第三一頁）

严一萍　「受字从两手，象授受之意；从舟，若释为舟船字，则为谐声；若释为盘盂字则象授受之物。在甲骨文中，受字普通作受（前编卷四，三十七页），也有把受作受的，象受（后编下，三十三页），又有舟字省作𠬪的像受（前编卷七，三十八页）。此作受（编者按：该辞四字：冂丙受未），完全省去了舟字，是受字最简的写法了。」（甲骨学二四八页）

按：古文字受皆从舟不省，許槤讀說文記謂「汗簡古尚書受从𠬪从舟。舟如周禮司尊皆有舟之舟，變从冂，不可謂舟省矣。此蓋會意字，非形聲也」。吳大澂說文古籀補以為「舟承尊之器」。

林義光文源謂：「授受二字，古皆作受。盂鼎『今余其遹循先王授民授疆土』，受皆作受」。卜辭之「帝受我又；帝不我其受又」（乙三七八七），「受」均讀作「授」，而「王受又」則讀如字。

3129

般

羅振玉 「說文解字般，辟也，象舟之旋。从舟，从殳，殳以旋也。古文从支作䑶。此从支，許云从支，乃攴之譌。竹田盤亦作般，从攴，此或又省攴」。（殷釋中六十一葉下）

王襄 「古般字」。（類纂正編第八第三十九葉下）

商承祚 「㪑字，陳墨迻邦福先生謂『从攴，易省聲，當釋作揚。周禮春官卜師云：「卜事眡高，揚火以致龜，致其墨」，鄭注「揚，熾也，致其墨孰灼之，明其兆也」。卜辭自揚龜者，自謂自旅，揚龜正同官揚火作龜之略也』。福氏藏絜攷略稿本第七葉案㪑字左當為易之省，廣雅釋詁四『敭，置也』，周禮春官龜人『凡取龜，用秋時攻龜，用春時各以其物入于龜室』。前編卷四第五十四葉『用龜一月』，又『丙午卜其用龜』，與此敭龜皆取龜之意也」。（福攷二葉）

郭沫若 「此般庚作般，H乃凡字，槃之初文也，象形。前片作般，即淩来之般字，字當作般，譌殳而為从舟从殳。而杯槃字乃益之以木作槃，或益之以皿作盤。金文伯侯父盤字作鎜，則从金。均餘文也」。（卜通二九葉背）

又曰：「般古般字，……此般字，似即用為旋歸之誼」。（卜通七六○片釋文）

陳夢家 「卜辭作『般庚』者是武丁、祖甲和乙辛卜辭，作『凡庚』者是乙辛卜辭。『凡庚』晚於『般庚』。『凡』字象側立之盤形，『凡』『皿』古是一字，即盤」。（綜述四三二葉）

李孝定 「說文：『般，辟也，象舟之旋，从舟，从殳。殳，所以旋也。䑶，古文般从支』。絜文从凡从攴。郭氏說般般凡槃盤鎜諸文衍变之迹是也。凡與舟異物，而二者文古僅毫釐之別。凡作H舟作月，後世从凡从舟之字每多相混，更進而凡亦或作舟矣。周禮春官司尊彝云『皆有舟』，此言諸彝下有承槃，凡字當作凡云「皆有凡也」。般字本从凡从攴，象凡槃之旋，譌而从舟，遂有「象舟之旋」之義。且契文即有从舟作𣪘者，知凡舟二字混用殷世已然矣。洀字于氏引管子尹注釋作般，可从。字有亡於說文而存於先秦古籍或後世字書者多矣，此特其一例耳。𠂇字郭氏疑亦般字，說亦可通。原辭云「辛未卜今日王𠂇不風」（粹八四三）。釋般於辭義亦安，惟以說無旁徵，單辭孤證，姑存以俟考。卜辭多般庚連文，人名。金文作般般甗、般趙曹鼎、般利鼎、般匽公匜、般免盤、般齊侯盤、般函皇父簋、般于氏弔子盤，除一二文从凡外已多譌从舟矣。」（集釋二七七三葉）

李孝定

「契文有𢼄字（福二），商承祚曰：……案𢼄字左当为易之省。广雅释诂曰：『敡，置也。』周礼春官龟人：『凡剔龟用秋时，攻龟用春时，各以其物入于龟室。』此敡龟，取龟之意也。（见福氏所藏甲骨考释二叶）

按说文：

敡，侮也。从攴，从易，易亦声。

契文攴为易字偏旁，商说于字形较近。惟是单辞孤证，未可确知其义。许训侮，以释卜辞「𠂤敡龟」，不可解，当为别一义，商引广雅训置，于卜辞辞意虽觉顺适，然终不甚洽，疑敡当假为鬄。按鬄与今字剔通。许书无剔，大徐新附字有之，钮树玉新附考云：髟部鬄注云：『从髟，从刀，剔声。』按即云『从刀』，则当云『易声』，其作剔者，误也。通作鬄者，据仪礼士丧礼：『四鬄去蹄。』郑注：『鬄，解也。今文鬄作剔。』据郑氏此注，则汉时有剔字，训解，许书偶佚耳（鬄训披，义别）。卜辞云『剔龟』，当段为剔，解龟也。解龟以供占卜，即龟策列传所谓：『因以吉日，剔取其腹下甲。』」（读契识小录之二，历史语言研究所集刊第三十六本上册二八六至二八七页）

張秉权

「般，是人名，在卜辞中，或称𠂤般：

貞：𠂤般其㞢囚？（佚一九三）

癸巳卜，□貞：令𠂤般涉于河東洮？（甲編一八三三十一九二九）

或像本版一样，单称為般：

叀般乎田于并。（佚九五）

般入十。单。（乙编九六二）」（殷虛文字丙编考释第一〇二页）

張秉权

「般与龍在此版均為人名，尚书、堯典：『帝曰：龍，朕聖讒說殄行，震驚朕師，命汝作納言，夙夜出納朕命，惟允。』堯時的龍或即其远祖，我们在卜辞中，常常发現某一部族的首領即以其部族之名名之，譬如：羔，河，咸，唐等等，此版的龍和般恐怕也是如此的，這也許是古代流傳下来的一种习俗吧」（殷虛文字丙編考释第一九七頁）

考古所「𣪘：也为『午組卜辞』问疑者的先祖，是𣪘还是𣪘庚，不能确定，也可能是般庚之合文。」（小屯南地甲骨一〇三六頁）

王树明「近代学者，对『凡』字形体的解释，多认为它是摹画盛食器『槃』（盤、般）的象形字，甲骨文中的『凡』字，即『般』、『盘』、『槃』的初文。這是不妥当的。『般』字在甲骨文中的写法，如『𣪘』（給一二·三）、『𣪘』（給二一四）、『𣪘』（乙六·八·六·五）（甲骨文编八·一一）。這个字，左侧摹画的分明是一侧立的圈足盘，『𣪘』、『𣪘』這种形象的圈足盘，在龙山文化，商周时代的青铜礼器中，比较容易找到。右侧的『𣪘』，是手拿食匙之形。『𣪘』、『𣪘』左边的『卜』，右边的一笔内弧，皆長于盘圈足竖写的一筆，是盘的象形。而甲骨文『凡』字，竖写的两筆長度基本一致，百分之九十以上呈内弧形，无盘圈足的形象。『般』字左侧『H』与『凡』字『H』写法不同，反映原来摹画的不是同一之物。甲骨文『般』字，是一手拿食匙，从盘中向外拨物的会意字。古文字学者，所以将『凡』误为『般』字的初文，大概因『凡』、『般』古音相近，又未细审『凡』、『般』在字形上的差异而讹误。」（談陵陽河与大朱村出土的陶尊文字，山東史前文化论文集二六四——二六五頁）

胡厚宣说参𣪘字条下。

张桂光　参凡字条

按：字當釋般。古文字从殳从攴每無别。許書古文从支乃从攴之譌。甲骨文或从「舟」或从「凡」，「凡」即「盤」之初形。

甲骨文般或作𣪘，乃般之增日為飾者，正从殳，不从攴。槃或盤乃後起孳乳字，初本作凡。

識四五·一「隹𣪘」，猶它辭之言「𠂤般」，卜辭綜類四六五誤摹「隹」作「隻」。

般之或體作𣪘，釋䑶、釋𣪘、釋𣪘並誤。

汎乃汎字之初形，與般或盤可通借，但有别。𣪘八四三之𣪘，㇄象水形，亦當釋汎，說詳湔字條下。

3130

艅 舲

王襄 「疑俞字」。（類纂存疑第八第四十三葉下）

趙誠 「艅，甲骨文写作舲，从舟余声。卜辞作为语气词，用在句首：癸酉卜，㱿貞，旬亡囚。王二曰：匄。王固曰：艅！㞢希㞢𡗐！（菁一）——卜辞有『亡匄』之語，为无灾，无害之义；此處匄字独立应用，当为有灾、有害之义。这里的匄也可能是『㞢匄』之省语。这里的艅是对预知有灾害祸祟表示警骇，应是语气词。也有人认为是发声词。」（甲骨文虚词探索，古文字研究第十五辑三〇二页）

許進雄 「B0977 第一期晚

一、☐☐

二、不牾鼄。

（背）☐亥☐，㱿☐：☐王固曰：舲。其☐

舲为固辞术语之一，比较可能是不吉利的。凿長可能到达二·二公分，肩量仍很宽，比较可能是晚期的。」（怀特氏等藏甲骨文集第五一页）

按：卜辭纍見「王固曰艅」、「艅」義當略與「匄」同。合集一〇四〇五辭云：「癸酉卜，㱿貞，旬亡囚？王二曰匄，王固曰艅，㞢希㞢夢」，「匄」在此讀爲「害」。又合集一六三三五辭云：「王固曰艅，不吉在茲」，「艅」均有「不吉」之涵義。

3131

[甲骨字形]

郭沫若 「[甲骨字形]、[甲骨字形]象一人操舟之形。余意仍是般字。前辞读为畔，后辞读为返也。」（殷契粹編考釋一五一页）

張秉权　「再就字形上來講，甲骨文中的般字，从凡（或舟）从攴，攴的形狀，像手裏拿着鞭杖之类的東西向上作朴擊的样子，而這个字的形狀，是像人手裏拿着篙杖之类的東西向下作支撑的样子，其形體似乎有别，所以我認為這个字应释為服字，說文八下舟部：『服，用也。一曰：車右騑所以舟旋，从舟及聲。古文服从人。』段玉裁注曰：『从舟从人者，凡事如舟之於人，最切用也。凡事皆当如人之操舟也。』又曰：『馬之周旋，如舟之周旋，故其字从舟。』如此，則綜編一一七二片的：『方其服于東』，可以解釋為『方其用于東』，方本來是在西北的，令欲用之於東，所以卜問是否可行。在這一版上的『服』字，似乎是一个人或族名。」（殷虛文字丙編考釋第四七〇——四七一頁）

張亞初　「⿱大舟字早期作一人撐船而行之狀，商末銘文省作⿱大舟（綜类四六五頁、金文編八〇六頁）。此字从舟从大，以大為声符，即舦字。舦旧训舟行，与甲骨文金文的形体正相吻合。」（古文字分类考释论稿古文字研究第十七辑二三七頁）

按：合集二〇六一九辭云：「甲戌卜，犬貞，方其⿱大舟于東」用為動詞，有侵犯之意。又合集六五五甲正十六五五乙正辭云：「戊……殼貞，令[字形][字形]⿱大舟由取舟不若」，是此種行動與舟有關，釋「殷」、釋「服」皆不可據。

3132

盜

陳夢家　於⿱㳄皿字引于省吾（駢枝四）說釋盜，讀為衍，又為淹陳，謂釋為滔漫也，於文为胜。」（殷虛卜辭綜述二六五頁）

葉玉森　「按上數字象舟人手持物象篙楫形，疑均古文盪字。論語『奡盪舟』，古誼當訓推盪，宜从舟，乃引申為盪滌，故变从皿。古文舟形与皿形近也。㳄尤近湯，蜿蟺之迹可認。（殷契鉤沈）从㳄疑象張口歌形，彡則表其歌声自口出，盪舟之人且盪且歌，先哲造字殆如绘矣。」（殷虛書契前編六卷三二頁下）

張政烺　參次字条

按：字當釋「盜」。合集八三一五辭云：「丙寅卜，亘其盜」

參見0341「次」字條。

3133 洀

葉玉森「按許書訓方，併船象兩舟省總頭形。此則不象兩舟總頭，而象兩舟銜尾有競渡意。似非方之或體汸。」（前釋六卷二葉下）

商承祚隸定作洀，曰：「與集韵同，疑即舟字之変。」（類編十一卷七葉下）

余永梁「王先生國維謂此字以意言之或方舟之方字。按說文方字或體作汸从水，師說近是矣。」（殷虛文字續考）

郭沫若「商承祚釋洀，云『疑即舟字之変』，近是。」（卜通一六一葉上）

郭沫若「攴字象舟揖之形，疑是般之古字。說文『般，辟也。象舟之旋，从舟从殳。殳令舟旋者也。』此所从之𠃌，亦正殳之象形。」（殷契粹編考釋一一二頁上）

于省吾「前六·二二·四：『甲戌卜，㞢貞，來辛巳，其旬𣶒。』𣶒字羅振玉疑即舟字，王國維謂或方舟之方字，按二說並非。𣶒即洀字，管子小問：『意者君乘駁馬而洀桓迎日而馳乎。』尹注：『洀古盤字。』按尹說是也。管子乘馬：『蔓山，其木可以為材，可以為軸，斤斧得入焉，十而當一。汎山，其木可以為棺，可以為車，斤斧得入焉，十而當一。』按汎即洀即盤。古文从舟从凡一也。汎山即盤山。盤山謂山之盤廻者。蔓山謂山之蔓延者。盤山與蔓山相對為文。旬洀應讀徇盤。國語周語：『乃命其旅曰徇。』注：『徇行也。』說文：『彴行示也。』彴即徇字，亦通巡。爾雅釋言釋文引字詁云：『徇今巡。』廣雅釋言：『徇巡也。』詳王氏廣雅疏證。然則徇盤即巡盤，謂巡行盤遊也。」（駢枝三五葉釋洀）

楊树达　「殷契粹编八四三片云：『辛未卜，今日王𠂇，不鳳（风）？』郭沫若曰：『王下一字象舟楫之形，疑是般之古文。說文：般，辟也，象舟之旋。从舟从殳，殳令舟旋者也。』此所从之〈亦正殳之象形也。』（考释壹壹贰頁）今按郭君释字为般，其说至确。余谓〈字象水形，乃水字，甲文恒见。水字多在字旁，而此水字横截舟上者，示舟浮行水上之形也。后世字作洀，見於管子小问篇，其文云：『意者君乘駮马而洀桓，迎日而驰乎？』尹知章注云：『洀古盘字。』是也。按周易屯卦云：『磐桓利居，贞。』管子书云洀桓，犹周易云磐桓也。郭君未引管子书，而读洀为般，与尹注读为盘者契合，可谓妙悟。惟不知有与甲文形体密合之洀字，而认甲文从水为从殳，不免小失耳。」（释𠂇，积微居甲文说卷上四五頁）

饒宗頤　「按𣶒即洀字。管子小问：『君乘駮馬而洀桓，迎日而馳乎？』尹注：洀古盤字。洀謂盤游也。」（通考三六九葉）

于省吾　「甲骨文称：『甲戌卜，争贞，来辛子，其𣶒。』（前六·二·四）𣶒：𣶒即洀字，其从洀，单复无别。管子小问：『意者君乘駮马而洀桓，迎日而驰乎』，尹注：『洀，古盘字。』按尹说是也。管子乘马：『蔓山，其木可以为材，可以为轴，斤斧得入焉，九而当一；汎山，其木可以为棺，可以为车，斤斧得入焉，十而当一。』按汎即洀、即盘，古文从舟从凡一也。甲骨文盘庚合文之般，多省作H，即古凡字。汎山即盘山，谓山之盘迴者，蔓山谓山之蔓延者，盘山与蔓山相对为文。句洀应读为徇盘。国语周语『乃命其旅曰徇』，韦注：『徇，行也。』说文：『彴，行示也。』彴即徇字，亦通巡，尔雅释言释文引字诂：『徇，今巡。』广雅释言：『徇，巡也。』然则徇盘即巡盘，谓巡行盘游。此外，甲骨文洀字作𣶒（京津一七二四）或𣶒（佚一四一），亦是古文盘字，惜辞已残缺。」（释洀，甲骨文字释林九三至九四页）

按：契文𣶒、𠂇、𣶒、𣶒諸形，均从水从舟，並當釋「洀」，讀作「汎」。卜辭云：「辛未卜，今日王洀，不風？」（粹八四三）洀作𠂇，郭沫若謂「从殳从舟，殳令舟旋者也」，字从「水」，不从「殳」，其說非是。楊樹達謂「〈是水字，非象殳形」是對的。「王洀」即「王汎」。京津一七二四 亦有可能連讀作「王洀若」。京都三〇九七「庚寅卜，王洀，辛卯易日」，亦「王洀」連言，均當指汎舟言之。說文訓汎為「浮皃」，訓「泛」為「浮」。廣韻以為同字。王筠句讀謂「經無泛字，至漢始見。」

如「汎彼柏舟，亦汎其流」，與泛字義不異，此廣韻汎泛一字之可从也」。一切經音義卷二引說文「汎，浮也」，與泛無別。字或作「渢」，左傳襄公二十九年：「美哉渢渢乎」，「渢渢」即「汎汎」。「汎」、「泛」、「渢」之初形實當作「洀」，象汎舟於水之形。管子小問「洀桓」，尹注謂「洀，古盤字」，其說非是。盤之古文作「凡」，象槃皿之形。「洀」不得為「盤」之初形。「盤桓」本無正字，皆通假為之。

3134 [glyph]

按：合集三六九二五辭云：「丙辰王卜，在[glyph]」為地名。

3135 ⿰氵⿱舟口 [glyph]

按：字从「洀」从「口」，隸可作「⿰氵⿱舟口」。合集二四四二一辭云：「于⿰氵⿱舟口」為地名。

3136 ⿱舟口 [glyph]

按：字从「舟」从「口」，隸可作「⿱舟口」。辭殘，其義未詳。

3137 ⿱般口 [glyph]

王國維：「[glyph]，疑盤字，从口與从皿同意，古出字作[glyph]，亦作[glyph]，卣字作[glyph]，亦作[glyph]，（見戩二五葉）知口凵皿皆象盛物之器也。」（戩考七十葉下）

又曰：「說文槃籀文作盤，从皿。古金文多以般為盤，惟𣪘仲盤與齊大僕歸父盤盤字與籀文同」。（史籀篇疏證二十葉）

按：字从「般」、从「口」，隸可作「𣪘」。合集二二〇五辭云：

「貞，獲𣪘」

當為地名。

3138 𦨺

按：合集一〇三六四辭云：

「……翌庚辰……𠂤𣪘……𦉢……」

字从「舟」、从「字」，乃地名。

3139

按：合集二七九九六辭云：

「叀𢽾用𦨶于之若，𢦏𢦔方不雉眾」

用為動詞，與軍事行動有關。

3140 𦨭

按：字从「舟」、从「目」。合集二二二七一辭云：

「……雉牢在𦨭用」

當為地名。

3141

按：字从「泭」、从「奴」，隸當作「𣸣」。合集三三六九一辭云：「弜𣸣舟」當讀作「泭（汎）」，為「泭」之繁構。

3142

按：字从「亼」、从「舟」，隸可作「𦨮」。辭殘，其義未詳。

3143

按：字不可識，其義不詳。

3144

按：字不可識，其義不詳。

3145 車

孫詒讓「攷金文車本象馳馬車之全形，其義至精，不徒可澄說文之訛，且可攷正古馳馬車制……左兩申象兩輪，旁兩畫象轂端之鍵而軸貫之，其中直特長，夾于兩輪與軸午交者，輈也。輈曲為梁形，前出而連于衡，故右為𠦝形。長畫與輈午交者衡也，兩旁短畫下歧如丰月者，軛與軏也。蓋衡縛于輈，軛縛于衡，而軏又縛于軛……古龜甲文亦有車字作𨏠，與金文同，惟中畫上下分歧，不相聯毋，則與文偶猎異耳。……此字本為上輈下輪，象車平列之形。金文從衡傳易，多為左輪右輈者，亦其變體耳」。

又曰：「𨏠即古文車字，金文𤔲公鼎作𨍏，泆彝作𨍏，與此正同。說文車部車，古文作𨏥，从戔，蓋傳寫之誤。……𠂆象隻輪而有三歧，與車不同，疑是輦輂之類。金文亂作父癸鼎車作

□，或即此也。」（舉例下三五葉上）

羅振玉「說文解字車籀文作𨏥，係公鼎作𨏥，象側視形。（篆文車字亦然）許書从戔，乃由𤕦而譌。卜辭諸車字，皆象從前後視形。或有箱，或有轅，或僅作兩輪，亦得知為車矣。」（殷釋中四十六葉下）

王國維「說文解字車部：『車，輿輪之總名。夏后時奚仲所造，象形。𨏥，籀文車。』案：殷人卜辭車或作□，金文或作𨏥（毛公鼎），□或□象轅軛之形，籀文變為二戈，乃轉寫之譌。」（史籀篇疏證卅五葉）

王襄「說文解字：『車，輿輪之總名也，夏后時奚仲所造。象形。』籀文作𨏥。倪鉌作𨏥，毛鼎作𨏥象輪轅之形。籀文从戔，殆為形之譌，或曰从二戈，象車上所建之戈，陳卣之車作𨏥，亦从戈，可証。契文車字象輪轅或象輪輿，或象輪軛，或祇象兩輪，求三字則象由后視全車之形。字由刀刻，貞史以意為書，故流變如斯之劇。」（古文流變臆說七三——七四頁）

郭沫若「二車字一作□，一作□。前者象雙輪一轅，轅端有衡。亦有作□者，於衡之兩端更有一軛，所以叉馬頸者也。觀此可證殷人一車只駕二馬。後者象兩輪之間有箱，均車之繁文。金文中車字及从車之肇字，多為是作者。」（卜通一五八葉）

李孝定「說文：『車，輿輪之總名，夏后時奚仲所造，象形。𨏥，籀文車。』契文並象形，簡之象兩輪，繁之象輿輪轅軛衡軓，如清三·一一、漸二七〇一，兩輪外之兩小竪畫象軓形，續存七四三象輿輪轅衡軛之形。其作□者即篆文𨏥之所由孳，卜辭仍以為車字。金文作𨏥毛公鼎𨏥盂鼎□𠨘父盉𨏥克鐘□車鼎□車且丁爵□現鼎車同卣重彔伯簋後二文與篆文同，象輿輪之形。俯視陳卣又有□，王國維謂古者戈建于車上，故畫車形乃并畫所建之戈，說文車之籀文作𨏥即从此字出，其說是也。」（集釋四一一四葉）

張秉權「□，是象形的車字，在甲骨文中有作：□，□，□，□，□，車，□等的形狀，一輛車子的輪，轂，轅，軛，輿，各部的形態，都表現在文字中了。車字在卜辭中的用法有二：一是車馬之車，如：

癸巳卜，殼貞：王固曰：乃茲亦㞢希！若偁。壬午，王往逐兕，小臣古車馬，硪𢦏王車，

子央亦墬。(菁一)

另一是用作人名或地名，如：

乎舞于䇂；

勿乎舞于䇂？

于車舞？(乙编八○八一)

䇂是一个地名，有很多卜辭可以為証，姑舉二例如下：

(一)乙亥卜，爭貞：王往于䇂？(乙编七七六七)

(二)□□卜，宁貞：王出于䇂？(乙编七五七六)

在乙编八○八一版中，車字的辭例，与䇂字相同，所以也应是个地名。車字用作人名的卜辭，如：

戊辰卜，車，允畋貝今之⊠？(乙编三二四)

那是文武丁时代的貞人之名。「車弗戋」的戋字之下省了一个宾語冑字，意即「車弗戋冑」，這兒的車字和「准弗其戋祭」「子𦧟戋基方」「戊戋𠕋方」中的准，子𦧟，戊的地位相等，所以車应該是一个人名或方國之名。(殷虛文字丙编考释第六頁)

白玉峥　「䡅」，籀廎先生疑为輿之异文。罗振玉氏考释及待问篇均失录。孙海波氏文编入於附录(一二二)。列为不识之字。李孝定先生集释列为待考之字(一四六○三)。金祥恒先生释车，并定为武乙，文武丁时书法(详中国文字第四期)。日人岛邦氏之综类，列为䡅之字(一四六五页)。峥按：释车，颇有可商；窃疑轫字之初文。说文解字：「軔，礙车也；从车刃声」。此字盖从䡅，象车之左右二轮，亦即今字车之所由出；从丄，象支车之木；形与天干第九字工略同。准於六书，当即会意，而非形声。轫，乃其后起之形声字。玉篇：「軔，礙车轮也；或作轫」。楚辞集注：「轫，楷车木也；将行则发之」。离骚集传：「轫，止车木也」。笺：「王曰：轫，楷轮木也；洪曰：轫，止车之木，将行则发之」。长杨赋李善注引王逸楚辞注曰：「轫，支轮木也」。字正象以木支车之形。其或有谓止者、楷者，乃通假之故也。盖车停之际，必以三支点成鼎立之势，始可稳定车身。而两轮与轫洽成鼎足，故说文谓之礙。然究其实，则皆一也。再就车字之构形言，知古代之车，为两轮一辕，而朱骏声氏谓：「大车两辕」(说文契)非是。盖两辕之车，实乃秦汉以后之改进也。前修之考释车字者，於轫之位置、制作及与车之关系等，率皆只字不论，失之粗疏。然就近世北方所行之两轮车审之，知轫之位置，当在两轮之前，辕之后端。而䡅字之构造，虽无车辕之描述，然所从之工形，则当於两轮之间，支或止轮之义至显。再徵诸甲金文字，所有车字之构形，均与此异；适可反证释车之欠当。惜只字孫文，難予比勘；然釋為軔字，其用為文車，殆無疑也。字於本辭，疑為人名。」（契文舉例校讀十七中國文字第五十二冊五八七○至五八七一）

蕭良瓊「癸巳卜，殻，貞旬亡囚？王固曰：乃茲有祟，若偁，甲午王往逐兕，小臣叶□，馬硪，□王□，子央亦阤。

在这条卜辞中，也有两个車形的字，过去也是当作车的异体字。细读上下文，则知两种写法，分别表示车的不同部位和状况。和前节谈到的□和□一样，不同的写法、意思也不同、这条卜辞中，没有一个有关车的字是一辆完整的车形。同文的两版，一律都是一个写作□，一个写作□。前者象征着車轴的那一横分作两部分，表示车轴断裂了。和□字是表示車轴断裂了同样是会意兼形字。这两个字都是表示车辆有一个部位断裂，从意义上讲都可释为『轚』字，说文：『轚，車小缺復合者也。从車，毄声。」（卜辞文例与卜辞的整理和研究，甲骨文与殷商史第二辑四六页）

按：契文車作□、□、□、□、□、□、□諸形。多「車馬」連言，此乃用其本義。說文：「車，輿輪之總名也。夏后時奚仲所造。凡車之屬皆从車。𨏥，籀文車」。孫詒讓、郭沫若釋契文車之形體均是。說文車之籀文𨏥从「戔」，乃形體之譌變。王筠句讀據金文𨏥字，謂籀文𨏥為「傳譌」，乃「斷其輈衡及兩馬而為戔，非義所安」。王筠蓋誤以金文車字之軏形為馬。吳大澂說文古籀補謂「𨏥古車字，象輪轂轅軏之形，或从戔，非」，其說是對的。而丁佛言說文古籀補補謬執於籀文从戔之見，以為「其義或有取於載干戈」，殊無足取。

乙八○八一「于車舞」，車為地名；鐵一四○・一「車不其以：：」，車當為人名。

鐵六三・二有□字，亦見於京津二四六二，當與□、□、□同字，為人名。而孫海波文編拳作□，孫詒讓舉例作□，李孝定集釋四一一三承其誤，釋作車，非是。

丙一有□字，張秉權考釋及孫海波文編一四・三並以為車字，不可據。此與車形有別。

3146 輦 □

按：說文：「輦，輓車也。从車、从扶在車前引之」。此正象兩人輓車之形。合集二九六九三辭云：

「其呼困輦有正」當用「輦」之本義。

3147 輻 𨏈

按：字从「車」，从「畐」，辭殘，其義未詳。

3148 午 8

羅振玉 「說文解字糸古文作8。此與許書篆文合。↓象束絲之緒，或在上端或在下端，無定形」。（殷釋中四十二葉上）

王襄 「古糸字。許說：『細絲也，象束絲之形』。」（類纂正編十三第五十八葉上）

郭沫若 「說文『午，牾也，五月。陰氣午逆陽，冒地而出也。象形，此與矢同意』。午於骨文作8若⫶。御字从此作𢓊、𢓊、𢔎、𢔏諸形。羅氏曰『說文解字「御，使馬也，从彳从卸。古文作馭，从又从馬」。此从彳从𢓊，8與午字同形，殆象馬策，人持策于道中，是御也。或易人以又而增止，或又易彳以人，或省人，殆同一字也』。今案御實从午，此由古金文亦可證明。金文午字大抵作个若个，小篆即由此訛變。效卣作⫶，與卜辭同，實為僅見。御則作御，（此頌𣪘御字，其他如不嬰𣪘、齊侯壺、瀆鼎、子禾子釜諸器，大抵均如是作。）遹𣪘作御，盂鼎有御字與卜辭同，此所从者均係午字也。惟作8形者於金文未見，天君鼎之『丙午』作⫶，頗相近似。此果亦殷彝也。8，羅氏以為象馬策形。余疑當是索形，殆馭馬之轡也。其作⫶者亦猶𢇁（前七．四．一）之作𢇁。（後上．八．十四）从𠂇作者之丨，乃是策形。金文之作个者殆誤以為杵形而訛變，知其為杵者蓋缶舂字古文均从此作。殷周之間，字亦每多訛變。如寅之由矢形變而為燕形，獸之變而从犬，即其例證矣。（午有交橫之義，亦一索形之證。）要之，古十二辰第七位之午字乃索形，而御字从之。」（甲研釋干支二十八葉）

郭沫若 「說文云『幺，古文糸。細絲也，讀若覛』。幺雨，斯為細雨，微雨。詩信南山

『益之以霢霂』，尔疋釋天『小雨謂之霢霂』。霢霂即幺雨，乃後起之專字。今俗稱『毛毛雨』。」（粹八一六片考釋）

楊樹達　「卜辭絲或省為幺。」（求義五五葉下）

李孝定　「說文：『午，啎也。五月陰气午逆陽，冒地而出。此與矢同意。』契文作上出諸形，當以作丨者為初文，作8者畫其匡廓耳。或作土則由小點衍為橫畫，為文字衍變通例，亦金文小篆作个若午者所自昉。其初誼若何不可據知。郭氏謂象索形，雖亦略肖，然不能於字之音義求獲證明。葉氏謂象轡形，二氏皆以御字从午為證，然御本誼訓迓，許氏因而未改耳。以午乃取其聲，非取其義。使馬之字當以馭為本字，卜辭皆用為支名，無他義。金文作个鞘庚𣪘个賀𣪘个縣改𣪘个曾伯簠个子禾子釜个公父宅匜个伯羕鼎个賢𣪘个𢦏鼎个匜个弭弔盨丨效卣丨天君鼎，除後二文與契文作丨8者相近外，餘皆於小篆為近，弭弔盨一文亦个形之略異者。」（集釋四三七葉）

李孝定　「說文：『糸，細絲也。象束絲之形。讀若覛。8，古文糸。』契文或同古文，或同篆文，所以從↓形或在上端或兩端俱有，未見但在下端者，與篆文微異。羅氏釋糸是也。粹八一六云『不雨乙幺雨少』，郭氏以霢霂說之，亦是。它辭糸或為人名。古糸幺當為一字。」（集釋三八六八葉）

闻宥　「8丨丨此皆卜文午字，据干支表知之，罗王诸家未言其义。宥按8丨皆象交午之形（丨与8同，古字空白填实，任意作之也，说详刘心源奇觚室吉金文述太伯簋释，第三形作丨，乃第二形之讹变）。仪礼注所谓一纵一横曰午是也，其作8丨者，又通为象约束麻丝之形，以要束必交午始成，而要束之事，又莫著于麻丝也；其字则后来孳乳为糸字，此观于说文糸之古文作8（殷虚书契卷七第三十五页有午字作8与之全同）而可知也。古糸字又不分（诸家所出糸字作[glyph][glyph]者，实皆𢇍字之误）以糸象约束，本有糸义，而广字卜文金文皆无之，当是后来所加之偏旁，许君不达，误析为二……此观于卜文孙之作[glyph]，而又可知也。以初义言之，午、啎、糸、糸实通为一字。」（殷虚文字孳乳研究，闻宥论文集一〇五至一〇七页）

考古所　「午：祭名。可能为卸之省。」（小屯南地甲骨一〇三六页）

按：說文以午為「與矢同意」，乃據小篆立說，段玉裁注謂「矢之首與午相似，皆象貫之而出也」，曲為之解。孔廣居說文疑疑「疑古𢓊字，从矢省。矢族傷人，𢓊逆義也。五月盛昜，一会下伏，如矢雖未全，而已有殺傷之象也」，尤屬支離。

丁山以午為象杵形，說實本於戴侗六書故。朱駿聲、徐灝、林義光皆主此說。徐灝段注箋：「戴氏侗曰，父乙鼎文作□，庚午鬲文作□。斷木為午，所以舂也。亦作杵，借為子午之午。所以知其為午臼之杵者，舂从午从臼，此明證也」。

契文舂字作□，秦字作□、□、□諸形，象持杵以搗禾，□、□俱象杵形，應無疑義。或謂象鞭形，或謂象索形，諸說之誤，勿庸置辯。

卜辭祭名「卸」，或省作「午」，「午」當屬通假。

粹八一六辭為「丝雨少」，「丝」缺刻筆畫作「8」。郭沫若誤釋為「乙幺」二字，並進而以「幺雨」為「霢霂」，為「毛毛雨」。李孝定集釋不察，從而附和之，所謂千慮一失者也。

3149 率 □

孫詒讓 「□當即率字。說文率部率，捕鳥畢也。象絲网，上下其竿柄也。此省其上下竿柄，字例亦通。金文盂鼎率字作□，與此正同。師寰敲達字作□，偏旁亦如是作。」（舉例下十三葉上）

羅振玉 「說文解字：『率捕鳥畢也。象絲网，上下其竿柄也』。段君曰象絲网，謂□。案盂鼎率作□，師寰敲達從□，均與卜辭同，但象絲网形。卜辭或從□，象絲网之緒餘。」（殷釋中四十九葉下）

王襄 「古率字。盂鼎率作□，與此文同。」（類纂正編第十三第五十八葉下）

葉玉森 「（孫說）……是也。□即篆文□所由孳，與□□同從8從8，卜辭通用。猶□（後下三·十八）亦作□。（後下四二·一）卜辭率字用為祭名。如『□翼甲□自上甲□』（前二·四三·二）是。或用為地名，『戊辰卜貞今日王田□不遘大雨』（前二·四二·六）是。」（前釋一卷二葉下）

吳其昌 「『□』者，其字变化滋緐，在此作□，亦有作□者，鐵雲冊一頁一六片二作□者，鐵雲冊一頁二片二作𢆶，續編卷六頁三三片六作𢆶者續編卷二頁四五片三作𢆶者沂冰卷二頁四片一六又作𢆶作𢆶作𢆶者，例均詳下而作𢆶者為多，如戩壽頁四四片一又見善是並與此片𢆶字同其形體。其字碻為「率」字，孫詒讓、羅振玉、王國維之說並同。孫說見契文舉例卷下頁一三，王說見戩壽堂殷墟文字考釋頁七四。羅氏曰：「說文解字「率，捕鳥畢也。象絲网，上下其竿柄也。」段君曰：「象絲网，謂𢆶。」按孟鼎率作𢆶，師寰殷从𢆶均與卜辭同，但象絲网形。卜辭或作𢆶象絲网之餘緒。」按羅氏本孫說而加詳，是也。卜辭「𢆶」字，或與「冤」字相聯，如云：「貞𢆶冤[illegible]。」續編卷一頁一一片五或與羉字同語，如云：「□□羉𢆶□□在□」續編卷三頁四五片七。或與「𢆶[illegible]」為詞，如云：「貞𢆶[illegible]」續編卷六頁三三片五[illegible]即獲字，象手獲鳥也。故知𢆶字之訓，實視畢网同類；此𢆶字之本誼也。惟在此片，則「𢆶」乃太卜之名耳。」（殷虛書契解詁第一——二頁）

于省吾

「前二、四三、二：「翌甲□，自甲率。」六、三三、六：「率牛。」佚存九八六：「□未卜，桒自上甲大乙大丁大甲大庚大戊中丁且乙且辛且丁十示，率𦍩。又□（自）□甲大乙大丁大甲大戊大庚中丁且乙且辛且丁，率十示。」以上所舉諸率字作𢆶或𢆶，或言率牛率𦍩，或但言率。率者膟之省。說文：「膟，血祭肉也。从肉，帥聲。」或从率作膟。」按帥率古聲同字通。禮記郊特牲「蕭合黍稷」注：「蕭薌蒿也。染以脂，合黍稷燒之。」又「取膟膋燔燎」注：「膟膋腸間脂也。與蕭合燒之，亦有黍稷也。」祭義「取膟膋乃退」注：「膟膋血與腸間脂也。」詩信南山「取其血膋」箋：「膋脂膏也。血以告殺，膋以升臭，合之黍稷，實之於蕭，合馨香也。」生民「取蕭祭脂」箋：「取蕭草與祭牲之脂，爇之於神之位。」按說文段注及徐箋均謂膟膋為一物。是也。然則契文言率，謂血脂之祭。其言率牛率𦍩者，率作動字用，謂取牛或𦍩之血脂以祭也。」（駢續二三葉下釋率）

饒宗頤

「[illegible]即達字，說文云：「先道也。」他辭云：「庚……貞：歲……叡，九月。貞：弜𢆶叡。」（續存上一五四四）又「今來羌，……玆用。勿用。」（佚丙四一）則玆乃語詞。詩思文：「帝命率育」傳：「率，用也。」[illegible]疑率之繁體。」（通考九六七葉）

屈萬里

「率，……此處當作用字解（義見廣韻）。」（甲釋第二八八葉）

金祥恆

「殷契佚存九八六片：□未卜求自報甲、大乙、大丁、大甲、大庚、大戊、中丁、且乙、且辛、且丁、十示率𦍩

□申卜□□从辛酉□□□□報甲、大乙、大丁、大甲、大戊、大庚、中丁、且乙、且辛、且丁、率牛。
卜雨自報甲、大乙、大丁、大甲、大庚

于省吾釋率云：『以上所舉諸率字作〓或〓，或言率牛率羊，或但言率，率者肆之省……。』于氏謂卜辭言率牛率羊者，取牛或羊之血脂以祭，非也。其率乂猶大盂鼎之『雩殷正百辟，率肆于酒』之〓。率，皆也悉也。如小屯乙編七五〇九及六七一九片：

丙子卜，殻貞：今来羌率用？
来羌率用？

『率用』者，悉用或皆用也。又乙編七四九片：

甲寅卜，永貞：衛以䀠率用？
貞：衛以䀠勿率用？

亦其例也。殷虛書契前編卷一第十一頁第五片：

貞：〓率以罷芻？

〓為人名，『率以』者悉以或皆以也。殷契粹編第七二四片：

己未卜……率取丝用

『率取』者，悉取或皆取之意。小屯乙編第一五一二片：

貞：翌乙未，率𢼄

甲骨文錄第五一五片：

貞：率𢼄羌，若？

『率𢼄』者，悉𢼄皆𢼄也。殷契續存卷下第四八九片：

貞：我率吉，隹德？

此殘片，然『率吉』或為一詞，謂悉吉或皆吉也。日本京大所藏甲骨文字B一八三九片：

鼓高率宗。

貝塚茂樹考釋誤識〓為糸……今疑『鼓高率宗』謂以鼓樂高祀率祖也。殷契摭續第四一片：

李氏考釋釋文為

丁未闠貞亏甲闠
闠貞其㳄闠多兄

今据胡厚宣戰后南北見甲骨錄上册第八五片摹片补其缺漏為：

丁未貞，羌甲
貞其率㝑，至于多兄？六月

「貞：其率旁，至于多兄」之「率旁」者，悉旁、或皆旁也。皆以旁迎諸兄之意。（小屯甲編第三〇八片：

衛率伐

此邑殘片，全辭不詳，其「率伐」犹皆伐也。（小屯乙編三三一七片：

圂丑卜，旁貞：翌乙卯，黍登于且乙，王固曰：㞢希，不其雨，六月王午，月㞢（反）食，

乙未酒多吉，率采害。

「采害」其义不詳。率據上文所舉之例而釋之，亦悉皆之意也。歷來釋契者皆从于氏之說，今彙輯其字例，排比鉤稽，以正其义。」（釋率 中國文字第五卷二〇一三頁至二〇一八頁）

考古所 「率：在卜辭中為地名或祭名。在本片中為祭名。」（小屯南地甲骨一〇一三

3184

按：說文以「率」為「捕鳥畢」。羅振玉謂「但象絲网形，均不類。商承祚類編疑之是對的。「率」為「䌶」之本字，亦作「繂」，作「䌶」。詩采菽毛傳：「紼，繂也」，爾雅釋水則作「紼，䌶也」，孫炎注：「大索也」。徐灝說文解字注箋云：「傳注未有訓率為畢者，許說殆非也。戴氏侗曰，率，大索也。上下兩端象所用絞率者，中象率，旁象麻枲之餘。又為率帶之率，別作繂、䌶。灝按：戴說是也。玉藻曰：凡帶有率無箴功。鄭注率字作繂，是率之本義為索，因之有率帶之名。」按：率、䌶古今字。以麻枲為之，故从糸。以帛為之謂之䌶，則从素，又省為繂也。率有牽引義，故引申為表率、為率循，為率從、為輕率。別作達，先道也。又作衛，將衛也。古通作帥。索有約束義，故又為約計之偁。凡言大率，猶大約也」。卜辭「率」用作副詞者，金祥恒以為「悉皆之意」，其說可從。

3150

允 奚

王襄 「疑允字。」（類纂存疑第十三第六十四葉上）

孫海波 「[glyph]，前六·六四·二。从幺从儿。說文所无。貞人名。」（甲骨文編三六四頁）

按：此均為「奚」之異構。參見3152「奚」字條。

3151

⿰氵⿱𢆶儿 ⿱𢆶女

饶宗颐　「前编一·一·一云：『癸亥卜，⿰氵⿱𢆶儿贞：㞢于示壬，求……』前编卜人⿰氵⿱𢆶儿拓本作⿰氵⿱𢆶儿，旁有两点。罗振玉待问编录作⿰氵⿱𢆶儿，附于率字之下，叶玉森前编集释亦以⿰氵⿱𢆶儿为率，吴其昌书契解诂遂作卜率贞，以⿰氵⿱𢆶儿为太卜之名。今於法京得见此版，合以续存互勘，乃知前编拓本⿰氵⿱𢆶儿字，旁点为剥蚀，当以⿰氵⿱𢆶儿字为是。足订罗、叶、吴诸家之误。」（巴黎所见甲骨录一三页）

陈炜湛、唐钰明释奚，参⿱𢆶女字条下。

按：字當隸作「⿰氵⿱𢆶儿」及「⿱𢆶女」。「⿰氵⿱𢆶儿」均為地名，無例外。合集三二三〇一辭云：「丙戌卜，⿰氵⿱𢆶儿⿱𢆶女」「⿱𢆶女」用為祭牲，據此，則亦「奚」之異構。參見3152「奚」字條。

3152

奚

羅振玉　「說文解字：『奚，大腹也。』予意罪隸為奚之本誼，故从手持索以拘罪人。其从女者與从大同。周官有女奚，猶奴之从女矣。」（殷釋中二十三葉下）

王襄　「古奚字。周禮酒人奚三百人。注古者從坐男女沒入縣官為奴，其少才知以為奚，今之侍史官婢。奚有男女，故或从女。」（簠室徵編第十第四十七葉下）

王襄　「周禮酒人『奚三百』，注『古者从坐者，男女没入縣官為奴，其少才知以為奚，今之侍史官婢。』周代之奚有男女，疑殷代亦然，契文奚字从大从女，其一証。或从人，与大同誼，乃其變体。奚之从𠃋、𠃋，从𢆶𢆶，象手持索以繫人，奚為罪人，恐逃亡，故手索以繫，与訊之作𤔲、𤔲，象以索繫人之形同。詩采芑：『執訊獲醜』，虢盘：『執訊五十』，執訊為獲敵，故以索繫之。許書女部之㜎，娱仲敦之𦃃，与奚殆是一字。」（古文流変臆說四〇——四一頁）

葉玉森　「象係索男女，或手牽之，即奚字。古者从坐沒入者也。」（枝譚六葉下十一行）

陳邦懷　「說文解字女部：『媄，女隸也，從女，奚聲。段注云：『周禮作奚，段借字也。』按卜辭第二字从女，奚省聲，當是媄之初字，羅參事隸婁於奚下，恐不然矣。」（小箋十二葉上）

郭沫若　「二奚字均呈縲絏之象。……以字形而言，乃所拘者跪地反翦二手之形，實非从女，然謂當以罪隸為本義，則固明白如畫也。此字足徵奴隸之來源。」（卜通一〇五葉上）

又曰：「□即要字，小篆作□，說文又引古文作□，从幺與小篆同，从女與彼古文同，疑彼之⊗實8之譌也。『要帝吉』者，要殆假為郊，肯讀為穀，謂郊祀上帝以穀也。」（粹考一六五葉上）

孫海波　「□，甲七八三。地名。叀奚田。」（甲骨文編四二七頁）

孫海波　「□，明二〇九七。从妥从臼。說文所无。或釋奚。」（甲骨文編四八〇頁）

孙海波　「□，后二．二二．一一。疑奚字。」（甲骨文編九〇五頁）

于省吾　「按卜辭奚字作□□□，金文奚毁作□，丙申角作□。又奚卣有□字，為奚字所從。奚之本誼，以罪隸為奴，確無可易。惟謂从手持索以拘罪人，猶有可商。卜辭婁字下从女，已象縛其兩手之形，頭上如為索形，不應自頂部直上。卜辭□字作□，又前六、二一、五有□字，均象頭部繫索之形。予去歲見估人盧雨亭自安陽買來玉人頭一枚，高約一寸五分，……其頭下連頸，頸圍約如拇指。頭上象清人鬎髮留辮形。予審視頗久，其頂部留髮處作圓形，髮文歷歷。惟其與清人髮辮不同者有二：一、清人髮辮自頸部編起，此則自頂之中間編起。二、清人髮辮甚長，此則由頂部起，僅垂至頸部。史記西南夷傳：『皆編髮隨畜遷徙。』漢書終軍傳：『殆將有解編髮削左衽襲冠帶要衣裳而蒙化者焉。』今以安陽出土殷代玉人頭考之，則清人編髮之制，非始於漢，遠在三千年以前。然則奚字上象以手提髮辮之形，當非繩索之類矣。（尚書大傳高宗肜日稱武丁內反諸己，以思先王之道，三年編髮重譯來朝者六國。是亦可證殷代四夷已有編髮之制）」（駢枝廿七葉釋奚）

楊樹達　「□乃要字，殆假為㒼。卜辭有□字，即㒼，屢見。要與㒼古音同。」（卜辭求義三二葉上）

李孝定　「說文：『奚，大腹也。从大，繇省聲。繇，籀文系字。』契文作上出諸形。其作□者，郭沫若釋要，楊樹達從之。按要小篆作□，上非从幺也。8之上環為頭形之譌，下環象軀幹，下八象兩脛，从𦥑象人兩手自搯其要之形。古文作□，其頭形又譌為囟，猶見之作𡿺从囟亦象頭面形，其字與此迥異。□字仍象一人面縛，諸家以為字或从女者誤也。有人以兩手曳其髮辮之形，上象辮髮，于說是也。與作□者特繁簡微異耳。金文作□□自文□簋文□丙申角與角同。」（集釋三二四八葉）

饒宗頤　「『甲辰卜，㱿貞：奚來白馬。王固曰：吉。其來。……馬五……』（屯乙三四四九）按左桓十七年傳：『于奚』。水經注：『漷水西逕薛縣故城北，地理志曰：夏車正奚仲之國。』此言奚地入貢白馬。」（通考二〇四——二〇五葉）

張秉权　「奚字仅象辮发之形，也没有罪隶的意思，在此仅為方國之名，在圖版壹伍零，一五九及壹伍壹，一六〇中為一伐巴方的將領之名，也不是罪人，大概奚族之人最显著的特点是编发结辫，与『長』『老』『敚』『鬥』『若』『妻』『𡚤』等字所象的人作散发狀者不同。

奚地見於卜辭者，尚有：

壬申卜，貞：王田奚往来亡𡆥？王𠕁曰：吉，隻犷十三。

丁亥卜，貞：王田𩫖往来亡𡆥？

戊子卜，貞：王田䆞往来亡𡆥？

〔辛〕卯卜，貞：〔王〕𤿍于䆞往来亡𡆥？（前二·四二·三；通六七三）

□申卜，貞：☒奚〔往〕来亡𡆥？（續三·三〇·一；遺，游田七六）

戊子卜，貞：王田奚往来亡𡆥？兹𢀛隻犷十。

辛卯卜，貞：王田栜往〔来〕亡𡆥？

壬辰卜，貞：王田𩫖往来亡𡆥？（金五八〇）

明日戊王叀奚☒戋不冓☒？（甲编七八三）

郭氏謂：䆞『地与盟相近，当亦今沁陽县附近之地』（注一），『奚当即鸡之省，春秋之鸡泽』（注二），『春秋襄三年，「同盟于鸡泽」杜注：「鸡泽在广平曲梁县西南」（在今河北永年县西南）。國語作鸡丘地与安陽相隔仅一日路程」（注三），其地或产良馬，故此版卜来白馬与否，殷人尚白，以白為貴，所以方國進貢，亦选白色之馬。」（殷虛文字丙编考释第二三五頁）

于省吾　「说文：『奚，大腹也，从大、繇省声，繇籀文系。』按奚字甲骨文作[glyph]，早期金文作[glyph]，象以手提持发辫之形。奚在商周时代，是多种奴隶类型中的一种带有发辫者（详拙著释奚）。说文既训奚为大腹，又以为形声字，都是臆为之解。」（晋祁奚字黄羊解，文史第五辑第三页）

于省吾　「罗振玉曰：『说文解字奚，大腹也。余意罪隶为奚之本义，故从手持索以拘罪人，其从女者与从大同，周官有女奚，犹奴为从女矣。』（增考中二三）按甲骨文奚字作[glyph]、或[glyph]形。金文奚卣作[glyph]，亚中奚簋作[glyph]，丙申角作[glyph]。罗氏谓为『从手持索以拘罪人』，殊不足据。如为索形，则不应在头上中部。甲骨文係字作[glyph]，乃象颈部系索之形。余曩时见商人卢雨亭自安阳买来玉人头一枚，高约一寸五分，其头下连颈，颈围约如拇指，头上象清人影发留辫形。余审视颇久，其顶部留发处作圜形，发文历历可数。唯其与清人发辫不同者有二：一、清人发辫自颈部编起，此则自顶之中间编起。二、清人发辫甚長，此则由顶部起，仅垂至颈部。又近来在安阳妇好墓出土之玉人，亦有数枚带发辫者。尚书大传高宗肜日：『编发重译来朝者六国。』可见与商代同时之其他方国已有编发之制。史记西南夷传：『皆编发随畜迁徙。』汉书终军传：『殆将有解编发、削左衽、袭冠带、要衣裳而蒙化者焉。』今以安阳出土编发之玉人证之，则辫发之制非始于汉，远在三千年以前之商代已有之。」（释奚，甲骨文字释林六四至六六页）

赵诚　「[glyph]，奚。象以爪抓一女人头上的发辫。甲骨文用作动词，与戮通用，为杀戮之义，如『口口卜：[glyph]奚[glyph]……口用于口』……（后下三三·九）。」（甲骨文简明词典三一四页）

孙淼　「甲骨文有以下记载：

甲辰卜殻：……奚来白马，王固曰吉，其来白马　缀合一四四

贞，今[glyph]奚来　乙三四四九

这是说奚向商贡白马和牛。这个奚字，显然是族名或国名。这表明商代确有一个族或方国名曰奚。

等奚族也见于后世的文献记载。魏书库莫奚传、周书库莫奚传、新唐书北狄传均有关于奚族情况的记载。据文献所记，奚族善养马，新唐书北狄传云：『其马善登』。北魏时，奚族常以名马入贡。魏书库莫奚传云：『库莫奚岁致名马文皮』。这一点也和甲骨文中所记『奚』的情况符合。

奚族在南北朝时，称库莫奚；隋时又改称『奚』。关于奚族的来源，周书库莫奚传云：『库莫奚，鲜卑之别种也。』新唐书北狄传亦云：『奚亦东胡种，为匈奴所破，保乌丸山。汉曹操斩其帅蹋顿，盖其後也。』据此處所记，奚为乌丸系。乌丸与鲜卑均属东胡族，奚也为东胡族的一支。……东胡系的民族，如乌丸、鲜卑等，均有编发之俗。而『奚』字，正是『用手拘提编发之形』，两者恰相符合。」（夏商史稿四九四至四九五页）

陈炜湛　唐钰明　「甲骨文编……仍有该归并而未归并者。例如奚字，该书卷十列□、□两种字形当然是对的，但除此之外，从女的□（前一·三·四）、□（乙一二八三）、□（乙八九八七），从□的□（明二〇九七）、□（前六·一九·三）、□（粹一二六八）等，也都是奚字的异体，甲骨文编却列为不同的字。」（古文字学纲要六〇页）

高明　说参□字条下。

按：字當釋奚。于先生殷代的奚奴一文論證奚字之形體及其音義甚詳。說文訓「奚」為「大腹」，不知何所據。傳注皆以「奚」為罪隸，義實後起。商代「奚」為方國名，其人經常為殷人所俘獲，多數均用為祭祀的犧牲。「奚」字所从之「8」、「8」乃象髮辮之形，非繩索也。

3153

□　□　□

王襄　「疑奚戊合文。」（簠室殷契徵文考释人名十页）

葉玉森　「按，字象索繫手，或女之首，反𢦏其手，临以斧戉之形。疑即古文繫字，许书作□，从𣪠或□之讹变，从□即系，後易□为□。卜辞有云『𡙀（執）寇繫』者，即言執寇而繫于狱也。本辞云『三宰又繫二』者，疑三宰而外又繫二牲备用，或二繫，即所俘之寇与宰並用戮人以祭也。古文系、繫殆通用，许书系之或体□亦讹变。」（殷虚书契前编集释一卷七

一頁）

高承祚　隶定作戠，曰「疑㚇字之异体。」（殷墟文字类编十卷十四頁）

李棪　「『戠』字少见，当与伐字同属斫头之法。㚇字之形，象用手拘捉俘虏辫发；而戠之形，则在㚇旁加戊，象征砍伐意。戠字异形有数小点，或即作血滴之状。」（殷墟斫头坑髑髏与人头骨刻辞中国语文研究第八期三五页）

罗琨　参伐字条

按：字隸可作「戠」，卜辭多用為動詞，乃殺牲之法，字象以鉞斬殺人首分離之形，所从之「〓」與「斲」字所从之「〓」同，在此亦身首之異處。「戠」亦或用作名詞。合集二一五三八乙辭云：「……卬父庚三牢又戠二彭雀至……庚」，與「牢」並舉，同為祭牲之名。被「戠」之牲亦可謂之「戠」，猶被「伐」者亦可謂之「伐」。

3154 雞

羅振玉　「卜辭中諸雞字皆象雞形，高冠修尾，一見可別於他禽。或增奚聲，然其他半仍是雞形，非鳥字也。說文解字雞从隹，籀文从鳥，均失之矣。」（殷釋中三十二葉上）

王襄　「古雞字。」（簠室殷契類纂第十八葉）

高承祚　「雞作鷄异文。」（殷契佚考一一〇頁上）

孙海波　「[illegible]，甲四七八。地名。」（甲骨文编一七六頁）

常宗豪　「『鷄』的右旁本来不是从鳥，而是一个原始象形的『鷄』字。这个鷄字的象形字很容易和其他象鳥形的字如『鳳』字相混，因此后来便要增加声符『奚』，藉以注释『鷄』字的读音，更可使『鷄』字与其他形似的字区别。」（当前的汉字规范化问题中国语文研究创

利号二二頁）

按：卜辭雞字皆用作地名。均从奚聲，無一例外。其形符或為鳥、或為隹，亦有羅振玉謂為雞形者。但不从奚聲而高冠修尾者，如前七·二三·一，實為从口之鳴字，左部猶存兩竪畫，蓋缺刻橫畫者。佚七四〇商承祚釋雞之字，實亦鳴字，左部適殘耳。粹一五六三郭沫若釋雞之字，與雞形不類，辭例亦不合，斷非雞字。摹釋總集及刻辭類纂於合集一三三四二亦漏摹左旁之「日」。

雞 □

按：此亦「雞」字，當併入前「雞」字條。

幼 絕 □ □

羅振玉 「說文解字『約纏束也』，格伯敦作□，吳中丞釋約，謂象繩約束之形。今卜辭有□□字，疑亦約字」。（類編十三卷一葉下引）

王襄 「古約字。格伯敦□吳窓齋先生釋約，與此相似」。（類纂正編第十三第五十八葉上）

葉玉森 「按予曩者釋卜辭之□為𠟭。（殷契鉤沈）又釋□□□為斷。（說契）偉或其有受斁？斷有分割之誼，以讀格伯敦文較洽」。（前釋卷一第八十六葉下）

聞宥 「羅氏以□為象繩約束之形，語本未諦。傳世格伯敦凡數器，其字亦有作□者，兩體離析，尤與約束之意不合。龔孝拱積古齋款識批本，陳乃乾氏藏，謂從糸從刀，當是絕字，其說是也。說文『絕斷絲也從刀從糸從卩』從卩無所取義，故段氏强改為卩聲。林藥園文源又以其與古文絕字形近，疑其與絕同字，而相承誤用為斷𠟭之𠟭，不知除𠟭而外古文自有正字也。類編又收一□字，從勿從糸，當別為一文」。（孳乳研究）

形近。刀聲猶召聲也。

林義光．「說文云『𦀚古文紹』按從糸卲聲。說文云『絕斷絲也從糸從刀從卩』按與𦀚形近。刀聲猶召聲也。𦀚蓋與紹同字相承誤用爲斷𢇍之𢇍」。（文源）

李孝定　「說文『紹繼也。從糸召聲。一曰：紹，緊糾也。𦀚古文紹從卲』。段注本依玉篇廣韻汗簡改古文作𦀚，是也。契文作紉，象以刀斷絲之形，其本義當爲絕，與絕古本當爲一字，林氏之說是也。初誼爲絕，而許訓繼者亦猶治之訓亂也，其始爲一字，繼絕兩訓，其後始分衍爲二耳。契文作紉而篆文作紹者，古文衍變往往增口，許書古文遂又以爲從卲聲矣。羅氏從吳氏說釋約，聞氏已辨其非，葉氏釋斷於誼雖近於形則遠，終以林說爲長也。辭云『貞𥡦于丘紹』（簠、一．二四．三）其義未詳。餘二辭亦殘泐過甚，未知是用其本義否也。金文作𦀚楚王酓忎盤與許書古文同。又攈古錄金文三之一第七十九葉下格伯𣪘銘有𦀚字，吳式芬釋斷，而愙齋九冊十五葉下著錄同器拓本，此字殘泐，未知攈古錄所摹有誤否。吳大澂古籀補則收此字作約。按𦀚與契文𦀚同，仍當釋紹從糸從刀，刀亦聲。其一義訓絕者後增卩爲聲符，而紉亦增口作紹，於是紹絕遂截然衍爲二字，然許書猶以𦀚爲紹之古文，𦀚亦從卩猶可見其衍化之迹也」。（集釋三八七四葉）

饒宗頤　「紉字亦見格伯𣪘。銘云：『𠦪紉』，楊遇夫讀『紉』爲刭字」。（通考二六一葉）

聞宥　「龔孝拱謂从糸从刀，当是绝字，（此龔批积古斋款识格伯簋语，世未有刊本，余从友人陈君乃乾传抄得之。）其说是也。说文：『绝，断丝也，从刀从糸从卩，林药园文源又以其与古文𢇍形近，疑其『与𢇍同字，而相承误用为断𢇍之𢇍』，不知除𢇍而外，古文自有𢇍字也。此从刀尤显，两体之离析，亦甚分明，盖为绝字无疑。类编又收𦀚字，从勿从糸，当别为一文。」（殷虚文字孳乳研究，闻宥论文集一一六页）

按：字當釋「𢇍」，「𢇍」即古文「絶」字。中山王方壺即以「𢇍」爲「絶」。字从刀斷絲。「紉」乃「𢇍」之省，增「卩」即爲「絶」。段玉裁以爲「絶」从「卩」聲是對的。小篆形體譌變，故說文一曰反「𢇍」爲「繼」。實則初形「繼」象絲之聯，「𢇍」爲以刀斷絲。卜辭「𢇍」爲人名。

3157

83

按：字不可識，其義不詳。

3158 □

按：字不可識，其義不詳。

3159 □

按：此疑為「□」之殘，契文亦為缺刻豎畫之例。

3160 係 □ □ □

饒宗頤

「按□字象縶繩于人頸，隸定當為羗，蓋即縶本字。故亦作□。（前編二·一九·一）从糸从丮，可讀為𢦏。集韻：『𢦏，執事者』。故羗有執事之義。辭云：『氐王羗』，謂致王事也。與習見之『山王事』語例相類。又見『雈氐石□』語。（屯乙四六九三甲尾）石讀為祏，猶言雈致祏事。祏事謂祭事，如詩『祀事孔明』之祀事。」（通考三一五葉）

于省吾

「甲骨文係字（本应作係，由于相沿已久，仍写作係）作□、□、□、□等形，旧不识，甲骨文编入于附录。说文：『係，絜束也，从人系声。』按许氏既误以从系为从系，又误以会意为形声。至于训係为絜束乃引伸义，并非本义。甲骨文係字象用绳索以缚係人的颈部。甲骨文羌字也作□或□，象羌人颈部被缚係形。左传僖二十五年的『隈入而係與人』，孟子梁惠王的『係累其子弟』，係均就缚係言之。至于甲骨文系字作𢇁或𢇃，与係字有别。

甲骨文的□字后世分化为係，说文讹作係。古文字从幺的字也作系。古文字从幺或系的偏旁有分有合。例如卜辞讯字作□，乃□字的省文，象反缚形。西周金文作□也作□。又周代金文彝字习见，早期通常作□，晚期有的作□或□。以上二字所从的幺或系有分有合，这就是□字分化为伭或係的有力的佐证。

甲骨文係字文多残缺，今录其词句较为完整者于下：

一、☒十羌□☒（续二·一八·七）。

二、弓𢆶（南北明三一〇）。

三、辛亥卜，穷贞，令疋化氏王𢆶〇辛亥卜，穷贞，令疋化弗其氏王𢆶（乙四六〇六）。

四、贞，雀氏石（地名，乙一·二七七称「牧石豕」）𢆶〇雀不其氏石□𢆶（乙四六九三）。

以上各条都属于早期卜辞。第一、二两条的係字作动词用，指缚係言之。第三、四两条的係字，指被缚係的俘虏言之，係字已由动词转化为名词。氐字应读作致。其言王係者，以别于其它贵族的俘虏。甲骨文动词当作名词用的习见。例如「其氐王伐」（乙五三九五），「其克氐執」（南北坊五·三七），是其证。总之，係字的初形作𢆶，是古代统治阶级令其爪牙，用绳索缚在俘虏或罪人的头上，牵之以行的一种很残虐的作法。」（释係甲骨文字释林二九六——二九八页）

姚孝遂「『娣』即女性的『係』。孫海波甲骨文編六〇四頁以為『母它』的合文；陈夢家卜辞综述四九一頁讀作『它母』，以為是『先妣之私名』，都是错误的。

『𢆶』字仅見于乙四六七七，其辞作『匕辛𢆶』，同版卜辞尚有『母庚𢆶』；『母庚三牢』，均为用牲以祭先妣之占卜。

……『娣』字所从之𢆶，乃象繒繳形，与𢆶、𢆶諸字所从之𢆶或𢆶同，不是『它』字。男俘为『係』，女俘為『娣』，均象用繒繳加以束縛。左传襄公十八年『乃弛弓自後縛之』，就是战争中利用繒繳以縛系俘虏的明确记载。」（古文字研究第一辑三五六——三五七頁）

按：于先生釋「係」是正確的。卜辭「係」為衆多俘虜名稱之一。合集一〇九八有殘辭為「……癸未……方于……係……馬二十丙又……。一月在𩁹卜」此當為記載某次與敵方之戰爭有所俘獲。「馬二十丙」即「馬二十匹」。「係」亦為其戰利品之一。又合集一〇九七之「十羌係」「係」有可能為動詞，謂繫縛十羌。又合集一一〇〇之「以王係」，當為獻俘之事。

3161

茲 𢆶

羅振玉「說文解字：『絲，微也。从二幺。』古金文用為訓此之茲，與卜辭同。」（殷釋

中七十六葉下）

羅振玉　「象束絲形，兩端則束餘之緒也。」（殷釋中四十二葉上）

羅振玉　「說文解字『絲，織以絲毋杼，卄古文卵字』。此從一或從三，正象杼形。許君作卄，謂是卵字者誤也。」（殷釋中四十二葉下）

王襄　「古丝字，許說微也。」（簠室殷契類纂第二十葉）

王襄　「古絲字，兩端作屮木者，象束絲餘其耑緒之形也。」（類纂正編第十三第五十八葉上）

孫海波　「88，鐵六九四。卜辭用丝为茲。重見丝下。」（甲骨文編二〇頁）

孫海波　「88，鐵一七八．二。丝用为茲。」（甲骨文編一九二頁）

楊樹達　「甲文金文皆以88為茲，88即絲字，古文絲茲無別。88孳乳為茲，……」（漸識字之由來，積微居金文說第一至二葉，中國科學院出版一九五二年九月）

陳夢家　「卜辭關於事物的指稱有茲和之。羅振玉說丝，金文用為訓此之茲，與卜辭同（考釋中柒）。胡厚宣以為丝字無一不讀為茲此或茲今之茲（集刊捌：肆、肆陸捌葉），他擴充羅氏訓此而訓為今，是對的。但我們以為卜辭『訓此』的茲有兩種詞位，一為前述的指示代詞，一作為指詞。作為指詞之『茲』可分別為二：一為事物之指稱，訓此，爾雅釋詁『茲，此也』；二為時間之指稱，訓今，廣雅釋言『茲，今也』。作為事物之指稱者，其例如下：『洹其乍茲邑禍』。續四．二八．四『今歲秋不至茲商』。河六八七．『告于茲大邑商』。甲二四一六『茲雨不佳餗』。鄴一．二五．一六．『畜馬在茲寓』。鄴一．五五．一」（綜述一一三葉）

李孝定　「說文：『絲，蠶所吐也。從二糸』。契文同，象絲二束之形。辭云『□□□爭貞令上絲眔禾侯□』。後．下．八．六『□爭□上絲□侯□叒』。後．下．八．七．上絲與禾侯對文，上冠以令字似為職官之偁。它辭云『甲子卜出貞絲雨非禍』。遺微．天象．三八．絲段為茲，此可證88 88 絲之為一字也。金

文作絲㠯鼎。」（集釋三九〇三葉）

林政华　「丝用与丝卯二语，为数极夥，性质相近似，皆刻於卜辞之末或卜兆之旁，用以记事，是以前贤多以为二者义同，是也。其所不同者，为使用之年代耳：丝用，始出现於第二期祖甲、祖庚时，历廪辛、康丁，至第四期武乙、文武丁时最为常见，及至殷末，亦复用之；而丝卯一语，则仅见用於殷末第五期。」（甲骨文成语集释上，文物与考古研究第一辑五三页）

按：說文以丝从二幺不誤。但以幺為「象子初生之形」則非是。朱駿聲說文通訓定聲謂幺字「當从半糸，糸者絲之半，幺者糸之半，細小幽隱之意」。徐灝則更為直接了當，謂「許云幺象子初生，於字形實不相類。此緣幼从幺而為是說耳。灝謂丝从絲省，而幺从丝省。丝訓微，析之則其形愈微，故凡物之小者皆謂之幺」。甲骨文8只見於偏旁，為丝之省，實亦絲之省。徐灝說丝字云：「丝疑从絲省……丝訓微，義由絲起，引伸為凡物之微細也」（徐說並見說文解字注箋）。

卜辭丝字皆用為指示詞或指示代詞，與「之」用法相似而實不同。「丝」同「茲」，為近指，猶言「此」；「之」為遠指，猶言「彼」。粹八一六「丝雨少」，丝字適缺刻最後一畫，郭沫若誤釋成「乙幺雨少」，以為「幺雨，斯為細雨、微雨」，並據爾雅釋天「小雨謂之霢霂」以說之。孫海波甲骨文編、楊樹達卜辭求義、李孝定集釋皆沿襲其誤，以為甲骨文有獨體之幺字，均未免疏失。

又李孝定集釋以為88‖同字，其說非是。詳見絲字條下。

3162

幽

羅振玉　「說文解字：『幽，隱也。从山中丝，丝亦聲。』古金文幽字皆从火从丝，與此同。隱不可見者，得火而顯。」（殷釋中五十一葉下）

王襄　「古幽字。」（簠室殷契類纂第二十葉）

商承祚　「此字與集韻同。」（類編十三卷二葉）

孙海波「幽、後二·九·五。从幺从火。古文火、山二字形近故，說文誤以为从山。幽，乙七一二二。叀幽牛。幽牛，黑色牛也。」（甲骨文編一九二頁）

郭沫若「幽通黝，黑也。禮玉藻『再命赤韍幽衡』，鄭注『幽讀為黝』。周官牧人『陰祀用黝牲毛之』，先鄭注云『黝，黑也』。」（粹五四九片考釋）

姚孝遂 肖丁「『幽』通作『黝』，『幽牛』即黑色之牛。卜辭有『黄牛』、『白牛』，均指毛色言之。尚有『黑牛』。『黑牛』与『幽牛』不知有何区分。」（小屯南地甲骨考釋四八頁）

按：甲骨文幽字从火从幺，不从山，古文字山火形近易混。詩隰桑：「其葉有幽」，傳：「黑色也」，卜辭每稱「幽牛」，與「黄牛」相對，指牛之黑色者言之，皆假作黝。郭沫若之說是對的。

3163 ⿱林幽

按：字从「林」、从「幽」，隸可作「⿱林幽」。辭残，其義未詳。

3164

按：字从「幺」、从「黄」。卜辭為人名

3165

按：字不可識，其義不詳。

樂

羅振玉 「从絲附木上，琴瑟之象也。或增白以象調弦之器，猶今彈琵琶阮咸者之有撥矣。虘鐘作濼，借濼為樂，亦从𢆶木。許君謂象鼓鞞木虡者，誤也。」（殷釋中四十葉上）

王襄 「古樂字。」（類纂正編第六第二十八葉下）

孫海波 「𢆶木，前五·一·二。地名。」（甲骨文編二六一頁）

王献堂 「说文释樂曰，樂，五声八音总名，象鼓鞞，木，虡也。注家谓白象鼓，丝象鞞，形既不合，仅录鼓鞞，亦不足為五声八音总名。契文字作𢆶木，𢆶木，从樂之濼作濼。周代较早金文作𢆶木，从樂之𦈤作𢆶白木，濼作濼。是仅有应和小鞞，无中坚大鼓，又何以為樂。字明从丝，从木，近人以许谊难通，又释為琴瑟之象，从白為调弦器。若然，契金文不从白，弦无可调，将不能起樂矣。

余意樂即缠掛丝绵之木叉，从丝木会意。丝之下端，且皆合连木上，形义尤显。古音樂隶宵部，读若躍若䓫，与绕缭声同，以丝绵绕缭叉上得名，犹今语缠子。络意同缠，与樂古不同部，今读相同，乃一声之转。所谓樂者，盖即络子矣。音樂愉樂诸义，以同音借樂為用，行久為其所夺，本谊寖失。然如纅字正从樂声，集韵训治丝。同部音通之字，有纅字，亦作䌖，说文训绎繭出丝。例属引申，而声义相贯，本為治丝或出丝之器故也。

小篆樂字从白作樂，金文如邾公华钟，邵钟，齐侯壶等已然。大抵从白之字，多东周器，时次较晚。不从白只从丝木者，多西周器，时次较早。盖沿殷商旧体而来，后又变化，小篆随之。白作白，似白而非，乃木叉上丝绵缠头象形，其证有三。一為樂鼎，字作樂，不白而白，知非白，别為象形物矣。一為大司樂鈢，字作幺幺幺木（见颐素斋印景，说文古籀补补樂下亦引此文），知其所象者為丝。幺木形说為糸木合文固可，说為木乃木变亦可，要皆缠丝形。一為上樂鼎，字又作樂。从氵从二，皆重文之二，表示為白重文。其本体当為白白白木，以左右之白白当𢆶，知中间之白亦為幺，正即大司樂鈢幺幺幺木字。上从三幺，知白字确属丝缠矣。此丝缠之状作白固可，作幺亦可，白象其形，幺兼其义。上樂鼎為战国时器，大司樂鈢同。字虽变白白白变幺幺幺，而原意未失，由白可以知幺，由幺可以知白。再前则白𢆶两从，作白𢆶，白或作o（樂鼎时次较早，作o尚未為定型），更前则只从两幺，后时小篆樂字乃从第二期沿出。其第一期者，入东周后已被淘汰。第三期者，殆在始皇统一书体时，遭摈弃矣。

外此复有一体，周代王孙钟，樂复作□，子璋钟作□，下不从木，似与木叉义不合。曰，此乃爍字，假为樂，下从火，与木合文耳。书者点或省火两点，变为沇儿钟之□，齐鞄氏钟之□，犹金文火作□，点可作□。凡此借字，皆用于列国钟铭。而列国鉨文，点作□作□（均说文古籀补引），笔画愈省。由其从□从□，点可推证□象丝缠形矣。

自商历周，契金樂字各体，前引略备。以形义言之，与线叉合，以声读言之，与线叉称络子点合。体制虽多，皆能疏通无间，相印相证。以线叉当樂字，至此似可确定。」（说搓线中国文字第八卷第三十四册三五五六——三五六〇页）

陳秉新「樂，借為汋，疑即汋陵，左傳成公十六年『鄭子罕伐宋，宋將鉏樂懼，敗諸汋陂。退，舍于夫渠，不儆，鄭人覆之，敗諸汋陵。』杜注『汋陂、夫渠、汋陵皆宋地。』今河南宁陵县东南有汋陵城。」（殷墟征人方卜辞地名汇释，文物研究第五辑七一页）

饒宗頤说参□字条下。

洪家义释樂字見栗字条下

按：羅振玉釋「樂」是正確的。卜辭用為地名。

3167

濼　□

羅振玉「此即許書从水樂聲之濼。瀘鐘作□，與此略同，而借用為喜樂字。」（殷釋中十葉下）

王襄「古濼字。」（類纂正編第十一第四十九葉上）

李孝定「說文：『濼，齊魯間水也。从水，樂聲。春秋傳曰：「公會齊侯于濼。」』契文同。金文瀘鐘作□，僅从川从水微異。卜辭僅餘殘文，不詳其義。」（集釋三二九八葉）

饶宗頤说参⿰木大字条下。

按：前四・一三・七「……以多……濼」，辭殘，用義不詳。依卜辭通例，水名每增「水」用為專字。卜辭「樂」為地名，地名與水名每相因。

3168 櫟

按：字當釋「櫟」。說文以「櫟」為木名。合集三六七四六辭云：「乙卯卜，在櫟貞，王步亡巛」為地名。

3169 ⿰亻樂

按：字从「人」、从「樂」，隸可作「⿰亻樂」。合集二六七七七辭云：「……辰卜，出……今日⿱亼魚⿰亻樂」又合集二六七七八辭云：「……巳卜，出……今日⿱亼魚⿰亻樂」為地名。

3170 ⿰樂攵

屈萬里「⿰樂攵，當是樂字之繁文。集韻有⿰樂攵字，音鑠，云：『⿰樂攵⿰樂攵，不定貌。』乃後起之義。此處⿰樂攵為地名。」（甲編考釋十七葉）

按：字當隸作「⿰樂攵」，似為「⿰亻樂」之異體。合集二六七七七即或作「⿰亻樂」。

3171

按：合集三八一七七辭云：「辛丑卜，貞：……日壬王田牢弗印亡巛𢄈」，辭甚完整，用於卜辭「亡巛」之後，復曰「𢄈」。又合集三六五七〇偁「毋𢄈」，未詳何義。

3172

𢇍 繼

葉玉森「按予舊釋𢇍。從88，象二絲。∧象絲系。一或三象斷絕形。（殷契鉤沈）」（前釋卷五第十四葉上）

李孝定「說文：『絕，斷絲也。從糸、从刀、從卩。𢇍，古文絕，象不連體絕二絲。』契文正與古文相近，古文從ㄐ乃從三之譌，葉說是也。」（集釋三八六九葉）

按：字當釋𢇍。釋「𢆶」、釋「絕」均不可據。𢇍象連絲之形，不得象析。絕之古文作𢇍，中山方壺𢇍字作[illegible]者，从刀斷絲，說文古文形體小有譌異。以刀斷絲為絕。𢇍則為編連諸絲形。說文「繼，續也。从糸𢇍。一曰反𢇍為繼」。此當據韻會引作「从糸𢇍聲，或作𢇍」。段玉裁改為「从糸𢇍」，謂「以糸連其絕也」。徐承慶議之為「邨學究之會心，每多此類。不意博通如段氏，有此謬解」。莊子至樂「得水則為𢇍」；帝堯碑：「𢇍擬前緒」，是繼乃𢇍字所繁增，為形聲字。字亦作𢆶，猶契文或省作𢆶，朱駿聲通訓定聲云：「廣雅釋詁二：𢆶，絣也。按：猶縫紩也」。𢆶者實𢇍之省文，即繼字」。段玉裁「絣」字注以為「蓋殊其縷色而相間織之」。絣之言駢也」。是𢇍亦有編織之義。小篆𢇍字亦猶𢇍字，形體均有譌異。許慎反𢇍為𢇍之解，乃據小篆為說，不可據。卜辭多殘，用義不詳。

3173

系

羅振玉「說文解字系，繫也。从糸，丿聲。籀文作[illegible]。卜辭作手持絲形，與許書籀文合。」（殷釋中六十一葉上）

王襄　「古糸字。」（類纂正編第十二第五十七葉下）

王襄　「疑□字。从又从𢇁，𢇁即絲之異文。」（類纂存疑第十三第六十四葉下）

王國維　「説文解字糸部：『系，繫也，从糸，丿聲。𦃃，籀文系从爪絲。』案殷虛卜辭有□字。」（史籀疏證載遺書十七册三十三葉）

孫詒讓　「説文系部系，籀文作𦃃，从爪。此即𦃃之省。」（舉例下十三葉下）

葉玉森　「孫氏釋系是也，惟卜辭系字數見，其義均不可知。」（前釋五卷四十葉下）

丁山从王國維一説釋𦃃解爲𤔔訓治，謂字象手治絲形，治也理也正是治絲一誼的引申。（甲骨文所見氏族及其制度六七——六八葉）

于省吾　「前七、四、一：『翌乙亥酌□易日。乙亥酌，允易日』。𢿈存五四：『乙未酌□品』。藏七二、三：『□米』。洽二、十四：『叀般乎□』。粹三九八：『之夕乙亥酌□，立中』。四四六：『酌□』。續一、三、二：『令□征□』。六、七、九：『貞，乎犬□于京』。孫詒讓云：『説文系部，系，籀文作𦃃，从爪，此即𦃃之省』。羅振玉云：『説文解字系，繫也，从系丿聲。籀文作𦃃。卜辭作手持絲形，與許書籀文合』。葉玉森謂『卜辭系字數見，其誼均不可知』。按孫羅説是也。小臣系卣系作□。余所藏系句兵系作□□。婦仲殷婦从系作□，均象以手提絲之形，而系之意自顯。契文言系，言酌系，言酌系品，言系米，系之意義，舊所不解。系經傳通作繫。儀禮士喪禮『著組繫』。注：『組繫謂可結也』。左氏春秋序『以事繫日』。疏：『繫者以下綴以末連本之辭』。鬼谷子中經：『綴去者謂綴已之繫言』。注：『繫屬也』。禮記郊特牲云：『籩豆之實，水土之品也。不敢用褻味而貴多品，所以交於神明之義也』。周禮内饔：『辨百品味之物』。注：『百品味庶羞之屬』。契文祀典曰系，謂以品物繫屬以交接於神明也。言繫者簡語耳。言酌系，酌爲酒祭，系謂系品物。言酌系品，語有不省。言系米，猶他辭言登黍登米。不言登而言系者，謂以米繫屬於鬼神。文雖有别，義則無殊也。」（駢三第十五葉下）

孙海波　「□，𢾊後一·一九○。疑系字之殘。」（甲骨文编八七五页）

陳夢家　「𢆶方」疑即蠻方。說文䜌之古文作𢿢（从攴，與从爪同），魏正始石經無逸君奭「亂」字同此作，未改字敦煌本尚書則作䜌。由此可證𢆶即䜌。西周金文虢季子白盤的「䜌方」即獫狁；秦公毀的「䜌夏」的梁伯戈的「鬼方䜌」指戎或鬼方；兮甲盤的「䜌宄」指南淮夷。由此可知蠻有在北的，也有在南的。文獻中的蠻亦是兼指南北的：如詩韓奕「因時百蠻」，「奄受北國」，匈奴列傳：「唐虞以上有山戎、獫狁、葷粥居於北蠻」，左傳成六「陸渾蠻氏」，而詩采芑之「蠢爾荊蠻」、閟宮之「淮夷蠻貊」，即楚世家所謂「江上楚蠻」。其稱蠻或曰「蠻」或曰「蠻方」（詩抑「用逷蠻方」），或曰「北蠻」，或曰「百蠻」，或曰「某蠻」。由此可知「蠻」亦為一個種姓之族。……

……西周以後的金文為中伯䜌姬壺（盨作孌），䜌左軍戈和䜌書缶，都是晉國姬姓的欒氏。它的采邑當在晉地，而「䜌」之作「孌」，亦可證「䜌」為半姓。

……又卜辭中有方國名𢆶者。其辭如下：

令戈𢆶　　渝五、三六、六

……武丁卜辭其字同於說文系之籀文，但說文「攣，係也」，所以「𢆶」可能是䜌字之省，則仍當是䜌。乙辛卜辭有「才𢆶」之辭（珊九二九九），則䜌地至殷末已為殷有」。（綜述第二九九——三〇〇葉）

李孝定　「說文：「系，繫也。从系丿聲。𣫚𠤳，系或从毄處。□，籀文系从爪絲」。契文正从爪絲。或从絲，古文偏旁繁簡每不拘也。陳丁諸氏从王國維氏一說釋𤔔。按說文言部「𤔔，亂也。一曰治也，一曰不絕也。从言絲。□，古文𤔔」。徐灝說文段注箋𤔔下曰「錢云「字與詩連屬應即詩亂之亂，治絲而紊之所謂亂也」。灝按錢說是也。𤔔即古文□之受體」。又受部𤔔下徐氏箋云「幺子相亂，其義雖通。戴氏侗曰「𤔔與𤔔同」是也。灝按䜌之古文作□，象手治亂絲。其兩旁8省為二垂則成□，中加橫畫者系聯之也。後加乙為亂，絲亂而以手治之有亂義亦有治義，就其體言則亂也，言其用則治也，故亂也訓治。書盤庚疏云「堲內之書治皆作亂」」。今按徐氏說䜌之古文變及𤔔字之義是也。𤔔之與𢆶𢆶其形雖僅从爪从受之殊而意則有別，古文偏旁从爪从受固每得通，然於此二字則不容淆混。蓋系象手持絲，乃懸持之象，故从一手而義已顯，𤔔象絲棼而手治之必从二手而義始顯，倘但从一手將治絲而益棼矣。古人製字之妙其意常別於幾微之間，此其例也。偏旁而受每得通，而此獨不能者亦猶古文正反無別而ㄨ乂猶不得混也。契文此字未見从受者，故仍以羅說釋系為長。金文作□小臣系卣」。（集釋三八六三葉）

饒宗頤　「『𢆶』即『系』，謂繫玉帛為祭。左襄十八年傳：『中行獻子以朱絲繫二玉二瑴禱于河』，是其例。」（通考二八七葉）

屈萬里　「𢆶，當為繫屬之義。」（甲釋四四六葉）

屈萬里　「卜辭以系為祭儀之一種，其詳則莫可得而說。」（甲釋一八三頁）

于省吾　「甲骨文𢆶字作□、□、□、□、□等形。孫詒让云：『說文糸部，系籀文作𦃃从爪，此即𦃃之省。』（举例下一三）罗振玉亦云：『說文解字，系，繫也，从糸丿声。籀文作𦃃，卜辞作手持丝形，与许书籀文合。』（增考中六一）叶玉森则云：『卜辞系字数见，其谊均不可知。』（集释五·四○）按孙罗二氏是也。周代金文𡚱仲毁，𡚱从系作□，乃𢆶之省化字，说文讹省为糸，𢆶字典籍通作繫。仪礼士丧礼之『著组繫』，郑注：『组繫为可结也。』鬼谷子中经：『缀去者，谓缀己之繫言。』陶注：『繫，属也。』礼记郊特牲：『笾豆之实，水土之品也。不敢用亵味而贵多品，所以交於神明之义也。』周礼内饔之『辨百品味之物』，郑注：『百品味，庶羞之属。』甲骨文称：『今𦎫𢆶，才京奠。』（甲三五○）『翌乙亥酌𢆶，易日。乙亥酌，允易日。』（前七·四·一）『乙亥酌，𢆶品。』（粹一一二）『之夕乙亥酌𢆶，主中。』（粹三九八）『𢆶米。』（藏七二·三）甲骨文祀典称𢆶，为旧所不解。𢆶谓系属其实，𢆶谓欲交接于鬼神而以品物为系属也。只言𢆶者，简语耳。言酌𢆶，酌为酒祭，𢆶谓系属物品。言酌𢆶品，语有不省。言𢆶米，犹它辞言登黍、登米。不言登而言𢆶者，谓以米系属于鬼神，文虽有别，义则无殊也。」（释𢆶，甲骨文字释林二九至三○页）

陳鉄凡　「𦃃𢇁当即䜌之本字。蓋由𢇁譌省為𦆻，再譌而為𤔔。即：

𦆻譌省↓𦆻再譌𤔔

後儒以𤔔為䜌之古文，乃系𦆻於系字之下，而不知𢇁為䜌之本字，䜌為𦆻之譌變。𢇁（即𢇁變）之本义為治絲，引申為治。治絲而棼則乱，于是又引申為亂义。乱实𦆻（𢇁）之孳乳，后世治与不治皆用乱，乱行而𢇁（𢇁）废。集韵乱下出𤔔字；此許书𢇁之古文，丁度等尚知其為治乱之本字也。

𦆻之譌变為䜌，要在其中体之形似。致譌之時，疑在汉代隶古定之后。說文言部詩、謀、訊、信、誥、訟諸字，所出重文偏旁，言字俱作𠬪，汗簡文亦多如此作。䜌之中體，若以此代之，則当為𦆻，其与𦆻形极近似。如其上『𠂊』之上筆稍損，即成為𦆻，

則与⺌形同。汉人习見此体，乃即隶定為䜌。」（《率与乱》，《中國文字》第七卷二九二九頁至二九三〇頁）

裘锡圭

「商代金文里有一个写作[字形]、[字形]等形的字，这个字也屡见于甲骨文，写法大致相同。清代人多据《说文》「䜌」字古文[字形]释此字为「䜌」，近人多据「系」字籀文「𦃃」释此字为「系」。甲骨文「鷄」字声旁或作「系」，似即「系」字所从出，「𦃃」大概是「系」的繁文。我们讨论的这个字显然是从「𦃃」的。甲骨卜辞里既有「不[字形]」，也有「不[字形]」。又子组卜辞数见「丁（方？）𦃃」之语，「𦃃」有时也写作「𦃃」。可见「𦃃」一定是跟「𦃃」同音或音近的一个字。「䜌」字古文有可能就是这个字的变体，但是它跟「䜌」字大概只是由于同音或音近而通用的关系，并非真的是一个字。「爪」本象抓物的手。《说文》手部有从「手」「䜌」声的「攣」字，训为「係也」。丁山认为「𦃃」就是「攣」的古字，可能是正确的。但是他认为「攣」的本义应为「纂」，似乎缺乏根据。」（《战国玺印文字考释三篇》古文字研究第十辑九一页）

郑光

「《说文》：『䜌，乱也。一曰治也。一曰不绝也。从言从丝。[字形]，古文䜌。』甲骨文的[字形]、[字形]、[字形]、[字形]等字很像古文䜌字，像用手理丝之形。《说文》系字的籀文作[字形]，从爪从丝。字形也很像甲骨文的[字形]字。系字与[字形]字不但在字形上很相近，而且在意义上也有关系。如《说文》『攣，訓系也。』《易中孚》：『有孚攣如。』疏：『相牵击不绝之名也。』这说明了系与䜌字在文字发展中有着密切的联系。但是在甲骨文里如何隶定它的字形，还要看它在卜辞中的应用。……下面我们再看看它在卜辞中是如何使用的：

(1)乙亥卜，穷貞：翌乙亥，彫䜌？易日？乙亥，彫，允易日。（《前》七、四、一）武丁时期

(2)丁巳卜，穷貞：奏䜌于東？（《乙》六七〇八）武丁时期

(3)辛亥貞：之夕乙亥，彫䜌，立中。（《粹》三九八）廩辛康丁时期

(4)丙寅貞：彫䜌？……（《粹》四四六）武乙文丁时期

(5)乙未，彫䜌，呂上甲十、报乙三、报丙三、报丁三、示壬三、示癸三、大乙十、大丁十、大甲十、大庚七、小甲三……（《粹》一一二）武乙文丁时期

……我们认为在甲骨卜辞中，「䜌」应作祭名——䜌（臠）祭。《仪礼·公食大夫礼》：『士羞庶羞皆有大贊者，辨取庶羞之大以治宾。』注：『大以肥美者特为臠，所以祭也。』《说文》：『臠，臞也。一曰切肉，臠也。』王筠《说文句读》云：『一曰切肉，臠也。《玉篇》同。然当作一曰：臠，切肉也。』《说文》一曰之下，多再出本字，而后说之，其为别义也。』《段注》云：『依《广韵》訂，切

肉为𤔲，𤔲之大曰截，此许义也。』因此，𤔲祭为系臑肉之祭。与酒祭同祀先公先王。……

𤔲，作為方國之名，見下例卜辞：

(6) 壬午卜，貞：令𤔲。（甯五·三六、六）武丁时期

(7) 戊午卜，宁貞：令吕征𤔲。（續一·三·二）武丁時期

(8) 叀人二呼𤔲，王弗每。（粹四九五）廪辛康丁時期

(9) ：卜，在丕：：𢀛子𤔲，往来亡（无）实。（摭續一八一）武乙文丁時期

(10) 𤔲方叀盧方作：：：（邺三下·四三·四）武乙文丁時期

从以上卜辞可以看出，𤔲为方國名、族名。『令𤔲』、『呼𤔲』可證其首領为商王之臣，丁山释小臣丕肖时也认为，丕假借为蛮。蛮地见于典籍。左传成公六年：『晋伯宗、夏陽说，卫孙良夫、宁相，郑人，伊、雒之戎，陆渾蛮氏侵宋，以其辞会也。』杜預注：『蛮氏，戎别种也。河南新城县东南有蛮城。』：：：春秋时的蛮氏即商代的蛮方，地望为商王朝田猎区的沁陽附近。在今河南省汝陽县東南，临汝县西南。

𤔲，在卜辞中也有作动词的。多见于祖庚祖乙時期，如下例：

(11) 丁酉卜，王貞：其又（有）祸？不𤔲？在四月。（續存上·一四六八）

(12) 甲午卜，王貞：其又（有）祸？不𤔲？在八月。（續存上·一四七五）

(13) 癸亥卜，「王」貞：旬亡（无）祸？在十月。不𤔲。（汶七七）

(14) 戊戌卜，王曰貞：勿告于帝丁？不𤔲？（粹三七六）

𤔲，說文訓乱也。治也。段玉裁改說文訓不治也。他说：『乱本訓不治也。不治则欲其治。』实际上乱与治是一个意思，是一个事物的两个方面，是相反为训。孟子滕文公：『天下之生久矣，一治一乱。』左传襄公二十八年：『武王有乱臣十人。』杜預注：『乱，治也。』說文中的𤔲，乱本为一个字，而且与𤔲字古音同部。在典籍中又互为假借。如說文女部𡢃字下引詩曰：『婉兮𡢃兮，季女斯飢。』詩曹風候人的𡢃字做孌。說文：『𡢃，順也。𤔲，籀文𡢃。』文就是孌字的篆文，而不是籀文。魏正始石经尚书乱作𤔲，君奭乱作古𤔲字，未改字；敦煌本尚书乱作𤔲。由此可知，乱是𤔲的后起字，是因另有别义又造一字罷了。甲骨卜辞中的𤔲字用于动词上应訓乱，訓理。卜辞中的『不𤔲』应释为不乱之义。」（释𤔲，中原文物一九八三年三期六九——七一頁）

按：契文「系」字作[illegible]、[illegible]、[illegible]、[illegible]，象聯聚衆絲之形。廣雅釋詁「聯」、「系」，均訓「連」。說文以「聯」為「从耳，耳連於頰也」，殊牽傅。「聯」當為「𢆶」之衍化。此當為「系」之本義。陳夢家綜述舉以為方名諸「𢆶」字，均為祭名，非方名。（甲三五一〇「令𦥑𢆶在京奠」，續

六·七·九「乎犬茲于京……」，謂「𦣻」或「犬」於京地行茲祭之禮。餘類推。粹四九五當作「其乎茲㞢」，「叀」屬下讀。「㞢」不得釋「先」。拾二·一四當作「叀般乎茲在……」，與甲三五一〇之辭例同。前五·三六·六辭殘，但以諸辭例之，斷非「𢦏」字。摭續一八一之「𢓊于茲，往來亡巛」；明九二九之「在茲」，均為地名。鄴三·四三·四之「茲方」，則為方名。

3174

濕 𤅊 [illegible] [illegible]

王襄

「古溼字。史懋壺溼作𤅊，與此相似。」（類纂正編十一第五十葉上）

葉玉森

「按後編卷下第二十七葉之𤅊，从水从𢆶，即䜌，表水絕流處。从止，足所止也。足止水絕流處，溼隰之誼並顯，故古文溼隰為一字。史懋壺作𤅊，从水，从䜌，从土。其誼為水絕流處之土，亦溼、隰、墕、詁。散盤作𤅊，从水从䜌，尤為皦然。卜辭之溼乃地名。（鉤沈）」（前釋二卷五葉下）

商承祚

「說文解字『溼，幽溼也，从㬎省聲。』此省土从止，象足履溼，與从土之誼同。散氏盤作𤅊，亦省土。」（類編十一卷五葉）

孫海波

「此字商先生疑溼，竊疑當是滋字。从二水者古文繁簡之異。卜辭乃地名。」（考古四期十二葉小記）

李孝定

「契文从水丝絲之省聲。卜辭叚丝為茲，故知此當為滋，孫說是也。契文別有溼字作𤄳若𤅊，與此有別。」（集釋三三一三葉）

李孝定

「說文：『溼，幽溼也。从水，一所以覆也。覆而有土，故溼也。㬎省聲。』葉氏以會意說之，於義為優。契文金文皆从䜌也。篆文右上从『一』即兩系系連處，非所以覆之之物也。卜辭為地名。散盤『隰田』字作𤅊，吳大澂謂濕隰一字是也。史懋壺云『溼宮』，亦地名。」（集釋三三五五葉）

胡厚宣釋溼，無說。（商史論叢四集一冊五八葉）

3175 [illegible] [illegible] [illegible]

按：釋「淫」可從。卜辭均用為地名。

「亡巛在淫」前二·三·四

「……王步于淫」後上一三·六

「……在淫」京津三三六四

契文从「水」从「𥂕」，或增「止」。葉玉森以為从「𦈢」，非是。說文以為从「𢆶省聲」，不可據。

饒宗頤　「『𢇍』字从『舟』从『𢇁』，乃『繼』字。金文𥁄盤『繼母』字作『𢇁』。與此偏旁略同。考爾雅釋詁：『係，繼也。』『係』即『繫』，古與『繼』通用。湯𧘕上六：『係用徽纆。』穀梁宣二年注引作『繼用』。詩『何彼穠矣』序：『不繫其夫。』釋文：『繫本或作繼。』卜辭言『𢇍十牛』即繫十牛。」（通考二八〇——二八一葉）

按：字从「凡」，不从「舟」。合集三三六辭云：「……卜，㱿貞，翌丁丑其[illegible]㞢羌十人」，乃祭名。

3176 幼 [illegible] [illegible]

王襄　「古幼字。」（簠室殷契類纂第二十葉）

聞宥　「字當釋功。集韻功或作𫧇，所从之8實午字，尋乳為糸。」（殷虛文字孳乳研究載東方雜志第廿五卷三號五十四葉）

李孝定　「說文：『幼，少也。从幺、从力。』契文正从幺力會意，非功字也。辭云『㞢貞幼𩵋漁在囚』，幼似為人名。」（集釋一四一一葉）

聞宥　「[illegible] 此字类纂类编皆释幼。宥按许书幺解本未安，林義光所谓『与子初生形不类』是也。（见文源卷三第三页）卜文亦未见幺字，（类纂虽收两文，均未能确，类编不收较

为謹慎。」此仍从午，孳乳为糸，从力从糸，蓋即功字。集韵：「功或作紡。」」（殷虛文字孳乳研究，閒宥論文集一〇八頁）

閒宥「此字类编与𢆶同列祐下，宥按从二与从𢆶迴异，此当为𤔔之古文。說文：「𤔔，幺子相乱，𠬪治之也。」幺子无所取义，H形尤不了……幺实午字之误，从午从又会意。午通为糸，丝麻之違牾者也，从又治之，故𤔔训治，朱氏丰芑說文通訓定声谓「幺，丝也，H，介也，丝揩，又分理之」，說較近似，惟介仍无所取义。卜辞又有𤔔字，王氏蓝室亦仞为𤔔，似即𤔔之繁文，又增為𠬪（𠬪训上下相付，已不如从又之谛。）𢆶孳为𢆶，其义一也。」（殷虛文字孳乳研究，閒宥論文集一一三至一一四頁）

3177

按：合集三五四三七辭云：「癸丑卜，貞，王賓幼自上甲至于多毓衣亡尤」「幼」為祭名。乙辛卜辭每於「工典」之後言「其幼」。「幼」實當隸作「𢆶」，乃「兹」之省。非訓為「少」之「幼」。釋「功」，不可據。

按：英五二八辭云：「貞，今射𢆶于敚」用為動詞，其義未詳。

3178

按：卜辭云：「王其𢆶……𢓊至父庚」「王其𢆶不冓雨弜不」當為祭名。

合集二七四一五
合集三〇一一一

3179

舌 [glyph] [glyph]

金祖同引張天放古器物品圖澄說曰「『我』象絲線坊的紡架，『吾』是個紡縛，作[glyph]形上是紡縛，平的是紡輪，下是尖鍾，同幺字一式一樣。紡的時候發聲為五，可切為『ou』為『乂』。从口从吾的是後起字……甲骨文遂有一個[glyph]字，象兩手搓紡縛的形狀。」（卜辭通詁二七葉上）

陳晉「孫釋紹讀為詔，董以為咼，似求之太遠。說文卜部『卲卜問也从卜召聲』集韻『卲市沼切音紹』……不卲龜即與用龜相反。」（龜甲文字概論三十一葉）

饒宗頤「按[glyph]為幺之繁形，益从旁。卜辭云：『丁巳，余幺彡。丁巳，余勿彡。十月』。（殷綴一二）『幺彡』與『勿彡』對言，則幺乃語詞。卜辭記兆術語，習見『不幺』二字。幺从糸从才，隸定殆即紂字。禮記檀弓釋文『紂本又作緇』。甾古與載通，詩大田：『俶載南畝』。箋讀『俶載』為『熾菑』，故卜辭之幺可讀為『載寢』『載弄』之載。詩載馳傳：『載，辭也』。卜辭[glyph]字每用於動詞之前，如：『翌乙亥[glyph]㞢于祖乙』（前編七、三二、四）『王[glyph]㞢于大戊』。（續編一、二、一）皆與佚存三二『甲午卜，亘貞：[glyph]𣎵于大甲』句法相類，即『載𣎵』『載㞢（侑）』『載用』，故知幺[glyph]用為語詞之『載』。」（通考四五七——四五八葉）

閆一多　参龜字条

黄沛荣说参[glyph]字条下。

丁驌释魯，参[glyph]字条下。

按：卜兆刻辭每見「不舌鼄」，當讀作「不牾殊」，參見「鼄」字條。

3180

舌 [glyph]

饒宗頤「舌或午之繁形，猶㹨之作㹨矣。舌亦稱舌子。見屯甲三〇〇〇整龜，為『壬

3210

午卜，舌子妫」之對貞辭。他辭有「侯舌，」（乇乙二八七七）「小臣舌；」（前編四、二七、三）銅器有舌鼎（三代三、三五、二）未知與午有無関係，姑識于此。」（通考一一六一葉）

丁驌「甲三〇〇〇，魯对貞辭作台。辭曰：「壬午卜魯妫，允妫，征死。壬午卜台子妫。台子其妫。壬午卜台子亡其妫。允不。魯不其妫，魯不其，壬午妫。五月」「不台䵢」「不魯䵢」於此可证。[甲骨文字形]实状魚骨也。殷人契龟之器殆以魚骨為之。」（諸帚名中国文字第八卷第三十四冊三五七一頁）

按：合集二二一〇二辭云：「壬午卜，舌子妫」「壬午卜，舌子不其妫？允不」乃人名。與「魯」無涉。此可隸作「舌」，然與3179之「舌」不同字。

3181

絧 [甲骨文字形]

郭沫若「絧殆嗣省，與卯為對文，亦用牲之法，蓋即讀為磔。狗牲用辜磔，殷周秦漢均然。」（粹四三〇片考释）

李孝定「從糸從司，說文所無。」（集釋三九〇二葉）

按：絧為用牲之法，是否即嗣之省，待考。

3182

索刂 [甲骨文字形]

陳邦福「案卜辭亦有[甲骨文字形]諸形，葉氏玉森殷契鉤沈考為殷之索祭，引郊特牲「索祭于祊」為證，說至可信。福謂田獵正田索之繇文，旁从刀有刈艸為繩之誼，與說文索字下「艸有莖葉，可以作繩」之誼亡合，然卜辭索剌名有專誼，索為祭名，剌則地名。……考左昭五年傳云：「子太叔勞諸叔索氏」。杜注：「河南成皋縣東有大索城」。」（辨疑七葉下至八葉上）

李孝定「从刀从索，說文所無。陳氏謂與𠭥為一字，非是，𠭥乃截字，詳說三卷𠭥下。此則从刀从索，地名。陳引杜注說之，碻否待考。」（集釋一五四〇葉）

按：字在卜辭為地名。陳邦福誤以「𠭥」為「索」，李孝定已辨之。

3183 綘

于省吾「第五期甲骨文的『才綘師貞』（摭續一七五），以綘為地名。綘字也作⿰糸丰丰（南北坊四．五一九），原辭已殘。綘字旧不識，甲骨文編入于附录，續甲骨文編附录于糸部。綘字右从迭丰，古文字偏旁往往单复无别，不煩举例。綘即⿰糸丰字的初文。晚周陶文『蒦陽南里人⿰糸丰』之⿰糸丰作綘或絓。絓字右从生，即由丰字所演化。金文邦字左从丰，也从生，是其証。說文：『䋸，枲履也，从糸封声。』段注：『今俗語履之判合為幫。』封即丰的孳乳字，甲骨文以『丰方』為封方。周初器康侯丰鼎之丰作丰，书康誥作封。总之，甲骨文綘即⿰糸丰的初文，說文作䋸，源流十分明显。」（甲骨文字釋林釋綘一四八頁）

按：字當隸作「綘」，于先生以為即「⿰糸丰」字。合集三六九三八辭云：「丁酉卜，在綘師貞：……」為地名。

3184 ⿰糸柔

按：字隸當作「⿰糸柔」。辭残，其義不詳。

3185

商承祚「牛作⿰牛丰，与羊之作⿰羊丰意同。」（殷契佚考十九頁上）

李孝定「按，本辭云『丁亥卜，囗其五十𤛑。』商释牛於此辭固可通讀。然它辭牛字多見，未有如此作者。又此字与羈之作𩢱者結构法相同。縱其事即令与牛有关，与牛字本义亦当有別。商說似以存疑为是。（說文縻训牛轡，此字之意或当与之相近。）」（甲骨文字集释存疑四四六一頁）

宋鎮豪「牽字別詳拙作甲骨文牽字說。尚书酒誥云：『肇牽車牛遠服賈』，牽用为动詞，但卜辭作名詞，意为服牛，世本有『胲作服牛』。晋杜預說：『牽謂牛羊豕』（见左传僖公三十三年注），恐不妥，牽字从牛，固应指牛畜。又漢书酷吏传顏师古注：『品，率也』。卜辭的『品五十牽』『品九十牽』『品百有五十牽』，意思都是率服牛多少。」（甲骨文九十合治例，中原文物一九八三年第三期五八頁）

宋鎮豪「……甲骨文𤛑字从牛从口从糸亦声，字与牛相关，其牛则以繩縛而約束之，字又寓以糸运車之义。此字当即牽之本字。据说文解字第二篇上牛部云：『牽，引而前也，从牛冂，像引牛之縻。元声，苦坚切』。字义正与甲骨文𤛑义密合。又𤛑从糸声，糸与牽古韵同属元部。牽字从牛从糸从冂，冂无义，当即口的形变，开口与不开口，意义一样，犹口训作回，其古文写作回。后世把口写作冂的例子不少。如说文解字有𦃃字，广韵写作𦃃，玉篇云：『𦃃，说文𦃃』，可见口与冂，后世常常相混用。……甲骨文的牽就是牛車，它不是祭祀圣品，它相当於文献中的『服牛』、『僕牛』和『大車』，它在战时用来载运軍事物质，在平时用来『服重致远』。牽义既明，请回过来考释有关辭例：

囗囗囗，囗，囗……牽。

丁亥卜，品，其五十牽。

……稟……。

囗囗卜，品，其乞牽。

戊子囗，品，其……。

戊子囗，品，其乞牽。

囗囗囗，囗，其百又五十牽。

戊子貞，王，其水。

弜水。

戊子卜，品，其□牽。

彶水。

囗丑卜，品，其五十牽。

这是一组四期武乙时的卜辞，丁亥，戊子，己丑三个卜日相接，乃异日同卜一事，辞中的□是九十的合书。「品，其九十牽」结构法颇同「王，其水」，似乎是个卜人名，但从这一组的整体看，前辞的异点是言「品」者，均用「卜」；言「王」者均用「貞」，並且都是正反对贞。考虑到这些异点，「品」似乎应该与下文连文，作动词用，其意为率，汉书酷吏列传颜师古注云：「品，率也」。所谓「品，其九十牽」、「品，其百又五十牽」，即率领这批牛车的意思。」（甲骨文牽字说，甲骨文与殷商史第二辑六六至七五页）

按：釋「牽」可備一說。卜辭皆為祭祀用牲，不當為「服牛」。懷一五六有殘辭為「……□……二牛……」，其均為祭牲，足證商氏釋「牛」之非是。

3186

□

赵诚 「□，網。或写作□，构形之意同，皆象张網之形，当为捕兽之網。卜辞用其本义……甲骨文还有一个□字，可隶定作网。从字形看，应该是網字的初形，但卜辞均用为动词。」（甲骨文简明词典二二五页）

于省吾释網，参□字条下。

按：合集二二〇四九辭云：「至□羊」，于先生釋為「網」，讀「至」為「致」。「是指送來田獵用網取得的野羊言之」（見釋林二六九頁）。然卜辭未見田獵獲羊之例。只能待於進一步考索。

3187

櫜

□ □ □ □

王襄 「古櫜字。」（類纂正編第六第三十葉上）

3214

葉玉森「□是為□戊合文，祭名。是字亦析書。羅振玉氏謂為人名。（增考上、十一葉）」（前釋一卷一二四葉上）

丁山「橐，樹木中空，擊之則其聲橐橐然，人們遂利用之行夜，而即謂之橐。許訓囊，失之。」（甲骨文所見氏族及其制度九十至九一葉）

李孝定「說文：『橐，囊也，从㯻省，石聲。』以契文東作□覘之，丁釋此為橐是也。字作□者以別於東西字。或曰有底無底說者各殊，安知此非囊字。曰□□形同而□□段為東西之東，以音求之，知此必橐字也。字正象橐形，其中一點則橐中所貯之物，兩端象以繩約括之。丁氏初釋橐，通義箋此又說為木中空，先後說殊，後說失之。前一·四五·三辭云『貞勿□王□矢三宰』，同片它辭云『貞□于王冬宰』，知□為□繇文，字在此為祭名，魯實先氏釋□為橐，謂字有三義，詳將疑篇。其說曰『橐於卜辭有三義，其一為盛物函頭之具，如云「登羊三百□」（沃懷五一），蓋謂登進羊三百，橐即周禮夏官羊人所謂「割羊牲登其首」之制也。（中略）考之傳記，橐亦用為盛肉食之具，左傳僖二十八年云「寗子職納橐饘焉」，宣二年云「趙盾為之簞食與肉，寘諸橐以與之」，則所謂登羊三百橐者，其為六畜之羊邪，抑為羊方之人邪，其為首級邪，抑為折俎邪，固莫可審知，然橐於此辭必為盛祭品之具則無可疑』。見斠詮之四十三葉釋橐。魯氏釋□為橐，固尚待商，然說橐字之義則是。辭言『□王矢三宰』，蓋即以橐登三宰之首以為祭也。」（集釋二一〇九葉）

于省吾「甲骨文橐字作□（粹一五五四）或□（常见），后来加□（缶）为音符，遂变成『外形内声』的形声字。□和□字旧时不识，其作□形者，丁山误释为橐（甲骨文所见氏族及其制度九一）。甲骨文有『乞自□』（燕四〇三），以及屡见的『乞自□』、『乞自□』的记事刻辞。以上所列，不仅同属第一期，而且辞例一致，故知□、□和□之同为一字。此外，甲骨文以□字为祭名者习见，左从□也作□或□，□，乃偏旁中的异构。

至于橐字作□，其中所从的□，为什么释为缶？我的解答是，商代金文宝字所从之缶，作父丁卣作□，肇卣和宊甗均作□。不仅如此，商代金文的宝字所从之缶，也有不从口者。例如，作父乙卣作□，斿尊作□，是其证。至于周代金文宝字从缶作□者也数见不鲜（详金文编）。由此看来，毫无疑问，□字以□为音符，□乃缶字的省体。橐字甲骨文作□、□和□，西周金文散盘作□，毛公鼎作□，其中均从缶不省。石鼓文作□，上部附加○形，其中从缶已稍有讹变，最后说文作□。这就是橐字发生发展和变化的源流。

說文𣠶部共五个字，并謂『𣠶从束圂声』（胡本切）。以下橐囊櫜櫜四个字，均謂『从𣠶省』，肥測无据。其实，□形乃由□字演变而来，即櫜之初文。……說文櫜字段注：『石鼓文其魚隹（唯，下同）可（何，下同），隹鱮隹鯉，可以櫜之，隹楊及柳。櫜讀如苞苴之苞。』承培元广說文荅问疏证謂『櫜即包有魚之包』，又謂『包魚史籀作櫜魚』。按段注和承說甚是。汉以后櫜字通作苞或包，苞包通行而櫜字遂废。

概括上述，甲骨文□或□乃象形字，上下象以繩為結，中部大腹以盛物。這和甲骨文東字作□或□，从不混同。□或□為櫜之初文。櫜字中部加缶為音符，由象形孳乳為形声。櫜字属于『外形内声』，如围与闌是其例。……」（釋櫜甲骨文字釋林三四四——三四六頁）

考古所「□：与□殆为一字。」（小屯南地甲骨八三九頁）

按：于先生釋「櫜」，論其形音義之流變甚詳。契文「□」、「□」之別，在於有底無底而已，今以「櫜」、「櫜」加以區分。合集一八二五（前一·四五·三）：「貞，勿戠王夨三牢」，「夨」乃「矢」字，不得釋作「矢」，且「戠」亦非「□」字。摹釋總集及刻辭類纂均誤摹作「□」，今正。

3188

□

按：合集三三〇六四辭云：「弗□方」用為動詞，其義未詳。

3189

束 □ □

丁驌「束即柴字。『壬子其束司魚絲用』（南明七二六），『癸酉卜其束三示』（遺二〇二），皆祭祀之义。字亦是木字加口，成束薪之状。犹杏字构造之加口於木下之例。口之部位，虽有上下，义则一也。故木、東、杏、□等字，形异而实为一字。東作人名用，只見于林二·二五·六，一辭而已。」（說木杏東（□ □ □）中国文字第八卷第三十三冊三五二

〇頁）

于省吾「甲骨文東字作束。東字并非从日，通常作束，中期有时作束或束。説文東作束，并謂：『東，縛也，从囗（音圍）木。』説文東作束，并謂：『東，動也，从木。官溥説，从日在木中。』段注：『木，榑木也，日在木中曰東。』朱駿声説文通訓定声：『从日在木中，会意。木，叒木，榑桑也。离骚折若木以拂日。』按段朱二氏均附会許説，毫不足据。林义光文源：『古日作⊙不作⊖。』又引金文偏旁東東互作，并謂：『東与東同字，東東双声对转，東声之竦亦转入東部。四方之名，西南北皆借字，則東方亦不当独制字也。』按林説甚是，但还不知東为指事字。甲骨文東与東每互作，例如：東方之東也作東（南北師二·五六，此例屡見），景字或从東（乙三四七八，此例屡見），是其证。東字的造字本义，係于東字的中部附加一横，作为指事字的标志，以别于東，而仍因東字以为声。」（甲骨文字释林释古文字中附划因声指事字的一例）

按：説文以束字為「从口木」，羅振玉以為「象束矢形」，均非是。李孝定以為「象囊橐括其两端」是正確的。卜辭為人名。

3190

按：字不可識，其義不詳。

3191 糸束

于省吾釋索，参𠂤字条下。

按：契文糸即象束絲之形。佚三五七六乃「紳」字，乙五三九七乃「紟」字，甲骨文編、續甲骨文編、集釋均誤離而為二。粹八一六本作「茲雨少」，「茲」字未刻全，郭沫若讀缺筆之「8𠄌」為「乙幺」，釋為「霢霂」，李孝定集釋從之，殊誤。楊樹達以為「茲」之省，亦有所未察。卜辭為人名。

3192 索

[字形] [字形] [字形] [字形]

王襄　「[字形]疑古糸字，通作繫，殆同于周禮春官展犧牲繫于牢之禮。」（簠帝第八葉）

于省吾　「續一、十、五：『[字形]于大甲，于亦于口（祊）、三牢』。金三七五：『己亥貞，其[字形]于且乙』。粹五零零：『口子酌[字形]』。明義士墨本有辭云：『[字形]于且乙』。[字形][字形][字形]即索字。其从又或奴或數點與否一也。說文：『索，艸有莖葉可作繩索，从木糸』。按許說非是。索本象繩索形，其上端或上下端岐出者，象束端之餘。金文索諆角，索从索作[字形]，象左右手持索形。契文左右手在下，與左側一也。前一、二四、三：『貞，叀于丘[字形]』。[字形]隸定應作[字形]。後上一四、三：『王其田[字形]』。乃晚期卜辭。[字形]為地名，亦即[字形]字。金文格伯𣪘，[字形]字作[字形]，舊釋約，非是。禮記郊特牲：『索祭祝于祊，不知神之所在。於彼乎，於此乎，或諸遠人乎。祭于祊，尚曰求諸遠者與』。注：『索，求神也』。祭統：『詔祝于室，而出于祊，此交神明之道也』。注：『出于祊謂索祭也』。周禮大司徒：『十有一曰索鬼神』。黨正：『國索鬼神而祭祀』。凡此均索祭之可徵諸載籍者。契文亦作[字形]，即今祊字。漢書成帝紀：『闌入尚方掖门』。注：『應劭曰：「掖門者，正門之傍小門也」。師古曰：「掖門在兩傍，言如人臂掖也」』。儀禮士虞禮：『主婦亦拜賓』。注：『拜之於闈門之內，闈門如今東西掖門』。按爾雅釋宮：『宮中之門謂之闈』。注：『謂相通小門也』。郝懿行謂『宮中廟中俱有闈門』，是也。口即祊。契文『宗口』習見，即宗祊。（說詳吴其昌殷虛書契解詁三續二三五）『祊』謂宗廟之正門，『亦』謂宗廟之左右小门。前四、十六、一：『亦門』。林二、二、十五：『貞，自口門』。按亦门即掖门，口門即祊門。其言『索于大甲于亦于口』者，『亦』與『口』，即亦门祊门之省語。言用索神之祭於大甲，在亦門及祊门也。蓋不知神之所處，故於『亦』又於『祊』也。又按契文有[字形][字形][字形]等字，右均从索。以文例察之，有與索祭用法相近者，存以待考。」（駢三第三十四葉下釋索）

李孝定　「于氏釋此為索是也，其說亦祊二字之義尤塙不可易。惟謂字或从奴象兩手持索之形，似以解為象兩手糾合繩索之形尤為切適也。字在卜辭為祭名。于氏引索祭之義說之亦是。」（集釋二〇七七葉）

王輝　「甲骨文有[字形]（簠帝四一），[字形]（乙九〇〇四）等字……我们以为索在甲文中无求索义，其作祭名也同柴祭一样，是火祭之一种。所谓索，当作火绳解，为引火之物。……卜辞用索字作祭名者如：

丙午卜，□于大甲，亦于丁，三宰（续一·一○五）

辛亥卜，大贞，王其……妣……□又……（金一二二）

索字又作□、□、□诸形，象以手持索，燃以祭神。□上之四点，则象火花四溅。此三字之用为火祭，在卜辞中例子甚多：

己亥卜，其□于祖乙（金三七五）

……丑贞，王其……羌又五……己酉□（粹五○○）

□于祖乙（南明五○三）

……□……于五示（存一·一八二三）」（殷人火祭说，古文字研究论文集，四川大学学报第十辑二五九至二六○页）

按：說文以索為「从米糸」，王筠釋例已疑之。丁山先生謂「索本象繩索形」，其說極是。林義光文源謂「古作□，象兩手繩索形，不从米」，卜辭索字亦或从「又」，亦或从「廾」，林氏之說可信。卜辭「索」皆假作「□」，為祭名。參見3208、3209「□」字條。

3193

緐　□　□

孫海波　「□，后二·八·七。方国名。上絲。」（甲骨文编五○七頁）

按：緐象束絲形，卜辭「𢆶」「緐」有别。李孝定集釋三九○三以為同字，非是。簠徵天象三八字體可疑，不足據。

3194

𦁄　紃　□　□　□

商承祚　「王徵君說此字從糸尹聲」。（類編十三卷二葉上）

孫海波　「□，甲二三○七。从糸从尹。說文所无。人名。」（甲骨文编五○六頁）

孫海波　「㵐一.四○八絴尹疑即伊尹」。（文編十三卷一葉）

饒宗頤　「辛丑卜，穷貞：令多絴比兕朿伐下乆，受出又。（後編上三一.九）按多絴即多尹，絴乃繁形，猶金文命之作綸矣。」（通考第三○七葉）

張秉权　「多絴，卜辭常見，絴字說文所无，以詞例来看，多絴与多子，多父，多母，多臣，多尹，多謝，多亞等語詞的結构相同，絴似乎是一种官职或称谓的名詞，但在其他的卜辭中，似乎还找不出以『絴』表示称谓的例子，所以絴是一种官职的名称的可能性較大，它辭有：

辛丑卜，穷貞：令多絴从望乘伐下危，受出又？（后下三一.九）

与這一辭的句法相同者，如：

令多子族从犬侯罘冬蜀古王事？（前五.七.七十.前六.五.一七）

由多臣乎从沚戛？（佚五四四）

在卜辭中，虽則有多尹与多絴二个相似的名詞，但在這一套腹甲中的圖版柒壹上，『尹』与『多絴』同見於一版，可知多尹与多絴似非同一官职」。（殷虛文字丙編考釋第一○九頁）

按：卜辭「多絴」，亦或稱「絴」。合集四五四八辭云：

「貞，王勿令絴……」

「絴」當為人名。

又合集二○○八八辭云：

「庚申卜，王叀余令伯絴史旅」

「伯絴」亦當為人名。

3195

𣪠

考古所　「𣪠：地名。」（小屯南地甲骨一一六○頁）

于省吾釋索，參月字条下。

為人名。

按：合集四〇二五辭云：「乙卯卜，貞，叀某令比𢿱受甾」；「乙卯卜，貞，叀奉令比𢿱……」又合集三六八三九辭云：「在𢿱貞」，則為地名。與「索」之用作祭名者有別，似不得混同。

3196

剢

孫海波 「剢，己七一一九。从刀从素。說文所无。地名。貞朕于丘剢。」（甲骨文編二〇一頁）

楊樹達 「此即雜色帛之本字，引申之雜色牛謂之物，雜色旗謂之䬈。」（求義四十八葉上）

李孝定 「從糸從勿，犨之古文說文所無。字不從勿，楊說似有未安。惟從勿之字亦有雜色之義，紛之初誼或為雜色絲。本辭殘存『☐帛☐中☐紛』三字，其義不詳。」（集釋三八九九葉）

聞宥 参紉字条

按：字可隸作「紉」。合集一五二正辭云：「貞，朕芻于丘紉」，「丘紉」為地名。

3197

索

朱芳圃 「（後上一一·四二） （佚三七五） （甲七〇七） （拾二·一二） （明三〇五）」上揭奇字，象兩手奉苣，或一手持之，當為爟之初文。儀禮士喪禮：「楚焞置于爟，在龜東。」鄭注：「爟，炬也，所以然火者也。」說文火部：「爟，所以然火也。」然下衍持字，茲依士喪禮鄭注删。从火，雧聲。炬言其體，所以然火言其用。禮記少儀：「執燭抱爟」，此正其形象矣。對轉冬孳乳為熜，說文火部：「熜，然麻蒸也。从火，悤聲。」一作爞，廣雅釋器：「爞，炬也。」說文火部：「燭，苣火也。今本火下衍字，兹依字林删被。从火，爵聲。按爝即燋之異文，莊子逍遥遊：『日月出矣，而爝火不息』，釋文：『爝，本亦作燋，音爵』，是其證」。（殷周文字釋叢卷上第四十葉）

朱芳圃　「此即苣之初文，說文艸部：『苣，束葦燒之。从艸，巨聲。』丫象葦，8象束。一作炬，華嚴經音義上：『說文曰「炬謂束薪而灼之」，謂大燭也。珠叢曰「苣謂苫苣，束草爇火以照之也。」』苣即古之炬字。其說是也。卜辭云：『丙午卜貞□于大甲于亦于丁。三牢。』（續一·二·五）蓋用為祭名，即□□諸字之省形，義與燎同」。（殷周文字釋叢卷上第四十葉）

屈萬里　「□，于省吾釋索（駢三第三四葉）；其說可信。索，祭名；蓋不知神之定處而尋求之之祭也」。（甲編考釋八九葉）

赵诚　「□，□。或写作□，从又（手）从収（二手），象手执索形，实即索字。甲骨文用作祭名……据考证，索祭为不知神之定處而寻求之之祭。」（甲骨文简明辞典二四七页）

赵诚　「□，□。从又束声。或写作□，构形之意同。甲骨文用作祭名，如『□□□□中日』……（南明六七六）。□用作祭名，可能是束的繁体。」（甲骨文简明词典二五三页）

孙海波　参□字条

王輝　参□字条

按：于先生釋「索」，此乃其繁體，在卜辭皆為祭名。參見3192「索」字條。

3198　□　□　□

李孝定　「从爪从東，說文所無，東為橐之象形。」（集釋〇八六五葉）

屈萬里　「□，隸定之當作𣓁。」（甲編考釋二九三頁）

按：合集二〇五七六反辭云：「辛巳𣎆祖辛父」，字从「爪」、从「東」，隸可作「𣎆」，實亦「索」之異構。又合集二〇六四六辭云：「丁丑𣎆入七」，「𣎆」乃人名。

3199 索

王襄 「古索字，象兩手治絲之形，即許氏訓治之誼。」（簠室殷契類纂第二十葉）

聞宥 參幼字條

按：合集六三四三辭云：「貞，叀舌方索伐𢦏」字亦當釋「索」，「索伐」未詳何義。

3200

按：合集二九二八四辭云：「其田眢于𡵂亡𢦏？𡆥」為地名。

3201 ⿴囗東

按：字在卜辭為地名。

3202 ⿰索卩

孫海波 「⿰索卩，京津二〇〇九。从卩从東。說文所无。」

𥿑·浯二·一七、一〇。或从𠦪。」（甲骨文編三七六頁）

二 丁驌「紡𥿑：前七·二二·二。字亦作𥿑，疑即綀，見庫四一七。前七·二二·二辭曰：『紡子死』。」（諸帚名中国文字第八卷第三十四册三五七一頁）

按：字从「索」、从「卩」，隸可作「𦃇」。辭残，其義不詳。

3203

紷

丁山 「郭氏粹編考釋於𥿑隸定為紷，而均無說。按，說文無紷字。釋名釋采帛云：『紷，辟經，絲貫杼中，一間并，一間疏，疏者紷紷然，并者歷辟而密也』。意者紷即辟經本字。禮記内則：『羊泠毛而毳羶』。鄭玄注『泠毛毳毛，別聚旃不解者也』。聚毛使之不解，是泠毛者是織毛也。織毛與辟經同道。如紷爵銘所圖，𥿑正象人織毛辟經形。當即武丁時代䈞紷氏遺物。」（氏族方國志一三九葉）

又曰：「䈞紷可能即客成本名。」（同上一四三葉）

李孝定 「從糸從令，說文所無。丁氏說此字之義甚是。紷為後起形聲字，字從竹者蓋以竹為機杼也，令則段借字，此其本字也，字在卜辭為人名。」（集釋三九〇一葉）

屈萬里 「𥿑，隸定之當作紷。」（甲編考釋一四一葉）

屈萬里 「隸定之當作𦃇，即紷字。按：粹編一一六一片辭云：『叀𥿑令？』又一三〇三片辭云：『丙寅卜，㞢令𦃇㞢比元㞢令㞢？』𦃇、𥿑皆當為紷字。以此證之，紷乃人名也。」（甲釋五〇〇葉補十片釋文）

何琳儀、黄錫全 「其实甲骨文𥿑、𥿑、𥿑即金文紷的初文，它們在卜辭中雖均為人名或地名。但從形體分析，其从糸从索从素作8、𡿺、𡿺与金文8、𡿺、𡿺，小篆糸、𦃃、𦃃顯系一脉相承。三者做為古文字形符用，其形義均近，故可互作。甲骨文幼或作𡿺，是从糸从索互通之證。師嫠毁『索黄』讀『素黄』，是从索从素互通之證。多數學者將甲骨文和金文中這

3224

些从索从素，令聲的字隸定为𦅫或𦅫，其實也可隸定為紷。蔡姞毁『𦂳𩛥永命』即『綽綰永命』，茾伯毁顯作𩞧，說文𦅫、𦅫，分別或作綽、緩，說文之𦅫，廣雅釋器作綽，爾雅釋水作𦅫，均𦅫、紷一字之證。

玉篇『紷，綽綠總。』類編『紷，絣絜。一曰綠細涑（練）為紷，布細涑為總。』綜合這些後代字書所保存的古義，知紷不外乎為一種比較精美的絲織品——這是紷的本義。精美的絲織品自然可引申有美善之義，這與純本訓綠（說文），引申為美（楚辭離騷王逸注：『至美曰純。』）又引申為好（方言）的道理相同。

爾雅釋詁：『令，善也。』此『令』之本字當作紷。考令之本義為『發號也』（說文），而經傳多訓善，與本義無涉。令、紷均訓善，紷為本字，令為同音假借字。金文令字不勝枚舉，有『命令』、『命運』、『賞賜』等義，但決無一例訓善。這不僅證明在金文中令、紷二字用法涇渭分明，同時也是紷訓善的有力佐證。」（𣪘盤考釋六則，古文字研究第七輯一一九——一二〇頁。）

按：字在卜辭為人名。丁山解為「辟經」，不可據。字或从□、□，當為同字。「素」、「索」字皆同源。

3204

紷 □ □ □ □

金耀說參□字条下。

按：此均為「紷」之異構。參見3203「紷」字條，當併入。

3205

嫊 □

丁驌說參□字条下。

按：字从「女」从「索」，隸可作「嫊」。合集七一五三正辭云：「……嫊子𡿩」，為人名。

3206

⿰車生

楊树达　隶定作⿰車婁，谓字与整形近，即紀年河亶甲名之整。（積微居甲文說三七頁）

饒宗頤　「⿰車生字从束从往，盂又旁，殆即速字。此為祭名，讀作𧶜，與餗字同。」（通考一一五二葉）

按：合集二七四三九辭云：「乙卯卜，䀠貞，……帝甲⿰車生……其眔祖丁……至？……」為祭名，疑當讀為「餗」，乃「⿰壴婁」字之省體。參見3207。

3207

⿰壴婁

金祥恒　「甲文文有⿰壴𧻚与⿰壴婁，皆从𦥑。一見小屯殷虛文字甲編考释附圖第一〇一片：癸未卜，在𨻰貞：今日屮九𡇒，王于𢀛侯告𠃞，王其在𢀛⿰壴婁正？另一字見於胡厚宣戰后南北所見甲骨錄，明义士旧藏甲骨文字第五四九片：其⿰壴婁，屈翼鵬先生考释云：『音义未詳』。大乙、大丁、大甲，其乍𦥑𧻚，乍豐唐，又（足）？其𧻚，盖从𧻚从门，门亦声。𧻚即說文𦥑。……盖『𦥑𩰪』与『豐唐』对文。『豐唐』者，豐道也。……唐，道也。……『豐唐』者，宗庙醴祭之道也。𦥑𩰪（門）者，以𦥑义推之，乃以黍稷祭祀，以门区分之也。与后世迎神富会，举行大典所建立牌閉纸門然。卜辞『其乍𦥑𩰪，乍豐唐』，谓祫祭其先祖大乙、大丁、大甲，举行𦥑祭与豐（醴）祭而建門築道也。……小屯殷虛文字甲编之⿰壴婁，从⿰壴婁从㞢（㞢），其结构与𩰪相同。从𦥑从㞢（往），㞢亦声。……其𩰫（㞢）从𦥑者，乃𦥑祭而往也。於字为形声。（釋𧻚⿰壴婁中国文字第五卷二〇五頁至二〇〇九頁）

按：合集三六五二五辭云：「癸未卜，在𨻰貞，今𡆥巫九𡇒王于𢀛侯𠙵師王其在𢀛⿰壴婁正」

為祭名，乃「甡」之繁文。饒宗頤謂當讀作「餗」，其說可信。參見3206「甡」字條。

酥—醙

王國維　「此字从酉从𠬞束，殆即無以莤酒之莤。文曰：『貞酥豊』。（即醴字，後下八、二）說文解字：『莤，禮祭束茅加于祼圭而灌鬯酒，是為莤，象神歆之也，从酉艸』。此象手奉束于酉（即酒）旁，殆莤之初字矣。」（轉引自集釋四四〇三頁）

葉玉森　「疑亦祼之別構。周禮典瑞『以祼賓客』，注『爵行曰祼』，是主人飲酒亦謂之祼。故卜辭另以从示為从酉。𣎆即重果。洨丁彝祼作𣎆，亦从重果，與卜辭𣎆正相似」。（鉤沈六葉下）

孙海波　「醙，前六·一六·二。从酉从束，說文所无。王國維以為即莤酒之莤。」（甲骨文編五七一頁）

趙誠　「甲骨文的醙字，象手奉束于酉（即酒）旁，会缩酒以祭之意。此字小篆变成了莤，从酉从艸，說文释为：『礼祭，束茅加于祼圭而灌鬯酒，是为莤，象神歆歆也。』並引『春秋传曰，爾貢包茅不入，王祭不供，無以莤酒』加以说明。可见基本意义未变。不同的是商代只是以手奉束缩酒，后代却是束茅加於祼圭而灌鬯酒。如果再用双手奉束茅则不能完善地表达其意，因而干脆省为从艸，突出束茅，而整个字的着重点仍在酒，所以说文不入艸部而归于酉部。」（古文字发展过程中的内部调整古文字研究第十辑三五三页）

饒宗頤　「卜辭『餗王』與『酥王』通用。契文之酥，王靜安讀為左傳『無以莤酒』之莤。後編下八、三：『癸未卜貞：醙豊（醴）。』由出酉用。十二月。』『醙豊』即莤酒也。說文：『莤，禮祭束茅加于祼圭，而灌鬯酒，是為莤，象神歆之也。』禮記郊特牲：『縮酌用茅。』詩小雅伐木『有酒湑我』。傳：『湑，莤之也。』莤謂束茅立之祭前，灌酒其上。此云『來酥王』，言來莤酒于王前也。」（通考三九四葉）

饒宗頤　「按醙即莤，盖束為聲符。莤為縮茅沃酒，左僖四年傳：『無以莤酒』，本作『縮

酒」。賴與縮同，疑讀為宿。春秋隱元年：「及宋人盟于宿」。郡國志：「東平國無鹽，本宿國，任姓」。（通考三六七葉）

按：契文作䭰或餗，為祭名，釋酋不可據。此乃「餗」之異構。契文偏旁「酉」與「㐭」可通用。參見3209「餗」字條。葉玉森釋「粿」，乃誤以東為「重果」，不可據。

3209

餗

孫詒讓 「說文食部『餗，脩飯也，从食奉声。』或作饙，从賁，或作餴，从奔。左从㑹即食，右从𢿱，奉之变体。金文叔夜鼎饙作𩞁，变𢆶为𤕫，从廾，此省从又，篆意略同。唯金文变夲为木，而此变为木，則古文之異也。」（契文举例下廿頁）

王國維 「說文解字：『鬻，鼎實，从鬲，速聲，或作餗。』與此同，許書之鬻，疑後起字。」（转引自集释〇八五九頁）

葉玉森 「餗从食从専，餺或餔之古文。漢書高帝紀『呂后因餔之』，段餔為餔。曰『妹其餔』，蓋王于昧爽賜餔也。（殷契鈎沈）」（前释二卷六十六葉背）

葉玉森 「予旧释餗为餔之古文，与本辞之餗似非一字。卜辞食字及旁从之食无一作㑹形者。释饙、释餗均未能諦。柯氏释今丝有合文，更误會矣。」（殷虚書契前編集释五卷二十頁）

柯昌濟 谓『餗喜』当读为『今丝有喜』。（殷虚书契补释）

朴海波 「餗，䭰一八二·二。卜辞餗与說文鬻字或体相同。
䭰，甲一九一〇。或从食省。
𩟗，佚八九五。从鬻与說文篆文同。」（甲骨文编一〇九頁）

饒宗頤 「按餗字據孫氏文编释，即說文『鬻』字，亦作餗，見于我之卜辭（粹編四六

五）」。（通考八五四葉）

饒宗頤　「按餗說文為鬻之或體，與此形同。說文訓為『鼎實』。湯鼎卦『覆公餗』。詩韓奕『其蔌惟何？惟筍及蒲。』王引之謂蔌乃豆實，非鼎實。此辭『餗王』用為動詞，似假為酥。」（通考三九二——三九三葉）

李孝定　「按此不从專，其或體从𣎆，明是束字，仍以王說為是。」（集釋〇八六〇葉）

李孝定　「說文：『鬻，鼎實，惟葦及蒲。陳留謂鍵為鬻。从鬻，速聲。餗，鬻或从食、束聲。』契文與許書或體同，或从食，或从豆，亦食省，王說可从。辭云『癸亥卜在餗貞王在𡆥妹（昧）其餗往正（征）王』（前二、三九、二）言昧爽其餗，餗謂實鼎之殺蔌，蓋言以餗為祭也。它辭皆僅餘殘文，不詳其義。葉玉森釋鋪，於字形不合。」（集釋〇八五九葉）

考古所　「𩞁：可能為𩞁、𩞁之异构。」（小屯南地甲骨一〇二八頁）

考古所　「𩞁：可能是𩞁等形之异构。」（小屯南地甲骨八六八頁）

姚孝遂　肖丁　「『饛』祭本身与雨无关。只是宁沪1.94有『丁亥貞，饛不冓雨』，谓举行饛祭时是否会遇上下雨，这和貞问田獵时是否会『遘雨』是一样的。饛祭当在室外举行。」（小屯南地甲骨考釋三六一頁）

按：王國維釋餗，即鬻之或體，其說可從。卜辭云：「王其又大乙叀餗」（粹一三八），餗假為蔌。詩韓奕：「其蔌維何？維筍及蒲」。爾雅釋器：「肉謂之羹，菜謂之蔌」。卜辭祭名、祭牲、用牲之法均同字。如伐、俎等皆是。菜謂之餗，以菜實之祭亦謂之餗。故卜辭之「其餗」、「弜餗」（粹三六八），乃用為祭名。

契文「餗」之異體从「酉」，通用無別。3208「酥」字當併於此，舊釋為「酋」，不可據。

3210 饛

為地名。

3211 索

按：此當是「索」之異構。合集二一一四九辭云：「……屮索鬳?……」為祭名。

3212 倲

按：合集三五二二五辭云：「甲午入倲……」字从「人」、从「柬」，乃地名。

3213 係

按：字當釋作「係」。合集四九五辭云：「丙午卜，爭貞，□其係羌」在此當讀作「繫」。參見3160「係」字條。此為其異體。

3214 弔

羅振玉「古金文伯叔及淑善字，作□（兮敢）□（敢）□（卯敢）□（井人鐘）等形，與卜辭諸文略同。吳中丞曰：『象人執弓矢形。男子生桑弧蓬矢六以射天地四方，故叔為男子之美稱』。予案吳說非也。此字从𠃌象弓形，↑象矢，己象隿射之繳，其本誼全爲隿射之隿，或即隿之本字，而借爲伯叔與？存以俟考」。（殷釋中四十四葉上）

葉玉森　「按羅說己象繳似矣。先哲造字取約束誼者以己之象之，如弔（叔）亦作中，則己與己同，曹亦作曹，則口與己同，井（弗）亦作弗井，則三與己ㄷ同。其物當爲綸索之類，利約束耳。不必定爲隿射之繳，亦不能遽斷爲隿之本字」。（前釋一卷五十一葉上）

郭沫若　「余案羅說是也。此與『己』可爲互證。字蓋从己，己亦聲也。己隿同在之部，音與幽部最相近，故叚借爲叔，己復轉入宵部爲繳，故叔又讀爲弔，古書不淑與不弔兩通。揆其初字，固同爲弔或中之隿也」。（甲研釋支干己字條第九——十葉）

唐蘭　「『弔』字本應釋做『弔』，吳大澂羅振玉等硬把來當做『叔』字解說，就錯了，因爲金文是另有『叔』字的。（金文編以爲弔和从弔的字，都是叔字之誤，而把叔字列入附錄，也不對。）『弔』字後世讀爲『叔』，所以就借用『叔』字，正和『釁』（今誤爲釁）的借用『眉』，『寵』的借用『奄』，是同樣的例子」。（導論下二十葉）又曰：「古人用伯弔不弔，後世音改用伯叔，而近世學者乃謂弔即叔字，或且謂說文弔字與从弔之字均爲叔字之誤，不知金文固有叔字也」。（考古四期三葉釋四方之名）

孫海波　「古弔叔一字」。（文編八·四）

孙海波　「弔，前一·三九·三。卜辭用弔为伯叔之叔。重見弔下。」（甲骨文編一二二頁）

李孝定　「羅說蓋謂此所从之↑爲弓，己爲繳，↑爲矢，繳矢似之，而↑固人字，非弓也。徐灝段注箋『疑从弟省聲』，可備一說，其字之初形朔誼不可深考矣。字古讀當與叔同，故不弔不淑通用。後世習用叔拾字，遂謂弔亦叔字。唐氏所說是也。金文作弔頌鼎弔弔頌簋弔尹弔鼎弔齊鎛弔弔氏鐘弔虢弔鐘弔弔皮父簋弔弔弔倉父盨弔鄭䢅伯鬲弔夆弔匜弔曾大保盆其字多見，形體略同。容庚曰『按弔，善也，引申爲有凶喪而問其善否曰弔。說文作𢎍形體少譌。魏三字石經君奭「不弔」古文作弔，篆文作弔，尚不誤。後段拾也之叔爲伯弔之弔，又孳乳淑俶以爲弔善之弔，說文亦解弔爲問終，乃弔之本誼廢，而人莫知弔之爲弔矣』。（金文編八卷六葉）其說若謂弔善伯弔為弔之本誼，然亦未能究明其故，蓋其字象人身繞繳矢，訓伯弔訓弔善均不可解。徐灝謂从弟省聲，則與伯弔義近，其說似較近之。契文𠦝字，舊均从羅說釋叔，入又部，非是，今改从唐說。容氏金文編廿七年重訂本已收叔作叔入三卷，𠦝作弔入八卷。卜辭言「弗弔」，補三、三二、三、補、五、十七、二，其義似當訓善。」（集釋二六六九葉）

饒宗頤　「『丁卯，子卜：弔歸。丁卯，子卜。丁卯子卜……』」（庫方一五五七）按弔人名，殷器有子弔壺、（錄遺二二八）弔𣪘、弔卣、弔鼎。（續殷文存）」（通考七三八葉）

按：弔从人，非从弓，⼰象矢有繳形。甲骨文弟作𢆶，徐灝疑弔从弟省聲，不可據。唐蘭釋「弔」，假借作叔，弔與叔不當同字。弔與弟當屬同源關係。合集六六三五、六六三六正、六六三七正均有「𠦝羌」之記載，而合集四九五則作「係羌」，合集一〇九七作「羌係」。疑「弔」亦假「係」為之，本均作「係」。孳乳為「弔」，後假作「伯叔」字。

3215

弟

王襄　「古叔字。許說拾也，从又尗聲。廣雅釋詁：叔，少也。借為叔季之叔，引伸之為男子之美稱，與子甫同誼；又通作淑，善也。金文或借𢘻為淑，遺者鍾、沇兒鍾淑于威儀，皆作𢘻，沇兒鍾郘王之叔子沇兒，亦作𢘻，知叔、淑、𢘻古通也。」（簠室殷契類纂第十三葉）

吳其昌　「弟字殆即叔字之涌，以形體言之，弟字明為叔字之涌叏。金文叔作𠦝，弟作𢆶，同象有繒繳纏繞於韓藁之形，但弟字涌去繳端鏃鏑之形耳。以聲類言之，叔弔古讀同音，弟在定母，弔在透母，透定之別但帶音與不帶音耳。部位同在舌頭，次清與濁所別本不甚鉅，此以弟得聲之梯亞在透母，亦一證也。以訓誼言之，父之所弟即我之所叔也，夫之所弟亦妻之所叔也。白虎通三綱六紀引禮親屬記云『男子先生稱兄，後生稱弟』，而爾雅釋親則云『後生為叔父』，故鄭康成箋釋兮之詩云『叔伯兄弟之稱』尤為明證。引而伸之，則叔義為少，弟義亦為少，故廣雅釋詁云『叔少也』，禮記鄉飲酒義疏亦云『弟少也』，可以為證。再引伸之，叔義為淑善，弟義轉為豈弟，皆以易順為德，亦相似也。」（金文名象疏證兵器篇）

李孝定　「說文：『弟，韋束之次弟也，从古字之象。𢍏，古文弟从古文韋省，丿聲。』契文此字與金文作□齊鎛□旻季良父壺□𩈿簋□散師父簋□沈子簋□厤弔多父盤□□應公鼎者略同，吳說可从。繳繒纏繞亦有次弟，故引申之義為次弟，又引申之為兄弟也。字不从韋，許書古文乃由金文諸形所譌變，亦非从丿聲也，以形譌近韋，故許君以韋束之次弟說之耳。徐灝段注箋云『革縷束物謂之韋，展轉圍繞勢如螺旋而次弟之義生焉』。桂馥義證曰『五經文字「弟从韋省，象圍帀次弟之形」。』其說並是。卜辭云『貞□□隸定之當作眈弟口』，弟上兩字並不識，不詳其義。」（集釋一九三二葉）

于省吾释□見□字条下。

按：弟與叔有別，吳其昌之說非是。林義光文源以為弟字「从弋，己束之」，卜辭用為兄弟之弟：

「壺弟曰攺……」　　　　　　　　　　　　　　　　　　　　　　庫一五〇六

「𠨍弟曰□」

3216

□

按：字不可識，其義不詳。

3217

斗　□　□

陳夢家　「卜辭凡近世之祖與父，祭其禰曰升，所以『且丁升』乃武丁的禰廟」。（綜述四二七葉）

李孝定　「說文：『斗，十升也。象形，有柄。』篆作□，於形已不肖，契文金文則正象斗有柄之形。古升斗均作此，於文無以為別，但以點之有無別之，無點者為斗，字作□契文作□金文鬻朕鼎作□，金文秦公簋有點者為升，字作□契文作□金文友簋□金文秦公簋參看下『升』字條。辭云『斗从』，兩辭同，似是人名。」（集釋四一〇三葉）

屈萬里 「𠂔，當是斗字。秦公𣪘斗字作𠂔，𥅽姝鼎作𠂔，均與此同。」（甲釋四一五葉三二四九片釋文）

按：說文：「斗，十升也，象形，有柄」。廣韻引作「有柄，象形」。契文𠂔即象斗形。金文作𠂔，猶相近似。篆文作𣁬，已漸失其初。卜辭云：

「丙辰卜，月丁比斗」 乙四四〇

「庚午卜，月辛未比斗」 乙一一七

「癸亥，月甲比斗」 乙一三四

「己亥卜，月庚比斗，征雨；

庚子卜，月辛比斗」 合三六二

「癸巳卜，月：：比斗」 乙四二九

此均有關天象之記載。據其日名有「丙辰」、「庚申」、「庚午」、「庚子」觀之，如按最短時間距離計算，自「丙辰」經「庚午」至「庚子」，連續達四十五日之久。一直對「月比斗」之現象進行觀測並加以記錄。

「斗」當如詩「惟北有斗，不可以挹酒漿」之「斗」。古「北斗」、「南斗」均謂之「斗」。

「月比斗」猶言「月犯斗」。史記天官書：「斗為帝車，運於中央，臨制四鄉。分陰陽，建四時，均五行，移節度，定諸紀，皆繫於斗」。若諸星犯斗，皆為不祥之兆。漢書天文志：「日有中道，月有九行」。「若月失節度而妄行，出陽道則旱風，出陰道則陰雨」。

日月星辰之運行，本為自然現象。古代於其變異，每與人事之災禍相聯繫。宋書天文志：「興寧三年七月庚戌，月犯南斗。占曰：『女主憂』。……明年五月，皇后庾氏崩」。魏書天象志：天興六年「六月甲辰，月掩北斗魁第四星」。又天賜二年「八月丁巳，月犯斗第一星。占曰：『大臣憂』。三年七月，大尉穆崇薨」；「五年五月丁未，月掩斗第二星。占曰：『大人憂』。六年十月戊辰，太祖崩」。

卜辭「月比斗」為迄今所見最早有關「月犯斗」之記載。「月比斗」者，謂「月」與「斗」相並行。後世或稱「犯」，或稱「侵」，或稱「掩」，其實一也。「月比斗」是一種較為罕見之天象，故古代人們目之為災異。早在殷商時代，人們已觀測並記錄。此種天象資料彌足珍貴。刻辭類纂一二三六頁釋「斗」為「升」，釋「比」為「从」，並誤，應予以訂正。資料亦有遺漏。

3218 □

按：合集二九五四三辭云：「癸酉……其□……□」，為祭名。當為「𥘊」之異文。參見1124及3220「𥘊」字條。

3219 □

按：合集一〇四六辭云：「貞，于□彭……小宰」，當讀為「宓」，亦「𥘊」之異文。參見1124及3220「𥘊」字條。

3220 必升𥘊□□□□□

王國維 「□字未詳，疑古勺字。□，象勺形，一，其實也。晉敦云：『隹四月初吉，丁卯，王蔑曆，錫牛三，□既拜稽首，□于厥文祖考』。彼□字與此□字正同，彼為夏祭，當假借為礿祭之礿。此云『鬯二□一卣二』，則當為挹鬯之勺，卣所以盛鬯，勺所以挹之，故二者相將」（戩考四十四葉）

葉玉森 「汥敦升作□，漢臨菑鼎作□，與篆文異。前編卷四第二十二葉之□作（按：實與鼎文同，異體作□，□）疑象溢米散落形。王靜安殷墟文字考釋謂古勺字，未知孰是」（鉤沈六葉）

吳其昌 「『勺』字卜文中作□□□□……諸狀。《戩壽堂》所藏卜辭有云：『其禘新，鬯二，□一，卣二。』（二五·一〇又見《續》一·四〇·五）先師王先生據此而為之釋曰：『□，疑古「勺」字。□，象勺形，丶，其實也。《晉敦》云：「隹四月初吉丁卯，王蔑晉曆，錫牛三，晉既拜稽首，□于厥文祖考。」……』（其昌按見《西清》二七·一，《善齋》八·八三）彼□字與此□字正同。彼為夏祭，當假借為礿祭之「礿」，此云「鬯二，□一，卣二」，則當為挹鬯之勺。卣所以盛鬯，勺所以挹之，故二者相將。』（《戩釋》四五）按先師之說，至是不易。但有須補充審訂者，「礿」祭之期，固時為夏祭；此一可以金文《晉敦》

證之；二，在經典中則如《爾雅·釋天》云：「夏祭曰礿」，《春秋》桓公八年《公羊傳》云：「夏曰礿」，《春秋繁露·深察名號篇》同。《說文》：「礿，夏祭也。」又《小雅·天保》，《韓詩說》「夏祭曰礿」。又《周禮·大司馬》「獻禽以享礿」鄭注：「礿，宗廟之夏祭也。」又《禮記·明堂位》：「夏礿」……等證之。又其字，秦漢以後人書之，嘗與「禴」字溷淆不分。（其實在甲骨、金文中「礿」「禴」分別甚明，絕不相蒙。）故《天保》之詩，本作「礿祠烝嘗」，《王制》鄭注所引甚明，而今毛《詩》則作「禴祠烝嘗」矣。又桓八年《公羊傳》之「礿」，《釋文》：「本又作禴。」而《易萃》六二：「乃利用禴。」虞翻注：「禴，夏祭也。」桓公八年《穀梁傳》亦云：「夏祭曰禴。」此亦周代「礿」祭在夏季之旁證。而在殷代則不然。《前編》有獸骨卜辭兩端，其一闕下段（一·二〇·七），其一闕上段（四·四四·五）合而足之，其文云：「……王其又（侑）彳于武乙彔，□之，王受右（祐）。在正月。」是於正月舉行礿祭也。故《禮記·王制》又有「春曰礿」，《祭統》又有「春祭曰礿」之異義。考王弼《萃》六二注：「禴，殷春祭名也。」《釋文》同。又《既濟》九五《正義》：「禴，殷春祭之名。」而《王制》「天子犆礿」鄭注則云：「周改夏祭曰礿。」綜觀所述，乃「礿」在殷時本為春祭，至周而改為夏祭；與卜辭及《習殷》委曲悉合，其說必端有所受，而非構自臆矣。又《易·既濟》九五：「東鄰殺牛，不如西鄰禴祭，實受其福。」其意，目禴祭為至薄儉之祭甚明。今「礿」本義為勺，一勺之獻，故非豐裕。……」（《殷虛書契解詁》第一五九至一六〇頁）

于省吾

「㦰二五·十：『其禝新鬯二彔一卣于□』……王氏誤以新為妣辛合文，又誤以下于字為二，遂誤解其句。此言其禝新鬯二彔一卣于某某也。彔與卣並舉，當為容器。彔即今必字。必疑應讀為鉍或鉳。金文瓶字作鉳鉳。說文：『比，密也。』廣雅釋詁：『毖，比也。』周禮輴人：『弓長六尺謂之庇軹。』注：『故書庇作秘。』是比必字通之證。習殷早形乃升字。欒父己彝礿作鬥鬥，右从勺，與升形迥別。葉誤以彔為升，惟以彔為象溢米散落形近是。彔為必之初文；茲分述於下：一、彔即必，當為柲之初文。……金文必字休盤作戈，欒盤作戈，無叀鼎作戈，其遞衍之迹，為由彔而戈而戈而戈。說文：『必，分極也，从八弋，弋聲。』按从弋乃形之譌。弋與必聲韻皆不相近。段玉裁注改為『从八弋，八亦聲。』不知古文本不从八。契文八字作八，以八之字分作分，與彔字所从之二點有別。彔字本義疑為柲之初文。廣雅釋器：『柲，柄也。』柲無以為象，須假器物以明之，从彔象某種量器，米點散落，下象斜柄。从丿所以示其柄之所在。蓋指事字也。柲字从木乃後起字。一、必亦作祕，金文作宓，均為祀神之室。澣一五三：『即大乙祕』。中院獸骨刻辭：『文武丁祕』。祕字从彔，無左右兩點，乃省體。前一·十八·一：『文武丁必」。可知祕即必，均為祀神之室。䥫卣：「用𩰫于乃姑宓」。言用將亯于汝之姑之神室也。仔卣：「子作婦姑彝，女子母庚宓祀障彝」。宓祀謂於宓室祭祀也。宓從宀，其為宮室之義尤顯。說文：「宓安也」。淮南子覽冥：「宓穆休于太祖之下」。注：「宓寧也」。安寧義同，奉神主於深室，自有安寧之義。經傳祕宓亦作閟。詩閟宮：「閟宮有侐」。傳：「閟閉也」。箋：「閟神也」。說文：「閟閉門也」。「祕神也」。徐鍇曰：「祕不可宣也，祕之言閉也」。按傳詁閟為閉，與說文閉門之訓符。箋訓閟為神，是讀閟為祕也。二說雖異，義猶相近，閉言其宮，神言其宮幽邃，故言閟也。說文段注謂宓經典作密，是宓與密為古今字。宓亦通冥，詩斯干：「噲噲其正，噦噦其冥」。傳：「冥幼也」。正義：「爾雅亦或作窈，某氏曰：「詩云噦噦其冥為冥窈，於義實安」，是也」。按詩言「正」謂正室之前，「冥」謂正室後深幽之處。易繫辭：「以通神明之德」。九家注：「隱藏謂之神」。太玄文「乃窮乎神域」。注：「神域幽冥也」。古人藏神主於廟室之幽窔處，因謂其室為宓。後世但知閟與冥為形容宮室之閟暗冥窈，而古制湮矣。一、言必言祕之例。前一·二十·七：「王其又彳于武乙必，正，王受又又」。必即宓，謂神宮。粹三三〇：「兄祝才父丁必」。通別二·八·六：「其兄于且丁父甲，才必」。輔大藏栔有辭云：「才必用，王受又」。余所藏明義士墨本有辭云：「其召于且丁必，其至于乙癸必囗祊」。必言才言于，尤可為神宮之證。前一·十·四：「武祖乙必囗祊，其牢茲用」。必祊連文，猶之宗囗祊連文。粹五四一：「弜鄉宿，𩰫暖必」。宿必對文，宿古廷字。言弗饗于廷，𩰫暖于必也。前四·二十·六：「王宐二必，鬻蒸，亡尤」。以文例考之，「二必」疑為二神宮，與「二必一卣」之「必」有別。粹四一六：「祉于二且」。續一·四三·一：「亡亦希王」。祖與亦可言二，猶必可言二也。綜之，弋即必字，當為祕之初文，从弋从丿，丿亦其柄之所在，指事字也。說文以必為从八弋聲，誤以指事為形聲，而聲亦不符。栔文假必為祀神之密室，字亦作祕，金文作宓，从宀而密室之義遂顯矣」（駢三第二〇——二二葉）

杨树达

「卜辞云：「其禘新，鬯二，豕二，卣二。」（戬寿贰伍页拾版，续编壹卷肆拾页伍版）……叶玉森释此字云：「汉临菑鼎升作𠦑，与篆文升字异。卜辞之𠦑（前编肆卷贰拾叶陆版）与鼎文同，异体作[illegible]，八象溢米散落形。」（见甲骨学文字编补遗廿叁叶）树达按：叶说甚审。今考秦公簋升字作𠦑，则此字为升无疑。金文曶鼎之𠦑，亦是升字，王氏同误释也。卜辞云升二者，升当假为𧯶。说文五篇上豆部云：「𧯶，礼器也，从廾持肉在豆上，读若鐙同。」盖升与𧯶古韵同在登部，声亦相近，故可通作。𧯶为礼器，故殷人祭祀以之与鬯卣并列矣。卜辞云：「癸丑卜，王贞，翌甲寅，王其寅父△，升。」（佚编下卷七页壹版）又云：「癸卣卜，贞，翌日乙亥，王其又斤（有祈）于武乙，升，正，王受右？」（前编壹卷贰拾叶柒版）又云：「贞且甲升，若？我受又？」（前编贰卷壹陆页贰版）按以上诸云升者，皆当读为烝

祭之烝，升与烝亦音近字也。」（释𠬞，积微居甲文说卷上十至十一页）

陳邦福　「卜辭𠬞，王國維釋勺至確。邦福案：勺旁作八象羹汁，丿象殘肉，考禮記明堂位云：『殷以疏勺。』鄭注：『疏通刻其頭。』卜辭勺首中空作彐，正為禮經疏勺之象。」（瑣言六葉）

丁山　「𠬞，从升，从八，即子禾子釜料字初文。料，说文则训从斗云：『料，量物分半也。』从斗半，半亦声。」史记项羽纪，『士卒食半菽』，王劭注云，『半，量器名，容半升也。』山谓，半所从牛，即𠬞字传写之误，从八，八，分也；凡甲骨文所见𠬞字，当即半之本字。即襄盘休盘所见必字，亦当释半。僖公二十八年左传『晋车七百乘，韅靷鞅靽』，杜注，『在腹曰鞅』，是其本谊，旧释为必，不确。卜辞云：『其禮新鬯二半，一卣于囗』，（戬寿二五・一〇），此半，正作『容半升』的『量器名』解，依子禾子釜铭作料。由于𠬞字嗣讹为必，乃有必字。由是知道，鲁颂的閟宫，当为頖宫，即是泮水了。卜辞：

甲寅卜贞，武祖乙半，其牢叀羊。　衜前一・一八・一

丙辰卜贞，文武丁半，日，其牢叀羊　同上版

癸亥卜，又月，岁于父甲半，王受又。　粹三三七

叀在父丁半。至于祖甲　粹三三〇

这些『半』字，故当读为頖宫；即

贞，王禘。　摭佚一四

甲申卜贞，王室大甲禘，亡尤。　衜前一・五・一

贞，王室小辛禘，亡尤。　衜前一・一六・七

……贞王室囗囗禘亡尤。　衜前一・四・八

这些『禘』字，还是释頖宫为宜。頖宫者，先王之庙也。……诸先王的泮宫，确是王子辈的大学。」（商周史料考证一二五至一二六页）

陳夢家　「『升』，于省吾释必。疑當為禰，即親廟。說文禰或作祢，从示。『禰』和『省』是相通的；禮記玉藻注『省當為獮，獮秋田也』；明堂位注『省讀為獮，獮秋田名也』。省、升古音同。乙辛卜辭曰祭康丁至帝乙諸王，『其宗』與『其升』互見，則宗與升當屬同類的，皆是祭祀所在的建築物，比較下列各辭，即可知其意義：

囗即宗于匕辛　明續六七六

奉其即宗于上甲　掇枝Ⅲ附圖一
其即于又宗　粹一六，六八五
即于宗　前五·二一·五
……
王即家——勿即家　鐵五九·四
奉即宗——奉即祊　鄴三四〇·二
奉其即祊　明續五四八
其即父庚升　粹三二三
才升，王受又　甲五一五
（于）升——于宗　甲五四九
于宗——才升　別二東大六
其于大室——其（于）升　佚九二〇
才升用，王受又　輔仁七一
弜鄉宀，鬻賓升　粹五四一
由此可知『升』與宗、祊、大室、家、宀等皆屬建築，皆是藏廟主之所在。……」（綜述第四七〇——四七一葉）

饒宗頤　「庚申卜，行貞：其又于庚𢎘（必），一牛。（續存上一五二〇）

……（明義士一四〇六）

甲子卜，行貞：其圓于庚必。（閟）（前編五·三七·二）

按晚期卜辭言『文武丁』（通纂五七九）『文武丁必口』（前編一·一八·一）亦作『文武丁宗』（林二·二五·四）『文武丁宗口』（戰後南北上一一九），足見『必』與『宗』同義。于省吾釋必，謂即閟宮是也。此三詞并言『庚閟』，惟不知指盤庚抑祖庚。（通考第一〇六五葉）

饒宗頤　「按𢎘即必字，于氏讀爲魯頌閟宮之閟，（掇枝三編）鄭箋：閟，神也。南北輔仁七一『在必用，王受又』。語與此同。」（通考八八九葉）

于省吾　「甲骨文𢎘字作𢎘、𢎘、𢎘、𢎘等形。王国维误释为勺（戬考四四），叶玉森误释为升（集释一·二一）。按𢎘即必之初文，周代金文必字，休盘作𢎘，豦盘作𢎘，无叀鼎作𢎘。其递衍之迹，为由𢎘而𢎘、而𢎘、而𢎘。说文作必，并谓：『必，分极也，从八弋声。』

按从弋乃形之说，弋与必声韵皆不相近，段玉裁注改为「从八弋，八亦声」，不知古文本不从八。必字之本义待考。

甲骨文祕亦作祳，从𡿺，左右省去两点，但与禨之从升作𢍏者有别。商代金文祕亦作宓，均为祀神之室。甲骨文称：「即大乙祳（粹一五三）又记事刻辞：「文武丁祳。」（伸三九四。一祕字从𡿺，亦为省体。甲骨文「文武丁必」之必作𢍏（前一·一八·一），可以互证。必与祕或宓均为祀神之室。商罴頙卣：「用𩰫于乃姑宓。」言用将高于乃姑之神室也。又子卣：「子作妇姑彝，女子母庚宓祀障彝」。宓祀谓之密室祭祀也。宓从宀（金文编入於附录一），其为宫室之义尤显。说文：「宓，安也。」淮南子览冥之「宓穆休于太祖之下」，高注：「宓，宁也。」安与宁义同。奉神主于深室，自有安宁之义。典籍之宓与祕亦作閟。诗閟宫之「閟宫有侐」，毛传：「閟，闭也。」郑笺：「閟，神也。」说文：「閟，闭门也。」又：「祕，神也。」徐锴曰：「祕不可宣也，祕之言闭也。」按毛传训閟为闭，与说文「閟，闭门」之训符。郑笺训閟为神，是读閟为祕也。宓、閟与闭义本相涵。神宫幽邃，故言閟也。说文段注谓「宓，经典作密」，是宓密为古今字。

甲骨文称：「王其又父于武乙必，正（祭名），王受又。」（前一·二〇·七）必即宓，谓神宫。「兄（祝），才父丁必」（粹三三〇），「其兄于且丁父甲，才必。」（通别二·八·六一「其又伐于宓」（续存下七七二）于必言才言于，犹可为神宫之证。「武且乙必口（祊）其牢兹用。」（前一·一〇·四）必祊连言，犹之「宗祊」连文。

综之，甲骨文𡿺即必字，亦作祕。甲骨文以必或祕为祀神之室，商代金文作宓。宓为密之初文。至于甲骨文于盛鬯之器言𡿺言卣，必为何器，待考。」（释必，甲骨文字释林三八至四〇页）

考古所　「礻升：或作礻廾，祭名。」（小屯南地甲骨八八四页）

丁驌　「蓋升字（𡿺）当讀秘，字形為一有柄之量器。卣字（卣）為一提壺式下有承盘。似一為乾量，一為濕量也。」（讀契記　中國文字新十期七五頁）

李孝定　「說文：『必，分極也。从八弋，弋亦聲。』許君之誤，于氏已言之。徐灝段注箋云「古無謂『立表為準而名之曰必』者，此乃弓柲本字，借為語詞之必然耳。」徐氏未見真古文而冥與古合，精思孤詣如此。卜辭之𡿺，于氏釋必，其說是也。葉氏釋升，陳氏從之而讀為禰，說雖未是，而於字形差近。按金文斗作𣁬，升作𢍏，並與𡿺形相近。卜辭禨字所从升字作𢍏𢍏𢍏，則金文升字但當作弋弋，其下復从一短橫書作弋弋者，蓋緣與戈字形近而混，即契文𢦏字固已有从戈作𢦏（佚一七五）者矣。必即柲之本字，其義為柄，如單象其形，則與許書訓下上通也之引（作丨）形相混。故段器物之柄，着一斜畫於柄上，為指事字以明之。所假器物即為升。造字者恐與升字相混，特於柄之下端曲折斜出，更於其曲折處着一斜畫以示必之為必（升字卜辭偏旁所从其柄皆直），以別於升、斗本字也。金文必字作𢎘（㝬盤）、𢎘（無叀鼎）、𢎘（休盤），與卜辭近。」（集釋〇二七四葉）

屈萬里　「𢦏，當是戈字之繁文，隸定之當作弃；『匕辛弃』（甲編二〇八二）蓋宗廟之義。」（甲編考釋二六一葉）

按：當从于先生釋必，即柲之初文。卜辭多用為秘，指祀神之宮室而言。

3221

叙

郭沫若　「示廼牡神，亦有以牝為神者，其事當在祀牡之前。卜辭祭字於从示之外，亦从匕作㱩㱩叙叙諸形。从匕與从示同意，然殆廢而祭行矣。」（甲研·釋祖妣十二頁）

郭沫若　「叙字每與𢼸字連文，此當亦然。董作賓釋為『馭釐』，唯字不从馬，似尚可商。」（粹考三二葉上）

余永梁　「叙此肄字，經典譌作肆。毛公鼎作𦘟，戊辰鼎作𦘟，說文古文作𦘟，與此略同。」（殷虛文字考）

于省吾　「商釋㱩為肄，是也。惟以肆為治肉，猶未盡然。叙𢼸之義，亦未能宣究無滯。至以肄𢼸為肄延𢼸之省文，亦非。卜辭未有以肄字與延𢼸連讀者。商氏係據通六、十二、三片為說。然其字左半已殘，當係叙字，決非叙字也。說文：『希，脩豪獸。一曰河內名豕也。』又『象豕也。』嚴可均、王筠並謂希象同字，是也。攈古錄一三、十四，亞形父丁角有叙字，範作叙，蓋作叙，與卜辭略同。叙字象以手刷洗希畜豪毛之形，或从數點者象水滴之形。金文肄字多从巾者。左桓二年傳：『藻率鞞鞛。』服注：『率為刷巾。』說文：『刷，刮也。禮有刷巾。』刷洗之初祗以手，繼則用巾，此乃人事自然之演進也。又肄通肆，經傳作肆。說文肄之篆文作肆。容庚金文編肄下云：「肄經典通作肆。」毛公鼎「肄皇天亡斁」，詩抑「肆皇天弗尚」作肆，聘禮記：「問大夫之幣俟于郊為肆」。注：「古文肆為肄」。按容說是也。周禮小宗伯：「肆儀為位」。注：「故書肆為肆，杜子春讀肆當為肆」。禮記玉藻：「肆束及帶」。注：「肆讀為肆」。此例經傳習見，不勝繁舉。肆之讀為肆，猶施之亦音移也。（荀子儒效：「若夫充虛之相施易也」。注：「施讀曰移」。）又按叙亦即後世掾字。說文：「掾，緣也，从手彖聲。」从手从又一也。从彖从希一也。是叙肄掾古本同字之證。卜辭三四期作叙㲃，第五期作祉㲃。祉㲃即延釐，謂延長福祉也。叙㲃與祉㲃義必相同。叙既同肄同掾，通肆通肆。肆與延故訓相仿，詩行葦：「或肆之筵」。傳：「肆陳也。」爾雅釋詁：「延陳也」。詩崧高「其風肆好」。傳：「肆長也」。爾雅釋詁：「延長也」。左襄二十三年傳：「不可肆也」。注：「肆放也」。小爾雅廣言：「延散也」。放與散義相因。廣雅釋詁：「肆伸也」。呂氏春秋重言：「延之而上」。注：「延引也」。伸與引義相因，是肆與延同訓之證。肆掾與延為一聲之轉。肆掾延並喻母四等字。詞例相仿，諸叙為祉也。金文瀜祖丁卣有「易㲃」之語。易㲃即錫釐。錫者由彼以及此，亦與延義相承。又叙从希聲，錫从易聲，从希从易古音近字通。說文：「希讀若弟」。又「鬀鬄髮也，从髟弟聲」。按鬀今俗作剔。周禮小子「掌祭祀羞羊肆羊殺肉豆」。注：「肆讀為鬄」。按肆通肄，詳前。近年河南濬縣出土𤼈卣，有「用追于炎不肄之語」。肄通肄，（詳沈兼士希殺祭古語同源考）不肄即毛公鼎「夙夜敬念王畏不睗」之不睗，此均肄易字通之例證。總之，叙與肄掾古本同字。肄說文篆文作肆，經傳或作肆者，音之假也。叙之本義，為刷洗希畜豪毛之形，引申為肆習，為掾緣，為肆長，其函義均相因也。卜辭先作叙㲃，後作祉㲃者，叙祉音義並相近也。金文作易㲃，亦延㲃之引申義也。」（駢枝四八葉釋叙㲃）

董作賓　「馭即御字，从又牽馬。有加水滴作𩧢者，與牧之作㹃同意。左从牙即馬之省形，首足尾鬣仍略具。駿之馬旁作𩧢，騽之馬旁作𩧢，均相似。从馬从又正是馭字。荀子王霸篇注『馭與御同』，詩小雅六月毛傳『御進也』。」（安陽發掘報告第四期馭㲃說）

商承祚　「甬六．十二．三、『𢽳延𢽳』，甬六．十二．二、『叙㲃』，後上五．十二．『叙㲃』，後上八．五．『貞其𢽳㲃』，後下二二．八、『𢽳㲃』與此文同。㲃上一字乃肄（肄經典皆改作肆字也），金文沇鼎作𢽳，𢽳妃毀作𢽳，戊辰毀作𢽳，隹皆从巾，孟鼎作𢽳，庶幾近之。案肄者，治肉也。禮記郊特牲『腥肆爓腍祭』，注，『治肉曰肆』。卜辭祭字作𢽳，从手持肉，而有汁液，此作𢽳象操刀割肉，是亦肉祭也。曰『延㲃』（後世延釐所从出），與受祐意同。曰肄延㲃，則致福肉也，曰肄㲃，

文之省而義固已備矣。董氏謂是馭𤼲，斷代集刊外編四〇七葉。」（佚存三九葉）

孙海波

「𣪊，甲五三七。商承祚释肆。𣪊𤼲，卜辞成语。」（甲骨文编一二七页）

陳夢家

「肆，（卜辭作𣪊）……周禮大宗伯『以肆獻祼享先王』，注云：『肆者進所解牲體，謂薦孰時也』；中山經允洞庭之山『其祠皆肆瘞』，注云『肆，陳之也，陳牲而淺薶藏之』。」（綜述第二六九葉）

平心

「𣪊当从旡从又，金石文既作𣪊（宗父鼎铭）、𣪊（石鼓文），右旁的旡与𣪊所从之旡相同，或作旡，则为繁体，从又与从手同，因此这个字应隶定为抚，从又旡声。说文：『旡，歙食气屰不得息曰旡，古文作㒫，音居未切』，既从旡声与抚同声，因此，抚实际是概字。」（甲骨文金石文杂记，华东师大学报（人文科学）一九五八年第一期三〇页）

考古所

「𣪊：从辞义看，𣪊当为兽名。說文：『𧰼，脩毫兽。一曰河内名豕也。』于省吾谓：『𣪊字象以手刷洗希畜豪毛之形。』（骈四五——五〇页）。从此条卜辞看，說文之希或为𣪊之省。」（小屯南地甲骨一〇二四页）

于省吾

「第三、四期甲骨文『𣪊𤼲』之𣪊作𣪊、𣪊、𣪊、𣪊、𣪊等形……即𢑛之初文，从又与从手同。𢑛从𧰼声，即易『𧰼传』之𧰼。說文割裂偏旁，误为『从彑从豕省』。又說文系传地字籀文作𨻰，并谓：『从𨸏土𧰼声』按古韵𨻰属歌部，𧰼属支部，二部通谐（详释𧰼），故𨻰从𧰼声。晚周行气铭有𨻰字，其从𧰼作𧰼，晚周鉨文亦有𨻰字，其从𧰼作𧰼，均由甲骨文𣪊之从𧰼所演化。依据上述，可以说明𣪊字滋化之源流。𢑛𧰼叠韵，故𢑛从𧰼声。

甲骨文『𣪊𤼲』习见，亦作『其𣪊𤼲』……甲骨文之𢑛𤼲应读作征𤼲，即延长福祉之义。第五期甲骨文之『其征𤼲』（前二．二八．三），以征为𢑛。然则𢑛𤼲之即征𤼲，已明确无疑。」（释『𣪊𤼲』，甲骨文字释林四九至五一页）

按：字當釋肆，通作肆，于先生已詳加論證。卜辭之「肆𤼲」即延長福祉之意。猶它辭言「征𤼲」。字不从馬，釋「馭」非是。

3222

孫海波　「⿰豸豸，前二・四八・三。人名。从二豸，說文所无。」（甲骨文編三九二頁）

李孝定　「說文：『緜，帬屬。从二帬。𦃇，古文緜。虞書曰：「緜類于上帝」。』徐灝段注箋緜下云：『帬與彖同从二彖，陳牲之義也，古通作肆。周禮大司徒『祀五帝奉牛牲羞其肆』。鄭司農云『肆陳骨體也』。又『小子掌祭祀羞羊肆』。鄭云「羊肆體薦全烝也」，是其義』。其說是也。卜辭云『口午卜匚（祊之本字又作匚隸定之當作匚即祊之本字門內祭也）冊𠬝卯小宰弗其緜』乙・二八〇二。『貞王㞢匚于蔑隹之㞢口　貞其㞢侑再口好緜』乙・七七九九，均陳牲而祭也。金文緜字見前帬字條下引」。（集釋三〇〇三葉）

饒宗頤　「⿰豸豸與習（屯乙三三五五）殆為一字。⿰豸豸字形與古文緜略同，乃肆字也。肆遂古通，堯典：『肆類于上帝』，五帝本紀作『遂類』，故此字可讀為『遂』。春秋莊十三年『齊人滅遂』，地在山東，則⿰豸豸其古遂國乎。」（通考五五七葉）

按：釋「緜」可從。合集六六五三正辭云：「乙未卜，㱿貞，其㞢肩婦好緜」「貞，亡肩婦……緜」又合集一九四〇五辭云：「庚……有來緜」疑均當假作「祟」。

3223

孫海波　「從口，從緜，與金文同」（文編二卷十四葉）从口从緜，說文所無。

饒宗頤　「『乙酉卜，穷貞：邗于妣己。貞：邗𦥑于母庚。貞：于母己邗𦥑。貞：亡晢。

九月』。（佚乙六二六九）『亡暋』成語。暋與僭同，見集韻」。（通考二八四葉）

饒宗頤　「『貞：亡暋。九月』。（佚乙六二六九）按亡暋殆即不僭，詩鼓鐘：『以雅以南，以籥不僭』。謂二雅二南籥舞三者皆不亂也。左哀五年傳：『不僭，不濫』。注『僭，差也』。此辭上言抑單子于母庚母己，下言『亡暋』，謂祭之不亂也」。（通考三三六葉）

按：字从「締」、从「口」，乃由「締」所孳乳。合集五八三正辭云：「癸酉卜，爭：……囚，旬壬午允有來……亥征締，甲子𡙁」「締」在此為方國名。

又合集三二七一正辭云：

「乙未卜，爭貞，其有締」

「貞，亡締」

其辭例與「締」同，亦當讀作「祟」。

3224

豸

孫海波　，佚七九。「豸，前四·三五·一。人名。唐兰释豸。」（甲骨文编三九一——三九二頁）

李孝定　「說文『獸長脊行豸豸然欲有所司殺形』段氏注云『總言其義其形故不更言象形也。或曰此下當有「象形」二字。司今之伺字，許書無伺，凡獸欲有所伺殺則行步詳案其脊若加長。豸豸然長皃，文象其形也』。段說是也。字上象獸頭張口見牙四足側視作二足長尾之形。契文與小篆略同，朱氏收此作豸可從。辭云『丁酉卜亘貞犾疑豸字㠯于豸』前·四·五三·一其義不詳。字與犬字有別，非希字也」。（集釋三〇一一葉）

按：唐兰釋豸可從。孫海波甲骨文編所錄豸字、前四·五三·一及存一·一三〇六實乃同片，存一·一三〇六乃殘損後之拓本。摹錄乙四四二之形體與原片不符，實非豸字。佚七九唐蘭釋豸之字，形體亦不類，斷非豸字，唐釋有誤。字為地名。

3225

豛

按：合集二一七〇八辭云：「丙申余卜，印奉豛」字从「豕」从「攴」，為方國名。

3226

豩攴

按：合集一一〇一六辭云：「貞，于豩先罝」字从「豩」从「攴」，當為「豛」之繁體。

李孝定

「从攴从豕或从重豕，說文所無。金文作豩仲黻卣豩黻伯鬲」（集釋一〇八六葉）

3227

乍　作

葉玉森

「按影本𠘧从豕乃家字，羅氏增訂書契考釋錄入賓字下，實誤。即廟也。……作帝即作禘祭。兩辭蓋言我其祀廟作禘，則降若。我勿祀廟作禘，則降不若。降者乃指其廟之祖，非指上帝。又卜辭言作者，乃作邑，作東寮等無訓則者。此仍當讀作為之作」（前釋七卷廿七葉上）

葉玉森

「按予于舊著說契中曾引申孫氏之說曰：乍之變體較多，乃乍乍乍乍乍諸應釋乍，即作之古文。他辭云『貞猷歸其乍𠂤』（藏八一．三）乍與遽伯睘敦同。『甲午貞其令多尹乍王寢』（殷虛文字二五．十三）乍與日辛卣同。『弗乍茲邑囚』（擁七六）乍與潘君鬲父丁彝同。其增𠂇丰者乃繁文。又云『貞余其乍邑』（前四．十六）『貞乍王寢丁囚』（前四．十五．五）曰『作邑』，曰『作王寢』，辭句並同。則乍或从𠂇丰，或省，固是一字。量侯敦之乍从木，疑由𠂇譌變。近見郭沫若氏釋乍篇推闡尤詳，惟謂乍乃乍形之變，即耒之初文，予諦審乍乍乍乍諸形與卜辭凡字及从凡諸文均作跽形，且象手指者迴別。是說尚未能信。又郭氏釋封偪（甲研），以增丰丰為封，卜辭封字固無作此形者，郭氏亦知之，因謂丰丰乃簡略急就之丰丰丰。簡略急就四字亦未能自圓其說也。」（前釋一卷九十四葉）

郭沫若

「乍讀為則。前七、三八、一辭云『我其已穷乍帝降若我勿已穷乍帝降不若』。書多方『惟聖罔念作（則）狂，惟狂克念作（則）聖』，與此為同例語。」（卜通七六葉上）

郭沫若

「卜辭有乍字亦作乍，羅氏收入待問編中。案此實即乍字，古文作金文與卜辭同。卜辭用乍之例，余意當以左例為最顯豁，而語亦饒有精彩。『隹我㞢乍囚　受㞢又　不隹我㞢乍囚　貞弗其受㞢又』。前三、二七、四。又『作』之作乍若乍，余意迺乍形之變，乍即乍之初字。說文云『丮，持也，象手有所丮據，讀若戟』。戟音與作同部，秦風無衣正以澤戟作三字為韻，是乍之與丮形音義俱相若也。作字㬅疾敔作迷，正象人有所丮據，姞氏敦作𢼄从攴，此與後世通行之作字同為形之複矣。作或假為則，『我其已賓乍帝降若，我勿已賓乍帝降若』。前七、三八、一。胡光煒讀已為祀，又云『以文誼推之，乍當為則』。文例、二一。案其說是也。讀作為則之例經籍中饒有之，尚書皋陶謨『烝民乃粒萬邦作乂』，作與乃對文，與洪範『鯀則殛死禹乃嗣興』同例。禹貢『萊夷作牧』，又『沱潛既道雲土夢作乂』，梓材『庶邦享作兄弟方來』，多方『惟聖罔念作狂惟狂克念作聖』，讀為則字義均暢適。又詩大雅文王『儀型文王萬邦作孚』，下武『王配于京世德作求』，作孚猶言則服，作求猶言則就。金文亦有假作為則之一例，見濰縣陳氏器之大豐毁，此器迺周武王禋祀文王時其助享之臣工所作，中有語云『文王監在上，不丕顯王作相，不丕綸王作則』，唐言文王丕顯武王則儀型之，文王於穆武王則發皇之也。」（甲研上冊釋作）

于省吾

「前七、三八、一：『我其已穷乍，帝降若，我弓穷乍，帝降不若』。此與粹一一一一三辭同。胡光煒云：『以文誼推之，乍當為則』。（文例下二一）葉玉森云：『作帝即作禘祭，已兩辭蓋言我其祀廟作禘，則降若；我勿祀廟作禘，則降不若』。（集釋七、二六）郭沫若云：『已祀者，乍讀為則。大豐毁：「丕顯王作相，丕綸王作唐」，亦用乍為則。書多方：「惟聖罔念作狂，惟狂克念作聖」，與此為同例語，意言我以儐祀鬼神，則帝降若；我以勿儐祀鬼神，則帝降不若。若者順也，不若者不順也。楚辭天問：「何獻烝肉之膏，而后帝不若」』。（通攷七六）郭又云：『已穷者，蓋謂罷免其官職』。（粹考一四三）按胡郭二氏以作為則，下屬為句。郭後說以已穷為罷免其官職。葉氏以作帝為句，讀帝為禘，並誤。郭氏以已為祀者，（鐵三三、一七）「弓已知」（殷綴三、三八）「弓已允」，粹五四六「弓已允」，已均應讀為祀。讀若為順，是也。乍作古今字，此應讀為「我其已方乍」句，「帝降若」句，「我勿已方乍」句，「帝降不若」句。爾雅釋詁：「作，為也」。周禮典同：「以為樂器」，注：「為，作也」。是作為互訓之證。：：前五、三十、四：「丙申卜，殼貞，叀方為。丁酉卜，殼貞：叀方為」。後下十、十一：「叀方為，貞，勿為方」。十、十二：「勿為方」。十、十三：「乙丑卜，殼貞，我叀方為。丁未卜，殼貞，我為口（方），口口（卜），殼貞，我叀方為」。余所藏明義士殷虛卜辭墨本有辭云：「丁未卜，殼貞」，「我為方，丁未卜，殼貞，勿為方，乙丑口（卜），口（殼）貞，我為方。乙丑卜，殼貞，我勿為方。丁卯口（卜），口（殼）貞，我叀方為。丁卯卜，殼貞，我勿為方」。按叀古惠字，乃語詞。「我為方」與「勿為方」，「我叀方為」與「我勿為方」，均係左右對貞。「叀方為」即「叀為方」之倒語也。然則「我其祀方乍」者，作猶為也，即「我其為祀方」之倒語也。「我勿祀方乍」者，即「我勿為祀方」之倒語也。祀方謂祭祀賓敬，就上帝為言。下云「帝降若」，「帝降不若」，可證」。（駢三第三十六葉釋已方乍）

胡光煒

「卜辭假乍為則，以為承上之詞，乍則（定謹案原文乍下無「則」字以意補之如此）聲轉，「我其祀賓乍帝降若，我勿祀賓乍帝降不若」（前七、三八）以文誼推之，乍當為則。書盤庚云：「國之臧則惟女眾，國之不臧則惟余一人有佚罰」，詩小旻云「謀之其臧，則具是違，謀之不臧，則其是依」，語例與此正同」。（文例卷下二一葉言乍例）

吳其昌

「乍」者，其字形畧貌似于乍，故近人或釋以「乍」字。前編有文云「我其已賓，乍帝降若。我今已賓，乍帝降不若」。七、三八、一。郭沫若氏即釋乍為乍，而解之云：「乍，讀為則。意言『我如賓祀鬼神，則帝降若。我如勿賓祀鬼神，則帝降不若』。郭以「家」為「賓」，以「今」為「勿」。又引旁証云：「大丰殷：『丕显王乍則相，丕鷸王乍則唐』」。亦用「乍」為「則」。書多方：「惟聖罔念作則狂，惟狂克念作則聖」。与此為同例語」。通纂·天彔·七、六」。按郭氏解大丰殷与多方，並假「作」為「則」，是也。其解「乍帝降若。乍帝降不若」，虽未必果是，然亦可通。且卜辭中尚有一片，亦可以郭說通之，其文云：「乙亥卜，旁貞：乍大御，自田」。（后、二、六、一二）以「乍則大祀自報甲以下」譯之，固文从字順也。

然根本究极而研討之，「乍」字初文实作「乚」，見于潘祖蔭所藏量侯彪毁者甚明，（周金·三七五等）从木，从刀匕，实与从木从斧之析形同类，以刀匕砍木，或从斧伐木，是工作也。故一即「工」字，一即「作」字。量侯彪毁詔告我人以「作」字之初形，初义者，明白準碻至矣。其后米形簡作卜狀，遂由「迷」形衍而為乚狀。此「乍」字之变化也。今卜辭此字乃作乍，鐵、八三、二、乍前、八、一、四、乍前、八、一三、一、乍后、二、三、一〇、乍后、二、一〇、

五．㞢前．五．一三．一．㞢前．四．三三．五．諸狀，甚之有所作匕後．一四．二．彐沿．
二．八．四．匕沿．二．三。．五．㞢沿．二．三八．一．諸狀者，實與「作」字之呈止止⋮
諸狀，絕異迴別，毫无美涉也。此字形之根本不同也。若以匕釋乍，又假乍為「則」，卜辭中除
上列二片可通外，其余實皆不可通。他辭如云：「囗丑．王卜貞，余匕徂循即者于迄」女」。前
四．四九．一．又云：「丙戊卜，丙貞．我㞢方基方」前．五．一三．一．又云：「貞」。辺
前．五．三一．二．又云：「王其匕堡」。沿．二．四」。八．如云：「貞歸，其車。周名」。
後．八一．三．又云：「多方米播㞢」。前．六．八．又云：「貞亡㞢先」。地名匕前．四．
三三．五．又有「王㞢」前．四．一六．六．「㞢虎」三後．八三．二．之文，凡此。前．如敝
以「乍」或「則」釋之，皆絕不可能也。此第一婁也」。他辭又云：「乙酉貞，且乙婁者，
沿．一．二．一四．又云：「其㞢亞宗」。沿．二．二。．一．又云：「貞令㞢囗宗，
六．一．又云：「匕宗」。林．二．七．八．又云：「七，祀匕」。前．四．四．三．
未卜一壬申貞：其㞢，囗．十三月」。沿．二．七．己一．又云：「甲辰卜，王貞。
余囝」。沿二二．三○、五．。云：「貞其出㞢．芒」。一．二．一七．一○．及本片所云：「佳
我出㞢，因」凡此婁者，又如欲以「乍」或「則」林之，亦皆絕不可能也。此第二婁也。此
文义之根本不通也。字形，文义既根本不同，不通，釋此㞢字之不当釋以「乍」字審矣。故此
字，實至令尚未能究知其為何字。將謹严而導，盖閔」之訓，則直云「无攻」「未詳」可也。
將勉疆而嘗試探索，則歸綜上列群辭，若第一婁者，似勉可以「來」义釋之。如是則当為「余
來者干匕女」前．四．四九．一．「我來基方．前．五．一三．一．「來辺」前．五．三一．
二．「王其來便」沿．二．四．八．「歸，其來車」後．八一．三．「多方橋來，橦來」前．
六．八．三．「無來无」前．四．三三．五．以及「王來」前．四．一六．六、「來虎」後．
八三．二．皆可一以貫之矣．即「匕大御囟因，之文，以「來大祀解之，亦何嘗不
相貫平。又，「出來鼓」為卜辭之成語，多不备举，而卜辭实又有「不㞢嬉」之片，前．四．
二九．四．当据例釋為「不來鼓」。「不來鼓」正「來鼓」。出同有之反語，此且㞢」字得釋為
「來」义之碻準也。若第二婁者，似勉可以「祭名」釋之．如是則当为「且乙，其㞢祭」
沿．一．二．一四．「其㞢祭亞宗」沿．二．二七前一、「貞令㞢祭囗宗」．一．一．
「匕祭于宗」。林．二．七．八．又「祀匕」連文。四．四．三．又所謂「林因」沿．二．
七．一一．「余因」沿．二．三○．五．「芒」林．二．一七．一○．及「佳我因。不佳我因」
本片者，皆記匕祭以后之徵兆詞也．則其义亦得一以貫之。即郭氏所举之片．前．七．三八．
一．「㞢帝」連文，帝即禘也，㞢与禘為同义，亦何嘗不相貫乎。此匕字之誼，虽不可碻識，
而可由归納以推見涯畧者也」。（殷虚书契解詁第二九九——三〇二頁）

楊樹達　「盧微地望四七之二云『囗𣪘貞洹其乍茲邑囚』乍讀為作為也。」（求義七葉下）

孫海波　「[illegible]，乙二三九二。从乍从王。說文所无。其义与作同。我[illegible]邑。」（甲骨文編四九九頁）

朴海波　「[illegible]，鐵八一．三。卜辭用乍为作。重見乍下。」（甲骨文編三四二頁）

李孝定　「說文：『乍，止也。一曰亡也。从亡从一。』契文亦不从亡一，其初形朔誼亦未詳。卜辭或讀為作或讀為則。于氏謂前七、三八、一辭之乍當讀為作，似有未妥，蓋如于氏言，則『作』、『祀』同為動詞，頗覺不辭，且與其所舉『叀旁為』『我為旁』諸辭之但有一動詞『為』者辭例不同，不如胡先生讀為『則』之辭从義順也。」（集釋三八一〇葉）

李孝定　「說文：『作，起也。从人从乍。』契文不从人，乍字重文。乍之作[illegible]，郭氏以凡字說之恐未必然。至其字於六書何居，其初誼又何若，不知蓋闕可也，不必強為之解也。胡先生謂卜辭作或段為則至碻。葉氏讀卜辭『作帝』為『作禘』殊覺不辭。蓋如此則動詞『降』當以『我』為主辭，不能以『家』為主辭也。金文作字或亾以乍為之，如頌鼎作[illegible]或从攴，如姞氏簋作[illegible]，仲𣖔簋作[illegible]是也。」（集釋二六四〇葉）

饒宗頤　「卜辭云：『……卜𣪘貞……我乍旁……』『乍旁』與『為旁』同義。爾雅釋詁：『作，為也。』周禮洪同『以為樂器』注『為，作也。』可證。于省吾讀『我其祀旁乍』句，謂作猶為也。即我其為祀倒語。」（通考一五六葉）

金祥恆　「然甲金文作[illegible]，非如許說『从亡一』。……后加丰或丰作[illegible]或[illegible]，魯氏隶定作㸦。以丰丰為玉。余疑丰丰為說文丰，同形異字。丰許訓『艸蔡』，象艸生之散亂也。』戴侗曰『丰即契也，象所刻之齒。』馬氏說文疏證云：『倫按丰為象形文，其實物乃以木刻成齒形。』耒『从木推丰』，木為义类，丰以木为故从木，古者垂作耒耜以振民也。丰為耕田芟夷之具，其形狀如刻齒，音讀若介。故卜辭乍或从丰，或从攴，以示耕作之誼。諺云『日出而作，日入而息。』蓋其义也。……總之卜辭乍有三誼，為也、祚也、洛也。其形作[illegible]或作[illegible]斷[illegible]。（釋[illegible]斷[illegible]　中國文字第五卷二一八八頁至二二〇七頁）

3250

李亞農

「芗字應釋乍（作），有時則應釋蹉。

我芗邑。（𢽉、雜事、七四）

芑貞：王[?]邑，帝……（𢽉、雜事七五）

𣪊貞：洹其乡（乍、作）兹邑，囚。（續、四、二八、四）

丁未卜，𣪊貞：我乍邑。（𢽉一七九）

乍（作）邑或芗邑的刻辭非常多，不必多舉。試看上引諸辭例，其中的芗字，確是當作乡字用的。芗不過是乡的借字。但在下引諸辭中，釋為作字，就不可通。

乙亥，貞：隹大庚[?]𠂢。（後上二二、五）

大庚不[?]𠂢。（後上二二、五）

丙戌卜，我乡（乍）其方芗。（前五、一三、一）

在上引諸辭例中，釋乍（作）固不可通，釋封（舊釋封）亦不可解。尤其在上引第三辭中，乡、芗並用，足見其為意義不同的兩個字。那末芗字到底是什麼字呢？……芗字从丰乍聲。說文云：『丰，艸蔡也，象草生散亂。』唐韻云：『乍音槎，去聲。』又契文中有芗字的繁文，[?]（前六、二五、二）更表現着失足於遺途的意思。故我們可以肯定的說，芗字一方面被借用為作（因為同聲），一方面是古蹉字。」（釋芗殷契雜釋中國考古學報第五冊第一、二分合刊一九五一年十二月）

姜亮夫

「與『為』相對的還有一個『作』字。甲文作乍（後下三）、乍（新二四六）。此字歷來釋者皆未得其真，郭沫若先生釋為[?]之變，象手有所凭據，意思仍差一間。其實作所从之『乚』即耒之粗寫，『乚』或『𠂇』都是人作的變形。故姞氏盨可以變作[?]，仲饑盨可以變作[?]，量侯𣪘又變作[?]，則又人作之另一種變法。後世加人，又是會意兼形聲方法的繁變。故『乍』字亦是農作之意。大概利是耕以耒，乍為則耕以『乚』，似為耒的更早用具，可能就是臿字的本字。（詳余尚書堯典新釋一文）」（漢字結構的基本精神浙江學刊一九六一年第一期）

張政烺

「這裏說『弜（勿）作受年』却是什麼意思？我們的看法『多尹弜作』是勿作大畎，上引綴合一三六『令尹作大畎』和『勿令尹作大畎』對貞，這裏也應當有對貞之詞，可能是『癸亥貞：王令多尹作大畎，受禾』這樣一條，因為骨版殘破已不可見，也可能『多尹弜作，受禾』這條就是和前一條『癸亥，貞：王令多尹𡉚田于西，受禾』對貞，因為作畎就是裒田工作的一部分，而且是極為要緊的一部分。作疆畎的田成為正式的田，即新田。最好的是『不易之地』（歲種之），其次是『一易之地」（休一歲乃复種），又下是「再易之地」（休二歲乃复種），但是也永不拋荒了。不作疆畎的田叫作「縵田」（見漢書·食貨志，顏師古注：「縵田，謂不為畎者也」），停留在畬的階段，只能漫天撒種，也有收成，地力盡了得不到收成就拋荒（一般是每歲一易）。古代耕具簡陋，技術差，肥料不足，新田和縵田的產量差別不會很大。在地多人少的情況下，用作畎的人力去開更多的荒地，總生產量有可能多，不一定是減少，所以會有「貞：多尹弜作，受禾」（京人二三六三）這樣的卜辭」。（卜辭裒田及其相關諸問題，考古學報一九七三年一期）

彭邦炯 「卜辞多见「作邑」（或「作邑」），写成「乍邑」。作字上面有斜写的「十、卄、卅、卌」，或左斜或右斜无定，但未见过四者，以卌居多。学者多以为带「十、卄、卅、卌」的是作字的异体。一般又认为和诗经大雅文王有声的「文王受命，有此武功；既伐于崇，作邑于丰」的「作邑」相类，以为皆修筑城郭之意。唯郭沫若同志曾认为乍上带「十、卄、卅、卌」的为封字的异文；并将卜辞中的这种上带「十、卄」等的作邑，尽释成「封邑」。卜辞中「乍」和「作」同形，金文中亦多如此。作是后起字，唯上面带「十、卄、卅、卌」等形的乍，金文中尚未见。封字金文中也不写成这样的形状。在卜辞中，上面带「十、卄、卅、卌」与不带的多乍通用；同有作、造之意思。比如卜辞中有「王作邑帝若」（丙八六）在别的卜辞中这个作字，就写成乍上带卄（后下一六·一七）。「作它」，在后上二二·五中也写成乍上带「卄」的，而一般就写成「作它」（如京人二三〇。一作上不带「十、卄、卌」）。它们的文例，辞的意义都完全一样，只是两个作字的写法不同，一个写成乍上带「卄、卌」的，一个不带。不过，从有的辞例看，又当有所不同。如前五·一三·一有：「丙戌卜，内，我作基方作：……」，在这条卜辞中，前一作字写成「乍」，后一作字写成「乍」上带「卄」的，显然两种不同写法有不同的含义，并不完全通用，不然为何在同一条卜辞中不写成一样呢？

作字在卜辞中的用法，常见的有三种：

其一，有则的意思。如前七·三八·一的「我其已宾作，帝降若，我勿已宾作，帝降不若」。这里的作字和尚书多方的「惟圣罔念作狂，惟狂克念作圣」的作用法一样，都有则的意思，表示前后文有因果关系。

其二，用作祭名。如粹一七二为「庚申卜，争，贞：作大丁」。作字是祭名，大致和后世文献上讲的「酢祭」的酢，如尚书顾命的「秉璋以酢」差不多。这里的「作大丁」，是酢祭殷先王名大丁者。

其三，是制造的意思。尔雅释言谓：「作，造，为也。」卜辞用此意的不少，如：「帝其作王祸，帝弗作王祸」（乙一七〇七、四八六一反）。所谓「作王祸」，就是给殷王造成灾祸的意思，与他辞常见的“作蘖”例同。本文中所讨论的“作邑”之作也是造、为的意思。

上讲三种用法中，带“廿”的作，尚未见用于第一种。用于第二种的偶有所见，也是作祭名用的。如综一六○八有残辞“作大丁”（所缺者可能即丁字），摭续三○○的“贞：作占疾于祖辛”（综一六五一与此是重片）。然而，带“十、廿、卅”等作字属於第三种用法者最多见，除我们下面涉及者外，也有“作它”“作蘖”（如后上二二·五，乙四五七三，前七·二八·一等等）。本文所讲“作邑”的作，显然是制作、建造的意思，和后世文献上讲的“作都于向”，“作邑于丰”之作用法相同，而其上加“十廿”之类者，其意虽然也是建造的意思，但于卜辞中讲的“作（上面带“十廿”等）邑”看，似乎还有某种特殊的意义。

从“作”的字形看，有从丰（即玤）的，如前二·二○·三；四·一○·六；后下一六·七；续六·一三·二；俩八六；三二一；戬三二·八等片的玤邑均如是。其字形为⿱丰乡，上面多“丰”，这种写法的玤邑，我们前面提及者有不同含义。郭沫若同志曾说，加“丰”的是“封”的异文。东世澂先生也说是表示“封疆”的意思，并认为商代后期“已有封建的因素”。我以为当有别的含义。说文中有丰字，谓“艸蔡也，象艸生之散乱也。读如介。”“艸蔡”，按玉篇：“蔡，草芥也；艸蔡犹言草芥。”又段玉裁认为：“草芥皆丰之假借，芥行而丰废矣。”由是加丰的“作邑”，可能系指于一片荒草丛生之地作邑；不加丰的作邑，则可能是强占的公社已垦地而为之。

我以为卜辞中的作邑，简言之就是商王为王室建立一种大庄园，根据上述邑与田不可分的特点，不妨称之为“邑田”或“庄田”，它是一种王室的直属经济单位。主要是使用王室直接拥有的奴隶和征调公社民众耕种的一种大农庄，是王室农产品的主要来源地。”（卜辞“作邑”蠡测，甲骨探史录二六五至二八五页）

考古所“⿱丰乡：用法与乡一样，如：戬二五·一三：“甲午贞：其令多尹乍王寝？”前四·一五·五：“☐尹贞：⿱丰乡王寝于☐”，二者文例、内容都一样，故⿱丰乡可能即乡的繁体，亦即乍字。”（小屯南地甲骨九三八页）

晁福林“在大多数卜辞里，问题的范围要由贞人划定，贞问的方式也是贞人意志的表达。如武丁卜辞：

壬子卜争贞我其玤邑帝弗左，若。

癸丑卜争贞勿乍邑帝若。（丙一四七）

这两条卜辞无论哪一条灵验，结论都是不应当「乍邑」，表现出贞人不赞成修筑城邑的态度。」（试论殷代的王权与神权社会科学战线一九八四年四期九九页）

3254

赵诚「乍，甲骨文写作乜，构形不明。或写作乡，正反无别。卜辞用作连词，表示顺承，似为借音字。

我其已宾，乍帝降若。（前七・二八・一）——我如果向宾进行祭祀，则上帝会降以福佑。其，助词，已，即祭祀之祀的古字，此用作动词。宾字不识，在此为祭祀对象。若有顺义，引申有福佑之义。

甲骨文作的这种用法，近似于后代的则，但不能说乍、则同字。」（甲骨文虚词探索，古文字研究第十五辑二九三页）

柯昌濟「壴字從丰從作，丰字通邦，字或取作成邦國之義，而爲作之異文可知。」（殷墟卜辭綜類例證考釋，古文字研究十六輯一五五——一五六頁）

張亚初「卜辞中的拃字，由同版卜辞乍与拃互见，可以肯定拃即乍（作）（綜类四七七页），拃字在西周金文中写为攸和毁（金文编四八八页、六五六页）。衕字即迮（綜类三二六页），在西周铭文中写为㲋和迮（金文编七七页）。拃（作）、攸（攸）、衕（迮）都是以作为声符的形声字。」（古文字分类考释论稿古文字研究第十七辑二三七页）

按：契文「乍」、「拃」同字，即今「作」字。「作」當訓「爲」。于先生已詳加論證，其說是對的。其構形不可曉，說文說解不可據。

3228

攸

裘錫圭「古代称除木为柞（詩周頌載芟毛傳：「除木曰柞」）。周礼秋官有柞氏之官，其主要任务是伐除树木开辟田地（参看張文九九——一〇〇頁）。周頌載芟「載芟載柞，其耕澤澤」，讲的大概就是开垦荒地的情形。」

在甲骨文里，屬于第一期偏早的乙八五〇二有如下两条对貞卜辞：

乙丑，王：凶艿方。

乙丑，王：蔓艿方。

艿方是方国名。第一条「艿」上一字疑当释「柞」。甲骨文字的写法正反多无别，上引两条卜辞以「柞」与「农」为对文，「农」应该读为耨除之「耨」，「柞」就应该当「除木」讲。这两条卜辞大概是商王准备派人到艿方去开荒时占卜的。用柞的方法或用耨的方法开荒，其规模可能有所不同。商王时常派人到某个方国去开荒种地，洋上引张文（一〇七—一〇八頁）。

上面提到过的「柞」字，在卜辞里大多数应该读为「乍」（作），如「柞邑」、「柞三师」等々。下引两版第五期甲骨上的「柀」字很可能也应读为「柞」：

戊子卜貞：王田稾，往來亡災。

囗卯卜貞：（王）柀于稾，往來亡災。前二·四二·三

癸巳卜，在光貞：王[illegible]于射，往來亡災。柀……十六。前二·八·三

「柀……十六」当是附于卜辞的记事之辞。这些柞的活动说不定也跟开辟农田有关。」（甲骨文中所見的商代农业，全国商史学术讨论会论文集一九八—二四四頁）

張亞初說參𢦏字條下。

按：字从乍从攴，隸當作「攸」。契文乍、乜、乍、芢並為作字。釋驅、釋攴均不可據。卜辭用為動詞，裘錫圭以為與開墾農田有關，其說蓋是。

3229

按：字當隸作「[illegible]」。合集二二六八〇辭云：「己巳……貞，贏不既[illegible]，其亦奏自上甲，其告于丁」「贏不既[illegible]」為卜辭恒語，當與祭祀有關，義不可曉。

3230 乂

王襄「乂，古乂字。」（類纂正編十二第五十五葉上）

丁山 「許訓乂為『芟艸也，从丿乀相交。刈，乂或从刀』。按，丿乀相交，語殊不辭。山謂乂之初形，當作[字形]，象剪刀形。詩葛覃『是刈是濩』。大戴禮用兵：『以刈百姓』。刈，皆當如盧植注云：『剪也』。剪刀之形作[字形]，恐與交字相混，故甲文特从収作[字形]」。（氏族方國志一五二葉）

李孝定 「說文：『乂，芟艸也。从丿乀相交。刈，乂或从刀』。丁說此字甚諦。作乂者象剪之分，作[字形]者象其合，更从収象手持之，是一字之異體也。小篆亦有二體，其或體从刀於形已複，蓋後人不知乂之象剪故增之刀以為形符耳。辭云『貞王狩于乂　貞王勿狩于乂』前二·一四·四·七，地名。『癸巳貞又彳伐于伊其乂大乙彡』後上二二·一，祭名，其義當為安。『☐卜子子[字形]』後下四二·一，人名。均非本義。丁氏又釋後下二八·一之[字形]亦為乂。按此字从[字形]，其形不規則，與乂之从[字形]者有別，蓋象兩手持繩套取之形，非乂字。即謂契刻不便从[字形]即从[字形]，然字更从𠂤亦當非一字。蓋謂二者同意則可，謂竟是一字則不可也」。（集釋三七一九葉）

饒宗頤 「乂與艾通。周頌：『奄觀銍艾』。艾者，『乂』之假借。說文：『乂，芟草也』。佚周書世俘解有『霍侯艾侯』。春秋隱六年：『公會齊侯盟于艾』。杜注：『泰山牟縣東南有艾山』。今山東臨沂縣西」。（通考三六四葉）

考古所 「乂：祭名或用牲法。」（小屯南地甲骨八七五頁）

于省吾 「×为五之初文。……说文五之古文作×，与古陶文、古化文合。说文所引古文乃晚周文字，故未可据以为初文也。凡纪数字均可积书为之，但积至四画已觉其繁，势不得不化繁为简，于是五字以×为之。山东城子崖所发现之黑陶，属於夏代末期。城子崖图版拾陆有黑陶文之纪数字。其中五字作×，与甲骨文第一期骨端常见纪数之五字相同。此外甲骨文之五字均作☒，偶有作×者（粹一一四九）。周初器宓鼎五朋之合文作[字形]，分之则五作×，但与黑陶文及骨端文五之横形作×者迥别。五字之演变，由×而×，再由×而☒，上下均加一横画，以其与乂字之作×形者易混也。」（释一至十之纪数字，甲骨文字释林九七至九八页）

按：合集一〇九六九正辭云：

「貞，王勿狩于乂」

「貞，王狩于乂」

「貞，王狩于乂」

「…勿狩…乂」

又（英八四九正）辭云：「貞，王勿…狩乂，既邕麋歸」

「乂」為地名。字與「五」之初形相近而有別。五作「X」，其空間相等；而此則作「X」，上之空間較小，而下則較大。（合集三二一〇三）辭云：

「癸巳貞，又伐于伊，其乂大乙彡」

（屯五三二）辭云：「其乂大乙彡」

「乂」在此均為祭名。

3231

爻 爻

羅振玉　「卜辭中學戊亦作爻戊，殆古音同相假借」。（殷釋中十八葉上）

朱芳圃　「重乂為爻。字之結構，與重火為炎，重木為林相同。蓋象織文之交錯。甲文网字从此，是其證矣。孳乳為殽，說文殳部：『从殳，肴聲。』」（殷周文字釋叢卷中第一二七葉）

孫海波　「爻，涂七、二。爻用為學。爻戊即學戊。爻，甲三五三五反。人名。爻入。」（甲骨文編一五五頁）

李孝定　「說文：『爻，交也。象易六爻頭交也。』卜辭學戊亦作爻戊，人名，無義可說。又疑段為駁，辭云『王弜爻馬亡疾』拾、十、六爻馬，駁馬也。說文『駁馬色不純从馬爻聲』按色不純亦有交雜之義，是當云爻亦色也。又云『☐受☐新麋至貞自夒☐六爻☐』（藏一〇〇、二）言六爻不詳其義，當非湯六爻之義也。又云『己亥☐貞爻其爻雨止』（續二、二八、二）義亦不明。金文作爻盉文爻盉自爻爻父乙簋爻父乙爵爻父丁簋」。（集釋一一二九葉）

丁山　「卜辭有地名交云：……新𢊁至自頃，入交。……（𢓊一二〇）……龍𢍁夆自交，圍六人。八月。（燕大一二四）……𠂤、己未，寇龍𢍁往自交圍……（後下四一、一）以前引『入商』，下文『入𢍁』者，非故都，即新都，這個交地，也該是商代的故都。以聲類求之，我很疑嚚即交字別寫。」（商周史料考證，第二十九葉三十葉，龍門聯合書局，一九六〇年。）

赵诚　「爻，爻。从两个㐅，与炎从两个火，林从两个木相同。甲骨文的网字从爻，象交错之织文。似即爻之本义。从爻孳乳的㪏字，从爻演化的驳字，均有交错、相错之义，则为本义之引伸。」（甲骨文简明词典三六八页）

按：合集六辭云：「王㑹爻」，「爻」為地名。又合集一三七〇五辭云：「……王弜爻馬亡疾」、「爻」乃動詞，李孝定讀作「駁」，不可據。合集一二五七〇辭云：「王其爻，不冓雨」，「其爻」與「弜爻」正相對可證。至於「爻戊」亦作「𠓜戊」可證二者可通用。參見3232「學」字條。

3232 學

孫詒讓　「說文教部斆，覺悟也。从教冂。冂，尚矇也。篆文作學，从斆省。金文盂鼎、𦺇田鼎、䣄𩣡父敢皆有學字，則亦古文也。此文與彼略同，而又省子，蓋古文之異體也。」（舉例下十五葉下）

羅振玉　「說文解字：『斆，覺悟也，从教从冂。冂，尚矇也，臼聲。篆文省作學。』案卜辭諸文均不从攴，且省子，或又省作爻。」（殷釋中六十一葉上）

王襄　「古斆字。」（簠室殷契類纂第十五葉）

徐灝曰：『學與嚳、鷽、𦥯、覺、𠘨、礐、鸒、嶨同聲。疑與自爲一字，而今佚之。』按從甲文證之，徐說確無可易。」（殷周文字釋叢卷中第一二八葉）

郭沫若　「第七片𦥯戊乃人名，習見。它辭多作𦥯，或省作𡦹若爻，此作𦥯，稍異。」（卜通、别二、第五葉下中村所藏甲骨释文）

朱芳圃　「按𦥯象两手结网之形。𦥯象两手奉爻（网）以綴於冂（網）。或作𦥯、𡦹，皆省形也。初民以田漁為生，結网為生産必具之技能，故造字象之。」（殷周文字释丛第一二八頁）

陳邦懷　「按慧苑華嚴經音義正覺條云『按諸字書覺字从學，學字从教，教字从季，季字从爻，因聲義轉相生也。』然學字自以臼為聲，謂因聲相生則誤。今觀卜辭學戊或作爻戊，殆以聲轉叚借，與慧苑之說可為互證。陳氏斥之非是，許氏揵亦謂不得从臼聲，深信慧苑之說甚辯，文長不具録。」（殷契拾遺）

陳直　「卜辭有𦥯戊，蓋人名，羅氏振玉釋作𦥯戊。亦有作爻戊者，殆古音之通假。說文教字从季，朱氏說文通訓定聲疑即學字之古文，非孝字也。又案：竹書紀年武丁二十五年『王子孝己卒于野。』孝己之孝當作季，與从𦥯从爻之誼皆同，𦥯戊必為孝己之弟兄，武丁之子無疑。」（殷契賸義六——七葉）

孙海波　「斆，甲一二五一。貞人名。𦥯，甲二〇六。从爻与說文古文同。」（甲骨文编一四六頁）

孙海波　「𦥯，鐵一五七·四。說文斆，覺悟也。从教从冂，冂尚矇也，臼声。篆文省作學。卜辞作𦥯、𡦹，从爻得声。爻，餘七·二。卜辞用爻为学，重見爻下。𡦹，甲二九七〇。或省臼。𡦹，𡦹七五三。人名，學戊。𡦹，𡦹一九八六。學眾，当读为教眾。」（甲骨文编一四六——一四七頁）

李孝定　「說文：『斆，覺悟也，从教，从冂，冂尚矇也，臼聲。學篆文斆省』。卜辭與篆文同，惟不从子，或又省臼。金文作𦥯盂鼎𦥯師𩛥簋𦥯靜簋𦥯令鼎𦥯者沪鐘𦥯沈子簋」（集释一〇九二葉）

張秉权　「𢼸，是學字。『學』与『教』古义相通，《書·盤庚》：『盤庚斆于民』，《書·洛誥》：『乃女其悉自教功』，《尚书大传》引作：『乃女其悉自學功』，又《書·說命》：『惟學學半，念始終于學』，《書序》：『念始終典于學，學學半』，都是教學两字古通之證。『學衆』就是教令曉諭衆人的意思。」（《殷虛文字丙編考釋》第四五頁）

陳邦怀　「五、殷有大學

六〇号　于大學[illegible]

六六二号　丁酉卜，万其學。于来丁廼學。于来□𦥑學。

万、廼、𦥑，皆为人名。學，当指大學。《孟子·滕文公》：『設为庠序学校以教之。庠者，养也；校者，教也；序者，射也。夏曰校，殷曰序，周曰庠；学则三代共之，皆所以明人伦也。』孟子說殷曰序，許君說殷曰庠，《說文解字·广部》：『庠，礼官养老。夏曰校，殷曰庠，周曰序。』二說不同，未知孰是。甲骨文中既未見庠字，亦未見序字。今从小屯南地甲骨中发現『大学』之名，是新发現的史料。《礼記·王制》：『小学在公宫南之左，大学在郊。』郑注：『此小学、大学殷之制。』」（《小屯南地甲骨中所发現的若干重要史料》，《历史研究》一九八二年第一期一二八頁）

考古所　「本书八二二有『若𡧊于升』，文例与此相同，學与升相当，都是举行祭祀的場所。學可能為大學（見本书六〇）之省。」（《小屯南地甲骨》八八七頁）

考古所　「大学：大学与祖丁旦、𠂤旦，从文例看是相当的，也應是一种建築或場所，是举行祭祀之地。商代的大学可能与周之辟雍相当。本片卜辞中，大学是举行[illegible]祭之地。《礼記·王制》：『反，释奠于学，以訊馘告』，就是在大学中举行献俘之礼，本辞在大学中举行的[illegible]祭，可能就是這种祭礼。卜辞中大学的出現证明了郑玄关于殷已有大学的說法（《礼記·王制》郑注）是正确的。」（《小屯南地甲骨》八四〇頁）

郵笛　「大学一辞，甲骨著录中未见。一九七三年考古研究所在小屯南地所获卜辞中有此辞，刊载于《小屯南地甲骨》一书，编号是屯南六〇。其内容是：

弜[illegible]？

人叀癸[illegible]？

于一[illegible]？

于祖丁旦□？
于宗旦□？
于大學□？

旦：在卜辭中除作表示时间概念的辭外，有时还可与先祖名相连，如祖丁旦（綜四〇一六）、后祖丁旦（綜四〇三六）等。此种情况的旦，应为宗庙之一部分，陈梦家认为是壇（綜述四七二页），但也可能是亶。

宗：于省吾释廷（駢枝三·一九—二〇页；又见甲骨文字释林八五页）。

丨：根据此片卜辭上下句文例推断，它与祖丁旦、宗旦相当，也应为宗庙之一种或一部分。說文：「丨，上下通也」，已非朔义。从字形看，像一根立柱。其义可能为一种有柱无垣之建筑。

大學：學写作□。学无论在文献中，还是在甲骨文与金文中，都有二义：一为教，一为学。文献中如礼记学记：「兑命曰：『學學半』」，孔疏：「学学半者，上学为教，音斆，下学者谓习也，谓学习也」。卜辭中除学戊为先祖名外，其他如「王学众」（丙二一），义为教，即王教众也。「作学于……」（人六〇）与「作邑」文例同，学为大学、小学或学宫之学。「若向于学」（屯南六六二），文例与「若向于升」（屯南八二二）同，升为宗庙之一种，若向为动词，祭名（下面还要谈到），学与升相类，也是举行若向之祭的地点，为大学、小学之学。金文中学的用法，如大盂鼎：「余惟即朕小学」，师嫠簋：「在昔先王小学」，静簋：「王命静嗣射学宫」之学，都与卜辭「若向于学」之学相同。「小子眔小臣眔夷僕学射」之学，当即「习也，学习也」。它簋：「我孙克又井斆」，井斆，即型教。静簋：「静学亡斁」之学则为教。本辭大学之学与卜辭「作学」，「若向于学」之学，金文大盂鼎「余惟即朕小学」，师嫠簋「昔在先王小学」之学相同。故大学二字应连结起来作一个辭理解。依句法大学与祖丁旦、宗旦、丨一样，是举行□祭之地点。商代之大学，其性质可能与周代之辟雍相似。

关于商代大学之用途，卜辭材料很少。从小屯南地新发现的材料看，屯南六〇是在大学中进行□祭；屯南六六二是在「学」（可能是大学，也可能是小学。因西周金文中既有辟雍，又有小学）中举行若向之祭。□，历来各家说法不一，……唐兰释寻（天壤文释四二—四三页），……唐释于形义较近。其用法，卜辭中有「王其□二方伯」（宁一·四四二），「王其□盧伯□」（甲三六五二），应为祭名。礼王制：「返，释奠于学，以讯馘告」，当为战争结束后，献俘馘于大学，「于大学□」之义可能与王制所记相似。□当为杀人以祭，「□二方伯」，「□盧伯□」，就是将战争中俘虏的「二方伯」、「盧伯□」杀之以祭。如此，则□的用法与卜辭中杀人以祭之「用」相似。若向，若，广雅：「踏足貌」，向，說文：「言之讷也」，二者结合起来，可能就是呼嗟而舞之祭。

中国上古之大学，文献中也有记载。如礼记王制：「小学在公宫南之左，大学在郊」。大学出现的时代，董仲舒认为：「成均，五帝之大学」（周礼春官大宗伯注引）。郑玄则认为：「小学、大学为殷之制」（礼记王制注）。诗大雅灵台陈焕疏认为：「辟雍始于殷，王制之右学，瞽宗之西学，明堂位之瞽宗，皆殷之辟雍也。文王仍殷制，辟雍在郊」。上述诸说中，郑玄等的看法是有根据的，此片卜辞就为之提供了证据。说明大学之制不始于周，殷已有之，只是名称不同而已。」（卜辞考释数则古文字研究第六辑一八一——一八三页）

按：卜辭爻、𠓛、𠓛、㸚、𤕜、𤕜、𠓛同字。說文歧為爻、斆二字。說契諸家或於許慎之說解，明知其用法無別，而以通假言之，殊誤。

自其形體分析之，初形作爻，變體作𠓛或𠓛；進一步復於此數形之基础上增𠬞或廾為意符。說契諸家均公認㸚、𤕜、𤕜為斆字，則不應歧爻、𠓛為二字。

自其用法言之，卜辭「爻戊」為祭祀之對象，陳夢家以「爻」為私名，「戊」為官名（綜述三六五）。而「爻」字或作上列諸其它形體，通用無別。尤以下列辭例，更為明證：

「王其爻不冓雨」 契五〇一

「王其𠓛不冓（雨）」 寧三．九五

「王其（𠓛）衣不冓雨，之日王𠓛允衣不冓雨」 存下二五六

自甲骨文至小篆，已屢經孳乳衍化，當據甲骨文以探求文字之初形，若為許慎說解所局囿，勢必形成錯誤之認識。卦象之系統化，時當晚周，商代不可能具有反映此種觀念之文字。李孝定集釋引卜辭謂有「六爻」，該片亦見續六．一九、四、擲四二．二、佚一二〇，當讀作「入爻」，「爻」為地名，卜辭屢見。甲三五三三有「……爻入……」可參證。至於拾一〇．六，文辭已殘，「爻馬」不能連讀，假「爻」為「駁」之說，不可據。

于省吾說文職墨謂：「許說斆字為臼聲，蓋誤。當云从教从臼，从冖，冖尚矇也，教亦聲。子部𡥈从子，爻聲，當為此字之古文。蓋先有𡥈字，後有教字，又因教字而有斆字，又省斆字為學字，𡥈、教、斆、學四字實止一字。」小戴記學記引兑命曰：學學半，學學半者教學半也，是古教學不別」，其說近是。徐灝說文解字注箋謂：「疑先有學而後加攴為斆」，可以補正于說。林義光文源亦謂「教」即「學斆之或體，古教學同字」。苗夔說文聲訂亦謂「臼非聲」，諸說均可參考。

古文字施受無別，故受物於人謂之「受」，以物授人亦謂之「受」，「授」為後世孳乳字。教人者謂之斆，受教者亦謂之斆。據甲骨文，不僅𡥈、教、學、斆同字，而且其最初之形體為「爻」、為「𠓛」，其演化當如下：

合四三九有辭云：
「丁巳卜，殻貞，王爻衆𠂤于𢀛方受㞢又；
丁巳卜，殻貞，王勿爻衆（代）𢀛方弗其受㞢又」
「代」字原漏刻，今據對貞刻辭補足。孫海波讀爻為教是對的（文編三·二八）。卜辭效與𢽾與
此用法有別，故分列。

3233

教 𢽾 𢼂 𢼊

王襄 「古教字。」（簠室殷契類纂第十五葉）

郭沫若 「效（𢼊）即教字，見說文。（棪澤一一六二辭云：『吕多方小子小臣其教戒』）
戒殆戒之省。據此，可知殷時隣國，多遣子弟遊學於殷也。」（粹考一四九葉背）

李孝定 「說文：『教，上所施，下所效也。从攴、从孝。𢽾古文教。𢼊亦古文教』。契文
教與小篆同，或作𢼊，與許書古文一體同。當云从攴子，爻聲，會意兼形聲也。作效者為純形
聲字，與𤕝同意。𤕝象子卧而受杖刑，為純會意字。此省象床之Ｈ而加聲符爻，許云『从攴从孝』，殊
覺不辭。字實从攴子會意而以爻為聲也。金文作𢾅鄦侯𥂕𢽾散盤與卜辭小篆並同。」（集釋一〇八九葉）

屈萬里 「卜辭『戊戌卜：雀人芻于效？』效，即教字；說文古文教字如此作。本辭則為
地名。其地當因教水得名。教水在今山西垣曲縣東（泜漾一二五頁有說），則教地亦當在此附
近。」（甲編考釋三二葉）

饒宗頤說參𠂸字条下。

按：卜辭𢽾為地名，其辭云：

「雀𦙶于效」甲二〇六

「其效戍」粹一一六二

「其效戍」謂戍守於教地。同版亦有「其于戍……」可證。郭沫若誤讀卜辭，蓋偶然失查。

𢽾為廩辛時貞人名。至於𢆶五·二〇·三之𢽾字，則屬武丁卜辭，文辭已殘，用義不詳。

卜辭效與教用法有別，當區分為二字。說文以𢽾為斆之古文，散盤有𢽾字，蓋已混同。今姑附於此。

李孝定集釋以𢽾為教之會意字，揣測之辭，難以置信。且用法有別，不當同字。又李氏誤讀說文，以為教字「从攴从孝」，故認為「殊覺不辭」，實則原文為「从攴从孛」，說文子部「孛，效也」，與老部之「孝」有別，教字从孝乃後世之譌體。

3234

按：字不可識，其義不詳。

3235

按：合集三三〇五九辭云：「癸未貞，王令……□𠂤方」當為人名。

3236 文

羅振玉 「以康且丁、武且乙例之，知文武丁即文丁。考史記武乙之次為太丁，竹書作文丁。以卜辭證之，竹書是而史記非矣。」（殷釋上四葉）

朱芳圃 「文即文身之文。象人正立形，胸即之／×、∪ꓤ𐒴，即刻畫之文飾也。禮記王制：「東方曰夷。被髮文身，有不火食矣」。孔疏：「文身者，謂以丹青文飾其身」。穀梁傳哀公十三年：「吳，夷狄之國也。祝髮文身」。范注：「文身，刻畫其身以為文也」。考文身為初民普徧之習俗，吾族祖先，自無例外，由於進化較鄰族為早，故不見諸傳記。

文訓錯畫，引伸之義也。孳乳為彣，說文彣部：「彣，䰎也。从彡、文」。為馼，馬部：「馼馬，赤鬣、縞身，目若黃金，名曰吉黃之乘。周成王時，犬戎獻之。从馬，从文，文亦聲。春秋傳曰：『馼馬百駟』，畫馬也。西伯獻紂以全其身」。（殷周文字釋叢卷中第六十七葉）

吳其昌　「……又『文武丁』者，實即『文考武丁』之簡稱，乃帝乙一代稱謂之特徵，及至帝紂之時，即已易稱之為『三且丁』矣。故凡卜辭之有『文武丁』者，知其時代不能上下移易，而胥在帝乙一朝矣。按西清古鑑（一五、二四）及貞松堂集古遺文（八、二五）並著錄有追丞卣（次狀）其文曰：『追丞作文父丁尊彝』。

其『文』字，與卜辭中『文武丁』之『文』字，無一不毫髮畢肖，神形俱類，故度此『文武丁』。而所謂『追丞』者，亦即為文丁庶子之一耳。從此追丞卣之『文』字又可以窺探『文』字原始之本義。蓋『文』者，乃像一繁文滿身，而端立受祭之尸形云尔。從『文身』之義而推演之，則引伸而為文學，制度，文物，而終極其義，以止于『文化』。從文身端立，受祭為尸之遺俗而推演之，則此『尸』者，乃象徵主祭者之祖若父也。故經典及宗彝文中，觸目皆『文考』『文母』『文祖』『文王』『文公』『前文人』之語矣。『文考』『文妣』『文父』『文母』者，尸之飾父母者也。『文且』則尸之飾祖者也。『文王』則尸之飾『大行皇帝』者也。『前文人』則尸之飾『厤祖厤宗』者也。惟父母之喪，尤為近親而哀慕，飾尸以祭，自校繁數，故帝乙之臨祭而稱其父，必冠以『文』字耳。是則凡『父丁』或『武丁』或『丁』之上加以『文』字者，意蓋示此人實已死而此乃指其尸也。此『文父丁』『文武丁』『文丁』之稱之由來也。……」（殷虛書契解詁第二二六——二二七葉）

孫海波　「文，乙六八二一反。人名。」（甲骨文編三七二頁）

严一萍　「說文曰：『文錯畫也。象交文。』案甲骨及彝銘之文皆示人身有錯画如文文

□者，盖文身之象形。引申以为文采字。哀十三年穀梁传：「祝发文身」注：「文身刻画其身以为文也。」礼记王制：「被髮文身」注：「谓刻其肌，以丹青涅之。」史记越世家：「翦发文身，错臂左衽。」注：「错臂亦文身，谓以丹青错画其臂。」文身所错画者，形态各异，故文字之所取象亦不一。其用于卜辞中者方国地名，或称先祖文武丁。如：

文入十　　乙六八二〇

此为第一期武丁时甲桥刻辞，记方国之文入贡龟甲。文作□

丁丑卜，彭贞：于文　　甲二六八四

此为三期卜辞原辞似未记全，其义难明，依文例当亦祭祀之对象，若先祖庙号之类。文作□，颇与晚周金文相似，乃文之简体，而为今字所从出。文字最多見者为五期帝辛之称文武丁，如前一、一八、四作□，又二八、一作□又四三八、二作□，又四、三八五作□，后下四、一七作□，小屯甲编三九四〇之鹿头刻辞文武丁之文作□，战后新獲甲骨集二八三七版仅残存一文字依书体风格，似亦帝辛时祀文武丁之文作□．其用作妙饰文采之义者皆所未見。」（中国文字第三卷第九册一〇〇九—一〇一〇頁）

3237

文

□

按：說文：「文，錯畫也，象交文」。徐灝段注箋云：「□象分理交錯形，因以為文字之偁。左氏隱元年傳：『仲子生而有文在其手』，即使分理言」。今字作紋，則其孳乳字。卜辭□或增飾作□、□，其錯畫之形愈顯。又或从心作□，與金文同。

朱芳圃以為「文」之本義為「文身」之「文」，其說可信。

按：合集四八八九辭云：「貞，令黹以文取大任亞」為人名。亦「文」之異構。

3238

□

按：合集一八六八二僅餘殘辭「□」，似亦「文」之異構。

3239

吝 𠮷

李孝定「說文：『吝，恨惜也。从口、文聲。易曰：「以往吝」。𢘋，古文吝从彣』。卜辭正从文从口，與小篆同。辭云：『□□卜大□歲于□于吝□』，其義不詳」。（集釋〇三九七葉）

3240

按：合集二五二一六辭云：「……卜，大……歲于……于吝……」，當為地名。

3241

按：合集二二〇〇四辭云：「隹其□」，此當為「畢」字之殘。

3242

按：字不可識，其義不詳。

3243

按：合集一三五一七辭云：「癸巳……矣師在□」，為地名。

王襄「契文一二三四作一二三亖，金文亦然，至五，初文作Ⅹ，許书五古文作㐅。窃意，初民所用数字，祇知有五，以人之手指有五，易于数計。亖已為极数，其製五字如為横製五畫，与亖字易混，且不便書，乃以亖之中二畫為交叉之形，其上下二畫不变，成為Ⅹ字。其文与示作工，亞之作亞或亞，可之作可，平之作平，不之作不同例。作Ⅹ即后世枝梧之本字，燕刀背文作㐅，古陶作㐅，皆象架木枝梧之形，与契文微异，与許书之古文㐅同，燕刀，古陶為晚周時物，知許书所收壁经之古文多晚周時文字。」（古文流变臆説三一——三二頁）

3268

赵诚「Ⅹ，从Ⅹ从丨，仍以Ⅹ为声，或写作吾，多一口。……Ⅹ从Ⅹ声。Ⅹ即後代之五。Ⅹ作为一种建筑物，是安放神主并用作祭祀的地方，可能是後代从广無声的廡。廡与五音近可通。卜辞有『祊Ⅹ』（北Ⅹ）（粹二二一），或作『祊吾』（北吾）（粹二二二）……另有『新Ⅹ』（新Ⅹ）（佚二二一）……此外，卜辞还有专门供奉某一先父神主的Ⅹ，如『父丁Ⅹ』（父丁Ⅹ）（后上五．九）。很显然，商代的Ⅹ，数量不会太少。廡，说文云：『堂下周屋。』即堂下四周之屋。不知与商代Ⅹ之构形是否相同。」（甲骨文简明词典二一三页）

王襄释梧見五字条下

平心　参吉字条

按：粹二二一「叀北Ⅹ用」，佚二一一「叀新Ⅹ用」，Ⅹ當為宗廟祭祀之所，疑為「廡」之借字。郭沫若以為人名，非是。後上五．九當讀作「父丁Ⅹ用……」。「Ⅹ」當由「Ⅹ」所孳乳，音讀亦同。但不能謂二者同字。

3244

⿱五酉

按：合集三一一五九辭云：「戊申……⿱五酉……三牢」又屯二五八二辭云：「……祖乙餗……⿱五酉彡……又」，為祭名。

⿱㲋⿱吾酉

徐中舒　「甲文金文又有⿱㲋⿱吾酉字，地名。丙申角作⿱㲋⿱吾臬，皆⿱㲋臬之異文，說文誤作⿱㲋吾，讀若寫。⿱㲋臬⿱㲋臬士父鐘作夐夐，又季⿱㲋⿱吾酉毁稱其皇考為井叔，與井季夐卣當是同一人所作之器，即⿱㲋臬、⿱㲋⿱吾酉、夐並通之證。石鼓乙「其胡孔庶，臠之夐夐，迂迂趙趙」，夐與庶趙韻。據此數字推之，⿱㲋臬當讀胥。篆文胥與金文⿱㲋臬形頗近，詩蓼蕭「零露湑兮」，湑並與寫韻，胥寫庶夐趙古皆魚部字，故得相通。師酉毁⿱㲋臬夷京夷並言⿱㲋臬京，即詩篤公劉之胥京。篤公劉「于胥斯原」、「于京斯依」、「于豳斯館」，三語全同。京豳為地名，則胥亦當為地名。京與胥近，亦與師酉毁合。詩芃芃、蓬蓬、萃萃、峰峰、湑湑，皆有威意，是數數⿱㲋臬⿱㲋臬即形容武嚴之威也」。（金文嘏辭釋例載集刊六本一分四十一葉）

孫詒讓　「當即說文之⿱㲋吾字。說文「⿱㲋吾，獸名，从㲋吾聲，讀若寫」，此省吾為五，又增酉形，遂不可識耳」。（據籀廎述林六三九補引）

葉玉森　「按孫詒讓氏據左傳甘讒與甘扈同地，定⿱㲋吾為扈之正字，其說甚辯。有長跋載籀廎述林卷六第三十九葉有⿱五酉字，即⿱㲋⿱吾酉所从之偏旁。古當別有⿱五酉字。孫氏謂⿱㲋⿱吾酉即扈字，則未敢从。考甘（後上・十二・四）扈（後上・四・八又・十三・二）二地並見卜辭，惟扈作雇。說文「雇，九雇，農桑候鳥，扈民不淫者也。从隹，户聲」。左昭十七年傳作九扈，知雇為扈之正字。雇地當即有扈，⿱㲋⿱吾酉與上⿱㲋⿱吾酉乃別一地名。丙申角為⿱㲋⿱吾酉臬二字合文，商氏謂與敦文同，亦非。（鉤沈」）（前釋卷二第六葉）

王襄　「古⿱㲋⿱吾酉字，許書所無，吳愙齋先生云疑⿱㲋吾字古文，許說獸名，从㲋吾聲，讀若寫」。（類纂正編十卷四十五葉上王氏逕收作⿱㲋吾）

商承祚　「遺小子敦作⿱㲋⿱吾酉，丙申角作⿱㲋⿱吾酉，與此略同。吳中丞謂疑即許書⿱㲋吾之古文」。（類編十卷五葉）

郭沫若　「說「省吾為五，又增酉形」，不如說⿱㲋吾為⿱㲋⿱吾酉之訛，較為切近也。上⿱㲋⿱吾酉當是國名，其地距殷京頗遠。由下片推之，相距之路程當在四十日以上，當在三千里內外。以聲類求之，疑即上虞。上虞之名頗古，據水經注漸江水下：「江水東逕上虞縣南。王莽之會稽也，本司鹽都尉治。地名虞賓。晉太康地記曰：「舜避丹朱於此，故以名縣。百官從之，故縣北有百官橋」。亦云：「禹與諸侯會事訖，因相虞樂，故曰上虞」。二說不同，未詳孰是」。余按二說均係傳說，然漢書地理志已有上虞，屬會稽郡，蓋沿秦之舊。則上虞之名當自殷周以來所舊有矣」。（卜通一三〇葉）

3270

孫海波　「𨞰、前二·四·一。从邑从酋。說文所无。地名。上𨞰。」（甲骨文編四〇五頁）

孫海波　「从邑从酋，說文所無，金文遣小子毁作𨞰，與此同。吳大澂謂疑即許書𨞰之古文。」（文編舊版十卷三葉）

李孝定　「諸家說為𨞰之古文或是。然金文𨞰彙㚇義近通用者，蓋諸字並以邑為聲，故音近通假。徐氏說為一字恐非。然則𨞰乃从酋邑聲，與許訓𨞰為从邑吾聲者異趣」。（集釋二〇八一葉）

李孝定　「从邑从酋，說文所無。卜辭上𨞰連文，地名」。（集釋三〇七七葉）

按：釋𨞰可從，卜辭為地名。

3246

王　[glyph]　[glyph]　[glyph]

羅振玉　「《說文解文》王古文作𤣩，金文作王（《盂鼎》）、王（《格仲尊》）、𤣩（《者汈鐘》）均與《說文》所載古文同。卜辭从⊥从亼（亼即⊥，刀筆僅能成其匡郭耳），並與山同，吳大澂釋為古火字，是也。卜辭或徑作太，王國維謂亦王字，其說甚確。蓋王字本象地中有火，故省其上畫，誼已明白。且據編中所載諸文觀之，無不諧也（又皇字从王，古金文或从王或从土，土非土地字，即王也）。又卜辭中或作亼作⊥，則亦但存火，亦得示盛大之誼矣。」（《殷釋》中十九頁）

王國維　「《考工記》：『畫繢之事火以圜。』鄭氏注云：『形如半環。』今觀古文諸王字，皆作環形，（象火之上炎）可為《考工記》之碼詁。又王、旺聲同，當以旺盛為本義，許說蓋引申之義。」

葉玉森　「予疑□或□，象古代王者之戴冠。……蓋王本象古冠形，皇為後起字。仍增一冠形于上，象後制之冕，並从王聲。知古代皇王，表異於衆者，惟冠冕顯著矣。至卜辭往字作□為初文，从止从土，足行土上，本往之朔誼，譌變作□□，乃似从王。」（《前釋》一卷八頁）

吳其昌　「王字之本義，斧也。甲骨文字作上列諸形，其第一字與《作冊般甗》之□、《白克尊》之□全合。作□□□□者，純粹為斲之類之繪形，與金文義合。《爾雅．釋器》「斧謂之黼」。又《釋言》「黼黻彰也。」孫炎注：「黼文如斧，蓋半白半黑如斧刃白而身黑（《書．益稷》「黼黻」偽孔傳「黼如斧形」。」又左氏桓公二年《傳》「火龍黼黻」，杜預注「白與黑謂之黼，形如斧。」皆可參證。）蓋黼即斧之同聲段借後起字耳。今考《儀禮．覲禮》云：「天子設斧依於戶牖之間」，此斧依在《周禮》則作黼依，《周禮．春官．司几筵》云：「大朝覲、大饗射，凡封國諸侯，王位設黼依」。鄭注云：「斧謂之黼，其繡白黑采，以絳帛為質，依，其制如屏風然」。蓋古之王者皆以威力征服天下，遂驕然自大，以為在諸侯之上而稱王。以王之本義為斧，故斧，武器，用以征服天下。故引申之，凡征服天下者稱王，斧形即王字，故繪斧於扆，不啻王字於扆，以表示此為王者。故及至後世，雖王者已不盡恃武力，而祖先歷世相傳之遺制，終不敢忘。故於朝天下、覲諸侯、封藩服、會御事之時，仍設繪斧之扆，以紀念。既以示王者威德，且告人以此為王者。惟王者可設斧扆，則王字之本義為斧益彰明矣。又王與壬為一字（互見壬字注），《春秋》文公七年《左氏傳》「宋公王臣卒」，《釋文》「或本作壬臣」。又定公四年《傳》「宋王臣」，《釋文》「或作壬」。又《史記．周本紀》「頃王壬臣立」，《漢書古今人表》下上作「頃王壬臣」。又襄公五年《傳》「楚公子壬夫」，顏師古《匡謬正俗》謂「宜為王夫」，皆其證也。又《史伯碩父鼎》之王字作□，與《父壬爵》之壬字作□全同。古鉨文之王字作□，又與《鬲攸从鼎》、《湯叔尊》之壬字作□全同，但增一畫耳。此又其證也。」（《金文名象疏證．兵器編》）

朱芳圃　「《說文》王部：「王，天下所歸往也。董仲舒曰：「古之造文者，三畫而連其中謂之王。三者：天、地、人也；而參通之者王也。」孔子曰：「一貫三為王。」□，古文王。」甲文作□，象火炎地上之形。金文作□，《考工記》云：「畫繢之事，……火以圜。」

鄭注：「形如半環，」此即其形象矣。其上橫畫或一或二，指火之炎上而大放光明也。

祀火為原始社會普徧之習俗。其始也以火為神，繼則以熊熊之光象徵其威嚴，因謂之王。遠進入階級社會後，宰制者之权力無限擴大，前之所以尊崇其神者，今則移以尊崇其首領，此人王名號之所由來也。韓康注《易》曰：「王，盛也。盛德之至，故曰王天下也。」（《慧琳音義》二二·四引）潤飾以儒家之言，掩蓋王之初形本義矣。」（《殷周文字釋叢》卷上，第十七至十八頁。）

郭沫若

「后乃母權社會之遺存，其必遺嚴棄乃意料中事。（說詳十四毓字注）入周以後，義轉為王妃，實猶存其本來面目。《周語》云「昔昭王取於房曰房后。」妃后義之見於典籍者，疑以此為最古。其后辟義之繼承者則為王字。《史記．殷本紀》云「周武王為天子，其後世貶帝號，號為王。」按以卜辭，此說殊不確。蓋卜辭天子已稱王，且已稱其先公為王亥、王恒、王夨矣。然王之當屬後起，由王字本身可以證明。《說文》云「王，天下所歸往也。董仲舒曰：古之造文者三畫而連其中謂之王。三者天、地、人也，而參通之者，王也。」王之古文，畫不限於三，中不貫以一。卜辭王字極多，其最常見者作□，與士字之或體相似。繁之則為□（《前》六．廿七．七）若□（《後》下十六．十八），省之則為□（《前》四．卅．六）若□（《前》三．廿八．三），金文王字多作三畫一連，然中直下端及第三橫畫多作肥筆。其第三橫畫之兩端尤多上拳，如《宰峀敦》作□，《盂鼎》作□，其最顯著者。《姑馮勾鑃》「維王正月」作□，四畫。貫者非一，所貫非三。據此可知孔仲尼不識古字，每好臆說。近人始有新說出焉。吳大澂《說文古籀補》即據《盂鼎》王字注為「盛也，大也，」从二从□，古火字，地中有火，其氣盛也。火盛曰王，德盛亦曰王。」羅氏採其說，謂：「卜辭从□从□並與□同。又或作□作□，但存火亦得示盛大之誼。」余按吳氏未見卜辭，从□為火字，其說自較一貫三之舊解為長。然卜辭既出，則此說又當更正。□若□實即且，若土字之變，羅氏以為並與□同者，非也。」其在母權時代用毓以尊其王母者，轉入父權則當以大王之雄以尊其王公。且已死之示稱之為祖，則存世之示自當稱之為王。祖與王，魚陽对轉也。又如後起之皇字，金文中其器之稍晚者如《秦公敦》作□，《鄀侯敦》作□，《示敦》作□，《陳侯因資敦》作□，《齊陳曼簠》作□，《齊子仲姜鎛》作□，《王孫鐘》□，《沇兒鐘》作□，《邾公華鐘》作□，皆从王作。而器之較古者如《毛公鼎》之□，《宗周鐘》之□，《頌鼎》之□，《善夫克鼎》之□，則从士作（羅氏以為从土非也）。是則王與士同係一物之明證矣。余謂士、且、王、土同係牡器之象形，在初意本尊嚴，並無絲毫猥褻之義。入後文物漸進則字涉於嫌，遂多方變形以為文飾。故士上變為一橫筆，而王更多加橫筆以掩其形。且字在金文中器之較古者無變，器之較晚者如《都公簠》作且𠬝，《師虎𣪘》作自𠂇，《伯家父𣪘》𠂤𠬝，益以手形。《陳逆簠》作𥘅，《子仲姜鎛》始从示作祖。土字上肥筆亦變作横畫，後且从示矣。匕字亦如是。匕之作妣者，始見於《鄦侯𣪘》之𣏟字，其他如《作義妣鬲》作𠂤，《召仲作生妣鬲》作𡛟，《陳侯午𣪘》作𥘅，《子仲姜鎛》更从示作𥘅，皆較晚之器，有所文飾者矣。」（《甲研·釋祖妣》十六至十七頁）

馬叙倫　「王是火向上燒的意思，从火，二聲，二是上的初字。」（《馬叙倫學術論文集》第一一八頁）

徐中舒　「士、王、皇三字均象人端而坐之形，其不同者：王字所象之人，較之士字，其首特巨，而皇字則更於首上着冠形。此三字舊説均失其解，兹舉四證以明之。第一證，漢畫象中象　字之人形及象皇字之冠：山東濟寧文廟戟門郭泰碑陰畫象之右半刻一室，室中上層，三人端拱而坐，形與士字無殊。『𠁥』此即士之原始象形字。士象人形，故古代以為男子之通稱。……甲骨文王字有下列諸體：太 𠙻 𠙻 王 王，據董彦堂先生研究，謂太乃甲骨中最早之書體，𠙻 太次之，最晚乃與小篆或今隸同。甲骨中之太字，實與士字形同。……《臣辰盉》士作士，下畫且較長，其形尤與甲骨文之太字相似。古代士庶對稱，士為官長，庶為編氓。又治獄之官稱士，……蓋王為帝王，士為官長，故並象其端拱而坐之形。晚期甲骨文王作𠙻或王者，上一横乃象其首形，蓋王與士既並象人端拱而坐之形，而後人乃特將王字之首增巨，以為分别。……皇字象王着冠冕形，甲骨文無皇字，但在銅器中則極常見，兹據《金文編》選録如次：皇（《毛公鼎》）皇（《沇兒鐘》）皇（《宗周鐘》）皇（《王孫鐘》）皇（《彔伯𣪘》）皇（《齊陳曼簠》）皇（《叔角父𣪘》）皇（《師𤸫𣪘》）皇（《齊鎛》）皇（《沇兒鐘》）皇（《王孫鐘》）皇（《齊陳曼簠》）皇（《師𤸫𣪘》）小篆皇从自，此全不見有从自之形，據此可證小篆之誤。汪榮寶先生有釋皇一文，據《禮記·王制》及《内則》『有虞氏皇而祭』之文，以為皇之訓冕（本於鄭注），正其本義，小篆作皇，上形作𦥑，與古文皇上形極相似，明其同出一源。汪氏此説大致可信。漢畫中多繪有周公輔成圖，兹選載其較明晰者一幀（插圖二　梁祠左右室畫象），

其中成王之冠作𠙴形，正象銅器皇字向上三出之形。……第二證，銅器花紋及銘文：銅器之鼎簋近口緣處，或近底之圈足上，常環以寛半寸許之帶狀花紋。有一種常見之樣式，中鑄一人端拱而坐，旁着兩獸相立之形，可以《武英殿彝器圖録》之《𣪘簋》圈上花紋為例（插圖三）

此花紋中之人形即王之原始象形字。……《匋齋吉金録》卷一《祖甲方鼎》之銘文，有王字旁着兩獸形，正與此種花紋相同（插圖四）。此擬而觀，王象人端拱而坐之形，可以無疑。銅器銘文及小篆王字作王，上兩横相距近，下一横畫相距遠。……蓋王字上一畫象頭，中一畫象臂，下畫象席地而坐時裳之下幅之形。頭與臂相距近，故上兩畫亦相近，臂與裳之下幅相距遠，故下一横畫亦相距遠。銅器花紋中有繪人形者，於頭臂與裳之下幅之距離，不啻即為王字作一極適當之說明（插圖五）。

（遂册尊）

（駇士卿尊）

第三證，舊石器時代洞壁之繪畫：法蘭西南部及西班牙北部之山洞中，有舊石器時人類所遺之壁畫，其所作人形，有與士或王文字形極相似者（插圖六——八）。第四證，原始民族所作之偶像：象士或王字之人形作風，不但可徵之於中舊石器時代之壁畫，亦可徵之於原始民族所作之偶像。歐洲石器時代所遺留之偶像，直與士或王之字形無殊（插圖九）。此種作風，不但舊石器時代如此，即近代臺灣番族所作之泥偶亦與此遍似（插圖十）。就以上四證觀之，人類文化，其初豈出於一源乎？抑各自創造，不期然而相暗合乎？何其無間東西，無間今古，而相似之若此其甚也！」（《集刊》第四本第四分四四一至四四六頁（《士王皇三字探原》））

胡厚宣　「王帝即指人王的下帝，與天上的上帝相對而言。祖庚、祖甲時稱王帝，指的是他已死的生父武丁。廩辛、康丁時稱王帝，指的是他已死的生父祖甲。」（《殷卜辭中的上帝和王帝》（下），《歷史研究》一九五九年十期）

顧實　「羅氏从吳說，得失參半。殷契王字既可省其上畫，則不必取象於地中有火明矣。蓋在造字最初，原形作𡈼，从山，古火字，復於火上加横畫，以指夫火之炎上而大放光明也。皇之古文㞷，仍从王之省變。汪榮寶氏謂『金文皇字，上象王冠，士所以尊閭之。』（《釋皇》）說益乖戾。㞷从㞢、王聲，即天下所歸往之往字。」（《釋王皇往》）

屈萬里　「卜辭：『叀小臣𡧊甾翊日克又戈亞，小臣𡧊甾王？』小臣，官名。𡧊甾，小臣之名。王，義略似《詩·殷武》『莫敢不來王』之王，謂來朝見王也。」（《甲編考釋》一七九頁）

林澐

「王字在甲骨文中最常見的形體有太、□、□、□、王等幾種，而以作太者最早，武丁時甲骨文均作此形。太形，乃□即戌字上半部豎置之形。戌字在廩辛、康丁時代的甲骨文中多作□，有時戌也寫作□或□形，而王字在廩辛、康丁時代正好也多作□形，可見王字確與戌字有關。有時戌也寫作□（如《綴合》二三八，《摭續》一七四，《京津》四八六二等），本象斧鉞形，由此可知太乃象斧鉞類武器不納柲之形。甲骨文中王字間有作□者（如《甲》三三五八），商代金文中王字間有作王者（《小臣系卣》，《三代》一三·三五），尤可王字本象不納柲斧鉞形之證。其橫畫，乃象「闌」之形。至于太字又加橫畫變為□或□，這和金文□字又作□等形是同一演變規律，只是橫豎之別而已。西周金文王字之所以有□、□兩類寫法，底畫或曲或直，正是早期王字對斧鉞鋒刃部的兩種不同表現法的簡化。《說文》王字古文作□，小篆作王即源于此。

更進一步說，即王字的讀音也和斧鉞之古名有關。《詩·大雅·公劉》：「弓矢斯張，干戈戚揚」，毛傳云：「揚，鉞也。」是鉞有稱揚者。《國語·晉語》：「夫人美於中，必播于外而越于民」。韋注：「越，揚也」，可為越、揚字通之証，揚王疊韻，又同為喻母字，然則王字之得聲，當由于鉞之本名揚，揚之音轉而為王。可見王字之本象斧鉞形，可以無疑。

但是，王字又為什么象斧鉞之形呢？

斧鉞這種東西，在古代本是一種兵器，也是用于「大辟之形」的一種主要刑具。不過在特殊意義上來說，它又曾長期作為軍事統率權的象徵物。西周時代的《虢季子白盤》銘云：「賜用弓，形矢其央；賜用戉，用征蠻方。」《左傳》昭公十五年：「鍼鉞、秬鬯、彤弓、虎賁，文公受之，……撫征東夏。」《史記·殷本紀》：「賜（周文王）弓矢斧鉞，使得征伐，為西伯。」都是弓矢和斧鉞并賜，而專征伐的。如果分析起來，弓矢是用于作戰的，而斧鉞則主要是用於治軍的。因為斧鉞不僅是武器，而且是砍頭的形具。試看《尚書》中幾篇作戰前的誓辭，如《甘誓》云：「用命賞於祖，不用命戮於社。」又如《湯誓》、《牧誓》中也都是以死刑來保證軍事首領的統率權的。當然，這些誓辭未必就是當時的實录，但從民於志的材料來看，死刑最早的對象之一，就是臨陣脫逃，不聽軍令者，《尚書》的記載，也不無歷史真實的「內核」。所以斧鉞成為象徵軍事統率權的權杖是很自然的事情。《牧誓》說：「（武）王左杖黃鉞，右秉白旄以麾。」《說文》引《司馬法》云：「夏執玄戉，殷執白戚，周左杖黃戉，右秉白髦。」都明白的反映了「鉞」是指揮軍隊的權杖，看來不是沒有根據的。漢代的《淮南子·兵略訓》說，君主授命於將軍時，要「親操鉞，持頭授將軍其柄曰：从此上至天者，將軍制之。復持斧，持頭授將軍其柄曰：從此下至淵者，將軍制之。」這種儀仗，顯然是有其歷史淵源的。

用象征軍事統率的斧鉞來構成王字，這是十分耐人尋味的。因為就我們公認的歷史知識而言，商周時代的王，並不是是作戰時的主帥而已，而是掌握全國最高行政權力的「余一人」了。

這里不能不使人想起馬克思在《摩爾根〈古代社會〉一書摘要》中所作的一箇重要指示，他說：「「巴賽來亞」——希臘作家用來表示荷馬時代王權（因為它的主要特徵就是軍事統帥），這箇字，在酋長（Βουλή）會議和人民大會（ἀγορά）存在的條件下，只不過是軍事民主制的變形而已。」恩格斯在《家庭、私有制與國家起源》中，更进一步詳細論述了在國家產生以前的軍事民主制，指出了有議事會及人民大會與之並行的非世襲的軍事首長，乃是後來世襲的國王權力的前身。恩格斯在該書中指出，类似的情況在古羅馬，古阿茲忒克人和古日耳曼人中也存在。

但是，古代東方以至于古代中國，是否有過軍事民主制這樣的制度，軍事民主主義是否是各民族歷史發展的必經階段，則一直存在着争論。現在我們知道了王字本象斧鉞形，而斧鉞本為軍事統率權的象徵物，這有利于說明中國古代世襲而握有最高行政權力的王，也是以軍事首長為其前身的。因此我認為：就這一點來說，中國的王權發展是經歷了和希臘、羅馬相類似的過程的。而王字在造字之初本象斧鉞形的歷史原因就在於此。

商周時代的「王」固然已是世襲的統治者，權力並不限於軍事統率了，不過他們和靠以「起家」的斧鉞卻一直是形影不離的。如古籍中記載：「武王（成湯）載旆，有虔秉鉞，如火烈烈，則莫我敢遏」（《詩·商頌·長發》）。「湯自把鉞，以伐昆吾，遂伐桀」（《史記·殷本紀》）。「（周武）王左杖黃鉞，右秉白髦以麾」（《尚書·牧誓》）。這是王親秉斧鉞督戰的情景。又如「（周武）王秉黃鉞正國伯，……王秉黃鉞正邦君」（《逸周書·世俘解》），這是王親秉斧鉞聽政的情景。「凡大朝觀、大饗射，凡封國命諸侯，王位設黼依」（鄭注：黼謂之斧，其繡黑白采，以絳帛為質，依其制如屏風然。）（《周禮·司几筵》）。「天子設斧依于户牖之間，左右几，天子衮冕，負斧依」（《禮記·觀禮》）。「天子負斧依南面而立」（《禮記·明堂位》）。「天子之位，負斧扆南面立」（《逸周書·明堂解》）。「狄設黼扆綴衣」（《尚書·顧命》）。這是王以畫繡斧鉞圖形的屏風作為自己的重要陳設。

周秦以下天子的大駕鹵簿里，總缺不了黃鉞、儀鍠，雖然其地位越來越不重要，然而推溯其本源，倒是資格最老的一種呢。

總之，通過以上分析，不但可以知道王字之本形是象不納秘之斧鉞，而且从以斧鉞作為王权的象徵物這一現象中，又可以為我國王權的發生發展史找到一點線索。我們有理由推測，在斧鉞作為王權的象徵物之前，它本是軍事民主制時期軍事酋長的權杖。這樣，在新石器時代末期墓葬中出土的「玉斧」之類的器物，倒是頗值得我們考古工作者重視的，因為，我國古代國家形成的歷史，我們目前還是不够清楚的，而這種歷史，一部分也許正隱藏在這些「玉斧」的背後呢。」（《說王》，《考古》一九六五年第六期）

林澐

「商代甲骨文中未见『天子』一称，商的最高统治者的名号是『王』。我在说王一文中提出过王字本象斧钺形，是表示军事统率权的。古代以斧钺为军事统帅的权杖，近来河北平山战国中山王墓出土的一件铜钺上铸有『作兹军釴（斧），以敬（警）厥众』之铭，是新添的一个有力实证。而王字本象斧钺形，加拿大安大略博物馆所藏明义士旧藏甲骨文字二一一一『成𢦏王』一辞中王字作□，是一个直接证明。在金文中，竖立的钺作□，横置的钺作□、□和□者习见，不烦一一举证。如三代吉金文存一一·二·五尊铭中的□字，上部所从之□和□字无异。由此可知王字初形即为横置之钺，武丁卜辞中通行的□字是已经简化了的。（附带说一下，胡厚宣先生说该字为『我王』合文。我们知道，在武丁王室卜辞中，『我』字一律作□，在从我旁的字如□、□、□、□中也均作□形。只有子卜辞中才有作□形的。『成𢦏王』一辞是武丁王室卜辞，显然不是子卜辞。如果要是『我王』合文，应作□才对，既然作□，是无法释为『我王』合文的）。总之『王』的本义应该就是军事总指挥，和『天子』的概念是根本不同的。结合商代实际存在的方国军事联盟来看，与商王结盟的其他方国首领都只称『伯』、『侯』、『任』而不称『王』，那末可以断言，商代的『王』的实际意义，显然并不是指某一方国的军事首领，而是方国联盟的最高军事统帅。摩尔根在叙述阿兹忒克联盟时写道：『关于任何地方自治事件各部落（按：摩尔根把古墨西哥的城邦国家说成是『部落』，是不妥的，详后文）都是独立的，但是在对外关系上，不拘是攻或守，三个部落则是一个整体。虽然各部落各有其酋长会议及领袖军务酋长，但阿兹忒克的军务酋长则是联盟军的总指挥官。』看来，商王也正是这样的『联盟军的总指挥官』。

上文已经说过，商王和联盟方国共同征伐中一般均用『比』的说法，反映了一种地位上的对等性。但这是和商王对卓、雀、妇好、子𠭯等人从来不称『比』这一点相对而言的。在有关征伐的卜辞中，偶尔也可以见到商王对联盟方国的首领使用『令』这个词，如：

癸卯卜，宾，贞：叀凷呼，令沚𢦔□方七月　（簠六·六〇·六）

庚辰，贞：令望乘□□方　（京四三八六）

癸亥，贞：王令□侯伐……　（涂三六八）

在不涉及征伐的卜辞中，商王对诸方国首领用『呼』、『令』这个词还有不少例子，就不一一列举了。这正反映了商王是联盟的盟主。」（甲骨文中的商代方国联盟　古文字研究第六辑八一——八二页）

常玉芝

「……附记甲名先王五祀的卜旬卜辞。辞例如：

（1）癸卯王卜，贞：旬亡𡆥？在四月，王乩曰：大吉。甲辰彡大甲。　后上一九·四

（2）癸卯卜，𤉲，贞：王旬亡畎？在十月，甲辰翌日羌甲。后下二·八

（3）癸巳卜，贞：王旬亡畎？在四月，甲午彡日小甲。簠典二四

……将第（1）辞与第（2）、（3）辞对照来看，第（1）辞的前辞中有"王卜"的字样，意即此辞是由商王亲自判断吉凶的。第（2）、（3）辞的前辞都没有"王"字，（2）辞记有贞人名"𤉲"，（3）辞没有记贞人名；两辞卜问下一旬有无灾祸之词皆作"王旬亡畎"，即均比（1）辞多一"王"字，其后也没有"王乩曰：大吉"的字样，说明商王没有对此卜亲自判断吉凶。

我们遍查黄组中所有附记五祀典的卜旬卜辞，发现凡是前辞有"王卜"的，其后必记为"旬亡畎"，并且大多数都有"王乩曰"等字样，这就是上举的第（1）辞的形式；而凡是前辞中没有"王"字的，不管是否记有贞人名，其后都必记为"王旬亡畎"，并且绝无记"王乩曰"字样的，这就是上举的第（2）、（3）辞的形式。上述现象在同种卜辞中无一例外。这是附记甲名先王五祀的卜旬卜辞的特有规律。掌握了这个规律，就可以正确地补足此类卜辞的残辞。

黄组卜旬卜辞附记甲名王祭祀的目的，恐怕是为了标明祭该甲名王的一旬还要祭哪些先王先妣。这种看法可由出组中附记先王五祀的卜旬卜辞得到证明：

癸丑卜，王，贞：旬亡囚？在四月，甲寅酌翌自上甲。

癸亥卜，王，贞：旬亡囚？乙丑翌日于大乙，在五月。佚九〇六

卜辞于癸丑日卜问第二天甲寅日"翌自上甲"。"翌自上甲"即翌祭自上甲开始。自上甲始到哪一王为止呢？这由下一旬（即癸亥日卜问的一旬）的祭祀可得到说明。下一旬是于癸亥日卜问第三天乙丑日翌祭大乙的。已知在大乙之前为王的是示癸，所以祭大乙的上一旬（即翌自上甲的一旬）的祭祀是到示癸为止的。也就是说，祭上甲的一旬同时还要祭报乙、报丙、报丁、示壬、示癸五王。因此，一看到卜旬卜辞中附记祭上甲的一旬，就知此旬还要祭报乙、报丙、报丁、示壬、示癸。同样，如果知道了其他任何一个甲名王的祀序，根据先王先妣的祭祀次序，就可推知同一旬所要祭祀的其他王妣了。」（商代周祭制度一〇—一一三页）

按：說文解說篆文「王」字形體，皆與初形不符。吳其昌以「王」本象斧形，林澐進一步加以申論，說皆可信。唯吳其昌以「王」、「壬」本一字則誤。史載成湯始王天下，而卜辭於「王亥」、「王恒」、「王夨」皆稱王，蓋後世所追尊。據卜辭所記，唯商王始得稱王，其它諸侯未見稱「王」者，此蓋殷人之記載。及至周代，吳、楚、越等皆自稱「王」，孟子以「王」為五等爵之一，與公、侯、伯、子、男同列，不無幾分道理。

3247 麦 ⿱大夂 ⿰王夂

按：合集二〇一九六辭云：「甲戌卜，㚔，麦其畄卜卩」為人名。又合集二七〇〇五辭云：「……必……歲廼玫……大丁卜伐，王受有祐」，與「⿱大夂」當有別，乃祭名。

3248 ⿰王卩 ⿰王卩

按：字从「王」、从「卩」，隸可作「⿰王卩」。合集四九三二辭云：「貞，呼⿰王卩䖒」為人名。

3249 ⿰王又 ⿰王又

按：字从「王」、从「又」，隸可作「⿰王又」。在卜辭當為人名。

3250 ⿰王殳 ⿰王殳 ⿰殳王

余永梁　「𢼸當釋攻，从攴丰，丰亦聲。工玉二字古多不分，卜辭巫字或从工、或从玉，豐字或从工、或从玉，說文全字或从工，靈字或从玉，是其證也。丰亦玉字，珏字从此。周禮『工能攻玉者也』。說文『攻擊也从攴工聲』」（殷虛文字考）

楊樹达　「殷契粹編一〇五九片云：「丁卯貞，王令𢆶奠⿰王殳舟。于来乙亥告。又一〇六〇片：庚寅……癸巳卜，复𣏟舟。貞……貞……⿰忄殳余按⿰王殳⿰𠂤殳⿰忄殳三字皆从殳，当释为⿰王殳杸⿰忄殳。（戬寿堂殷虚文字第四叶丙辞云：𢦏从𣪊舟。）辞云𣪊舟，与前二例同。王静安释𣪊为殺，余谓字亦从殳，当释为殺。（以粹编一〇六〇片杸⿰忄殳二字例之，左旁似亦当从木，疑朱字本从木，此假朱字作木字也。）

杸字见说文，三篇下殳部云『杸，军中士所持殳也。从木从殳。司马法曰：执羽从杸。』按义与舟字义不相承，知甲文所用非此义也。余谓⿰王殳杸⿰忄殳殺四字皆从殳声，字盖皆假为殳。知者说文八篇下舟部云：『般，辟也，象舟之旋也。』徐锴云：『殳，檝之属。』按许云殳所以旋舟，徐锴谓殳为檝属，而檝则所以推舟也。古人名字动字义多相因，然则甲文之殳舟，盖即旋舟推舟之义与！」（释杸舟，积微居甲文说卷上四一至四二页）

魯實先

「⿰王殳亦役之或體。凡卜辭方名其在都邑畿甸，亦或緐體作玉，如衣韋曹為玉都，亦作袁瑋，役作二方近在畿甸，蓋為殷王常所遊幸，故亦从玉作⿰王殳，乍或从玉為⿰王乍。所以从玉者，是猶姬周為有國之號，故其文或从玉作琱，所以取尊重之義也。」（姓氏通釋之一 載東海學報一期三十二葉五至九行）

李孝定

「从殳从玉，說文所無。余釋攻，說有可商。古文工玉固有通者，見一卷玉字下。然卜辭自有攻字作𢼄，明此非攻字。楊謂為杸之異體，魯謂⿰王殳即役字，以其地為王所常遊幸，故从玉以尊之，說並無據。但當隸定作⿰王殳，以為說文所無字。」（集釋一〇二六葉）

按：字从「玉」、从「殳」，隸可作「⿰王殳」。卜辭均「⿰王殳舟」連言，「⿰王殳舟」疑指製作或調集舟楫言之，事與軍事行動有關。

3251 ⿱玨口

⿱玨凵

按：字當隸作「⿱玨口」，辭殘，其義未詳。

3252 ⿰王又

⿰王乂

按：字从「玉」、从「又」，隸當作「玫」。合集三二二八八辭云：「……卜，其灸玫」當為地名。

3253 玉

丰 丰

羅振玉「《說文解字》『玉象三玉之連，丨其貫也，古文作𤣪。』卜辭亦作丰，丨或露其兩端也。知丰即玉者，卜辭地名有𤨣字，从王或从丰。又玨字从王，亦从丰作丰丰。又豐字从玨亦从丰丰，其證矣。至古金文皆作王，無作𤣪者。」（《殷釋》中四十頁）

王襄「疑玉字。」、《類纂存疑》第一、第一頁上）

商承祚「《說文解字》『玉，象三玉之連，丨，其貫也，古文作𤣪。』卜辭亦作丰，丨或露其兩端也，知丰即玉者。卜辭地名有𤨣字，从王或从丰，又玨字（《後》下一二），从王亦从丰，作丰丰（《前》一卷二六頁），又豐字从玨亦从丰丰，其證矣。至古金文皆王，無作𤣪者。」（《類編》一卷六至七頁）

郭沫若「『帝五丰臣』（《粹》十二），或省作『帝五丰』。其文云『癸酉貞帝五丰，其三牢。』（《後》上廿六、十五）以其字形及日辰觀之，與此乃一時所卜。丰字羅振玉釋玉，以《乙亥毀》『玉十丰』為證。實則彼毀玉字作王，與丰字不同。金文从玉之字頗多，無一从丰作者。且此讀為『帝五玉臣』亦大不辭。故丰字非玉字。余意當即小篆丰字，讀介。《秦誓》『若有一介臣』（據《禮・大學》引），《公羊傳》文十二年引作『惟一介』，猶此『五丰臣』亦省稱『五丰』也。介今作个，故『帝五丰臣』又省稱作『帝五臣』（《粹》十三）帝自上帝，五臣不知何所指。《史記・封禪書》關于天界之小神有『九臣、十四臣』，舊亦不詳其說。」（《粹考》五頁）

孫海波「舊皆釋玉，余於《古文聲系》中定為工字，象玉連之形，古者貝與玉皆以一貫五枚，二貫為玨。就其枚言之，則曰玉朋區；就其貫言之，則曰玉工。《淮南子・道應篇》『元玉百工』注『三玉為一工也』。卜辭巫作⿴囗巫，象巫在神幄，兩手奉玉以事神，是知工即玉也，引申之．治玉人為工。《周禮．天官》序「官玉府工八人」注「工能攻玉者，」受工意義者曰攻治也，《書．甘誓》「左不攻于左。」《周禮．瘍醫》「凡瘡瘍以五毒攻之，」皆訓治曰攻．《釋名．釋言語》「攻，功也，攻治之乃成也。」治玉以技藝箸以技功稱，引申之，凡執技藝者稱工（《儀禮．燕禮》「席工于西階」注），作巧成器亦曰工（《漢書．食貨志》），再變善其事者曰工，審曲面埶以飾五材，以辨民器謂之百工。工亦訓官，《書．堯典》「允釐百工」。《詩．臣工》「嗟嗟臣工。」《周書．大戒》「維時兆厥工。」《國語．魯語》「夜儆百工1。」《鄭語》「擇臣取諫工。」注皆訓官也。司水土之官亦謂司空，則皆後起義也。由是言之，工亦初文本象玉連之形，孳乳為攻。金文《不𡢁段》「肇敏於戎工」，《虢季子白盤》「𤰈武于戎工」，蓋由治玉之義之所引申。《散盤》之𤔲工乃空字之所漫假。許君訓工巧飾也，象人有規榘也，與巫同意，非其朔也。」（《文録》四一至四二頁）

孫海波　「丰．粹一二．古代玉或貝皆一系貫五枚．此象貫玉之形．卜辭云．庚午貞，𪓐于帝五丰臣．郭沫若釋丰。」（甲骨文編一六頁）

陳夢家　「玉作丰丯，大約玉是三個或四個成串的，其單位為工，二工為玨、瑴。《說文》「二玉相合為一玨」，或作瑴。《山海經．中山經》郭璞注云：「雙玉為瑴、半瑴為隻」，隻即相當於工。」（《綜述》五九九頁）

陳夢家曰：「卜辭言「帝工」（《存》一．一八三．一）「帝五工臣」（《粹》一二）除「帝工」之工作占外，其他「帝五工臣」之工則作丰。金文《章毁》（《三代》七．三四．六）「玉五工」，玉、工均作丰。丰乃工字，工為玉之單位詞，《淮南子．道應》編「玄玉百工」，注云「三玉為一工也」，丰象三玉成串之形。」（《綜述》五七二頁）

连劭名　「甲骨文中又有「丰」字。（甲骨文编从罗振玉说释此字为「玉」。「丰」字又见于铜器铭文，商末周初的乙亥簋：「乙亥，王易……玉十丰……」王国维释此字为「玨」，他说：「玨字殷墟卜辞作丰（后上二六），金文亦作丰。皆古玨字。」中国古代玉以玨计算，字又作瑴，从玉，㱿声，玨指双玉，从乙亥簋铭文看，「丰」显然是一个表示玉的计量单位的字，所以王国维的说法是有道理的。

历组卜辞有：「庚午贞：秋大集……于帝五丰臣，血……在祖乙宗卜。」粹一二

「貞：其寧秋于帝五丰臣，于日告？」（屯南九三〇）

上二条卜辞中的「珏」字当读为「工」，段玉裁在说文解字注中说：「按淮南书曰：玄玉百工。注：二玉为一工。工与珏双声，百工即百珏也。」工珏同是见母字；工属东部，珏属屋部，二字双声叠韵，故可通假。所以，「帝五丰臣」即帝五工臣。卜辞中同时又简称为「帝五丰」即「帝五工」：

「癸酉贞：帝五丰，其……牢？」（后上二六·一五）

还可简称为「帝五臣」：

「辛亥卜：……五臣……？王又岁于帝五臣，正，隹亡雨？……又于帝五臣，又雨？」（粹一三）

有时又称为「帝工」：

「帝工卷我，又卅牢？」（鄴三·四六·五）

「帝工卷我？」（存一·一八三一）

上二辞中工字写作「𢀛」。

有时又称为「帝臣」：

「隹帝臣令？」（后上三〇·一二）

「于帝臣，又雨？于夔宗酌，又雨？于岳宗，又雨？」（甲七七九）

「帝五工」、「帝五臣」、「帝工」、「帝臣」其意相同。都是指上帝的臣正。「工臣」连称更是古代的习语，诗经周颂臣工篇：「嗟嗟臣工，敬尔在公。」毛传：「工，官也。」尚书酒诰：「越献臣百宗工」，「又惟殷之迪，诸臣惟工」，是皆臣工连用之例。

卜辞中的帝臣，可能是指五方的神祇。……四方的神加上大邑商的社神可能就是卜辞中的帝五臣。」（甲骨文「玉」及相关问题出土文献研究二四一——二四三页）

按：字並當釋「玉」，合集三〇九九七辭云：

「其鼎用三玉犬羊……」

又屯二三四六辭云：

「其品亞叀玉豊用」

「玉」皆為祭品，乃其本義。卜辭「帝五丰臣」，陳夢家以為即「帝五工臣」，其說蓋是。

珏 丰丰 丯丯 玨

王國維「殷時，玉與貝皆貨幣也，《商書·盤庚》曰：『茲予有亂政同位，具乃貝玉』於文，寶字从宀、从玉、从貝、缶聲，殷虛卜辭有[glyph]字（《前》六·卅一）及[glyph]字，（《後》下十八）皆从宀、从玉、从貝而闕其聲，蓋商時玉之用與貝同也。貝，玉之大者，車渠之大以為宗器，圭璧之屬以為瑞信，皆不以為貨幣。其用為貨幣及服御者，皆小玉、小貝，而有物焉以系之，所系之貝玉，於玉則謂之玨，於貝則謂之朋。然二者於古實為一字。玨字，殷虛卜辭作丰（《後》上廿六），作丰（《前》六·六十五），或作[glyph]（《後》下廿·四十三），金文亦作丰（《乙亥敢》云：玉十丰），皆古玨字也。《說文》：玉，象三畫之連，丨其貫也。丰意正同。其作丰作[glyph]者，[glyph]皆象其系，如束字上下从屮木也，古系貝之法與系玉之法同，故謂之朋，其字卜辭作拜（《前》一·三十），作[glyph]（《前》五·十），金文作拜（《遽伯寰敢》）作拜（《庚嬴卣》），作[glyph]（《且子鼎》），又《公中彝》之『貝五朋』作[glyph]，《撫叔敢》蓋之『貝十朋』作[glyph]，《戊午爵》乃作[glyph]，甚似玨字。而朋友之朋，卜辭作[glyph]（《前》四·三十），金文作[glyph]（《杜伯簋》），或作[glyph]（《豐姞敢》），或从拜，或从玨，知玨朋本一字，可由字形證之也。更以字音證之，玨自來讀古岳反，《說文》亦以瑴為玨之重文，是當从㱿聲。然竊意玨與瑴義同意異，古玨字當與班同讀，《說文》班讀與服同，《詩》與《士喪禮》作服，古文作[glyph]，古服葡同音，玨亦同之，故班字以之為聲。古者玉亦以備計，即玨之假借。《齊侯壺》云：『璧二備』，即二玨也，古音服備二字皆在之部，朋字在蒸部，之蒸二部陰陽對轉，故音變為朋。音既屢變，形亦小殊，後世遂以玨專屬之玉，以朋專屬之貝，不知其本一字也。又舊說，二玉為玨，五貝為朋（《詩·小雅·菁菁者莪》箋），然以玨拜諸字形觀之，則一玨之玉，一朋之貝，至少當有六枚，余意古制貝玉皆五枚為一系，合二系為一玨，若一朋。《釋器》『玉十謂之區』，區瑴雙聲，且同在侯部，知區即瑴矣。知區之即瑴，則知區之為玨矣。貝制雖不可考，然古文朋字，確象二系，康成云：五貝為朋，五貝不能分為二系，蓋緣古者五貝一系，二系一朋，後失其傳，遂誤謂五貝一朋耳。觀玨拜二字，若止一系三枚，不具五者，古者三以上之數亦以三象之。如手指之列五，而字作[glyph]，許君所謂指之列不過三也。余目驗古貝，其長不過寸許，必如余說五貝一系，二系一朋，乃成制度，古字之學，足以考證古制者如此。」（《集林》三卷二十頁《說玨朋》）

孫海波「丯丯，鐵一二七·二，古玉或貝一系五枚为玉，二玉为玨，或謂之朋。」（甲

滑文編一六頁）

按：字當釋「珏」。字从二「王」，或二「丰」，或二「𦍌」，可證「王」、「丰」、「羊」皆「玉」字。卜辭云：

「丙子卜，賓貞，似珏彭河」 合集一四五八八

「……河珏𠭯王自正」 合集二四九五一

「戊辰貞，𢦏于大甲帥珏三牛」 合集三二四八六

皆以「珏」為祭品。其數未見多於「二珏」者。

3255

朋 拜 𦏵

王襄 「古鳳字通作朋。此象朋貝之形。」（簠室殷契類纂第十九葉）

吳其昌 「珏者，乃朋貝之正字；先師王先生觀堂集林釋珏朋曰：『殷時玉與貝，皆貨幣也。盤庚曰：『具乃貝玉』……其用為貨幣者，服御者，皆小玉小貝，而有物焉以系之，所系者，於玉則謂之珏，於貝則謂之朋，然二者於古，實為一字。珏字卜辭作丰（後、一、二六、一五）作丯（前、六、六五、二）作𦍌（後、二、二〇、一五）𦍌（後、二、四三、八）金文亦作丰。（乙亥毁『五十丰』）說文：『玉象三畫之連，丨其貫也。』丫丫者，皆象其系，加𣎴字上下從木也。古系貝之法，與系玉同，故謂之朋。』其字卜辭作拜（本片即前一、三〇、五十二、二、五、六）作拜（前、五、一〇、五）金文作拜（遽白睘毁）拜（遽鼎）拜（庚羆卣）拜（圉子鼎）又作𤣩（公中彝）珏（濂叔毁）珏（戊午爵）甚似珏字。朋友之朋，卜辭作𠈃（前、四、三〇、二）金文作𠈃（杜白盨）𠈃（豐姞毁）或从拜或从珏，知珏朋本是一字。……又舊說二玉為珏，五貝為朋，（詩菁菁者莪箋）然以字形觀之，則一珏，一朋，至少當有六枚。意古制：貝玉皆五枚為一系，合二系為一珏一朋。釋器：『玉十謂之區。』區、𣪊、雙聲，且同在侯部；知區即𣪊，則知區即珏矣。貝制雖不可考，然『古文朋字，確象二系；康成云『五貝為朋』，五貝不能分為二系；蓋緣古者五貝一系，二系一朋，後失其傳，遂誤以五貝為朋耳。觀𦍌拜字若止三枚一系，不具五者，古者三以上數，亦以三象之，如手指之列五，而作又，許書所謂「指之列不過三」也……』（集林、三、二四）其昌按：先師之說，至碻至盡；今更有明據，足以證實先師之說者，卜辭一片云：『庚戌、卜、□貞，錫多母㞢貝朋』（後、二、八、五）其「貝朋」字正作𦏵拜，至顯然矣。」

但本片之『……朋』字，乃屬于上句者，而不幸上句之文已蝕，故無可知其爲何等語矣。」（見殷虛書契解詁第三三三——三三四葉）

郭沫若

「王國維說玨朋謂玨朋古本一字，其說是矣。然謂『古制貝玉皆五枚爲一系，合二系爲一玨若一朋』，在貝玉已成貨幣之後，庸或有之，然必非玨朋之朔。貝玉在爲貨幣以前，有一長時期專以用於服御，此廼人文進化上所必有之步驟。許書貝部有賏字，曰『頸飾也，从二貝』。女部嬰字亦曰『頸飾也，从女賏，賏其連也』，『其連』，段氏改作『貝連』。按即不改字固可知其爲貝之連。貝而連之，非朋而何耶？古說以五貝爲朋外，亦有兩貝爲朋說，詩七月『朋酒斯饗』，傳曰『兩樽曰朋』。易損之六五『或益之十朋之龜』，崔憬注『雙貝曰朋』。前漢食貨志王莽貝貨五品，自小貝以上均以『二枚爲一朋』。王莽志在擬古，當必有所本。是知朋與賏實一物而異名，朋之爲賏，猶賏之爲連也。（今人謂之鍊）賏及从貝之字古彝物中未見，纍於新鄭所出『王子嬰次之口盧』，王國維以爲即楚令尹子重嬰齊。（案實魯莊十四年爲傅瑕所殺之鄭子嬰齊，余別有新鄭古器之一二考核一文以專論此事，見殷周青銅彝器銘文研究下冊）嬰者从女貝。以其从女而觀之，知必爲後起字。蓋古之頸飾，男女無別，此於現存未開化之民族猶可徵見，……朋爲頸飾，於字形之本身亦可得而證明。朋字骨文作□，若□，若□，以三或二之貝玉爲一系，連二系以成左右對稱。金文亦如之。如效卣之廿朋作□，匽侯鼎作□，呂鼎之卅朋作□，剌鼎作□是也。案此實即頸飾之象形。故骨文朋字更有連其下作環形，如□若□者，寳字之或體亦从此作□。此更顯而易見矣。事之尤顯者，乃殷彝文中有以玨朋爲頸飾之圖形文字。如□（父乙盤，同下卷卅四葉）案此即象人著頸飾之形，當爲倗之初字。倗乃古國名，周金有倗伯虎敦，倗仲敦，當即其後。前人不悟倗爲頸飾之意，廼臆造『子荷貝二貫』或『孫荷貝一朋』之奇說，……知玨朋之朔本爲頸飾，則知構成玨朋之玉貝自可多可少。故謂雙玉爲玨可，（詩菁菁者莪鄭箋）謂三玉爲玨亦可；（淮南道應訓「玄玉百工」高注『三玉爲工』，工即玨）謂五貝爲朋可，（同上詩箋）謂二貝爲朋亦可。三五之作奇數者，蓋連胸或項墜而言，此不足爲異。至謂玨必十玉，朋必十朋，此於貝玉已成貨幣之後理或宜然，然必非玨朋之朔也。原玨朋之用必始於瀕海民族，……殷周民族西來，其疆域均距海頗遠。貝朋之入手當出於賓物交易與擄掠。（彝銘中掠貝俘金之事多見）以其爲數甚少而不易得，故殷周人皆寶貴之。貝窮則繼之以骨，繼之以玉，（玉乃貝之一系，用爲玉名之玉者廼義之轉）而骨玉均效貝形，繼進則鑄之以銅。殷虛古器物圖錄（下卷廿一葉）有珧貝真貝各一，羅氏附說云：『古者貨貝而寶龜，貝與龜爲何狀，不得目覩也。前人古泉譜錄有所謂蟻鼻錢者，予嘗定爲銅製之貝，然吾無證。往歲於磁州得銅製之貝無文字，則確乃貝形。已又於殷墟得古製之貝，染以綠色或褐色，狀與真貝不異，而有兩穿或一穿以備貫繫。最後又得真貝，摩平其背，與骨製之貝狀畢肖。此所圖之貝均出殷虛，一為真貝，與常貝形頗異。一為人造之貝，以珧製，狀與骨貝同，而穿形略殊；蓋骨貝之穿在中間，此在兩端也。合觀先後所得，始知初蓋用天生之貝，嗣以其難得，故㠯珧製之，又後則以骨，又後鑄以銅。（案骨貝珧貝之先後，須俟日後之發掘，始能定）世所謂蟻鼻錢者，又銅貝中之尤晚者也。蟻鼻錢間有有文字者，驗其書體乃晚周時物，則傳世之骨貝殆在商周之間矣」。案此實中國貨幣史上極重要之一段文字，考古者固不可不知，即談經濟學、社會學者胥不可不知也。惟貝朋在為頭飾時，其來多得自實物交換，則雖有貨幣之形，尚無貨幣之實。其實際用為貨幣，即用為物與物之介媒者，余以為亦當在殷周之際。此事由古器物中錫貝之朋數。殆可得其端倪。卜辭之出土者間數在二三萬片以上，：：然錫貝之事僅一見，曰「庚戌□貞易（錫）多女出貝朋」。（後下八、五）此於朋上無數，當即一朋。（玨即一玨之合文）又由事之罕見與數之微末，且所錫者為女子，則朋必係頭飾無疑。卜辭乃帝乙以前之物，則貝朋之化為貨幣當在帝乙以後。彝銘中錫貝之事多見，其著朋數者，入周㠯後多在十朋以上，如敔殷之廿朋五十朋，匽侯鼎之廿朋，呂鼎剌鼎之卅朋，如此多數，於殷彝中絕未有見。其器之較古者有左列諸事：戍嗣鼎「賞戍嗣貝二朋」（殷文存上卷八葉）中鼎「侯錫中貝三朋」（同上七葉）陽亥彝「貝三朋」（周金文存卷三）罕甾鼎「王光（貺）罕甾貝五朋」（同上卷二補遺）罕椃角「賜貝五朋」（殷文存上廿三葉）女嬃毁「商（賞）嬃貝一朋」（攈古錄二之二、廿五葉）小子夫尊「娥商（賞）小子夫貝一朋」（寧壽鑑古卷五、五葉）彥鼎「尹商彥貝三朋」（攈古二之二、二葉）家爵「子商家貝十朋」（同上四葉）邑罕「王錫小臣邑貝十朋」（陶齋三卷卅二葉）右列諸器由文例與以日為名之習推之，當為殷末之器，至遲亦當在周初，而錫朋之數多不過十。博古圖有周乙酉方彝（卷八第十七葉）銘有「在九月，隹王十祀㫚日五，隹□□」語，以卜辭例之當為殷彝，亦云「商貝十朋」。賞貝者率為當時王侯，而所賞者僅此數目，此與其視為貨幣，無寧以視為頭飾之較近情理。至若菁菁者莪之「錫我百朋」，穆天子傳之「載玉萬穀」，則大有逕庭矣。準此，故余謂貝朋之由頭飾化為貨幣，當在殷周之際」。（甲研釋朋）

孫海波文編於鳳字下另起一行收上出諸文作朋，曰：「說文鳳字古文作朋云：『象形，鳳飛，羣鳥从以萬數，故以為朋黨字』。案古玉與貝皆五枚為系，二系為朋，倗友之倗从之，與鳳非一字，安得為鳳字古文，許說非是矣。姑依許書之例附列于此」。（文編四卷十八葉）

孫海波

「玨，甲七七七。說文以鳳字古文为朋，与古文朋字之形不类，疑有讹夺。今系朋字於貝部之后。」（甲骨文編二八〇頁）

陳夢家

「王國維說玨朋（觀堂三：一七——一八）以為『殷時玉與貝皆貨幣也，商書盤庚曰茲予有亂政同位具乃貝玉』。以貝為貨幣，是正確的。他又『以玨朋諸字形觀之，則一玨之玉，一朋之貝至少當有六枚；余意古制貝玉皆五枚為一系，合二系為一玨若一朋』。他所說的『五貝一系、二系一朋』，與鄭玄『五貝為朋』之說是不同的。我們以為一朋應是十貝，三代一三·四二·二——三所錄一殷代的卣，既曰『商某貝二朋』，又曰『貝隹廿』，二朋為廿貝，則一朋為十貝，乃有明證。卜辭取貝百、取貝六百亦是以十為單位，貝百即十朋。我們以為武丁卜辭已有錫貝之事，已稱十貝為朋，和晚殷金文相同，則當時已可能用貝為貨幣了。殷墓中以貝為隨葬品，放在死人的口中、手握中、足旁、胸上等處。這和後世以貨幣隨葬的習俗相同，如漢墓中死人口手中有錢」。（綜述五五七——五五八葉）

李孝定

「說文以□為鳳之古文象形原不誤，其下說段借之故亦沿譌已久，蓋朋字祇是賏之形譌，徐灝說見一卷玨下引原無本字，徒以其隸體與□形近，許君遂以為朋黨之朋乃假鳳之古文為之。實則朋貝之朋乃賏之譌字，朋黨之朋又朋貝之段字，與鳳之古文實無涉也。至朋貝之數，王郭兩氏之說略異，然均據傳注成說為言。田野考古報告第一期有郭寶鈞氏之濬縣辛村古殘墓之清理一文，內附圖版第十一有朋貝圖一幀，凡廿六枚分兩系，系各十三枚，出土時排列整齊，必為朋貝無疑，是則朋貝原無定數。蓋朋貝原為頸飾，長短各隨所宜，定數之說當自成為貨幣之日始也。卜辭朋字除少數為朋貝外，餘辭義均不明。如云『庚戌□貞易錫多女㞢有貝朋』，後下八·五。此錫多女貝一朋也。『乙巳卜方貞翌丁未酒卓歲于丁奭㞢朋』，前五·四·七，此以貝玉供祭祀也。『□戕用朋』，前六·二六·七，此疑亦朋貝之義。『甲申卜爭貞奭于王國，殘存于當為亥字其朋』。『甲申卜爭貞勿朋』，乙六七三八，此疑奭祭兼用朋貝也。『□父朋叀王自正』，前一·三十·五。『朋□其宜』，前五·十·五。『□巳卜□貞王夢朋隹□禍』，甲二·八·六。『□貞王夢朋隹禍』，乙七八二九、『丙寅貞王其□朋乙亥奭四宰卯三大宰』，鄴三·下·四五·四。『五人卯五牛于二朋』，乙六七四五。數辭朋字之義不明，末辭偁二朋，疑仍朋貝之義，惟言『于二朋』，不詳其義。本文原當收入貝部，作賏，惟因朋貝之字經籍沿譌已久，賏字又已別具音讀，姑从許例附之於此，餘說詳一卷玨字條下，請參看。金文朋字作□中鼎□敔叔簋□俎字鼎二朋合文□女雙簋□趞叔簋□宰甾簋□趞卣□宰椃角□孖簋□周寥鼎□庚寅卣□師遽簋□彔卣□遽伯簋十朋又四朋即十四朋此古文紀數之慣例□紳簋十三朋舊或釋十二朋誤□效卣廿朋□匽侯鼎□呂鼎卅朋□剌鼎□效卣五十朋它如倗字偏旁亦均與此同，與卜辭玨字應為一字，實即玨賏同文，王國維之說是也。徐灝說文段注箋賏下云『貝鐘鼎文作□，小篆变為貝，重之為賏。貝之古文亦□，重之為□，隸变作朋，遂截然為二字，音義各殊，不知其異派同源也。人部「倗，輔也，讀若陪位」。漢書王尊傳「羣盜傰宗等」，蘇林曰「倗音朋」，晋灼曰「音倍」，蓋朋由貝変，故倗有倍音，朋之聲轉為陪，其清聲为崩，故左氏僖九年傳「齊隰朋」，史記齊世家徐廣注「朋或作崩」，又易復卦「朋來」，漢五行志下引京房易傳作「崩來」，因之又聲轉為嬰也。凡从賏之字有相比對義，如罌為相應答之聲，䴠為儋雨䴠是也』。徐氏說朋賏二字形音衍变之故極為塙不可易，故具引之如上。後世朋為貨幣单位之專名，賏為頸飾之專名，其始實同名也」。

（集釋一三七六葉）

按：字當釋「朋」，與「鳳」字無涉，李孝定已言之。契文「朋」與「玨」形義均有別，不得混同。王國維以為「朋」、「玨」一字，其說非是。

合集一一四三八辭云：

「庚戌……貞，易多女㞢貝朋」

又合集一一四四二辭云：

「𠦪不其以十朋」

又懷一四二有「五朋」、「七朋」、「八朋」、「三十朋」、「五十朋」、「七十朋」之記載，是「朋」均為「貝」之單位。與「玨」無涉。

3256

倗

羅振玉　「貝為五朋，故友倗字从之。後世友朋字皆假朋貝字為之，廢專字而不用。幸許君尚存之於說文解字中，存古之功可謂偉矣。古金文中友倗字多與卜辭合，望敢作[glyph]，𤔲鼎作[glyph]」。（殷釋中二十一葉下）

王襄　「古倗字。許說輔也，从人朋聲。此从亻，象人形」。（類纂正編第八第三十七葉下）

林義光　「說文云『𪇰古文鳳象形』按古作[glyph]杜伯盨作[glyph]朋尊不象鳳鳥形，从人拜聲，即倗之古文。凡倗友字經傳皆以朋為之。說文云『倗輔也从人朋聲』按與朋同字朋古文作[glyph]从人』」。（文源朋字條）

孫海波　「[glyph]，衛四·三〇·二。从[glyph]，与金文同。[glyph]，續三·四七·一。射倗衛，官名。」（甲骨文編三四一頁）

李孝定　「治說文者多以此為朋友之本字，不知此仍朋之異文也。蓋朋象朋貝，亦即頸飾，倗則象人着頸飾之形，其實一也。朋之與倗猶䝜之與嬰也。朋友為五倫之一，其字無由以象形會意出之，作朋作倗皆假借，其字蓋亙古無正字者。孟□字，郭沫若亦釋倗，見前四卷朋下，略有可商，蓋以小篆言之字當釋嬰也。朋之與䝜，倗之與嬰，其始雖祇是一字，然其後已分衍為二，今即以今字釋古字，則此數字固當分隸，不能混為一談也。」（集釋二六二七葉）

于省吾　「甲骨文朋貝之朋作□或□，象兩串穿貝形。又倗字作□或□，从貝从勹。商器倗尊作□。西周金文以倗為朋友之朋，作□、□、□等形。說文：「倗，輔也，从人朋声，读若陪位。」其实，倗字的古文本作倗，以勹为音符，说文讹为人，文字学家遂不知其非。古读勹如凭。汉书周緤传的「皆更封緤为鄘城侯」，颜注：「吕忱音陪，而楚汉春秋作凭城侯，陪凭声相近。」王念孙谓：「服虔之为冯虔，犹伏轼之为冯轼，伏琴之为冯琴，菌伏之为菌冯，也。」（读书杂志余论文选）按勹为伏之本字，古无轻唇音，故读伏如凭（古也省作冯）。两字既系双声，又係之、蒸对转。然则倗之从朋勹声，是由于象形字附加音符而变为形声字。关于倗字的甲骨文已多残缺，只有「己丑卜，穷贞，令射倗卫。一月」（续三、四七、一），文尚完整。典籍皆借朋为倗，又每训朋为群为辈。射倗之倗应读作朋。是说王令司射的朋辈从事保卫。」（甲骨文字释林释勹、鳧、倗）

按：卜辭倗為人名，朋則為貝朋，二者區分至嚴，从不相混。倗乃朋之孳乳字，加人為形符，由象形而形聲。李孝定謂「象人着頸飾之形」與「嬰」其始「祇是一字」，其說非是。金甲文倗字皆不象人着頸飾之形。契六五六倗字作□，尤為明徵。字亦非从「勹」。

3257

□

按：後一七六七辭云：「子□叀牛一月用」為人名。

3258

□

3259

丰 王 丰

王襄　「疑玉字。」（《類纂存疑》第一第一頁下）

王襄　「古丰字。許說艸蔡也，象艸生之散亂也。」（簠室殷契類纂第二十一葉）

陳直　「卜辭玉字多作丰，与周金文不同。案礼記玉藻云『天子玉藻十有二旒』鄭注云『玉冕前后垂旒之玉也。藻雜采絲绳之貫玉者也，以藻穿玉，以玉飾藻，故曰玉藻。』又案礼記雜記云『贊大行曰，圭公九寸，侯伯七寸，子男五寸。藻三采六等。』鄭注云『藻薦玉者也，三采六等，以朱白蒼畫之。』孔穎達疏云『天子圭与繅皆九寸繅三采六等，朱白蒼朱白蒼是也。』既重云朱白蒼是一采为等相间，兩为六等。玉作丰微斜，正象其繅絲三采六等之形，知殷礼与周礼同也。」（殷契賸义四頁上）

陳夢家　「……王又歲于帝五臣正，佳亡雨　　　粹一三

辛亥卜……五臣酻　　粹一二

秋于帝五工臣，才且乙宗卜　　粹一二

帝五工（臣）其三牢　　（粹）二六、一五

帝工壱，戊又卅牢　　鄴三四六、五

帝工壱我　　　　　　　存一、一八三一

帝五臣正，帝五工臣、帝五臣、帝工所指皆上帝之臣正。除『帝工』之工作丅外，其它『帝五工臣』之工則作丰。金文㙄毁（三代七、三四、六）『玉五工』，玉、工均作丰。丰乃工字，工為玉之單位詞，淮南子道應篇『玄玉百工』，注云『三玉為一工也』，丰象三玉成串之形」（綜述第五七二葉）

李孝定　「按，陳氏所釋丰字未注明出处，其辭例不可知，然契文玉作丰若丰，象以绳貫玉之形。其中直畫象绳，即鄭注之藻，而三横畫則象玉飾，此文三屈曲畫。陳氏以繅絲說之，殊与玉字结体不合。說宜存疑。」（甲骨文字集释存疑四四五三——四四五四頁）

严一萍　「𨽸，此字腹甲作丯，牛胛骨作𣏟，乃丯之繁写，其实两字皆𨽸（粹一二八二）若𨽸（前四·四二·六）之省文。王国维释𨽸，说文：『𨽸，束也』。」（卜辞四方风新义，甲骨古文字研究第一辑一七九页）

于省吾　「甲骨文丯字作丯、丯、丯、丯等形，在偏旁中则省作丯或丯，王襄『疑玉字』（簠类存疑一·一）。按甲骨文玉字作丰、丰，其三横划皆平，与丯字截然不同。玉字之作丰者，郭沫若同志谓『当即小篆丯字』（粹考一二）也不可据。实则，甲骨文丯字的三邪划，大多数作弯曲形，说文讹变作丯，并谓：『丯，艸蔡也，象艸生之散乱也。读若介。』说文的读音是对的，而训为艸蔡，则纯係臆说。

戴侗六书故：『丯即契也。又作㓞，加刀，刀所以契也。又作契，大声（按契字本从㓞声）。古未有书，先有契，契刻竹木以为识，丯象所刻之齿。』按戴说甚是。墨子公孟：『是数人之齿，而以为富。』列子说符：『宋人有游於道得人遗契者，归而藏之，密数其齿，告邻人曰，吾富可待矣。』释文：『刻木以记事者。』刻木为契之事，典籍习见（详桂氏说文义证契字下）。在未有文字的时代，初民往往刻木为齿以记事，这当在商代以前。但就甲骨文之刻木为齿以及墨子和列子有数齿的记载来看，则商周时代仍保存着刻契的遗风。近代有些少数民族还用木片或木条刻齿记事。

甲骨文的丯字，就其构形来说，中划直，三邪划作弯环之势，象以木刻齿形。就其音读来说，说文谓『丯读若介』。孟子万章的『为不若是恝』，恝字说文作㤅，可以互证。后世典籍均借介为丯，介与害、割、匄（丐）古通用。易晋的『受兹介福』，𢉩弔多父盘作『受害福』。诗七月的『以介眉寿』，无叀鼎作『用割釁寿』，师奎父鼎作『用匄釁寿』，是其例证。

有关丯字的甲骨文已多残缺。『沚戓其作丯』（簠·地五三），『☐不作丯』（拾一四·一）。以上两个丯字均应读作介，训为辅助，尔雅释诂谓『介，助也』。又『疒雨七旬』（前四·九·七），『七旬』即『七丯』（京津四七五七），均应读为七害。

甲骨文有𠂤字（后下二九·一），当系说文『祄，祏也，从衣介声』的古文。又甲骨文从丯的字，有的作地名用，如『于𨛫条』（前六·一·八）。有的作人名用，如『弓令韡』（前八·二·三），『叀韡乎往』（前七·六·四），『叀彭令往于刀』（续三·二七·一）。有的作凤名用，如『西方曰彝，凤曰𣏟』（彝与𣏟原互倒，详释四方和四方凤的两个问题。又下文所引大龟和王、胡之说，同上，不另注明），『彝𣏟，叀豚又大雨』（前四·四二·六），『其𣏟，叀日彝，韡用』（京津四三一六）。以上所述，除𣏟彝二字外，虽然有人名凤名之别，字形也颇有变化，但均系同字。其中凤名作韡、韡或𣏟，除另外一版大龟的凤名作丯。因此可知，大龟省为独体字既然作丰形，則其他各种异构，显而易見都是以丰為声符的形声字。因為形声的通例，凡由一个声母所孳乳的形声字，如果省化為独体字时，不会省去声母而只存形符，是可以断定的。王国維謂韡即說文韡字，而未說明韡字為形誤。胡厚宣同志誤认韓韡俱从韋声。按說文東字和韡字所从的東，都是丯字的形讹。甲骨文丯字，战国时的嗣料盆已讹作東，為說文所本。第三期甲骨文的韡字右从丯，足徵丯字的二邪划和三邪划互作无別。而韓字左从未，即丯字的省变。至于第一期大骨刻辞的丯字，加三邪于木字中部，借用其直划。然則丯即栔或栔字的初文，是毫无疑问的。

說文：「栔，刻也。」《釋名·釋书契》：「契，刻也，刻識其數也。」栔与契古通用，字也作鍥。契即古刻字，刻為后起的代字。說文以韧為巧韧之韧，契為契約之契，栔為栔刻之栔，由于后世用各有当，因而分化。甲骨文編所录的契字作㓞（甲一一七〇）。按原版誤倒，字体也较為模糊，殊不足据。

再就商代晚期金文来說，女宇彝的宇字作　或　，父丁爵作　。其中划作乚者，姿势弯宛，与二邪划相适应。宇即說文「㝞，靜也，从宀契声」的初文。

商代晚期金文还有以下等字。

祖壬觚（西清二四·三）　簋文

小子夫尊　母卣盖器

丂鼎　父乙鼎

以上所列七个字，从前有的学者以為文字画，其实都是韧的原始字，只是文有繁省，偏旁部位变动不居而已。又以上所列七个字，金文編除祖壬觚和簋文未录外，均入于附录。马叙伦讀金器刻词，謂金文偏旁所从的「　」，皆契約书契之契本字，而說文栔之初文」，这是对的。但马氏既不知道甲骨文已經有此字，而且于金文只引诸妇卣（按即女宇彝）和母卣二器。既割裂㓞為二字，又以止為氏族之名；既謂「盖制此器者，古皆妇女任之」，又以宇字為「造契之家」。这都是臆為之解。上列诸字，其从　或　象刀形，即刀之初文。刀背有三折划，俗名「腓子」。刀柄下端作圓形，即刀环。这种类型的刀，近年来多出于殷虚。上列诸字，刀的左右或上部所从的丰或　，即丰字，也即丰字的省划。又上列诸字，下部有五个从止者，而母卣的盖和器从止与否互作。至于刀之从止，是表示動用之意，但也与不从止者同用。甲骨文　与

字习見，多用為人名或地名，旧释為刀和丒是对的」。（甲骨文字释林释丯）

按：于先生釋「丯」，以為即「契」之初文，論其形音義之流變甚詳。合集一四二九五辭云：
「貞，帝于西方曰彝風，曰丯，𠦪年」
為西方風名，字亦作𣏟，或作「𩏑」。參見下「𣏟」字條。

3260 東

楊樹達　「𣏟字胡君云字不識，按確是𠂹字。說文七篇上𠂹部云：『𠂹，木𠂹華實。从木马，马亦聲』。說文𠂹部只收二字，一為東，一為𩏑，甲文皆有其字。按堯典言『平秩西成』，宵中星虛，以殷仲秋』，蓋西為秋方，艸木𠂹實，故殷人名其神為𠂹也。至堯典云：『厥民夷』，山海經亦言『有人名曰石夷』，作夷字者，東為少見之字，隸書為少見之字，隸書與夷極相似，故傳寫誤作夷也。必知彝夷為誤文者，如字果作彝夷，義與艸木無關，乃與東方之析，南方之莢，北方之宛，全不相類，故知其誤也」。（積甲文說五五葉）

胡厚宣　「大荒西經言『來風曰韋』，甲骨文言『鳳曰𣏟』。韋字卜辭作𡗝𡗝，與𣏟形相近，或係字誤」。（商史論叢初集第一冊四方風名考證）

于省吾　「……說文東字中从𢎘，各本也作马或𢎘。說文：『東，木垂华实也，从木，马（音函）声』。按从马乃从𠂹的形讹。說文段注谓東为『胡先切』，唐韵音『胡感切』，并误。𣏟字中从丯，与象木垂华实无涉。因此可知，說文東字形音义之误，由来已久。王国维释𩏑為韩（類編七·七），而不知說文𩏑字右从東乃𣏟形之误（详释丯）。

大龟雚曰丯之丯，它辞也作丯，即說文『丯读若介』之丯，典籍通作介（详释丯）。尔雅释诂：『介，大也。』介训大典籍习见。尔雅释天称『西风谓之泰风』。泰与大古同用。诗桑柔的『大风有隧，有空大谷』，毛传训隧為道。郑笺谓：『西风谓之大风，大风之行，有所从而来，必从大空谷之中。』我国华北的西方大风，来自西北新疆高原，经过黄河流域，由高趋下，有似大谷，冲向东方。故诗以『大风有隧，有空大谷』為言。前文已经说过，西方殺伤成物，这就依赖于西方的凌厉大风来完成這一任务了。总之，甲骨文的丯字后世典籍通作介，甲骨文以介雚為西方大风的专名，以别于它辞泛称的大雚。介雚之称不见于典籍，但还可以和典

籍』「西風謂之大風」互相証发。」（甲骨文字释林·释四方和四方風的两个问题一二五頁至一二七頁）

于省吾释柎、梨、参王字条下。

按：楊樹達釋「𢎘」可從。但混四方神名與四方風名為一則誤。參照㝬二六一及京津五二○，堯典之「厥民夷」，大荒西經之「有人名曰石夷」，亦即㝬二六一之「帝于西方曰彝」。非「𢎘」字傳寫之誤。京津五二○與㝬二六一有出入，陳夢家以為「㝬二六一是武丁時代的完整龜腹甲，所記錄的是卜辭；善齋牛胛骨（京津五二○）没有鑽鑿卜兆，不是卜辭而是抄錄四方之名與四風之名的刻辭。後者因係抄錄，所以有錯誤，如將南方、西方的方名與風名互倒」（綜述五九○）。據前四·四二·六亦作「⿰𢎘韋風」，陳說可信。

說文以𢎘為「从木弓，弓亦聲」，與篆體之作𢎘（大徐本）或𢎘（小徐本）者均不類。段玉裁改篆體為𢎘以遷就許慎說解，王紹蘭段注訂補、鈕樹玉段注訂、徐灝段注箋均已非之。繫傳作𢎘，與卜辭𢎘形最為近似。

西方風名曰「𢎘」，後復加聲符韋作「⿰𢎘韋」，是「𢎘」、「⿰𢎘韋」同字，當讀「于非切」。大荒西經「𢎘風曰韋」，乃假「韋」為「𢎘」。徐鉉以為𢎘从弓聲，故音胡感切，集韻及五音韻譜皆沿此譌。徐鍇繫傳闕其音讀，蓋已疑之。王筠、朱駿聲均以為⿰𢎘韋當與韡同字。

說文：「⿰𢎘韋，𢎘也。从𢎘，韋聲。」王筠釋例云：「𢎘也似𢎘也之譌。蓋字从𢎘韋聲，于非切，與華部韡从𠌶韋聲于鬼切甚相似，恐即是一字。若字訓𢎘，則當从韋義，从𢎘比象之義何以在𢎘部？小徐曰：『言𢎘之象木華實之相𦍫也』，沿𢎘下云木垂華實來，而所據本已譌作𢎘，故曲解之。」夊之籀文⿰𢎘韋，說曰𢎘聲，恐亦係會意。總以𢎘字少見，遂譌耳。……玉篇亦曰𢎘也，廣韻直譌作⿰𢎘韋，無怪其曰𢎘也矣。」朱駿聲通訓定聲亦疑「⿰𢎘韋」即韡之或體」。「⿰𢎘韋」當訓「𢎘」，「𢎘」乃傳寫之譌，實則「⿰𢎘韋」即「𢎘」字，亦即「韡」字。其形體演化之迹如下：

𢎘 —— 𢎘

⿰𢎘韋 —— ⿰𢎘韋、韡

卜辭西方風名曰「𢎘」，或从「韋」聲作「⿰𢎘韋」。其辭云：

「⿰𢎘韋雀，帝豚，又大雨」　前四·四二·六

「其寧叀彝鞣用」　粹一二八一

「西方曰束，雚曰彝」　京津五二〇

據合二六一及前四·四二·六，京津五二〇之方名與風名誤倒，應作「西方曰彝，雚曰束」。粹一二八一乃兼祭西方之神「彝」與西方之風「鞣」以寧風。

要之，卜辭束、鞣同字，當音韋，本象華盛之形，亦即說文之「韡」字。說文以束从弓亦聲，訓鞣為束，並誤。楊樹達不明京津五二〇方名與風名誤倒，又未區分方名與風名之別，未免疏失。字或省作「𠂤」，于先生以為「契」之初文。說見前「丰」字條。

3261

䨻 𩇯

按：字隸當作「䨻」。合集五九七六辭云：「于䨻彔」乃地名。

3262

玉 𤤮 𤤯

葉玉森　「按許書𤦡古文瑟，𤨋古文琴，是非即古文玨，𤤮𤤯並與非形近，疑𤦡為玨之古文。卜辭寶字作𡨦（後下十八）𡩧（前六·三一），从王，即玉，从𤤮，即玨。篆文从珤乃玨之譌，金文已誤作缶（僭姬敦）𤪌（魯公伐邾鼎），更誤从𠮛（沖盤）𠂤（仰君婦壺），宜許君誤缶聲矣（殷契鉤沈）。卜辭𤤮𤤯無借為鳳鳥字者，即羅氏所釋之鳳，實風之本字，亦無用為鳳鳥字者。蓋古人必先制風字，後人乃取風之一體象大鳥形者，借為鳳字。疑非假鳳為風也」（前釋五卷五葉背）

饒宗頤　「按𤤯即玨，古玨朋一字（《觀堂集林》）。《書·洛誥》：『孺子其朋，其往。』孔傳訓朋為朋黨，然此辭『其朋，』殆指用玨。」（《通考》三七六頁）

沈之瑜　「此字甲骨文作𤤯（乙六七三八），或作𤤮（前五·四·七）、𤤯（鄴三·四五·一二）、𤤮（粹四四一），其形与𤤯、𤤮迥异，前者上下平横，中空牙外，后者二系分明，下部不连，决非朋字，亦非珏字。甲骨文寶字作寶（《甲》三三〇）、寶（《甲》三七四一），或省贝作寶（《师友》二·二〇），字从宀从貝从玉，古者五贝一系，二系为一朋。若释玨为朋，则寶字既已从贝何必再从朋？岂非义符重复？可知玨当为玉类。又金文中锡朋的例子很多，朋字均作拜，无一作玨的；若释为珏字，则甲骨文自有珏字，作𦍌（《后下》二七·十二）、珏（《邺三》·四二·六）、𦍌（《存》一·三九七）等形。

玨、拜两字不仅构形判然有别，而且在甲骨文中用法也不相同，前者每「爯玨」连用。例如：

「庚午贞王其爯玨于且乙燎三宰卯……乙亥酒。爯玨于且乙燎二宰三大……」（《邺三》·四五·一二）

「丁卯贞王其爯玨燎三牢卯……牢」（《南明》五三七）

「丁卯贞王其爯玨𡉚燎三宰卯三大牢卯……」（《南明》六一四）

……辞中「爯玨」当为举玨以行燎祭的一种仪式，玨当是一件礼器。所以卜辞中有问是否「用玨」（《前》六·二六·七），是否「玨取」（《存》一八三），或对贞卜问「其玨」；「勿玨」，如「甲申卜争贞燎于王亥其玨；甲申卜争贞勿玨」（《乙》六七三八）。……

玨在第一期甲骨文中还有一种用法，它可能是武丁或稍早于武丁时代的一个故人名，卜辞中有

「贞王梦玨隹𡆥（祸）」（《乙》七八二九反）

「口巳卜……[贞]王梦玨隹……」（《林》二·八·六）

而拜为朋字，不论甲骨文、金文可以确定无疑，在甲骨文中亦每每贝朋连用，如《后下》八·五、《南坊》三·八一、《甲》七七七等片。

……解放后一九七三年在江苏吴县草鞋山、一九七七年在吴县张陵山、一九七九年在江苏武进寺墩等新石器时代良渚文化的墓葬中都有玉琮的发现，安阳殷墟侯家庄西北岗的大墓和一九七六年的妇好墓中也有玉琮出土，其形外方有节，内圆有孔，均无自铭。《说文》：「琮，瑞玉，大八寸，似车釭，从玉宗声。」徐锴《说文繫传》曰：「象车釭者，谓其状，外八角而中圆也。」这些记载与出土之物形状都不合，而与《白虎通·瑞贽》引《周礼》「圆中牙外曰琮」之琮相同，亦与玨字字形相似。……琮字文献上最早见于《周礼》。不是有器而无名，实是名物不符。我从字形上推断，认为玨释琮字比释朋、珏更为合理。此字致误之由实因甲骨文少数琮字契刻时数状分节之牙，刻成玨，如《粹》四四一、《邺三下》四五·四、《南明》五三和六一四等片；另方面金文之朋字有「作拜（且子鼎），公中彝之贝五朋作𦍌，抚叔簋之贝十朋作𦍌……」（王国维《观堂集林·说珏朋》），二字形近致讹，但仔细观察，琮字下部平正，朋字仍象二系。

□既释为琮，何以中非直圆贯穿，而上下大，中间细？古人穿孔作器，均两面对钻，石斧如此，玉琮亦然，故孔有上下大、中间略细之弊。现将我馆所藏玉琮实测制图发表于后，读者当可一目了然。至于上下平正，未状贯穿，该是为了表现器物的整体感，否则字便解体为另一个字了。

此字有写作□（邺三下·四五·四）、□（林二·一一·六）、□（粹四四一）等形，都是上部大、下部小。根据汪遵国同志《琮璧在中国古代文化中的地位》（油印本）一文中云：「过去一般误成为玉琮是大头朝下，小头朝上，而从玉琮出土时的放置情况和玉琮上的兽面纹图案都证明正好相反，即大头在上，小头在下。」据上海博物馆所藏玉琮实测上下确有大小之别。其中一件上部有一良渚文化常见的羽纹图案。根据出土情况、实测记录与甲文□字的上大下小的书法，三者决非偶然巧合，而是□为琮字的确证。是个非常逼肖的象形字。

由此可知，琮可能在新石器时代良渚文化的氏族生活中已和原始宗教信仰祭祀活动联在一起，《周礼春官大宗伯》有「以苍璧礼天，以黄琮礼地」的记载，《周礼春官小宗伯》亦有贞卜奉玉以祭祀的记载：「若国大贞，则奉玉帛以诏号」。据前引卜辞，琮与尞祭有关。……《说文》「尞，柴祭天地。」又「柴，烧柴尞天也。」柴、尞两字转注，尞字甲骨文作□，正象以火烧木柴之形。由此观之，在商代非「礼地」专用之器。而是商人向自然神、先祖神祈求福祐，祓除不祥举行尞祭时所用的祭祀之器。」（《释□》《上海博物馆集刊》总第二期三——四页）

連劭名 「甲骨文中有一个写作□的字，还可以写作：

□ 前五·四·七 □ 乙六七三八 □ 粹四四一 □ 邺三下四五·四

《甲骨文编》将此字收于「朋」字条下。

郭沫若先生在《释朋》一文中说：「骨文朋字更有连其下作环形，如□前六·二六·三，此更显而易见也。」按甲骨文朋字作□□，与□的写法明显不同，郭沫若先生释□为朋，实际上并没有举出什么有力的证据。

卜辞中用朋为贝的计量单位：

「庚戌（卜），口贞：易多女㞢贝朋？」 后下八·五

「……𠯑不□，易贝二朋？」 南坊三·八一

「叀贝朋？」 甲七七七

上引卜辞中的朋字都写作□或□，与金文朋字的写法一样。中国古代贝以朋计，检查所有甲骨文和金文的朋字，从未发现「有连其下作环形」的。所以说，□绝不是朋字。

甲骨文中从□的字有□，又作□，释为宝。王国维说：「殷墟卜辞有□及□字，

皆从山从玉从贝而阙其声。」王是丑的简化；甲骨文示字作亚，又作亍；亚又作亚，其简省规律完全一样。说文解字宀部：「寶，珍也。从宀，从玉，从贝，缶声。」所以，丑应当释为玉字。

甲骨文宝字又作[glyph]，武丁时代的宾组记事刻辞有「妇宝」：

「甲寅：妇[glyph]示三屯，岳。」 南渝二·二〇

「壬寅：妇[glyph]示三屯，岳。」 粹一四八九

[glyph]应当是丑的别体，这个写法对于了解玉字的来源很有帮助，因为它极象商代那种被称为柄形器的玉器，说明玉字本来是一个象形字。许慎说玉「象三玉之连，丨其贯也。」是没道理的。宾组卜辞有：

「甲申卜，争贞：燎于王亥，其玉？甲申卜，争贞：勿玉？」 乙六七三八

这是一组对卜的卜辞，从正反两个方面卜问燎祭王亥时是否使用玉为祭品。燎祭用玉，见于文献记载：

吕氏春秋季冬高诱注：「燎者，积柴薪，置璧与牲于上而燎之，升其烟气。」

公羊传僖公卅一年何休注：「燎者，取俎之七体与其珪宝在辨中，置于柴上烧之。」

历组中也有「父乙」称谓的那一类卜辞记载了对于祖乙的一次盛大祭祀，现在可以发现围绕此事进行占卜的牛胛骨共六版，依干支相排，从丙寅历丁卯、戊辰、庚午至甲戌共九日，可编排如下：

「丙寅贞：王其爯玉，乙亥燎三小牢，卯三大牢？」 鄴三·四五·五

「口寅贞：……尸酚……牛……玉……卯三……」 粹四四一

「丁卯贞：王其爯玉燎三牢，卯三大牢？……用又父乙？」 明后二五四四

「于大乙陟？丁卯贞：王其爯玉，燎三牢，卯（三大）牢，且乙？戊辰贞，酚彡岁，乙亥？」 明后二四八五

「庚午贞：王其爯玉于且乙，燎三小牢，卯（三大牢），乙亥？」 鄴三·四五·一二

「庚午贞：王其爯（玉）于且乙，燎三牢，（卯三大牢），乙亥酚？口口（贞）：（王其）爯玉于且乙：燎三小牢，卯三大（牢）？甲戌卜：隹燎于且乙？」 京津四〇〇一

有一片宾组字体的卜辞与上一组卜辞的内容相似：

「贞：……王妆且……玉，燎小牢卯三大牢？」 库一七七

下一版可能与库一七七是同时的：

「……妆用玉……？」 前六·二六·七

「爯」即「稱」字，训为举。根据上一组卜辞的记载，在燎祭时，由商王亲自将玉奉上，

《礼记·郊特牲》孔颖达疏引《韩诗内传》："天子奉玉升柴，加于牲上。"与商代祭祀的仪式一样，《韩诗内传》早已亡佚于两宋之际，但侥幸保存下来的这一条佚文，真有如吉光片羽，令人倍觉可珍。

除燎祭外，其他祭祀也用"玉"：

"乙巳卜，宾贞：翌丁未彫，阜步……于丁，尊出玉？"（《前》五·四·七）尊写作"奠"。"尊"或可读为"奠"。《马王堆帛书老子甲本佚经》："道之尊，德之贵也。""奠"，置也。上引一条卜辞是说在步祭"丁"的时候，还要放上玉作为祭品。

《邺中片羽三集》下卷二十七叶著录了一块残玉，上有朱书"[illegible]于丁"三个字。"[illegible]"字不识，暂时隶定为"䵼"。它是一种祭祀的名称，……《邺中片羽》著录的这块残玉，就是在䵼祭"丁"时所使用的祭玉。

古代用玉作祭品，是一种很隆重的祀典，《周礼·春官·肆师》："立大祀，用玉帛牲牷。"郑玄注："郑司农云：大祀，天地。……玄谓大祀又有宗庙。"是说祭祀祖先神和自然神都要用玉，武丁时代的卜辞中有一次关于商王祭祀淹水的记载：

"戊午卜：王燎于淹，三牢，王沈？三牢于……一玉"（《南辅》二〇）

《左传·昭公二十五年》："冬十月癸酉，王子朝用成周之宝珪沈于河。"杜预注："祷河祈福也。"

《穆天子传》卷一："河宗伯夭受璧，西向沈璧于河……祝沈牛马豕羊。"

甲骨文中又有"𤣩"字，从玉从又。《甲骨文编》收在"掤"字条下，不确。按甲骨文中从"又"与从"廾"往往无别，如"[illegible]"又作"[illegible]"，"[illegible]"又作"[illegible]"，所以"𤣩"当释为"弄"字，《说文解字·廾部》："弄，玩也，从廾，玉。"

甲骨文中的"弄"是一个地名：

"庚子卜：弄不……步鬼？庚子（卜）：弄不……？辛丑卜：兽弄？（辛丑卜）：兽弄？"（《后》三·六·七）

商王曾在该地举行祀典：

"口口卜：其烄弄？"（《粹》六五三）

烄祭实际上就是燎祭，《玉篇》："烄，交木然之以燎柴天也。"

《甲骨文编》释"[illegible]"为弄是不正确的。"[illegible]"并不从玉，此字仍当待考。

甲骨文从"弄"的字有"[illegible]"。

"㞢河，又它[illegible]？㞢河，又它[illegible]？"（《乙》一九六）

《甲骨文编》释此字为"婴"，也不正确，此字当隶定为"[illegible]"。（《甲骨文"玉"及相关问题》，《出土文献研究》二三九——二四一页）

按：字姑釋作「玉」，但與「王」或「羊」有別。沈之瑜以為象「琮」形，可資參考。說文「玉」部共有文一百廿六，其中半數以上為玉之專名。商代肯定無此區分細微之專名。「玨」之形體變異多端，但均與「朋」有別，沈之瑜已詳加論證。「玨」多用於燎祭，而「王」、「丰」則無此種迹象。顯然存在着區分。是否即「琮」之初形，尚有待於進一步之證明。

3263 玨又 玨又 糸玨

連劭名釋弄，參玨字條下。

按：「玨」是否即「玉」字，尚有疑義。釋「玨又」為「弄」，但可備一說。字在卜辭為地名。

3264

按：合集二四一五六辭云：「貞，射屮戈方」當為人名。

3265

按：字不可識，卜辭為地名。

3266

按：字不可識，其義不詳。

力 𠃌 乄

李孝定 「說文『力筋也象人筋之形治功曰力能圉大災』徐中舒〈耒耜考〉謂力象耒形是也。辭云『盧彡力自上甲』力讀爲劦非劦之省，與彡並爲祭名。金文作乄（驫羌鐘）乄（齊侯鎛）」（集釋四〇四九葉）

温少峰 袁庭栋 「在卜辞中，『力』即『力』，也就是发土之耒，有直接用为耕地之文者，如：

(70) 弓（勿）乎（呼）般从耒力？乎（呼）般以耒力？（乙四五一七）

此辞中，『般』为人名，耒为地名。此为一事对贞，卜问是否召呼般在耒地耕作。『力』字作为名词是耕地之耒，作为动词是以耒耕地，即『力田』之力。

(71) 不亦舁力？（续一八）

说文：『舁，并举也。』『舁力』当即『举耒而耕』。诗豳风七月：『三之日于耜，四之日举趾。』毛传：『四之日，周之四月也，民无不举足而耕矣。』其事与卜辞之『不亦舁力』可以互证。

(72) 癸巳贞：其力？一弜（弗）力？（粹三六九）

(73) 贞：弓（勿）于𡧊力？（摭二〇三）

以上皆为卜问是否以『乄』耕地之辞。」（殷墟卜辞研究——科学技术篇一八六——一八七页）

孙淼 「除这种双齿木耒以外，在民族学资料中还有一种单齿木耒。它呈『乄』形，由尖头木棒改造而成，木棒下端捆一横木，便于脚踏，用以刺地松土。西藏地区门巴族使用的青冈杈，是用一根长约一七〇厘米的青冈木棒和一根长约一五厘米的横木制成。此外，其他民族也有使用类似工具的。如云南贡山县的独龙族，解放前曾使用竹子或树枝的尖端作为挖掘和点种的工具，后来又发展成使用鹤咀形木锄。居住在云南哀牢山大森林中的苦聪人，其所使用的工具，有不少是比较原始的木质工具。如：木点杆、木锄、木锹等。这类工具是残留下来的早期农业生产工具的原始形态。

世界上其他一些处于原始阶段的民族，也有使用尖头木棒从事农业生产的。例如，南美查科地区的印第安人就用木棒挖洞下种。生活在大洋洲的玻里尼西亚人和密克罗西亚人，用削尖的木棒作为农业生产的主要工具；美拉尼西亚人用尖棒翻土耕地。古代的日本，在新石器时代末期曾使用石斧或木棒刨土栽种，从事原始的种植。这样的事例在世界历史上并不少，说明使用尖头木棒进行生产，这在早期农业中是个比较普遍的现象。

甲骨文有「力」字，字形作：

□（乙八六八九三）

□（库二〇三）

□（乙四五三）

从「力」之字有「男」字，作：

□（京津二一二二）

□（前八·七·一）

□（林二·二二·一二）

「□」字作：

□（京都一三四A）

□（前五·二二·四）

□（前一·七·六）

这几个字，都与农田耕作有关。徐中舒早年的耒耜考一文指出，此力字为农具的象形字，这个说法，得到学术界的普遍承认。看来，甲骨文之「乂」字，可能取形于古代单齿木耒。依此判断，中国古代最迟不晚于商代，单齿木耒已用于农业生产了。」（夏商史稿四〇六至四〇八页）

裘锡圭

「耒是一种下部分叉的发土工具。这一点徐中舒在耒耜考一文中加以论证后，已为学术界所普遍接受（此文在一九三〇年发表于历史语言研究所集刊第二本第一分）。在图画意味比较浓厚的族名金文里，有很象形的「耒」字（金文编八九六页），徐文已经引用。甲骨文里有象人持耒耕作之形的「藉」字初文，下引的是两个象形程度较高的例子：

□ 合九五一二　□ 合九五〇八正

字形表示耕者手足并用以耒发土的情景，颇为生动。卜辞凡言耕种多用「藉」字耒，应是当时很常用的一种发土工具。耒跟力的性质相近，因此有时作为表意符号可以通用。例如甲骨文里的「耤」字，偶而也有写作从「力」的（于省吾甲骨文字释林二五三—二五五頁）。这并不足以证明「耒」、「力」是一个字。「耒」、「力」二字声母虽然相同，古韵却不同部（「耒」居微部）。从「耒」跟「力」在语音上的关系来看，不如「耜」字跟「力」的关系密切（「力」、「耒」古音的差别，王静如沦中国古代耕犁和田亩的发展一文已经指出，見农业考古一九八三年一期五八頁）。从形制上看，力、耜、臿为一系，由木棒式原始农具发展而来；耒则应由树杈做的原始农具发展而来。徐中舒先生在耒耜考里说：「耒与耜为两种不同的农具。耒下歧头，耜下一刃，耒为仿效树枝式的农具，耜为仿效木棒式的农具。」（三二頁）这是很精辟的見解，可惜晚近治农业史的同志往々不加注意。徐先生又以为「力象耒形」（一四頁），「吕」「为耜之象形字」，以（三一頁），则是有问题的。治农业史的同志往々混「力」于耒，把力形农具称为单齿耒，以为双齿耒和耜都是由它发展来的，这恐怕是受了徐先生后一种意見的影响。

周易系辞下：「神农氏作，……木为耜，揉木为耒，」可見耒、耜本来都是木制工具。商代的耒、耜大概也都仍然是木制的，实物都已腐烂，所以考古发掘中未見出土。耜可以安装石耜冠。但是也有同志指出，石铲是平刃的，恐怕不宜用作发土的主要工具。这个问题还有待进一步研究。

殷人使用耒耜的痕迹，在考古发掘中屢有发現。考古所一九五八—一九五九殷墟发掘简报说：

在不少的窖穴壁上发現清晰的木耒痕迹，都是双齿的，大形（一型）的耒齿长19，齿径7，齿距8厘米（小屯西地三〇五号灰坑），小形的耒齿长19，齿径4（大司空村一一二号灰坑）。……说明木耒是殷代的主要起土工具之一。（考古一九六一年二期六七頁）

一九六九—一九七七年殷墟西区墓葬发掘报告说：

少数墓壁上留有建墓的工具痕迹……推测当时建墓的工具大概是木臿、石铲一类的工具。（考古学报一九七九年一期三七頁）

木臿就是我们所说的木耜。河南柘城孟庄商代遺址说：

在窖穴的壁面上，常々遺留有两种不同的工具痕迹，其中一种刃寛约10厘米，像是平刃铲的挖痕，其中一种刃寛约6厘米，挖铲有弧度。（考古学报一九八二年一期五五頁。遺址时代相当于二里岗下层）

有弧度的挖痕大概也是木耜留下的。中国科学院考古研究所一九六〇年田野工作的主要收获在报导偃师二里头遺址的发掘时，也曾提到灰坑、房基和墓葬壁上「保留有双齿耒、平刃铲和尖刃耜（？）等掘土工具的痕迹」（考古一九六一年四期二一五頁。「耜」字后疑问号为原文所加）。这些发掘所得的情况可以跟甲骨文反映的情况相印证。（甲骨文中所見的商代农业，全

裘锡圭　「甲骨文「力」字作「𠂇」（甲骨文编五二四頁），商代肆簋铭文「协」字所从的「力」作𠂇（金文编七〇四頁）。晚近治农业史的同志，多认为力是由原始农业中挖掘植物或点种用的尖头木棒发展而成的一种发土工具，字形里的短画象踏脚的横木。这应该是可信的。说文解释「男」字字形说：「从田从力，言男用力于田也。」甲骨文「男」字较早的写法作：

（人文八〇〇，甲骨文编九五八頁）

周代金文「男」字或在「力」上加「手」形而作：

（金文编七〇二頁）

可知「男」字本象用力这种农具耕田，说文的解释不完全正确。晚近治农业史的同志，又多认为耜由力形农具发展而成。力形农具改窄尖为宽刃，就成为木耜了。这也应该是可信的。商代实际使用的力，无疑已经发展到了木耜的阶段。后来，耜加上了金属的刃套，逐渐演变成为战国、秦汉时代最常用的发土工具——臿（关于耜跟臿的关系，参看于豪亮汉代的生产工具——臿，考古一九五九年八期）。

从语音上看，「力」跟「耜」的关系也十分密切。「耜」字在说文里作「梠」，并有异体作「梩」。文中此字：

梠，臿也。从木，㠯（即「以」字左旁）声。一曰徙土……，齐人语也。梩，或从里。

方言五：「臿……东齐谓之梩」，跟说文训「梠」为「臿」，并以「梠」、「梩」为一字相合。「梩」从「里」声。「里」跟「耜」古音都属之部。考工记匠人：「凡沟防，必一日先深之以为「式」。里为「式」，然后可以傳众力」，郑玄注：「里读为已，声之误也」。「吕」，释文在「已」字下注「音以」。「里」读为「已」，跟从声的「耜」或从「里」声而作「梩」，是同类的现象。「里」跟「力」的声母相同。「里」字古韵属之部，而「力」字属职部，即之部入声。这两个字还都是开口三等字。它们的古音无疑极其相近。「力」跟「梠」（梩）肯定是由一语分化出来的。

一般认为吕象耜，就是「耜」的初文。这是不正确的。李亚农早在铁云藏龟零拾考释里就已指出甲骨文「以」字形，吕是它的省体（3頁）。后来，金祥恒在释吕一文里提出了同样的看法，论证更为详明（中国文字第八期）。最近，王贵民同志在「吕」非耜形新探里也谈到了这个问题，并明确指出「吕」决非「耜」的象形字（中原文物一九八三年三期）。这些意见都

是正确的。」（甲骨文中所見的商代农业，全国商史学术讨论会论文集一九八—二四四頁）

于省吾說參□字条下。

按：說文以為力「象人筋之形」；孔廣居說文疑疑以為「从倒ヨ，象人右手掣物形」，均非是。力象耒形。楊樹達以「力」為「□」之省文，不可據。

合集二二〇九九辭云：

「戊午卜，貞，婦石力」

「戊午卜，婦石力」

「戊午卜，安力」

「戊午卜，力□」

「戊午卜，娘力」

「力」乃「㔔」之省，均當讀作「嘉」。

3268

耤 □ □ □

吳其昌「□象手扶雙耒之形，音讀未詳。」（殷虛書契解詁第三四四葉）

按：合集六二六「出□」，當釋作「出耤」，劉釗有專文論及。摹釋總集及刻辭類纂均誤為「□□」二字，當正。合集一〇四一〇反辭云：

「……祖乙□」

「□」當為祭名，疑均為「耤」之異構。

3269

秝 □ □

按：字从二「耒」，隸當作「秝」。合集三四一五辭云：

「……亥卜，王白□……秝循，其受有祐」

又合集二八一四一辭云：

「……翌丁……秝……亡巛」當為地名。

3270

乎

按：合集二〇四八辭云：「壬寅卜，余乎省于父辛丁𠬝以戈」當為「乎」之異文，讀作「呼」。

3271

乇 ナ ㄊ

于省吾「甲骨文力字作ㄨ，𣏟劦男妫等字从之，绝无从ナ者。ナ与ㄨ分明是两个字。ナ或吉诘所从之ナ，乃乇之初文。甲骨文宅字习見，其从乇均作ナ或ㄊ。又甲骨文亳字所从之乇，与宅字从乇形同（后来亳字则变作从屮或乇）。晚周货幣庇陽之庇从乇作ㄊ者常見，犹存初形。然则ナ或ㄊ之为乇字的初文，昭然若揭。又春秋时器晋邦盦的宅字从乇作ㄊ，中划弯环，乃說文乇字作ㄊ的先導。說文：「乇，艸叶也，从垂穗，上貫一，下有根，象形字。」按許說臆测无据，自来說文学家皆曲加附会，无可凭信。乇字的造字本义，只有存以待考。

甲骨文的乇字孳乳为吒、祏，均应读为矺。史記李斯列传「十公主矺死于杜」，索隐：「矺音宅，与磔同，古今字异耳。磔謂裂其支體而杀之。」按宅从乇声，乇与磔音同，唐韵並「陟格切」。章炳麟文始謂乇「在刑为磔，辜也」。周禮大宗伯的「以疈辜祭四方百物」，鄭注：「故书疈为罷」。鄭司農注：「罷辜，披磔牲以祭。」爾雅释天的「祭風曰磔」，李巡注：「祭風以牲头蹏及皮破之以祭，故曰磔。」按乇吒祏均读为矺，典籍通作磔，是就割裂祭牲的肢體言之。今择录甲骨文有关乇吒祏的貞卜列之于下：

一、乇歲小母，用（乙八七一四）。

二、帝乇来门〇帝乇来门（乙八八九六）。

三、甲午卜，乇于父丁犬百羊百，卯十牛（京津四〇六六）。

四、丁卯卜，于来辛子酒乇（甲七二六）。

五、祭大乙，其吒且乙二牢（京都一七八五）。

3308

六、☐貞，毓且乙舌物（勿与牛二字合文）。四月○貞弜勿（續一·一六·二）。
七、甲子卜，旅貞，翌乙丑舌，叀白牡（后下五·七）。
八、癸亥貞，彡于小乙，其告，舌于父丁一牛○癸亥貞，彡于小乙，其舌（鄴三下四二·五）。
九、昔（莫）舌十人又五，王受又（京都一八八七）。
十、癸丑卜，其又亳土，叀祏（鉀一六四〇）。
十一、叀小乙祏，用（宁沪一·一九五）。
十二、☐祭父☐祏二宰，王受又（鉀一五九六）。
十三、☐☐卜，劦日且甲，祏羌☐（京津四〇四六）。
十四、貞，康且宗祏，王受各（續存下八七六）。

以上所列十四条，乇舌祏三字均应讀作磔，是就祭祀支解牲体言之。第一条的乇𣪊小母，是說割裂𣪊體以祭小母。甲骨文的『其用小母𣪊』（乙八八六五），也是用𣪊以祭小母。第二条的帝乇來門为省語。帝即禘祭。乇謂磔牲。來門是說举行禘祭時燔燎割裂之牲體于宗廟之門。第十条是祭祀亳社用磔牲。此外各条也均言磔牲以祭，第九条的莫（暮）舌十人又五，第十三条的祏羌，則是割裂人牲的肢體。而且，第十三条劦日之劦作𠬪，与祏並見，更足以証明劦与祏的截然不同。」（甲骨文字释林释乇舌祏一六八頁至一七一頁）

按：于先生釋「乇」，在卜辭為祭名，亦為用牲之法，于先生已詳加論述。「乇」與「力」形音義皆有别，不得混同。由於「乇」與「力」形體近似，易致混淆，刻辭類纂即將合集二二三二二、二二三二四、二二三二八諸「力」字誤釋為「乇」。又𠂤一〇五四、一一二〇、二二六八亦均為「力」字而誤釋作「乇」，均應予以訂正。「乇」字作「𠂇」，其一横在上；「力」字作「𠂊」，其一横在下。「力」或讀作「㔩」，「乇」則無此等用法。且「力」未見有用作祭名或用牲之法者，其區分至為顯明。

3272

危

丁山　「伐下由——甲骨文所常見」：

鐵一五〇·三　前七·三八·一　戩一三·四　鐵二一二·二

其形殊诡，旧所未释。山谓，此武丁时代的写法，帝乙以后甲骨文则简写为□（前二·三八·一）□（前二·三八·二）诸形。宗周以后，则孳乳为：

□ 毛公鼎　□ 虢季子白盘　□ 趞鼎，读为莊

凡所从□，王國維嘗释为由，谓『与逌同义，象缶形』，是也。那么，甲骨文所常见的□，无疑的，当释下由……汉志临淮郡有厹猶县。这个厹猶，我认为即商代所屡加征伐的下由。」（商周史料考证九二至九三页）

李孝定　「□字上非从人，下更非山，何由会意？至謂字象㪅器，则更鄰於想象矣。說宜存疑。」（甲骨文字集释存疑四五五二页）

饒宗頤　「□地所在，據征人方卜辭云：『在鴼（鷹）貞：步于□』『在□貞：今日步于攸』（續編三·三○·七）『在截貞：今日卜于□』『在□貞：今日步于叉』（前編二·一九·六）（金璋五四四）□地當在今皖蘇交界處。（參綜述三○一）疑下□即左□附近，其名繙之上，冠以『下』字，如杜之有下杜（水經注：下杜城即杜伯國。）相之有下相也。（應劭云：『相水出沛國相縣，于水下流置縣故名下相』。）」（通考三○八葉）

平心　「卜辭屡见□，是一个经常与商交战的方国。我曾考定□即个之倒文，□即下余，也就是商末周季历所伐的余無之戎，余無即徐吾、徐蒲。左传成公八年：『刘康公败绩于徐吾氏』。后汉书景丹传：『子尚嗣，徙封余吾侯。』注：『余吾，县名，属上党，故城今屯留县西北』。徐吾或余吾即因古代余無之戎聚居而得名，故名徐吾氏。这一种落实来自西北。」（甲骨文金石文杂记，华东师大学报（人文科学）一九五八年第一期十页）

于省吾　「甲骨文□字也作□、□、□、□、□等形，甲骨文编入于附录，孙诒让『疑亦即台字』（举例上三四），林义光释旨（鬼方黎国並见卜辞说），叶玉森释椒（集释四·一○），郭沫若同志释勺（中国古代社会研究）。商器孙□卣之□字，吴大澂释旨（说文古籀补补附二六）。按各家所释，均属肊测。又古玺文□字数见（玺徵附三二），丁佛言说文古籀补补入于附录，并谓『或者为古□字』。按丁说是也，但不知其字之源流，故不作肯定之词。甲骨文□字乃危字的初文。□字孳乳为危，戴侗六书故谓□即危字。说文□作□，并谓：『□，仰也，从人在厂上。一曰，屋梠也，秦谓之桷，齐谓之□。』按许氏据已讹之小篆分为两说，均误。其实

卩字本象攲（俗作欹）器之形。荀子宥坐：「孔子观於鲁桓公之庙，有欹器焉。孔子问於守庙者曰，此为何器？守庙者曰，此盖为宥坐之器。孔子曰，吾闻宥坐之器者，虚则欹，中则正，满则覆。孔子顾谓弟子曰，注水焉。弟子挹水而注之，中而正，满而覆，虚而欹。」杨注：「欹器倾欹易覆之器。宥与右同。言人君可置於座右，以为戒也。说苑作坐右。或曰，宥与侑同，劝也。文子曰，三王五帝有劝戒之器，名侑危。注云：欹器也。」说文：「攲，持去也，从支奇声。」段注以攲为攲之借字，并谓：「此欹当作攲，危部曰，攲，攲𩨨也。竹部箸训飯攲，此攲字亦当作攲，箸必邪用之，故曰飯攲。广韵攲，不正也。玉篇曰，攲今作不正之攲。」因此可知，卩字象攲器，故皆作倾斜形，其象攲器尤显而易见。

甲骨文卩字作□，商器放危卣作□，晚周古玺文变作□、□、□等形（玺徵附三二）。晚周孝经古文危作□（见古文四声韵五支），可以与古玺文相验证。此字自汉以来又讹变为卩，孳乳为危，于是卩字之初文与本义，遂湮没失传。

早期甲骨文，以「下卩」与「卩方」为方国名者习见。第五期甲骨文之征人方，往往言「才卩」、「才卩贞」、「步于卩」，又均以卩为地名。其地望待考。」（释卩，甲骨文字释林十七至十九页）

陈梦家

释旨，谓当是耆国。（殷虚卜辞综述二九六页）

于省吾

「卜辞方国之名有下□，□字亦作□、□、□等形。林义光释旨，谓下旨即黎国（见国学丛编第一期二册，鬼方黎国并见卜辞说）。按，林说於形不符。卜辞旨字习见，作□，与此迥异殊。□疑即古危字。古文四声韵危字引古尚书作□，古孝经作□，古玺文字徵附录三三二有□字，亦作□、□、□、□、□等形，当即古危字。凡古文虚匡与实填同，是古孝经之□、古鉨之□，均係由□或□形所孳演。商器有阝□卣，□即□。管子大匡「承事不敬而违老治危」，注「危，倾险也」。吕氏春秋壹行「强大行之危」，注「危，倾陨也」。古文字危字虽不知象何物，然均斜作，其象倾陨之形，视而可识也。说文有产字云「仰也。从人在厂上」。戴侗谓产即危字，疑亦□形之讹变。邺中片羽初集下二五有□字，即后世[扌危]字。从廾从手一也。集韵四纸「[扌危]，毁撤也」。玄应一切经音义十一引说文「攲，岖倾侧不安也。」按攲今俗作欹。荀子宥坐「孔子观於鲁桓公之庙，有欹器焉。孔子问於守庙者曰「此为何器？」守庙者曰「此盖为宥坐之器。」孔子曰「吾闻宥坐之器者，虚则欹，中则正，满则覆」，注「欹器倾欹易覆之器」。它□即象攲器欤？下危之国於书无徵，疑为三危之一。清儒之考三危者，说至纷歧。或谓为西裔山名，或谓危地有三，须待考矣。」（殷契骈枝二二页）

按：于先生釋「㔾」。「㔾」、「危」為古今字。卜辭「下危」為方國名，亦稱「危方」。為殷人征伐之對象。

合集二八〇九二辭云：

「…用危方囟于妣庚王賓」

是「危方」之首領曾被殷人用為祭祀之犧牲。

又合集三三一九一辭云：

「癸亥貞，危方以牛其烝于來甲申」

是「危方」曾臣服於商，貢納牛以為祭牲。

合集二四三九五辭云：

「…其田亡巛…在危」

「危」為地名，田獵於危地可證。「危」曾為商所征服，與「危方」曾有所貢納可為互證。

3273

危攴 □

按：字从「危」、从「攴」，辭殘，其義未詳。有可能為「危」之繁構。

3274

□

孙海波「□，乙一九四六。疑屯字。」（甲骨文编七八七页）

连劭名「甲骨文中的□字应该是屯字的初文。除此之外，甲骨文中的屯字多写作□□，后一种写法远比前一种简便。在契刻甲骨时，为了方便，常常将文字中填实的部分用虚廓的形式表现出来，如丁字作●，刻写作口，即是一个例证。

说文解字屮部：屯，难也。屯象草木之初生，屯然而难，从屮（即草字初文）贯一屈曲之也。一，地也。许慎的解释虽与屯字初文稍有出入，但仍未乖于屯字的本义。从甲骨文屯字看，实象初生草木之幼芽，故春字古从屯声，万物萌动，欣然复苏，草木初生，正是春天的景象，所以古人称此季节为春。甲骨文屯字的形体仍保留了屯字最初的形象。

现在让我们来分析一下□字在卜辞中的用法：

……夕，屯亘方？ 《粹一九三》

屯当读为敦。《诗经·常武》：「铺敦淮濆」。郑玄笺：「敦，当作屯。」《文选·甘泉赋》：「敦万骑于中营兮。」李注：「敦，读为屯。」古人言采取军事行动，进攻敌方，多用敦字。如《诗经·閟宫》：「敦商之旅。」宗周钟：「王敦伐其至。」不其簋：「汝及戎大敦戟。」下列卜辞的屯字，也当读为「敦」：

戊戌王卜贞：今……屯盂方，……册西田……妥余一人……田甾正……自上下于……？ 《陈九二》

……屯盂方……㞢……册盂方白炎……田甾正……？ 《粹一一九〇》

……屯盂方……册盂……田，……？ 《前二·三八·一》

下列一版卜辞中的屯字与上举各例中的用法不同：

乙巳王贞：启乎，兄曰：盂方奴人，其出伐，屯𠂤高，令东途……高，弗每，不首捷？王占曰：吉。 《林二·二五·六》

屯，《广雅·释诂三》：「屯，聚也。」《楚辞·离骚》：「屯余車其千乘兮。」王逸注：「屯，陈也。」《左传·哀公元年》：「夫屯昼夜九日。」《释文》：「屯，守也。」《史记·傅靳蒯成列传》集解云：「陈靳共而守曰屯。」卜辞云盂方调集人众欲侵扰商朝，故商王命令部队戍守高地。

卜辞中还有：

癸巳王（卜）贞：旬亡……，在屯餗。」 《后上一五·一二》

屯可能是地名，也可能是指商王部队驻札的师次。

卜辞中还有[字形]字，当释沌。

丁子卜，在克餗：……于沌，往来……王来正丰方眾……？ 《前二·一〇·六》

（《甲骨文字考释》，《考古与文物》一九八八年四期四〇至四一页）

王献唐　参至字条

按：字均見於晚期卜辭，與「屯」之用法有别，似不得為「屯」之初形。《合集》三六八二一辭云：「癸巳王……貞，旬亡……在↓師」明顯為地名。《合集》三六一八一辭残：「↓」似當屬上讀，而不能與「盂方」連讀。

屯

王襄「古茅字，周禮甸師：祭祀共蕭茅。周世祭時用茅以縮酒，疑商世已行之。矛字重文。」（簠瀕第三葉）

王襄「古矛字。茅字重文。」（簠瀕征編第十四第六十一葉下）

王襄：「□，古矛字，與茅通，般契楙从林、从□，□即矛字，其證也。……《周禮·甸師》：『祭祀共蕭茅。』……卜辭習見茅彗之文，每與某祀連記，茅彗當為祭時縮酒之用。」（《簠考·典禮》五頁）

葉玉森：「卜辭屢言『來□』『伐□』『在□次』，予舊釋□為茅，象茅生形，疑即《左傳》茅戎之古國（《鈎沈》）。嗣見《後編》卷下第十五頁有『丁丑邑示三□（□）』一辭，既釋□為斧，因疑□為矛。殷人祭神亦用矛斧，友人奚侗氏曰：『仍當釋茅，《周禮·甸師》「祭祀共蕭茅」，《左僖四年傳》「爾貢包茅不入，王祭不共」，蓋茅為靈艸。貞禹已制為貢法（《禹貢》「包匭菁茅」），當時用為祭祀專品，故或一茅、二茅至十茅、廿茅。周後乃用為祭祀時縮酒之物矣。』氏說較塙，當从之。（《枝譚》）」（《前釋》五卷卅四頁）

郭沫若：「自一四八〇片（《粹編》）以下凡骨臼共二十四片，其骨之表或裏有文字者，亦附。又前五〇八及八七六片均附有骨臼，合計共二十又六。凡此均董作賓《帚矛說》一文所未收。此等刻辭自為一例，與其他貞卜之辭不同，余曩曾加以考察，謂『其性質寘如後人之署書頭或標牙籤。蓋骨既卜，必集若干骨為一組，裹而藏之。由肩胛骨之性質而言，勢必平放，平放則骨臼露於外，恰好利用其地位以作標識。』故余釋其中常見之『示』字為眎，謂骨經某人檢視，□字為勹（包），象有所包裹而加緘縢之形。又由其零餘之作『一㠯』，『一〈』，若『一〉』，無多過一者，推定其必為兩骨一包，而㠯即冎字，〈或〉，即《說文》『〈』，流也，讀若移』，同以為骨寘之寘字（詳見《卜辭通纂》《殷契餘論》《骨臼刻辭之一考察》）。此說，余至今猶未見其謬。近時唐蘭別立一異說，謂是貞祭祀之辭，□字乃無足豕形之倒寫。案此實臆說。凡骨臼均無卜痕，亦無能為卜，何來貞事。凡骨臼刻辭均武丁時物，武丁時豕字屢見，無一無足而倒寫者，何以此獨盡為無足倒寫，而無一有足正寫者？且此等如果為貞卜之辭，則儘可以卜紀它事，何以已見著录者在百二十例以上，而文成一律？且尚有□字，□字等之當解釋，必須考察周詳，面面圓通方可。不然，不足以令人徵信也。（唐說見《卜辭時代的文學和卜辭文字》《清華學報》民廿五年七月）」（《萃考》二〇三頁一五二三片）

董作賓：「《說文》「□，酋矛也。建於兵車，長二文，象形，」即由甲骨文□字演變而來。矛之最初象形當為□，上象矛頭，下象重英，有時只刻輪廓兩英也。連為一橫則成□形，更隨筆勢流利作態而成□□等形。小篆則由□變而為□，重英左右下垂而已。金文僅象矛鋒及一耳之形，（金文無矛字，楙字所从之矛作□。）與甲文系統異。」（《帚矛說》載《安陽發掘報告》第四冊）

于省吾：「卜辭習見之帚□，董作賓釋為餽矛。郭沫若釋為婦勹，謂刻辭中之若干□，即言卜骨之包裹。唐蘭釋□為豕形，無足而倒寫者。按矛係直兵，不應斜作。且帚歸二字卜辭有別，是董說自難成立。郭釋帚為婦允矣，以□為卜辭之包裹，未免隣於想象。唐釋為豕，無足而倒寫亦非。□形與矛與勹與豕實無關涉。三君之說，其不能成立，已見郭、唐二君之互駁，茲不復覼縷。按□即乇之古文也。□與□互見，作□者省畫也。金文變作□。凡古文字虛廓與填實同。至□下邪橫後變為∪，在古文字中彎畫與橫畫邪畫每無定格。如《前》七·七·二作□，《甲》一·十八·四作□，已變邪畫為橫畫。又《藏》四四·四作□，已變橫畫為彎畫。此雖不如邪畫之多，然在□字本身中已可證明邪橫彎之無別也。《貞松堂集古遺文續編》上二三、《□父己鼎》二器，《金文編·附录》下二摹作□□，下一字已作橫畫。《續殷文存》上四六及四七有《乇作兄辛段》，乇字器文作□，蓋文作□。以上二鼎一段，均係商器。□即卜辭□字，了無可疑。《金文編》所輯諸乇字，以《善鼎》時期為最早，其乇字作□，中間作(，向右彎，與卜辭作□形者相符。又《蔡伯段》乇字作□，上點向左突出，猶存卜辭乇字作□之遺風。其餘《金文編》所錄諸乇字多作□，上左曲而下右曲，姿態迴環，均在西周中葉以後。觀此一字遞嬗之迹，已可定其器銘時期之先後矣。又如易字，卜辭作□，金文作□；其中畫演變若合符節。卜辭□□即可碻仞為乇字，不特婦某示若干乇及來乇今之義可明，即从□之字亦均迎刃而解矣。在未釋若干為何物之前，須先明示字之義。示、寘字通，董氏已言之。茲再舉二證，以明二字之固常例也。《易·坎》：「寘於叢棘。」《釋文》：「寘，劉作示，張作置。」《荀子·大略》：「示諸隤括。」注：「示讀為寘。」寘置古同用，不煩詳舉。置舍雙聲，二字互為音訓。《史記·吳王濞傳》：「無有所置。」《正義》：「置，放釋也。」《左》哀十二年《傳》：「乃舍衛侯。」《釋文》：「舍，釋也。」釋舍古籍通用。

《華嚴經音義》上引《廣雅》：「置，捨也。」捨舍字同。《左》桓二年《傳》：「舍爵策勳焉禮也。」《釋文》：「舍，置也。」《左》昭四年《傳》：「使杜洩舍路。」注：「舍，置也。」是置舍互為音訓之證。總之，示可讀為置，置舍二字音義並通。金文言舍猶予也。《散氏盤》「矢舍散田」，《令鼎》「余其舍汝臣卅家，」《居趩毀》「君舍余三鏞，」金均謂予也。後世但知上對下言賜，遂不知周人之言猶賜，商人之言示猶舍也。東周以前金文如「玄衣黹純」及「純魯」，純通作屯。春秋以後屯字間有從糸作純者，是純乃後起字。《說文》：「純，絲也。」《儀禮·士昏禮》：「純衣纁袡。」注：「純衣，絲衣。」《國策·秦策》：「錦繡千純。」注：「純，束也。」《穆天子傳》：「好獻錦組百純，□組三百純。」注：「純，匹端名。」《史記·蘇秦列傳》：「錦繡千純。」《集解》：「純，疋端名。」《張儀列傳》：「乃以文繡千純。」《索隱》：「凡絲綿布帛等一段謂一純。」綜之，絲織者曰純，絲織之一束一疋曰一純。稱純之制，由來尚矣。示屯一類刻辭，不盡在骨臼，郭、唐二君已言及之。董作賓以刻辭末字為簽名，郭沫若以帚下一字為殷王妃嬪之姓字，說均可从。如「帚豐示二屯，」言婦豐舍帛二疋也。絲織者一疋為一純，故不須再言帛也。其小臣某示者，言小臣某所舍也。小臣非位卑者，如伊尹古亦稱小臣也。「王示殸二純」者，言王舍殸帛二疋也。商代蠶桑業已甚發達，故每以帛為舍賜之物。卜辭記舍純以婦某為最多者，蠶桑絲織之事，乃婦職也。古者王親耤田，后妃親蠶桑也。胛骨卜辭有國家要事如田獵征伐祭祀冊命風雨出入等，往々於其骨臼或灼面刻有示屯一類之辭，二者之關係，在乎國家有大事而後有舍純之舉也。□字既為屯之初文。《說文》：「萅，从艸从日，艸春時生也，屯聲。」《粹編》一一五一：「于□叀今龜。」□即萅，龜即龝，此間所卜之事，言于春乎？抑維今龝乎？係萅龝對貞。既可證殷之有萅龝而無夏冬，又可證□之必為萅，龜之必為龝矣。《藏》四·四稱「來□，」即來春也。《前》六·六稱「今□」，即今春也。《戩》二二·二稱「于□，」即于萅也。《前》六·三九·三稱「今□，」《藏》二二七·三稱「今□，」《拾》七·五稱「今□，」《前》七·二八·四稱「今□，」即今楷今萅今蘇今芚也。舊或釋為楙，唐蘭均釋為楙，於形即不符，於義尤不可通。至从艸从林卜辭無別，如萬作□，莫作□，□作□，固常例也。《菁》十·七稱才□，係地名。□疑即頓字，二字並諧屯聲。《左》僖二十三年《傳》：「城頓而還。」杜注：「頓國今汝陰南頓縣。」按《漢書·地理志》：「汝南郡南頓，故頓子國，姬姓。」《一統志》：「故城今項城縣北五十里。」總之，□釋為屯，於字形，於从屯之字，於詞例，於文義，無一不符。卜辭有□字，亦作□□□等形，葉玉森釋為春，董作賓謂从屰从日。按卜辭有桑字，與此形殊。且□決非日字，故□變為屯，其演變之迹不相蟬聯。□乃條之初文，詳《釋條》。」（《駢枝》一至四頁《釋屯》）

唐蘭　「余以為◇為豕形之無足而倒寫者，自有其確實之證據。蓋釋◇為矛，釋◇為楙，雖若相合，而字形不類。讀楙為夏，又不能通。郭氏釋◇為勹，而置◇字於不顧，云：『即是楙字，說為从林勹聲，亦無不可。』（《骨臼辭》九頁）不知从林勹聲，將為楙字而非楙矣。且郭氏以勹為兩骨相合，而以卜辭□◇為若干包，實是誤解。若勹字則本由人形所演變，卜辭匋作◇，（《續》五．六．一）《毛公肇鼎》匋作◇，則並因人與身一形之變，故借◇為人形，郭氏引《楚王鼎》匋作◇，以為卜辭◇字之證，不知彼所從之◇，乃◇之小譌，本亦由身字變來也。……郭之所謂包裹纖縢，一無所據，何況◇又非勹字哉。如郭所云◇為合兩骨，）◇同是骨形，冎象卜骨灼處之黑，益以前人卜兆之說，則古人之作文字，竟恒為卜用之甲骨而發矣。……卜辭習見◇字（如《戩》三九．一二），或作◇（如《前》二．二〇．五），昔人不識，或誤併於𢓊（《文編》二．二四），實則𢓊自作◇若◇，與此迥異也。余由其字，始疑◇即◇之倒文。其後見《佚存》有『癸亥卜□◇……甲……不……。』俱似祭祀之文，益信◇◇為一字。又《佚存》七八四片有◇字，亦當為楙之異文。此余倒文之說所从也。◇◇等形，與卜辭豕字相近，而豚或作◇（《後》上二五．二），豢或作◇（《鐵》一七九．一），◇或作◇（《戩》四一．十）或作◇（《後》下三三．一），所从偏旁，均可見其◇◇◇等形之相似，此余豕形無足之說所從出也。……今按◇或◇，即是豕字，其作◇或◇者倒書也。豕當作◇，而作◇無兩足者，乃其簡形。……◇或變為◇，即小篆彑家所从出，……卜辭用◇字，若前舉二例，及其用◇字於某示幾◇，皆其本義，以豕為牲也。其曰『王示㱿二◇』者，㱿讀為㲉，豕子也，（此用郭說）尤可證◇之為豕矣。（《天壤文釋》二十頁）」

丁山　「◇」字，董氏釋矛，郭氏釋勹，釋為包，唐氏釋豕，于省吾氏釋屯，胡氏釋匹，多數就獸骨立論，于字形演變之迹，各辭記事之意，都嫌未能盡協。愚妄之見，以為◇殆夕字別體。我的論證也是从卜辭本身搜討出來的，請看：『己卯卜，王□來◇伐𦭢。』（《戩》四．四），『戊子卜，准于◇出。』（《續》三．三四．一），『……卜，亘貞，今◇亡囚。六月。』（《粹》一三八八），『□午卜，于□◇乎□入。』（《鐵》四四．四）『貞，◇見，其冓□雨。』（《鐵》七四．三），『癸亥卜，𠂤◇困𡆥』（《佚》七九一）所謂『今◇』『來◇』，不就是它辭所習見的『今夕』『來夕』嗎？『𠂤◇困𡆥』不就是它辭所習稱的『今夕𠂤不𡆥』嗎？以彼倒此，我知道『今夕』『于夕出』決不能釋為『于矛出』，或『于匹出』。『貞夕見』也決不能釋為『貞豕見』或『貞屯見』了。再由从◇諸字看：『今楙，王勿黍。』（《續》一．五三．三）『今楙，凡受㞢又，王受又。』（《前》七．二八．四）『貞，今楙吉方……。』（《拾》七．三）『今◇，酒，王受又。』（《戩》二二．二）楙字在周代金文或省為𣝗（《小臣謎段》懋字所从）或省為𣝗（《鄭𣝗叔壺》）秦篆變而為𣝗，葉玉森遂據秦篆逕謂𣝗中之𢀛象矛形，𣝗形之誤，蓋在周初即已如此。實則𣝗象月出林中，即是暮字別體，而𣝗象日沒林下，月出林表，暮夜之情尤顯。若明字，則象殘月西沉曉日東昇，其為明曉之誼，更望而可識。卜辭所謂「于明」，就是說「在天亮時，」「今𣝗」，就是說「在今天的初夜。」以卜辭本文和從𢀛各字看，我認為臼辭所見𢀛諸字，決是朝夕的夕字。……）字，由下面兩條臼辭看：「癸酉，亩氏一（，永。」（《佚》九九六）「戊申，邑氏一）蔔。」（《庫》一六一。）也該即𢀛字或體，周秦時代通用的夕字正从此出。……夕蓋為自今日日沒至于明天日出的一個整夜，（則為自日沒至于子夜，或自子夜至于天明，說起來就是「半夜。」但自宗周以後則總謂之夕了。郭氏所舉臼辭的五例，現在可以重釋如下：(1)「甲子，婦姍氏三夕。小寢。中。」(2)「丁卯，妻氏二夕。自古乞。小寢。」(3)「婦杞氏七夕出一夕。亏。」(4)「妻氏四夕出一⿴囗夕冎乙」」(5)「己酉，亞人氏十夕。乞。」……《詩．小雅．雨無正》：「三事大夫，莫肯夙夜，邦君諸侯，莫肯朝夕。」鄭玄箋曰：「王流在外，三公及諸侯隨王而行者，皆無君臣之禮，不肯晨夜朝暮省王也。」如此望文生訓，我可以舉《左傳》兩條明文來糾正：「政以禮成，民是以息，百官承事，朝而不夕。」（《成十二年》）「君子有四時，朝以聽政，晝以訪問，夕以修令，夜以安身。」……「夕以修令」的制度，春秋時代猶盛行於列國，（如《國語．晉語》八「平公射鷃不死，怒。叔向聞之，夕。」《左哀十四年傳》「齊簡公即位，子我夕，陳逆殺人，逢之，遂執以入。」《左昭十二年傳》「楚靈王狩于州來，次于乾谿，右尹子革夕。」這些夕字，都該作「夕以修令」解。……僖公卅三年《左傳》說，「居則具一日之積，行則備一夕之衛，」可能是古代公侯供應天子巡幸的常禮。……《漢舊儀》云：「黃門令，曰暮入，對青瑣丹墀拜，」謂之夕郎」。夕郎正是「子我夕」「子革夕」的正解。絜文臼辭，……某氏之上，不着「婦」字，應是王朝的公卿或畿甸的侯亞「入備宿衛」的紀載，，而「婦姍氏三夕」，「婦杞氏七夕」，「妻氏四夕出一夕」，合理的解釋就是「夫人當夕」，與公卿「備一夕之衛」，意義微有不同。」（《甲骨文所見氏族及其制度》三至九頁）

孫海波　「𢀛，甲二八一五。于省吾釋屯。卜辭用屯為純。卜辭常見婦某幾屯，其意猶言舍賜帛幾純。」（《甲骨文編》一八頁）

曾寶先　：「矛字即茅之初文，古以茅或苞裹物，故稱物之裹束者為茅或苞。」（《卜辭姓氏通釋》之一，《東海學報》第一期三頁）

曾毅公：「按字釋矛於其字固不類，釋包於義亦有未安。疑□當為身之古文，象妊身形。引申之，則為人之身、樹之幹，再引申之，凡物之一副者亦曰一身，凡骨以左右肩甲骨為一對，與龜腹甲之左右甲其用同。左右肩甲骨一對曰一□，則骨臼刻辭之若干□者，蓋記卜骨之若干副也。其有零餘作一𠙵或一（（𠙵象卜骨正視形，（象側視形），謂若干身又一骨也。本辭於□旁刻一（字，而未着明其數，但□既證左右二骨為一身，雖不明記（數，當亦知其為一矣。」（《綴存》六頁十八片釋文）

胡厚宣：「此所謂『骨臼刻辭』也。『癸卯帚井示四匹』者，言癸卯之日武丁之妃婦井祭，其四對左右胛骨合為一匹對也。」（《元嘉》四二頁十四片釋文《商史論叢》四集一冊；又《武丁時代五種記事刻辭考》《商史論叢》初集三冊）

張秉权「□，王襄釋矛，讀為茅（注一），吳偘，柯昌濟，叶玉森釋茅（注二），《漁考續編》釋包（注三），唐兰以為豕形之倒寫（注四），于省吾釋乇，讀為純（注五），胡厚宣釋匹（注六）。對於這个字的解釋，各有各的主張，至于它的真正意义，究竟是什么？却沒有一致的結論。本版第（三）辞中的『□』字，是骨臼刻辞以外的另一种用法，我想：如果多收集若干的辞例，对於這个字的解釋，或可有所邦助。卜辞又称『多□』者（《乙編》八四六〇），与多馬，多射，多尹，多工，多亚，多箙，多犬，多卜，多奠，多后，多婦，多父，多子等的辞例相同，那末□字可能是一个名詞，它不像是称謂之詞，所以很可能是一个方國或氏族之名。骨臼上的示若干□，也許和用若干羌的語法近似」（《殷虛文字丙編考釋》第一二六頁）

（注一）見《簠室殷契類纂》正編第三葉

（注二）見《殷虛書契前編集釋》卷五第三十四葉

（注三）見《古代銘刻彙考》骨臼刻辭之一考察第九、十葉。

（注四）見《天壤閣甲骨文存考釋》第二十二葉。

（注五）見《雙劍誃殷契駢枝》釋乇第一至二葉。

（注六）見《甲骨學商史論叢》初集第三冊《武丁時五种記事刻辞考》第六十五葉。

饒宗頤：「卜辭云：『貞：王絨多□……』（《乇乙》三四四二甲骨）、『庚申，王絨……子□二□。』（《乇乙》六五七九甲背）、『于甲戌，用□。于來乙亥，用□。』（《殷綴》三三三）由此數辭證之，知□為牲名，舊釋『乇』或『包，』均不可通。□字異形頗多，有作□者，（《拾掇》一九〇反）與《說文》『弟』字古文之□形相近。《說文》

『希，脩豪獸。一曰，河内名豕也。讀若弟。』漢河内郡即殷之舊地，呼豕為弟，即殷人遺語。故契文牲名之□，可以希當之。他辭言『絨豕』（如《南北》《師友》二·五七）此云『絨□』，絨余釋為盞，是『絨□』為盞牲事甚明。」（《通考》四五八至四五九頁）

李亞農：□即箋字。□即應釋為踐，則□當然應釋為戔，再由戔演變而為形聲字——箋。《說文》：「箋，表識書也。」

……戊寅，帚姘示三箋。（《粹》一四八三）

……，帚笶示十五箋。（《粹》一四九一）

……从這一類刻辭所在的地方看來，不是在腹甲兩旁的空間處，就在骨臼或近邊緣之處，或在背甲骨的部分，這就證明了此種刻辭正起着標籤的作用。

董謂一□就是一對甲骨。是否一對，雖不得而知，然而□字頗象一束龜版的形態。□是龜版的最簡單的形象化，則象繩索。所謂一箋，當即一捆甲骨之意。由龜甲牛胛骨而發展成為竹簡。《篇海》釋箋字說：『古者記其事，以竹編次為之。』古代只有箋字，从竹之箋字大概產生於使用竹簡的時代。……

箋又是地名：

庚戌卜，雀于箋出。（《續》三·三四·一）

箋山。（《虛》七二九）

（《殷契雜釋·釋□》，《中國考古學報》第五冊第一、二分合刊，一九五一年十二月）

于省吾　「甲骨文□字作□、□、□、□、□等形，即屯之初文。屯父乙鼎二器作□、□，金文编入于附录。屯作兄辛殷之器与盖作□□。以上二鼎一殷均系商器。屯字，周代金文作□、□、□、□、□等形，说文作□。此乃屯字之演变源流。至于甲骨文之多屯、示屯、乞屯之屯，旧说均不可据，存以待考。

甲骨文□秋之春作□、□、□、□、□、□、□、□等形，旧误释为楙或椽。甲骨文今屯、来屯屡见，是有时亦以屯为春。说文：『萅，推也，从艸从日，艸春时生也，屯声。』萅字隶变为春，商代和周初只有春秋两季，后来发展为四季。」（释屯、萅，甲骨文字释林二至三页）

许进雄　「S0447　第一期　右腹甲

☐♀羌☐貝☐

𠂤常見於銅器、武器的族徽銘。」（怀特氏等藏甲骨文集二三頁）

姚孝遂 肖丁 「「屯日亡𢦔」謂終日、整日无災。易序卦：「有天地然後万物生焉。盈天地之间者唯万物，故受之以屯。屯者，盈也」。广雅释诂：「屯，滿也」。「屯」有滿、盈之义，「屯日」犹它辞之言「湄日」，均「終日」之意。」（小屯南地甲骨考释一八三—一八四頁）

萧良琼 「「𠂤」表示一对胛骨，「丿」表示一块甲骨，「丿」字，胡厚宣先生释「串」，「𠂤」诸家有释匹、屯、包、对者，然皆为一对之意，姑释对。只用一块卜骨，就只记上一个「一」字，用两块称「一𠂤」即「一对」，这里的一对，有「一付」的意思，即两块构成一个单位，其零数皆为一，这是郭老早已指出的，现在我们要弄清楚的是这「一对」，指的是作为占卜用的骨料，还是如前面所谈到的合集七八五九、七八六〇，菁三·四与合集一〇四〇六正、反……等一样，是内容行款完全相同，仅左右顺序不同，但相互对称的全版同文的卜辞？现在看来，应是指全版同文但相互对称的一对。我们把这种情况的卜辞称之为「同对卜辞」。「同对卜辞」与同文卜辞及成套卜辞有共同之處，即有内容相同的卜辞。不同之處在於「同文卜辞」有时，仅一条卜辞内容相同。「成套卜辞」片数较多，不仅於一对，可以包括好几对，並往往有零数，「同对卜辞」由牛的左右两块胛骨构成。它们的内容和版式完全相同，契刻和占卜顺序则左右两胛骨相互对称。

「同对卜辞」和「骨臼刻辞」以及「同套卜辞」它们之间有没有联系呢？现有材料还不能完全说明，有一些例子可以说明骨臼刻辞所载之数量是表示「同套卜辞」一共有多少版。如殷虚古器物图录第12—13页只有一版，骨臼刻辞所记载的数量为一。又如合集六八五五的骨臼刻辞是：

丁卯，婦䨣示一𠂤，一乚。行。

按「一𠂤，一乚」计算，当有同文卜辞三块，构成一套，合集六八五五，与合集六八五六同文，前者序数为二，后者为三，行款则相反，可知其一为左胛骨，一为右胛骨，序数为一的那一版当和序数二的那一版，两块合为「一𠂤」，序数为三的则应为那「一乚」。只是序数为一的那一块，现在还没找到。」（卜辞文例与卜辞的整理和研究，甲骨文与殷商史第二辑三三至三四页）

白玉峥 「𠂤：……惟就契文辞例观之，似宜释为秋字，较之於他辞，亦无抵牾焉。」

(一)癸丑卜，穷贞：𢀛来𠂤𫵋？十二月。佚一五一

(二)口午卜，于来𠂤乎……入。铁四四·一

(三)……今𠂤…… 京三七二三

(四)壬子卜，口贞：今𠂤受年？九月。前四·六·六」（契文举例校读中国文字第八卷第三十四册三六九六页）

鍾柏生 「卜辞中有『屯日不雨？』（存一·一四七九）的记载。周易序卦：『屯者，盈也。』广雅释诂：『屯，满也。』仪礼乡射：『二算为纯』郑注：『纯，犹全也。』纯从屯得声，故『屯日』当释为『全日』『整日』。」（说「異」兼释与「異」並见诸词 中央研究院历史语言研究所集刊第五十六本第三分五五四页）

王贵民 「……此种骨臼刻辞，亦与甲桥刻辞有相通之处，如骨臼刻辞：

丁丑史示三屯　岳　合集七三八一

甲桥刻辞：

我以千（右桥）　帚丙示百（左桥）　合集九〇一三

癸未衛入十（右桥）　㽙示　亘（左桥）　合集九六七一

𠂤子𢀛入五（右桥）　帚好示五　穷（左桥）　合集九三八

可见卜甲同样有人检视和经手人亘、穷等的属名，与骨臼的『史示』和岳的属名一般。

骨臼刻辞另一程式，如：

丁丑𡧊乞于𡆥廿屯　河　合集九三九九

甲桥刻辞亦有：

自𣪊乞（十）　合集九三八五

（乞）自卫　合集九四三七

（乞自）商　合集九四三六

乞者，求也，指此卜骨或卜甲是从𡆥、𣪊、卫、商等地分别索取而来。凡此都说明几种记事刻辞具有共同性质，骨臼刻辞並非特殊的专记某种贡品者。

不同的是，除个别背甲外，卜甲上刻辞不用屯字，用『屯』字作单位量词主要属于骨臼刻辞。前人已有所涉及，兹作一申论；原来屯字与䌷、编为韵，有䌷缠之义；屯与堆双声而韵对转，屯若今语为一堆；屯有厚义，国语晋语四云：『屯，厚也』，『厚之至也，故曰屯』；屯为纯，纯有全义，仪礼士昏礼：『腊一肫』，郑注：

「肫或作純，純，全也，凡腊用全。」疏云：「凡牲体则用一胖，不得全；其腊则左右体胁相配，共为一体，故得名也。」少牢馈食礼：「腊一纯而鼎」注云：「合升左右胖曰纯，纯，全也。」纯又有合二之义，大射仪：「二算为纯」注：「纯犹全也，耦阴阳也。」纯有色义，诗召南野有死麕：「白毛纯束」，毛传：「纯犹色也」。综上屯、纯字义，均与卜骨形制及其存放组合情况相符。郭沫若先生指出过：[字形]字象有所包裹而加缄縢之形；又由其零余之作「一[字形]」「一（」若「一）」，无多过一者，推定其必为两骨一色。曾毅公先生亦云：刻辞谓若干屯，一屯盖记卜骨之左、右二骨为一副也。其零余作一[字形]或一（，谓一副又一骨。[字形]象卜骨正视形，（象其侧视形。（见甲骨缀存第十八页考释）

凡此均不失为合理的解释，只是当時仅从卜骨实物形制说明，尚未及「屯」字本义，差之一间。今合实物与文字两方面论证，则得其全。卜骨为牛之左右肩胛骨，其骨臼呈半月形，左右两臼相合则呈圆形，正所谓细编；其两骨扇部相合，正如牲体两胖之相合（腊），是为纯全，即一幅也；龟背甲亦是从中缝剖判为二，合二亦为纯，为全甲。（龟腹甲迄今未见以「屯」称，正因其形制与卜骨、背甲不同）卜骨厚实，故亦具有屯义；检视存置一处，故又有屯聚成堆之意。若此，故训屯、纯之义，咸与卜骨实际相符，事非偶然，则可以坚信矣。

当然，此仅就卜骨收存情况而言，并不关乎占卜制度。又郭、曾两位论及的[字形]）两字，其义可取，而音读与确切所指，尚待推求。作为单位量词，屯之含量是包括两骨即一副，抑是已成习用语，称一骨亦为屯？尚待考究。」（殷墟甲骨文考释两则，考古与文物一九八九年二期八七至八九页）

徐锡台　「病屯，见殷墟卜辞云：「贞：有病屯氏小囗御于：」（乙七四八八）。按「病屯」，即属于积聚病也。如玉篇：「屯，聚之處」；尔雅释天：「风与火为屯」；集韵：「室中藏也，居也」。」（殷墟出土的一些病类卜辞考释，殷都学刊一九八五年第一期九页）

陳初生　「「屯」字甲骨文多作[字形]、[字形]、[字形]等形，象籽芽破土而出。上部之◊在金文中变为○、●或一，字便成[字形]、[字形]、[字形]。」（商周古文字读本二九六頁）

按：字當釋「屯」。金文「屯」字習見，皆用為「純」。契文「春」字即从「屯」，其為「屯」字，了無可疑。釋「矛」、釋「包」、釋「豕」、釋「匹」、釋「希」、釋「秋」、釋「戔」皆不可據。丁山釋「夕」，以「夫人當夕」為言，尤屬無稽。骨臼刻辭「示若干屯」，曾毅公、胥良琮謂「一屯」即「一對」，「一（」即「一骨」，其說可信。

3276 □ □

按：字从三「乇」。辭殘，其義未詳。

3277 肉 □ □ □

李孝定 「說文：『肉，胾肉，象形。』小篆象胾肉連臠之形，象牲之半體，中〉者，其肋也。契文與小篆相近，屈說可从。」（集釋一五〇三葉）

屈萬里 「以卜辭膏字作□（前編卷二第十五葉一片）及徵鼎胤字作□證之，當是肉字。」（甲釋一八二三片釋文）

考古所 「□：疑为多之省。」（小屯南地甲骨一一五五頁）

陈汉平 「商代甲骨文月字作□或□，象月闕、半月之形。而肉字作□、□、□等諸形。如祭字作□、□、□、□、□、□、□、□、□等諸形可证。可见甲骨文肉字与月字字形相近。說文：『肉，胾肉。象形。』『胾，大臠也。』『臠，臞也。从肉䜌声。一曰切肉臠也。』据甲骨文字造型，知肉字之造字所象为『胾肉』，为『切肉臠』。……在甲骨文人体象形文字中，常见于人形肢体上增画以□（□）或□（□）形綴笔，达于人体，即表示人身之肉。如身字作□、□。殷字作□。腹字作□，孕字作□。妊字作□、□等等。甲骨文肉字作□或□形，即由此而来。」（古文字释丛出土文献研究二一九页）

丁驌說參□字条下。

按：契文「肉」與「多」之省作「□」者同形。卜辭「婦多」每省作「婦□」。合集二一一九〇七之「D犬」即「多犬」。刻辭類纂釋讀有誤，今正。

3278

多 ㄖㄖ 𠱠

王國維　「多从二肉會意」。

葉玉森　「殷人謂群曰多。尚書中屢見此習語。多君、多尹、多臣、多父、多老、多寇等亦時見于卜辭。多衛亦其一也」。（前釋一卷三十四葉上）

孙海波　「DD，甲一一六七。多射，官名。DD，宁滬二・一六。多亚，官名。」（甲骨文编二九九頁）

李孝定　「說文：『多、重也，从重夕。夕者相繹也，故為多。重夕為多，重日為疊。竹，古文多』。林義光文源：『重夕非多義，Ｈ象物形，見品字條，衰之為夕，與夕形同意別。多象物之多，與品同意』。其說與王氏意同。按金文作多DD不嬰簋、DD虢弔鐘、DD弔向簋、DD弔多父簋、DD觶仲多壺、DD虢且丁角、DD㝬鼎、DD辛巳簋、DD伯多壺，餘尚多見，均从重D，無一从重D者。金文夕字或从夕之字，如夜、外、夙等字，皆D、D間作，獨多字二十餘見，竟無一从D作者，則从重夕之說，不無可疑，王氏从重肉之說，非無故也。卜辭謂群曰多，葉說是也。或言多君，蓋猶後世言諸侯也」。（集釋二二八七葉）

連劭名　「YH127坑所出字体特殊的那种卜辞中有『朒』字，写作『夗』，从二肉，实为切肉的象形，它可能是朒字的本体，实組卜辞及我鼎銘文用『𦎫』字，則是同音通假。」（甲骨刻辞中的血祭，古文字研究十六輯五二頁）

按：王國維、林義光均以為「多」字不當从重夕是對的。王氏謂从二肉，林氏謂象物形。王說較優。蓋林氏「Ｈ象物形，衰之為夕」之說，終屬牽強。卜辭多用為衆多之義。「帚多」則為人名。「多」或省作「D」，與「肉」形混同，唯辭義以別之。參見前「D」字條。

3279 □ 俎 宜 □ □ □

孫詒讓 「□……皆且之異文，凡中从一横而上下別為∧形，疑即俎字。說文組，禮俎也。从半肉在且上。此似即以半肉著横間。金文俎字求作□，貉子卣作□，與此字略同。又𠭯敦『王鄉大□』讀為王饗大祖；又王且甗『王□尸方』讀為王俎夷方，（舊並釋為宜，誤，詳古籀餘論）亦皆借且為祖俎兩字，此又多說臘事，疑亦當讀為俎。故凡祖甲祖乙之等皆不必是作也。」（舉例下一葉下）

羅振玉 「說文解字：『俎，禮俎也。从半肉，在且上。』半肉謂夕也。然在且旁，不在且上。卜辭作□，則正象置肉於且上之形。古金文亦有俎字，作□（貉子卣）□（俎女彝），前人皆釋為宜，誤矣。」（殷釋中三十八葉上）

王国维 「□，即俎字。說文：『俎，礼俎也。从半肉在且上。』此象二半肉在俎中，殆周語所謂房烝，詩閟宮传所謂大房半体之俎也。𧶠羊一小宰□𦍩，謂既𧶠一羊又登一少宰于俎也。他辞言𧶠大宰□大宰（治上二二）、此颠倒其句法耳。」（戩寿堂所藏殷墟文字考释第一頁）

王國維 「按說文：『俎，禮俎也，从半肉在且上。』詩魯頌：『籩豆大房』，毛傳云：『大房，玉飾俎也，其制，足间有横，下有跗，似乎堂後有房。』鄭箋則云：『大房，半體之俎也。』少牢饋食禮：『腸三胃三，長皆及俎拒』，鄭注：『拒讀為介距之距，俎距，脛中當横節也。』明堂位：『俎，有虞氏以梡，夏后氏以嶡，殷以椇，周以房俎』，鄭注：『梡，斷木為四足而已。嶡之言蹷也，謂中足為横距之象，周禮謂之距。椇之言枳椇也，謂曲橈之也。房，謂足下跗也，上下兩间，有似於堂房。』總鄭君詩禮三注，則俎之為物，下有四足，足间有木以相距，所謂横（說文『梡，横闌木也』）也。横或中足，或在足脛，其足當横以下謂之跗，（同柎，說文『柎，闌足也』）亦謂之房，與毛說大異。然有不可通者，周語：『郊禘之事，則有全烝。王公立飫，則有房烝。親戚饗宴，則有餚烝』，韋注：『全烝，全其牲體而升之。房，大俎也，謂半解其體升之房也。餚烝，升體解節折之俎也』。則房烝者，對全烝言之。蓋升半體之俎，當有兩房，半體各置其一，合兩房而牲體全，故謂之房俎。毛公云：『大房，半體之俎』，許君云：『俎从半肉在且上』，意正如此。既有兩房，則中必有以隔之者（少牢饋食禮之俎拒），即謂此隔之之物，孟腸胃皆升於俎，其長短當以俎之大小為節，不容取俎足以為節也。」更由文字上證之，則俎字篆文作俎，象半肉在且旁，而殷虛卜文及𦉢子卣則作圂作圂，具見兩房一拒兩肉之形，而其中之橫畫，即所以隔之之物也。由是言之，則有虞氏之梡，梡者完也。殷以椇，椇者具也，皆全烝之俎。周用半體之俎，以其似宮室之有左右房，故謂之房俎。若足跗則不具房形，鄭君堂房之說，殊為迂遠矣。」

葉玉森　「按孫釋俎是也。本辭俎字在于字下，疑亦叚作祖字。他辭有叚沮作祖者，如鐵雲藏龜拾遺第一葉之『俎丁』即祖丁是。」（前釋一卷九十三葉下）

王襄　「古俎字。許說禮俎也，从半肉在且上。」（類纂正編第十四第六十一葉上）

王襄　「圂，古俎字，象兩半肉在大房中。」（簠典第二葉）

容庚　「象置肉于且上之形，疑與俎為一字。儀禮鄉飲酒禮『賓辭以俎』注『俎者肴之貴者』。詩『女曰雞鳴』『與子宜之』傳『宜肴也』。又爾雅釋言李注『宜飲酒之肴也』。俎宜同訓肴，可證。又廣雅釋詁『俎几也』。一切經音義引字書『俎肉几也』。置肉于几有安之義，故引申而為訓安之宜。古璽『宜民和眾』作圖，漢封泥『宜春左園』作圖，尚存俎形之意，與許氏說異。」（金文編七卷二五葉下）

孫海波　「圂，鐵一六·三。古俎、宜一字。」（甲骨文編五二九頁）

陳夢家　「卜辭之宜作圂，亦即俎字。金文編以為俎宜一字，是對的。宜字在卜辭中有兩種用法：1.祭名：『貞我一月酌，二月宜』。前一·三九·二『其宜于妣辛一牛』。後上·十九·十五、2.用牲：『尞于河十牛，宜十牛』。後上·二四·四『甲辰宜大牢，尞小宰』。甲編二四六。都是動詞。後世祭社曰宜：王制『天子將出，類乎上帝，宜乎社，造乎禰』。周禮大祝『大師宜于社，造于祖，設軍社，類上帝』。『大會同，造于廟，宜于社』。爾雅釋天『起大事動大眾，必先有事乎社而後出，謂之宜』。卜辭之宜有可注意的四事：1.常常『宜于某京』；2.宜之祭常用羌；3.佚六八七九『王𠂇三羌于宜，不𠂇若』，宜似是宗廟；4.除宜于某京的記事刻辭外，其它卜辭中以宜為祭名或用牲之法的，先公多于先王先妣。」（綜述二六六至二六七葉）

李孝定 「說文：『宜，所安也，从宀之下，一之上，多省聲。□古文宜。□亦古文宜。』古文第二形與金文作□者極近，當即由此譌變，容說是也。林義光文源曰『按宜與多不同音。定按游君子借老叶珈佗河宜何，皃鷺叶沙宜多，嘉為阿宮叶儀宜多，古音雖相近，然金文賓不从多，而从二肉，林說未安。夕象物形，古文从二夕，一地也，物在屋之下地之上，得所安也』。林氏謂夕為物是也。然仍囿于許說，析俎形為从宀从一，故仍未達一間也。金文作□般甗□宜生卣□貉子卣辭云『咸宜』□大豐簋□矢作丁公簋□宜子鼎□史宜父鼎□秦公簋□秦子戈與許書古文第二形幾全同」。（集釋二四五九葉）

陳夢家 「卜辭之宜作圓，亦即俎字。金文編以為俎宜一字，是對的（燕京文學年報三：六四——六五）。宜在卜辭中有兩種用法：

1、祭名

貞我一月酌，二月宜　　渝一、三九、二

其宜于妣辛一牛　　已一九、一五

2、用牲

尞于河十牛，宜十牛　　已二四、四

甲辰宜大牢，尞小牢　　坤二四六

都是動詞。後世祭社曰宜：王制『天子將出，類乎上帝，宜乎社，造乎禰』；周禮大祝『大師宜於社，造於祖，設軍社，類上帝』；『大會同，造於廟，宜於社』；……卜辭之宜有可注意的四事：(1)常之『宜于某京』；(2)宜之祭常用羌，如云：

酌宜，伐百羌｜酌宜羌　　金三九三

己卯，媚子寅入宜羌十　　清三

後者之『宜』似是形容詞；(3)亿六八七九『王十三羌于宜，不十若』，宜似是宗廟；(4)除宜于某京的記事刻辭外，其它卜辭中以宜為祭名或用牲之法的，先公多於先王先妣：

土　　續一、一、五，粹一八

兇　　金六六四，粹六八，鄴初三七、二

河　　已二四、四，摭續二，明續四四九

岳　　佚一四〇，明續四三四，四四九

禺　　金七一七

妣辛　　已一九一五

父丁　　已二七一〇

中子　　粹四〇九」

（綜述第二六六——二六七葉）

郭沫若

「圝字金文多有之，自宋以來均釋宜，近人羅振玉始釋為俎，……案此字於卜辭中所可考見者，其義不限于俎。如云：「癸亥卜又土，㝠羊一，小宰圝。」（鐵一、一、一）「庚戌貞辛亥又口方，㝠大宰，圝大宰，丝用。」（後上二二、七）此與㝠為對文，係用牲之法，自以俎義為適。然如：「貞我一月酒，二月圝。」（前一、三九、二）「翌乙未圝，易日。」（前七、二十、三）此一例與「酒」字對文，酒在卜辭乃用為祭名，則圝字亦當是祭名。第二例亦顯然為祭名，於釋俎不適。其在金文，則有圝子井圝女彝圝生卣，則此字又為國族之名矣。時代較晚者為古璽「宜民和眾」作圝，漢封泥「宜春左園」作圝，字形與此全同。容庚（金文編即引此二例以為宜與俎為一字，但又引王國維說「俎宜不能合為一字，以聲絕不同也」。金文編十四卷五葉）視此則知此字之釋俎釋宜，迄未成為定論。秦公鐘及秦公𣪘銘末均有此字，鐘銘末尾數句云：「其音銑〻，雝〻孔煌，以邵（昭）零（格）孝享，以受純魯多釐，眉壽無疆。畯疐在位，高弘有慶，匍有四方。永寶圝。」此數語用陽部韻，最末一語乃不用韻，則未免突兀；乃本入韻，則於釋宜釋俎均不能諧。且金文慣例凡與永寶字連用者，如「永寶髙」、「永寶尚」均可入韻。即作為「永寶用」，亦可以之東陽通韻。三字均不用，而獨用此不入韻之奇文，殊為可異。余以為此字必有東陽部之音，乃叚用為「髙」、「尚」、「用」等之義。是則圝字有俎義，有祭名之義，為古代之國名，而為東陽部之音，本此四者以求之，余乃恍然其為房俎之房之本字。魯頌閟宮「毛炰胾羹，籩豆大房」，毛傳云：「大房，半體之俎也」，鄭箋云：「大房，玉飾俎也，其別：足間有橫，下有跗，似乎堂後有房」。明堂位：「俎，有虞氏以梡，夏后氏以嶡，殷以椇，周以房俎」。鄭注：「梡，斷木為四足而已。嶡之言蹷也，謂中足為橫距之象，周禮謂之距。椇之言枳椇也，謂曲撓之也。房謂足下跗也，上下兩間，有似於堂房」。由鄭玄之說，可知所謂房俎正為今人祭祀時所用之「牲祭」。俎有四足，四足中央有橫木相連（橫距），四足下端復有相連之橫木（跗）。故由其額面視之，則恰成為⌂之形。中之一橫，橫距也（或為二橫，乃前後距之遠視），下之一橫，足下跗也。半體之牲陳於俎上，則恰為圝之形。是則此乃象形字，後人叚「房」字而為之，鄭君不識初字，故臆以堂房為說也。〔注〕字本讀「房」，其用為祭名者蓋叚為「嘗」。嘗雖為秋祭，然乃東周以後之禮制，不足以限制殷文。如禮家說周用犧尊，然已有殷代之犧尊傳世。說周以房俎，而於卜辭中則已有房俎之象形文。知此則卜辭言「貞我一月酒，二月嘗」，於余說並不齟齬。字本讀「房」，則知秦公鐘銘，即係假用為「髙」為「尚」。其為國名者，則古之房國也。偶語：「昔昭王娶于房曰房后」。至古璽與漢封泥之用為宜者乃誤用別字之例。許書宜字古文之一作圝者，亦當同係此誤。以許鄭之卓絕而猶有未審，則封泥古璽之誤亦正所宜然。其在本銘，所謂「王饗大房」者，正詩之「籩豆大房」。且本銘為陽東冬通韻之文，讀房既與上文之豐方降王上相唐相合，與下文降以下諸字亦復兩諧」。（青銅一卷二二——二六葉大豐𣪘韻讀）

（注）「王國維說俎上（觀堂集林卷三）亦承羅氏之說，以宜若宜為俎字，云：『具見兩房兩肉之形，而其中之橫畫，即所以隔之之物。……周用半體之俎，以其似宮室之有左右二房，故謂之房俎。……鄭君堂房之說殊為迂遠。』案王氏對於宜字以平面形解釋殊未得其當。房本借字，鄭君堂房之說固迂遠。然王氏宮室二房之說亦等是迂遠」。

又曰：「宜字舊釋為俎，案秦泰山刻石『者（諸）產得宜』，古鉨『宜氏和眾』，漢封泥『宜春左園』，說文『宜古文宜』，均是宜字。宜有肴義，當由用牲之法來」。（粹考七葉下）

李孝定　「說文：『俎，禮俎也，从半肉在且上。』篆文象肉在俎旁，與契文金文則正象肉在且上之形。王氏謂字亦作宜若宜，具見兩房一拒兩肉之形，是謂宀口各為一房。然則宜象二房，房俎相合之形，一字而象二器似無是理。若謂實象一器，則字从兩肉是兩半體也。兩半即為全牲，是又與全烝何異。蓋王氏所說實乃周禮，而卜辭乃殷文，據後世禮制以說古文難免扞格矣。鄭氏謂即房俎之房之本字，按房俎為俎之一種，其施仍當名俎，謂之『房』者首偁耳。必如鄭氏言，寧得以『梡』『嶡』『椇』釋此字。鄭氏之蔽與王氏同。字但象且上置肉之形，與篆文俎形亦相近，但釋為俎足矣，不煩以後世禮制比傅說之也。大豐殷銘『王饗大俎』或謂當讀為祖，說亦可通。然即讀如字義亦洽適，蓋以大俎為饗也。卜辭俎字之用為祭名者蓋即以俎陳牲體為祭。至用為宜字者，或以形近而譌，郭說或是也」。（集釋四〇八八葉）

屈萬里　「宜，讀為俎；……此亦動詞用，謂陳牢於俎以祭也。（辭云：『口戌卜，口宜，重羊？』）」（甲釋第八一葉）

饒宗頤　「宜古文宜，祭名。泰誓『宜于冢土』，周禮大祝『太師宜于社』，爾雅釋天郭注『宜，有事祭也』。宜字亦作劊。如『王劊武丁櫐』（牛距骨刻辭）或稱大宜。大豐殷『王饗大宜』。潞子卣云：『王牢于厎，咸宜』，讀為祭名之『宜』，均可通」。（通考八四一——八五葉）

金祥恒　「甲金文之宜、宜，所从之且，象正面视之之形，中一横或二横，郑注谓之横以间隔为二房，置半体於其上，合二房以为全牲。甲文宜（后上二四·四、新一〇四五、零七二、合三〇三）宜（续一·一·五、新一一〇七、乙三〇九四、铁一五四·一）宜（续存一·一五八）者，抑或如许氏所谓『从半肉，在且上也』。甲文俎（乙八六八八、前六·三七·六）象未载俎之前，已加于俎上之形。卜辞宜与宜为一字，如：

貞：𢦏羌百？　續存三四七

丁卯媚子寅入圉羌十　菁一

其「圉羌」或作「𢦏羌」，是其証，羌人以为祭祀之牲，於卜辞常見不尠。至於以为「俎羌」如：

丁未卜，酌𠂤伐百羌？

癸丑夕卜，衣日𢓊酌𠂤羌？

癸丑卜，弜衣酌𠂤羌？　涂三九三

「𠂤羌」與「俎牢」、「俎宰」、「俎大牢」、「俎小牢」义同牲异，如：

甲辰圉大牢，燎小牢土（社）？　洽三

貞燎于土（社）一牛，𠂤牢？　續一·一·五

辛未貞：求禾于河，燎三牢，沈三牛，𠂤牢？　掇一·五五〇、佇一·一一九、摭續二

庚戌貞：辛亥又河方，燎大牢，圉大牢？兹用。　後上二二·七

乙亥卜，又燎于土（社）羌，𠂤小牢？　粹一八

以牛羊为牲也。

甲骨文之俎，其义为祭名，金文之俎，其义有二，一为祭名与甲文同，一为姓氏地名或人名。其为祭名者甲文如：

癸酉圉于义京羌三人，卯十牛。又。　續一·五二·二、簠人三〇

己未圉于义京羌三□，卯十牛。中。　前六·二·三

己未圉□义京羌□人，卯十牛。ナ。　前六·二·二

丁未圉□义京▨　□。　粹四一三

丁酉圉□义京羌三□，卯十牛。中。　粹四一一

丁卯圉于义□□人，卯十牛。中。　粹四一五

□寅圉□义京羌三□，卯十牛。又。　契一〇

癸卯圉于义京羌三人，卯十牛。□。　汉城大学藏甲（集刊二十八）

癸卯圉于义京羌三人，卯十牛。又。　汉城大学藏甲（集刊二十八）

丁卯卜，内：燎于河，十牛俎，十牛？　後上二四·四

甲戌卜，穷貞：求年燎于岳，十牛俎？　金七一七

翌乙巳俎牝？　續存二·三七、零七二

甲辰卜，貞：翌日乙，王其賓，俎于章衣，不遘雨？　後上二〇·一

己丑卜，殻貞：翌庚寅，其俎，不其易日？　簠典一〇

戊辰卜，争贞：賁于河、囗豕三羊沈囗（外一八九、南一·五）

辛未贞：求禾于河，賁三牢，沈三牛，俎牢？（掇一·五五〇、宁一·二九）

庚戌贞：辛亥又河方，賁大牢俎大牢？兹用。（後上二二·七）

辛丑贞：酌俎，亡它？（续存一·九三三）

丁巳卜，叀俎酌？

丁巳卜，叀今夕酌俎？

丁巳卜，于乃夕酌俎？

丁巳卜，叀今夕酌俎？

丁巳卜，于禾夕酌俎？

癸亥卜，𦱊酌俎伐于大乙（新三九七四）

囗囗囗，穷贞：乎黍于辜俎，受囗囗（续二·二八·六）

乙酉卜，其俎（[字形]）父甲𣝗（[字形]），在兹8咸？（佚八九一）

丁酉贞，其俎（[字形]）且乙𣝗（[字形]）？（宁一·一七八）

其俎为荐载俎以祭之也，与卜辞以手持肉於示前之祭义同，如：

癸酉卜，𠂤贞：旬亡囚？甲戌酌祭于上甲，在囗囗？（佚三一）

与新三九七四片

癸亥卜，𦱊酌俎伐于大乙？

「酌俎伐于大乙」，「酌祭于上甲」，句式相同。卜辞之「牛俎」，以牛为牲体，国语楚语：「子期祀平王，祭以牛俎于王（平王也），王（昭王也）问於观射父曰：祀牲何及？对曰：祀加于举，天子举以大牢，祀以会，诸侯举以特牛，祀以太牢，卿举以少牢，祀以特牛，大夫举以特牲，祀以少牢，士食魚炙，祀以特牲，庶人食菜，祀以魚，上下有序，民则不慢」。仪礼有牛俎羊俎豕俎魚俎等，如公食大夫「宰夫设黍稷六簋于俎西，二以並，东北上，黍当牛俎，其西稷，错以终，南陳」，牛俎是也。少牢「資黍于羊俎两端」，「俎皆设于鼎西，西肆，肵俎在羊俎之北，亦西肆」；有司「雍人合执二俎，陈于羊俎西，並，皆西缩」。「賓長设羊俎於豆南」「司马缩奠俎于羊湆（张尔岐仪礼句读云、经文司爲缩奠俎于羊湆俎南，疑误，观下受酢羞肉湆汁節、当是缩奠湆俎于羊俎南，今案新出土之武威汉简本无湆字，张氏之说是也）俎南，乃載于羊俎，卒載，缩执以降」，羊俎是也。卜辞之「俎牢」、「俎小牢」，羊俎之类也。少牢「下利升豕，其載如羊，无肠胃，体其载于俎，皆進下……佐食上利执羊俎，下利执豕俎」，豕俎是也。卜辞之言「圂」或「[字形]」，或豕俎之类也。少牢「生设于魚俎南」，魚俎是也。卜辞无以魚为牲者。

祭祀荐牲，载之于俎，或载之于蜃，如成公十三年『公及诸侯朝王，遂从刘康公、成肃公会晋侯伐秦，成子受脤于社，不敬：国之大事在祀与戎，祀有执膰，戎有受脤，神之大節也』。杜注：『脤，宜社之肉也，以脤器，故曰脤。宜出兵祭社之名』。正义『宜者祭社名，脤是盛肉之器，受脤于社，受祭社之胙肉也。故曰脤。〔周礼〕掌脤祭祀共蜃器之蜃』。闵公二年〔左传〕『梁餘子养曰：帅师者受命于庙，受脤于社』。注云：『宜社之肉，盛以脤器也』。定公十四年〔谷梁传〕『脤者何，俎实也，祭肉也，生曰脤，熟曰膰』。〔礼记·王制〕：『天子将出，类乎上帝，宜乎社』。伪古文〔尚书·泰誓〕：『类乎上帝，宜于冢土』。〔汉书·五行志〕：『成肃公受脤于社』，注：『宜者祭社之名。』〔诗·绵〕：『迺立冢土』。郑注：『冢土，大社也，起大事动大众，必先有事乎社，而後出，谓之宜』，祭社谓之宜，即〔说文〕宜之古文作□，与甲金文同形而误释，当为俎也。无俎之前，其祭肉载之於蜃，无蜃之前，以手持之，进荐于示而为祭，其义一也。故俎为祭名。』

（〔释俎〕中国文字第四十一册四五四三至四五四八页）

唐兰 「且多段为祖。□即俎，亦即宜字。」

□ 铁三、三片 且乙

□ 铁三三、一片 且丁

□ 前二、十六、二片 且甲

□ 契二二片 且辛

□ 前一、四五、三片 且丁

□ 契二六九片 且庚

□ 前一、三六、六片

□ 后下二六、一片 叀先又且□

右且字，卜辞金文并段为祖妣字。卜辞所見甚多，今不具录。〔说文〕：『且，薦也。从几，足有二横，一其下地也。丄，古文以为且，又以为几字』。（重文从小徐本。大徐本删。）按〔说文〕『俎，禮俎也。从半肉在且上』。是许意且、俎为一字也。卜辞金文俎字作□，可为且即盛肉之俎之确证。郭沫若氏谓祖妣为牡牝之初字，又谓『且实牡器之象形，故可省为丄；匕迺匕柶字之引申，盖以牝器似匕，故以匕为妣若牝也。』（甲骨文字研究上十）按郭氏之意，以上古人民，有生殖崇拜之习，故释且为牡器，匕为牝器，以为两性之区别也。其说殊新颖，然与事实远异。盖如谓且匕二字为两性器官之表徵，则牝器之重要，实远过于牡器，然何以无直像牝器形之字，而反假匕柶之形。以字形言之，匕作广丿等形，与牝器绝不相似，尚不如〔说文〕□为女阴之说。（其实也为西之本字，不象女阴。）以匕柶之形言之，则本有长柄，与女阴亦异，可象徵牝器之器物多矣，又何取乎不类之匕耶？匕非牝器之象形，则且亦非牡器之象形，牡器之形自作丄，士而且字自象盛肉之俎形，事实本极分明，固不必为之牵合也。

说文释且字之形，为「从几，足有二横，一其下，地也。」按此惟小篆作且，乃可通，卜辞金文作且若自，上决不从几也。（几作形）。林义光谓[圖]「从二肉在俎上，肉不当在足閒，则二横者俎上之横，非足閒之横也。」其说诚是。后世礼俎之制，固类于几，故方言亦云：「俎几也。」然且若自字之形，遽自上古，所象非几形也。（说文古文作且，亦且形之变，非从几也。）明堂位云：「鲁禘，俎用梡嶡。」又云：「俎，有虞氏以梡，夏后氏以嶡，殷以椇，周以房俎。」虞梡夏嶡，虽不必分配井井，然梡嶡，要为殷前古制，犹存于鲁，无疑也。郑玄注明堂位云：「梡，断木为四足而已。嶡之言蹷也，谓中足为横距之象，周礼谓之距。椇之言枳椇也，谓曲桡之也。房谓足下跗也，上下两閒，有似于堂房。」此则随文释义，非梡嶡椇房之真状也。（说文：「㮂，举食者。」盖几案之属，汉世尚存其制，郑以枳椇为说，非也。）王念孙广雅疏证云：「梡者，断木之名，庄子天下篇：『椎拍輐断』，义与梡同。」（四卷九八上）今谓梡俎者断木为之，不必有四足也。盖俎之起也，本用以切肉，史记项羽本纪：「如今人为刀俎，我为鱼肉，」俎，即切肉之荐，今尚断木为之矣。（以版为之者为椹版）由日用之器，变为礼器，遂由切肉之俎而变为载肉之俎，其形遂渐变而近于几。然俎字所象，必为最初之俎，只是断木为之，而非几形也。故卜辞俎或作[圖]，直象肉在俎上，为平面之象，非侧视也。然则且字本当作且，象俎形，其作且或且者，盖象房俎，于俎上施横格也。（王国维观堂集林三说俎谓[圖]或[圖]具见两房两肉之形，驳郑氏房谓足柎之说，甚是。然其谓「梡者完也，椇者具也」，者全烝之俎，则非是。[圖]只象肉形，非载全体。士昏礼「匕俎从设，北面载，执而俟」，乃一人执匕，一人执俎。士丧礼则举鼎右人以右手执匕，举鼎左人以左手执俎。礼经之俎，大都可执，必不能甚巨也。然则俎之用为礼器，仍是切肉之荐，本不甚巨。若载全体或半体，自是大俎或大房，非俎之本制如是也。）

且既俎之本字，则何以用为祖妣之义耶？余谓此当求之于声音假借，而不当于形意求之。盖且即今俗之爹字，爹，及爷字，犹父之即爸字也。以形义言之，且父皆各有其本义，兹第，借其声耳。

且之得变为爹爹等字者，且字古当读舌头音，与「多」略近。切肉之荐，今北方呼为椹版，椹读若耽，其大者断木为之，北人谓之墩子，浙人谓之墩头，皆且音之转也。

且俎一字，卜辞金文俎作[圖][圖]等形，然后世则误析宜为俎宜二字。古鉨「[圖]民和象」及「[圖]士和象」汉印「[圖]春禁丞」「[圖]春左[圖]」等宜字，显即俎字。说文：「宜，所安也。从宀之下，一之上，多省声。[圖]古文宜。[圖]亦古文宜。」此盖宜字行用既多，声义俱析为二，其为肉俎义者，后人改其形为俎；而为宜适义者，又小误为从宀从一；遂若截然为二字耳。容庚金文编册俎宜一字之说，以字形考之，绝无可疑。然容又引王国维曰：「俎宜不能合为一字，以声绝不同也。」而未有案断之辞，乃疑未能决也。余按王氏以韵部相隔，遂谓声绝不同，非也。且宜古音本舌头，与「多」相近，其后变而为齿头正齿之音；独用为宜适者，仍保存其舌头音，后人遂误以为从「多声」矣。读为「多」而又转入疑纽，是后世宜字之音所从出也。然则即以声音言，俎宜为一字，亦可无疑也。

俎宜二字之当合，且古当读若舌头音，更可以疊字证之。说文：「疊，楊雄说以为古理官决罪，三日，得其宜乃行之。从晶，从宜。亡新以为疊从三日太盛，改为三田。」按疊从晶宜会意，其说难通。金文有㬪字，其偏旁或从囧，或从目，見龢甫人匜及嬗妊車書可为且俎与宜为一字之确证。凡从晶之字，如曐，曑，曟，曡之属，皆与星义有关，晶古星字也。然则疊当是从晶且声，且读如「多」，与疊声相近也。

知且古读如「多」，则「祖」之为语，至今犹活也。祖犹今爹爹，妣犹今婆々，父犹今爸爸，母犹今妈々，祖妣父母四字之字音虽变，其所尝代表之语固尚在也。后世称谓颇乱，故或称父为爹，然周以前分之颇清也。盖以且为祖，妣字，本段借其语声，及且字之音既变，与实际语言不合，后人遂别造从父多声之爹字以代之。南史梁萧憺传：「人歌曰：「始兴王，人之爹。赴人急，如水火。何时复来哺乳我。」荆土方言谓父为爹，故云。」广韻卅三哿：「爹，北方人呼父，徒可切。」与多声相近。其声之转，则为陟邪切，广韻九麻「爹，羌人呼父也。」「且」於后世，盖通称於父母。淮南子说山训注：「江淮间谓母为社，社读雒家谓公为阿社之社。」说文：「蜀人谓母为姐，淮南谓之社。」广韻卅五马：「姐，羌人呼母，兹野切。」社既为公母两方之称，「且」亦宜然。在男为祖，在女为姐，故爹为羌人呼父，姐为羌人呼母，明爹即祖之后起字也。

因字音之变，后世又造一从父者声之奢字，广雅释亲：「爹，奢，父也。」广韻九麻：「奢，吴人呼父」，正奢切。或又变为爺，玉篇：「爺，以遮切，俗为父爺字。」今北方呼祖为爺，尚其遗语也。

然则且与祖本同字，其本义为切肉之俎，其本音略如多。古者段且之声以为祖妣之祖，犹今言爹爹也。且既专用为语助，变为「七也」「子余」等读，祖妣之义，孳乳为从示且声之祖，俎豆之义，变且为肉形在旁之俎，而且字之借为宜適义者，被误以为从宀一多声，字形虽误，声固不误也。宜又转为鱼羁切，疊从宜得声可证其本读如多也。祖字后变为子古切，与语音不协，流俗遂造从父多声之爹字。后世祖父之称既混，多有呼父为爹者，遂无知爹即祖之后起字矣。爹之语音又变，后人又别造奢或爺字以应之。

且之本义与其所由借为祖妣义者，如此。生殖象徵说虽为学者所乐道，实无当于事实也。」（古文字研究第一辑五五—六二页）

考古所「宜：用牲法。」（小屯南地甲骨八四二页）

于豪亮『甲骨文和金文有「宜」字，这是早就提出来的了。由于秦刻石、古玺、汉代封泥以及说文古文都有「宜」字，而且这些「宜」字同甲骨文和金文的「宜」字十分近似，一脉相承的痕迹非常明显，因此，甲骨文和金文中的「宜」字是没有问题的。

对此字加以肯定的是郭沫若。他在两周金文辞大系考释大豐簋下云：

『□字金文习见，卜辞亦多有，旧释宜，……今案仍以释宜为是，说文宜古文作□，秦泰山刻石者（诸）产得□，古玺□民和众，汉封泥□春左园，均是宜字。』

这种看法是正确的。

不过还有另外一种说法，认为此字既是「宜」字，又是「俎」字。商承祚在说文中之古文考云：

『按宜与俎为一字，而宜乃俎之孳乳。』

古文字研究第一辑发表的唐兰遗稿殷墟文字二记认为：

『卜辞金文俎作□□等形，然后世则误析圆为俎宜二字。古玺「□民和众」及「□士和众」，汉印「□春禁丞」、「□春左园」等宜字，显即俎字。』

又云：

『容庚金文编㭒俎宜一字之说，以字形考之，绝无可疑。然容又引王国维曰：「俎宜不能合为一字，以声绝不同也。」而未有案断之辞，乃疑未能决也。今按王氏以韵部相隔，遂谓声绝不同，非也。』

……唐先生的说法并没有什么根据，他并没有阐明为什么在先秦古籍中常见的、字形绝不相同、读音也绝不相同的宜字和俎字在甲骨文和金文中竟会是一个字，他也没有详细论证和分析这样一个字嬗变为字形和读音完全不相同的两个字的经过。因此，他的说法是不能令人信服的。

作者认为金文中自有俎字。一九七八年第三期文物刊载的陕西扶风庄白一号西周青铜器窖藏发掘简报中有一件「三年𤼈壶」，其铭文是：

『隹（惟）三年九月丁巳，王才（在）奠（郑），鄉醴。乎（呼）虢叔召𤼈，易（锡）羔□。己丑，王才（在）句陵，鄉逆酉（酒）。乎（呼）师寿召𤼈，易（锡）彘□。拜稽首对扬天子休；用乍（作）皇且（祖）文考尊壶，𤼈其万年永宝用』

铭文中的□字，就是俎字。……由于仪礼和礼记多见豕俎，可以证明豕俎就是彘俎，从而也就证明了□就是俎字。……

一九七六年六期文物刊载陕西扶风出土西周伯𢦏诸器，其中一件𢦏鼎，铭文如下：

『隹（惟）九月既望乙丑，在𡏳𠂤，王□姜事（使）内史友员易（锡）𢦏玄衣朱襮（襮）裣（襟），𢦏拜𩒨（稽）首，对扬王□姜休，……。』

[字形]字，……从俎从刀，应即刀俎之俎字。在本铭文中俎是王姜的字，字当读为珇。方言十三：「珇，美也。」广雅释诂一：「珇、祖，好也。」又「珇，美也」。……王俎姜的俎因为是字，所以应该读为珇。」（说俎字 中国语文研究第二期四七—四九页）

于省吾

「说文宜「从宀之下、一之上，多省声」。又俎「从半肉在且上」。按宜、俎古同名，许误歧为二字。宜训安乃俎之引伸义。契文作[字形]，金文作[字形]、[字形]，汉印及封泥宜作[字形]者屡见，与古文合。」（论俗书每合于古文 中国语文研究第五期一六页）

赵诚

「[字形]，俎。从二夕从且。夕是祭肉。且是一种特制的架子，祭祀时用以陈祭肉或祭牲，后代写作且。全字象陈肉于且，为会意字。或写作[字形]、[字形]、[字形]、[字形]、[字形]等形，似皆为简体。甲骨文用为动词，为陈列祭牲，义……。俎字后代写作俎。从文字形体而言，说文宜字的古文与甲骨文形近。」（甲骨文简明词典三一六页）

施谢捷

「甲骨文有辞称：

……其[字形]，易（日）？（乙二一五七）

辞中「[字形]」字，甲骨文编隶定为「宍」，以为「从宀从肉，说文所无，附录于宀部之后。我们认为此字即「宜（俎）」，到后来战国玺印中亦作[字形]、[字形]等形，与甲骨文作[字形]者结构完全一样，保留了这一较早的省简形。甲骨文有辞曰：

……[字形]贞：翌庚午其宜，易日？（金四九六）

……（贞）：翌乙未宜，易日？（前七·二〇·三）

……争贞：翌乙卯其宜，易日？乙酉宜，允。（缀五）

上三辞中，「宜」为祭名，与「易日」并言，与前引辞例亦同。因此，释[字形]为宜（俎）也是合乎甲骨文例的。」（甲骨文字考释十篇，考古与文物一九八九年六期六九页）

按：卜辭俎為用牲之法，亦為祭名。俎象陳肉於且之形。卜辭「俎」祭至為隆重。字亦作[字形]，作[字形]、[字形]形，較為晚出。

一、其為用牲之法者：

「尞于河十牛，[字形]十牛」（後上二四、四）

「尞于土一牛，[字形]宰」（續一·一·五）

「彡夕，二羊二豕[字形]」（乙三〇九四）

3280

劓 剈

「貞，劓羌百……」　存一·三四七

二，其為祭名者：

「貞，翌辛亥，乎婦好㞢于磬京」　續四·二六·二

「己丑卜，般貞，翌庚寅其㞢，不其易日」　鑑典一〇

「辛丑貞，酌㞢亡巷」　存一·一九三

「丁酉貞，其劓祖乙槷」　寧一·一七八

而前六·二·三之「己未，且于蕤羌三，卯十牛，中」；後上一九·一五之「其㞢于妣辛一牛」，既為用牲之法，亦為祭名，二者實不可截然區分。卜辭祭名多來源於用牲之法。以某種方法殺牲以祭，即為其祭名，如「祭」、「𡨦」、「伐」、「沉」、「𠛱」等等均是。

三，可能為宗廟之名：

「貞，王左三羌于㞢，不左若」　乙六八七九

「貞，㞢于㞢奠」　前一·二七·三

陳夢家疑為宗廟之名，或是。

古「俎」、「宜」同字。篆文宜與契文㝈；說文「宜」之古文㝈與契文㝈、金文㝈形體均相近。「宜」乃後起之孳乳字。

王襄　「疑刀俎合文。」（類纂第四第二十六葉上）

葉玉森　「此字从㘝从刀不可識。他辭云『王其劓𢽰鹿』，（拾·六·十一）劓似祭名。又後下十五之𠛱或為同字。」（前釋一卷一一九葉上）

李孝定　「字从刀从㘝，商謂象操刀割肉之形，其說是也。惟謂疑亦俎字則非，俎象俎上有肉之形。此則並刀象之，應有別也。辭云『王其劓𢽰鹿』拾·六·十一、疑段為俎祭也。『癸丑卜㒸貞王旬𡆥禍在四月甲寅肜日戔甲劓祖乙集』前一、四二、一、『于貞劓父甲集　乙酉卜其劓父甲集在茲先咸』佚八·九一兩辭劓字為祭名，疑即陳肉俎上以祭也。『辛巳王劓武口彔獲白兕丁酉□』佚四二七、疑亦當讀為俎。」（集釋一五四一葉）

饒宗頤　「剴字」惟距骨者刑作則，皆讀為『宜』字，宜祭，登進牲品，多行于田獵之際。高去尋謂：『則或是祭祀之達名。』蓋宜乃『有事祭也』（爾雅郭注）周禮春官太祝：『出師宜于社，造于祖。』王制：『天子將出，宜乎社。』祭之以求其福宜，故謂之『宜』。孫炎曰：『宜，求見使祐也。』周官言『宜乎社』，專指祭社，殷則兼宜于祖，蓋田狩亦為起大事動大眾之舉，故宜于祖以求祐也。」（通考六二九葉）

尤仁德　「陝西扶风庄白一号西周青銅器窖藏出土二年痶壺銘云：『錫羔[glyph]』、『錫彘[glyph]』……[glyph]字从俎从刀，当是俎字异体。此与从且从刀的甲骨文作[glyph]、俎（佚八九一、前六·三七·六）二字实同。俎出以刀劃牲之用器，故增刀旁为义符。史記項羽本紀：『如今人方为刀俎，我为魚肉。』生动地说明了刀与俎的关系。」（古文字研究杂记四则，考古与文物一九八四年第一期一〇八頁）

金祥恒　參宜字条

按：卜辭「剴」乃「俎」之繁文，通用無別。參見「俎」字條。

3281

敝 [glyph]

按：字从「肉」、从「攴」。合集五六一三辭云：「……令多尹敝……」用為動詞，其義未詳。

3282

朿 [glyph] [glyph]

王襄　「古朿字。」（簠纂正編第七第三十三葉下）

于省吾　「卜辭有[glyph]字，舊釋燕，誤。當即朿之初文。說文：『朿，木芒也，讀若刺。』朿字作[glyph]字上下均象木有芒刺之形。佚二十八·十三：『丁亥卜，貞，□函朿□□□王其𢓊正。』

朿，依斷代研究例考之，此卜無貞人，揆其作風當屬晚期。又卜辭餗字作𩜙或𩜙，然則朿字互卜辭晚期或偏旁中，多簡化作朿或朩米矣。茲以金文證之。朿字，朿父辛卣作朿，大鼎作朿，涑毀作朿朿。再以金文從朿之字證之。賚字，浯鼎作𧶜，旂父戊鼎作𧶜。齎字，沈子它毀作𧶜。上諦从∧與从十等耳，冂形左右竪畫稍短，又省去芒刺形，後人遂不識其與朿為同字也。又𪉕鼎有茦字，金文編入附錄中，當即說文茦字。上从艸作卄形，：：下从朿作朿，尤為朿形所孳乳之偽證。石鼓文丁鼓，敕字左从朿，是中間兩邪畫亦變為一横畫矣。說文棘从並朿。朿棘初本同名，漸岐為二，且在古文字中，每單雙無別。：：呂氏春秋任地『棘者欲肥，肥者欲棘』。注：『棘，羸瘠也』。說文膌之重文作㾊。玄應一切經音義二·九：『古文膌瘠㾊三形』。方言三：『初文言之，則朿棘為同字，後世雖岐為二字，然猶相通轉也。詩斯干『如矢斯棘』，傳：『棘，棱廉也』。楚辭九章橘頌『曾枝剡棘』，注：『棘，橘枝刺若棘也』。詩文王有聲『匪棘其欲』，箋：『棘，急』。出車『維其棘矣』，箋：『棘，急也』。蓋棘有芒刺，引申之則有棱廉棘急之訓矣。今俗稱事之難易，每云棘手不棘手，即就棱廉及棘刺之義為言也。揃七·四二·二：『丁丑卜，方貞，朿敗（得），王固曰，其敗隹庚，其隹丙其齒，四日庚辰，朿允敗』。朿作朿，蓋卜某物之得否也。齒應訓差，齒有相值及相差之義，故差錯亦曰齒。言庚日得而丙日則差錯而不得也。朿允得，言朿信得也。卜辭朿字，其義同棘。一為棘急之義，一為棱廉棘刺之義，茲分述於下。朿訓棘急者，今舉三段卜辭以證之。一、揃七·三六·一：『侯虎生，余不朿其合氏，乃史歸』。二、清七·一：『戊戌卜，㱿貞，王曰侯虎生，余不朿其合氏，乃史歸』。三、粹編九七六：『叀朿西麋从』。按朿字前二段均作朿，又均言余不朿其合氏。合應讀迨，即古會字。押二·二五·六：『其令朿迨于高』。朿迨即朿會也。說文古文會作給，給即迨。氏當係地名。史事古同字。言但令侯虎往，余不急其相會於氏，乃從事於歸返也。俎字鼎：『王命俎子迨西方于省』。迨亦會也。省亦地名，可資互證。第三段言叀朿西麋从，朿作朿。同版有『叙嫠及王其田雞』之辭，以斷代研究例考之，當係第三期物。叀通惟。惟朿西麋从，即惟急从西麋之倒文，乃叙田獵追麋之事。朿有棱廉棘刺之義。郭沫若卜辭通纂七三三片：：文云：『乙未卜，晛貞，舊云左鴇，其㓹不朿，吉』。餘三段『其㓹不朿』兩見。藏十二：『左赤馬其㓹不朿』。郭氏謂㓹乃剁之異，蓋亦假為戀也。棱郭說非是。剁通惠，㓹字當从采聲。說文采重文作穗，是㓹可讀惠之證。惠之通詁訓順，其惠不朿，言其順不棘也。不棘謂馬之馴順，無棱廉棘刺，不騁突，利於服駕也。『其叀不棘』，與詩言『其儀不忒』、『其德不爽』，詞例相仿。：：續五·四·四言『在朿』，朿係地名。：：總之，朿字象木枝有芒刺形，其為朿之初文必矣。引申為棘急為棱廉棘刺，亦係故訓常例。且於卜辭語義詞例，均相符合矣』。（駢枝續釋朿）

李孝定　「說文：『朿，木芒也，象形，讀若刺。』于氏謂𣏟朿一字是也。作朿者與金文小篆並同，八〇四、八八〇八、八八五二、八八九七，最後一辭又言『朿羊豕』（乙八八九七），則『朿豕』與『責豕』已同見，責从朿聲，其義當同。朿豕為用牲之法，其義不詳，疑當讀為刺。它辭朿字于氏論之已審。金文作朿大鼎朿朿朿簋」（集釋二三二三葉）

饒宗頤　「按不𣏟（見鐵一〇、二）即不朿，殷時習語。朿讀為棘，詩采薇：『玁狁孔棘。』不朿即不棘；棘，急也。」（通考一一五三葉）

按：于先生釋「朿」。英三九五辭云：「貞，𢦏弓冊伐朿眔桑」；又英四一四正辭云：「丁丑卜，賓貞，朿得？王固曰：其得隹庚，其隹丙其齒。四日庚辰，朿允得。十三月」。「朿」當為方國名。

3283

孫詒讓　「說文燕部『燕，玄鳥也。籋口布翄枝尾，象形。』攷龜甲文有⿱𠙵𣏟字，當即原始象形燕字。蓋上从㔾象籋口，下从𣏟象布翄，从朩象枝尾，与甲文隹、鳥字翄形相近，於形最精。翄上著口猶象其身也，后象形字變為从廿、口、北、火，皆以近似之字易字，此篆書整齊之通弊也。」（名原上十二頁下）

孫詒讓　「⿱𠙵𣏟亦象形字。說文兕部『兕，如野牛青色，其皮堅厚，可製鎧，象形。与禼头同，古文作兕从儿。』此头作凹与篆文同，下象足尾形，較为繁縟。」（契文舉例下卅三頁下）

葉玉森　「⿱𠙵𣏟，國名，与𣏟為一字。」（殷虛書契前編集釋五卷四六頁下）

按：合集一〇九八九正辭云：「貞，桑⿱𠙵𣏟其來告」又合集五七五九辭云：「貞，⿱𠙵𣏟取射」

「𤰔」為方國名或人名，無由證明與「朿」同字，釋「兕」亦非是。

3284 ⿱幾皿

商承祚　「疑祭之省文。」（殷虛文字類編待問編一卷四頁）

葉玉森　「按，似非祭字。」（殷虛書契前編集釋七卷二二頁下）

于省吾　「卜辭言用牲有冗字，亦作冗、冗、冗、冗等形。商承祚云『此乃祭名，又疑祭字之省。』吳其昌謂冗之與用義殆不异（解詁七續四八五）。按其字形與祭迥殊，與用義迥別。商、吳二氏說並非冗字，从數點，象血滴形，从几，乃几字，象俎案形，當即說文⿱幾皿之初文。冗、⿱幾皿古今字。茲分陳其說於左。一、几、凡、𠘧、凡等均象几形，凡乃几之變體。其或一足高、一足低者，邪視之則前足高，後足低。其有橫者，象橫距之形。禮記明堂位『俎，夏后氏以嶡。』注『謂中足為橫距之象。』金文処字从几，如宗周鐘作𠘧，𠂤鎛作𠘧，蚰匕作𠘧，古璽文字徵四·二肌字數見，从几作𠘧』，𠘧均其證也。一、冗字當於說文之⿱幾皿。說文『⿱幾皿，以血有所刉塗祭也。从血，幾聲。』按；从几、从幾音同字通，以聲言之，几、幾並見紐三等字，以韻言之，几、幾並隸脂部，如飢、饑；机、機之類，經傳每互作，亦其證也。然則冗字从數點，以象血滴，與⿱幾皿之从血，其義一也。从几與⿱幾皿之从幾，其音一也。⿱幾皿字經傳亦假幾為之。周禮犬人『凡幾珥沈辜用駹可也。』注『玄謂幾讀為刉，珥當為衈者，釁禮之事。』士師『凡刉珥則奉犬牲。』注『珥讀為衈。釁禮之事，用牲毛者曰刉，羽者曰衈。』肆師『以歲時序其祭祀及其祈珥。』注『故書祈為幾，杜子春讀幾當為祈，珥當為餌。玄謂祈當為進禨之禨，珥當為衈，禨衈者，釁禮之事。』雜記曰『成廟則釁之，雍人舉羊升屋自中，中屋南面，刲羊，血流于前，乃降。門、夾室皆用雞，其衈皆於屋下。割雞，門當門，夾室中室。』然則是禨謂羊血也。山海經東山經『祠毛用一犬，祈䰍用魚。』中山經『刉一牝羊，獻血』，注『以血祭也。刉猶刲也。』按，易歸妹上六『士刲羊，無血』，與郭注可互證。至肆師鄭注，毛牲、羽牲之分不可據。辨見孫氏周禮正義、黃以周禮書通故。云『刉字从刀，義取割牲。』說文訓斷，廣雅訓刺，山海經郭注訓刲，皆其證。衈字从血，義取塗釁。穀梁『叩鼻衈社』，范注云『衈，釁也。取鼻血以釁祭社器。』山海經字又作䰍，郭注云『䰍音餌，以血塗祭。』皆其證。刉衈者，割牲血以塗，乃釁禮之別名也。經傳或言刉，或言衈，或言刉衈。單文、連文義得兩通。雜記于羊言刲，雞言衈，与小子职于社稷言珥，五祀言祈皆属互文，非对文。」按，黄说是也。管子形势「山高而不崩，则祈羊至矣。」祈即刉也。由是可证，卜辞之𠙵当于说文之衁，经传亦作畿、刉、祈者，並係音近字通。说文「血祭所荐牲血也。」卜辞言𠙵，皆谓刉牲，或人取血以祭也。一、卜辞𠙵之例，前一·三十·四「□寅卜，贞，𠙵出彡戠，自母辛衣。」六·六七·四「丙寅卜，宾贞，来羌，来甲戌𠙵用。」七·三二·四「□戌卜，贞，𠂤见百牛，𠙵用自上示。」后上·二五、七「丙申贞，射甾以羌𠙵用自甲。」粹七九「甲辰贞，其大𢀛，王自甲，盟用白𤉲九（唐释炎，见天壤阁考释四六）下示𠙵。」九九「乙亥贞，又升伐自甲𠙵至父丁。」二二七「其𠙵吕小示。」遗珠六五五「王其生𠙵。」邺初下四十「其弗定三匚日其𠙵。」衞八五「乙亥卜，宾贞，沉用来羌。」叶玉森前编集释一〇一引容庚藏契有四辞。一、「丁未贞，奉年自上甲六示牛，小示𠙵羊。」二、「丁酉卜，□自上甲𠙵用人。」三、「辛巳贞，□自上甲𠙵賁。」四、「癸丑卜，自上甲𠙵又伐。」余尝见拓本云「辛酉，其若亦𠙵伐。」以上所列诸辞，或单言𠙵，或就羊与牛，与羌，与人为言。以𠙵字之形、音、义及其辞例推之，则为刉牲，或人取血以祭，较然明矣。综之契文之𠙵，即说文之衁。𠙵、衁古今字。以六书之谊求之，𠙵字象荐血于几上，从冂，从几，几亦声。从冂象血形，犹衁之从血也。从几声，犹衁之从畿声也。𠙵为𠙵牲或人献血之祭。周代经传作畿、刉、祈者，借字也。研契者不识其字，遂致殷礼之无征矣。」（殷契骈续二四叶上——二七叶上）

杨树达

「说文妻字重文作𡜊，许君云『古文妻从肖、女。肖，古文贵字。』甲文之肖与古文妻字所从肖，字形同。然则是贵字也。卜辞云『贵羊』，而他辞言『叀羊』。叀读为惠，叀与惟古通用。云贵羊者，贵与叀、惟古音同在微部字，可通作。诗济风敝笱云『敝笱在梁，其鱼唯唯。』释文云『韩诗作遗遗。』是其证也。」（积微居甲文说四页释肖）

李孝定

「按，契文𠙵字仅于、杨二家有释。按之卜辞辞例，以于说为长。杨引许书妻之古文，参之于说亦可解为从女冖（衁）声。然契文小点为抽象符号，或为两点，或为水滴，或为洒浆，或为沙石。其谊悉视所施而异。此字下从偏旁不一，其形已不可必其为几。且几上荐血必将贮之以皿，不然则为以血涂几，将为衅几矣。几之与血义既不属，则上从小点亦殊难必其为血。于说于义虽较胜，然与后世之衁于字形上殊难证其递嬗之迹，似仍以存疑为较适也。」（甲骨文字集释存疑四四九八页）

饶宗颐

「卜辞祭名有𠙵字，亦作𠙵（前一·三〇·四）、𠙵（前六·六七·四）、或省作宂（粹编九九）或汎（新获写本八五）。于省吾释盤，谓从凡有血滴形。然细审之，实非凡字。李亚农释衅（殷契摭佚续编）於形义均不合。杨遇夫以说文妻字下云：「古文妻从肖女，肖古文贵字」（积微居甲文说）。按古文贵，汗简引作宂，多一笔。（冯已苍钞本作肖）故玉篇妻作㜣。惟杨读宂为叀，则未确。余在东京见硲伊之助氏藏骨有一片云：

弜宂畝叀舊册用　王其㞢宂　弜（宂）畝……

此即著录于殷契遗珠六五五者，宂与叀二字同见一版，知杨说非也。

宂为祭名，盖动词，非语词。卜辞通例有曰，其宂：

……其𠂤宓（傧）三匚（祊）曰其宂。（邺初下四〇·一一）

其宂召小示（宗）。（粹编二二七）

曰：宂自某宗，或曰自某宗宂：

口子卜，宂自大示（宗）。

丁未贞：米年自上甲六示牛，小示宂羊。（硲伊氏藏骨，亦见遗珠六五四）

丁酉卜，口自上甲宂用人。辛巳贞：……

自上甲宂来。癸丑卜，自上甲宂又伐。（南北明四五七）

曰，王贵：丁未卜，大贞：卜曰其㞢宂，𠂇歲自上甲，王三卯（金璋一二二）

曰，……既𠂤……〔王宂……其……（文录五二九）

曰，用贵：自上甲用宂王受又。（巴黎所见甲骨录一六）

曰，贵酒：戊申卜，贞：宂酒。（续存下六八）

可见宂为祭名，其字即古文贵。按当为馈，书酒诰：「尔尚克羞馈祀。」苍颉篇：「馈，祭名也」，字亦作餽。说文：「餽，吴人谓祭曰餽。」仪礼特牲馈食礼郑注：「祭祀自孰始曰馈食。」盖馈为荐熟，卜辞诸宂字，宜读如馈祭之馈，其言宂羊（屯甲七一二）、宂豚（粹编一五四〇），犹言馈羊、馈豚，无不怡然理顺也。卜辞从宂之字有𡣍，地名，文云：「……在𡣍卜……」（粹编一五七八）其字从宂从妾，从妾与从女同意。证以许书，𡣍殆㜣之异形，此当即鄎，春秋文十六年：盟於鄎丘，齐地，是也。」（巴黎所见甲骨录二五至二七页）

于省吾：「甲骨文用牲每言宂，其字作宂、宂、汎、泦、宂、宂、宂等形……即说文盤之初文，兹分别阐明如下：

一、皿字所从之凡、凡、凡、几，均象几案形。其或一足高一足低者，邪视之则前足高后足低。其有横者，象横距之形，今俗称为横撑。礼记明堂位：「俎：……夏后氏以嶡。」郑注：「中足为横距之象。」周代金文處字从几，宗周钟作Ω，弓镈作Ω，蚰匕作Ω，均象几形。近年来长沙出土之漆几作Ω形，尤其明徵。又汉代镜銘飢字从几作凡或凡，犹存古文遗风。

二，说文：「盤，以血有所刏涂祭也。从血幾声。」按幾与几同音，故通用。至于飢之与饑，机之与機，典籍每互作。因此可知，皿与盤为古今字。皿从数点象血滴形，与盤之从血同义。

三、盤字典籍亦假幾、刏、祈为之。周礼犬人：「凡幾珥沈辜用駹可也。」郑注：「玄谓幾读为刏，珥当为衈，刏衈者衅礼之事。」山海经东山经：「祠毛用一犬，祈聃用魚。」又仲山经：「刏一牝羊，献血。」郭注：「以血祭也，刏犹刲也。」管子形势：「山高而不崩，则祈羊至矣。」祈即刏也。由是可证，甲骨文皿字当於说文之盤，典籍亦作幾、刏、祈者，並系音近字通。说文：「血，祭所荐牲血也。」甲骨文言皿，皆谓刏物牲或人牲，献血以祭也。此与周代祀典取牲血以涂衅祭器者，显而不同。

四，甲骨文言皿之例。甲骨文称：「□寅卜，贞，皿出彡岁，自毋辛衣。」（前一．三．四）「丙寅卜，旁贞，来羌，来甲戌，皿，用。」（前六．六七．四）「□戊卜，贞，阜见（獻）百牛，皿用自上示。」（前七．三二．四）「丙申贞，射𢓊以羌皿用自甲。」（后上二五．七）「甲辰贞，其大卸，王自甲盟，用白豕九，下示皿十口。」（粹七九）「丁未贞，其大卸，王自甲盟，用白豕九，四示皿牛。才父丁宗卜。」（摭续六四）「乙亥贞，又夂伐，自甲皿至父丁」（粹九九），三王其生皿」（铢六五五）「乙亥卜，旁贞，皿用来羌。」（伊五九）「丁未贞，𠦪年，自上甲六示牛，小示皿羊。」（南北明四五七）「丁酉卜，自甲皿用人。」（南北明五二五）「癸丑卜，自甲皿，又伐。」（南北明五二四）「辛酉其若，亦皿伐。」（伊八九六）以上所列诸辞，或单言皿，或以羊与牛为言，或以羌与人为言，以皿之形音义及其辞例推之，则为刏物牲或人牲，取血以祭，较言明矣。」（释皿，甲骨文字释林二二至二五页）

吴其昌　「□義，未詳。但亦间可从其餘卜辭中稍推見其辜較，他辭有曰：「丙寅卜，旁貞；□羊；來甲戌，□用。」（前、六、六七、四）又云：「囲戌卜貞，禽見百羊，□用，自上示……」（續前、七、三二、四又後、二、三九、九。亦見此字作□，但前後文漸就漫滅，無可通讀。）此外又見有「……大乙□宗……」（佚、二一八）之殘語，及此片「□㞢」之連文。按「用」為刑牲以祭饗之專名，今卜辭疊見「□用」之成語，衡以高郵王氏經傳釋詞「經文平列上下二字皆同義」之古語言定律，則「□」之與「用」，義殆不異。故彼文「□用」，恆得為牲祭之習詞；而文「□㞢」宜即為

『用之』之異撰矣。」（殷虛書契解詁第三二五葉）

按：當以于先生釋「盤」為是。釋「用」、釋「貴」、釋「蚌」皆不可據。卜辭「盤」為用牲之法，亦因此而為祭名。

3285 黹 □

湯余惠「西周金文『玄衣黹屯』一語习见，黹字作□（颂鼎）、□（颂壶）等形，由此可知甲骨文□（乙八一八七）、□（乙八二八七）也应释作『黹』。说文谓黹字『象刺文也』甚是。从上引两例甲骨文看，字中间所从正是古器物常见的云雷纹，而上下的直笔，屈万里谓『象征上下边缘之外的饰纹』，可信。『黹』为刺绣花纹的象形字，甲骨文又作□（合集八二八四）、□（缀二七一），陈梦家隶定为□，不够准确；甲骨文又写作□（前四·三八·七）、□（新四六三二），写法与金文略同，王国维释『黹』，李孝定释『黹』，谓即『黹』字初文。按这两例不过是□的草率简易的写法，王、李二氏的见解无疑是正确的。

商代甲骨文黹字的用法有二：

A，方国名。

癸未卜，宾贞：王往于□？（前二·二一·一）

丁未卜，㱿贞：□受年？

贞：□不其受年？三月。（乙七○一九）

『宾』和『㱿』都是商王武丁时期贞人，前条卜辞占卜商王武丁是不是要到黹地去；后条卜辞则卜问黹地是否会得到好收成。『黹』大概是商王武丁治下的诸多方国之一。

B，作形容词用，意为美。

丙辰卜，王：朕□羌不□，因？（前四·三八·七）

李孝定谓『不黹』为成语，其义不详。按黹之本义为刺绣花纹，就性质言光彩鲜丽，作用于人之感官，则足以赏心悦目，字义引申当有『美』义。乃孙作祖乙鼎『黹飤仁宗』，曾伯簠『元武孔黹』，均用此义。这条卜辞的『不黹』，意思是不美，犹如他辞之言不吉、不若。

甲骨文还有如下几条卜辞：

成□其侯……（宁沪一·五○八）

叀甲？

□又戋？（人二一○○）

……卯卜：帚□𡳿子？（粹一二四三）

其中旧所未识的字，金祥恒释『黹』（说与□，古文字论集（初集）三九九至四○○页），其形与前面讨论的各例大体无别，唯字中间作交纹形略异，两侧加‥或⁝应属饰笔，和基本构形不相干。应是黹字异文。

商周古文黹字形体既明，再看晚周私名玺中以下各印文：

事□（古玺汇编一八三四）

屛□（同上二八七一）

下池□（同上四○六一）

孙□（同上一五六○）

以上各印末字大同小异，疑从糸从黹，当隶为『𦂶』。黹旁写法与前考甲文合，亦即前形的变体，古文字从糸、从衣每通用，『𦂶』有可能就是说文『𧝓』字的异构。玉篇：『黹，丁雉切，紩也。或作𧝓。』𦂶、𧝓大约都是『黹』的孳乳字。」（略论战国文字形体研究中的几个问题 古文字研究第十五辑五七至五九页）

陈汉平 「甲骨文有字作□（前编四・三八・七），旧不识，甲骨文编收入附录。按此字从□，象商周时代通用纹饰。从□或□，即丵字之省，参照金文黹字作□、□、□，知此字当释为黹。说文：『黹，箴缕所紩衣。从㡀丵省。凡黹之属皆从黹。』又据古典文献可知黹字与希字有关。尚书皋陶谟：『藻火粉米黼黻絺绣。』孔疏：『絺读为黹，黹，紩也。』周礼司服：『则絺冕』郑注：『希读为絺，或作黹，字之误也。』是知希、黹古文字形相近。

甲骨文有字作□、□、□、□，卜辞曰：

……卯卜帚□𡳿子（粹编一二四三）

……卜：□姓（库方一二三一）

叀口□又戋（京都二一○○）

伐□其厌（宁沪一五○八）

此数字与黹字形近，中部从爻作，与希字从爻相同，故此数字当释为希。

古玺文有字作□、□、□、□，从糸从希，当释絺。说文：『絺，细葛也。从糸希声。』」（古文字释丛，考古与文物一九八五年一期一○八頁）

陈汉平 「甲骨文有字作□、□、□、□，此数体从乂或从爻作，疑亦希字。

字中从数点者又疑为絑、[illegible]、粉、[illegible]字，姑附此存疑。」（古文字释丛出土文献研究二三五页）

按：字本當釋「黹」。參見2288及2890「黹」字條。當併入。

3286

3287

按：合集二二五四六辭云：「……卯[illegible]鬯」，當為祭品之名。

常弘「認識了橐以后，就好分析清了。橐字的各种不同形体是此字的構成部分，其主体是一个多足的动物，可以写作黽。橐和黽组成一个字，前者应为声符，后者是形符。黽字又与蟲字相通，說文黽部的鼅、鼄、鼃等又写作虫部的蜘、蛛、鼃等。故這个字应隶定為[illegible]，或蠹。說文䖵部說為蠹是『木中蟲，从䖵，橐声。』又說『或从木，象蟲在木中形。』譚長說。』从甲骨文的蠹字證之，其上橐為声符，与木中蟲无涉，許君之說可能是將蠹的轉义誤認為原始意义。

蠹字始見于廩辛康丁卜辭，但武丁時有[illegible]字，前面往往有[illegible]或[illegible]，即竹字，竹字古音為端纽或定纽，与東字声纽和韵部相同，而且二者字义也能相同。晚期卜辭确有『東[illegible]』（續三．三二．四）連言的刻辭，或在玉器上直接写作[illegible]（鄴三下二七）所以早期的竹字，有一部分后来被東（橐）代替是有可能的。殷商后期將『竹、黽』二字合成一个[illegible]字，這在卜辭和文献中留下了演变的痕跡。有『竹黽』的卜辭凡三見：

貞：其用竹黽羌，甶彫用。　續存下二六六

☐竹黽羌眔用。　外二〇（南師二．一五六）

☐竹「黽」羌。　七P三四

……羌是活动在殷之西方或西北方的游牧部族的通称。

……山海經中山次六經云：『又西五十里曰橐山……橐水出焉，而北流注于河。』此橐山、橐水就是水經注和漢書地理志里的陝县橐山和橐水。中山次六經又說橐水『中多脩辟之魚（懿行按：詹諸在水者名黽）。』《山海經》中的這个传説应該是很古老的了，以□命名山和水的历史当然更久远。陕县地处黄河之濱，又在殷商的西方，其地理位置是符合卜辞里『竹黽羌』（□羌）所在的地理方位的。（《释□和□》，《甲骨文与殷商史》二五五頁至二五七頁）

裘锡圭

「乙卯卜宾贞：□□翌日。十三月。」（《前》7.5.2（《佚》355同文））

「甲寅卜：叀翌日□。」（《掇一》430（《京津》4823重，《摭续》201同文，但「日」下多一□字））

上引两辞当是为同一事而占卜的。甲寅的第二天就是乙卯。见于这两条卜辞的两个怪字应为一字异体。（按时案：给18567辞组卜辞「甲寅卜，□翌日」，亦为同时所卜。）」（《论「辞组卜辞」的时代》，《古文字研究》第六辑二八八页）

按：字不可識，在卜辭為祭名。

3288

□

丁山

「□象蟲口之利於戈戟者，□象木體中空形；有利口之蟲攻木使空，當是蠹之本字。《説文》作□云：『木中蟲，从䖵，橐聲。』蠹，或从木，象蟲在木中形，譚長説。』□正象樹木中空形，正是橐之本字。衍變應如下表：

□——□——□（以上商）——□毛公鼎——□石鼓文（以上周）——□（秦漢）

橐為木柝本字，而許書訓為囊也。橐之本誼失矣。」（《氏族及制度》九十——九十一葉）

饒宗頤

「按戲字从□从□（黽）从戈，舊無釋。黽即繩，此又益戈形，為易之作戲也。卜辭成語，每言『叀戲』，（《粹》三四二）『其又戲』，（《佚存》六二五）他辭云：『癸亥卜，其彭戲于河』。（《後編》下三、三七）戲當與繩同義。《詩·下武》：『繩其祖武』，傳訓『繩』為『戒』。三家詩作『慎其祖武』，『繩』讀為慎。《爾雅·釋訓》：『兢兢、繩繩，戒也』。釋文『繩』本或作『憴』。《詩·抑》：『子孫繩繩』，箋：『戒也』。韓詩作『承承』。又《螽斯》：『繩繩兮』，傳：『戒慎也』。契文繩字益戈旁，與戒之从廾持戈同意。其云『惟繩』『又繩』即『惟慎』『又慎』，皆指祭時，敬懼戒慎將事之義。此辭云『其又繩且』，與《詩》『繩其祖武』語例亦合」。（《通考》八二七——八二八葉）

按：釋蠹不可據。卜辭用為祭名。

3289

□

李孝定「說文：『蠹，木中蟲。从䖵，橐聲。𧒍，蠹或从木，象蟲在木中形。譚長說。』契文正下象蟲形，上从橐聲，與篆文同。許書或體从木，又契文从□橐所為變。丁氏釋此為蠹可从，惟丁氏謂橐之本誼即為木中空則有可商。橐當以訓囊為本誼，許說不誤。至蠹字从之蓋以為聲符，於義無涉。卜辭云『癸亥卜其酻蠹于河』後下三三、七。『叀蠹　叀歲』粹三四二。『口亥卜其允蠹母⊠』佚六二五。義並不詳。」（集釋三九二五葉）

3290

□

按：字當為「□」之省體，為祭名，亦為用牲之法。釋「蠹」不可據。亦不得讀為「偪」。合集四五一辭云：「貞，其用竹□羌，叀酻彡用」為用牲之法。參見前「□」字條。

按：合集三三三〇四辭云：「癸酉卜，桒禾于□」乃祭祀之對象，當為神名。

3291

□

考古所「□：方國名，粹一五三五：『己巳貞：王𠦪伐□方，受又』？可証。」（小屯南地甲骨八七二頁）

姚孝遂　肖丁　「491

「王其正……𦎫□眔……」
「□」为方国名，其上一字已残，可能是「𦎫」字。粹1535：「己巳貞，竝㞢伐□方受又」。
一直是殷之敌国，为征讨之对象。」（小屯南地甲骨考释一。七頁）

按：字不可識，在卜辭為方國名。

3292

□

按：合集三三〇四一辭云：「己……㞢□□于□冓……」當為方國名。疑為「□」之異構。

3293

□ □

方述鑫「□和□也应是丘的本字，下面的「□」形象人穴居之屋，上面的「□」或「□」形象两侧出入之孔。徐中舒老师在黄河流域穴居遗俗考（中国文化研究汇刊第九卷）中說：「丘篆作□正象穴居两侧出入处特高之形」。□□与□□字形相似，因甲骨文契刻的关系，「□」形可以刻作「一」形，如□（珠四〇三）可以刻作□（滷四、二、四），□（津二二八八）可以刻作「□」（簠六九〇），因此可以认为，□□和□是丘的异体字。」（甲骨文口形偏旁释例，古文字研究论文集二八六頁）

按：合集六五五正十六五五乙正辭云：「戌……，㱿貞，令□□由取舟不若」「□」當為「□」之省，參見2401及2405「捍」字條下。又合集二七七九六辭云：「其作僼，于□□」則為祭祀之對象，當與3294之「□」為同字。參見3294「□」字條。

3294

□

按：合集一四七七〇辭云：「癸未卜，貞，燎于□十小宰，卯十牛，年用」又合集一四七七三辭云：「貞，帝秋于□于土」「□」、「土」並為祭祀之對象，乃神祖之名。又合集二七七九六亦有辭為「其作僼，于□燎」此與「戓」之省作「□」者形近易混，唯辭例以別之。合集一三五二一正、一三五二二正、一七一〇八、一八一一九、一九四八六等均當為神祖之名。刻辭類纂均誤混，當正。

3295

□

按：合集一七六三四辭云：「丙子保□示三屯」為人名。

3296

□ □ □ □

吳其昌

「□」者，其字下闕，疑□之殘文也。此蓋可以下列卜辭，比較碑覈以得之。如云：「其友侑巻」文甲·綫·六·二六·一〇·「貞，巻且辛，卯□」、文乙·潚·一·二三·七·「其貞巻。」文丙·淋·二·一二·一五·「庚申卜穷貞南庚，

□本字□文甲□文乙□文丙

□文丁□文戊□文巳□文戊

戠出巻。」文丁·潚·一·一三·三·「庚子，于丁，巻。」祏·二·九·七·文戊·「㚔巻。」文巳·綫一·一五·一·「……貞出五巻，瀘。」文戊·潚·四·五四·四·以上列七文推之，而此字之為「巻」之殘文可見矣。其第五「巻」字，亦殘其下半，尤與此字相肖，可資參証也。」（殷虛書契解詁八二——八三頁）

李孝定

「凷苘非一字，此由字形之異可以覘之，此不具論。至苘亦非卣字，字當釋曰，說已見上。國名之字當釋兇，後世以繫字當之。說見八卷兇下。又容氏金文編兇作先八卷二二葉亦非，字即兇之古文。」（集釋二五五二葉）

唐蘭

「凷字極奇詭，昔人未釋。前四·七·八云：『癸未卜，貞，來于凷，十小宰，卯十牛，率十月用。』殷契卜辭五九二片云：『貞帝龜于凷，于土。』凷當是人名，既與土同列，其祭禮又頗隆重，蓋大示也。余頗疑凷即苘之本字，古从形多變作𠂤者。晚期卜辭有苘字，前四·十九·三·或變作苘苘苘等形，為用牲之名。又早期卜辭有𢀛方，晚期則恆見伐苘，字或作苘苘苘等形，疑為一國，𢀛者從人戴苘，苘則苘之變也。苘當即說文卣字古文之𠂤，𢀛則即說文死字古文之㞢。其用為祭法之苘當讀為詩生民『載燔載烈』之烈。其用為國名之芫若苘，則當讀為列。凷既即卣古文之𠂤，則本象骨形，以字形察之，殆是獸頭之骨，而𢀛之從苘，殆象人戴獸首。卜辭凷在祭禮中既占重要之地位，則或即禼之本名，歺禼聲相近，故後世段禼契等字為之。」（天壤文釋四十葉）

于省吾

「唐蘭云：『早期卜辭有𢀛方，晚期則恆見伐苘，字或為苘苘苘等形，疑為一國。𢀛者從人戴苘，苘則苘之變也。苘當即說文卣字古文之𠂤。𢀛則即說文死字古文之㞢。其用為祭法之苘，當讀為詩生民「載燔載烈」之烈。其用為國名之芫若苘，則當讀為列。』（天壤閣考釋四十）陳邦懷釋苘字云：『此字當即說文辭字𦣞字所从之苘字，皆聲誼不可考耳。』（誃釋小箋二六）按唐說誤矣，苘亦作苘苘，下均从丙，前四·一·五，丙寅之丙作冈。商器瀕父丙解，丙作冈，與苘苘下从冂曰有別。卜辭晚期於苘每言伐言征言徃言步，如藏四·四：『王于來㞢（㞢）伐苘』。拾四·十五：『令𢦏伐苘』。續五·三十·十二：『令𢦏正苘』。六·二四·八：『余徃苘』。押二·十四·六：『令𢦏步苘』。其為方國之名，自不待言。陳邦懷以為即說文𦣞字所从之苘，頗具見地。惟說文𦣞之籀文作𦣞，林義光謂苘即內之變。按林說未知然否，存以待考。卜辭用為祭法之苘，亦作苘苘形。惟前一·四·七有苘字，上有ㄖ字，下有方大丁三字，辭已不完。吳其昌疑為𦣞之殘文，（解詁二續六四○）是也。卜辭苘與苜字多就祭上甲言之，即芫字所从之苘。苘同苘，象以羊角為飾之帽形。說文：『冃，小兒蠻夷頭衣。』段玉裁云：『冃即今之帽字也。』後聖有作，因冃以制冠冕，而冃遂為小兒蠻夷頭衣。』按段說是也。許氏蠻夷頭衣之說，當有所本。卜辭苘字，以羊角形為帽飾，當係古代蠻夷所戴之帽形。芫字既孳變為矛，以當經典之鬏髦，則苘字之音，必亦讀如冒矛毛，斷可識矣。釋名釋形體：『髦，冒也，覆冒頭頸也。』廣雅釋器：『髦毛也。』釋名釋兵：『矛，冒也，及下冒矜也。』文選枚叔七發『冒以山膚』注：『冒與芼古字通。』是冒與矛毛為音訓之證。前四·十九·三：『才三月，甲𧠍，苘祭上甲。』六·五九·三：『才十月二，彫苜祭上甲」。六.六一.一：「甲兇卜，貞，王宓苜，旬亡尤」。（孫氏甲骨文編合摹苜旬作𦣻入于附錄失之）後上二十.十三：「才十月又二，甲申，苜酌祭上甲」上二一.三：「其苜，又才十月，酌苜祭上甲」。明七八九：「才十二月，甲午，苜祭上甲」。苜苜均應讀為詩閟宮「毛炰胾羹」之毛。傳：「毛炰豚也」。炰同炮。詩瓠葉：「炮之燔之」。傳：「毛曰炮」。說文：「炮毛炙肉也」。漢書楊惲傳：「烹羊炰羔」。注：「炰毛炙肉也，即今所謂爊也」。由是可證用牲之禮，毛而炰之曰毛。卜辭之苜，即就毛炰為言。要之，因芇字之形譌為予，而知其當為經傳鬣芇之鬣髦也。因芇字之音讀為鬗髦，而知苜字之當於經傳用牲之言毛炰也」。（駢續十七葉下釋苜）

按：于先生釋冃是對的。實象帽形。徐鍇繫傳謂冃史記周勃傳作冒，今作帽。晚期卜辭始用為祭法，猶言「毛炰」。金祥恒續甲骨文編列入𦬇字下，非是。

3297

李孝定　「說文『冃小兒蠻夷頭衣也从冂二其飾也』契文作上出諸形。于氏釋冃是也。與契文于謂上象羊角之飾。今吾湘小兒頭衣常繡作諸獸頭形，多作虎頭上出兩耳，謂可辟邪，此字狀極相似，可為于說旁證」。（集釋二五四八葉）

按：此當併入3296，均為同字，通用無別。

3298 良

王襄　「古良字。季良父盉良作𡆧，與此文相似」。（類纂正編第五第二十六葉下）

商承祚　「季良父盉作𡆧，與此略同，疑此亦良字」。（類編五卷十七葉）

唐蘭　「右良字舊誤歧為二，以㫃為良，而以㞢㞢為別一字，今正。作㞢形者，孫詒讓釋豊，（舉例下二二）誤。葉玉森釋㖾，謂乃禋之古文，川正象煙氣上升形。（鉤沈乙）不知㞢既象豆形，則所布者食气爾，安得有煙？㖾字見於陳壽卿藏㖾戈者作𡊨，（見綺觚室十.六）

與□窜有一毫形似。然承學之士，猶樂襲用，……郭沫若釋蝕，謂「□為食物之象形，□而缺其上為□，則當為蝕」（甲研上釋蝕四）因謂夕□為月蝕。然卜辭之□，上兩筆修而不歛，無由為□之缺。□上缺而為蝕，說無所徵。據所說有連續二日之日蝕，殆非古人所及知。且卜辭自有月食，簠室徵文天象二云：「旬壬申夕，月㞢食。……」庫方二氏藏甲骨卜辭一九六五片背云：「七月己未□，庚申，月㞢食。……」皆可證商人祇用食字，與周人同。郭氏之說，實未愜也。余按□即良字，古文字之例，恆缺底畫，如□或作□，故□每作□，由□小变即為□矣。……金文良字甚多，如□（季良父盉）□（殳季良父壺）□（司寇良父壺 司寇良父殷）□（齊侯匜）□（大師史良父殷）□（邕子甗）□（尹氏匜）□（格伯殷）等，（舊以季□父簠□字為良，大誤。）皆由卜辭之□形（卜辭之□，由□形而來。）衍变而成。（□变為□，□变為□。）說文良作□，則又从□形衍变而成。今比良字嬗变之迹，為表，非主要者闕焉。

□＝□—□—□—□—□
□　□　□　□

良字之義，前人無能解者。說文：「良，善也，从富省，亡聲。」徒以形变作□，有類从亡，良亡之聲適又相近耳。推之古文，則富亡兩从，一無是處也。按良古本作□，或作□，□即豆形，豆所以盛食物，而作八者，殆以象食物之香氣也。（詩載芟：「有飶其香。」說文：「飶，食之香也。」謂熟食之香。）說文：「皀，穀之馨香也。象嘉穀在裹中之形，匕所以扱之。或說皀一粒也。又讀若香。」顏氏家訓引通俗文皀音方力反，今說文音皮及切。按皀即食字，說文从皀得聲之字，有鵖皀二字，鵖彼及切，皀部歷切，無讀若香者。（鄉字由𨛜字得聲，說文謂從皀聲，誤。）然則說文皀字之解，疑誤合□□為一字，（猶卣注誤合卣卣為一字）之馨香之義，與讀若香之音，皆當屬之□字也。□象熟食之香氣，其音當讀若香，而今作良音者，香良音近而轉，猶鄉之與曩也。（香古多以薌為之，蟷蠰即堂蜋。）良之香者食之良，引申之為良食之稱，更引申之為良善之通義，及引申義掩其本義，而□形復变為□□等形，於是良字之解，莫能言矣。卜辭恆言「良羊」，「良牛」，或用其本義，而引申為熟之之義，或假為斯，柯擊也，今未能定。其曰某夕良者，疑指氣象而言，是即「朗」之本字矣。」（文字記四十二葉下至四十三葉下）

李孝定

「唐氏謂□□為一字之形变，說有可商。古文字固有漏刻底畫者，然如謂□底畫皆可省刻以為常例則未必然。且□字省刻底畫作□，上兩畫上侈下歛與下兩畫相反，而□字上下兩畫均平行，一左曲一右曲，兩字之差異甚顯，不得謂之小变。抑尤有進者，兩字在卜辭之辭例又迥不相同，作□者有兩種用法，一為與「夕」字連文作「夕□」，一為用牲之法，其下多與牛羊連文言「□若干牛」「□若干羊」，而□字則為人名或地名，兩者均無例外，絕未見有「夕良」或「良戠牛」「良戠羊」之辭例，亦絕未見有以豈為人名或地名者，凡此均可證豈良之絕非一字。于省吾釋豈為豎，說較可信。」（集釋一八七四葉）

何金松　「我认为甲骨文「良」字象人头形，上象头发，中象头的主体，下象长须。说得更具体一些，「良」为长者人头的象形。金文作良（季良父盉），比甲文增了作为纹饰的几横，基本形状未变。篆文作良，是在金文基础上，将象头发的上部件由後倒形调整为对称形，将下面象长须中加一横。这一部件变写而与篆文「亡」字形同……「良」是一个常用多义字……本义为「首」，引申出长幼之「长」，即「大」「第一」。……」（释「良」，中国语文一九八五年三期二二〇至二二一页）

按：釋良可從。但「良」字之形體難以索解。林義光文源謂良字既「非畐之省形」，「亦不从亡」這是對的，但以為即「量之古文」，亦不可據。唐蘭混良、豈二形為一，李孝定已辯其誤，說詳豎字條下。卜辭「良」字用為人名及地名。

良　良　良

徐中舒　「良字，甲骨文作良、良、良，就是描绘半穴居两道出入的走廊。半穴居有两道出入，空气流通，生活条件改善了，故良有良好、明朗诸义。」（怎样考释古文字古文字学论集初编一〇页）

徐中舒　「良，甲文作良（前二·二一·三），良（佚六一八），象穴居由两个洞口出入之形。以后发展为郎、廊，即走廊之廊。又如復字作复（鐵一四五），金文作复（鬲比盨），得（冐鼎），亦从良字孳乳而来。」（怎样研究中国古代文字，古文字研究第十五辑四页）

白玉峥　「峥按：商氏据季良父盉之文释良，是也。唐氏踵其说，并扩而张之，详论其衍变，且制表明之，然亦误多见。第之先生释为：留实器之象，说虽甚的，然亦有病焉。字为象形，殆无可疑，惟所象何形，则颇有可商。盖所谓留实之器者，即今世谓为风车，或扇车者是；为农业社会粮食生产，重要工具之一。在远古农业时代，扇车之创造，就粮食生产技术言，无疑的，是一大进步。但在殷世之农业生产，是否已如此进步，则颇有可疑焉。若欲得此说之实，必得先证明扇本问世之墒实时间，况乎此器此文未必为殷人所造，则象当实器之说，真得其说；而殷世农业之发达，粮食生产之机械化，得此一字之证，思过半矣。前此世人所论，殷世农业之简陋，或为游牧，或为半游牧社会之说，皆为凿空矣。」（契文举例校读二一中国文字第五十二册六〇〇二至六〇〇三页）

3356

按：此亦當釋「良」。卜辭「婦良」習見，為人名。又合集二四四七二辭云：「丙辰卜：：貞，王其步于良亡巛」為地名。

諸家說「良」字形體皆穿鑿附會，無一足取，存疑可也。

3300

)(

孙海波

「八，佚三五二三。地名。今至于八，出夷。」（甲骨文編二·四七頁）

按：合集九三五骨臼刻辭有「婦八」，為人名。又合集二五五七二辭云：「戊午卜，旅貞，王其步自八：：亡：：」為地名。字與數字之「八」有別。

3301

八八

商承祚

「《說文解字》『𠔁，分也，从重八。《孝經說》曰：「故上下有別。」』段玉裁云：『此即今之兆字，其作兆者非古也。』今徵之卜辭，亦有𠔁字，與許書从重八正合。卜部『𠧞，灼龜坼也，古文作兆。』則𠔁本訓為分別，而𠧞則為卜𠧞之專字，今則借兆為𠧞，而𠧞廢矣。段玉裁謂𠔁為兆之初字。以訓繩之，殆有所誤矣。」（《類篇》二卷二頁）

李孝定

「說文『𠔁分也。从重八。八別也亦聲。孝經說曰「故上下有別」』段注說文謂：此即兆坼本字。

作𠔁若𠭁者，乃淺人妄增。更易其音讀兵列切者為治小切。段說之誤，王紹蘭、徐承慶、徐灝輩言之審矣。卜辭八為地名，如『貞乎帚妌田于八』蒲二·四五·一、『コ子囗何囗自八囗』蒲五·二八·一、『癸未卜，在戊八，餗貞，王旬亡禍』甲編三四六，均是，其義不詳，就字形言，許說是也。」（集釋〇二六一葉）

考古所 「䇂、八：皆地名。」（小屯南地甲骨八三九頁）

按：商承祚釋八，以為「與許書从重八正合」。段玉裁以為「卜兆」之本字，不能說毫無道理。說文「八」與「兆」有可能是同源字，姑存以待考。卜辭均用作地名，義無可考。字之釋八，終覺有所未安。

3302

公

王襄 「古公字」（簠室殷契類纂第四葉）

羅振玉 「說文解字公从八厶，八猶背也。此與古金文均从八从口」（殷釋中十九葉）

郭沫若 「㕣字作𠔌，下二片亦同。說文云『㕣，山間陷泥地，讀若沇州之沇』在此與『多㕣』同例，蓋假為君。」（粹考六三葉四〇四片釋文）

楊樹達 「當釋公。郭釋訓山間陷泥地之㕣，舍義以就形，說非」（甲文說六八葉卜辭瑣二十四條）

楊树达 「殷契粹编肆零肆片云：『△久岁于多公。』肆零伍片云：『辛亥，贞，壬子又多㕣岁。』肆零陆片云：『丁巳卜，三㕣父二岁，叀羊。』郭沫若释㕣为说文训山间陷泥地之㕣，谓字假为君。（考释陆叁下）树达按：文当释多公，三公，知者，沈子也毁云：『沈子其顋褱多公能福』，此古文言多公之证。啸堂集古录上册拾柒叶载乙公鼎，公字作㕣，此古文公字或从口作之证。」（卜辞琐记一〇至一一页）

朱芳圃甲骨學文字編收从口作㕣者為公，从日作㕣者為㕣。分見該書二卷一葉及五葉）

孫海波甲骨文編分收㕣作公，㕣作㕣。見該書二卷二葉及十二葉。

金祥恒續甲骨文編二卷二葉公下兼收㕣㕣二形。又，同書二卷十一葉又收後下二八．一一之㕣作㕣。

陳夢家 「卜辭中有于某些親稱前加以數字者，指定為某幾個某些單分的親屬，其例如下：三公『丁巳卜，三公父二歲，叀羊』。粹四〇六此片若是康丁卜辭，則『父二』是祖庚祖甲，『三公』之公作『㕣』，應是㕣字。它似指武丁前一世的陽甲般庚小辛小乙中之三。此片若是武乙卜辭，則『父二』是廩辛康丁，三公是祖己祖庚祖甲，屬於武乙的可能較大」。（綜述四九四葉）

屈萬里 「萃編五三八片有公字。同書四〇四、四〇五兩片並有『多公』之語。四〇六片又有『三公』之稱。四〇四片辭云：『丫歲于多公』？萃釋以公為㕣，引說文云：『㕣，山間陷泥地，讀若沇州之沇』（按：此本鈕沇說。）且云：『在此與多后同例，蓋假為君』。按：㕣，金文中公字多如此作，當是公字。此蓋指先公而言。單言公者，蓋泛稱羣公；言多公者，義亦猶是。惟三公之語，未知其所指者誰何耳」。（甲釋六二八片釋文）

李孝定 「說文『公，平分也。从八从厶。八猶背也。韓非曰：背厶為公』。卜辭作上出諸形，舊釋以从口作㕣者為公，羅氏增考公下亦但收作㕣形者一文，从日作㕣者為㕣，如郭說，此與小篆形體固合，然究之卜辭辭例，則二形皆當釋公。楊、屈二氏之說是也。金書於公下兼收二形，是也。而復收後下二八．一一之㕣作㕣，蓋沿朱孫二書之譌耳。茲就㕣、㕣二形分錄其辭於下。作㕣形者：『乙丑卜囗在獄天邑商公宮夕無禍寧』。『囗貞在囗天邑商公宮茲夕亡禍』。前二．三．七『王叀囗公囗受又』。甲編一七七八『王叀丫公乍豐虎于又正王受囗』。甲編二五四六作㕣形者：『公歲』。甲編六二八『丫歲于多公』。粹四〇四『辛亥貞壬子又多公歲』。粹四〇五『弜陀又其妻于燕亦王受又』。『其又于燕工郭釋壬，疑仍當釋示陀又于公王受又』。粹五三八即續四一〇三『公囗父囗』。續四一二『于公㕣其兄于𢀛方𥁕』。續四二五四『丁巳卜三公父二歲叀牢』。粹四〇六，郭云『三公父二』殆是唯不知所指為誰『囗卜王其延公史』。後下二八．一一言多公，言三公二父，而字作㕣，明公當釋公。甲編二五四六云『王叀丫公』，與粹四〇四『丫歲于多公』，辭例正同。而前者作㕣，後者作㕣，明二者無別也。按口、日二形，本當有別，如卜辭咸作[咸]，成作[成]，較然明白。而㕣、㕣不分者，蓋㕣許訓山間陷泥地字後起，殷時尚無其字。故其時史官於公字所从或作口，或作日二者形近易混，每不經意，而無慮與他字淆混；至成咸二字則不然。二字當時既已並行，作書時於其所从口、日二形，必刻意為之，乃得不誤，故其別較然也。金文公字多見，均从口作。如：㕣遹鼎、㕣盂鼎、㕣毛公鼎、㕣矢尊、㕣邾公釛鐘、㕣矢簋、㕣虢文公鼎、㕣穌公簋，均是。過多，不具錄。」（集釋〇二六五葉）

方述鑫　「公，甲骨文作㕣（粹四〇五）㕣（明三七六），金文作㕣（毛公鼎）㕣（明公簋），小篆作㕣。公当是指事字，象人类造成的事物之形，所从口形象深腹圆底之瓮，八形象瓮器之侈口。」（甲骨文口形偏旁释例，古文字研究论文集，四川大学学报丛刊第十辑二九〇页）

赵诚　「以日形和口形而论，在大多数情况之下区分极严，……但也有从日从口无别的情况，如㕣和㕣通，[吅]和[吅]通，[吅]和[吅]通。」（甲骨文字的二重性及其构形关系，古文字研究第六辑二二四页）

林澐说参田字条下。

按：契文「多公」字皆从「日」，與金文異。「多公」為殷人祭祀之對象。其單言「公」者，有兩種情況。一為祭祀之對象，如：合集二七四一三之「于公岳」；其二則當為祭名，如：合集二一一一四之「庚午卜，王賓河、公于㲋」。

至於合集二七三五四之「其于小乙公又，王受又」，「公」亦當為祭名。陳夢家所舉之「三公父二歲叀羊」見於合集二七四九四。謂「三公」指「陽甲」、「盤庚」、「小辛」、「小乙」四王之三，或「祖己」、「祖庚」、「祖甲」三王。其說非是。卜辭無稱先王為「公」者。「父二」當為「父下」，非武乙之稱「稟辛」、「康丁」。

3303 公 㕣

屈萬里　「㕣，金文中公字多如此作，當是公字。此蓋指先公而言，單言公者，蓋泛稱

羣公；言多公者，義亦猶是。」（甲編考釋九九葉）

方述鑫　參公字條

趙誠說參八口字條下。

按：字从「八」，从「口」或「○」，與金文「公」字形體同。字皆見於廩辛、康丁以後卜辭。然則「㕣」與「㕣」是屬於早晚期形體的變化，當為同字。乙辛卜辭則「公宮」連言，屬宗廟建築之類，為祭祀之所。合集二七一四九辭云：「王其又大乙、大丁、大甲叀𠂆歲公」，「公」當為祭名。

3304

谷　谷

王襄　「古谷字。」（類纂正編第十一第五十一葉上）

羅振玉釋谷，無說。（殷釋中九葉上）

李孝定　「說文：『谷，泉出通川為谷，从水半見，出於口。』契文从仌與金文及今隸同。許訓从水半見於形不類。疑字本从仌口會意，兩山分處是為谷矣，口則象谷口也。字在卜辭為地名。金文作谷谷格伯簋谷散盤」（集釋三四一五葉）

按：說文：「谷，泉出通川為谷。从水半見出於口」。王筠釋例：「為陰厓所蔽虧，不能洋洋滿兩涘也。口則假借，猶後世言谷口矣」。林義光文源謂：「古作谷，凵象窪處，仌象川所通形。或作谷，變从口」。是皆曲說，不可據。

章炳麟文始謂：「人有九竅，各有所嗜。而男女為大欲……谷本一切通孔之大名」，尤為想入非非。

「谷」為「欲」之本字。易損：「君子以懲忿窒欲」，釋文：「欲，孟作谷」。呂氏音訓引晁說之曰：「谷，古文欲字」。谷與次皆示貪慕之義。後世復增「心」作「慾」。

王玉樹說文拈字謂：「山谷之谷雖有穀欲二音，其實欲乃正音。易『井谷』，陸德明一音浴；

書」暘谷」、一音欲；左傳「南谷中」、一音欲；史記樊噲傳「橫谷」、正義音欲；貨殖傳「谷量牛馬」、索隱音欲；苦縣老子銘書「谷神」作「浴神」是也」。卜辭「谷」為地名：

「……申卜𡧊……在谷……」 前二·五·四

「……翌乙卯其田亡巛，于谷」 佚一一三

3305 [字形]

按：合集二六八七七辭云：「丁卯卜……貞，其[字形]……比」用為動詞，其義不詳。

3306 [字形]

按：字不可識，其義不詳。

3307 [字形]

按：合集二二〇四三有殘辭為「癸[字形]」，「[字形]」當是「木」字之誤刻。

3308 毌

按：合集二六五九正辭云：「……貞，婦好亡毌」；又合集二六五九反辭云：「王固曰：㞢毌」「有毌」、「亡毌」為卜辭恒語，當與災咎有關。又合集三五二一二辭云：「……乞骨三自毌」，則為人名。

3309

按：字从「宀」、从「毌」，當為宗廟建築之名。合集五八三反辭云：「迄至六日戊戌，允有……有[宀毌]在[glyph][宀毌]在……麓亦焚亩三」；又合集二二七三正有「作[宀毌]」。合集二二七三通版皆為武丁祭祀其父小乙之事，是「[宀毌]」當為宗廟類之建築。

3310

按：合集三五二一三辭云：「……骨三自毌」為人名，當為「毌」之異文。參見合集三五二一二。

3311

按：合集三四二〇五辭云：「丁卯卜，𠦪岳」；「癸未𠦪好火雨」當為「奏」之異構。

3312

朴海波「[glyph]」、前二、二七、四。埶之别体，人名。杞侯埶弗其囚風之疾。王襄释蓺，商承祚释炬。」（甲骨文編一一二頁）

按：合集一三八九〇辭云：

「丁酉卜，殻貞，杞侯⿰，弗其骨凡有疾」

用為祭名。當係「⿱」之省文。參見合集二二四八四。

3313

[甲骨文] [甲骨文]

饒宗頤　「□己丑卜交（一交）兇目芈羊」。（拾掇二·一九五）

交為交之省形，乃梭字。祭義「梭將」鄭注：「春獵為蒐」。蒐亦作梭，謂搜索取禽。此辭于交下記兇目芈羊者，疑從獵者四族。（通考一二二葉）

按：合集三三七四七辭云：「甲申卜，⿰、目、⿱羊」，「甲申卜，⿰山」、「⿰」、「目」、「⿱」皆為神名。「山」亦山神，「羊」則為祭牲。又屯二一六一辭云：「己巳卜，⿰雨」，是「⿰」為祈雨之祭，與「⿰」祭同。此與田獵無關，不得讀作「蒐」。

3314

藝

[甲骨文] [甲骨文] [甲骨文]

考古所　「⿰：當與⿰、⿰、⿰等為一字，即焚。」（小屯南地甲骨八六四頁）

姚孝遂　「卜辞关于火田，或称⿰（焚），或称⿰（藝），过去大家认为是一个字，都释作『焚』。我们认为这两种形体在结构上很难说就是一个字。

『翌癸卯，其焚：⿰？癸卯，允焚，獲：兕，十一豕，十五虎，麑廿。』（合一九四）

『焚』字在卜辞均用为焚烧之意，无例外。……

『王其藝滋西录，王于东立，虎出，⿰』（擴续一二一）

卜辞藝字有⿰、⿰、⿰等形体，象执火炬以燃烧草木的形体。说文：『藝，烧也，从火，蓺声』。……

擴续一二一的大意为：商王焚藝『滋西』之鹿，商王于东边等候，俟虎出，则加以擒获。

『虎出』二字，诸家或读为『犬出』，或读为『遯』，都是错误的。……

卜辞藝田，就目前所已见的资料，其猎取的对象只有虎（除擴续一二一外，尚有佚四七）。未见有其他野兽，是否这就是卜辞『焚』和『藝』的区别？是否可以理解为：『焚』是焚烧草木以驱兽，而「爇」则只是执火炬以驱兽？……诗大叔于田「火烈俱举」，这可能就是卜辞的「爇」田。至于「焚田」，在典籍中不仅常见，而且规模都很大。……

总的说来，我们的看法是，卜辞的围猎，……不执火曰「逐」，执火则曰「爇」，火田则曰「焚」。」（甲骨刻辞狩猎考古文字研究第六辑四三——四五页）

姚孝遂　肖丁　「[illegible]即「爇」字，诸家多释为「焚」，不确。契文「焚」字作[illegible]，两者形体及用法均有区别，不得混同。

爇字作[illegible]、[illegible]、[illegible]诸形。从屮与从[illegible]乃焚与爇二字在形体上之根本区别。

左传昭二十七年：「遂令攻郤氏，且爇之。国人弗爇。令曰：不爇郤氏，与之同罪。或取一编菅焉，或取一秉秆焉。国人投之，遂弗爇也。令尹炮之。」契文爇字即象执「编菅」或「秉秆」之类的火炬以焚草木之形。

「爇」是一种大规模的围猎形式。其情况当如诗大叔于田所描写的：「叔在薮，火烈具举」，郑笺：「列人持火俱举」。契文[illegible]即象持火形，所以驱赶隐藏之兽，故下文接以「襢裼暴虎，献于公所」。「列人持火俱举」之後，猛虎奔突而出，从而搏之。

摭续121「王其爇兕䢅杀，王于东立，虎出，擒」和本辞的「叀永杀爇，擒又（虎）」，其所记载的情况与诗大叔于田是近似的。执火炬以驱野兽，围而捕之，这种狩猎方法，今日少数民族犹有沿用。孔颖达疏谓「此为宵田，故持火焰之」，乃不明狩猎之具体情况而误解诗义。

「焚」作[illegible]，与「爇」义俱相近而实有别。卜辞记狩猎利用火以驱野兽，或称「焚」，或称「爇」。但「爇」可用为祭名，而「焚」则未见有用作祭名者，此其大别。且，「焚亩」均作[illegible]，不作[illegible]。亦可证明二字用法有别。烧山林曰「焚」，执火炬曰「爇」。

卜辞「爇」字或省作[illegible]，又变体作[illegible]，作[illegible]，当即「爇」字。「爇」与「爇」实本同源，後以用各有当，乃区分为二。说文训「爇」为「温」，文实晚出，诗桑柔：「谁能执爇，逝不以濯」，当以释名训「爇，爇也，如火所烧爇也」为是。「爇」引申之泛指一切燃烧物言之，是以诗人以「谁能持爇」为言。卜辞「爇」、「爇」通用无别。「爇」从「又」，「埶」则从[illegible]，不得相混。至于「埶」字作[illegible]与「爇」形近，但区分甚严。

卜辞又有[illegible]字，唐兰天壤阁46片考释与「埶」字混同，并释为「爇」，且泛列诸家之说甚詳。

[古文字]字近于「爇」，而从[古文字]，近于「𤊾」而从屮，均不类，卜辞仅见，为人名，字不可识，存以待考。」（小屯南地甲骨考释一六二—一六三页）

按：字當釋「爇」，與「焚」形義迥殊，不得混同。狩獵方式既有「焚」，亦有「爇」。「焚」為焚燒山林以驅趕隱藏之野獸，而「爇」則是執火炬以驅趕隱藏之野獸。卜辭「焚㐭」習見，無稱「爇㐭」者。「爇」無用作祭名者，與「[古文字]」、「[古文字]」判然有別，不能混同。余舊說有誤，今正。

3315

叜　接　[古文字]　[古文字]

王襄　「古叜字。」（簠室殷契類纂第十二葉）

王襄　「疑叜字。」（類纂存疑第七第三十八葉下）

郭沫若　「辭言『母叜』即母㛐。」（粹考一四九葉一一六〇片釋文）

于省吾　「郭謂『母叜』即母㛐，非是。叜即接之本字。說文：『叜，老也，从又从灾。闕。』朱駿聲云：『即接之古文，从又持火，屋下索物也。會意。為長老之偁者，發聲之詞，非本訓。』按朱解叜之本義至塙，然則母叜乃當係對某物而言，謂母接索已。」（駢續三九葉）

丁山　「竊以前儒說叜字者莫當于朱駿聲，莫精于俞樾。朱氏之說曰『叜即接之古文，从又持火屋下索物也，會意。為長老之偁者，發聲之辭，非本訓。孟子「王曰叜」，劉注「叜長老之偁，依皓首之言皓叜，首叜俱疊韻」，劉意謂發聲之辭是也。』俞氏之說曰『因叜字借為長老之偁，故又製从手之接。夫叜即从又，而接更从手，緟複無理，故知古字止作叜也。然則尊老之偁當作何字，曰叜下有重文傁即其字也。宣十三年左傳曰「趙傁在後」，字正作傁。方言曰「傁，尊老也，東齊魯衛之間，凡尊老謂之傁。」楊子雲多識古字，故作傁不作叜。』侃管錄由二說推之，則叜者接之本字，非接之古文。尊老之叜當曰从人叜聲，歸諸人部。古文字少，一字輒當數字之用，叜本義搜求也，故書既通借爲傁，不得不另制搜字以别於叜，而以傁爲叜之或體，使本借之義不别，兼失叜形矣。」（說文闕義箋，轉引自集释〇九〇〇頁）

朴海波　「[⿱宀火又]，徹四·二八·七。象人在屋中举火。[⿱火又]，甲七八八。或不从宀，叜之初文。」（甲骨文编一一七頁）

饒宗頤　「叜爲動詞，即『搜』字。『其日毋叜𠂤』（粹編一一六〇）即其例證。又爲地名，如云：『自叜』（前編四·二九·一）是也。右辭叜字下殘缺，不審何義。」（通考四二五葉）

王献唐　「说文：『叜，老也。从又从灾。阙。』朱丰芑谓搜字古文，从又持火，屋下索物（说文通训定声）。俞荫甫从之（见儿笘录）。卜辞字作[⿱宀火又]（前四·二八·七），作[⿱宀火又]（佚下四·一〇）。象於宀下以手持烛，烛形与[⿱火又]字所执者正同。字亦作[⿱宀火又]（前四·二九·一）。烛上皆从火。火在卜辞作凵作凵，中或加点，乃繁文也。」（古文字中所见之火烛，第一三頁）

按：丁山以叜爲搜之本字，說無可易。卜辭殘缺，用義不明。粹一一六〇合集二六九九二之[⿱宀火又]字，非从又持炬，不得釋叜。卜辭每見有殘辭「自叜」，「叜」當爲人名或地名，不可能爲動詞。

3316

張亚初　「在甲骨文编附录中，五六三九和五六四〇号字作[⿱皿火又]、[⿱皿火]。这两个字的基本结构相同，后者省『又』，当为繁简字。二字共存于一版，进行对贞，说明它们确为一字（参缀合二六二）。……焚字作[⿱林火]，从林从火，或作[⿱林火又]（乙四七），从林从又持火把，有的也省作[⿱林火]（京津四四九四）。从焚字的繁简字例可知：[⿱火又]即[火]即凵（火）。所以，[⿱皿火又]、[⿱皿火]二字上面是从倒置的器皿，下面是从火，可简化为[⿱皿火]。这与西周金文中铸字的基本构形是完全一致的。西周金文铸字上面从倒置皿，皿旁有的有两手，有的则没有手，作[⿱皿火]、[⿱皿火]（前者见大系一六五宜桐盂，后者见冠斝上四二内公鬲）。……[⿱皿火又]、[⿱皿火]

乃是铸字初文。……[glyph]字从火，意为用火加热熔铸铜锡，从倒置皿，意为把熔化的铜锡溶液倾注入范。……

铸字在早期甲骨文中作动词用。『□亥卜，殻贞，铸，今六月。铸，今六月』（缀合二六二），即贞卜今年六月份铸不铸造、能不能铸造铜器。由这条材料可知，武丁时期的青铜铸造是时断时续的。如果占卜结果认为六月份铸造不吉利，那么就可能暂停一个月不能开炉。这与殷墟前期铜器出土较少的实际情况是相吻合的。」（甲骨文金文零释古文字研究第六辑一五七——一五八页）

按：卜辭残缺，且字从「[glyph]」，象執火炬形，似不得釋為「鑄」。

3317

饒宗頤　「[glyph]字或釋要，與篆文[glyph]形近。粹編一三〇七有衔字，乃繁形。吕覽愛類高注：『要，徼也。』要謂徼福，左文二年傳：『寡人願徼福于周公魯公。』卜辭言『有要』，殆指有所徼福于神也。」（通考六八四葉）

饒宗頤　「『己未卜，歸貞：又要，我山，（省）今五月。』（京都大學八二）按我省者，謂我往省事也。『又要』猶言有約，即漢書治要之類，説見周禮。」（通考七三四葉）

按：合集二一三五八辭云：「今夕有[glyph]」；又英一九一五正辭云：「子有[glyph]」，又合集二二三九一辭云：「乙丑卜，有[glyph]目，今日……」均當與災咎有關，與「乂」無涉，亦非「要」字。

3318

丁山　「[glyph]字当亦象『是刈是濩』形。刈中之6殆即説文所谓『卣，艸木实垂卣卣然。』读若调。」诗周頌臣工『命我衆人，庤乃錢鎛，奄观銍艾。』銍，説文訓『穫禾短鐮』。穫禾之銍，宜即刈艸之[glyph]。小尔雅广物『截穎谓之銍。』[glyph]，正象截穎形……銍当为[glyph]、[glyph]即刈矣」。（殷商氏族方國志一五三页）

李孝定「按：契文乂作ㄨ若𢆶（見十二卷）。此所从ㄨ形不周正，疑象以繩套取之形，非象截頸之鉞。且字从𠄌即卣字，卣乃酒器，不象艸木之实（見七卷卣字条）。丁說宜存疑。」（甲骨文字集释存疑四五七九頁）

按：此當是「𢆶」之異文，參見前「𢆶」字條。

3319

‖

饒宗頤「……㞢于‖（前編一、五三、二）癸亥卜，行貞：今夕亡𡆥。在十一月。在‖（文錄三五）‖疑古澮字，與巜同。」（通考第七八〇葉）

饒宗頤「卜辭『王在‖卜』（誠齋一五二）‖即巜，古澮字，左傳成六年：『汾澮』。澮水出平陽絳縣，則地太遠；疑讀為鄶，即鄭語之郐鄶，在河南新鄭。」（通考一〇三九葉）

饒宗頤說參[illegible]字条下。

按：字不可識，釋「澮」不可據。合集三六七八八辭云：「癸亥王卜，在‖師貞：……亡畎」為地名。合集四八一七辭云：「貞，叀‖令」為人名。

3320

介

按：合集三二八三五辭云：「叀介令」

又沌二三二辭云：
「癸丑卜，王令介田于京」
均為人名，疑為「川」之繁文。

3321 囘

按：字从「亘」、从「川」。合集七一四九反辭云：
「……固曰：㞢希囘」
當為人名，疑為「亘」之異體。

3322 黃

按：字从「黃」、从「川」，辭殘，其義不詳。

3323 刑

按：合集二二四二五辭云：
「其刑妣」
當為祭名。

3324 兮

王襄　「古兮字。」（類纂正編第五第二十三葉上）

郭沫若　「兮假為曦。」（粹七一五片考釋）

董作賓「兮與昏，新派所增之紀時字。卜辭云『章兮至昏，不雨？』（粹七一五）『昏至口（章）兮，其雨？』（粹七一六）……郭沫若說之云：『章，殆假為彤，明日也。兮假為曦昏字，說文云：『日冥也。』……』郭釋此兩辭甚諦。兮至昏為全日，昏至兮為全夜，猶言望日不雨，今夕不雨也。惟兮字似亦即說文之昕，說文：『昕，旦明，日將出也。从日，斤聲。讀若希』。兮與昏每相對舉，儀禮士昏禮：『凡行事必用昏昕』。蓋昕在日出之前，昏在日沒之後，一則前乎朝，一則後於暮耳。」（殷曆譜上編卷一第六葉下至七葉上）

屈萬里「丫與卝當是一字，即兮字。作卝形者，亦見甲編二五四二，二五六二等片。」（甲編考釋一一〇）

考古所「丫可能是卝之異構。」（小屯南地甲骨八四四頁）

考古所「丫、可能是地名或先祖神祇名。」（小屯南地甲骨八四四頁）

考古所「丫：殆兮之異構。兮在卜辭中有时用为地名。下兮殆亦地名。」（小屯南地甲骨九九九頁）

考古所「下丫：可能屬宗廟一类之建築。」（小屯南地甲骨八五〇頁）

按：卜辭兮字除用為地名外，亦為時間單位。讀兮為「曦」為「昕」均非是。粹七一七片郭沫若釋讀有誤，當作：

「昃至（章）兮其雨；
章兮至昏不雨；
章兮至昏其雨」

陳夢家以為「中日、昃、郭兮、昏是先後為序的。假定中日為正午十二時，昏為下午六時，則昃與郭兮為下午二時與四時。郭與兮是郭兮之省」（綜述二三一）。郭沫若誤以「昃」為「昏」，因而致誤；董作賓不察，沿襲其誤，進而加以申論，其失彌遠。

3325

于省吾　「契文劶字作𠀀、𠀀等形，舊不識。後下三六、三：「𡗗來于劶叙」，拾二、九：「其桒禾于劶于𡗗」（劶原作𠀀，右已殘）濬一六四四：「□（桒）禾于劶」，曾毅公詒余景本有辭云：「乙亥，其𦆵黽于劶。」按劶字右从兮作廿、廿，即旬字。時期較早。佚三七四「于南兮」之兮作𠀀，晚期契文地名之通作𠀀。劶字右从力作勹，即旬字。其作𠀀者，变體也。劶字隸定應作𢑚，今作𢑚。說文：「𢑚，驚辭也。从兮，旬聲。」重文作惸，今譌作惸。經傳惸獨之惸，亦以煢為之。契文于劶言𦆵黽言桒禾，且與𡗗同列於一辭，又與汅同列於一骨，當係殷代旁系先公之不見於載籍者。然其字作劶，即說文𢑚字，至明塙矣。」（駢三卅四葉下釋劶）

于省吾　「甲骨文劶字作𠀀、𠀀、𠀀等形，旧不识。甲骨文称：「☐桒禾于劶。」（库一六四四）「乙亥，其𦆵黽于劶。」（掇五五〇）按劶字左从兮作廿或廿，时期较早。甲骨文之「于南兮」（佚三七四），兮字作𠀀。晚期甲骨文地名之兮通作𠀀。劶字古从勹作𠀀，即旬字，其作𠀀者变体也。又甲骨文劶字亦作𠀀（甲一五一六）。甲骨文编以为「从皿从旬，说文所无」，失之。劶字应隶定作𢑚，今作𢑚。说文：「𢑚，惊辞也。从兮旬声。惸，𢑚或从心。」惸字典籍多讹为惸。甲骨文于劶言桒禾或𦆵黽，有时与𡗗或河同列于一版，当系商代旁系先公之不见于载籍者。」（释劶，甲骨文字释林四二页）

孙海波　「𠀀，摭续二。人名。」（甲骨文编二一五頁）

考古所　「𢑚：有時为殷先祖名，在此可能为地名。」（小屯南地甲骨八四四頁）

按：「𢑚」為殷人「桒禾」、「寧秋」之祭祀對象，為神祖之名。屯一〇八辭云：「其𩂣于𢑚又雨」，「𩂣」為祈雨之祭，「𢑚」為祈雨之祭祀對象，非地名。

3326 气 迄 三

商承祚　「三余曩誤釋為三，後以為下上二字合文，亦未敢遽定。郭沫若先生謂是川字，「川者，盛也。《詩·小雅·天保》「如川之方至」」（《通纂考釋·天象》第九一頁）容希白庚釋為彤，亦不類，卜辭及金文彤日彤月之字，皆斜筆作彡彡彡彡，亦不平畫，且「三川者，卜辭有之，作𠀀𠀀𠀀，水形，在古文字中雖有横寫，然皆屈曲，無作平直者。

』字連文，疑為古成語，究不知應讀作何字也。」（《佚存》十四頁）

又曰：「三字在此讀『下上若』，文義極順適，以例它辭，亦當如是邪，然終不能決之。」（《佚存四八頁）

容庚　「按形字卜辭多作斜畫，或五或四或三，此『三』字作三平畫，上下兩畫長而中畫短，疑亦形字。《畫契菁華》云『癸巳卜㱿貞旬亡𡆥王固曰㞢求其㞢來鼓』三亦當釋形，言繼續不絕也。癸巳至丁酉為五日，《類篇》釋為三，非。」（《卜釋》一頁一九七片釋文）

郭沫若　「三字習見，舊均釋三。案釋三無義，且中畫特短，字亦非三。余謂當是川之古文，从川之侃字，《𫲨狄鐘》作□，《兮仲鐘》作□，三畫均直而橫作，蓋古川字如是，後嬗與三字易混，乃曲筆而縱畫之也。『川雨』者，言雨至如川也。」（《卜通》七九頁三八〇片）

又曰：「此『三』字，亦正是川字。『川至』者，盛至也。《詩·小雅·天保》『如川之方至』（又此字余曩謂下上二字之合文，今知其非是，附正於此），」（同上九一頁四三一片）

金祖同　「陳獨秀《實庵字說》謂『縱橫相貫之謂工。』『工江一字，江將聲通。吾友李旦丘因之讀『三』若江，有將意。卜辭表示未來者有『其』字，『（王固）曰其出來三至，』（《前》七·九·一），一作『止日三出來媗，』（《前》一·三一·三）並表示未來者，訓為將意，可通。」（《遺珠》三頁）

于省吾　「卜辭三字……釋三釋形釋川均誤。古文三字界畫至嚴，從不混同。至形字皆斜形，無如此者，川字卜辭作□□，象川流形，與三字無涉。且『形至』『川至』均不詞。郭引『如川之方至』為證，不知可云『如川之方至』，不可云『川至』也。是釋形釋川既乖於形，復牾於義。卜辭文字之不可辨認者，原因有二：一、其字已湮；二、吾人不知其字之遞嬗之迹，因而不識其字，三字即屬於第二項。）文小篆及傳世字書，已無作三形者。蓋以畫之微有彎曲，而後人遂不識之也。三即今气字，俗作气。《說文》：『气，雲气也。』《獵碣》文有『迄』字作□，三畫均邪作。然在金文古玉銘古陶文古鈢文，從無邪作者。《雍公緘鼎》作气，《齊侯壺》作气、三。古玉銘氣字作□。《陶文編》二·二有吃字，作□。《古璽文字徵·附錄》四六有□字，《古籀補補》二、十一有□字，上均从气，下畫右曳，有點。晚周古文每以點為飾，此例在金文習見。容庚所藏摹本《三兒毀》為晚周器，气作三。以上所列諸气字或从气之字，其三橫畫皆平，而中畫皆稍短；猶以其与三字易混，故上畫左彎，下畫右彎。如七字卜辭金文均作十，後以其與十易混，故小篆作卞以別之。內字卜辭作内，後以其與丙易混，故金文作内以別之。此其畫均相差於幾微之間。《齊侯壺》气字一作三，與卜辭三字相較，僅上畫微曲耳，則三為气之初文，了無可疑。卜辭三即為气，其用法有三。一為气求之气，一讀為訖至之迄，一讀為終止之訖。迄、訖經傳每互作，無別。《爾雅·釋詁》：「迄，至也。」《詩·生民》：「以迄於今。」《傳》：「迄，至也。」《書·禹貢》：「聲教訖于四海。」言聲教至于四海也。《博雅·釋詁》：「訖，止也。」止與終同訓，止與至義相因。迄、訖古並省作气。一、气訓气求。按《前》七·三六·二：「貞：今日其雨。王固曰：佫（疑）。兹气雨。之日允雨。三月。」按是辭但曰其雨，信否未可知也，故曰疑。因疑而曰今气雨。但气雨猶未知其信否，是曰允雨而後驗也。《粹編》七七一：「庚申卜，今日气雨。」《後》下十六·二：「庚戌卜，叀貞：王气正河，新𠂤允正。」《戩壽》十二·九：「戊午卜，叀貞：气令伐呂，受㞢又。」又《殷虛古器物圖錄》十二：「气令我事。」其言气征气令者，對貞卜而言，有請求之義，故云气也。二、气訓迄至。《菁》一：「王固曰：㞢（有）希（祟）！其㞢來嬉（囏）。气至五日丁酉，允㞢來嬉。」《菁》二：「王固曰：㞢希！其㞢來嬉。气至九日辛卯，允㞢來嬉自北。」《通纂·別錄》二·二：「甲辰卜，亘貞：今三月光乎來。王固曰：其乎來，气至隹乙。旬㞢二日乙卯，允㞢來自光。」按气至五日丁酉，即迄至五日丁酉。气至九日辛卯，即迄至九日辛卯。气至隹乙，即迄至惟乙。《前》七·九·三：「其有來，迄至。」迄至猶今言及至。《前》二·八·二：「壬戌卜，叀貞：气今擊田于先侯。十月。」气今即迄今。《前》七·十六·四：「及今二月雨。」及今猶迄今也。《粹編》一二五○片：「丙寅气壬申，气☒戊子，气丁酉，气辛☒。」郭沫若誤釋三為彡，並謂此例頗特異，為自來所未見。按三即气，通迄。丙寅迄壬申者，由丙寅至壬申日也。下云迄丁酉，即至丁酉也。此辭雖殘，然文例固一貫也。三、气訓訖終。《前》七·三一·三：「之日气㞢來嬉（囏）。」言是日終有來囏，也。明義士《殷虛卜辭》二三二二片及二三二四片，均有「隹我气有不若」之語，即惟我終有不若也。不若即不順之義。總之，气字初文作三。降及周代，以其與下上合文及紀數之三字易混，上畫彎曲作三，又上下畫均曲作三，以資識別。在金文、古玉銘、古陶文、古鉨文中，雖上下畫有彎曲之分，然橫畫皆平，中畫皆短。其嬗演之迹，固相銜也。气訓气求、迄至、訖終，於文義、於詞例，無不相符。然則三為气之初文，斷可識矣。」（《騈枝》五五至五六《釋气》）

楊樹達

「《前編》七·三六·二：「貞：今日其□（雨）？王固曰：疑兹气雨。之日，乞雨。三月。」按乞甲文作三，此辭用本義。《說文》云：「气，雲气也，象形。」《前編》六·四三·四：「貞，今茲云雨？」《殷契》五五三片云：「茲云雨？」云為雲之初文，云气同義，故或言云，或言气也。」（《卜辭求義》第四十五頁下）

孫海波 「三，前七·三六·二。于省吾釋乞云：卜辭乞字用法有三，一為乞求之乞，一讀迄至之迄，一讀為終止之訖。此辭云：貞今日其雨，王固曰，疑茲乞雨，之日允雨。乞當是乞求。

三，前二·八二·二。乞令擊田于先侯。乞訓迄至。

三，前七·三一·三。之日乞有來嬉。乞訓訖終。」（甲骨文編一七頁）

饒宗頤 「按「三」字讀為「汔」，易井彖辭「汔至」，與此語同。又未濟「小狐汔濟，」詩民勞數用此字，乃：「汔可小康。」左昭二十年傳杜注：「汔，其也。」知「三至」義即「其至，」或讀「乞」或「迄」，尚差一間。」（通考一六四葉）

丁山 「臼辭的「乞自某」，我認為當釋迄至，「乞自雩」，猶言至自雩；「自邕乞」，「自古乞」，猶言自邕至，自古至。這些乞字，讀與《書·禹貢》「聲教訖于四海」相同。《易·井》：「汔至，亦未繘井。」汔至，至是甲骨文所見乞字的本誼。」（甲骨文所見氏族及其制度十頁）

于省吾 「甲骨文之三即今气字，俗作乞。說文：「气，雲氣也。」石鼓文迄字从气作气，其三画均邪作，为說文所本。气字，周初器天亡毁作三，矢令毁作三，犹存初形。东周器齐侯壶作气、气。晚周行氣玉銘有氣字，从气作气，晚周陶文有肐字，从气作气（陶文录附二四）。此例晚周古文常見，不备引。就东周以来之气字加以推考，以其与三字易混，故一变作三；取其左右对称，故再变作气。甲骨文之三即气字，已如上述。气字之用法有三：一为气求之气，二为迄至之迄，三为终止之訖。气训气求，典籍常見。气字孳乳为迄或訖，二字典籍每互用为别。尔雅释诂：「迄，至也。」又：「訖，止也。」诗生民之「以迄於今」，毛传：「迄，至也。」书秦誓之「民訖自若是多盘」，孔疏：「訖，尽也。」訖之训止训尽，与终义相因。

一，甲骨文之气训气求。例如：「贞，今日其雨，今日其□雨。王固曰，疑（疑），兹气雨。之日气雨。三月。」（前七·三六·二）按今日其雨之其应读作「该」（详释其）。今日该雨，则信否尚未可知也，故以疑为言。下言兹气雨，但气雨亦未知其能否降雨？是日允雨而后验也。「气酌暒自上甲衣至于多毓。」（《粹八五》）「气令伐吕」（《戳一二·九》）「气求于美。」（《佚八五五》）以上各条气字均应训气求。

二、甲骨文之气训至。例如：「王固曰，出（有）希，其出来嬉（囏）。气至五日丁酉，允出來嬉。」（《潸一》）「王固曰，出希，其有来嬉。气至九日辛卯，允出来嬉自北。」（《潸二》）甲長卜，亘貞，今三月，光乎来。王固曰，其乎来，气至隹乙。旬出二日乙卯，允出来自光。」（《通別二·二》）按气至五日丁酉，即迄至五日丁酉；气至九日辛卯，即迄至九日辛卯；气至隹乙，即迄至惟乙。甲骨文又称：「丙寅气壬申，☐戊兇，气丁酉，气辛☐。」（《粹一二五○》）郭沫若同志谓：「此例颇特异，为自来所未见。」按气通迄，丙寅气壬申，即由丙壬至壬申，迄丁酉，即至丁酉。此辞虽残，然文例固一贯也。

三、甲骨文之气训终。例如：「之日气出来嬉。」（《前七·三一·三》）气读迄训终。言是日终有来囏也。甲骨文又称：「贞，隹我气出不若。」（《明二三二二》）「丙戌，勿隹我气出不若。」（《明二三二四》）若训为顺利。以上两段是贞问我归终有无顺利之义。此外，周初器天亡毁，有「不（丕，语词）克三衣（读殷）王祀」之语。陈梦家引余说释三为气。并谓「可有两种解释」：一为「终其天命」，一为「继续殷王的祭祀」（《西周铜器断代（一）》）。按陈氏前一解释同之。气应读訖训终。《书·多士》言「殷命终于帝」，邢侯毁言「帝无终命于有周」。上述两语以反正为义。而「殷命终于帝」与「丕克訖殷王祀」，可以互相验证。

总之，甲骨文气字作三，自東周以来，为了易于辨别，故一变作𠄟，再变作气。但其横画皆平，中画皆短，其嬗变之迹，固相衔也。气训气求、迄至、訖终，验之于文义词例，无不吻合。」（《释气》，《甲骨文字释林》八一至八三页）

赵诚 「气，甲骨文一般写作三，中间一画较短，和三字三画一样长不同。构形不明。卜辞用作副词，有终訖之义：之日气出来嬉。（前七·三一·三）——这一天终于有凶咎到来。」（《甲骨文虚词探索》，《古文字研究》第十五辑二八四页）

姚孝遂 「比较特殊的是，「三」和「亖」的形体区分有时却不那么严格。在一般情况下「三」和「亖」的形体区分甚严，不相混淆。但是在所谓「骨面刻辞」中，常见的「臭乞寅因三」，有的时候「乞」和「三」的形体就混同无别。这是一个非常特殊的情况。由于有其他辞例可资比较，我们仍然可以明确地加以释读。」（《再论古汉字的性质》，《古文字研究》第十七辑三

二一页）

張玉金「在甲骨卜辭中，『乞』有三种用法。

先看第一种用法的『乞』字……都為动詞，是乞求的意思。

第二种用法的『乞』似当读为『迄』，訓为『迄至』……

第三种用法的『乞』是作虚词用的。先看以下几例：

(11) 庚辰卜，尹貞：翌辛巳乞酒彡自上甲至于毓，亡壵。（合集二二六四七）

(12) 庚戌卜，王貞：翌辛亥乞酒彡自報甲衣至于多毓，亡壵。（合集二二六四六）

(13) 癸酉卜，洋貞：翌甲戌乞酒砮自報甲衣「至」于多毓。（合集二二六五〇）

(14) 乞酒砮于上甲，其遘又升岁。（粹四三八）

(15) 癸酉卜，□貞：翌甲□乞酒砮于上甲，其遘又升岁三宰。（合集二五九四〇）

(16) 甲子卜，即貞：告于丁乞酒，亡壵。（粹八·一一四）

上引例(11)中的『乞』，于省吾先生训为『乞求』。周國正則讀为『迄』，訓为完成。在他看來，例(11)中的『乞酒彡自上甲衣至于毓』是說，在完成酒祭之后，自上甲开始举行『彡祭』，然后推及到所有的先王（看卜辭兩种祭祀动词的語法特征及有关句子的語法分析，載香港中文大学古文字学論集二二九至三〇七頁）。這兩种說法都不太可信，請看下引几条卜辭：

癸亥貞：乞酒祝在☒。

☒翌乙丑其酒祝☒。（屯南六〇三）

……翌辛巳乞酒彡自上甲衣至于毓。（合集二二六四七）

……其酒彡「自上甲」至于多毓衣。（前三·二八·一）

在上引第一条卜辭中的『酒祝』前用的是『乞』，而在第二条卜辭中的『酒祝』前則用了『其』。上引第三条卜辭中的『酒彡自上甲衣至于毓』前用的是『乞』，在第四条卜辭中的『酒彡「自上甲」至于多毓衣』前則用『其』。這可以說明這种『乞』与『其』很相近。又在前引例(16)中有『告于丁乞酒』一句，其中的『乞酒』显然是『告』的內容。『其告于丁乞酒』就是把『乞酒』一事報告給『丁』的意思。這类句式，在卜辭中常見。例如：

甲午貞：告麦其步。（掇一·四一八）

乙未貞：王其告其从亞侯。（粹三六七）

上引兩条卜辭中命辭的結构与『告于丁乞酒』一句的結构大致相同。這兩条卜辭中的『麦其步』、『其从亞侯』跟『乞酒』一样，都是『告』的內容。在『麦其步』中的『步』前、『其从亞侯』中的『从』前用的是『其』，而在『乞酒』的『酒』前則用『乞』。這也可以說明這种『乞』

与「其」相近。這种「乞」字，管燮初和饒宗頤兩先生都读为「汔」（看管燮初殷虛甲骨刻辞的語法研究三八至三九頁，饒宗頤殷代貞卜人物通考七〇三頁、一〇一頁、一〇二六頁），這可能是对的，因为這种「乞」和「其」很相近，而古代文献中有些「汔」，古人正訓为「其」（左傳昭公二十年引詩經大雅民勞「汔可小康」一句，杜預注：「汔，其也」）。但是，「汔」在古文献中一般是庶几的意思，若以此义解释前引卜辞中的「乞」，大都扞格难通。我们认为，卜辞中的這种「乞」虽然即是古籍中的「汔」，但是，古籍中的「汔」与卜辞中的「乞」意思已经不一样了。卜辞中这种「乞」究竟是什么意思，這不易说清。前面说过，古籍中有些「汔」古人训为「其」，古籍中有些「其」是将要的意思，卜辞中這种「乞」或许即是此义。若以此义解释前引例(11)至(16)中的「乞」，都很允当。下引(17)例至(20)例「祭名」前的「乞」与例(11)至(16)中的「乞」相同：

(17)乙未卜，王貞：乞有祷于祖乙。王吉兹卜。（合集二二九一三）

(18)丁酉卜，大貞：乞告其壴于唐衣，亡尤。（合集二二七四六）

(19)庚戌卜，争貞：王乞正河新𠦪，允正。（合集一六二四三）

(20)☒乞燎于岳。（佚八五五）

上引几例中的「乞」出现在「祭名」前，下引几例中的「乞」则出现在「令」或「乎」等动词前。例如：

(21)☐☐卜，争貞：乞令𠭰田于先侯。（合集一〇九二三）

(22)王乞令酒河燎。（合集一四五八〇）

(23)☐☐卜，争貞：乞令伐邛，受有又。（合集六二九一正）

(24)甲辰卜，貞：乞令☐☐以多馬亞省在南☒。（合集五六四）

(25)辛卯卜，㱿貞：乞乎酒河，不遘正。（合集一四五三六）

(26)貞：今日其〔雨〕。王占曰：疑兹乞雨。之日允雨。三月。（合集一二五三二）

「令」前的「乞」，于省吾先生也训为「乞求」。但是，以此义解释「王乞令酒河燎」中的「乞」，显然不通。试把「王乞令酒河燎」与「王其令王族成𠂤☒」（粹一一四九）相比较，当知「王」和「令」间的「乞」也与「其」相近，「令」前的「乞」也应读为「汔」，「乎」前的「乞」亦然……「疑兹乞雨」可能是说怀疑今天将会下雨。

下面，我们再看看出现在「至」前的「乞」。例如：

(27)〔王〕占曰：有求，其有来。乞至，亡我。（合集六七七八）

(28)甲辰卜，亘貞：今三月光乎来。王固曰：其乎来，乞至，唯乙。旬有二日乙卯，允有来自光，以羌刍五十。（合集九四）

(29)癸巳卜，殼貞：旬亡囚。王占曰：有求，其有来嬉，乞至。五日丁酉有允有来嬉自西。

王占曰：有求，其有来嬉，乞至。七日己巳允有来嬉自西。（合集六〇五七正）

(30)王占曰：有求，其有来嬉，乞至。九日辛卯允有来嬉自北。（合集六〇五七反）

(31)王占曰：有求，△光其有来嬉，乞至。六日戊戌允有☒。（合集五八一）

上引(29)中的『乞至』，于省吾先生把它与『五日丁酉……』连读，认为是属于验辞。他把『乞至』中的『乞』读为『迄』……但是，从上引例(27)、例(28)来看，『乞至』一语显然不能与『五日丁酉……』连读，它不属于验辞，而是属于占辞（这一点管燮初先生早已指出来了，看『殷虚甲骨刻辞的语法研究』三八页至三九页）。既然如此，把这种『乞』读为『迄至之』，就难以令人信从了。上引(27)至(31)中的『乞』，仍当读为『迄』，似也可训为『将要』。这样解释『乞至』之『乞』，似是允当。比如上引例(27)中的占辞是说：会有咎（灾的意思），会来，将要到了，不会有福宜。其余诸例中的『乞』同此。

再看其它一些动词的『乞』。例如：

(32)貞：乞伐，利。（合集七〇四四）

(33)□子卜，宾貞：𡆥乞步伐𢀛方，受有又。（合集六二九二）

(34)辛未卜，殼貞：我奴人，乞在黍，不冊，受有年。（合集七九五）

(35)貞：翌辛〔未〕亚乞以众人𠷎丁录，乎保我。（合集四三）

(36)唯我乞有不若。（合集五五一二）

(37)癸亥卜，彭貞：其酒彡，王乞亡左。（甲二六一六）

试把上引例(32)与『其伐先，利』（前二·三一·一）一例相比较，当知例(32)中的『乞』和『其』很相近，(32)中的『乞』也应读为『迄』。例(33)至例(35)中的『乞』同此。例(36)中的『乞』，于省吾先生读为『迄』，训为『终』。他认为：『唯我乞有不若』是在问『我归终有无顺利』。此说亦不可信。试把例(36)与下引两例相比较：

貞：犬登其有不若。（续四·三四·二）

吠其有不若。（掇二·六）

可见，例(36)中的『乞』与『其』也相近，也应读为『迄』。例(37)中的『乞』与(36)中的『乞』相同，饒宗頤把(37)中的『乞』读为『迄』（看殷代貞卜人物通考九〇四頁）是可信的。总之，第三种用法的『乞』应读为『迄』，可能是将要的意思。这种用法的『乞』与『其』应是有区别的，它们的相异之处待考。』（卜辞中乞的意义和用法，文物研究五辑二一四——二一七頁）

晁福林說參「丁」字條下。

按：卜辭三為乞之初文，用為乞求之乞、迄至之迄、終止之訖。于先生的說法是不可更易的。卜辭「乞」字中間橫畫較短，與數字之「三」在形體上明顯有所區分。有時亦與數字之「三」混同無別者，但從辭例可加以區分。

諸家或混同於「川」、或混同於「云」、或混同於「彡」，均非是。

3327

彡　彡　彡　彡　彡　彡

羅振玉　「濬肜日之肜，不見許書，段先生謂即肜字。公羊宣八年傳注：『肜者，肜肜不絕』。是肜之義為不絕。卜辭有彡日，或作彡彡諸形，正象相續不絕，殆為肜日之本字。彭字盍从此得聲。故卜辭中彭字或从ミ，其明證也。卜辭中又有彡月，其誼則今不可知矣。絲尊亦有彡日，博古圖（卷六）載父丁彝亦有彡日隹王六祀語」。（殷釋中十六葉下）

王襄　「古肜字。羅亦言先生云濬肜日之肜不見許書，段先生謂即肜字。公羊宣八年傳注肜者，肜肜不絕。是肜之義為不絕。卜辭有彡日，或作彡彡諸形，正象相續不絕，殆為肜日之本字」。（類纂正編第八第三十九葉下）

王襄　「尚书高宗肜日傳云：『祭之明日又祭，殷曰肜，周曰繹，』疏：『孫炎曰：肜者，相尋不絕之意。』彡，說文解字無之，肜下段注云：『商曰肜，即此字，』春秋宣公八年公羊傳『壬午犹繹，』注云：『殷曰肜，周曰繹。』又云：『肜者，肜肜不絕。』契文之彡，三、五畫相繼，製字之始，当由闻鼓声之連续，写其声為彡，更製彭字，半象鼓声。由彡所孳乳，其变體作ミ、彡、三諸形，犹存初形初誼。后以舟从彡，衍為肜字，经典肜日之肜用肜而彡废，邑斝作彡，絲尊作彡，器是殷代遺製，故字与卜辭同。」（古文流变臆說三五——三六頁）

葉玉森　「按羅氏釋彡為肜至確。予疑彡為古代表示不絕之標幟。……卜辭曰『肜日』、『肜月』並為祭名」。（前釋一卷二十葉）

董作賓　「以彡為『相續不絕』，似是後起之義。在殷代當是伐鼓而祭之義。祖庚時卜辭有：『辛亥卜，出貞：「其鼓彡告于唐，□牛」一月』。（潊六、二）言『鼓彡』，可知彡與鼓有關。侯家莊西北岡殷代陵墓中曾出土一鼓，……與他祭器並陳，此殷人祭祀用鼓之實證也。彡之義殆為鼓聲，此可於彭字證之。彭在卜辭為地名及貞人名，字作彭，彭，左為鼓形，右象其聲，即彡字也。彭之初誼，殆擬鼓聲之彭彭，故伐鼓而祭，即謂之彡矣」。（殷曆譜上編卷三祀與年第十四葉下）

唐蘭　「『彡夕』，連夕之祭也。王賓為祭禮之總名，彡夕為祭法」。（天釋三十葉下）

孫海波　「彡，甲一三。卜辭用彡為肜祭之肜，重見彡下。」（甲骨文編三五八頁）

孫海波　「彡，甲八七○。朱書。卜辭彡用為肜祭之肜。」（甲骨文編三七一頁）

楊樹達　「尚書有高宗肜日篇，偽孔傳說肜日云：『祭之明日又祭，殷曰肜，周曰繹』。按偽傳說本爾雅。爾雅釋天云：『繹，又祭也。周曰繹，商曰肜』。孫炎注云：『祭之明日，尋繹復祭。肜者，相尋之意』。宣公八年春秋云：『辛巳，有事于大廟，仲遂卒于垂。壬午，猶繹』，公羊傳曰：『繹者何？祭之明日也』。何休注云：『禮，繹繼昨日事，但不灌地降神爾。天子諸侯曰繹，大夫曰賓尸，士曰宴尸，去事之殺也。必繹者，尸屬昨日配先祖食，不忍輒忘，故因以復祭，禮則無有誤，敬慎之至』，按如何說，繹祭不灌地降神，意主賓尸，既是賓尸，自非正祭。故徐彥疏云：『繹在正祭之後，祭尊於繹』，是其說也。古人既視肜繹為一事，說繹如此，肜義可知。然今考之甲文，則殊不爾。殷虛書契前編一、一、八云：『壬寅卜，貞，王賓示壬彡日，亡尤？』又一、五、六云：『甲申卜，貞，王賓大甲彡日，亡尤』。彡日即書文之肜日，已無疑問。殷人卜祭必以王名之日卜，如上舉二例，示壬肜日之卜以壬寅，大甲肜日之以甲申，是也。卜用王名之日，則祭用王名之日可知，蓋先十日卜後十日之祭也。殷人肜日祭之外，更有肜夕之祭，其卜也，必用王名之先一日。如前編一、五、一云：『乙酉，卜，貞，王賓外丙彡夕，亡尤？』又一、六、二云：『己卯，卜，貞，王賓大庚彡夕，亡尤』。王名丙則以丙之先一日之日卜，王名庚則以庚之先一日己日卜，是其例也。此亦非以卜日祭，亦先十日卜之也。如上來所說，殷人肜夕以王名先一日祭，而肜日以王名之日祭。然則前人所謂祭之明日又祭者，第一祭字蓋指肜夕言之，明日又祭則指肜日言之也。以事理言之，先夕之祭蓋豫祭，而當日之祭則正祭也。正祭為重而豫祭為輕，則先儒謂初祭為正祭，尊於復祭者，非其實也」。（積甲文說五二葉）

李孝定　「說文所收與肜字形音相近之字有舟部之肜，丹部之彡。肜下解云『船行也从舟彡聲』段氏注云『「夏曰復胙商曰肜周曰繹」即此字，取舟行延長之意也。其音以戎切，其字毛詩箋作融』。彤下許君解云『丹飾也从丹彡彡其畫也彡亦聲』據小徐本彡為所銜切，與肜彤聲並相遠，不應以之為聲。然據彭字亦从彡聲求之，知彭肜所从得聲之彡，實即契文之彡彡乃彭之古文所以象鼓聲者。董先生所說是也。字實非訓『象毛飾畫文』而讀『所銜切』之『彡』，其形雖同，而音義各別也。鼓聲彭彭，相續不絕，以此為祭謂之彡祭，引申而有尋繹不絕之義耳。」（集釋二七六三葉）

饒宗頤　「按彡即肜，卜辭有彡日，又有肜夕。爾雅釋天：『繹，又祭也。周曰繹，商曰肜』。孫炎注：『祭之明日，尋繹復祭，肜者相尋之意』。右辭卜于來甲子酌彡。下文云：『貞于父乙方。勿于父乙方』。知『彡』者即指來甲子之明日乙丑，肜祭父乙也。其對貞占辭云：『弗其正』，即卜于乙日肜祭父乙，為良貞與否」。（通考三九〇葉）

饒宗頤　「『戊戌卜，口貞：王㝛（戔）甲，彡龠，亡囚』。（粹編二二〇）按彡為繹祭，尋繹昨日之祭，以儐尸也。賓戔甲本宜在甲日，此於戊戌卜者，先期卜之」。（通考一一二一葉）

屈萬里　「彡，即後世之肜字（羅振玉說，見殷釋中一六葉）。為殷人五種重要祀典之一；說詳殷曆譜（上，三，一四）。殷人彡祭，有彡日，有彡夕。彡夕之祭，行於先王生日之前夕；彡日之祭，則行於當日。惟後人解肜字，以為『祭之明日又祭』者，與甲骨文彡字之義有間；蓋後起之說也」。（甲編考釋四葉）

唐兰　「酌就是彤字。原本玉篇『彤，餘終反。』爾雅：彤，（按今本作繹）又祭也，商曰彤。郭璞曰：高宗彤日是也。白虎通昨日祭之，恐礼有不備，故復祭也。彤犹言彤彤若从天下也。說文：『船彤（按今本作船行）也。』彤字隶变作肜，而說文旧音，转为丑林反，因此清代学者往往认为肜应从肉，很少人懂得彤、肜為一字了。其实殷墟卜辞，肜日肜夕字就作彡，也作彡，凡彡、彤、彭等字，都从彡得声，彡本来并不讀如衫。卜辞还常見酌字，也是祭名。金文見於戊寅鼎……都不知道酌从彡声，就是彡字的繁文，彤肜的本字。卜辞『肜日』字都只作彡，而彡日和翌日連在一起的总称则是酌。酌彡略有区别，其实是一个字。此銘酌祀的酌祀从彡，和卜辞彡日字的作彡形的符合，可為確证。（論周昭王时代的青銅器銘刻，古文字研究第二輯五八頁）

考古所「彡：祭名，諸家多釋肜。」（小屯南地甲骨八六四页）

常玉芝「……以上附记甲名先王祭祀的卜旬卜辞证明，彡祀的祭祀开始于『彡工典』之旬，终于『彡祖甲』之旬，共需十一旬的时间，如以甲名先王的祀序表示，其祭祀周期如下：

彡祀的祭祀周期

第一旬　彡工典　　第二旬　彡上甲

第三旬　空旬　　第四旬　彡大甲

第五旬　彡小甲　　第六旬　空旬

第七旬　彡戋甲　　第八旬　彡羌甲

第九旬　彡阳甲　　第十旬　空旬

第十一旬　彡祖甲

彡祀的祭祀周期与翌祀、『祭』祀、壴祀、𠦪祀的祭祀周期一样，都是十一旬，这说明五种祀典祭祀周期的时间幅度规定是一致的。」（商代周祭制度一七四——一七五页）

3382

常玉芝说另参□字条下。

按：字當釋肜，在卜辭為祭名。陳夢家卜辭綜述第十一章以彡（肜）為周祭之一，原文冗長，不具錄，可參閱。說文有从舟彡聲之「彤」字，訓為「船行」，其音義與肜懸隔，不當同字。朱駿聲說文通訓定聲謂：彤「與从肉之肜、从丹之彤迥别」。徐灝段注箋謂：「段臆説無據。彤音以戎切，則非彤字明矣。」玉篇彤余弓切，爾雅云祭也，又丑林切，舟行也。按此誤合丹部之彤、舟部之彤為一字。廣韻亦沿其誤」。

3328

易　昜　錫　□　□

孫詒讓「儀禮特牲饋食禮：『筮日云，若不吉則筮遠日如初儀』。少牢禮略同。若然，卜日不吉，則亦更卜矣。龜文易日字恆見，義蓋皆如是。其字作□（鐵一七〇・三）作□（鐵一二九・四）皆易之象形字也，舊釋為肜日形，義並未合。今考金文錫字多作□（頌敦）作□（公姒敦）即借易為錫。此字形與彼正同。而讀則當如字。易日猶言更日也。……

蓋皆吉則不易日，不吉則易日也。若釋為彤日，則于文齟齬難通矣」。（舉例上四葉上）

羅振玉釋鍚，曰：「古金文鍚字與此同」。（殷釋中七十四葉上）

王國維　「易日疑亦祭名，孫比部訓為改易時日。案之卜辭，多不可通」。（戩考廿一葉下）

王襄　「古易字。許說蜥易蝘蜓守宮也，象形。古金文多借易為鍚作彡，與此同。」（類纂正編第九第四十三葉上）

王襄類纂以為「古易字」，「借為改易字」。

王襄　「易，祭日之名，周世以賓柴祀日月星辰，知周之禮典因于殷禮尚多，祭日之禮，亦見於禮記祭法祭義」。（簠考典禮一葉）

葉玉森　「按孫氏釋彡為易，王國維謂易日為祭名，並塙。金文段易為鍚，似非禓省」。（前釋一卷五十九葉）

陳邦福　「彡當釋易禓之省，說文示部云：『禓，道上祭』。禮記郊特牲云：『鄉人禓』，注：『謂時儺索室毆疫逐強鬼也』。卜辭『酌允禓日』（前、七、四）言允祭驅疫之日，又它言『不其禓日』，則非驅疫日也」。（辨疑三葉）　書後更正云：「初釋易，以易易古多相假（屢見古緯書及漢碑）疑禓之省。近仍依舊釋作易，疑鬄之省（史記宋世家鬄成人表考據竹書別作易城盱）儀禮士喪禮四鬄去蹄，注：解也，今文鬄為剔。卜辭易日或鬄牲日歟？」又曰：「案彡初釋易以易易古多相假，（屢見古緯書及漢碑）疑禓之省。近仍依舊釋作易，疑鬄之省，（史記宋世家『鬄成』人表考據竹書別作『易城盱』）儀禮士喪禮：『四鬄去蹄』，注：『解也』，今文鬄為剔，卜辭『易日』，或鬄牲日歟」。（辨疑卷末）

郭沫若　「卜辭多見『易日』字。孫詒讓說為更日，或疑為祭名。案此二字每與天象字同見於一片，其例如次：『甲辰卜乙巳易日，不易日，雨』。（續、四、一四、三）『□□卜出□（貞），□（翌）丁酉□（其）易日，不雨，八月』。（鐵、一九三、二）『丙申卜□貞，翌庚□（子）易日，庚□（子）雺，□』（補、二〇、）『乙巳卜勿，翌丙午不其易日。庚子卜勿貞，翌辛丑易日。』

辛丑卜𠳋，翌壬寅易日壬寅雇。壬寅口卜𠳋貞，口（翌）癸口（卯）口（易）口日。（續五·一〇·三）「乙未卜王翌丁酉酒伐，易日，丁明，雇，大食。」（續六·十一·三）雇字每與雨風雨字同見于一辭，舊多誤釋為風，余釋為冢之古文，讀為霧。「丁明雇大食」者言丁酉之天明時霧大消散也。明之時刻在昧爽後，大盂鼎文可證。「甲辰卜王于己酉步，易日。不易日。丁未卜，戊申攺，不口（攺）。」攺者卜晴也，王國維謂是啓之借字，說文「啓，雨而晝姓也」。口字亦有竟作𢼸（通三九四片）若𥃝（續四·二三·九）者，後例云「不啓其雨」，正王說之確證。「口日雨小，口易日，三月。口𠬪方受㞢又，口受年，十三月」（殷契卜辭九一一）……以上九例，「易日」字與啓雨霧等同見於一片，或同卜於一辭，其為關於天象之事無疑。準此以求之，余謂易乃暘之借字。說文「暘，日覆雲，暫見也，从日易聲」是則「易日」猶言陰日矣。卜雨卜風卜啓卜霧均有之，卜陰之事理亦應有」（古代銘刻彙考第一冊廿一葉至廿四葉殷契餘論）

又曰：「辭云「𠜆齒」蓋謂失齒。「惟易」，殆言「亡害」，易用為難易之易。」（卜通十一葉上）

郭沫若　「字在金文或作𢽟，可以看出易字是益字的簡化。但易字在殷虛卜辭及殷彝銘中已通用，其結構甚奇簡，當為象意，迄不知所象何意。今其繁體字乃發現於周初銅器銘文中，豁然可見其簡化的痕迹。由此可見……殷人已在進行漢字的簡化。」（文物一九五九年第七期一葉由周初四德器的考釋談到殷代已在進行文字簡化）

孫海波　「卜辭易日之辭凡數百見。……今按易古書無有用作暘者，……考卜辭易日之用有云易日者，前編七·二一·四云：「貞：翌甲申易日」是也。有云允易日者，前編七·四·一云：「乙亥卜，賓貞：翌乙亥彭茲易日，乙亥彭允易日」是也。有易日雨者，續編四·一四·三云：「甲辰卜，乙巳易日，不易日。雨。」有云不其易日者，同版云：「貞：翌甲申不其易日」是也。有云易日風者，滬二〇云：「丙申卜，口貞：翌庚口風」是也。與卜風雨之辭云其風，其雨，不其風，不其雨，允風、允雨之義並同。竊疑易當讀為更也，𢓨也。易日不易日，猶言𢓨天不𢓨天也。莊子則陽云：「四時殊氣，天不錫，故歲成」不錫猶言不易，與卜辭易日同義。集解引宣云賜則私也，誤。天不易，即天不𢓨，特莊子就一年之天道言，卜辭係就一日之天道言，二者義有廣狹耳。」（誠齋考釋一四葉）

孫海波　「易猶𢓨也，猶今言𢓨天，又用為錫。」（文編九卷十葉下）

孫海波　「沙，𠕋三三六四。易日，易猶变也。猶今言变天。郭沫若讀暘日，覆雲暫見

也。又用为錫。沙，后二・八・五。易用为錫。錫多毋出貝朋。」（甲骨文編三九四——三九五頁）

孫海波　「沙，珅三三六四。卜辭用易为錫。重見易下。」（五二七頁）

吴其昌　「『丙戌卜貞，翌丁亥，錫日』者，『錫日』為殷代祭典之一名。在卜辭中，『錫日』常与『不其錫日』对举，如云：『壬午卜，不錫日，王步；癸未，錫日。辛巳卜，不錫日，王步；乙酉，錫日。』（续三・三八・又一条，見续四・一四・四・詳下。）其祭時常以酒，如云：『翌乙亥，酒兹錫日。乙亥，酒，允錫日。』（前、七・四・一・）『貞于□，来丁酉，酒大事錫日。』（续・二・六・四、）『乙未卜，王翌丁酉酒，伐，錫日。……』（续、六、一一、三、又二条見下。）有時亦以烟；如云：『翌乙未，圓，錫日。』（前、七・二〇・三）

其所祭之对象，有時亦為先王，如云：『……翌丁未，酒中丁，錫日。』（后・一・一七・一）『□□卜敝貞，来甲辰，酒大甲，錫日。』（鐵二七〇・一）其行祭之日的，常為求止雨見日，如云：『□□卜石貞，丁亥，錫日，丙戌雨。』（后、四・四・五、）因上一日丙戌天雨，故于翌日丁亥举行錫日之祭也。又云：『甲辰卜，乙巳，錫日。不錫日，雨。』（续、四・一四・四、）言乙巳日当行『錫日』之祭，不行此祭，將复雨也。』又云：『丙申卜，出圓，盟丁酉，錫日，不雨，六月。』（续・一九三・二・）言六月丁酉，已行錫日之祭，則不雨也。皆其明証。所以求止雨見日者，其故常為王之出行，如云：『丁卯卜，王步，甲辰錫日。』（后・一・二八・九、）『辛巳卜，王步，壬午錫日。』（续・三八・）又二条見上。『王步』，謂王之出行不以車輿而步履也。因王步履，故行『錫日』之祭以求不雨，此又其証也。是故，『錫日』之义，即如其本名為『賜斋』，為『祈錫日光』。今按：卜辭中之『錫』字，確為『賞』『賜』之誼，与金文同。如云：『錫多女汝之貝朋。』（后・二・八・五・）可証。則『錫日』自当又如其文；而此祭之為求晴止雨，益无疑矣。」（殷虚書契解詁第一五一——一五二頁）

楊樹達　「卜辭或言『疾齒唯易』、『疾齒亡易』，舊解為錫非。易者猶今言換牙也，即素問所謂『齒更』。」（甲文說十一葉釋易）

又云：「卜辭或言『易日』，易當讀為暘，許解云『日覆雲暫見也』。」（甲文說十一葉釋星）

楊树达　「卜辞『隹易』『亡易』之易，即素问所谓齿更，齿字所从之齿匕也，今人所谓齿堕更生曰换牙，正卜辞易字之义矣。」（释易，积微居甲文说卷上二一至二二頁）

李孝定　「說文：『易，蜥易蝘蜓守宮也，象形。祕書說：「日月為易，象陰陽也」。一曰：「从勿」』。許君並舉三說，正見其無所適从。契文金文見下均不象蜥易之形，亦與日月若勿字絕遠。郭氏謂為益今溢字之簡體，以所舉𧴪字之形及音言之，其說或是，然易益二字之義又相去懸遠，了不相涉。且契文金文益字多見，除郭氏所舉𧴪字一文外，餘均从𠬝，未見與𡋯契文𡋯金文形近者，此字之初形朔誼蓋已蒙昧難求矣。卜辭易字當从孫說訓更，易日即更日，易齒即換牙，或假為錫，與金文同。辭云『庚戌貞易錫多女㞢貝朋』後下八、五是也。陳氏讀為剔非是」。（集釋三〇二七葉）

饒宗頤　「按『易日』即『錫日』，天雨求賜日也」。（通考八二葉）

饒宗頤　「『……貞：于來丁酉彡，大事，易日。八月。……』（見庫方一六二〇）大事易日者，其義向來未明。禮記祭義云：『郊之祭，大報天，而主日配以月。夏后氏祭其闇，殷人祭其陽，周人祭日以朝及闇』。鄭注：『主者，以其光明，天之神可見者莫著焉。闇，昏時也。陽讀為『日雨日暘』之『暘』，謂日中時也。朝，日出時。夏后氏大事以昏，殷人大事以日中，周人大事以日出』。此三代郊祭時間之異，殷人之祭也以暘，故在日中時。卜辭『中日』一名屢見，可證鄭說。大事以日中，故有錫日之卜也」。（通考八四七——八四八葉）

饒宗頤　「卜辭『甲子卜，殼貞：王疾齒，隹易』。（前編四、四、二）『甲子卜，殼貞：王疾齒，亡易』。（前編六、三二、一）

楊遇夫云：『易』謂換牙易齒，引素問：『丈夫八歲腎氣實，髮長齒更』。予謂此『易』字當訓平復。爾雅釋詁易與平同訓。『亡易』猶言『不易』，左襄三年傳『以歲之不易』。不易，多難也」。（通考一一三葉）

屈萬里　「易錫古同字。卜辭：『丁巳卜，賓貞：令𢦏易𡿧食，乃令西史？三月』。此易讀為錫，給予也」。（甲編考釋二六八葉）

張秉權　「𧴪，是易字，在此是人或國族之名」。（殷虛文字丙編考釋第二三頁）

勞　榦　「今字為坩堝，倒傾銅液，已見前述，易字為一平淺之釜，斜傾錫液，亦僅可以比較得之。蓋銅之鎔點較高，在攝氏一〇八三度，非坩堝不能鎔解，而錫則鎔點甚低，僅攝氏二三二页，凡任何釜器，皆可应用。此所以易字作彡，而与今字作月。造字之原则相同，而其形则异之故也。」（古文字试释，历史语言研究所集刊第四十本第四十三页）

严一萍「以余考之，字当读『易』，与『易』为一字，『易』为『暘』之初文。说文：『易，云开也。』『暘，日出也。』观乎卜辞所记，以『云开』『日出』之义，最为适合。如：

1.（□□卜）穷贞：翌乙亥不雨，易日？（丙三二（乙五四七二十五四七四））

2.（癸）未卜争贞：翌甲申易日？之夕，月出食。甲罹不雨。翌甲申不其雨。（丙五九）

3. 乙未卜，㱿贞：翌庚申不其易日？

贞：翌庚申我伐，易日？庚申明罹，王来途首雨小。（乙六四一九）

注：『乙未卜㱿』四字契在背面，此是面背相承之一例。

诸辞皆以『易日』与『雨』『不雨』同贞，此可证卜之日必为阴天。曰天阴之变化非『雨』即『晴』。故凡卜之日天气阴沉，不知明日之晴雨，而望其转晴者，即有『易日』之贞。其最显者，莫如左记之卜辞：

贞：翌庚子，不其易日？

（贞翌）庚子易日？王固曰：攺，勿易。之夕雨，庚子攺。（丙四七七十乙四一六九）

此是己亥日天阴，卜问明日庚子是否日出。王视兆而固之曰：『攺』，勿『日出』。此夜果雨，至明日庚子乃『攺』。此『之夕雨，庚子攺』二句，是应验之辞。故在当日之情形，确如王固之攺，而非易。然则攺与易奚别？说文：攺，而而昼姓也。』此与卜辞卜而而後曰攺之义正合。易则云开日出，天阴而卜，尚未有雨也。如：

4. 己卯卜，亘贞：翌庚辰易日？（粹六〇六）

5. 庚子易日。

6. 翌庚子，不其易日？（乙三〇七三）

丙寅卜，内：翌丁卯王步，易日？

翌丁卯王步，不其易日？

翌戊辰王步，易日？

翌戊辰勿步。（乙八一一）

7. 乙亥卜，穷贞：翌乙亥酒，系。易日？乙亥酒，允易日。（前七四一）

8.（□□卜）㱿贞：来甲辰酒大甲，易日？（铁二七〇·一）

9. 贞：于来丁酉酒，大事。易日？（续二·六·四）

10. 贞：于来丁酉酒，大事。易日？八月（库一六二〇）

凡此，皆不言雨，蓋卜之日仅为阴天，故貞来日是否日出。是「易日」者，非如郭氏所谓卜来日之为阴天也。

周初器德鼎：「王益德貝廿朋」，借益为锡，金文编录于易後，郭氏陳梦家均据之以定易为益之简化。并谓：「易字原象皿中之水溢出或倾出，故有增益，賜予之义」。倘易之朔谊果如此，实无当於卜辞之易日，更与郭氏释易为天象「日覆云暂见」之说，大相背驰矣。德鼎之用益为锡，当是音同相借，为偶发现象。决非字形演变之简化。故其他銘文所见，益自益，易自易，而益皆从皿未有丝毫混同之跡象可寻。且金文之易，更有作易者，明其右半从日，正象云开而见日出，左半之彡，象阳光之下射也。

昔莊述祖已说「易暘一字」，马夷初谓「易易古音喻纽四等」，探其源，实即由易演化而来。故隶定之作易作易，亦可作暘作暘。不特此也，因易易古本一音，故凡从易之字，皆同此例。说文：「禓，道上祭，从示易声」。郊特牲，「乡人禓，孔子朝服立於阼」。即论语「乡人傩，朝服而立於阼阶」。注：「禓或为献，或为傩」。段玉裁以「易易声与献傩，音理远隔」。改为「从示易声」。陆心源讥其改读易声为无据。马氏疏证曰：「易易音同喻四，易即从易得声。则易声易声皆可也。故禓鍚从易得声，而诗有瞽释文：鍚，夕清反，又音唐。献音晓纽，晓与谕四同为摩擦次清音，故禓或作献；献傩声同真类，故或作傩」。案马说是也，下至隋唐之世犹之陽有賜音。卢文弨龙城札记「阳有賜音」条曰：尔雅释诂：「台朕赉卜畀阳也」，今本郭注云：「赉卜畀皆賜与也，与犹予也」。陆氏释文：「阳音賜，又如字，本或作賜」。近时本两賜字皆作賜。夫阳賜同一音，即是「如字」，则上「音賜」二字亦赘。此由後人疑阳与賜音不相近，而妄改之耳。今幸宋本不误，可证之。因知郭注必本是：「赉卜畀賜，皆与也」。故下即承云「与犹予也」。以阳为賜，以予为与，皆即用汉人易字之法。如郭氏注穆天子传，以谏为間，同是一例。（释易中国文字第四十册四四三〇至四四三四页）

严一萍　「以余考之，字当读「易」，与「易」为一字，「易」为「暘」之初文。说文：易，云（据六书疏证说补）开也」。「暘，日出也」。观乎卜辞所记，以云开日出之义，最为适合。」（释易，甲骨古文字研究第一辑四八页）

于省吾　「「己酉卜，亘貞：易禾。不易禾。」（乙四八六七）甲骨文以易为锡並不多见，例如：「易貝朋」（南北坊三·八一），「易多女出貝朋」（后下八·五），「易牛五」（乙一六一），是其证。……甲骨文的锡禾，无疑是商王对臣僚赏赐禾稼的貞卜。」（关于商周时代对于「禾」「積」或土地有限度的赏赐，中国考古学会第一次年会

（诂文集一四九——一五〇页）

张桂光 「□（河五六二）与□（甲二九四四），甲骨文编均收入附录。我认为这两个字都应该释为『易』。易字甲骨文多作□形，前人有以为『象云开见日』『作晴』、『作阴之意』的，有以为是□形简化的，似乎都不大妥贴。试比较□（粹一七八）与□（佚三三）、□（乙四八六七）与□（福二）、□（佚六六二）与□（铁二四·三）等字的偏旁，在联系金文编附录上四六所收的□与附录上五七所收的□、□、□等图形的□与□看，□字的□与□字的□以及□的□都当是同一的东西，即竖放的盘（□）。□正象盘中盛水自上向下倾注之形，会易予之义。而河五六二的□、甲二九四四的□也正是盘中盛水自上向下倾注的形象，自然也应该释为『易』了。」（古文字考释四则，华南师院学报（社会科学版）一九八二年第四期八八页）

姚孝遂 肖丁 「卜辞与『攺』、『启』相对的称之曰『易』。也是指某种天气现象而言。

卜辞『易』字主要有三种用法：

一、用作『錫』，也就是現在『賞賜』的『賜』，如：

『易貝二朋』 南坊3.81

『王易宰丰寝……』 佚518

这和金文『易』用作『錫』是一样的。

二、用作『平安』之意。如：

『王疾齿佳易？』 前4.4.2

『王疾齿亡易？』 前6.32.1

楊树达以为此类『易』字当训为『更』。『易齿』，犹今言换牙也。即素问所谓『齿更』（积微居甲文说〃）。

郭沫若先生以为此类『易』字『用为难易之易』，『惟易』殆言『无害』（卜通〃）。

饶宗颐先生则谓『亡易』犹言『不易』。据左传襄三年『以发之不易』谓『不易』者，『多难』也（通考113）。

上述这些说法都有所未当。『易』当读作『傷』。礼记中庸：『故君子居易以俟命』，注：『平安也』。商王由于『疾齿』而卜问『佳易』、『亡易』，乃是询问是否平安。这和卜辞关于疾病经常所见占问『有壱』、『亡壱』的用法是一致的。

三、『易』即『賜』

卜辞的『易日』考释诸家大体上可有三种不同的意見：

一、孫治让谓『易日』犹言更日』（举例上4），孫海波谓『犹言变天』（诚考14）；

二、饶宗頤读『易日』为『錫日』，谓『天雨求賜日也』（通考82）；

三、郭沫若读『易』为『暘』谓『易日』犹言『阴日』（殷契余沦）。陈梦家赞同郭沫若的说法，认为：『卜辞所卜易日、不易日皆指某一日的阴与不阴』（综述244）。

卜辞大量的辞例证明『易日』当以读作『暘日』为是。说文：『暘，日覆云暂見也』；又『霧，云覆日也』，『霧』之古文作『侌』，今字则假『阴』为之。是『暘』和『霧』仍有区别。用現代关于气象的专门术语来说，『暘』当属于『多云，有时晴』之类。卜辞『易日』是介乎『雨』和『啓』之间的一种天气現象，从广义的角度来说，相当于今天通常所谓的『阴天』也未尝不可。』（小屯南地甲骨考释一四七—一四九頁）

陈世辉　湯余惠　「合集一〇三四九：

甲子卜，㱿贞：王疒齿隹易？

壬申卜，㱿贞：圃卑麋？丙子陷，允卑二百又九。

……易，轻。指病情缓和、平复。」（古文字学概要一七二頁）

按：郭沫若釋「易日」為「暘日」，猶言陰日，其說是對的。但讀「隹易」為「亡害」則有未然。楊樹達以「疾齒唯易」為「齒更」，亦有可商，「齒更」乃小兒生理之常，此言「王疾齒」，商王為武丁，不得以「換牙」解之。易當讀作「侇」，禮記中庸「故君子居易以俟命」，注：「平安也」。疾齒而占「隹易」、「亡易」，謂平安與否也。此與「有巷」、「亡巷」之用意同。

卜辭「易」又用為「錫」。佚五一八辭云：「王易宰丰帚……」，與金文易用作錫同。

「易」之初形當來源於「益」之省，郭沫若之說是可信的。

3329　小　丨丨丨

王襄　「古小字」（簠室殷契類纂第四葉）

商承祚　「小，卜辭作三點，示微小之意，與古金文同。許君訓『从八丨見而八分之』，殆非初誼矣」（類編二卷一葉）

葉玉森

「説文『小，物之微也。从八丨見而八分之。』按契文作𡭔，蓋象細小如雨點形，故亦借作省文雨。如甲骨文字一卷十葉『缺日允𡭔𡭔』，即雨之省文。辭言某日允雨也。又有作𡭔者，前編四卷四二葉『雨𡭔』，又五五葉『牛𡭔』，羅振玉釋少，王襄釋雹。予按殷虛卜辭四〇一版『己巳卜亡𡭔臣其斧』，又小臣之小，正作𡭔，知𡭔𡭔同字。上舉二辭固言雨小，牛小也。篆文之𡭔，即由𡭔変。褱盤彤沙之沙作𡭔，仍从𡭔，知古本無少字」。（説契五葉）

李孝定

「説文『小，物之微也。从八丨見而八分之。凡小之屬皆从小。』卜辭作上出諸形，本象物微細之形，篆文之小即由小形衍変。許君之説係就篆體為言，故有丨見而八分之之語，實則此字固不从丨八也。後世解説文者亦囿於許説，均就丨八會意為訓，非古誼也。古文小少每不分，以其形近義復相因也。金文作𡭔盂鼎，八静簋，八宅簋，小遣弔簋，小令鼎，小易鼎，𡭔辛巳簋，小遣小子簋，𡭔毛公鼎小大二字合文」（集釋〇二四六葉）

白玉崢

「八：審其构形，首筆呈垂直之势，二、三兩筆則呈右左外侈之态，与契文小之構形作⺌（甲六三〇、⺌（后上二八．二等，大异其趣。蓋契文小之三筆，其筆势皆呈垂直之狀，而此則殊異於斯；用知释小為非是矣。考契文八十之合文，其构形与此毕肖，如佚存五四七片之八，商氏考释為『八十』之合文，学者曾无异议。是本刻辞之八，当即八十之合文，為計数之辞。」（殷契佚存五一八号骨柶試释　中國文字新十期九八頁）

于省吾

「説文：『小，物之微也，从八丨，見而分之。』又：『少，不多也，从小丿声。』又：『尐，少也，从小乀声，读若辍。』按许氏释小少尐三字并误。甲骨文小与少同用，后世分化为二字。甲骨文小字作⺌，既不从八也不从丨。小字作三小点以表示物之微小。甲骨文少字作𡭔，无从丿者。果如许说，则小为会意字，少与尐为形声字，均背于初文。少字，春秋时金文鄘侯簋作𡭔，弔鎛作尐，蔡侯鐘作尐，都是后起的变形。其中少字作尐，本来反正无别。本諸上述，则少字的造字本义，系于⺌字下部附加一个小点，作为指事字的标志，以别于小，而仍因小字以为声。」（甲骨文字释林释古文字中附划因声指事字的一例）

姚孝遂

「拾一一四有辞为：『甲戌……肜日……二牛……』叶玉森攺释谓『沮丁即祖丁。段沮为祖，卜辞仅見。同声相段，此为明证。』自此以后，大家就习焉不察，多沿袭叶氏的错误。孙海波甲骨文编四三三；金祥恒续甲骨文编一一、二；李孝定集释三二八二全都释『沮』，无异词。只有島邦男卜辞综类五二五误作『且乙』合文，较为近是，但也不完全对。实当为『

小且乙」之合文。

辞或称「小乙」，或称「毓且乙」，或称「小祖乙」。王国维《戬五·一》：「癸巳卜即貞，翌乙未其于小且乙」。史记殷本紀则称小乙，乃继「小辛」为王，均为「盘庚」之弟。

《甲骨文编》还录《库》一六七二有「沮」字。《库》乃摹本，字不清晰，与「沮」字不类，右旁不从「水」，不可据。甲骨文根本没有「沮」这个字。（《契文考釋辨正舉例》見《古文字研究》第一輯）

陈炜湛 「少小二字形音均近。以形论，少作𡮐，小作丨丨，仅一点之差。卜辞小字习见，少字则不多见，而凡称少者，其义皆与小同。下面就是少小同义之例：

己丑卜，钔于帝（帝？）卅少牢？ 叀小牢于父戊？（乙四六〇三）

岳𤐫少牢，卯牛？（明后二四三二）

庚辰卜，又彳伐于上甲，三羌，九小牢？（明后二四六七）

壬戌卜，甲子少雨？（京都二三八九）

丁巳小雨，不祉（延）。（粹二三七）

丙午卜，今日其雨？大采雨自北，祉口少雨。（乙一六）

丁至庚不冓小雨？丁至庚其冓小雨？兹用，小雨。（粹一〇〇四）

庚辰卜，𠂆：今夕其雨？允雨，少。（前四·四二·五）

☐其雨？之夕允雨，小。一月。（京都一七一九）

☐雨，之夕㞢，丁酉允雨，少。（续四·六·一）

癸亥卜，㱿：翌甲子不雨？甲子雨，小。（掇二·三）

庚申卜，扶：令小臣取𠦪鳥？（甲二九〇四）

己巳卜，亡少臣，其取又？（明四〇一）

贞：叀小臣令众黍？一月。（前四·三〇·二）

上述诸例中少牢与小牢，少雨与小雨，雨少与雨小，少臣与小臣等，意义无别。唯卜辞屡见之小示、小子、小宗、小采、小告、小母、小王等词中之「小」未见有易为「少」者。说文：「小，物之微也。从八，丨见而八分之。」「少，不多也。从小，丿声。」许据小篆说字，不知少小古形近义同。传世典籍中也同样有这类少小同义的文例。如史记扁鹊仓公列传：「齐中尉潘满如病少腹痛」，少腹实即小腹；左传定公十四年：「从我而朝少君」，少君即小君，古称诸侯之妻。杜甫醉歌行：「陆機二十作文赋，汝更小年能缀文」，小年即今所谓少年；王昌龄青楼曲：「楼头小妇鸣筝坐，遥见飞尘入建章」，小妇亦即少妇（年轻的妇女）。今世口语中「少」多指数量之多少，「小」多指面积或体积之大小，分别与多、大相对。然仍有相通之处，如少爷、少东家、少奶奶，少亦均与小义同。可见自古及今，少小同义，一脉相承，延用不衰。」（甲骨文同义词研究古文字学论集初编一四五——一四七页）

姚孝遂　肖丁　「卜辞「小」与「少」已开始分化。就其形体言，「小」字多作「尐」，「少」字多作「尐」。就其词语结构言，「小雨」小字在前；「雨少」少字在后。「小」与「少」固然有时混淆难分，如「尐臣」、「尐宰」之类，然而小乙、从无作尐乙者。

但我们必须承认卜辞中「小」、「少」已有所区分的现象。谓「小」、「少」同源是可以的，但不能笼统地认为卜辞「小」、「少」无别。

第(小)辞的「其未雨少」，只能是「少」，其理由就是：字的形体作「尐」，并在雨字之后。

试参考以下诸辞例：

前4.42.5：「庚辰卜，贞，今夕其雨？允雨尐」

粹816：「……不雨？兹雨尐」。

凡此诸「尐」字均应读作「少」。郭沫若先生粹816考释读「少」是正确的。但他将原辞之「ㄅㄑ」读作「乙」「幺」二字，以为「幺雨」即「细雨、微雨」亦即诗信南山「益之以霡霂」之「霡霂」，「今俗称毛毛雨」，这是错误的。「ㄅㄑ」乃「88」字之缺刻最后一笔者。」（小屯南地甲骨考释一二九页）

姚孝遂　肖丁　「

946 (4)「王又伐于大丁

963 (2)「于小丁𫜊」

1277「甲申……宔大丁……」

2173 (1)「又中丁」

据明740卜辞「大丁」为「大乙」之子，「中丁」为「大戊」之子，都是非常明确的。至于「小丁」

当是小乙之父祖丁。」（小屯南地甲骨考释五〇——五一页）

「丁卯卜，旅贞，王宔小丁氐𠬪父丁，亻伐羌五」。此「父丁」为武丁，然则「小丁」

晁福林說參二字条下。

按：說文訓小為「物之微」，訓少為「不多」，訓「尐」為「少」。實則本同源。王筠說文句讀已約略指出這一點（見「尐」字條下）。吳大澂說文古籀補、林義光文源也都談到小、少古為一字。商承祚以為小字卜辭作三點，示微小之意」是對的。卜辭「小臣」或作「少臣」；乙四六〇三合集二二〇七三「叀小牢于父戊」，「于庚少牢」見於同版，足證卜辭小、少可通用。但卜辭「小」與「少」已開始分化，不能視為同字。先祖名如「小辛」、「小乙」等均作「小」而不作「少」，是「小」與「少」在形體上仍是有所區分的。

3330

少　小　小

羅振玉　「克盤沙字作沙，从少，與此同」。（殷釋中七十四葉）

王襄　「少，古雹字。說文解字：雹，雨冰也。古文作靁。按：象冰點之形，此作少，亦象冰點之形，省雨，殷契雹作𩁹，亦猶雨，同例。或釋少，克盤沙，作沙，从少作小，亦可通。然終疑小為象散石之形，非少字也」。（簠考天象十三葉）

王襄　「古雹字，許說：『雨冰也，从雨，包聲。』此省雨，少，象雹冰點凝聚之形，殷契雹作𩁹，說文：雲，古文作云、𠄞，皆省雨。或釋少，文見本編二」。（類纂十一卷第一冊五一葉）

又曰：「小，古少字，少、小古為一字。辭云：『貞今日酒小宰于』……小宰，即少宰」。（類纂二卷第一冊四葉）

朴海波　「少，乙一六。卜辭少、小通用，少雨即小雨。小，佃二九〇四。小臣即小臣。」（甲骨文編二八頁）

李孝定　「說文『少不多也从小丿聲』卜辭作上出諸形，與小同。意古文少小互訓通用不多則小義亦相因也。許君以爲形聲，丿讀房密、匹蔑二切，於少聲不諧，蓋緣此字本非形聲，許君誤據篆文立說故致扞格耳。金文作少吉日壬午劍少楚王酓忎盤少鄦侯簋少齊侯鎛具見

由小至少遞嬗之迹。」（集釋〇二四七葉）

李孝定　「小少為抽象之象形說見下八字注，其所象不一物。王氏舉霝雲二字之契文古文為例謂可省雨，然亦不當釋霝說詳雨部，按此二字省雨而其形已具，靁字省雨則混於晶星之古文，如省作小則所象何物實難確指，何以知其必為霝字。且如王氏言字如不省，則於契文當作⿵冂小，又與雨字何異乎，王說非也」。（集釋〇二四八葉）

饒宗頤　「『庚辰卜，勹：今夕其雨，允雨少。』『庚〔辰〕卜，勹：隹辛巳，其雨，雨少。』（前編四·四二·五）他辭亦見『允雨少』語，契文『小』『少』一字」。（通考六八七——六八八葉）

饒宗頤　「『乙丑卜，穷貞：少來羌六用』。（京津一〇九五）按戰國采西周采：『梁之君臣，欲得九鼎，謀之暉臺之下，少海之上』。卜辭之少，可以梁地『少海』當之。說文：『郊，地名』。玉篇則云『魯地』」（通考三〇四葉）

姚孝遂　「『少』是由『小』分化而来的。卜辞『小』字作『小』，『少』字作『少』。『少』字比『小』字多增一点，所增之点即是区别符号。說文有关『小』和『少』形体的解释都是错误的，不符合这些字的原始形态。

卜辞『小』、『少』已开始分化，基本上有所区分。『太示』、『小示』之『小』均作『小』，从不作『少』。但偶尔有例外，如『小窂』、『小牢』之『小』偶尔也或作『少』；『小臣』或作『少臣』；『小雨』或作『少雨』等等。这些例外，说明其仍然处于分化的过程中，是文字在其早期不可避免的现象。」（再论古汉字的性质古文字研究第十七辑三一四——三一五页）

于省吾释少見少字条下。

陈炜湛说参少字条下。

按：說文以「少」為「从小，丿聲」，視為形聲結構，其說非是。甲骨文「少」字作「少」，增點以與「小」字形體相區別，所增之點，既非形聲符，亦非聲符，乃單純之區別符號。林義光文源已斷言「少」字不从「丿」聲，但於形體解釋更為迂曲，毫無可取。

3331 [字形]

按：合集二二四八七辭云：「乙丑呼降有[字形]」其義未詳。

3332 才 在 [字形] [字形]

羅振玉 「說文解字：『在，存也。从土，才聲。』古金文作十，與此同」。（殷釋中七十六葉下）

王襄 「古才字，與在通，在字重文」。（類纂正編六第三十葉上）

吳其昌 「『在』者，卜辭金文，並作十 十 十 十諸形，甚者作十（大盂鼎），最初本義，畫地交午，作十字形，其名為『物』，以表位次，而人履其上也。故其形作『十』，而其本義為在矣。且金文『在』多作十，於『十』形中心微著小點，明『在』者，乃在此也；于六書之例，為指事矣。何以證之？儀禮鄉射禮云：『及物，揖。左足履物。合足而俟』。又云『自右物之後，立於物間』。大射禮亦多類似之文；此『物』果何物耶？按大射禮曰：『工人士與梓人，升，……兩楹之間，疏數容弓，若丹，若墨，度尺而午。……卒畫，……司宮埽所畫「物」』。……』鄭玄注曰：『一縱一橫曰午，謂畫「物」也』。賈疏云：『午，十字』。是此『物』，乃丹墨所塗之『十』形，有人而履於此『十』形之上，斯在矣；故即以此『十』形為『在』字矣」。（殷虛書契解詁第九七——九八葉）

孫海波 「中，佣二一四。卜辭用才為在。重見才下。」（甲骨文編五一九頁）

李孝定 「說文：『才，艸木之初也。从丨上貫一，將生枝葉，一、地也。』契文才字變體

頗多，然以作□為正，象屮在地下初出地上之形。」（集釋二〇四九葉）

白玉峥「峥按：甲骨文字之□，約有□、□、□三类基本结体；作□者，多见于前期及文武丁之时；□则多见于晚期，但為数极少；而□则散见于各期，颇乏时间之特性。」（契文举例校读中国文字第小卷第三十四册三七五小——三七五九页）

鍾柏生說參□字条下。

按：自許慎以來，說解「才」字皆迂曲難通。李孝定亦承其謬誤以說解甲骨文「才」字形體，不可據。「才」字無由「象屮在地下初出地上之形」。卜辭皆假為「在」字。「才」與「在」實本同源。「在」乃後起之專用字。

3333

𡉉 在 □ □

按：字从「王」、从「才」。卜辭均用為人名。

3334

杏 □

饒宗頤「卜辭云：

己丑卜，㱿貞：今杏商稔。貞：今杏不稔。（冲二二一一）

按今杏即今兹，左僖十六年傳：『今兹，魯多大喪』，與此略同。又襄二十八年：『今兹，宋鄭其饑乎？』呂覽任地：『今兹美禾，來兹美麥。』高誘注：『兹，年也。』」（通考二五八葉）

陳世輝 湯余惠「丙編八三：

庚午卜，內貞：王勿作邑杏兹，帝若？

……杏兹，即在兹。杏，旧不识。按当是才字繁文，增口旁为羡符。」（古文字学概要一七五页）

按：合集一四二〇一辭云：「王匃作邑杏𢆶」「杏𢆶」即「在兹」，「杏」為「才」之繁文，卜辭所僅見。

彳 𠂆

葉玉森　「按卜辭別有灵字，祭名。余曩釋升。（詳殷契鉤沈）柯陳二氏則釋彳為升。（徵文、帝係、一四三、影本他辭云『乙丑卜貞王其又彳于文武帝（禘）灵其呂羊其五人正王受又』。（徵文、帝係、一四三、影本模糊無从細校，姑錄王氏釋文此版尚有一辭，亦彳灵並見。）彳灵二字在一辭內，疑非一字。非予誤釋灵，即二氏誤釋彳也。」（前釋一卷二十一葉下）

陳邦福　「彳當釋升，蓋古之升祭也。儀禮覲禮云『祭天燔柴，祭山川丘陵升，祭川沈』，證之卜辭，殷時柴沈諸祭，均兼施祖考，是升祭于古禮制亦正相合。又卜辭：『乙巳卜貞王其田𢼸亡𢦔』。𢼸本地名，然从彳即升。爾雅釋詁云：『登，陞也』。小爾雅廣言云：『登，升也』。益信𢼸从升得誼，確為升字之旁證。至小篆作𡕒，漢谷口銅角作𠦃，好畤鼎作𠬞，形誼畢肖，繁簡有別爾」。（辨疑五葉）

柯昌濟　「彳灵為一字，疑即古升字」。（補釋）

吳其昌　「彳者，亦殷代祀典之一种也。其字本作𠂆，或者象手執祭品之形？卜辭如云：『庚辰卜𠂆……』（前四、四二、五）又云：『……貞乎𠂆……』（前七、四三）又云：『己酉卜𠂆出囲□庚』（鐵五、三四、一）皆彳之朸文，原應作𠂆之証也。其后省𠂆作彳亦犹『血』字之省皿作𡊄矣。〇者，其祭品歟？手執祭品，是其誼得為祭矣。卜辭文例：或婞行𠂆礼，如云：『彳于且丁』（林一、一四、九）『彳大乙，三牢』（續一、七、八）『王室父丁，彳』（續一、三〇、二）『眔般庚，彳』（燕五五）是也。或與『侑』礼並行。如云：『𠂆出囲□庚』（見上）『出彳于且乙』（滴五六八）是也。或與『出』祭同举，如云：『王其又彳于武乙』（前一、二〇、七）『其又彳于示壬』（續一、六、二）是也。或既『出』矣而又『彳』，如云：『王其又彳于武乙』（前二、二五、五，又前四、三二、三，又上举二例）是也。或作『彳且乙』，如云：『丨彳伐，亡尤』。『彳伐』……而後『彳衣』，如云：『彳衣，出彳伐……』（前六、二九、八）是也。或作『出彳伐』，如云：『出乂伐自田，至于多后。』前·五·四二·五、又林·二·三·一·是也。或作『出乂𢦏，』如云：『出乂𢦏母庚。』續·一·四二·二又前·一·三〇·一·是也。或作『又乂𢦏，』如云：『丙寅貞，又乂𢦏于伊尹。』後·一·二二·三·『……自大乙，又乂𢦏，在小宗』後·二·四二·一五、又摭·一三一·畧同是也。由是可知乂為侑食之祭，祭時概須刑牲，故与『𢦏』『伐』同称；其祭或為特祭，如特祭于武乙、毋庚、示壬，或為祫祭，如合祭于小宗，自大乙起如衣自上甲至于多后是也。此『乂』之一字之形及义也。至于其声读云何，则尚非吾侪今日之智之所能推知也。」（殷虚书契解诂第三五——三六页）

李孝定　「說文：『升，十龠也。从斗，亦象形。』既云象形則不當云从斗。許君云然者以升斗同形，其別在於大小，至於文字形體之異在於幾微之間故耳。契文別有𥛱字，于省吾氏隸定作𥛱，謂即後世之升，見一卷禾下，蓋即由此字所孳衍。至契文𠬞字，于氏釋必見二卷，是柯氏謂與此為一字說非，葉氏辨之是也。惟葉氏釋𠬞為升亦誤。金文作𠬞友簋𠬞秦公簋與此形近。本條請與上斗字條參看。」（集釋四一一〇葉）

饒宗頤　「按『乂歲』一語，卜辭習見，他辭亦作『陟歲』，（粹編一六七）知乂與陟同義。乂字以金文之𠬞（友毁）及（漢好時鼎）例之，為升字無疑。（參陳邦福殷契說存葉四）其繁形則作𥛱或𥛱，（駢枝三編）于氏知此繁體為升，而不悟乂亦即升，此蓋以禮之即登矣。爾雅釋詁陟與登俱訓陞。小爾雅廣言：『登，升也。』是升歲即陟歲。他辭亦稱出乂（升）歲于其先王，或但稱出乂于某，字皆宜讀為升。『升歲』即『烝歲』。洛誥：『王在新邑，烝祭歲。』爾雅釋詁：『烝，進也。』書『不蠲烝』。馬融注：『烝，升也。』契文『𢍏』與『乂』同義，故云『其𢍏（烝）新鬯。』（粹編九一〇）他辭亦有『乂新鬯』，（存真六，文錄二八七重）此又乂與升同字之證。」（通考三七七葉）

饒宗頤　「『……卜尹貞：王賓父丁歲，眔大丁，升牢，亡尤。』（庫方一三一六）按牢者，國語云：『郊禘之事有全烝，』烝，升也。牲體全而升之。古之祭也，其牲有體解或全牲體之別，此言升牢，未知即全牲體而升薦之否。」（通考一〇〇五葉）

考古所　「乂：祭名。」（小屯南地甲骨八三五页）

詹鄞鑫　「我认为乂即久字，是灸字初文，本义是炮烙，乃是殷代通行的用牲（包括人牲」之法。下面我們从文字演变，文献训诂，字形所象等几方面作综合的考察。

先从文字演变看，夂上部的短画与曲画相连，就成为小篆的夂（夂）字。云梦出土的秦木椟文「夂」写作夂（M4：11），与甲骨文和小篆都相似。「夂」与「灸」是古今字。《说文》：「夂，从后灸之也」，以「灸」释「夂」，并引《周礼》「夂诸墙以观其桡」为证，今本《周礼·考工记·庐人》「夂」正作「灸」。经籍中也每每以「夂」为「灸」……实际上，「灸」正是「夂」的加旁分化字，专承了「夂」的本义。

再从训诂看，「夂」和「灸」都有灼烙义。《说文》：「灸，灼也」；「烙，灼也」；「灼，炙也」；「炙，炮烙也」。可见灸、炙、烙、灼意义相近，都有灼炙牲肉的意义。……秦汉陶文中屡见「某某亭夂」「某某市夂」的印记……据文物局的朋友介绍，这类陶文印记多数是烙印……除了陶器上有烙印文字，出土的其他秦汉器物，也往往打记烙印。如睡虎地、马王堆、凤凰山、银雀山等地出土的秦汉漆器，都有与陶文相似的「亭」或「市」的烙印文字。这说明烙印是当时通行的一种具有特殊用途的印记。据此，「亭夂」或「市夂」的「夂」是灼烙的意思。

……甲骨文的夂字正是铜烙的侧面视图。斗内的短画，也可能是羡画，也可能是六书的指事符号，表示铜烙作用于牲肉的部分在斗而不在柄。因为铜烙形状与斗相似，所以又称为铜斗、火斗、熨斗等。《尚书·泰誓》说纣「焚炙忠良」，《蔡传》云：「焚炙，炮烙之类」。孔《疏》引《殷本纪》云：「纣欲重刑，乃以熨斗，以火烧之。」此「熨斗」正指炮烙用的铜烙，也可以证明铜烙之为物并不象旧注所说的是「使罪人步其上」或是「膏铜柱，下加之炭，令有罪者行焉，辄堕炭中」。

殷代炮烙之法既施于畜牲又施于人的记载，与卜辞的「夂」法既施于畜牲又施于人牲是完全吻合的。著名的美国人类学家摩尔根在《古代社会》一书中曾肯定远古流行过食人之风，并指出食人风在蒙昧期一般施于俘获的敌人。恩格斯还指出这种食人之风后来逐渐消失，「仅仅当作一种宗教活动或魔法仪式（在这儿差不多是一回事）而保存着。」殷代的炮烙之法，进一步揭示了保存在宗教活动中的远古食人之风遗迹。」（《释甲骨文「夂」字》，《中国语文》一九八五年五期三八四至三八七页）

按：釋「升」、釋「夂」皆不可據，只能存疑。卜辭為祭名。

3336

施謝捷 「甲骨文中有辞称：

叀王射𥫗鹿，亡戈？禽。（金四〇一）

……𥫗字可隶定为『笄』，从竹、升声。而『笄』字不见于后世字书及文献中，以声求之，当即『簦』字……从升从登通用，在古文字和文献中亦有徵，如侯马盟书中的『阩』字，既从升作，又从登作，说文手部『抍』字或作『撜』，从登，是其例。礼记玉藻『登席不由前为躐席』，曲礼疏上引作『升』，古注习训『登，升也』，亦登、升通用之证。因此，我们释『笄』为『簦』字，是有根据的。

甲骨文中又有辞曰：

乙巳卜，贞，王其田𦮃，亡戈？（缀一七四）

辞中𦮃字，甲骨文编也归于附录，不识。此字上从竹，下从登从升，我们认为此与前文𥫗为一字，亦可释为『簦』字。从登、升均为声符，唯繁简之别耳。属一形二声字。这种构造形式在甲骨文中可以找到相类似的例子。

『簦』字，在甲骨文中为商王的一个田猎场所，地名。或即金文所见之『登（鄧）』国所在地的古称，后世作『鄧』，从邑登声。说文邑部：『鄧，曼姓之国。今属南阳。』其地亦在今河南境内，商王田猎至此是有可能的。」（甲骨文字考释十篇，考古与文物一九八九年六期六八頁）

按：英二二九四辭云：

「叀王射𥫗鹿亡戈，毕」

又懷一四三八辭云：

「……王……田延至……𦮃亡戈」

均為地名。施謝捷以為「鄧」之省，其說可從。

3337

施谢捷 参𥫗字条

按：合集三三五三二辭云：

「乙巳卜，貞，王其田𦮃亡戈」

3401

為地名。施謝捷以為「𤎩」之繁體是對的，但是否即「鄧」之初形，則待考。

用 𠂦 𠃉

羅振玉 「說文解字：『用，从卜从中，衛宏說。古文作𤰃』。案此字雖不能由形以知誼，然衛宏从卜从中之說則決不然矣。」（殷釋中七十四葉上）

葉玉森 「說文『用，可施行也，从卜从中，衛宏說』。林義光謂用非中字，古宁字作𡧛（頌毀貯字偏旁），金文用作用、用、用，象引出之形。按契文用作用、用、用、用。宁則作𠁣𠁣二形。林氏說似仍未諦。予疑从月从冂，並象架形，如䉛（箙）之从月，㫃（方）之从冂。从卜與𢦏（畏）𡨥（寇）所持之卜丫同。卜其變體。丨即卜省。如𠈃、𠈃同字可證。卜蓋象干，經傳屢以干戈並舉。契文未見干字。篆作丫。林義光謂即古竿字，梃也。則卜當即古文干，象梃上有枝形。金文薄伐之薄，師寰毀作𤔲，虢季子白盤作𤔲，从十从丫，並干字。十即卜之譌變，植干於架，有事則用之，似含備物致用之意，故用亦訓備。（國語時至而求用注）至契文變作用、用諸形，乃無从索解矣。」（說契四葉背）

葉玉森 「予疑从月从冂並象架形，从卜蓋象干形。經傳屢以干戈並舉，契文未見干字，篆文作丫，即古竿字，梃也。則卜當即古文干，象梃上有枝形。植干於架，有事則用之，似含備物致用之意，故用亦訓備。國語『時至而求用』注至契文變作用用諸形，乃無从索解矣」。（文字篇三卷二一葉下引）

陳邦福 「从卜，从冃、或冃，冃即貞省，貞有鼎象，古用貞卜以決吉凶，蓋用之本誼。說文用部云：『用，可施行也』。則引伸誼矣。」（瑣言七葉上）

余永梁 「用象器形。甯卜辭作㽬，均象插矢於用中形。又用部『庸用也从用庚蓋象兩手奉干於用中，故用字象形，本誼當為用具之用，盛物器也，引申為一切資用及行施誼』。（殷虛文字考，國學論叢一卷一号）

郭沫若 「『用』當讀為誦若頌，言以歌樂侑神也。」（粹考一葉一片释文）

吳其昌

「『用』之夙義，本為刑牲以祭之專名。此在卜辭時代而已然，是故卜辭有『甲戌卜，用大牛于且乙。』（後編一、二六、四）又云：『三百羊，用于丁。』（續二、一六、三）又云：『戊戌卜，今日用三犬于咸。』（燕京一一）……（中略——摘錄者）則卜辭『用』字之義，為刑牲以祭之專名，審矣。……由殷代卜辭，而至于宗周時代之金文，『用』字之義，未嘗少變。是故彝器文中，剌鼎有『用牡于太室，啻（禘）邵王（昭王）』之語，矢彝矢尊有『用牲于京宮。……用牲于康宮。……用牲于王』之語。小盂鼎亦有『囿牲，啻（禘）周王，□王（武王）成王』之語。胥其證矣。由宗周之金文，而至于兩周之經典，時代貿遷，『用』字之義，引申百端，而其初賦本義，未嘗汩沒。其在周書，則沼誥有云：『用牲于郊，牛二。』其在周易，則萃卦辭有云：『用大牲吉。』其在春秋，則莊公二十五年經云：『六月辛未朔，日有食之，用牲于社。』又云：『秋，大水，鼓用牲于社，于門。』……（中略——摘錄者）以至于佚書，則有如論語堯曰引湯誓云：『余小子履，敢用玄牡，敢昭告于皇皇后帝。』墨子兼愛下引湯說云：『予小子敢用玄牲，告于上天后。』乃至史記秦本紀『秦德公用三百牢于鄜畤。』亦胥可以證『用』為刑牲以祭之縛誼。是故周禮庖人『凡用禽獸』，而賈公彥疏文以『殺牲謂之用』解之，尤為明碻不易，是必漢魏先師之舊疏，故能冥契于古義；亦可見『用』之本訓，自殷商迤至漢魏而未嘗泯焉。以此返觀『其牢茲用』及『其用』諸語，皆可渙然游刃解矣。

又書綜考卜辭數千片全體，除『其牢茲用』不計外，『用』字凡見三十餘處，幾於無一處不作祭用之縛義，以是知說文：『用，可施行也』之訓，為引申後起之義矣。說文又云：『……從卜從中，衛宏說。』羅振玉始駁之云：『案此字雖不能由形以知誼，然衛宏從卜從中之說，則決不然矣。』按羅破衛說是也。今觀卜辭：『用』字之狀，用（前一、二、七）用（後二、三一、一四）用（後一、二六、七）用（前三、二三、五）用（纖一三〇、四）用（前五、一、五）此字與『凶』之『用』字無別，但文云：『其牢茲用』，碻為『用』字，且凡重見三次，前三、二三、一，前四、三八、四，湖一、七三七）用（前一、一〇、三）用（前二、二一、四）用（後二、五、六）用（前四、一六、三三）用（後二、三八、八）用（前八、三六）用（後一、二一、一三）用（後一、一九、四）用（淋二、二五、一三）爻態緐孳，而與『中』字（中 中 𠁩）……諸狀，遼不相涉，則衛說奮臆，顯然明矣。今諦審上列『用』字形象，短杙二三，參差植地，橫檝一二，斜施交架。殆為牛牲之屬欄圈楊概之形？燕京大學所藏殷契卜辭其『用』字又有作用（一三六八、乙）中（一一、甲）用（一一、丙）用（二七九）……諸形，其象欄檝之形尤肖，傳至周初彝器，宗周鐘之『用』字作用，番君禹之『用』字作用，……樊尊之『用』字作用，尤一望宛然知為牛馬之欄。按鄭玄周禮牛人注曰：『樴謂之杙，可以繫牛。』宋衷尚書大傳注曰：『杙者，繫牲者也。』今推勘『用』字，既象低欄短杙之狀，而賦有『刑牲以祭』之誼，此其故，殆本為欄杙之象形，必以此『縛繫』牛牲，斯得從而刑

之以供祭享，用得由象形之屬，轉變而為會意之屬歟？」（殷虛書契解詁第五〇——五二葉）

饒宗頤 「按『用』，卜辭多以為用牲，『肓用』即『用穀』也。亦有指用人用玉者，如用興孚，及缶用是也。用亦訓行。方言六：『用，行也。』其語屢見于湯。」（通考一五八——一五九葉）

屈萬里 「用，蓋春秋用人於亳社之用；謂用之為牲以祭也。」（甲編考釋六七葉）

屈萬里 「卜辭：『貞：由翌甲子酒，其卅用？』用，謂用之為牲以祭。」（甲編考釋一八三葉）

李孝定 「說文：『用，可施行也。从卜，从中。衛宏說。用，古文用。』按之古文从卜从中之說自不可信，葉余陳諸氏之說亦未足以厭人意，蓋字固不从干或貞，葡字亦非从用也。徐灝說文段注箋云『用之从用絕非中字。古鐘鼎銘多作用或作用用，又有作用者，其非卜中甚明。且事之施行皆待卜乎，衛宏說乃望文生義，不足信也。戴氏侗曰「用宣𧇊文以為鐘，一說此本鏞字，象鐘形，偏為施用之用。」又曰「庸大鐘也」。灝按古文用或作甬，兩旁象欒銑，中象篆帶，上出象甬。短畫象旋蟲，絕肖鐘形。又鐘甬字古篆作甬形，聲亦皆與用相近，金部鐘或作銿，尤其明證。』下略 又徐灝甬下云『此當以鐘為本義。考工記「鳧氏為鐘舞，上謂之甬」。鄭云「鐘柄」。灝按甬古篆或作甬，兩旁象欒銑，中象篆帶，上出者象鐘柄，小圜象旋蟲，以字形與記文互證，其義瞭然。小篆从马者，形近之譌耳。用本古鏞字象形，說見用部。甬即用之異體，阮氏鐘鼎款識漢陽識劍用字作用，是其證。』下略 徐氏謂用甬古為一字，並象鐘形，其說極碻。施用之說，其引申誼也。卜辭恆言『其牢茲用』，是用牲之意。金文用作用戊寅鼎 用毛公鼎 用齊鎛 用師嫠簋 用辛巳簋 用王子申盞盂 用曾姬無卹壺與甬同文大體與卜辭同。曾姬無卹壺作甬，又戈文劍文之作鳥篆者，用亦多作甬，可為徐說佐證。請參看容氏金文編三卷三十七葉，此不具舉。」（集釋一一一七葉）

于省吾 「說文用作用，并谓『用，可施行也，从卜中，卫宏说。』又甬作甬，并谓：『甬，艸木华甬々然也，从马用声。』按许氏释用和甬，根本不可靠。甲骨文用字初文作用，即古桶字，后来又变为用（详释用），西周金文車器『金甬』之甬屢見，均作甬，后来又变为甬。江小仲鼎的『自作甬鼎』，曾姬无卹壶的『后嗣甬之』，均以甬为用。甬字的造字本义，系

于用字上部附加半圆形，作为指事字的标志，以别于用，而仍因用字以为声。」（甲骨文字释林释古文字中附划因声指事字的一例）

徐中舒 「又如𠂤（用）字，从卜从𠁣，象在牛肩胛骨上占卜之形，𠁣即象牛肩胛骨的形状。在牛肩胛骨上占卜，巫师即可用以决定吉凶。」（怎样考释古文字古文字学论集初编一六页）

李棪 「『用』，乃杀牲之通称；畜与人无别，亦可同时並用。例如：『己酉卜：用人、牛。彡。弜用人、牛。』（外编六七）。『自上甲冗，用人。其用人、牛十有五。』（南明五二五）。其单言用人者，如：『用人。』（守一·二九二）；『乎用人。』（京二二三八）；『弜用人，不。』（南明六一三）；是也。其至春秋时期，杀人祭山，亦沿用此『用』字，以表示人牲之意。推想当是斫头之法。

春秋（昭一一）：楚师灭蔡，执蔡世子有以归，用之。

左传（昭一一）：楚子灭蔡，用隐太子於冈山。

杜预注云：『用之杀以祭山』，是解用字之义。

卜辞中『用』字作『杀俘为牲』之训，可于杀戮敌方首领或重要人物以祀先祖等辞看得出来。例如：

『羌二方白其用于……且丁父甲』（京津四〇三四）

『用十尸于丁 卯一牛』（京津七三八）

『奚𦍩白冗用于丁』（下三三·九）

『𦍩方其用 王受「又」』（京津四三八一）

『叀且美用』（京津四一〇五）

『我用[illegible]俘』（乙六六九四）

『三百羌用于丁』（续二·一六·三）

『翌甲午用多屯』（乙七一二八）

……殷人年中祭祀繁多，用人亦相应的多，每感人牲之不足，故每每征集备用。例如：『丙午卜，即贞：又氏羌。翌丁未其用。』（京津三四二九）一辞，知在某月丙午那一天，开始进纳羌俘，第二天丁未，即行杀而用之了。」（殷墟斫头坑髑髅与人头骨刻辞中国语文研究第八期三三——三四页）

于省吾 「……今只就𠂤組卜辭的用字来看，甲骨文編入于附录，并「疑女字」，續甲骨文編也入于附录。其实，用乃用字的初文。甲骨文称：「用羌」（京津三〇九二），「己未卜，王出兄戊羊，用」（甲一八二。甲骨文編误释羊用二字為姜），「丁酉卜，𠂤，用羊豕匕口」（善斋拓本），均以用為用。又不用二字合文作用（京津三一一〇），甲骨文編也入于附条。

用字初文作用，象甬（今作桶）形，左象甬体，右象其把手。近年出土的雲夢秦簡还以用為桶（一九七六年文物第七期），进一步证明了这一点。說文：「用，可施行也，从卜中，衞宏说。」衞宏的说法是望文生义。戴侗六书故以為用「象鐘形」，林义光文源谓用為古宁字，均不可据。用字初文本象日常用器的桶形，因而引申為施用之用。用甬本是一字，故甲骨文以週為通。周代金文甬字作甬，上端加半圆形以区别于用，是后起的分别字。但江小仲鼎的「自作甬器」，曾姬无卹壺的「后嗣甬之」，仍以甬為用。說文：「甬，艸木华甬甬然也，从马用声。」形义俱乖。

甲骨文从用的字，如甯字晚于𠂤組卜辭，仍多作甯或甯，犹与初文相近。又甲骨文有⿳臼用土字（粹一五七九），象盛土于甬中。甲骨文垦殖之垦作坚或⿳臼用土（详释坚）。⿳臼用土字象两手持甬以倾出盛土，乃垦殖時剢高填低，平土田以利耕作。至于第二期甲骨文凡（盤）字偶然有作用者（前五·二七·五），和用字的初文显然有别。

总之，用字的初文作用，本象有柄之甬。其演化的规律是：由用而用而用而用而用。周代金文由用字分化出甬字作甬或甬。秦汉以来，用甬並行，后世遂不知用与甬之初文本是一字」。（甲骨文字释林释用）

按：于先生以「用」本象桶形，孳乳為「甬」，其說是對的（見釋林釋用三五九頁）。卜辭「用」皆為「施行」之義。

3339 ⿳臼用土 ⿳臼用土 ⿰乂⿱用土

孫海波 「⿳臼用土，甲三五一〇。从臼从用从土。說文所无。疑坚之繁文。」（甲骨文编五一九頁）

姚孝遂 「……其另一用法则为狩猎方法之一种。……其辞例为：

「戊午卜，在潢貞，王其𦉜大兕，叀馬眔騽亡災，𢀛？」 前二・五・七

「丁卯卜，才杏貞，𠭘告曰，兕来羞，王叀今日𦉜，亡災，𢀛？」 前二・一一・一

「𦉜」为动词，是猎兕的一种方法。目前还未曾见到有施之于其它禽兽的辞例。」（甲骨刻辞狩猎考古文字研究第六辑四七页）

許進雄

「𡚤所表現的是兩手持犂起土揚起灰尘的景象。所持的工具，橢圓形部分為犂，犂上的橫長板為开墾荒地的平板犂犁，此長板有時写成用字，应是类化的訛变。」（甲骨文所表現的牛耕 古文字研究九輯六二頁）

考古所

「里：当为坚之异构。」（小屯南地甲骨八八五页）

裘錫圭

「宾组卜辞提到的农业生产方面的工作里有「望田」，如：

戊辰卜宾貞：令辰望田于蓋。 前二三・七・六

癸卯（卜）宾貞：（令）𢦏望田于京。 燕四一七

貞：勿令𢦏望田。 合九四七五

戊子卜宾貞：令伏征族望田于□。 人文二八一

又有「望田」，如：

甲子卜𡆥：令曼望田于□，由王事。 前七・三・二

癸□貞：□令曼𦉜（田）于米侯。十二月。 前六・一四・六

□令日（令曼）𦉜田于米侯。十二月。 合三三〇七

癸巳卜宾貞：令众人□入□羊方□𦉜田。

貞：勿令众人。 甲三五一〇

历组卜辞里则有「裒田」，如：

癸亥貞：于𢀛裒（田）。

癸亥貞：王令多尹裒田于西，受禾。

癸亥貞：多尹弜（勿）作，受禾。

乙丑貞：王令裒田于京。

于：：裒田。 人文二三六三

甲子貞：于下尸刖裒田。

（甲）子貞：于□方裒田。 粹一二二三

己巳：王□刚裒田□ 粹一二二一

又有「圣田」：

甲戌貞：王令刪裒田于罚。 屯南四九九

□王令□裒田（于）……。 粹一五四四

□卯貞，王令……裒田于京。 佚二五○

□〔多〕尹裒田于京□ 屯南一○二

□□貞，王令多□□羊裒田。 粹一二二二

辛□貞：王令□圣田于□侯。 拾三三二七八

辛〔□貞〕：王〔令□〕圣田〔于〕……。 甲三七七

一般都认为上引各类卜辞里的「田」上一字，是同一个字的异体，当可信。下文在没有必要区分字形时，统一用「望」来代替它们。

在三四期卜辞里，也能看到跟农业有关的「望」字：

弜望，弗受有年。 后下四一·一五

弜望，弗受有〔年〕。 京津四四九五

有一条三四期卜辞说「用圣田」：

王弜令受爰（？）吏……田于童。 屯南六五○

「用圣」显然是「望」的省体。

对卜辞里的「望」字有很多种解释（参见于省吾甲骨文字释林释圣和上引张文）。我们认为就释字而言，最值得注意的是饶宗颐先生的说法。他说卜辞「或卜坚田……亦曰望田……按望字，从臼从用从土，疑读为壅。说文『耔，壅禾也。』左传元年传杜注『壅苗为蓘』。此言望田，即壅田也」（殷商貞卜人物通考二五八頁）。他以壅禾说卜辞望田，不可信；但是读「望」、「望」为「壅」，则是很有道理的。「望」字所从的「用」决不可能是纯粹的表意偏旁。有人说「用」象铲形，这是毫无根据的。于省吾先生说「用」是「桶」的初文，似可信。但是他解释「望」字的字形时说：「坚田时需要铲高填低，故用桶以移土」（甲骨文字释林二二六頁），就不够合理了。因为以人力移土，决不会使用笨重的木桶。「望」字所从的「用」，性质跟甲骨文置字所从的之相类，多少有点象征两手所持之器的味道，但主要是当作声旁用的（关于甲骨文「置」字，参看拙文甲骨文中的几种乐器名称——释庸、丰、鞀，中华文史论丛六九頁、七七頁注⑧）。「望」加「用」声而作「望」，跟「耤」的表意初文加「昔」声而作「𧀼」（金文编二三一頁）同例。上引屯南六五○「望」字省作「望」，或为从「土」「用」声之字，跟「𧀼」字省作「藉」同例。此字既然从「用」声，当然就以释作「壅」为宜了。

张政烺先生把「望」字释作「裒」，我们没有采用。但是他对「裒田」内容的解释很有启

发性，有一部分可以移作对「壅田」的解释。張先生説：「卜辞裒田究竟包含一些什么内容是一个大问题。从上面引用的一些材料看，下命令是在夏至、冬至，必是为了攻木杀草，以此开端，接着便是以水火变化，然后再转到平整土地，裒田这个问应当是从这后一步来的。」裒田就是造新田。整地的工作很不简单，首先是刨地，扒高垫低，使之平坦，然后再打垄等工作」（張文一〇一頁）。「壅田」是否一定包括攻杀草木，我们不敢肯定。至于平整土地和打垄等工作，无疑是「壅田」的主要内容。

古代称在植物根部培土为壅。説文：「耔，雍禾本」，段注：「雍，俗作壅」。文选卷五十二魏曹元首（冏）六代论「壅之以黑坟」，则指给树根培土。又「雍」、「壅」、「拥」古并通，「壅」或「拥」可训为「聚」，汉书扬雄传上「拥神休」颜注：「拥，聚也……壅渎曰拥」。结合甲骨「壅」字表意初文「望」、「㚔」的字形来看，「壅」的本义当为「聚土」。「雍」或「壅」又可训为填塞（淮南子主术：「北貫万世而不壅」，注：「壅，塞也」。汉书天文志：「土……与水合为雍沮」，颜注引晋灼曰：「一日：雍，填也」。训为障蔽（广雅释诂一：「壅，障也」。诗小雅无将大车：「维塵雍兮」，郑笺：「雍犹蔽也」。这些都可以看作由「聚土」引申出来的意义。所以把壅田释为去高填洼、平整土地和修渠田垄等工作，从「壅」字的形义来看是合理的。

周礼所记的雍氏这个官，跟壅田大概也是有关的。周礼秋官：「雍氏掌沟渎浍池之禁，凡害于国稼者。春令为阱护沟渎之利于民者，秋令塞阱杜护」，郑注：「害于国稼，谓水潦及禽兽也」。又秋官序官「雍氏」下郑注：「雍，谓堤防止水者也」。筑堤防防止水潦侵入田地，以及修沟渎排除田地的水潦，大概也是包括在商代的「壅田」工作的范围里的。前面说过，殷人很重视隰田。对于低下潮湿的隰田来说，防水和排水工程是十分重要的。

上引历组卜辞壅田之「壅」或作其它形，可能就象填土于低洼之处或修筑堤防、田垄之形。

从壅田的内容来看，这项工作既可以是为开生荒或耕𢳚荒地而进行的（当然要在柞、芟等工作之后）。

在比较原始的农业生产中，开荒或耕𢳚荒地时，一般对土地不会费大力整理，大概多数采用不作疆畎的「缦田」的形式（参看張文一〇四頁）。从殷人很注重壅田工作来看，当时开荒和耕𢳚荒地的方法应该已经有了很大进步，种缦田的情况大概已经不会很多了。」（甲骨文中所見的商代农业，全国商史学术讨论会论文集一九八一二四四頁）

赵锡元：「[留+土]」，是一种狩猎的方法，可能是挖陷阱。这是说商王下令曼率令众人去捕捉某种野生动物，用挖掘陷阱的方法。这可以和第二条相印證。第二条卜辞（丁卯卜，在去贞，卤告曰：兕来敎，王叀今日𦥑，亡灾，禽。」（續二·一一·一）说的非常明白：丁卯日，在叫作卤的地方贞问：前来报告，一种野生的凶兽兕到了敎这个地方，王在今天用𦥑的方法去捕捉，没有灾害，终于擒获了。可见某些学者说甲骨文中的𦥑字，只是商代农业生产的专用名词，恐怕也不确切的。」（再论商代「众人」的社会身分，吉林大学社会科学学报一九八二年第四期一一至一二页）

于省吾释圣，参[illegible]字条下。

按：此乃「圣」之異體，隸可作「𦥑」。参見1212「圣」字條。

3340 [illegible]

東世澂　「這字和从兩手从舟的受字結構是相同的，舟和用同是盛物的東西，因此可知這字也是受字。」（夏代和商代的奴隸制，載歷史研究一九五六年第一期五十六葉）

李孝定　「字从爪或从受从用，說文所無。用與舟是否同類姑不具論，用字疑爲甬之初文乃鐘之象形字今義使用功用用具乃假借字即爲同類之物，从用从舟不同亦不得爲同字也，東說非是。」（集釋〇八六六葉）

按：合集七〇二四辭云：「癸丑卜，毋其克[illegible]」，用爲動詞，其義未詳，可能與征伐有關。

3341 [illegible]

按：字當是「𦥑」之殘。

3342 [illegible]

按：合集七〇五四辭云：「壬寅卜：……貞，令？……逆夙……征奔……」用為動詞，當與「㚤」為同字。參見3340「㚤」字條。

3343

ㄐ　㇉　㔾

孫海波　「後編卷下第二十六叶五版曰口步自果隹余⺒，』⺒字无释，今审当是ㄐ字，象ㄐ缭之形。説文『ㄐ，相纠缭也，一曰瓜瓠结ㄐ起，象形。』金文句作句（禹比須四）句（姑口句鑃）句（其𠃬句鑃）句（师𧶠父鼎），卜辞作㘥（前八·四·八），所从ㄐ字偏旁，并与此同。传世古带钩，其形纠缭，与此近似。意者ㄐ即带钩之象形字，引申之凡物之相纠缭者皆曰ㄐ。王筠説文释例以ㄐ无形可象，以为即指事字，殆不明古者带钩之制矣。」（考古学社社刊第四期十六页）

孫海波　「㇉，掇一·二七二，人名。」（甲骨文编九三頁）

陳夢家　「『昌三匚至抖甲十示……』鴻一九五因十示下似未完而殘，所以從報乙算到十幾示，無從推定。可能是祖甲。」（綜述四三四葉）

饒宗頤　「按ㄐ讀為叫。爾雅釋言：『祈，叫也。』郭注：『祈，祭者叫呼而請事。』左襄三十年傳：『或叫于宋太廟。』叫，嘑也。卜辭言河ㄐ者，（殷綴三二四）卜辭慣倒賓詞先行，即叫于河，有所祈也。」（通考四五六葉）

屈萬里　「字與汗簡ㄐ字作㇉者形近，當是ㄐ字，亦即糾字也。惜辭殘語意未明。」（甲釋九四〇片释文）

李孝定　「説文：『ㄐ，相糾繚也。一曰瓜瓠結ㄐ起，象形。』契文作㇉與篆文同。辭云『㚇于土方帝王有夢佳（惟）冎（禍）乎許ㄐ才』乙二八四四ㄐ為乎之受詞，似為人名。」（集釋〇六九九葉）

作为贞人出现，尚属首次。」（小屯南地甲骨九八一页）

赵诚 「甲骨文的[glyph]，象两物相互纠结，有缠绕、纠缠之意，卜辞即用此义，为动词。如『王肘隹有害』、『乎[glyph]肘』（合二八四四），意为王的肘有疾，呼用物缠绕其肘。用物缠肘，似为治疗。此字金文作[glyph]（丩方鼎），陶文有作[glyph]者，小篆作[glyph]，楷书作丩，纠结之义不显于是加糸旁写作纠。」（古文字发展过程中的内部调整古文字研究第十辑三五八页）

按：字當釋丩。合二八四四辭云「王肘隹有害；乎丩肘」，丩用為動詞，王肘有疾，丩有纏繞之義，謂以物纏繞其肘以治療之。其它諸辭残缺，義不可曉。

囧

葉玉森 「『囧圃』，地名。」（洽考二十八葉下）

于省吾 「囧為祭名，契文亦作盟，通盟，即周禮詛祝盟詛之盟……囧米連文，盟謂要誓於鬼神。」（駢三十三葉釋米）

屈萬里 「囧字，當為倉廩一類之物，於此則作動詞用。『米囧』，意謂新米已入倉廩也，故下文言『登于且乙』。『登于且乙』，乃薦新之祭也。」（甲釋九〇三片一辭）

李孝定 「說文：『囧，窻牖麗廔闓明，象形。讀若獷。賈侍中說讀與明同。』許意蓋謂囧象窻牖麗廔闓明之形，然則囧固窻牖之象形字也。窗篆作囪，與囧形近。讀若獷，與囪之音韻亦不相遠，疑獷乃窗牖一義之音讀，賈侍中讀明則以窗義引申之得有麗廔闓明一義，謂其音義皆與明同也。卜辭囧為地名且多與米字同見，屈說當是。許書㐭下云『回象屋形中有戶牖』以囧為倉廩亩，蓋即其意。卜辭或云『己巳貞王其登南囧米叀乙亥』（甲編九〇三，又後下二三五辭與此畧同與此當為同骨）其誼尤顯。金文作[glyph]，戈父辛鼎，又明字偏旁多从此，均與契文同。」（集釋二二七一葉）

姚孝遂 肖丁 「說文：『囧，窗牖丽廔闿明，象形。』段玉裁注谓『囧』字『象窗牖玲瓏形」是对的。王筠《释例》疑「囧」、「目」同字殊误；又疑「囧」、「明」同字，亦非。卜辞「囧」字正象窗牖丽廔闿明玲瓏之形，而均用为地名，无例外。卜辞「明」字通常与《说文》「明」字之古文同，从「日」作(日月)，个别的有从「囧」作(囧月)者（《前》4.10.4）其用法迥然有别。「米」为祭名，以谷米致祭于神祖，即谓之「米」。《後》2.23.5：「王其彝南囧米叀乙亥」，谓以「囧」地之「米」致祭于先祖。《前》5.20.2：「王往氏众黍于囧」，卜辞地名可加東、南、西、北等方位字。如：「南沘」、「東沘」，或言「在𢀛東北」紅3212）。「南囧」亦此之类。紳903：「王米囧其彝于且乙；王其彝南囧米叀乙亥」，其后一辞与《後》2.23.5同文。屈万里先生《攷释》以「囧」为倉廩一类之物，紳903乃用作动词，其说非是。」（《小屯南地甲骨考释》四七頁）

按：段玉裁謂「囧」字象「窗牖玲瓏形」。「朙」字从此，引伸之亦有明義。王筠《釋例》疑「囧」「目」同字，殊誤。又疑「囧」、「明」同字，亦非。卜辭「明」與「囧」迥別。字在卜辭為地名：

「王往以衆黍于囧」《前》五·二〇·二

「在囧……」《拾》一四·一二

葉玉森以「囧」為地名是對的，而以「囧甫」連言則非。《拾》一四·一二既非「甫」字、亦不能連讀。

屈萬里以囧為倉廩一類之物，於紳九〇三作動詞用，其說非是。紳九〇三「王米囧其彝于祖乙；王其彝南囧米叀乙亥」，猶《粹》二二七之「王米于囧以祖乙」；《後》下二三·五之「王其彝南囧米叀乙亥」。謂以「囧」地之米進祭於先祖。卜辭地名得加方位字，如「南沘」、「東沘」，或言「在𢀛東北」（紅三二一二），「囧」與倉廩無涉。

3345 乎 呼

李孝定 「《說文》：『評，召也。从言，乎聲。』契文不从言，段乎為之。乎字重文，說詳五卷乎字條下。」（《集釋》〇七五三葉）

羅振玉 「《說文解字》：『乎，語之餘也。从兮，象聲上揚越之形也。』古金文作乎（頌鼎、頌敦）乎（師遽敦）與此同。」（《殷釋》中七十八葉上）

郭沫若　「〔按薄四二五辭云『丁未卜[illegible]㞢（侑）咸戊與戊乎　丁未[illegible]㞢咸戊牛不』，〕案此二辭一綴以『乎』，一綴以『不』，蓋均表示疑问之語詞。不者否也，凡卜辭，本均是疑问語。」（粹考四二五片釋文）

胡光煒　「言乎有二例：一同于，用以示事之所在；一假為評召之評。呂氏春秋貴信篇高注：『乎，於也。』書『孝乎惟孝』，熹平石經作『孝于惟孝』。」（文例辭例篇九葉言乎例）

孙海波　「乎，鐵三·一。卜辭用乎为評，重見乎下。」（甲骨文編九七頁）

李達良　「甲骨和金文都有『乎』字。現舉三例：

丁未卜，太出咸戊與戊乎　（殷契粹編四二五）

王乎史號作冊命頌　（頌鼎）

王乎善夫馭召大以氒友入攼　（大鼎）

管爕初先生在甲骨刻辭的語法研究一书里，採用郭沫若先生之说，认为『乎』字在卜辭里已经是疑问語气词（第一例）。但覆按原书，该片甲骨却是碎片，只存半截，『乎』字在该片骨里，是否同屬一条卜辭，很难断定。而且除了这一条之外，也找不到第二个例，其他可见的卜辭，『乎』字沒有用於句末的。一般的用法是动词，用作『詔呼』的『呼』字。金文的用法亦同（见二、三兩例），沒有用作句末語气词的。由于有疑问，又屬孤证，所以郭氏之说，很难成立。王了一先生在汉語史稿有：『西周以前，汉語可能沒有語气词』的推论，我以为比较切实。」（若干文言語气词源出上古时期的推测　中国語文研究创刊号六九——七〇页）

于省吾说参[illegible]字条下。

张永山　参众字条

按：呼、評、虖、謼本皆作乎。卜辭及青銅器銘文均以乎為評召之意。粹四二五郭沫若以「乎」為疑問之語詞，非是。實乃「兮」字，非「乎」字。「兮」、「乎」二字本同源，卜辭已分化為二字，不能相混。

3346

朩 朩

按：「朩」或作「𢼸」，為方國名。釋「敉」不可據。字不从「米」。合集三三二〇八辭云：

「甲子卜，王从東戈朩侯𢦏」

「乙丑卜，王从南戈朩侯𢦏」

「丙寅卜，王从西戈朩侯𢦏」

「丁卯卜，王从北戈朩侯𢦏」

合集三三〇七一即作「𢼸侯」。又合集三四〇七五辭云：「辛亥，方朩雨」，當為祭名。

3347

𢼸

商承祚　「𢼸疑敉字，國名。」（佚存七十八葉）

李孝定　「說文：『敉，撫也。从攴，米聲。周書曰：「亦未克敉公功。」讀若弭。侎，敉或从人。』契文與篆文同，商說可从。辭云『敉侯』，國名，無義可說。」（集釋一〇五七葉）

按：字不从「米」，釋「敉」不可據。字或省「又」作「朩」。合集三三〇七一辭云：

「甲辰卜，雀𢦏𢼸侯」

「……卜，𢼸侯𢦏雀」

乃方國名，而合集三三二〇八則作「朩侯」。

3348

卜　卜　卜

羅振玉　「象卜之兆。卜兆皆先有直坼而後出歧理。歧理多斜出，或向上，或向下，故其文或作卜，或作卜。曶鼎卜作卜，說文卜古文作卜，並與此不異也。」（殷釋中十七葉下）

唐蘭　「董說似是而實非。凡卜之甲骨，背面施鑽鑿而後灼之，則正面必有璺坼，其形大抵為十或卜，然卜辭之卜字則絶少有為此形者，明不隨其所屬兆璺之形而書也。璺坼之形，有時左右俱有，而作十形，卜字固絶無此形也。蓋甲骨之為兆璺，左右恆相鄉，而其卜辭之左右行隨之，其書文字之左右鄉亦往往隨之，固不僅卜字為然，則此不足為卜象兆璺之證也。（中略）卜字本象筮楚之類，或即籌策，古人用為占卜之具，後世承之，為一切占卜之公名，本與龜兆無涉也。璺坼與卜字略相近，固可襲卜之名，然此特魚腸為乙，魚尾為丙之類，非乙丙之字由魚起也。」（天壤文釋七葉至八葉）

董作賓

「卜字本象兆璺之狀。茲分形、音、義三項研究之，一、卜字之形。卜小篆作卜，說文訓『灼剝龜也，象炙龜之形。一曰象龜兆之縱橫也』。前說蓋以丨象龜版，一象炙龜之火置於龜上而炙之，此就小篆之形而言之耳，而實則應从後說。今甲骨刻辭中所有卜字作上揭諸形，皆象兆璺之縱橫，而其特異之點，即在卜字之歧出，或左或右各隨其兆璺而定。如文辭所屬之兆為十形，則文中之卜字即向左歧出而作丫形，一如兆之坼文。兆坼在右則反是。二、卜辭之音。廣韻『卜，博木切』。今讀或作ㄅㄨ，或作ㄅㄨㄛ，其音同於爆破。余謂不惟卜之形取象於兆璺，其音亦象灼龜而爆裂之聲也。吳中卜法古龜一條有云『既灼之後，其龜版炸然有聲，是云龜語』。某日，余欲一聞所謂『龜語』者，乃鑿新購之龜版而灼之。既灼之後，將見兆矣，而爆然之聲乃發於所灼之中，亟竇版視之，坼文縱橫畢具，而卜字之形亦遂與爆然之聲同時出現，抬信卜法所載為不謬，並悟及卜字之音從，可知卜字之讀ㄅㄨㄛ為商代古音之僅存者矣。三、卜字之義。卜字之意義為灼龜見兆，故周禮注云『問龜曰卜』。孫希旦禮記集解云『凡卜以火灼龜，視其裂紋以占吉凶。其鉅紋謂之墨，其細紋旁出者謂之坼。謂之墨者，卜以墨畫龜腹而灼之，其從墨而裂者吉，不從墨而裂者凶，故卜吉謂之從，裂紋不必皆從墨，以其吉者名之，故總謂之墨也』。周禮鄭注亦云『墨，兆廣也。坼，兆璺也』。則兆可分墨與坼之二名，是卜字實包墨與坼而言之」。（商代龜卜之推測一〇五至一〇八葉載安陽發掘報告第一冊）

孫海波

「卜，前一．五．二。不从夕。外丙外字作此形，見合文三。」（甲骨文編二九八頁）

饒宗頤

「『戊申卜，旁貞：卜亡囚。』（殷綴二一八）按卜為地名，以同版『泚亡囚』『田亡囚』知之。他辭如：『丁亥……于卜，迹。』（粹編五二六）『其自卜，又來囚。』（粹一二五三）郭氏讀卜為地名是也。逸周書王會解：『方人以孔鳥，卜人以丹沙。』殷時之卜，殆王會之卜人。孔晁注：『西南之蠻，丹沙所出。』」（通考三一一葉）

唐健垣　「余及兹月出自卜？甲戌卜，又曰吉。余弗及之（兹）月出自卜。（侯二九）

董彦堂先生考释曰：

此卜当指太卜之府而言，169一辞有「入于卜」之记载，可知史官轮值入于太卜之府了。

☑巳卜，贞：余出自卜？（侯三十）

董先生考释曰：

此辞及上两辞之「余」，疑是卜官自称，辞亦卜官自记，非关时王了。

此二片及考释皆见于董先生安阳侯家庄出土之甲骨文字，民国廿五年八月刊于田野考古报告第一集，今收入世界书局出版之董作宾学术论著下册。按董先生以「入于卜」为卜官卜出入太卜之府，可商；殷代每日皆有卜夕，贞人既多，卜人当亦不少，何故卜出入太卜府之辞只此一见？岂他日皆不必卜出入乎？既为轮值，又何待卜？入太卜须先卜，岂轮值完毕何必卜出？且其所引「入于卜」之「一六九」辞即侯家庄二八片，原片云：

癸亥卜王：舊不☑？（侯二八）

癸字残，余下半之八，似入字；亥字形简似于字，故董先生误读作入于卜也。又董先生以「余」为卜官自记，亦可疑。文录五七二片云：

戊寅卜：朕出？今月？（文录五七二）

此当是时王卜可否于今月出城，王出入必卜，礼也。

……「出自卜」既不能读作「出自太卜府」，饶师宗颐乃另作句读，其殷代贞卜人物通考第二一页：

余及兹月出。自卜。　甲戌卜，又曰吉。余弗及之月出，自卜。

按以「余一人」语例之，此「余」当为王，自称代名词。

饶师盖以自卜为王亲卜之记载也。同书第一二九五页「补记」云：

自卜，以粹编一二五三辞例之，卜字似可释为地名。

按粹一二五三云：

其自卜有来囚

卜乃地名，他辞可证。（详殷代贞卜人物通考第三〇九、三一〇页。）侯二九之辞董先生之考释似可商，而饶师亦用疑似之语，未指定「自卜」为「王亲卜」抑出自卜；今博稽卜辞，知此片之卜乃地名，当读「出自卜」断句。论如后。

古者王之出入皆先卜，如

戊戌卜，㱿贞：王出，亡囚？（文录五五六）

甲戌卜，㱿贞：今𠂆月王入于商？（前二·一·一）

此乃贞人问王出入之吉凶也，亦有王亲贞者，如上引：「戊寅卜：朕出？今月？」因此乃王亲贞，故无其他贞人之名。或有出入连文者，如：

口口卜王：余隹辛出入☐？（铁二〇二·一）

☐余（隹）亥出入☐？（铁一三二·四）

此二片皆小片，地名只留残文，此卜在辛日亥日出入某地之吉凶也。所谓出，出城也，……言「出自」者，……尚有：

贞☐王其出自渔于多若？（佚存九二六）

有出自之（兹）？（屯乙七六八三）

庚子卜，贞：曰侯[illegible]出自方？（缀合一二四）

庚子卜，贞：呼侯[illegible]出自方？

☐子卜，王☐出自☐从☐？（京津一五三四）

……上引各条卜辞云「出自」……，与经籍语法相同。如：

出自北门　诗经邶风北门

出自东方　诗经邶风日月

出自幽谷　仪礼觐礼

其语法雷同若此，然则以卜辞「出自」下之字为地名，固信而有征也。故余谓缀二九当读「出自卜」，卜乃地名，非动词，非王亲卜之记载。

此卜或读作「外」，盖鉴于卜辞之「卜丙」、「卜壬」，即史记之外丙、外壬也。卜是否读为外，不敢遽裁，存以待考。然无论读为卜抑读为外，皆为地名，则可断言也。」（释自中国文字第八卷第三十二册三四四二——三四四七页）

金祥恒

「卜辞通纂别录二·第五片：

壬午卜，卜即贞，其𢼄？

郭氏考释云：「……重一卜字，盖即之官职也。此正卜贞之间一字为卜人，或大卜之证。即乃祖庚祖甲时人。」（别二·一二页）……加拿大托伦托博物馆怀履光所藏甲骨第七片：

丙寅卜卜，出贞：翌丁卯𩵋益奠？

小屯甲编第三十二片：

庚寅卜卜

此虽残片，重卜则甚清晰，屈翼鹏先生考释云：

下卜字当是衍文，卜辞衍文之例，亦多有之，说详胡厚宣卜辞杂例。（集刊八本三分）其馀衍文如贞、亡、田、在等是。小屯甲编第二四九○片：

己酉卜，何贞贞，其牢又一牛，鄉？

贞下之贞为衍文。小屯甲编第一二六一片：

癸卯卜，口贞：旬亡亡囚？

亡下之亡为衍文。小屯甲编第七五六片：

叀藝田田，亡𢦏？

田下之田为衍文。殷虚书契续编六卷二十二页第十片（戬四五·一○，缀一五五）：

甲子贞，王从沚或？在在口月？

才（在）下之才（在）为衍文。由是言之，卜辞通纂别录二第五片『壬午卜，卜即贞』卜下之卜为衍文，非『卜即』也。与卜辞『卜丹』异。甲骨文录第五一九片：

丙寅卜，吴贞：卜丹曰，其出于祊，牢？王曰弜冒，翌丁卯先，若。八月

『卜丹』或释为『卜竹』，乃人名。或以技为氏，郑樵通志氏族略云：卜氏，周礼卜人氏也。鲁有卜楚丘，晋有卜偃，楚有卜徒父；皆以卜命之，其后遂以为氏。如仲尼弟子卜商（原作商，误）之徒是也。故『卜即』之卜为衍文，与『卜丹』不可相提並论也。」（卜辞卜人解惑中国文字第八卷第三十三册三五○五——三五一三页）

裘锡圭　「卜辞所见『习一卜』『习二卜』之『习』，我以为当与礼记曲礼上『卜筮不相袭』之『袭』同义。袭、习古通。周礼地官胥『袭其不正者』，郑注『故书袭为习』；左传襄公十三年『习其祥』，礼记表记『天子无筮』郑注及周礼春官大卜正义引传文，『习』皆作『袭』；文选齐竟陵文宣王行状『龟谋袭吉』，李善注『袭与习通』，皆其证。郑玄注『卜筮不相袭』曰：『卜不吉則又筮，筮不吉則又卜，是渎龟筴也。』可知用不同的方法同卜一事可以叫『袭』。

卜辞通纂所录的、有『习一卜』、『习二卜』等辞的卜都是三、四期的。三、四期卜骨上的卜辞还有说『习龟卜』的：

□习龟卜，又来执用于□　殷虚卜辞七一五

□□卜：习鼋一卜，五□　粹编一五五○

据此，卜辞所谓习卜当指骨卜和龟卜的相袭。『习一卜』就是说卜问一件事时骨和龟各卜一次，『习二卜』就是骨和龟各卜二次。三、四期卜骨的卜辞还有『习三卜』『习四卜』的：

已囚（此条当卜『习一卜』，辞已残）

习二卜？

习三卜？

习四卜？战后宁沪新获甲骨集一、五一八

如以三骨为一习，习四卜就应共卜十二骨。三、四期卜骨上记卜兆次序的數字，几乎从未见过『五』以上的，一事卜至十二骨恐不可能。」（读安阳新出土的牛胛骨及其刻辞考古一九七二年第五期四三頁）

考古所　「左卜：卜官。既有左卜，亦应有右卜。卜辞中还有卜某，如卜宕（洪五二七）也当为卜官。」（小屯南地甲骨九〇九頁）

考古所　「小卜辛：或少卜辛，疑为小外辛，像卜丙即外丙一样。」（小屯南地甲骨一一五四頁）

姚孝遂　肖丁　「『卜丙』合書作『丙』，这种合書形式很特殊，为前所未見。『卜丙』典籍作『外丙』。此片合書之『卜』字与通常所見之形体不同，但只能是『卜丙』无疑。」（小屯南地甲骨考释四一頁）

徐中舒　「中国象形文字出于占卜的巫师。他们原是古代的知识分子，甲骨文就是他们创造的。如卜，就是占卜时在龟甲或牛肩胛骨上所出现的裂纹的形状。其音，读如卜声，则是象其裂纹的爆破之声。」（怎样考释古文字古文字学论集初编一六页）

晁福林　「有时殷王也亲临占卜场所，如武丁卜辞：

癸酉卜永贞旬亡囚。王率矢于卜。（京都八四八）

丁丑贞王于卜方。（京都二五二九）

这两例是武丁卜辞。」（试论殷代的王权与神权社会科学战线一九八四年四期一〇〇页）

徐中舒　「貞人在卜版上鉆灼，骨版背面出现坼纹，其形如卜（甲八六〇）、𠂆（乙一四二八）、丩（乙六七·二）、亻（拾六·一）、十（后一·二四·九）、卜（林二·一一·一七）皆卜字也。每卜必对贞，一向左，一向右成兆，此即兆之原字。说文古文作兆，还可以考出原形。用，从日从卜，日象肩胛骨。用，就是在肩胛骨上刻一个卜字，用以占卜吉凶之义。（張祥研究中国古代文字，古文字研究第十五輯五頁）

黃盛璋　「甲文有卜音与濮同，並且可作为『濮』字的初文：

宣方出于卜，貞：（殷后五·二四·七）

其自卜又来禍，（粹一二五三）

貞，其自卜：（京一五九八）

丁亥　，王于卜方：（人二五二九）

癸酉卜，行貞，士禍，王……率大于卜（人八四八）

以上卜皆为地名，『卜方』說明为殷之方國之一。从『其自卜又来禍』看，則卜必常与殷为敌，殷也派兵遣將予以征伐，卜辞又有：

庚申卜，旅貞：叀元卜用？在二月，（續一三九·九）

……用卜？（摭遺六一）

……卜用？……（京四八四七）

可能用卜人为人祭，而其他又去殷較近，卜既用濮，記載已有此例，逸周书王会还称『卜人』，則甲骨文之卜國，卜人，很易引起推想濮族之一支……甲文之卜是否和濮上世曾有关系，史实难明，姑附备一說。（朴君述濮國别、年代及其相关问题，江汉考古一九八七年一期九六——九七頁）

洪家义　释卜字見亳字条下

饶宗頤　说参𠦃字条下。

按：說文：「卜，灼剝龜也，象灸龜之形。一曰象龜兆之縱横也。」當以後說為是。饒炯《說文解字部首訂》以為「灼剝龜者，謂所灼之龜剝裂也；云象灸龜之形者，謂象已灸之龜其形折裂，或縱或横也。至於一曰之說，當是小注，申釋象灸龜句意，後人纂入正文耳」。王筠曾謂「許君亦無灼見，故存兩說」，饒炯不過曲意為許慎迴護而已。

董作賓之說，實本于吳変云，吳氏謂「古者有事問龜，則契其腹背之高處，以火灼之，其聲卜則有兆以告成矣。其兆或縱或横，作卜以象其形；而音則如其聲，輕則蒲木切，重則博木切」（見小學說）。

唐蘭謂「卜字本象筮楚之類」，不可據。甲骨文偏旁所从攴字多作攴，不从卜，間有作攴或攴者，攴、攴、攴均象手持筮楚之形，但不得謂所持者爲「卜」。卜辭「卜」字尚用作「內外」之「外」，陳夢家已論及「卜」與「外」之關係，裘錫圭有專文詳加論證。舊以爲地名者，實當讀作「外」。

3349 占

按：説文：「占，視兆問也。从卜、从口。」卜辭云：

「乙丑卜，王貞，占：娥子余子？」（合集二一〇六七）

「己酉卜，王占：娥娩，允其于壬不？十一月」（合集二一〇六八）

「戊戌卜，大占：嘉？」（合集二一〇六九）

卜辭「占」皆用爲占問之義。與「固」同訓，而字則有別。「娥子余子」即「娥字余子」，「字」訓爲「養」爲「育」。

3350 㞢 有 侑 又

孫詒讓釋㞢爲之，曰：「凡云之者亦甚多，其誼當爲適。（爾雅釋詁：『適、之，往也。』）……蓋謂卜適其廟而祭，猶儀禮特牲饋食禮：『命筮曰，孝孫某筮來日某諏此某事，適其皇祖某子尚饗。』是也。」（舉例上十七葉）

商承祚「卜辭㞢或讀爲及」。（佚考九葉）

葉玉森「按卜辭云『㞢于』屢見，或作㞢。如『□□貞其𡧊㞢于高妣寅』。（前一·三三·三）或作㞢，如『㞢于母庚一牛』。（殘上二七·九）或作㞢，如『庚辰㞢于母庚』。（前一·二九·四）告字則作告出，其上从牛或省作屮，無作㞢㞢㞢者。又卜辭一辭中有『之』『告』二字並見者，如『□□卜賓翼庚子㞢出麥』，（前四·四十·七）『既㞢王亥告』（新寫二〇五）書契菁華中亦有數辭並云。告字一見之字數見，似㞢非告省，仍應从孫氏説訓適較安。至他辭有云『之牛』『之犬』『之豕』『之死』（𤉲）『之牡』『之匕』『之俘』者，則『之』用爲獻」。（前釋一卷

三葉下）

郭沫若　「㞢字羅釋之，然卜辭多假為又，如『侑人十㞢五人』或『十㞢六人』者（菁．五．即十又五人、十又六十。如『㞢求其㞢來嬉』原例至多，菁華中最多見，羅釋為『之求其之來嬉』定按羅釋見增考下卜辭釋文中者實即『有祟其有來嬉』。又如鐵雲藏龜有一例云『口申卜貞蜀㞢𢦏旬㞢二日口未蜀允𢦏』（藏．五．三）此㠯申日卜而於未日應者，故所謂『旬之二日』，王國維如是讀見釋旬實即『旬又二日』。又卜辭習見之『受㞢又』亦當讀為『受有祐』，此乃卜辭語。如『伐土方受㞢又』『伐呂方受㞢又』之例屢見不鮮，別有『王受𠂇』之成語，中略當讀為『王受有祐』，又作重文，金文重文之例均如是作」。（甲研釋作一葉下）

又曰：「㞢即常見之㞢字，乃又字之異。字形亦無可說」。（卜通別一第九葉下）

胡厚宣　「㞢為武丁時常見之祭名。以其又每用為『有來自東』（後下三七．二）『五十有六』（前四．八一）『禽有犬』（前六．二四．五）之『有』，推之或當為侑之借字」。（論叢釐甲一葉上）

吳其昌　「『㞢』者，孫、羅、王並釋『之』。……按孫氏以特牲饋食禮之『適其』解卜辭之『㞢于』，其意是也；但僅得一端而未得全體也。郭沫若非之，其言曰：……（通纂冊二頁八）按郭氏論㞢之通『又』，甚是甚碻；然亦僅得一端而未得全體也。今綜合萬餘片甲骨，悉索其㞢字，駢臚而通觀之，始知『㞢』之一字，其賦形有五，而其涵義有六。

其賦形之五種：『㞢』又作『𡳿』，人所習知，例不備舉。字又作『𡳿』（見前編卷八頁六片一）例證詳下。『㞢』『𡳿』又通，『𡳿于高口口』，『𡳿于高妣丙』，（亞前編卷三頁三三片三）即『㞢于高妣庚』，（燕京片二八七）『㞢于高妣己』，（林氏卷二頁二片九），其明證也。『㞢』『𡳿』又通，『循㞢于』（林一．二八．一九）又作『循于㞢』，（燕京七二四），其明證也。是故『𡳿』『𡳿』又通，『𡳿月』（菁華片三）……又作『𡳿月』，（續六．二○．五）其明證也。知『𡳿』『𡳿』之實為一字，則回視說文：『𡳿，出也。象艸過屮枝莖漸益大有所之也。一者，地也』之訓，知許君實曾見甚古之字而非響壁虛造矣。

其涵義之六種：

一曰：㞢，祭也。其在卜辭

或作『㞢』。如云：『㞢田』，（後一．二七．三）『㞢自田』（前三．二二．六）『㞢父乙，羊。』（前一．二五．三）『貞于兒，㞢。』（續一．四九．六）『于羊甲，㞢。』

……（淋二、一三、一）「王㞢母庚。」（前一、二九、七）……等，不以祭解之不可也。

或作「㐱㞢。」如云：「㐱㞢母庚，牛。」（鐵三、九四、三）……等是也。

或作「㞢于。」如云：「其㞢于血室。」（鐵五、一七六、四）「㞢于五后」（前一、三〇、五）「㞢于季」「㞢于示壬」（本片）「㞢于大甲，㞢于大丁，㞢于咸。」（前一、四、三）（中略——摘錄者）「之于高妣口，十羊」（續二、一五、二）（此又㞢之一字之證矣）……等是也。

或作「貞㞢于。」（下略——摘錄者）

或作「㐱㞢于。」（下略——摘錄者）

或作「貞㐱㞢于。」（下略——摘錄者）

或作「桒㞢于。」如云：「桒㞢于妣庚，五牢。」（前一、三六、三）……等是也。

或作「𡴘㞢于。」如云：「𡴘㞢于且丁」（續四、二六、一）……等是也。

或作「漁㞢于。」如云：「漁㞢于且丁」（鐵四、一六七）「爭漁㞢于父乙」（前一、二五、二）……等是也。

或作「月㞢于。」（下略，不確——摘錄者）

或作「先㞢于。」如云：「先㞢于唐」（前六、五六、三）「先㞢㔾……」（鐵六、二二六、二）……等是也。

或作「求之于。」……如云：「貞求之于高口口。」「貞求之于高妣丙」（並前一、三三、三）（此引與前面「㞢于」類中引續二、一五、二片同誤——摘錄者）……等是也。

或作「㞢㔾。」如云：「㞢㔾」（燕二一四）「酒㞢㔾」（林二、一〇、一二）「㞢㔾于丁」（續一、四四、五）「王㞢㔾高妣己。」（後一、六、七）……等是也。

或作「㞢御。」如云：「貞㞢御于南庚」（續一、二二、八）「于妣庚御㞢𠕁」（續一、三五、一）……等是也。

或作「㞢伐。」如云：「㞢伐于寅尹。」（續一、四七、五）（又前一、五二、三）同文……等是也。

或作「㞢夕。」如云：「漁㞢夕于丁」（續三、四八、一）「㞢夕叶且乙」（林一、一四、七）「㞢夕伐自田」（林二、三、一一）……等是也。

或作「㞢冓。」如云：「其㞢冓。」（續五、二一、八、又續六、二二、四重出）……等是也。

或作「㞢命。」如云：「㞢命于𠂤。」（前五、一五、一）……等是也。

諸凡「㐱」「桒」「喜」「月」「求」「枋」「禦」「伐」「夕」「遘」「命」……皆祭

之類也，故知「㞢」義之亦為祭之類矣。

二曰：㞢，用也。其在卜辭：如云：「叀十牢，㞢五酒，大甲」（前一、五、五）一此句斷句有誤——摘錄者）「貞，叀十物牛；㞢五卣」（前四、五四、四）謂「用五酒」或「用五卣」以祭也。如云：「丁丑，㞢一牛」（前四、二三、一）「貞，牢㞢一牛」（前五、一一、八）「卯牢㞢一牛」。（續一、一二、八）「牢㞢二牛」。（前七、三八、二）「㞢三牢，□」。（前五、九、七），謂用一牛，或二牛，或三牛以祭也。如云：「㞢于且乙，㞢一牛，㞢南」。（前一、一〇、二）「貞，方，帝，卯一牛，㞢一南」。（前七、一、一）謂「用一牛」「用一南」以祭于且乙，或祊，或椲也。南，祭時樂罷之類也。如云：「于□，㞢犬」。（鐵四、一四〇、二）「貞，賁，卣，㞢老」。（續一、一、四）「𠂤㞢犯」。（前一、二四、三）「□㞢犯」（鐵一、一五、一），謂「用犬」或「用老」或「用犯犬」以祭也。其最明著者，如云：「㞢牛于丁」。（後一、二五、六）謂「用牛于丁」也。此與剌鼎「用牲于太室」，矢彝矢尊「用牲于京宮，……用牲于康宮，……用牲于王」，召誥「用牲于郊」，左傳「用牲于社」之文法，豈非形實悉同乎。以上諸辭，無論如何，不以「用」字解之，不可也。「用」亦祭亯之誼也；故易云：「公用亯于天子」，（大有九三）「王用亯于帝」（益六二）「王用亯于岐山」，（升六四）「用亯」連文，斯其明驗矣。

三曰：㞢，有也。此為郭沫若氏所發現，而其論證，則頗未盡也。今為充其類而博徵之。其在卜辭：如云：「茲二月，㞢大雨。」（前三、一九、二）「其㞢雨」。（前七、三五、二）「丙子，其㞢風」。（前四、四三、一）謂「其有風」，「其有雨」，「有大雨」也。如云：「㞢來自東。」（後二、三七、二）「㞢來自西。」（續一、三五、九）謂「有來自東」「有來自西」也。如云：「㞢來嬉」。（續二等之）「其㞢來嬉」，（例多不具）「其㞢來三至。」（前七、九、三）謂「有來嬉」「有來」者三至也。如云：「貞，歸婦，㞢子，」（前三、三三、八）「歸好，㞢子。」（鐵三、一二七、一）謂「歸婦」「歸好」而「有子」也。（中略——摘錄者）如云：「其㞢珍。」（林二、四、九）「貞㞢㝵。」（續六、二三、七）謂「有珍」「有得」也。其最明碻之證，則為「㞢」與「亡」對舉之例也。如云：「貞亶其㞢瘳。……貞亶亡瘳。」（前四、一〇、七。「瘳」字姑从孫詒讓說。）「其㞢𡆥。……亡𡆥。」（前六、四九、一）「其㞢災。……亡災。」（林一、八、九）「□亡犯。……□其㞢犯。」（續二、二四、四）「歸好，亡甘。……歸好，㞢甘。」（續四、三〇、五）「貞，㞢來嬉。……貞，亡來嬉。」（續四、三一、三）他如卜辭成語，有「㞢老，」（鐵二、七六、三等）亦有「亡老」。（例甚多）。有「㞢求」（續一等），亦有「亡求」。（例甚多）「㞢」皆與「亡」對舉，斯即「有」「無」對舉也。㞢義之等于「有」，斯其明碻之證矣。

四曰：㞢，又也。此亦郭氏所發現。其所舉例證甚碻而未盡。與郭氏所舉中村氏所藏同其性質者。如云：「旬㞢二日」（鐵一、五、三）如云：「九旬㞢一日」（續五、三二、二）謂「旬又二日」，「九旬又一日」也。例之類，尚不止此。如云：「孚人十㞢五人。……孚人十㞢六人」。（潽五）謂：「俘人十又五人，十又六人」也。如云：「禽二百㞢九」（前四·四·二）「禽鹿五十㞢六。」（前四·八·一又前五·一四·五重出）謂「擒獸二百又九」「擒鹿五十又六」也。如云：「賣于蚰，羊㞢在。」（後一·九·一一）「㞢于且乙，羊十㞢五。」（續一·一二·八）「㞢于大庚……伐十㞢卅。」（林一·二六·一〇）謂「賣于陸蠡」，用「羊又在」也。謂「祭于且乙」，用「羊十又五」；「祭于大庚，伐十，又三十」也。一片之中，兩見㞢字；而其用各有所當，不容紊也。如云：「㞢往芻，自𡚬，十人㞢二。」（潽三）謂「又往芻……十又二人」也。凡此皆無論如何，不以又字解之不可也。「又」「有」本又為一字矣。

五曰：㞢，此也。其在卜辭：……如云：「受㞢又。」（前一·二七·四等多不勝舉。）「受㞢㡀。」（前四·四·四·六）「受㞢年。」（前四·五·三·四）謂「受此佑」「受此㡀」「受此年」也。（「㡀」「年」誼皆為禾，詳彼疏。）如云：「禽㞢犬。」（前六·二四·五）「交獲㞢魚。」（前七·八·四）「貞𡗗尋㞢牛」（續一·一四·二）謂「擒此犬」「獲此魚」「得此牛」也。如云：「彝㞢臣于𡆥。」（後二·三三·一二）謂「彝此臣于羊附」也。如云：「于𡳿月乙巳求」（續六·二〇·五）「𡳿一月，其雨。」（前三·一九·三）「貞𡳿三月，歸好。」（林一·二〇·一一）「𡳿七月，王入于高。」（續三·一四·一）「于𡳿八月，酒。」（前一·四六·五）謂「此月」「此三月」「此七月」「此八月」也。（𡳿非㞢字——摘錄者）此，亦是也。如云：「子漁㞢从。」（前五·四四·三）謂「子漁是從」也。

六曰：㞢，至也。其在卜辭：如云：「㞢向，五月。」（前四·一九·八）「口未，㞢殸。」（前七·一四·一）「其㞢段」（續五·九·二又續五·二九·七等）謂「至向」「至殸」「至段」也。向、殸、段，皆方邑名也。如云：「己亥卜，古貞，㞢昃，𡳿十二月。」（後二·三三·八）謂「此十十二月」「至昃」地也。以此觀之，孫詒讓以尒雅往、適，訓㞢，亦未為失也。」（殷虛書契解詁四——一一葉）

胡光煒

「㞢與說文㞢形近，卜辭用㞢之例，或以為又，如：「俘人十㞢六人」（潽六）即俘人十又六人也，或以為有，如：「允㞢來姖」（潽六）即允有來姖也，或以為告之省，如：「貞㞢于祖丁」（潽十三·四）即告于祖丁也」（說文古文考）

孫海波

「㞢，甲一二二二。此字不知偏旁所从，以文义覈之，確与有无之有同义。今系於有字之后。」（甲骨文編二九四頁）

孙海波　「□，拾一四、一四。从又从屮。說文所无。屮，卜辭以为有字。」（甲骨文編一二六頁）

李孝定　「契文有無字多假『又』為之，亦恆假『屮』為『有』，或又以『屮』為『又』，胡先生之說是也。惟謂此為告之省則有未安也，郭氏所說亦與胡先生同，確不可易。至屮之字形則無可說，本書從其字義收之於此。金文作□素諆角□自公簋□□召伯簋□散盤□令鼎□南公有司鼎均从又持肉，與篆文同，非从月也。許君以不宜有訓有，且引春秋之文以證成其說，蓋誤以為字乃从月，故有此曲說耳。且春秋言『有年』『大有年』，豈亦不宜有之謂乎。諸家或說此為之，以讀卜辭無一可通，不可从也。」（集釋二二六二葉）

饒宗頤　「『屮』王國維讀為『侑』，以安以侑之『侑』。卜辭習見。『屮』之用法，除作語助詞之『有』及『又』與福祐外，『屮』之為『侑』，蓋有二義：一對鬼神言，祭祀之事也；一對生人言，酬酢之事也。兩者之間，宜加釐別。爾雅釋詁：『酬、酢、侑，報也。』說文侑為姷之或體，云：讀若祐。易繫辭云：『可與祐神。』詩雝：『既右烈考。』以右為之。左右之右，本作『又』。故契文屮神之『屮』，間亦作『又』，賓當讀為右或祐也。爾雅侑訓報。卜辭祀于先公先王輒曰『屮于某』。則『屮』亦可訓報。魯語上：『上甲微能帥契者也，商人報焉。』孔叢子論書編：『書曰惟高宗報上甲微』。是報當即侑也。至于生人之酬酢，如云：『貞：帚好屮（侑）□于多妣介』。（遺珠七）『……妥氏，屮取……妥弗其氏，屮取』。（沌乙二九〇三）妥為子妥，取為子取。辭意謂子妥侑子取。周禮：『膳夫以樂侑食』。注：『侑猶勸也』。凡燕饗之禮，已飲食而後勸之曰侑。聘禮云：『若不親食，使大夫各以其爵朝服致之，以侑幣致饗』。公食大夫禮：『宰夫束帛以侑』。是也。」（通考一二五——一二六葉）

饒宗頤　「祭名『屮』。屮為侑，亦通『右』，周禮：『以享右祭祀』，鄭注：『右讀為侑，侑勸尸食而拜』。詩彤弓毛傳：『右，勸也』。屮乃勸尸之事，楚茨：『以享以祀，以妥以侑』即妥尸侑尸也。」（通考九八一葉）

張秉权　「屮，是有字，在這里作為有无之有解，但在卜辭中又有作為祭名的侑，和作為再又之又講的。因為這个字衹見于早期及文武丁時的卜辭中，有着時代性的，所以我把它楷定為屮。

□，是又字，亦即右字，古文右和又為一字，和左作□者有別，在早期卜辭中，又仅作為

祐讲，在晚期卜辞中，則兼有『又』『祐』『有』等意义。」（殷虚文字丙编考释第三一——三二頁）

金祥恆　「卜辭『受出又』亦作『受侯又』，如殷虚书契续编第二卷三十一頁第四片：

甲辰卜，雀受侯又？

与殷虚书契前編第八卷十一頁第三片：

辛巳卜，貞：雀受又？

『受又』辭意相仿，又殷虚书契续编卷四，第九頁第三片：

戊午卜，方出，其受侯又？

与粹編一二八五片『庚申貞，方、奠（鄭）茲受又』之辭意相仿。蓋『受侯又』即『受出又』之成語。則侯即出，假侯為出，其音讀与侯同。……惟『侯』尤韵，又或有有韵，尤、有古独用。段氏說文六书音均表『侯』在第四部，『又』或『有』在第一部，古不相通。惟周氏中原音韵十六尤声尤侯韵，『又』与『侯』同為語根ou，則相通。茲以甲骨文『出（又或有）』与『侯』相通借証之，周說得之。

总之甲骨文之『出』，讀若侯，其誼一為有，一為侑。」（甲骨文出字音义考，中国文字47册第六卷二八五四頁至二八五七頁）

白玉峥　「貞：翌丁卯，出于且乙？（鐵二五二·二

峥按：辭云：『翌丁卯出于且乙』，勘諸卜辭侑祭之通則，凡庙号『乙』者，于乙日祭之。本残版之辭，則以丁日祭庙号之乙者，乖於通則。其為変例歟？殆刁契者之所為耶？」（契文举例校讀中国文字第八卷第三十四冊三九二二——三九二三頁）

考古所　「出：或作出，同又，在此卜辭中为有。此字早期，如武丁、祖庚、祖甲時期多作出；晚期如康丁、武乙、文丁時期則作又。」（小屯南地甲骨一一五三頁）

王献唐　「卜辞复有刁见之字，作出，亦作屮……中直有伸有缩，绝非偶然，两体屡见卜辞，实所从出之火形，初时一象三焰，一象二焰耳。……求其本形，一为山，一为山，皆火也。火而下作柄跋植地，与上说至字，义例相同。彼为烛，则此亦为烛矣。……出之同音同用，其用为往、至意者，音读如今抵達之抵。用为此意者，此从止声，古纽仍与烛同。用为以、有、又、祐者，四字今属泥纽，仍皆舌头音（说见執字下）。若是出字多种用法，其字不特皆与同

部，且皆通读矣。之象烛形，音出於烛。出字亦象烛形，作出复象烛形，音又通烛，读与之同，其本义亦必为烛矣。音义既与之合，字形复与之类，乃同字异体矣。」（古文字所见之火烛，第一二九至一三九页）

黄锡全 「我们知道，『出』字大都出现在武丁时期即第一期卜辞中。这个字在武丁以后即已逐渐消失，而先后以其同音字『又』所代替。至西周金文中才出现了从手持肉的『有』字。综观全部甲骨卜辞，『出』字的形体大致可分下列几种：

（一）	□ 甲2902	□ 佚383	□ 佚392	□ 甲209	□ 甲182
（二）	□ 乙1444	□ 乙777	□ 铁189·3	□ 乙6665反	□ 菁5·1
（三）	□ 前4·4·2	□ 前1·30·3	□ 乙3290	□ 乙4887	□ 乙1916
（四）	□ 前7·40·2	□ 甲3	□ 铁117·2	□ 甲2809	□ 甲140

作者认为，上举『出』字的基本形体就是人们熟知的牛头象形字。商代的牛首鼎文，殷墟出土的牛头形饰与现实生活中的牛头一样作

鼎文……

鼎文……

就是上举二、三种形体的原始图形。

上举第一种形体的『□』字，……『丄』表示牛头的上下端。牛头上端作『一』形，以『天』卜辞中有『卯黄牛』、『幽牛』的『牛』字作『□』形，『□』无疑是『牛』字，所从的『口』、『一』字有作『□』（甲三六九〇）、『□』（前二·二七·八）等形例之，所从的『口』、『一』均为指示，表示人的顶部。说文：『天，颠也。』、『颠，顶也。』那么，『□』字所从的『口』，『□』字所从的『一』犹如『□』字所从的『口』，『□』字所从的『一』，应是指牛的顶部。……这种形体只是出现在自组卜辞中，而自组卜辞中有些文字的构形是比较特别的。……

第二种形体大都属于宾组卜辞，……斜划与直划互作卜辞习见，如『屯』字作『□』也

作「□」，「羊」字作「□」也作「□」。……

第三种形体是因牛的顶部不太突出的缘故，加之正视牛头的角度不同所造成。牛首鼎文及安阳出土的很多牛头形饰都呈「□」形，这种形体在卜辞中並不少见。

第四种形体已脱离象形文字的基本形态而变为直线条了，这种形体较之上列几种形体为晚，而且成为比较通行的形体。……

这里应该指出的是，文字产生的早期阶段或图形文字阶段是以牛头表示整头牛的。如前所举商代的牛头形鼎文，后来演变作「□」形，以表示牛角、牛头上下部的线条勾划出一幅牛头形字。……早期的「牛」字下端作斜划不出头，后来才变成直划，下端出头。甲骨文中「牛」字的演变序列应该是：

□ → □ → □ → □

「㞢」与「牛」字在形体上虽略有区别，但透过区别的表面现象我们可以看出这两个字实际存在的不可分割的联系，下列的两种现象是能够说明一定问题的。

同形		省形	
㞢	牛	㞢	牢
前4·4·2	乙2103	乙766	鄴2979
前1·30·3	掇1106	乙4057	掇1106
乙1916	善2411	存632	佚212
乙2487	存447	乙8684	鄴2324
乙4887	甲365	乙9085	存1769
乙2236	粹39	铁97·2	鄴3240
簠2·32	簠3·14		

……「㞢」字省形作「屮」亦属事实，乙四〇五七「甲午卜殻贞翌日未屮于祖乙」，乙七六六「丙戌卜屮于父丁叀㲋」，以同例语「㞢于祖乙」（佚一五四）、「㞢岁于父丁」（给二五六）例之，「屮」无疑是「㞢」字的省形。

还有一重要现象值得注意，即在一组卜辞中，每有当「㞢」字上部表示牛角的部分作弯笔「U」时，牛字变作直笔「凵」；而当「㞢」字上部作直笔「凵」时，牛字又作弯笔「U」。这种现象恰好说明了它们之间的同一关系。例：

宾组			自组大字		
牛	㞢		牛	㞢	
□	□	乙2103	□	□	乙9093
□	□	乙5227	□	□	乙8660
□	□	乙2171	□	□	乙412

午组			自组小字		
牛	㞢		牛	㞢	
□	□	乙5328	□	□	甲3045
□	□	乙7261	□	□	佚599
□	□	乙4925	□	□	甲248

又如从「牛」的「告」字作□，也有从「㞢」作□（甲一五八一）、□（甲三三八二）的，这说明从牛从㞢无别。……

那么，为什么同属牛头象形的字要在形体上有所区别呢？这是因为：随着社会的不断发展，文字的不断演进和引伸，本来同属一个形体的字，为了表达几种意思，往往在形体上稍加区别。如「人」与「尸」（夷）字，同为人之侧视形，为了表明两种意思，有时便在形体上稍加区别，即以「□」表示「人」，以「□」表示「尸」（夷）。「白」与「百」字，为了表明两种意思，「白」作□，而「百」便作□或□，形体上加以区别。又如「戌」与「王」字，同属斧钺象形字，只是为了表明两种意思，在形体上加以区别，即以□表示「戌」，而以「戌」字上半部竖直之形的「□」表示「王」。「牛」与「㞢」字也与上述人与尸、白与百、戌与王字一样，为了表明两种意思，便在形体上稍加区别，即以□或□、□表示牲畜「牛」，而以□或□、□表示特定含义的「㞢」。……在某个独体字上稍变其形赋予它以新的含义，但仍因原来的独体字以为音符而其读音相同或略有转变，这在古文字中是不乏其例的。如前所举人与尸（夷）、戌与王、白与百等等。我们知道，「㞢」与「又」字在卜辞文例中是可以通用互作的。……「㞢」、「又」、「有」三字音同字通，与「牛」字音近可通。「又」、「有」属喻母三等字，「牛」属疑母字。疑母字与喻母三等字可以相通，……「牛」与「又」、「有」古韵又同属「之」部。所以，从声韵上讲，「牛」与「又」、「有」读音可通，与「㞢」字读音亦通应是没有多大疑问的。……从文字的发展变化看，最初表示有无之「有」的正字应是牛头象形的「㞢」字，「又」、「有」属「㞢」字的同音假借字。

牛是一种大牲畜，以牛这类牲畜表示「有」或「富有」，这从古代典籍中可以窥见一斑。如《礼记·曲礼》：「问庶人之富，数畜以对。」《汉书·五行志中之上》：「牛，大畜。」《诗·无羊》：「谁谓尔无牛，九十其犉。」《诗·魏风》：「胡瞻尔庭有悬特兮。」……

安阳殷墟出土的有些陶器上以及有些铜器上就有以牛首形作为装饰的图案。在殷虚，考古发掘出有的房基遗址内的窖坑中专门储有牛骨的现象。墓葬中经常有以牛的大腿骨随葬，甚至有的墓葬的填土中或二层台上葬有牛头。从这些现象也可以看出殷人是重视牛的。参照有些少数民族志的材料，发现有不少的民族都以牛这种牲畜表示富有。……

……联系有关的文献记载和考古发掘材料，可以窥视出牲畜「牛」与「有」字含义的一些关系，可以看出商人是重视和利用牛的。参考云南、贵州、西藏等地少数民族以牛作为财富的象征，有牛就表明富有的材料；再从甲骨文「出」字本身在卜辞文例中的用法的确又等于有无之「有」这一客观事实，所以，我们说商民族以象征牛而又区别于「牛」字的牛头象形字来表示「出」即有无之「有」这一特定含义应该是符合造字原义的。商代祭祀大量用牲，用牛又为大牲，因而又借「出」字作为祭名。」（甲骨文「出」字试探古文字研究第六辑一九六——二○四页）

胡厚宣说参□字条下。

饶宗颐说参□字条下。

周国正说参□字条下。

按：字隸定作「出」，卜辭為再又之「又」，有無之「有」，福祐之「祐」，亦為祭名「侑」。至於其造字之源，則各家說法不一，迄今難作定論。

3351 □

按：字不可識，其義不詳。

3352 □

按：字不可識，其義不詳。

尤

王襄　「古猒字省文，與斁猒均通。許說猒笮也，合也；斁解也，猒也，終也；猒飽也，誼均相近。詩振鷺：『在此無斁』，禮記中庸引作『無猒』。金文多作『亡斁』，惟伯梋𣪕作『亡猒』，猒从犬作，與此相似。」（類纂正編第九第四十二葉上）

王襄　「尤猒之古文，與猒斁並通，今字作猒。許訓：『飽也』，『足也』。段氏云：『飽足則人意倦，是猒有猒棄之誼』。伯梋𣪕猒亦作尤，卜辭之無猒，猶云祭則鬼享之，亦卜吉之意。」（簠考帝系四葉上）

郭沫若　「按此當即猒之省文，蓋猒形文省其後體而存其前體者也，足之則為犬形，由形音義三合以求之當為後世之尤字。尤字小篆作𡯂，猶存其形似，許君謂从乙又聲者於从乙之義無說。尤音雖在之部，然之幽二部音極相近，正無妨為猒音之變。」（甲研上冊釋繇八葉上）

丁山　「殷契中言『亡尤』者不下數百事。孫仲容契文舉例謂即『亡它』，王襄徵文考釋謂即『亡猒』，王靜安識考謂其形『不可識』，其義『猶言亡咎亡它』。愚嘗編徵殷契，案其形義疑即湯傳之『无尤』。廣雅釋言『尤異也』，異尤一聲之轉，其義故相通。春秋繁露必仁且智曰『有不常之變者謂之異，異者天之威也』，公羊定元年傳『異大乎災也』，然則湯傳之言『終无尤』，猶言終無災異。殷契言吉凶或曰『吉』、或曰『大吉』、或曰『亡巛』、或曰『亡囚』，皆吉。或曰『亡來艱』、或曰『有猒』、或曰『不若』，皆凶。換言之，凡言『亡口』者吉語非凶辭，則卜辭屢見之『亡尤』皆亡災異亡不利之謂。尤皆象手欲上伸而礙於一，猶巛之从一雝川，𡳿之从屮而橫止於一也。」（殷契亡尤說集刊一本一分）

又云：「古之作一者今或借為乙，如大一之作太乙自漢以來已然，許書尤作𡯂从又从乙，即卜辭从又从一之譌也。」（同上）

胡光煒　「『匕尤』余釋亡尤，呂氏春秋：『孔子始用於魯，魯人謗之曰：「麛裘而韠，投之無戾；韠而麛裘，投之無郵。」』無戾即匕猒，無郵即亾尤。說文：『𡯂，从乙、又聲』，又尤郵古通。」（文例下二五葉）

吴其昌

「亡𢀛」者，乃卜辭中固定之成語，其字又見於金文中之獻伯彝，文曰：「……獻白于遣王休，亡𢀛。……」今人並釋爲「亡尤」。（董作賓云從丁山釋亡尤，按丁釋是也。稽其說未見，無從甄稼。）《說文》乙部之「尤」字，篆文作𢀛，正即从此𢀛形而來，是徵其碻爲「亡尤」，無可易矣。此以形言之也。更以義言之，則卜辭之「亡尤」，即《易》卦爻辭之「亡咎」也。「尤」猶「咎」也。《詩·小雅·四月》：「廢爲殘賊，莫知其尤。」言「莫知其咎」也。《孟子·梁惠王下》：「夫民今而後得反之也，君無尤焉。」言「君無咎焉」。《論語·憲問》：「不怨天，不尤人」，言「不怨天，不咎人」也。《論語·爲政》：「言寡尤，行寡悔」，言「寡咎」「寡悔」也。「寡咎」「寡悔」正猶《周易》之「亡咎」「亡悔」；而「寡尤」「寡悔」，正猶卜辭之「亡尤」「弗每」矣。此尤「亡尤」「亡咎」實爲一詞之證也。以後世之義言之，「尤」訓「過」，（《詩·載馳》毛傳，《四月》鄭箋，《淮南·俶真訓》高誘注）「咎」亦訓「過」，（《詩·伐木》毛傳，《北山》鄭箋，《一切經音義》六引《廣雅》。）又「尤」「咎」一誼之證也。更以聲音之理言之，今音之喻母字，本从澤、匣、從三母轉來，則「尤」之古音，實亦讀如「咎」聲，不特同韻部而已。是故知契文與金文之「亡尤」，即《周易》之「亡咎」也。「壬戌卜貞王賓示壬，翌日亡尤」者，（指《前》一、一、二——摘錄者）于壬戌日卜，王儐于示壬，于癸亥日又舉行「翌」祭，可亡咎也。」

（《殷虛書契解詁》二一——二二葉）

李孝定

「《說文》：「尤，異也。从乙，又聲。」契文作𢀛，胡師與丁氏並釋尤，按二文同時當係不謀而合是也。孫氏釋它，見丁文引不贅。契文自有它字，王釋猒於字形懸遠，其誤均至顯。郭氏雖亦釋尤，然其說則有可商。𢀛形斷無省作𢀛形之理。且𡆥當隸定作𡆥，卜辭假爲禍字，不讀猶。郭氏謂尤爲𡆥之省文，是一省作𢀛已爲犬字耳，再省作𢀛仍當讀犬，更與尤字無涉矣。丁氏說字形謂又欲上出上礙于一，於說爲長。金文作𢀛獻伯簋𢀛大豐簋亦云亡尤，與亡巛亡禍同」。

（《集釋》四二二九葉）

周策纵

「殷虚卜辞中『亡𢀛』一辞，出现无数，自一九二八年胡光炜与丁山二氏释𢀛为尤，已成定论。然解说不一，似尚未得其初义。……今按𢀛字以一横画截断手指，可视为七、又连文，又亦声。象手切伤之意。字于金文作𢀛（獻伯簋：『亡尤』），其形从又（手）无疑。七字在甲骨文及金文皆作十，如丁山《数名古谊》（《集刊》一本一分）所说，为切之初文，本象当中切断形，自常用为七数专名，乃不得不加刀旁，以为切断专名。今以𢀛为七、又连文，于形声义皆合。七在此不必为独立之偏旁，惟以一横画切断手指，与切义相合。𢀛为切手，盖古人认以手得物为吉祥，故占卜恒求『受又』，今语犹称顺意为『得手』；至切伤其手，则为过失，为不利，故卜问『无尤』，而『尤』有怨、悔、灾异之义。」（《说「尤」与蚩尤》，《中国文字》

第四十八册五二三三至五二三四页）

李平心 「今谓文即弋字，与金文必字所从之弋相似，与小篆弋结体亦近，甲骨金文反正无别，而卜辞弋字亦有作𢎘者，不过为数极少。卜辞弋多作𢎘，但亦有少数作𢎘，上横画不穿出，与金文必字所从之弋及小篆弋基本相似。𤔲尊铭亡𢎘字则又即文之繁变。又壴卣铭有𢎘字，当是从水弋声之字，所从之弋即卜辞常见的弋之反文。古弋与𡜌通，𡜌当即弋之繁反，实即𡜌姓（说详沈子簋铭试释）。」（甲骨文金石文劄记（二），李平心史论集二四三页）

于省吾 「说文尤字作㔱，并谓：『尤，异也，从乙又声。』说文繫传：『乙者欲出而见阂，见阂则显其尤异也。』徐灏说文段注笺：『尤，过也，从乙，艸木出土也。物过盛则异于常，是曰尤。』林义光文源：『又象手形，乙抽也，尤异之物自手中抽出之也。』许氏据已讹之小篆，误认尤字从乙，又误认为形声字。至于其它三家之说，也均纡回不通。甲骨文尤字习见，作𢎘或𢎘，金文作𢎘，上部皆从横划或邪划，下部右侧无之乙者。尤者的造字本义，係于又字上部附加一个横划或邪划，作为指事字的标志，以别于又，而仍因又字以为声。」（甲骨文字释林释古文字中附划因声指事字的一例）

柯昌济 「亡斁斁字为吴秋晖所释，其说为是。诗葛覃：『服之无斁』，旧注训厌，尚书洪范『彝伦攸斁』，旧注训败，皆有败坏之意。」（殷墟卜辞综类例证考释，古文字研究十六辑一四四页）

沈建华说参㞢字条下。

陈炜湛说参巛字条下。

按：字當釋「尤」。丁山謂尤「象手欲上升而礙於一」，然手礙於一，亦與「異」義無涉。徐鍇繫傳謂「乙者欲出而見閡，見閡則顯其尤異。夫同焉皆忠，不知其所以殊；靡然皆悦，不知其所以異，故必見閡。見閡而為不已，然後彰其特出焉」。此蓋丁山說之所本，實甚迂曲。契文「尤」从又从一，不从「乙」，「一」為以示區別之標識，猶人从一為「千」，以别於「人」，蠆从一為「萬」，以别於「蠆」。亦猶「毋」从一以别於「女」。「亾尤」猶言「亾𡆥」、「亾咎」。

3354 于于玗干干

羅振玉 「說文解字：『亏，於也。象气之舒。亏从丂从一，一者，其气平也。』古金文皆作于（盂鼎散盤等），或作玗（𨸏亥鼎𨻰鼎）𢎗（沮子鼎），與此同。」（殷釋中七十七葉下）

陳邦福 「卜辭玗玗扜，邦福案皆當釋于，有吁氣之象，蓋吁之本字假作于者。聃敦『王祀玗大室』，可證。」（瑣言七葉上）

胡光煒 「凡言于皆示所在，徐䢘曰『于於也』。於為于之假借字，秦以後始用之，是以段借字釋本字也。卜辭用于有三例，一以示地、二以示時、三以示人。」（文例卷下四葉言于例）

楊樹达 「书契前编卷四（廿壹之柒）云：『貞卿事于奠北宗，不遘大雨？』按古音事与士同，卿事即卿士也。于当训往，于奠北宗，谓往奠祭于北宗也。……金文令毁云：『隹王于伐楚白』，于伐楚白，即往伐楚白也。」（释于，积微居甲文说卷上二二頁）

李孝定 「說文：『亏於也。象气之舒亏，从丂，从一。一者，其气平也。』栔文不从丂一，其字形何以作于，無義可說。卜辭用于與經傳于字用義皆以示所在，胡先生說是也。陳氏謂玗為吁之古文，說失之泥。于玗同字，于即吁之古文也。許言象气之舒亏，即其意。王筠說文釋例云『吾意于當為吁之古文，詩皆連嗟言之，「于嗟麟兮」，傳以為嘆詞，「于嗟騶虞」傳以為美之，「于嗟闊兮」傳以吁嗟釋之，此三詩蓋皆用本義，非省借也。』其說極塙。金文于字多見，作玗琱鼎玗周公簋玗戊辰簋玗大保簋玗康侯啚簋玗宜子鼎玗于競卣玗匽侯鼎于克鼎于毛公鼎于散盤于兮侯鼎于王孫鐘于阮兒鐘于都公鍼與栔文同。」（集釋一六三八葉）

饒宗頤 「按拾掇二、九八：『王于咎，酌于甲，入。』此祭王往行咎（祫）祭事。于，往也。詩棫樸：『周王于邁』，箋云：『于，往也。』『咎』『咎』一字。」（通考一五七葉）

饒宗頤 「卜辭『王于溹』，（佚乙四〇五五）于溹者，于，猶往也。溹字益水旁。」（通考五一五葉）

白玉峥　「考甲骨文字中之于字，结体虽有二焉，然其为吁之初文则一。說文解字將于、吁歧之为二，又將吁字分列二部，非是。盖于字之结体，当为从二，二，张口之象也；从丨，示气之舒也。故其字作于，状张口舒气也。久之，本谊湮晦，遂於其旁增丂形。故其为用，二字不别。甲金文中，皆如是也。至吁字，乃后起之形声字也。」（契文举例校读中国文字第八卷第三十四册三六五八——三六五九页）

于省吾　「說文亏『从丂从一，一者其气平之也』。按契文、金文、鉨文作于者习见，石鼓文作亏，古文无作亏者。汉代篆隶作于，亦无作亏者，与古文合。」（论俗书每合于古文中国语文研究第五期一六页）

徐中舒　「亐象画大圆的圆规，从丂即表示圆规直径可以上下移动之形，于即亐之省，于画大圆，故从于之字如迂、纡，就有迂远纡回之义。」（怎样考释古文字古文字学论集初编一七页）

高嶋謙一　「用来标明並联关系的连接词……『于』的意义是『包括，直至，甚至……』。」（甲骨文中的並联名词仂语古文字研究第十七辑三四一页）

陈炜湛说参□字条下。

伊藤道治说参□字条下。

按：許慎關於「于」字之說解，皆據小篆譌變之形體立說，無當於本形本義。卜辭「于」字之用法，籠統言之，當如胡光煒所言，用以示地、示時、示人。亦即陳夢家所謂之「關係詞」，用以「說明事物的聯繫關係或動作發生的時間、地方的條件，及與人物的關係」（綜述一二一頁）。陳氏並認為「于」字既用為關係詞中之「連詞」、亦用為「介詞」，詳見綜述一二二——一二五頁，不俱列。「連詞」之「于」義為「與」。「余其从多田于多白」（甲二四一六、二三九五）即「余其从多甸與多伯」。至於陳夢家以為「于」字在卜辭中亦可為動詞則非是。卜辭于字未見用作動詞者。楊樹達舉前四·二一·七以為當訓為往，實則該片已残缺，亦有可能讀作「使于北宗不大雨」，「卿（饗）·秦」當屬下段之残文。

繁體作亐，與于通用無別，金文猶然。其本義當如裘錫圭所言，乃竽之象形。

3355

卯 ◖◗

孫詒讓　「卯皆作◖◗，與金文卯敵同。或作◖◗，（藏一八三·四）亦◖◗之變。」（舉例上一葉）

王國維　「卜辭屢言卯幾牛，卯義未詳，與尞薶沈等同爲用牲之名，以音言之，則古音卯劉同部，柳留等字，篆文从丣者，古文皆从卯，疑卯即劉之假借字。釋詁：『劉，殺也』，漢時以孟秋行貙劉之禮，亦謂秋至始殺也。」（戩考五葉下——六葉上）

葉玉森　「按卜辭卯作◖◗◖◗◖◗◖◗，似不象首鐙及斷物。予疑象门有雙環，雙環外嚮，乃開門形。許君說殆古訓也。」（前釋一卷三七葉下）又曰：「按王氏段卯爲劉，似可信。陳氏釋窌，其說較新，惟窌訓穿地，誼同薶。卯薶二字當不能見于一辭。乃卜辭有云『辛巳卜吕貞薶三犬尞五犬五豕卯四牛一月』（前七·三·三）者，似卯仍非窌也。」（同上七十六葉下）

林義光　「按古作丱，取象不从二户，即兜鍪古字首鎧也。卯鍪古同音。丱象兜鍪形，兩旁與兜从()同意。」（文源）

郭沫若　「說文『卯，冒也，二月。萬物冒地而出，象開門之形，故二月爲天门。……丣，古文卯』。字於骨文金文均作丱，骨文有作丱者，僅一見。（前五·三九·六）許書所載之古文，絕未有見。卯於十二辰之外，卜辭屢有卯幾宰，卯幾牛或卯幾羊之文，蓋用牲之法。羅氏曰『卯之誼不可知，然觀卜辭所載，每云尞幾牛，薶幾牛，卯幾牛，或云尞幾宰，沈幾宰，卯幾宰，別卯於尞、薶、沈，則卯者當爲薦於廟之牲矣』。（考釋下六一葉）王氏曰：……（按見上引从畧）二氏於此用牲之名言之頗詳，然於義終不可確知。此乃出於假借，與十二辰卯字不相屬。」（甲研釋干支二四葉）

胡光煒　「卯爲劉之原字。說文無劉字，然水部有訓水清之瀏，竹部有訓竹聲之藰，皆从劉聲，此固當在逸字之列。爾雅釋詁虔劉皆爲殺，丱象斷物之形，殺人殊死，故劉訓殺而丱爲初字，卜辭用牲以卯與尞薶同列，蓋斷割之誼。」（說文古文考）

吴其昌　「卯象雙刀並植」。（殷代人祭考清華周刊文史專號三七卷九、十期廿六葉）

楊樹達　「殷先公先王多以十干為名，然亦有以十二支為名者，如卯是也。前一、廿三、七、『貞㞢且卯』，藏一一一、一，有父卯合文」。（卜辭求義二八葉上）

陳直　「案漢書律曆志引書武成云：『粤五日甲子，咸劉商王紂』，應劭注：『劉，殺也』。是訓劉為殺，為殷周人之習語。卜辭有劉為卯，有其太半，猶盤庚有作舟庚也」。（讀義六葉下）

陳邦懷　「說文：『窌，窖也，从穴卯聲』。攷工記：『囷窌倉城逆牆六分』，鄭注『穿地曰窌』。卜辭之卯戠牛卯戠羊卯戠牢，與他辭𩞁戠牛沈戠牛誼正相若」。（拾遺十五葉）

李孝定　「說文：『卯，冒也。二月萬物冒地而出，象開門之形。二月為天門。𦥑，古文卯』。卜辭卯除用為支名者外，又為用牲之名。王氏讀為劉，劉从丣，許以為酉之古文，實即卯字，訓為殺是也。至卯之本義則不可知。諸家所說並無確證。楊氏謂殷先公先王有以十二支為名者，舉例前一、廿三、七辭，按乃『貞☐㞢☐且☐人名卯☐戠牛戠羊之類』之斷闕下半者。藏一一一、一辭拓印不斷，父下當有干名字，卯下當有牲名，友人張秉權君所編丙編有此例，亦斷闕下半遂存『父卯』之文，楊氏此說蓋偶失察也。金文作𠦃，旂鼎𠦃宜子鼎𠦃散盤𠦃卯簋均同」。（集釋四三四六葉）

饒宗頤　「卯用牲名，讀為『劉』。爾雅釋詁：『劉，殺也』。漢儀注：『立秋貙膢』。伏儼曰：『膢音劉，殺也』。續漢書禮儀志作『貙劉』。凡契文殺牲之卯，義與劉同」。（通考一四〇葉）

吴其昌　「『卯』者，其原始之形，畧如下列諸狀：

一　二　三　四　五　六　七　八　九　十　十一

（一、庚罍．據古一三、三七　二、商罍．周金六、七〇　三、卯鉞．澂歷五八　四、卯兵．周金六、七七　五、卯兵．周金六、七七　六、卯鬲句兵．夢續二一　七、卯兵．周金六、七三　八、官李父毀．貞松五、三五九丁卯钺·周金六·一一〇 十·俞三·一八·二 十一·鐵一八三·四）綜合而編比之，通觀其前後衍變之程序，从後以追勘其朔，則其原始本誼，有可不煩一言而曲得其解矣。蓋「卯」之始義，為僕刀對植之形，故由名詞而引伸為動詞，其義得又轉為殺也。从「卯」之字有「劉」。「劉」亦兵器，書顧命：「一人冕執劉」，劉即卯也。故廣雅釋詁曰：「劉，刀也」可為明證。由名轉動，故「劉」義亦得為殺，春秋成十三年左氏傳：「虔劉我邊陲」，杜注：「劉，殺也。」方言一：「秦晉宗衛之間，謂殺為劉」。按古複輔音「卯劉」本為一聲，「宗」即「商」，「衛」即「鄣」即「殷」，是固殷商之舊語矣」。（殷虛書契解詁第二三三——二三四葉）

張秉权　「左卯眔右卯」的卯字是名詞，卜辭有貞人名卯者，例如：

丙辰卜，卯貞：今日□雨？（粹八一七）

又如：

貞：乎从卯取𠬝于𡆥？

貞：勿乎从卯？（丙編一五六）

卯亦為人或部族之名。」（見殷虛文字丙編考释第二二〇頁）

丁驌　「說文卯（丣）冒也。二月萬物冒地而出。說文酉，就也。古文酉从丣。合而观之，一象地也，故卯為『冒地而出』。酉字注云『一以闭之』。又曰『丣為秋門，萬物已入，一闭门象也。』故知此乃地下室。一：其封闭之板门也。后字作『窌』者，重覆其意耳。严氏一九六一年斷代研究新例释『左卯，右卯』，即已言卯之為窖藏之所。故祭事之言卯，亦埋祭物之一法也。（严文五三二頁）說文之酉乃别一字。与契文酉似均象酒瓶。此意象殆出自『酒』字及今日之酒瓶及古時之瓦器尖底瓶之狀。其初狀之物，仍為地窖出入从直井，上下有蓋者也。故古文酉从丣也。取其类同耳。故卯為地下左右室。酉為直井之窖也。原本不同。」（讀契記　中國文字新十期七三頁）

考古所　「卯，用牲法，王國維疑為劉之假借字（戩考五——六頁）。亦可能是𠛵，汪𠭯：『𠛵，割也』。（小屯南地甲骨八四六頁）

洪家义　「卯，甲骨文作[illegible]（鐵二五二·四），意为割开牲体。如『卯三牛』（给二七二），『卯二宰』（乙四一〇一）等。劉，方言：『秦晋宋卫之间谓杀曰劉，晋之北鄙亦曰劉。』劉，音义皆出于卯，从卯得声。为什么卯有二声呢？原来卯是读复辅音ml的，随着卯字的被借和孳乳，读音发生了分化。一读l声，一读m声。读l声的有柳、留、劉等字；读m声的有昴、泖、茆等字。文献上还残留着这种分化的跡象，如茆，說文艸部：『从艸，卯声，力久切。』而广韵则收入『巧部』作莫交切。又如尚书大传『度西曰柳谷』，尧典作『昧谷』，柳昧互换。这些跡象说明卯在上古曾是一个复辅音字。」（今命的分化古文字研究第十辑一二三——一二四页）

周国正说参⿰口未字条下。

高嶋謙一说参艹字条下。

饒宗頤说参𤆍字条下。

按：卜辭「卯」既借為干支字，亦為用牲之法。王國維「疑卯即劉之假借字」，實則「劉」乃「卯」之孳乳字，說文作鐂。惠棟讀說文記云：「留以邑氏，公羊說也。又見王風毛傳，則留即劉，又何疑？卯金刀之說，見於讖緯，光武篤信之，諸儒不敢言其非，故說文無一言及之。玉篇『鐂、古劉字』，徐云『傳寫誤』，非也」。其演變之迹當如下：

丣 → 畱（留鐘） → 畱（幣文） → 鐳（小篆）
劉（古璽）

「卯」既借為干支字，姓氏字乃增「田」作「留」，猶㽕之增田作晶，亦猶「奠」之增邑作「鄭」。其後復增「金」作「鐂」，訓為剎，姓氏字乃作「劉」。

古「卯」、「丣」同字。說文以「丣」為「酉」之古文，不可據。說文从「丣」之字，金文皆从卯可證。沈濤答段茂堂先生書論此甚辨（見說文詁林補遺一〇〇五引錄）。段玉裁固執己見，復作說文劉字說以駁之，大可不必。

卜辭「卯」為用牲之法者，多施之於牛、羊。以人為牲者亦或稱「卯」。

「卯五人」（存下九〇四）

「卯五羌」（粹五九一）

「卯十牢」（存下七八七）

「卯……及」（乙七四四二）

此種用牲之法，郭沫若謂「因卯之字形取義，蓋言對剖也」（卜通三九片考釋）。

3442

□ □

饒宗頤　「按□即金文皇字之上體，从日有光芒狀。他辭所見，有从耳者，如：『王令雀聯伐□』。（後編下一九．三）□殆即崑字，讀為虢。古虢與虩通，（見湯履卦及震卦釋文）□於此辭乃方國名，與舌方為鄰，可能即朔。古地有朔方，詩小雅：『城彼朔方。』漢武置朔方郡，則在今綏遠，後世陝西山西并有朔州，或與古朔地有關」。（通考三九六——三九七葉）

王献唐　「金璋所藏甲骨文存，内一片有字作□，其同文一片作□（六七三），亦见於鼎作□，□鬲作□……与卜辞笔画有繁简，统为一字，皆象火把植立，上作烛光射出火焰者也。……所以知为火把者，金文白㝬毁皇作□，杜伯盨、叔角父毁作□，所从均为此字，……至皇字本训，当如後出煌字……皇从王声（金文或作土，乃土之变，仍王字），从□会意，其为火把亦甚明……皇从□会意，□为火把，本字仍当读烛，音转之部，即说文㞢字，亦即今之之字也。……综合比证，知之字古形，最初作□，省作□，演变为㞢为㞢，先字固从之，皇字亦从之，契金所见之□□诸形，皆古之字也，皆火把也，与草无涉也。」（古文字所见之火烛，第一○七至一一五页）

许进雄　「S0816　第一期　左后甲

□貞□皇□

此残字作□，与金文皇字绝似，当是皇字无疑。」（怀特氏等藏甲骨文集第四十页）

劉釗　「卜辭皇字作『□』，本象冠冕之形，礼记王制『有虞氏皇而祭』即用其本义。金文作『□』，后加王声作『□』、『皇』。卜辭『凡皇』应读作『彷徨』或『徘徊』。『徬徨』、『徘徊』皆連綿詞，卜辭以往还不曾发現有連綿詞。但从卜辭词汇的丰富程度，语法的成熟狀况看，出現連綿詞是不足怪的。西周金文中連綿詞已经常有出現，如『麃々數々』、『倉々悤々』、『雝々雝々』等即是。」（卜辭所見殷代的軍事活动，古文字研究一○六頁）

按：合集六九一三辭云：「貞，我戈□」；又合集九○七四正辭云：「……卜，㱿貞，□以……」，均為方國名，然則合集六三五四正辭云：「辛丑卜，爭貞，曰舌方凡□于土……其臺𠂤，允其辜。四月」、「[字形]」亦當為方國名，釋「皇」，可備一說，有待詳考。

3357 而 [字形]

鮑鼎釋「於」，云「於葉釋而」。（藏龜一九一葉上附鮑氏釋文）

葉玉森「[字形]為雨之別構」。（拾考十七葉上）

唐蘭「[字形]舊不識，余謂是而字，作[字形]者即[字形]之变。說文『而頰毛也』」（天壤文釋五十八葉下）

金祥恆續甲骨文編九卷十葉上收此作而，無說。

李孝定「說文：『而頰毛也。象毛之形。周禮曰：「作其鱗之而」』。契文正象頤下毛三字从段氏說之形。字在卜辭為方國之名。辭云『貞王勿隹而白[字形]伐 貞王由而白[字形]白从伐口方』乙·二九四八。『己未卜雀隻獲虎弗隻一月在而』佚·八十。而國名，伯其爵，[字形]其私名也。『☒卒羌隹廿出又五而二』後·下·三八·七。卒有撻伐之意，羌而並在被卒之列，當即而伯之國。又云『☒其雨 甲口今日步而☒』拾·七·十五。葉謂[字形]為雨之異構，非是。而在此似為介詞，以其下殘泐不可確知。又云『而于祖丁羌甲一羌于祖甲一口』粹·二六〇。而為祭名，其義未詳。金文作[字形]子禾子釜[字形]齊侯鎛」（集釋二九七五葉）

白玉峥「戊午卜，而：弗其挈我中母？五月。前六·五九·七

[字形]：金祥恒先生释而（見續文編九·一〇）。按說文解字：『而，頰毛也；象毛之形』。蓋而字之初誼，为两頰下垂之毛也；其可以依于发而上理者，则谓之鬒也。而字自借为语词字，本誼漸晦，后世遂于其旁增彡为意，作耏；或增髟，作髵，以还其原。而毛之字，遂为后起之耏及髵所专矣。字于本辞，当为贞人名。据彦堂先生考证，『而』为第一期武丁时之贞人（見甲骨学六十年八〇頁）。」（契文举例校读中国文字第八卷第三十四册三七二四頁）

变。說文，而頰毛也。』（沃考八〇）按唐說是对的，但仅识而字的一方面，另一方面則而也即古須字。說文：『而，頰毛也，象毛之形。周禮曰，作其鱗之而。』段注：『禮運正义引說文曰，須也。』承培元說文引經証例謂：『須而同為頤頰之毛，今皆借為迟緩，須而声本相近也。』按典籍每訓而為汝或女，以声為訓，故与須通。商器句須簋，句須二字合文作□，下部所从之□，和甲骨文而字形同。郭沫若同志释須句，謂即春秋僖公二十二年之須句，甚是。但依商器則应作句須，水經注濟水注作須朐：『京相璠曰須朐一國二城兩名。』這就是須句本作句須，可以互倒的由来。

甲骨文的『而白龟』兩見（乙二九四八），以而為方國名。又『來于而（鐵人二六），『才而』（沃八〇），以而為地名，当指而方言之。至于『隻廿☐五而』（后下二八·七），『四而』（平津双二一二），則是商人征伐而方所获的俘虏。而字典籍通作陑。書湯誓序：『伊尹相湯伐桀，升自陑。』偽傳：『桀都安邑，湯升道以陑，出其不意。陑在河曲之南。』总之，而象須（鬚）形，須初本同文，后来加頁為須，遂分化为二。周器𩒨伯盨，盨从須作□，左从而，还可以見其分化的迹象。本文对于而与須分化的原委，以及而即陑的地望，均加以簡要的闡述。」（甲骨文字释林释而一四四頁至一四五頁）

于省吾　「說文：『須（俗作鬚），面毛也，从頁（首）从彡（所銜切）。』按甲骨文而字作□或□，即須字的初文（詳释而）。周代金文始出現須字，作□或□（左右相連）。这是从独体象形的而字，孳乳為附加首須的須字。由于而字假作虚词（今文尚书和詩經中的而字常見），久假不归，遂别造須字以代之。說文依据小篆把須字分化為『从頁从彡』，又誤以『毛飾画文』之彡為偏旁，遂成為会意字。其实，即使后来分化為二，也当作『从頁彡（读須）声』的形声字。这和上一条的來变為𥝢同例。总之，須本為独体象形字，但其所连接的三邪划，也表示着須字的音读。」（甲骨文字释林释具有部分表音的独体象形字）

李圃　「□，馘（聝）。旧释而，今释为馘。□象倒首长发形，正首长发则为□。当为古代战争割敌首以计战功之举。金文多友鼎『多友迺献俘馘訊于公』中之馘加声素或作□。取首为馘，取耳则为聝，取手则为𢦏，取首发代首则为□、□。詩经每言『折首执訊』，金文虢季子白盘亦曰『折首五百，执嚥（訊）五十』。卜辞□当与折首同义。」（甲骨文选注一六八页）

按：□、□象須下垂之形。佚八〇「在□」，非「雨」字，唐蘭釋「雨」殊誤。綜類二四摹作□是正確的。

粹二六〇之「雨于祖丁羌甲一羌……」及乙七七四六之「雨妣壬雨……」雨均為祭名，讀作「胹」。卜辭祭法與祭名每無別。左傳宣二年：「宰夫胹熊蹯不熟」，釋文：「胹，煮也」。字或作臑，楚辭招魂：「肥牛之腱，臑若芳些」，一本即作胹。玉篇：「胹，煮熟也」。胹當即以熟肉致祭之義。拾七·一五文殘：「雨」亦當為祭名，葉玉森以為雨之異構，李孝定疑為介詞，並誤。乙七七四六「雨」為祈雨之祭，拾同版有「其雨」之占，可參證。

3358 虹

郭沫若

「□是蜺字，象雌雄二虹而兩端有首。爾雅釋天「螮蝀謂之雩，螮蝀，虹也，蜺為挈貳。（郭璞云「挈貳見尸子」郝懿行云「文選西都賦注引尸子曰「虹蜺為析翳」」。蓋古人以單出者為虹，雙出者為蜺也。卜辭已有蚰字，此自是蜺。說文「虹，螮蝀也，狀似虫，（依段注本）從虫工聲，明堂月令曰虹始見」。又云「霓，屈虹，青赤或白色，霠氣也，從雨兒聲」。釋名云「虹，攻也，純陽攻陰氣也。又曰蝃蝀。其每見於日在西而見於東，啜飲東方之水氣也。見於西方曰升，朝日始升而出見也，又曰美人。陰陽不和，婚姻錯亂，淫風流行，男美於女，女美於男，恆相奔隨之時，則此氣盛，故以其盛時名之也」。又云「霓，齧也，其體斷絕，見於非時，此災氣也，傷害於物，如有所食齧也」。凡虹蜺螮蝀字均從虫，乃視虹為有生之物。螮或作蝃，劉熙以「啜水」解之，郝懿行譏其鑿，然吾蜀鄉人至今猶虹有首飲水之說，（蜀人說虹與釋文所引陳國武「古巷反」相同）劉熙所言，蓋漢時之民話也。今卜辭言「昃亦有出蜺自北，飲于巜」，蜺既象有雙首之虫形，文復明言飲，是則啜水之說蓋自殷代以來矣。「自北」者，當係偏在東北，非正北也。秋冬日軌南移，晚虹則偏在東北。巜在此當為水名，殆即是河。又諦案此辭，（按指菁四·一）乃於八日前之癸丑卜，其兆有祟，至八日後之庚戌而言其應者，則「各云」與「出蜺」，殷人均視為祟矣」。（卜通八六葉下——八七葉上）

于省吾

「卜辭□字凡三見：前七·七·一：「其口出設□于西」。前七·四三·二：「昃亦出設，出□自田國于河」。菁四：「王固曰，出希，八日庚戌，出各云自東面母，昃，亦出出□自北飲于河」。□字華學涑釋虺。（見殷契文字比較表）葉玉森謂象橋梁形，疑橋之初文。（見前編集釋七·六）郭沫若云，□是蜺字。……按華葉郭三家之說均近是。顧闡述未詳，仍識未確，尚難置信。至郭氏釋□□為蚰，以當說文虹之籀文，尤有未審。□係虹之象形，為虹之初文。茲擇綜載籍之有關於虹之誼說，及可以證成𧈢為虹之初文者，條述於左。一、虹蜺之別。按爾雅釋天：『螮蝀謂之雩，螮蝀虹也。蜺為挈貳。』郭注：『蜺雌虹也，見離騷。挈貳其別名。見尸子。』音義：『虹雙出色鮮盛者為雄，雄曰虹，闇者為雌，雌曰霓。』按楚辭遠遊：『建雄虹之采旄兮。』九章悲回風：『處雌蜺之標顛。』說文：『虹螮蝀也。狀似蟲，從虫工聲。明堂月令曰：「虹始見。」𧈧，籀文虹，從申，申電也。』又『霓屈虹，青赤或白色，陰氣也。從雨，兒聲。』釋名釋天：『虹攻也，純陽攻陰氣也。』孟子梁惠王：『若大旱之望雲霓也。』注：『霓虹也。雨則虹見。』按霓同蜺。分言之，雄者曰虹，雌者曰霓。通言之，則霓亦稱虹也。二、虹霓之禪詁。按周書時訓：『小雪之日，虹藏不見。虹不藏，婦不專一。』釋名釋天：『美人，陰雨不和，婚姻錯亂，淫風流行，男美於女，女美於男，互相奔隨之時，則此氣盛，故以其盛時名之也。』又：『霓齧也。其體斷絕，見於非時，此災氣也。傷害於物，如有所食齧也。』太平御覽十四天部，引易通卦驗曰：『虹不時見，女謁亂公。』又引春秋演孔圖曰：『霓者斗之亂精也。斗失度則投霓見。』按是可證虹霓之藏現有時。古人以藏現失時為不祥。卜辭以虹出為有希，其說由來尚矣。又釋名釋天：『蝃蝀，其見每於日在西而見於東，啜飲東方之水氣也。』漢書燕王旦傳：『是時天雨，虹下屬宮中，飲井水，水泉竭。』太平御覽十四天部，引黃帝占軍訣曰：『攻城有虹從南方入飲城中者，從虹攻之勝。』初學記天部，引漢苑曰：『晉陵薛願，義熙初，有虹飲其釜，須臾，翕響便竭。』按卜辭言『亦有出虹自北飲于河。』飲古飲字。虹而言飲，與載籍可相證發矣。三、虹與杠梁形之相似。按爾雅釋宮：『隄謂之梁，石杠謂之徛。』孟子離婁：『歲十一月，徒杠成。』說文：『杠牀前橫木也。』廣雅釋器：『樹𣏾杠也。』王氏疏證云：『杠者橫亙之名。石橋謂之杠，義與牀杠相近也。』按文選西經賦：『亙雄虹之長梁。』杠梁中部隆起，有似於虹。古從工之字，多有空或高大之義。如說文：『空竅也。』『缸瓨也。』『仜大腹也。』『堆鳥肥大堆堆也。』詩節南山『四牡項領。』傳：『項大也。』廣雅釋水：『江，貢也。』釋言『貢獻也。』釋詁『杠舉也。』釋名釋車：『釭空也。』後漢書應劭傳注：『功謂有大勳也。』然則淩起之虹字，不但從工聲，且含有高空之意義。葉玉森疑𧈢為橋之初文，誤矣。虹形似橋，不得謂為橋字也。四、虹與古玉璜形之相似。按御覽十四天部，引搜神記曰：『孔子修春秋，制孝經。既成，孔子齋戒，向北斗星而拜，告備於天。乃有赤氣如虹，自上而下，化為玉璜。』按此文所記，雖事屬演義，而虹之似璜，比喻至恰。說文：『璜半璧也。』按半璧正象虹形。吳大澂古玉圖考及黃濬古玉圖錄初集所載近世出土之商周玉璜，兩端多琱成龍蛇首或獸首形，尤與傳記所稱虹有兩首之說相符。五、虹字與虺字形音之關涉。按說文：『螝蛹也。從虫，鬼聲。讀若潰。』段注：『顏氏家訓曰：「莊子螝二首。」螝即古虺字，見古今字詁。』按頌齋吉金續錄有叔孫𠂇匜，亦作蟠虺文。身曲而兩端有首。韓非子說林下：『蟲有螝者，一身兩口。』山海經海外東經：『䖒䖒在其北，各有兩首。』郝懿行云：『虹有兩首，能飲澗水，山行者或見之。」按說文螝讀若潰，猶餽之通饋矣。」詩抑「賁虹小子」傳：「虹潰也。」詩召旻「蟊賊內訌」傳：「訌潰也。」說文：「訌讀也。」是虺與從鬼從貴從工之字為一聲之轉。虺既有兩首，與古文虹之作𧈧形符。又與虹字為雙聲，是二字在形音上，關係至切。然古文字象虺蛇形者，身多屈曲。而𧈧字中部隆起，本象虹形。虺以其有兩首似虹，或虺之名由𧈧而起，非𧈧為虺之本字也。六、𧈧為虹之象形初文，遞演而以形聲字之⿰日虹虹代之。按𧈧字似杠梁形，似古玉璜形，似虺之有兩首形。既為上文所述是𧈧為虹之初文，灼然明矣。卜辭𧈧字三見，並武丁時刻辭。雖未見諸晚期，然自安陽出土之商代晚期彝器證之，已有⿰日虹虹字。（依契文證之安陽出彝器，均商代晚期物）亞中⿰日虹鐃作□。父乙觶虹在亞中作□。制卣亞中旋字所從之虹作□。亞妏□觚旋字所從之⿰日虹作□。是晚期彝器虹從日從虫工聲。或不從日。人皆知虹之出形工聲為形聲字，或未注意虫形之含音工聲之有形音義也。說文虫，一名蝮。許偉切。段注：「爾雅釋魚，蝮虫，今本虫作虺。」按虺虹雙聲，工字橫列，有似古文虹形。工字又含高空之義。商代晚期以形聲字之⿰日虹或虹代𧈧。驟視之，形已判別。然虹字從虫形，虫字又有虹聲，工聲有虹形，又有高空之義，是𧈧與虹之關係仍極密切。此非謂工字之起源於虹形也。借工以標聲，兼借工以示形也。凡初期之形聲字，其形音義之相互關係，往往重複密疊，非各不相涉也。王國維釋昱謂翌為一形二聲之字，或又有日作翊，則去形而但存其二聲。吾則謂形聲字有形兼聲聲兼形義者，如虹字是矣。七、說文虹籀文作蚒之由來。按卜辭□字亦作□等形。郭沫若釋蚰，以之當虹，遂不得不釋𧈧為螝。實則□乃古文雷字。雷靁雷字作□。古文從○從ㅂ從⊕一也。徐灝說文段注箋謂籀文從申蓋取舒長之意。按說文蚒字從申作□，或兩首虺形之誤，又疑為工形之誤。余所藏攻敔王光戈攻字從工作□，形易相混。說文籀文均係晚周文字，凡晚周文字，奇詭異常，不可盡以為典要以衡商代古文也。綜之，卜辭以有帝與出虹連文，是以虹之出為有然。又視虹為有機之物而能飲，均可與載籍相發明。否則孰不謂其說之造自緯學家乎。虹之形與杠梁與玉璜與虺絕相類，均可以證成𧈧字必為虹之象形初文。商代晚期則以形聲字之⿰日虹或虹代之。後此則虹行而⿰日虹廢。而世人尤不知其本作𧈧矣」。（駢枝十五葉釋虹）

頁）

孫海波

「𧈧，前七・四三・二。于省吾釋虹。㞢出虹自北飲。」（甲骨文編五一〇）

陳夢家

「卜辭所謂虹字三見，作□，郭沫若釋螝「象雌雄二虹而兩端有首」（卜通四二六），于省吾釋虹（駢枝(一)：一五——一九）。說文「虹，螮蝀也」，「蜺，屈虹」，衛詩作蝃蝀，爾雅釋天「螮蝀，虹也」，郭注云「蜺，雌虹也」。楚辭遠遊和西京賦有雄虹，悲回風有雌蜺。卜辭虹字象兩頭蜺龍之形。漢書燕王旦傳「虹下屬宮中，飲井水」；山海經海外東經「虫虫在其北，各有兩首」，郝懿行疏云「虹有兩首，能飲澗水，山行者或見之」。窮怪錄曰「後魏明帝正光二年夏六月，首陽山中有晚虹下飲於溪泉」。卜辭虹飲於河，正與此種神話相符合。虹蜺為陰陽二性，所以淮南子說山篇說「天二氣則成虹」，遂為男女淫亂的象徵，詩蝃蝀傳云「夫婦過禮則虹氣盛」。

詩蝃蝀第一章「蝃蝀在東」，第二章「朝隮於西」，蝃蝀與隮的分別在於朝夕東西。蝃蝀為午後之虹，日在西而虹見於東（蝀字從東源此），釋名釋天云「蝃蝀，其見每於日在西而見於東」，蔡邕月令章句云「虹（指蝃蝀）率於日西而見於東方」。卜辭虹凡三見，兩次出虹於昃時，見於北方，與後世蝃蝀的含義相當。一次「出設虹於西」，而它辭云「乙巳夕出設于西」（乙六六六五反），可證出虹於西仍是下午」。（綜述二四二葉——二四三葉）

李孝定

「說文：『虹，螮蝀也，狀似蟲，從虫工聲。明堂月令曰：「虹始見」。𧉜，籀文虹從申，申，電也』。又雨部：『霓，屈虹，青赤或白色陰氣也。從雨兒聲』。契文上出諸形，以郭于諸氏所論為虹霓之象形字已無疑義，惟二氏一釋蜺，即霓字，一釋虹，尚無確論。考[字形]字卜辭凡五見，除于氏所舉外尚有二條。其一曰『□寅卜出貞[字形]隹考』（蘆徵雜事一〇九，此與于氏所舉諸條同例。[字形]為名詞，釋霓釋虹均可通讀。其一云『辛亥[字形]雨自東[字形]西』（乙八五〇三），[字形]字不識，當為紀時字。[字形]字左側斷缺，當為[字形]之殘文，為[字形]之異體字，在本辭為動字，當讀為遙，然則[字形]字當釋霓可知矣。本當收入雨部作霓，惟以初從于說釋虹收入十三卷，寫定此字時偶得乙八五〇三此一條，始知此字商時固有段為遙者。而十一卷早已寫就付印不及補正，姑收之於此，當俟再版時訂正」。（集釋三九二二葉）

于省吾

「甲骨文[字形]字屡见，例如：『其□出设[字形]于西。』（前七·七·一）『昃亦出设，出出[字形]自北□饮于河。』（叕存三五）『王固曰，出希，八日庚戌，出各云自东面母，昃亦出出[字形]自北饮于河。』（菁四）……[字形]系虹之象形，乃虹之初文。」（甲骨文字释林释虹）

杨潜斋

「……卜辞有[字形]字……余谓象两龙交尾形。请析言之。知其象龙者，卜辞龙字或作凡（藏龟页一六三）。许君云虹状似虫者。卜辞龙字或作么（藏龟页一七六）。与虫形近，因而变易从虫也。知其象两龙者，山海经海外东经：『虫虫在其北，各有两首。』郭璞传云：『虹，螮蝀也。』郝懿行笺疏云：『虹，汉书作虫，虹有两首，能饮涧水，山行者或见之。亦能降人家庭院，蔡邕灾异对所谓『天投虹者也，云不见尾足，明其有两首。今据卜辞〜字，则象两龙，故有两首，郝氏以不见尾足为释，未见其可通者。

知其象两龙交尾者，诗鄘风蝃蝀：『蝃蝀在東，莫之敢指。女子有行，父母兄弟。』毛传云：『蝃蝀，虹也，夫妻过礼则虹气盛，君子见戒而惧畏之，莫之敢指。』今据卜辞〜字，盖先民视为两龙交尾，古文字则象其形，此正可与诗义互证。

山海经所云犹能得其仿佛，至汉人说经则失其朔义矣。

友人戴君蕃豫谓余：『汉武梁祠画像，虹作两龙交尾形。』若尔，余说益信而有征。」（释「虹」「冒母」，华中师院学报一九八三年一期一三四页）

常正光说参 [illegible] 字条下。

按：字當釋虹，于先生已詳言之。霓字較晚出，始見於孟子，或假蜺為之。虹分雌雄，乃戰國以後事。乙八五〇三當讀作：「辛亥旦酌，大雨自東……虹西……」（合集二一〇二五）虹為名詞，用其本義。李孝定集釋以為動詞，「讀為迤」，其說非是。簠雜一〇九當作「虹隹年」，李氏釋讀亦誤。

3359

齐文心

[illegible]为国族名。「（八）『[illegible]入。』（善齋二一三五八）他辞有『貞勿伐？在[illegible]』（甲三五五六）可证。[illegible]应为『王』字之变体，这是[illegible]国之王向殷王入龟的记载。」（《古文字研究》十二辑一四二頁）

按：「[illegible]」當為人名，釋「王」不可據。

3360

按：合集四五八七辭云：

「令祧往于[glyph]」為地名。

3361

冎 [glyph] [glyph]

孙海波　「[glyph]，粹一三〇六。金文魚匕䎲字骨旁从此。知[glyph]为古冎字。」（甲骨文编一九八頁）

李孝定　「說文：『骨，肉之覈也。从冎有肉。』契文不从肉，象牛胛骨之形，即許書冎字，亦即骨之古文。說見前冎字條下。不从肉。冎字重文。」（集釋一五〇一葉）

于省吾　「甲骨文冎字作乙或[glyph]形。晚周器魚鼎匕『䎲出䎲入』的䎲字，旧不识，余在双剑誃古金文选始隶作䎲，并謂『䎲当读滑同扣，小尔雅滑，乱也』。金文编曾引用余说。甲骨文編又根据金文編謂『金文魚匕䎲（按本应作䎲）字骨旁从此，知乙為古冎字。』至于䎲读滑的义训，在此附带加以订正。說文謂『滑，利也』。周礼食醫的『調以滑甘』，賈疏：『滑者通利往来。』用匕以取实于鱼鼎，取其出入滑利，如读滑為扣训乱，则于文义不符。說文：『冎，剔人肉置其骨也，象形，头隆骨也。』按许说不尽可据，象形头隆骨之解尤误。饶炯說文解字部首訂：『冎即骨之象形本字，因形不显义，而骨乃加肉以箸之也。人身惟头多骨，故篆象人头隆骨，以為凡肉覈之称。』饶氏以為冎即骨象形本字，这是对的。但饶氏未見古文初形，故仍附会许说。

甲骨文乙字本象骨架相支撑之形，其左右的小竖划，象骨节转折处突出形。金文䎲字从骨作[glyph]，係从肉冎声的形声字。象形字再加形符变作形声，乃文字孳乳之惯例。說文謂骨『从冎有肉』，误以形声為会义。西周器過（過）伯簋和過伯爵的過字所从的冎，与甲骨文同形。冎既為古文骨字的初形，骨、過双声（并見紐一等字），故過从骨声。古玺文『阴滑』之滑右从骨作[glyph]，為小篆所本。

……商器父□斝有W字，旧不识，金文编入于附录。以甲骨文網字作[glyph]也作网以及車字縱列横列无别证之，则W字自系冎之横書者。至于其篆划稍有繁简，自是古文字的常例，不足為异。

总之，前文既阐明了乙為骨字的初文，象骨架相支撑形，其左右小竖划象骨节转折处突出形，后来冎字孳乳為骨，遂成為从肉冎声的形声字，这就糾正了说文的误解。至于商代金文中旧所不识的W字，以古文字横列竖列往々无别论之，无疑它也是冎字的古文。古文字中冎和从冎的字既然常見，則甲骨文的□□□□□□等字，旧释为禍、冎或骨，又释迭或迒为過，都是主观臆测、毫无根据的」。（甲骨文字释林释冎）

徐中舒　「又如骨字，甲骨文作□，篆文作□、□，□象肩胛骨形，牛肩胛骨其形甚長，有长一尺至二尺左右（见小屯南地出土骨版），故甲骨文画骨版作虚线斜线以示其长度。」（怎样考释古文字古文字学论集初編一六頁）

按：于先生釋「冎」，亦即「骨」之初形，這是正確的。有關卜辭多残缺不全，唯有𠂢九一二較為完整，其辭云：

「癸丑貞，王令冎剛」

當為人名。

弋　□　□

于省吾　「说文弋作□，并谓：『弋，橜也，象析木銳衺著形，从厂，象物挂之也。』按许氏训弋为橜是对的，但据已讹的小篆以为之解，迂妄不通。自來说文学家均曲加附会，不烦列举。

甲骨文第二期弋字作□（前四·三四·一）、□（乙三〇六九），旧不识，甲骨文编入于附条。又『弋侯』（續存上一〇七五）之弋作□。甲骨文从弋之字习見，例如：盂字从弋作□、□、□，宄字从弋作□或□，𢦏字从弋作□或□。又妫字有的从弋作□，甲骨文编误释为妫。按金文妫字屡見，其所从之弋中间皆作直划。汈其簋『皇母惠妫』之妫从弋作□，与卜辞从弋之省体相合。又卜甲找甲之找作□或□，从两弋相背，旧误释为戔，详释找。

甲骨文弋字作□或□，象竖立有杈之木于地上之形，与说文训弋为橜之义相符。说文又训橜为弋。朱駿声说文通训定声谓『凡竖木而短者皆得曰橜』。弋字典籍也通作杙或樴。周礼牛人郑注，谓『樴谓之杙，可以繫牛。』尚书大传的『椓杙者有数』，郑注谓『杙者繫牲者也』。

甲骨文中的『令弋刀』（林二·一九·一七），弋刀当为人名。又『王其弋』（乙三〇六九），『大事弋彭』（前四·三四·一）。上下文均已残缺，又训未详，存以待考。

第一期甲骨文的子𢎘世谱（据影印拓本，摹本见库一五〇六），有「𡔷弟曰敀」和「知弟曰𡚱」的记载。两个弟字均作𢎘，摹本误作𢎘。𢎘字从𢎘从己，𢎘即弋之初文，正象竖橛于地上之形。其从己，象缠之以绳。说文误以为「从古文韦省」。第三期甲骨文的「多母弟」（涂三六一）之弟作𢎘（原误摹作𢎘），上部多一横划，中间直划已变为斜划。据以上所引，可以看出甲骨文弟字前后演变之迹。

说文弟作𢎘，并谓「弟，韦束之次弟也，从古文之象。𢎘古文弟，从古文韦省丿声。」王筠文字蒙求，谓弟字「上象丱角，下象足，从弟之状也。说文以为形声字，似非」。按王说完全出于臆测。林义光文源谓弟字「古作𢎘，从弋，己束之，束杙亦有次弟也」。按林说谓弟字从弋，已较旧解为优，但还不知弟字本从弋声。弋为喻母四等字，古隶古头定母（详曾运乾喻母古读考）。兄弟之弟无形可象，故借用束弋字以为之」。（甲骨文字释林释弋、弟）

裘锡圭

「甲骨文里有一个写作𢎘𢎘等形的字。在甲骨文编里，它们有的被释作「壬」字，有的被当作未识字收在附录里（七九二、八六二页）。我们认为这个字是「柲」的象形初文。

古代戈、戟、矛等武器的柄称柲。「柲」字从木必声。金文无「柲」字，「必」字作𢎘𢎘𢎘形。说文八部：「必（必）分极也。从八、弋，弋亦声。」金文「必」字所从的𢎘和小篆戈字作𢎘形，如果去掉象戈头的一横，剩下来的象戈柲的部分，正与金文「必」字所从的𢎘同形。郭沫若在金文丛考释弋篇里指出，金文的必字应该读为戈柲之「柲」，并认为必字所从的𢎘就是柲的象形初文。他说：「必即柲也，弋象柲形，八声。然形声之字后于象形，则弋又古必字，必其后起者矣。」（二二八页）这是很精辟的见解。但是说文认为必字所从的弋就是弋字，是有问题的。这一点郭氏却没有觉察。说文说必字从弋声，弋必二字古韵不同部，声母又远隔，无从相谐。说文弋字篆文作𢎘，与金文必字所从的𢎘比较接近。但是金文弋字作𢎘𢎘𢎘形，秦汉金石篆文弋字作𢎘𢎘𢎘形，都跟必字所从的𢎘有相当明显的区别（关于甲骨文弋字详附录释弋）。可见弋和柲的象形初文𢎘都是两个字，说文弋字篆形以及必字从弋的说法是有问题的。西周金文弋字多用作虚词，郭沫若读为必，其实应该读为从弋声的式。我们在史墙盘铭文解释中已经谈过这个问题，这里就不重复了。

……

认出了甲骨文的𢎘（柲）字，可以连带认出甲骨文里的一些从𢎘之字，这些字都以𢎘为声符。在较晚的文字里，由于独立的𢎘字已被淘汰，它们的𢎘旁都改成了必旁。下面对这些字分别加以说明。

（一）盗

金548　京津2231　后下7.13　存上1592　文录301

上揭甲骨文，甲骨文编当作未识字收在附录里（七四二页），其实就是盗字。说文皿部：“盗，械器也。从皿，必声。”

甲骨文往往在字的两侧增添小点，例如干（示）加点而成示，束（束）字有时也写作𢆉。上引盗字后两例所从的𠂤也在两侧加上了小点，最末一例在两侧各加一点，跟金文的必字很相似。必字大概就是由这类加点的𠂤字变来的。

铁42.1　续5.33.4　京津4865　前4.47.6

上揭甲骨文，甲骨文续编当作未识字收在附录里（八五二页），其实就是盗字简体。甲骨文从皿之字往往略去皿旁象圈足的部分，例如盡字可以省作[glyph]形，盖字可以省作[glyph]形。上引盗字及其简体所从的𠂤或作「丅」形。甲骨文从戈之字，戈字或作[glyph]，武字或作[glyph]，象戈柲的部分省去下端横画，情况与此相类。关于盗字在卜辞里的用法，留到后面再去讨论。

甲骨文里还有一个从龟从盗的字：

☐鼎（贞）：乎☐来。王（固）曰：佳（唯）来。五日☐允至，以龟䵷八，[glyph]五百十。四月。（存下57，综述图版贰壹，存上519有同文残辞）

陈梦家殷虚卜辞综述把这个字隶定为“鼊”（五〇五页），是正确的。陈氏对甲骨文的盗字应该也是认识的，不过在他关于甲骨文的著作里似乎没有提到过盗字。鼊是一种龟名。必、敝古音相近，龟和鼊广义上说可以算作一类，这个字也许可以释为“鼈”。

（二）卹

前4.1.2　后下22.4　粹845　同上　佚851　存下757

余永梁释上揭第一字为“郒”或“䢖”，唐兰释上揭第二字为“卮”。在甲骨文编里上揭诸字有的被隶定为“郒”或体，附于卩部之末（一三七六、三七七页），有的被当作未识字收在附录里（八一七页）。其实这些字都应该释作“卹”。说文卩部：“卹，宰之也。从卩，必声。”关于卹字在卜辞里的用法，留到后面再去讨论。

……

（三）宓

[字形] 拾14.11　[字形] 佚660　[字形] 续6.26.1

叶玉森释上揭第一字为「宗」，甲骨文编把上揭诸字当作未识字收在附录里（七八一、七八四页）。其实这些字都应该释作「宓」。说文宀部：「宓，安也。从宀，必声。」关于宓字在卜辞里的用法，留在后面再去讨论。

甲骨文里还有一个写作[字形][字形]等形的字，看上去很像宓字。但是它们实际上是[字形]的简体，与宓字不能混为一谈，另详释戈篇。甲骨文里卜（象扑杖）与卜丄作为表意偏旁可以通用。[字形]字所从的卜有时也写作卜，似代表扑杖而不代表戈柲。

……

甲骨文里也有一个从宓的字：

甲午卜：取射𢀛乎（呼）[字形]（安明二六七四）

其下部所从之字不识，如即山之异体，此字便可释作「密」。

（四）䬾

[字形] 后下14.3　[字形] 明1122

上揭甲骨文，甲骨文编当作未识字收在附录里（一八七四页）。这个字所从的皀就是食字所从的「皀」，甲骨文食字或作[字形]，可证。这也是文字两侧加点的一个例子。古文字里食、皀二字用作表意偏旁时可以通用，例如甲骨、金文的「毁」（簋）字就都可以写作「餀」，同类的例子很多。所以这个字应该是䬾字。说文食部：「䬾，食之香也。从食，必声。」余永梁曾释此字为「餁」，不确。上引两个䬾字都见于残辞，它们在卜辞里的用法我们还不清楚。

（五）駜

甲骨文里有一个从马从工的字：

乙未卜贞鼎（贞）：启贮入赤[字形]，其剢，不尔，吉。（后下十八·八）

甲骨文编把这个字隶定为「瑪」附于马部之末（四〇〇页）。上引卜辞属于第三期，第三期卜辞的必字的弋旁有写作工的，如後下七五七和粹三一五的必字。所以上引卜辞里的从马之字可以释为駜。说文马部：「駜，马饱也。从马，必声。」卜辞的駜是一种马的名称，字义与说文有别。

一六一 迖

第五期卜辞里常见一个写作□□□□□形的字。王国维隶定为徝，杨树达释为迖，读为过，罗振玉释作□，商承祚释作德，以为是步武之本字，《甲骨文编》从之（七七页），郭沫若释作述，李学勤释作迖，读为弋猎之弋。诸说纷纭，莫衷一是。这个字的成问题的偏旁也应该是柲的象形初文。在这个偏旁的各种写法里，□和□显然是柲的象形初文，□□当是□字加指示符号的繁体。在象柲形的笔画上加点或圈以指明柲的字义，跟肱的初文□（厷）在象手臂的笔画上加圈以指明肱的字义，是同类的现象。所以这个字应该释作“迖”。这个字偶尔也从戈作□，但是极为少见，当是笔误，不能作为释字的根据。迖字不见于字书，它在卜辞里的用法留到后面再去讨论。

在甲骨文里有一个写作□□□等形的字，又有一个以它为偏旁的写作□□等形的字，从“迖”字所从的□或□的现象来看，前者有可能也是□字加指示符号的繁体，后者有可能和“迖”是一个字。它们大都见于一二期卜辞，所以柲形都是直的。三四期卜辞里有一个写作□形的字，用法跟五期的“迖”很相似。……这个字也有可能是“迖”字。由此可知，甲骨文里的□□□字也有是□异体的可能。……卜辞里相当于《殷本纪》“河亶甲”的先王名，第二期作□，第五期作□□□形……这个字所从的两个□是相背的，所以跟“□”字所从的“□”也不能混为一谈。这究竟是什么字，还有待研究。

……

甲骨文第一期卜辞里有□□□□□□字……这些字的字形和用法都很相近，应该是一字的异体。……这个字所象的当是一种尖头的柲状物……其实就是橛杙之“杙”的本字“弋”。

《粹》四九九片有□字：

鼎：叀（惠）□酒。

郭沫若把这个字隶定为“督”。金文“叔”字作□□□形，跟这个字的上部很相近，郭氏的隶定应该是正确的。“督”字还见于下列卜辞：

叀□酒。 《摭续》三一

叀□酒。 《库》一一四七

第二辞的“□”当是“督”的省写。本文所讨论的那个字，跟上引这两个“督”字所从的□显然是一个字。……

甲骨文“督”字还可以写作□（《京都》一八一二）、□（《摭续》二〇五）□形，它们和《粹》四九九片“督”字所从的“叔”，写法都跟上引《摭续》和《库》的“督”字有些不同。甲骨文“土”字多作□□□形，《粹》四九九等“督”字所从的“叔”应该是由于在“弋”下加“土”旁而省略了弋的下部。郭沫若解释「叔」字形义说：「《说文》云：汝南名收芋为叔」。按此当为叔字之本义，以金文字形而言，实乃从「又」持「弋」（杙）以掘芋也。」甲骨文「叔」字或于「弋」下加「土」，以弋掘地之意更为明显。

……

甲骨文里还有几个从「弋」的字：

鼎：口不隹（唯）㤈。《后下一六·七》

这个字所从的㤈旧多释为「貝」，听说于省吾先生近来改释为「心」，那么这便应该是「忑」字。

匕（妣）庚㛮。《乙四六七七》

这个字应该释为「姒」。《说文·女部》：「姒，妇官也。从女，弋声。」金文「姒」字屡见，多用为女姓。

☐㽬☐《铁一五二·三》

㽬不其囚凡。《存下三九三》

这个字似从「丹」或「井」，从「弋」，音义待考，上引卜辞似用为人名。」（《释柲》，《古文字研究》第三辑七至三十一页）

按：于先生釋「弋」是正確的。卜辭云：

「戊午卜，㱿貞，令戉弋祉，其冓……」《合集一七四》

「令戉弋祉」《合集一七五》

「辛亥卜，㱿貞，呼戉往弋祉」《合集四二八四》

「弋」當讀為「代」。《書·多士》「敢弋殷命」，即「敢代殷命」。

「叀弋令」《合集三二八三五》

為人名。

「戊戌王卜，貞，田弋，往來亡災」《合集三七四七三》

「弋」於此則為地名。

3363

弋 [̌]

于省吾说此参[字条下。

3456

按：懷三七九有殘辭云：「……王……于戋……」字从二「弋」，乃「戔」之異構，「戔甲」即「河亶甲」，參見釋林一九八頁釋戔甲。此片「甲」字適殘泐。有關「戔甲」之資料，可參閱刻辭類纂一三九三頁。

3364

丂 丁

按：卜辭丂字與金文形體同。說文以為「丂气欲舒出，勹上礙於一」，支離牽傅，不可據。「丂」當為「柯」之本形。甲文「斤」、「老」、金文以為「考妣」之「考」。卜辭用為地名。諸字均从「丂」可證。

3365

[glyph]

按：字不可識，在卜辭為人名。

3366

弗 [glyph] [glyph]

羅振玉釋弗，無說。（殷釋中七十六葉下）

郭沫若：「弗作[glyph]，至特異。案此可徵弗字之本義，字與弔同意。弔者，雉之繳也。契文作[glyph]若[glyph]，象其形。準此，則弗當是茀矢之茀。《周禮·司弓矢》『矰矢茀矢用諸弋射』。《考工記》『矢人為矢，鍭矢參分，茀矢參分』。鄭玄於《司弓矢》注云『結繳於矢謂之矰，矰，高也。茀矢象鳥。茀之言刜也。二者皆可以弋飛鳥，刜羅之也』。今得此弗字，不啻為鄭說作圖繪矣。故茀矢當以弗為本字，茀實借字。字又作第，《廣雅·釋器》云『第，箭也。』本片弗字乃人名。」（《萃考》二一一頁一五八一片釋文）

胡光煒：「凡言某某者，為肯定之豫擬，若其上加不加弗者，則為否定之豫擬，與淩世

言其不某某者同」。（文例下三葉）

又曰：「言弗與言不同，二字常相易」。（同上二六葉）

李孝定　「說文：『弗，撟也。从丿、从乀、从韋省。』段氏注改撟為矯，是也。其說云『矯各本作撟，今正。撟者舉手也，引申為高舉之用，矯者揉箭箝也，引申為矯拂之用，今人不能辨者久矣。弗之訓矯也，今人矯弗皆作拂而用弗為不，其誤蓋亦久矣。』字作弗，正象矯箭使直之形。他家治說文者多引既夕禮『柲弓檠弛則縛之於弓裏』說之，蓋誤以弓為从弓也。弓實象以繩約箭榦使直之形。丿乀非訓弓檠之柲，實象箭榦之形。从二豎者猶『又』之从三列也。字亦作卌，正象其多，略之作二豎或三豎耳。弓字古文作ㄋ，與此从己者異。卜辭皆段為語詞，胡先生之說是也。金文作弗毛公鼎弗弗大簋弗易鼎餘尚多見，均與契文同」。（集釋三七二一葉）

饒宗頤　「按弗字从ㄐ从弗，疑拂之異構。爾雅釋詁：『弗，治也。』詩『弗厥豐草。』毛傳：『弗，治也。』又通『拂』。釋文『弗，韓詩作拂。』拂，弗也。故弗勿即拂勿也」。（通考五一七葉）

赵诚　「弗，甲骨文写作弗，象用绳索将物品捆在一起而使之直的形状，似为缚之初文。本义可能就是捆缚。卜辞用作副词，表示否定，则为借音字。

贞，帝弗令雨。（人六二）

贞，父辛弗老王。（乙四五一六）（甲骨文虚词探索，古文字研究第十五辑二八二页）

陈炜湛说参[illegible]字条下。

周国正说参[illegible]字条下。

按：卜辭弗皆用為否定詞，乃假借義。林義光文源云：「古作弗，丨象物之直，己拂戾之」；李孝定集釋三七二一承段玉裁揉箭之說，謂「弗」象「矯箭使直之形」；丨「象箭榦之形」。丨或丨不必為箭榦；「弗」亦不必為矯箭。契文或作卌，己為繒繳。貞人有名𣏟者，字从兩木。矯榦使直皆謂之「弗」，不必是箭。

3367

亡 無

羅振玉釋亡，無說。（殷釋中七十四葉上）

胡小石「亡、不、弗、勿、毋等，皆用爲否定及禁止之詞。其讀皆爲脣音，且多冠於語首，以脣音發音，于語爲便也」。（文例卷下二十四葉）

陳夢家「亡」和「又」爲對文，「亡」義爲「無」或「沒有」，乃是動詞。否定詞由其聲音來說可分爲兩組：一組是雙脣的「不」「弗」，一組是雙脣鼻聲的「勿」「毋」。此四者，其意義與語氣當有所不同，至於如何的不同，却難以指出，以下僅能從其結合的關係上稍加區分。「毋」和「勿」有命令祈望之義，命令祈望有對方的，希望對方「不要作什麼」，它們與「弗」「不」之「不是什麼」是有分別的。「毋」「勿」之例如下：「羽戊申毋其星（晴）」湘四三「㠯毋才茲祉」前一、九、七「毋其出」珠一〇四七「毋射」佚七七四「邛方其來，王勿逆伐」前四、二四、一「勿正邛方，上下弗若，不我其受又」粹一〇八四「王勿往逐兕，弗其隻」卜通別二京大三「王其勿告于且乙」續三、四、一所舉「勿」之例的祈望對象都是王。各例中「不其」「弗其」的結合、否定詞在不定詞「其」之前，很少有「勿其」的；反之却有「其勿」的結合，這是可注意的。

卜辭的「不」「弗」似乎很相近，它們有完全交替之例：「弗受禾」粹九〇〇「不受禾」粹九〇一「弗其受黍年」仜三一、一一、「不其受黍年」仜三一、一二「我弗受年」粹八七四、「我不受年」粹八六五、但是，既然卜辭「不」「弗」並見於一辭之中，則兩者還是有區別的。舉例說，卜辭只有「不雨」「不遘雨」而沒有「弗雨」「弗遘雨」，只有「下上弗若」而沒有「下上不若」。以「弗若」「不若」來說，前者是否定詞與動詞的結合，後者是否定詞與名詞的結合，其例如下：「且乙若王不若」仜八八二「帝若王」——「帝弗若王」仜五七八六+仜五八九六、「下乙弗若」續一、四六、三、「帝弗若」乍一四、四「下上若，受我又」前四、三七、六「下上弗若，不我其受又」前五、二二、二「帝降若」——「帝降不若」前七、三八、一「勿佳我出不若」湖二三二四、「今夕亡不若」前五、二〇、六「帝佳茲邑蚩不若」卜通別二中村大骨「高乍不若」前八、一三、一，可見「弗若」之「若」是動詞，「不若」是賓詞。

「不」和「弗」的不同，約有以下各點：1.「不」可以和「若」結合而成爲一個名詞；2.「不」與「我」可以相結合而成爲否定的先置賓詞；3.「不」字常和有關天象氣候的內動詞「雨」

「攺」「風」「易日」相結合；4.「不」所結合的動詞範圍較廣；5.「不」可以表示已往的事實，如粹一〇四三驗辭云「之日大采雨，王不步」是說那天大采之時下雨，王未步。

「弜」字也應該是屬於「不」「弗」一組的。張宗騫弜弗通用考（燕京學報二八、五八——六九頁）澄明弜為否定詞是對的，說「弜弗通用」則是有問題的。侯家莊所出廪辛大甲「弗」「不」「弜」「勿」具見，則四者仍有分別。但「弜」字盛行於中期卜辭中，則是其特色。

卜辭的否定詞，有兩事需加說明。1.在命辭中的否定詞不是肯定的否定，而是反面的不定，如「不雨」是「不下雨罷」。只有在驗辭中的否定才是反面的肯定，以「允不雨」或「不雨」是追述不雨的事實。2.命辭中的否定詞不但是否定其句中的動詞，有時是否定整個的命辭（命題），在此情形下則否定詞居於句子之先：「卬方出，隹我出作禍——卬方不出，不隹我出作禍」續三、一〇、三「其又于母辛——毋又于祖辛于母辛」續一、四二、五「于母己御——勿于母己御」鐵一〇六、一「勿隹我出不若」佣二三二四、「我受又——不隹我其受又」鐵二四四、二 凡此所用的否定詞是「不」「勿」「毋」而無「弗」，它們不但在全句之首，而亦可前於主語。」（綜述一二七——一二八葉）

李孝定　「說文：『𣠮，亡也。从亡、無聲。无，奇字无，通於元者。王育說：「天屈西北為无」』。段氏注云『凡所失者所未有者皆如逃亡然也。此有無字之正體，而俗作無，無乃𣞤之隸變。𣞤之訓豐也，與無義正相反。然則隸變之時昧於亡為其義，𣞤為其聲，有聲無義殊為乖繆。古有段𣞤為𣞤者，要不得云本無二字，漢隸多作𣞤可證也。或段亡為無者，其義同其聲則雙聲也』。其說是也。有無之『無』古無正字。卜辭段『亡』為之。亡字重文。小篆之𣞤乃後起有無本字，𣞤則舞之本字也。」（集釋三八一一葉）

白玉崢　「ㄣ：……高笏之先生曰：『ㄑ，為甲壳之边形，字倚卜画其兆向边形』。（见中国字例二·三·一五）……峥按：字作ㄣ或ㄥ，从丿从卜。丿或ㄑ者，龟甲或牛胛骨边缘之象也。卜者，灼龟见兆之形也。今考龟甲或牛胛骨之兆，並皆兆坼向内，左右对称，无一兆坼向外者；而字之结体，廼作兆坼向外；推其所以然之故，意为类此之贞兆，皆为错误者，废而无用也。其造字之初义，盖乃警惕鑽龟灼兆者，勿为若此之错误也。故于传世之甲骨片中，未有兆坼向外者；即属背甲，虽裂之为二，而其卜兆，亦必兆坼向内，左右两背甲对称。其或未裂之背甲，亦皆左右对称，並无例外也。是亡字之初义为误；久之，辗转引申为無。甲骨卜辞中之亡字用法，皆此义也。」（契文举例校读中国文字第八卷第三十四册三六八八——三六八九页）

陈炜湛说参𠬝字条下。

按：說文：「亡，逃也，从入乚」（小徐本）。段玉裁注云：「謂入於迟曲隱蔽之處也」，乃曲為之解。金甲文皆不從「入」「乚」，何以取象，難以確指。卜辭皆為有無之「無」，其本義已不可曉。金文「有無」之「無」作𣞤，實乃「舞」之初形。小篆別出从亡𣞤聲之「𣞤」字。段玉裁謂「古有段𣞤為𣞤者，要不得云本無二字，漢隸多作𣞤可證」，段氏不明商周古文字，未可厚非，而李孝定以其說為是，不知何所據。清代諸家說解𣞤字，猶同射覆。唯王筠句讀謂「金文皆借𣞤字為之，小篆加亡為別」是為得之。卜辭「亡」用為「有無」之「無」，與「不」、「弗」、「弜」、「弓」皆有別，胡光煒說非是。陳夢家已詳論之。

3368

獄

按：字从「臣」、从二「犬」，可隸定作「獄」。英二五二九辭云：「壬戌卜，貞，在獄天邑商公宮衣，茲夕亡𡆥？寧？」為地名。

3369

按：合集二二二三一辭云：「甲寅卜，貞，三卜用盟三羊卌伐二十……三十牢三十𠬝三ⅅⅅ于妣庚」（參見合集二二二二九），「ⅅⅅ」从二「ⅅ」，乃祭牲之名。

3370

裘錫圭　參弋字条

按：合集四二八三辭云：「呼舀由妻」；又合集四二八四辭云：「辛亥卜，殻貞，呼歆由妻不棠」皆為動詞，裘錫圭以為「杙」之本字。若然，則當讀作「代」。參見3362「弋」字條。

3371 [illegible]

按：字不可識，其義不詳。

3372 [illegible]

按：字不可識，卜辭均用為人名。

3373 攻 [illegible]

唐蘭 「近見柏根氏藏甲骨文字又有𢼄字即𢼄，當釋為攻。」（天壤文釋五十四葉）

屈萬里 「𢼄，當是攻字。卜辭从攴之字，亦往往从殳。」（甲釋第四〇八葉）

李孝定 「說文：『攻，擊也。从攴，工聲。』契文从殳與从攴往往得通，屈說是也。甲編一辭偁子攻，似是人名。金文作攻國差𦉜 [illegible]攻吳王監 攻攻吳王夫差劍 [illegible]廿年距悍 [illegible]鄦王晋戈 [illegible]齊鎛 [illegible]攻敔王光戈」（集釋一〇七一葉）

按：懷五三b辭云：「𢼄以三百」

唐蘭釋「攻」，可從。字在卜辭為人名。

3374 [illegible]

按：字不可識，其義不詳。

3375

張秉权　「𠘧，象鳥飛之形，疑即飛字，說文十一下，飛部：『飛，鳥翥也，象形。』這个字，正象鳥翥之形。在此，疑是貞人之名。」（殷虛文字丙編考釋第一二五頁）

張亞初說參……字條下。

3376

按：合集六四八二反辭云：「又𠘧入二，在……」又合集六四八六反辭云：「……𠘧入二，在……」皆為人名。釋「飛」、釋「几」，皆不可據。

3377

按：合集一三五二二辭云：「貞，……若」為人名。

3378

按：合集九〇六六辭云：「貞，亦……以」為人名。

按：合集二二〇七八辭云：「辛未卜，叀庚辰用牛于子庚于□用」似為宗廟之名。

3379

按：疑為「□」之繁體。

3380

按：字不可識，其義不詳。

3381

按：字不可識，其義不詳。

3382

按：合集五二五辭云：「庚辰卜，王朕□羌不冎井……」張政烺謂象施以宮椓之形，其說可從。參見「井」字條。

3383

按：字不可識，其義不詳。

3384

按：字不可識，其義不詳。

3385

按：字不可識，其義不詳。

3386

按：合集一〇九八二正辭云：「貞，呼田于[illegible]」為地名。

3387 取

按：字从「且」、从「又」，隸可作「取」。辭殘，其義不詳。

3388

按：字不可識，其義不詳。

3389

3390 □

按：合集二三二六五辭云：「乙酉卜……貞，習……于父丁賓？」疑為「殺伯」之合文。

按：合集五二六八、五二六九皆為殘辭：「……□叀吉□用」，疑為「雞」之初形，用為祭牲。

3391 □

按：合集一〇四〇五反辭云：「癸亥卜，殻貞，旬亡囚？王固曰：……其亦有來嬉。五日丁卯子□黴不拱」又合集一七一七三辭云：「……卯卜，爭……□拱……亡壂……」先卜其「因（殪）」，後卜其「冉（葬）」，「子□」乃人名。

3392 □

于省吾「第一期甲骨文有□字，第三期作□，郭沫若同志釋望（粹考一〇〇〇），陳邦怀同志釋成（征存下一一），甲骨文編以為「从土从耳，說文所无」。以上三說並误。按□字象橫列的斧形，即斧字的初文。商代金文縱形斧字作□、□者屢見，和出土的实物相符。商代金文的独体象形字所保存的原始形，有的比甲骨文还早。余另有說。至于□字，上从□象斧形，下从土即午字。甲骨文午作土，土作□，二字有别。又甲骨文耳字象耳形作□或□，金文作□，这和□、□二字之作橫長形者截然不同。□即□的孳乳字，也即从□午声的形声字，午斧叠韵。

甲骨文称：「庚午卜，叀□爯，乎帝降食，受又（祐）。」（乙五二九六）……爯即稱字的古文，典籍每训稱为举。尚书牧誓言「稱尔戈」，甲骨文每言「王其爯□」以祭，可以互证。

甲骨文以乎为呼（说文作評），呼与叫同义。尔雅释言的「祈，叫也」，郭注：「祈祭者，叫呼而请事。」孙炎注：「祈，为民求福，叫告之词也。」周礼大祝的「掌六祈以同鬼神示」，郑注：「祈，嘄（叫）也，谓有灾变，号呼告神以求福。」又说文训籲为呼。书召诰「以哀籲天」，立政「乃有室大竞籲，俊尊上帝」。因此可知，呼号于神以求助，周因于殷礼，由来已久。庠食之庠乃降字的异构，广雅释诂作㢑。乎帝降食，是呼籲上帝降临受享，以祈福祐。

甲骨文称：「其𢦏，戈一斧九。」（粹一〇〇〇）说文：「𢦏，击踝也，从丮戈，读若踝。」麦尊的「锡诸𢦏、臣二百家」，诸𢦏当指王的一些武卫言之。甲骨文的其𢦏，指的是祭祀时的仪仗队，故以戈一斧九为言。……甲骨文后期从斤父声的斧字只一见，西周后期金文的斧字数见，均为从斤父声，后世一直沿用，而初文遂废。」（释斧，甲骨文字释林三四二——三四四页）

按：于先生釋「斧」。合集二九七八三即粹一〇〇〇辭云：

「其𢦏戈一、斧九」

「戈一」、「斧九」似當為祭品。此當與0684合併。

3393

□

按：懷一四九八辭云：

「己酉……田□……王……」

為地名。字亦當象斧斤之形。

3394

□

按：合集二一八二五辭云：

「于□有束」

此亦當是「弋」字，用為地名。

3395 □

陳夢家　「勺，寫作□□或□」前四、十、二，續一、三九、二。「這兩個卜人的隸寫，是權宜的辦法，用一個近似的隸字替代」。（綜述一四五葉——一四六葉）

李孝定　「按，前四、一、二。辭云『乙巳卜，□卯死』，□仍当释子。前四、四二、五。辭云『庚辰卜，□令夕其雨，不雨。』□疑勺字，祭名。並非叉字。契文自有叉字作□（見前三卷），丁說非是。」（甲骨文字集释存疑四四七四頁）

饒宗頤　「勺字，大抵作□，殷器有□鼎。（鄴中三上、一三）又父己甗有云：『我□禁二女。』（小校經閣金文三九八下）字从示，蓋即礿也。（積微居金文說釋為神，丁山讀□為叉，謂象指甲狀，方國志頁一三二，說均可商，卜辭自有叉字。（通纂六一二））左傳定四年，殷民六族有長勺氏、尾勺氏。路史國名紀：『商氏後有長勺，』即宋之汋陵城，在寧陵東南。」（通考六八七葉）

按：字在卜辭為貞人名。釋「勺」不可據。字乃「□」之異體。合集二一〇四一之「貞，丁□……呼□……允大……」亦為人名。

3396 □

按：字不可識，其義不詳。

3397 □

按：懷四四七辭云：「……□羌……貝……」辭殘，字與「子」當有别。當為「□」字之異。參見3274。

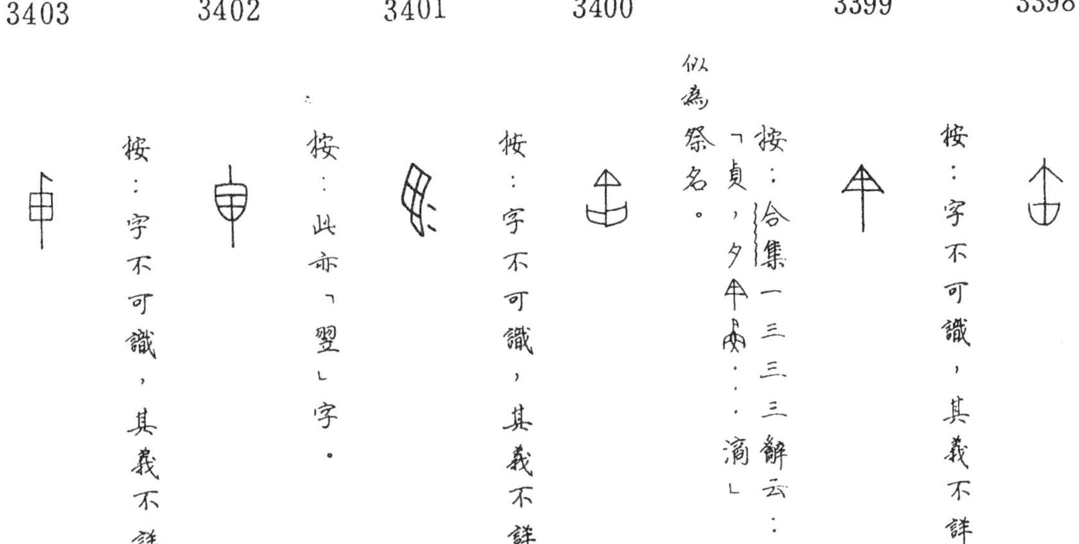

3398

按：字不可識，其義不詳。

3399

按：合集一三三三辭云：「貞，夕□□……滴」似為祭名。

3400

按：字不可識，其義不詳。

3401

按：此亦「翌」字。

3402

3403

按：字不可識，其義不詳。

3404

裘錫圭 參「字条

按：合集五六七三辭云：「壬寅卜……貞，令𠂤犬……」為地名。商代各地皆有犬人之職，掌管該地田獵之事。參見「犬」字條。

按：字不可識，其義不詳。

3405

于省吾 「卜辭往往於某示若干屯之下有奇零數曰『又一)』，亦作『㞢一)』，有但云(者。佚存三七九『戊寅，帚汝示二屯(，𡧊。』其作『二屯)』者，即二屯又一(之省文也。甲二·三十·十二『帚示四屯㞢一自』。自，郭沫若釋𠕁，非是。唐釋𠂤，近是。𠂤亦盛物之器。惟又一)与㞢一)最为习見。郭沫若云『)(若)即骨臼半月形之象形，即說文「乚，流也。讀若移」之乚字，古音当在歌部，本义当即是骨棄』(見古代銘刻彙攷續編骨臼刻辭之一考察)按：郭說非是。)、(即是古文及字。說文『及，逮也。从又从人。乚，古文及。秦刻石及如此。』按：魏三体石經尚書沅逸『及高宗』、『及祖甲』、『及我周文王』三及字古文均作乚。然則契文)字即古文乚字，殆无可疑。及应讀作帞。說文『帞，蒲席齡也。从巾及声，讀若蛤。』又齡，帞也。所以載盛米。又齡，帞也。杜林以为竹筥。揚雄以为蒲器。玉篇『帞以席載穀』。是可証帞器乃以蒲或竹类所織之筐筥。卜辭凡言若干屯，即若干純。古者，帛一匹为一純，若干純之后附以㞢。又帞者，帞为筐筥之类，亦盛帛之器。淮南繆稱『厥筐織文』……筐是筐筥之屬，織文靡絲……均係錦帛之类，絲織者盛以筐筥，由商代迄於晚周猶如是也。」(殷契駢枝三二頁)

屈萬里 「𪜶是及字之异体。毛公鼎之㠯，不𡢁簋之彶，其偏旁均与本辭之𪜶形相近。」(殷虛文字甲編一九八頁)

又「与不契毁之待形極近，当是及字。於此乃貞人之名。」（殷虛文字甲編考释二一二頁）

陈梦家　参固字条

萧良琼　参(glyph)字条

3406

按：字殆象「骨」之側視形，有可能為「骨」之異構。參見2241「骨」字及3275「屯」字條。

3407

按：合集一七一八五正辭云：「癸亥……，賓貞，(glyph)」「貞，不其(glyph)」用為動詞，其義未詳。

3408

按：字不可識，其義不詳。

3409

按：合集二二〇五〇辭云：「癸巳卜，石亡(glyph)叀于母」其義未詳。

裘锡圭　参［字条

按：合集一三六〇四正辭云：「貞，祖乙若，王不□」其義未詳。

3410 □

按：字不可識，其義不詳。

3411 □

按：字不可識，其義不詳。

3412 □

按：合集二〇八〇五辭云：「戊午卜，□甲子。五月」其義未詳。

3413 □

按：字不可識，其義不詳。

3414 □

3415

按：合集三五二一正辭云：「貞，勿令旨比𡆥」當為「帚」字，乃人名。

3416

按：合集二五六二八辭云：「丁未卜，出貞，禱告[illegible]于……」疑為「肩」字。

3417

按：合集二一七三一辭云：「乙卯卜，我貞，由來、乙又來，亡來」「乙卯貞，由婦……」此當是「才」字之異構，「才帚」當即「婦才」，為人名。

3418

按：合集二〇〇八〇辭云：「……父乙[illegible]；不[illegible]」用為動詞，字从「[illegible]」、从「止」，其義未詳。

按：字不可識，其義不詳。

3419

□

按：合集二〇六三九辭云：「己卯卜，□，叀□以」為人名。

3420

□

按：懷二六三二辭云：「丙午先□」「叀皀以示□」似為人名，疑即「盂」之異文。

3421

□

按：合集二二三四九辭云：「壬寅卜，錫牛五，□十牛，示十千……乃令……」此與「錫」對言，未詳何義。

3422

□

按：合集八二八〇正有殘辭為：「……于□……」有可能為地名。

3423 [glyph]

按：字不可識，其義不詳。

3424 [glyph]

按：字不可識，其義不詳。

3425 [glyph]

按：合集九一六正辭云：「己丑卜，古貞，王[glyph][glyph]亡壱」當為方國名。

3426 [glyph]

按：合集二一八九一辭云：「自步[glyph]」為地名。

3427 [glyph]

王襄「疑厚字媠厂。」（類纂存疑第二第四葉上）

唐蘭「右𣆪字，舊闕釋。按此字習見金文作[glyph]（殷文存上三渒父癸鼎）[glyph]（又下三四父戊㫗盤）□（又下一㫗爵）□（又上四㫗父癸鼎）□（又上廿㫗尊）等形，舊亦不識。（舊或以為尊形，非是。）又㫗字偏旁作□，（殷文存上十一㫗父己殷）覃字偏旁作□，（又下廿父丁爵）□（又上三三覃父乙卣）□（嘯堂上八晉姜鼎）等形，簟字偏旁作□（番生殷）厚字偏旁作□（愙五、一三遣鼎）□（愙十六、十六魯伯厚父盤）□（貞松五一戊厚殷）□（薛氏款識尸鎛）□（又尸鐘）□（愙一、二十井人安鐘）等形，俱與此字相近。據說文覃厚並從㫗，其字實當作㫗，（凡高亯等字，說文多誤斷而作高亯。）則此字當釋㫗也。說文：「㫗，厚也，从反亯」。此僅據小篆說之，小篆亯作亯，㫗作㫗，若相反也。古文之作□□□等形者，亦與反亯之說差近，然以言□□□□諸形，則不能通矣。反某為某之例，數見說文，求諸古文字，固無合者也。卜辭此字作□，在偏旁中多作□□□等形，均與金文相近。然亦非其原始形態也。余以為此字本為盎形，其衍變之迹，當如下圖：（注一）

□—□—□—□ ……

（注一）此為段設原始形此下均見於甲骨金文之㫗字及从㫗字之偏旁

（注二）

然則其字本象巨口狹頸之容器，故覃象米在㫗中，覃象□在㫗中，而簟字毛公鼎作□，變㫗从皿，更可證㫗亦容器矣。（卜辭从□之字或變作□，與皿作□相近，故變作皿。）說文訓㫗為厚，實因本義久湮，遂以意為之耳。㫗，玉篇：「胡苟切」，萬象名義同；蓋六朝相承舊音也。（今說文音胡口切，亦同。）從㫗之字，惟厚（厚）字音同。然說文覃字，卜辭作覃，則覃㫗本亦同音也。說文謂覃字从㫗鹹省聲，按省者必本有不省之字，今本無从㫗鹹聲之字，而遽言鹹省聲者，乃由覃字之聲難知，而強為附會耳。今謂覃字當從㫗聲，覃與厚乃聲之轉，字林云：「醰甜同」，甜甛韵近可轉，甛厚則聲近也。說文从覃得聲者，有禫蕈嘾瞫橝鄿禫驔燂潭鱏橝嬋燂鐔醰等字，而厚字無由之得聲者，然則㫗字本當讀若覃，其作厚音者偶變耳。金文習見縣字，曰「縣必」，錢大昕誤釋縞緯，後人多因之，非也。郭沫若讀必為柲，極塙。（餘醰之餘廿四）而讀縣為盧，則誤。（大系考釋一五二）「戈琱㦸縣必彤沙」（或作彤沙縣必），必與沙皆附屬於戈之物，縣與彤皆形容詞，縣者柲之色，彤者沙之色也。縣字从𢆶當係糸字所从出，糸之變也。（如𢆶變孫），从糸之字，多用為采色之義，見諸說文者，如：緂緈絑縉綪纁綰纔紺綦繰緅綠縹紫紅緹緰緊纔緇等幾廿餘字，則縣固可為色稱也。縣字說文所無，以醰甜同字之例推之，則當即紺字之異文，是又㫗覃同聲之證」。（文字記廿三葉下至廿五葉上）

李孝定　「説文：「㫗，厚也。从反亯。」唐氏釋此爲㫗，以金文諸形證之，固有形為反亯作㫗者，其說蓋不誤。竊疑與許書訓滿之畗卜辭作畐當爲同類之器物。受物之器恆滿盈，故引申之義爲滿爲厚也。唐氏謂覃㫗同聲，其論據似嫌薄弱。又謂从糸之字多有釆色之義，舉緐緟等廿餘字爲證，實則糸爲素絲，施之朱則朱，施之赭則赭，具釆色之義，似仍當於从之得聲之聲符中求之，與糸之義無涉也。卜辭㫗字僅餘殘文，音義不可知。」（集釋一八六二葉）

許进雄　「S 0347　第一期　右前甲

☐翌日☐参☐萑☐水☐

多見於銅器徽号，罕見於卜辭。」（怀特氏等藏甲骨文集一八頁）

按：唐蘭釋「㫗」可從。卜辭殘缺，其義不詳。

3428

按：此當是「告」字。

3429

按：字不可識，其義不詳。

3430

按：合集二一七一九辭云：「……示商」其義未詳。

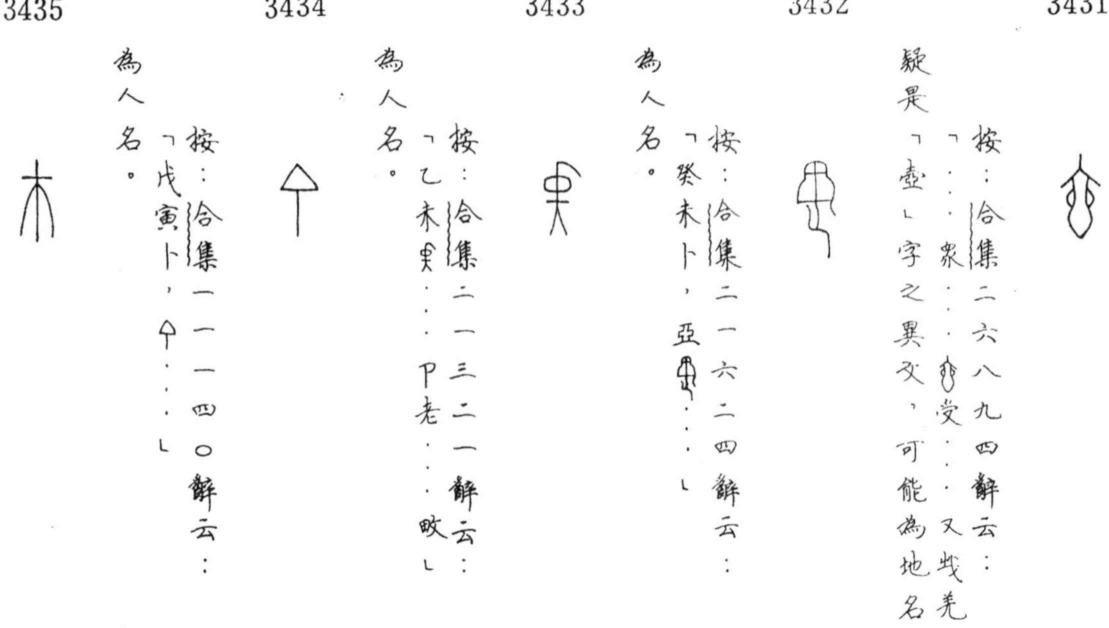

3431 □

按：合集二六八九四辭云：「……豕……□㞢……又𢦏羌……」疑是「壺」字之異文，可能為地名。

3432 □

按：合集二一六二四辭云：「癸未卜，亞□……」為人名。

3433 □

按：合集二一三二一辭云：「乙未□……卩老……畋」為人名。

3434 □

按：合集一一一四〇辭云：「戊寅卜，□……」為人名。

3435 □

3436

王襄「古韜字」。（簠室殷契類纂正編第七第三十六葉下）

按：釋「韜」不可據，辭殘，其義不詳。

3437

按：字不可識，其義不詳。

孫海波文編六卷七葉下收此作帀無說。

李孝定「說文：『帀，周也。从反之而帀也，周盛說。』契文作，與金文作師寰簋鐘伯鼎蔡大師鼎者同。孫釋帀可从。辭云『辛亥☐貞帀☐』，不詳其義。」（集釋二〇六七葉）

3438

按：合集二九一六辭云：「叀豕兄戊」字與「帀」形體有別，釋「帀」不可據。卜辭當為祭名。

3439

按：合集一九七七三辭云：「庚戌卜，令比伐」乃方國名。

按：合集二七四三五辭云：「……丑貞……王步……□」為地名。

3440

□

按：合集二一九五四辭云：「庚辰卜，貞，□亡若」為人名。

3441

刀

□

按：合集二八四二六辭云：「叀滴鑁刀」此乃「刀」字，辭義不可曉。

3442

□

按：此字形殘泐不完，當删。

3443

□

按：合集二二三八四辭云：「戊申又其新□隹止」疑為祭品，未詳何物。

3444

按：字不可識，其義不詳。

3445

宋鎮豪　「毫无疑问，读‘百有九有九’为‘百有九十有九’是正确的。但说中间的九即九十合书，是不对的，因为所有十倍数的合书，无不包含十的构形，惟有这个九不具备该要素，显然不是九十合书的正形。据我所见，甲骨文确有三个九十合书例，一例见明义士收藏甲骨第二二九五片（即甲骨文合集第三四六七五片）：

戊子卜，品其乞牵。

己丑卜，品其五十牽（牵）。（图二）

再一例见同书第二三九六片（即甲骨文合集第三四六七四片）：

戊子卜，品其乞牵。

□□□，□其百有五十牵。（图三）

第三例见甲骨文合集第八〇八六片和第一八四七五片相拼合的一版：

□□卜，品其乞牵。（图四）

上述卜辞，凡言牵者，为五十、百有五十等，均是百或十的倍数，故乞必是个数目字，又必是个十倍数，它包含九和十两个要素，可知乞是九十合书。这一结构符合十倍数合书的原则。考殷人对于数目的组合，大致有三种情况，一是十倍数合书（百、千倍数也如此），上面卜辞中的五十及三个九十均是。二是十倍数析书（一百、千倍数也如此），如殷契佚存第五七〇片：

□丑卜，旁贞，□三百羌用丁。（图五）三百析书。又如怀特氏等收藏甲骨文集第一四二片：

其五朋

其七朋

其八朋

其三十朋
其五十朋
其七十朋（图六）

三十、五十、七十均析书。郭沫若同志所谓『甲骨文十的倍数合书』，并不完全如此，也可析书。

三是数目之间以『有』字相系，前面的『百有五十牵』一例即是。王宇信同志举的『百有九有九』也是其例之一，但有特别之处，即中间的九十既非合书，也非析书，写作九，而以『有』字与百位数和个位数相系，由数目的组合取意，『百有九有九』，根据组合排列，就知是一百九十九，不会认错，这是殷人的数目观。」（甲骨文九十合书例，中原文物一九八三年第四期五六——五八页）

按：合集二一四八七辭云：「……庚祟？……叀甲□……」，「□」不从「九」，非「九十」合文。合集一〇四〇七正「百出九十出九」，「九十」合文作「□」，與「九」之作「□」者區分顯然，王宇信釋「□」為「九十」合文是正確的。契文「六十」作「□」或「□」，「七十」作「十」，其豎畫均較長，「□」（九十）豎畫直且長，「□」（九）則斜而短。宋鎮豪釋讀卜辭有出入。參見3185「□」字條

3446 □

按：合集二一六九三辭云：「貞，□有事」，□為人名。

3447 □

按：字不可識，其義不詳。

3448 □

3449

[illegible]

按：合集二二一九〇辭云：「……卜耳[illegible]于祖……」，當與耳之疾病有關。

按：屯一〇六六辭云：「丁亥貞……令菁取[illegible]……方」，當為方國名。

3450

[illegible]

按：合集七〇四九辭云：「丁卯卜，曰[illegible]任出征歸？允征」為方國名。

3451

[illegible]

按：合集二〇六一五辭云：「丁巳工方巛」為方國名。

3452

[illegible]

按：字不可識，其義不詳。

3453

[illegible]

3454

按：字不可識，其義不詳。

3455

按：字不可識，其義不詳。

3456

按：字不可識，其義不詳。

3457

按：合集三三〇四一辭云：「己……㕣[illegible][illegible]于[illegible]冓……」為方國名。

3458

按：合集一一六一七辭云：「……逐[illegible]。十一月」當為獸名。

3459

按：字不可識，其義不詳。

3460

按：字不可識，其義不詳。

3461

按：合集三六八二一辭云：「癸卯王卜，貞，旬亡畎？在[glyph]師」為地名。

3462

按：字不可識，其義不詳。

3463

按：當為「圂」之異文。

3464

3465 □

按：合集七三六二辭云：「……卜，亘貞，呼收□皀」卜辭「收人」、「收衆」習見。「收」有聚集之義，此所「收」者可能為氏族之名。

按：合集二一四七九辭云：「丁酉卜，呼多方勵□」似為地名。

3466 甲十

按：合集二七九九五辭云：「戍甲伐𢦏敵方校」「戍甲」是否指戍邊之甲士而言，卜辭所僅見，尚有待於進一步之證明。

3467 □

按：字不可識，其義不詳。

3468 □

按：合集一七五三九辭云：「庚申婦□示……屯」為人名。

3469 [illegible]

按：字不可識，其義不詳。

3470 [illegible]

按：字不可識，其義不詳。

3471 [illegible]

按：合集二二一八七辭云：「丁丑示卯夢[illegible]祖庚至于父戊」當為祭名。

3472 [illegible]

按：合集八七一六辭云：「……[illegible]人……」當為方國名。

3473 [illegible]

按：合集六九七九辭云：「己酉卜，貞雀往征犬弗其卒[illegible]」當為方國名。

3474

□

按：合集二〇七四三辭云：「庚子卜，王令□田□」乃地名。

3475

□

按：合集二二〇六三辭云：「……□以戌」為人名。

3476

□

按：合集九二八三四辭云「□入……」為人名。

3477

□

按：字不可識，其義不詳。

3478

□

3479

按：字不可識，其義不詳。

3480

按：字不可識，其義不詳。

按：合集三六九〇八辭云：「……王卜，在[illegible]……在二月」為地名。

3481

按：字不可識，其義不詳。

3482

按：合集二二一五四辭云：「壬辰卜，貞，伐其用[illegible]……」疑為「[illegible]」字之異文。

3483

按：合集三六九三九辭云：

「……在[illegible]貞……」為地名。

3484

按：字不可識，其義不詳。

3485

按：字不可識，其義不詳。

3486

按：字不可識，其義不詳。

3487

攷

按：合集一八七七五辭云：「……亥卜，河……[illegible]乘……允……」字从「丂」、从「又」，為用牲之法。

3488

按：字不可識，其義不詳。

3489

按：合集七六三一辭云：「貞，翌甲……子大……征」為方國名。

3490

按：字不可識，其義不詳。

3491

按：字不可識，其義不詳。

3492

按：字不可識，其義不詳。

3493

按：懷一五七一辭云：「辛酉貞，王尋以羌南門」當為祭名，裘錫圭釋「忘」。參見「弋」字條。

3494 □

按：字不可識，其義不詳。

3495 □

考古所「□方，方国名，过去著录中未见。此次还见于三〇〇一、三二八九。三片字体风格相同，内容相类，可能为一骨之折。」（小屯南地甲骨一〇五六页）

按：合集五九四七辭云：「……申𠨘□執」；屯三〇〇一辭云：「……其奠□方，其祝……至于大乙，于之若」；又屯三二八九辭云：「……奠□方……」，為方國名。刻辭類纂於屯三〇〇一、三二八九均失收，當據補。

3496 □

按：合集五四三三辭云：「辛丑卜，王出？□……弜……」，為地名。

3497 □

按：懷一六二九辭云：「丙子卜，□其方」當為人名。

3498 □

按：字不可識，其義不詳。

3499

按：合集三六九六一辭云：「癸亥王卜，在……貞，……迖于□亡巛」為地名

3500

按：字不可識，其義不詳。

3501 首

按：合集二〇三二二辭云：「……王貞，余……□于示……我祐」此乃「首」字之異文。參見1086「首」字條。

3502

按：字不可識，其義不詳。

3503

按：字不可識，其義不詳。

3504

按：字不可識，其義不詳。

3505

按：字不可識，其義不詳。

3506

按：佚二五八四辭云：「癸酉卜，[glyph]雨」當為祭名。

3507

按：字不可識，其義不詳。

3508

按：字不可識，其義不詳。

3509

弋

按：字當隸作「戈」，辭残，其義未詳。

3510

廾

按：纯二二六○辭云：「乙卯卜，貞，廾方其[illegible]我戍」為方國名。

3511

冂 H

于省吾

「甲骨文的「貞，勿冂」（朙七五四），冂字作H，旧不识。説文作冂，并谓：「象遠界也。同，古文H从○，象国邑。坰，同或从土。」按商器冂戈爵作H，金文編誤入于附录。又周代金文同字常見，均作同，从日，可以糾正説文从○之誤。勿冂之勿即古物字。周礼保章氏：「以五云之物，辨吉凶水旱降丰荒之祲象。」鄭注：「物、色也，視日旁云气之色降下也。」章炳麟文始：「H象遠界，又有遠义，故孳乳为迥，遠也。」甲骨文的「勿見（現）其出棜（瑜），亡匄（害）」（南北明七六二）。这是说，自然界呈現物色，虽有变异而无災害。然则物迥，是说自然界的物色遥遠。

甲骨文高字，早期作呙、呙、呙等形，晚期均作呙或呙形，旧不识，甲骨文編入于附录。

按其字从H或H，其横划单复本无别。甲骨文旁字从H也作H，周代金文鼏字从H也作H，是其证。高字，商器高觚作呙，上从辛乃言字在偏旁中的省体，金文編误入于附录。按高字从言从冂，即古詗字。説文：「诇，知处告言之，从言冂声。」段注：「史汉淮南传，王爱陵，多予金钱，为中诇长安。孟康曰，诇音偵。西方人以反间为偵，王使其女为偵於中也。服虔亦云「偵，伺之也。」按偵即今日所谓偵探，中诇即今日所谓间谍。甲骨文高字常見。第一期的「帚高示四屯，美」（南北师二·一八），「帚高示四屯，小憂」（粹一四九○），均以高为妇名。第五期的「今日王步于高」，「才高貞」（前二·八·七），又均以高为地名。

在上述之外，甲骨文有呙字（汇四四七五），从乒从H。又有呙字（前八·八·一），从女从H。以上二字均不見于后世字书，但均从冂，是可以肯定的。」（甲骨文字释林释冂、高）

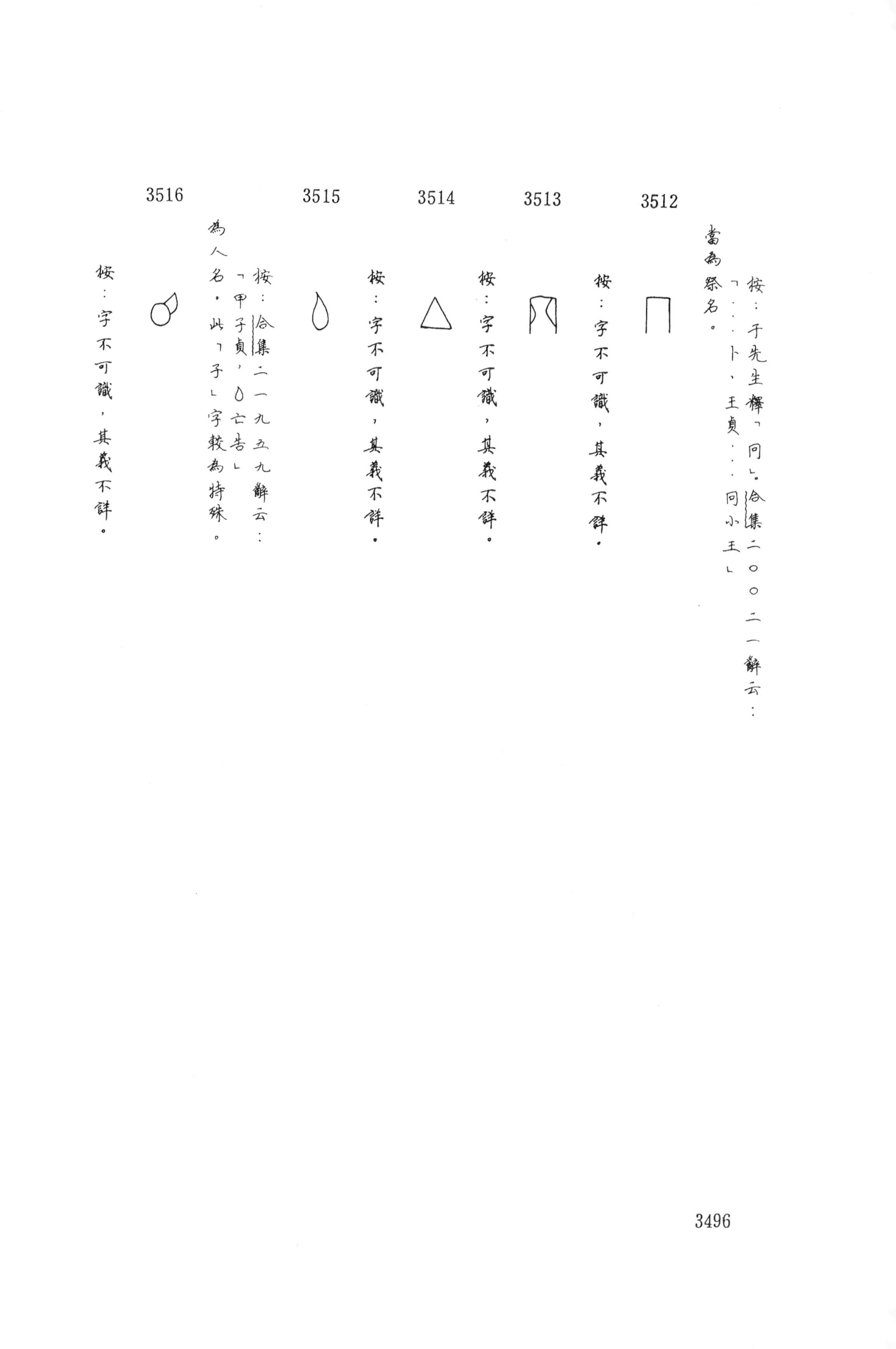

按：于先生釋「同」。合集二〇〇二一辭云：「…卜，王貞…同小王」當為祭名。

3512

按：字不可識，其義不詳。

3513

按：字不可識，其義不詳。

3514

按：字不可識，其義不詳。

3515

按：合集二一九五九辭云：「甲子貞，□亡告」為人名，此「子」字較為特殊。

3516

按：字不可識，其義不詳。

3517

按：疑為「崇」字之異構。

3518

按：字不可識，其義不詳。

3519

按：合集一一三九六辭云：「令敉于[illegible]不……」為地名。「敉」即今「牧」字。

3520

按：字不可識，其義不詳。

3521

按：合集二〇九九八辭云：「……凵攴……步……」當為人名。

3522

按：合集三七三八二辭云：「戊申卜，貞，王田于麓，往來亡巛？茲御。獲兕一狐四」為地名。

3523

按：合集二〇七四三辭云：「庚子卜，王令田」為人名。

3524

按：合集二一九九七辭云：「丙子涉」為地名。此辭「子」字亦甚特殊。

3525

按：字不可識，其義不詳。

3526

按：合集三二九三七辭云：

「……亥貞，在丁衛來」為地名。

3527

按：字不可識，其義不詳。

3528

按：合集二二一一九辭云：「乙未卜……□石甲……馬」為祭名。

3529

按：字不可識，其義不詳。

3530 肉

按：合集六五〇七辭云：「貞，呼取夕」乃「肉」字。參見3277「肉」字條。

3531

3532

按：字不可識，其義不詳。

3533

按：合集二〇七三六辭云：「……王△隼豕？允隼」辭甚完整，卻不識此為何字。

3534

按：字不可識，其義不詳。

3535

按：字不可識，其義不詳。

3536

按：字不可識，其義不詳。

3537

按：此字摹寫當有誤。合集二八四二二疑當讀為：「惟鷹龍母有大雨」。

3538

按：字不可識，其義不詳。

3539

按：字不可識，其義不詳。

3540

按：字不可識，其義不詳。

3541

⿱幾皿

按：合集一七八一辭云：「辛亥卜，王□出祖甲」字乃「宂」之異構。參見3284「⿱幾皿」字條。

3542

按：字不可識，其義不詳。

3543 笸

按：字當釋「𦣝」，實即「笸」之本字。說文：「𦣝，頤也，象形」，乃後起之義。說文：「笸，取蟣比也」，契文「𦣝」即象梳比之形。「姬」、「獄」諸字均从此。詳見于先生釋林六六頁釋𦣝。

3544

按：合集二一九〇八辭云：
「壬子貞，王[illegible]商」
當為「塱」字之殘泐。

3545 朊

按：字从「肉」从「元」。合集五四四四辭云：
「貞，晶不我多朊臣永……」
「多朊臣」當為職官名。

3546

按：合集三七四四〇辭云：
「丁酉……戍……往……巛」
當為地名。

3547

按：合集三七三六八辭云：「……隻狐十、兕……虎一、□一、象……雉十一」為獸名，乃獵獲之對象。

3548

十　丨

馬叙倫　「十千兩個字的本義，都是街道，田裏的十千就是阡陌。」（馬氏論文集二〇五葉）

朱芳圃　「說文十部：『十，數之具也。一為東西，丨為南北，則四方中央備矣。』按丨當為梲之初文。說文木部：『梲，大杖也。从木，兑聲。』丨原象大杖之形，自假為數名，後別造梲字，丨之初形本義，因之晦矣。从音理言之，故讀定紐雙聲；一屬緝部，一屬術部。聲同韻異，例可通轉。說文十部：『丈，十尺也。从又持十。』林義光曰：『按持十無十尺之意，當即杖之古文。十，古作十，象杖形，手持之。』（文源九六）按林說是也。說文木部：『杖，手持木也。从木，丈聲。』手所持之木，形即梲也。字之結構，與史象手持中，攴象手持丨正同。丨為梲之初文，此即其確證矣。古代用杖以量長短，嗣制度固定後，即以其名名之。」（殷周文字釋叢，卷中，第七十八葉）

李孝定　「說文：『十，數之具也。一為東西，丨為南北，則四方中央備矣。』許君就篆體為言，自非朔誼。契文金文十字均作丨，即一字之直書，于氏以此為初民紀數以十進位之明證，其說至碻。郭氏謂象掌形，說不可據，蓋如郭氏言以手指計數，至十則全掌直伸，拇指當岐出，必不附着於食指之側，此生理之自然現象。然則其象形文當作亅，不當作丨也。于氏謂由五至九錯畫成文為紀數之專字，則亦似有可商。于氏謂五六初作乂∧，嗣以與乂入易混，遂改為Ⅹ∩，誠如于氏之言，何以必改先出且習見之紀數字以避後出且少見之乂入，（就常理言，先出之字習用既久，約定俗成，後出者如與之相混，必改後出者以避之也。竊以為由五至九，仍以叚借字說之較為易解，于氏謂ㄨ象蟲之上曲其尾者，其說當否姑置不論，其意亦謂假象蟲形之ㄨ以為紀數字也。ㄨ蓋叚8午為之，八叚入為之，十者切之初字，八者八之初字，ㄨ則附之象形字也。此均他人成說金文十作丨盂鼎丨克鐘丨絲尊丨貿鼎丨不嬰簋丨守簋十秦公簋十者沪鐘十甲鼎早期作丨，肥其中者徒取筆義之美與契文同。次作丨，又次作十，又次作十，則漸近於小篆矣。」（集釋〇七一九葉）

張秉权「我认为一掌的象形，可能是五，而不是十，『十』字所象的，可能是并指而合竖二掌之形，二掌的手指数目为十，合掌竖立，只能看到两边微鼓的一条直线，甲骨文由于工具的关系，往往将肥笔简化为线条，所以只作丨形，而金文中却仍保持着一竖而鼓其腹的形象，更由此而演化为现在的一竖一直形的『十』字。」（甲骨文中所见的「数」，历史语言研究所集刊第四十六本第三分三五七页）

于省吾「甲骨文十字作丨，周代金文作丨、丨、丨、十等形。十字初形本为直画，继而中间加肥，后则加点为饰，又由点孳化为小横。数至十复返为一，但既已进位，恐其与一混，故直书之。是十与一之初形，只是纵横之别，但由此可见初民以十进位，至为明显。又埃及上古文字，从一至九，均按竖画多少为準，至十则变作∩，亦是以十进位之证。」（释一至十之计数字，甲骨文字释林一〇〇页）

郘笛说参巛八字条下。

按：說文：「十，數之具也。一為東西，丨為南北，則四方中央備矣」。此純屬據篆文立說。甲文十字即一之豎畫，丁山所謂「縱一為丨，丨之成基於十進位之通術」，其說甚是。西周金文「十」字始中部增肥筆作「丨」形，晚周以後，始延伸成橫畫。

3549

二十 ㄩ ⋃

羅振玉「說文解字有廿卅而無卌。博古圖（卷十七）載敔敦有『𥃩Ш』之文，𥃩Ш即訊卌矣。（宋人誤釋作僕臼）舀鼎『卌秭』之卌亦作Ш，與卜辭同。凡數在二十三十四十以上者，卜辭皆用廿卅卌字，如二十人作ㄩ人，二十五作ㄨ，四十一作Ш一，四十八作Ш八。」（殷釋中二葉下）

王襄　「∪，古廿字象形。」（簠考地望五葉下）

郭沫若　「殷人紀數之法可得一通例：即凡十百千之倍數合書，不足十百千之零數則析書，或加又以繫之。千之倍數僅第三十四片一例析書，乃僅見之例外。周人紀數之法亦如是，僅有綸鎛『二百又九十又九邑』之九十字作九十乃十之倍數析書之一例外。又石鼓文通體以四字為句，而已鼓第四行『為廿里』句僅三字，蓋廿字讀三十，字雖合書，音則雙讀，準此可知卜辭及金文凡廿以外之例均雙讀也。」（卜通十三葉背至十四葉上第三十六片釋文後記）

郭沫若　「『三萬』二字合書作𠦃，卜辭言數之例，此其最高紀錄也。言萬之例，庫方甲骨三一〇片有一辭曰『辛巳卜貞登婦好三千登旅一萬乎伐𢀛』。彼『一萬』字合書作𠦃，惜摹錄有未精。今得此『三萬』之合文，足知殷人紀數，即萬之倍書亦合書矣。」（粹考一五〇葉背一一七一片釋文）

李孝定　「說文：『廿，二十并也。古文省。』契文作上出諸形。佚一〇三及三六〇、兩片字作‖，辭云『壬萬‖其』，兩同辭非漏刻橫畫者（同辭它文橫畫均備）。金祥恒續文編收作廿，未知是否。郭氏引石鼓己鼓以證凡十以上之倍數雖合書而音則雙讀，卜辭百千之倍數固屬如此，惟秦始皇刻石頌德之辭『廿』字均讀一音綴。宋洪邁容齋隨筆卷五『廿卌卅字』條云：『秦始皇凡刻石頌德之辭皆四字一句。泰山辭曰「皇帝臨位二十有六年」，琅琊臺頌曰「維二十六年皇帝作始」，之罘頌曰「維二十九年時在中春」，東觀頌曰「維二十九年皇帝春遊」，會稽頌曰「德惠脩長三十有七年」，此史記所載，每稱年者輒五字一句。嘗得泰山詞石本，乃書為「廿有六年」，想其餘皆如是，而太史公誤易之，或後人轉寫之訛耳，其實四字句也。』按洪說是也。既為四字句，則此等處之廿卅卌等字必祇讀一音綴可知。蓋廿卅卌等字之讀音，或一音綴或二音綴，各隨所適，本無定，則至百千倍數之合書者，至今無一音綴之讀法也。金文作∪宰梡角∪頌壺∪頌鼎∪伊簋。按廿卅卌三字之可兩讀，說文段注廿字條及王筠毛詩雙聲疊韻說均有論列。友人周法高先云：『我們可以想到廿卅卌等在古代由於重讀、輕讀，或長言、短言的關係，可能有分讀、合讀兩種讀法。所以在字書還保留着，在現代方言還有痕迹可存。』周說詳見中國古代語法稱代編二六二至二七二葉附數法章。」（集釋〇七二五葉）

按：甲文二十作∪；三十作山；四十作𠥓或卌（乙九二一，甲骨文編誤摹作𠥓）；五十作𠫓；六十作亣或𠆣；七十作𠦃；八十作𠆢；九十作𠃉（乙七六四），其豎畫較九字為長，亦猶七十之合文較七字之豎畫為長，辭為：「百又九十又九」，陳夢家卜辭綜述讀作「一白出九出九」（一○八頁），殊誤。

嚴格言之，凡此均屬合文，廿、卅亦不例外。廿、卅亦當有兩個音節讀作「二十」、「三十」。郭沫若引石鼓文「為卅里」，認為「蓋卅字讀三十，字雖合書，音則雙讀」。以廿、卅為獨體字，只讀單音綴，實屬後起。戴侗六書故謂「蓋二十、三十急言之合為一音耳」。

3550

三十

李孝定　「說文：『卅，三十并也。古文省。』契文正為三十并。說詳廿字條下。金文作卅毛公鼎 卅 㫚鼎 卅 卅 格伯簋 卅 鬲伯比鼎 卅 卅 大鼎 與契文同。」（集釋○七三五葉）

按：此三十之合文，說詳見廿條下。

3551

四十

王襄　「古卌字，說文所無，廣韻引說文有之，意後人失錄也。」（類纂存疑第三卷十一葉上）

孫海波　「廣韻引字統云：『插糞杷。』又引說文云：『數名，』今直以為四十字，』（文說文林部鬷字說解『从大卌，數之積也，』是古本有此字，今本奪佚，讀若先立切。」編三卷四葉）

李孝定　「說文無卌字，而廣韻廿六緝有卌字，引說文云『數名』，漢石經論語殘石『年卌而見惡焉』，孔寵碑『年卌九』，雍勸闕『年卌五』，孔龢碑『選卌以上』，鄭固碑『年卌二』，王元賓碑『年卌八』、（漢石經以下各條據孔廣居說文疑疑引）玉篇亦有此字作卌，音先入切，是則許書本有是字，轉寫奪佚，當據補入廿部。」（集釋○七三七葉）

按：字乃「四十」合文。說見「廿」條下。

3552

五十 [glyph]

按：契文「五十」合書作「㐅」，與「十五」之作「丨㐅」者易混，然區別極嚴。說詳甲骨刻辭狩獵考（古文字研究第六輯）。又「五十」亦有分書者，懷一四二「其五十朋」，「五十」即分書。又合集二二〇四三辭云：「丁未卜，貞，令戉光有隻羌芻五十」。「五十」亦分書，此例較為罕見。

3553

六十 [glyph] [glyph]

按：契文「六十」皆合書作「[glyph]」或「[glyph]」，無分書者。合集一〇八三一辭云：「……隻……六十又四」可證其為「六十」合文無疑。

3554

七十 [glyph]

按：契文「七十」皆合書，未見分書者。其形較「七」字竪畫為長，可以區分。合集六〇五七正辭云：「王固曰：有祟，其有來娃。迄至七日己巳，允有來娃自西，[glyph]友角告曰：舌方出侵我示𥂝田七十人五」；淡八五六辭云：「……㕣允……隻……兕七十又三」，可證其為「七十」合文無疑。

3555

八十 [glyph]

按：契文「八十」皆合書，未見分書者。合集三七四七一辭云：「……卜，貞，王田于雞，往來亡災？……弘吉。茲印。隻狐八十又六」可證其為「八十」合書無疑。

九十 §

王宇信　「郭沫若同志在释五十一文中曾指出：「十之倍数，古文则多合书。如二十作∪若廿，三十作⋓，四十作Ш，骨文金文均如是。廿与卅今人犹用，卌则废矣。」并以无可辩驳的证据，论述了甲骨文中五十、六十、八十等十的倍数皆为合书，从而纠正了前人误读的一些甲骨文纪数。

后来，郭沫若同志又在古代铭刻汇考续编一书中的释七十——殷文纪数之一新例篇里，论述了他在甲骨文中所发現的「七十」纪数亦为合书。此「七十」纪数「亦十上而七下」，这与他揭示的「卜辞十之倍数，如五十作[十/五]（此例甚多），六十作[十/六]（通二〇，后下一、四）若[十/六]（佚九三四，续三、四一、一），八十作[十/八]（通二二，燕大四一〇）若[十/八]（佚五四七），均十在上，而倍之数在下」的規律完全相合。自此以后，甲骨文十的倍数廿、卅、四十以后，五十、六十、七十、八十的合文也都释出来了。郭沫若同志说：「九十之例迄今未見」，并指出：「其于殷文意必亦十上而九下」。

我们在整理甲骨卜辞时，根据「十上而九下」的「九十」合文结构的提示，发現了甲骨文中「九十」纪数合文的一个新例。現将这条卜辞揭田于下：

「囚其坒，壬申，允狩，隻兕六，豕十出（又）六，麑百出（又）九十出（又）九」。（乙七六四正，丙四二三正）。

这条卜辞，陈梦家释为「罡一百出九出九」。丙编考释释其全辞为「囚其坒，壬申，允狩坒，隻兕六，豕十出（又）六，麑百出（又）九出（又）九」。我们以为应是「麑百出一（又）九十出（又）九」。百字之后，应是「又九十」，而不是「又九」。此九十是合文，作「§」。我们可以清楚地看出：此§字与卜辞习見之§字不同，上面的竖划粗而长，特别是在交叉部以上，较一般§字显得要长些。一般§字竖划要短而细。我们再从这条卜辞相邻的两个§、§字形来比较，前一个§字竖划粗而长。后一个§字竖划短而较细一些，两字判然有别。因此§与§字从字形上看，当是两个不同的字，而决不是相同的一个字；此外，从§与§这两个字所在辞中的位置上，也可以看出它们所表示的数字概念也完全不同。后面的§字，处在个位数字的位置上，是九字。而§字所处的位置，恰在十位数字的位置上，当为十之倍数，表示的应是「九十」的概念。这个「§」字必是甲骨文中尚未发現的「九十」合文无疑。这样一来，甲骨文纪数从廿起至九十的倍数合文，就再也不缺哪一个环节了。

在释五十发表以前，有人误读十的倍數合文的纪數，以至把前编三、二三、六片释为「十

3557

囲 上甲報甲 田 二田

五犬、十五羊、十五豚。廿犬，廿羊、廿豚。卅犬、卅羊、卅豚。十五犬、十五羊、十五豚」，此片最下面一段刻辞的□（即十五），与此片最上一段的□（即五十）均释为「十五」，这不仅不符合此片祭祀用牲数字从少到多的逻辑，而且把五十释作十五，用牲一下就各少了三十五头。这就不能充分揭露殷奴隶主阶级祭祀时浪费财富和一下子就能拿出犬、羊、豚各五十头作牺牲所反映的畜牧业水平。还有人把后编卷下四三·九（通一九）片「八日辛亥，允戋（𢦏）伐二千六百五十六人，在□，在□，在十二月」，误读成「八日辛亥允戋伐二千六百十五六人，在口口，在十一月」（增考「下」四十五頁）因此，这条记载某次战争征伐记录的卜辞既不能读通，也不能使我们正确了解殷王国的战争规模；有关狩猎的卜辞也是如此。例如后编卷下一、四片「丁卯囚狩正囚毕获鹿百六十二，口百十四，豕十，兔一」，有人释为「丁卯囚狩正口毕获鹿百十六，二百二十三豕，十百，一口口」（增考「下」四十頁），获鹿百六十二与百十六，一下就相差了几十头。其他如「八十」的合文也是如此，此不备举。特别应指出的是，释七十中新释出「七十」合文的新例以后，为我们正确了解殷与吕方的战争情况有一定意义（如通五一二，徒二·一一。「吕方□我示䢅田，七十人五」这一辞，说明吕方与殷人交绥，曾出动七十五人的兵力。与此同时，我们在研究殷代阶级关系时，也会经常遇到用十的倍数合文表示的奴隶数目，如「羌五十」、和臣的最高数字「臣七十，妾口口」等，就再不会读成「羌十五」或「臣七」了。因此，正确识读甲骨文中十的倍数合文的纪数，对研究商代的阶级关系、畜牧业和狩猎业的水平，以及当时的战争情况等方面，是很必要的。

甲骨文中「九十」合文纪数的发现，不仅使郭沫若同志一九三四年在释七十一文中指出的：甲骨文「九十」合文「将来终必有出现之一日」得到了证实；而且四十多年前推断的「其于殷文意必亦十上而九下」，于「九十」合文的「□」字上完全得到了验证，的确是真知灼見！」（释九十，文物一九七七年十二月七七頁）

按：合集一〇四〇七辭云：「……其……毕？壬申允狩，毕隻兕六、豕十又六、兔百又九十又九」。「□」乃「九十」合文，與「九」之作「□」者形體有别，此例爲卜辭所僅見。或以「□」爲「九十」合文，不可據。參見3445「□」字條。

孫詒讓 「甲字皆作十。金文毌甲觶蘇公子敦甲字正如是作」。（舉例上一葉上）

羅振玉 「田即小篆甲之所从出，卜辭於十外加口所以示別，與區、㘝、囙之加匚同例，而小篆以甲代十者，蓋因古文甲作十，與數名之十相混也。小篆之甲初作甲，从十，觀秦陽陵新郪兩虎符『甲兵之符』字作甲，吳天發神讖刻石作甲，可知許書作甲乃寫失也。然以田代十，周代已然，不始於小篆。兮田盤之兮田即兮甲也。小篆變田為甲者，蓋作田又與田疇之田相混，故申其直畫出口外以別於田疇字。蓋小篆變口為口而缺其下口，今隸作甲尚不失古文初形，惟直畫申長與古文略異耳。此字初以㩶於數名之十，而以田代十，即又㩶於田疇之田而申長其直畫以示別。既又變口為口，更由口譌凵，由十譌丅，而初形遂晦矣，反不及今隸作甲尚存古文面目也。」（潛堂金石文字跋尾）

王國維 「兮甲盤有田字，其名為田，其字為伯吉父，吉有始義，古人謂月朔為吉，月之上旬八日為初吉是也。甲為十日之首，故名甲字吉父。魏三體石經無逸祖甲字，古文作𠇍，說文木部柙之古文作㘡，而汗簡及古文四聲韻皆引說文作囲，亦田之譌。今說文甲字作甲，不从古文甲，然秦新郪陽陵二虎符及三字石經篆文之甲，均作甲，即此田字之變形，隸書甲字尤為近之。」（文字編十四卷九葉下甲字條引）

王国维 「田中之十即古甲字。（卜辞与古金文皆同）说文甲作甲。罗参事谓秦阳陵虎符作甲，吴天发神谶碑略同，皆从十即古文甲也。冂〇皆囗之讹变也。卜辞他甲字皆作十，上甲之甲独作田者，卜辞报乙报丙报丁作㔾、𠄔、可，甲在口中，与乙丙丁在匚中同意。其所以从口从匚则不可知矣。其作亩加一者，一即二（古文上字），卜辞或作亩（后下四二），亩省作亩，犹帝示许字从上者古文或从二或从一也。（亦罗参事说）」（戬寿堂所藏甲骨文字考释第三页）

王襄 「殷契所見甲字有二用：一為天干，由甲子至甲寅，皆作十，其变体作丨；一為先公名，凡言上甲皆作田或亩。亩為上甲之合文，田為上甲之省体，若祖甲、父甲、母甲、兄甲，从元作田者，与乙丙丁用于先公名時加匚同例，田、㔾、𠄔、可為先公名專用之字可知。考殷契文字，有專用之例，如王田于某，往来亡巛，用巛、巛、巛、𡿧諸字，不用𡿧，惟于伐某方巛之卜辞則作𡿧，犹云殃及其方，如𡿧某方是。」（古文流变臆說三二頁）

葉玉森 「按卜辭以『十』紋狀物身者不獨一魚字。如龜作𠀀、𠀀，黽作𠀀、𠀀，鼉作𠀀並以十象其紋，亦不能謂「十」之形取象于龜甲鼊甲鼉皮也。林氏謂十象裂文，與卜象兆形，似造字之例同一。郭氏魚鰇之說，殊未足憑」。（前釋一卷廿四葉上）

又曰：「按⊞之異體作田⊞⊡。⊞之異體作⊞⊞，繫一及／于口內或口隅者，求別于田而已。因疑作⊞者其始亦不過繫一標識于田上，以別于田，並無上字之誼。殷人稱上甲仍曰甲耳」。（前釋一卷二十六葉）

商承祚　「羅師說⊞字即小篆甲字所从出。⊞外加口，因以示別，與区囧叵同例。（說見殷虛書契帝王篇）然疑亦用以別于數名之十，周人尚用此字，兮伯吉父盤之兮⊞即兮甲也。小篆後改作甲者，初以十嫌于數名之十，（古七字）而加口作⊞。既又嫌于田疇之田而稍變之。秦陽陵虎符甲兵之甲作甲，变口為冂，更譌口為冂，譌十為丅，作甲，而初形全失，反不如隸書尚存古文面目也。又案漢司徒殘石，魏石經書無逸篇，天發神讖碑甲字皆作甲，从十，是漢魏間尚如此也。其作甲者，可斷言為後世傳寫之誤」。（類編十四卷九葉下——十葉）

吉城　「殷人稱上甲微者報以祭天之禮，古者祭天於圜丘故加甲以口識之。乙丙丁之報禮次於甲，加匚者方澤祭地也。口匚古圓方字」。（小箋洁序）

郭沫若　「然則甲乙丙丁等十干文字，其朔究當為何耶？其係十日之專名，抑係一旬之次第？二者之孰先孰後雖未能斷言，然有可斷言者則二者均非其朔。此事請就十干文字之本身以申論之。甲，骨文作十，金文亦同。（小篆作甲）乙，骨文作乙若㇆，金文亦同。（小篆作乙）丙，骨文作內若冂，金文則或實之作▲若▼。（小篆作丙，晚周彝器或从火作丙（鄦侯敦）若丙。（子和子釜）丁，骨文作口，金文則大抵實之作■。（晚周文字始漸伸其下作釘形，如▼（沇兒鐘）若▼（儔兒鐘）是也。小篆作个。）案此四字為一系統，比最古之象形文字。爾雅釋魚曰『魚枕謂之丁，魚腸謂之乙，魚尾謂之丙』。乙之象魚腸，丙之象魚尾，可無庸說。魚枕者郭注云『枕在魚頭骨中，形似篆書丁字，可作印』。此以篆文為說，自非其朔。余案『枕』或係字之訛，而丁則當係睛之古字。睛字古籍中罕見，許書亦不載，惟淮南主術訓有『達視不能見其睛，借明於鑑以照之，則分寸可得而察』，注曰『睛，目瞳子也』。丁之古文既象目瞳子，丁睛古音同在耕部，後世猶存『目不識丁』之成語，則當是『目不能見睛』之古語。知丁之為睛，為瞳子，則魚枕亦勉強有說，蓋以魚睛大而又在頭之兩旁也。要之乙、丙、丁，均為魚身之物，此必為其最初義。蓋字既象形，而義又已廢棄，正其為古字古訓之證。甲亦魚身之物也。魚鱗謂之甲，此義於今猶活。爾雅之舉乙、丙、丁，而不舉甲者，亦正以甲義猶存，無須釋及耳。魚鱗之象形何以作十，此殆示其四鱗合一之處也。骨文魚字作𩵋若𩵋，均以十為魚鱗之象形，現行隸書作魚，亦猶存其遺意。又甲之別義為草木之孚甲，戎器之甲冑，皆得由魚鱗引申。故知魚鱗為甲，亦必甲之最古義。故甲、乙、丙、丁，均為魚身之物，其字象形，其義至古，與後世一切附會之說迥不相侔。其餘戊、己、庚、辛、壬、癸，則又別為一系。」（《甲研·釋支干》八——九葉）

楊树达「吾人已知口为古方字，然则甲文田字所从之口为何字乎？曰，此即经传之祊字也。《國语·周语》云：「今将大泯其宗祊。」韋注云：「庙门谓之祊，宗祊犹宗庙也。」《诗·小雅·楚茨》云：「祝祭於祊。」《毛传》云：「祊，门内也。」《礼记·郊特牲》云：「索祭祝於祊。」鄭注云：「庙门外曰祊。」余谓韦注「宗祊犹宗庙」之说最为得之。盖祊即是庙，其训庙门，又或训庙门内，或训庙门外，皆庙义之引申也。《国语》曰：「上甲微，能帥契者也，殷人報焉。」又曰：「凡禘郊祖宗報，此五者，国之典祀也。」据此知報为祭名，韦昭释为報德之祭，义或然也。行此報祭，必有其所，於是特为立庙焉。故田从口从十者，谓特起一庙行報祭之甲也。⿷匚乙⿷匚丙⿷匚丁从乙丙丁在匚中者，亦谓特起一庙见祭之乙丙丁也。盖⿷匚乙⿷匚丙⿷匚丁何祭？殆亦報祭也。後人释⿷匚乙⿷匚丙⿷匚丁为報乙報丙報丁，正谓被報之乙丙丁也。盖⿷匚乙⿷匚丙⿷匚丁字之从匚，举其祭所，释义为報，称其祭名，其义一也。必以口匚为识者，殷人先祖皆以日为名，故以祭所之庙形，加之以为别异也。其甲从口，乙丙丁从匚有别者，盖殷人祭上甲尤尊，则其宗庙之制特隆，而報乙報丙報丁次之，故但以匚表之也。古乐制，天子宫縣，四面，諸侯軒縣，三面。以四面三面为差，与殷人之分口匚为二以表先公之等差意正相合也。甲文於成湯庙称唐宗，其他又有中丁宗且辛宗且丁宗之称，盖每一王立一庙也。以後推前，上甲与报乙报丙报丁皆为特庙；口与匚乃特庙之标符，盖无疑，义矣。」（《释田⿷匚乙⿷匚丙⿷匚丁》，《积微居甲文说》卷上四二至四三页）

孙海波「田，林一·二二·一九。此武丁时卜辞，上字写在甲字右旁。甶，河二五八。廪辛、康丁以后，卜辞上甲上字多作二。」（《甲骨文编》五八〇页）

李孝定「《說文》：「甲，東方之孟，陽气萌動，从木戴孚甲之象。《大一經》曰此从繫傳，大徐本「大一經曰」四字作「一曰」，「人頭空「空」字从段注本改，各本作「宜」，或作「玄」為甲」。各本此下有「甲象人頭」四字。甲，古文甲，始於十，見於千，成於木之象。」許引「人頭空為甲」一語乃說字形，許君之意何居，實難索解。按《說文》囟篆作囟，許訓「頭會腦蓋骨」，囟从乂，適與古文甲字形近，然與篆文甲字不類，許君之意何居，實難索解。契文作十與金文同。至篆文甲字蓋由田字演變，羅王之說是也。田从十加口，加口者以示别於常甲也。說詳十二卷匚字條下。郭氏引係足釋魚謂甲象魚鱗，其意雖是而失之於鑿。甲作十者蓋象甲坼之形。林義光文源曰「按古作十不象人頭，甲者皮開裂也，十象其裂文。」其說是也。金文作十甲寅角十杜解十甲鼎十頌簋田格作父甲盤⊕兮甲盤田甲盉」（集釋四二○九葉）

饒宗頤　「按此字从甲从艸，殆甲之繁形。金文地名多有此例，古國有甲父，左昭十六年傳：『賂以甲父之鼎』。杜注：『高平昌邑縣東南有甲父亭』。莊子庚桑楚有『甲氏』」（通考五一九葉）

丁驌　「契文數目之十，只作丨，與甲字无致誤之由。後世甲字作十字形，與甲相同，遂有⊕⊕⊕等形。甲字加框乃示專名。契文有囗者，多為音符。如韋之讀圍，蓋囗：音同。⊞當讀「上甲微」，合文也。契文特有之例也。」（讀契記　中國文字新十期七一頁）

于省吾　「甲骨文中甲乙之甲作十，上甲之甲作⊞。自來文字學家對于這兩个字說解分歧，糾纏不清。……

說文：『鎧，甲也，从金豈声。』朱駿声說文通訓定声：『甲，鎧也，象戴甲于首之形。周礼夏官司甲次于弁師之下，知古先有护首之甲，后制护身之甲，因復名甲為胄。易說卦傳，離為甲胄，礼記曲礼，献甲者执胄，乃兼言护身者。考工記函人為甲，晉語隨以為大甲，乃专言护身者。』按朱說甚是。說文：『胄，兜鍪也，从冃由声。』段注：『汉谓之兜鍪，今谓之盔。』公羊傳閔元年：『桓公使高子將南阳之甲。』何注：『甲，革皆鎧胄也。』按分别言之，则首鎧為胄，身鎧為甲，泛言之，則統稱為甲，所谓对文則殊，散文則通。……

商器比作伯婦簋（代六·三九）有[illegible]字，象武士右手执戈，左手执盾，首戴盔甲形。这是⊕為首甲的有力驗证。商周金文⊞字屡见，均作⊕或⊕形，无一作方形者。甲骨文⊞字外廓作方形，是為了利于鍥刻。圆划作方划是甲骨文的常例，不煩举证。近年来的殷虚发掘，曾屡次出现圆形的铜盔，顶上有孔，用以插羽或係纓，即商代武士所戴的首甲。依据上述，则甲之作⊕，象首甲形，昭然若揭。……研契諸家以囗与匚相提並論，是根本不能成立的。

甲骨文先王中称甲者六人，甲字均作十，唯独先公中上甲之甲作⊞，乃居上為首之义。居上為首是由首甲之义所引申。甲骨文中先公先王的大合祭均自上甲开始，但是，⊞字既有居上為首之义，為什么又称為上⊞呢？这不过是修辞义更加显明而已。这和他辞的帝也称上帝，帝本在上，而又加以上字称為上帝；《詩》、《书》中天也称上天，天本在上，而又加以上字称為上天，其词例恰好相同。

总之，以《说文》为例，则首甲之甲应解作：「⊕，首甲也，从○象首甲之形，十声。十，古文甲乙之甲。」⊕字外形内声，与固从古声，围从韦声同例。……上甲之甲作十者只一见（《甲》二三三九），属于例外。又商器稽作父甲簋之甲作⊕，西周师寰簋甲戌之甲作⊕，可见⊕和十也偶尔通用。新郪虎符和阳陵虎符甲兵之甲，已由⊕演变作甲，《说文》讹作甲。秦汉以来则甲行而十废。这就是甲乙之甲和首甲之甲由分而合的演化源流。」（《释甲》，《甲骨文字释林》三四七——三五〇页）

常玉芝「……上面利用黄组、出组周祭係联卜辞考证了周祭中先王的祭祀次序。若按旬序进行排列，其祭祀次序如下：

先王祭祀次序

第一旬　上甲、报乙、报丙、报丁、示壬、示癸
第二旬　大乙、大丁
第三旬　大甲、外丙、大庚
第四旬　小甲、大戊、雍己
第五旬　中丁、外壬
第六旬　戋甲、祖乙、祖辛
第七旬　羌甲、祖丁、南庚
第八旬　阳甲、盘庚、小辛
第九旬　小乙、武丁、祖己、祖庚
第十旬　祖甲、康丁

以上旬序是表明先王受祭的次序的，不是实际举行祭祀时的旬数。

周祭卜辞表明：（一）黄组时周祭先王始于上甲，终于康丁；出组时周祭先王也始于上甲，但终于祖庚。（二）黄组时周祭先王止于祖辈，出组时周祭先王止于兄辈。（三）先王的祭祀次序是以其即位世次为准进行安排的，无论直系、旁系以及曾立为太子而未及继位者均被祭祀。」（《商代周祭制度》五——六页）

常玉芝「总之，以上黄组和出组的各两版周祭卜辞（《安明》二八五七、《后上》四·一〇、《后上》二·三+《后上》二·七+《后上》三·四、《合集》二二八一六），都表明先王与先妣于周祭中是在一个系统内举行祭祀的；先王的五祀周祭是先于先妣的五祀周祭一旬开始的；即先王与先妣是按照各自受祭的旬次彼此相错一旬而同在一旬内被祭祀的。根据这种係联关系，按照上面四版

第十旬与第九旬，或第三旬与第二旬、第七旬与第六旬旬次相错一旬对应的规律，将"先王祭祀次序"表与"先妣祭祀次序"表合併排列就可以排出先王、先妣的统一的周祭祭祀次序了。

旬	先王	先妣
第一旬	上甲、报乙、报丙、报丁、示壬、示癸	
第二旬	大乙、大丁	示壬奭妣庚
第三旬	大甲、外丙、大庚	示癸奭妣甲、大乙奭妣丙、大丁奭妣戊、大甲奭妣辛、大庚奭妣壬
第四旬	小甲、大戊、雍己	大戊奭妣壬
第五旬	中丁、外壬	中丁奭妣己、中丁奭妣癸
第六旬	戋甲、祖乙、祖辛	祖乙奭妣己、祖乙奭妣庚
第七旬	羌甲、祖丁、南庚	祖辛奭妣甲、祖丁奭妣己、祖丁奭妣庚
第八旬	阳甲、盘庚、小辛	
第九旬	小乙、武丁、祖己、祖庚	小乙奭妣庚、武丁奭妣辛、武丁奭妣癸
第十旬	祖甲、庚丁	武丁奭妣戊、祖甲奭妣戊、康丁奭妣辛

以上旬序是表明先王先妣受祭的次序的，不是实际举行祭祀时的旬数。如将上列祀序按干支日次进行排列，则有如下表：

先王先妣祀序表

旬序＼天干日（受祭王妣）	甲	乙	丙	丁	戊	己	庚	辛	壬	癸
第一旬	上甲	报乙	报丙	报丁					示壬	示癸
第二旬		大乙		大丁			示壬奭妣庚			
第三旬	大甲 示癸奭妣甲		外丙 大乙奭妣丙		大丁奭妣戊		大庚	大甲奭妣辛	大庚奭妣壬	
第四旬	小甲				大戊	雍己			大戊奭妣壬	
第五旬				中丁		中丁奭妣己			外壬	中丁奭妣癸
第六旬	戋甲	祖乙				祖乙奭妣己	祖乙奭妣庚	祖辛		
第七旬	羌甲 祖辛奭妣甲			祖丁		祖丁奭妣己	南庚 祖丁奭妣庚			
第八旬	阳甲						盘庚	小辛		
第九旬		小乙		武丁		祖己	祖庚 小乙奭妣庚	武丁奭妣辛		武丁奭妣癸
第十旬	祖甲			康丁	武丁奭妣戊 祖甲奭妣戊			康丁奭妣辛		

注：（一）出组周祭先王到祖庚止，周祭先妣到小乙之配妣庚止（第九旬）。黄组周祭先王到康丁止，周祭先妣到康丁之配妣辛止（第十旬）。

（二）表中旬序表明先王、先妣受祭的旬次，不是实际举行祭祀的旬数。

以上所讨论的周祭先王与先妣，黄组时祭祀先王三十一位，先妣二十位，共五十一位，出组时祭祀先王二十九位，先妣十五位，共四十四位。先王（包括已立为太子未及即位者）的祭祀次序是以其世次为准安排先后的，先妣的祭祀次序则是以其所配先王的即位次序为准确定次第的，她们只能循次分别在各自所配先王之后被祭祀。

在《先王先妣祀序表》中，示壬、示癸、大乙、大丁、大甲、大庚、大戊、中丁、祖乙、祖辛、祖丁、小乙、武丁、祖甲、康丁的配偶被祭祀，外丙、小甲、雍己、外壬、戋甲、羌甲、南庚、阳甲、盘庚、小辛、祖己、祖庚的配偶没有被祭祀。据《史记·殷本纪》记载，上述有配偶被祭祀的先王中，除中丁外，都是直系先王。由此可以看出：一、先妣必须是直系先王的配偶才能被祭祀。二、有配偶被祭祀的先王是直系先王，无配偶被祭祀的先王是旁系先王，中丁有配偶被祭祀，所以应是直系先王（注释：据《史记》等古籍记载，示壬之前的上甲、报乙、报丙、报丁都是直系先王。他们的配偶理应在周祭中被祭祀，但未见于周祭卜辞。这很可能是由于她们的庙号已无可考的缘故。于省吾先生即曾说，商代先王和先妣的庙号，「自二示和二示的配偶才有典可稽」。又，在王国维、董作宾先生拼合的《粹》一一二版上，小甲与直系先王上甲、报乙等同见于一版，有些同志因而认为小甲也应是直系先王。李学勤先生说原版中所公认的几位直系先王的名号全部涂朱，只有「米三」（即「小甲三」）不涂朱，所以「米三」二字与其他诸直系先王的卜祭记录不属于一条卜辞。五祀周祭中小甲的配偶不被祭祀，小甲非直系先王当属无疑。）三、先王无论直系、旁系都同样被祭祀。

从《先王先妣祀序表》中，还可以看到一个很重要的现象，即各直系先王的配偶受祭的数目并不一样。示壬、示癸、大乙、大丁、大甲、大庚、大戊、祖辛、小乙、祖甲、康丁都各有一个配偶被祭祀；中丁、祖乙、祖丁各有两个配偶被祭祀；武丁则有三个配偶被祭祀。为什么受祭有多少不同呢？我们认为受祭的很可能都是曾立为正后者，即只有立为正后的先妣才在周祭中被祭祀。许进雄先生则认为先妣是否被祭祀，全看其是否有子即位，即按照他提出的以子贵的原则而定的，子为王，母才能被祭祀。这个原则用以解释中丁以外各王的配偶的受祭关系也许是可以的，如大乙之配妣丙是大丁、外丙的生母，大庚之配妣壬是小甲、大戊、雍己的生母，大戊之配妣壬是中丁、外壬、戋甲的生母，祖乙之配妣己、妣庚分别是祖辛、羌甲的生母，祖丁之配妣己、妣庚分别是阳甲、盘庚、小辛、小乙的生母，武丁之配妣辛、妣癸、妣戊分别是祖己、祖庚、祖甲的生母，但也可能并非如此。即如被祭祀的同为一个先王配偶的几个先妣，其后又是一世多王的，她们也未必都各有儿子为王。至于中丁有两个配偶妣己、妣癸被祭祀，却只有一子祖乙即位为王，就更解释不通了。她们之中只能有一个作为生母被祭祀而不能两个都被祭祀。许进雄先生因而又认为戋甲也是中丁之子。这虽不无可能（注释：汉书古今人表载祖乙为河亶甲（戋甲）之弟，也即戋甲是中丁之子。），但也可以解释为中丁曾有两个配偶先后被立为正后，其中只有一配生有一子，另一配则无子（或只生女不生男）。由此看来，直系先王的配偶能否被祭祀，不是决定于其子是否为王，而是决定于是否被立为正后。而王之子能否继位为王，则由其母的地位而定，母贵则得嗣，母贱则不得嗣。史记殷本纪载：「帝乙长子曰微子启，启母贱，不得嗣。少子辛，辛母正后，辛为嗣。帝乙崩，子辛立，是为帝辛。」可见帝辛就是「子以母贵」而嗣位的。如果确实如此，则商代已有嫡庶贵贱的宗法制度了。」（商代周祭制度一〇八——一一三页）

赵诚 「囝」囝。上甲之专用字，或读作報甲。史记殷本纪记其名为微，故又被称作上甲微。囝似为形声字，其外部从口，象正面看盛主之器；内部所从之十，即甲乙丙丁之甲，为上甲之名。」（甲骨文简明词典二〇页）

按：「囝」為「口十」二字合文，猶「匚乙」、「匚丙」、「匚丁」之為合文是一致的，太史公讀作「報甲」是正確的。「囝」與「土田」之「田」形近易混；先祖名「囝」，其中所从之「十」與周邊相離，而「土田」之「田」所从之「十」則與周邊相連，王國維已言其區分。卜辭先祖名「囝」亦有與「土田」之「田」同形者，唯辭例以別之，但「土田」之「田」則決不作「囝」。其後「囝」字逐漸演變為「田」、「畄」，此乃「上甲」之所由來。

3558

匚乙 報乙

楊树达 参囝字條

按：此乃「匚乙」之合文。参見「匚」字條。史記殷本紀作「報乙」。

3559

匚丙 報丙

楊树达 参囝字條

按：此乃「匚丙」之合文，參見「匚」字條。史記殷本紀作「報丙」。

3560

匚丁 報丁

常玉芝 「史记殷本纪记载报丁、外丙、雍己三位先王的即位次序有误。卜辞记录报丁在报乙、报丙之后受祭「见本章第二节第（一一）版卜辞」，殷本纪却记报丁在报乙、报丙之前即位为王；卜辞反映外丙在大甲之后大庚之前受祭「见本章第二节第（二八）、（二九）、（三〇）、（三一）、（三二）版卜辞」，殷本纪却记外丙在大丁之后大甲之前即位为王；卜辞反映大戊在雍己之前受祭「见本章第二节第（四六）版卜辞」，殷本纪却记大戊在雍己之后即位为王。除殷本纪外，三代世表、汉书古今人表所记也皆有差错。

殷本纪等对报丁即位次序记载的错误，最早是由王国维先生纠正的。一九一七年，王国维将戬一·一〇和后上八·一四两片断骨拼合在一起，结果发现「上甲以后诸公之次，当为报乙、报丙、报丁，主壬、主癸，而史记以报丁、报乙、报丙为次，乃违事实」。以后郭沫若先生从拼合成的粹一一三版刻辞中，董作宾先生从周祭问题的研究中，又分别进一步证实了这个世次。

对于外丙即位次序的误记，则是由周祭研究者发现的，其中以陈梦家先生对此论述最详。他引用文献中伊尹放大甲的五种史料和卜辞相印证，说：「太甲被放逐的事，有两种推测：一是如诸书所述太甲不遵汤法故为伊尹所放；一是太丁未立而卒，伊尹立太丁子太甲而太丁诸弟争立，故有放逐太甲之事，及太丁弟外丙、中壬先后即位而崩，太甲复位，无论哪一说，太甲必即位于外丙之前，故卜辞祭序先太甲而后外丙」。对雍己即位次序的误记，也是由周祭研究者发现的。但是，外丙在大甲之后即位为王和雍己在太戊之后即位为王的记实，目前在学术界还没有引起足够的重视。」（商代周祭制度一三六——一三七页）

楊樹达 参田字條

按：此乃「匚丁」二字合文，史記殷本紀作「報丁」。卜辭以「匚乙」、「匚丙」、「匚丁」為序，與殷本紀異，王國維已詳論之。

3561

示壬

陈炜湛说参古字条下。

按：據史籍所載，殷自成湯始立為王。而卜辭以天干為名，自「上甲」始，其次序為「囲」、「匚乙」、「匚丙」、「匚丁」、「示壬」、「示癸」，如此井然有序，蓋為後世所追記。而自「示壬」始有配偶參加祭享：「示壬」或分書、或合書。

3562 示癸

陈炜湛说参古字条下。

按：「示癸」或合書、或分書。卜辭於「示壬」、「示癸」或稱之為「二示」，猶「匚乙」、「匚丙」、「匚丁」之合稱「三匚」。

3563 大乙

按：「大乙」在卜辭或稱「成」，或稱「唐」，典籍則稱為「湯」或「成湯」。在祖甲以後，皆稱為「大乙」，不復稱「成」或「唐」。參見「唐」字條。

3564 成

孫海波「㖇，甲三〇四八。陳夢家释成。此字从戌从丁，与从口之咸字有别，成即成湯之廟号。」（甲骨文编五五〇頁）

按：「成」即「大乙」，亦或稱「唐」，典籍則稱「成湯」。卜辭唯「大乙」在廟號上有此差異。史稱商自「大乙」始立為王，而有關文字記載，則自「武丁」始。商王廟號之由來，史學界認識分歧，張光直商王廟號新考力排生日、死日、選日諸說，以為商代主要以「甲乙」、「丁」兩大集團輪流主政，既非父死子繼，亦非兄終弟及，而是舅甥相傳。其說破則有餘，立則不足。根據其理論，當係武丁或稱「大乙」為「成」，祖庚或稱「大乙」為「唐」，意在爭為正統，故有此殊稱。祖甲以後，不復有「成」或「唐」之異稱。

3565

唐 𠂤

孫詒讓　「說文口部：唐，大言也，从口，庚聲。此庚皆作甪，故唐亦甪為聲也。」（舉例下廿八葉）

羅振玉　「王氏國維曰：『卜辭屢見唐字，其一條有唐、太丁、太甲三人相連，而下文不具，唐與太甲、太丁連文，而又居其首，疑即湯也。……』案王說是也，唐殆太乙之謚。史記商本紀集解引謚法曰：『除暴去殘曰湯。』風俗通王霸篇：『湯者，攘也、昌也，言其攘除不軌。』蓋讀湯如蕩。玉案唐訓大，說文：『唐，大言也。』以其字从口，故曰大言。玉篇：『堯稱唐者，蕩蕩，道德至大之皃。』論語：『蕩蕩乎民無能名焉。』注：『蕩，大也。』古唐湯蕩相通，義皆訓大。攘除之訓，殆不然也。」（殷釋上三葉）

王國維　「案：唐，即湯也，此辭中唐與大甲大丁並告，又有連言唐、大丁、大口者，（藏二一四·四）則為湯可知。說文口部：『啺，古文唐，从口昜。』與湯字形聲俱近。博古圖所載齊侯鎛鐘銘曰：『虩虩成唐，有嚴在帝所，尃受天命。』又曰：『奄有九州，處禹之都。』夫受天命有九州，非成湯其孰能當之。又太平御覽八十二及九百十二引歸藏曰：『昔者桀筮伐唐，而枚占，熒惑曰：「不吉。」』博物志亦有此文。夫夏桀之時，有湯無唐，則唐必湯之本字，後轉作啺，復轉作湯，而其本名廢矣。然卜辭於湯之正祭，必曰：王賓大乙。惟告祭等乃稱唐，未審何故。」（戩壽七葉下戩二·十二版釋文）

王襄　「按唐之名列于大甲大丁之前，是唐即湯也。博古圖齊侯鎛：『虩虩成唐』，下云『尃受天命』，又云『咸有九州，處禹之都。』古籀拾遺亦錄此鎛銘。孫氏云：以聲類求之，成唐即成湯，唐从庚聲，湯从昜聲，古音同部，故藉唐為湯。說文口部：『唐，古文作啺，从口昜』是其證也。又案：論語堯曰篇，湯名履。史記殷本紀是為成湯，集解張晏曰：禹湯皆字也。索隱譙周云：殷人尊湯，故曰天乙。是以卜辭大乙及唐之兩稱歟？」（簠帝第五——第六葉）

王襄　「古唐字」（簠室殷契類纂第六葉）

王襄　「辭云：『己亥卜于大乙大丁御𠧻五牢。』此卜大乙大丁之合祭。大丁以前，先沒名乙者，有報乙、天乙，即大乙，巨為報乙。則大乙即天乙，蓋無疑義。按史記殷本紀，湯崩太子大丁未立而卒，然其祭禮與湯同，知有殷之祭法，凡帝后之子，雖未立為帝，亦得以帝禮祭之。」（簠考帝系五葉下二十五版釋文）

葉玉森　「唐湯暘古通。許書暘古文唐。从口疑从日之譌，即暘。經傳中未見暘字。卜辭从日之字亦作从口，故暘譌為暘。楚辭『委兩館于咸唐』注：『咸唐，咸池也。』又『飲予馬于咸池兮』注：『咸池日浴處也。』文選蜀都賦『汩若湯谷之揚濤』注：『湯谷日所出也。』史記五帝紀曰『暘谷』，索隱：『暘谷亦作湯谷。』是咸唐，湯谷，暘谷並為一地，則唐湯暘之通假可以無疑。」（前釋卷一第五十七葉）

吳其昌　「『唐』者即大乙成湯也。王先生曰：『唐，即湯也。……說文口部：「陽，古文唐」，从「口」「易」，與「湯」字形声俱近。博古圖所載齊侯鎛鐘銘曰：「虩虩成唐，有嚴在帝所，尃受天命」。又曰：「奄有九州，處禹之都」。夫受天命，有九州，非成湯其孰能當之。又太平御覽八十二及九百一十二引歸藏曰：「昔者桀巫代唐而枚占熒惑，曰不吉」。博物志六亦有此文。夫夏桀之時，有湯無唐，則「唐」必「湯」之本字。後轉作「暘」，復轉作「湯」，而其本名廢矣。惟卜辭於湯之專祭，必曰：「王賓大乙」；惟告祭等乃稱「唐」，未知其故。』（戩考釋七，參觀林九卜辭所見殷先公先王考。）按先師之說，定論不移。先師又曾引卜辭兩片以為証，其一：以唐，大甲，大丁，為次。（戩．二．一二重見後．一．二九．三重見續．一．六．五，其二，以田，唐，太丁，太甲，為次．鐵．二一四．四．先師所引遺落上甲。按先師所徵引之史料，則頗有未盡也。卜辭中一片上同時記數代先公先王者至多，擇其有關于『唐』者舉之，則又有以唐，大甲，大丁，且乙，為次者，續．一．一〇．七重見佚．八七三又有以酥，田，唐，為次者，粹．二．四五．二，酥与夒皆殷上世之先公也。詳先公先王三續考，次上甲之下，大甲之上，非成湯其誰当之矣。又：卜辭一片之中以田，唐為次者凡三見，一見于粹．一．四七．五，再見于續．一．二五．三見于新獲．一九其一片之中以田，大乙為次者，亦凡三見，以見于佚．一三一，再見于佚．五五七、三見于佚．九〇六，此九『唐』与『大乙』即為一人之鐵証矣。」（殷虛书契解詁第一三八——一三九頁）

孙海波

「卜辞祭唐之文甚夥，王国维先生释湯，云：『説文口部啺古文唐从口，唐即湯，卜辞之唐，必湯之本字，後转作啺，遂通作湯矣。』殷人祭成湯，专祭则称大乙，告祭称唐。然亦有称武唐者。藏龟第六十七頁四版云：『卜出，今日魚，武唐。』唐下口字微泐，余前释为武庚，殆误。今审确是唐字。殷虚书契续编卷一第七頁六版：『貞武唐用，王受又』，与此文同，可证。武湯亦即成湯，与诗商颂『古帝命武湯』之文正同。」（读王静安先生古史新证书後，考古学社社刊第二期五八至五九頁）

陳夢家

「卜辭云：

……卜……上甲，唐……大丁……大甲 鐵二一四·四

于唐告邛方——于大丁告邛——于大甲告 红二九·三

于河告——告邛方于上甲——于唐告 庫一六〇一

告邛方于上甲——于唐告 前一·四七·五

勺邛方于上甲——于唐勺 庫一八九六

御自唐，大甲，大丁，且乙百羌百牢 續一·一〇·七

王國維根據前兩條說『唐與大丁大甲連文而又居其首，疑即湯也。……然卜辭於湯之專祭必曰王賓大乙，惟告祭等乃稱唐，未知其故』。（觀堂九：九——一〇）王氏於第一條失錄上甲，於第二條次大甲於大丁前，今一一補正。我們補充的諸例，足以證明『上甲——唐——大丁——大甲』的連續的順序，則唐必定是大乙湯」。（綜述四一〇頁）

补海波

「唐，甲九三二。地名。在唐。唐，乙七五三。殷先王成湯。唐，續一·七·六。殷人又称成湯为武唐。」（甲骨文编四四頁）

饒宗頤

「按『唐』即『湯』。王静安舉唐字古文从口易以證之，并引古歸藏：『桀筮伐唐』（御覽八十三引）叔尸鏄稱：『虩虩成唐』，謂唐即湯。考佚周書史記解兩言『唐氏』。又王會云：『唐氏伐之，共工以亡』。『唐氏伐之，西夏以亡』。此『唐』當非『唐堯』，即湯也。又王會云：『北唐以閭』。殷本紀贊：契為子姓，其後分封，有北殷氏，則北唐應為北殷。秦本紀：『寧公二年，伐蕩社』。又十二年『伐蕩社取之』。索隱：『西戎之君，號曰亳王，蓋成湯之胤。』徐廣云：一作湯杜』。『蕩』即『湯』，亦即『唐』。『湯氏』即『唐氏』矣。此可補王氏之說。唐之廟號亦稱大乙，又曰『唐宗』（後編上一八·五）殷本紀、世本、荀子成相篇作『天乙』。王靜

安云：「卜辭於湯之專祭，必曰大乙，惟告祭等乃稱唐。」右錄殷卜之辭，則并稱唐，無稱大乙者。」（通考一二九葉）

李孝定　「說文『唐，大言也，从口庚聲。啺，古文唐从口易。』栔文之唐即爲大乙，王說是也。羅葉二氏說唐湯暘通叚之故，說亦可从。（惟葉氏說暘爲暘之譌則未必然，唐之古文作暘者，只緣庚易聲近之例得相通，非暘之譌也。）栔文唐或作𠱱，商承祚云「栔卜辭庚字亦作𠂆，例之則𠱱大乙稱唐亦稱成。」左襄十四年傳「成國不過半天子之軍」，注「大國也」。公成之轉注，成既訓大、訓盛、訓茂盛，與唐、湯義同，故稱唐亦稱成，後世且併稱成湯也。金文作𠱱（唐子祖乙爵）、𠱱（齊侯鎛「虩虩成唐」）亦从口庚聲」（集釋〇三九二葉）

張秉权　「唐子一辭，在卜辭中并不多見，有的地方或称侯虎（参閱本編圖版壹考釋、第七頁），但是這和𠱱侯亦称子𠱱的情形一樣，例如：

丙申卜，永貞：乎𠱱侯？

貞：勿乎𠱱侯？（丙編一八九）

☐戊☐東☐子𠱱☐？（乙編一一九二）

勿乎子𠱱禘？（乙編二九六四）

不但爵称的相混情形雷同，而且人名地名相同的情形也一樣，譬如𠱱也有作為地名的，如：

辛卯卜，貞：在𠱱其先冓戉？（佚四七九）

在圖版壹零零、一〇八中，唐為邑名，显而易見（参閱該版考釋）。這种人名地名相同，而人的爵称靡定，尤其是在同一時代，同一王國对同一諸侯的称謂，时有不同，倒是值得注意的事情。」（殷虛文字丙編考釋第一五六——一五七頁）

張秉权　「唐邑，地名，在卜辭，与方相近，例如：

辛卯卜，貞：方不出于唐？（錄七〇五）

辛卯卜，方其出于唐？（甲編二九二四）（注一）

方即小雅中的「往城于方」及「侵鎬及方」的方。王國維以為即金文中的𦶠京；汉书地理志的蒲反，故城在今山西永济县北三十里（注二）。唐，疑即唐叔所封大夏之地。左傳昭公元年：「昔唐辛氏有二子：伯曰閼伯，季曰实沈。……及成王灭唐而封大叔焉，……迁实沈於大夏，主叁，唐人是因，以服事夏商。其季世曰唐叔虞。……故叁為晋星。」顾炎武在日知錄中謂晋代初年的活动範围，在今山西南部。至於唐都所在，陈槃庵先生考之甚詳，他說：

今按唐都之說，諸家不同，世家云：「唐在河汾之東，方百里」。集解：「世本曰：居鄂。」

宋忠曰：『鄂地在今大夏』。正义：『括地志云：故鄂城在慈州昌宁县東二里。按与绛州夏县相近。禹都安邑，故城在县東北十五里。故云在大夏也，然封于河汾二水之東，方百里，正合在晋州平陽县，不合在鄂，未詳也』。顧炎武曰：『史記屢言禹鑿龙门通大夏，吕氏春秋言：「龙门未闢，吕梁未鑿，河出孟门之上」。所謂大夏者，正今晋绛隰之间，所云：『維彼陶唐，有此冀方』，而舜之命皋陶曰：「蛮夷猾夏」者也。当以服氏之說（築按服虔云：『大夏在汾浍之间』）為信。又齐桓公伐晋之师，仅及高梁（元注：在今临汾县），而封禅书述桓公之言，以為西伐大夏，大夏之在平陽，明矣』（旧知錄三十一，唐），是唐所居大夏，一以為在鄂，一以為在平陽县（平陽故城在今山西临汾县南），而鄂地又有在夏县（今山西夏县）与在昌宁县（故城在今山西乡宁县西四十里）之不同也。（集刊二十八本，春秋大事表列國爵姓及存灭表譔述下一〇〇·三九六——三九七）

在临汾夏县与乡宁三个可能為唐都的地点中，如与永济的方，对照起来，则以夏县為最合甲骨文中的条件，所以我假定卜辞中的唐在今山西夏县一带」（殷虚文字丙编考释第一五八——一五九頁）

（注一）本编上輯（一）考释P.七引此条作乙编二九二四，乙乃甲之誤值，亟宜更正。

（注二）說見王國維观堂集林卷十二，周萘京考〇〇·五一六。

按：唐字从口庚聲，與說文合。卜辭唐或稱大乙，或稱成，即典籍之湯或成湯・陳夢家謂「大乙是廟號而唐是私名」。又謂「成可能是生稱的美名，成湯猶云武湯」。「生稱的美名」貫解，「武湯」之「武」顯然是後世追美之辭，卜辭未見稱「武湯」者。且「武湯」不能簡稱為「武」，則「成唐」之稱作「成」，自不能以「美名」解之。同時卜辭从未見「成唐」連言之例。卜辭諸王亦從未見生稱私名之例。「唐」从「庚」，「成」从「丁」，與「大乙」之「乙」均不合。張光直商王廟號新考嘗論及商王之繼承制度，提到廟號與繼承制度的關係。其中有很多值得認真加以思考和對待的問題。根據張氏的理論，愚意以為「成」、「唐」、「大乙」同屬廟號，是不同世系的王對其不同的稱呼。是否可以假設：「丁」系的王如武丁可稱之為「成」，「庚」系的王如祖庚可稱之為「唐」，此皆屬於特殊的稱呼。至於「大乙」，則是正式的稱呼，各系諸王均可稱之為「大乙」。姑存以待考。孫海波謂卜辭有「武唐」，實乃「武庸」之誤解。

卜辭「唐」亦用作地名。

3566 大丁

常玉芝說參且己条下。

按：「大丁」乃繼「大乙」為王。史稱「大丁」未立而卒，然卜辭「大丁」祀典同於其他諸先王，且有其法定配偶「妣戊」。未立而卒之說似有可疑。

3567 大甲

按：據卜辭世次，「大甲」乃繼「大丁」為王，與史記殷本紀有出入。

3568 卜丙

常玉芝說參司条下。

按：「卜丙」即史稱之「外丙」，乃繼「大甲」為王，與殷本紀異。

3569 南壬

按：「南壬」當即「仲壬」，其世次當在「卜丙」之後，「大庚」之前。

3570 大庚

按：卜辭未見「沃丁」，「大庚」之世次當在「南壬」之後。

小甲 川 十 米

彭裕商 黄奇逸「辭云：乙未，酒𢆶品：上甲十、报乙三、报丙三、示壬三、示癸三、大乙十、大丁十、大甲十、大庚七、米三……三、祖乙……（粹一一二）

此中米字，各家未释。我们认为应是殷之先王，即小甲。米乃小甲之合文，甲文小字三点与四点无拘，如：

己巳卜亡小臣其取又（明四一〇）

寅戌卜甲子小雨（人二三八九）

癸亥卜以小宰兄甲（金四一五）

从右可见甲文中小与小本无别，系一字，当是以后才分为二字的。

从米所处的世次看，亦当是小甲。前已举王、董二氏撮合的一版，今再有一版：

……旬亡祸……示癸𠂤甲寅……米𠬪大甲（库一二九四）

此为祖甲卜辞，卜旬后复记周祭先王者，故补之如次：

（癸丑卜口贞）旬亡祸（在口月遘）示癸𠂤甲寅（祭）米𠬪大甲

以此版世次观之，米亦必为小甲无疑。米乃小甲之异构。

我们从王、董二氏共同撮合的这版甲骨（粹一一二）细细审查，此版所见的殷先王均是直系。……小甲出现在这种场合，这不得不使我们考虑：小甲是否当为直系先王。……小甲的配偶不见於已出土的周祭卜辞中，我们考虑，在直系殷王中，其法定配偶不见於周祭卜辞的还有两王：武乙、文丁。若单以法定配偶见不见於周祭卜辞而论，此二王便不当是直系。但二王确是直系无疑。这就使我们考虑小甲是否为直系先王的问题，此问题的提出，留待地下再发掘的证明。〈注〉一九八〇年秋，在成都古文字年会上蒙李学勤先生见告，（粹一一二版除「米三」二字外，其余全部伪朱，李先生认为「米三」二字与上部之辞不是一辞。李先生的意见，我们在此提出，供大家参考。」（释小甲，古文字研究论文集，四川大学学报丛刊第十辑三〇三至三〇四页）

按：「小甲」乃继「大庚」為王。「小甲」合文或作「米」，陳夢家綜述三七四頁曾論及之。「小甲」非傳統之直系，何以與諸直系先王並列於合祭，不能無疑。余曾在讀小屯南地甲骨劄記（見古文字研究第十二輯）中論及「米」（小甲）與「羌甲」何以與諸直系並列問題，請參閱。

3572 大戊

按：「大戊」之世次，位於「小甲」之後，「雍己」之前。參見「雍己」條。

3573 雍己

吳其昌 「「⿱口己」者，亦殷代先公先王之名也。其字作⿱口己⿱口己⿱口己⿱口己⿱口己⿱口己⿱口己……諸形，从「口」从「己」，当即「口己」二字之合文也。按卜辭定例，祭大乙以乙日，祭卜壬於壬日，祭盘庚以庚日，祭武丁以丁日，此為少有卜辭常識者人人习知之事实。今本片乃云：「己酉，卜〔貞〕，王賓⿱口己，祟。亡尤。」他辭又云：「己丑，卜，□貞，王賓⿱口己，彡。亡尤。」續·一·五七·又云：「己巳，卜貞，王賓⿱口己祟。亡尤。」淋，一·八·六·又云：「己丑，卜，即貞·〔王〕〔賓〕⿱口己，□。〔亡〕〔尤〕。」淜·一六五·此外又有殘文二片云：「□□，〔卜〕貞，王〔賓〕⿱口己，祭。亡尤。」衜·四·一九·五·又云：「□□，〔卜〕〔貞〕，王〔賓〕⿱口己，□。〔亡〕〔尤〕。」淋·一·八·七·以上契有⿱口己名之卜辭，凡六片，其二片干支已闕致；其干支具存之四片，則二為己丑，一為己酉，一為己巳。凡祭⿱口己，无不以「己」日，故知⿱口己即「口己」二字之合文矣。又卜辭定例：凡「彡夕」之祭，必在先祖生日之前夕。故「卜丙彡夕」以「乙酉」衜·一·五·一·「大庚彡夕」以「己卯」衜·一·六·二·「般庚彡夕」以「己丑」，衜·一·一六·四·「且辛彡夕」以「庚辰」續·一·九·一·既已其詳於上疏矣。第三三片及四二片。而他辭又云：「戊午·卜，行貞，王賓⿱口己，彡夕。亡尤。」淋·八七一·「⿱口己」之「彡夕」以「戊午」，非⿱口己為「口己」合文之明證乎。「口己」得合文為⿱口己，斯正猶「大乙」之得合文為⿰乙大，「示壬」之得合文為II，「外丙」之得合文為⿰卜丙，「中丁」之得合文為⿻中丁，「小辛」之得合文為⿱小辛，「武丁」之得合文為⿱武丁矣。按卜辭中凡見⿱口己者只七片，例尽于上，更无疑似隱匿之例，可以覆按。然則此「口己」合文之「口」字，果為何字乎。曰：此「邑」字古文作⿱口卩者所从之「口」，亦即「宮」字卜辭作⿵宀吕作⿵宀吕者所从之「吕」或「⿱口口」之單文，亦即說文「邕」字籀文作⿱巛吕者所从之「吕」或「⿱口口」之單文，亦即古辟雍字甲骨文作⿱巛吕者之原始初文也。說文解字巛部：「邕，四方有水，自邕城池者，从川，从邑。讀若雝。」三字據徐鍇本。「⿱巛吕，籀文邕。」按⿱巛吕，邕，雝，实一字也。契文「雝」

字作□前·二四·二、□前·二·二·三五·六□前·二·三五·六·□前·二·三五·五·□前·二·三六·一·□前·二·三六·二·二、□前·二·二六·三·……諸形，罗振玉曰：「从巛·即水字从口，从隹，古辟雍字如此。辟雍有環流，故从巛。或从乁，乃巛省也。口，象環土形；外為環流，中斯為環土矣。或从凵，与口誼同。瀊洎，浸溥，亦均从⊙。古辟雍有圜島之所止，故从隹。伯雝父鼎作雝，与此同。他金文或增口作呂，后又譌呂為邑，初形益不复可見矣。」增釋·二·一一、按，罗說悉是。「雝」字或从口，或从田，此「口已」字，亦正或从口，或从田。更可明証。此口，即□所构成之主体，此田，即□所构成之主体矣。且古辟雍之創建甚早，金文所載，則周康王時之麦尊，邢侯尊已有「在壁雝」之語。西清古鑑·八·三三，經典所載，則文王有声之詩，已有「鎬京辟雍」之語。是知創自殷世，徵驗明白。大戴礼記盛德篇，述辟雍之制，以為「上圓，指屋下方，指基外水。」可見古辟雍之真象，为筑土成方，水周其外而已。有鳥来止，則增「隹」為「雝」。鳥固不必常集，集亦何必能久，故惟此方隆堅築之土基口狀，实為构成辟雍最原始之雛形，亦為构成辟雍最重要之本体矣。故此口字者，謂之「雝」字之省文，可；謂之「雝」字之初文，可；即謂之「雝」字之本字，殆亦無不可也。雫是可証：邑，即「口已」之合文；而「口已」又即「□已」之旧写耳。后人欲別口于「丁」，恐人之譌為「丁已」也，斯每遇「口已」必繁書為「□已」矣。以是經籍空是「雍已」之名，而苦无証，枉留「口已」之字，而苦不识矣。再取經籍所述，与本片卜辭相互証：史記殷本紀云：「帝小甲崩，弟雍已立，是為帝雍已。殷道衰，諸侯或不至。帝雍已崩，弟大戊立。……崩，子帝仲丁立。」太平御覽八十三引佚史記云：「帝雍已在位十二年崩，弟大戊立。」又引紀年云：「雍已佃即位，居亳。」據上所述則雍已乃大庚之子小甲之弟大戊之兄，而仲丁之伯父也。據世表：雍已亦係仲丁之伯父。今本片卜辭，先祭口已，而以次祭及于中丁，其長幼先后之序，適与經籍所述者密合，則本片之本身，即為一堅碻不磨之佳証矣。

於茲，有一欺人之誣說，不能不施以剷闢者；叶玉森曰：「邑，即古禱字。……余昔曾疑邑為人名，嗣核之他辭有云：「壬戌，卜貞，王室大庚夾妣壬，邑，亡尤。」明氏殷虛卜辭第四二四版則邑字在妣壬下，其非人名可知。」集說·一·五四·按：必尽將海內外所藏明义士之原書焚燬無噍类，然后叶氏欺乃得售也。今不幸明氏原書，伊然尚在，其四二四片，摹录如上。其字作□，与卜辭中凡七見之□或□或□或□，或□，諸形，為一字乎？為二字乎？有睟子者，必能明辨之矣。叶氏自欺欺人，此一点矣。又必尽將海內外一切著录殷契之羣書悉数焚燬無噍类

明氏殷虛卜辭四二四

然后叶氏之誣得售也。今考萬余片卜辭中，見㠯者凡七片，已一一具錄如上，曾有一字作㠯者乎？叶氏所見之㠯字，果出于何书？何卷？何頁，何片乎？柳少翁牛腹之书乎？本片及林氏一八六片，但作㠯耳。叶氏鹵莽灭裂此二点。若此字而可以『禱』釋之則亦豈不可以『疇』釋之，以『鑄』釋之，以『神』釋之豈不更可以『壽』釋之，以『申』釋之，尤為直截而了当。嗟乎司馬公有言為人自不妄語始，為学蓋亦如之矣』。（殷虛书契解詁第一一七——一二一頁）

3530

陳夢家

「吳其昌最先證明㠯是雍己，並以為㠯是口己的合文，而『口』是雝的初文（殷虛書契解詁頁六七五）。郭沫若亦從此說。（粹二〇九）我們則以為㠯或㠯是一個字，即說文邕的籀文甾，巛就是水（燕京學報二七：一三六）。金文雝从呇或呇，卜辭从〈口或〈㠯，卜辭王名邕所以〈己即象水〈形，說文有〈《，曰『《，水流澮澮也，』音與『改』近，知卜辭干支之『己』本象水流澮澮，契刻成方筆。」（綜述四二九——四三〇葉）

饒宗頤

「蔑雨亦即夢雨。李義山、韋莊詩、賀方回詞俱見『夢雨』一名。胡玉縉云：『夢之言蒙也。爾雅釋地，雲夢，釋文本作蒙。說文夕部：「夢，不明也」。』夢雨者，猶言陰雨也。（許廎學林九）今按『夢雨』為『蒙雨』，詩『零雨其濛』是也。卜辭之蔑雨，實即後代之『夢雨』。王若虛言：『蕭閒云：「風頭夢，吹無跡」。蓋雨之至細若無者謂之「夢」，田夫野婦皆道之』。（滹南遺老集卷四十詩話）是細雨曰『夢』，乃古語之孑遺也。」（通考一二九八葉）

常玉芝說参㠯条下。

按：卜辭「雍己」的世次是介於「大戊」與「仲丁」之間，此與史籍所載有出入。「雍己」在卜辭為旁系。

3574

中丁 仲丁 中口

按：「仲丁」在卜辭祀典中列於「雍己」之後，自「仲丁」始，商王世次與史籍所載基本一致。

3575

卜壬

按：「卜壬」即史籍所稱之「外壬」。「卜壬」皆合書，未見分書。

3576

戔甲

王襄 「戔从二戈相背，疑古戔字。」（簠室殷契徵文考释帝系二十一頁下）

吳其昌 「今按戔，亦从二戈相向，亦戔字也。戔甲，当即河亶甲；河亶甲者，戔之緩言也。又殷王之名甲者，有太甲、小甲、河亶甲、沃甲、陽甲、祖甲，其于甲日卜祭某甲，而合祭某甲者，二甲必相次。所祭者在前，所合祭者在後。今言『□戔甲，晢小甲』。又言『祭戔甲，晢日小甲』。即其昌所举七例中第四、第五兩例。戔甲与小甲為次，亦正当于河亶甲也。濼辭·四一。董氏之言曰：『戔甲，疑即河亶甲。卜辭有一版兩辭，見於殷契徵文帝系类，即其昌所举之第六例，其所举之次第為羌甲、戔甲。虎甲，羌甲，戔甲。考殷世系中名甲者有七，疑惟河亶甲不見。殷世系中以三字名者，除河亶甲外无第二人；則『河亶』二字，似已有誤。戔甲本是河亶甲本名。觀上二辭二世三世，皆相銜接，可知戔甲必在小甲之后，祖甲之前，戔甲為其間三个名甲者之一，非河亶甲莫屬。太平御覽引竹书纪年有开甲之名，以為即沃甲，似誤。开甲，疑即戔甲，即河亶甲。開从幵从門，与戔形極近；開，或即戔之誤字？又誤以為即沃甲？展轉錯訛，真象更不可知矣。』斷代研例·三三四。按：郭董二說，皆違詰也。其昌謂卜辭有定例，絕不自紊者：凡祭名『甲』之先王二位以上者：第一例：凡一片之中，分數節記；每一節記特祭一先王者，則祖在前，父次之，孫在后。如：

一、癸未，王卜貞，……在十月一，甲申，翌日小甲。佚·四二八。

癸卯，王卜貞，……在十月又二，甲辰，翌日戔甲。

二、癸丑，卜，𦃰貞，……在四月，甲寅，彡日戔甲。續·一·四二·一。

癸亥，卜，𦃰貞，……在五月，甲子，彡日羕甲。

[癸][酉]，[卜]，𦃰[貞]，……[在][五][月]，[甲]戌[彡][日]唐甲。

三、癸巳，卜，𦃰貞，……在十月，甲[午]翌日戔甲。後·二·二·八

癸卯，卜，𦃰貞，……在十月，甲辰，翌日羕甲。

第二例，凡一片之中分数節記；每一節記合祭二位先王以上者，則孫在前，父次之，祖在后。如：

四、……祭戋甲。𩁹日小甲。粹・一一一九・

五、……祭戋甲。𩁹小甲。粹・一一一〇・

六、癸未，王卜貞，……在十月，甲申，祭虘甲。𠍜羕甲。𩁹戋甲。續・一・五〇・五・

癸酉，王卜貞，……在十月甲戌，祭羕甲。𠍜戋甲。

七、癸亥，卜，在𩁹貞，……在五月，甲田，祭虘甲。𠍜羕甲。𩁹戋甲。續・三・二九・三・

此一順一逆之次序，各有所当截然不乱。乃第五期卜辭兩种不同史注之定規也。所謂祖、父、孙者，乃原則的系等次序，不必定為三系等，中間隔一系等亦可。綜上七例，以第一例順推之，以第四、第五例逆推之，皆足以証戋甲实為小甲之后一代。以第二、第三例順推之，以第六第七例逆推之，皆足以証戋甲实為羕甲之上代。羕甲又為虘甲之上代。羕甲即羊甲，亦即陽甲也。」（殷虚书契解詁第一二五——一二七頁）

于省吾 「第二期甲骨文河亶甲的合文作𢦏、𢦔，祖甲以后作𢦖、𢦗。……按𠂔与𠂢从二弋相背，不从戈……

戕字虽然不見于后世的字书，但究其音讀則应从弋声。甲骨文豊字，与豐字从玨者有别，作豐或豐，从二亡相背或相向，以亡为音符。古讀亡如無，無与豊双声，急東通諧。甲骨文早期非字作𠀚，从二万（丏，丐从万声）相背，万非双声。这和戕字从二弋相背而讀为弋声，其例正同。曾運乾喻母古讀考謂『喻母四等古隶舌头定母』。按古讀弋如特，特属定母。朱駿声說文通訓定声謂：特字『諸書亦或以直为之，或以地以第以但以亶以徒以獨为之，皆一声之转。』吕覽適音与君守高注并訓特为但。汉书賈誼传的『非亶倒縣而已』，王莽传的『亶飲酒啗鰒魚』，顏注均謂『亶讀曰但』。但与亶並諧旦声。总之，戕从弋声，古讀弋为舌头音。戕之讀特，特之通但通亶，都是由于双声而通用。戕甲即亶甲，緩言之为河亶甲，急言之為亶甲。」（甲骨文字释林释戕甲一九八頁至二〇〇頁）

裘錫圭 参【 字条

按：「戕甲」即紀年所稱的「河亶甲」，非「陽甲」。

3577 祖乙

姚孝遂 肖丁 「卜辞先王匚乙、大乙、祖乙、小乙、武乙、帝乙均名『乙』。其中祖乙、小乙、武乙均可名为『祖乙』。为了加以区别，仲丁之子祖乙称为『高祖乙』，武丁之父小乙称为『毓祖乙』，文丁之父武乙则称之为『武祖乙』。」（小屯南地甲骨考释四九页）

按：「仲丁」之子「祖乙」，史稱「中宗祖乙滕」。自此為始，廟號加親稱如「祖」、「父」之類；「小乙」、「武乙」亦均可稱之為「祖乙」。

3578 高祖乙

按：「高祖乙」即「仲丁」之子「祖乙」，以與武丁之父「小乙」相區別。

3579 下乙

孙海波 「⌒，佚二四五五。下乙即小乙。胡厚宣以为祖乙。」（甲骨文編五八一頁）

陈炜湛说参∧字条下。

按：「下乙」即「小乙」，為武丁之父，亦稱「入乙」。

3580 入乙 ∧

孙海波 「∧，佚一五八三。入乙或讀内乙。」（甲骨文編五八一頁）

尹一萍 「前引屯乙八六七〇版一辞，有∧字，或释『内乙』，殊误。余谓即祖乙之别称□下乙□也。字又见列诸片：

甲子卜，二牝下乙。

甲子卜，三牝下乙。

甲子卜，翌于下乙出廾岁，二牢。

甲子卜，于下乙三牢。

甲子卜，用，下乙。

甲子卜，用，翌下乙。允。　屯乙五三九四

下乙用。

乙卯卜，又岁于下乙，牢用。　屯乙三四七八

癸酉卜，午（知）下乙牢。

□又聿，午（知）下乙示。　屯乙八四〇七

甲午卜，只：知于下乙至父戊，牛一。

甲午卜，知于下乙。　丙九二（屯乙五三二八、五四五五合）

于下乙知。　京津三一二九

右诸片之下乙皆作□□□，与旧释下乙作□之形异，此盖文字省变，并非别有一先祖，请以上甲证之。：：上甲之□既可省从一，则下乙之□，自亦可省作一。卜辞书体，自武乙以后，有作方棱挺拔毫无环转之意者，今此作入，乃化半环之□为棱角，正武乙时代书体之变化。迨文武丁复古，又改作□，屯乙四五四九版卜祭下乙者六辞，四作□，二作□，知武乙遗风，替犹未尽，最为□之明證。」（释「四百丁」，甲骨古文字研究二五九至二六二页）

按：「入乙」即武丁之父「小乙」。

3581

内乙 □□

王襄　「古乞字」。（類纂正編第七第三十五葉下）

按：「内乙」即「入乙」，亦即「小乙」。

3582 祖辛

按：「祖辛」均指「高祖乙」之子「祖辛」，卜辭「小辛」不稱「祖辛」。

3583 二祖辛

按：「二祖辛」即「小辛」，以別於「祖乙」之子「祖辛」。

3584 三祖辛

按：「三祖辛」指「康辛」，以別於「祖辛」及「小辛」。

3585 羌甲

孫海波 「𦍌，河三六九。羌甲相當於商先王沃甲。郭沫若讀芍甲。𦍌，河三七〇。羌甲或作𦍌甲。」（甲骨文編五八六——五八七頁）

按：「羌甲」即史稱之「沃甲」。有關「羌甲」之問題，請參見拙文讀小屯南地甲骨劄記（刊於古文字研究第十二輯）。

3586 ⿱亯凡甲

丁驌說參字條下。

按：「⿱亯凡甲」，陳夢家釋為「巴甲」（綜述四三四）。並以為「可能是小甲、河亶甲」。「⿱亯凡甲」

不見於周祀譜，但應是「祖」而不是「神」。因為除「帝」以外，可以為「咎」者只有「先祖先妣」。合集七九五正曾稱「贏甲咎婦」。

3587

祖丁 □

孙海波 「卽，佚二〇六。廩辛时卜辞称武丁为三祖丁。」（甲骨文编五九一頁）

孙海波 「鼎，前一·一九·三。武丁时称盘庚为三祖庚。」（甲骨文编五九二頁）

孙海波 「嘻，前一·一七·二。帝乙、帝辛时卜辞称祖丁为四祖丁。」（甲骨文编五九一頁）

考古所 「二祖丁：过去卜辞中有三祖丁、四祖丁，未見二祖丁。三祖丁見于佚二六〇与京四〇二四，前者为廩辛卜辞，后者是康丁卜辞。本片亦是康丁卜辞。四祖丁大多数見于乙、辛卜辞，但也有少数如粹三〇三则为康丁卜辞。故在康丁卜辞中有二祖丁、三祖丁、四祖丁之称。康丁以前以丁为庙号的先祖有匚丁、大丁、沃丁、中丁、祖丁、武丁。陳夢家认为三祖丁是中丁，四祖丁是小乙父祖丁（綜述四二三页）。如此，则二祖丁必在中丁之前。中丁之前有匚丁、大丁、沃丁，其中以大丁为二祖丁的可能性較大，因为是直系。」（小屯南地甲骨一〇〇八页）

姚孝遂 肖丁 「2281『……辰……翌日其酌，其祝自中宗祖丁、祖甲……于父辛』

『中宗祖丁』為初見。于省吾先生謂：『中宗祖丁即中丁，乃大戊之子』（釋林200頁）。从現有材料来看，卜辞自『祖乙』之後于先王始称『祖』。『中丁』是否可称為『祖丁』，尚待攷証。

粹247：『中宗三鸝』

『中宗』單称，卜辞多見。『中宗祖丁』有可能分读為『中宗』、『祖丁』。」（小屯南地甲骨考釋四九—五〇頁）

按：卜辭「祖丁」可以是「小乙」之父「祖丁」，也可以是「武丁」。為了加以區分始出現「小丁」、「武丁」、「四祖丁」等稱謂。參見有關各條。

3588 小丁 [古文字形] □

按：「小丁」指小乙之父「祖丁」。

3589 二祖丁 [古文字形] □

按：「二祖丁」僅見於佚二三六四，有可能是「大丁」，但也有可能是兼指「祖丁」和「武丁」，存以待考。

3590 三祖丁 [古文字形] □

按：陳夢家綜述以為即「中丁」，這是由乙辛卜辭「四祖丁」推論而來的，尚有待於進一步之證明。

3591 四祖丁 [古文字形] □

按：「四祖丁」見於周祭卜辭，可以確定為「小乙」之父「祖丁」。

3592 毓祖丁 [古文字形] □

邨笛 「後祖丁」：後，写作[古文字形]，与後祖乙之後相同。王国维说：「此字即說文育字之或体毓字。毓，从每即母字，从㐬倒古文子，与此正同」。又𡘋、𡘋、𡘋诸形皆象倒子在人後，故引申为先後之後……此後祖乙连言，盖用为先後之後」。（戰考八——九页）这一解释是正确的，现在我们就根据这一解释分析卜辞中的後祖丁。

据目前我们所看到的材料，有後祖丁之称的卜辞，佚一八三五、给四一是廪辛卜辞，其馀都是康丁卜辞，个别也可能延续到武乙时代，因部分武丁卜辞（早期）与康丁卜辞是不易区分的。因此，这一称谓可能是廪辛、康丁时期特有的称谓。

廪、康卜辞中以丁为庙号的诸祖有匚丁、大丁、中丁、祖丁、武丁（直系）。根据王国维的说法，後为先後之後，那么，在此五丁中谁为「後」合适呢？当然应该以武丁为「後」最为合适。因武丁排在最後，对其他「丁」中的任何一个都可称後。故後祖丁就是从廪、康时代算，五个「丁」中的最後一个祖丁即武丁。这一点从後祖乙这一称谓也可看出。卜辞中後祖乙都出现于祖庚至武乙时代，对这几代来说，以乙为庙号的先祖有匚乙、大乙、祖乙、小乙，对这四个「乙」来说，小乙是最後一个祖乙，与其他三个「乙」相比，都可称「後」，故小乙为後祖乙，也就是在这四个祖乙中的最後一个祖乙。

现在学术界对後祖丁有几种不同的看法：董作宾认为是武丁（断代例三三七页）；郭沫若在通纂（别二·八页释文）中也认为是武丁，但在粹编（四二二页二四八片释文）中又认为是中丁；陈梦家则认为是小乙父祖丁（综述四二四——四二五页）。中丁之说是错误的，这一点很明显，因为在卜辞中中丁是专称，一般不称祖丁，只称中丁。在祖丁说与武丁说中，我们同意后者而不同意前者，除了上面已经叙述的理由外，屯南二三五九又提供了新的证据。这片卜辞的内容是：

丁亥卜：其𠦪年于大示，即日，此又雨？

弜即日？

其𠦪年于祖丁，先酌，又雨？

叀大乙先酌，又雨？

後祖丁𠦪一羊，王受又？

二羊，王受又？

三羊，王受又？

过去的著录中後祖丁虽与其他称谓也有过同版关系，但与祖丁从来未见同版关系。这一同版关系的发现，为解决後祖丁问题提供了有力的根据。此片卜辞的祖丁不可能是匚丁、大丁、中丁，因为这三丁在卜辞中都有专称，一般不称祖丁。因此，此祖丁只有两种可能，或者是小乙父祖丁，或者是武丁。前面已经提到，小乙父祖丁与武丁比较，武丁应为後，祖丁应为先，故此祖丁应为小乙父，後祖丁应为武丁。」（卜辞

考釋數則古文字研究第六輯一八五——一八六頁）

姚孝遂　肖丁　「『毓祖丁』究竟相當于哪个先王，这是一个尚待解决的问题。或以为仲丁，或以为祖丁，或以為武丁（参見綜述425頁）。但都缺乏明确的证据。

2324 (1)「丁巳卜，王其酌大丁、毓祖丁叀……」

2354 (3)「毓祖丁奉牢王受又」

我們以為，仲丁似不得稱為『祖丁』，『毓祖丁』當是小乙之父『祖丁』。」（小屯南地甲骨考釋五〇頁）

按：郭沫若以「毓祖丁」為「武丁」，其說可供參考。余舊從陳夢家說以為「小乙」之父「祖丁」，實無確證。唯合集二七一八一有「三祖丁眔毓祖丁」，則「毓祖丁」似指「祖丁」。「毓」字不甚清晰，陳夢家已曾致疑。屯二三五九之「奉年于……祖丁……」，中有缺文，亦可能為「毓祖丁」。

3593 南庚

按：武丁卜辭即已出現「南庚」的稱謂，史籍缺之記載，無從稽考。

3594 □甲　□甲　□甲　□　十

董作賓　「虎甲即沃甲，有虎祖丁即沃丁可證。虎字有加口形偏旁者，有不加偏旁者，皆祖甲以后各王所卜祀者。虎字作高額侈口修尾、張牙爪露之形，皆為虎之特征。虎為殷時國名。前編卷六第六十三頁有『虎方』之辭，稱虎丁、虎甲，或因曾征伐虎方之故。」（甲骨文斷代研究例三三四頁）

郭沫若　「□甲乃殷王名，羅振玉未釋，云『或省甲字』，或增口，殆是一人。』（殷綴上・十一）余謂□乃象字，或增口者，乃从口象声之字，蓋餘字之別构也。象、餘与陽同部，則象甲若喙甲即陽甲矣。証以此片喙甲在南庚之次，小辛之上。考之史記，南庚与小辛之間为陽甲、盤庚。此喙甲正自陽甲、小辛之上所缺一帝名，則盘庚也。」（卜辭通纂三一頁下）

「陽甲古亦称和甲。山海経大荒北経注引竹書曰『和甲西征得一丹山』。今本紀年於陽甲下注『一名和甲』，又云『名和』，又云『三年西征丹山戎』。案和即喙字之譌矣。」（卜辭通纂三一頁下）

唐兰

「字旧无释。董作宾謂是虎字。郭沫若释为喙，謂是餘之别构，並非是。余按，□之見于卜辭者，其兽形率皆大耳、修脣短身，厥尾，与虎象之形截然不同。蓋卜辭作虎字如□（佚存一九），其身甚修，故背有起伏，其尾長而上曲，非短尾也。其作象字如□（綴下五・十一）則狀其長鼻，故口部之上筆特長，異於修口，又其尾長而下垂，亦与短而上拳者有殊也。此字之形以□、□、□、□諸写法为較早，其所作之兽形，实习見於早期卜辭，如□、□、□、□、□、□等（甲骨文編附录四六），前人亦未能識也。余由此兽之長耳、厥尾諸特点，斷以為兔字。又此字在晚期卜辭中变为□、□、□、□諸形，其兽形亦見於田猎之辭。余所見者有三例，一曰『……王卜貞，田榆，生……王占曰，吉。兹卯……百卅八□二。』（前二・三三・二）一曰『丁亥卜貞，……王田書，生来亡𢦏。□隹百口八，□二，雉五。』（林二・一八・一，前二・三〇・一，從通纂六四一片綴合。『隹百口八』，郭誤为『雙展八』，今正。）一曰『……卜貞，王田□生……卯隻犯十……□三，雉六。』（綴上・十四・十一）以辭例言之，□既与隹、雉同列，又次於后，必非巨兽。以字形言之，則□或作□，即雍邑刻石（旧云石鼓）□字及小篆兔字所从出，固甚易知也。更以偏旁考之，則□字昔人所誤释为逐者，（甲骨文編二・二一逐字）当释为逸。（逸本象逐兔，引申为兔之奔逸。）而諸從㲋之字，其偏旁作□与□絶相类，則以上諸文之为兔或㲋字无可疑矣（中略）。商世先公、先王之称甲者，凡七，曰上甲、大甲、小甲、河亶甲、沃甲、陽甲、祖甲是也。以卜辭考之，則小甲、祖甲之間当为戔甲、𦍌甲、㲋甲三人。董氏以戔甲为河亶甲，甚是。蓋河亶之合音与戔相近也（斷代例）。至其㲋甲释为虎甲，用当沃甲，而以羌甲为陽甲，則与卜辭之世次不合。郭氏謂𦍌甲先於㲋甲，至為精確。唯释𦍌为狗或苟以当沃，释㲋为喙以当陽，則殊舛誤。（通纂考释三一及三五）尤以释𦍌为狗一說，学者間多所疑難。余謂羌甲仍当为陽甲，其世系之异当为史記之錯亂。郭氏旋作申論苟甲一文（殷契餘論），除仍堅持其释狗之說，於余說則以为紛張过甚。吳其昌从董氏以㲋为虎，而深斥郭說，然其以沃甲为二大甲，虎甲为羌甲之弟，盤庚、小辛之兄，均屬杜撰。（見殷契解詁一一六片）今按，𦍌为羌字，乃不爭之事实。郭之膠執殊可不必。唯余前認羌甲為陽甲，以㫚甲当沃甲，而謂史槀其次序，亦是錯誤。当如郭氏以羌甲当沃甲，㫚甲当陽甲乃合。盖羌可讀为羊声，与沃音相近。御覽引紀年沃甲又作開甲，開与羌声亦相近也。逸字从兔，当并取兔声。逸、陽为声之轉。大荒北經注引竹书有和甲，今本紀年以為即陽甲。㫚、和音亦相近也。然則殷本紀之河亶甲等三人，並可徵之卜辭，字虽不同，其世序固一一相符合也。」（沃壤閣甲骨文存考释卅九——三十頁）

葉）

孫海波

「不可識，董作賓謂為沃甲，郭沫若释象甲，謂即陽甲，皆未碻。」（文錄二六

孫海波

「𢉩，沖二四四。㫚甲相当於商先王陽甲。」（甲骨文編五八七頁）

吳其昌

「『虘甲』者，亦殷代帝系中之一人，而為史記殷本紀所未見，其人疑為羊甲之弟，而盤庚之兄也。所以知其字碻為『虘』，从『虎』从『口』者，卜辭中又有如下列二片：甲片文云：『□□，王卜貞，田𤰈，往來亡災。王占曰：吉。茲御獲□百卅八，虎二。』前二、三三、二、乙片文云：『癸酉卜貞，王旬亡猷。在五月，甲戌，彡虘甲……』林、一、一一、一八、其乙片『虘甲』字所从之『虎』，

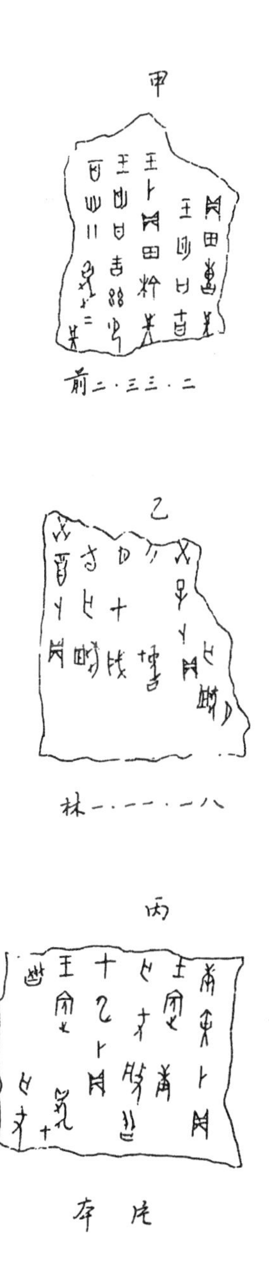

甲

前二·三三·二

乙

林一·一一·一八

丙

本片

与甲片所田獲『虎二』之『虎』字，神形畢同，此可謂明證矣。即本片之『虘甲』二字，其形体神态，亦正復相同也。然則此『虘甲』究為何如人乎，則時賢尚在聚訟，精度、附会之中。

郭沫若曰：『余謂虘乃「象」字，或增「口」者，乃从口，象声之字。「象」与「陽」同部，則象甲若喙甲即陽甲矣。』通纂世系、释、三一、又曰：『余纵覽東大藏品，一片文為「庚寅卜

「貞」其角，又「于」⿰犭十，其昌按：此字已蝕，无由知其為⿰犭十。南庚，皆，□□，小辛」一一八．片皆今在南庚之次，小辛之前，決為陽甲無疑。陽、象，古音同部，故音變而為陽甲。陽甲或作和甲，山海經大荒北經注。又因喙味形近而誤者也。又⿰犭十罗王釋羊甲，或釋羌甲，均說為陽甲，今此在南庚之上，其昌按：南庚之上之字，实已闕云，无由知其為何人，此杜撰証。則非陽甲可知。蓋芍乃狗之初文，其昌按：芍狗二字，風馬牛無关，辯詳上第七〇片疏。芍甲，乃沃甲也。卜辭中又有芍丁，則沃丁矣。其昌按：卜辭中絕无芍丁，此誤認証。……」通纂序、二．又云：「⿰犭十，实是沃甲，字乃芍字。有芍丁，即沃丁，可為互証」。今按此說，掩首護尾，勞擾甚矣。証多自造，周章甚矣，是「藏三耳」之說也。其一，卜辭中根本絕无所謂芍丁，其說固已甚異。檢郭氏索引表，六畫「芍丁」（沃丁）惟三〇九、一片耳。三〇九片，实採后、一．二一．一三片。其第二節，郭氏譯寫為「乙卯，貞酒彡于芍丁，叀鹿」。自解之云：「芍丁，此片仅見……乃沃丁也」。世系释．六四，但可惜者，后編原本俱在，其狀如上，

後一·二一·一三

其第二節所彡祭之先王，為「父丁？」抑為「芍丁？」有不待吾人之爭辯者。此「仅見」之孤証「芍丁」竟絲毫不「苟」，而伊然自称「父」矣。則為郭氏之疏誤，无可諱耳。「芍丁」之証既幻灭，則「芍甲」之說，亦根本自歸于毀汰」矣。其二，則罗王以來，釋[字形]十為羊甲，实顛扑不破。但當修正之為羌甲，決不能以「狗」易之也。疏詳第七十片。其三，則卜辭中实自有「象」字作[字形]湔．三．三一．三、[字形]湔．四．四四．二、[字形]湔．四．四四．三、[字形]湔．四．四四．四．[字形]后．一．五．一一……諸狀，皆宛肖一象，其特点捲鼻、凸額，碩腹，柱足。与此「虎」字作[字形][字形]……諸形，植尾，露爪之態，決不能溷淆，无別矣。虽亦有不植尾露爪者乃肖筆，非正字。其四，則卜辭中实自有「陽」字，其字作𨸏湔．五．四二、五、明白无誤，可以覆按。更不必假「喙甲」若「象甲」為「陽甲」。故反知罗王以來以為殷帝但有羌甲，羕甲，而「陽甲」之字，直秦漢間人以隶古定寫古史之假，改為至不可易矣。其五，即皆次于南庚之次，小辛之前」之字，又何以而必須定為陽甲？南庚何以不能更有一弟？羌甲何以不能更有一叔？小辛何以不能更有一兄？武丁何以不能更有一伯？此亦至可異也。不知「虘甲」自為「虘甲」，其親倫位次，亦何嘗不可以在「南庚之次，小辛之前」乎。故郭說差誤过遠，实不能

从。郭氏殆亦已自知之矣。至董作賓氏則不然，以□為「虎甲」，而解為沃甲。其言曰：「虎甲即沃甲。有「虎祖丁」即「沃丁」，可證。虎甲之辭，凡十一見。……虎字作高額，侈口，修尾，張牙，爪露之形，皆為虎之特征。虎，為殷時國名；《前編》六、三六，有「虎方」之辭，稱虎丁，虎甲，或因曾伐虎方之故。如羌甲，亦必与羌人有特殊关係。」《斷代研究例》《集刊》外一·上三三四。今按董氏定□之名為虎甲，实至確不易，但当增从「口」作「虐甲」耳。至更以「虎甲」為沃甲，而以「虎祖丁」即沃丁為互証，則亦绝不然。

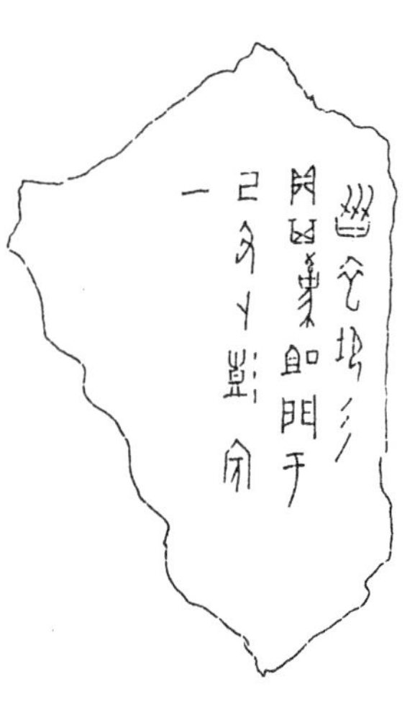

考董氏所謂契「虎且丁」之片，其狀如上。其文云：「己丑卜彭，宁貞。其為祖丁门于召，衣鄉」。其□字，郭沫若以為乃「為」字，是也。故此文非「虎且丁」，乃「□……為且丁……」也。故董氏亦已自覺其未当，云：「虎且丁一辞，諦審之亦覺不甚可靠。□形，不类虎。二期于沃丁，亦不应称祖……」董氏此种光明态度，最為今人所难，文法甚高，深堪嘉頌。「虎且丁」之互証既幻滅，則虎甲即沃甲之說，要亦自归于毀汰矣。蓋沃丁，实乃「二大丁」合文作「汏丁」而微誤者，孔子高所謂甚易知而実是也。郭氏誤认「父丁」為「芍丁」，而又解為「芍丁」乃「沃丁」之声变。董氏初說，誤认「為且丁」為「虎且丁」，而又解為「虎丁」与「沃丁」為聲近。二者同須糾繞三曲。自一曲至二曲，同為利用模糊不明之字形，自二曲至三曲，同為利用模糊不清之声音。迭三层之虚沙而建楼台焉，故言之者甚劳，而听之者甚苦。董氏大勇自拔，斯其可欽耳。又郭氏董氏，同染一弊，即必欲以地下卜辞所見之人，附会於《史記·殷本紀》所見之人，而更不許於殷本紀外，別有商帝系之存在也。即如本片「虐甲」，則「虐甲」耳。郭氏又何必三弯九曲而解為「陽甲」，董氏又何必比傳声近而解為沃甲。何必「陽甲」「沃甲」，始許其存在；「虐甲」獨何罪而不許其存在。故以上說，皆不敢贊从。今按「虐甲」截止最近著录卜辭之书綜計凡三十一見。清一，前五·後一、續七·林四·

燕一、佚二、通二、粹二、掇五、河一、戩寿、鄴淦、重見續編，不計。遺漏不免。此三十一片中可藉以推勘虘甲之時代者，凡十二片。此十二片，又可分為三組，而从三方面互相推証之。第一組，凡三片，可以从『貞人』之時代，以推測虘甲之時代也。其一云『甲子卜，即貞，王宜虘甲，□叙亡尤』。續一、五一、一、一云：『甲戌卜，大貞，……叀，虘甲……』掇、五。。一云『癸未卜，⺊貞，王宜□□吉』掇、九九三。按其昌所藏明宜氏殷契卜辭，乃明氏亲贈陳寅恪师，寅师又以賜其昌者，有明氏用鉛筆补繪，修正，及英文自注甚多。此片「虘」字仅存一半，明氏用鉛筆补足。按据董作宾說，則即与大同為第二期祖庚祖甲時之貞人。而据其昌所考，則⺊亦近為祖庚祖甲時貞人。詳第十二片疏。故知虘甲，決為祖庚以前之人矣。然若与武丁為同輩兄弟行者，則祖庚祖甲時稱之，当亦呼以『父甲』，而不当直名以『虘甲』；故知虘甲蓋又高一輩，而后与羲甲般庚為兄弟行也。第二組，凡七片，可以从『甲』日祫祭時，名『甲』先王序列之方式，以推測『虘甲』之位次也。卜辭祫祭名『甲』先王時，其前后序列，俱有一定之位式。詳上第七七片疏。今云『……在正月，甲申，祭祖甲，㱃虘甲』。湔、一、一九、五、又云：『……在五月，甲申，祭且甲，叀虘甲』。續、三、一九、二、知虘甲決輩高于且甲矣。又云：『在五月……甲午，叀虘甲，㱃羲甲。在正月，甲申，祭虘甲，㱃羲甲』。湔、一、四二、二、又云：『……在十月，甲申，祭虘甲，叀羲甲，㱃戔甲』。續、一、五一、二、又云：『……在五月，甲午，祭虘甲，叀羲甲，㱃戔甲。在六月，甲申，祭且甲，㱃虘甲』。續、三、二九、三、又云：『……在三月，甲□，祭虘甲，叀羲甲。燕、一一一、此皆可以徵虘甲之位置，虽高于且甲，与羲甲同輩，而又較羲甲為低。因低者小者在前，高者大者在后，乃一定方式也。按史記殷本紀，羊甲但有三弟，般庚，小辛，小乙。今虘甲亦為羲甲之弟，然則又当在何出耶？此則可以第三組卜辭定之。考第三組，凡三片，可以从每片中所見虘甲与其它先王之关係，以決定虘甲之出列。其一，即本片，既㱃祭般庚於庚寅日，而㱃祭虘甲之日，不於甲午，而於甲申，較早六日；故知虘甲实乃般庚之兄矣。其二，即日本東大所藏之片，文云：『庚寅「寅」字，据郭氏說补。卜貞，其自据郭說补。又王□□，南庚，虘甲，□□，小辛』。如狀。甲。『小辛』上所闕之先王，郭氏補之以般庚，是也。『南庚』上所闕之先王，塵残存小体乃狀。

甲

通一一八

乙

明七四二

丙

河一·一八

郭氏順筆势而补為[illegible]，按羌甲不能在『南庚』之前。今順其筆势，实当补為[illegible]或[illegible]或[illegible]。如『二大戊』『二大辛』（備、四、一六、四）『三且庚』『三且丁』之例矣。乃沃甲也。故此片实以沃甲，南庚，虘甲，般庚，小辛為次。知虘甲為般庚，小辛之兄，不為孤証单据矣。如是則虘甲亦可以如郭氏所云：『居于南庚之次，而在小辛之前』也。其三，器為次要。如狀乙。当之為祖甲時作品故貞人亦為『大』。其云『兄庚』，自当為祖庚。此片于壬戌祭祖庚而於甲子侑虘甲，則亦与第二組同，知虘甲輩高于祖庚矣。又丙片，因尚无印本，不易参观，故亦附頁。綜上所述，則虘甲宜為羕甲之弟，般庚之兄，与小丁，兄戊，小辛，小乙，為同輩群昆，亦略可睹矣。』（殷虛書契解詁第二〇一——二〇八頁）

按：此字形體變易多端，今據其基本形體隸作「虘甲」，即史書之「陽甲」。

夏渌说参[illegible]字条下。

3595 般庚

按：「盤庚」為「武丁」的父輩，其名不與其他先王相混。後二六七一辭云：「癸亥卜，貞，彭禦石甲至般庚正」「般庚」二字合文作「[illegible]」，較為特殊。

3596 小辛

按：「小辛」為「武丁」的父輩，故「武丁」卜辭稱之為「父辛」。「祖庚」、「祖甲」以後，則稱之為「小辛」。「康丁」卜辭則稱之為「二祖辛」。

3597 小乙

按：「小乙」為「武丁」之父輩，卜辭或稱「入乙」、「内乙」。

3598 三祖乙

按：佚五八六當讀作「……大乙羌三，祖乙羌三，卯三牛……」，不能連讀作「三祖乙」，此條當刪。

3599 小祖乙

孫海波 「𨚕，鐵四八·四。沮丁。卜辭用沮为祖，重見沮下。𨚕，拾一·一四。𨚕，前一·九·六。卜辭用且为祖，重見且下。」（甲骨文编九頁）

孫海波 「𨚕，拾一·一四。沮用为祖。祖丁。」（甲骨文编四三三頁）

孫海波 「𨚕，戩五一〇。小祖乙即小乙。」（甲骨文编五八六頁）

李孝定 「說文『沮水出漢中房陵東入江从水且聲』卜辭以此為祖當係偶誤，然足證殷時已有沮字，孫氏收之是也。」（集釋三二八一葉）

姚孝遂 「拾1.14：『甲戌……𨚕日二牛』，叶玉森集释读为『沮丁二牛』，谓『沮丁即祖丁，段沮为祖，卜辞仅见。同声相段此为𠬝证。』甲骨文编1267、续甲骨文编11.2、李孝定集释均沿其误。综类505.3读作『且乙日二牛』，已纠正旧说之误，但𨚕非『且乙』，而当读作『小且乙』。戩5.10：『癸巳卜、即貞，翌乙未又于小且乙』，王国维考释以为小乙是也。」（殷虚卜辞综类简评古文字研究第三辑一八七页）

按：卜辭「小祖乙」較為罕見，有可能即「小乙」。

3600 毓祖乙

郜笛说参𡔈咱条下。

按：「毓祖乙」即「小乙」，為「武丁」之父輩。「毓祖乙」是相對「高祖乙」而言的。

3601 武丁

按：由於「小乙」之父「祖丁」與「武丁」均可稱為「祖丁」，易致混淆，故乙辛卜辭出現「武丁」的稱謂。陳夢家以為有「武丁」稱謂的卜辭屬於帝辛時期，是卜辭中最晚的（綜述四二七頁）。

3602 祖己

孙海波　「祖己，甲四九五。即孝己。」（甲骨文编五九一頁）

常玉芝　「史记殷本纪记载：『帝武丁崩，子帝祖庚立』。周祭中武丁之后祖庚之前却有祖己受祭。司马迁似将祖己看作武丁的贤臣，但卜辞有的则称其为『小王』（南明六三一记有「小王父己」。），祖甲称其为『兄己』（如祖甲卜辞后上一九·一四记：「癸酉卜，行，贞：王宾父丁岁三牛，兄己一牛，兄庚一牛，亡尤？」）。所以祖己应是武丁之子，曾被立为太子的（见尸子）。殷本纪记载『太子太丁未立而卒』。可见大丁、祖己都是曾被确定继承王位的。对这种已确定即位而未来得及即位的太子，周祭中都是安排他们的祭祀位置的，如大丁在第二旬被祭祀，祖己在第九旬被祭祀。由此看来，名号既不见于卜辞，在周祭中又没有祭祀位置的中壬、沃丁，很可能都是未曾被确定继承王位的。」（商代周祭制度一三八页）

郑慧生说参阼字条下。

按：「祖己」即「史籍所載的「孝己」。在「武丁」卜辭中稱之為「小王」。「祖庚」、「祖甲」則稱之為「兄己」。

3603 祖庚 𠂤𠂔

按：「武丁」卜辭的「祖庚」，既不可能是「盤庚」，也不是「南庚」。陳夢家以為是早於「羌甲」，有可能是「祖辛」之兄（綜述四三一頁）。「盤庚」在「祖庚」、「祖甲」卜辭中可稱為「祖庚」，而「帝乙」、「帝辛」卜辭亦稱「武丁」之子「祖庚」為「祖庚」。

3604 小庚

按：合集三一九五六有「小庚」的稱謂，應是武丁之子「祖庚」。

3605 三祖庚

按：合集二二一八八辭云：

「侑示于三祖庚」

卜辭於「盤庚」之前名「庚」者，依次為「大庚」、「祖庚」、「南庚」。「三祖庚」是包括此三位名「庚」之先祖，抑僅指「南庚」。卜辭所僅見，難以確定。

3606 祖甲

陳秉新

「又陳梦家以雚、沮師为地名，查漢二五六，三（渾一六七二）有辭云：

壬辰，王卜，才濡貞：其至于䉽雚坦，師，往来亡災？

坦字，乃且（祖）甲之合文，中有泐紋，十（甲）字一橫，适当泐处，旧隶沮，陳夢家释为沮，並非。祖甲为武丁之子，孝己、祖庚之弟。雚当读为灌祭之灌，典籍作祼。』其至于䉽雚

祖甲，餗」，是說到𦧇地祼祭祖甲，在那里止宿。按祀例正考祀祖甲之日。」（殷虚征人方卜辞地名汇释，文物研究第五輯七五頁）

按：卜辭「祖甲」既可以是「祖辛」之子「羌甲」，亦可以是「武丁」之父「陽甲」，亦可以是「武丁」之子「祖甲」。然而「祖庚」以前只稱「羌甲」為「祖甲」；「廩辛」、「康丁」卜辭只稱「陽甲」為「祖甲」；「武乙」、「文丁」以後，只稱「武丁」之子為「祖甲」。是在不同時期之卜辭，不致相混。

英二五六三據其辭例，似不得為「祖甲」合文。

3607 丩甲 □ 十

于省吾「安陽發掘報告第一期新獲卜辭寫本一九五背有辭云：『己卯卜，酉三匚至□甲十示』。陳夢家釋甲十示三字為十七示。（燕京學報第二十七期商王名號考）按陳釋非是。□字从𠃊，上下从二又。𠃊即說文𠃊字，句字从之，今隸作丩。金文句字通作□，其句鑃作□，是句之从丩作□或𠃊，反正無別。至上从卜下从𠂆，即卜及𠂆之省变也。如殺字（佚存一九四）作□，受字（後下三三、五）作□。他如系字作□，亦作□。醫字作□亦作□，量字作□亦作□。凡至从一又與二又，每亦無別。⋯⋯然則□从丩从二又，即扌丩字。集韻十八尤，收古文作扌丩。古文字从又从手一也，从支从手一也。如金文扞字作□，扶作□，是其例。三匚至扌丩甲十示者，三匚即匚乙匚丙匚丁也。繼之以示壬示癸大乙大丁大甲沃丁及小甲，共為十世。由匚乙數至十世，適當小甲雍己大戊兄弟三人之世。而三人之中，祇小甲稱甲。是扌丩甲之名，非小甲莫屬。御覽八十三引竹書紀年：『小甲高即位居亳』。是可證小甲名高。扌丩从丩聲，古即讀如丩。章氏文始丩字下云：『收音如丩』。按高扌丩乃一音之轉，猶皋陶之即咎繇。爾雅釋天：『五月為皋』。釋文：『皋作高』。左哀二十六年傳：『越皋如』。吳越春秋勾踐歸國外傳作『句如』。按句从丩聲，金文潑毀，駒字作馮。果同毀喬字作□，从句从丩一也。說文：『赳从走丩聲，讀若鐈』。按鐈从喬聲。邵鐘喬字作□，从高聲。又說文：『器高聲也。从器丩聲』。按器高疊韻，是扌丩从丩得聲，可讀為高，例證至顯。紀年作高，扌丩之借字也。小甲名扌丩，可稱扌丩甲，猶河亶甲名整，呂氏春秋音初篇作『整甲』矣。要之，□字从丩从二又，象兩物相句曲，而上下以手挈之，有糾結縮斂之義。故从丩之字，如句糾丩收，均一義之引伸也。今既考知□為扌丩之初文，又可知小甲之本名扌丩，紀年作高者，借字也」。（駢續九葉釋扌丩甲）

孙海波 「[illegible]，新獲卜辭寫本一九五，于省吾釋廾，[illegible]甲。」（甲骨文編九〇五頁）

按：于先生以「廾甲」為「小甲」。陳夢家則以為是「祖甲」。合集二二四二一反「酉三匚至廾甲十示……」，「示」下適殘，難以確定「廾甲」誰屬。

康祖丁 康丁 [illegible] [illegible]□·[illegible]□

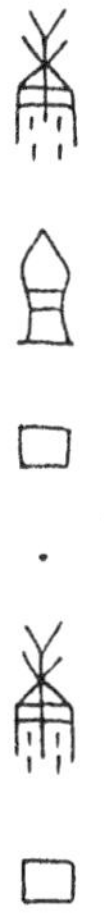

孙海波  「[illegible]，前一·二三·八。即康丁。殷本紀竹书紀年，汉书古今人表皆作庚丁。」（甲骨文編五九一頁）

常玉芝 「从周祭卜辞中对康丁的称呼以及从五祀典祭武丁时对武乙的称呼来看，黄组周祭卜辞中也有文丁卜辞。

在第三章讨论周祭中先王先妣的祭祀次序时，曾指出黄组周祭先王始自上甲，终于康丁，共是三十一位先王。周祭卜辞中称呼前三十位先王都是直称庙号的（只对小乙之父祖丁加一序数「四」，称「四祖丁」），唯独对最后一位先王康丁全部称『祖』，称康祖丁，如：

丁卯卜，贞：王宾康祖丁翌日，亡尤？（后上四·一〇（通八六））

丁卯卜，贞：王宾康祖丁壹，亡尤？（续一·二六·一〇）

丁卯卜，贞：王宾康祖丁劦日，亡「尤」？（安明二八五七）

丁未卜，贞：王宾康祖丁彡日，亡尤？（前一·二三·八（通五九））

丁酉卜，贞：王宾康祖丁彡日，「亡」尤？（契二五九）

「丁」巳卜，贞：王「宾」康祖丁彡「日」，亡尤？（宁二·一二三）

以上是目前所能见到的全部周祭康丁的卜辞，共是六条。六条卜辞中对康丁全称康祖丁。这种现象决不是没有意义的，显然是周祭卜辞某一时代的标志，即这些周祭卜辞应是康丁之孙文丁的卜辞。虽然对康丁称『祖』的也可以是其曾孙帝乙或玄孙帝辛，但由下面一些卜辞中对武乙的称呼来看，称康丁为康祖丁的必是文丁。

乙丑卜，贞：王宾武乙翌日，亡尤？（续一·二七·二）

乙巳卜，贞：王宾武乙翌日，亡尤？（簠帝一二四（续二·一〇·一））

乙未卜，贞：王宾武乙劦日，亡尤？（前一·二一·二（通四六））

乙卯卜，贞：王宾武乙口，亡尤？（前一·二二·四（通五〇））

在黄组其他类型的卜辞中，有不少称武乙为武祖乙的辞例，如「祊祭」卜辞的粹三五六（京五○六二）、前一·一○·四（通五一）、后上四·一五、虚五四、前一·一八·一（通三七）、佚九八四、契二五二、粹三七一、京五○六一等。但在五种祭祀卜辞中，称武乙为「武祖乙」却是绝对见不到的，如上述祭武乙的四条卜辞，三条是记的五祀祭祀的，另一条的祀典名残。在这些卜辞中，对武乙都不称「祖」。这种现象也不是没有意义的，它也是五种祭祀卜辞某一时代的标志，即对武乙不称祖的卜辞应是其子文丁的卜辞。显然对康丁、武乙先后两王不同的称呼，一称「祖」，一不称「祖」，只能是文丁对他们的称呼，即上举的祭祀康丁、武乙的两组卜辞，都应是文丁的卜辞。」（商代周祭制度三○一——三○三页）

按：「康祖丁」即「康丁」。此稱謂不與其他任何先王相混。

3609 武乙 武祖乙

按：乙辛卜辭稱「文丁」之父為「武乙」、「武祖乙」。

3610 文武丁 文武帝

按：「文武丁」即「帝乙」之父「文丁」。

常玉芝说参□咱条下。

3611 祖丙

按：商王名「丙」者，只有「匚丙」與「卜丙」。此二「丙」未見有稱「祖丙」之例。然則卜辭之「祖丙」當非先王。

3612 祖戊

按：商王名「戊」者，只有「大戊」。此「祖戊」不是「大戊」，亦非先王，合集三一九九三「祖戊」在「祖乙」之後可證。

3613 祖壬

按：商王名「壬」者，有「示壬」、「仲壬」、「外壬」。「仲壬」卜辭所未見。此「祖壬」應不屬於先王之列。

3614 祖癸

按：商王名「癸」者，僅有「示癸」，此「祖癸」不得為「示癸」，亦非先王。

裘錫圭說參字条下。

3615 帝甲

按：陳夢家以為「帝甲」可能是「武丁」之子「祖甲」（綜述四〇八頁）。

3616 帝丁

按：合集二七三七二辭云：「乙卯卜，其又歲于帝丁一牢」「帝丁」當是「武丁」。

3617

中己　仲己

按：卜辭有「雍己」、「祖己」，在廩、康卜辭稱為父己。此「仲己」當另有所指。

3618

甲

孫海波　「□，粹二七二。此辭稱王賓咸甲，當爲殷之先祖。」（甲骨文編六·二一頁）

按：此亦「竈甲」。參見3586「竈甲」條。

3619

工乙

按：此「工乙」不知何所指。

3620

卜戊

按：午組卜辭多有異名，此「卜戊」不知何所指。

3621

入戊

3622

入己

按：「入戊」卜辭所僅見，不知何所指。

陈炜湛释下己，参 ∧ 字条下。

按：「入己」當有別於「仲己」，亦不能是「孝己」，「武丁」卜辭稱「孝己」為「小王」。

3623

卷庚

按：「卷庚」當指先王之外的名「庚」者。

3624

辛壬

陈炜湛说参 [illegible] 字条下。

按：「辛壬」不知何所指。

3625

燕壬

按：陳夢家釋為「燕壬」，但亦自知「燕字不確」（綜述四三六頁）。「燕壬」不知所指。

3626

叔壬

按：「叔壬」亦當為先祖之名「壬」者，非先王。

3627

且

祖

王襄「古祖字，不从示。」（《簠室殷契類纂》第二頁）

羅振玉 「《說文解字》『祖从示且聲。』此與古金文均不从示，惟《齊子仲姜鎛》始作祖。」（《殷釋》中十四頁）

郭沫若 「祖妣者牡牝之初字也。卜辭牡牝字無定形，牛羊犬豕馬鹿均隨類賦形，而不盡从牛作。其字之存者，今表列之如次：（備考）

	牝	牡
馬	[illegible]	
牛	[illegible]	[illegible]
羊	[illegible]	[illegible]
犬	[illegible]	
豕	[illegible]	[illegible]
鹿		[illegible]

鹿之牝為麀。《石鼓文》、《丙鼓》有此字作[illegible]，亦从匕。迺僅存之古字。而卜辭適缺，則所缺之牡馬，牡犬字亦所應有者矣。綜觀上表所列，均从⊥匕象形。⊥匕為何？⊥匕即祖妣之省也。古文祖不从示，妣不从女。其在卜辭祖妣字有下列諸形：祖 且（《前》一·一）且（《前》一·一九）且（《前》一·九）且（《前》一·十一）妣 匕（《前》一·卅七）匕（《前》一·卅二）匕（《前》一·卅二）匕（《前》一·八）是則且實牡器之象形，故可省為⊥。匕迺匕柶字之引伸，蓋以牝器似匕，故以匕為妣若牝也。」（《甲研·釋祖妣》十頁）

唐蘭 「商時祖宗之祀，當有昇遷之制，……即某先王初為中宗更後數世則祀典中即以之為大宗是也。」（《考古》六期三三四頁）

唐蘭 「《魯語》『商人禘舜而祖契，郊冥而宗湯，』又云：『上甲微能帥契者也，商人報焉。』按此禘郊祖宗報五事，於卜辭蓋俱可徵。禘者禘其所自出之帝也，《魯語》禘舜為禘嚳之誤，卜辭無嚳，王國維以夒當之，余謂夒於卜辭為高祖，蓋即帝嚳而非嚳也。卜辭於嚳蓋但稱帝，不稱其名。卜辭別有上帝，明帝為嚳矣。卜辭亦無契，余謂當即太祖，中祖，高祖為次矣。《後篇》上二十一葉六片云：『癸卯，貞耏大圖于砓髙，伐……』砓髙地名，即《戩壽》十葉一片之『殸京，』大圖即太祖也。《大豐毁》云：『王鄉大圖，』以大俎為大祖，正與此合。近見《楚王酓肯鐈》，祖字作祡，尤可為證。冥於卜辭，蓋當作㚔，即夒字，余所得一骨與唐並列，昔作《古史新證序》據以為上甲微之別名，今知不然，夒冥一聲之轉，《天問》云：『昏微遵迹，』昏亦當是冥也。郊冥宗湯，故㚔唐並列。又《簠室殷契文天象》四四片：『貞烄㚔出从雨，』烄㚔當即郊冥也。宗湯者，卜辭之示壬，示癸，示即宗也，在湯之前，而大甲稱太宗，在湯之後，則湯之用宗典可知也。余疑卜辭之大乙，大丁，大甲，大庚，大戊，皆大宗也，中丁，中宗也。《尚書》家說及《史記》以大戊為中宗，而卜辭有中宗祖乙，王國維氏據《御覽》引《竹書紀年》亦以祖乙為中宗，因謂太戊說為誤。余謂兩說似並不誤。商時祖宗之祀，當有升遷之制，如卜辭有高祖夒及高祖王亥，然又有高祖乙，說者或謂為報乙，或謂為大乙，要之為由宗祊升為高祖者也。然則商時之中宗當不止一人，初以大戊為中宗，其後升為大宗，則改為大戊矣。中丁之稱中，自以繼為中宗之故，而祖乙殆又繼中丁為中宗者也。至於報即祊祭，則余於《殷契卜辭考釋》及上《釋示宗及主》篇內已詳之矣。」（《考古社刊》第六期三三頁《禘郊祖宗報》）

孫海波　「沮，卜辭以為祖字，『甲戌□沮丁二牛』（《拾》一．十四）」（《文編》十一卷一頁）

李孝定　「《說文》：『且，薦也。从几足有二橫，一其下地也。□，古文以為且，又以為几字。』是與下文俎訓禮俎義近。而契文金文且作□，俎作□，截然有別，蓋□象神主之形，□則象禮俎之形，二物皆屬長方，於文難以為別，然俎所以薦肉，故於文从二肉作□以別之耳。□□非一字也。而其文形近，除或从二肉或否外，其从□作則全同也者，以神主與禮俎二物於形本相類也。卜辭金文均以且為祖妣字，許君以薦依段氏說應作荐也說之，是與俎字混矣。金文且字多見，作□盂鼎□己且乙尊□且丁卣□且癸父丁盉□且己父辛卣□乂且己爵□且辛爵□且乙角□且戊鼎□山且丁爵□門且丁盉□且己觚□餘尊□杜伯盨□甗庚鼎□鄀公鍼□買盨□□師嫠盂□王孫鐘□中鄭公盧亦以為祖妣字。說詳一卷祖下，請參看」。（《集釋》四〇七九葉）

屈萬里　「卜辭：『癸酉卜，何貞：叀且隹？』甲編二八四七且，疑當讀為俎；往也。」（《甲編考釋》三六七葉）

姚孝遂　「『祖』字……原始形体作『□』。它究竟象甚么，我只能说不知道，只能阙疑。郭沫若先生以为源于生殖器崇拜，这仅仅是一种可能性的推测，难以得到证明。如果是生殖崇拜，『□』字也从『□』，就很难加以解释。」（再论古汉字的性质，古文字研究第十七辑三一七——三一八页）

羅振玉釋祖見卷一祖字條下

按：卜辭以且為祖，不从示。唐蘭以卜辭之「大且」即「太祖」，非是。卜辭「且」即「俎」與「宜」同字。爾雅釋天：「起大事，動大衆，必先有事乎社而後出，謂之宜」。卜辭「且」為一非常隆重之祭典，其形體與辭例，與「且」字懸殊，不得混同。參見俎字條下。

「祖」為由「且」分化出之專用字。後世「且」用為虛詞，不復用為「祖先」義。關於「且」字形體的來源，郭沫若以為源於生殖崇拜，不可據。從甲骨文「且」字形體觀之，「且」不可能為生殖器之象形，是否為「祖禁」之「祖」的初形，亦祇能存以待考。卜辭單稱「祖」者，乃泛指諸先祖而言，此猶英一九四九之「多祖」。合集三〇九五九之「叀祖雀」，「雀」為祭名，謂雀祭於先祖。屈萬里讀「且」為「徂」，訓為「往」，非是。

3628 妣甲

按：卜辭凡稱「妣」，均為祖母或祖母以上之先妣。「妣甲」為以下諸先王配偶之名：「示癸」、「卜丙」、「祖辛」。或疑「上甲」之配偶為「妣甲」，不可據；「祖丁」之非法定配偶亦有稱「妣甲」者。

3629 妣乙

孫海波「妣，河二七一。外丙母妣甲，猶言外丙之配妣甲。」（甲骨文編六〇〇頁）

按：先王之配無名「妣乙」者，「妣乙」當屬小宗先妣之名。

3630 妣丙

按：「妣丙」為「大乙」之配偶。

3631 妣丁

按：先王之配偶無名「妣丁」者；「妣丁」乃小宗之先妣。

3632 妣日 [oracle-bone glyph] [oracle-bone glyph]

按：合集二二二二六有「匕口」，「口」疑是「丁」之誤。

3633 妣戊 [oracle-bone glyph] [oracle-bone glyph]

按：殷先王「大丁」、「武丁」、「祖甲」、「武乙」之法定配偶均名「戊」。其中「武乙」之配偶「妣戊」僅見於殷代金文。

3634 妣己 [oracle-bone glyph] [oracle-bone glyph]

裘锡圭

「丁丑卜宾贞：子雍其御王于丁妻二妣己，𠨘羊三，册羌十。佚181（续1.39.3）这条卜辞的作风似属宾组晚期，但是它所提到的丁不可能是武丁。因为这条卜辞的时代再晚也不可能晚于祖庚祖甲。祖庚祖甲称武丁之配，是只能称母不能称妣的。这个丁显然是指以妣己为法定配偶之一的祖丁。祖丁之配称二妣己，也许是相对于也称妣己的祖乙之配而言的。在祖庚时期不会把祖丁、武丁两个先王都称为『丁』。所以上引这条卜辞应该属于武丁时期。」（论「歷组卜辞」的时代附录二：关于「丁」（古文字研究第六辑三一三页））

丁驌说参匕字条下。

按：「仲丁」、「祖乙」、「祖丁」之法定配偶皆名為「妣己」。

3635 妣庚 [oracle-bone glyph] [oracle-bone glyph]

按：「示壬」、「祖乙」、「祖丁」、「小乙」之法定配偶均名「妣庚」。「羌甲」之非法定配偶亦名「妣庚」。

3636 妣辛

按：「大甲」、「武丁」、「康丁」之法定配偶皆名「妣辛」。目前學術界普遍以為「妣辛」即「婦好」，愚意以為證據不足。

3637 毓妣辛

按：「毓妣辛」見於廩、康卜辭，當指「武丁」之配「妣辛」，以區别於「大甲」之配「妣辛」。

3638 妣壬

按：「大庚」、「大戊」之法定配偶皆名「妣壬」。「祖辛」之非法定配偶亦名「妣壬」。

3639 妣癸

按：「文丁」之法定配偶為「妣癸」，唯「帝辛」始能稱「文丁」之配為「妣癸」，故此亦可證明「帝辛」卜辭之存在。早期卜辭之「妣癸」當另有所指。（合集一二四九有「匣妣甲，毓妣癸」，當是僞刻，不可據。）

3640 父甲

按：「武丁」稱「陽甲」；「廩辛」、「康丁」稱「祖甲」均為「父甲」。

3641

父乙

按：「武丁」稱「小乙」，「文丁」稱「武乙」均為「父乙」。「帝辛」之稱「帝乙」亦當為「父乙」，然卜辭未見。

3642

父丙

按：「卜丙」以後，先王無名「丙」者，故卜辭之「父丙」乃小宗。

3643

父丁

按：「祖庚」、「祖甲」之稱「武丁」，「武乙」之稱「康丁」，「帝乙」之稱「文丁」皆可謂之「父丁」。

3644

父戊

按：卜辭先王唯有「大戊」，於卜辭不得稱「父戊」。卜辭「父戊」當為小宗。

3645

父己

按：「廩辛」、「康丁」稱「祖己」為「父己」。一、二期卜辭之「父己」則只能屬小宗。

3646 父庚

孫海波「[illegible]甲六四一。父庚即父庚。」（甲骨文編五九五頁）

按：「武丁」稱「盤庚」、「廩辛」、「康丁」稱「祖庚」皆可謂之「父庚」。「[illegible]」乃「父庚庸」合文，非「父庚」。

3647 父辛

按：「武丁」稱「小辛」為「父辛」。「武乙」應稱「廩辛」為「父辛」，但卜辭未見。

3648 父壬

按：先王無稱「父壬」者，此當屬小宗諸父。

3649 父癸

按：先王無稱「父癸」者，「父癸」當是小宗諸父。

3650 父

高笏之「字从乂（手）有所持，所持之物，无由知其必为杖也。或就金文之形而言之，以为象手持石斧形，为斧之初文。然金文作父者，乃殷周间作肥笔，取恣之体势，不可以其形似而肥测他物。意父为把之初文，从乂，有所把也。所把者物，物以丨表之，故为指事字。」（中国字例三三·一三二）

考古所　「多父：泛称，集合之称谓。」（小屯南地甲骨一〇一五頁）

谢济　「四父：安明2266。

父甲至父乙：掇二170，续存下206。

卜辞『四父』的集合称谓，从见于殷代世系的先王来说，只能是武丁卜辞才相当，别的期的卜辞不能相当。在武丁宾组卜辞中，有『三父』的集合称谓，见于乙2172、4687，綴1048，陈梦家说：『此三父当指武丁前一世四王中之三』。卜辞称父甲至父乙这必然是父甲、父庚、父辛、父乙，不会是别的什么，因为在别的期的卜辞对父辈的称呼不能说父甲至父乙。武丁另类卜辞有这样的集合称谓是难得的，武丁宾组还没有这样对分期断代有意义的集合称谓。」（武丁时另种类型卜辞分期研究古文字研究第六辑三二五頁）

楊樹达　参夾字条

按：父字即象从又持斧形。卜辭均用作父母之父，無一例外。禮記曲禮謂「生曰父，死曰考」，商代實無此區別，死亦均稱「父」。「父」字象以手持斧，「尹」字作「[illegible]」，象以手執筆，區別甚嚴。

3651　母甲

按：「母甲」為「武丁」之諸母之一。「陽甲」、「盤庚」、「小辛」、「小乙」之法定配偶均無名「甲」者，似亦不得為上述諸王之非法定配偶。可能是小宗諸父之配偶。

3652　母乙

按：卜辭先王之法定配偶無名「乙」者。

3653　母丙

按：先王法定配偶無稱「母丙」者，「武丁」卜辭之「母丙」有可能為「陽甲」、「盤庚」「小辛」、「小乙」諸先王之一的非法定配偶。

3654 母戊

按：「武丁」、「祖己」、「武乙」之法定配偶皆可稱為「母戊」。但「文丁」稱「武乙」之配偶為「母戊」僅見於金文。

3655 母己

按：先王之法定配偶無稱「母己」者，「武丁」、「祖庚」「祖甲」、「稟辛」「康丁」卜辭均有「母己」。

3656 母庚

按：卜辭唯有「武丁」稱「小乙」之法定配偶為「母庚」，「祖庚」、「祖甲」卜辭之「母庚」，可能是「武丁」之非法定配偶，亦可能是與「武丁」同輩兄弟之配偶。

3657 母辛

按：「武丁」、「康丁」之法定配偶可稱為「母辛」。

3658 母壬

丁驌 「妊[illegible]」：此或為借體合文帚壬母壬二名（乙一三二九）。惟帚字在母壬二字上

母壬二字合文，故可為帚妊也。确是人名，非妊娠之义，辞亦见前八・一四・三。」（諸帚名中国文字第八卷第三十四冊三五六八頁）

3659 母癸

按：先王法定配偶無稱「母壬」者。「武丁」及「祖庚」、「祖甲」卜辭皆有「母壬」。

按：「武丁」、「文丁」之法定配偶皆可稱「母癸」。

3660 兄甲

按：卜辭先王無稱「兄甲」者。

3661 兄乙

孙海波「[illegible]，佚九一一。此辞兄字与大乙之乙刻写較近，构成合文，非兄乙。」（甲骨文編六二一頁）

按：卜辭先王無稱「兄乙」者。

3662 兄丙

按：卜辭先王無稱「兄丙」者。

3663 兄丁

按：卜辭諸先王無稱「兄丁」者。

3664

兄戊

白玉峥说参[glyph]字条下。

按：「兄戊」僅見於一期卜辭。

3665

兄己

按：「祖庚」、「祖甲」稱「祖己」為「兄己」、「武丁」卜辭亦有「兄己」。

3666

兄庚

按：「祖甲」稱「祖庚」為「兄庚」。「武丁」及「廩辛」、「康丁」卜辭亦有「兄庚」。

3667

兄辛

按：「康丁」稱「廩辛」為「兄辛」。

3668

兄壬

按：卜辭先王無稱「兄壬」者。

數字干支補

3669
兄癸

按：卜辭先王無稱「兄癸」者，卜辭諸兄除「祖己」、「祖庚」、「廩辛」外，均無可考。陳夢家綜述四五八頁有「卜辭諸兄表」，可供參閱。

3670
兄

姚孝遂說參字条下。

按：卜辭「兄」作「」，「祝」作「」，區分極為嚴格。或以古「兄」、「祝」同字，其說非是。唯合集二三五一九「兄辛」合文作「」，當屬誤刻。

3671
子丁

按：卜辭諸子皆無可考。綜述四五八頁「卜辭諸兄表」可供參閱。

3672
子庚

按：「子庚」無可考。

3673
子癸

按：「子癸」無可考。

郭沫若

「數生于手。古文一二三四字作一二三亖，此手指之象形也。手指何以橫書？曰請以手作數，于無心間必先出右掌倒其拇指為一，次指為二，中指為三，無名指為四，一拳為五；六則伸其拇指，輪次至小指，即以一掌為十。一二三四均倒指，故橫書也。以手作數之法，依民俗而不同。中國以右掌者，西人則先出左拳，伸其小指為一，無名指為二，中指為三，次指為四，以一掌為五。六復循環，以二掌為十。故羅馬數字之一二三豎書作Ⅰ Ⅱ Ⅲ（印度巴比倫亦然），五作V即掌之象形文。中國以一掌為十，故至文十字作❙（甲骨文作丨，以不易作肥筆而省之）一豎而鼓其腹，亦掌之象形也。此掌與彼掌之異，在拇指之併與不併而已。」（甲研釋五十一葉）

于省吾

「郭氏於栔文紀數字，卓有見地。如以十為七十，亣為五十，可糾前人之誤。而謂一至三為一系，五至十又為一系，其第二系之分畫，殊有未當。又謂初民以四進位，一二三亖以倒指故橫書，亦不可據。栔文一至四均為積畫，五至九均為錯畫，十雖進位，而復反於一。孫詒讓名原有原始數名一篇，丁山撰數名古誼，均不無發明，而與鄙見頗有出入，茲分述於下：

甲、X為五之初文。按說文五之古文作X，與古陶文古化文合。說文所引古文乃晚周文字，固未可據以為初文也。晚周古文有與契文合者，如子禾子釜歲字作戉。桃兩周而接武於殷，然猶可謂曰変例，非常軌也。凡若干紀數，均可以積畫為之。惟積至四畫，已覺其繁，勢不得不変繁為簡。於是五字以X為之。若初文本作Ⅹ，雖亦為四畫，然結構已複，較積五畫為五，尤見其難。山東城子崖所發見之黑陶，其時期至晚在卜辭之前。中院所印行之城子崖圖版拾陸，多為黑陶文之紀數字，五字作X，此與契文第一期骨端紀數字之五作X者，正同。骨端紀數字之五，簠人二九作X，粹一四五一作X，粹三十作X，北大所藏甲骨二八二作X，粹一一四九：「王其令五族伐甾。」五作X。周初器憲鼎五朋合文作[illegible]，分之則五作X，與黑陶文及骨端文五之橫形作X者有別。蓋五之演変，由X而X者，以其書寫之便也。由X而Ⅹ者，上下均加橫畫，以其易與乂字之作X者相混也。契文乂字數見，均作X，自交叉處分之，上短下長，然究與五之作X者相近易混。亦猶三字與三字易混，而安為亖亖也。至契文金文五字所以間有作X者，蓋凡事已經改革之後，往往仍有積習之存在，此猶商周兩代為銅器時代，而石製之器，尚時有所見也。

乙、∧為六之初文。按契文六字作∧形者，皆為早期卜兆側之紀數字。其應用於文辭中者，則作冂內介介，不作入，以其與入字形同易混也。惟佚七六，「六旬」合文作𠆢，佚七五七「六百」之六作∧，，金文六字作介介，城子崖圖版十六，「六」字作入。此可知六字之演變，由入而冂內而介介，，至為明顯。丁山云：「六之聲紐今同來，入之聲紐今同日。釋名釋言語：「入內也，內使還也。」是入內古音同隸泥紐。泥來同為舌音，依章太炎先生雙聲旁紐解之，六入古雙聲也。」按丁說是也。

丙七字之演變。按契文金文七字均作十，與甲字形同。而商及兩周均無若何之變化。至晚周之秦公毁作十，漢代金文同，橫畫長而豎畫短，已與甲形分化。古化文作中个，又橫之作→七，中畫皆直。而小篆在漢代金文之前反作ㄎ，此文字孳化之變例也。

丁說文所釋紀數字以八字為近是。按契文八字作八八，金文作八八，小篆作八八，形均相仿。說文：「八別也，象分別相背之形。」就形言之，許說與初文之義當不相違。至許氏以一為道立於一，二為地之數，三為天地人之道，四為象四分之形，五為五行，六為易之陰數，七為从一微陰从中衰出，九為陽之變，十為東西南北，均附會之臆說，不足據也。

戊九字本義之推測。按九字契文作ㄋㄋ，金文作九ㄋ，形均相仿。契文旬字作ㄋ，間作ㄋ，劉鶚謂象虺形（鐵雲藏龜序）。蓋九字象蟲形之上曲其尾，旬字象蟲形之內蟠其尾，文雖有別，義可互證。契文有□字，从冂从殳，象以殳毆蟲類於室外。是九字當係假屈曲究極之蟲形以為之也。

己十字之演變。按契文十作丨，金文作丨•十。初則僅為直畫，繼則中間加點為飾，由點孳化為小橫。數至十後返為一，但已進位，恐其與一混，故直書之。是一與十祇橫書與直書之別。初民以十進位，至明顯矣。郭沫若謂初民以四進位，，後改為十進位，未可據也。

庚由一至九可分為二系，而五居其中。按由一至四，均為積畫，此一系也。由五至九，爻積畫為縟畫，此一系也。數至十則反於一，故不應列十也。郭沫若以五至十為一系，失之。白虎通禮樂：「九之為言究也。」素問三部九候論：「天地之至數，始於一，終於九焉。」按以聲訓言之，究謂究極，言數至於九則為終極也。初文之紀數字，由五至九本作㐅∧十八ㄋ，均由二畫結構而成。此可為自成一系之驗，尤可為五字本不作𠄡之證。㐅字雖為第二系，而實處於由一至九承上起下之中樞地位。前於㐅者為一二三四，後於五者為六七八九。以字形言之，㐅為交午，乃一至九中間之樞紐。許氏以交午牽涉陰陽為說，非其朔也。

綜之，人類之進化，由結繩記事，演進為數字之記事，至今蠻夷猶有上古結繩之遺制。然則初有文字，當以紀數字為發軔。紀數字可謂為初文中之原始字。初文中之原始字，由一至四，均為積畫。積畫既多，則不勝其繁，故由五至九，均用至簡之二畫以構成之。五處數之中樞，故為交午形以示之。然則初文之紀數字，雖無深奧之意義，而部居之分畫，排列之有方，其為有意識之組織，灼然明矣。」（騈三三十一葉釋一至十之紀數字）

劉淵臨

「序數是占卜先後的次序。張秉权先生认为：『序数是一种甲骨上的数目字，即一、二、三、四、五、六、七、八、九、十等数字，在甲骨上，它们是用来标记卜兆的占卜次序的』。（见卜龟腹甲的序数庆祝胡适先生六十五岁论文集）

卜数是一件事占卜次数的多寡，比方在成套卜辞中，数龟同卜一事，用了几龟，即是此事卜了几次，每一龟版之卜兆均刻同一数字，这数字只是某一件事的第几次占卜，同版的卜兆则无先后之别。同版之中不止一兆，所有卜兆均为相同的数字。例如小屯殷虚文字丙编中的成套卜辞，图版重重、重叁、重伍、重柒、重玖等五龟即为一套卜辞，每版中的所有卜兆，均为相同的数字，但灼兆时，绝不是所有卜兆都是同时烧灼，必有先后，但此先后之次序则不计，因其同为某事之第几次占卜，所以每版上所有之卜兆，均为相同之数字。这数字当然是卜数，而非序数。因此可以这样说，卜兆上的数字，除了序数以外，否则就是卜数。故卜辞中有元卜、一卜、二卜、三卜、四卜、五卜、六卜、等语。例如：

元卜：庚申卜，旅贞：叀元卜，用。在二月（续编一·三九·九）

一卜：……卜，习雨龟，一卜，五……（粹编一五五〇）

二卜：……贞：二卜……（王）固曰：角……（京津一五九六）

……卜王……兹二卜……乎勿……（屯甲一六八）

按：屯甲一六八在殷虚文字甲编考释中已与一·〇·〇三六三合，即图版零零壹，……

三卜：乙卯卜，宾贞：三卜。王往出于限京，若。六月。（平津元嘉一三三，鄴初三三·十一，续存上七四四重）

戊寅卜，贞：三卜。用血三羊，册伐廿，鬯卅，牢卅，艮二朋于妣庚。三。（续编八·十二·六）

二月，贞卜：子亡若。二月卜，又若。三月卜，又若。三卜，亡若。（粹编一二五五）

癸酉，𡧊贞：旬三卜，亡因（屯甲五四四）

甲辰卜，狄贞：王其田，叀羽日乙，亡巛。甲辰卜，狄贞：叀羽日戊，亡巛。

甲辰卜，狄贞：叀壬，亡巛。甲辰卜，狄贞：翌从，三卜。叙嫠（嫠福也）。

甲辰卜，贞：王其田𨶅盂。（侯家庄甲三）

……卜……三卜「王」固曰……幸。上吉（续存下八三一）

……贞：三卜。（京津一五九七）

四卜：丁巳卜，太贞：四卜。弗其隻𢀛方。𢀛知方。己卯卜太勿……（日本奈良天理参馆藏片，据京都大学贝塚茂树氏拓本）

丁巳卜，太貞：四卜。手从𢀛方。允隻。己卯卜，太令𢔶方。（中研院，史語所藏。外編三〇、南北师一·六十重）

非鳴。其用四卜。己亥卜，非鳴，……吉用（粹編一二五六，「京津四五八七重」十戳一二五·五「續六·二〇·八重」——綴合編一〇二）

五卜：[illegible]（屯乙四八五七）

丝月五卜（按此条为笔者所收，此片字骨或为李棪斋先生藏，或为香港大学藏，笔者手拓。）

六卜：戊子卜用六卜（屯乙五三九九）

上举诸例可参阅饶宗颐的殷代贞卜人物通考上，六五页「卜字释义」。……」（殷虚「骨简」及其有关问题中央研究院历史语言研究所集刊第三十九本庆祝李方桂先生六十五岁论文集上册二四八——二五〇页）

3570

3675

二

二

于省吾

「以一为首之一二三亖积画纪数字。……自当先於象形字，以其简便易为也……由於语言与知识之日渐进展，因而才创造出一与二三亖之积画字，以代结绳而备记忆。虽然几个积画字极其简单，但又极其重要。因为它是我国文字之创始，后来才逐渐发达到文字纪事以代表语言。于是既突破空间与时间之限制，同时亦促进人类文化之发展。」（释一至十之纪数字，甲骨文字释林九六至九七页）

按：數字原始於刻畫，刻畫的積纍，必須有一限度，否則將不成其為文字。數字自五始，變積畫為錯畫。這可能與古代的算籌有關。算籌的不同排列形式即表達不同的數字。至十則反於一，一之竪畫即成十。十再進位則成百。一個人頭為一百，甲文作⊖，白即人頭；再進位為千，一「人」等於一千。甲文[illegible]、[illegible]、[illegible]、[illegible]即一人二人三人四人五人之合文，亦即一千、二千、三千、四千、五千。再進位則為萬，一蠆為一萬。甲文萬字即象蠆形。萬之再進位，則甲骨文所未見。

丁山謂「弌、弍、弎疑即一個、二個、三個合文」，說本徐鍇繫傳。弌不能古於一，戴侗六書故已言之。說文古文多屬晚周文字，不足據。

葉玉森　「紀數之字亦有書一二為丨‖者，如甲骨文字一卷二三葉一六版之丨‖是也。」（鈎沈第十葉上）

李孝定　「說文：『二，地之數也。从偶弍，古文。』紀數名之字一二三亖為指事，皆以積畫為數目，五以上至於九皆為段借，說詳前數名諸條。許云地數乃漢時陰陽五行家言，非確詁也。金文作二盂鼎二散盤二吳尊二秦公簋二克盨並同。殹𥁕君鉼作弍从戈，為許書古文所自昉。」（集釋三九六五葉）

于省吾　參一字条

按：契文紀數字「一」、「二」無作丨‖者，林一·二三·一六殘泐，葉說不可據。古文弍金文皆从戈，曶鼎作㦻。朱駿聲通訓定聲謂「後世官書數目，以貳為之，為防奸易」。中山方壺「不貳其心」，貳乃貳之異構，从肉，不从貝。

三　三

丁山　「艸昧之世人知陋索，凡一二所不能盡者每之約之以三。湯曰『利市三倍』，論語曰『三思而後行』，孟子曰『食李三咽』，史記『三仕』、『三見』、『三戰』、『三走』，皆以三見其多。多而無別，則仍不足弭多寡之較也，于是文有四五六七八九十。四承三形積畫為亖不若借亖之為簡易也，積畫為亖不若借乂之為簡易也。七八九準是。故言我國數名一二三亖皆有專文，乂∧十八多皆非本字，縱一為丨，丨之成基于十進之通術。觀數名成形之跡，亦可想見史前人類之進化矣。」（數名古誼載集刊第一本第一分九十四葉）

于省吾　參一字条

按：說文以三為天地人之道，明顯地屬於臆說，參見前釋「一」字條下。數字之「三」，其三畫等長。甲文「气」字作「三」，中間橫畫較短。骨面刻辭之「气」字亦有誤作三畫等長，與數字之「三」相混。但據辭例可以區分。

3677

四 亖

孫詒讓 「說文四字古文作𠕁、籀文作亖，考金文甲文皆作亖，寔以積畫為近古，未必皆出史籀，後遂疑亖當為古文本字，𠕁為籀文。許書傳寫多誤，容互易耳。」（名原上一葉下）

羅振玉 「說文解字四之古文作𠕁，籀文作亖。金文中四字皆作亖，無作𠕁者。𠕁亦晚周文字，錢先生所謂古文之別字矣。凡許書所載古文，與卜辭及古金文不合者，皆晚周別字也。」（殷釋中一葉下）

丁山 「竊疑積畫為亖者數名之本字，後之作四者皆借呬為之。四从口象口形，或作四者兼口舌气象之也。其中之八蓋由只下从八，兮上从八，象气越亏，郘鐘八下之一，蓋猶曰音之从一以象舌形，气蘊舌上而不能出諸口，非呬而何。說文口部『呬，東夷謂息曰呬，从口四聲。詩曰「犬夷呬矣」』。今左傳引作喙矣。廣雅『喙，息也』，國語『余病喙矣』，韋注云『喙，短气皃』。以呬義證四形，冥然若合符節，則四呬一字可以斷言。文字孳乳有因借義習用已久，後人不復知其本義乃妄加偏旁以見之者，若朱加一朱中以指其為株榦字，後人習用赤色意而增木其傍以為株，罙本象又持火穴內有所探尋也，後人習用尋求意而增手其傍以為探，雖無損本義終病其繁複無理。四本从口，而後从口作呬，繩之六書不又病衍複乎。自造字原則言之，四即呬之本字尤信而有徵，蓋自周秦之際气息之四為數名之亖，別增口四旁以為气息字，漢儒習而不察以為四即數名本字，于是正俗別為異字通假視于一文矣」。（數名古誼）

郭沫若 「古人本以三為眾，即現存未開化民族，其數字觀念猶有僅能數至七者，故表數之文字自三四以上則將不免發生變例，蓋造字之時期異也。如羅馬數之四作IV，亦一掌減一，六作VI，亦一掌加一，七八準此，九作IX亦二掌減一。凡此當於數理觀念大有進展以後始能規定。中國亦猶是。中國數字之一二三今古無別。四則頗有出入，許書小篆作四，古文作𠕁，以亖為籀文。然卜辭及彝銘均無作𠕁者，郘鐘之『其竈四䯛』作四，梁司寇作四，轉與小篆形近。石鼓文作四，與小篆同。明刀背文始有作冈冈諸形者，然均晚周文字矣。故數字系統大抵即以四為界，由四之異體以至於九，則別為一系」。（甲研釋五十第一葉下）

又曰：「又此十位數字中，於文字之結構上可剖為二系。一至三為一系，五至十又為一系，是也。此與十干文字甲乙丙丁為一系，戊至癸又為一系者，若合符契。余意十干乃與基數相應之次數，初民數字觀念僅多至四，與之相應之次數僅由甲至丁，其數觀念進化至十，則次數亦進化至癸。故文字之結構同判為二系也。左氏昭三年傳『齊舊四量，豆、區、釜、鍾。四升為豆，（一桌『四升』乃四勺之誤，說詳金文餘釋之餘第六三葉）各自其四，以登於釜，釜十則鍾』。此即初民以四進位，後改為十進位之證。三之假四為之者乃後起之事」（卜通七葉下）

于省吾　參一字条

按：古「三」、「四」皆積畫，鄭玄於聘禮、覲禮注已言之。古籍「三」、「四」多誤混，桂馥義證、朱駿聲通訓定聲論之甚詳。此足證「四」本作「亖」，「四」較晚出。林義光文源謂四「古作四（邵鐘），不象四方，即呬之古文，獸口也，象口鼻相連之形。四兩鼻腔，ㄩ象口腔。呬、四古同音。詩『昆弟允矣，維其呬矣』（綿），說文引作『犬（昆犬古同音）夷呬矣』是也。獸蟲口鼻相連，其息以呬，故引為息。方言：『呬，息也』（呬實即四之或體）。」此即丁山說之所本。

卜辭一、二、三、亖無作竪畫者。不得據兆序刻辭之五、六、七、八或橫書，即謂當作｜ ‖ ||| ||||，郭沫若說非是。

五

𠄡

丁山

「𠄡之本義當為收繩器，引申之則曰交午，儀禮大射儀『若丹若墨度尺而午』鄭注『一縱一橫曰午謂畫物也』，史記項羽本紀『楚蠭起之將』集解引如淳云『眾蠭飛起交橫若午』，索隱亦曰『凡物交橫曰午』。按午古或作↑或作‡（契文或作个，農卣或作中，鄦侯敦皆象斷木為杵所以擣鬱也。之杵不見一縱一橫相交之意，象縱橫相交者惟古文五字，然則子華子曰『五居中宮數之所由生，一縱一橫數之所由成』，周禮故書云『壺涿氏若欲殺其神則以牡橭五貫象齒而沈之』，皆五之舊誼矣。交橫謂之五，交合亦謂之五。周禮『蟼人以參互考日成』，釋文引干寶注『互對也』，漢書劉向傳『宗族磐互』注『互或作牙，謂若犬牙相交入之意也』，又谷永傳『百官盤互』注『盤結而交互也』，慧琳一切經音義亦三引考聲切韻曰『互交互也』，是五互古義通也。五古韻隸魚模部，互亦隸魚模韻，若以聲紐言，五屬喉音疑紐，互屬牙音匣紐，古音牙喉常相互轉，互聲為桓、我聲為義、午聲為許，則五聲亦可為互，是五互古音全同也。說文以互為笠者，云象人手所推握也，段氏謂勹象人手推之持之，愚則謂象糾繚形。文選鵩鳥賦『何異糾纏』注引字林「糾兩合繩」，張衡賦注亦引張晏漢書注曰「二股謂之糾」，然則互之从𠃊蓋取兩繩相交意。兩繩相交謂之互，縱橫相交謂之五，其所以相別者，而意終無別，然則謂五互形近音同義通毋寧謂「𠄡古文互」之為近矣。互說文云「可以收繩」，故並繩與施而象之。𠄡則象器之尚未收繩也，故見其交橫之輻。周禮牛人「凡祭祀共其牛牲之互」鄭大司農曰「互謂楅衡之屬」，正𠄡之形譌。蓋自借𠄡為亖收繩之義失而別造互字，自借本為交𠄡交橫之義失而有「五行」之說，此古誼失傳後儒不得其解者也」。（數名古誼）

商承祚 「𠄡即五字，以四字知之」。（佚二二四考釋）

于省吾 「按說文五之古文作㐅，與古陶文古化文合。說文所引古文乃晚周文字，固未可據以為初文也。晚周古文有與契文合者，如仔禾子釜歲字作戉，桃兩周而棲武于殷，然猶可諉曰變例，非常軌也。凡若干紀數，均可以積畫為之，惟積至四畫，已覺其繁，勢不得不變繁為簡，於是五字以㐅為之。若初文本作亖，雖亦為四畫，然結構已複，較積五畫為五，尤見其難。山東城子崖所發現之黑陶，其時期至晚在卜辭之前。中院所印行之城子崖圖版拾陸，多為黑陶文之紀數字，五字作㐅，此與契文第一期骨端紀數字五作㐅者正同。骨端紀數字之五，匯从二九作㐅；粹一四五一作㐅；契三十作㐅；此大所藏甲骨二八二作㐅；粹一一四九「王其令五族伐𠂤」，五作㐅。周初器滁耕，五朋合文，作𦊔，分之則五作㐅。與黑陶文及骨端文五之橫形作𠄡者有別。蓋五之演變，由㐅而𠄡者，以其書寫之便也。由㐅而𠄡者，上下均加橫畫，以其易與㐅字之作㐅者相混也。契文㐅字數見，均作㐅，自交叉處分之，上短下長，然究與五之作㐅者相近易混。亦猶三字與亖字易混，而變為亖亖也。至契文金文五字所以間有作㐅者，蓋凡事已往改革之後，往往仍有積習之存在，此猶商周兩代為銅器時期，而石製之器，尚時有所見也」。（駢三第卅一葉下釋一至十之紀數字）

李孝定 「說文：『五，五行也。从二，陰陽在天地間交午也。㐅，古文五省』。陰陽五行之說盛於東漢，其起源亦不甚早，先民造字之時紀數之字當屬早出，其時必無此等觀念也。丁氏說五為收繩之器與互同字，雖未可證其必是，然亦可備一說。契文或亦作亖，積畫為之，辭云『賁于口亖牢』可證。或又作𠄡，辭云『𠄡鹿獲亖鹿獲』可證。此均五之異構，前者蓋偶一為之，猶存原始紀數字之遺意，後者多一橫畫或係筆誤。金文均作𠄡，與契文小篆並同作。橫之作⋈，仲五父簋⋈戈五甗⋈伯買卣⋈𣪕卣與契文或作⋈者同。又契文作𠄡者一見，當係變例」。（集釋四一七七葉）

3679

六 介 介 八

張秉權

「……在西安半坡的一些陶刻符记中，还有几个可能也是早期的记数文字，还没有被认识出来，如「E」，可能就是三十的合文，甲骨文三十的合文作「Ш」或「山」，二书的分别，只在横书与直书而已，既然一二三四等字可以竖写，那末三十与四十的合文，又何尝不可以竖写呢？又如「E」与「彐」，也可能就是四十的合文，甲骨文中四十的合文作「山」，二书也只有横竖之别。又如「丰」，可能就是五十的合文。自然，它们也有可能是「十三」「十四」「十五」等的合文。甲骨文中的奇零之数，虽乏合文之例，但月份的「十二」「十三」等则常作合文，而「十五」也有并列排行的例子，亦可视同合文之例。可见作「≣」的五，也是很早的形体。「≣」象五指横伸之形，原与一二三四的象手指之形，是同样的道理。又因五指横伸，掌纹可见，而书写五横，又嫌过于繁复，于是就以象掌纹的「X」来表示一掌五指之数的五。后来又在「X」的上下，各加一横，而成「区」形，以象掌中有纹。「五」有交午之义，可能是从象掌纹的「X」中引申出来的。」（甲骨文中所见的「数」，历史语言研究所集刊第四十六本第三分三五四至三五五页）

許進雄

「S 1507　第四期后　右后甲

壬子卜，勺☐其至五日☐㞋☐

五作𠄡，颇怪异。」（怀特氏等藏甲骨文集八二页）

按：X乃五之最初形體，說文古文同。大射儀「若丹若墨，度尺而午」，鄭注：「一縱一橫曰午」，賈疏：「十字為之」。王筠釋例謂「正之則十字，衺之則X字，故知午為借字」。

一縱一橫，相交以為刻識，即謂之X，則典籍假午為之。戴侗六書故云：「今郊野之為衡者，梓人之為尋丈者，至數之半，皆X契之。觀於此可以知書契之所從生矣」。丁山不明典籍「交午」之「午」乃X之借字，而以為「五」即「互」，為收繩器，實不知契文最初但作X也。

陳夢家謂「五」是「午」之初形（綜述一〇九），其說易致混淆。干支之「午」乃杵之初形，與「区」無涉。「交午」、「旁午」之「午」乃「X」之借字，「X」不得籠統謂為「午」之初形。

林一·一八·一三實本作「≡」，孫海波文編一四·七誤逮上泐痕摹作「≣」，李孝定集釋沿其譌，以為「五」亦或作積畫，非是。其作区者，與「五」形義俱有別，不得視為同字。

孫詒讓「六小篆作[illegible]，金文則作介（師奎父鼎）作介（師兌敦），皆為入下八。此作八者，即省八而存入。竊意古文本以六與八相對，七與九相對，而十則與一相對，字例至整齊。許君說解謂从入八，似未見古文六字，不必得其本指也。」（舉例上五頁下）

羅振玉「六字作∧，傳世古小布幕後紀數有之，前人不能定其為六為八。今卜辭有自一至八順列諸數者，得確定為六字。」（殷釋中一葉下）

丁山「古借入為六，六之聲紐今同來，入之聲紐今同日。釋名釋言語『入，內也，內使還也。』是入內古音同隸泥紐，泥來同為舌音。依章太炎雙聲旁紐新方言十一音表解之，六、入古雙聲也。大戴記易本命『六主律』，國語『夫六中之色也』韋注云『六者天地之中』，山海中山經『嶽在其中以六月祭之』，鄭注亦曰『六月亦歲之中』，而詩十月之交『聚于內史』箋『內史中大夫也』，亦以中訓內，內即入也。自音訓言，六入之誼既通，則借入為六不待繁徵而信矣。蓋六之與入，殷以前無別也，自周人尚文，因入之下衍而變其形為介，以別于出入之入，于是鼎彝銘識中無由見借入為六之迹矣。」（數名古誼）

于省吾「按契文六字作∧形者，皆為早期卜兆側之紀數字。其應用於文辭之中者，則作介亣介介，不作∧，以其與入字形同易混也。惟佚七六『六旬』合文作[illegible]；粹七五七『六百』之六作∧；金文六字亦作介介；城子崖圖版拾陸，六字作人。此可知六字之演變，由∧而亣而介介，至為明顯。丁山云：『六之聲紐今同來，入之聲紐今同日。釋名釋言語：「入，內也，內使還也。」是入內古音同隸泥紐。泥來同為舌音，依章太炎先生雙聲旁紐解之，六入古雙聲也。』按丁說是也。」（駢三第三十二葉上）

李孝定「說文：『六，陽之數，陰變於六，正於八，从入、从八。』六字先成陽殭晚出，許說之誣至顯。六之古文實假入為之，非从入也。丁于二氏說字形演變均是。金文作介克鐘介師奎父鼎介師虎簋並與契文之作介者同。」（集釋四一八一葉）

于省吾「∧为六之初文。甲骨文六字作∧者，乃早期卜辞兆侧之纪数字。此外六百之六作∧（粹七五七），六旬合文作[illegible]（佚七六），六牛合文作[illegible]（京津七四〇），不多见。其他应用于卜辞之中者，则作冂亣介介廿形。其不作∧，以其与入字形同易混（古文入与内同名，内与六双声）。周代金文六字作介或介形。城子崖黑陶文字六字作∧，与早期卜辞同。然则古

文六字之演化，由𠆢而亣亣而亣亣，最后说文讹变作𠘨。」（释一至十之纪数字，甲骨文字释林九八页）

張秉权　「在甲骨文中，『六』字有时作𠆢，往往与『入』字没有分别。但『入』字则从来不作亣或介形。尤其在『入』与『六』字，同见于一条卜辞中的时候，绝不相混。『六』字有时会刻得跟『入』字一样，恐怕不是由于『入』为『六』之初文的缘故，那是因为二者形近，而『入』字刻起来比较省事，『六』又是常用的字，契刻的人，企图省事，所以往往容易将『六』刻成『入』字，但这也只有在卜兆序数字中，有此现象而已。在卜辞文句中，则不会将『六』字刻成『入』字的。『六』字的起源，可能也是出于手势，它大概是象伸拇指与小指而弯曲中间三指之形。这一习惯，迄今犹存。」（甲骨文中所见的数，历史语言研究所集刊第四十六本第三分三五五页）

白玉峥　「据丁山氏之说云：『古借入为六。盖六之与入，殷以前无别也；自周人尚文，因𠆢之下垂，而变其形为介，以别于出入之𠆢。』于是，鼎彝铭识中，无由见入借为六之迹矣』。（数名古谊）然周人尚文之说，点未尽然；细案甲文之六，武丁时代即有作𠆢者，如丙编四九，全版皆为成套之纪数字，所书之六，即有九文，而其书法体势，大致均作𠆢。是借入为六之说，尚有斟酌之处焉。」（契文举例校读中国文字第八卷第三十四册三六八一页）

按：說文以六為「从入从八」，朱駿聲通訓定聲云：「此與入二為白皆理之難通者。謂从八，是先製八字後製六字，恐未然矣」。丁山、于先生論六為入之借是對的。契文作介、亣，已與「入」分化。兆序刻辭則作「𠆢」，猶與「入」同形。但「出入」之「入」無作「介」或「亣」者。

七 十

羅振玉　「古文七字皆作十，無同篆文作ち者。古金文中『七』字至罕見，惟尖足小布幕紀數字七皆作十，與卜辭正合。直至漢器銘識尚爾。汾陰鼎有『十十枚』之文，宋人誤釋為二十。阮相國（元）釋大官銅壺銘亦同此誤。卜辭中凡『十』字皆作『丨』，（尖足小布亦然）七字皆作十，判然明白。漢人『十』字作十，（古金文多作✝）七字作十，以橫之長短別之。吳中丞（大澂）說文古籀補載古刀幣中ナ十才等字，謂是『七』字，則又誤以九為七矣」。

丁山　「七古通作『十』者，刌物為二自中切斷之象也。考其初形，七即切字。說文刀部『切，刌也从刀七聲』，凡說文所載形聲各字，古或但有其聲而無偏旁。刑罰字从刀也，而兮甲盤『敢不用命則即刑戮伐』，孟鼎『令我佳即刑亩于玟王』，刑並作井，刑鼻之劓从刀也，而書多方『爾罔不克劓』，釋文引馬本則作臬，是今之作切者古或可省刀傍為ち矣。廣雅釋詁『切，斷也，割也』，而史紀言七月也曰『律中夷則，夷則言陰气之賊萬物也。其于十二月為甲，申者言陰气用事申賊萬物』，律書月令言七月也亦曰『孟秋之月戮有罪嚴斷刑，天地始肅不可以贏』，周禮秋官司寇疏引鄭氏目錄亦曰『象秋所立之官寇害也，秋者遒也，乃秋義殺害收聚斂藏于萬物也』，是七月之名與秋同誼。秋之為言愁也，害也，則七自有賊害割斷誼。十本象當中切斷形，自借為七數專名，不得不加刀于七以為切斷專字。」（數名古誼）

郭沫若　「七字作十，金文亦如是。十字作丨，金文器之古者多作紡錘形♦，漸進則演化而為圓點作♦，更進則演化而為橫畫作十。漢器刻款則七作十，十作十，以橫畫之長短為分。小篆七字作ち，乃後起之字形也。」（小通七葉上）

于省吾　「栔契文金文七字均作十，與甲字形同。而商及兩周均無若何之变化。至晚周之秦公𣪘作十，漢代金文同，橫畫長而豎畫短，已與甲形分化。古化文作ㄓ个，又橫之作→七，中畫皆直。而小篆在漢代金文之前，反作ち，此文字孳化之变例也。」（駢三第三十二葉上）

李孝定　「說文：『七，陽之正也。从一，微陰从中衺出也。』契文金文均作十，晚周金文作十，均無衺出之象。丁氏說為切之初文是也，惟舉刑劓二字金文或作井臬以證切可作七，其說略有未安。蓋金文之或以井臬為刑劓者純係音假，井劓非刑劓之初文也。至切之作十乃是指事，十乃切之初文，切則七假為紀數專名後之後起形聲字也。丁氏又舉七月一義以證七月賊害割斷之義，亦屬牽附，蓋七月之七僅為序數，與其初誼無関，誠如其言，八月當為離別之義乎。金文均作十，較晚之器乃作十。小篆作ち者以別於小篆之十兼取其字形茂美耳。」（集釋四一八五葉）

张秉权　「『十（七）』字，许氏根据小篆之说，当然不是初义，各家均从丁山之说，以为切之初文，也有问题。甲骨文中，『七』『甲』二字，形体相同，均作『十』，如果说『七』本象当中切断之形，那末作『十』形的『甲』字，又当作何解说？七字的发生，时代甚早，在西安半坡出土的陶片上，就有这样形状的符刻，其后在二里头的陶片上，以及殷虚陶片和甲骨上，都有同样的发现，可见这个字的形体，在殷代以前的一段时期中，并没有什么变化。即使在殷代以后，也要到秦汉之际，才开始发生变化。……纪数的「七」字，变成象现在的那个样子，完全是受了「丨（十）」字变化的影响，因为丨渐渐地变成十，就与古代的七字没有分别了，所以七字也不得不跟着变形。七字的起源，大概也是出于手势，它可能是象两手各伸一指纵横相交之形。」（甲骨文中所见的「数」，历史语言研究所集刊第四十六本第三分三五五至三五六页）

于省吾　「甲骨文与金文七字均作十，与甲字形同，商周均无若何之变化。七字，晚周秦公簋作十，汉代早期金文同，稍晚则变作七。说文七字讹作七，以前无此形，乃汉篆后期之变体，而许氏因之，误矣。」（释一至十之纪数字，甲骨文字释林九九页）

于省吾　「说文七「从一，微阴从中衺出也」。按契文、金文、晚周石鼓及城子崖龙山文化之黑陶文，七字均作十，纵横画长短相等。晚周秦公簋七作十，横画较长，汉金文、汉碑亦有作十者，馀多与秦公簋同。要之，七作十变十，与九十之十作丨或十者迥别。」（论俗书每合于古文，中国语文研究第五期一六页）

陈炜湛　「甲骨文十干的甲与数目字的七都写作十，完全同形。究其造字之初，作为七，十代表从中切断之意，实即切之初文。七为指事，切为七假作纪数专名后另造的后起形声字。作为甲，十又象甲坼之形，林义光文源曰：「甲者，皮开裂也，十象其裂文」。如是，同一个符号「十」实际上代表着两个不同的概念，分属两个不同的字。或谓「七」之为十，起源于以利器在器物上的刻划，其音义与甲亦相近，可备一说。

案卜辞之甲多与地支字搭配以纪日，或用作先公先王之名，如上甲、小甲、大甲、戋甲、羌甲、魯甲，或见于称谓，如父甲、祖甲、妣甲、母甲；七则或用为序数，或用为基数，作为名词的修饰语时，或置于名词之前，或置于名词之后。故甲、七二字虽异字同形，但使用范围不同，用法各异，不致混淆，实际上研习甲骨文者，一般都不会弄错。」（甲骨文异字同形例，古文字研究第六辑二四二——二四三页）

按：朱駿聲通訓定聲以許慎之說解爲「紆遠難通，造字之始，畫以紀數，本無深意，但别異其形耳」，其說良是。丁山以七爲切之初形，說實本於林義光。文源云：「古作七七（戠氏帶），實即切之古文，（象所切之物，一其切痕」。但林氏以七為「七」則誤，羅振玉已言之。契文紀數字「七」與干支字「甲」形近易混。大體而言，「甲」字橫畫與豎畫等長，而「七」則橫畫較長，豎畫較短。此乃就其大體而言。實際上唯依辭例加以區別。

八)(

馬叙倫　「八字不把埃及文臂字畫做儿的來比較，便不曉得他是象什么。八字本是畫成兩臂，變做篆文，纔成了八字。」（《中國文字之原流與研究方法之新傾向》《馬氏學術論文集》三八頁）

于省吾　「《說文》所釋記數字以八字為近是。按契文八字作八八，金文作八八，小篆作)(，形均相仿。《說文》：『八，別也，象分別相背之形。』就形言之，許說與初文之義當不相違。（《駢》三第三十二頁）

李孝定　「說文『八，別也。象分別相背之形。凡八之屬皆从八。』契文金文并同。許云象分別相背之形者乃抽象之象形。其分別相背者，可以為人，可以為物，可以為一切分別相背者之象。馬氏謂是畫成兩臂，說失之泥。此蓋與小、少之象形同意。王筠說文釋例云『八下云象分別相背之形。案指事字。而云象形者，避不成詞也。事必有意，意中有形。此象人意中之形，非象人目中之形也。凡非物而說解云象形者，皆然』。其說是也。又各家釋紀數字者，分別見於由一至十諸字之下。讀者參閱之可也。金文作八（旂鼎）、八（善夫克鼎）、)(（[illegible]侯鼎）、八（[illegible]八卣）、儿（寡兒鼎）、八（[illegible][illegible]侯鼎），與契文、小篆並同。」（集釋〇二五〇葉）

于省吾　「說文所釋紀數字以八字为近是。甲骨文八字作八或)(，周代金文同。小篆作)(，已稍有变化。說文：『八，别也，象分别向背之形。』就形言之，許说与初文之义当不相违。」（釋一至十之紀數字，甲骨文字释林九九頁）

按：說文以為八字「象分别相背之形」，其說終有可疑。甲文介字象兩人相背之形，八則不類。王筠說文釋例以為八字「象人意中之形，非象人目中之形」，此亦曲為之解。八何以有分别之義？難於徵信。馬叙倫以埃及古文字相比傅，以為「本是畫成兩臂」，脫離了中國古文字的實際，不可信。八字初形之由來，只能存疑。訓「八」為別，古文字及古文獻均無徵。「八」僅用作紀數字，別無它義。

3682

九 □ □

丁山 「九之見于卜辭者或作□前、四、六、作□前、二、二、二、其見于金文者或作凡弋伯敢或作□宅敦或作□曾伯簠□善夫克鼎惟秦雲陽鼎始整齊之作九。許君執會稽刻石而說七曰「陽之正」，執雲陽鼎而說九曰「陽之變」，一秉陽乾鑿度「一變而為七，七變而為九」「陽變七之九」之說，以為九變于七，豈徒若允倩所識「紆遠難通」，蓋亦失「不知闕如」之旨。九古作□或□者，務糾收繚交相糾繚之象也。言其本訓則九與丩同，艸之相糾者謂茻而本艸則作艽，究九聲也，而鼎文則或從ㄐ作□沇鼎舊以為不可識。愚按九象糾繚ㄐ象交互音義俱同故知□即究字從九聲者字或從丩，從丩聲者字或從九，是九丩今雖殊體古亦無別也。說文「ㄐ，相糾繚也」，「糾，繩三合也」，而句合仇匹字，則從九聲。九之為言曲尾也，而「輪囷虯蟠」，虯從丩聲。溯文字之初糾繚虯屈蓋並作□此尤象繩三合或□，自偽□為九數專名，不得不另製ㄐ字以象糾繚意」。見數名古誼。丁氏於數名古誼末校記曰「九本肘字，象臂節形，舊謂即ㄐ字非是。臂節可屈可伸故有糾屈意，字紂從肘省聲者，字皆九字之誤」。（數名古誼）

于省吾 「按九字契文作□□，金文作□□，形均相仿。契文旬字作□，間作□，劉鶚謂象蟲形，（藏序四）蓋九字象蟲形之上屈其尾，旬字象蟲形之內蟠其尾，文雖有別，義可互證。契文有□字，從八從□，象以殳毆蟲類於室外，是九字當係假屈曲究極之蟲形以為之也」。（駢三第三十二葉下）

李孝定 「說文：「九，陽之變也，象其屈曲究盡之形」。契文大抵作□，間亦作□，前半與又同，延長中畫象臂形而屈曲之以示肘之所在，丁氏後說是也。既假肘之象形字以為數名之九，遂不得不另製形聲之肘以代之。肘字古蓋作肒，以九與又近又與寸通，偏旁中又寸得通，遂為篆文之肘耳。九之作肒，古肘字亦猶七之作切矣。金文作□盂鼎□矢作丁公簋□善夫克鼎□獻伯簋□克鐘凡口弋伯簋□宅簋□曾伯簠□肖肘形臂節屈曲。許云象其屈究盡之形，夫陰陽虛無之气寧可象類，蓋許君於九字失其朔誼而口耳相傳屈曲之義猶存。許君以此義屬之陰陽之气雖覺不倫，然其存古之功為不可沒矣」。（集釋四一八九葉）

甲 十

于省吾「九字甲骨文作[字形]或[字形]，周代金文作[字形]或[字形]，无何变化。九为错画之指事字，与乂∧十八相同，并非象形。」（释一至十之纪数字，甲骨文字释林九九页）

按：說文以九為「象其屈曲究盡之形」。朱駿聲通訓定聲謂「究盡者聲訓之法。屈曲有形，究盡豈有形乎？」丁山以為「九本肘字，象臂節形」。卜辭「九」與「肘」已分化。

丁驌「契文甲（十）金文同，甲文田：報甲也。許书作[字形]，实[字形]之讹。周时田即甲，作田，以别于田畴之田字，不作十，盖与畋目之十，形同而混易也。古文甲作[字形]。汉简作[字形]。古文实为[字形]之倒文。汉简则二体之合。

说者以甲为鱼鳞，乙为鱼骨或肠，丙为鱼尾，丁是鱼睛；故郭罗二氏均以甲乙丙丁为初文。犹之一，二，三，四之为丨‖Ⅲ亖，皆添筹为之，至四而止。遂以初民幼稚计数至四而止。又以初民以渔为生，故字皆状鱼之身体部分。此以浅薄之进化论强说古文字，不免荒谬。初民可状之物，必不止鱼一端。又何须制字专指鱼身之各部分？以故而言人手五指，记五甚易。以乂为五，修饰之得㐅，何得谓初民只知四耳，又何必以午字[字形]形变为㐅也。

[字形]等形。甲字加框乃示专名。契文有口者，多为音符。如韋之湊围，盖口：音回。[字形]当读[字形]上甲微[字形]，合文也。契文特有之例也。

此上甲[字形]之字易与巫字混，契文巫，取其四边不接，不成口形者。字原是[字形]，后变为[字形]，隶得今之巫字。巫字在许书紧接工字，故原从二工交接而成。

甲字原义唯何？多所揣测，谓其象鱼鳞，龟甲不知契文象形之字如马，如鹿，如鱼，均状其全身。甚至牛羊亦示其正面相对之形，谓十为鳞片，实抽象之亟。如以此为例马字当作[字形]，鹿字当作[字形]矣。故知十並非象形字。

十形常見於原始民族之图案，原无涵义，只随手所为对称之装饰图案也。其与神秘思想联系，与初民之自然崇拜有关，其形亦随在有变。如希腊之十。丅，卐，卍乂皆其变体。罗马时代之十字架亦有丅乂十三种。其后遂成为宗教信仰之符记。许书甲：曰「东方之孟阳气萌动，从木，戴孚甲之象，乃以象形为说，谓其就植物种子发芽，子叶初出，上犹留有种皮之状。盖东方必木之思想作祟，何不云草邪？周世甲字状头上戴盔之形，引由为鳞甲之甲，俱非契文十形之本。惟周世既以甲为胄，其他十干亦皆以兵器金器为释，亦皆可通。牵强附会皆后世以意为之者也。

如必谓凡字皆有始初之义。则一拾为甲，会意也。字从一从丨。丨为数，一为计。故一个丨为十（甲）。犹千为一千，丰为三千然。干支原起癸终甲，故契文卜旬恒起癸日。并非所谓先一日卜次旬也。

惟契文十在数为七。周秦七亦皆作十。故上说可喜，却非数字「十」字之真数。说文十字以东南西北四方中央备矣。为说，不知所云。四方中央亦只得五。说文支字下谓从又持十，十为尺也。又云周制八寸为尺。亦不为七。丁山谓十为切之初文。由于许书切字从许书之七，是说周折。十字无切之音，亦无切之义。演十为七如殷世，音虽近，而义则茫然。故十字由早之十形作丨形变为今之十形，实由周秦之际丨作肥笔❙演变为丨，中点演变为短划，汉世改七字之十形作十，以别于横划日渐变长之十字也。此郭氏之说，是也。」（读契记释甲 中国文字新十期七一页—七三页）

裘锡圭

「殷契粹编四七七：

乙亥卜，又十牢十伐大甲申。

郭先生考释说：『大甲下着一申字未解何义，若为甲申连文，则于大字亦无说。』其实这个『甲』字是两用的，既用作大甲的『甲』，又用作甲申的『甲』。上引这条卜辞的意思是说，到甲申那天（甲申是乙亥以后的第九天），用十大牢和十个砍头人牲祭祀大甲好不好。卜辞里时间词后置之例颇为常见，例如：

壬申卜，出大甲卅牢甲戌。 甲缀七

乙酉卜，又伐大乙乙卯。 后上二一·五

癸亥卜，又囿酒伐五牛乙丑。 粹八二

郭先生解释上引末一辞说：『（此辞）当是癸亥卜乙丑又上甲，乙丑日缀系于末，文例稍变』，这是很正确的。

与粹四七七同类的省略重文之例尚有如下数条：

辛卯卜，又且（祖）乙未（应读为：又祖乙乙未）。 库一〇〇五

己子（巳）卜，又伐且乙亥（应读为：又伐祖乙乙亥）。 人文一七九三

丁卯卜，征𠕁㣊大戌辰（应读为：征𠕁㣊大戌戌辰，意即于戌辰日册告㣊方之事于大戌）。 甲三三七四

人文一七九三那条卜辞，『且』字刻在『乙』字之左，『亥』字刻在『乙』字之下：

钾三三七四那条卜辞，「大」字刻在「戊」字之右，「辰」字刻在「戊」字的左下角：

在这两个例子里，一字两用的意思表示得非常清楚。

在「子卜贞」卜辞里，如果占卜那一天恰好是「子（巳）」日，地支的「子（巳）」和「子卜贞」的「子」通常就只用一个「子」字来表示。粹一二四〇有三条卜辞，其前辞分别为「乙子卜鼎（贞）」、「辛亥子卜鼎」、「乙卯子卜鼎」。第一条的「子」显然是兼作「乙子（巳）」之「子（巳）」和「子卜贞」之「子」这两个字用的。郭先生的释文正确地把「乙子卜贞」释为「乙巳子卜贞」，但没有作任何说明。他如果能充分注意到这条卜辞的特点，对于上引粹四七七那条卜辞无疑就可以读通了。前八、六、三有如下三条卜辞：

戊寅子卜，方归才（在）邑人。

戊寅子卜，方归才川人。

癸子卜，于綮月又[illegible]。

末一条的「癸子卜」大概是「癸子（巳）子卜」的省文。清一一、一八有如下两条卜辞：

癸丑子卜，来丁酉至伊尹。

己子卜，屮勃。

后一条的「己子卜」大概是「己子（巳）子卜」的省文。前八、二、一：

乙子卜鼎（贞）：帚（妇）如又（有）子，隹（唯）□。

「乙子卜贞」也有可能是「乙子（巳）子卜贞」的省文。

有一条三期卜辞说：

于二父己父庚名。 泞一、二〇六十一四〇

可能应该读为「于二父｜父己、父庚名」，第一个父字也是两用的。

有时候，两个相同的字虽然并不相连也可以省去一个：

辛卯卜，又匕（妣）壬、癸小宰。 摭续二二三

辛卯鼎（貞），酒彳（升）岁匕壬，癸。明后二五四二，南明六七八

上引二辭里的「妣壬、癸」大概是「妣壬、妣癸」的省文。后一辭有如下一条同版卜辭：

辛卯鼎，囗匕壬、匕癸。

「癸」上「匕」字不省」。（古文字研究第四辑一六五—一六八頁）

4517 姚孝遂 肖丁 「卜辭之「父甲」，可以是武丁称陽甲，亦可以是廩辛、康丁之称祖甲。

附5 「癸未卜犬，酢卲父甲」

犬或隸作「扶」，为武丁时卜人，是此「父甲」为武丁之称「陽甲」无疑。

(1)「彳卲于父乙羊，于又匕壬豚」

(2)「彳卲父甲羊，又卲父庚羊」

(3)「卲父乙羊，卲母壬五豚，兄乙犬」

关于此片的称谓是有争议的。郭沫若先生以为父甲即陽甲，父乙即小乙、父庚即盘庚，此乃「武丁时的遗物」（安阳新出土的牛胛骨及其刻辞，見考古一九七二年二期）。裘錫圭先生則以为此居非王室卜辭，其称谓自成体系，诸父不是先王，父乙、父甲、父庚不是小乙、陽甲、盘庚（談安阳新出土的牛胛骨及其刻辞，見考古一九七二年第五期）。我们认为：裘錫圭先生的意見是对的。且小乙之配为妣庚，此称父乙、母壬，亦有所不合」（小屯南地甲骨考释五四—五五頁）

于省吾说參㊉字条下。

陈炜湛说參十（七）字条下。

按：說文訓「甲」為「从木戴孚甲之象」，但據小篆為言，不合於古文字。又謂「人頭宜為甲」，段玉裁據集韻改作「人頭空為甲」，謂「人頭空謂髑髏也」，亦屬臆解。郭沫若以為「甲」象魚鱗，實難以取信，葉玉森已辨之。俞樾兒笘錄以「鱗甲」為甲之本義，謂「甲字即象龜形」。「於是人之被以自衛者亦名甲，相沿既久，而被甲之士亦偁甲矣。其始皆起於鱗甲之甲。古人制器，各有所象。戰士被甲自衛，正取象於有甲之蟲」。俞樾據小篆釋甲象龜之由，甚穿鑿，不具錄。

丁福保謂「十為古文甲字，即押字。今田父野老猶習用此字」（說文解字詁林後敘）。此可備一說。韻會引徐鍇本說文「押，署也，从手甲聲」，並引徐鍇曰：「今人言文字押署是也」。卜辭田隸作圉，為「上甲」之專用字，或讀作「報甲」。其作田、囗者，蓋加「一」、「丨」為區分之標識，以別於「田獵」之「田」。此即典籍之「上甲」之所由來。陳夢家綜述四〇六釋囲為「主甲」、「壓甲」或「匣」，釋「田」、「亩」為「上主甲」、「上壓甲」或「上匣」，莫知所从。孫海波甲骨文編合文二摹林一．二二．一九有「囲」字，實本作「田」，其右為泐痕。孫氏摹誤。

3684

己　己　5

葉玉森　「按羅說己象繳，似矣。先哲造字取約束誼者，以己之象之。如尗（叔）亦作朿，則ㄎ與己同。曹亦作𣍘，則口與己同。井（丼）亦作丰井，則三（按此係己之漏刻直畫者），與己ㄅ同。其物當為編索類利約束耳，不必定為惟射之繳，亦不能遽斷為惟之本字。」（前釋一卷五十一葉上）

林義光　「說文云『己中宮也象萬物辟藏詘形也己承戊象人腹』，按廣雅『己紀也』，釋名『己紀也』，皆為定形之紀識也。古作己（伏琟）作弓（汝敦）象詰詘成形。可紀識之形。凡方國平直體多相類，惟詰詘易于別識。說文訓紀為別絲、記為疏其為別，皆以記識之誼引伸。史記『東方朔初上書，人主從上方讀之，止輒乙其處』。乙當作己，傳寫誤為乙耳。」（文源）

郭沫若　「己者惟之繳也，此由弟字作𢎘，雉字作𩿂，叔字作弔若串，可以知之。骨文叔字羅釋云『字从ㄣ象弓形，𠂇象矢形，己象惟射之繳，其本誼全為惟射之惟，或即惟之本字而借為伯叔』。余案羅說是也。此與『己』可為互證。字蓋从己，己亦聲也。己惟同在之部，之部音與幽部音最相近，故假借為叔。己後轉宵部為繳，故叔又讀為弔，古書不淑與不弔兩通，之探其初字則固同為弔，或弔之惟也。」（甲研釋干支九葉下）

陳邦福　「案白虎通五行篇云：『己者抑屈起』。春秋元命苞云：『己者，抑詘而起』。許云『象萬物辟藏詘形』者，蓋推衍白虎通更參小篆為說矣。又按：殷契文辭枝人名己字，作己5諸形。周金文辭枝人名己字，為紀侯敦作5，鍾伯鼎作己，禾敦作己，婁敦作弓，形殊誼亦正同。《大一經》謂己象人腹，正取殷周古籀文己字側面便腹之象。又許引古文作己者，與《汗簡》略合，是許所謂古文者，實列國之雜體矣。」（《十幹形誼箋》五葉）

李孝定

「《說文》：『己，中宮也。象萬物辟藏詘形也。己承戊，象人腹。己，古文己。』契文作己己，與弗叔諸文所从正同。葉氏謂象編索之形，說蓋近之。郭謂𨾴之本字，待考。林謂象詰詘可紀識之形，殊無可徵信，又引《東方朔傳》『止輒乙其處』謂乙是己字之誤，尤非。『乙』蓋『乚』形符號之形譌也，今人讀書止輒作『乚』符號於其處以誌之，以形近『乙』字，故傳寫譌為乙，非己字也。契文己者，己乃刀筆之逸出者，當為許書古文作己之所本，非己本有此形也。金文作己朿鼎己人作父乙卣己父乙觚己盉簋己大鼎己鐘伯鼎己宴簋己盧鐘，與契文略同。」（《集釋》四二六三葉）

饒宗頤

「『丁亥卜，己貞：子𢊁妾盂（㬺）冥不其妨』。（《粹編》一二三九）此片郭氏釋文為己，非『亘』字。按卜人己為武丁時人。考《尚書·高宗肜日》：『祖己曰：惟先格王正厥事』；乃訓于王』。《書序》云：『祖己訓諸王，作《高宗肜日》、《高宗之訓》』。孔傳于祖己云：『賢臣也』。《尚書大傳》記《高宗之訓》，桑穀生朝，武丁召問其相，次問祖己；亦以祖己為臣名，與孔說同。《漢書·古今人表》祖己列于智人，與孝己分為二人，毫不相涉……。殷卜人以干支名者，有丁、卯、己等，當是子姓之族。蓋大臣亦以生日為號，不特王者也。《白虎通·姓名篇》云：『殷以生日名子，于臣民亦得以生日名子。以《尚書》道殷臣有巫咸、有祖己也』。證之卜人名己，其說可信。又古禮人臣亦得稱祖，《呂氏春秋·慎大覽》云：『祖伊尹世世享商』，《佚周書·祭公解》：『王若曰：祖祭公』，因大臣配食于廟，故得蒙『祖』之號。頗疑武丁時之卜人己，可能即為高宗時訓王之祖己，其初名但曰己，沒以配食，故稱『祖己』，此與武丁子早卒之孝己，自非一人。……」（《通考》八四二——八四四葉）

张秉权

「『己（己）』字……可能就是纪的本字，它也可能就是一种缫丝的工具。《广雅·释言》：『己，纪也』；《释名》：『己，纪也』，朱骏声《说文通训定声》：『纪，别丝也，从糸己声。按此字后出，己为十干借义所专，因又制此加糸傍也』，段注：『别丝，各本作丝别，为《𢇍朴正义》引：纪，别丝也。又云：纪者别理丝缕。今依以正。别丝者，一丝必有其首，别之是为纪。众丝皆得其首是为统。统与纪义互相足也，故书不析言之。《礼器》曰：众之纪也，纪散而众乱。注曰：纪者丝缕之数有纪也。此纪之本义也』。毛际盛《说文解字述谊》：『按别丝、丝别，

壬 工

孫詒讓　「壬皆作工，依字當作王，（見金文叔宿敦）此省中畫。金文父壬尊亦如是作。」（舉例上一葉上）

林義光　「壬即縢之古文，機持經者也。象形，縢蒸韻壬侵韻雙聲旁轉，故禮記戴勝戴勝者鳥首有文似縢勝即縢借字爾雅作戴鵀，亦作戴鵀。見釋文巠為經之古文，古作巠號季子白盤經字偏旁亦象縢持經形，从壬。」（文源卷一第二十六葉）

郭沫若　「壬字，余以為乃卜辭及銘彝中習見之𨥫若𨥫字之轉變，蓋即鑱之初文。史記扁鵲倉公列傳『鑱石撟引』，索隱云『鑱謂石針也』。壬鑱同在侵部，當是古今字。」（甲研釋干支十七葉上）

吳其昌　「穆公鼎銘云『作命臣工』其為工字不可移易，而其字形與子壬乙酉爵之壬字全同但少一畫耳，是工壬一字之明證一也。父壬爵之壬、父壬木形鼎之工，其銘文皆作『兄日壬』、『子壬』，乙酉爵之工，其銘文皆作『子壬』，碻係壬字不可移易，而其字體皆作工字亦不可掩諱，是工壬一字之明證二也。說文於工字下云『與巫同意』，于壬字下又云『與巫同意』，是工壬一字之明證三也。父壬子形爵之壬與父壬爵之王，其銘文皆作『父壬』，然壬已與王字酷類，王則直是王字亦明顯不容掩辯，此又壬王一字之明證也。壬為兩刃之斧，辛亦斧屬之器，故壬與辛之義相近相麐。左成十六年傳記楚公子壬夫字子辛，春秋名字自相詁是其證也。」（金文名象疏證兵器篇）

丁山　「甲金文之壬與工寫法毫無區別，古音亦復相似。」（氏族及制度五二葉）

陳邦福　「案白虎通五行篇云：『壬者，陰使任。』史記律書云：『壬之為言任也，言陽气任養萬物于下也。』禮記月令云：『其日壬癸』，鄭注：『壬之言任也，時萬物懷任于下。』又釋名釋天云：『壬妊也，陰陽交（接），物懷妊也，至子而萌也。』又案：說文工部云：『工巧飾也，象人有規榘，與巫同意。』巫部云：『巫，巫祝也，女能事無形以舞降神者也，象人兩褎舞形，與工同意。』壬部復云：『壬與巫同意』。邦福謂許于三部互存其說，蓋就字形言之。考殷契文巫作𩇨𩇯，似从示得誼，作人在幄下，兩手示神之象，據殷契示或作工王可證也。又玉部靈下或从巫作靈，疑初亦从示得誼，許謂以玉事神，或出後起之引伸誼矣。又按殷契文幹枝人名壬字作工，周金文幹枝人名壬字如父壬爵作工，許真敦作王。大一經謂壬象人脛者，與殷周古文正合，又格伯敦妊字別作𡚦，足證小篆壬字，當亦出六國雜體。」（十幹形誼箋）

李孝定

「說文：『壬，位北方也。陰極陽生，故易曰龍戰于野。戰者接也。象人懷妊之形。承亥，壬以子生之敘也。與巫同意。壬承辛，象人脛。脛，任體也。』契文作工，與工之作工者同，吳氏遂謂與工為一字，非也。按工契文亦作𠀃若𠁣，而卜辭干支字之壬纍千百見，然無一作𠁣若𠀃形者，此二者非一字之明證也。充吳氏之說，是壬與示示亦有作工者亦一字也。吳氏又謂壬王一字，是壬示一字之類也。考許書壬下工下兩謂『與巫同意』，蓋謂工象人形，巫从工从𠬞，𠬞居兩側象兩褎舞形，與壬从工从一，一居中象大腹乃人懷任之形之意相同，王筠句讀壬下說『同意』之說是也，非謂壬工同字也。許書壬下說解及白虎通五行篇史記律書月令鄭注釋名釋天諸說均以妊義說壬字，妊从女壬聲，乃孕之後起字，从壬與義無涉，則妊自非壬之初義。𢀛作壬乃王所衍受，亦非懷妊之象也。鄭謂壬象石針乃以𢀛字釋工所導致之誤說。吳氏引楚公子壬夫字子辛以證壬與辛同為兵器，古人名字相屬然亦未必同訓，名壬字辛者蓋以十干中辛壬相次故亦相屬也。惟林氏謂壬為縢之古字說蓋近之，然亦苦無確證耳。金文作工父壬爵王叔𣪕簋工無㠱簋工趩曹鼎工伯仲父簋工禹攸比鼎工吉日壬午劍」（集釋四三〇一葉）

唐兰　参子字条

按：朱駿聲通訓定聲云：「說文解字一書，功不在禹下。惟榦枝二十二文，許君因仍舊說，膠據緯書，類皆穿鑿傅會。然其別附於五百四十部之末，意仍有未安也。倘得有考文之責者，取釐而正之，庶叔重歷劫不磨之書，不至以小疵累大醇云。」按榦枝字各有本義，古用以紀句，取為表識云爾。正如算家萬意正載溝澗，借以紀數，非因紀數而特製其字也。後為借義所專，遂至昧其本訓」。朱氏之論，較為通達。但朱氏以為「壬，儋何也。上下，物也。中象人儋之，在六書為象形兼指事」。徐灝段注箋亦同此說，均非是。

林義光以壬「即縢之古文，機持經者也」。王筠句讀謂縢即詩大東「杼柚其空」之「柚」，「此器以竹為之，其比如櫛，經貫其中。以木為筐，廣韻所謂筬筐也。周櫛之外，以手進退之」。契文工之形體，與此不類。桂馥義證謂「據曾母投杼，其為梭無疑。今齊語呼理經之具，以竹為之，窓如篦者曰杼，不知何以差異如此」。是王筠齊語之「柚」、桂馥齊語謂之「杼」。時地差異，難以詳說。釋壬為縢，終嫌迂曲。疑「壬」即「紝」之初形，「紝」乃「壬」之孳乳。說文：「紝，機縷也」，與「綜」同訓。「巠」字即象經縷在「壬」之形。嵇康高士傳「接輿負釜甑，妻戴紝器，莫知所之」。「工」當即紝器之屬，形制較為原始。淮南子氾論訓「後世為之機杼勝複以便其用」，「勝複」即「縢複」，明為後世之紝器，不得以之說解商代古文。

癸 ✕ ✕✕

孫詒讓 「癸多作✕，亦見金文且癸卣。或作𣏗，（藏四十、二）則微有省變矣。」（舉例上一葉）

羅振玉 「✕乃𣏗之变形，𣏗字上正象三鋒，下象著地之柄，與鄭誼合。𣏗乃戣之本字，後人加戈耳。」（转引自集释四三〇三页）

葉玉森 「按✕之異體作✕✕✕✕✕等形，……卜辭凡百數十見，無作金文𣏗者。有𣏗𣏗與𣏗近，但為別一字，亦無用作壬癸之癸者。羅氏據朱駿聲說釋戣，（說文通訓定聲）但卜辭癸字並不象三鋒，似不能遽認為金文𣏗变。近人饒炯氏謂癸為𣪘之古文，象四葉對生形，與𣪘象三葉，竹象二葉同意。（說文部首訂）以金文敚叔敦之癸作✕證之，饒說近是。」（前釋一卷一葉）

郭沫若 「癸乃𣏗之変形，字於古金文中習見……案此說（羅說）無可移易。知𣏗之即戣，則知✕✕亦必即戣之変矣。由上戊己庚辛壬癸之釋，可見戊為戚，己為𢦏繳，庚為鉦，辛為剞剧為削，壬為鑱，癸為戣，除辛壬外，戣於全部均屬戎器，而辛亦双器之類也。故此與專屬於魚身之物之甲、乙、丙、丁，頗然成為二類，更顯然為二個時期之產物。甲、乙、丙、丁當屬於漁獵時代之文字，而征、戚、戣、削則非金石併用之時代不能有。蓋戚戣削之為金為石雖不敢斷言，而鉦則決當為金器。由他項考古學上之證明，殷代確已有青銅器之鉦，與此十干文字之後六字恰相合。用知此六字至少當為殷人之所補造。事尤有可注意者，則甲、乙、丙、丁為一系，戊以後又為一系，與數字之一、二、三、亖為一系，五以下又別為一系者，其文化發展之歷程當同。故疑甲、乙、丙、丁者實古人與一、二、三、亖相應之次數，猶言第一、第二、第三、第四。第五之戊以下則於五以下之數字觀念發生以後，始由一時所創制，故六字均取同性質之器物以為比類也。」（甲研釋

干支十七葉下——十八葉上）

吳其昌 「癸字原始之初誼為矢之象形，變矢文揆戣[古字]形[古字]形[古字]形[古字]形而得癸字。」（金文名象疏證兵器篇，轉引自集釋四三〇五頁）

吳其昌 「『癸』者，十干第十位之名也。其原始之初誼為矢之象形；變矢文揆戣[古字]形[古字]形[古字]形[古字]形而得『癸』字。」（殷虛書契解詁第一葉）

陳邦福 「案白虎通五行篇云：『癸者，揆度也』。史記律書云：『癸之為言揆也，言萬物可揆度』。釋名釋天云：『癸，揆也，揆度而生，乃出土也』。許又云：『象水從四方流入地中之形』。蓋專就字形為說矣。又按殷虛文斡枝人名癸字作[古字][古字][古字][古字]諸形，周金文斡枝人名癸字為癸山敦作[古字]，齊侯姜敦作[古字]，父癸敦作[古字]，癸□卣作[古字]，朕尊作[古字]，鄀公鍼作[古字]，格伯敦作[古字]，諸口叔敦作[古字]，向盦作[古字]。大一經謂癸象人足，正合殷周古籀之象。（定案人足何以得與[古字][古字]諸形相合，實不可解）又案：羅振玉金文說云：『癸作父乙鼎[古字]即癸，書顧命云：「一人冕執戣」，鄭注「蓋今三鋒矛」。今[古字]正象三鋒矛……。』邦福謂許于癸下引籀文從矢作癸，與[古字]略近，或[古字]為戣之初起，[古字]為晚出也」。（十幹形誼箋八葉）

李孝定 「說文：『癸，冬時水土平可揆度也。象水從四方流入地中之形。癸承壬象人足。[古字]籀文從癶從矢』。契文與金文小篆並同。羅氏從朱駿聲說釋癸為戣之初文，即由[古字]所演變，其說當是。至郭氏謂十干分為二系，與由一至十分為二系者相合，因謂文化之發展過程相同，竊疑尚有可商。如前所論甲乙丙丁既不能證其必象魚身之物，則此四字發生於漁獵時代之說其立論之根本已不能成立，與以下六干文字發生時代之先後亦難確指。又紀數之字一二三三積畫成象，五以上諸字則均假借見義者，蓋緣積畫成象意雖明確，然數愈多則事愈不便，乃不得不假音同之字以當之，非謂當一二三三數字發生時代之先民尚無五以上之數字觀念也，郭氏二系之說殊嫌牽附。此不具論。至吳氏謂癸象雙矢交揆形，亦望文之訓。蓋矢主及遠無交揆之理也。金文作[古字]父癸彝[古字]戊父癸甗[古字]癸山彝[古字]父癸彝[古字]癸[古字]卣[古字]向盦[古字]仲辛父盨[古字]鄀公鍼[古字]敖甲盨[古字]格伯盨此籀文作[古字]者所自昉」（集釋四三〇六葉）

按：「癸」象「戣」形，說本戴侗六書故。章炳麟文始、孔廣居說文疑疑皆以癸為揆之古文，其說本於周伯琦之六書正譌。皆與[古字]之初形不合，不可據。存疑以俟考。

3687 子□□□□□□

王襄　「地支之子，契文作□□諸形，简文作□，省变之形極多，要皆由□衍化而来，無作□者。是□為地支之子專用字，見甲子表；□為子孫之子專用字，卜辞之『貞子漁出于祖丁』，『貞御子央于父乙』，『丁酉子效好其（𠌽）』，『子暜告曰』皆是。名伯寷敦甲子作□，傳卣作□，犹存契文專用之例。自許书以子假為地支之□，篆文作□，籀文作□、□即□之异文，合□□為一字。后□行而□废，契文中更有□字，与許书古文□同。」（古文流变臆説三三頁）

孫海波　「□，清六·一。此为子丑之專字。经典以巳字为之。」（甲骨文編五五五頁）

唐兰　「□和子，都是小孩子的形状，不过□已是能行走的孩子，而子还是手抱的罢了。壬是任，是扁担。寅是箭，午是杵，申是电，辰是蜃，酉是酒尊，而戊（钺）和戌是两种兵器，而且是铜兵器，丁是钉（炼饼黄金）的本字，像一块铜饼……尤其值得注意的是鼎的象形字（卜辞借为貞字），上面是两个耳，下面是两条尖足，跟鬲甗等字的三足是不同的，就是说那时已有四足的方鼎了。再就員字作鼎，在鼎字上画一个○形，以代表圓鼎，更可以证明鼎的象形字原来是方鼎。」（关于「夏鼎」，文史第七辑第二页）

徐中舒说参□字条下。

裘锡圭说参□字条下。

按：干支「子丑」之「子」，契文作□、□、□、□、□諸形。與□、□迥别，從不相混。而卜辭「子」則借作干支「辰巳」之「巳」。說文「子」之籀文作□，亦沿用作干支「子丑」而混入。

武丁早期卜辭作□（乙四一三）、□（甲二九〇八）、□（甲二九〇七），繼之則作□，亦武丁卜辭。其作□者，實較晚出，多見於乙辛卜辭。李孝定集釋表述其遞嬗之迹，乃以意為之。

凡此諸形，既不從囟，亦無臂脛，上亦不得象有髮，與□、□無涉。金文干支之「子」猶作□（傳卣）、□（名伯毀），與「子孫」之「子」亦迥别。此即說文籀文□之所從來。

洽二〇二「翌庚㞢其雨」，以㞢為之，較為特異。干支字均為假借，㞢與㞢疑各有其源。

3688

丑

孫詒讓「丑多作丑，或作又，与金文拍盘作丑略同。或作又（藏一三〇·一），亦又之变。」（契文举例上一页下）

葉玉森「按卜辭別有叉字，……並象手，其指或屈或伸，似即手之古文。後雖為支名專用，別造手字，然卜辭从手形之字如𢼄𩰲𩰫等並从丑，亦作屈指形。是丑又一字，信非叉矣。」（前釋一卷三十四葉）

郭沫若「骨文作丑若丑。金文大抵相同，而𨛜公𣪘作丑，寬兒𣪘作丑。案此實象爪之形，當即古爪字。……其曰（許書）『日加丑，亦舉手時』，則以十二辰為十二時，實非其朔，蓋十二時之分直至前漢之昭宣以後也。」（甲研釋干支二二葉下）

李孝定「說文：『丑，紐也。十二月萬物動用事，象手之形。時加丑，亦舉手時也。』契文亦象手形，許說象手之形與古誼合。郭謂當是古爪字非是。葉謂是手之古文乃本許說，是也。然謂丑又一字則非，手之古文作丑，屈其指者正以別於又字，安得為一字乎。手字段為支名漸為所專，遂別造手字，及後遂衍為二字，然手丑音韻仍全同也。金文作丑大巣丑矢作丁公𣪘丑同𣪘丑毓自丑拍鼎蓋丑𨛜子自丑𨛜公𣪘丑大豐𣪘」（集釋四三三六葉）

李圃「丑，丑。甲骨文丑或反书作丑，字从又（手）作屈指用力形。说文：『丑，纽也。』当即今字扭之初文。」（甲骨文选注六〇頁）

按：丑本象手甲形。說文：「叉，手足甲也」，「丑」、「叉」乃後世區別之文，「丑」既為干支字所專，復別出「叉」字以為「手足甲」義。小篆丑為丑形之變異。典籍則借「爪」為之。段玉裁叉字注云：「叉爪古今字。古作叉，今用爪，禮經假借作蚤。士喪禮『蚤揃如他日』；士虞禮『浴沐櫛搔揃』，搔或為蚤。曲禮『大夫士去國不蚤揃』，蚤皆即叉字也。鄭注皆云蚤讀為爪，讀為者，易其字也。不易為叉，而易為爪，於此可見漢人固以爪為手足甲之字矣，釋名曰『爪，紹也。筋極為爪，紹續指端也』。亦不作叉。又說文「蚤，齧人跳蟲也。从䖵叉聲。叉古爪字」，段玉裁注云：「此四字（指『叉古爪字』）妄人所沾。不言古文而言古某字，許無此例。且『叉，手足甲也』，『爪，丮也』，未嘗謂叉為爪之古文。直由俗謂爪為手足甲，乃謂叉為其古字，徑注於此」。段氏之意，亦謂後世借「爪」為「叉」，其說是對的。自「手足甲」之義言之，郭沫若謂「丑」「象爪之形」，其說本不誤，然易致誤解。蓋「覆手為爪」，古作𠂢，叉象手甲，非爪之古字。吳大澂古籀補、林義光文源以㳄卣之㳄為古叉字，說誤。㳄為古「次」字，典籍作「涎」。

但林氏以「丑」、「叉」同形，則是。師克盨「作王丑牙」，即「作王爪牙」，此乃用其本義。

葉玉森以丑為手之古文，李孝定從之，說皆非是。

「丑」本象手有甲形，為叉之本字。說文訓「叉」為「手足甲」。徐灝段注箋云：叉字「本象手甲，故从又，引申而兼足甲也」。卜辭均假作干支字。

3594

3689 未

孫詒讓

「未字皆作𣎴，依字當作𣎵，此省上一畫，非木字也。」（契文舉例上一頁下）

郭沫若

「說文『未，味也，六月。滋味也，五行木老於未，象木重枝葉也』。此字形於小篆古文均無大異，惟卜辭則作𣎴者多於作未。未字本誼，說文每以滋味釋之。於此本字之外，如刀部之利（制）字，注曰『利裁，从刀未，未物成有滋味，可裁斷』。又攴部之𣀷字，曰『𣀷，坼也，从攴从厂，厂之性坼，果熟有味亦坼，故从未』。（各本作『故謂之𣀷，从未聲』，此依段注。）然『未』乃象形字，滋味必猶其引申之誼。許謂『象木重枝葉』，然於味則不相屬。余謂未者，采（穗）也。古音未采本同部。此外於古金文中則由𣀷字及从𣀷之字之各種異形可證。如𣀷字，師寰𣪘蓋之作[illegible]，而同𣪘器同字則从貝作[illegible]，此从貝者於辛鼎作[illegible]，於沇兒鐘作[illegible]。𣪘从米，或从𣎴，或从𣏟，米者由卜辭按之，亦當係未字，𣏟則穗之象形也。又如釐字，秦公𣪘作[illegible]，从未，與小篆同。𣪘編鐘作[illegible]，从米，亦當係未之別體。而善夫克鼎作[illegible]，師兌𣪘作[illegible]，師酉𣪘作[illegible]，彔伯𣪘作[illegible]，無㠱𣪘作[illegible]，皆从𣏟。[illegible]鼎作[illegible]从千。木千均𣏟之省，古文[illegible]字从此，本義當為穗，（疑小篆采字即此形之譌變）孳乳為𥝩。𥝩穗雖異部，然古音歌脂每相為韻，音近故可通轉也。由音而言，未采既同部，由字之旁从而言，未采後通用不別，是未朵古實為一字，特未用為十二辰符號之一，故遂分離耳。知未為朵，則知未之所以為味矣。要之，十二辰第八位之未字，其朔實為穗」。（甲研釋干支二十九葉）

李孝定 「說文：『未，味也。六月滋味也。五行木老於未，象木重枝葉也。』契文亦象木重枝葉之形。郭謂『作米者多於作米者』，實則作米者亦多見，或竟作米，疑古文木未同源，許說實不誤。至許君以味訓未，乃漢人詁字通習，實不足據耳。卜辭自有朵字作朵，甲編、三六三六。郭氏以朵釋未實不然也。金文作米丁未角米子未盉米史獸鼎米小子𣪕簋米鄀公鉦米矢盉米矢尊米卸尊米陳侯因資錞米守簋米𦬆伯簋，卜辭皆段為支名字。後世或段借為未，為未然之詞。或有以昧釋未者，則與訓味同為音訓也」。（集釋四三八三葉）

吳其昌 「『未』者十二支第八位之名也。『木』『末』『未』實為一字，聲同義同，皆摸狀樹木之形。（詳金文名象疏證。……）故此片（指前一、四、五）即假『木』字以為『未』，證尤明矣」。（殷虛書契解詁第七八葉）

按：林義光文源云：「木重枝葉，非滋味之義。古未與枚同音，即枚之古文，枝幹也。从木多其枝」。其說近是。廣雅釋木：「枚，條也」。說文訓「條」為「小枝」。詩汝墳：「伐其條枚」，毛傳：「枝曰條，幹曰枚」。「枚」與「條」對文則殊，散文則通。玉篇：「枚，枝也」，廣韻同。契文木作米、米；未作米、米，條作米，形體均有別。「未」字正象「木重枝葉」，枝幹之意。「條」則象小枝柔弱形。故詩旱麓「施于條枚」，毛傳：「條，小枝也」。卜辭「未」均借作干支字。

3690

亥 亥 亥

孫詒讓 「亥字多作亥，或作亥，或作亥，或作亥，或作亥。金文己亥敦、乙亥方鼎作亥，小臣艅尊作亥，䣄敦作亥，盧鐘作亥，使族敦作亥，並與此相似。或作亥。說文亥部亥古文作亥，云『亥為豕與豕同』。即此」。（舉例上二葉上）

羅振玉 「說文解字亥古文作亥，與晚周古金文略同」。（殷釋中四葉下）

王國維　「王亥亦殷之先公，卜辭亦屢見：……觀其祭日用辛亥，其牲用卅牛卌牛，至於三百牛，乃祭禮之最隆者，必殷之先公先王無疑。案史記殷本紀三代世表商先祖中無王亥，惟云『冥卒子振立，振卒子微立』，索隱云：『振，世本作核』。今案：漢書古今人表作垓，史記之振，當為核或垓字之誤也。大荒東經曰：『有困民國，句姓而食，有人曰王亥，兩手操鳥，方食其頭，王亥託于有易，河伯僕牛，有易殺王亥，取僕牛』。郭璞注引竹書曰：『殷王子亥，賓于有易而淫焉，有易之君綿臣殺而放之，是故殷主甲微假師于河伯，以伐有易，克之，遂殺其君綿臣也』。（此真竹書紀年語，郭氏隱括之如此）今本竹書：『帝泄十二年，殷侯子亥，賓于有易，有易殺而放之，十六年，殷侯微以河伯之師伐有易，殺其君綿臣』。是山海經之王亥，古本紀年作殷王子亥，今本作殷侯子亥。又前乎上甲微者一世，則為殷之先祖冥之子微之父無疑。卜辭作王亥，正與大荒經同。又祭王亥多以亥日，則亥乃其正字，世本作核，古今人表作垓，皆其假借字。史記作振，則因與核垓二字形近而譌。（初學記二十九引世本：『胲作服牛』，胲即王亥，服牛即大荒經之僕牛也，呂覽勿躬篇『王仌作服牛』，仌亦亥之譌，楚辭天問又作該，詳見余先公先王考）夫山海經一書，其文不雅馴，其中人物，世亦多以子虛烏有視之。紀年亦非可盡信者。而王亥之名，竟於卜辭見之，可知古代傳說存於周秦之間者，非全無根據也。」（戩考二葉）

又曰：「高祖亥即王亥。卜辭又云：『癸卯□貞□□高祖王亥□□□』（後上廿一）其證也。考卜辭中稱高祖者，惟高祖夒（余釋夒，即山海經之帝俊，乃帝嚳之本名也）及高祖乙。夒即帝嚳，乙則成湯，與王亥而三。書盤庚曰：『肆上帝將復我高祖之德』。是殷人有高祖之名，但非爾雅所云曾祖王父之父耳。」（同上）

林義光　「亥，荄也，古作[字形]（大豐尊彝），一象地，[字形]象根荄在地形。或作[字形]（奉彝），[字形]象自種而出。又變作[字形]（陳侯鼎），二亦象地。」（文源，转引自集释四四二〇页）

葉玉森　「按亥之異體作[字形]等形，與金文同，並為荄象。林氏說較明塙。郭氏謂亥為怪獸形，又據天問謂王亥必執干平脅受虐，即二首六身之證。（郭說見甲研六十至六十一葉）姑無論春秋傳所謂王亥是否王亥，王亥是否二首六身之怪物，似先哲必見王亥之象乃造亥字，王亥之前無亥字矣。是說未敢遽信，且卜辭中固無一亥字作二首六身者。」（殷釋一卷二葉）

郭沫若　「說文『亥，荄也，十月。微昜起接盛陰，从二，二古文上字也，一人男一人女也，从乚象褱子咳咳之形也。春秋傳曰「亥有二首六身」。……丌，古文亥，亥為豕，與豕同。亥而生子，復從一起」。此釋亦至奇詭。至於骨文作𠀅吾𠀅，其形之簡者則為𠀅與丅。金文，其體之古者大抵如骨文，稍晚則字形詭變，如陳侯因資作𠀅，鄀公華鐘作𠀅，此則小篆字形之所本。最奇詭者為陳賄敦之「丁亥」作𠀅。準上有可通論者數事。一、古文亥不从二，从二者東周以後之文字也。二、「亥有二首六身」之傳說，前人往往欲由字形以解釋之，如段注云「左傳襄三十年文。孔氏左傳正義曰『二畫為首，六畫為身』。按今篆法身祇有五畫，蓋周時首二畫下作六畫，與今篆法不同也」。段固疑之而出以蓋然之辭，然今日所見之周代古文，愈古者亥之筆畫愈簡，不僅下無六身，且亦上無二首。用知二首六身之說，不能依字畫以說明。三、古文亥字與豕雖近似，而非即是豕。（骨文則全不相近，骨文豕為圖形文字）古有豕亥傳譌之逸事，（見呂覽慎行論）子夏亦正謂「己與三相近，豕與亥相似」而已，故亥之非豕，猶己之非三。許逕釋「亥為豕」，此亦十二肖獸輸入後之文義也。四、亥於十二辰之外無他用，卜辭有王亥為殷之先公，此與二首六身之傳說似有關係」。（甲研釋干支卅二葉下——卅三葉上）

吳其昌　「亥字原始之初誼為豕之象形。殷契卜辭第十三片『壬辰卜大貞翌三豕』，己亥正作三豕，足證古即借豕為亥」。（金文名象疏證，轉引自集釋四四二三頁）

吳其昌　「『亥』者，十二支第十二位之名也。其原始之初誼為豕之象形，燕京大學殷契卜辭第三一片：『壬辰卜，大貞，翌三豕』，己亥正作三豕，足證古即借豕為亥。（備詳其昌所作《金文名象疏證》，茲不備錄。）」（殷虛書契解詁第一葉）

陳夢家　「卜辭之王亥使我們傾向於即殷之主要始祖契」。（綜述三三八葉——三四〇葉）

李孝定　「說文：『亥，荄也。十月微陽起接盛陰。从二，二，古文上字。一人男，一人女也。从乚，象褱子咳咳之形。春秋傳曰：「亥有二首六身」。丌，古文亥。亥為豕，與豕同。亥而生子，復从一起』。許說亥字支離滅裂。上文云一人男一人女，下復言亥為豕，實風馬牛不相及。亥為豕之說，除古文字形略同外，當仍本十二肖獸之說，郭說是也。至从上从二人，乚象懷子形，則純屬望文生義，不足為訓。契文作上出諸形。其初義未詳。林氏从許氏第一義，亦無確證，且字形亦殊不類。郭氏謂二首六身之說乃於射手座取象，此於字形亦毫無根據。其初義既不可知，亦惟付之闕如耳，牽傅之說無足取也。金文作𠀅乙亥鼎 𠀅乙亥簋 𠀅吳尊 𠀅免卣 𠀅史族簋 𠀅卯簋 𠀅矢簋 𠀅櫱父乙鼎 𠀅旨壺 𠀅禁伯簋 𠀅王中媯簠 𠀅封簋 𠀅王孫鐘 𠀅沇兒鐘 𠀅齊鎛 𠀅陳侯因資 𠀅鄀公華鐘 𠀅歸父盤 𠀅陳公子甗

□姑口句鑃□師兌簋□邵鐘□夆平匜□國差𦉜□蔡太師鼎□其次句鑃□禾簋□趞亥鼎□陳貽簋形體雖多詭變，大抵介乎甲文小篆之間，猶可見遞嬗之迹也。」（集釋四四二五葉）

饒宗頤　「卜辭言『叀□用，叀唐用』。（見佚甲三九一八）唐即唐字，□與之並列，疑均殷先公之名。唐為湯，則□可能即亥，乃卜辭之高祖亥及高祖王亥矣。王亥字異形最多，亦作『𩁹』，（佚存八八八）核、（世本作篇）該、（天問）垓、（漢書人表）骸；（御覽）此作□，又一異構也。」（通考一一四一葉）

孫海波　「□，佚八八八。从隹从亥。說文所无。卜辭用為亥。　王亥。□，綴一·四五五。或从鳥。高祖王亥。」（甲骨文編一七九頁）

金祥恒　「董師釋『王𩁹』即『王亥』之說不可易。甲骨卜辭第一、二期皆作『王亥』，至第三、四期有作『王𩁹』者，亥上加隹，因殷民之圖騰為鳥。如詩商頌玄鳥：『天命玄鳥，降而生商。』山海經大荒經：『有人曰王亥，兩手操鳥。』之故。……史記殷本紀作『振』，王國維謂『當為核之譌』，是也。今疑核為胲之譌，世本作篇『胲作服牛』，胲者王亥也。胲从月，蓋月乃隹之譌。春秋六國文字隹作□，與甲骨文字之□（𩁹）形近而譌。」（史記殷本紀之先王『振』與甲骨文之『王𩁹』，中國文字第七卷三一一七頁至三一二一頁）

考古所　「本片『王亥』作□形，从隹从亥，隶作𩁹。這种写法还見于佚八八八、浮一一四一、粹五一、明七三八等片卜辞。大荒東經：『有人曰王亥，兩手操鳥，方食其头』。亥字的這种写法，与此传说是有密切关系。」（小屯南地甲骨九二九頁）

按：說文說解亥字形體，雜奇詭異，郭沫若已詳辨之。但以「亥」為牲獸形，且據射手象為說，殊為牽強。孔廣居說文疑疑即嘗疑「亥」為古「荄」字，說尤支離。林義光之說即源於此。饒炯說文部首訂亦同此說，皆非是。李孝定集釋論各家之得失，較為通達。

卜辭均用作干支字。粹七八四「甲申卜，今日亥，不雨」，較為特異。郭沫若考釋謂「此當是甲申後四日丁亥所追契之辭，故稱今日亥」。實則卜辭於一旬之內均可稱「今」，參見拙著讀小屯南地甲骨劄記。

南明六三五「辛亥卜，祝于二父一妣，王受又」，綜類四五八誤合「一」、「乃」為「万」字。「二父」即「廩康之世稱其父己、父庚二父」，說見陳夢家綜述四九五。

3691

夒

按：「夒」為「王亥」之專用字。陳夢家綜述三三九云：「卜辭只以十干（日）為廟名，絕無以十二支（辰）為廟名的。卜辭云：『辛巳貞王夒上甲即于河』（佚八八八）『其告于高且王夒三牛——其五牛』（掇一四五五）此可證王亥之『亥』是一種鳥名，而非以辰為名。大荒東經：『有人曰王亥，兩手操鳥方食其頭。王亥託於有易、河伯僕牛，有易殺王亥，取僕牛』。此條說明了王亥與鳥的關係」。

部首檢索

（上爲序號 下爲頁碼）

序號	頁碼
0001	1
0002	3
0003	7
0004	12
0005	14
0006	19
0007	19
0008	20
0009	21
0010	30
0011	30
0012	32
0013	32
0014	35
0015	37
0016	37
0563	524
0017	38
0018	38
0019	40
0020	42
0021	42
0022	44
0023	63
0024	63
0025	64
0026	65
0027	67
0028	67
0029	68
0030	68
0031	69
0032	69
0033	70
0034	70
0641	619
0035	72
0036	74
0037	75
0038	76
0039	76
0040	77
0041	78
0042	78
0043	84
0044	84
0045	86
0046	87
0047	87
0048	89
0049	91
0050	91
0051	91
0052	92
0053	92
0054	103
0055	104
0056	104
0057	107
1328	1281
0058	107
0059	108
0060	108
0061	108
0062	111
0063	112
0064	112
0065	126
0066	126
0067	134
0068	139
0069	139
0070	140
0071	142
0072	145
0073	146
0074	148
0075	149
0076	149
0077	149
0078	150
0079	151
0080	164
0081	164
0082	165
0083	168
0084	170
0085	172
0086	174
0087	175
0088	176
0089	176
0090	176
0091	177
0092	177
0093	177
0094	183
0095	183
0096	183
0097	183
0098	184
0099	184
0100	184
0101	185
0102	185
0103	185
0104	185
0105	186
0106	186
0107	186
0108	187
0109	187
0110	188
0111	188
0112	188
0113	188
0114	188
0115	189
0116	189
0117	189
0118	190
0119	190
0120	190
0121	190
0122	191
0123	191
0124	191
0125	191
0126	191
0127	192
0128	192
0129	192
0130	192
0131	192
0132	192
0133	193
0134	193
0135	193
0136	193
0137	193
0138	194
0139	194
0140	194
0141	194
0142	194
0143	195
0144	195
0145	195
0146	195
0147	195
0148	196
0149	196
0150	196
0151	196
0152	197
0153	197
0154	197
0155	197
0156	198
0157	198
0158	198
0159	198
0160	198
0161	199
0162	199
0163	199
0164	199
0165	199
0166	199
0167	200
0168	200
0169	200
0170	201
0171	202
0172	202
0173	202
0174	202
0175	202
0176	202
0177	203
0178	203
0179	203
0180	203
0181	203
0182	204
0183	204
0184	204
0185	204
0186	204
0187	205
0188	205
0189	206
0190	206
0191	206
0192	206
0193	206
0194	206
0195	207
0196	207
0221	237
0222	238
0223	240
0309	350
0313	351
0322	357
0323	360
0324	362
0325	362
0329	363
0404	440
0495	500
0496	500
0523	512
0587	545
0604	556
0625	604
0629	613
0630	614
0630	614
0631	615
0637	617
0638	617
0640	619
0653	638
0653	638
0671	645
0672	646
0673	646
0694	664
0757	744
0760	747
0763	747
0779	753
0783	754
0788	755
0835	824
0838	834
0839	835
0870	864

大

1438 1422 1377 1373 1342 1329 1279 1278 1277 1276 1233 1217 1216 1196 1187 1150 1014 1001 0989 0986 0966 0889
1394 1376 1308 1307 1299 1291 1259 1259 1257 1257 1238 1202 1201 1168 1160 1111 941 938 936 935 931 872

1946 1944 1929 1907 1826 1783 1782 1724 1693 1673 1652 1646 1607 1570 1551 1550 1513 1502 1500 1439
1897 1896 1888 1856 1757 1732 1730 1666 1635 1627 1605 1601 1578 1543 1525 1523 1461 1438 1435 1394

2231 2175 2137 2116 2111 2110 2091 2082 2079 2066 2061 2057 2056 2055 2053 1997 1992 1933
2139 2087 2054 2041 2039 2039 2035 2033 2033 2023 2014 2013 2013 2012 2008 1954 1949 1911

2319 2318 2317 2316 2314 2313 2312 2311 2310 2309 2304 2300 2271
2282 2281 2281 2278 2277 2277 2277 2277 2269 2263 2250 2241 2217

2610 2609 2592 2555 2514 2513 2414 2413 2412 2411 2410 2388 2383 2377 2374 2372 2367 2363 2349 2338 2337
2597 2597 2575 2539 2502 2501 2347 2346 2346 2345 2335 2306 2305 2304 2303 2303 2301 2300 2297 2291 2290

2730 2726 2721 2727 2727 2726 2721 2712 2708 2695 2679 2654 2653 2650 2649 2648 2612 2611
2700 2699 2695 2699 2699 2699 2695 2685 2684 2677 2665 2649 2648 2643 2643 2640 2598 2597

3018 3011 2976 2975 2936 2897 2869 2865 2854 2841 2825 2822 2812 2783 2765 2756 2755 2748 2747 2740 2738 2731
3056 3053 3017 3016 3003 2898 2877 2875 2855 2842 2822 2815 2796 2765 2748 2742 2741 2731 2730 2715 2714 2702

3075 3074 3073 3072 3070 2872 3069 3068 3067 3058 3057 3044 3030 3029 3027 3026 3024 3022 3021 3019
3112 3105 3103 3102 3101 2881 3099 3099 3094 3087 3087 3068 3064 3064 3064 3063 3060 3059 3057 3056

3160 3152 3151 3150 3147 3143 3134 3132 3131 3113 3109 3108 3107 3106 3104 3103 3102 3087 3086 3085 3083 3078
3193 3185 3185 3184 3179 3175 3173 3170 3169 3140 3137 3137 3136 3136 3135 3135 3134 3121 3120 3120 3120 3113

0200 0199 0198 0197 3317 3545 3507 3485 3474 3298 3256 3214 3213 3212 3171 3169
214 214 210 207 3367 3502 3494 3490 3488 3353 3289 3230 3230 3230 3201 3200

0216 0215 0214 0213 0212 0211 0210 0209 0208 0207 0206 0205 0204 0203 0202 0198 0201
235 233 232 229 225 224 224 223 220 220 220 219 219 217 215 210 214

0231 0230 0229 0228 0227 0226 0225 0224 0223 0222 0221 0220 0219 0218 0217
263 263 261 259 258 255 241 241 240 238 237 237 236 236 235

0249 0248 0247 0246 0245 0244 0243 0242 0241 0240 0239 0238 0237 0236 0235 0234 0233 0232
310 309 304 304 302 302 302 301 301 298 297 297 296 292 289 289 286 285

0267 0266 0265 0264 0263 0262 0261 0260 0259 0258 0257 0256 0255 0254 0253 0252 0251 0250
321 321 321 319 319 319 319 316 316 316 316 314 314 314 313 313 312 310

0284 0283 0282 0281 0280 0279 0278 0277 0276 0275 0274 0273 0272 0271 2328 0270 0269 0268
336 336 336 336 335 335 335 335 335 334 334 334 328 328 2285 324 322 321

0604 0545 0492 0384 0326 0078 0054 0300 0299 0298 0297 0296 0295 0294 0293 0292 0291 0290 0289 0288 0287 0286 0285
556 519 499 427 362 150 103 340 339 339 339 339 338 338 338 338 337 337 337 337 337 337 336

1493 1467 1439 1431 1430 1417 1398 1343 1295 1228 1227 1226 1201 1200 1106 1078 1074 0840 0761 0726 0662
1428 1414 1394 1384 1384 1373 1349 1299 1267 1228 1228 1227 1169 1169 1040 1009 1008 837 747 698 644

2367 2336 0270 2328 2324 2323 2322 2321 2269 2120 2119 2106 1908 1821 1914 1719 1710 1638 1634 1590 1043 1589
2301 2290 324 2285 2383 2283 2383 2383 2217 2044 2043 2038 1856 1756 1876 1664 1651 1597 1595 1560 987 1559

2944 2943 2941 2942 2944 2943 2942 2941 2919 2892 2836 2835 2683 2676 2669 2655 2584 2581 2579 2469 2393 2386
2975 2975 2972 2973 2975 2975 2973 2972 2928 2893 2840 2839 2672 2664 2662 2651 2573 2572 2572 2447 2307 2306

3237 3236 3164 3154 3155 3155 3154 3132 3130 3146 3131 3125 3032 3031 2982 2979 2962 2943 2942 2941 2944
3266 3264 3197 3190 3191 3191 3190 3185 3184 3178 3169 3161 3065 3064 3018 3017 3008 2975 2973 2972 2975

0310 0309 0308 0307 0306 0305 0304 0303 0302 0301 3413 3322 3240 3239 3238
350 350 349 349 345 342 342 342 341 340 3472 3369 3267 3267 3266

0329 0328 0327 0326 0325 0324 0323 0322 0321 0320 0319 0318 0317 0316 0315 0314 0313 0312 0311
363 363 362 362 362 362 360 357 356 356 355 353 353 353 352 352 351 351 351

0347 0346 0337 0345 0344 0343 0342 0341 0340 0339 0338 0345 0337 0336 0335 0334 0333 0332 0331 0330
389 389 373 389 388 388 387 382 381 381 379 389 373 371 370 370 367 364 364 364

0363 0362 0407 0361 0360 0359 0358 0357 0356 0355 0354 0353 0352 0351 0350 0349 0348
415 415 441 414 413 412 410 410 410 409 407 407 407 391 391 391 390

0384 0383 0382 0381 0380 0379 0378 0377 0376 0375 0374 0373 0372 0371 0370 0369 0368 0367 0366 0365 0364
427 426 423 422 421 420 420 419 419 419 419 419 418 418 418 417 416 416 416 416 415

0402 0401 0400 0399 0398 0397 0396 0395 0394 0393 0392 0391 0390 0389 0388 2782 0387 0386 0385
440 440 439 439 439 439 438 438 437 437 436 436 436 436 436 2760 435 427 427

0494 500 · 0108 187 · 0104 185 · 0421 444 · 0420 443 · 0419 443 · 0418 443 · 0417 443 · 0416 443 · 0415 442 · 0414 442 · 0413 442 · 0412 442 · 0411 441 · 0410 441 · 0409 441 · 0408 441 · 0361 414 · 0407 441 · 0406 440 · 0405 440 · 0404 440 · 0403 440

0893 873 · 0857 853 · 0841 837 · 0716 681 · 0691 663 · 0696 665 · 0709 678 · 0691 663 · 0696 665 · 0692 663 · 0696 665 · 0691 663 · 0658 642 · 0034 70 · 0641 619 · 0639 618 · 0634 616 · 0633 615 · 0632 615 · 0626 609 · 0550 522 · 0564 524

2069 2031 · 2068 2030 · 2067 2039 · 2066 2023 · 2063 2015 · 1927 1888 · 1916 1878 · 1769 1706 · 1620 1587 · 1528 1471 · 1281 1260 · 1280 1260 · 1127 1081 · 1115 1043 · 1113 1043 · 1092 1012 · 0902 875 · 0899 875

2705 2680 · 2688 2674 · 2607 2596 · 2606 2596 · 2605 2593 · 2604 2593 · 2603 2592 · 2602 2590 · 2521 2516 · 2506 2487 · 2505 2486 · 2326 2284 · 2231 2139 · 2210 2131 · 2134 2053 · 2084 2034 · 2083 2034 · 2078 2033 · 2072 2032 · 2071 2031

3312 3362 · 3248 3279 · 3203 3224 · 3204 3225 · 3204 3225 · 3203 3224 · 3202 3223 · 3150 3184 · 3115 3140 · 3084 3120 · 3015 3055 · 2997 3036 · 2900 2906 · 2869 2877 · 2811 2789 · 2727 2699 · 2721 2695 · 2726 2699 · 2706 2682

0439 461 · 0438 461 · 0437 461 · 0436 461 · 0435 460 · 0434 460 · 0433 460 · 0432 457 · 0431 456 · 0430 455 · 0429 455 · 0428 452 · 0427 452 · 0426 451 · 0425 450 · 0424 450 · 0423 446 · 0422 444

0458 472 · 0457 470 · 0456 469 · 0455 469 · 0454 468 · 0453 468 · 0452 467 · 0451 467 · 0450 467 · 0449 466 · 0448 466 · 0447 466 · 0446 466 · 0445 466 · 0444 465 · 0443 465 · 0442 465 · 0441 464 · 0440 463

0474 494 · 0473 493 · 0472 492 · 0471 492 · 0470 492 · 0469 488 · 0468 488 · 0467 487 · 0466 487 · 0465 486 · 0464 486 · 0463 485 · 0462 484 · 0544 517 · 0461 479 · 0460 476 · 0459 475

0493 499 · 2983 3018 · 0492 499 · 0491 499 · 0490 499 · 0489 498 · 0488 498 · 0487 498 · 0486 498 · 0485 497 · 0484 497 · 0483 497 · 0482 496 · 0481 496 · 0480 496 · 0575 528 · 0479 496 · 0478 495 · 0477 495 · 0476 495 · 0475 495 · 0553 522

0511 508 · 0510 507 · 0509 507 · 0508 506 · 0507 506 · 0506 506 · 0505 506 · 0504 505 · 0503 505 · 0502 505 · 0501 504 · 0500 504 · 0499 502 · 0498 501 · 0497 500 · 0496 500 · 0495 500 · 0564 524 · 0494 500

0532 514 · 0531 514 · 0530 514 · 0529 513 · 0528 513 · 0448 466 · 0527 513 · 0526 513 · 0525 512 · 0524 512 · 0523 512 · 0522 511 · 0521 511 · 0520 511 · 0519 511 · 0518 510 · 0517 510 · 0516 510 · 0515 509 · 0514 509 · 0513 509 · 0512 508

0552 522 · 0551 522 · 0550 522 · 0549 522 · 0548 522 · 0547 520 · 0546 519 · 0545 519 · 0461 479 · 0544 517 · 0542 517 · 0543 517 · 0543 517 · 0542 517 · 0541 516 · 0540 516 · 0539 516 · 0538 516 · 0537 515 · 0536 515 · 0535 515 · 0534 514 · 0533 514

0572 526 · 0571 526 · 0570 525 · 0569 525 · 0568 525 · 0567 525 · 0566 525 · 0565 524 · 0494 500 · 0564 524 · 0016 37 · 0563 524 · 0562 524 · 0561 524 · 0560 524 · 0559 523 · 0558 523 · 0557 523 · 0556 523 · 0555 523 · 0554 523 · 0474 494 · 0553 522

1517	1252	1251	1234	1044	1011	1002	0979	0636	0635	0630	0321	0017	0579	0578	0577	0576	0479	0575	0574	0573	
1464	1244	1244	1238	988	941	939	934	616	616	614	356	38	528	528	528	528	496	528	527	527	
2450	2260	2259	2231	2173	2170	2104	2095	2070	2073	2067	2066	2064	2026	0480	0482	1832					
2434	2210	2210	2139	2087	2086	2038	2036	2031	2032	2030	2023	2016	1978	496	496	1765					
3205	3153	3152	3151	3150	3080	2983	2879	2811	2810	2707	2608	2601	2464	2459							
3225	3189	3185	3185	3184	3114	3018	2884	2789	2788	2683	2596	2589	2446	2441							
0600	0599	0598	0597	0596	0595	0594	0593	0592	0591	0590	0589	0588	0587	0586	0585	0584	0583	0582	0581	0580	
551	551	550	550	550	550	549	549	549	549	546	546	545	545	544	544	541	541	541	539	528	
1399	1282	1253	1233	0976	0875	0737	0654	0451	0544	0544	0461	0460	0392	0256	0233	0087	0086	0085	0563	0016	
1349	1260	1244	1238	933	868	720	641	479	517	517	479	476	436	314	286	175	174	172	524	37	
2943	2944	2943	2942	2941	2854	2821	2820	2591	2457	2382	2337	2209	2149	2000	1865	1664	1612	1501	1460		
2975	2975	2975	2973	2972	2855	2814	2813	2574	2437	2305	2290	2131	2066	1956	1808	1615	1583	1437	1413		
0604	0603	0602	0601	3464	3397	3687	3233	3138	3079	3053	3023	3000	2943	2942	2941	2944	2944	2942	2941		
556	555	554	551	3485	3468	3592	3263	3174	3113	3080	3059	3036	2975	2973	2972	2975	2975	2973	2972		
0621	0620	0619	0618	0617	0616	0615	0614	0613	0612	0611	0610	0609	0608	0607	0606	0605					
583	582	582	581	581	581	581	578	570	569	566	565	561	560	559	559	558					
0637	0636	0635	0634	0633	0632	0631	0630	0629	0628	0627	0626	0625	0624	0623	0622						
617	616	616	616	615	615	615	614	613	613	611	609	604	604	603	603						
0655	0654	0653	0652	0651	0650	0649	0648	0647	0646	0645	0644	0643	0642	0034	0641	0640	0639	0638			
641	641	638	637	628	628	627	626	625	625	625	624	622	619	70	619	619	618	617			
0676	0675	0674	0673	0672	0671	0670	0669	0668	0667	0961	0666	0665	0664	0663	0662	0661	0660	0659	0658	0657	0656
646	646	646	646	646	645	645	645	645	645	930	645	644	644	644	644	643	643	643	642	642	641
[illegible]48	1341	1259	1224	1154	1068	1028	1027	1026	0666	0961	0596	0497	0492	0375	0196	0116	0679	0678	0677		
[illegible]	1298	1248	1226	1120	1007	952	951	948	645	930	550	500	499	419	207	189	647	647	647		
3074	2771	2513	2459	2472	2422	2378	2306	2301	1874	1852	1724	1499	1493	1464							
3105	2749	2501	2441	2448	2385	2304	2250	2247	1825	1794	1666	1435	1428	1413							

0690 662 | 0689 657 | 0688 656 | 0687 655 | 0686 655 | 0685 654 | 3392 3466 | 0684 654 | 0683 654 | 0682 652 | 0681 648 | 0680 647 | 3458 3484 | 3144 3175 | 3140 3174 | 3076 3112 | 3075 3112

2050 2007 | 1679 1631 | 1598 1565 | 1345 1303 | 1284 1261 | 1114 1043 | 0964 931 | 0962 930 | 0498 501 | 0395 438 | 0051 91 | 0699 672 | 0698 671 | 0697 671 | 0691 663 | 0696 665 | 0695 665 | 0694 664 | 0693 664 | 0692 663 | 0696 665 | 0691 663

0708 678 | 0707 678 | 0706 677 | 0705 676 | 0704 676 | 0703 675 | 0702 674 | 0701 674 | 0700 672 | 3543 3502 | 0684 654 | 3392 3466 | 2515 2502 | 2422 2385 | 2472 2448 | 2282 2222 | 2273 2218 | 2267 2216 | 2052 2008 | 2051 2007

0722 694 | 0721 689 | 0720 685 | 0719 683 | 0718 682 | 0717 681 | 1815 1752 | 1340 1298 | 0959 930 | 0473 493 | 0716 681 | 0715 680 | 0714 680 | 0713 680 | 0712 679 | 0711 679 | 0710 678 | 0709 678

0739 728 | 0738 720 | 0737 720 | 3271 3307 | 0736 720 | 0735 716 | 0734 716 | 0733 715 | 0732 713 | 0731 710 | 0730 706 | 0729 699 | 0728 698 | 0727 698 | 0726 698 | 0725 698 | 0724 698 | 0723 697

0755 740 | 0754 739 | 0753 736 | 0752 736 | 0751 733 | 0750 733 | 0749 733 | 0748 733 | 0747 732 | 0746 732 | 0745 732 | 0744 732 | 0743 731 | 0742 731 | 0741 731 | 0740 730

0777 750 | 0776 750 | 0775 750 | 0774 750 | 0773 749 | 0772 749 | 0771 749 | 0770 749 | 0769 749 | 0768 748 | 0767 748 | 0766 748 | 0765 748 | 0764 748 | 0763 747 | 0762 747 | 0761 747 | 0760 747 | 0759 746 | 0758 745 | 0757 744 | 0756 740

0799 758 | 0798 758 | 0797 757 | 0796 757 | 0795 757 | 0794 757 | 0793 756 | 0792 755 | 0791 755 | 0790 755 | 0789 755 | 0788 755 | 0787 754 | 0786 754 | 0785 754 | 0784 754 | 0783 754 | 0782 753 | 0781 753 | 0777 750 | 0780 753 | 0779 753 | 0778 751

0200 214 | 0185 204 | 0169 200 | 0165 199 | 0158 198 | 0153 197 | 0148 196 | 0147 195 | 0132 192 | 0105 186 | 0104 185 | 0103 185 | 0097 183 | 0096 183 | 0095 183 | 0054 103 | 0046 87 | 0045 86 | 0044 84 | 0043 84 | 0036 74 | 0013 32

0342 387 | 0341 382 | 0340 381 | 0311 351 | 0310 350 | 0309 350 | 0308 349 | 0307 349 | 0306 345 | 0275 334 | 0265 321 | 0262 319 | 0261 319 | 0258 316 | 0242 301 | 0237 296 | 0236 292 | 0234 289 | 0214 232

0488 498 | 0470 492 | 0469 488 | 0465 486 | 0447 466 | 0444 465 | 0417 443 | 0415 442 | 0406 440 | 0397 439 | 0396 438 | 0385 427 | 0380 421 | 0371 418 | 0370 418 | 0369 417 | 0365 416 | 0349 391 | 0348 390 | 0347 389 | 0346 389 | 0343 388

0690 662 | 0689 657 | 0628 613 | 0622 603 | 0620 582 | 0617 581 | 0616 581 | 0603 555 | 0597 550 | 0592 549 | 0585 544 | 0571 526 | 0561 524 | 0557 523 | 0556 523 | 0541 516 | 0533 514 | 0502 505 | 0500 504

1162 1124 | 1157 1123 | 1155 1122 | 1147 1110 | 1106 1040 | 1105 1039 | 1104 1037 | 1042 987 | 1036 970 | 1035 970 | 1020 942 | 1019 942 | 1008 940 | 1007 940 | 0999 938 | 0957 930 | 0920 905 | 0811 783 | 0809 780 | 0808 778 | 0805 774 | 0693 664

1405 1404 1371 1366 1365 1364 1358 1356 1355 1351 1331 1303 1300 1209 1202 1194 1184 1183 1182 1179 1176
1355 1354 1306 1305 1305 1305 1304 1303 1303 1301 1296 1268 1267 1176 1169 1167 1158 1158 1157 1153 1149

1542 1524 1518 1510 1509 1508 1496 1497 1495 1494 1490 1473 1463 1459 1447 1446 1442 1425 1407
1496 1465 1464 1458 1457 1457 1434 1434 1434 1428 1426 1415 1413 1412 1404 1404 1398 1378 1365

1813 1803 1802 1795 1794 1769 1762 1760 1759 1713 1694 1695 1695 1694 1688 1685 1677 1660 1644 1603 1568
1747 1742 1742 1740 1739 1706 1696 1688 1688 1658 1635 1638 1638 1635 1634 1633 1630 1612 1600 1572 1542

2081 2071 2067 2066 2051 2039 2037 2031 2017 2006 2003 1936 1935 1927 1920 1917 1909 1902 1901 1837
2033 2031 2030 2023 2007 1986 1984 1980 1967 1960 1957 1892 1892 1888 1883 1878 1871 1848 1848 1767

2255 2254 2253 2246 2243 2242 2241 2240 2239 2216 2176 2168 2166 2146 2120 2107 2095 2090
2206 2197 2196 2183 2174 2173 2172 2158 2152 2133 2087 2085 2077 2059 2044 2039 2036 2035

2346 2340 0778 2315 2314 2310 2308 2296 2294 2293 2282 2281 2271 2272 2270 2280 2268 2264 2260
2296 2293 751 2278 2277 2269 2262 2238 2237 2237 2222 2222 2218 2217 2217 2222 2216 2212 2210

2559 2549 2540 2537 2500 2499 2489 2477 2453 2451 2443 2415 2396 2366 2364 2362 2356 2355
2545 2531 2526 2525 2481 2479 2471 2450 2436 2435 2414 2347 2310 2301 2300 2300 2299 2299

2822 2810 2799 0387 2782 2757 2725 2713 2641 2633 2626 2617 2616 2610 2598 2594 2574
2815 2788 2778 435 2760 7742 2698 2685 2634 2631 2621 2604 2604 2597 2586 2582 2566

3007 2992 2977 2966 2958 2957 2943 2942 2941 2944 2944 2943 2942 2941 2938 2937 2932 2850 2847
3048 3031 3017 3009 3006 3004 2975 2973 2972 2975 2975 2975 2973 2972 2969 2964 2945 2853 2851

3190 3181 3180 3137 3136 3135 3122 3096 3071 3090 3089 3085 3081 3090 3071 3082 3063 2371 3045 3040 3038 3035
3217 3211 3210 3173 3173 3173 3160 3127 3102 3121 3121 3120 3114 3121 3102 3120 3091 2302 3068 3067 3066 3066

0805 0804 0803 0802 0801 0800 3538 3427 3391 3380 3379 3349 3334 3331 3304 3302 3251 3239 3223 3216
774 766 764 763 761 758 3501 3475 3466 3464 3464 3422 3397 3396 3360 3357 3280 3267 3244 3233

0826 0825 0824 0823 0822 0821 0820 0819 0818 0817 0816 0815 0814 0813 0812 0811 0810 0809 0808 0807 0805 0806
817 816 813 810 809 790 789 789 789 788 788 788 788 784 183 783 780 780 778 776 774 775

0838 0837 0836 0835 0834 0833 0832 0831 0830 0829 0828 0827
834 831 829 824 824 823 822 822 822 820 819 818

0853 0852 0851 0898 0850 0849 0848 0847 0846 0845 0844 0843 0842 0841 0840 0839
847 847 847 875 847 846 846 846 845 842 840 838 837 837 837 835

0871 0870 0869 0868 0867 0866 0865 0864 0863 0862 0861 0860 0859 0858 0857 0856 0855 0854
866 864 862 861 861 859 859 858 858 858 857 856 855 853 853 852 852 849

0893 0892 0891 0890 0889 0888 0887 0886 0885 0884 0883 0882 0881 0880 0879 0878 0877 0876 0875 0874 0873 0872
873 873 873 872 872 872 872 872 872 871 871 871 870 870 870 870 870 869 868 866 998 998

0270 0250 0206 0195 0188 0186 0131 0111 0093 0035 0012 0904 0903 0902 0901 0900 0899 0850 0898 0897 0896 0895 0894
324 310 220 207 205 204 192 188 177 72 32 876 875 875 875 875 875 847 875 874 874 873 873

1275 1274 1259 1232 1194 1166 1004 1003 0960 0856 0783 0695 0630 0604 0539 0489 0488 0487 0486 0314
1255 1254 1248 1237 1167 1129 939 939 930 852 754 665 614 556 516 498 498 498 498 352

1767 1721 1619 1590 1582 1555 2329 1519 1512 1499 1452 1427 1356 1343 1304 1299 1285 1276
1704 1664 1586 1560 1551 1531 2286 1464 1458 1435 1411 1378 1303 1299 1268 1267 1261 1257

2266 2186 2148 2111 2095 2082 2066 2067 2066 2056 2055 1956 1886 1853 1842 1793
2215 2100 2066 2039 2036 2033 2023 2030 2023 2013 2012 1913 1837 1794 1776 1738

2304 2303 2302 2300 2299 2298 2297 2296 2295 2294 2293 2292 2291 2290 2287
2250 2250 2248 2241 2240 2239 2238 2238 2238 2237 2237 2236 2235 2230 2225

2363 2359 2354 2353 2350 2342 2340 2339 2335 2333 1555 2329 2323 2322 2310 2308 2307 2305
2300 2299 2298 2298 2297 2295 2293 2292 2288 2287 1531 2286 2283 2283 2269 2262 2256 2250

2685 2670 2638 2607 2596 2595 2525 2518 2524 2474 2425 2392 2389 2388 2387 2386 2385 2381 2377 2375 2368
2673 2663 2633 2596 2585 2583 2517 2513 2517 2449 2395 2307 2306 2306 2306 2306 2306 2305 2304 2304 2301

3207 3206 3174 3116 3108 3042 3020 3019 3018 3017 3005 3004 2944 2942 2941 2943 2888 2886 2842 2772 2710
3226 3226 3207 3140 3137 3067 3056 3056 3056 3056 3045 3044 2975 2973 2972 2975 2889 2889 2842 2749 2684

0916 0915 0914 0913 0912 0911 0910 3688 0909 0908 0907 0906 0905 3417 3247 3247
900 895 890 889 889 889 888 3593 886 885 884 882 876 3473 3279 3279

0936 0935 0934 0933 0932 0931 0930 0929 0928 0927 0926 0925 0924 0923 0922 0921 0920 0919 0918 0917
915 914 914 914 913 911 910 910 910 910 910 909 909 909 909 907 905 902 901 901

0937	0938	0939	0940	0941	0942	0943	0944	0945	0946	0947	0948	0949	0950	0951	0952	0953	0954	0955	0956	0957	0958	0959
915	915	915	916	916	916	916	916	917	917	917	917	919	926	928	928	928	929	929	929	930	930	930

0960	0961	0666	0962	0963	0964	0965	0966	0967	0968	0969	0970	0971	0972	0973	0974	0975	0976	0977	0978	0979	0980	0981
930	930	645	930	931	931	931	931	932	932	932	932	932	932	933	933	933	933	933	933	934	934	934

0982	0983	0984	0985	0986	0987	0988	0989	0990	0991	0992	0993	0994	0995	0996	0997	0998	0999	1000	1001	1732	1002	1003
934	935	935	935	935	935	936	936	936	936	936	937	937	937	937	938	938	938	938	938	1672	939	939

1004	1005	1006	1007	1008	1009	1010	1011	1012	1013	1014	1015	1016	1017	1018	1019	1020	1021	1022	1023	1024	1025	1026
939	939	939	940	940	940	940	941	941	941	941	941	942	942	942	942	942	942	943	946	947	948	948

1027	1028	1029	1030	1031	1032	1033	1034	1035	1036	1037	1038	2343
951	952	953	953	956	956	967	969	970	970	974	979	2295

2391	1039	1040	1041	1042	1043	1589	1590	1044	1045	1046	1047	1048	1049	1050
2307	985	985	986	987	987	1559	1560	988	999	1001	1001	1001	1002	1002

1051	1052	1053	1054	1055	1056	1057	1058	1059	1060	1061	1062	1063	1064	1065	1066	1067	1068	1069
1002	1002	1002	1003	1004	1004	1005	1005	1005	1005	1005	1006	1006	1006	1006	1006	1006	1007	1007

1070	1071	1072	1073	1074	1075	1076	1077	1078	1079	1080	1081	1082	1083	1084	1085	0015	0021	0033	0035	0054	1061	0062
1007	1007	1007	1008	1008	1008	1008	1008	1009	1009	1009	1009	1009	1009	1010	1010	37	42	70	72	103	108	111

0063	0072	0076	0083	0084	0091	0105	0140	0143	0154	0159	0167	0173	0224	0250	0267	0297	0333	0334	0335	0344
112	145	149	168	170	177	186	194	195	197	198	200	202	241	310	321	339	367	370	370	388

0350	0352	0354	0355	0356	0359	0361	0407	0368	0372	0376	0379	0402	0407	0361	0411	0416	0439	0440
391	407	407	409	410	412	414	441	416	418	419	420	440	441	414	441	443	461	463

0441	0442	0443	0457	0499	0506	0507	0508	0509	0527	0528	0532	0539	0542	0543	0543	0542	0544	0461
464	465	465	470	502	506	506	506	507	513	513	514	516	517	517	517	517	517	579

0559	0566	0584	0585	0594	0598	0605	0606	0607	0617	0646	0646	0655	0666	0961	0669	0677	0679	0681	0683	0685
523	525	541	544	549	550	558	559	559	581	625	625	641	645	930	645	647	647	648	654	654

0686	0688	0694	0712	0725	0795	0815	0817	0818	0832	0858	0861	0862	0892	1088	1089	1094	1102	1111	1120
655	656	664	679	698	757	788	788	789	822	853	857	858	873	1011	1011	1012	1035	1042	1064

1203 1196 1187 1177 1172 1167 1145 1144 1143 1135 1134 1129 1124 1123 1122 1121
1169 1168 1160 1149 1140 1132 1110 1009 1109 1089 1088 1081 1078 1072 1065 1064

1353 1352 1338 1319 1299 1296 1293 1287 2719 1286 1281 1278 1256 1255 1254 1236 1212 1204
1303 1301 1297 1276 1267 1267 1266 1264 2694 1261 1260 1259 1247 1246 1244 1238 1192 1170

1429 1589 1536 1535 1415 1411 1410 1409 1408 1407 1404 1401 1391 1378 1377 1372 1370 1368 1366
1380 1559 1480 1480 1373 1370 1369 1366 1365 1365 1354 1350 1336 1308 1308 1307 1306 1306 1305

1534 1531 1522 1513 1510 1498 1497 1488 1487 1484 1481 1478 1476 1448
1477 1473 1465 1461 1458 1434 1434 1424 1424 1421 1417 1416 1416 1409

1612 1592 1586 1583 1576 1575 1568 1555 2329 1555 2334 1573 1555 1536 1589 1536 1535 1415
1583 1561 1555 1551 1549 1548 1542 1531 2286 1531 2288 1545 1531 1480 1559 1480 1480 1373

1730 1729 1705 1706 1706 1705 1700 1699 1692 1687 1670 1683 1676 1672 1657 1654 1647 1645 1629 1627 1626 1615
1671 1671 1647 1648 1648 1647 1645 1644 1634 1633 1624 1632 1630 1627 1611 1607 1601 1600 1588 1589 1588 1584

1858 1850 1833 0482 1831 1830 1828 1826 1824 1819 1816 1802 1796 1787 1775 1772 1753 1741 1001 1732 1731
1796 1793 1765 496 1764 1764 1762 1775 1757 1754 1752 1742 1741 1734 1718 1715 1684 1680 938 1672 1672

1967 1958 1956 1930 1921 1919 1918 1913 1912 1911 1899 1895 1878 1877 1876 1860 1859
1923 1921 1913 1888 1883 1882 1880 1874 1874 1872 1846 1844 1827 1827 1826 1803 1802

2142 2127 2122 2123 2123 2122 2121 2117 2108 2105 2097 2094 2093 2091 2085 2083 2080 2050 2028 1997 1992 1989 1988
2057 2050 2044 2048 2048 2044 2044 2041 2039 2038 2036 2036 2036 2035 2034 2034 2033 2007 1979 1954 1949 1949 1948

2232 2227 2214 2212 2199 2192 2191 2190 2187 2177 2171 2166 2154 2152 2144 2143
2141 2137 2133 2132 2112 2113 2112 2111 2100 2088 2086 2077 2073 2067 2058 2057

2311 2282 2281 2277 2272 2280 2270 2279 2280 2272 2270 2277 2280 2277 2270 2272 2280 2277 2272 2270 2262 2233
2277 2222 2222 2218 2217 2222 2217 2221 2222 2217 2217 2218 2222 2218 2217 2217 2222 2218 2217 2217 2211 2142

2362 1956 2353 2352 2311 2348 2391 1038 2343 2342 1918 1555 2334 1555 2329 2320 2319
2300 1913 2298 2298 2277 2297 2307 979 2295 2295 1880 1531 2288 1531 2286 2282 2282

2526 2524 2518 2525 2525 2518 2524 2525 2524 2518 2489 2431 2430 2343 1038 2391 2383 2374 2365
2517 2517 2513 2517 2517 2513 2517 2517 2517 2513 2471 2407 2406 2295 979 2307 2305 2303 2301

2604 2601 2600 2599 2595 2585 2576 2557 2556 2555 2554 2553 2537 2536 2535 2530
2593 2589 2587 2586 2583 2573 2571 2542 2541 2539 2539 2538 2525 2525 2525 2522

2682 2681 2696 2671 2675 2672 2663 2661 2660 2659 2638 2636 2634 2628 2627 2622 2621 2620 2619 2606
2671 2666 2677 2663 2664 2663 2656 2655 2654 2653 2633 2633 2632 2622 2621 2606 2605 2605 2605 2596

2769 2764 2753 2752 2742 2739 2736 2728 2720 1286 2719 2718 2709 2706 2705 2704 2691 2690 2687 2681 2682
2749 2748 2740 2739 2715 2714 2714 2700 2695 1261 2694 2691 2684 2682 2680 2679 2675 2674 2673 2666 2671

2827 2826 2821 2820 2819 2818 2806 2805 2798 2796 2794 2788 2787 2786 2785 2784 0387 2782
2829 2824 2814 2813 2813 2812 2785 2784 2776 2771 2771 2769 2769 2768 2767 2765 435 2760

2927 2926 2913 2911 2910 2895 2887 2886 2885 2878 2867 2864 2854 2849 2848 2847 2838 2837
2944 2943 2925 2924 2923 2898 2889 2889 2888 2884 2876 2872 2855 2853 2853 2851 2841 2841

2989 2988 2987 2998 2986 2985 2984 2978 2972 2971 2956 2954 2945 2940 2939 2933
3030 3029 3029 3036 3029 3028 3027 3017 3014 3013 3003 3001 2976 2972 2970 2947

3110 3096 3095 3093 3092 3079 3075 3073 3070 3052 3037 3043 3028 3025 3015 3012 3009 3007 3000 2994
3138 3127 3126 3125 3122 3113 3112 3103 3101 3080 3066 3067 3064 3063 3055 3054 3053 3048 3036 3032

3169 3160 3159 3154 3155 3155 3154 3153 3152 3141 3137 3134 3129 3128 2127 3111
3200 3193 3193 3190 3191 3191 3190 3189 3185 3174 3173 3173 3166 3164 3162 3139

3198 3199 3198 3192 3191 3197 3195 3194 3186 3184 3177 3173 3171 3170
3222 3223 3222 3218 3217 3221 3220 3219 3214 3212 3209 3201 3201 3200

3232 3229 3228 3226 3225 3221 1124 3220 3219 3210 3208 3209 3209 3208 3206 3207 3200 3199
3258 3255 3254 3246 3246 3241 1078 3235 3235 3229 3227 3228 3228 3227 3226 3226 3223 3223

3341 3340 3339 3318 3317 3316 3315 3314 3313 3281 3273 3268 3263 3257 3252 3250 3249 3233
3410 3410 3406 3367 3367 3366 3365 3363 3363 3338 3311 3306 3301 3290 3280 3279 3279 3263

3152 0052 1094 1093 1092 1091 1543 1089 1088 1087 3501 1086 3498 3389 3387 3353 3347 3342
3185 92 1012 1012 1012 1011 1496 1011 1011 1011 3493 1010 3492 3465 3465 3433 3415 3410

3389 2102 1821 1610 1428 1359 1260 1090 0963 0936 2782 0387 0336 1098 1097 1096 1095 3360 3153
3465 2037 1756 1582 1380 1304 1248 1011 931 915 2760 435 371 1029 1027 1026 1018 3449 3189

1187 1186 1185 1184 1183 1182 1181 1180 3325 2724 2684 2502 1242 1149 0777 0780 0780 0777 1179 1178
1160 1159 1159 1158 1158 1157 1155 1153 3370 2698 2672 2482 1240 1110 750 753 753 750 1153 1149

1770 0614 0226 1206 1205 1204 1203 1202 1201 1200 1199 1198 1197 1196 1195 1194 1193 1192 1191 1190 1189 1188
1714 578 255 1170 1170 1170 1169 1169 1169 1169 1169 1168 1168 1168 1167 1167 1167 1166 1165 1164 1164 1162

1212 1211 2586 1362 1198 1210 1209 1208 1207 1771
1192 1180 2673 1305 1168 1178 1176 1172 1170 1714

1536 1535 1415 1143 1093 0945 0937 0855 0836 0378 0124 0109 1217 1216 1215 1214 1213
1480 1480 1373 1109 1012 917 915 852 829 420 191 187 1202 1201 1201 1201 1201

1851 1780 1718 1606 1597 1569 1560 1559 1558 1551 1549 1536 1589 1536 1415 1535 1488 1466 1432 1589
1793 1725 1663 1578 1563 1543 1537 1536 1536 1525 1517 1480 1559 1480 1373 1480 1424 1414 1384 1559

1224 1223 1222 1221 1220 1219 1218 3339 3144 3112 3111 3103 3033 2999 2513 2370
1226 1225 1222 1210 1208 1205 1202 3406 3175 3139 3139 3135 3065 3036 2501 2302

1247 1243 1242 1241 1240 1239 1238 1237 1236 1235 1234 1233 1232 1231 1230 1229 1228 1227 1226 1225
1243 1241 1240 1240 1239 1239 1239 1238 1238 1238 1238 1238 1237 1237 1236 1236 1228 1228 1227 1227

1263 1262 1261 1260 1259 1258 1257 1256 1255(2) 1255(1) 1254 1253 1252 1251 1250 1249 1248 1243 1247 1246 1245 1244
1248 1248 1248 1248 1248 1247 1247 1247 1247 1246 1244 1244 1244 1244 1244 1243 1243 1241 1243 1242 1241 1241

0859 0783 0736 0638 0448 0315 0236 0225 0167 0113 0080 0064 1272 1271 1270 1269 1268 1267 1266 1265 1264
855 754 740 617 466 352 292 241 200 188 164 112 1251 1251 1251 1250 1250 1250 1250 1250 1249

1804 1734 1696 1697 1697 1696 1528 1527 1526 1453 1445 1395 1361 1344 1324 1323 1192 1073 1060 0943 0942
1742 1679 1639 1640 1640 1639 1471 1470 1466 1411 1404 1304 1304 1299 1280 1279 1166 1008 1005 916 916

2756 2749 2698 2697 2691 2696 2675 2671 2562 2520 2509 2389 2257 2256 2169 2129 2122 2123 2001 1998 1969 1959 1881
2742 2735 2678 2678 2675 2677 2664 2663 2558 2516 2495 2306 2209 2207 2085 2051 2044 2048 1956 1955 1925 1921 1829

3351 3316 3315 3314 3313 3312 3311 3238 3200 3163 3162 3094 2951 2949 2948 2875 2800 2788 2769 2768
3432 3366 3365 3363 3363 3362 3362 3266 3223 3197 3196 3126 2979 2978 2978 2883 2779 2769 2749 2749

1287 2719 1286 1285 1284 1283 1282 1281 1280 1279 1278 1277 1276 1275 1274 1273 3471
1261 2694 1261 1261 1261 1260 1260 1260 1260 1259 1259 1257 1257 1255 1254 1253 3487

1305		1304	1303	1302	1301	1300	1299	1298	1297	1296	1295	1294	1293		1292	1291		1290		1289	1288
1268		1268	1268	1268	1268	1367	1267	1267	1267	1267	1267	1266	1266		1266	1266		1265		1264	1263

	1322	1321			1320	1319	1318	1317			1316	1315	1314	1313	1312	1311	1310	1309	1308	1307		1306
	1279	1279			1277	1276	1276	1275			1274	1273	1273	1273	1272	1271	1271	1271	1270	1270		1270

1339	1338	1337	1336	1335	1334	1333	1332	1331		1330	1329	1328	1327	1326			1325	1324				1323
1298	1297	1297	1297	1297	1297	1296	1296	1296		1292	1291	1281	1281	1280			1280	1280				1279

1361	1360	1359	1358	1357	1356	1355	1354	1353	1352	1351	1350	1349		1348	1347	1346	1345	1344	1343	1342	1341	1340
1304	1304	1304	1304	1304	1303	1303	1303	1303	1301	1301	1301	1301		1300	1300	1299	1299	1299	1299	1299	1298	1298

0090	0074	0073	1328	0057	1379	1378	1377	1376	1375	1374	1373	1372	1371	1370	1369	1368	1367	1366	1365	1364	1363	1362
176	148	146	1281	107	1308	1308	1308	1307	1307	1307	1307	1307	1306	1306	1306	1306	1306	1305	1305	1305	1305	1305

1105	0911	0886	0806		0802	0778	0707	0705	0703	0697		0620	0542	0543		0517	0516			0313	0179	0116
1039	889	872	775		763	751	678	676	675	671		582	517	517		510	510			351	203	189

1854		1834	1818	1817			1757	1717	1714	1712	1676	1644	1618	1572	1571	1553	1532	1528	1503	1448	1141	
1794		1766	1753	1753			1684	1663	1660	1658	1630	1600	1586	1544	1544	1526	1474	1471	1441	1409	1104	

2700	2646	2647	2640	2603		2564		2548	2441	2341		0778			2147	2028	2015	1981	1938	1879	1864	1863
2678	2639	2639	2634	2592		2560		2531	2413	2294		751			2064	1979	1965	1932	1893	1828	1808	1807

	3174	3167	3141	3135				3133	3093	3014			2938	2901	2874	2860	2802	2761	2647	2646	2700	2668
	3207	3199	3174	3173				3171	3125	3054			2969	2906	2882	2858	2782	2747	2639	2639	2678	2662

1390	1389			1388	1387		1386	1385			1384	1383		1142	1382	1381	1380		3481		3299
1335	1334			1334	1333		1333	1333			1327	1327		1106	1326	1308	1308		3489		3355

0041	0040	0038	1401	1400	1399	1398	1397	1396	1395		1394								1403	1393	1392	1391
78	77	76	1350	1350	1349	1349	1349	1349	1349		1346								1352	1336	1336	1336

0542	0543	0543	0542	0511		0510	0438	0432	0427	0386	0374	0329	0327	0319	0265		0228	0166	0121		0064	0054
517	517	517	517	508		507	461	457	452	427	419	363	362	355	321		259	199	190		112	103

1325	1289	1240	1222	1213	1171	1125	1082	1053	1019	0958	0943	0942	0914	0868		0867	0690	0683	0634	0613		0604
1280	1264	1239	1222	1201	1139	1080	1009	1002	942	930	916	916	890	361		861	662	654	616	570		556

1744 1737 1700 1671 1594 1589 1536 1415 1535 1522 1472 1445 1444 1438 1436 1435 1429 1427 1411 1363 1357
1681 1679 1645 1627 1562 1559 1480 1373 1480 1465 1415 1404 1399 1394 1387 1386 1380 1378 1370 1305 1304

2105 2077 2069 2027 2024 2014 2005 1999 1990 1979 1957 1956 1937 1928 1872 1871 1855 1823 1773 1765
2038 2033 2031 1979 1977 1965 1958 1955 1949 1927 1920 1913 1892 1888 1825 1825 1795 1757 1716 1702

2419 2284 2283 2281 2282 2277 2272 2270 2280 2279 2278 2280 2272 2270 2277 2201 2200 2199 2197 2178 2106
2367 2223 2223 2222 2222 2218 2217 2217 2222 2221 2220 2222 2217 2217 2218 2121 2121 2121 2119 2088 2038

3123 3040 3006 2982 2975 2965 2963 2962 2917 2867 2865 2864 2863 2787 2754 2541 2534 2533 2503 2500 2474 2421
3160 3067 3046 3018 3016 3008 3008 3008 2926 2876 2875 2872 2859 2765 2740 2526 2524 2523 2482 2481 2449 2385

1409 1408 1407 1406 1405 1404 1393 1403 1402 3492 3314 3287 3253 3208 3209 3178
1366 1365 1365 1364 1355 1354 1336 1352 1350 3491 3369 3347 3281 3227 3228 3209

1424 1423 1422 1421 1420 1419 1418 1417 1416 1589 1536 1535 1415 1465 1414 1413 1412 1411 1410
1377 1376 1376 1375 1375 1374 1374 1373 1373 1559 1480 1480 1373 1413 1373 1371 1371 1370 1369

1436 1435 1434 1433 1432 1431 1430 1429 1428 1427 1426 1425
1387 1386 1385 1385 1384 1384 1384 1380 1380 1378 1378 1378

1450 3689 1449 1448 1447 1446 1445 1444 1443 1442 1441 1440 1439 1438 1437
1410 3594 1409 1409 1404 1404 1404 1399 1399 1398 1396 1395 1394 1394 1394

1472 1471 1470 1469 1468 1467 1466 1414 1465 1464 1463 1462 1461 1460 1459 1458 1457 1456 1455 1454 1453 1452 1451
1415 1415 1415 1414 1414 1414 1414 1373 1413 1413 1413 1413 1413 1413 1412 1412 1412 1412 1411 1411 1411 1411 1410

0468 0466 0465 0463 0462 0437 0386 0239 0089 0041 1480 1479 1478 1477 1476 1475 1474 1473
488 487 486 485 484 461 427 297 176 78 1416 1416 1416 1416 1416 1415 1415 1415

1122 1067 0999 0998 0914 0850 0898 0877 0849 0774 0755 0703 0702 0657 0648 0647 0646 0567 0503 0484
1042 1006 938 938 890 847 875 870 846 750 740 675 674 642 626 625 625 525 505 497

1403 1393 1388 1360 1326 1325 1324 1267 1241 1223 1222 1195 1170 1169 1168
1352 1336 1334 1304 1280 1280 1280 1250 1240 1225 1222 1167 1139 1139 1133

1621 1596 1594 1539 1537 1536 1589 1536 1415 1535 1532 1531 1530 1529 1528 1527 1526
1587 1562 1562 1482 1480 1480 1559 1480 1373 1480 1474 1473 1472 1472 1471 1470 1466

2070 2069 2048 2033 2025 2024 1996 1978 1975 1964 1937 1898 1855 1811 1777 1778 1777 1725 1723 1702
2031 2031 2005 1980 1978 1977 1953 1927 1926 1922 1892 1845 1795 1744 1722 1723 1722 1667 1665 1646

3163 3072 3054 3013 2999 2917 2819 2808 2804 2754 2679 2678 2583 2492 2462 2389 2346 2126 2112 2103 2093 2071
3197 3102 3080 3054 3036 2926 2813 2786 2783 2740 2665 2665 2572 2474 2446 2306 2296 2050 2040 2038 2036 2031

1488 1487 1486 1485 1484 1483 1482 3473 3314 3311 3260 3171 3170 3169 3168 3167 3166
1424 1424 1422 1421 1421 1420 1417 3487 3363 3362 3294 3201 3200 3200 3200 3199 3198

1504 1503 1502 1501 1500 1499 1498 1497 1496 1495 1494 1493 1492 1491 1490 1489
1446 1441 1438 1437 1435 1435 1434 1434 1434 1434 1428 1428 1427 1427 1426 1426

1517 1516 1515 1514 1508 1403 1393 1041 0878 0876 0898 0850 0788 0764 0571 0527 0467 0308 0172 1506 1505
1464 1464 1464 1462 1457 1352 1336 986 870 869 875 847 755 748 526 513 487 349 202 1450 1449

3155 3107 3104 3077 2913 2912 2507 2352 2351 2193 2184 2107 2022 2021 2000 1991 1707 1635 1523 1520 1519 1518
3191 3136 3135 3112 2925 2925 2489 2298 2297 2113 2100 2039 1975 1974 1956 1949 1648 1596 1465 1465 1464 1464

1521 1519 1513 3006 1512 1511 1510 1509 1508 1507 3184 3154
1465 1464 1461 3046 1458 1458 1458 1457 1457 1451 3212 3190

1533 2566 2493 2392 2373 2172 2171 2020 1682 1505 1448 1408 1371 1283 0464 1525 1524 1522
1474 2561 2474 2307 2303 2087 2086 1971 1632 1449 1409 1365 1306 1260 486 1465 1465 1465

1540 2661 2663 2156 1471 1375 1128 1539 1538 1537 1536 1589 1536 1415 1535 1534
1482 2655 2656 2073 1415 1307 1081 1482 1481 1480 1480 1559 1480 1373 1480 1477

1555 1554 1553 1552 1551 1550 1549 1548 1547 1546 1545 0577 1542 1541
1531 1529 1526 1525 1525 1523 1517 1504 1504 1504 1503 528 1496 1496

1564 1563 1562 1561 3185 2994 2833 2327 2128 1913 1632 1006 1005 0720 0477 1560 1559 1558 1557 1556
1538 1537 1537 1537 3212 3032 2836 2285 2050 1874 1594 939 939 685 495 1537 1536 1536 1536 1533

1583 1582 1581 1580 1579 1578 1577 1576 1575 1574 1555 1573 1572 1571 1570 1569 1568 1567 1566 1565
1551 1551 1550 1550 1549 1549 1549 1549 1548 1547 1531 1545 1544 1544 1543 1543 1542 1542 1541 1540

0551 0575 0479 0476 0475 0432 0328 0210 0150 0065 0064 0042 1584
522 528 496 495 495 457 363 224 196 126 112 78 1551

1555 1573 1552 1539 1483 1342 1337 1327 1291 1258 1221 1201 1075 1074 1020 0984 0880 0631 0621 0479 0575
1531 1545 1525 1482 1420 1299 1297 1281 1266 1247 1210 1169 1008 1008 942 935 870 615 583 496 528

2657 2656 2458 2457 2456 2336 1555 2334 2333 2332 2331 2330 2249 1986 1929 1761 1760 1759 1740
2653 2651 2437 2437 2436 2290 1531 2288 2287 2287 2287 2286 2193 1937 1888 1691 1688 1688 1680

1054 0701 1598 1597 1596 1595 1594 1593 1592 1591 1590 1590 1043 1589 1588 1587 1586 1585 2851 2658
1003 1646 1563 1563 1562 1562 1562 1561 1561 1560 1560 1560 987 1559 1559 1555 1555 1552 2854 2653

1604 1603 1602(2) 1602(1) 1601 1600 1599 3056 3040 3039 2745 2751 2527 2284 2245 1932 1634 1335 1108
1575 1572 1572 1569 1565 1565 1563 3082 3067 3066 2717 2736 2518 2223 2181 1890 1595 1297 1041

1624 1623 1622 1621 1620 1619 1618 1617 1616 1615 1614 1613 1612 1611 1610 1609 1608 1607 1606 1605 1604
1588 1587 1587 1587 1587 1586 1586 1586 1585 1584 1584 1583 1583 1583 1582 1580 1578 1578 1578 1578 1575

2046 2045 2044 1643 1054 1590 1589 1043 0882 0881 0845 0478 0290 0238 1629 1628 1627 1626 1625
2004 2001 1995 1600 1003 1560 1559 987 871 810 842 495 337 297 1589 1589 1589 1588 1588

1646 1645 1644 1643 1642 1641 1640 1639 1638 1637 1636 1635 1634 1633 1632 1631 1630 2831 2735 2702 2130
1601 1600 1600 1600 1600 1599 1598 1698 1597 1597 1596 1596 1595 1595 1594 1592 1589 2834 2712 2679 2051

1658 1657 1656 1655 1654 1653 1214 1652 1708 1651 1650 1649 1648 1647
1611 1611 1611 1610 1607 1605 1201 1605 1649 1602 1602 1602 1601 1601

1237 0845 1659 1667 1666 1665 1664 1663 1662 1661 1660 1667 1659 2945 2263 1719 1914 1538 1472
1238 842 1612 1619 1617 1616 1615 1615 1615 1614 1612 1619 1612 2976 2212 1664 1876 1481 1415

1676 1675 1674 1673 1672 1671 1683 1670 1669 1668 3386 3245 2830 2692 2157
1630 1629 1628 1627 1627 1627 1632 1624 1624 1621 3465 3269 2832 2677 2074

1694 1695 1695 1694 1693 1692 1691 1690 1689 1688 1687 1686 1685 1684 1670 1683 1682 1135 1681 1680 1679 1678 1677
1635 1638 1638 1635 1635 1634 1634 1634 1634 1634 1633 1633 1633 1633 1624 1632 1632 1089 1632 1632 1631 1631 1630

1135 0977 0579 0484 0483 0401 0207 0206 0098 0094 1702 1701 1700 1699 2217 2208 1698 1696 1697 1697 1696
1089 933 528 497 497 440 220 220 184 183 1646 1646 1645 1644 2134 2129 1640 1639 1640 1640 1639

1710 1709 1651 1708 1707 1705 1706 1706 1705 1704 1703 3074 2919 2745 2751 2669 2612 2137 1822 1333 1332
1651 1650 1602 1649 1648 1647 1648 1648 1647 1647 1646 3105 2928 2717 2736 2662 2598 2054 1756 1296 1296

2734 2378 2092 1032 0997 0373 1889 1888 2666 2665 1191 0177 1884 1885 1885 1884 1883 1882 1881
2707 2304 2035 956 938 419 1839 1837 2657 2657 1165 203 1836 1836 1836 1836 1836 1836 1829

0454 0182 0088 0022 1902 1901 1900 1899 1898 1890 1897 1896 1895 1894 1893 1892 1891 1897 1890 3078
468 204 176 44 1848 1848 1848 1846 1845 1841 1844 1844 1844 1843 1843 1843 1843 1844 1841 3113

1908 2866 1886 1754 1641 1186 1907 1906 1905 1904 1903 3476 3147 2653 2587 0708 0495
1856 2875 1837 1684 1599 1159 1856 1856 1855 1852 1849 3488 3179 2648 2574 678 500

2839 2711 2586 2573 1719 1914 1913 1912 1911 1910 3401 3158 0901 0860 0859 1909
2842 2684 2574 2566 1664 1876 1874 1874 1872 1871 3469 3193 875 856 855 1871

1930 1929 1928 1927 1926 1925 1924 1923 1922 1921 1920 1919 1918 1917 1916 1915
1888 1888 1888 1888 1888 1887 1887 1885 1883 1883 1883 1882 1880 1878 1878 1876

1937 1936 1935 1934 2878 2792 2572 2438 2382 1918 1973 1360 1323 1121 0976 1933 1932 1931
1892 1892 1892 1891 2884 2771 2565 2410 2305 1880 1926 1304 1279 1064 933 1890 1890 1889

2469 1980 1719 1914 1581 1363 1323 1290 1126 0491 0490 1946 1945 1944 1943 1942 1941 1940 1939 1938
2447 1932 1664 1876 1550 1305 1279 1265 1080 499 499 1897 1896 1896 1895 1894 1894 1894 1894 1893

1952 1948 1949 1948 1951 1950 1951 1948 1949 1951 1949 1948 1947 3427 3421 3283 2645 2565
1911 1903 1910 1903 1911 1910 1911 1903 1910 1911 1910 1903 1900 3475 3474 3340 2638 2560

1972 1971 1970 1969 1968 1967 1966 1965 1964 1963 1962 1961 1960 1959 1958 1957 1956 1955 1954 1953
1925 1925 1925 1925 1924 1923 1923 1923 1922 1922 1922 1922 1922 1921 1921 1920 1913 1912 1912 1911

1994 1993 1992 1991 1990 1989 1988 1987 1986 1985 1984 1983 1982 1981 1980 1979 1978 1977 1976 1975 1974 1973
1950 1950 1949 1949 1949 1949 1948 1941 1937 1935 1935 1934 1932 1932 1932 1927 1927 1926 1926 1926 1926 1926

2011 2010 2009 2008 2007 2006 2005 2004 2003 2002 2001 2000 1999 1998 1997 1996 1995
1964 1964 1964 1963 1963 1960 1958 1958 1957 1956 1956 1956 1955 1955 1954 1953 1950

2027 2026 2025 2024 2023 2022 2021 2020 2019 2018 2017 2016 2015 2014 2013 2012
1979 1978 1978 1977 1976 1975 1974 1971 1969 1967 1967 1965 1965 1965 1964 1964

0742 0740 0731 0561 0550 0535 0514 0490 0390 0353 0332 0157 0102 2035 2034 2033 2032 2031 2030 2029 2028
731 730 710 524 522 515 509 499 436 407 364 198 185 1980 1980 1980 1980 1980 1980 1979 1979

冂 日 口

1052 1029 1020 0996 0993 0955 0951 0950 0949 0947 0941 0935 0896 0822 0739 0732 0466 0225 0206 0028 2128 2127 2126
1002 953 942 937 937 929 928 926 919 917 916 914 874 809 728 713 487 241 220 67 2050 2050 2050

1497 1458 1443 1442 1441 1409 1407 1406 1397 1362 1346 1269 1223 1208 1181 1382 1142 1066 1063
1434 1412 1399 1398 1396 1366 1365 1364 1349 1305 1299 1250 1225 1172 1155 1326 1106 1006 1006

2137 2136 2135 2134 2133 2132 2131 冂 3518 3417 3381 3293 3130 2959 2250 2195 2150 2145 2113 1996 1506 1504
2054 2054 2054 2053 2053 2052 2051 3497 3473 3464 3350 3169 3006 2193 2115 2066 2059 2040 1953 1450 1446

2151 2150 2149 2148 2147 2146 2145 2144 2143 2142 2140 2141 2141 2140 2139 2138
2066 2066 2066 2066 2064 2059 2059 2058 2057 2057 2056 2057 2057 2056 2055 2054

1994 1984 1835 1796 1756 1740 1663 1623 1420 1291 1200 1156 0817 0816 0815 0814 0813 0762 0710 0230 0229
1950 1935 1766 1741 1684 1680 1615 1587 1375 1266 1169 1122 788 788 788 788 784 747 678 263 261

2155 2154 2153 2152 3472 3465 3297 3296 2725 2588 2577 2208 1698 2217 2163
2073 2073 2071 2067 3487 3486 3353 3351 2698 2574 2571 2129 1640 2134 2077

2166 2165 2164 2163 2162 2166 2161 日 2722 1632 1631 1572 1564 1548 0475 2160 2159 2158 2157 2156
2077 2077 2077 2077 2076 2077 2076 2696 1594 1592 1544 1538 1504 495 2075 2075 2074 2074 2073

3041 1774 0994 0744 0525 2178 2177 2176 2175 2174 2173 2172 2171 2170 2169 2168 2167
3067 1717 937 732 512 2088 2088 2087 2087 2087 2087 2087 2086 2086 2085 2085 2083

0060 0055 0054 0053 0029 0025 2188 2187 2186 2185 2184 2183 2182 2181 2180 2179 口
108 104 103 92 68 64 2101 2100 2100 2100 2100 2099 2099 2099 2095 2088

0421 0410 0409 0400 0363 0305 0247 0246 0233 0209 0201 0198 0190 0160 0149 0134 0132 0126 0111 0108 0106 0102 0099
444 441 441 439 415 342 304 304 286 223 214 210 206 198 196 193 192 191 188 187 186 185 184

0825 0824 0823 0821 0820 0797 0791 0748 0743 0742 0723 0674 0663 0661 0655 0650 0610 0609 0521 0489 0456 0450
816 813 810 790 789 757 755 733 731 731 697 646 644 643 641 828 565 561 511 498 469 467

1382 1142 1140 1066 1053 1047 1029 0990 0987 0952 0946 0928 0925 0924 0897 0870 0869 0828 0827 0826
1326 1106 1100 1006 1002 1001 953 936 935 928 917 910 909 909 874 864 862 819 818 817

1614 1545 1452 1427 1421 1416 1393 1403 1396 1142 1382 1349 1348 1294 1272 1258
1584 1503 1411 1378 1375 1373 1336 1352 1349 1106 1326 1301 1300 1266 1251 1247

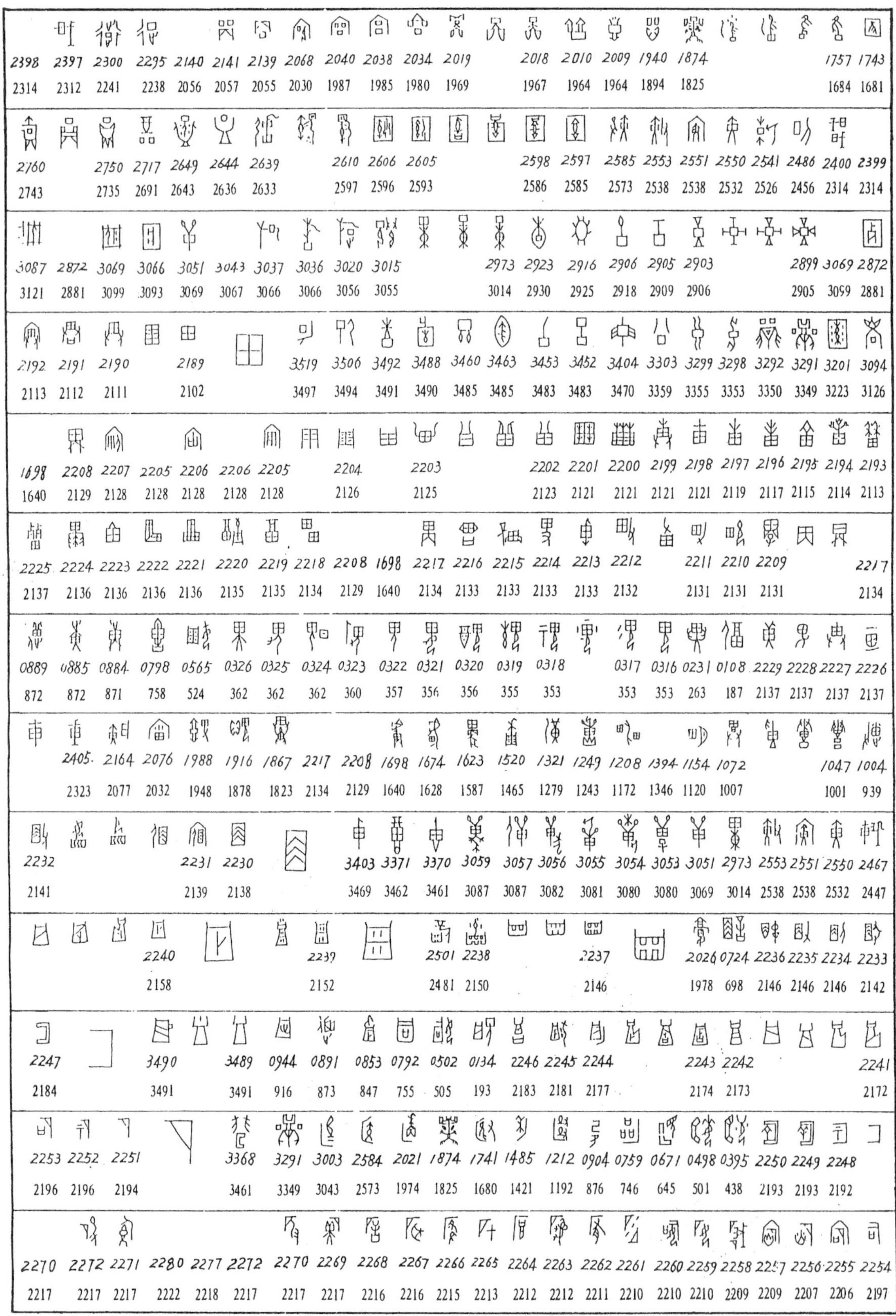

司
行
十

2281 2282 2282 2281 2277 2272 2270 2280 2279 2278 2280 2272 2270 2277 2276 2275 2274 2273 2255 2280 2277
2222 2222 2222 2222 2218 2217 2217 2222 2221 2220 2222 2217 2217 2218 2218 2218 2218 2218 2206 2222 2218

2080 1355 1289 1206 1174 1173 1172 1171 1170 1169 1168 1167 1166 1165 0968 0938 0677 0667 0080 0064 2284 2283
2033 1303 1264 1170 1142 1140 1140 1139 1139 1139 1133 1132 1129 1124 932 915 647 645 164 112 2223 2223

3321 2433 1418 1369 1320 3285 2890 2288 2287 2286 2285 3181 2558 2539 2508
3369 2409 1374 1306 1277 3345 2890 2227 2225 2224 2223 3211 2542 2526 2491

2302 2301 2300 2299 2298 2297 2296 2295 2294 2293 2292 2291 2290 2289
2248 2247 2241 2240 2239 2238 2238 2238 2237 2237 2236 2235 2230 2227

2313 2312 2311 2310 2309 2308 2307 2306 2305 2304 2303
2277 2277 2277 2269 2263 2262 2256 2250 2250 2250 2250

2330 1555 2329 0270 2328 2327 2326 2325 2324 2323 2322 2321 2320 2319 2318 2317 2316 2315 2314
2286 1531 2286 324 2285 2285 2284 2284 2283 2283 2283 2283 2282 2282 2281 2281 2278 2278 2277

1038 2343 2342 2341 2340 1918 0778 2339 2338 2337 2336 2335 1555 2334 2333 2332 2331
979 2295 2295 2294 2293 1880 751 2292 2291 2290 2290 2288 1531 2288 2287 2287 2287

1956 2359 2358 2357 2356 2355 2354 2353 2352 2351 2350 2311 2349 2348 2347 2346 2345 2344 2391
1913 2299 2299 2299 2299 2299 2298 2298 2298 2297 2297 2277 2297 2297 2296 2296 2296 2295 2307

2380 2379 2378 2377 2376 2375 2374 2373 2372 3045 2371 2370 2369 2368 2367 2366 2365 2364 2363 2362 2361 2360
2305 2304 2304 2304 2304 2304 2303 2303 2303 3068 2302 2302 2302 2301 2301 2301 2301 2300 2300 2300 2300 2300

0890 0862 0849 0833 0584 0270 2394 2393 2392 2343 1038 2391 2390 2389 2388 2387 2386 2385 2384 2383 2382 2381
872 858 846 823 541 324 2307 2307 2307 2295 979 2307 2307 2306 2306 2306 2306 2306 2305 2305 2305 2305

2396 2395 3116 2371 3045 2596 1880 1842 1720 1555 2329 1555 2334 1555 2329 1167 2391 2343 1038 0891
2310 2308 3140 2302 3068 2585 1829 1776 1664 1531 2286 1531 2288 1531 2286 1132 2307 2295 979 873

2407 2406 2405 2404 2403 2401 2402 2402 2401 2400 2398 2397 2399 2399 2397 2398 2399 2398 2397
2333 2324 2323 2323 2322 2315 2322 2322 2315 2314 2314 2312 2314 2314 2312 2314 2314 2314 2312

2420 2419 2418 2417 2416 2415 2414 2413 2412 2411 2410 2407 2406 2409 2408 2409 2406 2407 2409
2383 2367 2367 2359 2359 2347 2347 2346 2346 2345 2335 2333 2324 2334 2334 2334 2424 2333 2334

2418 2435 2434 2433 2432 2431 2430 2429 2428 2427 2426 2425 2424 2423 2472 2422 2421
2367 2409 2409 2409 2409 2407 2406 2397 2397 2396 2396 2395 2394 2391 2448 2385 2385

0242 0241 2475 2474 2473 2422 2472 2471 2470 2469 2468 2466 2465 2464 2463 2462 2459 2453 2449 2438 2437 2436
301 301 2449 2449 2449 2385 2448 2447 2447 2447 2447 2446 2446 2446 2446 2446 2441 2436 2426 2410 2410 2409

1670 1477 1255 1148 1069 0894 0874 0656 0576 0569 0525 0524 0523 0522 0455 0451 0384 0383 0382 0360 0285 0244
1624 1416 1246 1110 1007 873 866 641 528 525 512 512 512 511 469 467 427 426 423 413 336 302

3085 3065 2833 2793 0387 2782 2728 2665 2664 2358 2344 2307 2302 2060 2059 2058 1764 1670 1683 1683
3120 3093 2836 2771 435 2760 2700 2657 2656 2299 2295 2256 2248 2014 2014 2013 1701 1624 1632 1632

2446 2447 2447 2446 2445 2444 2443 2442 2441 2440 2439 3546 3464 3393 3363 3362 3288 3215
2422 2425 2425 2422 2421 2420 2414 2413 2413 2412 2410 3502 3485 3467 3456 3451 3348 3232

2278 2258 2114 1748 1544 0294 0288 0243 0119 2467 2461 2460 2458 2457 2456 2455 2454 2452 2451 2450 2449 2448
2220 2209 2040 1682 1499 338 337 302 190 2447 2445 2445 2437 2437 2436 2436 2436 2435 2435 2434 2426 2425

2487 2486 2485 2484 2483 2482 2481 2480 2479 2478 2477 2476 3153 2833 2591
2456 2456 2455 2455 2454 2454 2453 2452 2452 2452 2450 2449 3189 2836 2574

1487 1436 0771 0728 0706 0599 0394 0250 2495 2494 2493 2492 2491 2490 2489 2488
1424 1422 749 698 677 551 437 310 2475 2474 2474 2474 2474 2473 2471 2457

3441 3382 3280 3196 3182 3156 2955 2833 2519 2234 2155 1952 1635 1608 1496 1488
3480 3464 3337 3221 3211 3191 3003 2836 2515 2146 2073 1911 1596 1578 1434 1424

2505 2504 2503 2502 2501 2500 2498 2497 2499 2499 2497 2498 2499 2498 2497 2496
2486 2486 2482 2482 2481 2481 2477 2476 2479 2479 2476 2477 2479 2477 2476 2475

2515 2514 2513 2512 2511 2510 2509 2980 2459 1351 0595 0533 2508 2507 2506
2502 2502 2501 2501 2496 2495 2495 3017 2475 1301 550 514 2491 2489 2487

0722 0578 0528 0524 0499 0449 0431 0430 0429 0428 0409 0377 0310 0265 0261 0163 0104 0103 0078
694 528 513 512 502 466 456 455 455 452 441 419 350 321 319 199 185 185 150

1770 1769 1478 1468 1455 1372 1257 1123 1071 1057 0989 0987 0791 0728 0727 0726 0725 0724 0723
1714 1706 1416 1414 1411 1307 1247 1072 1007 1005 936 935 755 698 698 698 698 698 697

2358 2318 2215 2148 2147 2146 2122 2123 2123 2122 2118 2099 1944 1828 1827
2299 2281 2133 2066 2064 2059 2044 2048 2048 2044 2042 2037 1896 1762 1758 1761

2525 2524 2518 2517 2516 3179 2977 2903 2900 2899 2822 2540 2530 2529 2528 2466 2415
2517 2517 2513 2512 2502 3210 3017 2906 2906 2905 2815 2526 2522 2520 2518 2446 2347

2527 2526 3437 3435 1256 1236 1109 0879 0844 0101 2524 2518 2525 2525 2518 2524 2523 2522 2521 2520 2519
2518 2517 3479 3478 1247 1238 1042 870 840 185 2517 2513 2517 2517 2513 2517 2517 2516 2516 2516 2515

2628 2283 2121 1797 1413 1329 1328 1299 1238 2541 2540 2539 2538 2536 2535 2534 2533 2532 2531 2530 2529 2528
2671 2223 2044 1741 1371 1291 1281 1267 1239 2526 2526 2526 2526 2525 2525 2524 2523 2523 2523 2522 2520 2518

2552 2551 2550 2549 2548 2547 2546 2545 2544 2543 2542 3055 3054 2629
2538 2538 2532 2531 2531 2530 2530 2530 2528 2528 2527 3081 3080 2622

2569 2568 2567 2566 2565 2564 2563 2562 2561 2560 2559 2558 2557 2556 2554 2553
2563 2562 2561 2561 2560 2560 2558 2558 2555 2550 2545 2542 2542 2541 2539 2538

2584 2583 2582 2581 2580 2579 2578 2577 2576 2575 2574 2573 2572 2571 2570
2573 2572 2572 2572 2572 2572 2571 2571 2571 2566 2566 2566 2565 2563 2563

0846 0705 0704 0645 0644 0643 0581 0576 0512 0393 0251 0251 0186 0185 0184 2592 2591 2590 2589 2588 2587 2586 2585
845 676 676 625 624 622 539 528 508 437 312 312 204 204 204 2575 2574 2574 2574 2574 2574 2574 2573

2335 2220 2164 2043 1960 1780 1726 1658 1604 1287 1133 1131 0847
2288 2135 2077 1994 1922 1725 1667 1611 1575 1261 1087 1081 845

2599 2598 2597 2596 2595 2594 2593 3211 2694 2623 2350
2586 2586 2585 2585 2583 2582 2575 3230 2677 2607 2297

0899 2612 2611 2610 2609 2608 2607 2606 2605 2604 2603 2602 2601 2600
875 2598 2597 2597 2597 2596 2596 2596 2593 2593 2592 2590 2589 2587

2624 1726 0649 2627 2623 2622 2621 2620 2619 2618 2617 2616 2615 2614 2613 2833 2701
2609 1667 627 2621 2607 2606 2605 2605 2605 2604 2604 2604 2602 2600 2599 2836 2679

3068 1015 0408 0253 0252 0149 0131 0101 0109 2640 2639 2638 2637 2636 2631 2630 2629 2628 2626 2625
3099 941 441 313 313 196 192 185 187 2634 2633 2633 2633 2633 2630 2623 2622 2622 2621 2613

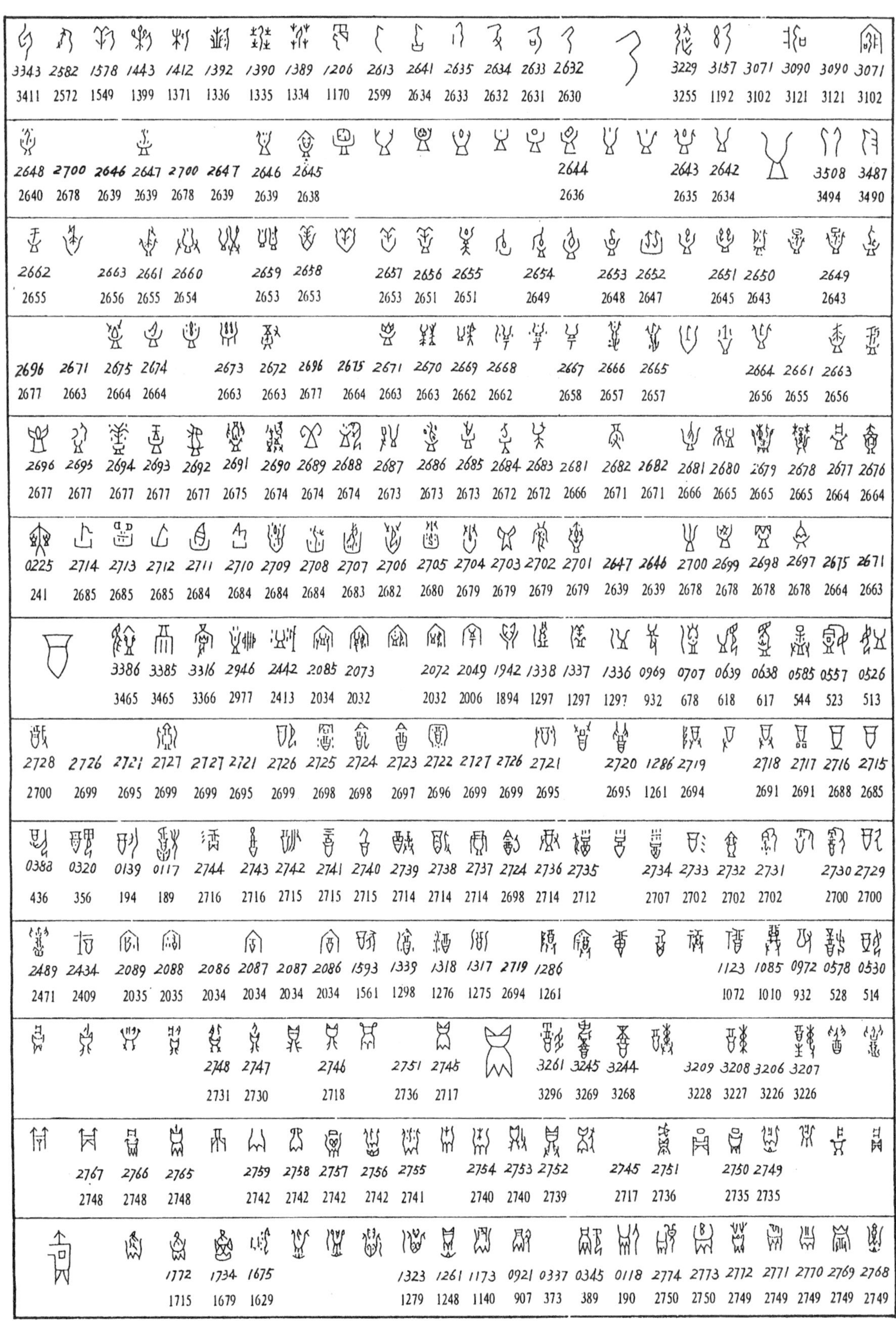

2782 2781 2780 2779 2778 2777 2776 2775 2764 2763 2762 2761 2760
2760 2759 2759 2759 2751 2751 2750 2750 2748 2747 2747 2747 2743

0275 0225 0170 0110 2814 2795 2794 2793 2792 2791 2790 2789 2788 2787 2786 2785 2784 2783
334 241 201 188 2798 2771 2771 2771 2771 2770 2769 2769 2769 2769 2768 2767 2765 2765

2074 1528 1032 1031 1030 0872 0871 0858 0747 0515 0514 0513 0397 0389 0339 0338 0345 0337 0336
2032 1471 956 956 953 866 866 853 732 509 509 509 439 436 381 379 389 373 371

2806 2805 2804 2803 2802 2801 2800 2799 2798 2797 3337 3208 3209 2690 2569 2271
2785 2784 2783 2782 2782 2780 2779 2778 2776 2772 3401 3227 3228 2674 2563 2217

2823 2822 2821 2820 2819 2818 2817 2816 2815 0501 0237 2813 2812 2811 2810 2809 2808 2807
2817 2815 2814 2813 2813 2812 2811 2810 2807 504 296 2797 2796 2789 2788 2786 2786 2875

2829 2988 2816 2796 1625 1456 1032 0769 0749 0414 0396 0050 2828 2827 2826 2825 2824
2832 3029 2810 2771 1588 1412 956 749 733 442 438 91 2830 2829 2824 2822 2817

2842 2841 2840 2839 2838 2837 2836 2835 2834 2833 2832 2831 2830
2842 2842 2842 2842 2841 2841 2840 2839 2838 2836 2835 2834 2832

2851 2850 2849 2848 2847 2846 2845 3186 2019 1933 1819 1367 1027 1006 0642 2844 2843
2854 2853 2853 2853 2851 2850 2843 3214 1969 1890 1754 1306 951 939 619 2843 2843

0529 0459 0356 0257 0114 2867 2866 2865 2864 2863 2862 2861 2860 2859 2858 2857 2856 2855 2854 2853 2852
513 475 410 316 188 2876 2875 2875 2872 2859 2859 2859 2858 2857 2857 2857 2855 2855 2855 2854 2854

2889 2877 2766 2762 2562 2561 2510 2299 1923 1769 1714 1713 1461 1158 1098 1013 0637
2890 2883 2748 2747 2558 2555 2495 2240 1885 1706 1660 1658 1413 1123 1029 941 617

2876 2875 2874 2873 3069 2872 2871 2870 2869 2868 3507 3468 3338 3175 3064 2950 2902 2893
2883 2883 2882 2881 3099 2881 2880 2880 2877 2876 3494 3486 3402 3208 3092 2979 2906 2894

2881 2882 2882 2881 2880 3086 2225 1696 1697 1697 1696 1694 1695 1695 1694 1678 1639 0570 2879 2878 2877
2885 2885 2885 2885 2885 3120 2137 1639 1640 1640 1639 1635 1638 1638 1635 1631 1598 525 2884 2884 2883

2892 2891 2133 1096 0989 0713 0699 3285 2288 2890 2889 2888 2887 2886 2885 2884
2893 2891 2053 1026 936 680 672 3345 2227 2890 2890 2889 2889 2889 2888 2888

0660/643 0537/515 0536/515 2904/2909 2903/2906 2902/2906 2901/2906 2900/2906 2899/2905 2898/2898 1426/1378 1049/1002 2897/2898 2896/2898 2895/2898 2894/2897 2893/2894

0923/909 0793/756 0738/720 0572/526 0503/505 0179/203 0155/197 0082/165 2913/2925 2912/2925 2911/2924 2910/2923 2909/2920 2908/2918 2907/2918 2906/2918 2905/2909 3423/3475 0873/866

2917/2926 3685/3588 3511/3495 3509/3494 3447/3482 3373/3462 3325/3370 3242/3267 3120/3159 2928/2944 2117/2041 1976/1926 1849/1792 1781/1730 1268/1250 1193/1167 1118/1044 0978/933

2925/2935 2924/2932 3006/3046 2385/2306 0982/934 2923/2930 2922/2930 2921/2929 2491/2474 2390/2307 0292/338 2920/2929 2919/2928 2918/2928

1034/1003 0989/936 0865/859 0789/755 0769/749 0455/469 0252/313 0244/302 2934/2961 2933/2947 2932/2945 2931/2944 2930/2944 2929/2944 2928/2944 2927/2944 2926/2943

2409/2334 2407/2333 2406/2324 2405/2323 2404/2323 2403/2322 2401/2315 2402/2322 2402/2322 2401/2315 2185/2100 1645/1600 1378/1308 1353/1303 1352/1301 1315/1273 1262/1248 1197/1168 1075/1008

2942/2973 2941/2972 2940/2972 2939/2970 2938/2969 2937/2964 2936/2964 2935/2961 3409/3471 3037/3066 3043/3067 2455/2436 2408/2334 2409/2334 2406/2324 2407/2333

2949/2978 2948/2978 2947/2978 2946/2977 2945/2976 2943/2975 2942/2973 2941/2972 2944/2975 2944/2975 2942/2973 2941/2972 2943/2975 2944/2975 2943/2975 2941/2972 2942/2973 2944/2975 2943/2975

2959/3006 2958/3006 2957/3004 2956/3003 2955/3003 2954/3001 2953/2979 1490/1426 1489/1426 0753/736 0752/736 0751/733 2952/2979 2951/2979 2950/2979

2971/3013 2970/3012 2969/3012 2968/3010 0868/861 0711/679 0665/644 2967/3009 2966/3009 2965/3008 2964/3008 2963/3008 2962/3008 2961/3008 2960/3007

3198/3222 2679/2665 2444/2420 1354/1303 0870/872 0679/647 2982/3018 2981/3017 2980/3017 2979/3017 2978/3017 2977/3017 2976/3017 2975/3016 2974/3016 2973/3014 2972/3014

2986/3029 2998/3036 2997/3036 2996/3035 2995/3033 2994/3032 2993/3031 2992/3031 2991/3031 2990/3031 2989/3030 2988/3029 2987/3029 2998/3036 2986/3029 2985/3028 2984/3027 2983/3018

3008/3051 3007/3048 3006/3046 3005/3045 3004/3044 3003/3043 3002/3042 3001/3036 2042/1992 1736/1679 2983/3018 0453/468 3000/3036 2999/3036

3106 3105 3042 3022 2995 2962 2499 2497 2498 1931 3006 0825 0539 3015 3014 3013 3012 3011 3010 3009	3136 3136 3067 3059 3033 3008 2479 2476 2477 1889 3046 816 516 3055 3054 3054 3054 3053 3053 3053
3034 3033 3032 3031 3030 3029 3028 3027 3026 3025 3024 3023 3022 3021 3020 3019 3018 3017 3016 3108 3107	3065 3065 3065 3064 3064 3064 3064 3064 3063 3063 3060 3059 3059 3057 3056 3056 3056 3056 3055 3137 3136
2359 1263 3050 3049 3048 3047 3046 2371 3045 3044 3037 3043 3042 3041 3040 3039 3038 3043 3037 3036 3035	2299 1248 3069 3069 3068 3068 3068 2302 3068 3068 3066 3067 3067 3067 3067 3066 3066 3067 3066 3066 3066
3056 3055 3054 3053 3052 3051 3114 2925 2714 2639 2559 3045 2371	3082 3081 3080 3080 3080 3069 3140 2935 2685 2633 2545 3068 2302
3069 3068 3067 3066 3065 3064 3082 3063 3062 1870 1249 1051 0965 3061 3060 3059 3058 3057	3099 3099 3094 3093 3093 3092 3120 3091 3088 1823 1243 1002 931 3087 3087 3087 3087 3087
3086 3085 3084 3083 3063 3082 3081 3080 3079 3078 3077 3076 3075 3074 3073 3072 3090 3071 3070 2872	3120 3120 3120 3120 3120 3120 3114 3114 3113 3113 3112 3112 3112 3105 3103 3102 3121 3102 3101 2881
3171 2871 2749 2748 2677 2136 1907 1235 1234 1037 3071 3090 3089 3088 3087	3201 2880 2735 2731 2664 2054 1856 1238 1238 974 3102 3121 3121 3121 3121
0843 0730 0500 0453 0452 0419 0413 0228 0227 0226 0195 0164 0054 3099 3098 3097 3096 3095 3093 3092	838 706 504 468 467 443 442 259 258 255 207 199 103 3130 3130 3127 3127 3126 3125 3122
2016 2002 1958 1957 1800 1503 1475 1474 1456 1304 1202 1162 1144 1076 0996 0980 0948 0936 0896	1965 1956 1921 1920 1741 1441 1415 1415 1412 1268 1169 1124 1109 1008 937 934 917 915 874
2767 2678 2672 2670 2578 2574 2573 2572 2571 2420 2379 2353 2033 2017	2748 2665 2663 2563 2571 2566 2566 2565 2563 2383 2304 2298 1980 1967
3111 3110 3109 3108 3107 3106 3105 3104 3103 3102 3101 3469 3410 3398 3374 3337 3336 3258 3059	3139 3138 3137 3137 3136 3136 3136 3135 3135 3134 3133 3487 3472 3469 3462 3401 3400 3290 3087
3119 3118 3117 3029 3022 3021 2116 1779 1244 3116 3115 3114 3113 3112	3147 3146 3146 3064 3059 3057 2041 1723 1241 3140 3140 3140 3140 3139
2300 2279 2278 2112 2066 2065 1481 0520 3125 3124 3123 3122 3121 3120	2241 2221 2220 2040 2023 2017 1417 511 3161 3160 3160 3160 3160 3159

3133 3132 3131 3130 3129 3128 3127 3126 3691 3690 3465 3368 2454 2305 2303 2301	3171 3170 3169 3169 3166 3164 3162 3161 3599 3595 3486 3461 2436 2250 2250 2247
3147 3146 3145 2362 1151 0795 3144 3143 3142 3141 3140 3139 3138 3137 3136 3135 3134	3179 3178 3175 2300 1111 757 3175 3175 3175 3174 3174 3174 3174 3173 3173 3173 3173
3156 3154 3155 3155 3154 3153 3152 3151 3150 3149 3148	3191 3190 3191 3191 3190 3189 3185 3185 3184 3181 3179
3173 3172 3171 3170 3169 3168 3167 3166 3165 3164 3163 3162 3161 3160 3159 3158 3157	3201 3201 3201 3200 3200 3200 3199 3198 3197 3197 3197 3196 3194 3193 3193 3193 3192
3213 3203 3204 3204 3203 3194 3186 3185 3184 3183 3182 3181 3180 3179 3178 3177 3176 3175 3174	3230 3224 3225 3225 3224 3219 3214 3212 3212 3212 3211 3211 3210 3210 3209 3209 3208 3208 3207
0586 0556 0506 0505 0504 0446 0398 0353 0352 0351 0319 0311 0291 0129 0064 0052	544 523 506 506 505 466 439 407 407 391 355 351 337 192 112 92
2326 2108 2078 2047 1961 1905 1577 1576 1574 1145 1041 1039 1040 0892 0834 0833 0832 0774 0682	2284 2039 2033 2004 1922 1855 1549 1549 1547 1110 986 985 985 873 824 823 822 750 652
0684 3392 3050 2982 2966 2965 2959 2947 2945 2853 2821 2796 2743 2673 2611 2589 2531 2393	654 3466 3069 3018 3009 3008 3006 2978 2976 2854 2814 2771 2716 2663 2597 2574 2523 2307
3194 3193 3192 3199 3198 3197 3192 3191 3190 3189 3188 3187	3219 3219 3218 3223 3222 3221 3218 3217 3217 3216 3216 3214
3203 3204 3204 3203 3202 3201 3200 3199 3198 3199 3198 3192 3191 3197 3196 3195	3224 3225 3225 3224 3223 3223 3223 3223 3222 3223 3222 3218 3217 3221 3221 3220
2552 2444 1064 0155 0123 3212 3211 3210 3208 3209 3209 3208 3206 3207 3207 3206 3205	2538 2420 1006 197 191 3230 3230 3229 3227 3228 3228 3227 3226 3226 3226 3226 3225
1124 0409 3219 3218 3217 3213 3216 3215 3214 3288 3198 3099 2923 2896 2834 2833 2637	1078 441 3235 3235 3233 3230 3233 3232 3230 3348 3222 3130 2930 2898 2838 2836 2633
3223 3222 3221 1124 3220 3462 3134 2729 2464 1962 1766 1322	3244 3244 3241 1078 3235 3485 3173 2700 2446 1922 1702 1279

		3232	3231	3230		1018	3229	3228		3227		2690	2320	1648	0967	0966	0548	3226	3225	3224
		3258	3257	3255		942	3255	3254		3246		2674	2282	1601	932	931	522	3246	3246	3245

0754	0672	0546	0519	0331	3245	3244	3243	3242	3241	3240	3239	3238	3237		3236	3235	3234			3233		
739	646	519	511	364	3269	3268	3267	3267	3267	3267	3267	3266	3266		3264	3264	3264			3263		

2914	2909	2904	2699	2672	2421	2158	1963	1951	1949	1948	1637	1526	1450	1388	1387	1358	1005	0991	0950	3686	0931	0767
2925	2920	2909	2678	2663	2385	2074	1922	1911	1910	1903	1597	1466	1410	1334	1333	1304	939	936	926	3590	911	748

0109	3249	3248		3247			3216		3504	3483	3466	3443	3385	3297	3296	3119	3094	3093	3092	3091	2915
187	3279	3279		3279			3270		3494	3489	3486	3480	3465	3353	3351	3147	3126	3125	3122	3121	2925

	3254		3253			3333	3207	3206	2739	2693	2129	2029	2028	1894	1590	1582	1372	0837	0771		0573
	3284		3281			3397	3226	3226	2714	2677	2051	1979	1979	1843	1560	1551	1307	831	749		527

1950	1516		1499	1252	0930	0929	0828	0827	0677	0598	0509	3263		3262	3261	3260		3259	3258	3257	3256	3255
1910	1464		1435	1244	910	910	819	818	647	550	507	3301		3296	3296	3294		3291	3290	3290	3289	3285

0852	0851	0796	0588	0562	0433	0184	0090	3265	3264		3389	3252	3251	3250	3228	3227	2809	2490	2151	2123	2122
847	847	757	545	524	460	204	176	3301	3301		3465	3280	3280	3279	3254	3246	2786	2473	2066	2048	2044

3270	3269	3268	3267		3488	3374	3187	3183	2368	2196	1399	1398			1384	1383		1590	1589	1043	0903
3307	3306	3306	3302		3490	3462	3214	3212	2301	2117	1349	1349			1327	1327		1560	1559	987	875

	3176	2804	2803	2742	2678	2517		2211	2062	1587	1174	3271	0736		0735	0583	0458	0193	0093	0736	3271
	3208	2783	2782	2715	2665	2512		2131	2014	1555	1142	3307	720		716	541	472	206	177	720	3307

3277		2307							1436	3276	3275	3274		3499	3416	3266	3273			3272	
3323		2256							1387	3323	3313	3311		3493	3473	3301	3311			3308	

	1323	1203	0918	0915	0785	0750	0715	0582		0472	0268	0188	0106	3281		3280			3279	1161	3278	3530
	1279	1169	901	895	754	733	680	541		492	321	205	186	3338		3337			3325	1124	3324	3499

3545	3531	3277	3530	3369	3152	3063	3082			2748	2674	2538	2485	2098		2003	1906	1798	1603	1521	1511
3502	3499	3323	3499	3461	3185	3091	3120			2731	2664	2526	2455	2037		1957	1856	1741	1572	1465	1458

3292	3291	3290	3289	3288	3287	3286	2890	2288	3285		2162	2100	0558		3283		3282		3547	3546
3350	3349	3349	3349	3348	3347	3347	2890	2227	3345		2076	2037	523		3340		3338		3503	3502

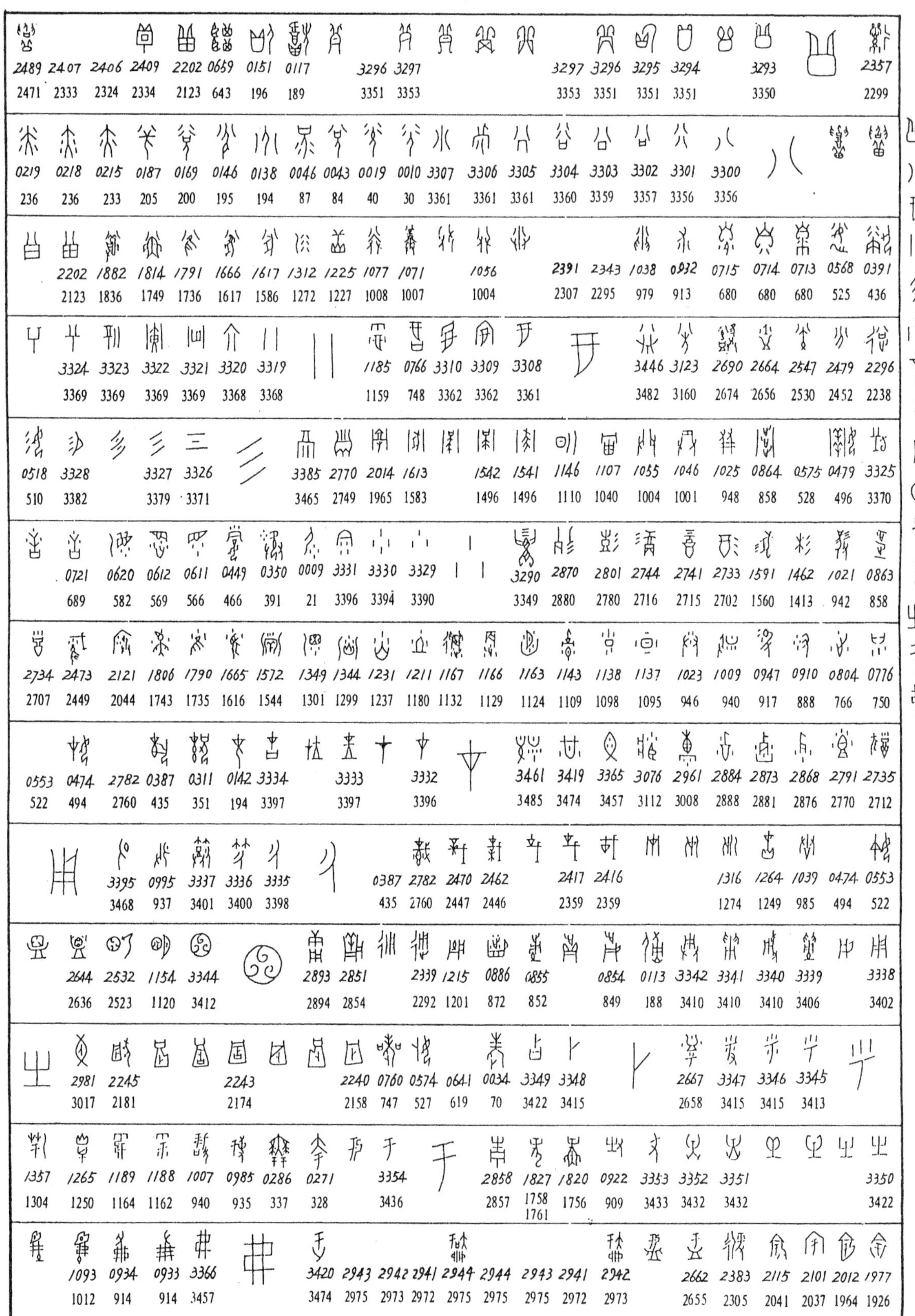

卩 自 其它

	1699	1293	0765	0418	3388	3387				2807	2481	1609	1350	1112	0501	0266	3367		2567	2484
	1644	1266	748	443	3465	3465				2785	2453	1580	1301	1042	504	321	3459		2561	2455

3365	3364	3363	3362	3361	3360	3359	3358	3357		3356	3355	其它		3280			3279	2452	1701		1700
3457	3457	3456	3451	3450	3449	3449	3445	3443		3442	3438			3337			3325	2435	1646		1645

3391		3390	3386		3385	3384	3383		3382	3381	3380	3379	3378	3377	3376	3375	3374	3372	3371		3370	3369
3466		3466	3465		3465	3465	3464		3464	3464	3464	3464	3463	3463	3463	3463	3462	3462	3462		3461	3461

3414	3413	3412	3411	3409	3408	3407	3406	3405	3404	3403	3402	3401	3400	3399	3398	3397	3396	3395	3394	3393	0684	3392
3472	3472	3472	3472	3471	3471	3471	3471	3470	3470	3469	3469	3469	3469	3469	3469	3468	3468	3468	3467	3467	654	3466

3437	3436	3435	3434	3433	3432	3431	3430	3429	3428	3427	3426	3425	3424	3423	3422	3421	3420	3419	3418	3417	3416	3415
3479	3479	3478	3478	3478	3478	3478	3477	3477	3477	3475	3475	3475	3475	3475	3474	3474	3474	3474	3473	3473	3473	3473

3459	3458	3457	3456	3455	3454	3453	3452	3451	3684	3450	3449	3448	3447	3446	3445	3444	3443	3442	3441	3440	3439	3438
3485	3484	3484	3484	3484	3484	3483	3483	3483	3586	3483	3483	3482	3482	3482	3481	3481	3480	3480	3480	3480	3479	3479

3481	3480	3479	3478	3477	3476	3475	3474	3473	3472	3471	3470	3469	3468	3467	3683	3466	3465	3464	3463	3462	3461	3460
3489	3489	3489	3488	3488	3488	3488	3488	3487	3487	3487	3487	3487	3486	3486	3582	3486	3486	3485	3485	3485	3485	3485

3502	1086	3501	3500	3499	3498	3497	3496	3495	3494	3493	3492	3491	3490		3489	3488	3487	3486	3485	3484	3483	3482
3493	1010	3493	3493	3493	3492	3492	3492	3492	3492	3491	3491	3491	3491		3491	3490	3490	3490	3490	3490	3489	3489

3524	3523	3522	3521		3520	3519	3518	3517	3516	3515	3514	3513	3512	3511	3510	3509	3508	3507	3506	3505	3504	3503
3498	3498	3498	3497		3497	3497	3497	3497	3496	3496	3496	3496	3496	3495	3495	3494	3494	3494	3494	3494	3494	3493

0604	3544	3543	3542	3284	3541	3540	3539	3538	3537	3536	3535	3534	3533	3532	3531	3277	3530	3529	3528	3527	3526	3525
556	3502	3502	3501	3341	3501	3501	3501	3501	3501	3500	3500	3500	3500	3500	3499	3323	3499	3499	3499	3499	3498	3498

3550	3549	3548	3682	3685	3680	3679	3678	3677	3676	3675	3674	數字	3343	3541	3284		3100	3088	2703	1887	1090
3506	3504	3503	3581	3588	3577	3575	3573	3572	3571	3570	3567		3411	3501	3341		3130	3121	2679	1837	1011

3567	3566	3565	3564	3563	3562	3561	3560	3559	3558		3557	先妣 先王	1861	0011	1097	3556	3555	3554	3553	3552	3551
3526	3526	3521	3520	3520	3520	3519	3519	3518	3518		3509		1804	30	1027	3508	3507	3507	3507	3507	3506

3590	3589	3588	3587	3586	3585	3584	3583	3582	3581	3580	3579	3578	3577	3576	3575	3574	3573	3572	3571	3570	3569	3568
3537	3537	3537	3536	3535	3535	3535	3535	3535	3534	3533	3533	3533	3533	3531	3531	3530	3528	3528	3527	3526	3526	3526

其它

	3610 3551		3609 3551		3608 3550	3607 3549	3606 3548	3605 3548	3604 3548	3603 3548	3602 3547	3601 3547	3600 3547	3599 3546	3598 3546	3597 3545	3596 3545	3595 3545	3594 3539	3593 3539	3592 3537	3591 3531
3635 3558	3634 3558	3633 3558	3632 3558	3631 3557	3630 3557	3629 3557	3628 3557	3627 3554	3626 3554	3625 3554	3623 3554	3621 3553	3620 3553	3619 3553	3618 3553	3617 3553	3616 3552	3615 3552	3614 3552	3613 3552	3612 3552	3611 3551
3655 3563	3654 3563	3653 3562	3652 3562	3651 3562	3650 3561	3649 3561	3648 3561	3647 3561	3646 3561	3645 3560	3644 3560	3643 3560	3642 3560	3641 3560	3640 3559	兄子	父母	0002 3	3639 3559	3638 3559	3637 3559	3636 3559
					3673 3566	3672 3566	3671 3566	3670 3566	3669 3566	3668 3565	3667 3565	3666 3565	3665 3565	3664 3565	3663 3564	3662 3564	3661 3564	3660 3564	3659 3564	3658 3563	3657 3563	3656 3563

筆劃檢索

一畫

一 3674　乙 1210

二畫

二 3675　七 3680　八 3685　九 3682　人 0001　匕 0002　勹 0047　卩 0301　又 0905　入 1947　丁 2179　匚 2247　刀 2476　乃 2632　乂 3091 3230　力 3267

丩 3343　卜 3348　丂 3364　十 3548

三畫

三 3676　尸 0003　千 0011　及 0061　大 0197　女 0422　子 0580 0590　巳 0580 1846　口 0717　之 0803　上 1116　下 1117　夕 1153　土 1211　山 1218

川 1308 1309 1310　屮 1380　宀 2036　刃 2478 2480　弓 2613　凡 2845　工 2905　干 3061　万 3117　乇 3271 0736　乞 3326　彡 3327　才 3332　小 3329　于 3354　弋 3362　亡 3367　己 3684　子 3687

四畫

五 3678　六 3679　壬 0004　介 0005　允 0018　氏 0022　以　元 0023　允 0056　从 0066　比 0067　化 0077　夫 0202　天 0198 0201　夬 0203　亢 0249　巴 0304　欠 0340　艮 0354　卪 0357　卯 0358

丮 0379　卯 2394　毋 0422 0423　曰 0719　厺 0737　巳 0782　止 0800　叉 0909　尹 0919　爪 0956　支 0992　殳 0993　収 1022　友 1025 1024　日 1136　月 1152　云 1175　火 1219　阝 1280　水 1305 1306

丰 1384　木 1402　牛 1545　犬 1585　心 1934　今 1968　冗 2057　内 2132　户 2161　戈 2395　毌 2406 2407 2409　勿 2488　分 2479　不 2516　帀 2522　勿 2625　丹 2846　井 2859 2846　尔 2921　中 2925 2924

爿 3062　方 3119　丏 3117　弔 3214　斗 3217　爻 3231　文 3236　王 3246　丰 3259　屯 3275　公 3302 3303　兮 3324　少 3330　㞢 3350　尤 3353　丑 3688　壬 3685

五畫

四 3677　孕 0016 0563　尻 0026　兄 0044　北 0070

央 0209　失 0208　立 0213　去 0214　奴 0224　令 0332　死 0349　印 0359　邛 0360　叩 0365　母 0422 0423　妨 0458　如 0494 0564　奴 0547　外 0574　功 0583　刊 0599　目 0601　甘 0718　由 0732　正 0821　足 0829　灸 0838

右 0905　左 0906　术 0932　艮 1034　白 1095　示 1118 1119　旦 1140　申 1207　夅 1212　丘 1220　阪 1278　阹 1295　生 1381　禾 1482　它 1843 1841　宁 2063　丙 2131　化 2372　囚 2187　田 2189　旧 2239 2240　石 2251　司 2254

永 2309 2310　戊 2428　戉 2448　召 2471 2489　匄 2481　矢 2542 2544　弘 2624　㠯 2641　皿 2642　可 2633　奴 2636　扔 2634　囟 2707　宁 2856　夕 2868　亘 2908　史 2933　冊 2935　冬 3100　冉 3101　玄 3148　允 3150　纠 3156

幼 3176　必 3220　玉 3253 3262　用 3338　乎 3345　占 3349　卯 3355　非 3366　甲 3683　未 3689

六畫

夷 0003 2580　旨 0013　企 0012　老 0034 0039 0640 0641　光 0035　考 0039　伏 0047　因 0053 0247　并 0069　任 0082　伇 0083　休 0089　佽 0097

伓 0101　臥 0183　亦 0215 0216　刖 0250　伏 0253　扶 0255　交 0269　芝 0270　夸 0271　奸 0295　光 0315　芍 0328　邱 0351　阪 0361 0407　阯　卯 0367　夙 0381　先 0414　妁 0456　好 0460　后 0461 0544　如 0470　妙 0471

好 0474 0553　姓 0493　奴 0487　㚤 0517　汝 0516　㚤 0518　娭 0529　耳 0680　自 0700　舌 0721　缶 0730　吉 0731　劦 0735　舌 0736 3271　吾 0738　合 0741　出 0805　各 0807 0808　汶 0806　疋 0810　先 0835　兔 0833　此 0839

虍 1684	羊 1561	北 1550	年 1502	朱 1449	权 1410	艿 1389	汩 1364	汒 1350	州 1311	权 1319	阢 1290	阤 1279	宕 1239	旬 1178	名 1155	由 1100	西 1099 1100 1101	百 1097	共 1022	衩 0916	有 0905 3350	癸 0840
戍 2411	伐 2410	级 2374	达 2386	衣 2381	㣙 2341	伏 2321	行 2289	亘 2285	西 2230	曲 2222	邦 2196	宇 2101	安 2064	宆 2065	宅 2058	宅 2062	向 2037	衣 1948 1949 1951	羽 1903	米 1888	氾 1854	圯 1849
仲 2924	死 2869	同 2850	网 2829	毕 2824	丞 2706	血 2643	弜 2630	卯 2617 2626	吕 2616	束 2571	至 2560	伊 2555	权 2518 2524 2525	利 2519	和 2521	考 2496	扨 2490	成 2440	戌 2439	叔 2430	戎 2418	戈 2417
奺 0456	七 畫	亥 3690	弋 3363	而 3357	吉 3334	在 3332	迿 3326	炎 3313	朿 3282	多 3278 1161	肉 3277 3530	危 3272	印 3248	玖 3249	糸 3191	舟 3126	竹 3097	聿 3095	㫃 3016	次 3002	自 3001	収 2927
焱 0508	姿 0443	每 0432	吼 0380	吹 0343	次 0341 0342	即 0336	邑 0305	灿 0257	走 0260	奔 0255	实 0248 2119	状 0241	尾 0107	夾 0221 0222	盰 0100	次 0095	攸 0084	何 0056 0058 0060	兑 0043	身 0014	屃 0009	妣 0002
沚 0804	步 0801	克 0739	言 0722	告 0720	臣 0651	吂 0627	見 0625 0626	庙 0615	旻 0605	孚 0584	弃 0594	妊 0573	妊 0572	妞 0559	姅 0562	娀 0522	妡 0505	妼 0491	似 0496	姘 0477	姸 0459	妥 0457
杢 1241	岔 1225	赤 1226	吾 1176	辰 1165	甹 1110	伯 1095	冒 1034	妏 1002	玟 0930 3252	君 0920	昇 0918	肘 0907 0953 0908	佐 0906	足 0904	夆 0903	王 0875	条 0849	夯 0841	坐 0837 0836	去 0832	足 0811	定 0812
豕 1599	沈 1553	牢 1548	東 1495 1529	利 1486	医 1485	杉 1462	李 1460	杏 1459	杰 1461	芑 1435	杞 1421	枤 1417	困 1416	杞 1418	炐 1398	汱 1344	災 1316 1330 2419	沖 1315	阹 1287	呈 1272	㶣 1264	炭 1243 1247
甫 2197	囯 2186	呂 2181	門 2167	启 2166	更 2144	宜 2083	㝉 2061	宋 2048	宰 2047	高 2004	佘 1979	余 1978	初 1952	呇 1935	忌 1936	沁 1938	貝 1915	角 1910	采 1889	卣 1890 1897	改 1859	祀 1846 1856
取 2619	知 2557	矣 2547	析 2531	折 2533 2534	兵 2526	所 2527	秅 2517	辛 2511	刚 2494	制 2484	我 2449	武 2432	戒 2431	戕 2419 2420	晉 2408	戈 2401 2405 2402	或 2396	役 2312	彸 2313	迖 2307	延 2290	男 2211
叏 3247	杏 3239	作 3227	弟 3215	来 3189 3192	告 3179 3180	車 3145	另 3122	旁 3121	佣 3102	妆 3080	疚 3073	穸 3064	卯 3063 3082	巫 2910	巫 2909	卣 2873	汫 2860	豆 2789	皂 2775	酉 2715	弜 2628 2629	弦 2627
钦 0251	並 0245	昃 0240	从 0137	伐 0119	祇 0115	虍 0094	沘 0073	非 0071	羌 0064	兒 0048	交 0038	長 0037	光 0019	八 畫	取 3387	固 3344	圭	柱 3333	彤 3327	昔 3297 3296	良 3298 3299	則 3280
妙 0570	妗 0550	姈 0535	妯 0526	妓 0542	姓 0510	姃 0489	姊 0467	育 0461 0544	妻 0440 0439	妹 0462	妸 0426	妾 0428	呪 0417	免 0420	乳 0392	飢 0382 0383	承 0368	服 0355	服 0356	放 0344	異 0326	夭 0246

武	歪	条	迴	柒	咎	奔	往	征	罖	沓	杏	叉	侖	畄	刨	乔	取	臤	要	直	昌	狄
0874	0879	0850 0898	0891	0843	0838	0836	0837 0836	0821 0823 0824 2295	0785	0778	0764	0754	0753	0729	0706	0684 2535 3392	0681	0666 0961	0635	0602	0603	0581
林	陵	陉	阜	炎	炏	峕	炘	罒	岳	甫	雨	明	昔	祕	廼	帛	爭	叙	昏	叔	臤	侑
1307	1287	1276	1273	1271	1255	1244	1238	1224	1221	1215	1180	1154	1141	1126	1104	1096	1045	1040	1035	0982	0666 0961	0905 3350
佳	虎	咒	豖	祩	叒	靴	牧	來	李	秉	東	茉	杲	果	林	析	枚	相	采	泊	洫	河
1727	1668	1651 1708	1601	1596	1586	1570	1555	1507	1501	1494	1484	1483	1451	1441	1424	1413	1411	1414 1465	1409	1359	1336	1328 1329
伲	杳	迨	脣	姤	姛	匩	冒	固	劻	剅	皁	周	宛	宕	穸	宗	亩	京	金	依	态	拕
2316	2310	2296	2262	2259	2260	2249	2246	2243	2235	2234	2214	2204	2111	2255	2067	2041	2016	1995	1969	1953	1937	1850
夅	医	畀	奐	汏	肵	罙	炋	叒	豸	剈	昏	戋	戕	迴	舳	迭	徐	佗	彼	迥	佣	牧
2593	2584	2575	2549	2548	2538	2681 2682	2520	2525 2518 2524	2508	2485	2487	2423	2414	2387	2355	2350	2351	2347	2348		2339	2329 1555
放	官	帚	来	虫	狦	典	洲	册	事	使	录	亞	囶	占	敹	阜	其	酉	盂	盂	强	恒
3026	3008	2983	2968	2953	2941 2942 2943 2944	2939	3938	2937		2933	2917	2898	2872 3069	2875	2827	2825	2815	2744	2664	2662	2618	2618 2908
俄	美	鈚	虔	俔	兊	保	臾	莌	亟	九畫	吁	易	宜	朋	投	衍	受	坐	斐	彤	戕	斨
0250	0210	0208	0207	0196	0169	0085 0587	0063	0042	0024		3345	3328	3279	3255	3250	3220	3128	3112	3092	3082 3063	3065	3055
犻	俘	狗	虔	娣	婘	娍	姪	媸	婚	姘	妙	姐	妥	歌	邨	若	畏	婁	祝	厥	逆	爽
0595	0584	0582	0579	0545	0532	0523	0512	0500	0488	0476	0472	0473	0452	0415	0398	0333	0323	0321	0306	0288	0270 2328	0266
耑	後	亞	崗	洛	哗	品	昝	盈	胄	帛	洱	耶	相	冟	兕	杲	眉	省	旻	畐	面	犽
0844	0833	0813	0816	0809	0788	0758	0750	0735	0734	0713	0697	0689	0648	0629	0631	0647	0618 0619	0613	0607	0606	0610	0600
陪	险	降	陟	峚	夷	匽	勋	星	昜	帝	柰	祐	栖	頁	首	爰	敒	殿	祐	复	癹	矣
1300	1276	1275	1274	1236	1227	1209	1174	1142 1382	1139	1132	1122	1120	1102	1092	1086 3501	1033	1013	0951	0905	0869	0861	0846
㽞	豹	豢	狐	豼	羝	宰	弟	奏	乘	刺	秎	亲	春	柳	叔	封	洞	鼎	泪	洱	浣	洹
1613	1620	1617	1609	1608	1569	1564	1540	1534	1505	1496	1486	1455	1436	1419	1415 1535 1536 1589	1384	1367	1348	1340	1345	1332	1320
亥	宋	宪	宑	宥	宬	宭	室	宫	亯	匍	翌	秋	寑	畋	岂	風	兔	盾	虐	邑	為	叙
2098	2092	2082	2067	2069	2059	2052	2043	2039	1982	1922	1905	1881	1860	1858	1842	1769	1703	1693	1673	1660	1654	1629
徥	徉	徯	徦	逭	宣	屖	砓	厚	砯	祏	眣	骨	旼	畋	畐	圉	畏	徎	泉	霰	孁	宋
2328 0270	2330	2322	2294	2287	2286	2266	2272 2270 2277 2280	2264	2261	2252	2245	2241	2210	2212	2219	2201	2190	2370	2153	2142	2144	2100

迨 2340　建 2353　律　衎 2364　徙 2363　徑 2375　征 2388　彼 2377　戒 2412　胥 2426　咸 2443　洓 2441　啇 2499 2497 2498　侯 2558　怠 2565　奂 2655　盜 2671 2675 2696　盅 2677　毁 2687　盐 2685　食 2778　壴 2797　罗 2840

南 2863　鼻 2877　妝 2871　臬 2874　祔 2936　登 2941 2942 2943 2944　樊 2949　追 3003　追 3004　斿 3023　族 3031　狩 3056　狗 3089　書 3096　甬 3110　典 3113　昏 3136　涌 3133　洸 3151　係 3160 3213　幽 3162　叔 3197 3191 3192 3198 3199　郰 3202

倲 3212　攸 3228　珏 3254　組 3279　貫 3342　虹 3358　十畫　散 0035　奚 0052　河 0057 1328　門 0081　屆 0088　飤 0110　侊 0150　匍 0170　豙 0238　乘 0239　臭 0254　祝 0308　鬼 0316　既 0338 0339　鍛 0352　巩 0393

党 0413　叔 0429　鄉 0430　倭 0431　悔 0432　癸 3686　旻 0442　媨 0454　訊 0469　嫁 0478　婆 0486　姬 0497　娃 0503　姒 0509　娕 0504　娘 0521　孫 0586　瘥 0585　習 0604　罘 0611　唇 0616　昭 0622　要 0630

罟 0628　罔　要 0630　罠 0643　取 0694　敢 0712　飢 0709　具 0702　昊 0701　焙 0726　祰 0736 3271　涉 0802　徒 0822　茸 0826　條 0881　聖 0893　逐 0845　條 0849　途 0866　皇 0871　匐 0914　聶 0686　殺 0997

敕 1005　旨 1038 2343 2391　泰 1041　昔 1098　京 1138　振 1167　爰 1177　烄 1228　粜 1234　烔 1242　陡 1274　陮 1288　酒 1317 1318　洎 1341　洋 1357　洛 1366　習 1392　毒 1399　敖 1401　黔 1443　桑 1444　校 1467　秝 1491

秜 1500　師 3006　華 1552　埋 1554　羞 1575　敦 1573 1555　恙 1581　宰 1583　埋 1588　豣 1606　象 1615　馬 1630　兕 1652　虒 1673　豹 1669　康 1702　陷 1711 1713 1716　隻 1730　叚 1729　陰 1763　徃 1791　栗 1898　昌 1917

狽 1932　寅 1925　袁 1956　衷 1950　貪 1973　涂 1981　郭 1987　亳 2005　高 2006　宮 2038　家 2044　豆 2066　卿 2072　宴 2070　富 2086 2087　寇 2114　宰 2118　侑 2116　离 2138　冥 2152　陳 2162　間 2168　閔 2170

畐 2218　酘 2232　後 2292　衍 2297　牿 2293　侁 2315　衎 2325　術 2327　徠 2346　衛 2344　逢 2368　戟 2421　仳 1782　戜 2433　戠 2451　娥 2450　戚 2471　戰 2472 2422　剝 2491　膀 2497 2498 2499　料 2493　屖 2514　巠 2524 2518 2525

疾 2545　效 2556　函 2563　晉 2568　肢 2581　射 2623　弫 2637　益 2646 2647 2700　㝵 2684　彭 2733　盦 2743　員 2750　鬲 2759　涙 2776　咢 2828　豊 2827　剛 2833　賜 2837　鼎 2865　殸 2864　畜 2965　叔 2972　叡 2984

侵 2994　師 3001　郫 2997　屌 2998 2986　帥 3006　省 3005　柏 3013　晵 3010　敗 3012　旅 3024　旂 3041　旋 3025　旐 3028　疾 3067　冕 3081　淵 3087　颍 3086　華 3116　旁 3120　朕 3127　般 3129　奚 3150　兹 3161

絃 3173　紳 3194　囿 3201　素 3191 3192 3197 3198 3199　酓 3244　倗 3256　朿 3260　發 3273　圓 3279　敞 3281　衡 3325　十一畫　鬲 0059　庶 0080 2256　竟 0104　偪 0108　郘　爽 0225　異 0231　乘 0233　莫 0234 0237　昊 0267

叔 0292　鄉 0345 0337 0339 0347 2727　紿 0353　敏 0441　姝 0464　媒 0463　婁 0468　嫬 0483　嫢 0492　婦 2983　姬 0498　娸 0506　姬 0537　潑 0543 0542　婚 0571　娟 0565　菟 0631　覡 0637　冐 0642　望 0653　垔　臤 0656　萬 0710

陽	垷	雫	雪	雹	莀	晨	蜃	畫	尋	叔	將	昃	瘦	叟	敓	祭	速	蓑	昷	昱	嗖	匽
1298	1214	1189	1186	1183	1171	1168	1166	1144	1123	1122	1037	1031	1030	1026	1003	0915 0916	0890	0832	0823	0818	0795	0759

狀	祟	柜	剁	桓	栿	参	杳	署	桂	棥	埜	野	楚	替	棆	啟	莫	涑	淏	浄	浣	隥
1589 1043 1590	1540	0657	1487	1464	1477	1512	1509	1442	1437	1430		1432	1434	1425	1423	1404	1393 1403	1354	1358	1353	1327	1293

習	啪	畜	巷	魚	唯	烏	堆	倉	屋	宿	囿	惟	鹿	虘	膚	唬	罷	粤	豚	恭	猒	狀
1904	1900	1895	1855	1812	1795	1792	1781	1763	1762	1752	1743	1727	1715	1699	1694 1695	1688	1677	1661	1603	1594	1593	

硈	宿	窗	夏	啟	剝	娩	商	寍	寂	常	啚	亶	崇	埤	校	桂	敗	得	負	般	翌	痈
2268	2231	2206 2205	2199	2166	2155	2152	2146	2072	2050	2042	2018	2017	2001	1988	1960	1958	1921	1918	1912	1911	1908	1907

捍	責	族	菊	黄	寅	莽	斷	訢	椃	戲	戚	賊	戰	馘	衛	徭	徒	徻	倬	從	斯	麦
2401 2405 2402	2372	2359	2361	2350	2344	2345	2332	2340	2307	2467	2446 2447	2438	2442	2434	2393	2356	2338	0778	2337	2291	2283	2284

敞	萧	罡	寡	异	基	信	勣	設	致	毁	敗	鬲	會	春	虘	盛	蓋	登	畢	圍	登	執
2885	2851	2842	2820	2817	2816	2812	2803	2785	2785	2784	2753	2741	2723	2704	2674	2654	2656 2657	2638	2594	2597 2598	2394	2593 2594 2595

敍	絵	毅	卿	絧	幸	晉	御	偁	終	湲	妝	旋	帚	毅	寀	專	刪	游	澘	溼	庸	庱
3221	3203 3204	3195	3194	3181	3149	3140	3115	3109	3100	3093	3079	3020	2992	2978	2969	2954	2950	2942 2941 2943 2944	2938	2901	2893	2892

發	登	東	室	品	啼	盅	聑	叟	湄	婍	嬐	婞	御	黑	耋	偏	衆	須	十二畫	覓	晉	教
0861	0858	0890	0814	0773	0760	0756	0689	0688	0620	0533	0514	0475	0351	0235	0184	0118	0079	0045		3340	3251	3233

朝	湇	淵	湡	陽	隅	隮	焱	堡	焚	零	晶	襥	福	寀	猷	猱	尋	敦	敢	敺	埜	後
1394	1351	1348	1347	1296	1292	1289	1246	1233	1222	1193	1142 1382	1124	1123	1122	1108	1094	1036 2233	1011	1012	0921	0877	0862

雈	雈	集	做	敝	虎	號	魯	莧	象	馳	駒	豚	猒	絆	韋	泰	叙	栓	椎	森	喪	栿
1767	1744 1761	1731	1732 1001	1692	1687	1670 1683	1660	1655	1653	1646	1633	1610	1598	1574	1565	1503	1492	1488	1469	1480	1447	1429

硪	報	畯	曾	寑	晷	啓	寇	寍	斝	萌	敦	衣	買	貯	習	黽	蚰	徐	集	雀	售	雇
2258	2247	2210	2202	2192	2191	2166	2080	2072	2071	2027	1986	1965	1933	1923	1906	1866	1845	1842	1811	1790	1785	1774

敎	痳	尊	殖	焚	彝	童	犒	畜	剡	截	戢	戠	街	復	衡	衍	衒	麸	遐	循	甫	喜
2599	2600	2595	2587	2583	2537	2513	2503	2500	2492	2435	2422 2472	2415	2391 1038 2343	2336	2323	2326	2330	2314	2308	2306	2288 2890 3285	2274

厥	量	嬎	捌	襥	㯍	棋	脲	奐	棋	嬉	湆	彭	喜	跋	單	湌	壺	尊	奠	飲	盅	盜
2986 2998	2973	2971	2943 2941 2942 2944	1124	2947	2940	2918	2838	2819	2811	2802	2801	2799	2787	2767	2716	2732	2718	2716	2688	2653	2645

犆 2994　盜 3132　歸 2993　旋 3018　單 3051　偞 3103　湝 3135　剌 3182　絲 3193　棘 3269　黽 3276　剾 3280　暘 3328　肙 3341　無 3367

十三畫

微 0035　森 0219　娽 0465　媚 0495　嫊 0527　媼 0536　棄 0594　庿 0616　蜀 0627　昌 0708　渠 0703　載 0729　䣹 0724　會 0742 0790　散 0817　敱 0815　腹 0870　發 0950　音 1089　歜 1122　禘 1132　寢 1134　彙 1137　督 1143　剅 1145　電 1181　雷 1208　雫 1199　滔 1355　楙 1428

楚 1427　敕 1510　敖 1513　𦍒 1582　盧 1674　虜 1604　寫 1631　廌 1656　鼠 1665　獻 1699　敺 1705 1706　雋 1756　隻 1779　雄 1780　鳧 1783　魚 1814　萬 1861　解 1913　冒 1920　買 1923　嶺 1926　遠 1956　裘 1955

菖 1990　亶 1989　鄙 2018　嗇 2020　寘 2120　塞 2117　雍 2180　碠 2275　衍 2298　衛 2299　徵 2334 1555　得 2318　嬛 0561　債 2382　歲 2425　戟 2444　義 2456　辟 2506　新 2528　責 2569　涵 2564　盟 2644　酸 2728

十四畫

酥 2742　鼎 2746　餞 2787　鼓 2797 2798　盨 2805　勳 2804　豐 2809　冡 2831　罙 2834　罟 2839　傳 2956　輆 2980　掓 3000　遣 3007　旆 3021　倫 3106　遊 3116　艅 3130　𨘎 3141　磐 3137　閒 3322　嫊 3205

毓 0544 0086 0087 0461　耤 0093 3268　疑 0208 2324　晚 0324　視 0318　婎 0446　嘉 0458　嫁 0490　嫵 0554　娍 0569　匽 0652　䍐 0692　開 0691 0696　兕 0695　鼻 0704　量 0711　捽 0827　毖 0892　蔑 0847　壺 0868　楚 0876　對 0931　戳 1006

蒸 1032　歟 1121　媂 1133　晨 1172　需 1186　客 1194　陣 1286 2719　墜 1277 1282　潢 1321　澡 1325　溢 1337　滄 1339　淮 1361　善 1388　槁 1463　璠 1499　香 1509　華 1533　緘 1576　駁 1637　虒 1675　虞 1679　膚 1694 1695

瀘 1701　暨 1713　滮 1712　虐 1718　摧 1732 1001　翟 1754　隻 1753　售 1758　鳶 1764　鳳 1769　雎 1780　離 1780　鳴 1794　島 1804　漁 1817 1818　奐 1821　嬴 1838　熊 1886　貊 1896　鮊 1891　榮 1959　發 1967　壽 1984

膏 2003　廩 2021　蒿 2024　寢 2042　寧 2049 2667　賓 2065 2066　齊 2124　滴 2147　庶 2257　硊 2263　馹 2335　邀 2342　徙 2359　衛 2390　肇 2397 2398 2399　戔 2403　戟 2444　跨 2515　戭 2591　圈 2598　國 2605　盡 2661 2663　嗅 2669

漐 2603　𡪯 2609　啚 2720　寅 2551　僕 2822　罹 2832　贊 2878　帛 2886　鼎 2944 2941 2942 2943　撒 2994　徹 3045 2371　戰 3052　僤 3057　夢 3074　隘 3172　緈 3183　醂 3209 3208　輊 3206 3207　習 3389　曼 3691

十五畫

蚤 0080　爽 0225

舞 0226　熯 0236　埶 0386　秇 0387 2782　嫫 0530　婋 0484　嫓 0481　嬕 0479 0575　𡢃 0524　嫿 0560　嫛 0576　嫌 0575 0479　暨 0611　莆 0621　監 0639　䀠 0644　臧 0656　溫 0707　彝 0858　徹 0921　祟 1122　楴 1123　棽 1168

震 1166　楙 1170　量 1212 3339　陵 1299　潦 1324　慕 1393 1403　蓺 1415 1335 1336 1589　寮 1527　駒 1639　駛 1645　龐 1657　虎 1672　淲 1676　虞 1696 1697　慶 1710 1719　韓 1713　鹿 1721　歟 1775　鵬 1798　魯 1813　薦 1881　慶 1914 1719　章 1986

章 1987　臺 1993　𡨥 2025　寰 2107　廟 2163　廣 2164　間 2175　閑 2172　畜 2195　替 2193　留 2225　齒 2237　磬 2279　衛 2305　術 2319　達 2333　律 2332　還 2335　織 2358　蔑 2459　截 2473　醫 2489　蕢 2562

㲉 2585
𡢃 2601
彈 2614 2615 2620 2621 2622
歙 2724 2730 2731
𨡿 2725
𩏂 2734
𪔂 2747
嬉 2810
擒 2826
𦋸 2830
𨙶 2946
鄧 3015
實 3009
旟 3019
壂 3111
𦿆 3146
𨬌 3153
樂 3166
𨰻 3203 3204
餗 3209 3208
獄 3368

十六畫

噎 0053
殪 0053
䖏 0098
辪 0499
𢉩 0616
歷 0876
𢧐 1069
霖 1195
𨋮 1212
隣 1289
濊 1338
𤅊 1343
瀶 1362
橐 1383
𪓬 1426
𣜌 1433
𦢊 1473
敹 1510
穆 1514
𡔳 1519
燎 1526
豭 1602
騎 1644
圜 1614
盧 1698 2208 2217
麋 1707
霍 1771
燕 1805
鮫 1816
𤐫 1823
龍 1827
𧐞 1853
澫 1863
萬 1865
賹 1930
𢊁 2016
𥨯 2046
闕 2177
盧 2208 1698 2217
磬 2270 2272 2277 2280
衛 2300
𧗿 2304
𢓊 2362
𢖍 2365
𢔶 2378
𢍚 2457

十七畫

新 2529
𣪠 2595
𥃝 2705
𢋍 2751 2745
熹 2800
𨍭 2826
罷 2830
興 2847
𣜩 2917
橐 2923
𣗲 2970
𨛜 2990
旐 3030
旟 3038
旞 3042
旛 3044
斲 3055
戰 3056
橐 3187
學 3232
錫 3328
𡪦 0030
艱 0236 0234
醜 0320
𨞒 0337 0345
御 0351 0505
嬰 0454
𡤙 0453
嬗 0525
嬛 0539
嬙 0578
彌 0620
𤔲 0654
聯 0682
𦗐 0690
溝 0705
龠 0751 0753
𢥚 1054
𪒠 1068
𣝕 1131
還 1167
𦥺 1173
𧿹 1182
𩁹 1196
燮 1256
遹 1415 1535 1536 1589
騂 1552
繼 1577
驂 1643
馴 1635
騂 1632
𦸗 1700
麋 1709
獲 1730
鴻 1781
鳴 1803
𪈧 1815
鼠 1825
虞 1822
𨁲 1852
觳 1911
黽 1867
龜 1875 1873
龕 1882
魄 1916
懋 1943
𡈼 2019
家 2045
嬣 2073
𧆺 2278
聲 2282 2281
衛 2302
衛 2301
𢦚 2452
辥 2496 2497 2498 2499
橐 2552
濘 2668
𥂰 2701
䵼 2752
爵 2760 2764
穀 2863
𩏊 2957
旋 3040
𪗁 3058
牆 3077
斿 3107
𠐀 3108
𠍮 3104
𧇮 3163
𠑻 3169
𣛮 2035
𨗨 0258
嚚 0661
𧶠 0662
聸 0687
𡔗 0695
𪏁 0774
𤢿 1043 1589 1590
𢊧 1123
𦾔 1169
𤩽 1499
𢦸 1544
𩕦 1554
𦏪 1566
灖 1714
𤄛 1717
雝 1757
舊 1759

十八畫

瀶 3174
𥌗 3175
𢵗 3187
雚 1760
霧 1762
巂 1772
騤 1802
𪐕 1833
龜 1866
燬 1919
𣌭 1983
𣜆 2022
檹 2126
𡌴 2148
𩕈 2157
衛 2331
衛 2392
嬝 2459
𤲾 2489
衛 2596
國 2606
𦈢 2607
鬻 2755
豐 2807
豐 2808
擒 2826
䵢 1187
𪓹 0177
嬴 0482
𢿌 0646
譸 0725
彝 1044
𢉜 1135
斷 1249
瀓 1333
𦾠 1393 1403
權 1468
𦣻 1476
𥢶 1504
𥊈 1543
馭 1634
麑 1704

十九畫

𠦬 2826
歸 2995
𨣳 3208 3209
濼 3167
鑾 3284 3541
𪊨 1723 2917
𢹌 1828
龐 1829
瀧 1834
嚨 1837
𪓰 1877
𣁋 1991
𦺍 2093
關 2171
遴 2389
𦋼 2971
櫟 3168
𢿣 3170
𨭎 3184
櫝 3210
𩰫 3245
𩟖 3261
蓺 3314
競 0078
瀼 0313
饗 0337 0345 2721 2726 2727

二十畫

歔 0345
𪓑 0617
𣡕 0827
𧆨 0884
𢋼 1261
𣕛 1587
鼉 1879
𢖸 1880
寶 1924 1925
𥜽 2015
𪘴 2220
寍 2238
𣝗 2566
孽 2496 2497 2498 2499
𥁵 2686
甗 2745 2751
獻 2751 2745
鬻 2754
爵 2762
灂 2761
𣩡 2879
𩛗 3054
繼 3172
𡑶 2958

二十一畫

彝 0286
𡣳 0480
𡤫 0501
霸 1162
𧢹 1616
騮 1641
衛 1720
𢍰 1779
𪇴 1835
𩰠 1851
𪗋 1878
𪗆 1892
𪗍 2501
𡿺 2777
旛 3022
瀕 1360
鷄 3154 3155
灘 3174

二十二畫

字	編號
[illegible]	0645
聽	0689
[illegible]	0899
竈	1190
龢	1489
[illegible]	1528
[illegible]	1568
虤	1678
[illegible]	1722
鰻	1819
靡	1830
[illegible]	0482
龔	1828
蘢	1836
[illegible]	2303
鑄	2690 2691
[illegible]	2756
[illegible]	2896
[illegible]	2959
[illegible]	2982

二十三畫

字	編號
[illegible]	0226
[illegible]	1706 1705
霍	1770
[illegible]	1988
[illegible]	2489
蠱	2651
[illegible]	2666
[illegible]	3207 3206

二十四畫

字	編號
[illegible]	0314
[illegible]	0688
[illegible]	1070
獻	1450
[illegible]	1400
[illegible]	1567
[illegible]	1808
[illegible]	1784
[illegible]	1870
[illegible]	1876
[illegible]	2749
[illegible]	2748

二十五畫

字	編號
[illegible]	1191
[illegible]	1695 1694
廳	2051
[illegible]	2665

二十六畫以上

字	編號
[illegible]	1697 1696
[illegible]	1538
[illegible]	0949
鬱	1439
[illegible]	2094
龖	1840
[illegible]	1771
[illegible]	2768

拼音檢索

邦 BANG 昰 敗 槲 百 白 BAI 霸 巴 八 BA 安 AN AI
2196 1917 1921 1428 1097 1095 1162 0304 3685 2064

狽 貝 戒 北 韓 皁 BEI 虤 豹 報 匚 佾 保 寅 寶 觳 雹 BAO
1932 1915 2412 0070 0499 2214 1670/1683 1669 2247 0170 0085 1925 1924 2863 1181

桒 辟 敝 畀 必 嚚 鄙 啚 妣 比 匕 鼻 蹦 郘 偪 畐 BI 蕢 葡
1533 2505 2885 2575 3220 2019 2018 2018 0002 0067 0002 0704 2220 0108 0108 2219 2562 2561

并 秉 鬲 丙 兵 BING 豩 寍 宀 宀 賓 宾 穷 BIN 釆 BIAN 弜
0069 1484 2138 2131 2526 1616 2067 2067 2063 2065 2066 2065 1889 2630

步 利 叒 収 卬 不 外 卜 BU 亳 駁 泊 帛 伯 剥 發 BO 並
0801 2519 2525/2518/2524 2518/2524/2525 2521 2516 0574 3348 2005 1637 1359 1096 1095 2491 0861 0245

泚 曹 冊 CE 棘 CAO 戔 贊 滄 湟 CAN 采 害 材 才 CAI
2938 2937 2935 2970 2423 2878 2776 2776 1409 3334 0474/0553 3332

中 徹 敵 車 CHE 澡 CHAO 昌 長 CEAG 蔽 敝 CHA 宎 矢 删 賛 潸
1380 0921 0921 3145 1325 2828 0037 1700 1699 0248 0203 2936 2949 2938

齒 徲 犀 CHI 乘 承 丞 呈 成 偁 爯 CHENG 沈 晨 裝 晨 辰 姫 臣 CHEN
2238 2318 2514 0239 0368 2706 1272 2440 3109 3110 1553 1172 1168 1168 1165 0497 0651

豕 畜 楚 芻 初 出 CHU 妞 丑 醜 彭 退 臣 CHOU 春 沖 CHONG 赤 妙 齒
1601 2965 1427 0914 1952 0805 0559 3688 0320 2733 2308 1219 2704 1315 1226 0472 2237

CI 婡 啚 帛 徫 CHUO 湣 春 CHUN 林 吹 CHUI 爿 CHUANG 傳 川 CHUAN
0504 1660 1659/1667 2337 1335 1436 1307 0343 3062 2956 1308

DA 濾 虛 CUO 摧 倣 CUI 潸 CU 从 从 CONG 師 宋 束 次 徙 此
1701 1699 1732/1001 1732/1001 2761 2313 0066 3006 2100 2571 3002 2377 0839

DENG 毀 得 DE 盜 島 刀 DAO 宕 DANG 旦 僤 單 丹 DAN 仗 大 达
1919 1918 3132 1804 2476 2255 1140 3057 3051 2846 2321 0197 2386

弔 DIAO 敁 西 嫫 奠 畋 椣 典 DIAN 奠 禘 帝 杕 弟 翟 籀 DI 弅 登
3214 2232 2230 0530 2716 2212 2940 2939 1134 1132 1417 3215 1734 2355 0858 0858

豆 2789 門 0081 斗 3217 DOU 涑 1354 㚵 0535 冬 3100 宷 2969 速 0890 疐 0890 敕 2972 東 2968 DONG 鼎 2752 鼎 2746 丁 2179 DING 耋 0184 DIE

娥 2450 俄 0250 E 多 3278 1161 DUO 盾 1693 敦 章 1986 DUN 陮 1288 兑 0043 對 0931 DUI 耑 0844 DUAN 督 1143 DU

FANG 涉 3141 潛 3135 泭 3133 奺 0529 凡 2845 FAN 伐 2410 發 0861 FA 二 3675 洱 0697 耳 0680 邇 1415 1535 1536 1589 1590 而 3357 兒 0048 ER 婀 0426 硪 2258

風 1769 逢 2368 夆 0903 嬶 0501 豐 2807 樦 1468 霻 1770 綘 3183 妦 0562 封 丰 1384 FENG 焚 1222 分 2479 FEN 閒 2175 非 0071 FEI 方 3119

婦 2983 㚆 2199 甫 2197 斧 0684 3392 甶 1100 䟡 0355 皮 0354 服 0356 俘 孚 0584 㫙 1783 伏 0047 勹 0047 剕 2484 弗 3366 夫 0202 FU 姤 0500 缶 0730 FOU 鳳

杲 1451 槁 1463 旙 3038 膏 2003 亯 2004 高 2006 GAO 罡 2834 剛 2833 GANG 甘 0718 干 3061 GAN 匄 2481 改 1859 GAI 腹 0870 復 0869 阜 1273

龏 1828 公 3302 吕 2616 弓 2613 吉 0738 工 2905 GONG 庚 2891 更 2144 夏 2144 GENG 各 0807 姳 0488 洛 2294 或 2396 妭 0522 戍 2307 戈 2395 GE 告 0720

GUA 雇 1774 鼓 2797 2798 壴 2797 蠱 2651 2652 貫 1923 骨 2241 古 2932 GU 句 1922 遘 冓 3116 泃 3089 GOU 共 奴 1022 宮 2038 嫢 0482 廱 1830 龔

媿 0321 鬼 0316 寢 1860 灋 1879 龜 1880 龜 1876 龜 1878 龜 1877 龜 1875 1873 歸 2995 GUI 光 0315 GUANG 卝 2408 毌 2406 2407 2409 官 3008 觀 雚 1760 GUAN 剮 2494

HAN 𩵜 3691 亥 3690 菩 1388 HAI 果 1441 國 2422 2472 馘 2472 2422 戟 2472 2422 郭 章 1987 GUO 鯀 1816 GUN 癸 3686 毀 2784 皇 2775 鬼 1916 視 0318

迨 2340 合 0741 姀 0467 龢 1489 禾 1482 HE 好 0460 𡨋 2025 蒿 2024 HAO 亢 0249 GANG 蠆 2403 捍 戈 2401 2402 㪿 0827 韓 0828 東 3260 涵 2564 函 2563

矦 0833 后 0461 侯 2558 HOU 鴻 1781 雁 1781 虹 3358 弘 2624 HONG 亙 618 恆 2908 亙 2908 HENG 黑 0235 HEI 鬲 0059 河 0037 何 0056 0058 河 1328

鵑 1798 HUAN 淒 3093 叏 3092 化 0077 茮 1483 HUA 户 2161 虎 1668 淲 1332 虍 1684 觳 般 1911 壺 2732 狐 1609 呼 乎 3345 HU 厚 2264 後

火 1219 HUO 昏 2487 HUN 會 0742 悔 0432 HUI 闃 3322 僙 2164 寶 2551 潢 1321 𪏽 2585 黄 2550 HUANG 萑 1744 貳 2433 洹 1320 逭 2287 亘 2285

己 3684 耤 0093 集 1811 芀 0328 疾 3067 亟 0024 即 0336 吉 0731 阸 1278 级 2374 及 0061 夻 0841 櫅 2126 基 2816 姬 0498 鷄 3154 3155 鐖 3284 3541 JI 霍 靃 1771 獲 1730 隻 1730

劼 0583 嘉 0458 妿 0458 JIA 㗊 0773 祭 叔 0916 0915 灩 瀸 3174 繼 鱭 3172 暨 罘 0611 既 0338 0339 旡 0349 洎 1340 櫅 1504 季 1501 凡 0379 異 2817 足 0904 戉 2432

畕 2218 䕬 2748 將 1037 牂 3082 3063 JIANG 見 0625 玨 0600 嫤 2811 蘢 1836 艱 0234 監 0639 戔 2414 戋 2423 JIAN 甲 3683 斝 2767 夾 0221 豭 1602 豰 2046 豭 2045 家 2044

今 1968 JIN 㦸 2473 戒 2431 介 0005 解 1913 丯 3259 攺 段 0361 0407 卩 0301 JIE 教 3233 角 1910 校 1960 烄 1228 胶 2581 交 0269 JIAO 夅 2266 降 1275

咎 0838 售 1758 舊 1759 九 3682 酒 1317 丩 3343 JIU 冏 3344 JIONG 竟 0104 競 0078 姘 0459 井 2859 晶 1142 荆 2027 京 1995 JING 晋 2568 盡 2661 2663 莫 0234

丂 2641 丂 3364 尻 0026 KAO 麇 1707 晙 吮 2210 君 0920 JUN 爵 2760 琶 3251 珏 3254 JUE 膚 2751 2745 JUAN 弄 0233 JU 咎 0838

KUI 㚎 0382 0383 夸 0271 KUA 口 0717 KOU 墾 罠 垦 1212 KEN 敤 1003 欬 2314 徒 2315 克 0739 可 2633 KE 嗀 0760 考 0039

LAN 闌 2172 剌 2493 妹 0464 畓 杳 1509 敊 救 1510 來 1505 來 1507 LAI 柬 1494 剌 1496 LA 朱 0843 困 1416 蚰 1845 KUN 昪 0918

李 1460 犛 1513 犁 1486 勿 2488 LI 枺 3269 畾 2686 澑 1362 雷 1208 LEI 潦 1324 老 0034 0039 0640 0641 婥 0475 寫 1631 騂 1632 牢 1564 牢 1548 LAO 替 1425 婪 0468

LIAO 量 2973 良 3298 LIANG 聯 0682 LIAN 砅 2261 濿 1863 栗 1898 偏 0118 鬲 2759 櫟 3168 騳 1635 利 1486 立 0213 歷 埜 0876 秝 1491 力 3267 豊 2809

亶 2017 廩 亩 2016 瀍 1717 廈 1710 淋 1343 粦 0219 霖 1195 林 1424 LIN 臬 2874 燹 1697 1696 虎 1696 1697 醬 1695 1694 巤 1678 虐 1694 1695 LIE 遴 2389 寮 1327 燎 1526

LU 嫐 0482 巃 1834 瀧 1837 嚨 1827 龍 LONG 六 3679 柳 1419 LIU 令 0332 黔 紷 3203 3204 妗 0550 交 0038 霝 1182 LING 閔 2169 吝 3239

盧 1698 2208 2217　魯 1813　鹿 1715　麓 2917　录　鏊　脨 2918　衕 2390　LU　呂　旅 2181　律 3024　逮 2353　LUO　亂 1838　洛 0809　雺 1194　濼 3167　MA　馬 1630

MAI　埋 1554　貍　霾 1190　買 1933　麥 1512　MANG　莽 1594　MAO　卯 3355　茆 3297 3296　芼 0042　懋 1943　MEI　枚 1411　眉 0618 0619　湄 0620　留 0622　免 0630

每 0432　美 0210　妹 0437　要 0630　MEN　門 2167　MENG　盟 2644　夢 3074　MI　彌 0620　麋 1707　混 1712　瞢 1713　米 1888　敉 0997　宀 2036　糸 3191　MIAN

丏 3117　免 0420　娩 2152　面 0610　MIE　蔑 2459　孅　MIN　皿 2642　媼 0526　黽 1866　娓 0481　敏 0441　MING　名 1155　明 1154　鳴 1794　冥 2152　MU

母 0423　木 1402　目 0601　牧 1555　徽 2334 1555　敄 1573 1555　莫 1393 1403　暮　暮　穆 1514　NAI　迺 1104　乃 2632　NAN　男 2211　南 2863　NAO　猱 1094　夒 1543

NEI　內 2132　NI　伲 2316　秜 1500　麑 1704　敷 1706 1705　屰 0270 2328　娣 0545　徲 0270 2328　逆　NIAN　年 1502　哖 0788　輦 3146　NIANG　娘 0521　NIAO

鳥 1792　NIE　渫 0703　辛 2496　膀 2497　薛 2496 2497 2498 2499　孽　秽 2507　剠 2508　音 2499　婍 0533　涅 1351　齧 2501　畜 2500　欌 1450　㚔 0836　卣 2868　夕　囡 2187　NING　寍 2645

寧 2049　嬣 2073　濘 2668　NIU　牛 1545　妞 0477　NU　奴 0547　NÜ　女 0422　NUAN　奻 0493　NÜE　虒 1673　虐　PAN　般 3129

磐 3137　PANG　龐 1829　旁 3120　㫄 3121　PEI　轡 2959　沘 0073　PENG　朋 3255　倗 3256　彭 2801　PI　伓 0101　炋 2520　鞞 1988　埤　濞 0705

PIN　品 0758　PING　甹 1110　PU　攴 0992　僕 2822　QI　妻 0439　七 3680　戚 2446 2447　娀 0569　齊 2124　𥁕 2195　斯 3055　祈　其 2815　棋 2819　芑 1435

杞 1421　企 0012　徛 2388　陮 1276　启 2166　啟　啓　乞 3326　迄　刼 2490　弃 0594　棄　QIAN　千 0011　臤 0666 0961　遣 3007　欠 0340　QIANG　羌 0064　侊 0150　洸 1327

戕 3065　牆 3077　嗇 2022　QIE　妾 0428　倿 0431　郪 0430　敪 0429　QIN　侵 2994　𣪠 2984　厫 2986 2998　帰 2994　㩼　寴 2529　秦 1041　嫀 0527　螽 1054　禽 2824　毕　華 2826

擎 2826　擒 2824　毀 2827　嵗　卓 2825　富 2042　寑　沁 1938　QING　慶 1914 1719　磬 2277 2270 2272 2280　QIU　丘 1220　龜 1881　秋　裘 1955　QU　區 0759　曲 2222　取 0681

刃 壬 人 REN 瀼 RANG 熯 冉 RAN 雀 㱿 QUE 犬 剸 叙 泉 QUAN 去
2478 3685 0001 0313 0236 3101 1790 2864 1585 2155 2154 2153 0214

如 RU 肉 ROU 冗 肜 彡 戎 RONG 馹 遶 日 RI 艿 扔 RENG 妊 任
0470 3277 3530 2057 3327 2418 2335 1136 1389 2634 0572 0082

SE 寏 喪 嫀 桑 SANG 楸 三 SAN 塞 SAI 蓺 若 RUO 入 蓐 乳 汝
2107 1447 0465 1444 1429 3676 2117 3314 0333 1947 1169 0392 0516

射 舌 SHE 少 SHAO 上 䲧 滴 啻 商 SHANG 羴 山 SHAN 森 SEN 𤲕 嗇
2623 0721 3330 1116 2163 2147 2148 2146 1566 1218 1480 2021 2020

史 娘 食 柘 妬 石 師 自 尸 SHI 聲 生 椒 栿 SHENG 身 申 SHEN 涉
2933 0514 2778 2252 2259 2251 2253 3001 0003 2281 2282 1381 1124 3220 0014 1207 0802

狩 獸 受 頁 首 SHOU 宎 SOU 叔 爽 室 事 示 氏 娕 豕 态 罘 矢 駛 使
3056 3056 3128 1092 1086 3501 3315 3221 0225 2043 2933 1118 0022 0478 1599 2565 0643 2542 1645 2933

率 SHUAI 𦉢 庶 佳 醻 酥 餗 束 娀 戍 朮 鼠 蜀 罒 蜀 咢 蚕 黍 殳 SHU
3149 0080 2812 3208 3209 3209 3208 1495 0523 2411 0932 1665 0628 0627 1519 1503 0993

SONG 咒 飤 汜 祀 巳 豗 死 絲 絅 司 姒 四 SI 水 SHUI 爽 SHUANG 婞
1651 1708 0110 1854 1846 0580 3086 2869 3193 3181 2254 0456 3677 1305 0225 0446

SUO 孫 SUN 剁 祟 希 歘 寨 杂 祟 叔 歲 肖 妥 SUI 宿 夙 SU 宋
0586 1487 1540 1122 2426 0457 2231 0381 2048

姣 TANG 韋 戰 彈 TAN 龖 賭 揞 沓 徭 告 闒 佗 㰯 它 TA 索 剌
0542 0543 2734 3052 2614 2620 2615 2621 2622 1840 1644 0778 1842 1842 2177 2347 1858 1843 1841 3191 3192 3197 3198 3199 3182

TOU 童 同 徂 迵 TONG 壬 廳 聽 聑 耶 TING 條 条 TIAO 田 天 TIAN
2513 2850 2339 0004 2051 0689 0849 2189 0201

橐 橐 拕 袥 舌 乇 TUO 豚 屯 TUN 兔 土 涂 梌 徒 途 去 TU 攺 毀
1383 3187 1850 0736 3271 0736 1603 3275 1703 1211 1981 1423 0822 0866 0737 2785

𡿪 危 WEI 望 塱 坒 往 泂 网 妊 王 汒 亡 WANG 萬 万 㚤 宛 WAN 䵷
3273 3272 0653 0837 0836 0836 0837 1367 2829 0572 3246 1350 3367 1861 3117 0785 2111 1870

寝 2114 我 2449 WO 問 2168 聞 0696 0691 文 3236 WEN 未 3689 畏 0323 衛 2301 衛 2300 褱 2303 尾 0107 惠 2953 唯 1795 惟 1727 為 1654 韋 0826 散 微 光 0035

西 1099 兮 3324 奻 0471 夕 1153 XI 霧 1762 雇 1762 戊 2428 勿 2625 舞 0226 武 0874 舌 3179 敄 1040 寤 2120 毋 0423 五 3678 無 3367 巫 2909 WU 婐 0463 我 2451

XIAN 下 1117 XIA 壐 0892 絲 3173 係 3160 喜 2799 徙 2291 騽 1641 習 1904 熹 2800 嬉 2810 錫 3328 獄 3368 歆 1598 戠 3153 允 3150 奚 0052 3150 3152 析 1413 泉 1138 昔 1141

象 1653 相 0648 饗 0337 2721 2726 2727 鄉 0337 向 2037 享 1983 亯 1982 襄 0030 鄉 0337 2721 2726 2727 XIANG 獻 2751 灘 1714 韓 1713 陷 1711 莧 1655 俔 0196 次 0095 咸 2443 宪 2082 洗 2363 先 0835

訢 2540 新 2528 辛 2511 陀 1290 秘 1126 宫 1935 姒 0491 心 1934 XIN 燮 1254 燮 1587 劦 劦 0735 XIE 校 1467 效 2556 小 3329 唬 1688 XIAO

洫 2441 伐 0119 戌 2439 XU 臭 0701 羞 1575 休 0089 熊 1886 兄 0044 兇 0414 XIONG 姓 0510 杏 1459 省 0613 行 2289 騂 革 1552 星 1142 1382 興 2847 XING

㫬 1242 訇 2684 旬 1178 XUN 旻 0607 血 2643 雪 霸 1186 學 3232 薛 2498 2496 XUE 卯 0358 玄 3148 旋 2359 旋 3017 3020 爰 1026 宣 2286 XUAN 疋 0829 須 0045

㽃 1808 燕 1805 焱 1246 甗 2745 2751 放 3016 兗 0169 炎 1271 嵒 0756 言 0722 衍 2297 延 2290 YAN 洹 2901 婭 0536 娅 0537 亞 2898 YA 訊 0469 循 2306 譚 0725 尋 1036

埜 1432 YE 堯 0378 爻 3231 YAO 遙 2333 衛 2331 徫 2332 婞 0575 0479 羊 1565 牂 1574 恙 1581 徉 衍 2330 姘 0476 羊 1561 陽 1298 昜 1139 央 0209 YANG

印 0360 宊 2059 弋 3363 宅 2058 弋 3362 義 2456 乂 3091 3230 以 0022 乙 1210 彝 1044 疑 2324 宜 3279 橐 2552 陜 陵 1287 夷 0003 依 1953 衣 1948 1949 1951 伊 2555 一 3674 YI 野

㪿 2527 陰 龕 1763 因 0053 YIN 刞 0706 臬 0702 嗌 殪 0053 益 2659 翌 1908 賜 易 3328 役 0083 邑 0305 異 0231 亦 0215 埶 0386 杸 1415 1535 1536 1589 扶 敓 1589 1043 1590 盂 2664

貝 3342 甬 3341 用 3338 𠂤 2310 永 2309 雝 1757 雍 2180 庸 2893 YONG 熒 1959 YING 印 0359 淦 1339 飲 2724 畬 2723 飲 2688 紳 3194 紳 3194 尹 0919 嚚 0661 寅 2544

鮪 1891 盂 2653 嬰 媢 0454 媚 0495 屆 0088 卣 1890 1897 酉 2715 㞢 3350 有 0905 友 1024 1025 酞 1593 斿 3023 昌 2246 䀠 2245 迴 0891 囿 2239 由 0732 尤 3353 幽 3162 攸 0084 YOU

渪 1347　霣 1196　臾 0063　慮 1822　漁 1817　媀 0554　魚 1812　婾 0490　艅 3130　余 1979　雩 1188 1189　盂 2662　于 3354　YU　圍 2201　幼 3176　侑 0905　祐 0905　右 0905　疚 3073　又 0905　鼬 1892

元 0023　肙　淵 1348　習 0604　鳶 1764　YUAN　衞 2326　衎 2325　敔 0352　奸 0505　篽　御　卸 0351　育 0461 0544 0086 0087　毓 0086 0087 0461 0544　鬱 1438 1439　聿 3095　洋 1357　玉 3253　雨 1180　羽 1903　宇 2101

允 0018　吾 1176　云 1175　YUN　龠 0753　戉 2448　岳 1221　礬 0774　繖 3170　僸 3169　樂 3166　刖 0250　枂 1414 1465　月 1152　曰 0719　YUE　遠 1956　袁 1930　媛 1930　爰 1033　員 2750

鑿 0949　ZAO　牂 2871　臧 0656　戕　ZANG　在 3332　宰 2118　埶 0387 2782　載 0729　𢦏 2419　𢦔 2417　災 1316 2417 2419　ZAI　雥 1784　帀 2522　ZA　暈 1137　孕 0016 0563

爪 0956　朝 1394　ZHAO　固 2243　占 3349　ZHAN　宅 2062　ZHAI　乍 3227　ZHA　曾 2202　ZENG　昃 0240　責 2572　ZE　帚 2992　鑿 2094

爭 1045　娫 0489　征 0821　𤴓 0823　ZHENG　朕 3127　振 1167　遉　震 1166　蜃　枕 0657　ZHEN　嫴 0525　肇 2397 2398 2399　罩 2832　刅 0394　罶　罾　罶 2489　召 2477　叉 0909

漐 2603　蟄 2607　竊 2609　夅　摯 2594　䞇　贄 2595　衛 2596　執 2599　嫢 2601　2610 2602 2604 2608 2611 2612　執 2593 2594 2595 2600　𡙁 2600　夏 0605　汥 0806　之 0803　ZHI　折 2533　ZHE　正 0821　蒸 1032

鷹 1656　雉　雛　雝 1780　圔 1614　彘 1604　陟 1274　至 2560　黹 2288 2890 3285　旨 0013　娑 0486　沚 0804　止 0800　織 2358　戠 1069　娡 0524　戠 2415　姪 0512　直 0602　圝 2606　圝 2605　圉 2598　圉 2597

ZHU　晝 1144　驟　妟 0688　胄 0734　帚 2983　肘 0907 0908 0953　婤 0565　周 2204　州 1311　𦨕 3136　舟 3126　ZHOU　衆 0079　終 3100　蚊 2927　仲　中 2924　ZHONG　壴 0868

追 3004　椎 1469　隹 1727　ZHUI　妝 3080　ZHUANG　專 2954　ZHUAN　鑄 2690 2691　柷 0115　祝 0306　貯 1923　敊 1013　宁 2856　逐 0845　娶 0452　竹 3097　嫦 0480　鼄 1866　朱 1449

族 2559　ZU　婑 0532　奏 1534　走 0260　ZOU　宗 2041　ZONG　姐 0473　自 0700　𠂤 2921　子 0590 3687　甾 2206 2205　淄 2356　甾 0729　緇 0258　茲 3161　ZI　隧 1277

骍 3229　钕 3228　作 3227　佐　左 0906　ZUO　障 1286 2719　尊 2718　ZUN　祖 3627　且 3280　俎 3280　組　且 3279